D1746600

TAN - Menzel-Schule
6 K L 1 1 5 6

Geschichtsbuch
Oberstufe

Band 2
Das 20. Jahrhundert

*Mit Methodenarbeitsteilen und Anregungen
für thematische Längsschnitte*

Herausgegeben von
Prof. Dr. Hilke Günther-Arndt
Dr. Dirk Hoffmann
Prof. Norbert Zwölfer

Cornelsen

Geschichtsbuch Oberstufe

Herausgegeben von Prof. Dr. Hilke Günther-Arndt, Dr. Dirk Hoffmann und Prof. Norbert Zwölfer

Didaktische Beratung: Horst Koch, Voerde; Dr. Klaus Schaap, Oldenburg
Fachwissenschaftliche Beratung: Prof. Dr. Wolfgang Eichwede, Bremen; Prof. Dr. Christoph Kleßmann, Potsdam; Prof. Dr. Jürgen Kocka, Berlin

Band 2: Das 20. Jahrhundert

Kapitel 1:
Prof. Dr. Gerhard Brunn, Köln (S. 14–37, 52–55)
Dr. Dirk Hoffmann, Stadthagen (S. 8–9)
Dr. Dietmar von Reeken, Bielefeld (S. 38–51)
Essay: Prof. Dr. Jürgen Reulecke, Siegen (S. 56–59)
Kapitel 2:
Prof. Dr. Hilke Günther-Arndt, Oldenburg (S. 60–61, 68)
Dr. Inge Marßolek, Bremen (S. 75–96, 101–107)
Dr. Klaus Schaap, Oldenburg (S. 68–75, 97–100, 108–135)
Essay: Prof. Dr. Irmela von der Lühe, Berlin (S. 136–139)
Kapitel 3:
Prof. Dr. Hilke Günther-Arndt, Oldenburg (S. 140–141)
Dr. Michael Prinz, Münster (S. 144–160)
Dr. Hartmann Wunderer, Wiesbaden (S. 161–177)
Essay: Dr. Volker Wörl, München (S. 178–181)
Kapitel 4:
Prof. Dr. Hilke Günther-Arndt, Oldenburg (S. 208–214)
Dr. Falk Pingel, Braunschweig (S. 182–183, 188–207, 215–218)
Prof. Dr. Bernd Jürgen Wendt, Hamburg (S. 219–222)
Dr. Michael Prinz, Münster (S. 223–226)
Essay: Prof. Egon Bahr, Hamburg (S. 227–229)
Kapitel 5:
Prof. Dr. Ernst Otto Czempiel, Frankfurt/M. (S. 236–255)
Dr. Eva Hahn, München (S. 273–277)
Dr. Falk Pingel, Braunschweig (S. 263–267)
Dr. Thomas Schleich, Oldenburg (S. 268–272)
Dr. Rudolf Witzel, Frankfurt/M. (S. 236–255)
Prof. Norbert Zwölfer, Freiburg/B. (S. 230–231, 256–262)
Essay: Prof. Dr. Ralf Dahrendorf, Oxford (S. 278–281)
Kapitel 6:
Prof. Dr. Hilke Günther-Arndt, Oldenburg (S. 282–283, 288–353)
Essay: Prof. Dr. Michael Daxner, Oldenburg (S. 354–357)
Kapitel 7:
Dr. Dirk Hoffmann, Stadthagen (S. 358–359)
Prof. Dr. Franz Nuscheler, Duisburg (S. 364–377)
Dr. Thomas Schleich, Oldenburg (S. 378–390)
Essay: Cheryl Benard und Edit Schlaffer, Wien (S. 391–393)
Kapitel 8:
Prof. Dr. Hilke Günther-Arndt, Oldenburg (S. 394–395, 412–418)
Prof. Dr. Rosemarie Nave-Herz, Oldenburg (S. 399–411)
Essay: Umberto Eco, Mailand (S. 419–423)
Methoden:
Prof. Dr. Hilke Günther-Arndt, Oldenburg (S. 431–434)
Dr. Dirk Hoffmann, Stadthagen (S. 435–438, 443–446, 451–452)
Sylvia Hoffmann-Mosolf, Stadthagen (S. 424–428)
Dr. Christine Keitz, Berlin (S. 424– 428, 439–442, 447–450)
Dr. Klaus Schaap, Oldenburg (429–430)
Prof. Norbert Zwölfer, Freiburg/B. (S. 447–450)

Redaktion: Dr. Christine Keitz
Karten/Grafik: Klaus Becker, Frankfurt/M.; Carlos Borrell, DTP-Kartographie & Grafik, Berlin; Skip G. Langkafel, Berlin; Götz Schwarzrock, Berlin
Umschlaggestaltung: Knut Waisznor (unter Verwendung eines Ausschnittes von Pablo Picasso, Krieg und Frieden, 1951)
Technische Umsetzung: Katrin Nehm

1. Auflage €   Druck 8 7 6 5   Jahr 04 03 02 01

Alle Drucke dieser Auflage können im Unterricht nebeneinander verwendet werden.

© 1996 Cornelsen Verlag, Berlin
Das Werk und seine Teile sind urheberrechtlich geschützt. Jede Verwertung in anderen als den gesetzlich zugelassenen Fällen bedarf deshalb der vorherigen schriftlichen Einwilligung des Verlages.

Druck: CS-Druck Cornelsen Stürtz, Berlin

ISBN 3-464-64302-6   gedruckt auf säurefreiem Papier, umweltschonend hergestellt aus chlorfrei gebleichten Faserstoffen

Bestellnummer 643026

Inhalt

1. Durchbruch der Moderne: Die Formierung der Massengesellschaft 1880–1930 — 8–59

● *Auftaktseiten* — 8

● *Grundinformation* — 10

● *Darstellungen*
Was ist die Moderne? – Zur Klärung eines Begriffs — 14
Die Grundlagen der Moderne — 15
Der Interventions- und Sozialstaat — 19
Der Ort der Moderne: Die Stadt — 22
Massenkultur und Massengesellschaft — 26

● *Arbeitsteile*
Basismaterialien — 38
Von der Armenfürsorge zur Sozialversicherung: Die Anfänge des Wohlfahrtsstaates um 1900 — 44
Freie Bahn der Tüchtigen? Geschlecht und Lebenschancen im Deutschland der Jahrhundertwende — 48
Die Herausbildung der Metropolen — 52

● *Essay*
Was bewegte(n) die Bewegten? – Anmerkungen zur Geschichte der deutschen Jugendbewegung im ersten Drittel des Jahrhunderts. *Von Jürgen Reulecke* — 56

2. Demokratie und Diktatur in der Zwischenkriegszeit — 60–139

● *Auftaktseiten* — 60

● *Grundinformation* — 62

● *Darstellungen*
Veränderungen der politischen Ordnung im Ersten Weltkrieg — 68
Wandel und Behauptung der Demokratien in den westlichen Staaten — 69
Die Weimarer Republik — 75
Der Nationalsozialismus — 86
Das faschistische Italien — 97
Die Herausbildung autoritärer Regime im Osten Europas — 99
Die Sowjetunion 1917–1945 — 101

● *Arbeitsteile*
Basismaterialien — 108
Die Russische Revolution — 116
Eine unabhängige „dritte Gewalt"? – Justiz in der Weimarer Republik — 120
Deutscher Widerstand gegen den Nationalsozialismus — 124
Die Verfolgung und Vernichtung der europäischen Juden — 128
Der Nationalsozialismus in der historischen Diskussion — 132

● *Essay*
„Öfter als die Schuhe die Länder wechselnd" – Politische Flucht und Emigration aus dem nationalsozialistischen Deutschland. *Von Irmela von der Lühe* — 136

3. Die Weltwirtschaft in der Zwischenkriegszeit 140–181

- *Auftaktseiten* 140

- *Grundinformation* 142

- *Darstellungen*
Konjunkturen und Strukturen der Weltwirtschaft in der Zwischenkriegszeit 144
Wirtschaftspolitik in der Weltwirtschaftskrise: Einschränkung oder Ausweitung der Staatstätigkeit? 152
Die wirtschaftliche Entwicklung der Sowjetunion in der Zwischenkriegszeit 158

- *Arbeitsteile*
Basismaterialien 161
Massenproduktion, Massenkonsum und Massenkultur in den USA 166
Die Herausbildung der sowjetischen Planwirtschaft: Industrialisierung und Kollektivierung unter Stalin 170
Die nationalsozialistische Autarkie- und Aufrüstungspolitik 1936–1939 174

- *Essay*
„Er übertrug dem Staat wichtige gestaltende Wirtschaftsfunktionen". John Maynard Keynes – Revolutionär und Vordenker. *Von Volker Wörl* 178

4. Internationale Politik im Zeitalter der Weltkriege 182–229

- *Auftaktseiten* 182

- *Grundinformation* 184

- *Darstellungen*
Die Welt nach dem „Großen Krieg" 188
Die Reparationsfrage oder: Ökonomie und internationale Politik in den zwanziger Jahren 193
Zwischen kollektiver Sicherheit und nationaler Aggression: Internationale Politik in den zwanziger und dreißiger Jahren 195
Nationalsozialistische Außenpolitik: Der Weg in den Krieg 199
Der Zweite Weltkrieg 1939–1945 203

- *Arbeitsteile*
Basismaterialien 208
Zur Entwicklung einer stereotypen Eigenwahrnehmung: Deutschland und seine Nachbarn nach dem Ersten Weltkrieg 215
Die Appeasement-Politik in der zeitgenössischen Auseinandersetzung und in der historischen Interpretation 219
Der „totale Krieg" 223

- *Essay*
Eine Weltordnung ohne Kriege? Der Völkerbund, die Vereinten Nationen und die Idee der kollektiven Sicherheit. *Von Egon Bahr* 227

5. Internationale Politik nach 1945: Konkurrenz der Weltmächte und Europa 230–281

- *Auftaktseiten* 230

- *Grundinformation* 232

- *Darstellungen*
Die Entstehung des Ost-West-Konfliktes (1945–1949) 236
Der Verlauf des Ost-West-Konfliktes (1949–1991) 241
Europa und die Welt nach dem Ende des Ost-West-Konfliktes 248

- *Arbeitsteile*
Basismaterialien 256
Von Palästina nach Israel: Die schwierige Gründung eines Nationalstaates 263
Der Prozess der europäischen Einigung 268
Menschen- und Bürgerrechtsbewegungen in Osteuropa 273

- *Essay*
Europa – Einheit und Vielheit. *Von Ralf Dahrendorf* 278

6. Deutschland nach 1945 — 282–357

- *Auftaktseiten* — 282
- *Grundinformation* — 284
- *Darstellungen*
  - Deutschland unter alliierter Besatzung 1945–1949 — 288
  - Die Bundesrepublik Deutschland 1949–1989 — 298
  - Die Deutsche Demokratische Republik 1949–1989 — 313
  - Die Vereinigung der beiden deutschen Staaten 1989/90 — 321
- *Arbeitsteile*
  - Basismaterialien — 325
  - Die Bürde der Vergangenheit – Zur Auseinandersetzung mit dem Nationalsozialismus — 332
  - Parteien und Wahlen in Ost und West 1949–1990 — 336
  - „Parteilichkeit" oder „Experimente"? – Zur Enwicklung der bildenden Kunst in der DDR — 342
  - Von allem die Hälfte? – Die Frauenbewegung in der Bundesrepublik Deutschland — 346
  - Die ostdeutsche Revolution und das Ende der staatlichen Teilung — 350
- *Essay*
  - „Schicksalstage in der Geschichte werden gemacht" – Der 9. November. Von *Michael Daxner* — 354

7. Dekolonisierung und Dritte Welt — 358–393

- *Auftaktseiten* — 358
- *Grundinformation* — 360
- *Darstellungen*
  - Dritte Welt – Zur Problematik eines Begriffs — 364
  - Kolonialmächte und Anfänge der Dekolonisierung in der ersten Hälfte des 20. Jahrhunderts — 365
  - Dritte Welt und Dekolonisierung im Zeichen des Ost-West-Konfliktes — 369
  - Die Dritte Welt nach dem Ende des Ost-West-Konfliktes — 376
- *Arbeitsteile*
  - Basismaterialien — 378
  - Indien: Gesellschaft und Herrschaft seit der Unabhängigkeit 1947 — 385
- *Essay*
  - „Ich bin AusländerIN". Frauen und Dritte Welt – Unebenheiten der Solidarität. *Von Cheryl Benard und Edit Schlaffer* — 391

8. Die westliche Zivilisation in der Moderne: Demokratie und Massengesellschaft — 394–423

- *Auftaktseiten* — 394
- *Grundinformation* — 396
- *Darstellungen*
  - Demokratie und Massengesellschaft: Ein Widerspruch? — 399
  - Der Wandel der Arbeitswelt und der Familie — 400
  - Freizeit und Arbeit — 407
  - Politische Partizipation — 411
- *Arbeitsteile*
  - Basismaterialien — 412
- *Essay*
  - „Das Ketzerische an unserem Jahrhundert". *Von Umberto Eco* — 419

Methodenarbeitsteile   424–452

Geschichte als Wissenschaft 424	Die Welt der Zahlen: Zum Umgang mit Statistiken 439
Zum Umgang mit schriftlichen Quellen	Fotografien als historische Quellen 443
(20. Jahrhundert) 429	Geschichte im Film 447
Malerei und Geschichte im 20. Jahrhundert 431	„Oral History" – Das historische Interview 451
Das Plakat oder „Die aufgehängte Geschichte" 435	

Anhang   453–496

Anmerkungen 453	Lexikon 457
Nachweise zu Materialien der Grundinformationen,	🟠 *Anregungen für thematische Längsschnitte* 472
Darstellungen und Methodenarbeitsteile 454	Register 487
Literaturhinweise 455	Bildquellen 496

Hinweise zum Aufbau des Geschichtsbuchs Oberstufe

Der Band 2 des *Geschichtsbuchs Oberstufe* behandelt in acht Kapiteln die Geschichte des 20. Jahrhunderts. Das Buch ist allerdings kein „lückenloser" Durchgang durch die Geschichte, vielmehr setzt es thematische Schwerpunkte. Diese Schwerpunkte orientieren sich an Gegenständen und Problemen, die von der neueren Geschichtswissenschaft als zentral angesehen werden, sowie an der Bedeutung der Geschichte für unsere Gegenwart und Zukunft.

Der Aufbau des Buches bietet zwei Wege zum Kursunterricht: Über die Kapitelkurse können für eine begrenzte Epoche die grundlegenden historischen Strukturen und Probleme erarbeitet werden, während die Anregungen für thematische Längsschnitte im Anhang die Möglichkeit bieten Themen und Probleme von der Antike bis zur Gegenwart in diachroner Betrachtung zu untersuchen.

● Auftaktseiten
Jedes Kapitel beginnt mit einer Doppelseite (grüner Farbton), die in das Kapitel einführt. Neben einer Abbildung, die für das Kapitelthema repräsentativ ist, greift ein kurzer Text die zentralen Frage- und Problemstellungen auf und thematisiert die Relevanz des Themas für die Gegenwart. Die Fußnoten sind im Anhang aufgeführt.

● Grundinformation
Im Anschluss an die Auftaktseiten folgen in der Regel vier Seiten (roter Farbstreifen am oberen Rand), die mit Hilfe von Zeittabellen, Erläuterungen zentraler Begriffe, Karten und Statistiken über die wichtigsten Ereignisse und historischen Strukturen des Kapitelthemas informieren. Die Nachweise zu Karten und Statistiken sind im Anhang aufgeführt.

● Darstellungen
Die Texte der Autorinnen und Autoren des Buches (gelber Farbstreifen) entfalten argumentativ die zentralen Problemzusammenhänge des Kapitelkurses. Da die Darstellungen optisch und inhaltlich in Abschnitte untergliedert und mit Arbeitsaufträgen versehen sind, können auch Einzelaspekte des Kursthemas im Unterricht behandelt werden. Verweise auf Materialien ermöglichen das schnelle Auffinden von Quellen in den Arbeitsteilen. Mit Sternchen (*) gekennzeichnete Wörter sind für das Kapitelthema von zentraler Bedeutung und werden in der Grundinformation erklärt. Die Fußnoten und die Nachweise zu Tabellen und Grafiken sind im Anhang aufgeführt.

● Arbeitsteile
Zu jedem Kapitel gibt es Arbeitsteile (blauer Farbstreifen), die unterschiedliche Materialien wie schriftliche Quellen (mit einem **Q** gekennzeichnet), Abbildungen, Karten, Statistiken sowie Auszüge aus der Sekundärliteratur (mit einem **D** gekennzeichnet) enthalten. Die Arbeitsteile untergliedern sich in zwei Typen: Zu jedem Kapitel gibt es direkt im Anschluss an die Darstellungen eine Materialsammlung, die zentrale Dokumente zum gesamten Kapitelthema enthält (Basismaterialien). Danach folgen mehrere thematisch konzipierte Arbeitsteile.

● Historische Essays
In der öffentlichen Diskussion über historisch-politische Themen nimmt der Essay heute einen wichtigen Platz ein. Für das *Geschichtsbuch Oberstufe* haben deshalb Schriftsteller, Journalisten, Wissenschaftler und Politiker historische Essays verfasst, die als Originalbeiträge zur gegenwartsbezogenen Auseinandersetzung mit der Geschichte auffordern und Bezüge zu anderen Fächern und Lebensbereichen herstellen. Sie sind am grauen Farbstreifen zu erkennen.

● Methodenarbeitsteile
Die Methodenarbeitsteile am Ende des Bandes stellen die wichtigsten Quellengattungen vor und verbinden diese Abschnitte über Arbeitsfragen mit den Kapitelkursen des Buches. Zusammen mit den Arbeitsteilen benutzt bieten sie eine kurzgefasste Einführung in den Umgang mit Geschichte. Die Fußnoten sind im Anhang aufgeführt.

○ Anmerkungen, Nachweise, Literaturhinweise
An dieser Stelle werden die Fußnoten der Auftaktseiten, Darstellungen und Methodenarbeitsteile aufgeführt, Nachweise zu Materialien der Grundinformationen und Darstellungen aufgelistet und Hinweise auf Sekundärliteratur zum Weiterlesen gegeben.

○ Lexikon
Ergänzend zu den zentralen Begriffen der Grundinformationen bietet das Lexikon Erklärungen von Fremdwörtern sowie Hinweise zu historischen Ereignissen und Begriffen. Die zentralen Begriffe aus den Grundinformationen erscheinen hier mit Verweis.

● Längsschnitte
Um im Kursunterricht auch wichtige Themen und Probleme von der Antike bis zur Gegenwart in diachroner Betrachtung untersuchen zu können halten die Längsschnitte ausführliche Informationen darüber bereit, wo welche Darstellungen und Materialien zu den einzelnen Themen in diesem Band zu finden sind. Die Materialien zu Band I sind in den dortigen Längsschnitten aufgeführt.

○ Sach- und Personenregister
Über seine eigentliche Funktion hinausweisend dient das Register auch als biografisches Nachschlagewerk, das Personen mit Lebens- bzw. Regierungsdaten und wichtigen Funktionen auflistet.

1. Durchbruch der Moderne:

Die Formierung der Massengesellschaft 1880–1930

In der Nacht vom 14./15. April 1912 rammte die Titanic, das seinerzeit modernste und sicherste Schiff, auf ihrer Jungfernfahrt nach Amerika einen Eisberg und sank in kurzer Zeit. Die bis dahin größte Schiffskatastrophe der Geschichte schockierte die Welt. Die Engländerin Eva Hart, Überlebende des Unglücks, sagte später: „Ich glaube, dass die 1500 Menschen, die in jener Nacht starben ... uns als Beispiel für die Arroganz des Menschen im Gedächtnis bleiben müssen ... Die Menschen werden weiterhin glauben sie hätten etwas Vollkommenes erfunden – wie ein unsinkbares Schiff. Wir müssen ständig daran erinnert werden, dass das falsch ist – und ich glaube, dass die Titanic uns daran gemahnen kann."[1] So zeigte sich gleichzeitig mit dem Aufbruch in die erhoffte bessere, die moderne Welt auch deren bedrohlicher Charakter, ihr Doppelgesicht.

Es war der Glaube an den unaufhaltsamen Fortschritt der Menschheit, dem die Aufbruchstimmung seit dem Ende des 18. Jahrhunderts ihre geistige Schubkraft verdankte. Dieser Glaube hatte seine Wurzeln einerseits in der Philosophie der Aufklärung mit ihren universalen Ideen der individuellen Freiheit, der Gleichheit und Rationalität. Andererseits speiste er sich aus den wachsenden wissenschaftlichen Erkenntnissen, der technischen Beherrschung der Natur und einer zunehmenden Produktion von Gütern. Diese Erfahrungen ließen ein Bewusstsein entstehen, das den Glauben an die unbegrenzte Machbarkeit der Natur sowie an die Veränderbarkeit der bis dahin als feststehend geltenden gesellschaftlichen Ordnungen förderte – das „Projekt der Moderne".

Diese Entwicklung lässt sich in zwei große Schübe einteilen. Mit der Amerikanischen und Französischen Revolution begann der Kampf des liberalen und demokratischen Bürgertums um Ausweitung seiner politischen und gesellschaftlichen Macht sowie um Sicherung seines Eigentums unter dem Zeichen individueller Selbstbestimmung. Diese Konflikte erfüllten den größten Teil des 19. Jahrhunderts in den sich industrialisierenden Staaten. Gleichzeitig grenzte aber das Bürgertum die sozial Schwächeren und die Frauen von den Errungenschaften, z. B. Wahlrecht und Zugang zu öffentlichen Bildungseinrichtungen, weitgehend aus.

In einem zweiten großen Schub seit Ende des 19. Jahrhunderts stellte dann die bis dahin ausgegrenzte Masse der unteren sozialen Schichten wie auch der Frauen ihre Ansprüche auf individuelle Freiheit, Machtteilhabe, soziale Sicherheit und selbstbestimmte Lebensgestaltung. Diese Gruppen vermochten dies aber nicht so sehr als einzelne, unabhängige Individuen zu tun, sondern sie organisierten sich, wie z. B. in der Arbeiterbewegung. Die Auseinandersetzungen um die Einbeziehung der Massen in die Herrschaftsausübung und um deren Existenzsicherung im Sozialstaat bestimmen seither die Politik der Industriestaaten. Nach 1945 wurden auch die übrigen Regionen der Welt in diesen Prozess miteinbezogen, wie der globale Konflikt zwischen der Ersten und Dritten Welt zeigt.

Der britische Soziologe Peter Wagner kennzeichnet den ersten Schub als „eingeschränkte liberale Moderne" und den zweiten als „organisierte Moderne". Entscheidendes Merkmal beider Entwicklungen ist wiederum deren Doppelgesichtigkeit im Wechselspiel von individueller Freiheit und sozialer Disziplinierung. Die Moderne brachte zwar eine ungeahnte Erweiterung der Freiheit, aber auch die ungeahnte Menschenverachtung von Auschwitz hervor.

Wenn im Folgenden die Herausbildung der modernen Massengesellschaft dargestellt wird, ergibt sich eine weitere Spannung: das Problem von Angeboten der modernen Lebensweise und ihrer Übernahme in die tatsächliche Lebenspraxis. Während sich von ca. 1880 bis 1930 zunächst die Angebote der Moderne z. B. in der Massenunterhaltung herausbilden, werden diese oftmals erst mit den 1960er Jahren von der Mehrheit der Bevölkerung auch wirklich praktiziert. In diesem Prozess spielen die USA im Vergleich zu den anderen Industriestaaten, wie z. B. Deutschland, das im Zentrum des folgenden Kapitels steht, ständig eine Vorreiterrolle. Begriffe wie z. B. „Amerikanisierung" dienen seither zur Umschreibung dieses Prozesses.

In den 1970er Jahren führen Energiekrise, weltwirtschaftliche Depression und der informationstechnologische Neuerungsschub das „Projekt der Moderne" in eine Gesamtkrise: Die „organisierte Moderne" in Form der westlichen Massenzivilisation des demokratischen und sozialen Wohlfahrtsstaates stößt an ihre Grenzen; in Form der sozialistischen Staaten ist sie zusammengebrochen. In den westlichen Staaten lockern sich die organisierten, kollektiven Bindungen der Bürgerinnen und Bürger an Parteien, Verbände, Gewerkschaften oder Vereine; das Bewusstsein solidarischer Verbundenheit in der Gesellschaft nimmt ab. Und die Individualisierung droht die Gesellschaft so weit zu atomisieren, dass gesamtgesellschaftliche Interessen kaum mehr verfolgt werden können. Das daraus resultierende Problem von Demokratie und Massengesellschaft wird in Kapitel 8, S. 394–423 dargestellt.

George Grosz (1893–1959), Die Großstadt, 1916/17, Öl auf Leinwand, 100 x 102 cm, Madrid, Fundación Colección Thyssen-Bórnemisza

1 Durchbruch der Moderne

1751–72	Denis Diderot, französischer Philosoph der Aufklärung, macht mit seiner lexikalischen Enzyklopädie Wissenschaft, Kunst und Gewerbe der Öffentlichkeit zugänglich
1776	Amerikanische Revolution: Unabhängigkeitserklärung, 1787 liberale Verfassung, Wahlrecht der Männer eingeschränkt durch Eigentumsbestimmungen, Wahlsteuern und Bildungsprüfungen auf ca. 50 Prozent der Männer
um 1780	Beginn der Industriellen Revolution in England
1789	Französische Revolution: Verfassung 1791 mit Wahlrecht nur für Männer, beschränkt durch Steuerklassen auf gut 50 Prozent
1825	Erste öffentliche Eisenbahn zwischen Stockton und Darlington/Großbritannien
1844	Erste Telegrafenlinie zwischen Washington und Baltimore/USA
1871	Allgemeines, gleiches und geheimes Wahlrecht für alle männlichen Bürger ab 25 Jahre zum Deutschen Reichstag
1873–95	„Große Depression": erste Weltwirtschaftskrise der Industriestaaten
1874	Das Bild *Impression, soleil levant* des Franzosen Claude Monet gibt einer neuen Kunstrichtung den Namen „Impressionismus"
1878	Erste Telefonzentrale der Welt in Hartford/USA
seit 1880	In der Chemie Durchbruch der künstlichen „Synthese" von Naturstoffen (Farben und Arzneien)
1883/84/89	Kranken-, Unfall- und Invalidenversicherung im Deutschen Reich: erstes Versicherungssystem des modernen Sozialstaats
1885	Kongo-Konferenz in Berlin: imperialistischer Wettlauf um die Aufteilung der Erde
1888/89	Kodak-Kamera: erste handliche Kamera mit Rollfilm (USA)
1890	Die erste elektrische U-Bahn geht in London in Betrieb
seit 1890	Jugendstil (frz. = Art nouveau, engl. = Modern style); Bildung des deutschen Begriffs nach der 1896 gegründeten Zeitschrift „Jugend"
1893	Der deutsche Mediziner Emil von Behring entdeckt das Diphterie-Serum
1895	Erste Filmvorführungen in Paris und Berlin
1895	Die österreichischen Ärzte Sigmund Freud und Josef Breuer publizieren „Studien über Hysterie": Begründung der Psychoanalyse
1897	Der erste Comic-Strip, die „Katzenjammer-Kids" von Rudolph Dirks, erscheint in den USA
1898	Gründung des Deutschen Flottenvereins, halboffizielles Propagandainstrument für den Schlachtflottenbau; 1914: 1,1 Mio. Mitglieder
1903	Die Engländerin Emmeline Pankhurst begründet den „Sozialen und politischen Frauenverein" (Suffragettenbewegung) zur Massenmobilisierung gegen die gesellschaftliche Diskriminierung der Frauen
1903	Die Französin Marie Curie erhält als erste Frau einen Nobelpreis (Entdeckung der Elemente Polonium und Radium)
1904	Freie Gewerkschaften im Deutschen Reich über 1 Mio. Mitglieder
1905	Gründung der Malervereinigung „Brücke" durch Ernst Ludwig Kirchner u. a.: Beginn des „Expressionismus" in der Malerei
1911	Mehr als 1 Mio. Frauen demonstrieren im Deutschen Reich, in Österreich, Dänemark und der Schweiz für das Frauenwahlrecht
1913	Fließbandfertigung bei Ford (USA); bis 1927: 15 Mio. *Tin Lizzie*-Modelle produziert
1915	Begründung der konstruktivistischen bzw. „gegenstandslosen" Kunst durch den russischen Maler Kasimir Malewitsch
1919	In den USA Douglas DC-3-Flugzeuge für 32 Passagiere
1922	60 000 Rundfunkgeräte und 400 Rundfunkstationen in den USA
1928	Aufführung des ersten Tonfilms
1935	Erstes reguläres Fernsehprogramm der Welt im Deutschen Reich

Bürokratisierung: die zunehmende Organisation und Verwaltung eines Staates und seit dem ausgehenden 19. Jh. auch der Politik und Gesellschaft, durch fachlich spezialisierte und geschulte Beamte und Angestellte. Die Bürokratie funktioniert innerhalb eines genau festgelegten Systems von Aufgaben mit einer Rangordnung von oben nach unten (Beamtenrecht, Dienstweg, Instanzenweg). Bürokratisierung ist mit wachsender Undurchschaubarkeit und Unpersönlichkeit für die einzelnen Bürgerinnen und Bürger verbunden.

Demographie → Begriffe Kap. 8

Freizeit: Phänomen der arbeitsteiligen Industriegesellschaften, zu deren charakteristischen Merkmalen die Scheidung von „Arbeitszeit" und „arbeitsfreier Zeit" gehört. Dabei lässt sich „freie Zeit" relativ leicht objektiv messen, sofern die Arbeit an einem z. B. vom Haushalt getrennten Ort durchgeführt wird. „Freie Zeit" entstand durch die Verkürzung gewerblicher Arbeitszeit und die Erleichterung der Hausarbeit vor allem seit Ende des 19. Jh. Freizeit als sozialwissenschaftlicher Begriff hingegen ist anders zu fassen als der Begriff der „freien Zeit", da nicht alles als Freizeit empfunden wird, was als freie Zeit definiert werden kann. Reisen z. B. kann für den Arbeiter eine Freizeitbeschäftigung sein, für den Reiseschriftsteller aber Arbeit.

Interventionsstaat: Staat, der durch gezieltes Eingreifen seiner Organe in die kapitalistische Wirtschaft unerwünschte Folgen der „freien Marktwirtschaft" zu korrigieren versucht. Ein wesentlicher Bereich des Interventionsstaates ist die Sozialpolitik, die das materielle Wohl und die soziale Sicherheit der Bürgerinnen und Bürger zum Gegenstand hat. Daher wird häufig vom Interventions- und Sozialstaat im Zusammenhang gesprochen. Historisch hat sich der Interventions- und Sozialstaat mit der „Großen Depression", der Weltwirtschaftskrise 1873–1895, herausgebildet. In Deutschland erhielt er vor allem durch die Sozialgesetzgebung der 1880er Jahre seine ersten, auch für andere Staaten vorbildhaften Formen.

Massengesellschaft: Begriff zur Kennzeichnung von Gesellschaften hochindustrialisierter Länder seit den 1880er Jahren. Die Massengesellschaft ist geprägt durch Einbeziehung der breiten, unteren

Durchbruch der Moderne 1

Jahreshaushalts-einkommen	Arbeiter			Angestellte			Beamte		
	Theater/Konzert	Kino	Rundfunk	Theater/Konzert	Kino	Rundfunk	Theater/Konzert	Kino	Rundfunk
unter 3000	4,13	2,63	4,11	5,01	3,70	7,01	3,65	2,41	9,80
3000 – unter 3600	5,62	4,06	7,07	7,98	4,26	9,65	7,72	2,95	5,04
3600 – unter 4300	7,23	4,82	6,07	11,88	5,47	17,57	7,77	3,82	12,80
über 4300	12,59	11,69	19,24	21,60	7,16	28,51	26,05	5,82	25,07

Ausgaben von Arbeiter-, Angestellten- und Beamtenhaushalten für Theater, Konzert, Kino und Rundfunk im Deutschen Reich 1927 in Abhängigkeit vom Jahreshaushaltseinkommen (in RM)

Volksschichten in die politische Willensbildung, durch Alphabetisierung und der sich daraus ergebenden Möglichkeit zur erweiterten kulturellen Teilhabe und der eigenen ökonomischen und sozialen Interessenvertretung. Organisierung bedeutet aber auch Disziplinierung. Damit ist potentiell auf die Gefahr verwiesen, dass sich Massen charismatischen Führerfiguren unterwerfen und so freie, selbstbestimmte Entscheidungen aufgeben können.

Massenkommunikation/-medien: entscheidendes Element und Bindemittel der Massengesellschaft. Massenkommunikation basiert im Gegensatz zur persönlichen (direkten) auf der „indirekten Kommunikation" durch technische bzw. elektronische Medien (Presse, Radio, Film, Fernsehen). Der entscheidende Durchbruch zur Massenkommunikation gelang um 1900. Die Fähigkeit, immer mehr Menschen in immer weiter entlegenen Regionen zu erreichen und damit beeinflussen zu können, hat die Massenkommunikation auch zu einem der wichtigsten Instrumente moderner Politik gemacht. Der Einsatz der Massenmedien hat auch eine antimoderne Kulturkritik hervorgebracht, die vor allem den Vorwurf der nivellierenden, d. h. gleichmachenden „Vermassung" erhob; übergangen und übersehen hat sie die Chancen, über Massenkommunikationsmittel die Mehrheit der Bevölkerung an Bildung und Kultur teilhaben zu lassen und damit die Gesellschaft zu demokratisieren.

Massenkultur → Massengesellschaft

Moderne: Epochenbegriff der Weltgeschichte, der seinen Ursprung in der Aufklärung hat. Er bezeichnet die Zeit seit den bürgerlichen Revolutionen (USA 1776/Frankreich 1789) und der von England ausgehenden Industrialisierung (um 1770) bis heute. Er setzt in diesem Sinne die moderne Zeit, deren Industriegesellschaften sich ständig und beschleunigt wandeln, von den traditionalen, eher statischen Agrargesellschaften ab. Der politische, wirtschaftliche und soziale Wandel in der Moderne wird als Modernisierung bezeichnet. Die Moderne erhält ihre Schwungkraft durch die Ideen des Fortschritts und der Freiheit und Gleichheit der Individuen; sie wird damit zu einem positiv in die Zukunft gerichteten Prozess. Kritiker der Moderne heben ihre negativen Folgen, Zerstörung überlieferter Lebenswelten und Zunahme der Disziplinierung und Organisierung von Politik, Ökonomie und Gesellschaft, hervor. Die „Moderne" hat also ein Doppelgesicht, das teilweise als Grundwiderspruch des Prozesses interpretiert wird, zum Teil aber auch als eine ständig auszubalancierende Wechselbeziehung von selbstbestimm-

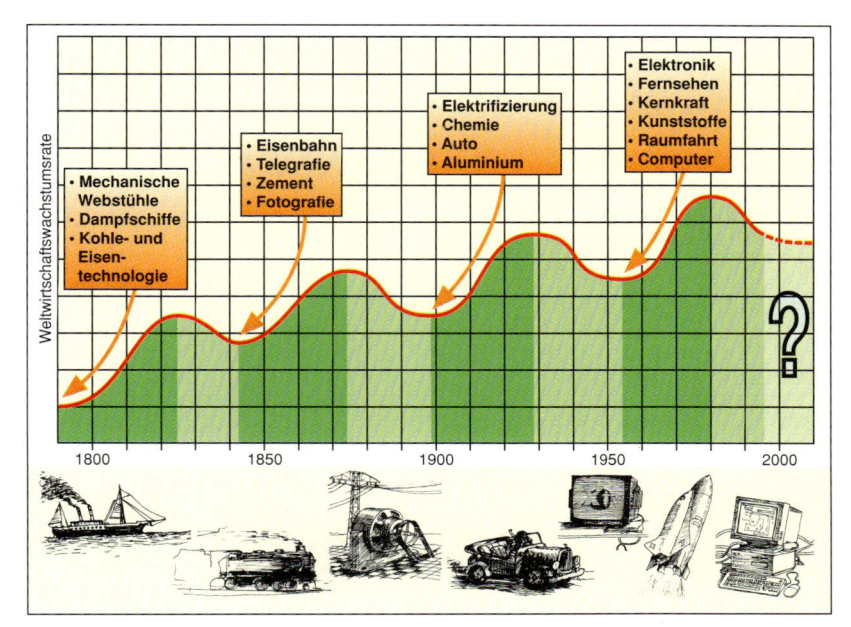

Technische Innovationen und Wirtschaftsentwicklung von 1800 bis zur Gegenwart

1 Durchbruch der Moderne

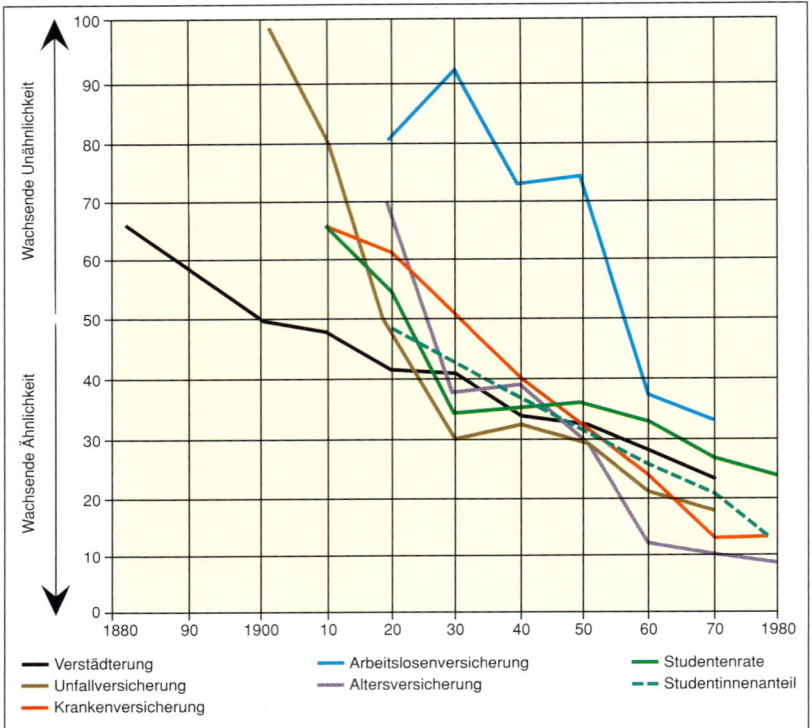

Legende:
- Verstädterung
- Unfallversicherung
- Krankenversicherung
- Arbeitslosenversicherung
- Altersversicherung
- Studentenrate
- Studentinnenanteil

1 Der Variationskoeffizient dient als Indikator zur Messung von Unterschieden zwischen Gruppen. Er misst in dieser Grafik die Abstände der einzelnen Länder vom jeweiligen Gesamtdurchschnitt aller untersuchten Länder und drückt sie in Prozent des jeweiligen Durchschnitts aus. Je größer der Koeffizient ist, desto größer ist der Unterschied. Je kleiner er ist, umso größer ist die Ähnlichkeit. Ein Koeffizient von 10 Prozent und weniger bedeutet für die statistische Interpretation große Ähnlichkeit. Allerdings stellen Koeffizienten ein sehr verallgemeinerndes Maß dar, die, wie in diesem Beispiel, über die Entwicklung innerhalb einzelner Länder nichts aussagen.

Angleichung der Verstädterung, der Bildung und der Sozialversicherungen in Westeuropa 1880–1980 (Variationskoeffizienten[1])

Jahr	Streckennetz (in km)		Eisenbahnverkehr	
	Eisenbahn	Omnibuslinien[1]	Personenkilometer (in Mio.)	beförderte Personen (in Mio.)
1870	19 051	–	4 447	*
1900	*	–	20 062	*
1913	63 378	3 248	41 393	1 819
1921	57 652	5 985	75 180[3]	2 979[3]
1929	58 183	56 075	48 132	2 057
1937	58 821[2]	82 548	51 064	1 874
* keine Angaben	1 Omnibuslinien im Überlandverkehr		2 1936	3 1922

Eisenbahn- und Omnibusverkehr im Deutschen Reich 1870–1937

ter Individualität und gesellschaftlicher Organisation.

Modernisierung: Prozess der beschleunigten Veränderungen einer Gesellschaft in Richtung auf einen entwickelten Status (Moderne). Zunächst bezogen auf den Übergang von der Agrar- zur Industriegesellschaft an der Wende vom 18. zum 19. Jh., dann aber auch für die weiteren Schübe der Industrialisierung im Zusammenhang mit tiefgreifenden Krisen und grundlegenden technischen Neuerungen, wie z. B. im letzten Viertel des 19. und Anfang des 20. Jh. Kennzeichen der Modernisierung sind: Säkularisierung, Verwissenschaftlichung, Bildungsverbreiterung, Technisierung, Ausbau und Verbesserung der technischen Infrastrukturen (Verkehr, Telefonnetz, Massenmedien), Bürokratisierung und Rationalisierung in Politik und Wirtschaft, soziale Sicherung (Sozialstaat), zunehmende räumliche und soziale Mobilität, Parlamentarisierung und Demokratisierung, Verbreiterung der kulturellen Teilhabe (Massenkultur), Urbanisierung. Wegen seiner meist engen Verbindungen mit der Fortschrittsidee ist der Begriff politisch und wissenschaftlich umstritten, weil als Maßstab der Modernisierung der jeweilige Entwicklungsstand der „westlichen Zivilisation" gilt und weil die „Kosten", vor allem ökologische Probleme, bisher in den Modernisierungstheorien wenig berücksichtigt sind.

Rationalisierung: Prozess der Durchsetzung von Verfahrensweisen und Handlungsmustern bzw. -strukturen, die nach dem Soziologen Max Weber in der europäischen Moderne vor allem in ihrer nachvollziehbaren „Berechenbarkeit" bestehen. Ihre Wurzeln haben sie in den mathematischen und experimentell vorgehenden und rational begründeten Naturwissenschaften. Berechnung bzw. Kalkulation nach diesen rational-wissenschaftlichen Methoden werden zur Grundlage des kapitalistischen Wirtschaftsprozesses und damit prägend für das Verhalten des europäischen Bürgertums. Rationalisierung in diesem Sinn schließt auch die technische Neuerung im Produktionsablauf und in der Arbeitsorganisation mit ein. Rationalisierung wird im Verlauf der Modernisierung auch zu einem wesentlichen Merkmal von politi-

Durchbruch der Moderne 1

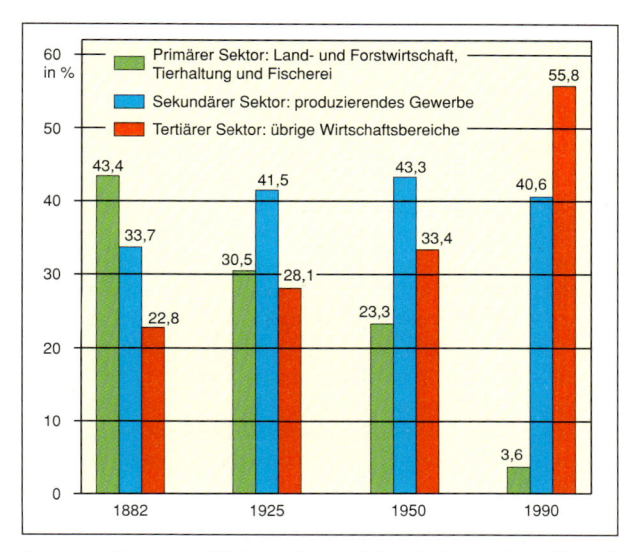

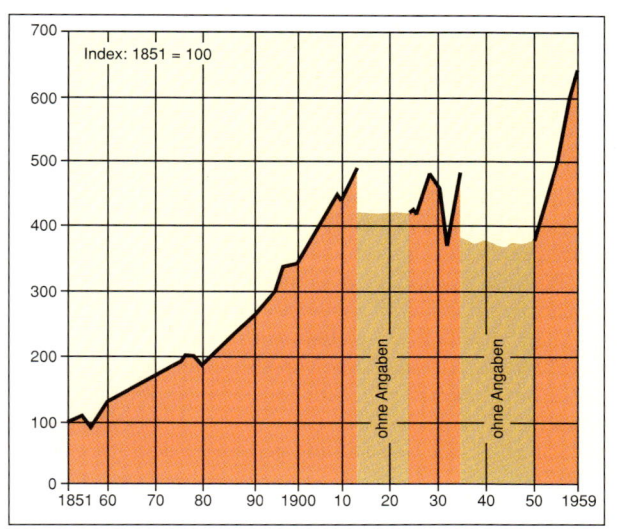

Erwerbstätige nach Wirtschaftsbereichen in Deutschland (jeweiliger Gebietsstand) 1882–1990 (in Prozent)

Das private verfügbare Einkommen im Deutschen Reich und in der Bundesrepublik Deutschland 1851–1959 (Index 1851 = 100)

schem, rechtlichem und gesellschaftlichem Handeln (Bürokratisierung).
Säkularisierung: bedeutet Verweltlichung, d. h., dass Religion und Kirche für die Menschen immer weniger Bedeutung haben. Dies ist besonders seit dem 18. Jh. zu beobachten. Aufklärung und Verwissenschaftlichung waren die Triebkräfte dieser Entwicklung.
Sozialstaat → Interventionsstaat
Urbanisierung: Als umfassender Begriff meint Urbanisierung die Verbreitung städtischer Kultur und Lebensweise über ganze Regionen auch unter Einbeziehung des Landes. Sie ist ein typisches Phänomen der Moderne. Ihre zentralen Merkmale spiegeln sich in der Großstadt: z. B. Massenangebot und Massenkonsum, Geschwindigkeit, Mobilität und Anonymität. Im engeren Sinne meint Urbanisierung auch *Verstädterung*, bewirkt durch schnelleres Wachstum der Stadtbevölkerung gegenüber langsamerem Wachstum oder gar Stillstand/Rückgang der Landbevölkerung. Die Zusammenballung großer Menschenmassen auf relativ engem Raum förderte verstärkt gegen Ende des 19. Jh. die Entwicklung einer spezifischen städtischen Kultur und Lebensweise.
Verstädterung → Urbanisierung
Zivilisation → Begriffe Kap. 8

Urlaub der erwachsenen Beschäftigten in der Lederindustrie in Baden und bei den Carl-Freudenberg-Werken in Weinheim 1919–1960 (in Tagen)

Dauer der Betriebszugehörigkeit	Urlaubsdauer in Tagen …							
	1919	1927 1930	1932	1935	1936	1937 1939	14.7. 1947	1948	1960
nach 1 Jahr	3	3	2	6	6	6	9	12	15
vor 1 Jahr							–	–	12
nach 2 Jahren	3	4	3	6	6	6	9	12	15
nach 3 Jahren	3	5	4	6	6	6	11	12	15
nach 4 Jahren	3	6	5	6	6	6	11	12	15
nach 5 Jahren	6	6	5	8	8	8	11	13	16
nach 6 Jahren	6	7	6	8	8	8	13	13	16
nach 7 Jahren	6	7	6	8	8	8	13	14	16
nach 8 Jahren	6	8	6	8	9	10	13	14	17
nach 9 Jahren	6	9	7	8	9	10	15	15	17
nach 10 Jahren	10	10	8	10	10	12	15	15	18
nach 15 Jahren	10	10	8	10	12	12	15	15	18
nach 17 Jahren	10	10	8	10	12	12	15	16	19
nach 19 Jahren	10	10	8	10	12	12	16	16	19
nach 25 Jahren	10	10	8	10	12	12	16	18	21

1. Stellen Sie anhand der Materialien Merkmale der Moderne seit 1880 zusammen.
2. Erläutern Sie mit Hilfe der Materialien die Aussagen zur Periodisierung des „Durchbruchs der Moderne" auf der Auftaktseite (siehe S. 9) und nehmen Sie Stellung.

Was ist die Moderne? – Zur Klärung eines Begriffs

„Moderne" und „Modernisierung"

Indikatoren der Modernisierung

Die Begriffe Moderne* und Modernisierung* kennzeichnen einen gesamtgesellschaftlichen Umwälzungsprozess, dessen Wurzeln bis in das 18. Jahrhundert zurückreichen. Sie beschreiben den komplexen historischen Vorgang der Entwicklung unserer heutigen Industriezivilisation. In der Wissenschaft werden eine Reihe von abstrakten, aber auch sehr konkreten Merkmalen für Modernisierung und Moderne genannt:

- das Prinzip der Veränderung gegenüber dem Prinzip der Beharrung;
- die wachsende Beschleunigung bei der Umgestaltung aller Lebens- und Tätigkeitsbereiche;
- die methodisch-rationale Eroberung der Natur und die rationale* Gestaltung der Gesellschaft;
- die Entfaltung eines industriekapitalistischen Wirtschaftssystems, das wissenschaftlich-technisch fundiert und bürokratisch strukturiert ist, mit dem Ziel der Massenproduktion;
- die Vernetzung der Welt durch Überbrückung der räumlichen und zeitlichen Entfernungen mit Hilfe neuer umwälzender Verkehrs- und Kommunikationsmittel wie Auto und Flugzeug, Telegraf und Telefon;
- die Herausbildung eines mächtigen Interventions-*, Sozial-* und Wohlfahrtsstaates;
- die Urbanisierung* mit der Herausbildung besonderer Raum-, Lebens- und Wohnstrukturen, Verkehrs-, Versorgungs- und Entsorgungsnetze;
- die Entfaltung der Massengesellschaft* mit spezifischen Formen sozialer, politischer und kultureller Organisation und Teilhabe (Massenpolitik, Massenkommunikation*, Massenkonsum);
- starker Anstieg der Lebenserwartung und Neugestaltung des Verhältnisses der Generationen;
- Gleichberechtigung und Gleichstellung der Geschlechter;
- Verwissenschaftlichung der Welterklärung und der Weltbeherrschung und die damit verbundene Säkularisierung* (Abkehr von der Religion als sinnstiftender Institution).

Gegen das Konzept der Modernisierung und Moderne werden viele Einwände erhoben, vor allem der, dass man eine bestimmte westliche Gesellschaftsform als Norm einsetzt und alle anderen Entwicklungen nicht als eigenständig, sondern nur als Abweichungen von diesem Modell begreift. Dennoch kann man das Konzept als „Idealtypus", als ein begriffliches Konstrukt, benutzen, mit dessen Hilfe die heutige Wirklichkeit und der Weg dorthin präziser begriffen und erklärt werden können.

Benutzt man das Konzept der Moderne zur Analyse und Erklärung von Langzeitentwicklungen in Wirtschaft, Gesellschaft, Kultur oder Wissenschaft, dann lässt sich beobachten, dass die zur Moderne führenden Stränge zwischen ca. 1880 und 1930 zusammenlaufen und dass diese sich bis in die 1960er Jahre weithin durchsetzen. Die Entwicklung begann in den USA, kam dann nach Europa und wurde von dort bis in die Gegenwart in alle Teile der Erde getragen.

Fortschrittsglaube und Ängste

Extreme Gegensätzlichkeiten kennzeichneten die Einstellungen zu dem Neuen, das sich mit Macht ankündigte. Da gab es auf der einen Seite den naiven Fortschrittsoptimismus eines Unternehmers wie Werner von Siemens. Er sagte 1886 in Berlin vor den 2700 Teilnehmern der Naturforscherversammlung: „Und so, meine Herren, wollen wir uns nicht irre machen lassen in unserem Glauben, dass unsere Forschungs- und Erfindungstätigkeit die Menschheit höheren Kulturstufen zuführt, sie veredelt und idealen Bestrebungen zugänglicher macht, dass das hereinbrechende naturwissenschaftliche Zeitalter ihre Lebensnot, ihr Siechtum mindern, ihren Lebensgenuss erhöhen, sie besser, glücklicher und mit ihrem Geschick zufriedener machen wird. Und wenn wir auch nicht immer den Weg klar erkennen können, der zu diesen besseren Zuständen führt, so wollen wir doch an unserer Überzeugung fest halten, dass das Licht der Wahrheit, die wir erforschen, nicht auf Irrwege führen und dass die Machtfülle, die es der Menschheit zuführt, sie nicht erniedrigen kann, sondern sie auf eine höhere Stufe des Daseins erheben muss!"[2]

Auf der anderen Seite war eine tief pessimistische Sicht zu finden (siehe S. 43, Mat. 15), die sich häufig in der Kritik an amerikanischen Angeboten der Massenkultur äußerte. Der Theaterkritiker Herbert Ihering (1888–1977) urteilte 1926 über die Millionen Zuschauer, die in die Hollywood-Filme strömten: „Sie alle werden dem amerikanischen Geschmack unterworfen, werden gleichgemacht, uniformiert … Der amerikanische Film ist der neue Weltmilitarismus. Er rückt an. Er ist gefährlicher als der preußische. Er verschlingt nicht Einzelindividuen. Er verschlingt Völkerindividuen."[3]

Die „Masse"

Kulturkritiker belegten den Durchbruch der Moderne oftmals mit Schlagworten wie „Vermassung", „Aufstand der Massen" oder „Asphaltkultur". Damit wollten sie das Verschwinden des einzelnen selbstbestimmten Individuums in Massenkollektiven und die alle Bereiche der Gesellschaft durchdringende Prägekraft der Masse kennzeichnen. Durch diese Kulturkritiker wurde der Begriff „Masse" in der Öffentlichkeit bis heute negativ belegt. In der Wissenschaft hat sich demgegenüber im Laufe der Zeit ein neutraler Gebrauch des Begriffs eingebürgert, der bestimmte gesamtgesellschaftliche Veränderungen beschreibt. Bei aller Kritik an der „Massen"-Zivilisation* bedeutet nämlich Vermassung in der Tat schichtübergreifende Verbreitung der Errungenschaften der Moderne. Nur als massenproduziertes Gut wird z.B. das Auto allgemein erschwinglich.

> 1. Geben Sie die wesentlichen Merkmale der Moderne wieder, wie sie der Autor der Darstellung definiert, und erläutern Sie diese an Beispielen aus Ihrem Erfahrungsbereich.
> 2. Führen Sie ein Streitgespräch über Faszination und Skepsis gegenüber der Moderne. Beziehen Sie dazu auch das Bild der Auftaktseite von George Grosz (siehe S. 8) mit ein.

Die Grundlagen der Moderne

Demographischer Umbruch

Bevölkerungswachstum

Von der Mitte des 19. bis zum Anfang des 20. Jahrhunderts gab es in den Industrieländern einen Bevölkerungsanstieg von bis dahin unbekannten Ausmaßen (siehe S. 38, Mat. 1). Damit erreichte eine Entwicklung ihren Höhepunkt, die bereits Mitte des 18. Jahrhunderts begonnen hatte. In Europa wuchs die Bevölkerung zwischen 1850 und 1900 von 266 auf 401 Millionen Einwohner, d.h. um knapp die Hälfte, im Deutschen Reich beispielsweise zwischen 1871 und 1910 um 58 Prozent auf 65 Millionen. Bis in die zweite Hälfte des 19. Jahrhunderts hatte das Bevölkerungswachstum seine Ursachen in der hohen Geburtenrate bei sinkender Sterblichkeitsrate. Etwa seit 1880/90 sank dann zwar die Geburtenrate, was im Wesentlichen durch eine gezielte Familienplanung von Ehepartnern und die bewusste Anwendung von Praktiken der Geburtenkontrolle verursacht war. Dennoch stieg die Bevölkerungszahl steil an, was auf die hohe Fertilität, d.h. die Zahl der Geburten pro tausend Frauen im gebärfähigen Alter, zurückzuführen war. Zusätzlich wurde diese Entwicklung durch die Verbesserung des Lebensstandards und der Lebensqualität gefördert; mit der Einführung von fließendem, sauberem Wasser und der Kanalisation gingen die Infektionskrankheiten drastisch zurück. Die Kommunen errichteten Netze zur medizinischen Versorgung und gesundheitlichen Vorsorge und Betreuung. Die Medizin selbst machte Fortschritte: Die Kindermedizin – die Pädiatrie – entstand als eigene Disziplin. All dies senkte die Säuglingssterblichkeit, am stärksten zunächst bei den wohlhabenden Schichten. Von 1877/79 bis 1912/13 ging sie bei Familien von Beamten und Angestellten um mehr als 50 Prozent zurück, beim Gesinde auf dem Lande und den Familien ungelernter Arbeiter um 24 bzw. 16 Prozent. Diese demographischen* Veränderungen bewirkten letztlich, dass die Lebenserwartung im Zeitraum von 1881/90 bis 1924/26 von 39 auf 57 Jahre anstieg. Dies drängte die Menschen zu einer bewussten Lebensplanung, wie es sich in einer starken Geburtenkontrolle oder in gesundheitlicher Vorsorge ausdrückte. Starker Anstieg der Lebenserwartung und bewusste Lebensplanung kennzeichnen den Übergang von der agrarischen zur industriellen Gesellschaft – den Durchbruch der Moderne.

Die industriell-wissenschaftliche Revolution

Die tiefgreifendste Umwälzung auf dem Weg zur Moderne ist zweifellos die Industrialisierung. Wenn sie in ihren Ursprüngen auch bis in das 18. Jahrhundert zurückgeht, so setzte sie sich in den wichtigsten Ländern Kontinentaleuropas und den USA erst seit den letzten Jahrzehnten des 19. Jahrhunderts durch. Danach wurde sie, angepasst an nationale Sonderbedingungen, zu einem weltweiten Prozess.

Die zweite Industrielle Revolution

Mit ihrer Durchsetzung in den letzten Jahrzehnten des 19. Jahrhunderts trat die Industrialisierung zugleich in eine neue Phase – die zweite Industrielle Revolution. Diese beruhte auf der Erschließung neuer Energiequellen und Materialien (Elektrizität, Erdöl, Chemie), vor allem aber auf der Anwendung der Erkenntnisse der Naturwissenschaften auf die Technik und die industrielle Produktion.

Der Industrialisierungsprozess war bis dahin großenteils von forschenden Praktikern vorangetrieben worden. Sie hatten auf elementare Wünsche und Bedürfnisse der Menschen reagiert und bestehende Produktionsverfahren schrittweise entwickelt oder verbessert. Nun wurden die großen technischen Neuerungen zunehmend von der Wissenschaft angestoßen, die ihre Forschung gezielt auf die industrielle Verwertung ausrichtete. Daneben blieben allerdings die wissenschaftliche Grundlagenforschung und die Leistungen jener Wissenschaftlerinnen und Wissenschaftler, die nicht unmittelbar auf die industrielle Verwertbarkeit „hinforschten", wichtige Stützen der zweiten Industriellen Revolution.

Modernisierung des Alltags – durch Elektrizität
Seit dem 18. Jahrhundert erforschten Wissenschaftler Elektrizität und Magnetismus. 1820/31 gelang die Entdeckung des Zusammenhangs der Elektrizität mit dem Magnetismus und der elektromagnetischen Induktion. In Deutschland nutzten Carl Friedrich Gauß und Wilhelm Weber die beiden Effekte zur Erzeugung und zum Nachweis von Signalen und konstruierten 1833 an der Universität Göttingen die erste elektromagnetische Telegrafenanlage. Schon vor der Mitte des 19. Jahrhunderts entstand daraus die Telegrafen- und Kabelindustrie, in der lange Jahre die USA und Großbritannien die Führung einnahmen.

Mit der Erfindung des Dynamos als Stromerzeuger und des Elektromotors auf der Grundlage wissenschaftlicher Entdeckungen und der 1891 zum ersten Mal praktizierten Übertragung elektrischer Energie über große Entfernungen begann die Starkstromtechnik. Sie wurde zum Treibsatz für die zweite Industrielle Revolution. Die Starkstromtechnik drückte dem Zeitalter vor dem Kriege technisch ihren Stempel auf. Vielfältige neue Anwendungsmöglichkeiten boten ungeahnte wirtschaftliche Verwertungschancen. Sie wurden begierig aufgegriffen und in fieberhafter Hast realisiert. Sie hoben die gesamte Industriewirtschaft, zuerst in Deutschland und in den Vereinigten Staaten, auf ein neues Niveau und besiegelten das Ende der Dampfmaschine als Energielieferant. In der Beleuchtung (siehe S. 40, Mat. 6), in der Chemie, in der Antriebskraft der Maschinen, im städtischen Verkehr, in der Industrie eroberte sich die Elektrizität ihre Märkte. Die Elektrizitätswirtschaft als der modernste Wirtschaftszweig wurde darüber hinaus zur hauptsächlichen Stätte der neuen Mentalität technisch-wissenschaftlicher Planung der Wirtschaft.

Erst in Ansätzen, am stärksten jedoch schon in den USA, drang die Elektrizität auch in die Privathaushalte ein. Genutzt wurde der Strom zunächst überwiegend zur Beleuchtung, dann um den Arbeitsalltag der Hausfrauen mittels elektrischer Geräte zu erleichtern. Bis 1918 fanden in den USA, ansatzweise auch in Deutschland, elektrische Bügeleisen die meiste Verbreitung, obwohl von einzelnen Firmen, wie in Deutschland von der AEG oder von Siemens, schon in den Grundzügen jene umfangreiche Palette von Elektrogeräten angepriesen wurde, die heute in moderner Form aus keinem Haushalt mehr fortzudenken ist.

Kehrseite der wissenschaftlichen Moderne: Wissenschaftlich-technische Kriegführung
Die Faszination, die sich mit den neuen Erfindungen verband, zeigte sich in der hymnischen Beschreibung des Elektrizitätspavillons auf der Pariser Weltausstellung im Jahre 1900: „Der Elektrizitätspalast gleißt jede Nacht in blendendem Licht. Dort findet man, in feurigen Lettern geschrieben, die Geschichte der Elektrizität von ihren primitivsten Erscheinungsformen bis zu den neuesten Möglichkeiten ihrer

Hausangestellte mit Staubsauger, ca. 1913. Fotografie

Durchbruch der Moderne

Christopher R. W. Nevison (1889–1946), Das Maschinengewehr, 1915, Öl auf Leinwand, 61 x 50,8 cm, London, Tate Gallery

Anwendung: das Telefon, Träger geflügelter Worte und Vorläufer der Television, des Mediums, das über weite Entfernungen hinweg das lebendige Bild der sprechenden Person vermitteln wird ... Die Märchengöttin der Elektrizität wurde, dank dem Genius des Menschen, eine mächtige Herrscherin, begabt mit unendlicher Macht." Diese Botschaft offenbart den zeitgenössischen Glauben, dass die unendliche Macht, die bisher Gott vorbehalten war, auf den Genius des Menschen übertragen worden sei und dass dieser damit verantwortungsvoll umgehen könne.

Im Ersten Weltkrieg trat dann in aller Brutalität zutage, dass dies keineswegs der Fall war. Naturwissenschaft und Technik zeigten mit ihrer Indienstnahme für Rüstung und Kriegführung ihre „böse Hinterseite". Hierbei spielte die Chemie eine makabre Rolle. Noch stärker als die Elektroindustrie war sie auf der Grundlage ständig neuer naturwissenschaftlicher Entdeckungen, die sich unmittelbar ökonomisch verwerten ließen, emporgewachsen. Schon vor der Jahrhundertwende entstanden z. B. im Deutschen Reich die Chemie-Giganten Bayer in Leverkusen, BASF in Ludwigshafen und Hoechst in Frankfurt am Main. Mit künstlichen Farben, Anilinfarben oder Pflanzenschutzmitteln hatten sie Weltbedeutung erreicht.

Im Kriege erlangte ein neues Verfahren eine ungeahnte Bedeutung, mit dem man den für Sprengstoff und Munition unentbehrlichen Salpeter herstellen konnte. Erst einige Jahre vorher hatte der Chemiker Fritz Haber das große Problem bewältigt Ammoniak aus dem Stickstoff der Luft und dem Wasserstoff des Wassers durch Synthese herzustellen. Mitten im Kriege wurde eine neue Großindustrie aufgebaut, die das neue Verfahren nicht nur zur Gewinnung des dringend benötigten Kunstdüngers, sondern vor allem des Salpeters zur Munitionsherstellung einsetzte. Ohne die wissenschaftliche Entdeckung der Synthese und ohne ihre direkte Umsetzung in den technischen Großanlagen wäre das vom Weltmarkt abgeschlossene Deutsche Reich nicht in der Lage gewesen den Krieg weiterzuführen.

Fritz Haber war es auch, der auf den barbarischen Gedanken kam Giftgas als Mittel der Kriegführung einzusetzen. Im April 1915 bliesen die Militärs erstmals in der vordersten deutschen Front Chlorgaswolken über die feindlichen Linien um den Gegner aus seinen Unterständen zu treiben. Von da an setzten beide Seiten die erste „wissenschaftliche Waffe" – heute C-Waffe genannt – mit ständig raffinierteren Methoden zur Vernichtung von Leben ein.

Wandel der Wirtschafts- und Berufsstruktur

Die Entstehung der Großindustrie

Die neuen industriellen Techniken begünstigten die Schaffung großräumiger Unternehmen, vor allem weil sie in der Lage waren die notwendigen Investitionen für die aufwendigen Anlagen und komplizierten Maschinen zu finanzieren. Die benötigten riesigen Finanzkapitalien wurden über die zur gleichen Zeit entstehenden großen Banken gesammelt und von dort der Industrie zur Verfügung gestellt. Bei dem explosionsartigen Ausbau der Elektroindustrie wurde jene enge Beziehung zwischen großer Industrie und großen Banken erprobt, die von da an das Wirtschaftsleben nachhaltig prägte.

Die Industriegiganten wurden noch größer durch Zusammenschlüsse. Auf diese Weise stiegen in Deutschland die AEG und Siemens nach der Jahrhundertwende zu den beherrschenden Elektrokonzernen empor. In England formierte sich in ähnlicher Weise das riesige ICI-Kombinat *(Imperial Chemical Industry)*. In der Montan-Industrie

(Kohleförderung, Eisen- und Stahlproduktion) gab es die ersten umfassenden Versuche Produktion und Absatz ganzer Industriezweige zu organisieren um über die Ausschaltung von Konkurrenz die Preise zu diktieren. Begleitet wurde dieser Prozess von der Gründung der wirtschaftlichen Interessenverbände, die darauf abzielten Maßnahmen der Verwaltung und die Gesetzgebungspolitik im Sinne der Wirtschaft zu beeinflussen; in Deutschland z. B. der 1876 entstandene Centralverein Deutscher Industrieller oder der 1893 gegründete Bund der Landwirte.

Die Bildung der großen Konzerne und industriellen Interessenverbände – so auch der Gewerkschaften als Interessenvertreter der Arbeitnehmer, vor allem der großen Zahl der Industriearbeiter –, zeigen an, dass die Industrialisierung ein neues Gesicht erhalten hatte, und zwar dasjenige der „organisierten Moderne" (siehe S. 39, Mat. 4).

Plakat der Internationalen Ausstellung für Reise- und Fremdenverkehr in Berlin 1911, Farblithographie, 121 x 80 cm, 1909, Entwurf: Hans Rudi Erdt.

Die Anfänge des Dienstleistungsgewerbes

Der auf wissenschaftlich-technischen Grundlagen beruhende Produktionsprozess und seine gewaltige Ausweitung und Differenzierung erforderten einen vorher nie gekannten Organisations- und Verwaltungsaufwand, denn Rohprodukte, Produktionsmittel und Erzeugnisse mussten transportiert, eingekauft und vermarktet werden. Das hatte zur Folge, dass der sogenannte tertiäre Wirtschaftssektor bzw. Dienstleistungssektor (Handel und Verkehr, Geld- und Bankwesen) relativ gesehen sogar schneller als der Produktionssektor wuchs. Auch entstand eine Vielzahl neuer Berufe und Erwerbstätigengruppen, vor allem die der Angestellten.

Schon um die Jahrhundertwende war der Prozess der Industrialisierung in Deutschland so weit abgeschlossen, dass der Anteil der Beschäftigten im produzierenden Gewerbe (Industrie und Handwerk) an der Gesamtbeschäftigung, der ungefähr 40 Prozent umfasste, sich bis in den Zweiten Weltkrieg nur noch wenig nach oben bewegte. Dagegen sank der Anteil der Landwirtschaft unaufhaltsam. Im Jahre 1895 lagen Industrie und Landwirtschaft in der Anzahl der Beschäftigten noch annähernd gleichauf; 1925 war die Landwirtschaft endgültig hinter die Industrie zurückgefallen. Dagegen stieg der Anteil der Beschäftigten im Dienstleistungssektor von knapp einem Viertel im Jahre 1895 auf fast ein Drittel im Jahre 1925. Gerade erst hatte sich die Industriegesellschaft voll entfaltet, schon begann sie sich in Richtung auf die heutige Dienstleistungsgesellschaft weiterzuentwickeln (siehe Grafik S. 13).

Angestellte und „neuer Mittelstand"

Die ständig wachsenden Aufgaben der Organisation und Verwaltung in der Industrie, im Dienstleistungssektor und Staatsdienst vermehrte die Zahl der Angestellten und Beamten, sodass sie sich bereits um die Jahrhundertwende als eine eigene Mittelschicht zwischen Arbeiter und Unternehmer schoben.

Dieser sogenannte „neue Mittelstand" bestand nicht wie der „alte Mittelstand" aus selbstständigen Handwerkern und Kleinkaufleuten, sondern aus Arbeitnehmern, die ein Gehalt empfingen und sich von den Arbeitern dadurch unterschieden, dass sie keine schmutzige und schwere körperliche Arbeit zu verrichten hatten. Durch wirtschaftliche und soziale Vergünstigungen (längere Kündigungsfristen, zusätzliche Altersversorgung, Lohnfortzahlung im Krankheitsfall, höhere Leistungen der Sozialversicherung, Urlaub) und ein höheres gesellschaftliches Ansehen hob sich der „neue Mittelstand", der Angestellte und Beamte umfasste, von der Arbeiterschaft ab. Darüber hinaus grenzte er sich mit eigenen „ständischen" Mentalitäten, Verhaltensweisen und politischen Orientierungen ab. Mit dem Anwachsen seiner wirtschaftlichen und sozialen Bedeutung und seiner Profilierung als einer eigenständigen sozialen Gruppierung wurde der „neue Mittelstand", vor allem aber die Angestellten, zum Hauptträger der sich ausbreitenden Massenkultur* (siehe Tabelle S. 11).

Die Masse und ihre Kaufkraft
Wenn auch Armut, Entbehrung und ständige Unsicherheit der Existenz noch immer weithin verbreitet blieben, sahen doch die Jahrzehnte vor dem Ersten Weltkrieg eine beständige Steigerung des privaten Einkommens (für Deutschland siehe Grafik S. 13). Damit verbesserten sich Lebensstandard, Lebenschancen und die Erwartungen an das Leben. Man lebte nicht mehr von der Hand in den Mund, von Tag zu Tag, sondern konnte sein Leben ein Stück weit planen. Zum ersten Mal in der Geschichte lebte ein gut Teil der Bevölkerung der Industrieländer oberhalb des unmittelbaren Existenzminimums. In Deutschland beispielsweise hatte zu Beginn des 20. Jahrhunderts ein Arbeiter durchschnittlich nur einen kleinen Teil des Einkommens, ca. 15 Prozent, für Ausgaben über den notwendigsten Bedarf hinaus zur Verfügung. Eine durchgreifende Verbesserung der Massenkaufkraft brachte erst die wirtschaftliche Entwicklung in der zweiten Hälfte des 20. Jahrhunderts.

1. *Beschreiben Sie die grundlegenden Veränderungen des Industrialisierungsprozesses seit 1880 gegenüber der vorherigen Entwicklung.*
2. *Welche Beziehung besteht zwischen dem demographischen Umbruch und der Modernisierung?*
3. *Diskutieren Sie über Vor- und Nachteile der „Organisierung des Kapitalismus", d. h. der Herausbildung von Konzernen und Interessenverbänden.*
4. *Erläutern Sie in kurzen Zügen Voraussetzungen und Formen des neuen Konsumverhaltens.*
5. *Welche Rolle spielten die Angestellten bei der Herausbildung modernen Konsumverhaltens und der Massenkultur? Vergleichen Sie mit ihrer heutigen Rolle.*

Der Interventions- und Sozialstaat

Der Interventionsstaat

Die tiefgreifenden wirtschaftlichen, demographischen* und sozialen Veränderungen im Zuge der Industrialisierung stellten den Staat vor Probleme, die er mit seinem bisherigen Selbstverständnis der polizeilichen Überwachung, seinen geringen personellen, finanziellen und organisatorischen Mitteln nicht bewältigen konnte. Als Antwort auf die Herausforderungen der Industrialisierung und der durch sie geschaffenen Industriegesellschaft entstand so der mächtige Staatsapparat, den wir heute kennen. Er greift in vielfältiger Weise in die Gesellschaft und das Leben der einzelnen Menschen kontrollierend und regelnd ein und zwingt die Bürger um politischer Ziele willen zu bestimmtem Verhalten. Zur politischen Steuerung, Gesetzgebung, Verwaltung und Durchsetzung benötigt er einen komplizierten Apparat, ein Heer von Beamten und Angestellten und ständig steigende Finanzmittel. Daher sind Steuerpflicht für alle Bürger und das ausufernde System der direkten und indirekten Lohn-, Einkommens-, Verbrauchs- und sonstigen Steuern ein hochrangiges Systemelement der Moderne (siehe S. 39, Mat. 5). Man hat diesen neuen Staat mit dem Begriff des Interventionsstaates* gekennzeichnet. In den Städten wird das deutlich am Aufbau vielfältiger öffentlicher Leistungen, wie z. B. der Kommunalisierung der Wasserversorgung und der Gas- und Elektrizitätszufuhr. Auf gesamtstaatlicher Ebene kennzeichnen den Interventionsstaat Eingriffe zur Wirtschaftslenkung, die von der Zollgesetzgebung bis zur Verstaatlichung von öffentlichen Aufgaben reichen. So wurde bis 1890 der größte Teil des Eisenbahnwesens in Deutschland in staatliche Regie überführt. Als neuen umfangreichen Aufgabenbereich erhielt die – schon verstaatlichte – Post den Telefondienst hinzu.

Insgesamt lässt sich ein dynamisches Wachstum des Staatsapparates und seiner Zuständigkeiten erkennen, auch wenn die staatliche Bürokratie* gemessen an unseren heutigen Größenordnungen immer noch bescheiden war. In England etwa verdreifachte sich zwischen 1891 und 1911 die Zahl der im öffentlichen Dienst Beschäftigten. Vor 1914 schwankte der Anteil der öffentlichen Bediensteten an der Gesamtheit der Erwerbstätigen in Europa zwischen drei Prozent (Frankreich) und knapp sechs Prozent (Deutschland), während er Anfang der 1970er Jahre in den Ländern der Europäischen Gemeinschaft zwischen zehn und dreizehn Prozent der erwerbstätigen Bevölkerung lag.

Soziale Sicherheit durch den Staat

Sozialgesetzgebung

Das Funktionieren des Interventionsstaates lässt sich exemplarisch an der Sozialpolitik aufzeigen, d.h. der Absicherung der arbeitenden Bevölkerung gegen die Risiken von Krankheit, Unfall, Invalidität und Armut im Alter (siehe Mat. S. 44–47). Mit der Industrialisierung war die vorher nie dagewesene soziale Schicht des Proletariats entstanden, eine Heerschar ungelernter und angelernter Arbeiter am Bau, im Transport, vor allem aber in den Fabriken. Sie lebten und arbeiteten meist unter menschenunwürdigen Bedingungen. Die Löhne waren gering, die Arbeit überhart und die Arbeitszeiten überlang. Rechte hatten die Arbeiter kaum. Bis in die zwei letzten Jahrzehnte des 19. Jahrhunderts standen sie bei Krankheit, Unfall oder Arbeitsunfähigkeit praktisch vor dem Nichts und waren gezwungen unter entwürdigenden Umständen Armenhilfe in Anspruch zu nehmen.

Seit der Mitte des Jahrhunderts machte eine Fülle zeitgenössischer Schilderungen die Not weiter Kreise, das Massenelend, zu einem öffentlichen Thema. Über Selbsthilfeeinrichtungen, mit Versicherungen, genossenschaftlichen Organisationen, karitativen Einrichtungen und Armenfürsorge versuchten die Betroffenen selbst neben Kirchen, sozial engagierten Vereinen und Städten den Auswirkungen von Armut, Elend und Krankheit entgegenzutreten. In der schweren ökonomischen Krise nach 1873 wurde aber der Glaube an die Steuerung der Armut durch Selbsthilfe privater und kirchlicher Organisationen zunächst schwer erschüttert.

Die soziale Frage nährte bei den besitzenden Schichten zunehmend die Furcht vor einer Revolutionierung der Gesellschaft. Die Arbeiter schlossen sich in Gewerkschaften und politischen Bewegungen zusammen. Deren ständiges Anwachsen und die Wahlerfolge der sozialistischen Arbeiterbewegung sowie ihre radikale Opposition gegen die bestehende politische und soziale Ordnung schürten die Furcht vor dem Gespenst eines Umsturzes der bestehenden Verhältnisse. In Deutschland erklärte im Jahre 1878 Reichskanzler Bismarck, dass er in den „sozialdemokratischen Elementen" einen Feind erkannt habe, „gegen den der Staat, die Gesellschaft sich im Stande der Notwehr befindet".

Das Beispiel Deutschland: Die Bismarcksche Sozialpolitik

Auf die doppelte Herausforderung der ökonomischen Krise der jungen kapitalistischen Industriegesellschaft in den 1870er Jahren und das Aufkommen einer sich zu der Revolution bekennenden sozialistischen Arbeiterbewegung antwortete das kaiserliche Deutschland nicht nur mit Unterdrückungsmaßnahmen, sondern auch mit der Einführung der Sozialversicherung, die „dem Geist der Unzufriedenheit und der Ausbreitung der sozialistischen Bewegung" den Boden entziehen sollte.

Am 17. November 1881 verlas Bismarck eine „kaiserliche Botschaft" – heute würde man sagen Regierungserklärung – und kündigte ein umfassendes Programm zur Einrichtung einer staatlichen Sozialversicherung für Arbeiter an. Damit wurde die Sozialpolitik zum Staatszweck erklärt.

In mehreren Stufen nahm die Sozialpolitik mit der Krankenversicherung von 1883, der Unfallversicherung von 1884 und der Invaliden- und Rentenversicherung von 1889 Gestalt an. Auch wenn die Leistungen und die Leistungsfähigkeit vor 1914 noch beschränkt waren, hat dies noch weitmaschige soziale Netz in Deutschland die Lebensverhältnisse der Arbeiter doch bereits vor dem Ersten Weltkrieg verbessert. Durch die Bezahlung des Arztes, der Arzneien und Krankenhauskosten aus Mitteln der Krankenversicherung wurde erstmals die medizinische Versorgung großer Teile der Unterschichten sicherer. Die Versicherung hat Millionen Menschen ermöglicht soziale Krisen des Lebens, z.B. vorzeitige Invalidität, besser zu meistern. Was die staatliche Fürsorgepolitik allerdings nicht bewirkte, war eine Zurückdrängung der sozialistischen Arbeiterbewegung.

Überall in Europa wirkte die Idee anregend, mit einer staatlich verwalteten Zwangsversicherung, die kleinen, freiwilligen, meist lokalen und nicht immer sehr effizient wirkenden nichtstaatlichen Versicherungen abzulösen. Als Erste folgten Österreich und Ungarn. Vor dem Ersten Weltkrieg waren schließlich in fast allen westeuropäischen Ländern die gesetzlichen Grundlagen in den drei klassischen individuellen Krisenbereichen gelegt, der Arbeitsunfälle, der Krankheit und der Armut im Alter, auf denen nach dem Zweiten Weltkrieg in Europa der moderne Wohlfahrtsstaat sein gewaltiges Gebäude errichten sollte.

Bis zum Ersten Weltkrieg blieb allerdings eine entscheidende Unsicherheit in der Arbeiterexistenz bestehen: die Gefährdung durch Arbeitslosigkeit. Zwar hatte es bis dahin bereits vereinzelt Hilfsleistungen gegeben, aber ohne über den schmalen Rahmen sozialer Fürsorge hinauszureichen. Die staatliche Absicherung gegen Arbeitslosigkeit gelang erst im Laufe des 20. Jahrhunderts, in Deutschland seit 1927 (siehe S. 47, Mat. 8).

In der Entwicklung demokratischer Staaten erweiterte sich damit die Zielsetzung des sich immer stärker ausdifferenzierenden Sozialstaates. Durch die Gewährung sozialer Sicherheit, vermehrter Gleichheit und politisch-sozialer Mitbestimmung sollte die Bevölkerung in den Staat einbezogen und die bestehende Ordnung durch einen Prozess ständiger Anpassung zugleich stabilisiert und verändert werden. Dadurch bewirkte der Sozialstaat auf lange Sicht eine Angleichung der Lebensverhältnisse.

Bildung als Aufgabe des Sozialstaates

Neben der Sicherung seiner Bürger gegen materielle und gesundheitliche Gefährdungen stellte sich der Staat zunehmend die Aufgabe die unterschiedlichen Startbedingungen der Menschen über ein staatliches Bildungs- und Ausbildungswesen auszugleichen. Dies sollte außerdem die Bürger befähigen die immer komplizierter werdenden Verhältnisse in Wirtschaft und Gesellschaft zu meistern. Aus dieser doppelten Motivation entstand das heutige hoch entwickelte Bildungssystem als ein weiterer Bereich, an dem sich der Funktionswandel und die Ausweitung der Staatstätigkeit exemplarisch ablesen lässt. Dabei erhielt in der Zeit vor 1914 die formale Bildung, d.h. die Bildung und Erziehung in Schulen und Universitäten, den gesellschaftlichen Stellenwert, der für heutige Gesellschaften charakteristisch ist.

Elementarschule – Schule der „Nation"

Die Wirtschaft des technischen Zeitalters, der Arbeitsmarkt und die Grundprinzipien öffentlicher und staatlicher Verwaltung erfordern die Massenalphabetisierung, d. h. eine Elementarbildung der Gesamtbevölkerung mit Grundkenntnissen im Lesen, Schreiben und Rechnen. Die Einstellungen zur Bildung änderten sich. Der Erwerb von Grundfertigkeiten im Lesen, Schreiben und Rechnen für alle galt nun Intellektuellen, Geistlichen, Regierungen und Arbeiterführern gleichermaßen als ein erstrebenswertes Ziel. Die Erziehung galt als Mittel den ökonomischen und technischen Fortschritt voranzutreiben, als Schlüssel zum sozialen Aufstieg und in einer Zeit liberalen Aufklärungsdenkens als Weg zu einem vernunftbestimmten Leben.

In ganz Europa wurde kein anderer Bildungszweig nach Umfang und Qualität so ausgebaut wie das Primarschulwesen. Eine europäische Regierung nach der anderen richtete ein für alle Kinder verpflichtendes, staatlich finanziertes und kontrolliertes Elementarschulwesen ein. In Ungarn geschah das 1868, in Großbritannien 1870, in der Schweiz 1874, in Italien 1877 und in Frankreich zwischen 1878 und 1881. Die Analphabetenrate, d. h. der Prozentsatz derjenigen, die weder lesen noch schreiben konnten, ging drastisch zurück (siehe S. 41, Mat. 8).

Darüber hinaus aber erhielt die Schule von der Politik den zentralen Auftrag der inneren Nationsbildung, der Vereinheitlichung der Nation, der Erziehung der Kinder zu guten Untertanen oder nationalbewussten Bürgern. Ein nationales, d. h. ein überwiegend vom Staat organisiertes und überwachtes Schulsystem erforderte nach dem Geist der Zeit auch eine verpflichtende nationale Unterrichtssprache. Die USA z. B. erhoben Englischkenntnisse zur Bedingung für die Anerkennung der Staatsbürgerschaft. In Russland versuchte man im Dienste der Russifizierung auch bei nationalen Minderheiten Russisch als einzige Unterrichtssprache durchzusetzen. Und in Deutschland hatte die Schule die Aufgabe der „Eindeutschung" der nationalen Minderheiten, wie z.B. der Polnisch oder Französisch sprechenden Bürger. Eine solche Schulpolitik erwies sich jedoch überall als zweischneidig. Während sie auf der einen Seite die Bürger für die Nation mobilisierte, entfremdete sie auf der anderen Seite nationale Minderheiten dem bestehenden Staat und förderte nationale Emanzipationsbewegungen.

Realschulen, Gymnasien, Universitäten

Oberhalb der Elementarschule differenzierte sich in der zweiten Hälfte des 19. Jahrhunderts das mittlere und höhere Bildungswesen. Bis in die Mitte des 19. Jahrhunderts hatten Gymnasien und Universitäten den Ansprüchen genügt eine schmale Basis juristisch gebildeter Beamter, Geistlicher und freier Berufe (Ärzte, Literaten) auszubilden. Eine formale Bildung war für den Aufstieg eines Bürgers in der Wirtschaft bis dahin irrelevant. Bis über die Mitte des 19. Jahrhunderts hinaus gab es kaum einen Geschäftsmann, der einen akademischen Abschluss besessen hätte. Wie einer von ihnen einmal sagte, sei die Bildung lediglich ein „Genussmittel für stille Stunden, wie die Zigarre nach dem Mittagsbrot".

Mit dem Ausbau der Bürokratie*, den Dienstleistungen sowie der Technisierung der Wirtschaft entstand seit der Mitte des Jahrhunderts ein Bedarf an höheren Qualifikationen, der nur über eine formale Bildung zu befriedigen war. Auch die Oberschichten mussten sich jetzt, wollten sie ihre bisher auf feudalrechtlichen Privilegien beruhenden einflussreichen Positionen in Staat, Kirche und Wirtschaft behalten, eine formale Bildung aneignen. Dies galt auch für die wirtschaftlich zur Macht gekommenen Mittelschichten (siehe S. 42, Mat. 9). Aufstiegschancen boten sich jetzt demjenigen, der sich allein auf die eigenen Verdienste bzw. „Meriten" stützen konnte. Die „Meritokratie" verdrängte die feudal-ständischen Vorrechte.

Den unteren Mittelschichten standen die neuen Mittelschulen (Realschulen) offen. Mit dem Abschluss dieser Schulen war es möglich eine zwar bescheidene, gleichwohl aber weiterführende Laufbahn im Geschäftsleben, in den Lehrerberufen und in den unteren Rängen der Beamtenschaft einzuschlagen. Bis 1914 war diese mittlere Bildung das Zeugnis, mit dem sich die untere Mittelschicht von der Unterschicht abheben konnte.

Für die oberen Mittelschichten dagegen erschlossen Abitur oder *baccalauréat* und ein Universitätsstudium berufliche Laufbahnen mit höherem und höchstem Prestigewert. Unter dem Druck der Mittelschichten differenzierten sich die höheren Schulen und das Universitätswesen. In Deutschland konnte das humanistische Gymnasium mit seinem Schwerpunkt in den alten Sprachen nicht mehr allein als die Instanz gelten, die eine Studienberechtigung ausstellte. Realgymnasien und Oberrealschulen mit ihrer naturwissenschaftlichen Ausrichtung traten hinzu. Sie alle erhielten nun die Berechtigung zur Abiturprüfung. Mit der Entwicklung dieser Schultypen, an denen Griechisch und Latein zugunsten moderner Sprachen und der Naturwissenschaften zurücktraten, öffneten sich Wege für bisher bildungsferne Schichten.

Unter dem Druck der neuen Anforderungen des Arbeitsmarktes erweiterte sich auch die Universitätslandschaft. Neben die klassischen Universitäten traten Technische und andere spezialisierte Hochschulen.

Geschlecht und Reichtum: Soziale Ungleichheiten im Bildungswesen

Mit der Expansion des Bildungswesens war jedoch keineswegs eine größere Öffnung für alle Bevölkerungsschichten verbunden. Die deutschen und amerikanischen Statistiken zum Frauenstudium dokumentieren eine unterschiedliche Entwicklung. An preußischen Universitäten wurden Frauen erst 1907 zugelassen, in den USA aber betrug ihr Anteil an der gesamten Studentenzahl 1870 bereits 15 Prozent. In Deutschland nutzten Frauen zwar vor 1914 schon in großem Maße das höhere Bildungswesen, 250 000 waren es 1910, aber in die Universitäten strömten sie in etwas größerer Zahl erst in den zwanziger Jahren. Alles in allem blieb das höhere Bildungswesen eine Domäne der Männer aus mittleren und höheren Schichten (siehe S. 50 f., Mat. 9 und 10).

Verschiedene Mechanismen, z. B. das Schulgeld, sorgten dafür, dass sich das Bildungssystem für Familien öffnete, die es zu Vermögen, aber noch nicht zu sozialem Ansehen gebracht hatten. Sie konnten es sich leisten ihre Kinder viele Jahre lang finanziell zu unterhalten. Das Bürgertum, einmal zur Macht gekommen, sorgte dafür, dass die Universitäten nicht für alle geöffnet wurden. Dies lässt sich an der sozialen Zusammensetzung der Studenten verdeutlichen. 1911 stammten in Deutschland ca. 36 Prozent aller Studenten aus der Oberschicht und 62 Prozent aus den Mittelschichten und diese Zahl hatte sich bis 1931 kaum verändert. Noch Mitte der zwanziger Jahre betrug der Anteil der Arbeiterkinder an den Studenten nur zwei bis drei Prozent.

---

1. Erarbeiten Sie aus konservativer, liberaler und sozialdemokratischer Sicht Grundpositionen einer Diskussion zur Bedeutung des Sozial- und Interventionsstaates. Beziehen Sie dazu auch die Materialien des Arbeitsteils S. 44–47 ein.
2. Verdeutlichen Sie an der Entwicklung des Bildungswesens Aspekte der Modernisierung. Benennen Sie Defizite der Modernität.
3. Erörtern Sie die heutige Forderung nach mehr Privatschulen auf dem Hintergrund der beiden folgenden Thesen: „Bildung ist eine Aufgabe des Sozialstaats" und „Bildung hat der möglichst breiten Entfaltung der Persönlichkeit des Einzelnen zu dienen".

Der Ort der Moderne: Die Stadt

Urbanisierung

Städtewachstum

Modernisierung bedeutet neben der Umwälzung von Wirtschaft und Staat vor allem auch Urbanisierung*, d. h. Verstädterung* und die Ausbildung städtischer Lebensweisen. Von dem Bevölkerungsanstieg profitierten in erster Linie die Städte (siehe S. 38, Mat. 2). Nicht weil sie einen besonders hohen Geburtenüberschuss aufwiesen, sondern weil Millionen von Menschen vom Lande in die Stadt zogen. Die Landwirtschaft konnte der wachsenden Bevölkerung nicht genügend auskömmliche Arbeitsplätze bieten. Diese entstanden in den Städten mit ihren expandierenden wirtschaftlichen Aktivitäten in Industrie, Gewerbe, Handel und Verkehr. Sie lockten die Menschen aus den Dörfern. Um 1860 hatten die meisten Menschen in den USA und Westeuropa ihr Zuhause noch in Dörfern und auf Bauernhöfen; beim Ausbruch des Ersten Weltkrieges lebte die Mehrheit in Städten. Nirgendwo war bis zum Weltkrieg der Wandel so fortgeschritten wie

Durchbruch der Moderne 1

„Der Antheil der in Wohnungen von höchstens einem beheizbaren Zimmer (mit Küche) lebenden Bevölkerung in Berlin und den Nachbargemeinden, nach den Ergebnissen der Volkszählung vom 1. Dezember 1900", Berlin, Senatsbibliothek

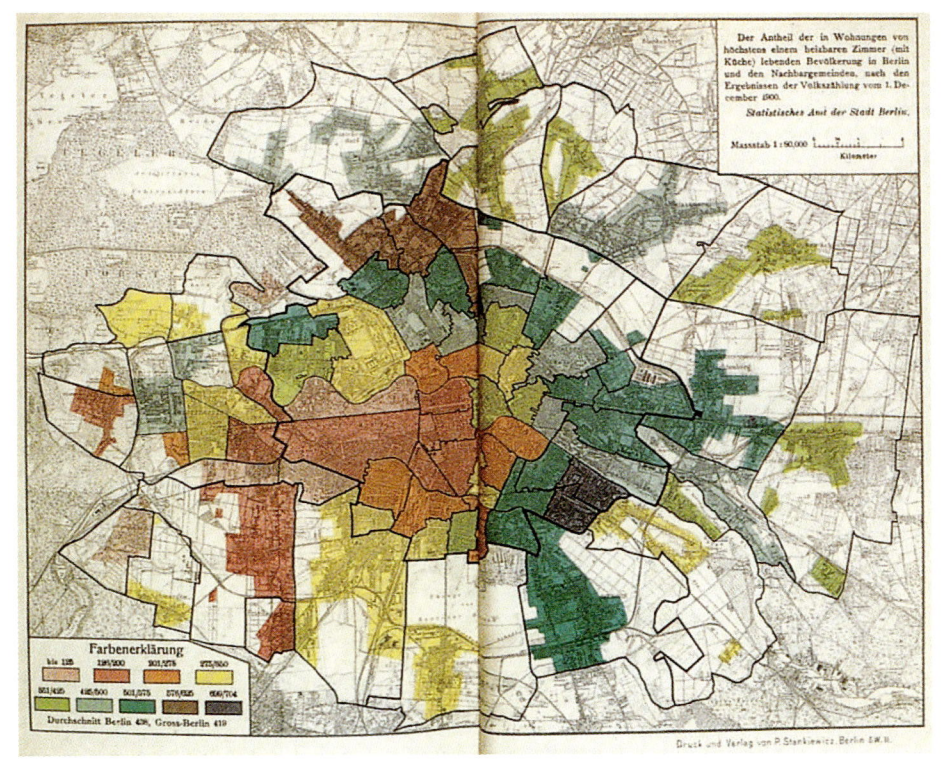

in England, wo die ländliche Bevölkerung im Laufe des 19. Jahrhunderts auf zehn Prozent gesunken war. Ähnlich dramatisch verlief später innerhalb einer Generation die Umwälzung in Deutschland. Vor der Reichsgründung im Jahre 1871 war die deutsche Landschaft noch von Dörfern und verträumten kleinen Städtchen geprägt und es gab lediglich eine Handvoll von Großstädten, d. h. Städten mit mehr als 100 000 Einwohnern. Kurz vor dem Ersten Weltkrieg zählte man 48 Großstädte, davon sechs mit mehr als 500000 Einwohnern, und eine Mehrmillionenstadt: Berlin. Berlin allerdings reichte bei weitem nicht an die größte Stadt Europas, Groß-London, mit ihren mehr als 7 Millionen Einwohnern heran (siehe Mat. S. 52–55).

Der Wachstumsprozess berührte zwar viele kleine und mittlere Städte nur wenig, doch wuchsen in der Regel alle traditionellen regionalen Metropolen und „zentralen Orte" schnell und unaufhaltsam. Nur wenige neue, gänzlich von der Industrie geschaffene Städte traten z. B. im Ruhrgebiet hinzu. Allerdings entstand hier die ganz neuartige Form einer weit ausgreifenden verdichteten Stadtregion, ein Konglomerat nebeneinanderliegender, voneinander unabhängiger Städte, wie man es heute unter der Bezeichnung „Konurbation" in vielen Teilen der Welt findet.

„Eastside – Westside": Wohnen in der Stadt

Innerhalb weniger Jahre war das jahrhundertelang ausreichende Gebiet der Städte hoffnungslos überfüllt. Ringsherum wuchsen unabhängige Städte und auf die Kernstadt ausgerichtete Vorortsiedlungen empor, die in mehreren Schüben eingemeindet wurden, sodass die Städte nicht nur nach der Einwohnerzahl, sondern auch nach der Fläche enorm anschwollen.

Die kinderreichen Familien der Arbeiter drängten sich in Kleinstwohnungen von ein bis zwei Räumen unter unwürdigen Bedingungen zusammen. Sowohl in den alten Stadtzentren entstanden regelrechte Elendsquartiere, wie auch in den von privaten Unternehmern hastig emporgezogenen billigen Häusern oder Mietskasernenblöcken der Neubauviertel. Die wohlhabenden Bürger dagegen errichteten sich an neuen repräsentativen Straßen oder in durchgrünten Vorortvierteln großzügige Wohnhäuser und Villen. Nicht nur sozial, sondern auch räumlich verstärkte sich die traditionelle Trennung der sozialen Schichten. Es bildeten sich gänzlich verschiedene städtische Lebenswelten heraus. Die soziale Spaltung führte zur räumlichen Trennung in „vornehme" Stadtviertel, die „Westside", einerseits und die stärker proletarisch geprägte, fabriknahe „Eastside" andererseits.

Vor- und Fürsorge durch städtische Infrastruktureinrichtungen
Bis in die zweite Hälfte des 19. Jahrhunderts hinein wuchsen die Städte regellos. Die städtischen Behörden bemühten sich nur darum die schlimmsten Auswüchse im Nachhinein zu ordnen. Dies änderte sich in den letzten Jahrzehnten des Jahrhunderts. Eine neue Leistungselite städtischer Beamter, die Gruppe der Oberbürgermeister und führenden städtischen Verwaltungsfachleute, erkannte den Urbanisierungsprozess* als Herausforderung. Sie versuchte den ablaufenden Wandel durch gezielte Eingriffe und Lenkung durch die Verwaltung schöpferisch zu beeinflussen. Dabei wurden sie von einem neuartigen Pflichtgefühl geleitet, das darauf abzielte die Lebensqualität in den Städten zu verbessern und den Menschenmassen die notwendigen Leistungen und Güter zur Verfügung zu stellen, die diese selbst nicht mehr erbringen konnten. Während z.B. der Personalbestand der städtischen Verwaltung Nürnberg im Jahre 1870 noch 375 Personen betrug, waren es dreißig Jahre später bereits knapp 1300; der Bevölkerungsanstieg wurde damit um ein Vielfaches übertroffen. Die großen Städte standen an der Spitze der Bewegung hin zum modernen Wohlfahrts- und Interventionsstaat* (siehe S. 19).
Die „Stadttechnik" stellte das Instrumentarium bereit, mit dem die Städte von Grund auf modernisiert und für die Bewältigung der ungeheuren physischen und sozialen Probleme gewappnet wurden, die mit der Zusammenballung so großer Menschenmassen verbunden sind. Es entstanden die Systeme der Gas- und später Elektrizitätsversorgung, der Abwässerkanäle und Wasserleitungen, der Straßenbahnen. Man schuf öffentliche Parks, Schlachthöfe und Markthallen, Krankenhäuser und Sanatorien, Hallen- und Freibäder, Schulen und Waisenhäuser, Gefängnisse, Büchereien, Theater und Museen. Schon in der ersten Hälfte des 19. Jahrhunderts gelang es mit Hilfe der neuentwickelten Gastechnik die Straßen nachts hell zu erleuchten.
Cholera-Epidemien und die Erkenntnisse der Mediziner, dass diese auf den Dreck, auf die durch Fäkalien verseuchten Straßen und Brunnen zurückzuführen seien, gaben den Anstoß zur Städtesanierung und für eine geregelte Kanalisation und Reinigung der Abwässer, zuerst in England. In Paris und andernorts wurden die riesigen zentralen Abwässerkanäle, in denen man unterirdische Bootsfahrten veranstaltete, zu einer Touristenattraktion. Stadthygienische Überlegungen standen auch am Beginn der Einrichtung zentraler Schlachthöfe und Markthallen sowie der Wasserversorgung über geschlossene Wasserleitungssysteme, die Brunnen und Pumpen in Straßen und Höfen ersetzten. Wassertürme sind noch heute sichtbare, architektonische Zeugnisse jener Frühphase der hygienischen Modernisierung der Städte.
Alle Städte prunkten mit großzügigen Schulgebäuden. Die „Armenpflege" wurde zu einem effektiven, rationalen System der Sozialfürsorge weiterentwickelt. Zahlreiche Maßnahmen der „Sozialhygiene" wurden in einzelnen Städten vorexerziert und von anderen übernommen. Dazu gehörten: der Bau von kommunalen Krankenhäusern und Sanatorien, Fürsorgemaßnahmen für Schwangere, Säuglinge, Kleinkinder, Alkoholiker, Lungen- und Geschlechtskranke, gesundheitliche Beobachtung und Behandlung der Schulkinder.

Städtische Verkehrssysteme
Mit der räumlichen Ausdehnung der Städte wurden Massenverkehrssysteme notwendig. In den alten Städten hatte sich alles Leben, Wohnen und Arbeiten, in fußläufiger Entfernung abgespielt. Mit dem Wachstum der Städte bildeten sich jedoch abgegrenzte Funktionsbereiche heraus: Industriestandorte, Wohn-, Einkaufs-, Verwaltungsviertel. Diese entfernten sich räumlich immer weiter voneinander. Zwischen Arbeiten, Einkaufen, Wohnen mussten immer größere Entfernungen überwunden werden.
Um die Mitte des 19. Jahrhunderts verkehrten als erstes Pferdebahnen; 1879 stellte Werner von Siemens auf einer Berliner Industrieausstellung die erste elektrische Straßenbahn vor. Sie wurde *das* große städtische Nahverkehrsmittel. Die Pferdebahnen waren von privaten Gesellschaften unterhalten worden. Die Notwendigkeit ein verzahntes, preisgünstiges Verkehrsnetz zu errichten überzeugte die städtischen Verwaltungen davon öffentliche Verkehrsbetriebe einzurichten. Über die Streckenführung und Fahrpreisgestaltung versuchte man die Fahrgastströme zu lenken und damit die Innenstadt- und Vorortentwicklung zu beeinflussen. In den großen Metropolen entstanden um die Jahrhundertwende nach dem Londoner Vorbild elektrisch betriebene Untergrundbahnen und Hochbahnen, mit denen jeden Tag gewaltige Pendlermassen in der Stadt befördert werden konnten.

Eine neue Waren- und Konsumwelt
Eine grundlegende Errungenschaft der zweiten Industriellen Revolution ist die außergewöhnliche quantitative und quali-

tative Änderung in der Produktion von Verbrauchsgütern. Bis dahin hatte sich der Massengütermarkt mehr oder weniger auf Nahrungsmittel und Kleidung und damit auf Güter zur Befriedigung des Grundbedarfs beschränkt. Nun begannen die Zuwächse beim Verbrauch alle Industrien zu beherrschen.

Dazu schuf die Urbanisierung* ein Reservoir potentieller Käuferschichten. Unter den Bedingungen der städtischen Lebens-, Arbeits- und Wohnverhältnisse war es nur noch sehr eingeschränkt möglich Verbrauchsgüter, Kleidung und Einrichtungsgegenstände im Haushalt herzustellen oder für Nahrungsmittel durch Konservierung und Lagerung von Gartenfrüchten zu sorgen. Industriell hergestellte Produkte traten an ihre Stelle. Darüber hinaus sahen die in den Städten lebenden Menschen einfach viel mehr Dinge, die zum Kauf reizten, weil sie allerorten durch Werbung angeboten wurden.

Industrie und Geschäftswelt erkannten die entscheidende Bedeutung des Kundenpotentials und richteten einen großen Teil der Produktionserweiterung auf Verbrauchsgüter. Das allmähliche Ansteigen der Massenkaufkraft (siehe Tabelle S. 13), die revolutionäre Technik mit ihren Möglichkeiten der Massenproduktion und die weltweite Vernetzung der Wirtschaft trugen dazu bei bisherige Luxusgüter zu Massenwaren zu verbilligen bzw. eine Palette neuartiger Güter auf den Markt und an den Mann oder die Frau zu bringen – vom Gasherd über das Bügeleisen, den Staubsauger, das Fahrrad bis zur unscheinbaren Banane, deren Verzehr bis zur Jahrhundertwende in den Industrieländern so gut wie unbekannt war.

Die Verkaufstechniken änderten sich. Zum Symbol der schönen neuen Waren- und Konsumwelt stiegen neuartige Betriebe, die Warenhäuser, auf. Warenhäuser – in Frankreich die *Grands Magasins* – entstanden in den sechziger Jahren des vorigen Jahrhunderts in Paris. Sie wandten sich unter der Devise „großer Umsatz, kleine Gewinnspannen" mit völlig neuen Verkaufsstrategien an das großstädtische Publikum. Bis dahin waren die Läden auf einzelne Artikel spezialisiert gewesen. Die Warenhäuser vereinigten als riesige Gemischtwarenläden hingegen verschiedene Warengruppen – Hemden, Hosen, Jacken, Hüte usw. – unter einem Dach. Artikel wurden mit Festpreisen ausgezeichnet und mussten bar bezahlt werden. Handeln um den Preis und Kaufen auf Kredit gab es hier nicht mehr. Die Warenhäuser bescherten ihren Kunden zuvor nie gekannte Einkaufserfahrungen und Erlebniswelten, sie veränderten das Verbraucherverhalten, förderten den Massenabsatz von Industrieprodukten und trugen so zur Verbreitung des Lebensstils der modernen Konsumgesellschaft bei.

Coca-Cola-Werbung auf einer Hauswand in Chicago, 1900. Fotografie

Die Widerstände der Tradition und des tief verwurzelten Sparverhaltens wurden mit Hilfe einer raffinierten Verkaufspsychologie durchbrochen, mit aufwendigen Reklamemaßnahmen, mit Prospekten, mit der Umwandlung der Häuserwände in Werbeflächen, mit Katalogen, Zeitungsinseraten und mit der Verwandlung großer Lieferwagen in Werbeträger. Ein durchgehendes, an unterschwellige Bedürfnisse appellierendes Mittel zum Anlocken der Käufer bildete der Mythos des erschwinglichen Luxus, der Individualität und Exklusivität. Die raffinierte Aufmachung, die verschwenderische Architektur umgab die banalsten Waren mit der Aura eines Feenpalastes und verklärte das Kaufgeschäft.

„Tempo" als Signum der Großstadt

Der neuartige überwältigende Lebensraum, das „Dickicht der Städte" (Bertolt Brecht), bescherte elementar widersprüchliche Erfahrungen. Die Stadt war äußerlich von einer hektischen, undurchschaubaren, chaotisch erscheinenden Vielfalt, andererseits aber über komplizierte Regelungen ganz und gar durchorganisiert. Mentalitäten, Denkmuster und Verhaltensweisen mussten sich der beschleunigten, verwirrenden, nervenbelastenden Umwelt anpassen. Die verschiedenen Lebenswelten – Familie, Arbeitsplatz, Straße, politischer Verein, Freizeit- und Konsumwelt – zertrennten den früher überschaubaren Lebensraum in eine Fülle miteinander streitender Teilwelten. Die ausufernde Vielfalt so vieler Menschen, ihre differenzierten Interessen, Beziehungen und Betätigungen, griffen in einem so „vielgliedrigen Organismus" (Georg Simmel) ineinander, dass ohne genaueste Verhaltensregeln und ihre pünktliche Befolgung „das Ganze zu einem unentwirrbaren Chaos zusammenbrechen würde".

Die Überflutung mit Reizen und ständig wechselnden Informationen und Anforderungen erzogen den Großstädter zu ständiger Wachheit und Reaktionsbereitschaft. Einen weiten, ständig wachen Blick benötigte man um gleichzeitig volle Schaufenster, die Menschen auf den Bürgersteigen und die Gefahr des heransausenden Autos zu erfassen. Ein neuer Zeitrhythmus, eine Ökonomie der Zeit entstand. Das sprichwörtliche Berliner „Tempo" etwa war das Mittel Zeit zu gewinnen, nicht zuletzt für die Befriedigung neuer Bedürfnisse. Das schnelle Lebenstempo wiederum bedingte die „Schlagfertigkeit, die Fähigkeit schnell und auf bloße Andeutungen, Fragmente einer Erscheinung hin, sich vorteilhaft zu verhalten".

Die Großstadt mit ihrem massiven Einbruch der Moderne in die traditionellen Lebenswelten wurde für die Kulturkritiker der Hauptschauplatz, auf dem die Auseinandersetzung zwischen begeisterter Bejahung der neuen Welt und apokalyptischen Ängsten vor dem Untergang aller Religiosität, Sittlichkeit und Kultur ausgetragen wurde (siehe S. 43, Mat. 15). So sehr sich bei den Stadtkritikern in ihrer Sehnsucht nach der angeblich gesunden, ländlichen Welt im Gegensatz zu der verdorbten Stadt Abwehrängste gegen die Moderne niederschlugen, so ist nicht zu übersehen, dass sie auch hellsichtig auf Gefahren und Probleme hinwiesen und die Verantwortlichen anstachelten Rechenschaft abzulegen und Missstände zu beseitigen.

1. Beschreiben Sie ausgehend von der Darstellung und den Abbildungen die typischen Merkmale der Stadt am Beginn der Moderne.
2. Erläutern Sie unter Zuhilfenahme des Arbeitsteils S. 52–55 die Besonderheiten der „Metropolen".
3. 1929 bezeichnete der Nationalökonom Alphonse Goldschmidt die Metropole Berlin als einen „uferlosen Kolossalkonsumenten"; sie lebe von der Arbeit der anderen produktiven Regionen, dehne sich unwiderstehlich aus und werde dabei immer lebensfeindlicher. Nehmen Sie Stellung.

Massenkultur und Massengesellschaft

Die Städte waren zentraler Schauplatz jener sozialen Entwicklung, die tief besorgte Kulturkritiker in den zwanziger und dreißiger Jahren mit Schlagworten wie „Vermassung" oder „Aufstand der Massen" belegten. Mit solchen Schlagworten wollten sie das Verschwinden des Einzelnen in Massen-Kollektiven und die alle Bereiche der Gesellschaft durchdringende Prägekraft der Massen kennzeichnen. Die urbane Lebensweise mit ihrer Art zu reisen, Politik zu machen, zu kommunizieren war um die Jahrhundertwende nicht mehr eine Angelegenheit weniger Menschen, sondern wurde zunehmend eine Massenerscheinung. Millionen Menschen waren unterwegs. Parteien und Verbände mit Millionen Mitgliedern wurden zum beherrschenden Faktor der Politik. Riesige Menschenmengen fanden sich zu unterschiedlichsten gemeinsamen Erlebnissen, zum Protest, zur Feier, zum Sport, zum Vergnügen, zusammen. Erst die Zeitungen in riesigen Auflagenhöhen, bald auch der Rundfunk versorgten als Massenmedien Millionen Menschen mit ihren Informationen.

Alle diese ineinandergreifenden Elemente bereiteten den Weg zur Massenkultur*, die schließlich die bisherigen schicht- und regionalspezifischen Teilkulturen überlagern sollte.

Aufbruch in das mobile Jahrhundert

Neu war das Ausmaß, in dem Massen von Menschen und Gütern in immer größerer Geschwindigkeit und zu immer geringeren Preisen in Bewegung gesetzt werden konnten. Neu war überhaupt das Ausmaß an Beweglichkeit, an Mobilität; und weniges hat die Moderne* so konsequent mit sich gebracht wie die grenzenlose Bewegungsfreiheit.

Eisenbahnen, Ozeanriesen, Luftschiffe

Die Verkehrsverhältnisse revolutionierten sich. Zwar waren schon in den siebziger Jahren die Eisenbahnnetze gut ausgebaut worden, aber erst in den Jahrzehnten bis 1914 kam es zu einer engeren Vernetzung (siehe S. 42, Mat. 11 und 12). Interkontinentallinien erstreckten sich von Ozean zu Ozean. Die 1905 fertiggestellte transsibirische Eisenbahn vom Uralgebirge bis Wladiwostok besitzt mit ihren über 7000 Kilometern noch heute den längsten zusammenhängenden Schienenstrang der Welt. Riesige Ozeandampfer ließen die Entfernungen zwischen Europa und Amerika zeitlich zusammenschrumpfen. Für das gut betuchte, geschäfts- oder vergnügungsreisende Bürgertum boten sie in der ersten

Klasse ungeheuren Luxus und in den Zwischendecks Raum für Hunderte von Auswanderern, die sich vom gelobten Land Amerika ihr Glück erst noch erhofften.

Um die Jahrhundertwende trat die Transportrevolution in ihre zweite Phase. Im Jahre 1900 erhob sich das erste Luftschiff des Grafen Zeppelin in die Luft. Drei Jahre später gelang den Brüdern Orville und Wilbur Wright in den USA der erste Flug mit einem Apparat, der schwerer als Luft war. Noch konnte sich niemand vorstellen, wie sehr innerhalb der nächsten Jahrzehnte das Flugzeug das Gesicht des Reisens auf der Welt verändern würde.

Die Anfänge des Automobilzeitalters

Schon zwanzig Jahre vor dem ersten Flug der Gebrüder Wright hatte Gottlieb Daimler zum ersten Mal den von ihm entwickelten schnell laufenden Benzinmotor in eine Kutsche eingebaut und damit das Auto erfunden. Die rasche technische Weiterentwicklung durch eine Vielzahl kleiner Produzenten in allen industrialisierten Ländern machte es bald gebrauchstüchtig und um die Jahrhundertwende gehörten die sündhaft teuren Wagen so wie edle Rennpferde längst zu den beliebtesten Spielzeugen der Reichen und fingen an die Straßen zu erobern. Autorennen begannen die Massen zu begeistern. Neun Stunden und neun Minuten benötigte der Gewinner des internationalen Gordon-Bennett-Rennens für die 566 Kilometer zwischen Paris und Lyon im Jahre 1900. Ab 1908 begann das Automobilzeitalter für die Massen – zuerst in Amerika, in den zwanziger Jahren dann in Europa. Das erste Volksauto brachte Henry Ford mit seinem legendären Modell T, der „Tin Lizzy", auf den Markt. Mit der Vereinigung aller Fertigungsprozesse unter einem Dach im Jahre 1911 und der seit 1913 konsequent darauf abgestimmten Fließbandproduktion konnte z. B. die Chassismontage von über zwölf auf eineinhalb Stunden herabgesetzt und damit die Preise auf ein Niveau gesenkt werden, das es auch gut verdienenden Normalbürgern erlaubte ein Auto zu erstehen. Fünfzehn Millionen Exemplare verließen in den nächsten zwanzig Jahren die Werkshallen in Detroit.

In den zwanziger Jahren trat an die Stelle der Eisenbahn der Omnibus als Schrittmacher der Verkehrsnetzverdichtung und der geographischen Mobilität. Erst mit dem im Überlandverkehr eingesetzten Omnibus fanden auch entlegene Orte auf dem Land, in den Mittel- und Hochgebirgen Anschluss an das „mobile Jahrhundert" (siehe Tabelle S. 12). Alsbald erreichten die tiefgreifenden Folgen der Massenmotorisierung alle industrialisierten Länder. Der Straßenbau gestaltete Landschaften und Städte von Grund auf um. Die Straßen wurden zu einer komplizierten eigenen Welt, in der Autos, Motorräder, Lastkraftwagen, Fahrräder, Pferdewagen, Straßenbahnen und dazwischen die Fußgänger miteinander auskommen mussten. Verkehrsregeln wurden zu ihrem Lenkungs- und Leitungssystem. Sie bestimmten mehr und mehr das Verhalten der Verkehrsteilnehmer – nicht deren freier Wille. Verkehrsregeln wurden zu einem herausragenden Merkmal der „organisierten Moderne".

Plakat der Rotterdam-Süd Amerikalinie, 1926

„Politischer Massenmarkt"

Der wachsenden räumlichen Mobilität entsprach eine politische Mobilisierung der Menschen. Männer und Frauen schlossen sich in Vereinigungen zusammen, forderten Rechte und Güter, die bis dahin nur wenigen Privilegierten zustanden. In immer stärkerem Maße bestimmten die Menschen als große Gruppen mit gemeinsam formulierten Interessen und Zielen Erscheinungsformen und Handlungen der Gesellschaft (siehe S. 39, Mat. 4).

Die Organisierung der Interessen: Parteien und Verbände

Die politische Mobilisierung lässt sich besonders am deutschen Beispiel verdeutlichen. Schon in der ersten Hälfte des 19. Jahrhunderts gab es Netze von Organisationen, die sich über den ganzen deutschen Bund erstreckten. Diese Organisationen hatten zwar schon bei den Bemühungen zur nationalstaatlichen Einigung Deutschlands einen bedeutenden Einfluss ausgeübt, doch hatten sie sich mit relativ geringen Mitgliedszahlen begnügen können, da die politisch aktive Schicht nur sehr schmal war. Mehr und mehr aber entwickelten sich solche Interessengruppen zu fester gefügten und organisierten Vereinen oder Verbänden. Die allmähliche Ausweitung des Männerwahlrechts auf größere Teile der Bevölkerung zog – wie auch in anderen Ländern – eine Tendenz zur Massenpolitik und zur Herausbildung moderner politischer Parteien nach sich. Die Einbeziehung der breiten Volksschichten führte zu einem grundsätzlichen Wandel des öffentlichen Lebens und gab dem politischen Markt ein völlig neues Gesicht. Bei der Planung und Umsetzung politischer Ziele waren die Massen nicht mehr zu übergehen. Wer Ziele durchsetzen wollte, musste auf die Massen hören, sie ansprechen und organisieren.

Einen durchschlagenden Erfolg bei der politischen Mobilisierung der Massen erzielte als erste die sozialistische Arbeiterbewegung. In großer Zahl fasste sie Industriearbeiter über ein reich gestuftes Organisationsnetz parteipolitisch zusammen. Mit ihren 1914 über eine Million Mitgliedern und zahlreichen ihr nahe stehenden Arbeiterkulturorganisationen – Sportvereinen, Gesangvereinen, Kegelvereinen usw. – stellte die Sozialdemokratie nicht nur ein erhebliches politisches Gewicht dar, sondern prägte auch die kulturelle Ausrichtung eines Teils der Arbeiter im Deutschen Reich. Noch größere Massen hatten die der Sozialdemokratie nahe stehenden sozialistischen Gewerkschaften organisiert. Zweieinhalb Millionen Mitglieder (1914) stellten sie der Unternehmermacht entgegen (siehe Tabelle S. 145).

Jedoch waren die sozialistischen Arbeiterorganisationen keineswegs die Einzigen, die große Massen an sich banden. Die Partei des politischen Katholizismus, das Zentrum, erreichte eine ähnliche Organisationskraft über den „Volksverein für das katholische Deutschland" und die christlichen Gewerkschaften.

Die Organisierung der politischen und gesellschaftlichen Interessen beschränkte sich keineswegs auf die Massen der Arbeiter oder Katholiken. Insgesamt setzte sich dieser Prozess relativ parallel in den Berufsverbänden im Allgemeinen durch, wobei neben den Arbeitern vor allem den Arbeitgebern in der Industrie, den Bauern bzw. Agrariern und später den Angestellten eine Schlüsselstellung zukam. Sie wurden zu den mächtigsten Interessengruppen, den heute sogenannten *pressure groups,* ihrer Zeit.

Noch eindrucksvoller waren die Mitgliederzahlen von halb offiziellen Organisationen des Kaiserreichs, die sich vor allem als Kampforganisationen, sei es gegen die Sozialisten oder sei es für außenpolitische Ziele des Reiches, einsetzten. Dazu zählten der „Alldeutsche Verband" und der „Deutsche Flottenverein" oder der „Deutsche Kriegerbund". Der Kriegerbund z. B. wollte über seine Vereine ehemalige Wehrpflichtige in ihrer Staats- und monarchischen Gesinnung stützen und bestärken. 1913 umfasste er ca. 32 000 Vereine mit über 2,8 Millionen Mitgliedern. Der Flottenverein, 1898

Werbepostkarte der Sozialdemokratischen Partei Deutschlands zur Reichstagswahl 1912

gegründet, zählte 1913 über eine Million Mitglieder. Der „Alldeutsche Verband" hatte 1905 zwar nur 40 000 Mitglieder, wirkte aber über seine industrielle Verbindung und Verflechtung mit anderen Vereinen weit darüber hinaus. Solche Massenorganisationen waren weniger ein Emanzipationsmittel für bisher benachteiligte Massen, sondern eher ein Instrument staatlicher Institutionen, die die bestehende Ordnung und die Interessen der herrschenden Schichten gegen die Interessen neuer politischer Kräfte, vor allem der Arbeiterbewegung, verteidigen wollten. In solchen Organisationen deuteten sich die wirkungsmächtigen Formen der politischen Herrschaft der dreißiger Jahre an, in denen mit Hilfe der Organisierung von Massen in Institutionen, die selbst nicht demokratisch organisiert waren, und der Steuerung und Manipulation über Massenkommunikationsmittel eine neue Unmündigkeit errichtet wurde.

Massenkommunikation

Die Massenkommunikation* mit ihren umwälzenden Nachrichten-, Druck- und Publikationstechniken ist ebenfalls eine Errungenschaft der Jahrhundertwende. Im April 1900 war Berlin schon mit 700 Orten, darunter 50 ausländischen, per Telefon verbunden. Immer stärker vernetzten leistungsfähige Kabel die Kommunikation zwischen den Kontinenten. Stunden, ja nur noch Minuten brauchten Telegramme mit Wirtschafts- oder Politiknachrichten von Europa in die fernsten Winkel der Welt (siehe S. 42, Mat. 10).

Veränderungen in der Presselandschaft

Für den Normalbürger wirkten sich anfangs viel stärker die Entwicklungen in der Presselandschaft hin zur Massen- und Geschäftspresse aus. In den letzten beiden Jahrzehnten des Jahrhunderts änderten sich Aufmachung, Herstellung und Vertrieb vor allem bei einem neuartigen Zeitungstyp, dem sogenannten Generalanzeiger. Zunehmend wurden die Zeitungen für Werbung genutzt. Anzeigen brachten den Verlegern einen immer größeren Teil der Einnahmen. Das Anzeigengeschäft rückte in den Mittelpunkt – und um Anzeigenkunden zu werben waren hohe Auflagen bei niedrigen Verkaufspreisen überlebensnotwendig. Gefallene Papierpreise und technische Verbesserungen verbilligten den Produktionsvorgang. Zeilensetz- und Rotationsmaschinen ermöglichten in den neunziger Jahren pro Stunde 6 000 Zeichen zu setzen und 130 000 Seiten zu drucken. Der verschärfte Konkurrenzkampf wurde über Aktualität, Sensationsmeldungen, abwechslungsreiche Aufmachung, Druck von Bildern und aggressive Werbe- und Vertriebsformen, z. B. den Straßenverkauf, ausgetragen. Die Berliner Zeitung „B. Z. am Mittag" erschien seit Oktober 1904 als erste deutsche Zeitung im Straßenverkauf. Mit einem Abstand von wenigen Minuten zwischen dem Empfang der letzten Meldung und der Verbreitung der ersten Exemplare in Berlin konnte sich die „B. Z." rühmen die „schnellste Zeitung der Welt" zu sein.

Berlin sah die ersten Pressemagnaten, Großunternehmer des Mediengeschäfts, von denen einige begannen ihre Massenpresse zur politischen Beeinflussung zu nutzen. Einen Höhepunkt dieser Politisierung der „unpolitischen" Zeitungen erzielte in den zwanziger Jahren Alfred Hugenberg als Chef des größten Pressekonzerns und zugleich Führer der rechtsextremen Deutschnationalen Volkspartei (DNVP). Die parteinahen Zeitungen wurden lebendiger und „lesbarer", etwa durch Kulturseiten mit Theater- und Kunstnachrichten, mit Gedichten und Erzählungen und vor allem dem Fortsetzungsroman. In den zwanziger Jahren differenzierte sich auch der sozialdemokratische Zeitungsstil in Richtung Sport, Freizeit und Reisen aus. Die verbreitetste Wochenbeilage der sozialdemokratischen Presse, „Die neue Welt", erreichte 1911 eine Auflage von 550 000, d. h. bei einem minimalen Multiplikationsfaktor von ca. drei Lesern ein Lesepublikum von rund 1,5 Millionen. Die sozialistische Satirezeitschrift „Der wahre Jakob" verzeichnete bereits während der Sozialistengesetze in den 1880er Jahren eine Auflage von ca. 100 000 und steigerte diese bis 1913 auf 360 000. Andere, bürgerliche Zeitschriften wie das Unterhaltungsblatt die „Gartenlaube" hatten 1875 mit einer Auflage von 382 000 ihren Höhepunkt erreicht, ebenso wie die Satirezeitschrift „Simplicissimus" 1904 mit 85 000 Exemplaren.

Neue Erlebniswelten: Das Kino

Mit dem Eindringen von Fotos in die Zeitungen kündigte sich die Visualisierung der modernen Welt an. Um die Jahrhundertwende lernten die Bilder dann laufen. Es entstand ein zusätzliches Massenmedium von nie gekannter Popularität, das Wahrnehmungs- und Sichtweisen, hergebrachte Künste – Theater, Musiktheater und Literatur – veränderte und beherrschenden Einfluss auf Freizeit und Vergnügungen von Menschen aller Schichten in den industrialisierten Ländern gewinnen sollte: der Film.

In Deutschland begann das Filmzeitalter mit einer Aufführung der Brüder Skladanowsky im November 1895 in Berlin. In den ersten Jahren handelte es sich vor allem um wenige Minuten lange Dokumentarfilme oder komische kleine Szenen, die von einer Standkamera aufgenommen worden waren. Bald kamen aber dramatisch-erzählende Filme hinzu. Im Jahre 1908 bestritten sie schon den Löwenanteil der Aufführungen und wurden von nun an immer raffinierter, ausführlicher und aufwendiger, wenn auch immer noch mit geringem künstlerischen Anspruch. 1913 nutzten in Deutschland der Schriftsteller H. Ewers und der Regisseur S. Rye in ihrem Film „Der Student von Prag" über die plastische Herausarbeitung des Phantastischen und Grausigen erstmals die besonderen ästhetischen Möglichkeiten des Filmmediums zur unmittelbaren Ansprache des Publikums, zur Erzeugung von Emotionen.

Das Kino war von Anfang an ein Medium für das Volk, für jugendliche Arbeiter und Angestellte, die kaum Zugang zum „bürgerlichen" Theater, zu den Konzertsälen, Kunstausstellungen und Museen besaßen (siehe Tabelle S. 11). In den dunklen Filmvorführräumen waren Unterschiede zwischen den Besuchern kaum auffallend. Hier herrschte eine gleichmachende Atmosphäre, die jedem seine Unterhaltung bot. Aber der Film eroberte auch das bürgerliche Publikum, spätestens, als er sich zu einer eigenständigen Kunstform entwickelte. Waren Filme anfangs in Jahrmarktbuden oder kleinen Ladenkinos aufgeführt worden, so baute man nun eigene Theater: vereinzelt schon vor dem Krieg, in großer Zahl dann in den zwanziger Jahren Paläste für mehrere tausend Zuschauer. Das Filmemachen wurde zu einer Industrie. Mit ihr verbinden sich bis heute die Namen Hollywood (USA) und UfA (Berlin). Der Film war zwar einerseits als wahrhaft demokratisches Massenmedium konkurrierend neben die einstmals bürgerlich elitären Theater und Opern getreten. Aber gleichzeitig wurde der Film mit seiner suggestiven Kraft der Bilder zu einem Instrument politischer Propaganda, vor allem in den zwanziger und dreißiger Jahren.

Freizeit und moderne Massenkultur

„Freie Zeit"

Die immer klarere Trennung von Arbeit und Freizeit* ist eines der charakteristischsten Merkmale der industriellen Massengesellschaft. War Freizeit und ihr Erleben bis weit in die zweite Hälfte des 19. Jahrhunderts auf den Adel und das höhere Bürgertum beschränkt, änderte sich das in der Phase der Hochindustrialisierung. Mit der Fabrikarbeit an Maschinen hatten sich nach einem Übergangsprozess die Arbeitsteilung, die räumliche Trennung von Arbeitsplatz und Wohnung und vor allem die zeitliche Kontrolle der Arbeit durch den Unternehmer durchgesetzt. Arbeitszeit wurde nun genau gemessen; und die Menschen gewöhnten sich daran die Zeit durch die Uhr festzustellen und einzuteilen. Der Blick auf die Uhr machte immer mehr (und immer wieder) bewusst, welchen Teil der (Lebens-)Zeit man mit welcher Tätigkeit verbrachte. Die Zeit wurde zur abstrakten Verrechnungseinheit für jedes menschliche Tun und damit gab es einen Sinn „Zeit zu teilen, Zeit zu sparen, Zeit zum Maß für Leistung zu machen, ‚freie' Zeit von Arbeitszeit strikt abzugrenzen". Diese Abgrenzung erhielt ihr besonderes Gewicht, da sich zwischen 1870 und 1914 die tägliche Arbeitszeit von durchschnittlich 12 auf 9,5 Stunden verringerte, sodass ein deutscher Industriearbeiter im Jahre 1910 über etwa 40 Stunden in der Woche relativ frei verfügen konnte, während diese Zeit im Jahre 1870 erst 25 bis 26 Stunden betragen hatte. Urlaub für Arbeiter begann sich indes erst nach dem Ersten Weltkrieg zu verbreiten (siehe Tabelle S. 13).

Das Beispiel Sport

Die Arbeitszeitverkürzung und die Trennung der Arbeit von der Nichtarbeit boten die Chance zur Ausübung von Freizeitaktivitäten, z. B. Sport (siehe S. 43, Mat. 13 und 14). Er griff von England auf den Kontinent über und begann zwischen 1880 und 1914 seinen Siegeszug. Eine von der Arbeit abgegrenzte und ausreichende Menge freier Zeit hätte aber allein nicht ausgereicht Sport zu einer Massenbewegung werden zu lassen. Es war auch Geld erforderlich. Aufgrund der Steigerung der Realeinkommen seit Mitte der achtziger Jahre standen Arbeiterfamilien bescheidene Beträge zur Befriedigung anderer Bedürfnisse als Nahrung, Wohnung, Kleidung zur Verfügung. Durch die Sozialversicherungen waren zudem immer mehr Menschen vor existenzieller Bedrohung bei Erwerbsunfähigkeit geschützt. Damit waren wesentliche Voraussetzungen für Freizeitaktivitäten nicht mehr nur schmaler wohlhabender Schichten, sondern auch immer größerer Teile des Bürgertums und zunehmend der Arbeiter geschaffen.

Eine andere wichtige Voraussetzung trat hinzu. Tagtäglich erlebten die Menschen bei der Arbeit, welchen Wert die Zeit hatte und sie erlebten, dass Leistung entscheidender Maßstab für ihren Verdienst war und ihre Leistung mit der anderer verglichen wurde. Dies erklärt die Faszination auch außerhalb der Arbeit beim Sport Zeiten zu messen, zu vergleichen, Leistungen aufzuschreiben und sich im Wettkampf mit Konkurrenten zu messen. So zeichnete sich die Sportausübung durch vier Kriterien aus: erstens durch das Leistungsprinzip, d. h. das Messen in Zentimetern, Gramm, Sekunden und Punkten und das Ziel Rekorde aufzustellen; zweitens durch das Prinzip der Quantifikation, man bevorzugte Übungen, bei denen Zeit und Geschwindigkeit gemessen werden konnten; drittens führte man die Leistungsstaffelung in hierarchisch zugeordneten Mannschaftsebenen, die Liga bzw. Ligen, ein; charakteristisch wurde viertens die Organisierung des Sports in einer Vereins- und Verbandsstruktur mit bürokratischen Kontrollen und Regeln, über die Schiedsrichter wachten.

Ebenso zeittypisch sind andere Formen sportlicher Freizeitaktivität, die als Gegenreaktion zu der Leistungsgesellschaft zunächst nicht leistungsorientiert waren. Sie betonten vielmehr Naturerlebnis und Geselligkeit (Bergsteigen) oder die Einheit von Körper und Geist (Gymnastik) und boten die Möglichkeit zur Erholung und Entspannung. Schließlich schlug der Sport nicht nur die Aktiven in seinen Bann, sondern die sportlichen Ereignisse zogen auch massenhaft Zuschauer an. Bald entwickelte sich daraus der kommerzialisierte Zuschauersport als spezifische Form populärer Unterhaltungs- und Vergnügungskultur.

In den 1880er Jahren begann die Massenproduktion von Fahrrädern, die um 1900 den Preis von vormals 750 auf 100 Mark fallen ließ. Das Fahrrad wurde zum erschwinglichen Transportmittel nicht nur für die Fahrt zur Arbeit, sondern auch für die Fahrt zum sportlichen Vergnügen. In Massen strömten die Zuschauer in die riesigen Hallen, die in Paris, Mailand und Berlin für Radrennen gebaut wurden.

Neben dem Radfahren war der erste richtige Massen- und Massenzuschauersport der Fußball. Als erster deutscher Verein entstand 1874 der „Football-Club" Dresden; die Fußballregeln mussten aus dem Englischen übertragen werden. Auch Fußball war in England erst von den vornehmen Privatschulen und Universitäten betrieben worden, verbreitete sich dann aber schnell in der Arbeiterschicht. Die Attraktivität des Fußballs bei Arbeitern ging darauf zurück, dass es sich um eine einfache Sportart handelte und mit geringem Aufwand fast überall gespielt werden konnte. Im Gegensatz zu Tennis oder Segeln brauchte man keine besondere Ausrüstung. Als Ball diente zur Not ein zusammengebundenes Lumpenbündel und spielen konnte man auch barfuß. Die Anforderungen, die von dem körperbetonten Fußball gestellt wurden, körperliche Kraft, Robustheit und eine gewisse Gewandtheit, entsprachen den Arbeitsanforderungen. So entstanden um die Jahrhundertwende im Ruhrgebiet Fußballvereine wie z. B. Schalke 04 und Borussia Dortmund oder in Italien die Vereine Juventus Turin und AC Mailand. Die Spiele attraktiver Mannschaften zogen schon vor dem Ersten Weltkrieg bis zu 5000, ja manchmal sogar 12 000 bis 15 000 Zuschauer in die Sportstadien.

Der Zuschauersport diente nicht allein als Unterhaltung für die Massen. Je mehr er den Kampfcharakter betonte, umso deutlicher erhielt er auch die Funktion eines Ventils zur Entladung aufgestauter Aggressionen, die der Leistungsdruck der Arbeit, die soziale Situation oder die Rivalität veschiedener sozialer Milieus, z. B. von Protestanten und Katholiken in Großbritannien, mit sich bringen konnten. Schon bei den 1896 wieder ins Leben gerufenen Olympischen Spielen wurden sofort die nationalen Spannungen deutlich. Gerade diese offiziellen, dem Frieden zwischen den Völkern gewidmeten Spiele nahmen immer stärker den Charakter eines Ersatzschauplatzes für zwischenstaatliche Rivalitäten an.

Postkarte des XII. Deutschen Turnfestes in Leipzig, 1913

Momentaufnahme vom 800-m-Lauf der Frauenweltspiele 1921 in Monte Carlo. Fotografie

Die Entdeckung der Jugend

Die modernen Gesellschaften sind einerseits durch Angleichungen der Lebensweisen, Denk- und Verhaltensmuster gekennzeichnet – „Vermassung", wie Kritiker sagen –, andererseits aber auch durch neue Differenzierungen. Einzelne wie Gruppen emanzipieren sich von alten Bindungen und machen Gebrauch von der Möglichkeit der eigenverantwortlichen Selbst- und Lebensbestimmung.

In der traditionalen Welt hatte die „Jugend" als eine eigene Lebensphase keine Rolle gespielt, ja war nicht einmal als eine solche wahrgenommen worden. Das änderte sich um die Jahrhundertwende. Der Begriff des „Jugendlichen" wurde geprägt. „Jugend" wurde erstmals als eine eigene Lebensphase zwischen Kindheit und Erwachsenen-Dasein wahrgenommen, als eine problematische Reifephase, die Zeit der Pubertät, aber auch der Bildung. Jugend stieg zu einem Leitbild für die Erneuerung und Orientierung der Gesamtgesellschaft auf. Jugendliche entwickelten ein eigenes Selbstverständnis und Selbstbewusstsein, suchten nach Selbstbestimmung, fanden in der entstehenden Jugendbewegung (siehe Essay S. 56–59) zu eigenen Organisationsformen und verstanden sich selbst als Erneuerer der Gesellschaft.

Eine der Ursachen für den neuen Stellenwert der Jugend in der Gesellschaft war die „Verjugendlichung" der Bevölkerung, d. h., dass der Anteil der Jugendlichen an der Gesamtbevölkerung stark gestiegen war. Die neue industrialisierte und urbanisierte Umwelt mit der lebendigen, sich stets wandelnden Stadt, mit ihrer Lebens- und Arbeitsweise, ihren Angeboten schuf den jungen Menschen Freiräume und Erfahrungswelten, die die Eltern so nicht erfahren hatten. Es entstand geradezu ein Erfahrungsdruck zwischen den Generationen, der durch das Weiterwirken der Modernisierung* fortlaufend verstärkt wurde.

Die wachsende Selbstständigkeit von jungen Arbeitern und Angestellten sowie der Ausbau des höheren Bildungswesens für Jugendliche aus dem Bürgertum förderten selbstbewusste Verhaltensweisen. Daraus entstanden erste Formen einer jugendlichen Sub- und Protestkultur, mit denen die Jungen die Alten herausforderten und sich von ihnen absetzten. Ein neues Gefühl der Freiheit vermischte sich mit der Rebellion gegen die Erwachsenen und dem Willen das eigene Leben selbst zu gestalten.

Dies wurde zum Glaubensbekenntnis der Jugendbewegung, die geistig, kulturell und pädagogisch zu neuen Ufern aufbrach. Ihr Ziel war eine glücklichere und schönere Bildung der Menschlichkeit. Sie stellten einen gesamtgesellschaftlichen Erneuerungsanspruch. Sie suchte ein neues, jugendbestimmtes Gemeinschaftserlebnis und lehnte die „Tyrannei der Schule" und ihres „erstarrten Bildungskanons" ab. Die Jugendlichen wandten sich gegen die hergebrachte Freizeitgestaltung. Übernahmen sie auf der einen Seite die Angebote der urbanen Lebensweise, so kritisierten sie auf der anderen Seite den Druck der Industriegesellschaft. Die Stadt mit ihrem strengen Arbeitsrhythmus in Schule, Büro und Fabrik, ihrem engen Beisammenwohnen, ihrer Künstlichkeit wurde der Freiheit der Natur entgegengestellt. Die Jugendbewegung zog es aus der Stadt zum Wandern in die Natur.

Viele Erwachsene nahmen den Freiheitsdrang, die Flucht vor der herkömmlichen Autorität und die Kritik an Werten wie Fleiß und soziale Unterordnung als Bedrohung wahr. Juristen und Pädagogen antworteten auf die „Zuchtlosigkeit" mit disziplinierenden Betreuungsmaßnahmen, dem Aufbau eines Systems der „öffentlichen Jugendpflege" und organisierter Freizeitangebote.

Erster Weltkrieg, Revolution und Wirtschaftskrise bremsten den Aufbruch der Jugend. Die junge Generation der geburtenstarken Jahrgänge konnte in der von Krisen geschüttelten Wirtschaft der zwanziger Jahre mit ihren fehlenden Arbeitsplätzen keinen Fuß fassen. Der Zukunftsoptimismus der Vorkriegszeit schlug um in Gegenwartsfurcht und Zukunftsangst. Für einen eigenen Lebensweg der jungen, so zahlreichen Generation gab es keinen Platz. Sie wurde offen für die Parolen radikaler Parteien und radikalisierte sich zerstörerisch gegen die „Republik der Greise".

Der Mythos der Jugend und die veränderten Lebensformen der Industriegesellschaft brachten in den zwanziger Jahren eine eigene Jugendkultur hervor. Musik, Mode und vermarktete Freizeit erhoben Jugendlichkeit zum Ideal. Die verführerische, moderne Angestellte mit Bubikopf, freien Armen und Beinen, Zigarette, Schminke und Parfum, offen für die modernen, aus Amerika importierten Tänze, für Film, Mode und Schlager, war das propagierte Leitbild der Zeit. Gleichwohl war es kein reales Abbild der Gegenwart, da der Masse der Jugend, vor allem der Arbeiterjugend, bei geringem Einkommen und hoher Arbeitslosigkeit die Möglichkeiten zur Realisierung fehlten. Aber Jugendlichkeit blieb auch für diese Gruppen ein Traumbild und damit ein übergeordnetes Gesellschaftsideal.

1. Erläutern Sie, inwieweit die Verbreitung des Automobils Wirtschaft und Gesellschaft bis heute verändert hat.
2. Der amerikanische Soziologe David Riesmann (geb. 1909) sprach 1950 vom modernen Menschen als dem „außen-geleiteten" Menschen, der durch Anpassung an die Normen der Organisationen und Massenmedien zu überleben suche, dabei seine eigene Freiheit jedoch aufgebe. Inwieweit geben Sie Riesmann für die Entwicklung der Moderne seit 1880 Recht?
3. Erläutern Sie die Funktion des Sports zwischen Arbeit und Freizeit. Diskutieren Sie über den Vorwurf, dass der Sport durch seine Disziplinanforderungen (Training, Regeln) den Menschen für die industrielle Arbeitswelt „zurichte".
4. Heute wird die Forderung diskutiert Jugendliche ab 16 Jahren an politischen Wahlen zu beteiligen. Inwiefern hat die Herausbildung der Jugendbewegung Grundlagen gelegt, die zu dieser Forderung geführt haben?

Wandel der Geschlechterverhältnisse

„Eingeschränkte Moderne" für die Frauen

Im 19. Jahrhundert hatte sich die Unterscheidung der Geschlechter in aller Schärfe ausgeprägt. Diese Unterscheidung hatte wiederum zu einer planvollen, auch räumlichen Trennung eines „öffentlich"-beruflichen Bereichs der Männer und einer „privaten", den Frauen zugewiesenen häuslichen Sphäre geführt. Eine verantwortungsvolle Berufstätigkeit oder ein Wirken der Frauen in der politischen Öffentlichkeit kam in diesem Bild, dass Männer von Frauen zeichneten, nicht vor. So wurde in allen Verfassungsstaaten den Frauen das Wahlrecht verwehrt trotz ihrer Forderungen nach Gleichberechtigung seit der Französischen Revolution. In England wurde den Frauen sogar das ihnen vormals zustehende Wahlrecht, sofern sie über entsprechenden Grundbesitz verfügten, ausdrücklich aberkannt.

In Preußen durften Frauen bis 1908 weder politischen Vereinen noch Parteien angehören. Bis zur Jahrhundertwende durften sie weder ein Abitur ablegen noch eine Universität besuchen. Qualifizierte Berufe blieben ihnen verschlossen. Rechtlich waren die Frauen diskriminiert, wirtschaftlich von den Ehemännern oder dem Elternhaus abhängig. Das 1900 in Kraft getretene Bürgerliche Gesetzbuch des Deutschen Reiches legte diese Abhängigkeit gesetzlich in wesentlichen Elementen bis 1976 in der Bundesrepublik und auch in der DDR fest. In der Regel besaßen Frauen nicht einmal die Verfügungsgewalt über ererbtes Vermögen, von sonstiger wirtschaftlicher Selbstständigkeit zu schweigen. Allein der Mann vertrat die Familie nach außen und hatte die Erziehungsgewalt über die Kinder inne (siehe Mat. S. 48–51).

Die Emanzipationsbewegung der Frauen

Gegen die Diskriminierung der Frau erhoben sich seit der Mitte des 19. Jahrhunderts Widerstände. Diese richteten sich zunächst nicht grundsätzlich gegen die Vorrangstellung des Mannes in Familie und Gesellschaft, sondern sie zielten auf die eigenständige Existenzsicherung der Frau, auf die Möglichkeit sich mit Hilfe einer weitergehenden Schulbildung und einer qualitätsvollen beruflichen Ausbildung den Lebensunterhalt selbst verdienen zu können.

Fixiert auf Hauswirtschaft und Familie, auf die Rolle als Ehefrau und Mutter, die vom erwerbstätigen Ehemann abhängig war – an diesem Bild änderte sich vorerst wenig. Gleichwohl begann sich die gesellschaftliche Wirklichkeit allmählich zu wandeln. Frauen wurden zunehmend außerhäuslich berufstätig, sie errangen für sich Bildungsmöglichkeiten, praktizierten Geburtenregelung und die Scheidung wurde häufiger. Die Frauen emanzipierten sich von den Zwängen, die sie in Abhängigkeit von den Männern hielten. Damit veränderten sich die Geschlechterbeziehungen, d. h. die Verhältnisse zwischen Frau und Mann.

Wenn von der Emanzipation der Frauen gesprochen wird, so denkt man vielfach zuerst an die bewusste, kämpferische Frauenbewegung, die um gesetzliche und politische Gleichberechtigung stritt und um das Recht als Individuum unabhängig vom Geschlecht am Leben der Gesellschaft teilzuhaben. Die Erfolge dieser organisierten Bewegungen waren jedoch in Europa und in den USA uneinheitlich und begrenzt. Bis heute gibt es kein Land auf der Welt, in dem Frauen die gleichen Lebenschancen haben wie Männer.

Bis in die zwanziger Jahre des 20. Jahrhunderts waren jedoch bemerkenswerte Fortschritte im Zugang zum Bildungswesen und beim Wahlrecht erzielt worden. Ab 1896, in Preußen erst 1908 gesetzlich geregelt, konnten Frauen lange nach der Schweiz (1840), den angelsächsischen (1850) und nordischen Ländern (1870) an Universitäten studieren. Im Jahre 1908 durften sie Vereinen und politischen Parteien beitreten, 1918 erhielten sie das aktive und passive politische Wahlrecht. Diese Fortschritte waren einerseits einer vergleichsweise geringen Zahl engagierter Frauenrechtlerinnen und der organisierten Frauenbewegung zu verdanken, zum anderen aber der Sozialdemokratischen Partei, die schon vor der Jahrhundertwende die volle politische Gleichberechtigung der Frauen in ihr Programm aufgenommen hatte.

Wandel kultureller Normen

Als entscheidende Impulse für die Emanzipationsbewegung der Frauen wirkten die ökonomische und technische Entwicklung, die den Frauen vorher nicht existente Berufsfelder eröffnete. Das Telefon, der Fernsprechdienst, brachte den neuen Beruf der Fernsprechvermittlerin mit sich: das „Fräulein vom Amt". Die Telefonistin kam jetzt als Beruf zu der Stenotypistin, Sekretärin, Kassiererin, Verkäuferin, Friseuse oder Lehrerin hinzu.

So war vor dem Ersten Weltkrieg die selbstständig verdienende Frau durchaus zu einer Normalität geworden. Dies blieb allerdings vorwiegend auf alleinstehende Frauen oder auf die Zeit vor der Ehe beschränkt. Außerdem fanden die Frauen in der Regel Arbeitsplätze, die schlecht bezahlt waren und die Männer für unter ihrer Würde hielten. Das galt für Arbeiterinnen ebenso wie für Angestellte. So wurde die Emanzipation von einer neuen Diskriminierung begleitet.

Unübersehbar begannen sich die Frauen von einengenden kulturellen Normen zu befreien. Zunehmend freier konnten sie sich in der Öffentlichkeit bewegen. Ihr äußeres Bild veränderte sich radikal. Sie befreiten sich von knöchellangen Kleidern. Das Schnürkorsett verschwand von der Bildfläche; fließende Kleider, Kostüm und Hemdbluse setzten sich durch. Nach dem Krieg wurden die Stoffe leicht und luftig, der Rock reichte nur noch bis zum Knie; der Bubikopf dokumentierte Selbstbewusstsein.

Trotz dieser sichtbaren Befreiung gab es noch keinen wirklichen Ausbruch aus dem Korsett normierter Weiblichkeit. Frauen, die gegen die herrschenden Moralvorstellungen revoltierten, völlige Gleichberechtigung auf allen Ebenen forderten, partnerschaftliche Ehemodelle entwarfen, ein Recht auf Liebe und weibliche Sexualität auch außerhalb der Ehe verlangten, für Geburtenkontrolle oder das Recht auf Schwangerschaftsabbruch eintraten, blieben gesellschaftliche Außenseiterinnen. Sie fanden vorläufig nur Anerkennung bei Künstlern und Intellektuellen, in der „Boheme", wo ein radikales Infragestellen aller existierenden gesellschaftlichen Normen zum Selbstverständnis gehörte.

Sexuelle Emanzipation und männliche Bedrohungsangst

Wenn auch die sexuelle Emanzipation noch in einem eng gesteckten Rahmen blieb, erregte doch die Vorstellung der unabhängigen, sich ihrer sexuellen Macht und Ausstrahlung sicheren Frau offene oder versteckte männliche Ängste vor

Ferdinand Hodler (1853–1918), Die Technik, 1903, Zeichnung, 34,3 x 34,7 cm, Privatbesitz

einem möglichen Verlust der Männerherrschaft. Solche Phantasien von der bedrückenden Gefahr einer freigesetzten zerstörerischen weiblichen Sexualität, die den Mann seiner Kraft beraube und zerstöre, tritt in der Malerei um die Jahrhundertwende überdeutlich vor Augen. Niemals zuvor hatte es so viele Darstellungen der Salome, der Judith und Dalila gegeben, d. h. von Frauen, die durch die Kraft ihrer erotischen Macht Männer töten.

Die Bedrohung durch die „männermordende Frau" schien noch furchterregender, weil diese durch ihre Natur den Männern überlegen zu sein schien und darüber hinaus noch deren privilegierte Stellung angriff. Als Gegenbewegung kam es zur Verherrlichung des Männerbundes, erst in der Jugendbewegung in den zwanziger Jahren, dann in militanten uniformierten Kampforganisationen. Aggressive Männlichkeit, Kampf und Krieg wurden ihre Leitbilder.

Rationalisierung der Geschlechterbeziehungen

Den Männerphantasien von einer kommenden „Weiberherrschaft" entsprach eine lebhafte Diskussion um die Sexualreform, die immerhin Ängste abbaute und zur Aufklärung über Fragen der Sexualität, Familienplanung und Ehe beitrug. Die Zwei-Kinder-Familie wurde in der Weimarer Republik die Regel. Die Scheidung einer Ehe wurde häufiger, ihr Makel schwand. Die seit der bürgerlichen Aufklärungsbewegung zunehmend auf die gegenseitige Liebesbeziehung der Partner gegründete Ehe war durch die wachsende Lebenserwartung für Krisen und Zerrüttung anfälliger geworden. Eine Trennung blieb oft der einzige Ausweg. Von der Jahrhundertwende bis zur Mitte der zwanziger Jahre stieg die Scheidungsrate von 21 pro 1000 Eheschließungen auf 62. Scheidungen konnten von den Frauen aber auch eher in Kauf genommen werden. Da es weniger geschlechtsspezifische Hindernisse gab einen Arbeitsplatz zu erhalten konnten sie sich leichter materiell auf eigene Füße stellen.

Der künstlerische Aufbruch in die Moderne

Besonders sichtbar wird die Auflösung alter Ordnungen und der Aufbruch in neue Welten in der bildenden Kunst. Immer schneller stellten neue Kunstströmungen altgewohnte Traditionen akademischer, erlernter Malerei in Frage. Die anerkannte, traditionelle Malerei lieferte prächtige Bilder historischer Szenen, romantische Mythen und pompöse Portraits. Gegen diese Kunst revoltierten selbstbewusste Avantgardekünstler, die auf die widersprüchlichen Aspekte der modernen Realität mit einer neuen künstlerischen Sprache einzugehen versuchten. Sie zerstörten traditionelle Reali-

Edvard Munch (1863–1944), Der Schrei, 1893, Tempera und Öl auf Karton, 91 x 74 cm, Oslo, Nationalgalerie

tätsvorstellungen und vermittelten neue Botschaften durch neue Ausdrucksformen. Sie zerlegten das Szenario der Alltagswelt in seine einzelnen Bestandteile, lösten sich von der Oberfläche um unter oder hinter sie zu gehen.
Impressionisten wie die Franzosen Edouard Manet oder Claude Monet verließen das Atelier, malten in der freien Natur ihre Eindrücke von Formen und Farben der Wirklichkeit und gaben ihnen eine eigenständige Qualität. Die Künstler des Expressionismus, wie die Deutschen Franz Marc, Ernst Ludwig Kirchner oder Karl Schmidt-Rottluff, suchten die verborgenen Strukturen der sichtbaren Welt zum Ausdruck zu bringen um damit eine andere Realität aufzudecken. Die Fauves in Frankreich, die „Wilden", wie Henri Matisse, Georges Braque oder Pablo Picasso wiederum zerlegten radikal das Bild der vorgegebenen Realität. Die neuen künstlerischen Formen dienten als Mittel sich von der „Tyrannei des Gegenstandes" zu befreien. Die Dinge wurden fortan gemalt, wie der Maler sie seelisch erlebte. Das konnte subjektiv visionär sein, wie es das Bild „Der Schrei" des Norwegers

Edvard Munch von 1893 ausdrückt (siehe S. 35), oder es kann mit dem Mittel der Abstraktion erfolgen, wie bei Paul Klee 1927 (siehe S. 37).

War die impressionistische Malerei von einer optimistischen Stimmung gegenüber der neuen industriellen Zeit bestimmt, so trat im Expressionismus die Angst vor den Kräften der Moderne in den Vordergrund. Der Futurismus wiederum, der seine entscheidenden Impulse von italienischen Malern wie z. B. Umberto Boccioni erhielt, stellte sich ganz in die moderne Welt. Mit Formen, die Statisches in Bewegung umsetzen, verherrlichte man das Maschinenzeitalter, wie zum Beispiel bei dem Russen Kasimir Malewitsch. Energie, Kraft und Gewalttätigkeit sollten benutzt werden um die Welt revolutionär zu verändern. Mit seiner Wirkung auf den Sozialismus und dann auf den Faschismus hat der Futurismus wie keine andere künstlerische Bewegung auch einen lang anhaltenden politischen Einfluss gewonnen.

Neue Sichtweisen – erschütterte Sicherheit

Die Relativität von Raum und Zeit

Zum Jahr 1900 stellte die „Berliner Illustrierte Zeitung" ihren Lesern die Aufgabe eine Bilanz des vergangenen Jahrhunderts zu ziehen, worauf Tausende von Antworten eingingen. Auf die Frage, welchen Beinamen das vergangene Jahrhundert bekommen solle, entschied sich die große Mehrheit für das „Jahrhundert der Erfindungen". Und auf die Frage, wer der Menschheit den größten Dienst geleistet habe, entfielen die meisten Stimmen auf den Engländer Joseph Lister, den Begründer der antiseptischen Wundbehandlung.

Mit ihren Einschätzungen dokumentierten die Leser, dass ihnen der „ungeheure Umschwung" bewusst war, den „die Naturwissenschaft im Zustand der Menschheit herbeigeführt" hatte. Dieser ungeheure Umschwung bezieht sich auf zwei Grundtatsachen. Einmal waren den Gelehrten tiefe Einsichten in Naturzusammenhänge gelungen, womit sich die Auffassung des Naturgeschehens grundlegend wandelte. Was den Menschen des Mittelalters und auch der frühen Neuzeit noch als Wunder gegolten hatte, wurde jetzt als Ausdruck allgemein gültiger Naturgesetze verstanden, und nicht nur von den Wissenschaftlern selbst, sondern allgemein von den Gebildeten und bis weit in die Arbeiterschaft hinein, in der eine große Wissenschaftsgläubigkeit verbreitet war. Allgemein galt um die Jahrhundertwende das Bild von einem Universum, das auf sichere Tatsachen gegründet war und durch einen festen Rahmen aus Ursachen und Wirkungen und aus Naturgesetzen zusammengehalten wurde. Dieses Bild des Universums wurde in den Jahrzehnten vor dem Ersten Weltkrieg durch die Revolutionierung der Physik verworfen und radikal verändert. Altbewährte Weisen der Weltbetrachtung wurden grundsätzlich in Frage gestellt und verworfen. Max Plancks Quantentheorie, Albert Einsteins Relativitätstheorie (siehe S. 40, Mat. 7) oder die Arbeiten Sigmund Freuds zur Psychoanalyse stehen stellvertretend für den revolutionären Wandel des wissenschaftlichen Weltbildes, die Zerstörung fester Ordnungen und Gewissheiten, den Beginn eines neuen Zeitalters tiefer Verunsicherung.

Im Jahre 1900 trug Max Planck erstmals die Quantentheorie vor, nach der die Energie kein stetiger Strom ist, der sich kontinuierlich verteilt, sondern eine Serie von diskreten, unteilbaren Energiepaketen, die sich, ohne sich zu teilen, in Sprüngen bewegen. 1905 veröffentlichte Albert Einstein seinen ersten epochemachenden Aufsatz über die Relativitätstheorie. Danach sind Raum und Zeit nicht unabhängig voneinander, sondern stellen ein verbundenes Kontinuum dar. Zudem sind Raum und Zeit nicht absolut und universell, so wie man es bisher als gegeben angenommen hatte, sondern verschieben sich nach der Position des Beobachters sowie nach der Einheit, die gemessen wird. Sigmund Freud entwickelte die wissenschaftliche Psychoanalyse. Er lehrte, dass die Menschen in erster Linie vom Unterbewusstsein und nicht von bewusster rationaler Planung gelenkt werden. Solche Theorien, die vordergründig nur spezifische Sachverhalte erklären, untergruben auf Dauer das Vertrauen in eine stabile, rationale und berechenbare Welt. Das Zeitalter einer neuen Unsicherheit begann, des Wissens von der Relativität aller wissenschaftlichen Erkenntnis.

Mit der zunehmenden Komplexität von Wissenschaft und Technik entstanden zwei immer stärker voneinander getrennte Kulturen. Die Kultur der Wissenschaftler und Techniker und die Kultur der Menschen, die sich der Wissenschaft und Technik bedienen ohne jedoch Einsicht in ihre Wirkungszusammenhänge zu besitzen.

Im 19. Jahrhundert war man davon ausgegangen, dass die Wissenschaft den Weg zur rationalen Entscheidungsfindung bei der Lösung von Problemen weisen würde und damit eine allgemein verbindliche, rational nachvollziehbare Lebensordnung ermögliche. Am Beginn des 20. Jahrhunderts zerstörten die Entdeckungen in der wissenschaftlichen Welt solche optimistischen Hoffnungen. Die mathematische Komplexität der Wissenschaften des 20. Jahrhunderts erreichte Dimensionen, die sich nicht mehr so popularisieren ließen wie im Jahrhundert zuvor. Zur selben Zeit jedoch begann die Wissenschaft durch angewandte Technik und weitere Forschungen in Physik und Medizin und anderen Bereichen das tägliche Leben mehr als jemals zuvor in der Geschichte zu beeinflussen. Seitdem sind Politiker und

Paul Klee (1879–1940), Grenzen des Verstandes, 1927, Öl und Aquarell auf Leinwand, 56,3 x 41,5 cm, München, Staatsgalerie für Moderne Kunst

Politikerinnen als wissenschaftliche Laien bei der Gesetzgebung, in der Wirtschaft und im öffentlichen Leben dazu aufgerufen Entscheidungen über technologische Fragen zu fällen, die sie selten in ihrer Tiefe oder im Detail übersehen. Diese Entwicklung trägt bis heute zu einer wachsenden Orientierungslosigkeit bei. Wissenschaft und Politik bedürfen neuer Kommunikationsformen zur Entscheidungsfindung, die auch einer demokratischen Öffentlichkeit vermittelbar sind.

Abschied von religiösen Sinnstiftungen: Säkularisierung

Mit dem Vordringen der wissenschaftlichen Welterklärung sank der Einfluss der Religion als lebensbestimmendes Normen- und Institutionsgefüge, ohne dass diese Säkularisierung*, ausgehend vom Prozess der Modernisierung, eine neue sinnstiftende Instanz an ihre Stelle gesetzt hätte.

In der Gesamtgesellschaft richtete sich das alltägliche und öffentliche Leben, das wissenschaftliche Denken immer stärker nach religionsfremden Kriterien, löste sich von religiösen und kirchlichen Bindungen. Religion wurde zur Privatsache und die Bedeutung institutionalisierter Religion, z. B. in Form der Kirche, sank dementsprechend. Vor allem in der sozialistischen Arbeiterbewegung breitete sich das bewusste Freidenkertum aus, das den Weg und das Ziel des Menschengeschlechts nicht mehr mit dem göttlichen Willen, sondern naturgesetzlich z. B. mit Bezug auf die Evolutionstheorien Darwins zu erklären beanspruchte oder nach Marx/Engels politisch-ökonomisch durch den „wissenschaftlichen Sozialismus".

Anstelle der religiösen Sinnstiftung versuchte man die grundsätzlichen Fragen nach dem Sinn von Leben und Tod, Leid und Krankheit, Ungerechtigkeit und gutem Handeln, die Frage nach der Legitimation von gesellschaftlichen Ordnungen, wissenschaftlich zu beantworten. Die Wissenschaft aber scheiterte an dem Anspruch die Religion als Sinnstifter zu ersetzen, alle „Welträtsel" zu lösen. Daher gingen Wissenschaftler und ihre Popularisierer daran ihre Sinnstiftungssysteme zu Ersatzreligionen auszubauen und ihnen ausschließliche Geltung zuzuschreiben, ohne dass dies vernunftgemäß zu begründen war. Dadurch verstrickten sich in den zwanziger und dreißiger Jahren wissenschaftliche Anschauungen mit Weltanschauungen unheilvoll. Solche irrationale, ideologisierte Wissenschaft lieferte den Vernichtungsmaßnahmen der Nationalsozialisten die Legitimation und dokumentiert damit eindringlich die Doppelwertigkeit der Moderne: Sie führt nämlich keineswegs mit Naturnotwendigkeit zum Menschheitsfortschritt, sondern kann ebenso in finsterste Barbarei umschlagen.

1. *Fassen Sie die Lage der Frauen in Deutschland zu Anfang des 20. Jahrhunderts hinsichtlich ihrer „Gleichberechtigung" und „Gleichstellung" zusammen. Vergleichen Sie mit der Gegenwart.*
2. *Erläutern Sie die These „die Kategorie ‚Geschlecht' entscheidet über die Verteilung von Lebenschancen". Ziehen Sie dazu auch den Arbeitsteil S. 48–51 heran.*
3. *Beziehen Sie, ausgehend vom Prozess der Modernisierung, Stellung zu der These, „der Expressionismus markiert einen deutlicheren Bruch mit der akademischen Malerei als der Impressionismus". Beziehen Sie Beispiele aus diesem Buch und anderen Werken zur Kunstgeschichte (Schul-, Stadtbibliothek) mit ein.*

1 *Bevölkerung in Europa 1860–1910/11 (in Mio.):*

Land	1860	1870/71	1880/81	1890/91	1900/01	1910/11	Zuwachs (%)
Großbritannien	23,2	26,2	29,8	33,1	37,0	40,9	76,3
Frankreich	37,4	36,8	37,5	38,3	39,0	39,2	4,8
Niederlande	3,3	3,6	4,0	4,5	5,1	5,9	78,8
Belgien	4,7	5,0	5,5	6,1	6,7	7,4	57,4
Schweiz	2,5	2,7	2,8	3,0	3,3	3,8	52,0
Italien	25,0	26,7	28,2	30,0	32,4	34,7	38,8
Deutschland	36,0	39,2	45,3	49,5	56,4	64,9	80,3
Österreich-Ungarn	34,8	37,5	39,2	42,8	47,0	51,4	47,4
Russland	58,4	66,6	76,0	*	99,5	*	70,4[1]

1 1860–1900   * keine Angaben

Nach Wolfram Fischer, Wirtschaft und Gesellschaft Europas 1850–1914, in: ders. (Hg.), Europäische Wirtschafts- und Sozialgeschichte von der Mitte des 19. Jahrhunderts bis zum Ersten Weltkrieg, Stuttgart 1985, S. 14 und Wolfgang Köllmann, Bevölkerung und Raum in Neuerer und Neuester Zeit, Würzburg 1955, S. 229.

2 *Bevölkerung und Gemeindegrößenklassen im Deutschen Reich (1871–1939) und in der Bundesrepublik Deutschland (1950–1961) in Prozent der Gesamtbevölkerung. (Für den Zeitraum ab 1970 ist der Vergleich der Zahlen wenig sinnvoll, da durch die kommunalen Gebietsreformen in mehreren Bundesländern die kleinen Gemeinden in größeren aufgingen.)*

Jahr	Es lebten in Gemeinden mit … Einwohnern					Gesamtbevölkerung
	unter 2000	2000 bis 5000	5000 bis 20000	20000 und mehr	davon über 100000	
1871	63,9	12,4	11,2	12,5	4,8	41 058 804
1890	53,0	12,0	13,1	21,9	12,1	49 428 470
1910	40,0	11,2	14,1	34,7	21,3	64 925 993
1925	35,6	10,8	13,1	13,7	26,8	62 410 619
1933	32,9	10,6	13,2	12,9	30,4	65 218 461
1939	30,1	10,8	13,8	13,6	31,6	69 316 526
1950	27,5	13,2	15,6	14,0	29,9	50 798 000
1961	22,2	12,0	16,1	16,2	33,4	56 174 800

Nach Detlev J. K. Peukert u. a., Wege und Irrwege seit der Jahrhundertwende, in: Funkkolleg Jahrhundertwende. Studienbegleitbrief 12, Weinheim/Basel 1989, S. 126.

3 *Durchschnittliche Kinderzahl pro Ehe nach Berufsgruppen und Eheschließungsjahrgängen (d. h. Ehen, die … geschlossen wurden und 1939 noch bestanden) im Deutschen Reich 1905–1925/29:*

Berufsgruppe	Eheschließungsjahrgänge			
	vor 1905	1910/1914	1920/24	1925/29
Bauern	5,56	4,12	3,13	2,72
Arbeiter	4,67	3,27	2,39	2,05
Selbstständige Handwerker	4,42	2,94	2,17	1,88
Freie Berufe	3,21	2,17	1,66	1,48
Mittlere kaufm. Angestellte	2,98	2,02	1,48	1,34
Bevölkerungsdurchschnitt	4,67	3,07	2,27	1,98

Nach Ute Frevert, Tradition und Veränderung im Geschlechterverhältnis, in: Funkkolleg Jahrhundertwende, Studienbegleitheft 9, Weinheim/Basel 1989, S. 96.

1. Analysieren Sie die Tabellen (Mat. 1 bis 3) unter Hinzuziehung des Methodenarbeitsteils zur Statistik S. 439–442 und identifizieren Sie allgemeine Trends für die dargestellten Merkmale.
2. Erläutern Sie die Ursachen der Veränderungen (siehe auch Darstellung S.15 und 22 f.). Vergleichen Sie die dargestellten Entwicklungen mit jenen im 18. Jahrhundert und in der Gegenwart.

4 *Der liberale Politiker Friedrich Naumann (1860–1919) schreibt 1906 über den gesellschaftlichen Wandel seiner Zeit:*
Q Alle Verhältnisse werden vom Gedanken der Organisation, das heißt der Regelung der Menge, durchdrungen. Es wird ein Stolz des Menschen in großen Betrieben zu stehen, in weite Verbindungen hineingezogen zu sein. Oft ist dieser Stolz noch gemischt mit einem schmerzlichen Rückblick auf Zeiten, wo der Einzelne für sich etwas war. Aber was hilft es? Selbst der Landmann beginnt sich zu organisieren. Alle fühlen, dass sie gemeinsam ihre Geschäfte machen müssen, dass auf Vereinzelung wirtschaftliche Todesstrafe gesetzt ist. Diese Änderung unserer Gegenwart ist eines der interessantesten Erlebnisse. Es kommt uns allen unerwartet, denn die Parole der geistigen Bewegung, die der Gegenwart vorausging, war die Unabhängigkeit des Einzelmenschen. Die Philosophen, besonders Kant und Fichte, haben das Ich in die Höhe gehoben, die Dichter, vor allem Schiller, haben es gefeiert, die ganze Strömung des bürgerlichen Liberalismus war voll von dem Klang und Widerklang: Der Einzelne ist seines Glückes Schmied! Man zerbrach die alten Verbände und Zünfte um den Einzelnen frei zu machen und verlangte vom Staat, dass er nichts anderes tue, als das Eigentum zu schützen und den Einzelnen sich bewegen zu lassen. Mit viel echtem Idealismus wurde diese Kunde vom Sieg des Individualismus vernommen und weitergegeben. Und doch ist heute alles voll von Motiven anderer Art. Alle Teile des Volkes treten mit Forderungen an den Staat heran. Die Forderungen der Sozialisten und Bodenreformer, die auf öffentliche Regelung der Produktion, des Wohnungs- und Hypothekenwesens hinauslaufen, finden willige Hörer. Der Staat und die Verbände werden Wirtschaftsfaktoren, an deren Notwendigkeit man glaubt. So wirkte das Wachsen der Masse […].
Das heißt aber mit anderen Worten: Die Wirtschaftsleitung wird den Produzenten aus der Hand genommen und geht teils in die Verbände, teils an den Staat über. Die Zahl der wirtschaftlich leitenden Personen wird immer kleiner. Oft ist die Leitung nur noch Schein. Ein kleiner Kaufmann muss trotz formaler Freiheit genau das tun, was seine Verkaufsstelle von ihm fordert. Er zahlt die Miete, die in seiner Straße üblich ist, führt die Waren, die von den Verbänden der Fabrikanten oder von seinem Verkaufsverein nominiert sind, nähert sich im Grade seiner Selbstständigkeit langsam der Lage der Angestellten der Konsumvereine. Der Tierzüchter muss marktgängige Ware liefern und findet deren Preis in der Zeitung. Es verbreitet sich ein Geist der Gebundenheit an ein dunkles Ganzes, das uns alle umfängt. Nicht als ob sich nicht besondere Talente der Bindung entziehen könnten, aber für den Durchschnittsmenschen sind die Existenzbedingungen festgelegt. Er kann sie als Glied seiner Gruppe zu verbessern suchen, aber nicht als persönliches Ich. Deshalb zahlt er Beiträge für seine Gruppenvertretung.

Friedrich Naumann, Neudeutsche Wirtschaftspolitik (1906), in: ders., Werke, Bd. 3, hg. von Theodor Schieder, Köln u. a. 1964, S.104 f.

1. Beschreiben Sie Naumanns Grundgedanken der „Organisation" (Mat. 4). Wie wirkt diese Organisation auf den einzelnen Menschen?
2. Wie bewertet Naumann die Entwicklung der Organisierung? Stimmen Sie mit seinem Urteil überein? Trifft Naumanns Analyse auch noch auf unsere heutige Gesellschaft zu?

5 *Der Sozialwissenschaftler Max Weber (1864–1920) zur Bedeutung der Bürokratie (1918):*
Q Wie die Italiener und nach ihnen die Engländer die moderne kapitalistische Wirtschaftsorganisation, so haben die Byzantiner, nach ihnen die Italiener, dann die Territorialstaaten des absolutistischen Zeitalters, die französische revolutionäre Zentralisation und schließlich, alle anderen übertreffend, die *Deutschen* die rationale, arbeitsteilige, fachmäßig *bürokratische* Organisation aller menschlichen Herrschaftsverbände, von der Fabrik bis zum Heer und Staat, virtuosenhaft entwickelt und sich nur in der Technik der Parteiorganisation von anderen Nationen, insbesondere den Amerikanern, vorläufig und teilweise übertreffen lassen. […] Gewiss ist die Bürokratie bei weitem nicht die einzige moderne Organisationsform, so wie die Fabrik bei weitem nicht die einzige gewerbliche Betriebsform ist. Aber beide sind diejenigen, welche dem gegenwärtigen Zeitalter und der absehbaren Zukunft den Stempel aufdrücken. […] Die Bürokratie ist aber gegenüber anderen geschichtlichen Trägern der modernen rationalen Lebensordnung ausgezeichnet durch ihre weit größere *Unentrinnbarkeit*. Es ist kein geschichtliches Beispiel dafür bekannt, dass sie da, wo

sie einmal zur völligen Alleinherrschaft gelangt war – in China, Ägypten, in nicht so konsequenter Form im spätrömischen Reich und in Byzanz – wieder verschwunden wäre, außer mit dem völligen Untergang der ganzen Kultur, die sie trug. Und doch waren dies noch relativ höchst irrationale Formen der Bürokratie: „Patrimonialbürokratien". Die moderne Bürokratie zeichnet sich vor allen diesen älteren Beispielen durch eine Eigenschaft aus, welche ihre Unentrinnbarkeit ganz wesentlich endgültiger verankert als die jener anderen: die *rationale fachliche Spezialisierung und Einschulung.* [...] Wo aber der moderne eingeschulte Fachbeamte einmal herrscht, ist seine Gewalt schlechthin unzerbrechlich, weil die ganze Organisation der elementarsten Lebensversorgung dann auf seine Leistung zugeschnitten ist. Theoretisch wohl denkbar wäre eine immer weitergehende Ausschaltung des Privatkapitalismus [...]. Aber gesetzt, sie gelänge einmal: – Was würde sie praktisch bedeuten? Etwa ein Zerbrechen des stählernen Gehäuses der modernen gewerblichen Arbeit? Nein! Vielmehr: dass nun auch die *Leitung* der verstaatlichten oder in irgendeine „Gemeinwirtschaft" übernommenen Betriebe bürokratisch würde. Sind etwa die Lebensformen der Angestellten und Arbeiter in der preußischen staatlichen Bergwerks- und Eisenbahnverwaltung irgendwie fühlbar *andere* als in den großen privatkapitalistischen Betrieben? *Unfreier* sind sie, weil jeder Machtkampf gegen eine staatliche Bürokratie *aussichtslos* ist und weil keine prinzipiell *gegen* sie und ihre Macht interessierte Instanz angerufen werden kann wie gegen jene. *Das* wäre der ganze Unterschied. Die staatliche Bürokratie herrschte, wenn der Privatkapitalismus ausgeschaltet wäre, *allein*. Die jetzt neben und, wenigstens der Möglichkeit nach, gegeneinander arbeitenden, sich also immerhin einigermaßen noch gegenseitig in Schach haltenden privaten und öffentlichen Bürokratien wären in eine einzige Hierarchie zusammengeschmolzen. Etwa wie in Ägypten im Altertum, nur in ganz unvergleichlich rationaler und deshalb: unentrinnbarer Form.

Max Weber, Gesammelte politische Schriften, hg. von Johannes Winckelmann, 4. Aufl., Tübingen 1980, S. 329 ff. (Hervorhebungen im Original).

1. **Erarbeiten Sie aus dem Textauszug von Max Weber (Mat.5) dessen Verständnis von Bürokratie und Bürokratisierung.**
2. **Erläutern Sie anhand des Textes, inwieweit sich bei Max Weber die „moderne" von der „vormodernen" Bürokratie unterscheidet.**
3. **Erörtern Sie Webers Kritik am Prozess der Bürokratisierung.**

6 *Louis Schmidt (1816–1906), Allgemeine Elektrizitäts-Gesellschaft Berlin, 1888, Plakat, 84,8 x 54 cm, Berlin, Deutsches Historisches Museum*

7 *Aus der Antrittsrede von Albert Einstein (1879–1955) vor der Preußischen Akademie der Wissenschaften (1914):*
Die Methode des Theoretikers bringt es mit sich, dass er als Fundament allgemeine Voraussetzungen, sogenannte Prinzipe, braucht, aus denen er Folgerungen deduzieren kann. Seine Tätigkeit zerfällt also in zwei Teile. Er hat erstens jene Prinzipe aufzusuchen, zweitens die aus den Prinzipien fließenden Folgerungen zu entwickeln. Für die Erfüllung der zweiten Aufgabe erhält er auf der Schule ein treffliches Rüstzeug. Wenn also die erste seiner Aufgaben auf einem Gebiet bzw. für einen Komplex von Zusammenhängen bereits gelöst ist, wird ihm bei hinreichendem Fleiß

und Verstand der Erfolg nicht fehlen. Die erste der genannten Aufgaben, nämlich jene die Prinzipe aufzustellen, die der Deduktion als Basis dienen sollen, ist von ganz anderer Art. Hier gibt es keine erlernbare, systematisch anwendbare Methode, die zum Ziele führt. Der Forscher muss vielmehr der Natur jene allgemeinen Prinzipe gleichsam ablauschen, indem er an größeren Komplexen von Erfahrungstatsachen gewisse allgemeine Züge erschaut, die sich scharf formulieren lassen.

Ist diese Erfahrung einmal gelungen, so setzt eine Entwicklung der Folgerungen ein, die oft ungeahnte Zusammenhänge liefert, welche über das Tatsachengebiet, an dem die Prinzipe gewonnen sind, weit hinaus reichen. Solange aber die Prinzipe, die der Deduktion als Basis dienen können, nicht gefunden sind, nützt dem Theoretiker die einzelne Erfahrungstatsache zunächst nichts; ja, er vermag dann nicht einmal mit einzelnen empirisch ermittelten allgemeineren Gesetzmäßigkeiten etwas anzufangen. Er muss vielmehr im Zustand der Hilflosigkeit den einzelnen Resultaten der empirischen Forschung gegenüber verharren, bis sich ihm Prinzipe erschlossen haben, die er zur Basis deduktiver Entwicklungen machen kann.

In einer derartigen Lage befindet sich die Theorie gegenwärtig gegenüber den Gesetzen der Wärmestrahlung und Molekularbewegung bei tiefen Temperaturen. Vor etwa fünfzehn Jahren zweifelte man noch nicht daran, dass auf der Grundlage der auf die Molekülbewegungen angewendeten Galilei-Newtonschen Mechanik sowie der Maxwellschen Theorie des elektromagnetischen Feldes eine richtige Darstellung der elektrischen, optischen und thermischen Eigenschaften der Körper möglich sei. Da zeigte Planck, dass man zur Aufstellung eines mit der Erfahrung übereinstimmenden Gesetzes der Wärmestrahlung sich einer Methode des Rechnens bedienen muss, deren Unvereinbarkeit mit den Prinzipien der klassischen Mechanik immer deutlicher wurde. Mit dieser Rechenmethode führte Planck nämlich die sogenannte Quantenhypothese in die Physik ein, die seitdem glänzende Bestätigungen erfahren hat. Mit dieser Quantenhypothese stürzte er die klassische Mechanik für den Fall, dass genügend kleine Massen mit hinreichend kleinen Geschwindigkeiten und genügend großen Beschleunigungen bewegt sind, sodass wir heute die von Galilei und Newton aufgestellten Bewegungsgesetze nur mehr als Grenzgesetze gelten lassen können. […]

Es kann aber ebenso gut der Fall eintreten, dass klar formulierte Prinzipe zu Konsequenzen führen, die ganz oder fast ganz aus dem Rahmen des gegenwärtig unserer Erfahrung zugänglichen Tatsachenbereichs herausfallen. In diesem Fall kann es langjähriger empirischer Forschungsarbeit bedürfen um zu erfahren, ob die Prinzipe der Theorie der Wirklichkeit entsprechen. Dieser Fall bietet sich uns dar bei der Relativitätstheorie.

Zit. nach Carl Seelig (Hg.), Albert Einstein, Mein Weltbild, Zürich 1953, S. 145 ff.

1. Erarbeiten Sie aus Mat. 7 das Grundprinzip naturwissenschaftlichen Denkens und die grundlegenden Veränderungen der modernen Physik nach 1900. Diskutieren Sie, welche Folgen die Erschütterung scheinbar „sicherer" Naturgesetze für das Denken gehabt haben muss, wie es in Mat. 6 und in der Rede Werner von Siemens (siehe Darstellung S. 14) zum Ausdruck kommt.
2. Informieren Sie sich (Handbuch oder bei Ihrem/r Physiklehrer/in) über die Konsequenzen der Quantentheorie von Max Planck und der Relativitätstheorie von Albert Einstein für das moderne Weltbild der Physik.

8 *Anteil der Lese- und Schreibkundigen an der erwachsenen Bevölkerung (= Alphabetisierungsquote) in ausgewählten Ländern 1840–1910 (in Prozent):*

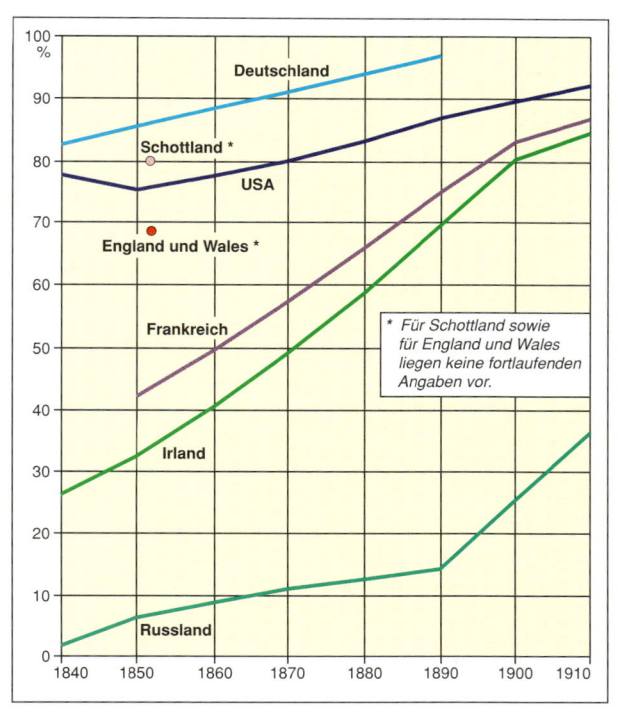

Nach Peter Flora, Indikatoren der Modernisierung, Opladen 1975, S. 66.

1 Durchbruch der Moderne

9 *Schüler in Prozent der entsprechenden Altersjahrgänge in den einzelnen Klassen der höheren Schulen für Knaben in Preußen 1887 und 1913 (Oberrealschulen: Hauptfächer = Naturwissenschaften, moderne Fremdsprachen; Realgymnasium: Hauptfächer = Latein, moderne Fremdsprachen; Gymnasium: Hauptfächer = Griechisch, Latein):*

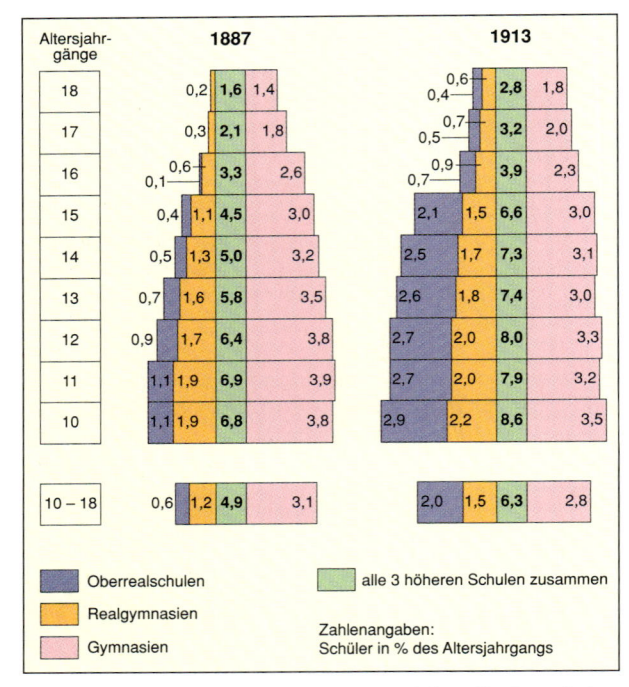

Altersjahrgänge	1887 Oberrealsch.	1887 Realgymn.	1887 Gymn.	1887 alle 3	1913 Oberrealsch.	1913 Realgymn.	1913 Gymn.	1913 alle 3
18	0,2	1,6	1,4		0,6	2,8	1,8	
17	0,3	2,1	1,8		0,7	3,2	2,0	
16	0,6	3,3	2,6		0,9	3,9	2,3	
15	0,4	1,1	4,5	3,0	2,1	1,5	6,6	3,0
14	0,5	1,3	5,0	3,2	2,5	1,7	7,3	3,1
13	0,7	1,6	5,8	3,5	2,6	1,8	7,4	3,0
12	0,9	1,7	6,4	3,8	2,7	2,0	8,0	3,3
11	1,1	1,9	6,9	3,9	2,7	2,0	7,9	3,2
10	1,1	1,9	6,8	3,8	2,9	2,2	8,6	3,5
10–18	0,6	1,2	4,9	3,1	2,0	1,5	6,3	2,8

Legende: Oberrealschulen / Realgymnasien / Gymnasien / alle 3 höheren Schulen zusammen. Zahlenangaben: Schüler in % des Altersjahrgangs

Nach James C. Albisetti/Peter Lundgreen, Höhere Knabenschulen, in: Christa Berg (Hg.), Handbuch der deutschen Bildungsgeschichte, Bd. 4, München 1991, S. 247.

1. Erarbeiten Sie aus den Mat. 8 und 9 Tendenzen der Bildungsentwicklung im 19. und Anfang des 20. Jahrhunderts und erklären Sie die Veränderungen.
2. Erläutern Sie mögliche Veränderungen der gesellschaftlichen Wertvorstellungen über Bildung, die sich aus Mat. 9 ableiten lassen (siehe auch Darstellung S. 21 f.).
3. Erläutern Sie die in Mat. 10 bis 12 dargestellten Merkmale und analysieren Sie die dargestellten Veränderungen. Welche Ursachen lagen ihnen zugrunde? Siehe auch Darstellung S. 26 f.
4. Die westlichen Gesellschaften der Gegenwart werden oft als „Kommunikations-" oder „Mediengesellschaften" bezeichnet. Zeigen Sie die Veränderungen seit der Jahrhundertwende auf (siehe auch Darstellung S. 26–30) und diskutieren Sie die Qualität dieser Veränderungen.

10 *Postverkehr in ausgewählten Ländern 1882–1910:*

	Briefe pro Einw. 1882	Briefe pro Einw. 1910	Telefonate pro Einw. 1890	Telefonate pro Einw. 1910
Deutschland	17	64	3,7	28,5
Frankreich	16	34	0,5	6,7
Großbritannien	40	87	0,2	20,4
Italien	7	13	–	0,2
Russland	1	7	–	–
Schweiz	25	70	1,9	14,8

Nach Wolfram Fischer, Wirtschaft und Gesellschaft Europas 1850–1914, in: ders. (Hg.), Europäische Wirtschafts- und Sozialgeschichte von der Mitte des 19. Jahrhunderts bis zum Ersten Weltkrieg, Stuttgart 1985, S. 165 f.

11 *Eisenbahnnetze 1850, 1874 und 1914 (in 1000 km):*

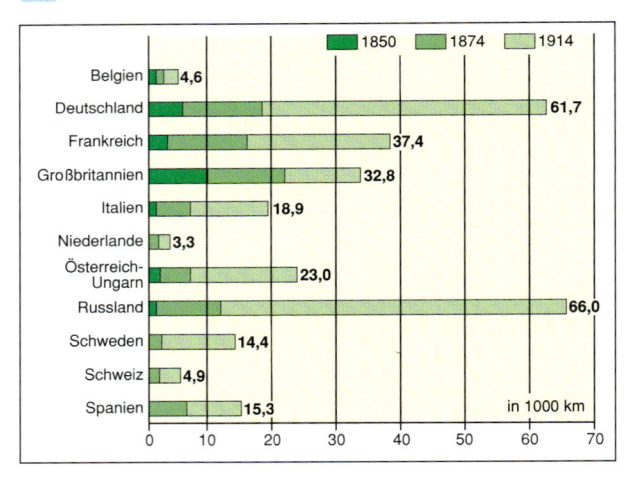

Land	1914 gesamt (in 1000 km)
Belgien	4,6
Deutschland	61,7
Frankreich	37,4
Großbritannien	32,8
Italien	18,9
Niederlande	3,3
Österreich-Ungarn	23,0
Russland	66,0
Schweden	14,4
Schweiz	4,9
Spanien	15,3

Nach Ploetz, Große Illustrierte Weltgeschichte, Bd. 4, Freiburg u. a. 1984, S. 176.

12 *Reisedauer (Fahrzeit in Stunden ohne Übernachtung und Umspannaufenthalte) mit der Kutsche und mit der Bahn von Berlin aus um 1800 und Ende des 19. Jahrhunderts:*

Zielort	Schnellpost um 1800	Eisenbahn 60km/h am Ende des 19. Jh.
Dresden	23	3
Frankfurt a. M.	64	9
Hamburg	36	5
Königsberg	67	10
München	81	11,2

Nach R. vom Bruch u. a., bsv Geschichte 3, München 1985, S. 175.

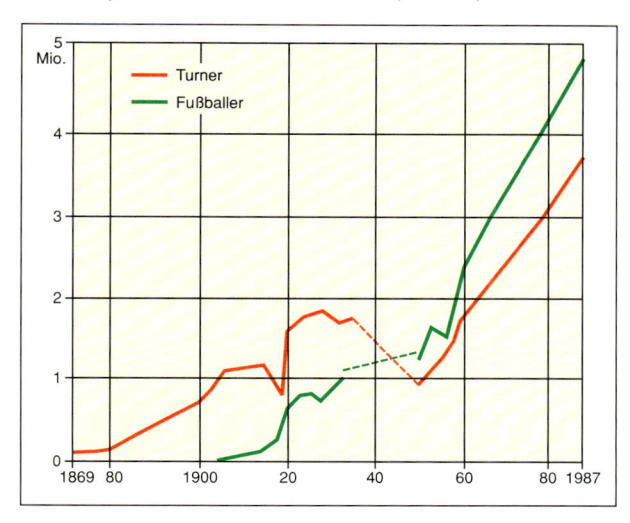

13 *Mitglieder im Deutschen Turnerbund und im Deutschen Fußballbund 1869/1900–1987 (in Mio.):*

14 *Die beliebtesten Sportarten im Deutschen Reich 1905/06–1931 (zusammengestellt nach den Mitgliedszahlen in den entsprechenden Einzelsportverbänden):*

	1905/06	1913	1923
1.	Rad	Fußball	Fußball
2.	Turnen	Leichtathl.	Leichtathl.
3.	Fußball	Schwimm.	Schwimm.
4.	Schwimm.	Rudern	Rad
5.	Schwerathl.	Turnen	Rudern
6.	Tennis	Rad	Schwerathl.
7.	Pferde	Schwerathl.	Ski
8.	Leichtathl.	Ski	Kegeln
9.	Rudern	Tennis	Tennis
	1925	**1927**	**1931**
1.	Fußball	Fußball	Fußball
2.	Leichtathl.	Leichtathl.	Leichtathl.
3.	Pferde	Schießen	Schießen
4.	Schießen	Pferde	Pferde
5.	Rad	Schwimm.	Schwerathl.
6.	Schwimm.	Schwerathl.	Auto
7.	Rudern	Ski	Schwimm.
8.	Schwerathl.	Rudern	Ski
9.	Ski	Kegeln	Tennis

Quelle 13 und 14 nach Christiane Eisenberg, Massensport in der Weimarer Republik. Ein statistischer Überblick, in: Archiv für Sozialgeschichte 33, 1993, S. 151 und 166.

1. Interpretieren Sie mit Hilfe des Methodenarbeitsteils zur Statistik (siehe S. 439–442) und der Darstellung S. 30 f. die Mat. 13 und 14 unter der Frage, wie sich der Massensport seit Ende des 19. Jahrhunderts entwickelt hat.
2. Erklären Sie die Veränderungen bei den Lieblingssportarten (Mat. 14) auf dem Hintergrund des Modernisierungsprozesses.

15 *Im Mitteilungsblatt des Deutschen Bundes Heimatschutz, der neugegründeten Dachorganisation der deutschen Heimatbewegung, hieß es in einem programmatischen Artikel im April 1904:*

Q Immer mehr verwüstet im Zeitalter der Maschine die Herrschsucht der Industrie alles, was dem Einzelnen seit den Tagen der Kindheit traut und heimisch, was dem deutschen Volke die Grundlage seiner Stärke war. So […] [kann] es nicht weitergehen, denn Protzentum, Gigeltum, Sinnesstumpfheit, Freude an der Zerstörung und Raubbau treiben ungestört ihr unheilvolles Werk und was sie in zwei Jahrzehnten geleistet haben, zeigte eine Umschau auf dem Lande. Die kleinen, freundlichen Städte, in denen überall eine harmlose und künstlerische Freude am Besitz nistete, sind entstellt, die Dörfer zu wüsten Steinhaufen geworden, die Berge an den schönsten Stellen durch Steinbrüche angetastet, der deutsche Laubwald durch den Forstbetrieb seiner traulichen Waldschönheit beraubt. Und wenn wir auch noch so stolz auf die Errungenschaften unserer Gegenwart sein dürfen, so wollen wir doch nicht aus dem Auge verlieren, dass wir dabei Besitztümer aufgeben, die für eine harmonische Menschheitsentwicklung unentbehrlich sind. Auf der einen Seite gewinnen wir dem Leben neue Wohltaten ab, verlängern das Leben selbst, erwerben Reichtümer und arbeiten mit steigender Anspannung aller Kräfte, auf der anderen Seite aber verliert das Leben an seinem Inhalt und der Mensch wird zu einer reinen Arbeitsmaschine. Die Formen unserer bodenständigen Kultur sind uns nicht ans Herz gewachsen, weil sie alt, sondern weil sie gut sind.

Zit. nach Karl Ditt, Die deutsche Heimatbewegung 1871–1945, in: Heimat. Analysen, Themen, Perspektiven, Bd. 1, Bonn 1990, S. 139 Anm. 7.

1. Beschreiben Sie, wogegen sich die deutsche Heimatbewegung wendet (Mat. 15). Wie sieht die „Heimat" aus, die hier geschützt werden soll?
2. Nehmen Sie aus heutiger Sicht Stellung zu den Zielen der Heimatbewegung.

Von der Armenfürsorge zur Sozialversicherung: Die Anfänge des Wohlfahrtsstaates um 1900

1 *Die Historiker Cristoph Sachße (geb. 1944) und Florian Tennstedt (geb. 1943) über Armut im Mittelalter (1980):*

D Alle […] Gruppen von Armen werden in der mittelalterlichen Gesellschaft grundsätzlich als legitime Unterstützungsempfänger angesehen […]. Die Hauptform gesellschaftlicher Unterstützungsleistung sind das Spital und das Almosen. Während das Spital Hilfe und Unterstützung nur für eine sehr beschränkte Zahl von Notlagen und Individuen gewährleistet […], ist das Almosen bei weitem die bedeutsamste Form sozialer Hilfeleistung. […] Wohlhabende Bürger stiften zu Lebzeiten oder von Todes wegen Teile ihres Vermögens oder auch das Ganze für wohltätige Zwecke. […] Das Motiv der Stiftungen und Vermächtnisse ist […] vornehmlich die Beförderung des Seelenheils der Spender, denen für ihre Mildtätigkeit himmlischer Lohn winkt, und keineswegs die optimale Versorgung der Armen. […] Die gesellschaftlichen Ursachen von Armut werden in den geschilderten Formen der Armen-Unterstützung vollends ausgeblendet. […] Wenn auch die traditionelle mittelalterliche Almosenpraxis infolge des Fehlens von Bedürftigkeitskriterien und jeglicher Kontrollen nicht zu einem […] optimalen Einsatz der vorhandenen Mittel führte und dies auch gar nicht beabsichtigt war, so bedeutet doch das Fehlen von Kontrollmechanismen andererseits, dass der Empfang von Unterstützung ohne jede stigmatisierende und entwürdigende Konsequenz für den Empfänger bleibt. Wer bittet, dem wird – im Rahmen des Vorhandenen – gegeben. Die Armen und die Bettler sind also voll integrierte Mitglieder der mittelalterlichen Gesellschaft.

2 *Im 18. Jahrhundert wurden in Deutschland für die Armen zunehmend sogenannte „Zucht-" und „Arbeitshäuser" eingerichtet. In der Hausordnung des Arbeitshauses in Berlin von 1751 heißt es:*

Q Hausordnung des Arbeitshauses in Berlin 1751
1. Sollen alle Personen, welche ins neue Arbeits-Haus gebracht werden, sich ehrbar, still und fromm verhalten und Gott und Sr. Königl. Majestät dancken, dass sie nicht mehr betteln dürfen, sondern hier ihre nothdürftige Verpflegung finden. […]
8. In der Arbeit so einem jeden aufgegeben wird, muss er sich fleißig und treu erweisen, nichts veruntrauen, nichts verderben und was er zu arbeiten hat, so gut er immer kann, errichten.
9. Die gesetzte wöchentliche Arbeits-Zahl beym Spinnen ist vom Strichgarn 9 Stück und vom feinen 8 Stück; wer aber für Faulheit oder Bosheit die gesetzte Arbeit nicht vollbringet, wird dafür angesehen.
10. Wer von Wolle, Garn, oder anderen Materialien und Sachen im Hause etwas entwendet, soll das erste Mal, wenn es nicht was Grosses und Vieles ist, mit 10 Peitschen-Schlägen, und das andere Mal mit 20 Streichen gestrafet, das dritte Mal aber ins Zucht-Haus nach Spandau gebracht und alle Bestrafung jedes Mal in Gegenwart der andern vollzogen werden. […]
19. In der Mittags-Stunde oder nach dem Abend-Brod sind sie von der Arbeit frey; es wäre denn, dass sie das gesetzte nicht verrichtet hätten, da sie es gleichwohl thun können, in welchem Fall ihnen keine Freystunde zu statten kommt. […]
22. Wer einmahl ins Arbeits-Haus gebracht und unter seiner eigenen oder seiner Angehörigen Versprechung wieder erlassen wird, hernach aber dennoch sich wieder auf der Betteley antreffen lässt, soll vom Zuchtmeister mit einem Willkommen von 10 Peitschenschlägen empfangen und das andere Mal ins Zuchthaus nach Spandau gebracht werden, weil das Betteln schlechterdings gänzlich verboten bleibt.

3 *Weit verbreitet war in den Städten Deutschlands, zum Teil auch im Ausland, in der zweiten Hälfte des 19. Jahrhunderts die Armenfürsorge nach dem sogenannten „Elberfelder System". In dem folgenden Auszug aus der „Instruktion für die Bezirks-Vorsteher und Armenpfleger in Elberfeld" aus dem Jahre 1861 (revidiert im Jahre 1867) heißt es unter anderem:*

Q Bedingungen der Unterstützung und der Ausschließung von derselben
§1: Der Hilfsbedürftige, arbeitsunfähige Arme wird, sofern nicht andere zu seinem Unterhalt verpflichtet und vermögend sind oder Privatwohltätigkeit seinem Bedürfnis abhilft, aus städtischen Mitteln unterstützt, wenn er oder ein anderer für ihn Hilfe nachsucht.
§2: Der hilfsbedürftige aber arbeitsfähige Arme, wenn er oder ein anderer für ihn Hilfe nachsucht und wenn er nachweist sich redlich, jedoch ohne Erfolg um Arbeit und eigenen Verdienst bemüht zu haben, kann, sofern nicht andere zu seinem Unterhalt verpflichtet und vermögend sind oder Privatwohltätigkeit seinem Bedürfnis abhilft, vorübergehend unterstützt werden, bis er ein genügendes Einkommen bezieht;

er ist verpflichtet die ihm angewiesene, seinen Kräften angemessene Arbeit zu verrichten. [...]
Arten der Unterstützung
§4: Die Unterstützung des wegen gänzlich mangelndem oder nicht hinreichendem Einkommen als hilfsbedürftig anzuerkennenden Armen geschieht entweder in offener Armenpflege, d. i. der Pflege des Armen in seiner Wohnung durch Bewilligung von Geld, Suppe, Bekleidungs- und Bettwerksgegenständen, unentbehrlichem Hausgerät, ärztlicher und wundärztlicher Hilfe, Geburtshilfe, Arzneien und freiem Begräbnis; oder in geschlossener Armenpflege durch Aufnahme in eine der städtischen Armen-Anstalten.

Quelle 1 bis 3 zit. nach Christoph Sachße/Florian Tennstedt, Geschichte der Armenfürsorge in Deutschland, Stuttgart u. a. 1980, S. 28 ff., 164 ff. und 286 ff.

1. Vergleichen Sie den Umgang mit der Armut im Mittelalter, im 18. und im 19. Jahrhundert (Mat. 1 bis 3).
2. Erläutern Sie den Wandel und dessen mögliche Ursachen, vor allem im Hinblick auf das Verhältnis von Armut und Arbeit.
3. Diskutieren Sie die dokumentierten Modelle zur Lösung des Armutsproblems im Kontext der jeweiligen Epoche und aus heutiger Sicht.

Großbritannien und Deutschland im Vergleich

4 *Verarmungsursachen im Deutschen Reich 1885:*

Ursache	absolut	Prozent	auf 1000 Einwohner
eigene Verletzung	29 330	2,1	0,73
Verletzung des Ernährers	2 623	0,2	0,06
Tod des Ernährers (Unfall)	11 801	0,9	0,30
Krankheiten des Unterstützten körperl. oder geist. Gebrechen	239 644	17,5	6,01
	388 363	28,4	9,74
Tod des Ernährers	167 947	12,3	4,21
Altersschwäche	204 078	14,9	5,12
große Kinderzahl	96 832	7,1	2,43
Arbeitslosigkeit	74 077	5,4	1,86
Trunk	28 638	2,1	0,72
Arbeitsscheu	16 336	1,2	0,41
andere Ursachen	107 678	7,9	2,70

Nach Christoph Sachße/Florian Tennstedt, Geschichte der Armenfürsorge in Deutschland, Stuttgart u. a. 1980, S. 261.

5 *Eine der größten britischen „Friendly Societies" (Forester) kommentierte 1894 die Bestrebungen zur Sozialreform:*
Q Kein denkender Mensch wird einsehen, warum Kapitalisten der Pflicht enthoben werden sollten zum Unterhalt der vielen mit beizutragen, deren Armut sie erst verursacht haben. Die Kapitalisten haben den Löwenanteil jener Früchte an sich gerissen, welche sie der Mühe und Arbeit armer Leute zu verdanken haben, die für ihren Lebensabend auf die finanzielle Unterstützung aus den Kommunalsteuern angewiesen sind. [...] Warum, um Himmels willen, soll denn ein Arbeiter, wenn er seine Arbeit mit der gleichen Sorgfalt verrichtet wie sein kapitalistischer Arbeitgeber, sich nicht ebenso auf seinen Lohn verlassen um daraus für seine Bedürfnisse aufzukommen, wie sein Arbeitgeber sich auf seinen Gewinn verlässt um daraus für seine Bedürfnisse aufzukommen! [...] Die Arbeiterklasse sollte wirtschaftliche Bedingungen anstreben, welche die Vergabe von staatlichen Almosen unnötig machen. Die Einrichtung eines großartigen staatlichen Altersrentenplans würde nur die chronische Armut unseres Zeitalters legalisieren und sie unserer Gesellschaft als dauerhaftes Merkmal aufdrücken. Wunsch der besten Reformer ist es Bedingungen zu beseitigen, die diese Armut schaffen, sodass jeder Bürger die Möglichkeit hat nicht nur für den Augenblick einen ordentlichen Lohn zu erwerben, sondern genügend zu verdienen um für die Zukunft vorsorgen zu können. [...] Die Arbeitgeber haben mit großer Sorgfalt Sperren errichtet um zu verhindern, dass Arbeiter bessere Löhne erhalten. [...] Wir sind immer der Ansicht gewesen, dass Reformen nur darauf abzielen dürfen die Last der Verantwortlichkeit vom Arbeitgeber auf die Arbeitnehmer zu übertragen. [...] Der Mensch ist zu Verantwortung fähig. Beraubt man ihn seiner Verantwortlichkeit, so erniedrigt man ihn. Die Arbeiter sollten sich der Herausforderung stellen; sie sollten nicht locker lassen und darauf beharren, dass sie sehr wohl ihre eigenen Löhne zu ihrem eigenen Vorteil nutzen können.

Zit. nach James R. Hay, The Development of the British Welfare State, 1880–1975, London 1978, S. 17. Übers. von I. Williams.

6 *Der liberale britische Schatzkanzler David Lloyd George (1863–1945) in einer Rede vor dem Unterhaus am 29. April 1909 (Auszug):*
Q Ich weiß, dass man hier vielfach der Ansicht ist, dass eine Anerkennung des deutschen Systems notwendig eine Verurteilung unseres vorjährigen Gesetzes[1] einschließe. Das ist falsch. Dieses Gesetz bildet vielmehr die unvermeidliche Grundlage einer Fürsorge in der Richtung des deutschen Systems. Es wäre ganz unmöglich gewesen von Menschen,

die schon 70 Jahre alt sind oder sich diesem Alter nähern, einen Beitrag als Voraussetzung der Unterstützung zu fordern. Deshalb mussten diejenigen, die dieses hohe Alter schon
10 erreicht hatten, in einer streng gesonderten Kategorie untergebracht werden. Das ist jedoch kein Grund die Jungen, Starken und Vollbeschäftigten nicht zu Beiträgen heranzuziehen, wenn es gilt Vorkehrungen zu treffen gegen Schicksale, denen wir alle unterworfen sind und immer unterwor-
15 fen bleiben. Wir haben heute in England ein Netzwerk mächtiger Organisationen, von denen die meisten mit unendlicher Intelligenz und Geschicklichkeit verwaltet werden; ihnen ist es gelungen Millionen Arbeiter zu veranlassen sich durch einigermaßen systematische Vorkehrungen ge-
20 gen die Sorgen des Lebens zu wappnen. Allein trotz aller Tüchtigkeit der Arbeiterorganisationen und trotz des Vertrauens, dessen sie sich allgemein und verdienterweise erfreuen, gibt es leider eine unterste Bevölkerungsschicht, die entweder nicht zu gewinnen ist oder die Beiträge nicht zah-
25 len kann. [...] Und die Erfahrung hier wie in allen anderen Ländern lehrt, dass kein anderes als ein allgemeines Zwangssystem je auf Erfolg bei Behandlung des Problems hoffen kann. Bis vor kurzem haben wir auf die freiwilligen Bemühungen vertraut, aber wir haben sie betreffs der Al-
30 ters-, Kranken- und Unfallfürsorge als unzulänglich erkannt. [...]

Die Regierung ist jetzt mit der sorgfältigen Prüfung der besten Methoden der Abhilfe beschäftigt. [...]
Das Wenige, das ich heute sagen kann, ist, dass die angegebenen Prinzipien für unsere Pläne bestimmend sind. Dahin 35 gehört in erster Linie: dass ein umfassender oder abschließender Plan nicht denkbar ist ohne Zwang. Zweitens ist sowohl aus finanziellen als auch aus anderen jetzt nicht zu erörternden Gründen ein baldiger Erfolg nur zu erwarten auf der Basis direkter Beiträge der unmittelbar in Betracht kom- 40 menden Klassen. Drittens sind Staatsbeiträge erforderlich, hoch genug um ohne ungerechte Belastung der anderen Zahler auch für diejenigen zu sorgen, deren eigene Einnahmen zu gering und zu unsicher sind um ihnen eine angemessene Prämie zu ermöglichen. Der vierte und keineswegs unwich- 45 tigste Grundsatz ist der, dass in unserem Land, wo Wohlfahrts- und Sparvereine einen so großen Triumph der Organisation, der Geduld und Selbstverwaltung darstellen wie wahrscheinlich in keinem anderen Staat, kein Plan statthaft wäre, der diese höchst segensreichen Organisationen auch 50 nur im Mindesten beeinträchtigen würde. Vielmehr muss es das Ziel eines jeden wohl durchdachten Systems sein sie zu fördern und wenn es, wie ich glaube, möglich ist, durch sie zu arbeiten.
1 Siehe Mat. 7.

(David) Lloyd George, Bessere Zeiten, Jena 1911, S. 44 ff.

7 *Wichtige Sozialgesetze und Entwicklungen vor dem Ersten Weltkrieg in Großbritannien und Deutschland:*

	Großbritannien		**Deutschland**
1834	*Poor Law:* Prinzip der *less eligibility:* Fürsorge liegt unter dem, was die am schlechtesten bezahlten Arbeiter erhalten. Trennung zwischen Arbeitsfähigen und Arbeitsunfähigen; erstere werden ins Arbeitshaus eingewiesen		
		bis 1880er Jahre	Fürsorge für Arme und Kranke obliegt den Gemeinden und Städten; freiwillige betriebliche soziale Leistungen
1820er bis 1870er Jahre	Ausbreitung der *Friendly Societies,* freiwilliger Selbsthilfegesellschaften vor allem besser verdienender Arbeiter zum Schutz bei Krankheit und Tod	1871	Reichshaftpflichtgesetz: Unternehmer haften bei Betriebsunfällen nur bei eigenem Verschulden
		1883	Krankenversicherungsgesetz: Zwangsversicherung, gleiche Leistungen für medizinische Versorgung, gestaffelte Beiträge und Krankengeld; Beiträge: 2/3 Arbeitnehmer, 1/3 Arbeitgeber; Organisation durch Krankenkassen (Selbstverwaltung)
1897	*Workmen's Compensation Act:* Haftpflicht der Arbeitgeber für Betriebsunfälle		
1908	*Old Age Pensions Act:* Rente ohne Beitragszahlung aus allgemeinen Steuergeldern nach Prüfung der Bedürftigkeit und des Leumunds; relativ hohe Rente	1884	Unfallversicherungsgesetz: Zwangsversicherung; Finanzierung durch Unternehmer; Organisation durch Berufsgenossenschaften
1911	*National Insurance Act:* I. Krankenversicherung: Pflichtversicherung, Beteiligung der *Friendly Societies* und von privaten Versicherern; weitgehend einheitliche Beiträge und Leistungen (Krankengelder), staatlicher Zuschuss – II. Arbeitslosenversicherung: für die Arbeiter in sieben Industriebereichen, staatlicher Zuschuss	1889	Rentenversicherungsgesetz: Zwangsversicherung; Staffelung der Beiträge und Leistungen; besonders in den ersten Jahren sehr niedrige Renten; gleiche Beiträge von Arbeitgebern und Arbeitnehmern und Reichszuschuss; Organisation durch Landesversicherungsanstalten (Selbstverwaltung)

8 *Einführung der Sozialversicherung in Westeuropa[1]:*

Land	Unfall	Kranken	Renten	Arbeitslosen
Belgien	1971 (1903)	1944 (1894)	1924 (1900)	1944 (1920)
Dänemark	1916 (1898)	1933 (1892)	1921/22 (1891)	– (1907)
Deutschland	1884 (1871)	1883	1889	1927
Finnland	1895	1963	1937	– (1917)
Frankreich	1946 (1898)	1930 (1898)	1910 (1895)	1967 (1905)
Großbrit.	1946 (1897)	1911	1925 (1908)	1911
Irland	1966 (1897)	1911	1960 (1908)	1911
Island	1925 (1917)	1946 (1911)	1946	1956
Italien	1898 (1886)	1928	1919 (1898)	1919
Luxemburg	1902	1901	1911	– (1921)
Niederlande	1901	1929	1913	1949 (1916)
Norwegen	1894	1909	1936	1938 (1906)
Österreich	1887	1888	1927	1920
Schweden	1916	1953 (1891)	1913	– (1934)
Schweiz	1911	– (1911)	1946	1976 (1924)

1 Ohne Klammern: Pflichtversicherungsgesetze; in Klammern: Haftpflichtgesetze (Unfall), subventionierte freiwillige Versicherung (Kranke), Rentenprogramme mit partiellem Fürsorgecharakter (Rente) sowie Arbeitslosenhilfe.

Nach Jens Alber, Vom Armenhaus zum Wohlfahrtsstaat, Frankfurt/M. u. a. 1982, S. 28.

9 *Der deutsche Historiker Gerhard A. Ritter (geb. 1929) vergleicht die Sozialversicherungssysteme in Großbritannien und Deutschland (1983):*
D In Deutschland hatte die zentrale Antriebskraft der Sozialgesetzgebung vor 1914 in dem Versuch gelegen, der Gefährdung von Staat und Gesellschaft durch eine nach ihrem Selbstverständnis und der Auffassung der Zeitgenossen revolutionäre sozialistische Arbeiterbewegung zu begegnen, indem man den materiellen Interessen der wesentlichen Träger der Bewegung – der gewerblichen Arbeiterschaft und besonders der Facharbeiter – entgegenkam. Die englische Sozialreform seit Ende des 19. Jahrhunderts sollte vor allem das Problem der Massenarmut lösen. [...] Ein neues staatliches System der Daseinsvorsorge ist aus vielerlei Gründen in England trotz dessen Vorsprung in Industrialisierung und Urbanisierung und seiner relativ fortschrittlichen Arbeiterschutz- und Gewerkschaftsgesetzgebung im Vergleich zu Deutschland spät entstanden. In Großbritannien fehlte es an einer mächtigen politischen Arbeiterbewegung. Im Vergleich zum deutschen monarchischen Konstitutionalismus ist jedenfalls bis 1910/11 die Legitimation des britischen parlamentarischen Systems relativ unangefochten geblieben. Auch spielte die sehr viel stärkere Tradition des politischen und ökonomischen Liberalismus, der Ideen des Laissez-faire und die geringere Bedeutung älterer wohlfahrtsstaatlicher Praktiken eine Rolle. [...] Von noch größerer Bedeutung für den Umstand, dass sich öffentliche Institutionen zur sozialen Sicherung der Bevölkerung nur zögernd herausbildeten, war die starke Tradition der Selbsthilfe.

Gerhard A. Ritter, Sozialversicherung in Deutschland und England, München 1983, S. 76 ff.

1. Arbeiten Sie die Unterschiede des britischen und deutschen Systems hinsichtlich Einführungszeiten, Begründungen und Leistungsfähigkeit heraus (Mat. 4 bis 9).
2. Wie erklären und beurteilen die Zeitgenossen (Mat. 5 und 6), wie der Historiker (Mat. 9) die Unterschiede? Ermitteln Sie die Ursachen hierfür, indem Sie neben der Vorgeschichte auch die deutsch-britischen Beziehungen zu jener Zeit zur Erklärung heranziehen.
3. Beurteilen Sie die Auswirkungen der Prinzipien „Armenfürsorge" und „Sozialversicherung" für die Betroffenen, die Gesellschaft und den Staat. Berücksichtigen Sie dabei das jeweilige Abhängigkeitsverhältnis der Menschen.
4. Konfrontieren Sie die Aussage von Mat. 4 mit der Behauptung vieler Bürger im 19. Jahrhundert, die Armut sei in den meisten Fällen selbst verschuldet.
5. Informieren Sie sich über die Grundsätze der heutigen „Sozialhilfe" und vergleichen Sie sie mit denen der traditionellen Armenfürsorge (Mat. 1 bis 3).
6. Erörtern Sie die Entwicklung zum Wohlfahrtsstaat unter dem Aspekt der „Doppelgesichtigkeit der Moderne" (siehe auch Auftaktseite 9) und beziehen Sie dabei die heutige Kritik am Wohlfahrtsstaat mit ein.

1 Durchbruch der Moderne

Freie Bahn der Tüchtigen? Geschlecht und Lebenschancen im Deutschland der Jahrhundertwende

1 *Darstellung bürgerlichen Familienlebens Ende des 19. Jahrhunderts*

2 *Das Spiel „Die Lebensalter" aus dem „Spiel- und Turnbüchlein für kleine Mädchen" von 1897:*

1. Die kleinen Mädchen – Püppchen wiegen, heisa hopsa
2. Die kleinen Knaben – Trommel schlagen, Pferdchen reiten
3. Die großen Mädchen – Strümpfe stricken, Kleider waschen
4. Die großen Knaben – Peitsche knallen, Steine werfen
5. Die jungen Damen – Knixchen machen, Löckchen drehen
6. Die jungen Herren – Hut abnehmen, Schnurrbart drehen
7. Die alten Damen – Kaffee trinken
8. Die alten Herren – Prise nehmen – Hatzi!

Zit nach Irmingard Braun, Spaß und Spiel. Münchner Kinder um die Jahrhundertwende, München 1979, S. 24.

1. *Erarbeiten Sie aus Mat. 1 und 2 die Grundsätze bürgerlicher Mädchen- und Jungenerziehung.*
2. *Vergleichen Sie Ihre Ergebnisse mit dem heutigen Erziehungs- und Rollenverständnis und stellen Sie Gemeinsamkeiten und Unterschiede fest. Worauf führen Sie diese zurück?*

3 *Grundzüge der Entwicklung der höheren Mädchenbildung in Deutschland bis zum Ersten Weltkrieg:*

1870er Jahre	Im Zusammenhang mit der Frauenbewegung und der Professionalisierung der Lehrerschaft entstehen Forderungen nach einer Verbesserung der bislang fast nur auf privater Basis organisierten höheren Mädchenbildung und der Anerkennung der höheren Mädchenschule als höhere Lehranstalt.
1889	Helene Lange gründet „Kurse", die den Mädchen den Standard des Abiturs vermitteln sollen um ihnen ein Studium im Ausland, insb. in der Schweiz, zu ermöglichen.
1890	Gründung des Allgemeinen Deutschen Lehrerinnenvereins
1893	Gründung des ersten Mädchengymnasiums in Karlsruhe auf private Initiative, 1902 folgte das erste preußische.
1894	In Preußen werden die Qualifikationsanforderungen für Oberlehrerinnen verschärft und das „Oberlyzeum" als eigenständige Schulform für Mädchen eingeführt.
1896	Die ersten Mädchen bestehen das Abitur als „Externe" an normalen Gymnasien.
1900	Baden lässt als erstes deutsches Land Frauen zum Studium zu.
1908	Neuregelung der höheren Mädchenbildung in Preußen: Zulassung von Mädchen zu Abitur und Studium, Neuorganisation des Mädchenschulwesens.

4 *1902 erläuterte der preußische Kultusminister im Abgeordnetenhaus die Grundsätze seiner Regierung bei der Behandlung der höheren Mädchenbildung (Auszug):*

Ich darf zum Schluss die Grundsätze noch kurz zusammenfassen, von denen die Unterrichtsverwaltung bisher ausgegangen ist und die sie fortgesetzt zu beobachten gesonnen ist. Der deutschen Familie soll die eigenartige ideale Stellung der deutschen Frau nach Möglichkeit erhalten bleiben. Die Unterrichtsverwaltung kann nicht die Hand dazu bieten, dass aus einer zum Teil dem deutschen Wesen gar nicht entsprechenden Agitation der Anlass genommen werde durch Errichtung von Mädchengymnasien, durch Teilnahme der Mädchen an dem Unterricht in den für Knaben bestimmten höheren Bildungsanstalten und durch Änderung der Grundsätze über die Zulassung von Frauen zum akademischen Studium eine vollständige Umgestaltung der bisherigen Verhältnisse herbeizuführen. Dass der Zudrang der Frauen zu den männlichen Berufsarten seitens der Unterrichtsverwaltung noch künstlich befördert werden sollte, das werden Sie, glaube ich, von der Unterrichtsverwaltung nicht verlangen können.

Zit. nach Jürgen Zinnecker, Sozialgeschichte der Mädchenbildung, Weinheim u. a. 1973, S. 88.

5 *Aus dem Erlass vom 15. August 1908 zur Neuordnung des höheren Mädchenschulwesens in Preußen:*
Q Die Bestimmungen vom 31. Mai 1894 hatten eine Schulzeit von 9 Jahren für die Höhere Mädchenschule als Regel vorgesehen und eine zehnjährige Dauer als Ausnahme hingestellt. Demgegenüber drängte die Entwicklung immer stärker auf die feste Einfügung einer 10. Klasse in den Lehrplan der Höheren Mädchenschule. [...]
Durch diese tatsächliche Entwicklung ist klargestellt, dass der zehnjährige Besuch der Höheren Mädchenschule in den weitesten Kreisen als ein Bedürfnis empfunden wird. Die zehnklassige Schule wird daher nicht mehr als eine Ausnahme zugelassen, wie in den Bestimmungen von 1894, sondern als Normalfall der Höheren Mädchenschule durchgeführt. – Aber die Hinzufügung nur eines Jahres genügt nicht dem wirklich vorhandenen Bedürfnis nach Weiterführung der Bildung. Was zu erstreben bleibt, sind nicht zehnjährige, sondern elf- und zwölfjährige Lehrgänge für die Ausbildung der jungen Mädchen der höheren Stände. Bei dem Versuch diesen Gedanken durchzuführen und die Bevölkerung an eine solche verlängerte Ausbildungszeit zu gewöhnen, muss man damit rechnen, dass 16- und 17-jährige junge Mädchen im Allgemeinen geistig mehr entwickelt sind als gleichaltrige junge Männer. Soweit es sich um die wissenschaftliche Weiterbildung handelt, wird daher eine etwas freiere Lehr- und Lernweise Platz greifen können. Sodann erscheint es notwendig nicht nur auf die Erweiterung des sprachlichen, literarischen oder ästhetischen Interessenkreises der jungen Mädchen Bedacht zu nehmen. Wichtiger erscheint vielmehr eine Ergänzung ihrer Bildung in der Richtung der künftigen Lebensaufgaben einer deutschen Frau, ihre Einführung in den Pflichtenkreis des häuslichen wie des weiteren Gemeinschaftslebens, in die Elemente der Kindererziehung und Kinderpflege, in Hauswirtschaft, Gesundheitslehre, Wohlfahrtskunde sowie in die Gebiete der Barmherzigkeit und Nächstenliebe. Um diesen Aufgaben gerecht zu werden ist der Aufbau eines zweijährigen – oder doch mindestens einjährigen – *Lyzeums* auf die Höhere Mädchenschule in Aussicht genommen. [...]
Verbindlich soll unter einer bestimmten Zahl wöchentlicher Stunden jedenfalls die Teilnahme an der Pädagogik und an der Beschäftigung in dem jedem Lyzeum anzufügenden Kindergarten sein. Dringend erwünscht erscheint es, dass sich die Lyzeen darauf einrichten den jungen Mädchen die Möglichkeit der Ausbildung als Sprachlehrerin, Hauswirtschafts-, Handarbeits-, Turnlehrerin und dgl. – gegebenenfalls in Anlehnung an andre bereits bestehende Veranstaltungen – zu bieten um auf diese Weise auch denjenigen jungen Mädchen, welche nicht die Berechtigung als wissenschaftliche Lehrerin erwerben wollen, Ziele zu stecken, Streben und Kraftübungen bei ihnen anzuspornen. [...]
Neben der Höheren Mädchenschule und dem Lyzeum mit höherem Lehrerinnenseminar, welche der allgemeinen Weiterbildung und der Fachausbildung zur Lehrerin dienen, sind Veranstaltungen nötig um die Vorbereitung der jungen Mädchen der höheren Stände auch für akademische Berufe, soweit solche für Frauen in Betracht kommen, zweckmäßig zu ordnen. [...]
Die Ausbildung zur Universitätsreife soll in „*Studienanstalten*" erfolgen, die tunlichst an Höhere Mädchenschulen angegliedert werden. Die ihnen vermittelte Bildung soll derjenigen in den höheren Lehranstalten für die männliche Jugend gleichwertig sein, mechanische Übereinstimmung aber vermeiden.

Zit. nach Albert Rable (Hg.), Zur Geschichte der Höheren Schule, Bd. 2, Bad Heilbrunn 1975, S. 118 f.

1. Vergleichen Sie die Verlautbarungen der preußischen Regierung 1902 und 1908 (Mat. 4 und 5). Wo liegen Gemeinsamkeiten, wo Unterschiede (siehe auch Mat. 3)?
2. Inwieweit entsprechen die Neuregelungen den Forderungen der Frauenbewegung nach einer den Männern gleichwertigen Bildung? Ziehen Sie auch die Darstellung auf S. 33 f. hinzu.

6 *Die Vorsitzende des Bundes deutscher Frauenvereine, Gertrud Bäumer (1873–1954), zog 1914 ein erstes Fazit des Frauenstudiums:*
Q In dieser Zeit, d. h. seit Herbst 1908, steigt die Zahl der Studentinnen an allen deutschen Universitäten von 1172 auf 3436, also um ca. 192 %.
Diese Ziffern könnten erschrecken. Man hört bedenkliche Stimmen: „Wenn das so weitergeht – ." Aber auch wenn es so weitergeht, ist die Konkurrenz zunächst noch unbedenklich. Denn diese Ziffern bedeuten relativ noch sehr wenig. Der Prozentsatz der immatrikulierten Frauen in der Gesamtzahl der Studierenden betrug im Winter 1908 2,48 % und beträgt im Sommersemester 1913 5,69 %. [...]
Ganz besonders interessant werden die Ziffern, wenn man ihre Verteilung auf die einzelnen Fakultäten untersucht. Als

erstes überraschendes Phänomen fällt die unverhältnismäßig hohe Zahl weiblicher Studenten in der philosophischen Fakultät auf. Sie beträgt heute über drei Viertel der Gesamtzahl, während sie zu Anfang nur etwa zwei Drittel ausmachte. Auch das war natürlich schon ein sehr großer Prozentsatz. Bei den Studenten umfasst die philosophische Fakultät[1] weniger als die Hälfte aller Studierenden. Die Medizinerinnen treten dagegen nicht nur überhaupt zurück, sondern sie zeigen auch relativ bei weitem nicht die Zunahme. Es studierten im Winter 1908/09 354 Medizinerinnen, im Sommer 1913 790. Jura und Theologie sind natürlich sehr schwach von Frauen besetzt und zeigen entsprechend der praktischen Aussichtslosigkeit des Studiums für die Frauen nur geringe Zunahme: nämlich Theologie von 6 auf 12 und Jura von 18 auf 49 Studentinnen. [...]

Diese Tatsache könnte leicht zu der falschen Deutung führen, dass der medizinische Beruf die Frauen weniger anzieht als das philosophische Studium. Die Studentinnenziffern der medizinischen und philosophischen Fakultät sind aber nur in beschränktem Maße Ergebnis der freien Wahl der Studentinnen, in weit größerem automatische Folge der Vorbildungsverhältnisse. Von den 160 Anstalten, die in Preußen Mädchen für die Universität vorbereiten, sind 124 Lehrerinnenseminare (Oberlyzeen), deren Schülerinnen bisher nur in die philosophische Fakultät eintreten konnten. Nimmt man die preußischen Universitäten allein, so beträgt der Anteil der philosophischen Fakultät am Frauenstudium sogar 81,67 %, eine Hypertrophie, die [...] ernste soziale Bedenken erwecken muss.

1 Die Philosophische Fakultät umfasste Geisteswissenschaften, Mathematik und Naturwissenschaften; nur an dieser Stelle erfolgte das Studium für das Lehramt an höheren Schulen.

7 *Beschäftigte in kaufmännischen Berufen im Deutschen Reich 1907:*

Berufe	Männer	Frauen
Prokuristen, Direktor., Abteilungsvorst., Disponenten	86 882	3 795
Filialinhaber und Leiter von Konsumvereinen	3 684	4 458
Reisende	74 388	955
Verkäufer	44 534	159 875
Lageristen	21 443	7 569
Buchhalter, Korrespondenten	141 553	32 168
Kontoristen, Maschin.schreiber	156 715	105 256
Handlungsgeh. o. bes. Bezeichng.	171 573	10 790
Kaufmännische Lehrlinge	106 616	27 833

8 *Beschäftigte im Gesundheitswesen im Deutschen Reich 1907:*

Beruf	Männer	Frauen
Ärzte	29 763	195
Zahnärzte	2 893	165
Zahntechniker	7 675	881
Hebammen	–	28 393
Naturheilkundige	1 412	692
Wartepersonal	17 485	71 624
Nichtärztliche Leiter von Pflegeanstalten	594	1 640
Verwaltungspersonal	7 048	5 075
Dienstpersonal	7 404	20 531

Quelle 6 bis 8 nach Gertrud Bäumer, Die Frau in Volkswirtschaft und Staatsleben der Gegenwart, Stuttgart u.a. 1914, S. 130 ff.

1. *Erarbeiten Sie aus Mat. 6 bis 8 Merkmale von weiblichen und männlichen Berufspositionen. Welche entsprechen eher einer „traditionellen" Auffassung der Geschlechterrollen, welche sind für Frauen eher „modern"?*
2. *Analysieren Sie Mat. 6 bis 8 unter dem Gesichtspunkt der Position von Frauen und Männern in der Berufshierarchie und erklären Sie die Unterschiede.*
3. *Setzen Sie das in Mat. 1, 2, 4 und 5 zum Ausdruck kommende Frauenbild in Beziehung zur beruflichen Position von Frauen (Mat. 6 bis 8).*
4. *Schreiben Sie einen Leserbrief zu Bäumers Aussage (Mat. 6), der Anteil der Philosophischen Fakultät am Frauenstudium müsse „ernste soziale Bedenken" erwecken.*

Beschränkungen und Freiheiten für Frauen im Spiegel autobiografischer Quellen

9 *Über ihre Jugendzeit in den 1890er Jahren berichtet 1963 die liberale Politikerin Marie-Elisabeth Lüders (1878–1966):*

Q Mathematik, Geometrie, Physik und Chemie wurden nicht unterrichtet, da Mädchen das angeblich doch nicht verstehen würden. Alte Sprachen waren „für Mädchen auch zu schwer". Das gab es nur für Knaben, selbst wenn sie noch so dumm waren. Diese Zweiteilung hielt sich noch jahrzehntelang und erschwerte uns später den Zugang zur Universität wesentlich. [...] In die Zeit vor diesen Schulwechsel fiel mein erster naiver Versuch mir einen Weg zum Studium zu bahnen. Der Spiritus rector war unser ältester Bruder Peter, der überhaupt äußerst unternehmend war. Wir bastelten alles

Mögliche und Unmögliche zusammen und unsere Experimente waren nicht immer ungefährlich. Er meinte, ich hätte viel praktischen Sinn und wäre genau wie er selbst für ein technisches Studium geeignet. Es wurde beschlossen, dass ich zum Rektor der nahe der elterlichen Wohnung gelegenen Technischen Hochschule gehen und ihn fragen sollte, auf welchem Wege wohl am sichersten und schnellsten später der Zugang zum Studium an der Technischen Hochschule möglich sei. [...] Wir wussten zwar, dass die Absolvierung des Abiturientenexamens im Allgemeinen an allen Universitäten und Hochschulen die Voraussetzung für das Studium war, aber – so spekulierten wir – vom „Allgemeinen" gibt es auch Ausnahmen und diese Ausnahme – so hofften wir – sollte dann später der Vater erwirken. Damals ahnte ich nicht, dass ich noch 13 Jahre später seine Hilfe brauchen würde um an der Friedrich-Wilhelms-Universität[1] – vorerst ohne Ablegung des Abiturs – studieren zu dürfen. [...]
Der Besuch beim Rektor war natürlich erfolglos. Der erstaunte Pedell[2] vermutete in dem Mädchen wohl eine junge Verwandte des Rektors, brachte es nach oben und meldete es an. Das Erstaunen des Rektors mischte sich im Laufe der Unterhaltung mit Heiterkeit. Er fragte, ob die Eltern von dem Besuch wüssten. „Nein!" Wer den Rat dazu gegeben habe? – „Der ältere Bruder, der auch Ingenieur werden will, ich selber will Architekt werden." [...] Nun gab der Rektor selber die Antwort. Sie war natürlich negativ, aber sie bedeutete in ihrer Wirkung noch viel mehr und ich habe sie in den folgenden Jahren und Jahrzehnten nie vergessen. Der Rektor meinte nämlich: „Das ist nichts für Mädchen, sie würden es doch nicht verstehen, was hier gelehrt wird." Meine Antwort war, bei allem Respekt: „Die Brüder sind auch nicht klüger als ich, einer ist sogar in Latein mangelhaft." Aber auch dieser Hinweis nutzte nichts. Statt des erhofften Rates bekam ich also eine „abweisende Behauptung" zu hören, etwa nach den Vorstellungen, die später ein bekannter Münchner Professor in seinem Buch über den physiologischen „Schwachsinn des Weibes" vertreten hat. Einige Tage später erzählte ich Richter von der Ablehnung und meinem Protest gegen die Begründung. Auch diesem naiv-leidenschaftlichen Protest folgte er wie immer aufmerksam und sagte dazu: „Schade, dass du kein Junge bist, dann wäre alles sehr einfach! Gymnasium, Universität, Examina usw. und schließlich könntest du dich vielleicht einmal auch in der Politik umsehen."

1 in Berlin
2 Rektoratsgehilfe

Marie-Elisabeth Lüders, Fürchte Dich nicht. Persönliches und Politisches aus mehr als 80 Jahren 1878–1962, Köln u. a. 1963, S. 30 ff.

10 *Charlotte Böhm (geb. 1898) war die Tochter eines Beamten und wurde 1905 eingeschult:*
Q Die Schule in Pasewalk war eine Privatschule, an der Jungen und Mädchen unterrichtet wurden, natürlich in getrennten Klassen. [...]
In der Schule haben die Lehrer uns das beigebracht, was eine höhere Tochter lernen muss. Sie fühlten sich verpflichtet uns eine gute Bildung zu geben. Wir wollten ja alle heiraten und wollten auch Kinder haben und das war wohl doch der Sinn des Unterrichts, dass wir alle mit einer guten Bildung gute Hausfrauen und gute Erzieherinnen der Kinder werden sollten. [...]
Das Oberlyzeum schloss mit der Reifeprüfung ab. Ich machte die Reifeprüfung 1919. Daran anschließend folgte das Seminarjahr – das praktische Jahr[1]. Neben unserem Unterricht haben wir an Schulen hospitiert.
Bei der Entscheidung für einen Beruf spielte bei uns Mädchen eine große Rolle, dass wir selber Geld verdienen wollten um von den Eltern unabhängig zu werden. Das war für uns ein ganz wichtiger Punkt. Die Studienrätin hat mir zugeredet, ich solle doch das Kleine Latinum machen und dann studieren. Das Kleine Latinum hätte ich bestimmt in einem Jahr geschafft. Aber mein Vater erklärte mir, dass er mir ein Studium nicht finanzieren könne. Meine Eltern hatten ihr Vermögen durch die Inflation verloren, sie hatten auch Kriegsanleihen gezeichnet und nun war alles verloren. Für das Geld hätte mein Bruder studieren sollen. Mein Vater und ich haben es ihm doch noch ermöglicht. Wir haben beide von unseren Gehältern etwas abgegeben, damit wenigstens er studieren konnte. Es war nicht immer einfach, aber wir haben es geschafft.

1 Das Oberlyzeum war ein Lehrerinnenseminar im Anschluss an die I. (heute 10.) Klasse des Lyzeums, das nach drei Jahren mit der Hochschulreife für bestimmte Fächer und einem weiteren Jahr mit der Lehrerinnenprüfung abschloss. Diese Form der Lehrerinnenausbildung endete 1925/27.

Zit. nach Sylvia Conradt, Kirsten Heckmann-Janz, „... du heiratest ja doch!" 80 Jahre Schulgeschichte von Frauen, Frankfurt/M. 1985, S. 45–54.

1. *Diskutieren Sie die Überlegungen (Mat. 9 und 10), die die Eltern bei der Ausbildung ihrer Kinder anstellten, und vergleichen Sie die unterschiedlichen beruflichen Möglichkeiten der Geschwister.*
2. *Beschreiben Sie die Auswirkungen der Mädchenbildung für die Lebensplanung der beiden Frauen (Mat. 9 und 10). Wo bestanden um die Jahrhundertwende noch immer Abhängigkeiten, wo deuteten sich neue Chancen im Berufsleben an?*

Die Herausbildung der Metropolen

1 *Bevölkerungsentwicklung europäischer Metropolen 1871/72–1936/39:*

Jahr	Stadt Berlin	Großraum Berlin	Seine Département	Großraum Paris	Greater London	Großraum London
1871/72	913 984	1 828 709	2 220 060	3 141 730	3 890 000	6 805 000
1881/82	1 321 000	2 122 330	2 799 329	3 726 118	4 770 000	7 939 000
1890/91	1 960 147	2 983 420	3 141 595	4 126 932	5 638 000	9 148 000
1900/01	2 712 190	3 818 152	3 669 930	4 735 580	6 510 000	10 497 000
1910/11	3 734 389	4 930 684	4 154 042	5 335 220	7 180 000	11 743 000
1921/25	4 024 286	5 324 059	4 411 691	5 682 598	7 387 000	12 322 000
1931/33	4 242 501	5 657 795	4 933 855	6 705 579	8 110 000	13 539 000
1936/39	4 321 521	6 030 099	4 962 967	6 785 750	8 615 000	14 603 000

Nach Detlef Briesen, Weltmetropole Berlin? in: Gerhard Brunn/Jürgen Reulecke (Hg.), Metropolis Berlin. Berlin als deutsche Hauptstadt im Vergleich europäischer Hauptstädte 1871–1939, Bonn u. a. 1992, S. 151. Zahlen für „Stadt Berlin" in den Grenzen von 1920.

2 *Der Autor des Arbeitsteils, der Historiker Gerhard Brunn (geb. 1939), schildert die Umgestaltung der Stadt Paris nach 1850 durch den Präfekten Georges Eugène Haussmann (1809–1891) (Originalbeitrag, 1993):*

D Das alte Paris hatte vor den Baumaßnahmen Haussmanns ein Straßennetz von 384 km. Durch die Umgestaltung wurden 95 km neue Straßen hinzugefügt, 50 km des alten Straßennetzes beseitigt. Die Boulevards verbanden das Zentrum der Stadt mit der Peripherie, wo weitere 70 km Straßen entstanden. Über 44 000 fünfstöckige Häuser wurden gebaut, 22 000 kleinere zuvor abgerissen. Die Neugestaltung umfasste primäre Infrastrukturmaßnahmen wie Wasserleitungen, Kanalisation und Gasbeleuchtung, weitere sekundäre Infrastruktureinrichtungen wie Schulen, Krankenhäuser, Gefängnisse, Friedhöfe und öffentliche Parks wie den Bois de Boulogne im Westen und den Bois de Vincennes im Osten der Stadt. Paris erhielt auch eine neue Verwaltungsstruktur. Die Zollgrenze von 1785 wurde beseitigt, 24 Vororte wurden eingemeindet und die *Commune de Paris* in 20 Arrondissements mit eigenen Bürgermeistereien eingeteilt.

3 *Die Berliner Boden-Gesellschaft wurde 1890 gegründet. Georg Haberland, Sohn des Gründers, erinnert sich an die Anfänge der Gesellschaft:*

Q Der Grundgedanke […] war die Erschließung unbebauter Ländereien und der Verkauf baureifer Parzellen an die Baugewerbetreibenden. Diese errichteten auf den von ihnen erworbenen Bauparzellen Häuser um sie alsdann an Leute zu verkaufen, die ihre Ersparnisse in Hausbesitz anlegen wollten. Wir richteten selbst ein technisches Büro ein, das die Grundrisse für die einzelnen Häuser aufstellte. Anhand dieser Grundrisse fertigten wir die Rentabilitätsberechnungen an und setzten die Preise der Bauparzellen derart fest, dass für den Unternehmer ein nutzbringendes Geschäft herauskam. Um tatkräftig bei der Beschaffung der Hypotheken mitwirken zu können übernahmen wir die Vertretung der Sächsischen Bodenkreditanstalt in Dresden. In späteren Jahren traten wir mit der Versicherungsgesellschaft Janus in Hamburg in eine gleiche Verbindung.

Dieser Aufbau des Geschäftes führte sehr bald zu größeren Erfolgen. Wir haben die Freude gehabt, dass alle Kunden der Gesellschaft auf ihre Rechnung kamen und eine größere Anzahl von ihnen dank der Verbindung mit der Berlinischen Boden-Gesellschaft reiche Leute wurden […].

Wir begannen unsere Tätigkeit im Bezirk der Landgemeinde Schöneberg. Das Dorf Schöneberg hatte damals etwa 62 000 Einwohner und ein Staatssteuersoll von nur 8,85 M. auf den Kopf der Bevölkerung, obwohl dort die reichsten Grundbesitzer, die sogenannten Millionenbauern, wohnten. Ein Gemeinwesen mit einer derartig geringen Steuerkraft wäre niemals in der Lage gewesen aus eigenen Mitteln die in seinem Weichbilde gelegenen Gelände zu erschließen. Die Aussicht auf eine bauliche Entwicklung und Stärkung der schwachen Steuerkraft wurde von Schöneberg mit Freuden begrüßt. Man hieß uns herzlichst willkommen und unterstützte uns, soweit es kein Geld kostete, mit allen Mitteln. Der Abschluss der Erschließungsverträge begegnete keinerlei Schwierigkeiten. […]

Die Plätze und Straßen haben wir unter der Kontrolle der Gemeinden selbst gebaut. […] Wir haben für den Victoria-Luise-Platz ein Preisausschreiben erlassen, bei dem der Entwurf des Gartendirektors Enke den ersten Preis erhielt. Der Kaiser, der sich für alle städtebaulichen Anlagen interessierte, ließ sich das Projekt vorlegen und schrieb eigenhändig „Sehr geschmackvoll" auf den Enkeschen Plan. Der Platz wurde nach diesem Plane angelegt und der Gemeinde Schöneberg in feierlicher Weise übergeben.

Zit. nach Johann Friedrich Geist/Klaus Kusters (Hg.), Das Berliner Mietshaus 1862–1945, München 1984, S. 322 ff.

4 *Der englische Architekturhistoriker Mark Girouard (geb. 1931) über die Wolkenkratzer von Chicago (1985):*
D Weithin wird angenommen, der Wolkenkratzer sei das Ergebnis zweier wichtiger Faktoren: eines technischen Durchbruchs und des Platzmangels in den Innenstädten. Über das Erstere kann es keinen Zweifel geben. Als Elisha Graves Otis 1854 bei der New Yorker American Institute Fair auf einer regulär installierten Aufzugskabine stand und das Kabel durchschnitt, demonstrierte er mehr als eine Sicherheitsvorrichtung. Er machte dramatisch klar, dass eines der Haupthindernisse für das Höhenwachstum der Gebäude beseitigt worden war. Die Erfindung des Telefons 1876 räumte ein weiteres Hemmnis hinweg. 1884 arbeitete William Le Baron Jenney, ein Architekt aus Chicago, der sein Ingenieurstudium in Frankreich absolviert hatte, eine Stahlrahmenkonstruktion aus, die sehr hohe Bauten ermöglichte und hohe Gebäude aller Art beträchtlich verbilligte. Dazu kam, dass eine neue Art der Fundamente den Bau von Hochhäusern auch im sumpfigen Untergrund von Chicago gestattete.
Auch die Theorie des Platzmangels erscheint auf den ersten Blick einleuchtend. Aber wenn man genauer hinschaut, ist die Begründung nicht stichhaltig. […]
Die Gebäude wuchsen einfach deshalb in die Höhe, weil in Chicago eine besondere finanzielle Konstellation das begünstigte, nachdem es technisch möglich geworden war. Das Kapital für den Hochhausbau kam hauptsächlich aus Boston und New York, von gewieften Geschäftsleuten, die merkten, was da für sie zu machen war. Die Büromieten in Chicago lagen hoch (wenn auch nicht so hoch wie in New York), denn die Geschäfte an der Wertpapier- und der Getreidebörse waren im Aufschwung. Wie in allen Geschäftsvierteln wollten die Geschäftsleute in wenigen Minuten zu Fuß die Börse erreichen können. Dazu kam, dass man im Zentrum Grundbesitz ungewöhnlich billig bekommen konnte. Auf den großflächigen Wiederaufbau nach dem Brand von 1870 folgte 1873 eine schwere Krise, die zur Verfallserklärung vieler Hypotheken und zu Zwangsvollstreckungen führte. Um 1879 hatten die Hypothekenbanken die nötigen juristischen Prozeduren hinter sich gebracht und begannen die Grundstücke zu Spottpreisen zu verkaufen. So bekamen Investoren die Möglichkeit auf Grund und Boden, der für sechsstöckige Häuser zum Verkauf gekommen war, Neubauten mit zehn und mehr Stockwerken zu errichten – und das noch zu einem besonders billigen Preis. […]
Wolkenkratzer spielten eine wichtige Reklamerolle und als Prestigeobjekte waren sie stilbestimmend. Die ganze Welt lernte auf den ersten Blick die Umrisse des Singer Building (1902), des Woolworth Building (1911) und des Chrysler Building (1930) zu erkennen.

Mark Girouard, Die Stadt (1985), Frankfurt/M. 1987, S. 319–324.

5 *Aufriss des Versandhauses Montgomery Ward & Co. in Chicago, Plakat, um 1900*

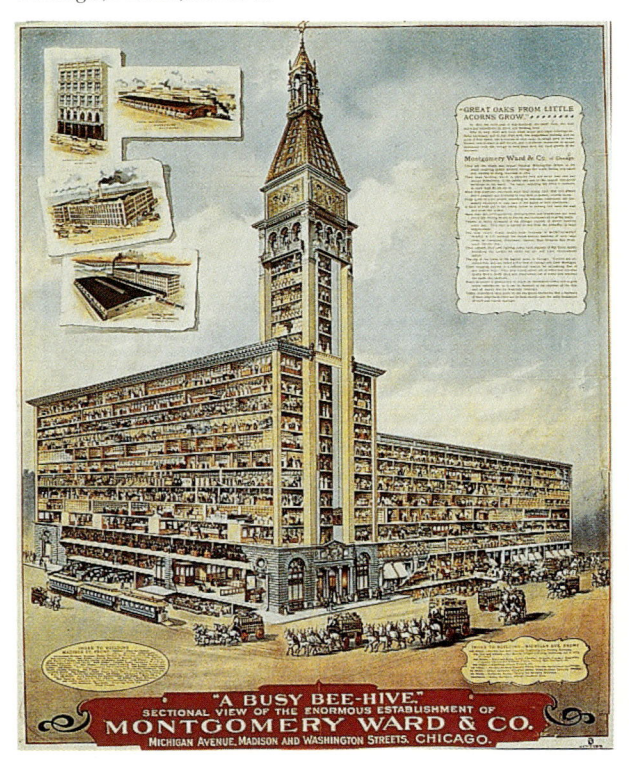

1. Analysieren Sie Mat. 1 bis 5 unter den Gesichtspunkten a) Tempo und Umfang, b) Träger und c) Schwerpunkte der Stadtentwicklung sowie d) Zusammenhang von Technik, Wirtschaft und Städtebau. Siehe auch S. 22–26.
2. Erörtern Sie die Vor- und Nachteile der jeweiligen Finanzierung des Städtebaus.

1 Durchbruch der Moderne

6 *Die Verschmutzung der Wupper und die Schwemmkanalisation. Auszug aus einer Untersuchung für den „Schülerwettbewerb Deutsche Geschichte" von 1986/87:*
D Die Arbeit der Verwaltungen wurde zunehmend dadurch erschwert, dass gegen Ende des 19. Jahrhunderts zusammen mit der Industrie die Städte selbst immer mehr in das Kreuzfeuer der Kritik gerieten. Die Errichtung von Wasserleitungen (1879 bzw. 1883), Kanalisation (1884–1907 bzw. 1894–1911) und Kläranlage (1906) für die Städte Elberfeld und Barmen, einst zu Recht als große Errungenschaften gepriesen, hatten keine Verbesserungen gebracht, sondern im Gegenteil durch das erhöhte Schmutzwasseraufkommen die Wuppersituation noch verschlimmert. Die notwendige Folge davon waren erbitterte Proteste der kleineren Wuppergemeinden, die in dem Trockenjahr 1911, als sich der Gestank der Wupper stärker denn je bemerkbar machte, ihren Höhepunkt erreichten. Die Talstädte ihrerseits sahen darin reine Hetzkampagnen, die jeder Grundlage entbehrten. In spaltenlangen Gegendarstellungen in örtlichen Zeitungen suchte man sich zu rechtfertigen:
„Der Regierung gegenüber muss energisch betont werden, dass der Zustand der Wupper ein Zustand ist, der sich aus der wirtschaftlichen Entwicklung heraus erklärt und in Jahrzehnten geworden ist. Dass eine Änderung herbeigeführt werden muss, ist selbstverständlich, auch wenn man annimmt, dass ein Sommer wie dieser so bald nicht wiederkommen wird. Aber die Änderung kann nicht Hals über Kopf durchgesetzt werden und vor allem, indem man das Kind mit dem Bade ausschüttet, indem man die Industrie aus den Wuppergroßstädten heraustreibt. Sie ist der Lebensnerv in einem Revier von mindestens 500 000 Menschen und mit einem so gewaltigen wirtschaftlichen Faktor soll man nicht spaßen. Was die Anlieger der unteren Wupper einmal für einige Wochen an Unannehmlichkeiten erleben, darf kein Anlass sein große wirtschaftliche Werte, von denen Zehntausende abhängen, zu zerstören."
Solche Stellungnahmen konnten die unteren Wupperanlieger natürlich nicht zufrieden stellen; ja, sie mussten sogar als eine Verhöhnung aufgefasst werden, hatte man doch dort das ganze Jahr über mit dem verseuchten Wupperwasser zu kämpfen, und nicht nur in heißen Sommern. Die Wupperstädte und -gemeinden waren also untereinander in zwei Lager gespalten […].
Und dabei hat es an Lösungsvorschlägen nicht gefehlt, die in den verschiedensten Gutachten, unter anderen auch aus Berlin, zum Ausdruck kamen. Von besonderer Wichtigkeit waren dabei die Gutachten des Regierungsrates Le Blanc (1912) und Dr. Imhoff (1916). Le Blanc hatte nämlich die beiden Grundfesten der zukünftigen Wupperpolitik treffend erkannt. Diese Grundfesten waren die Wasserklärung und die Wupperregulierung, die nur beide zusammen einer Verbesserung der Wasserqualität dienen konnten. Einer der wichtigsten Punkte war dabei die Beseitigung der Wupperwehre, von der sich Le Blanc zu Recht eine Verminderung der Verschlammung des Flusses versprach. Damit waren aber so große Kosten verbunden, dass sich die meisten Städte noch nicht darauf einzulassen bereit waren […].
Zit. nach Tim Arnold, Die Verschmutzung der Wupper, in: Geschichte lernen, Heft 4, 1988, S. 65 f.

7 *Die Entwicklung der modernen Wasserklosettspülung*

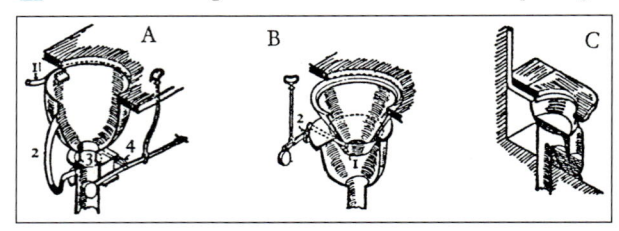

A *Apparat von Bramach aus dem Jahre 1778; 1 Wasserhahn, 2 Überlauf mit Syphon, 3 Ventil, 4 Bedienungshebel*
B *Apparat, der 1790 in Gebrauch war; 1 Behälter, 2 Bedienungshebel*
C *Apparat aus dem 19. Jahrhundert mit eingebautem Syphon*

1. Analysieren Sie Mat. 6 und 7 unter den Gesichtspunkten der Veränderung von Technik und Umwelt.
2. Diskutieren Sie den Zusammenhang von städtischer Verdichtung und Umweltproblemen um 1900 und vergleichen Sie mit der heutigen Situation.

8 *Der Schriftsteller und Publizist Adolf Stein (1871–1948) über die Popularität der Schlager (1932):*
Q Wenn ein Tanzliedchen blitzartig „einschlägt", sodass alsbald die Leute lichterloh entbrennen und die feurige Musik sich mit Windeseile verbreitet, dann ist es ein richtiger „Schlager". Sogar der Oberregierungsrat summt ihn auf dem Wege zum Amtszimmer, obwohl er keine Tanzdielen besucht und selber vielleicht keine Ahnung hat, was er summt und woher ihm die Kenntnis kam. Er summt die Melodie von „Das gibt's nur einmal, das kommt nicht wieder", die ihm – seit der Filmvorstellung „Der Kongress tanzt" anhängt, die er mit seiner Gattin ausnahmsweise besucht hat. Richtig: Die Waschfrau hat neulich in der Küche dasselbe Liedchen geträllert. Und im Rundfunk ist es ertönt. Und der Türsteher im

Ministerium hat es gepfiffen. Natürlich: Auch die Tochter des Oberregierungsrates, die zur Zeit sich auf die spanische Dolmetscherprüfung vorbereitet, hat in einer Arbeitspause diesen Schlager über die Klaviertasten gejagt. Und beim Austeilen des Puddings am vorigen Sonntag hat die Gattin mit schalkhaftem Mundspitzen erklärt: „Das gibt's nur einmal, das kommt nicht wieder!"

Sehen Sie, das ist Popularität! Und heute macht sie in erster Linie der Film. Der frühere „Einzelschlager" hat Konkurrenz bekommen. Die Masse im Film schlägt durch. Früher kaufte man sich im Laden die neuen Noten. Heute schmettert sie der Film in 1400 deutschen Lichtspielhäusern ins Volk. Welche Reklame! […]

Heute ist die Ufa der größte Schlagerverleger Deutschlands. Sie hat Ende 1929 ihren Ufa-Ton-Verlag begründet und Anfang 1931 den schon lange auf gleichem Gebiete tätigen Wiener Bohème-Verlag übernommen […]. So besitzt die Ufa jetzt die Verlagsrechte von den alten Tanzliedchen „Oh Katharina", „Ich hab mein Herz in Heidelberg verloren", „Valencia", „Veronika, der Lenz ist da", „Ausgerechnet Bananen", „Ein spanischer Tango" usw. angefangen bis zu den neueren wie „Das ist die Liebe der Matrosen", „Liebling, mein Herz lässt Dich grüßen", „Ich bin von Kopf bis Fuß auf Liebe eingestellt", „Das gibt's nur einmal" […].

Adolf Stein, Rumpelstilzchen, Nu wenn schon! Berlin 1932, S. 154 f.

9 *Der Journalist und Soziologe Siegfried Kracauer (1889–1966) über den Autokult (1931):*

Q Wenn ich es noch nicht gewusst hätte, so wäre ich jetzt, nach dem Besuch der Internationalen Auto-Schau am Kaiserdamm [in Berlin], endgültig davon überzeugt: dass das Auto einer der wenigen Gegenstände ist, die heute allgemeine Verehrung genießen. Ich kenne kaum ein anderes Objekt, das so in der Volksgunst steht. Taxichauffeure und Herrenfahrer, junge Burschen proletarischen Aussehens und Schupomannschaften, elegante Schnösels und Motorradanwärter: Sie alle, die sich sonst gar nicht miteinander vertragen, pilgern gemeinschaftlich durch die Hallen und verrichten ihre Andacht vor Kühlern, Zündungen und Carosserien. Es ist, als seien angesichts des Fertigprodukts die sozialen Klassenunterschiede aufgehoben, die […] bei seiner Fabrikation eine beträchtliche Rolle spielen. Eine Wallfahrt wie die zu Lourdes, die sich langsam von Station zu Station bewegt und immer neue Offenbarungen erlebt. Vermutlich werden viele die Ausstellung in erleuchtetem Zustand verlassen.

Auf ihn vorbereitet sind jedenfalls die meisten Besucher. Noch niemals bin ich in eine Menge verschlagen worden, die soviel von den Dingen verstünde, um derentwillen sie sich angeschart hat. Mag man in Volksversammlungen ihr alles Mögliche aufschwatzen können: Hier lässt sie sich nicht betrügen, hier dringt sie bis ins Innere der Motoren vor. […] Vor den billigen Volkswagen staut sich die Menschenmenge besonders dicht. Sie erwecken die Begehrlichkeit und werden mit einem Wohlgefallen angestaunt, das keineswegs interesselos ist. Man erklärt sich gegenseitig ihre Bestandteile, zwängt sich in sie hinein und findet sie so komfortabel, als hätte man sie bereits erworben.

Siegfried Kracauer, Autokult, in: Frankfurter Zeitung, 24. Februar 1931.

10 *Jules Chéret (1836–1932), Théâtre de l'Opéra, Plakat, Paris, 1896*

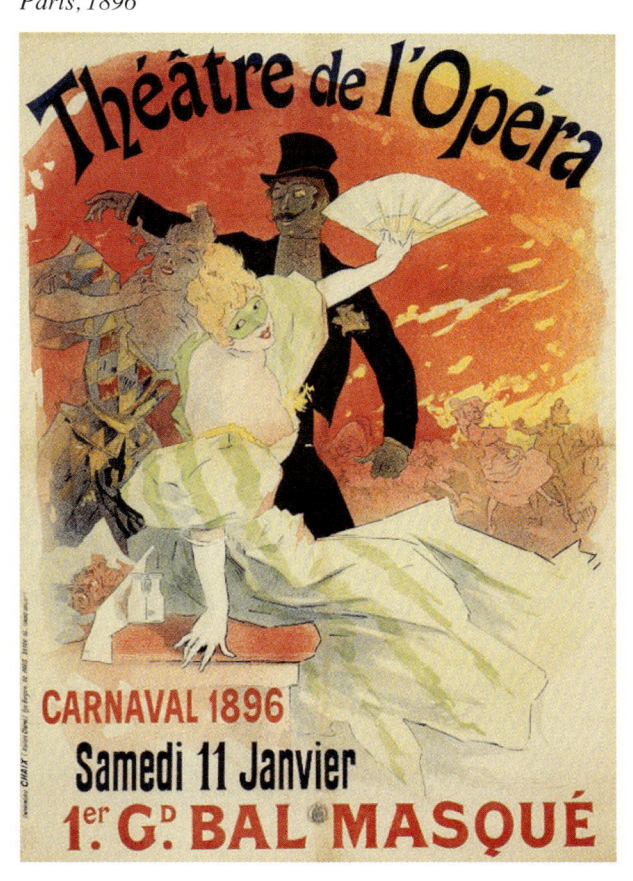

1. Die Metropole als Ort der Massenkultur: Erläutern Sie anhand der Mat. 8 bis 10, der Begriffsdefinition S. 11 und der Darstellung S. 22–26 diese Kennzeichnung. Diskutieren Sie die angenommene oder tatsächliche Wirkung.

Was bewegte(n) die Bewegten?
Anmerkungen zur Geschichte der deutschen Jugendbewegung im ersten Drittel des Jahrhunderts

Von Jürgen Reulecke

Sie sei – so schrieb 1923 der Ethik-Professor, Pädagoge und Pazifist Friedrich Wilhelm Foerster – „das Schneeglöckchen mitten im harten deutschen Winterschnee: Sie läutet den deutschen Frühling ein, sie ist ein wahrer Trost für jeden Deutschen, der schon daran verzweifeln wollte, dass sich die deutsche Seele jemals wieder aus der Verzauberung lösen werde, in die sie durch ihre Hinwendung zur Machtpolitik unwiederbringlich verstrickt schien." Die Rede ist von der deutschen Jugendbewegung! 1926 äußerte sich ein anderer Intellektueller aus der in Deutschland so schmalen Riege der Pazifisten, nämlich Kurt Tucholsky, in völlig entgegengesetzter Richtung: Die deutsche Jugendbewegung sei bloß das, „was deutsche Organisationswut, Reglementstorheit und Gruppenspielerei immer gewesen (sei): Selbstzweck". Der gewaltige „Seelenrummel" sei „langsam verdunstender Dampf, der nie ein Rad getrieben".

Aus heutiger Sicht erscheint die Jugendbewegung vor allem als beachtliche Prägekraft, die die Lebensläufe von vielen Deutschen im 20. Jahrhundert beeinflusst hat. Das macht sie mentalitätsgeschichtlich so bedeutsam – sie schuf damit so etwas wie ein Element der Kontinuität in einer ansonsten höchst zerrissenen, an Einbrüchen, Umbrüchen und Katastrophen reichen Epoche. „Das Herz der Geschichte ist überall in ihren Anfängen", hat Rudolf Alexander Schröder einmal gesagt. Was war das für ein Herz, das da um 1900 mit dem Auszug der Steglitzer „Wandervögel" aus der Plüschkultur des Wilhelminischen Deutschland zu schlagen begann? Bis heute ist umstritten, ob das ein gesundes Organ oder ein von vornherein vom „Gift der blauen Blume" angekränkeltes war, das zumindest zum Teil den katastrophalen deutschen Infarkt 1933–1945 mit zu verantworten hat. Die Frage, ob die Jugendbewegung den Erfolg des Nationalsozialismus in den Köpfen vieler Zeitgenossen erheblich befördert habe, hat jedenfalls bis in die jüngste Zeit die Gemüter von Insidern und Kritikern stark erregt!

Die äußere Geschichte der Jugendbewegung ist schnell erzählt: Ein wanderbegeisterter Stenographielehrer namens Hermann Hoffmann-Fölkersamb sammelte kurz vor 1900 Schüler des Steglitzer Gymnasiums um sich, machte mit ihnen Ausflüge und schließlich Mehrtagesfahrten in die Berliner Umgebung, dann auch weit darüber hinaus (Böhmerwald, Rheinland) und regte vor allem den Abiturienten Karl Fischer an das Schülerwandern in ganz Deutschland zu verbreiten. Dieser gründete am 4. November 1901 mit Unterstützung von Eltern und Lehrern im Steglitzer Ratskeller den „Wandervogel-Ausschuss für Schülerwanderfahrten". Viele weitere Fahrten, neue Gruppen in und außerhalb Berlins, eine erste Spaltung in zwei Richtungen bestimmten die nächsten Jahre. Manchmal wurden auch Mädchen aufgenommen, zum Teil konnten Volksschüler Mitglieder werden. Selbst in der Schweiz, in Österreich, im Sudetenland und in Siebenbürgen entstanden Gruppen. Parallel dazu bildeten sich nach englischem Vorbild seit 1908 Pfadfindergruppen und ab 1907 begann ein junger, vom Wandervogel inspirierter Lehrer, Richard Schirrmann, mit der Propagierung von Jugendherbergen. Spaltungen und Neugründungen führten dazu, dass Anfang 1913 rund 800 Wandervogelortsgruppen mit etwa 25000 Mitgliedern bestanden. Daneben gab es diverse Gruppierungen und auch lebens- oder schulreformerische Einrichtungen, die verwandte Ideen und Stilformen pflegten und mit dem Wandervogel sympathisierten. Von diesen Kreisen ging die Idee aus, als Gegenfest zu den vaterländischen Jubiläumsfeierlichkeiten in Leipzig aus Anlass der Erinnerung an den Sieg über Napoleon vor hundert Jahren zu einem „freideutschen Jugendtag" auf dem Hohen Meißner, einem Berg bei Kassel, einzuladen. Am 12./13. Oktober 1913 kam es zu jener berühmten Selbstverpflichtungsformel, die wie kaum eine andere Äußerung den jugendbewegten Aufbruch vor dem Ersten Weltkrieg charakterisiert: „Die Freideutsche Jugend will aus eigener Bestimmung, vor eigener Verantwortung, mit innerer Wahrhaftigkeit ihr Leben gestalten. Für diese innere Freiheit tritt sie unter allen Umständen geschlossen ein."

Mit der Bereitschaft zum „geschlossenen" Eintreten, so zeigte die Zukunft, war es nicht allzu weit her – zu heterogen war der Kreis der Meißner-Fahrer – und auch ein Annex, in dem Alkohol- und Nikotinkonsum abgeschworen wurde, hatte auf Dauer keinen verpflichtenden Charakter. Dennoch: Beim Blick auf die Biografien vieler Jugendbewegter zeigt sich, dass der Autonomieanspruch der Meißner-Formel tatsächlich eine starke Wirkung, und zwar in erster Linie auf die Lebenssinnkonstruktion der Individuen, gehabt hat.

Als Anfang August 1914 der Erste Weltkrieg ausbrach, eilten auch die Wandervögel und Freideutschen begeistert an die Front, obwohl auf dem Meißner einer ihrer Mentoren, Gustav Wyneken, sie aufgefordert hatte, sie nie „den Krieg in die Täler eines fremden Volkes zu tragen" und noch Ende Juli 1914 der Bundestag der Deutschen Akademischen Freischar in einem Telegramm den Kaiser beschworen hatte: „Schützen Sie die Jugend der ganzen Welt vor dem Unglück des Krieges." Der Marsch zur Front wurde zunächst vom nun entstehenden Feldwandervogel als „große Fahrt in den Orlog" überhöht und eine Stilisierung des Kriegserlebnisses im jugendbewegten Geist von einer gewaltigen Breiten- und Nachwirkung sollte dann jenes „Kultbuch" von Walter Flex „Der Wanderer zwischen beiden Welten" werden, mit dem der Autor seinem gefallenen Wandervogelkameraden Ernst Wurche ein Denkmal setzen wollte. Mit seinem

Hugo Reinhard Karl Johann Höppener (=Fidus) (1868–1948), Lichtgebet, 1894, Öl auf Leinwand, 150 x 100 cm, auch als Postkarte gestaltet für den Freideutschen Jugendtag 1913 auf dem Hohen Meißner

Motto „Rein bleiben und reif werden – das ist schönste und schwerste Lebenskunst" schuf Flex eine weitere entscheidende Formel der Jugendbewegung.

Nach dem Ersten Weltkrieg trat in den von nun an zum Teil an mittelalterlichen Orden und anderen Männerbünden orientierten „bündischen" Gruppen das Vagantenhafte des Vorkriegswandervogels immer mehr zurück; die Idee des Bundes führte zu neuen Stil- und Umgangsformen: Statt wie beim Wandervogel Geigen, Flöten und Lauten bestimmten jetzt immer häufiger Gitarren, Fanfaren und Trommeln das Bild bei den in Mode kommenden großen Aufmärschen. Zwar stand auch weiterhin die Fahrt, bis nach Lappland oder gar Indien, im Zentrum des Gruppenlebens. Aber gleichzeitig gewannen Bundeszeltlager, bei denen die Bundesführer „Heerschau" abhielten, eine wachsende Bedeutung.

In der zweiten Hälfte der 1920er Jahre schien es, als ob die Zersplitterung der bündischen Jugend wie auch der Gegensatz zur Pfadfinderbewegung zumindest teilweise überwunden werden könnten: Es kam zu einem Zusammenschluss von verschiedenen Wandervogelbünden mit Pfadfinderbünden, der sich ab 1927 „Deutsche Freischar" nannte. Die Älteren dieses Bundes, der 1929 etwa 12 000 Mitglieder, darunter rund 1500 Mädchen und junge Frauen zählte, begannen in den folgenden Jahren eine Reihe von bemerkenswerten Experimenten (z. B. die Gründung einer freien Volksbildungsstätte und eines Musikheims, die Einrichtung von gemeinsamen Wohnheimen, von freiwilligen Arbeitslagern u. ä.). Doch der jugendbewegte „Spaltpilz" bemächtigte sich auch der Freischar: 1929 probten Jüngere den Aufstand gegen ihre älteren Führer und riefen unter dem mitreißenden und ideenreichen Jugendführer tusk (= Eberhard Köbel, geb. 1907) zu einem neuen Aufbruch auf. Das an einen Geheimbund erinnernde Kürzel d.j.1.11. (= Deutsche Jungenschaft vom 1.11.1929) stand für eine dritte Welle der deutschen Jugendbewegung mit ebenfalls wieder eigenwilligen Stilformen und einer besonderen Ästhetik. Bereits ab Frühsommer 1933 wurden jedoch durch Verordnung Baldur von Schirachs, des neuen „Jugendführers des Deutschen Reiches" und Chefs der Hitlerjugend, alle bündischen Gruppen aufgelöst bzw. verboten. Manche bündischen Führer traten mit ihren Gruppen zur HJ über und veröffentlichten Ergebenheitsadressen an Hitler; andere Gruppen resignierten und lösten sich freiwillig auf; eine Anzahl jugendbewegter Älterer emigrierte; wieder andere – vor allem aus dem jungenschaftlichen Lager – glaubten an Unterwanderungsmöglichkeiten beim Jungvolk oder versuchten sogar einen bündischen Widerstand zu organisieren – Letzteres mittelfristig mit einem gewissen Erfolg. Gegen Ende der 1930er Jahre sahen sich HJ-Führung und Gestapo zunehmend mit der Tatsache konfrontiert, dass – wie sie es nannten – „bündische Umtriebe" den NS-Erziehungsanspruch unterliefen. Ohne diese Wurzeln wäre z. B. der spätere Widerstand der Münchner Studentengruppe „Weiße Rose" um Hans Scholl und Willi Graf nicht zu verstehen. Die brutale Verfolgung der „bündischen Umtriebe" zeigt, wie ernst die Nationalsozialisten diese „Konkurrenz" nahmen: Eine Reihe bündischer Führer bezahlte ihre Gegnerschaft mit dem Tode oder mit langjährigen KZ-Aufenthalten. Aus heutiger Sicht lässt sich jedenfalls kein eindeutiges Urteil über die inneren Beziehungen zwischen Jugendbewegung und Nationalsozialismus fällen: Jugendbewegt-bündische Sozialisation konnte offenbar unter den Bedingungen Hitlerdeutschlands zu extremen Optionen führen; sie reichten vom überzeugten Sich-Ausliefern an das Regime und dessen Ideologie bis zum aktiven Widerstand.

A ber zurück zur Ausgangsfrage: War diese Jugendbewegung letztlich, was ihr Tucholsky vorgeworfen hat, als ganze eine „Sackgasse" bzw. hat sie lediglich temporären „Seelenrummel" erzeugt? Wer der gewaltigen Flut an programmatischen Äußerungen und Sinnstiftungsversuchen der Älteren in den Bundeszeitschriften und den oft pathetischen Selbstdeutungen der Führer bei den großen Bundeslagern Glauben schenkt und dann die konkreten Hervorbringungen oder

Titelblatt des „Wandervogels. Monatsschrift für deutsche Jugendwanderer", Jg. 6, Heft 3, März 1911

Wirkungen (und auch die späteren Verstrickungen) der Jugendbewegung daran misst, der muss wohl Tucholsky und anderen Kritikern weitgehend Recht geben. Aber ist es überhaupt sinnvoll mit dieser Messlatte zu operieren? Es waren ja nicht in erster Linie die großen Manifeste mit ihrem nicht sonderlich originellen Gedankengut, die die Jungen und auch die wenigen Mädchen in deren entscheidender Sozialisationsphase zwischen ihrem ca. 12. und 18. Lebensjahr so nachhaltig prägten. Viel stärker wirkte das selbstbestimmte Leben in der einzelnen Gruppe, wirkten die Stil- und Umgangsformen in der Gemeinschaft Gleichaltriger, bei der ein nur wenige Jahre älterer Führer zugleich Kamerad, Anreger und Reibefläche war. „Fieber und Heil der Jugendbewegung" – so hat einmal einer ihrer Führer aus der Zeit nach 1945, Walter Scherf, gesagt – sei möglicherweise viel mehr von Winnetou und den großen *„outlaws"* à la Robin Hood, von den Vagabunden und fahrenden Scholaren, von den Zigeunern und Tramps bestimmt worden als von den Beschlüssen der Bundestreffen. Das mitreißende, geistig, emotional und oft auch körperlich immens herausfordernde, romantisch-abenteuerliche und zugleich konkret-solidarische Gemeinschaftsleben in der „Jungenbande", bei dem immer wieder auch soziale und emotionale Konflikte zu bewältigen waren, konnte dem Einzelnen Erlebnisdimensionen eröffnen, die der familiäre und schulische Alltag in einer Großstadt nicht zu bieten hatte.

Mit der Betonung dieser Qualität nähert man sich einer Interpretation der Jugendbewegung an, die ihrer tatsächlichen Bedeutung für die Lebensläufe einzelner Menschen im 20. Jahrhundert vielleicht gerechter wird als all jene allgemein-gesellschaftlichen Einordnungsversuche. Selbstverständlich kann man jenseits der Sphäre des, im engeren Sinn, Politischen von bemerkenswerten Kulturleistungen sprechen, an denen Menschen aus der Jugendbewegung maßgeblich Anteil hatten, so beispielsweise die Volkskunstbewegung, die Volksmusik- und Laienspielbewegung, die Volkshochschulbewegung, die Ökologie- bzw. Naturschutzbewegung und die Lebensreformbewegung, das Jugendherbergswesen, die Reformpädagogik und andere.

Doch all dies würde die Jugendbewegung im ersten Drittel des 20. Jahrhunderts noch nicht aus der Vielfalt sonstiger Reformbestrebungen herausheben. Ihre tatsächliche Bedeutung scheint dagegen vor allem in dem Bereich zu liegen, der grob mit den Begriffen Menschenbild und Menschenbildung beschrieben werden kann. Die jungen Menschen, die sich einige Zeit ihres Lebens den Lebensformen und Idealen der Jugendbewegung verschrieben und gleichzeitig diese Bewegung durch ihr Mitmachen aktiv gefördert haben, waren keine – wie man ihnen oft vorgeworfen hat – elitären Sonderlinge mit einer antimodernen Grundeinstellung. Im Gegenteil: Sie leisteten auf ihre Weise einen wichtigen Beitrag zur Moderne. Die im Wesentlichen mit den geläufigen Begriffen Rationalität, Bürokratisierung, Zweckhaftigkeit, technisch-ökonomischer Fortschritt, Massenkonsum u. ä. beschriebene Modernität besitzt ja durch die damit mitgemeinten, aber oft nicht kritisch bedachten vielfältigen Disziplinierungs-, Verrechtlichungs- und Nivellierungsfolgen sowie die geradezu zwanghafte Betonung von Produktivität und ökonomischem Wachstum als Werten an sich ein ausgeprägtes Janusgesicht. Wo aber bleibt bei einem solchen Verständnis von Modernität und Modernisierung das historische Subjekt, d. h. der konkrete Zeitgenosse mit seinen individuellen Wünschen, Ängsten, Wahrnehmungen und Handlungsstrategien? Ist denn alles, was das Individuum zur Erhaltung seiner Autonomie und zur Gewinnung von Authentizität angesichts der vielfältigen Gängelungen und Anpassungszwänge unternimmt, von vornherein antimodern? Oder, auf unser Thema bezogen, anders gefragt: Kann nicht der temporäre und immer nur partiell gemeinte Auszug in die spielerisch-unproduktive Welt des jugendbewegt-bündischen Gruppenlebens als durchaus sachliche Nutzung der Chance verstanden werden in der so wichtigen jugendlichen Prägephase zwischen ca. 12 und 18 Jahren die Basis für eine lebenslange „autonom-authentische Haltung" zu gewinnen? Dass es sich hierbei zunächst um eine vor allem die Jugend des Bildungsbürgertums betreffende Problematik gehandelt hat, ist inzwischen oft zu Recht betont worden. Die Arbeiterjugend besaß damals in sehr viel geringerem Ausmaß die Möglichkeit „unproduktiv" zu sein und in einem – was die Selbstsicht angeht – „klassenlosen" Raum Experimente zu machen.

Welche starken persönlichkeitsbildenden Impulse von den jugendbewegten Erfahrungen ausgehen konnten, haben übrigens paradoxerweise oft gerade diejenigen erlebt, die nur eine kleine Minderheit und meist nur geduldete Randerscheinung in der weitgehend männlich dominierten Jugendbewegung waren: die Mädchen und jungen Frauen. Das Erlebnis sich gleichzeitig gegen die vorherrschenden bürgerlichen Moralvorstellungen und in einem spezifisch männlich besetzten jugendbewegten Gegenmilieu „das Recht auf ein selbstbestimmtes Jugendleben erstreiten" zu müssen hinterließ dauerhafte und in vielfältiger Weise Lebenssinn stiftende Spuren.

Wenn man die Jugendbewegung im ersten Drittel unseres Jahrhunderts also daran misst, was sie *de facto* für viele Menschen bedeutet hat, dann kehrt sich der oben zitierte Vorwurf von Tucholsky, die Jugendbewegung sei bloß reiner Selbstzweck, um: Ja, sie besaß zunächst einmal für das jugendliche Individuum weitgehend einen Selbstzweck, aber ihr Anspruch war, in ihrem Schoß reife, authentische Persönlichkeiten mit starkem humanem Ethos heranzuziehen, die dann Sauerteig in der Gesellschaft sein könnten. Die Selbstwahrnehmung vieler älterer Menschen heute, die von der Jugendbewegung geprägt worden sind, bestätigt, dass sie dieses Ziel erreicht hat, trotz aller Irrungen und Wirrungen im Einzelnen!

Ein wenig eigenes Pathos zum Schluss: Nicht nur rationale Planung, sondern auch und gerade die autonome „Entfaltung von Innenwelt" bei jungen Menschen in der im ständigen Fluss befindlichen Gesellschaft „wird zum Garanten der Zukunft" und muss deshalb „notwendig in Distanz zur alltäglichen Erfahrung" stehen. Dass die Wirkung der deutschen Jugendbewegung im 20. Jahrhundert begrenzt war, dass viele der ehemals Jugendbewegten in den Verführungen und Verstrickungen der einzelnen Epochen ihre jugendlichen Ideale aus den Augen verloren haben und oft doch keine „besseren Menschen" waren, schmälert nicht den grundsätzlichen und vielleicht zeitüberdauernden Wert ihrer wichtigsten Innovation: der kleinen, selbstbestimmten, phantasievoll gelebten Gruppe mit eigener Symbolwelt – eines jugendlichen Spielraums, in dem ein guter Schuss utopischen Potentials, das Kennen-Lernen und Erleben von Alterität und vor allem *kairos*, verstanden als erfüllte Zeit, neben vielen anderem einen zentralen Platz einnahmen.

Jürgen Reulecke (geb. 1940), Professor für Neuere Geschichte an der Universität Gesamthochschule Siegen

---

Skizzieren Sie die Entwicklung, Merkmale und Ziele der deutschen Jugendbewegung. Diskutieren Sie deren Interpretation und Bewertung durch den Autor.

Ein Volk, ein Reich, ein Führer!

ПОБЕДА СОЦИАЛИЗМА
В НАШЕЙ СТРАНЕ ОБЕСПЕЧЕНА
ФУНДАМЕНТ СОЦИАЛИСТИЧЕСКОЙ
ЭКОНОМИКИ ЗАВЕРШЕН
„РЕАЛЬНОСТЬ НАШЕГО ПРОИЗВОДСТВЕННОГО
ПЛАНА – ЭТО МИЛЛИОНЫ ТРУДЯЩИХСЯ
ТВОРЯЩИЕ НОВУЮ ЖИЗНЬ"
И. СТАЛИН
СОВЕТСКОГО СОЮЗА!
ЗА МИРОВУЮ ПРОЛЕТАРСКУЮ РЕВОЛЮЦИЮ!

2. Demokratie und Diktatur in der Zwischenkriegszeit

Im September 1939, kurz nach Beginn des Zweiten Weltkriegs, sagte der aus Deutschland ausgebürgerte Thomas Mann in seiner Rede „Über das Problem der Freiheit" auf einem Schriftstellerkongress in Stockholm: „Die gerechte und vernünftige Betonung des individuellen und des sozialen Elementes im Menschlichen, die Einschränkung des Politischen und Sozialen auf seinen natürlichen und notwendigen Anteil an Humanität, Kultur und Leben – das ist Freiheit. Das Absolutwerden der Politik, ihre totale Diktatur über alles Menschliche, das ist der Untergang der Freiheit, kulturvernichtend, für unsere Begriffe, so gut wie die Anarchie, und in dem Willen dazu finden sich Faschismus und Bolschewismus. Der Wesensgegensatz des Bolschewismus zu dem, was wir soziale Demokratie nennen, zu einer gewissenhaften Freiheit, ist heute nicht klar genug zu erfassen und nicht stark genug zu betonen. Ist es aber schon eine Lüge die soziale Demokratie für eine Vorstufe des Bolschewismus auszugeben so kommt der Betrug auf seinen Gipfel, wenn der Faschismus – und insbesondere der deutsche Nationalsozialismus – sich für den Schutz und das Bollwerk gegen den Bolschewismus ausgibt: ein Propaganda-Betrug, dem tatsächlich ein erheblicher Teil der bürgerlichen Welt mindestens zeitweise zum Opfer gefallen ist. […] Soviel ich sehe, ist dies der wesentliche Inhalt der letzten sechs Jahre europäischer Geschichte."

Thomas Mann hatte die zentralen Probleme der Zwischenkriegszeit genau analysiert. Die Epoche zwischen 1917 und 1945 wurde von der Konkurrenz dreier grundverschiedener Formen der politischen und gesellschaftlichen Verfassung von Staaten geprägt: der Demokratie in den westlichen Staaten Europas und den USA, dem Faschismus bzw. Nationalsozialismus in Italien und Deutschland, dem Bolschewismus in der Sowjetunion. Die Welt nach 1945 ist ohne diese Vorgeschichte kaum zu verstehen.

Ausgangspunkt der Epoche war der Erste Weltkrieg, der die europäischen Volkswirtschaften zerrüttet und einen aufgeheizten Nationalismus hervorgebracht hatte. In den Verliererstaaten stand an seinem Ende jeweils eine Revolution: in Russland, Deutschland und Österreich-Ungarn. Die russische sozialistische Oktoberrevolution schien zuerst die Hoffnungen vieler, nicht nur in Russland, auf Frieden, Freiheit und soziale Gerechtigkeit zu erfüllen. Diese Hoffnungen zerbrachen in den Schrecken des Bürgerkrieges und der stalinistischen Herrschaft. In der Sowjetunion entwickelte sich keine Demokratie, sondern eine Diktatur und spätestens im Zweiten Weltkrieg auch wieder ein großrussischer Imperialismus. Die UdSSR hatte aber auch ein anderes Gesicht: das der schnellen Modernisierung eines rückständigen Landes und des Antifaschismus. Niemand hat im Kampf gegen den Nationalsozialismus einen so hohen Blutzoll erbracht wie die Völker der UdSSR.

In Deutschland entstand aus der militärischen Niederlage und der Revolution zuerst eine parlamentarische Demokratie. Sie endete nach 14 Jahren in der nationalsozialistischen Diktatur. Kaum eine Epoche der deutschen Geschichte ist so gut erforscht wie die von 1918 bis 1945 und die Erklärungen der Geschichtswissenschaft für das Scheitern der deutschen Demokratie 1933 und zum Charakter und zu den Folgen des Nationalsozialismus sind wenig kontrovers: belastende Kontinuitäten aus dem Kaiserreich wie Nationalismus, Antisemitismus sowie Mangel an Zivilcourage und Bürgersinn; antidemokratische Einstellungen der Eliten in Staatsverwaltung, Justiz, Militär, Wirtschaft und Wissenschaft; die ökonomische Knappheit und Not als Folge des Weltkrieges und später der Weltwirtschaftskrise; Angst vor dem Bolschewismus auch und gerade im Bürgertum und im Mittelstand; die Etablierung der nationalsozialistischen Diktatur; die nationalsozialistische Durchdringung von Staat und Gesellschaft; die nationalsozialistische Rassenideologie und Lebensraumpolitik. Doch die historischen Erklärungen der „deutschen Katastrophe" (Friedrich Meinecke) helfen bis heute kaum sie zu begreifen: Wie konnte ein zivilisiertes, an rechtsstaatliches Denken gewohntes Volk den Völkermord an den europäischen Juden und anderen als „rassisch minderwertig" eingestuften Menschen „verwaltungsmäßig" mit vollziehen oder zumindest stillschweigend dulden?

Auch die westlichen Demokratien in den Siegerstaaten gerieten nach dem Ersten Weltkrieg in Krisen und Turbulenzen, vor allem durch die Weltwirtschaftskrise. Aber es gelang hier die Demokratie zu stabilisieren, sie sogar wie in den USA als „soziale Demokratie" zu reformieren. Die politische Alternative – da hatte Thomas Mann gegen viele Zeitgenossen Recht – lautete weder in der Zwischenkriegszeit noch später „Faschismus oder Bolschewismus", sondern „Demokratie oder Diktatur".

Der amerikanische Präsident Franklin D. Roosevelt. Fotografie, 1939
„Ein Volk, ein Reich, ein Führer!", Plakat, 1938/39, 118 x 83,5 cm
Der italienische Diktator Benito Mussolini („Il Duce"). Zeitgenössische Postkarte
Gustav Kluzis (1895–1938), „Der Sieg des Sozialismus in unserem Land ist gesichert!", Plakat, 1932, 104 x 73 cm

Demokratie und Diktatur

1914–18	Erster Weltkrieg	
1917	Februarrevolution und Oktoberrevolution in Russland	
1918–21	Bürgerkrieg in Russland	
1918	Revolution in Deutschland: Ausrufung der Republik (9. Nov.) und Bildung eines „Rates der Volksbeauftragten"; Einführung des Frauenwahlrechts	
1919	In Deutschland Zusammentritt der Nationalversammlung in Weimar (Febr.) und Verabschiedung der Verfassung (Juli); Versailler Vertrag	
1920	Kapp-Lüttwitz-Putsch und Generalstreik in Deutschland	
1921	Einführung der „Neuen Ökonomischen Politik" in Russland	
1922	Gründung der „Union der Sozialistischen Sowjet-Republiken" (UdSSR); Verbot aller Oppositionsgruppen innerhalb der KPdSU und Unterstellung der Gewerkschaften unter die Politik der KPdSU; Mussolinis „Marsch auf Rom": Machtergreifung der Faschisten in Italien	
1923	Besetzung des Rheinlandes und des Ruhrgebietes durch alliierte, vor allem französische Truppen; separatistische Bewegungen im Rheinland und in der Pfalz; kommunistische Unruhen in Sachsen, Thüringen und Hamburg; Höhepunkt der Inflation in Deutschland und Währungsreform (Nov.); Hitler-Putsch in München (9. Nov.)	
1924	In der Sowjetunion wird Stalin Nachfolger Lenins	
1925	In Deutschland Tod Friedrich Eberts; Wahl Hindenburgs zum deutschen Reichspräsidenten	
1926	Generalstreik in Großbritannien; Staatsstreich und Übernahme der Macht in Polen durch Marschall Piłsudski	
1927	In der Sowjetunion Ausstoßung Trotzkis und Sinowjews aus der KPdSU	
1929	Beginn der Weltwirtschaftskrise; in der Sowjetunion Ausschluss Bucharins aus dem Politbüro der KPdSU, Aufstieg Stalins zum Alleinherrscher	
1930	In Deutschland Bruch der Großen Koalition unter Reichskanzler Müller (SPD); bei den Reichstagswahlen im Sept. wird die NSDAP zweitstärkste Partei	
1930–32	In Deutschland Präsidialregierung Brüning	
1931	Regierungskrise in Großbritannien, Bildung einer Allparteienregierung; Bildung der „Harzburger Front" aus DNVP, NSDAP, „Stahlhelm" und anderen nationalen Verbänden in Deutschland	
1932	In Deutschland Wiederwahl Hindenburgs zum Reichspräsidenten; Sturz der Regierung Brüning (Mai) und Ernennung Papens zum Reichskanzler; Staatsstreich der Regierung Papen gegen Preußen (Juli); Aufstieg der NSDAP zur stärksten Partei bei den Reichstagswahlen im Juli und im Nov.; Sturz der Regierung Papen und Ernennung des Präsidialkabinetts Schleicher (Dez.); „Liquidierung der Kulaken" und Höhepunkt der Kollektivierungsphase in der Sowjetunion	
1933	In Deutschland ernennt Hindenburg Hitler zum Reichskanzler (30. Jan.); Aufhebung der Grundrechte durch die „Reichstagsbrandverordnung" (28. Febr.); Ermächtigungsgesetz (24. März); Verbot bzw. Selbstauflösung aller Parteien außer der NSDAP und der Gewerkschaften (Mai–Juli)	
1933–45	Präsidentschaft Franklin D. Roosevelts in den USA, gekennzeichnet durch die Politik des *„New Deal"*	
1934	Bürgerkriegsähnliche Zustände in Frankreich und Bildung einer Regierung der „Nationalen Union"; Verbot der Sozialdemokratischen Partei in Österreich, Bildung der „Vaterländischen Front" (Einparteiensystem), Annahme einer berufsständischen Verfassung; Ende der Gleichschaltungspolitik in Deutschland durch Ermordung der innerparteilichen Gegner Hitlers im sogenannten „Röhm-Putsch"; nach dem Tode Hindenburgs wird Hitler Staatsoberhaupt und Oberbefehlshaber der Wehrmacht, Vereidigung der Wehrmacht auf Hitler	
1935	In Deutschland Nürnberger Rassengesetze; Wiedereinführung der Wehrpflicht	
1936–38	„Große Säuberung" in der Sowjetunion; Spanischer Bürgerkrieg, endet mit dem Sieg des *„Caudillo"* Franco und der Errichtung einer autoritären Herrschaft; Regierung der *„Front Populaire"* (Volksfront) in Frankreich	
1938	„Anschluss" Österreichs an das Deutsche Reich (März); Münchener Abkommen (Sept.); Pogrom gegen die jüdischen Deutschen („Reichskristallnacht" 9./10. Nov.)	
1939–45	Zweiter Weltkrieg	
1941/42	Beginn der Vernichtung der europäischen Juden (Wannsee-Konferenz: 20. Jan. 1942)	
1944	Landung der Alliierten in Frankreich (6. Juni); missglücktes Attentat auf Hitler (20. Juli)	

Antisemitismus: Ablehnung oder Bekämpfung von Juden aus rassischen, religiösen oder sozialen Gründen. Der Begriff wurde im Jahre 1879 geprägt, aber Judenfeindschaft gab es schon in der Antike und im Mittelalter. In der zweiten Hälfte des 19. Jh. entwickelte sich ein völkisch-rassisch begründeter Antisemitismus, mit dem gesellschaftliche Konflikte auf die Juden als Feindbild übertragen wurden. In der nationalsozialistischen Ideologie bildete der Antisemitismus ein zentrales Element und er setzte ihn systematisch bis zur „Endlösung" um: Es begann mit der Ausschaltung der Juden aus dem politischen, wirtschaftlichen und kulturellen Leben (Nürnberger Gesetze von 1935). Weitere Stufen waren das Pogrom am 9./10. November 1938 („Reichskristallnacht"), die Gettoisierung und die Verpflichtung den Judenstern zu tragen, schließlich die physische Vernichtung aller Juden, die sogenannte „Endlösung" (formal beschlossen auf der Wannsee-Konferenz 1942). Etwa sechs Millionen Juden wurden in den Konzentrations- und Vernichtungslagern 1933–1945 getötet.

Bolschewismus: im weiteren Sinne gleichbedeutend mit Kommunismus. Der Name leitet sich ab von „Bolschewiki" (= „Mehrheitler"), den radikalen sozialistischen Anhängern Lenins in Russland, die sich 1903 für Lenin und die von ihm be-

Demokratie und Diktatur

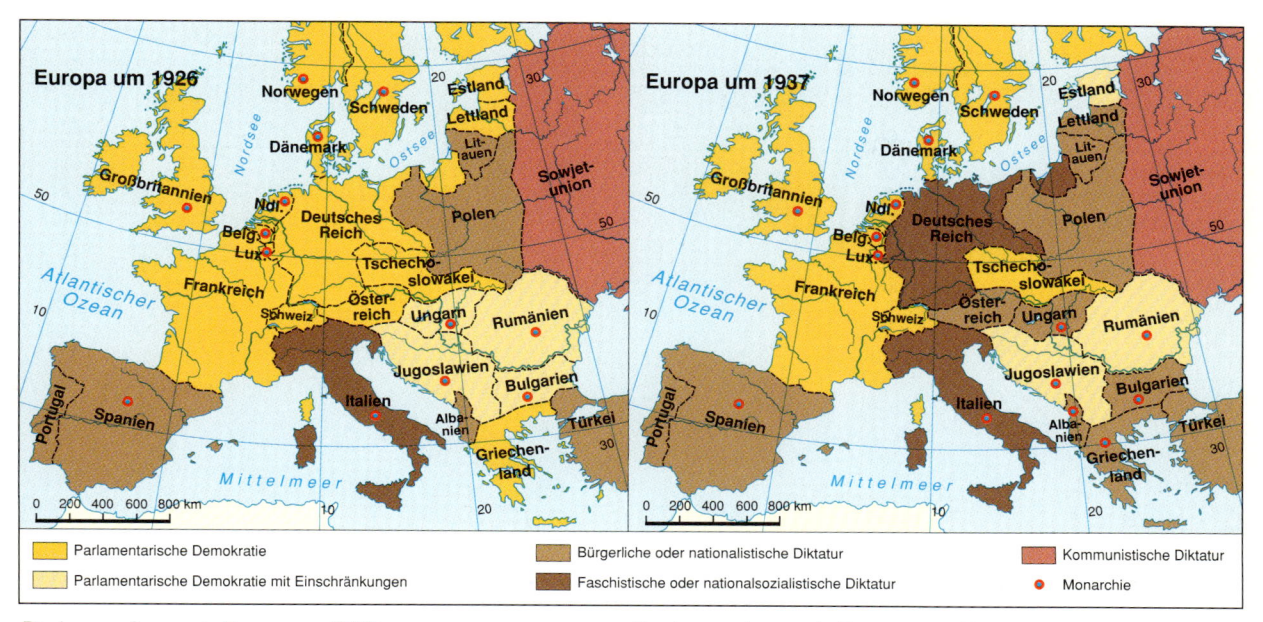

Regierungsformen in Europa um 1926

Regierungsformen in Europa um 1937

Legende:
- Parlamentarische Demokratie
- Parlamentarische Demokratie mit Einschränkungen
- Bürgerliche oder nationalistische Diktatur
- Faschistische oder nationalsozialistische Diktatur
- Kommunistische Diktatur
- Monarchie

gründete revolutionäre Taktik entschieden hatten. Nach Lenins Theorie braucht eine revolutionäre Partei eine Avantgarde, die einen politischen Führungsanspruch erhebt. Die Bolschewiki (und entsprechend später die kommunistischen Parteien) verstanden sich als Kaderpartei, d. h. als streng von oben nach unten gegliederte Organisation, die in allen gesellschaftlichen Gruppen (Gewerkschaften, Jugend-, Kulturverbände usw.) leitende Funktionen übernimmt um die Massen für den Sozialismus zu gewinnen bzw. zu erziehen. In der Sowjetunion wurden besonders unter Stalin Partei, Staat und Gesellschaft entsprechend dem Kaderprinzip der Bolschewiki umgeformt.

Demokratie → Begriffe Kap. 8

Diktatur: ein auf Gewalt beruhendes, uneingeschränktes Herrschaftssystem eines Einzelnen, einer Gruppe oder Partei. In modernen Diktaturen ist die Gewaltenteilung aufgehoben; alle Lebensbereiche werden staatlich überwacht; jegliche Opposition wird unterdrückt. Typische Merkmale von Diktaturen im 20. Jh. sind staatliche Propaganda mit Aufbau von Feindbildern sowie Abschaffung der Meinungs- und Pressefreiheit; politische Machtmittel sind die Androhung und/oder Ausübung von Terror und Gewalt. Beispiele für Diktaturen sind der Nationalsozialismus in Deutschland, der Stalinismus in der Sowjetunion, die Alleinherrschaft Francos in Spanien oder die Herrschaft der SED in der DDR. Wird die uneingeschränkte Staatsgewalt durch Befehlshaber der Streitkräfte ausgeübt, spricht man von einer Militärdiktatur *(Junta)*.

Faschismus (von lat. *fasces* = Rutenbündel: Symbol der Macht römischer Beamter): Ursprünglich bezeichnet Faschismus die seit dem Ersten Weltkrieg in Italien aufkommende nationalistische, autoritäre und auf imperialistische Eroberungen zielende Bewegung unter Benito Mussolini. Der Begriff wurde bald auf andere extrem nationalistische und totalitäre Parteien und Bewegungen in Europa ausgedehnt (Deutschland: Nationalsozialismus; Spanien: *Falange*). Nach 1930 wurde der deutsche Faschismus mehr und mehr Vorbild für Faschismen in anderen Ländern. Gemeinsame Merkmale sind: ihre antidemokratische, antiparlamentarische, antiliberale und antimarxistische Ideologie; darin werden Kampf und Militarismus verherrlicht, die Organisationen der Arbeiterbewegung ausgeschaltet, rassische, nationale oder religiöse Minderheiten ausgegrenzt. Ziel ist die Errichtung einer modernen Diktatur, in der alle individuellen und demokratischen Freiheiten aufgehoben sind, während die Entwicklung von industrieller Macht gefördert wird. Faschistische Diktaturen fordern die bedingungslose Unterwerfung des Einzelnen unter die Ziele des Staates (Führerstaat). Opposition ist verboten. Mittel zur Durchsetzung politischer Macht sind Propaganda, Einschränkung der Meinungs- und Pressefreiheit, ein Überwachungs- und Terrorapparat sowie die Anwendung einer Sondergerichtsbarkeit. Soziale Spannungen, Interessen- und Klassengegensätze werden geleugnet und durch die Beschwörung der Volksgemeinschaft kanalisiert.

Führer, Führerstaat: Im weiteren Sinne ist ein Führer jemand, der eine Gruppe von Menschen leitet. Im 20. Jh. ist die historische Bedeutung von Führer, Führerprinzip und Führerstaat untrennbar verbunden mit den Diktaturen des Faschismus und

	National-versammlung	Reichstag							
	19. Jan. 1919	6. Juni 1920	4. Mai 1924	7. Dez. 1924	20. Mai 1928	14. Sept. 1930	31. Juli 1932	6. Nov. 1932	5. März 1933
Wahlberechtigte (in 1000)	36 766	35 949	38 375	38 987	41 224	42 957	44 226	44 374	44 685
Abgeg. Stimmen (in 1000)	30 524	28 463	29 709	30 704	31 165	35 225	37 162	35 758	39 654
Wahlbeteiligung (in Prozent)	83,0	79,2	77,4	78,8	75,6	82,0	84,1	80,6	88,8
KPD	–	2,1	12,6	9,0	10,6	13,1	14,5	16,9	12,3
USPD	7,6	17,9	0,8	0,3	0,1	0,0	–	–	–
SPD	37,9	21,7	20,5	26,0	29,8	24,5	21,6	20,4	18,3
DDP	18,6	8,3	5,7	6,3	4,9	3,8	1,0	1,0	0,9
Zentrum	15,9	13,6	13,4	13,6	12,1	11,8	12,5	11,9	11,2
BVP	3,8	4,2	3,2	3,8	3,1	3,0	3,7	3,4	2,7
DVP	4,4	13,9	9,2	10,1	8,7	4,7	1,2	1,9	1,1
DNVP	10,3	15,1	19,5	20,5	14,2	7,0	6,2	8,9	8,0
NSDAP	–	–	6,5	3,0	2,6	18,3	37,4	33,1	43,9
Sonstige	1,6	3,3	8,6	7,5	13,9	13,8	2,0	2,6	1,6

Stimmenanteile für die einzelnen Parteien in Prozent bei den Wahlen zur Nationalversammlung und zum Deutschen Reichstag 1919–1933 (Stimmen in Mio.)

insbesondere des Nationalsozialismus und der Person Adolf Hitlers. In Spanien nannte sich der Führer *Caudillo*, in Italien *Duce*. Der Führer vereint in sich die oberste vollziehende, gesetzgebende und richterliche Gewalt und kennt somit keine Gewaltenteilung; er bedarf keiner Legitimation und verlangt unbedingten Gehorsam. Seine Person wird fast kultisch verehrt. Der Führerstaat funktioniert nach dem Führerprinzip: Autorität wird in der Staats- und Parteiorganisation von oben nach unten ausgeübt, Verantwortung von unten nach oben verlangt. Das Führerprinzip wird ergänzt durch die Ideologie der Volksgemeinschaft.

Gleichschaltung: verharmlosender Begriff für den von den Nationalsozialisten 1933 durchgesetzten Verlust der Selbstständigkeit von Reichsländern, Gemeinden, politischen Parteien, Gewerkschaften und anderen Verbänden sowie von Rundfunk und Presse an die nationalsozialistische Regierung und Partei. Dadurch wurden Staat und Gesellschaft von einer föderalistischen Demokratie in eine zentralstaatliche Diktatur umgewandelt. Auch in den sozialistischen Staaten fand eine Gleichschaltung gesellschaftlicher Organisationen statt.

Ideologie: vor allem die Bezeichnung für eine umfassende Deutung gesellschaftlich-politischer Verhältnisse und historischer Entwicklungen. Diese Deutung ist durch Interessen bedingt und daher einseitig und verzerrt; sie soll bestehende Verhältnisse begründen bzw. rechtfertigen. Ideologiekritik meint die argumentierende Aufdeckung der Interessenbedingtheit von Programmen oder Zielen, Forderungen oder Lehren, die sich als interessenunabhängig darstellen und allgemeine Geltung beanspruchen.

Kaderpartei: Bezeichnung für insbesondere kommunistische Parteien, die ihre Funktionäre für alle Ebenen planmäßig ausbilden und verwenden, wobei ideologische Zuverlässigkeit, bedingungslose Parteiergebenheit und fachliche Qualifikation als Auswahlkriterien für die „Kader" gelten. Sie bilden die Elite der Partei. In den kommunistischen Staaten wurden alle wichtigen Kader in der Nomenklatur der Zentralkomitees geführt und durch Privilegien einerseits eng an die Parteiführung gebunden, andererseits von der Bevölkerung getrennt.

Kollektivierung: Überführung der privaten Produktionsmittel, besonders von landwirtschaftlichem Boden, in genossenschaftlich bewirtschaftetes Gemeineigentum, vor allem in der Sowjetunion nach 1927 *(Kolchosen)* und in den Staaten des Ostblocks nach 1945, z. B. LPGs (Landwirtschaftliche Produktionsgenossenschaften) in der DDR. Anders als bei der *Sozialisierung* geht bei der Kollektivierung das Privateigentum nicht in Staatsbesitz über.

Kommunismus: Der Begriff wird in mehreren Bedeutungen benutzt: Einerseits kennzeichnet er die von Marx und Engels entwickelte politische Theorie einer klassenlosen Gesellschaft ohne Privatbesitz an Produktionsmitteln. Andererseits wird als Kommunismus auch die weltweite politische Bewegung bzw. die seit der Oktoberrevolution 1917 in Russland an die Macht gekommene Herrschaftsform bezeichnet. Oft wird der Begriff auch fälschlich für Sozialismus verwendet. Nach der politischen Lehre des Kommunismus wird die Aufhebung der bürgerlich-kapitalistischen Ordnung mit einer Revolution eingeleitet und mit einer Übergangsphase der Diktatur des Proletariats vollendet. Nach 1917 trennte sich die kommunistische (Bolschewismus) von der sozialistisch-sozialdemokratischen Bewegung. Von da an prägte die Sowjetunion die kommunistischen Bewegungen.

Konzentrationslager (KZ): Massenlager, in denen Menschen aus politischen, religiösen, rassischen oder anderen Gründen eingesperrt, misshandelt und ermordet werden, vor allem zur Zeit des Nationalsozialismus. Die Konzentrationslager waren Mittel zur Einschüchterung, Ausschaltung und Vernichtung der Gegner der nationalsozialistischen Diktatur. Mit der Organisation der Konzentrationslager waren SS-Einheiten betraut. Seit dem Kriegsanfang mussten KZ-Insassen schwere Zwangsarbeit für die Rüstungsindustrie verrichten. Seit 1941 wurden Vernichtungslager errichtet, in denen bis Kriegsende etwa 6 Millionen Juden und 500 000 Polen, Sinti und Roma und andere ermordet wurden. In den meisten nationalsozialistischen Konzentrationslagern wurden grausame medizinische und andere Versuche an Menschen durchgeführt.

Liberalismus: politische Bewegung seit dem 18. Jh., die die Freiheit des Individuums gegenüber kollektiven Ansprüchen von Staat und Kirchen betont. Merkmale des *politischen* Liberalismus sind: Forderung nach Glaubens- und Meinungsfreiheit, Sicherung von Grundrechten der Bürger gegen staatliche Eingriffe, Unabhängigkeit der Rechtsprechung, Teilnahme der Bürger an politischen Entscheidungen durch Wahlen, im 19. Jh. in der Regel auf Bürger mit Besitz beschränkt (Zensuswahlrecht), im 20. Jh. nach dem gleichen Wahlrecht und gleichen Partizipationschancen für alle. Als politische Bewegung ist der Liberalismus in vielen Ländern in mehrere Parteien zerfallen. Merkmal des *wirtschaftlichen* Liberalismus ist die Forderung nach uneingeschränkter Freiheit aller wirtschaftlichen Betätigungen.

Marxismus: die von Karl Marx und Friedrich Engels im 19. Jahrhundert begründete Theorie des wissenschaftlichen Sozialismus. Sie beruhte auf der dialektisch-materialistischen Denkmethode und entstand in Auseinandersetzung mit der idealistischen deutschen Philosophie. Zentrale Grundlagen sind die Geschichtstheorie des *Historischen Materialismus* (Gesetzmäßigkeit der Entstehung einer sozialistischen Gesellschaft aufgrund der wirtschaftlichen und sozialen Entwicklung) und die *Politische Ökonomie* (Analyse und Kritik der Gesetzmäßigkeit der kapitalistischen Produktionsweise).

Marxismus-Leninismus: durch Lenin und teilweise Stalin vorgenommene Auslegung und Erweiterung des Marxismus vor und nach der Oktoberrevolution im Jahre 1917 zur verbindlichen kommunistischen Ideologie. Zentrale Grundlagen des Marxismus-Leninismus sind: die Einschätzung des Imperialismus als höchstes (und letztes) Stadium des Kapitalismus, der Bolschewismus, die Diktatur des Proletariats als revolutionäres Übergangsstadium.

Modernisierung → Begriffe Kap. 1

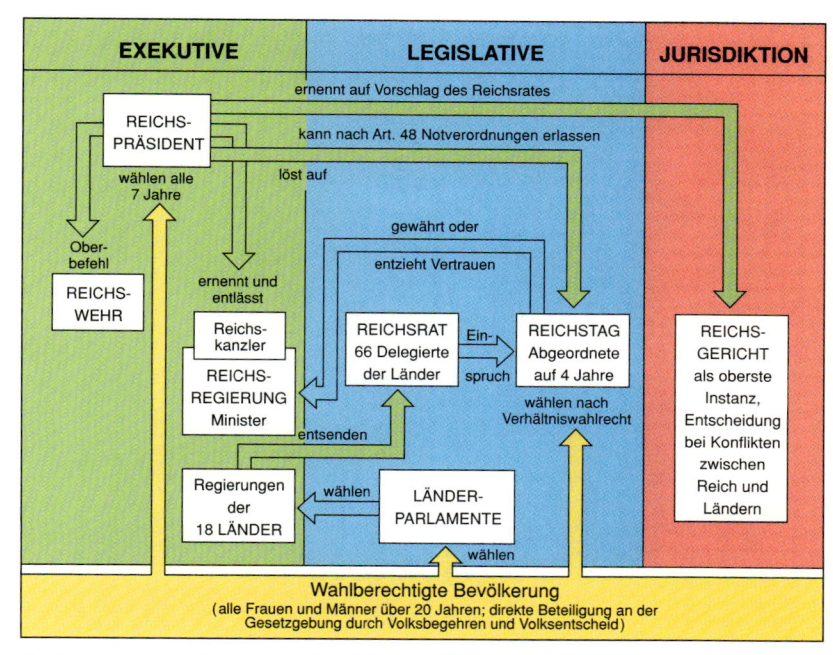

Die Verfassung der Weimarer Republik vom 11. August 1919

Stimmenanteile beim zweiten Wahlgang der Reichspräsidentenwahlen in Deutschland 1925 und 1932 in Prozent:

Kandidat	1925	1932
Marx	45,3	–
Thälmann	6,4	10,2
Hindenburg	48,3	53,0
Hitler	–	36,8

Nationalismus: wissenschaftlich der Begriff für das einer großen Gruppe von Menschen gemeinsame Bewusstsein, einer gemeinsamen Nation anzugehören (Nationalgefühl), vermittelt z. B. durch gemeinsame Sprache, Geschichte oder Verfassung sowie viele innere Bindungen und Kontakte (wirtschaftlich, politisch-öffentlich, kulturell). Nationen haben oder wollen eine gemeinsame staatliche Organisation. Es gibt sie in dieser Form erst seit dem 18. Jh. Im öffentlichen Sprachgebrauch, besonders nach 1945, wird Nationalismus meistens negativ als übersteigerte Form des Nationalgefühls und als aggressive nationale Interessenpolitik verstanden (frz. Chauvinismus; engl. Jingoismus). Dann wird Nationalismus zu einer Ideologie, die den Wert der eigenen Nation verabsolutiert und andere Völker abwertet.

Nationalsozialismus: Bezeichnung für die nach dem Ersten Weltkrieg in Deutschland aufkommende rechtsradikale politische Bewegung, die auf einem ex-

2 Demokratie und Diktatur

DER FÜHRERSTAAT

- Rechtsbereich des Staates
- Rechtsbereich der Partei

Oberbefehl ← Führer und Reichskanzler | Führer der NSDAP

Wehrmacht

Vorschlag der Abgeordneten

Reichstag 741 NSDAP-Abgeordnete (1936)

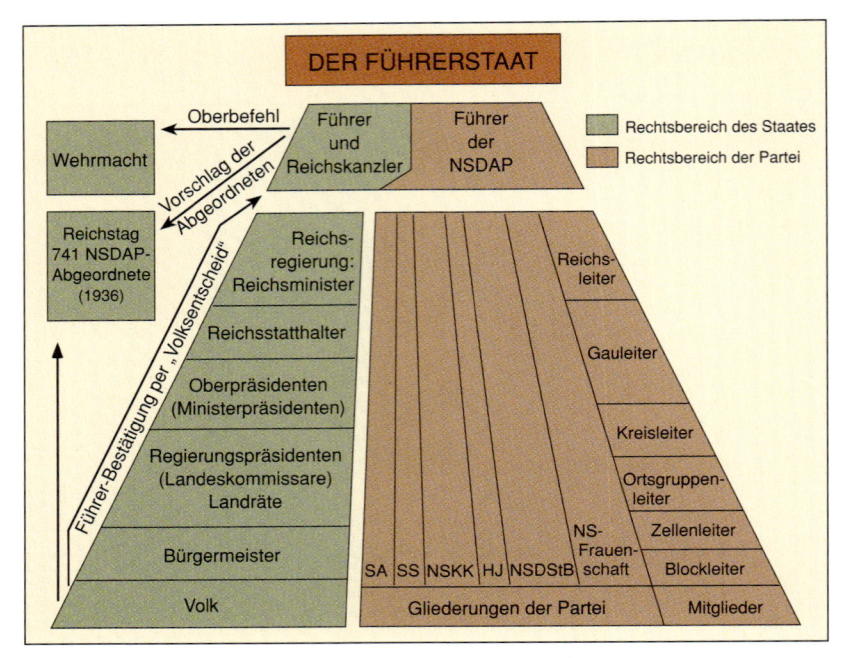

Führer-Bestätigung per „Volksentscheid"

Rechtsbereich des Staates:
- Reichsregierung: Reichsminister
- Reichsstatthalter
- Oberpräsidenten (Ministerpräsidenten)
- Regierungspräsidenten (Landeskommissare), Landräte
- Bürgermeister
- Volk

Rechtsbereich der Partei:
- Reichsleiter
- Gauleiter
- Kreisleiter
- Ortsgruppenleiter
- Zellenleiter
- Blockleiter
- Mitglieder

Gliederungen der Partei: SA, SS, NSKK, HJ, NSDStB, NS-Frauenschaft

Die Staatsstruktur des nationalsozialistischen Deutschland

tremen Nationalismus, Rassismus und Expansionismus beruhte und die deutsche Ausprägung des Faschismus darstellte. Der Nationalsozialismus bekämpfte wie andere faschistische Bewegungen alle individuellen und demokratischen Freiheiten, die seit der Französischen Revolution 1789 erkämpft worden waren. Die herausgehobene ideologische Bedeutung der Rassenlehre mit der Übersteigerung des „germanischen Herrenmenschen", der Antisemitismus und der Aufbau eines umfassenden Terror-, Propaganda- und Vernichtungsapparates heben ihn ab von anderen faschistischen Bewegungen.

Parlamentarismus: Bezeichnung für ein Regierungssystem, in dem das Parlament das oberste Staatsorgan ist. Es entscheidet mit Mehrheit über die Gesetze und den Haushalt. In der konstitutionellen Monarchie (z. B. Deutschland vor 1918) und im präsidentiellen Regierungssystem (z.B. Vereinigte Staaten von Amerika) kontrolliert das Parlament die Regierung. In einem parlamentarischen Regierungssystem wählt das Parlament den Regierungschef und/oder die Regierung aus seiner Mitte. Im demokratischen Parlamentarismus herrscht allgemeines und gleiches Wahlrecht. Das Parlament kann aus einer oder zwei Kammern (Häusern) bestehen. Im Deutschen Reich bestand seit 1871 ein Zweikammersystem: Reichstag und Reichsrat, heute: Bundestag und Bundesrat.

Parteien: Parteien sind politische Organisationen, die dauerhaft Einfluss auf die politische Willensbildung und die Regierung eines Staates nehmen wollen. Entstanden im 19. Jh. haben die Parteien im 20. Jh. mit der Entwicklung der repräsentativen Demokratie zunehmend an Macht und an Einfluss gewonnen. Man spricht deshalb heute auch vom Parteienstaat. Als Parteitypen sind zu unterscheiden: 1. Honoratiorenparteien, d. h. ein loser Zusammenschluss einflussreicher Bürger, meist Abgeordneter; 2.Weltanschauungsparteien, beispielsweise liberale oder sozialistische Parteien; 3. Volksparteien, die unterschiedliche weltanschauliche und konfessionelle Bewegungen integrieren.

Rassismus: bezeichnet die pseudo-wissenschaftliche Anwendung der biologischen Unterscheidung von menschlichen Gruppen ähnlicher erblicher Merkmale, beispielsweise der Hautfarbe, auf das gesellschaftlich-politische Leben, wobei die Höher- bzw. Minderwertigkeit verschiedener „Rassen" unterstellt wird. Der auf das 19. Jh. zurückgehende Rassismus (Sozialdarwinismus) erfuhr im nationalsozialistischen Antisemitismus mit der systematischen Verfolgung und Vernichtung der Juden seine bisher fürchterlichste Konsequenz.

Räte: ursprünglich Konzept für eine Form der Demokratie, in der alle Einwohner an der Ausübung und Kontrolle der Herrschaft direkt beteiligt werden sollen. Das Modell der Rätedemokratie versteht sich als Gegenmodell zur repräsentativen Demokratie, weil die Räte legislative, exekutive und judikative Gewalt in sich vereinigen und die gewählten Räte dem Wahlvolk direkt verantwortlich, rechenschaftspflichtig und jederzeit abwählbar sind. Historisch bilden sie sich vor allem in revolutionären Übergangsperioden, so in Deutschland 1918 oder in den russischen Revolutionen von 1905 und 1917 (russ. = Sowjets). In der Sowjetunion wurden die Räte allerdings bald zu Herrschaftsinstrumenten der kommunistischen Partei. In westlichen Demokratien bezeichnet man als Räte die Organe der Selbstverwaltung oder Kontrolle von abhängig Beschäftigten in einzelnen Betrieben oder auch einzelnen Wirtschaftszweigen, z.B. Betriebsräte.

Rechtsstaat: ein Staat, in dem die Staatsgewalt mit allen staatlichen Organen, die Grundrechte und die individuelle Rechtssicherheit durch die Verfassung und die unabhängige Rechtsordnung festgelegt, kontrolliert und garantiert werden. Grundlage eines Rechtsstaates ist die Überprüfbarkeit jeglicher Staatsgewalt durch die Gerichte (Verwaltungsgerichtsbarkeit) und die Bindung der Rechtsprechung an die Verfassung.

Revolution: Am Ende einer Revolution steht der tief greifende Umbau eines Staates und nicht nur ein Austausch von Führungsgruppen. Typisch ist das Vorhan-

Demokratie und Diktatur

Die Staatsstruktur der Sowjetunion 1936

Staat (UdSSR):
- Vorsitzender (Staatsoberhaupt)
- Präsidium: 16 Mitglieder = 1 Sekretär + 15 Stellvertreter
- Oberster Sowjet
  - Unionssowjet: 738 Mitglieder + 1 Präsident
  - Nationalitätensowjet: 640 Mitglieder + 1 Präsident
- 15 Unionsrepubliken: Oberster Sowjet (+ Präsident) — 4 Jahre
- Gebiet: Sowjet (+ Präsident)
- Bezirk
- Stadt: Sowjet (+ Präsident)
- Dorf

Verwaltung:
- Vorsitzender
- Präsidium: 5 Mitglieder = 2 erste Sekretäre + 3 Stellvertreter
- Ministerrat: 15 Ministerien, Plankommission
- Hauptverwaltungen, Komitees, Räte
- Ministerrat, Ministerien
- Exekutivkomitee, Abteilungen
- Exekutivkomitee, Abteilungen

Partei (KPdSU):
- Präsidium: 14 Mitglieder, 8 Kandidaten
- Sekretariat: 1 Sekretär, 4 Mitglieder
- Zentralkomitee: 133 Mitglieder, 122 Kandidaten
- Kongress: 1269 Mitglieder, 106 Kandidaten
- Sekretariat Zentralkomitee Kongress
- Sekretariat Komitee Konferenz
- Sekretariat Büro Versammlungen

Zustimmung zwischen Staat und Verwaltung.

Wahlberechtigte Staatsbürger (über 18 Jahre)

Parteiorganisation in Betrieben, Behörden, Armee

→ = Wahl der von der Partei vorgeschlagenen Kandidaten → = Weisungsrecht

Die Staatsstruktur der Sowjetunion 1936

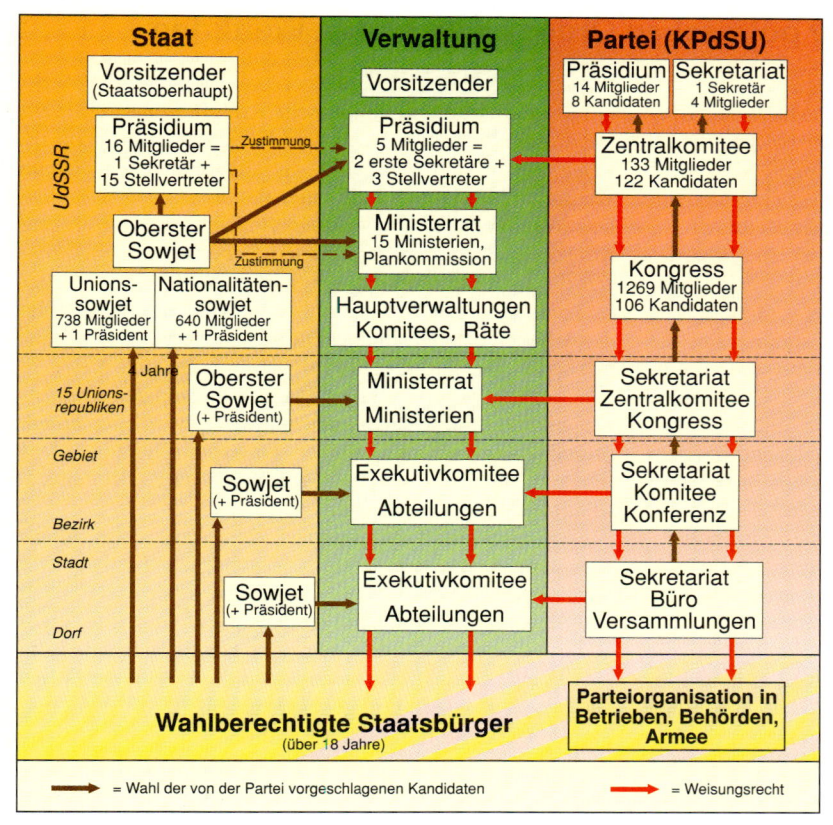

---

densein eines bewussten Willens zur Veränderung und einer entsprechenden Aktionsgruppe im Volk oder in einer Bevölkerungsgruppe. Typisch sind auch die Rechtsverletzung, die Gewaltanwendung und die schnelle Abfolge der Ereignisse. Klassische Beispiele sind die Französische Revolution 1789 und die Russische Revolution 1917. Revolutionen werden auch Vorgänge genannt, die nicht alle genannten Merkmale aufweisen.

Sozialfaschismus: kommunistischer Kampfbegriff zur Kennzeichnung der Sozialdemokratie. Sozialdemokratie und Faschismus galten danach nicht als Gegensätze, sondern als „Zwillingsbrüder", wobei als „Hauptfeinde" der Kommunisten die Sozialdemokraten zu bekämpfen seien. Die Theorie des Sozialfaschismus wurde 1924 von Grigorij J. Sinowjew entwickelt und im Jahre 1928 von Stalin dogmatisiert.

Sozialismus: bis ins 20. Jh. synonym mit Kommunismus bezeichnete politische Theorie und Bewegung. Ursprüngliches Ziel des Sozialismus war die Schaffung gesellschaftlicher Gleichheit und Gerechtigkeit durch Aufhebung des Privateigentums, Einführung einer Planwirtschaft und Beseitigung der Klassenunterschiede. Ob die angestrebte Aufhebung der kapitalistischen Wirtschafts- und Gesellschaftsordnung durch eine Revolution oder durch Reformen zu erreichen sei, war von Anfang an in der sozialistischen Bewegung umstritten. Im Marxismus-Leninismus wurde Sozialismus als Vorstufe zum Kommunismus verstanden. Unterschieden wird der *reale Sozialismus,* wie er beispielsweise in den osteuropäischen Ländern existierte, vom *demokratischen Sozialismus,* wie er seit der Spaltung der Arbeiterbewegung zu Beginn des 20. Jh. und im Ersten Weltkrieg von den sozialdemokratischen und den meisten sozialistischen Parteien in den westlichen Demokratien vertreten wurde.

Stalinismus: die unter der Herrschaft Stalins in den 1920er und 1930er Jahren in der Sowjetunion entstandene Staats- und Gesellschaftsordnung. Gestützt auf den zentralistischen Staats- und Parteiapparat war sie durch diktatorische Unterdrückung, Terror und Personenkult gekennzeichnet. Nach 1945 wurde sie auch auf die osteuropäischen Staaten übertragen. Nach Stalins Tod 1953 setzte eine vorsichtige *Entstalinisierung* ein, ohne die Grundprinzipien des Stalinismus aufzugeben. Die seit 1985 unter Michail Gorbatschow eingeleitete Reformpolitik, die durch die Schlagworte Perestroika (Umgestaltung) und Glasnost (gesellschaftliche Offenheit) gekennzeichnet war, führte zu einer Abkehr und zur Überwindung des Stalinismus.

Volksgemeinschaft: Nach der Ideologie des Nationalsozialismus bestimmten nicht Interessen- oder Klassengegensätze Staat und Gesellschaft, sondern die Gemeinschaft, die sich dem Willen eines Führers unterordnet; die „Volksgemeinschaft" wurde als die einzige „natürliche" Lebensordnung im Staat ausgegeben. Das Prinzip der Volksgemeinschaft diente einerseits der Rechtfertigung des Verbots von Interessenorganisationen, beispielsweise von Gewerkschaften, und aller Parteien außer der NSDAP. Andererseits diente es der Verfolgung von politischen Gegnern und Minderheiten.

---

1. Bestimmen Sie mit Blick auf die Herrschaftsformen die nach Ihrer Meinung wichtigsten Entwicklungen und Ereignisse zwischen 1917 und 1945 und erläutern Sie diese.
2. Stellen Sie aus den Materialien der Grundinformationen in Stichworten einen Überblick über die Merkmale der demokratischen, faschistischen und kommunistischen Herrschaftssysteme zwischen 1919 und 1945 zusammen.

Veränderungen der politischen Ordnung im Ersten Weltkrieg

„In ganz Europa gehen die Lichter aus ..." Mit diesen Worten kommentierte der englische Außenminister Sir Edward Grey 1914 den Beginn des Ersten Weltkrieges. Sie sollten sich als klarsichtig erweisen. 1918 war die Welt eine andere: politisch, ökonomisch und in den Köpfen der Menschen.
Weltpolitisch markiert allerdings das Jahr 1917 das Ende des bürgerlichen, liberalen, europäisch geprägten 19. Jahrhunderts. Mit dem Eintritt der USA in den Krieg veränderte sich nicht nur das militärische Kräfteverhältnis; fortan waren die USA mit ihrer Wirtschaftskraft, aber auch mit ihren politischen Idealen von Demokratie*, Wohlstand und nationaler Selbstbestimmung (siehe S. 108, Mat. 2) die führende Weltmacht des 20. Jahrhunderts. In Osteuropa entstand aus dem Zusammenbruch des russischen Zarenreiches in der bolschewistischen Oktoberrevolution (siehe Mat. S. 116–119) ihr künftiger weltpolitischer Konkurrent: die Sowjetunion.
Ökonomisch verlor Europa durch den Ersten Weltkrieg seine führende Stellung in der Welt. Die Ausschöpfung aller wirtschaftlichen Ressourcen für die Kriegführung verschuldete alle Staaten außer den USA extrem und belastete die Nachkriegszeit. Zwar brachte der Krieg wirtschaftliche Modernisierungen: technische Fortschritte, Rationalisierung der Produktion, eine effizientere Bürokratie. Doch die Begünstigung der kriegswichtigen Bergbau- und Metallindustrien zu Lasten der Konsumgüterindustrien löste volkswirtschaftliche Ungleichgewichte aus, die nach 1918 nur schwer beseitigt werden konnten. Hinzu kam, dass die Kriegswirtschaft die Konzentrationsprozesse in der Wirtschaft auf Kosten des alten Mittelstandes, der Handwerker und Einzelhändler, förderte und zu dessen wirtschaftlichem Niedergang und politischer Radikalisierung beitrug.
Die Kriegswirtschaft hatte zu einer staatlich gelenkten Produktion von Gütern geführt. In allen Staaten, selbst im freihändlerischen und liberalen England, setzte sich zur Sicherung der kriegswichtigen Produktion eine Art „Staatssozialismus" durch. Warum – das fragten sich viele Anhänger der Arbeiterbewegung – sollte im Frieden unter besseren Bedingungen nicht funktionieren, was im Krieg von den Unternehmern akzeptiert worden war?
In politischer Hinsicht verbesserte der Krieg die Position der Arbeiterschaft. Die ungeheure Kraftanstrengung des Krieges erforderte überall eine Art „Burgfrieden" zwischen den politischen Parteien*. Die Beschränkung politischer Rechte für Arbeiter wie vor 1914, in Deutschland z.B. durch die verschiedenen Formen des Klassenwahlrechts zu einigen Landtagen, war angesichts der Bedeutung der Arbeiterschaft für die ökonomische und militärische Kriegführung in keinem Land mehr zu halten. Nach dem Krieg, zum Teil noch im Krieg, setzte sich so überall das allgemeine und gleiche Wahlrecht für Männer *und* Frauen durch.
Das Wahlrecht für Frauen war vielleicht die auffälligste Konsequenz aus den veränderten Geschlechterverhältnissen, die der Erste Weltkrieg mit sich brachte – auch wenn diese Veränderungen wie der politische Bedeutungszuwachs der Arbeiterparteien lange vor dem Ersten Weltkrieg begonnen hatten. Der Weltkrieg 1914–1918 war der erste Krieg, in dem fast alle wehrpflichtigen Männer als Soldaten eingezogen wurden. Ihre Arbeitsplätze mussten Frauen einnehmen, oftmals mit einer gesetzlichen Dienstverpflichtung. Das führte zu einem allmählichen Wandel des starren Rollenverständnisses der Geschlechter.
Die negativen Auswirkungen des Ersten Weltkrieges auf das Verhalten und die Mentalitäten der Menschen überwogen jedoch bei weitem dessen positive, d.h. die modernisierenden und demokratisierenden Folgen. Die vor allem auf die eigene Bevölkerung zielende Kriegs- und Hasspropaganda hatte eine Brutalisierung des Denkens und der Politik zur Folge. Die verbreitete Erfahrung des massenhaften Tötens und Sterbens drängte in dieselbe Richtung. Früher waren Vorstellungen vom Krieg mit dem Heroismus des Kriegers, mit dem heldenhaften Kampf verbunden. Im Ersten Weltkrieg ersetzten dagegen verlustreiche Materialschlachten – allein im Kampf um Verdun starben mehr als 700 000 Soldaten – den Kampf „Mann gegen Mann"; die Kriegsmaschine und das Ausharren in den Schützengräben bestimmten das Bild des Krieges. Ernst Jünger, einer der bekanntesten Schriftsteller der Weimarer Republik, verherrlichte den modernen Krieg „als den präzisen Arbeitsgang einer mit Blut gespeisten Turbine". Werte der bürgerlichen Gesellschaft, wie sie sich im 19. Jahrhundert herausgebildet hatten, z.B. Toleranz oder Beachtung rechtsstaatlicher Verfahren, traten zurück gegenüber vereinfachendem und polarisierendem Schwarz-Weiß-Denken und der Militarisierung des Alltagslebens, das die Männer in den Schützengräben vier Jahre prägte.
Die Kriegs- und Hasspropaganda stärkte auch den Nationalismus. Insbesondere viele deutsche Soldaten fühlten sich durch den Kriegsausgang gedemütigt, in ihrer „nationalen Ehre" gekränkt. Das Feindbild im Inneren bildeten oft die Juden; der Antisemitismus* schwoll im Laufe des Krieges an. Die Frage war, ob mit dem Ende des Krieges die von diesem hervorgerufene Kriegsmentalität ihr Ende finden und eine „Normalisierung" des Denkens erfolgen würde.

Wandel und Behauptung der Demokratien in den westlichen Staaten

Die Ausgangssituation für eine positive Entwicklung nach dem Kriegsende 1918 war für die Siegermächte des Ersten Weltkrieges (Frankreich, Großbritannien, USA) relativ günstig. Zwar hatten sie große Verluste an Menschenleben und Material erlitten, doch bedeutete der Sieg eine Bestätigung ihres politischen Systems: Es hatte bei aller Unvollkommenheit im Einzelnen die enormen Herausforderungen der Kriegführung bewältigt und die „autokratischen" Mittelmächte (Deutschland, Österreich-Ungarn) besiegt. Im Laufe des Krieges demokratisierte sich der liberale parlamentarische Verfassungsstaat weiter.

Die drei Siegermächte repräsentierten drei unterschiedliche Typen der politischen Ordnung von Verfassungsstaaten: die USA das präsidentielle System, Großbritannien die parlamentarische Monarchie und Frankreich die parlamentarische Republik. Trotz dieser Unterschiede beruhten die Staats- und Regierungsformen auf gemeinsamen zentralen Grundprinzipien, die sich im 18. und 19. Jahrhundert herausgebildet hatten und eine Demokratie* konstituieren: Volkssouveränität und Repräsentation; Gewaltenteilung; Menschen- und Bürgerrechte und Rechtsstaatlichkeit*; Pluralismus und Mehrheitsprinzip. Im Folgenden soll gefragt werden, ob und inwieweit diese Prinzipien einer liberalen Demokratie geeignet waren die wirtschaftlichen und sozialen Probleme der Zeit zwischen 1918 und 1939 zu lösen. Denn infolge von Strukturveränderungen auf wirtschaftlichem und gesellschaftlichem Gebiet sowie akuter Wirtschaftskrisen kam es nicht nur in Deutschland, sondern auch in den USA, Großbritannien und Frankreich zu Belastungen, die eine Bewährungs-, wenn nicht gar Zerreißprobe der Demokratie mit sich brachten.

Die Vereinigten Staaten von Amerika

Die USA waren der eigentliche Sieger des Ersten Weltkrieges. Erst 1917 in den Krieg eingetreten hatten sie den Ausschlag für den Sieg gegeben ohne dabei allzu große Verluste hinnehmen zu müssen. Überdies waren sie in den internationalen Kapitalbeziehungen von einem Schuldner- zu einem Gläubigerland geworden, hatten sie doch seit 1914 die Entente durch Kredite sowie Waren- und Waffenlieferungen kräftig unterstützt. Dabei verschränkten sich materielle mit ideellen Zielsetzungen. Präsident Wilson hatte den Kriegseinsatz seines Landes als Kreuzzug für Demokratie und Frieden verstanden und den Sieg davongetragen.

Seine Vorstellung vom Frieden der Gerechtigkeit auf der Basis des Selbstbestimmungsrechts der Völker akzeptierten die anderen Siegermächte zwar grundsätzlich, stellten sie jedoch durch die Bestimmungen der Pariser Friedensverträge auch in Abrede (siehe S. 209 f., Mat. 3 bis 6). Wilsons „14 Punkte" blieben so weitgehend Makulatur. Selbst die Idee der Schaffung eines Völkerbundes wurde nur halb verwirklicht, da der amerikanische Senat mit der Ablehnung des Versailler Vertrages auch den Beitritt der USA zum Völkerbund verhinderte. Das außenpolitische Lebenswerk Wilsons war damit gescheitert. Er selbst, von Krankheit gezeichnet, wurde von der Demokratischen Partei nicht mehr als Kandidat im Präsidentschaftswahlkampf 1920 aufgestellt.

Die „Prosperity"-Phase in den zwanziger Jahren

In der Zwischenkriegszeit folgten in den USA Phasen der Konjunktur und der Rezession rasch aufeinander. Nach einer kurzen Rezession entwickelte sich unter den drei republikanischen Präsidenten Warren G. Harding, Calvin Coolidge und Herbert C. Hoover die Phase der *prosperity* – ein Begriff, der den zwanziger Jahren in den USA seinen Stempel aufdrückte (siehe S. 108, Mat. 1). Mit Hoover verbindet sich allerdings bereits das Ende dieser Phase: Die Weltwirtschaftskrise, die von den Kursstürzen an der New Yorker Börse Ende Oktober 1929 ihren Ausgang nahm, führte das Land in die größte Zerreißprobe seit dem Bürgerkrieg. Der *New Deal* des demokratischen Präsidenten Franklin D. Roosevelt, ein ebenso epocheprägender Begriff wie jener der *prosperity,* leitete dann den Wiederaufschwung der wirtschaftlichen und gesellschaftlichen Verhältnisse ein (siehe Mat. S. 166–169).

Die Höhen und Tiefen dieser Entwicklung wirkten in vielfältiger Weise auf die Befindlichkeit der amerikanischen Nation ein. Die *prosperity*-Zeit prägte ein optimistisches Lebensgefühl. Wirtschaftlich ging es bergauf, der Konsum von Gebrauchs- und Luxusgütern stieg sprunghaft an; „Bill Normalverbraucher" konnte sich einen Ford leisten, wenn auch nur auf Raten, kurz: Die Welt schien in Ordnung zu sein. Krasser Materialismus verband sich mit starkem Sendungsbewusstsein, dessen oberste Propheten die Präsidenten waren. „Wer eine Fabrik baut, baut einen Tempel, wer dort arbeitet, macht Gottesdienst", formulierte Präsident Coolidge.[1] Und Hoover betonte in einer Wahlrede im Oktober 1928: „... unser amerikanisches Experiment [hat] auf dem Gebiet der menschlichen Wohlfahrt ein Maß an Wohlergehen erbracht, das auf der ganzen Welt ohne Beispiel ist. Es ist der

Beseitigung der Armut, der Beseitigung der Furcht vor Not näher gekommen, als es der Menschheit jemals gelang."[2]

Zwei Gegenströmungen zu dem optimistischen, oft überschäumenden Lebensgefühl der *roaring twenties* bildeten sich früh heraus. Da war zum einen die kulturpessimistische Einstellung intellektueller Kreise. Schriftsteller wie Ezra Pound, Theodore Dreiser und Ernest Hemingway setzten sich kritisch mit dem Zeitgeist in ihrem Lande auseinander; manche kehrten den USA sogar desillusioniert den Rücken. Andererseits gab es in den ländlich-kleinstädtischen Regionen den Protest des „echten und wahren Amerika". Er richtete sich gegen die moderne, gerade im Zeichen der *prosperity* kräftig expandierende städtisch-industrielle Gesellschaft. Die Dauerkrise der Landwirtschaft, die unter Überproduktion und Preisverfall litt, bildete hierfür den Hintergrund. Die Angst abgekoppelt zu werden von der *prosperity,* zugleich aber auch Ressentiments gegen deren Begleiterscheinungen, knüpfte nahtlos an die Kriegshysterie an. Diese „Umsturzpsychose" fand politischen Ausdruck im 1915 wieder begründeten Ku-Klux-Klan, der vor allem Katholiken und Schwarze terrorisierte und an Lynchmorden beteiligt war. 1926 wagte dieser militante Geheimbund es sogar in der für ihn typischen Kleidung, den weißen Kapuzen und Gewändern, in Washington vor aller Öffentlichkeit zu paradieren. Nach Korruptionsaffären führender Mitglieder sank sein Ansehen jedoch schnell.

Die Auseinandersetzung zwischen dem „traditionellen" und dem „modernen" Amerika hielt zwar an, wurde jedoch bald von der (Welt-)Wirtschaftskrise überlagert. Die Ursachen der Krise lagen in der überhitzten Konjunktur, dem Missverhältnis von Angebot und Nachfrage und dem in den zwanziger Jahren grassierenden Spekulationsfieber mit Aktien und Immobilien. Ein grenzenloser Optimismus über die weitere wirtschaftliche Entwicklung, die Hoffnung „einen schnellen Dollar" auf Pump machen zu können hatten dieses bisher einzigartige Spekulationsphänomen in allen sozialen Schichten ermöglicht.

Der Börsenkrach von 1929, der für die Zeitgenossen so überraschend kam, war in seinen Auswirkungen verheerend: Innerhalb von drei Jahren ging die Industrieproduktion von 100 auf 54 Prozentpunkte zurück, während die Zahl der Arbeitslosen zur gleichen Zeit von etwa 1,5 auf 12 Millionen, 1933 sogar auf 14 bis 15 Millionen emporschnellte. Lediglich die weit verbreitete private Wohltätigkeit linderte das durch diese Ziffern angedeutete Massenelend; sozialstaatliche Regelungen wie in vielen europäischen Staaten gab es in den USA nicht. Präsident Hoover, wie seine beiden Vorgänger Verfechter des „Laissez-faire"-Prinzips, setzte zur Lösung der Krise allein auf die Selbstheilungskräfte der Wirtschaft. Er sei damit „Gefangener veralteter Wirtschaftstheorien" gewesen, urteilt der Historiker Guggisberg.[3]

Für Millionen von Amerikanern brach in dieser Zeit nicht nur ihr Wirtschaftssystem, sondern eine ganze Welt zusammen. War angesichts dieser Situation eine Radikalisierung der politischen Auseinandersetzungen überhaupt zu vermeiden? In der Tat schwoll die Zahl der Demonstrationen und Hungermärsche an. Am spektakulärsten waren die Protestmärsche einiger tausend arbeitsloser Kriegsveteranen, die in Washington kampierten und wochenlang für Unterstützungszahlungen demonstrierten. Doch die vorherrschende politische Reaktion auf die Wirtschaftskrise war nicht Radikalismus, sondern Apathie der Massen, die dem Fatalismus in führenden Kreisen der Wirtschaft und Politik entsprach. „Wie in den meisten europäischen Ländern war auch das Ansehen der parlamentarisch repräsentativen Demokratie als Regierungsform wegen ihrer scheinbaren Ineffektivität auf einen Tiefpunkt gesunken. Das Volk wünschte keinen Umsturz, aber eine tatkräftige, energische Führung zur Überwindung seiner Schwierigkeiten."[4]

Der „New Deal" in den dreißiger Jahren

Franklin D. Roosevelt, der Präsidentschaftskandidat der Demokraten im Jahre 1932, bot eine klare Alternative zum bisherigen Präsidenten Hoover. Roosevelt, der Hoover Tatenlosigkeit vorwarf, erweckte den Eindruck eines energischen Staatsmannes, der ebenso, wie er seine Kinderlähmungserkrankung durch Willensstärke in den Griff bekommen hatte, auch die allgemeine Krise meistern würde. Mit dem Programm des *New Deal* fand er zudem eine für seine Politik zugkräftige Formel, bezog sich diese doch auf die Neuausgabe von Spielkarten und suggerierte ein „neues Spiel" (siehe S. 154–156 und S. 164, Mat. 7). Die Präsidentschaftswahlen brachten 1932 einen eindeutigen Sieg Roosevelts, der das Protestpotential der Bevölkerung absorbieren konnte. Ein gescheiterter Präsident wurde durch den Repräsentanten der anderen großen Partei abgelöst; das präsidentielle System in den USA erwies sich als funktionsfähig.

Roosevelt erfüllte die Erwartungen seiner Wähler. Gleich nach seinem Amtsantritt im März 1933, in den berühmt gewordenen „hundert Tagen", überschüttete er das Land mit Gesetzesinitiativen, die binnen kürzester Zeit den Kongress passierten. Gestützt auf Erfahrungen aus der Zeit des Ersten Weltkrieges ergriff die Regierung die Zügel um die wirtschaftliche und soziale Not zu überwinden. Dabei verfolgte der Präsident insbesondere drei Ziele: *relief* (Hilfestellung des Staates für die sozial Schwachen, vor allem die Arbeitslosen), *recovery* (Erholung der Wirtschaft) und *reform* (vorbeugende Verhinderung von wirtschaftlichen Krisen).

Thomas Hart Benton (1899–1975), Stadtleben und -treiben mit Tanzhalle, 1931, 234 x 342 cm, Tempera mit Öllasur auf Leinwand (aus dem Zyklus „The American Today Murals"), New York, New School of Social Research

Auch wenn der *New Deal* nicht überall und nicht kontinuierlich positive Auswirkungen hatte, zeigten die Kongresswahlen 1934 und die Präsidentschaftswahlen 1936, dass eine große Mehrheit der Wähler Roosevelts Reformen unterstützte. Das psychische Tief der amerikanischen Nation war überwunden. Vor allem die Reformen mit ihrem Ziel der sozialen Sicherheit hatten zu diesem Ergebnis beigetragen. Mit dem Übergang vom Laissez-faire-Staat des klassischen Liberalismus* zum modernen Sozialstaat waren die USA verspätet ins 20. Jahrhundert eingetreten. Zu einem stärkeren Abbau der Massenarbeitslosigkeit führten freilich erst die Aufrüstung und die Kriegswirtschaft im Zweiten Weltkrieg. Den staatlich initiierten Modernisierungsprozess* begleiteten scharfe Angriffe von links und rechts auf die Politik des Präsidenten. Politische Gegner bezeichneten den *New Deal* als „revolutionär", „faschistisch" oder „kommunistisch".

Roosevelt selbst entgegnete seinen Kritikern von links und rechts, dass der Wandel in der amerikanischen Politik „auf dem Reifeprozess unserer Demokratie beruht" und dass das Volk die Gewähr habe, „falls es irgendwann zu den alten, von uns abgeschafften Methoden zurückkehren will, diese Rückkehr durch das simple Mittel der Wahlurne herbeiführen" könne.[5]

Großbritannien

Der Historiker Parker hebt als Kennzeichen der britischen Geschichte in der Zwischenkriegszeit hervor, dass „nicht ein einziges Menschenleben bei politischen und wirtschaftlichen Konflikten verloren" gegangen sei. In der Tat ist dies im Vergleich zu anderen Ländern ein erstaunliches Faktum. Es ist aber auch erstaunlich vor dem Hintergrund der wirtschaftlichen Situation Großbritanniens. Denn das Land sah sich nach dem Ersten Weltkrieg mit enormen Wirtschaftsproblemen konfrontiert: Die Ausfuhr stagnierte, die Kohleindustrie geriet in eine längerfristige Strukturkrise und die Arbeitslosigkeit war permanent hoch (siehe S. 162, Mat. 3). „Alle Voraussetzungen für den Klassenkampf und für den Aufstieg von Rechts- und Linksextremisten zur Herausforderung der parlamentarischen Demokratie", so Parker, schienen damit „vorzuliegen".[6]

Wandel des Parteiensystems

Die britische Stabilität beruhte nicht zuletzt auf der Stärke der politischen Tradition: einer kontinuierlichen demokratischen Weiterentwicklung des politischen Systems in Anpassung an veränderte Gegebenheiten. So wurde zum Beispiel das Wahlrecht am Ende des Ersten Weltkrieges auf alle Männer über 20 und Frauen über 30 Jahre (von 1928 an ab 21 Jahre) ausgedehnt. Dabei blieb das relative Mehrheitswahlrecht, das nur dem Kandidaten mit den meisten Stimmen in einem Wahlkreis einen Sitz im Unterhaus brachte, erhalten. So ungerecht ein solches Wahlrecht auf den ersten Blick auch erscheinen mag, so sehr enthält es auch Vorzüge: Es fördert in aller Regel eine Parteienkonzentration, die stabile Regierungsmehrheiten sichert und die Opposition als potenzielle nächste Regierungspartei in das politische System einbindet. Die Parteien selbst nähern sich – bei aller Ausrichtung auf bestimmte soziale Gruppen – dem Typ der Volkspartei, was den Pragmatismus in der Politik fördert.

Im Großbritannien der Nachkriegszeit vollzog sich ein politisch-sozialer Wandel. Die *Labour Party* lief den traditionsreichen, in ihrer Spitze aber zerstrittenen Liberalen den Rang ab. 1922 wurde sie erstmals stärkste Oppositionspartei und stellte 1924 sogar mit Ramsay MacDonald den Premierminister in einer reinen Labourregierung. Wenn diese auch auf die Unterstützung der Liberalen angewiesen war und nur für ein knappes Jahr amtierte, so blieb die *Labour Party* doch fortan an der Schwelle zur Macht. 1929 wurde sie vor den Konservativen stärkste Partei im Unterhaus. MacDonald konnte wieder in die Downing Street einziehen.

Die Einbindung in die Regierungsverantwortung stärkte die auf Reform statt auf Revolution* gerichteten Tendenzen in der *Labour Party*. Das hatte Auswirkungen auf den Mittelstand, der ebenso wie Teile der Arbeiterschaft von der wirtschaftlichen Malaise des Landes betroffen war. Das Gespenst einer sozialen Revolution unter bolschewistischem Vorzeichen – in anderen Ländern mit Erfolg an die Wand gemalt – verfing in England kaum. Für rechtsextremistische Parteien existierte nur ein geringes Wählerpotenzial. Hierbei spielte die Wandlung der Konservativen Partei eine wichtige Rolle. Diese entwickelte sich mit und nach dem Niedergang der Liberalen auch zu einer Vertretung des Bürgertums und bot den Mittelschichten eine Alternative zur *Labour Party*. Ohne Anfechtungen blieb die Demokratie im Großbritannien der Zwischenkriegszeit dennoch nicht. Am Beispiel des Generalstreiks von 1926 und der Regierungskrise von 1931 kann verdeutlicht werden, wie die britische Demokratie in wirtschaftlich schwierigen Zeiten Krisen meisterte.

Der Generalstreik von 1926

Der Generalstreik nahm seinen Ausgang in der Kohleindustrie. Hier hatten die Gewerkschaften günstige Bedingungen für die Arbeiter durchsetzen können (Sieben-Stunden-Tag, hohe Lohnabschlüsse). Als sich 1923 eine Kohlekrise abzeichnete, verlangten die Unternehmer Lohnkürzungen bei gleichzeitiger Arbeitszeitverlängerung. Der Konflikt wurde 1925 zunächst durch Subventionszahlungen der konservativen Regierung unter Stanley Baldwin aufgeschoben; er entlud sich aber, als die Regierung zum 1. Mai 1926 die Zahlungen einstellte. Der sofort ausgerufene Bergarbeiterstreik weitete sich zum Generalstreik aus, als sich der *Trades Union Congress* (TUC), der größte gewerkschaftliche Dachverband, mit den Streikenden solidarisch erklärte. Die Gewerkschaftsführer deuteten das Vorgehen der Regierung und der Grubenbesitzer als Signal für eine veränderte Sozialpolitik. Doch der als „schlimmste Explosion des Klassenkonflikts" in Großbritannien bezeichnete Generalstreik wurde bereits nach neun Tagen mit einer Niederlage des TUC beendet. Dieser war offensichtlich in den Streik hineingeschlittert: Man wollte den Streik als Macht- und Druckmittel nutzen, gewissermaßen als Muskelspiel, ihn aber nicht eigentlich durchführen. „Gnade uns Gott, wenn bei einem Anschlag auf die Verfassung die Regierung nicht gewinnen sollte"[7], hatte es bereits vor dem Streik in einer Unterhausrede des Labourabgeordneten James H. Thomas geheißen, der als Führer der Eisenbahnergewerkschaft zugleich Mitglied des TUC war. Befürchtungen, eine Eskalation des Konflikts könnte das politische System aus den Angeln heben, und eine daraus sich ergebende Mäßigung der Gewerkschaftsspitze führten zu einem schnellen Einlenken.

Auf Seiten der Regierung waren Festigkeit und Entschlossenheit für den Erfolg ebenso wichtig wie Mäßigung, Flexibilität und Gesprächsbereitschaft. So erklärte Premierminister Baldwin bei aller Kritik an den Gewerkschaften im Einzelnen, seine Regierung werde den Sieg in diesem Konflikt gegenüber dem TUC nicht ausnutzen. Insgesamt hatte der Generalstreik, so paradox das auch erscheinen mag, eine systemstabilisierende Wirkung: Die Tendenz zum Klassenkonflikt wurde abgeschwächt; marxistische Theorien über die Unvermeidbarkeit des Klassenkonflikts wurden diskreditiert; der Mittelstand wurde unempfänglicher für Schreckensnachrichten in der rechtsgerichteten Presse; der TUC hielt die Streikwaffe nur noch als letztes Mittel in Reserve und zog andere, vor allem parlamentarische Wege zur Durchsetzung seiner Ziele vor.

Die Regierungskrise von 1931

Der Regierungskrise von 1931 lagen ebenfalls wirtschafts- und sozialpolitische Probleme zugrunde. Die akute Finanznot des Staates während der Weltwirtschaftskrise sollte durch rigorose Sparmaßnahmen behoben werden, unter anderem durch die Kürzung der Arbeitslosenunterstützung. Über diese Frage kam es im August 1931 zur Krise der Labourregierung: Premierminister MacDonald trat zurück, erhielt aber sogleich von König Georg V. den Auftrag zur Bildung einer Allparteienregierung – und nahm den Auftrag an. Innerhalb weniger Tage bildete er eine neue Regierung, das „Nationale Kabinett", in dem neben MacDonald und weiteren kompromissbereiten Labourministern auch Konservative und Liberale saßen. Die *Labour Party* als Ganzes ging dagegen in die Opposition und schloss MacDonald sowie die übrigen Labourminister aus der Partei aus.

MacDonald hatte in einer schwierigen Situation den Konflikt mit seiner eigenen Partei nicht gescheut. Damit stellte er, so eine wohlwollende Interpretation, das Allgemeinwohl aus Einsicht in die Notwendigkeiten vor das Parteiinteresse. Eine andere, kritische Interpretation spricht dagegen von Verrat an eben diesen Interessen. Die Wähler bestätigten mit großer Mehrheit im Oktober 1931 die Politik des „Nationalen Kabinetts". Die Regierung errang 554 Unterhaus-Sitze (die meisten von konservativen Abgeordneten belegt), während die *Labour Party* nur noch 52 Wahlkreise gewann.

In einer Situation, in der soziale Solidarität auch in der Einschränkung geboten war, stützten die britischen Wähler das parlamentarische System. Die Lösung der Regierungskrise von 1931, schreibt der Historiker Karl Dietrich Bracher, war „gewissermaßen die englische Form einer Bewältigung der politischen Probleme der Wirtschaftskrise, der die deutsche Demokratie zum Opfer fiel und der auch Frankreich blutige Konflikte verdankte"[8]. Dazu gehörte, dass bei der Wahl nicht ein einziger links- oder rechtsextremistischer Kandidat gewählt wurde: Die Kommunisten stellten keine ernsthafte Konkurrenz für die *Labour Party* dar; dasselbe galt für den rechten Flügel des Parteienspektrums, wo sich die *British Union of Fascists* unter der Führung Sir Oswald Mosleys gebildet hatte. Auch ihr gelang kein Einbruch in das Wählerreservoir der Konservativen Partei.

Frankreich

Eine Darstellung der französischen Geschichte der Zwischenkriegszeit, die vor allem systembedrohende Krisen in den Blick nimmt, könnte erst mit dem Jahr 1931 einsetzen, also zeitlich etwa dort, wo die entsprechende Darstellung der britischen Geschichte endet. Denn die zwanziger Jahre in Frankreich waren gekennzeichnet von einer stetigen wirtschaftlichen Aufwärtsentwicklung. Die sie begleitenden inflationären Tendenzen wurden 1928 durch die Abwertung des Franc gestoppt. Die sozialen Konflikte hielten sich in Grenzen und auch die politische Spaltung des Landes vor dem Krieg, z. B. in der Dreyfus-Affäre, trat in den Hintergrund. Der republikanische Konsens war stärker als je zuvor.

Die „Parlamentsdemokratie" der zwanziger Jahre

Nur scheinbar widersprechen dem die häufigen Regierungswechsel in den zwanziger Jahren. Sie waren Kennzeichen der „Parlamentsdemokratie" in Frankreich. Die Exekutive hatte gegenüber dem Parlament eine schwache Position, die Regierung verstand sich in aller Regel als Ausschuss der parlamentarischen Mehrheit. Eine Schlüsselrolle bei der Regierungsbildung kam den Radikalsozialisten *(Les Radicaux)* zu. Diese waren weder radikal noch sozialistisch*, wie es ihr Name besagte, sondern liberal. Sie vertraten die bäuerlichen und bürgerlichen Mittelschichten und nahmen innerhalb des Parteienspektrums eine mittlere Position ein. Politisch progressiv, wirtschaftlich dagegen eher konservativ war es dieser Partei möglich je nach Situation eine Verbindung mit den gemäßigten Links- oder Rechtsparteien einzugehen.

Derartige Blockbildungen wurden in Frankreich durch das absolute Mehrheitswahlrecht gefördert, das im Unterschied zum relativen Mehrheitswahlrecht in Großbritannien nicht eine Parteienkonzentration, sondern ein Wahlbündnis von Parteien begünstigte. Errang nämlich keiner der Kandidaten in einem Wahlkreis die absolute Mehrheit der Stimmen, so war für den zweiten Wahlgang eine Absprache zwischen den Parteien nötig um den aussichtsreichsten Kandidaten über die 50-Prozent-Hürde zu heben. Aber solche Zweckbündnisse von Parteien wurden oftmals brüchig und führten zu den häufigen Regierungswechseln. Die Kurzlebigkeit der Kabinette ließ jedenfalls keine längerfristige, kontinuierliche Planung zu, die auch die Veränderungen einer industriellen Massengesellschaft berücksichtigte.

„Nationale Union" und „Volksfront"

Das rächte sich, als 1931 die Weltwirtschaftskrise das Land mit einiger Verspätung erfasste. Die Auswirkungen waren zwar nicht so tiefgreifend wie in den USA oder in Deutschland – die Arbeitslosenquote hielt sich unter 16 Prozent (siehe S. 162, Mat. 3) –, doch dauerte sie länger an und verband sich mit einem Vertrauensschwund in das politische System. Die Ineffizienz der Regierungen bei der Bewältigung der Krise ließ den politischen Extremismus sprunghaft ansteigen. Finanzskandale wie der des Betrügers Stavisky, in den die Regierung verwickelt zu sein schien, taten ein Übriges und heizten infolge der jüdischen Abkunft Staviskys den Antisemitismus* an. So kam es zur größten Belastungsprobe der französischen Demokratie.

Am 6. Februar 1934 brachen in Paris bürgerkriegsähnliche Zustände aus. Rechtsextremistische Bünde, an ihrer Spitze die „Feuerkreuzler" des Obersten La Rocque, hatten ihre Anhänger zu Hunderttausenden auf die Straße gebracht um gegen die Absetzung des mit ihnen sympathisierenden Polizeichefs und gegen das politische System überhaupt zu demonstrieren. Die Auseinandersetzung eskalierte, als die Demonstranten gegen das Palais Bourbon, den Parlamentssitz, zogen. Hier stießen sie auf die Polizei und die Straßenkämpfe forderten 14 Tote und mehr als 2000 Verletzte.

Es ist nicht unwahrscheinlich, dass die Bünde einen Sieg davongetragen hätten, wenn sie in ihrer Zielsetzung und Führerschaft nicht so disparat gewesen wären. Immerhin brachte „die Straße" zum ersten Mal in der Zwischenkriegszeit eine Regierung zu Fall: Edouard Daladier, noch am Abend des 6. Februar 1934 im Parlament von den Abgeordneten bestätigt, trat am folgenden Tag zurück. Seine Partei, die Radikalsozialisten, scherte unter dem Eindruck der Ereignisse aus der Mitte-Links-Koalition aus und ging in der „Nationalen Union" ein Bündnis mit den Rechtsparteien ein. Damit wurde der systembedrohenden Herausforderung durch die extreme Rechte mit einem Rechtsschwenk begegnet, nahm man doch den Bünden fürs Erste die Spitze.

Die Bildung der linken „Volksfront" Mitte der dreißiger Jahre war eine Antwort auf die Rechtsentwicklung der französischen Politik. Die französische Arbeiterbewegung war seit 1920 in eine kommunistische und eine sozialistische Partei und die ihnen jeweils zuzuordnenden Gewerkschaften gespalten. Konkurrenzkämpfe um dieselbe Klientel und die unterschiedliche ideologische Ausrichtung hatten in der Folgezeit, ähnlich wie in Deutschland, zu einer erbitterten Gegnerschaft der beiden Parteien geführt. Doch die faschistische Bedrohung von außen (Italien, Deutschland) und innen (u.a. „Feuerkreuzler") ließ die Bereitschaft zur Zusammenarbeit wachsen. Zudem gab Stalin 1935 die Sozialfaschismustheorie* auf, mit der die Sozialisten als Handlanger der Faschisten bekämpft worden waren, und erteilte der Kommunistischen Partei Frankreichs (KPF) die Erlaubnis für eine

„Le Front Populaire", Wahlkampfplakat, Frankreich 1936. Übersetzung: 1. Der radikale Herriot, der Sozialist Blum und der Kommunist Cachin sind Freunde. Aber ... 2. ... der Radikale wird immer von dem Sozialisten gefressen ... 3. ... und der Sozialist wiederum regelmäßig ... 4. ... von dem Kommunisten. 5. Franzosen! Wenn ihr von den Kommunisten gefressen werden wollt, dann geht und wählt die Radikalsozialisten oder die Sozialisten!

Aktionsgemeinschaft mit den Sozialisten. Zur Erweiterung der Basis umwarben die beiden linken Parteien die Radikalsozialisten. Diese, obwohl noch in die „Nationale Union" eingebunden, zeigten sich aus republikanischer Verantwortung offen für ein Bündnis, das unter dem Begriff „Volksfront" mit den Repräsentanten Léon Blum (Sozialist), Maurice Thorez (Kommunist) und Edouard Daladier (Radikalsozialist) in die Geschichte eingegangen ist. Am 14. Juli 1935, dem Nationalfeiertag, trat es erstmals mit einer Großkundgebung an die Öffentlichkeit. Die Teilnehmer leisteten einen feierlichen Eid, „zur Verteidigung der Demokratie, zur Entwaffnung und Auflösung der aufrührerischen Bünde einig zu bleiben um unsere Freiheiten aus der Reichweite des faschistischen Angriffs zu bringen"[9].

Der Appell an das republikanische Bewusstsein und das gemeinsame Sozialreformprogramm der drei Parteien zeigten ihre Wirkung: Die Volksfront siegte in den Wahlen vom Frühjahr 1936 und errang 385 von gut 700 Parlamentssitzen. Besondere Bedeutung kam erneut den Radikalsozialisten und ihrer – allerdings verringerten – Wählerschaft zu: „Dieselben politisch-sozialen Gruppen des Mittelstandes", so urteilt der Historiker Bracher, „die den Sieg des Rassisten Hitler ermöglichten, stützten in Frankreich die Abwehrfront unter dem jüdischen Sozialdemokraten Léon Blum."[10]

Dessen Regierung wurde von den Sozialisten und Radikalsozialisten gestellt; die Kommunisten lehnten eine direkte Beteiligung ab, unterstützten Blum aber im Parlament. Die Volksfrontregierung hielt sich bis Anfang Oktober 1938 im Amt. Auf der „Haben-Seite" sind zu verzeichnen: 1. die erfolgreiche Abwehr der rechtsextremistischen Gefahr, unter anderem durch das Verbot der Bünde; 2. anfänglich weitreichende Sozialreformen, beispielsweise die 40-Stunden-Woche, bezahlter Urlaub, beträchtliche Lohnerhöhungen. Doch hier setzt bereits das „Soll" in der Bilanz ein. Denn die Art, wie diese Reformen durchgeführt wurden, z. B. durch Sympathiestreiks für die Regierung, die Verstaatlichungspolitik und die finanziellen Auswirkungen der Reformen, die in eine Finanzkrise mündeten, riefen den Widerstand der traditionellen Rechten hervor. Der Versuch Blums durch eine „Pause" in der Sozialgesetzgebung für eine Beruhigung zu sorgen schlug fehl. Konflikte zwischen den Radikalsozialisten und den Kommunisten über die Frage der Intervention in den Spanischen Bürgerkrieg (siehe S. 199) traten hinzu. Wieder waren es die Radikalsozialisten, die Anfang Oktober 1938 einen Schwenk, diesmal nach rechts, einleiteten. Eine deflationäre Sanierungspolitik, welche die Finanzkrise beheben sollte, aber auf Ablehnung der Kommunisten und Sozialisten stieß, gab hierfür den Ausschlag.

Mit der erneuten Wende der Radikalsozialisten überwand das politische System Frankreichs seine Labilität. Es gelang dem neuen Ministerpräsidenten Daladier, gestärkt durch den vermeintlichen außenpolitischen Erfolg des Münchener Abkommens Ende September 1938 (siehe S. 201 f.), die Exekutive entscheidend zu stabilisieren. Er bediente sich des Instruments der *pleins pouvoirs,* der Sondervollmachten. Unpopuläre Maßnahmen, die auf finanz- und wirtschaftspolitischem Gebiet notwendig waren, konnten so von der Regierung durchgesetzt werden und brauchten von den Abgeordneten ihren Wählern gegenüber nicht im Einzelnen verantwortet zu werden. Auf diese Weise war es möglich die Defizite des politischen Systems der Dritten Republik zu überwinden ohne die Grundprinzipien des liberal-demokratischen Verfassungsstaats in Frage zu stellen.

> 1. Skizzieren Sie in Stichworten die zentralen Merkmale der politischen Systeme in den USA, in Großbritannien und in Frankreich und vergleichen Sie die systemisch bedingten Antworten auf die politisch-sozialen Krisen der Zwischenkriegszeit. Welche Bedeutung kam den jeweiligen historisch-politischen Traditionen der Demokratie in diesen Staaten zu?
> 2. Analysieren Sie die Rolle und das Selbstverständnis der politischen Parteien in den westlichen Demokratien und vergleichen Sie mit den Parteien in der Weimarer Republik (siehe Darstellung S. 75–78).

Die Weimarer Republik

Die Revolution von 1918/19

Parlamentarisierung und Friedensbewegung

Zur Revolution im November 1918 führten mindestens drei Ursachen. Da war zum einen die militärische Niederlage Deutschlands im Ersten Weltkrieg. Nach dem Zusammenbruch der deutschen Westfront im August 1918 und der beginnenden Auflösung der österreichisch-ungarischen Monarchie verlangte die Oberste Heeresleitung unter Paul von Hindenburg und Erich Ludendorff Ende September von der zivilen Reichsleitung die sofortige Einleitung von Waffenstillstandsverhandlungen. In der Stunde der Niederlage übertrugen Hindenburg und Ludendorff ihre Verantwortung auf die Politik.

Anfang Oktober 1918 traten die SPD, das Zentrum und die Linksliberalen in die Regierung des neuen Reichskanzlers Max von Baden ein. Diese drei Parteien hatten bereits 1917 bei einer gescheiterten Friedensinitiative des Reichstages zusammengearbeitet. Die neue Regierung verhandelte seit Mitte Oktober mit dem amerikanischen Präsidenten über einen Waffenstillstand und setzte am 28. Oktober eine

grundlegende Verfassungsänderung in Kraft („Oktoberreformen"), die die bisherige konstitutionelle in eine parlamentarische Monarchie umformte. Der Reichskanzler war danach nicht mehr vom Vertrauen des Kaisers, sondern von der politischen Zustimmung des Reichstages abhängig.
Parallel zu dieser Entwicklung entstand eine breite Bewegung für den Frieden. Als Ende Oktober 1918 die Matrosen der Hochseeflotte vor Wilhelmshaven gegen einen Befehl der Marineleitung zum Auslaufen für eine Seeschlacht meuterten, fand die Bewegung einen Kristallisationspunkt. Von Wilhelmshaven und Kiel ausgehend bildeten sich innerhalb weniger Tage in ganz Deutschland Arbeiter- und Soldatenräte. Die Räte* entmachteten die lokalen bzw. militärischen Verwaltungen, indem sie sich an deren Stellen setzten oder sie kontrollierten. Sie vor allem organisierten in den folgenden Wochen die Demobilisierung des Heeres und die Lebensmittel- und Brennstoffversorgung der Bevölkerung.
Am 9. November 1918 kreuzten sich die parlamentarische Reform- und die Volksbewegung in Berlin, wo Hunderttausende auf den Straßen für den Frieden und mehr Volksrechte demonstrierten. In dieser Situation zwang Reichskanzler Max von Baden Kaiser Wilhelm II., der sich gegen einen Waffenstillstand und das Ende der Monarchie in Deutschland sperrte, zur Abdankung und übertrug die Regierungsgeschäfte an den SPD-Vorsitzenden Friedrich Ebert. Gegen Mittag verkündete Philipp Scheidemann (SPD) von einem Fenster des Reichstages aus die Errichtung einer „deutschen Republik". Er kam damit Karl Liebknecht vom kommunistisch* orientierten „Spartakusbund" zuvor, der am Nachmittag vom Schloss aus eine sozialistische* Republik nach sowjetischem Vorbild ausrief. Einen Tag später bildeten die SPD und die „Unabhängige Sozialdemokratische Partei" (USPD), die sich im Weltkrieg von der SPD abgespalten hatte, eine neue Regierung, den „Rat der Volksbeauftragten". Dieser setzte sich aus je drei Vertretern beider Parteien zusammen. Am 11. November unterzeichneten Vertreter der Alliierten und für das Deutsche Reich der Zentrumspolitiker Matthias Erzberger in Compiègne den Waffenstillstand.
In der Öffentlichkeit wurden im November 1918 mehrere Alternativen zur politischen Zukunft in Deutschland diskutiert. Die SPD plädierte für die rasche Einberufung einer verfassunggebenden Nationalversammlung und eine parlamentarische Demokratie*. Die USPD stimmte mit ihr zwar im Ziel überein, wollte aber eine längere revolutionäre Übergangszeit um grundlegende Veränderungen wie die Sozialisierung der Schwerindustrie durchzusetzen. Der „Spartakusbund" und die „Revolutionären Obleute", die sich am 31. Dezember 1918 als KPD konstituierten, traten für eine deutsche Sowjetrepublik ein. Die bürgerlichen Parteien und die alten kaiserlichen Machteliten hielten sich in dieser Phase der Revolution öffentlich weitgehend zurück und warteten die Entwicklung ab. Der Reichskongress der Arbeiter- und Soldatenräte entschied sich am 16. Dezember 1918 mit 400 gegen 50 Stimmen für baldige Wahlen zur Nationalversammlung. Diese fanden dann am 19. Januar 1919 statt.

Januarkämpfe und Wahlen zur Nationalversammlung

Vor den Wahlen kam es insbesondere in Berlin zu bewaffneten Auseinandersetzungen zwischen Anhängern der KPD, die mit einer Art deutschem „Sturm auf das Winterpalais" (siehe S. 103) gewaltsam eine Sowjetrepublik errichten wollten, Regierungstruppen und Freikorpsverbänden aus demobilisierten Offizieren und Unteroffizieren. Mitglieder von Freikorpsverbänden waren es auch, die am 15. Januar 1919 Rosa Luxemburg und Karl Liebknecht ermordeten, also jene kommunistischen Führer, die noch am ehesten für eine von der UdSSR unabhängige kommunistische Bewegung standen. Die Januarkämpfe vertieften nicht nur die Spaltung der Arbeiterbewegung, sie bestätigten vor allem die Angst der Bürger vor „bolschewistischen Zuständen". In dieser aufgeheizten Stimmung fanden die Wahlen zur Nationalversammlung statt, erstmals unter Beteiligung der Frauen. SPD und USPD zusammen erreichten keine absolute Mehrheit. So kam es zur Bildung der sogenannten „Weimarer Koalition" aus SPD, Zentrum und der neugebildeten linksliberalen „Deutschen Demokratischen Partei" (DDP). Diese drei Parteien waren die Träger der Ende Juli 1919 verabschiedeten ersten demokratisch-parlamentarischen Ver-

Anschlag der Münchener Räteregierung, 8. November 1918, 48,3 x 65 cm

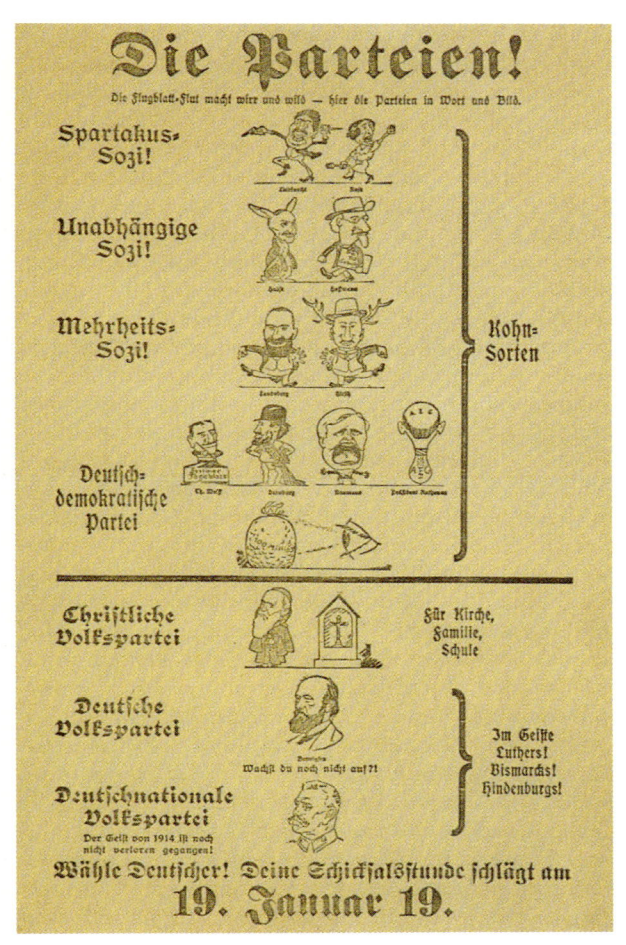

Plakat zur Wahl der deutschen Nationalversammlung, 1919, 46 x 31 cm

fassung für das Deutsche Reich (siehe Grafik S. 65). Grundlegende Wirtschafts- und Sozialreformen, wie sie die SPD – manchmal nur halbherzig – anstrebte (siehe S. 109, Mat. 3), waren jedoch in der Koalition mit den bürgerlichen Parteien nicht durchsetzbar. Gegen die Verfassung stimmten die rechtsliberale „Deutsche Volkspartei" (DVP) und die „Deutschnationale Volkspartei" (DNVP), ein Sammelbecken der konservativen und rechtsradikalen Kräfte.

Die Revolution von 1918/19: Zeitgenössische Urteile – wissenschaftliche Interpretationen

Anders als die Amerikanische oder Französische Revolution hat die Deutsche Revolution von 1918/19 langfristig keinen gesellschaftlichen Konsens unter den Bürgern begründet, sie wurde nicht zum Symbol nationaler Zusammengehörigkeit. Im Gegenteil: Schon die Zeitgenossen stritten sich über ihre Bewertung. Während die einen in ihr den Ausgangspunkt für ein demokratisches Deutschland sahen, sprachen ihre Gegner rechts und links abwertend von der „Novemberrevolution". KPD-Anhänger bezeichneten sie als gescheiterte, von den Sozialdemokraten „verratene Revolution", weil es nicht zur Errichtung einer Republik nach sowjetischem Muster gekommen war. Anhänger der Rätebewegung kritisierten die rasche Wendung zum Prinzip der parlamentarischen Demokratie* und zu allgemeinen Wahlen. Manchen gingen die Reformen von Wirtschaft und Gesellschaft nicht weit genug. Dagegen war für die Konservativen und die Rechtsradikalen die Revolution der Ausgang des „nationalen Unglücks" für Deutschland, für das die „Novemberverbrecher", also Marxisten*, Juden und Demokraten, verantwortlich seien. Sie hätten im Krieg Heer und Flotte planmäßig zersetzt. Die deutsche Armee sei nicht militärisch besiegt, sondern durch die Revolution von „hinten erdolcht" worden, wie Hindenburg 1919 vor einem Untersuchungsausschuss des Reichstages sagte. Das war falsch, aber damit war die „Dolchstoßlegende" geboren, die fortan zum Gedankengut aller Republikgegner gehörte.

Die Geschichtswissenschaft der 1950er Jahre behandelte die Revolution von 1918/19 überwiegend unter der Fragestellung: Parlamentarismus* oder Bolschewismus*? Um der Gefahr einer Übertragung des sowjetischen Modells auf Deutschland zu begegnen habe es zur Politik der Weimarer Koalition gar keine Alternative gegeben. Genau das bestritten jüngere Historiker in den sechziger Jahren, die sich erstmals mit den Quellen zur deutschen Rätebewegung befasst hatten. In den Revolutionsmonaten hätte durchaus die Chance bestanden eine soziale Demokratie durchzusetzen, eine demokratische Neuordnung mit sozialistischen Komponenten. Das habe die SPD mit ihrer übersteigerten Furcht vor dem Bolschewismus verhindert, tatsächlich habe die KPD jedoch nur über wenige Anhänger verfügt. Nach fast zwei Jahrzehnten intensiver Räteforschung wird heute die Möglichkeit eines „dritten Weges" zwischen parlamentarischer Demokratie und Sowjetherrschaft skeptischer betrachtet. Die Räte*, schreibt der Historiker Heinrich August Winkler, konnten „eine energische Reformpolitik von ‚oben' wohl unterstützen, nicht aber selbst durchsetzen. Dezentralisiert und uneinheitlich, wie sie waren, hatten sie nie eine Chance aus sich heraus ein überörtliches Entscheidungszentrum hervorzubringen. Sie waren ein Notbehelf in der parlamentslosen Übergangsperiode und wollten meist auch gar nichts anderes sein."[11]

Eine andere Frage ist, ob es die SPD versäumt hat die alten kaiserlichen Eliten in der Verwaltung und im Heer, in der Justiz, an den Universitäten und Gymnasien durch neue demokratische Eliten zu ersetzen. Einige Historiker sagen, die Arbeiterbewegung habe nicht das Personal gehabt um innerhalb kurzer Zeit die für das Funktionieren einer Industriegesellschaft notwendigen Facheliten auszutauschen. Andere meinen dagegen, die SPD sei zu zaghaft gewesen und habe die Eliten nicht genügend politisch kontrolliert. Dass die Kontinuität der alten, antidemokratischen Eliten für die erste deutsche Demokratie eine schwere Belastung darstellte, sollte die Geschichte nach der Revolution zeigen.

Die Krisenjahre 1920–1923

Auf die unruhigen Revolutionsmonate und die das Volk und die Parteien tief spaltenden politischen Auseinandersetzungen über den Versailler Friedensvertrag (siehe S. 189 f.) folgten weitere vier Krisenjahre. Im März 1920 versuchten rechtsradikale Freikorpsverbände, unterstützt von Teilen der Reichswehr und nationalistisch-reaktionären Kreisen um General Ludendorff die Reichsregierung im sogenannten „Kapp-Lüttwitz-Putsch" gewaltsam zu stürzen. Die Reichswehr unter General von Seeckt weigerte sich gegen die Putschisten vorzugehen, wie es die Regierung forderte. Eigentlich hätte er dafür bestraft werden müssen. Der Putsch scheiterte schließlich an einem von allen Gewerkschaften und dem Beamtenbund ausgerufenen Generalstreik. Die Republik schien aus diesen Ereignissen gestärkt hervorzugehen. Doch bei den Wahlen im Juni 1920 zeigte sich ein anderes Bild: Die Parteien der Weimarer Koalition verloren die absolute Mehrheit (siehe Tabelle S. 64). Ein großer Teil der bürgerlichen Wähler wandte sich nach rechts und die USPD erreichte fast die Stärke der SPD.

Bis 1923 regierten schnell wechselnde bürgerliche Minderheitenkabinette – und dies angesichts wachsender politischer und wirtschaftlicher Probleme. Rechtsextreme Bünde formierten sich und griffen zunehmend zur Gewalt. Demokratische Politiker, die für den Versailler Friedensvertrag verantwortlich gemacht wurden, fielen rechten Fememorden zum Opfer, so der Zentrumspolitiker Matthias Erzberger und Reichsaußenminister Walther Rathenau (DDP), der jüdischer Abstammung war. Philipp Scheidemann (SPD) überlebte einen Anschlag. Das 1921 verabschiedete „Republikschutzgesetz" versagte, nicht zuletzt weil die Justiz „auf dem rechten Auge blind" war (siehe Mat. S. 120–123).

Dazu kam die Inflation (siehe S. 146), die vor allem das Kapitalvermögen des Mittelstandes aufzehrte. Viele machten dafür die Reparationszahlungen verantwortlich. Und tatsächlich bereitete es dem Reich Mühe die Zahlungsverpflichtungen einzuhalten. Als ihr das Ende 1922 nicht mehr gelang, besetzten französische und belgische Truppen Anfang 1923 das Rheinland und das Ruhrgebiet. Die deutsche Bevölkerung erfasste eine Welle nationaler Empörung, von der Rechten bis hin zur KPD. Die Reichsregierung forderte die Bevölkerung in den besetzten Gebieten zum passiven Widerstand auf, d. h. den Anordnungen der französischen Besatzungsmacht nicht zu folgen und die Arbeit niederzulegen. Doch die gewaltigen Kosten, die dieser „Generalstreik" verursachte, beschleunigten die Inflation. Das Papiergeld verlor seine Funktion als Zahlungsmittel, was die politische Vertrauenskrise verstärkte, zumal in der Inflation bisher noch gültige sozialmoralische Ordnungsvorstellungen ins Wanken gerieten: Hungerdiebstähle, Plünderungen und Schiebertum entwickelten sich zu Massenphänomenen.

In dieser Lage bildete Gustav Stresemann (DVP) ein Kabinett der „Großen Koalition" von der SPD bis zur DVP. Die DVP hatte sich nach 1920 von einer Partei der Republikgegner zu einer Partei der „Vernunftrepublikaner" entwickelt, d. h., sie erkannte die mit der Revolution und der Verfassung geschaffenen Tatsachen an ohne vom demokratisch-parlamentarischen System wirklich überzeugt zu sein. Die neue Regierung brach den passiven Widerstand ab, führte im November die Währungsreform durch und verhandelte mit den Siegermächten erneut über die Reparationen (siehe S. 193 f.). Die erfolgreiche wirtschaftliche Stabilisierung der Republik wurde jedoch nicht durch eine politische Stabilisierung ergänzt. Im Oktober 1923 kam es zu einem kommunistischen Aufstandsversuch in Thüringen und in Sachsen, den die Regierung Stresemann mit dem Einmarsch von Reichswehrtruppen energisch bekämpfte. Zur gleichen Zeit nahm sie jedoch Befehlsverweigerungen der Reichswehr und Aufstandsvorbereitungen der bewaffneten nationalistischen „Vaterländischen Verbände" in Bayern tatenlos hin. Wegen der ungleichen Behandlung der linken und rechten Putschversuche und weil die DVP die Bestrebungen der Arbeitgeberverbände zur Abschaffung des Acht-Stunden-Arbeitstages unterstützte, trat die SPD aus der Regierung aus. Am 9. November 1923 kam es zum sogenannten „Hitler-Putsch". Adolf Hitler, Chef der noch kleinen NSDAP, erklärte von München aus die „Regierung der Novemberverbrecher" in Berlin für abgesetzt und proklamierte eine „provisorische deutsche Nationalregierung" mit ihm und General Ludendorff an der Spitze. Hitler wurde zwar verhaftet und wegen Hochverrats zu fünf Jahren Festungshaft verurteilt, aber der Putsch hatte gezeigt, wie gefährdet das politische System der Weimarer Republik blieb.

Der Konflikt zwischen Moderne und Tradition

Der jungen Weimarer Republik fehlte von Beginn an die Akzeptanz aus der Mitte heraus, die die rechte und linke Radikalisierung hätte verhindern können. Zudem waren die Jahre der relativen ökonomischen Stabilisierung 1924–29 zu kurz für einen gewissen Ausgleich der sozialen und kulturellen Gegensätze. Bereits vor dem Ersten Weltkrieg hatte sich für die Zeitgenossen das Ende der „alten Zeit" angekündigt, doch die Kriegseuphorie verdeckte noch einmal die Reaktionen auf die tief greifenden sozialen und ökonomischen Veränderungen. In der Weimarer Republik war dem Neuen nicht mehr auszuweichen: Sie war der Versuch, der wirtschaftlichen und kulturellen Modernität in einem demokratischen Staat zum Durchbruch zu verhelfen und den Anschluss Deutschlands an Westeuropa zu vollziehen.

Die Modernisierung*, die sich in Deutschland in den „goldenen Zwanzigern" teilweise vollzog, rief neben begeisterter Zustimmung auch Ängste und irrationale Reaktionen hervor. Die „Doppelgesichtigkeit der Modernisierung" bestimmte die Alltagserfahrung der Menschen und beherrschte den kulturellen und politischen Diskurs (siehe S. 36f.). Die Verherrlichung von Fortschritt und Technik, verbunden mit einem Allmachtsglauben an die Rationalisierung in allen Bereichen, gipfelte im Schlagwort vom „Amerikanismus". Das provozierte Gegenreaktionen, die sich nicht nur aus nostalgisch verklärten Rückgriffen auf vorindustrielle Zeiten oder die Monarchie speisten, sondern ihrerseits moderne Elemente enthielten.

Das Laboratorium der Moderne

Die Massenkultur. Im Zuge der Ausbreitung der Massenkultur (siehe S. 26–37) vollzog sich in den zwanziger Jahren eine tief greifende Veränderung von Öffentlichkeit. 1923 hatte der Rundfunk in Deutschland seinen regelmäßigen Sendebetrieb aufgenommen, 1926 registrierte man bereits eine Million Rundfunkhörer, Anfang 1932 vier Millionen. In den Großstädten besaß jeder zweite Haushalt ein Radio.

Der Kinobesuch stieg zu einem der beliebtesten Vergnügen in den Großstädten auf. Neben den Vorstadtkinos, wo sich die kleinen Leute trafen, entstanden die Kinopaläste, die in Prunk und Anziehungskraft für die Massen das waren, was die Oper im 19. Jahrhundert für das Bürgertum gewesen war. Jeden Tag gingen rund zwei Millionen Menschen ins Kino. In den Programmen dominierten die herstellungstechnisch führenden Hollywoodfilme vor den deutschen Filmen. Besonders beliebt waren Musik- und Revuefilme.

Die Lesegewohnheiten veränderten sich. „Dreigroschenromane" in Millionenauflage überschwemmten den Büchermarkt. Den Pressemarkt beherrschten die neuen Illustrierten, in denen Fotoreportagen den Text teilweise verdrängten. Große Pressekonzerne wie der von Alfred Hugenberg verlegten mehrere Zeitungen, besaßen eigene Nachrichtenagenturen und belieferten mit fertigen Matern die Provinzpresse. Das Novum der neuen Medien, Illustriertenpresse, Kino und Rundfunk, bestand nicht nur in deren Tendenz ein immer größeres Publikum schichtenübergreifend anzusprechen, sondern auch in einer neuen „Sprache", der Sprache einer scheinbar unvermittelten Reproduktion des Sichtbaren und Hörbaren.

Vielen erschien nun Amerika als die Inkarnation des Fortschritts. Der *american dream,* symbolisch dargestellt im Aufstieg vom Tellerwäscher zum Millionär und verbreitet durch die Medien der Massenkultur, beherrschte die Träume vor allem jüngerer Menschen. Diese aufs Individuelle sehende Utopie konkurrierte mit den kollektiven Utopien des Sozialismus, aber auch des völkischen Nationalismus*. Ihre Zukunftsverheißung war der Massenkonsum nach amerikanischem Vorbild. Doch tatsächlich herrschten oft Knappheit und Not. Umso faszinierter lasen, sahen und hörten die Menschen Berichte von den neuen technischen Verkehrsmitteln Auto und Flugzeug, deren Benutzung für sie noch in weiter Ferne lag (siehe S. 55, Mat. 9). Die neuen Helden waren die Autorennfahrer und Ozeanüberquerer – gleich welcher Nationalität. Das Buch des „Autokönigs" Henry Ford (siehe S. 166, Mat. 2) über sein Rationalisierungskonzept wurde auch in Deutschland ein Bestseller. Gewerkschafter wie Unternehmer waren entweder begeisterte Verfechter oder harsche Kritiker des Fordismus: Der „Amerikanismusstreit" verlief quer zu den sozialen Lagern. Der Fordismus wurde in Deutschland jedoch wegen der schwierigen wirtschaftlichen Lage und der unterentwickelten Massenkaufkraft nur teilweise realisiert. Es gab auch scharfe Kritik am *american way of life*. In der Ablehnung seines Pragmatismus und Rationalismus verbarg sich nicht selten die Sehnsucht des Bürgertums nach der Rückkehr zu alten Werten und dem „deutschen Geist" (siehe S. 43, Mat. 15).

Die Jugendlichen. Die wachsende Verstädterung wies den Jugendlichen im Konflikt zwischen Moderne und Tradition eine besondere Rolle zu. Sie waren in den Großstädten zahlenmäßig überrepräsentiert. Das „Jugendproblem" war zunächst ein Kontrollproblem. Angesichts wachsender Kriminalität gerade von Jugendlichen, in den Anfangsjahren durch die Inflation und später durch die Massenarbeitslosigkeit bedingt, galt es als ein Problem der Jugendfürsorge. Aber auch die Kritik an der Freizeit- und Massenkultur wurde in der Regel unter dem Aspekt „Schutz der Jugend vor Verrohung und Entsittlichung" diskutiert. Dabei beschränkte sich das Jugendproblem nicht auf die proletarischen Jugendlichen. Krieg und Inflation hatten ja den materiellen und sozialen Status gerade der Mittelschichten geschmälert: Der Verlust der elterlichen Autorität und der angestammten Werte wurde auch für bürgerliche und kleinbürgerliche Jugendliche beklagt, von denen sich viele der städtischen Massenkultur zuwandten und den Leitbildern des Amerikanismus folgten. Aber ebenso viele flüchteten verunsichert in die Reihen der Modernitätsgegner. Typisch für Jugendliche waren schwere Konflikte um persönliche Werte und Lebensperspektiven, in denen sie zur Entscheidung gezwungen wurden.

Der Wandel des Frauenbildes. Ähnlich kontrovers war die öffentliche Wahrnehmung der Frauenrolle. Auch wenn die Zahl der weiblichen Erwerbstätigen nicht nennenswert anstieg, war die Herausbildung eines weiblichen Berufstypus neu. Aber auch das von Teilen der Frauenbewegung propagierte Leitbild der „sozialen Mütterlichkeit", d. h. das öffentliche Engagement von Frauen in Verwaltung, Wohlfahrt, Bildung und im Sozialwesen, traf auf gesellschaftliche Zustimmung. Die politischen Forderungen der Frauenbewegung schienen mit der Einführung des Frauenwahlrechts 1918 erfüllt. In der öffentlichen Wahrnehmung konkurrierten drei Frauenbilder:
1. das „moderne" Frauenbild der konsumorientierten, unpolitischen jungen Angestellten, von der Medienwelt mit Bubikopf, geschminktem Gesicht und Zigarette präsentiert; es wurde zum Traumbild unzähliger weiblicher Angestellter;
2. das Fluchtbild der Rückkehr der Frau in den Status der Mutter, dem viele Frauen nachstrebten;
3. das Bild der rationalen Hausfrau, dem sich sowohl die bürgerliche Frauenbewegung wie auch moderne Architekten und sozialdemokratische Kulturpolitiker widmeten.
Diese konkurrierenden Frauenbilder zeigen, wie mehrdeutig die traditionelle Rollenzuweisung und Hierarchie von Männern und Frauen in der Gesellschaft wurde.

Die Zwiespältigkeit der Moderne

Die Entstehung der Massenkultur leitete mentalitätsgeschichtlich eine tiefgreifende Veränderung der deutschen Gesellschaft ein. Die Massenkultur wirkte potentiell klassenübergreifend und trug damit auch zur Auflösung der Klassengesellschaft und der traditionellen Sozialmilieus bei: Die Sekretärin und der Chef pfiffen die gleichen Schlager bei der Arbeit, in Berlin wie in der Provinz tanzte man Charleston und die ehemals „proletarischen" Sportarten Fußball und Boxen vereinten auf den Zuschauertribünen Arbeiter, Intellektuelle und Handwerksmeister. Aber das alles

Jeanne Mammen (1890–1976), Langweilige Puppen, um 1927–30, Aquarell über Bleistift auf Papier, 38,7 x 28,5 cm, Milwaukee, Sammlung Marvin und Janet Fishman

war erst im Keim angelegt, bestimmte die Gesellschaft noch nicht in dem Maße wie heute.

Daneben gab es viele herkömmliche, nicht-moderne Züge der Weimarer Republik, insbesondere auf dem Lande und in den Kleinstädten. Das großstädtische Tempo und die großstädtischen Vergnügungen empfanden hier viele als Bedrohung ihrer Wertvorstellungen und Lebensformen. Das gesellschaftliche Leben bestimmten eher die alten Gesangsvereine und die Kriegervereine. Der Nationalismus* und der Antisemitismus* als Abwehrhaltungen gegenüber der Moderne entwickelten sich in diesem Klima kräftig. Ihre Träger waren der alte Mittelstand und die Akademiker, die ihren sozialen Status vermindert sahen. Bei Ärzten, Rechtsanwälten und Studenten war der Antisemitismus weit verbreitet. Die Republik war für sie die Inkarnation des „Undeutschen": der Demokratie, der Juden, des „Amerikanismus".

Doch es gab noch andere Grenzen für die Ausbreitung der Massenkultur, vor allem ökonomische. Die Angebote der neuen Massenkultur mochten noch so verführerisch sein: Für die meisten waren sie unerschwinglich. Das Geld reichte in der Mehrheit der Haushalte gerade aus um die Miete zu bezahlen und satt zu werden. Auch solche Enge erzeugte ambivalente Haltungen gegenüber der Moderne, deren Nutznießer oft die NSDAP wurde.

Allerdings gab es in diesen Kreisen auch Zustimmung zur Moderne. Die rasante Entwicklung von Technik und Wissenschaft in der Weimarer Republik erfüllte die meisten Deutschen mit Stolz. Automobile, Telefone und Radios verbreiteten sich auch in der „Provinz" schnell und galten als Statussymbol. Und stillschweigend zollte man der Moderne in anderer Hinsicht Tribut: Die Schul- und Berufsausbildung der Jungen und Mädchen glich sich gerade in Familien der Akademiker und des neuen Mittelstandes der Angestellten und Beamten einander an. In vielen Kleinstädten entstanden erstmals höhere Schulen und in den Mittel- und Großstädten differenzierte sich das Schulangebot. Die Bedeutung der altsprachlichen Gymnasien ging zurück, die der höheren Schulen mit modernen Fremdsprachen und naturwissenschaftlich-technischen Angeboten nahm zu. Gewinner dieser Bildungsexpansion waren vor allem die Jungen aus dem unteren Mittelstand und die Mädchen aus dem Bürgertum.

Gesellschaft im Umbruch

Die Fragmentierung des Bürgertums

Mit dem Kaiserreich hatte das deutsche Bürgertum, insbesondere das akademisch gebildete Bildungsbürgertum, seinen politischen Bezugspunkt, die Monarchie, verloren. Gleichzeitig wurden unter dem Ansturm der Moderne in Architektur, Kunst und Literatur Kernbereiche seiner geistigen Kultur in Frage gestellt. Dieser Prozess hatte schon um 1900 begonnen, aber er beschleunigte sich in der Weimarer Republik. Zusätzlich führten die wachsenden Differenzierungen innerhalb des Bürgertums, der Machtverlust der agrarisch-adligen Eliten, der Aufstieg neuer sozialer Schichten, die vielen Abstiege und Entwurzelungen, der rasche Wandel der Lebensformen und Werte zu tief sitzender und weit verbreiteter Statusverunsicherung. Sie äußerte sich in Ressentiments gegen die Industriegesellschaft und die neue Republik. Der „Kulturpessimismus" eines Oswald Spengler gewann an Boden: Es gehörte zum „guten Ton" sich gegen den „Kulturbolschewismus" der Großstädte, gegen die Konsumgesellschaft, gegen die „sittliche Verrohung" durch die Massenkultur, gegen den „westlichen Materialismus" und gegen den „amerikanischen Rationalismus" auszusprechen. Solche antimodernen und antiliberalen Einstellungen in großen Teilen des Bürgertums gingen nicht selten mit unterschwelligen oder offenen antisemitischen Vorurteilen Hand in Hand. Nationalistisch-völkische Verbände fanden so Zustimmung in der Mitte der Gesellschaft. Querverbindungen zwischen respektablen wirtschaftlichen Interessengruppen und nationalistischen Verbänden gehörten zur politischen Normalität der zwanziger Jahre. Nachdem die Reichswehr die republikanische Ordnung formell respektiert hatte, war zwar der „Soldatenspielerei" von Freikorps und rechten Kampfbünden der Boden entzogen, dafür nahmen jetzt die mitgliederstarken Frontkämpferverbände, z.B. der nationalkonservative „Stahlhelm", massiv Einfluss auf die Politik, vor allem über die DNVP.

Der alte Mittelstand aus Handwerksmeistern, Einzelhandelskaufleuten und Landwirten hatte unter der Kriegswirtschaft und der Inflation vielleicht am schwersten gelitten. Die Mehrheit reagierte auf diesen Abstieg mit einer romantisch-reaktionären Verherrlichung ständischer Prinzipien.

Parallel zu dieser Entwicklung erstarkte der neue Mittelstand der Angestellten und Beamten in den Städten. Vor allem die Zahl der Verkäufer, Büroangestellten und technischen Spezialisten nahm zu. Diese befanden sich in einer sozialen Zwischenlage: Statusprivilegien wie längere Kündigungs- und Urlaubszeiten trennten sie von den Arbeitern, vom Bürgertum im engeren Sinne der geringere Bildungsstand, der engere Lebenszuschnitt, fehlende Selbstständigkeit und andere Lebensformen. Vor allem die Angestellten waren die neuen Konsumenten der entstehenden Freizeit- und Massenkultur. Deren Angebote spiegelten ihr Sehnsüchte: „Der genaue Gegenschlag gegen die Büromaschine aber ist die farbenprächtige Welt. Nicht eine Welt, wie sie ist, sondern wie sie in den Schlagern scheint"[12], schrieb damals der Kulturkritiker Siegfried Kracauer. Nicht wenige Angestellte suchten, nachdem ihre ökonomischen Aufstiegshoffnungen in der Weltwirtschaftskrise scheiterten, ihr Heil in der negativen Utopie des Nationalsozialismus*.

Die gespaltene Arbeiterbewegung

Die Spaltung der politischen Arbeiterbewegung in Deutschland begann 1914 mit der Zustimmung bzw. Ablehnung der Kriegskredite im Reichstag. 1917 trennten sich die Gegner der Kriegskredite als „Unabhängige Sozialdemokratische Partei" (USPD) von der SPD. Nach der Revolution spaltete sich die Arbeiterbewegung endgültig in einen sozialdemokratischen (SPD) und einen kommunistischen (KPD) Flügel. In der USPD fanden zunächst noch Vertreter der einen wie der anderen politischen Richtung zusammen. 1922 löste sich die USPD auf; der größere Teil ihrer Mitglieder ging zur SPD zurück, ein kleinerer zur KPD. In der gespaltenen Arbeiterbewegung gehörte die Mitgliedschaft der KPD einer deutlich jüngeren Generation an. In ihr befanden sich auch mehr ungelernte Arbeiter als in der SPD. Zudem hatte die KPD, vor allem wegen der ideologischen Auseinandersetzungen in ihr, z. B. zwischen Trotzkisten und Stalinisten, unter einer starken Mitgliederbewegung zu leiden. Zeitweilig waren bis zu 80 Prozent der Mitglieder am Jahresende nicht mehr mit den Mitgliedern am Jahresanfang identisch. Gegen Ende der Weimarer Republik entwickelte sich die KPD allmählich zu einer Erwerbslosenpartei. Diese Merkmale erklären vielleicht neben der bolschewistischen Ideologie* den bei den Anhängern der KPD viel stärker als in der SPD verbreiteten Glauben politische und soziale Konflikte durch Bewaffnung, Uniformierung und Gewalt lösen zu können. Darin berührten sich die proletarischen Kampfbünde mit den nationalistischen bis hin zur NSDAP.

Die politische Spaltung erfasste bald auch die von Arbeiterradsportvereinen über Konsumgenossenschaften bis hin zu Freidenkervereinen reichende Arbeiterkulturbewegung. Ihr Charakteristikum vor 1933 war, dass sie ein Netz von sozialen Bezügen und zugleich eine besondere Lebensform schuf, die dem Einzelnen sowohl Orientierung wie Geborgenheit, Entfaltungsmöglichkeiten wie ein gewisses Maß an Absicherung bot. Die Arbeiterbewegungskultur war allerdings nicht identisch mit den Lebensformen und Sozialstrukturen der Arbeiterklasse schlechthin; sie konzentrierte sich vor allem in der Industriearbeiterschaft und in den größeren Städten. Die räumliche Konzentration der Arbeiterbevölkerung in den Arbeiterwohnbezirken verstärkte die Geschlossenheit des Milieus. Diese Geschlossenheit war gleichzeitig eine Abgeschlossenheit nach außen, die zu Defiziten in den Wahrnehmungs- und Handlungsmöglichkeiten führte. Arbeiter, die mit ihren Familien, ihren Freundeskreisen, ihren Nachbarn mehr oder minder vollständig in der Gedankenwelt und den Organisationen der Arbeiterbewegung und ihrer Kultur lebten – und zwar gleichgültig, ob sie der SPD oder der KPD anhingen –, entwickelten zwar einen festen inneren Zusammenhalt, sie fanden aber kaum Zugang zu Andersdenkenden oder Angehörigen anderer sozialer Schichten. Auch verstand sich die Arbeiterbewegungskultur im Kern als eine Veredelungskultur im Sinne der Erziehung der Arbeiter zum „neuen Menschen", deren Bezugspunkt die „Hochkultur" blieb. Dies verhinderte eine ernsthafte Auseinandersetzung mit der einsetzenden Massenkultur, den neuen Medien und Bilderwelten. Deren Verteufelung führte nicht zuletzt zu einer Entfremdung der Jugendlichen von der traditionellen Arbeiterbewegungskultur.

Das Ende der Weimarer Republik

Der Bruch der Großen Koalition 1930

Als 1929/30 die Weltwirtschaftskrise auf Deutschland übergriff (siehe S. 152 f.), mündeten die latenten politischen und gesellschaftlichen Krisen der Weimarer Republik in eine allgemeine Systemkrise ein. Im Hinblick auf die politische Geschichte datieren die meisten Historiker ihren Beginn auf den März 1930, den Rücktritt der 1928 gebildeten Regierung der Großen Koalition unter Reichskanzler Hermann Müller (SPD). Der Anlass für das Auseinanderbrechen war der Streit um die Finanzierung der Arbeitslosenversicherung, die infolge der steigenden Arbeitslosenzahl ins Defizit gekommen war. Die DVP und mit ihr die großen Wirtschaftsverbände forderten zum Ausgleich der staatlichen Haushalte eine Senkung der Sozialleistungen. Die SPD und die Gewerkschaften verlangten dagegen höhere Zuschüsse des Reiches. Im Rückblick stellt sich natürlich die Frage, ob eine der beiden Seiten nicht hätte nachgeben können: Schließlich ging es nur um die Erhöhung der Versicherungsbeiträge um ein halbes Prozent. Dahinter stand jedoch ein tief greifender Konflikt zwischen der SPD und den bürgerlichen Parteien. Die SPD plädierte für die Fortführung der politischen und sozialen Demokratie* (siehe S. 110, Mat. 4), ihre Koalitionspartner dagegen wollten den Sozialstaat abbauen und strebten eine autoritäre Präsidialregierung an.

Seit 1920, seit dem Verlust der parlamentarischen Mehrheit für die Weimarer Koalition aus SPD, DDP und Zentrum, war es immer schwierig gewesen mehrheitsfähige Regierungen zu bilden. Die Großen Koalitionen scheiterten an den Differenzen zwischen SPD und DVP in Wirtschafts- und Sozialfragen, die Koalitionen der bürgerlichen Parteien unter Einschluss der DNVP an solchen in der Außen- und in der Schulpolitik. Diese Strukturkonflikte jeder Koalition führten zu den sehr häufigen Regierungswechseln in den zwanziger Jahren, die bei den Wählerinnen und Wählern Politik- und Parteienverdrossenheit förderten. Mit ihrer Forderung nach einer starken, vom Parlament weitgehend unabhängigen Regierung entsprachen die bürgerlichen Parteien 1930 insofern einer weit verbreiteten politischen Stimmung. Doch mit der Einschränkung der parlamentarischen Rechte höhlten sie die Weimarer Verfassung aus und ersetzten sie mit Hilfe des Artikels 48 durch eine präsidiale „Reserveverfassung". Fortan lag die eigentliche Macht beim konservativen Reichspräsidenten Paul von Hindenburg, von dessen Vertrauen und Zustimmung die mit Notverordnungen regierenden Reichskanzler zwischen 1930 und 1933 abhängig waren. Indem die eigentlich nur für den Staatsnotstand vorgesehenen Verfassungsbestimmungen auf Dauer gestellt wurden, verließen die bürgerlichen Parteien den Weg der parlamentarischen Demokratie.

Die Präsidialregierung Brüning 1930–1932

Zwei Tage nach dem Rücktritt der Regierung Müller ernannte der Reichspräsident im März 1930 den Zentrumspolitiker Heinrich Brüning zum Reichskanzler, der während seiner Regierungszeit zwei Schwerpunkte setzte. Zum einen verfolgte er eine strikte Deflationspolitik um die Defizite im Staatshaushalt zu beseitigen. Der Staatshaushalt sollte durch eine Reduzierung der Beamtengehälter um 25 Prozent sowie die Erhöhung von Steuern und Sozialabgaben ausgeglichen werden. Mit der Senkung von Löhnen und Sozialleistungen auf das Vorkriegsniveau sollte zugleich die internationale Wettbewerbsfähigkeit der deutschen Wirtschaft gestärkt werden. Sein zweites Ziel war die Beendigung der deutschen Reparationszahlungen. Tatsächlich gelang es ihm 1931 und 1932 die Siegermächte des Ersten Weltkrieges erst zu einem Zahlungsaufschub und dann sogar zu einem vorläufigen Verzicht auf die Reparationen zu bewegen. In der politisch aufgewühlten Zeit nach 1930 registrierte das aber kaum noch jemand als Erfolg, weil die Lösung der ökonomischen und sozialen Krise nicht von einer Milliarde Mark Reparationen jährlich abhing. Brünings konsequente Deflationspolitik verschärfte die Krise sogar noch, weil der starke Rückgang der privaten und staatlichen Nachfrage nach Gütern und Dienstleistungen vor allem die vom Massenkonsum abhängige mittelständische Wirtschaft traf. Die Ziele und die Konsequenzen seiner Politik waren Brüning selbst wohl nicht ganz klar, der Historiker Gerhard Schulz charakterisiert seine Politik als „Durchhalten ohne Programm"[13].
Politisch setzte Brüning auf eine weit gehende Ausschaltung des Parlaments. Als der Reichstag im Juli 1930 die auf präsidiale Notverordnungen nach Artikel 48 gestützte Deflationspolitik ablehnte, ließ Brüning mit Hilfe des Artikels 25 den Reichspräsidenten den Reichstag auflösen und Neuwahlen ausschreiben. Mit einem politischen Trick, der Kombination zweier Verfassungsartikel, hatte er die Verfassung unterlaufen. Doch die Reichstagswahlen im September 1930 (siehe Tabelle S. 64) brachten nicht die erhoffte Zustimmung zur Regierungspolitik. Wahlgewinner waren die NSDAP und die KPD, Verlierer die SPD und die bürgerlichen Parteien. Eine parlamentarische Regierungsmehrheit rückte in weite Ferne. So regierte Brüning mit Notverordnungen weiter. In dieser Situation entschloss sich die SPD die Regierung Brüning im Reichstag zu tolerieren. Sie hoffte damit das nach ihrer Meinung größere Übel zu verhindern, nämlich eine nationalsozialistische Diktatur.

Aus der Weimarer Verfassung von 1919

Artikel 25
Der Reichspräsident kann den Reichstag auflösen, jedoch nur einmal aus dem gleichen Anlass.
Die Neuwahl findet spätestens am sechzigsten Tage nach der Auflösung statt.

Artikel 48
Wenn ein Land die ihm nach der Reichsverfassung oder den Reichsgesetzen obliegenden Pflichten nicht erfüllt, kann der Reichspräsident es dazu mit Hilfe der bewaffneten Macht anhalten.
Der Reichspräsident kann, wenn im Deutschen Reiche die öffentliche Sicherheit und Ordnung erheblich gestört oder gefährdet wird, die zur Wiederherstellung der öffentlichen Sicherheit und Ordnung wirksamen Maßnahmen treffen, erforderlichenfalls mit Hilfe der bewaffneten Macht. Zu diesem Zwecke darf er vorübergehend die in den Artikeln 114, 115, 117, 118, 123, 124 und 153 festgesetzten Grundrechte ganz oder zum Teil außer Kraft setzen.
Von allen gemäß Abs. 1 oder Abs. 2 dieses Artikels getroffenen Maßnahmen hat der Reichspräsident unverzüglich dem Reichstag Kenntnis zu geben. Die Maßnahmen sind auf Verlangen des Reichstages außer Kraft zu setzen.
Bei Gefahr im Verzuge kann die Landesregierung für ihr Gebiet einstweilige Maßnahmen der in Art. 2 bezeichneten Art treffen. Die Maßnahmen sind auf Verlangen des Reichspräsidenten oder des Reichstages außer Kraft zu setzen.
Das Nähere bestimmt ein Reichsgesetz.

Der Aufstieg der NSDAP

Seit 1928 hatte die NSDAP sich zu einer modernen Massenpartei entwickelt. Nachdem der Versuch als „sozialistische" Partei bei den städtischen Arbeitern Vertrauen zu gewinnen, fehlgeschlagen war, bemühte sie sich bei den bäuerlichen und gewerblichen Mittelschichten Mitglieder und Wählerstimmen zu gewinnen. Darüber hinaus modernisierten Gregor Strasser und später Joseph Goebbels die Parteipropaganda. Die Zahl der NSDAP-Aktionen übertraf schon im Sommer 1930 bei weitem die aller anderen Parteien. Dabei setzte die NSDAP auf die Faszination moderner Medien und Technik: Sie setzte erstmals den Film zur Wahlwerbung ein; Hitler unternahm seine Wahlreisen im Flugzeug; die Mitglieder wurden mit Aufklebern, Anstecknadeln und Plakaten versorgt. Die Konzentration auf neue Wählerschichten und die moderne Wahlwerbung zeigten bei den Wahlen von 1930 Erfolg: Die Zahl der NSDAP-Abgeordneten im Reichstag stieg von 12 auf 107 (von insgesamt 577 Abgeordneten). Die politischen Ziele und Methoden der NSDAP glichen denen der faschistischen* Partei in Italien: radikaler Nationalismus*, Antiliberalismus und Antimarxismus, Führerstaat* und Einparteienherrschaft. Unter „nationalem Sozialismus" verstand die NSDAP nicht die Veränderung von Eigentumsverhältnissen, sondern eine am „nationalen Wohl" des Volkes orientierte Wirtschaftsproduktion und mehr soziale Gerechtigkeit. Mit ihren Wirtschaftsvorstellungen konnte sie sich gegen die konservative DNVP profilieren. Taktisch erwies sich die Parteiführung unter Hitler als außerordentlich flexibel. Als sie erkannte, dass ihr aggressiver Antisemitismus bürgerliche Wähler verunsicherte, beschränkte sie sich darauf gegen die „jüdische Überfremdung" des Wirtschaftslebens zu polemisieren. Ebenso betonte Hitler stets, dass die NSDAP legal, d. h. durch Wahlen, die Macht anstrebte. Gleichzeitig wurden jedoch die „Parteischutztruppen" SA und SS zu bürgerkriegsfähigen Verbänden ausgebaut, die gewalttätige Ausschreitungen inszenierten und provozierten, vor allem gegen die ebenfalls gewaltbereiten kommunistischen Kampfbünde. Die sich besonders 1932 häufenden Straßenschlachten nutzte Hitler wiederum um sich als Politiker zu präsentieren, der Ruhe und Ordnung wieder herstellen werde.

Trotz größerer Einzelspenden von einigen Industriellen finanzierte sich die NSDAP weitgehend über Mitgliederbeiträge und Spendensammlungen. Ein Einbruch in das bürgerliche Milieu gelang ihr vor allem in ländlich und kleinstädtisch geprägten protestantischen Gebieten. Wähler fand sie jedoch in allen sozialen Schichten, weil sie sich als Protestpartei gegen die alten „Systemparteien" anbot. Lediglich in das sozialdemokratische oder kommunistische Milieu der städtischen Industriearbeiter und in das katholische Milieu konnte sie kaum eindringen. Dafür zog sie zunehmend Jugendliche in ihren Bann: Sie präsentierte sich als Partei der Jugend, als Partei des „neuen Aufbruchs". Ein möglicher Koalitions- und damit Regierungspartner war sie spätestens seit Oktober 1931, als sie sich mit der DNVP, dem „Stahlhelm" und anderen nationalistischen Verbänden in der „Harzburger Front" zusammenschloss (siehe S. 110, Mat. 5).

Die Machtübertragung an die NSDAP: Geschichtswissenschaftliche Interpretationen

Im April 1932 gewann Reichspräsident von Hindenburg in der Stichwahl mit Unterstützung von SPD und Zentrum die Reichspräsidentenwahlen gegen die Kandidaten der NSDAP und KPD, Adolf Hitler und Ernst Thälmann. Am 30. Mai 1932 entließ Hindenburg Reichskanzler Brüning, weil dieser sich gegen die hohen Agrarsubventionen für ostelbische Großgrundbesitzer ausgesprochen hatte. Das Präsidialregime wandelte sich seitdem zu einem offen gegen das Parlament gerichteten Regime; die politische Entwicklung steuerte auf eine Diktatur* zu. Die Stationen dazu sind rasch aufgezählt: Am 20. Juli 1932 setzte der neue Reichskanzler Franz von Papen mit einem Staatsstreich die sozialdemokratisch geführte Regierung Preußens ab um sich die Kontrolle über die preußische Polizei zu verschaffen. Am 31. Juli 1932 fanden vorgezogene Reichstagswahlen statt, die mit einem triumphalen Wahlerfolg der NSDAP endeten (siehe Tabelle S. 64). Da gleichzeitig auch die KPD ihren Stimmenanteil erhöht hatte, ergab sich im Reichstag erstmals eine negative Mehrheit gegen die demokratische Verfassung. Auch bei den erneut angesetzten Reichstagswahlen im November 1932 fand die Regierung Papen keine Mehrheit. Daraufhin trat Papen als Reichskanzler zurück; sein Nachfolger wurde General Kurt von Schleicher. Dessen Ziel war eine Art sozialer Militärdiktatur. Da er dafür aber weder bei der SPD noch bei den Gewerkschaften noch bei der NSDAP Unterstützung fand, entzog ihm Hindenburg nach kurzer Zeit wieder das Vertrauen. Dem Rücktritt Schleichers am 28. Januar 1933 folgte am 30. Januar die Ernennung Adolf Hitlers zum Reichskanzler. Theoretisch hätte damit das parlamentarische System wieder hergestellt werden können, denn die neue Regierung verfügte erstmals seit 1930 im Reichstag wieder über eine stabile Mehrheit. Dem neuen Kabinett gehörten neben Hitler nur zwei nationalsozialistische Minister an, die allerdings über den Zugriff auf die Polizei verfügten. Neben Vertretern anderer rechter Gruppierungen traten Hugenberg von der DNVP und Seldte vom „Stahlhelm" in das Kabinett ein. „Wir rahmen Hitler ein", versicherten sie. Hitler und die NSDAP dachten jedoch nicht daran sich kontrollieren zu lassen – ihr Ziel war die totale Macht für die NSDAP (siehe S. 111, Mat. 7).

Über die Ursachen für das Scheitern der ersten Demokratie in Deutschland sind sich die Historiker weitgehend einig. Der Aufstieg der NSDAP erfolgte zum einen in einer schweren Sozial- und Wirtschaftskrise, von der fast jede Familie betroffen war – sei es durch Arbeitslosigkeit, sei es durch einschneidende Gehaltskürzungen, sei es durch den Fortfall von Kunden im Handel und im Handwerk. Die soziale Krise förderte den Nationalismus und die ohnehin die Republik seit ihren Anfängen überschattende Bereitschaft zur Anwendung politischer Gewalt. Vor allem arbeitslose junge Männer griffen begierig die Angebote organisierter Gruppen auf um der Leere und der Perspektivlosigkeit ihres Alltags zu entfliehen. Das konnten wilde Cliquen von Jugendlichen sein, auch die Freizeitangebote von Gewerkschaften und Vereinen. Am erfolgreichsten waren jedoch die jeweiligen Kampfbünde der NSDAP und der KPD, weil sie neben dem Leben in der Gruppe politische Identifikations- und Hand-

Bruno Voigt (1912–1988), Angriff, 1932, Aquarell, Tusche auf Papier, 50,8 x 35,9 cm, Milwaukee, Sammlung Marvin und Janet Fishman

lungsmöglichkeiten boten. Die KPD entwickelte sich so bis 1932 zu einer Erwerbslosenpartei; der NSDAP gelang es außer jungen Arbeitslosen auch Teile der verunsicherten Mittelschichten zu mobilisieren. Die Radikalisierung der Massen, in ihrer Mehrheit nach rechts, entzog der Demokratie das Fundament.

Die Radikalisierung der Massen entsprach in gewisser Weise der Radikalisierung der Eliten. Die NSDAP errang ihre ersten Mehrheiten 1927 in den Studentenausschüssen der Universitäten. Hier gab es seit dem Kaiserreich bei vielen Studentenverbänden, den Korporationen, eine Tradition des Nationalismus* und des Antisemitismus*. Aber die Unterstützung der NSDAP oder doch ihrer politischen Grundsätze beschränkte sich nicht auf die jungen Akademiker. Die Mehrheit der konservativen Führungsschichten in Wissenschaft, Wirtschaft, Justiz und Staatsverwaltung organisierte sich politisch zwar in der DNVP. Die NSDAP galt vielen von ihnen um 1930 noch als zu „proletarisch". Aber die Unterstützung wuchs mit jedem neuen Wahlsieg der NSDAP. Mit der „Harzburger Front" war Hitler für die konservativen Führungsschichten endgültig „salonfähig" geworden. Ab dann referierte er auch in Industriellenkreisen seine politischen Vorstellungen, die dort viel Beifall fanden.

Seit 1930 entwickelte sich zum anderen eine Verfassungskrise, weil der eigentlich nur für den äußeren oder inneren Staatsnotstand vorgesehene Artikel 48 als politische Waffe gegen das Parlament gewendet wurde. Die Schwäche des Parlaments resultierte allerdings auch aus der Krise des Parteiensystems. Der parlamentarische Parteienstaat war in Deutschland erst mit der Revolution etabliert worden. Er hatte sich noch nicht verwurzeln können. Allein die SPD setzte sich nach dem neuesten Stand der Geschichtsforschung uneingeschränkt für den Fortbestand der Weimarer Demokratie ein (siehe S. 110, Mat. 4 und S. 112, Mat. 8). Sie hatte sich seit 1930 dem Nationalsozialismus entgegengestemmt: durch die parlamentarische Tolerierung der Regierung Brüning, die der Abwehr einer nationalsozialistischen Regierung galt; durch polizeiliche Kontrolle der NSDAP, vor allem in Preußen bis zum Staatsstreich von Papens und schließlich durch groß angelegte Aufklärungskampagnen gegen den Nationalsozialismus. Die bürgerlichen Parteien lehnten die NSDAP sehr viel halbherziger ab, sie verloren zudem an Wählerzustimmung und sahen die Gefahr eher auf der linken Seite des politischen Spektrums. Die SPD als möglicher Bündnispartner schied für sie aus.

Auch bei den Kommunisten fand die SPD keine Unterstützung. Die marxistisch-leninistische Geschichtsforschung sieht in der Spaltung der Arbeiterklasse eine Hauptursache für das Scheitern der Weimarer Republik: Ein Zusammengehen von KPD und SPD hätte Hitler verhindert. Diese Interpretation übersieht, dass es für die der Demokratie und der Verfassung verpflichteten SPD unmöglich war mit der stalinistischen* KPD zusammenzuarbeiten. Mit der polemischen These vom Sozialfaschismus* der SPD tat die KPD im Übrigen alles um ein Bündnis der Arbeiterparteien zu verhindern. Die liberalen Parteien waren schon bei der Wahl von 1930 zur Bedeutungslosigkeit herabgesunken, weil ihre Wähler in Scharen zur DNVP und zur NSDAP überliefen. Der politische Liberalismus* mit seinem Eintreten für die Menschen- und Bürgerrechte, für den Rechtsstaat* und für kulturelle Freiheit war offensichtlich für viele bürgerliche Wähler nicht mehr attraktiv. Das Zentrum verlor im katholischen Milieu zwar kaum Wähler, aber die Partei selbst änderte sich. Ab 1928 gewannen in ihr jene Gruppierungen an

Bedeutung, die eher nationalistisch orientiert waren und sich für einen autoritären Ständestaat anstelle der parlamentarischen Demokratie aussprachen. Für diese Teile des Zentrums war die NSDAP ein denkbarer Regierungspartner. Die DNVP schließlich als stärkste bürgerliche Partei hatte sich bereits 1931 mit der NSDAP in der „Harzburger Front" zusammengetan.

Die Schwäche der parlamentarischen Parteien stärkte die Position des Reichspräsidenten und der ihn beeinflussenden „Camarilla", die sich aus Reichswehrgenerälen, hohen Beamten und ostelbischen Großgrundbesitzern zusammensetzte. Es waren vor allem diese vorindustriellen und vordemokratischen Machteliten, die über das Privileg des Zugangs zum Kreis des Reichspräsidenten verfügten, welche die Ernennung Adolf Hitlers zum Reichskanzler betrieben. Sie hofften, er werde ihre ökonomischen Interessen befriedigen und sei im Übrigen durch einige konservative Minister im Reichskabinett zu „zähmen". Eine Intrige von Junkern am „Hofe Hindenburg" bildete so den Schlussstein in der Brücke, über die Hitler an die Macht schritt. Diese Machtübertragung wäre allerdings unmöglich gewesen, wenn die Wähler nicht im Jahre 1932 die NSDAP zur stärksten Partei gemacht hätten.

1. Skizzieren Sie den Verlauf der Revolution 1918/19 und diskutieren Sie deren historische Bewertung unter Einbeziehung der Darstellung und von Mat. 3, S. 109. Welche Bedeutung kam dem Versailler Vertrag 1919 und in der späteren Geschichte der Republik zu?

2. Analysieren Sie die Darstellung unter den Gesichtspunkten: a) die Rolle der noch aus dem Kaiserreich stammenden Eliten in der Revolution und ab 1930, b) Bedeutung der politisch motivierten Gewalt in der Weimarer Republik und deren Träger, c) mentalitätsgeschichtliche Belastungen der Weimarer Republik.

3. Erarbeiten Sie aus der Darstellung die unterschiedlichen politisch-sozialen Milieus in der Weimarer Republik und deren charakteristische Merkmale.

4. Welche Ursachen nennt die Darstellung für das Scheitern der Weimarer Demokratie? Erörtern Sie die einzelnen Aspekte und deren Gewichtung.

Der Nationalsozialismus

Der Übergang zur Diktatur

Die Abschaffung der Grundrechte

Ziel der Regierung der „nationalen Konzentration", die am 30. Januar 1933 von NSDAP und bürgerlichen Parteien gebildet wurde, schien zunächst die dauerhafte Errichtung eines autoritären Präsidialregimes und die „Befreiung Deutschlands vom Marxismus" zu sein: Die Kommunisten sollten völlig ausgeschaltet, die Sozialdemokratie und die Gewerkschaften an den Rand gedrängt werden. Tatsächlich ging es der NSDAP aber um die ganze Macht, um einen neuen Staat. Eine der ersten Regierungsentscheidungen war die Festlegung der Neuwahlen auf den 5. März 1933. Hitler als neuer Reichskanzler rechnete mit einem großen Wahlerfolg für die NSDAP, nun, da der Wahlkampf aus der Regierung heraus geführt werden konnte. Die Nationalsozialisten bedienten sich ungeniert aller propagandistischen Möglichkeiten. Hierzu zählten staatliche Eingriffe in die Presse- und Versammlungsfreiheit und vor allem der direkte Zugriff auf den Rundfunk. Daneben trat der Terror. Bereits Anfang Februar 1933 sicherte sich Hermann Göring (NSDAP) als geschäftsführender preußischer Innenminister den Zugriff auf die preußische Polizei. Er verpflichtete deren Beamte auf den Schutz der nationalen Verbände und Propaganda. Der politische Handlungsspielraum von Sozialdemokraten und Kommunisten wurde dadurch weiter eingeschränkt, weil jetzt die Polizei bei Überfällen durch die SA und SS in der Regel nicht mehr eingriff. Schließlich wurden auf Weisung Görings 50 000 Mann von SA, SS und „Stahlhelm" als Hilfspolizisten eingesetzt. Der Terror der „Braunhemden" gegen politische Gegner eskalierte im Frühsommer so stark, dass sogar Hitler zur Disziplin mahnte.

Zum Terror auf den Straßen kam die staatliche Repression. Mit der Notverordnung vom 4. Februar 1933 gelang es die kommunistische Presse fast gänzlich zu verbieten. Aber auch sozialdemokratische Zeitungen konnten häufig nicht mehr erscheinen. Endgültig war das Schicksal der Kommunisten besiegelt, als ein Zufall den Nationalsozialisten in die Hände spielte. Vermutlich war es ein geistesgestörter Holländer, der Kommunist Marinus van der Lubbe, der in der Nacht des 27. Februar den Reichstag in Berlin anzündete. Bis heute ist umstritten, ob dies tatsächlich das Werk eines Einzelnen war oder ob nicht gar die Nationalsozialisten selbst die Tat begangen hatten, so gut passte der Brand in das NS-Drehbuch dieser Übergangszeit.

Am 28. Februar 1933 verabschiedete die Regierung eine Verordnung „zum Schutz von Volk und Staat". Reichspräsident Hindenburg unterzeichnete sie am selben Tag. Diese Verordnung kann als die eigentliche „Verfassungsurkunde" des Dritten Reichs bezeichnet werden. Sie setzte die Grundrechte der Weimarer Verfassung außer Kraft: die Freiheit der Person, die Meinungs-, Presse-, Vereins- und Versammlungsfreiheit, das Post- und Telefongeheimnis sowie die Unverletzlichkeit von Eigentum und Wohnung. Politische Gefangene durften ohne gerichtliche Überprüfung fest gehalten werden. Außerdem ermächtigte die Notverordnung die Reichsregierung, in den Ländern vorübergehend die Befugnisse der oberen Behörden wahrzunehmen. Damit war die rechtliche Basis für die nationalsozialistische Machtergreifung in den Ländern geschaffen. Dieser unerklärte Ausnahmezustand dauerte bis 1945.

Die Wahlen am 5. März 1933 (siehe Tabelle S. 64) brachten den Regierungsparteien den erhofften Erfolg. Das Erstaunliche daran war allerdings nicht, dass die NSDAP ihren Stimmenanteil auf 43,9 Prozent verbessern konnte, sondern dass es ihr nicht gelang die absolute Mehrheit zu erreichen. Insbesondere in den industriellen Zentren hatten die Arbeiterparteien zusammen mehr Stimmen als die NSDAP. Deren Hochburgen waren nach wie vor die protestantischen Agrargebiete in Nord- und Ostdeutschland. Entscheidend für den NSDAP-Wahlerfolg war die extrem große Mobilisierung: Die NSDAP schöpfte ihre Stimmengewinne vor allem aus dem Reservoir der bisherigen Nichtwähler.

Die Gleichschaltung der Kommunen und Länder

Unmittelbar nach den Wahlen am 5. März 1933, zum Teil bereits am Wahltag, begann im Zuge der Gleichschaltung der Zugriff der von der NSDAP geführten Reichsregierung auf die Kommunen und Länder. Er erfolgte überall nach demselben Muster. Die NS-Gauleitungen ließen die SA aufmarschieren und so den „Unwillen der Bevölkerung" wegen unhaltbarer Zustände kundtun. In der Regel war der Anlass für den „Unwillen" das Fehlen der nationalsozialistischen Flagge auf dem Rathaus. Unter Berufung auf die Notverordnung „zum Schutz von Volk und Staat" befahl Reichsinnenminister Frick daraufhin zumeist telegrafisch die Einsetzung sogenannter Staatskommissare. Ende März wurden die Länderparlamente gleichgeschaltet, indem die Anpassung der Mandatsverteilung an die Ergebnisse der Reichstagswahlen vom 5. März verfügt wurde. Da die Sitze der Kommunisten nicht mehr berücksichtigt werden durften, fiel der Regierungskoalition oder der NSDAP automatisch die Mehrheit zu. Allerdings waren die Landtage ohnehin politisch bedeutungslos, da die Länderregierungen jetzt ohne Beteiligung der Parlamente Gesetze erlassen durften. Eine Woche später schließlich wurden „Reichsstatthalter" in den Ländern eingesetzt. Sie waren dem Reichskanzler unterstellt und kontrollierten in dessen Auftrag die Länder. Dies bedeutete den Schlussstrich unter die Souveränität der Länder und das Ende des Föderalismus.

„Parteirevolution von unten" und Legalitätskurs

Während des Wahlkampfes und bei der Eroberung der Kommunen und Länder hatten die lokalen SA- und Parteiorganisationen eine wichtige Rolle gespielt. Dafür beanspruchten die lokalen Funktionäre nun auch politischen Einfluss: Die „Parteirevolution von unten" begleitete und ergänzte die „Machtergreifung von oben". In den Städten und in den Dörfern begann die Abrechnung mit den „Gegnern", vor allem mit den Führern der Arbeiterbewegung und jüdischen Bürgern. Viele von ihnen wurden verhaftet, zusammengeschlagen und in den Kellern der SA gequält. Es kam zu Eingriffen in die Kommunalverwaltungen. Insgesamt war die Situation gekennzeichnet durch ein Nebeneinander von offenem Terror und pervertierter, in manchen Bereichen aber auch unverändert funktionierender rechtsstaatlicher Ordnung. Die NS-Führung wusste, dass ihre Bewegung nur an der Macht bleiben konnte, wenn es gelang sie mit den alten Eliten zu verschränken bzw. in breiten Schichten der Bevölkerung zumindest Akzeptanz herzustellen. Sie sicherte deshalb mit Bedacht die illegalen Aktionen der „Revolution von unten" rechtlich ab. Sogar die Errichtung der ersten Konzentrationslager* stützte sich auf die „Verordnung zum Schutz von Volk und Staat" und wurde öffentlich bekannt gegeben.

Ein weiteres Mittel um sich der Loyalität breiter Kreise der Bevölkerung zu versichern war die Propaganda. Die Inszenierung des „Tages von Potsdam" am 21. März 1933 ist dafür das klassische Beispiel. Unter der Regie des Reichspropagandaministers Joseph Goebbels wurde die Vereinigung des „alten" mit dem „neuen" Deutschland zelebriert. Das gemeinsame Auftreten Hindenburgs und Hitlers am Grabe Friedrichs des Großen mit dem Segen der protestantischen Kirche symbolisierte die Verschmelzung von politischer Tradition und revolutionärer Dynamik.

Drei Tage später, am 24. März 1933, wurde das Ermächtigungsgesetz verabschiedet, mit dem das Parlament der Regierung die Gesetzgebungskompetenz übertrug und damit die Gewaltenteilung in Legislative, Exekutive und Judikative aufhob. Nur die Abgeordneten der SPD – die Kommunisten saßen längst in den Gefängnissen – stimmten dagegen. Die Rede des SPD-Vorsitzenden Otto Wels (siehe S. 112,

Mat. 8) war ein letztes mutiges Plädoyer für Demokratie und Menschlichkeit und doch zugleich ein Zeugnis der Resignation und Ohnmacht.

Im Sommer 1933 vollzog sich der Prozess der Auflösung der Parteien. Als erste Partei war die SPD am 22. Juni 1933 zur volks- und staatsfeindlichen Organisation erklärt worden, nachdem bereits im Mai ihr Vermögen eingezogen worden war. Zum Zeitpunkt des Verbots bestand die Partei in vielen Städten kaum noch; ihre Funktionäre waren geflüchtet oder saßen in den Konzentrationslagern. Die bürgerlichen Parteien lösten sich Ende Juni/Anfang Juli selbst auf: zuallererst die DNVP, deren Konzept der „Zähmung" der NSDAP kläglich gescheitert war. Am 6. Juli 1933 konstatierte Adolf Hitler: „Wir stehen in der langsamen Vollendung des totalen Staates."[14]

Die Auflösung der Gewerkschaften

Während die Zerschlagung der politischen Arbeiterbewegung von Anfang an erklärtes Ziel der Nationalsozialisten gewesen war, blieben ihre Pläne gegenüber den Gewerkschaften ambivalent. Den neuen Machthabern war bewusst, dass sie ohne die Einbindung der organisierten Arbeiterschaft bzw. deren Duldung ihre Ziele nicht durchsetzen konnten. Doch sie schwankten zwischen Duldung einer entpolitisierten Gewerkschaft und deren Verbot. Auf der Gegenseite schwenkte die Führung des freigewerkschaftlichen ADGB nach den Märzwahlen auf einen verhängnisvollen Anpassungskurs ein. Am 21. März, als in vielen Städten bereits Gewerkschaftsführer verhaftet und einige Büros für kurze Zeit besetzt worden waren, schrieb der Vorsitzende des ADGB an Adolf Hitler, die Gewerkschaften müssten ihre sozialen Aufgaben erfüllen, „gleichviel, welcher Art das Staatsregime sei"[15]. Eine ähnliche Erklärung hatten die christlichen Gewerkschaften am 17. März abgegeben. Seinen Höhepunkt erreichte der Anpassungskurs in den Vorbereitungen zum 1. Mai. Am 7. April 1933 billigte das Reichskabinett einen Gesetzentwurf über die Einführung des 1. Mai als nationalen Feiertag. Damit war eine alte Forderung der Arbeiterbewegung erfüllt; in Deutschland war der 1. Mai nur kurze Zeit nach der Revolution Feiertag gewesen. Seine Zurücknahme hatte zu den symbolischen Niederlagen der Revolution in der Weimarer Republik gehört. Goebbels' Machtkalkül war, dass, auch wenn die Gewerkschaften offenkundig am Boden lagen und ihre Anhänger paralysiert waren, sie damit als mögliche Gegenmacht nicht endgültig vernichtet seien. Mit der nationalen Vereinnahmung des 1. Mai sollten dem Gegner seine identitätsstiftenden Symbole und die moralische Integrität geraubt werden. Der „Feiertag der nationalen Arbeit" und die nachfolgende Vernichtung der Gewerkschaften waren so von Beginn an Bestandteile ein und desselben Konzepts. Der ADGB durchschaute diese Strategie nicht. Sowohl die christlichen Gewerkschaften wie der ADGB veröffentlichten Aufrufe, in denen der Beschluss der Regierung begrüßt wurde. Am 1. Mai zogen Gewerkschaftsführer hinter Hakenkreuzfahnen durch die Städte. Am 2. Mai wurden die Gewerkschaftshäuser besetzt, das Gewerkschaftsvermögen beschlagnahmt. Die Strategie der Nationalsozialisten gegenüber der Arbeiterschaft zwischen Integration und Repression sollte erfolgreich sein.

Nach der Zerschlagung der Gewerkschaften wurde am 6. Mai die Deutsche Arbeitsfront (DAF) gegründet. Sie hatte vor allem zwei Aufgaben: Zum einen galt es die Arbeiter

„Auch Du kannst jetzt reisen!" Plakat der NS-Organisation „Kraft durch Freude", 1937, 87,5 x 58,5 cm, Entwurf: Axter-Heudtlass

für den neuen Staat zu gewinnen; entsprechend entwickelte sich die DAF zu einem riesigen Propagandaapparat. Zum anderen, und dies war die praktische Umsetzung ihrer ideologischen Funktion, trug sie durch Wahrnehmung von Aufgaben im betrieblich-sozialpolitischen Bereich dazu bei den Arbeitsfrieden zu sichern. Eines ihrer Mittel waren preiswerte Urlaubsreisen mit der Organisation „Kraft durch Freude" (KdF), die zu Dumpingpreisen angeboten wurden und für die insbesondere Arbeiter zum Teil finanzielle Zuschüsse und Sonderurlaub erhielten. Der propagandistisch geschickt inszenierte Beginn des Massentourismus sollte Klassengegensätze und Unzufriedenheiten überlagern ohne an den bestehenden Sozialverhältnissen etwas zu ändern.

Exil und Widerstand

Unmittelbar nach der „Machtergreifung" setzte die Verfolgung der Gegner des nationalsozialistischen Regimes ein. Ende Juli 1933 befanden sich im Reich fast 30 000 Sozialdemokraten, Kommunisten und engagierte Demokraten, unter ihnen viele Juden, in vorbeugender „Schutzhaft", wie die politische Haft juristisch hieß. Die meisten Häftlinge wurden nicht in Polizeigefängnisse, sondern in von der SA und der SS zunächst illegal errichtete Konzentrationslager* eingeliefert. Man schätzt, dass die nationalsozialistisch-konservative Koalitionsregierung allein in den ersten sechs Monaten ihrer Herrschaft rund 100 000 Menschen aus politischen Gründen verhaften ließ.

Ein Teil der politischen Regimegegner und rassisch Verfolgten konnte sich der Verhaftung und der Einlieferung in Konzentrationslager durch Flucht in das Ausland entziehen (siehe Essay S.136–139). Unter ihnen waren viele Künstler und Wissenschaftler, so die Schriftsteller Thomas und Heinrich Mann oder Lion Feuchtwanger, der Dirigent Bruno Walter, der Maler George Grosz, die Schauspielerin Therese Giehse, der Physiker Albert Einstein. Mit ihrer Vertreibung zerriss das Band der Moderne, das die zeitgenössische Kultur in Deutschland mit der des Westens verband. Aber es gab nicht nur die prominenten Emigranten. Von Anfang Februar 1933 bis Oktober 1941, als die „Endlösung der Judenfrage" begann, emigrierten aus Deutschland und ab 1938 auch aus Österreich über 500 000 rassisch Verfolgte. In die politische Emigration gingen rund 35 000 Personen. Für die meisten von ihnen bedeutete die Flucht aus Deutschland sozialer Abstieg; oft waren es die Frauen, die als Köchinnen oder Putzhilfen den Lebensunterhalt der Familien sicherten. Dazu kam die ständige Sorge um einen Pass oder wenigstens eine Aufenthaltserlaubnis. Nur wenige fassten in der Fremde wieder in ihren erlernten Berufen Fuß – teils weil ihre Fähigkeiten, z. B. als Rechtsanwälte oder Lehrer, in den Gastländern nicht anwendbar waren, teils weil auch dort hohe Arbeitslosigkeit herrschte und sie keine Arbeitserlaubnis erhielten, teils weil die Emigranten auf eine baldige Rückkehr und ein Ende des „Spuks" in Deutschland hofften. Am Silvesterabend 1935 notierte Klaus Mann in sein Tagebuch: „Und dieser Hitler ist immer noch nicht gestürzt." [16]

Der politische Widerstand in Deutschland ging zunächst von den Kommunisten und Sozialdemokraten aus. Besonders die KPD zahlte anfangs für spektakuläre Aktionen wie das Verteilen von Flugblättern oder die öffentliche Anbringung von Parolen einen hohen Blutzoll. Die Sozialdemokraten konzentrierten sich stärker auf ihr traditionelles Vereinsmilieu, das zum Ausgangspunkt für die Verteilung von im Ausland gedruckten Zeitungen wurde. Vor allem aber lieferten sie durch Kuriere Nachrichten an den SPD-Parteivorstand im Prager Exil, der sie von dort aus weiter verbreitete. Der Ausbau des Verfolgungsapparats durch das NS-Regime schränkte die Möglichkeiten des organisierten Widerstandes allerdings immer mehr ein (siehe Mat. S. 124–127).

Das Nebeneinander von Normen- und Maßnahmenstaat

Unterdrückung und Verfolgung gehörten zu jenen Mitteln, die die nationalsozialistische Herrschaft absicherten. Beide konnten aber nur bei Duldung und Mitarbeit der Bevölkerung funktionieren. Deshalb wurde das bestehende Recht nicht abgeschafft, sondern nur in Teilen verändert. Ernst Fraenkel, ein emigrierter Rechtsanwalt und Politikwissenschaftler, hat bereits 1941 von einem Nebeneinander von Normen- und Maßnahmenstaat gesprochen: Im NS-Staat wurden die bestehenden Normen ausgehöhlt und überlagert von den diktatorischen Maßnahmen des Führers (siehe S. 113, Mat. 9). Die NSDAP war dabei sowohl Teil des Verfolgungsapparats als auch Verbindungsschnur zwischen den einzelnen Verfolgungsinstitutionen und der Bevölkerung.

SA, SS und Gestapo

Das erste Instrument, mit dem der Nationalsozialismus in der Phase der „Revolution von unten" seinen Terror entfaltete, war die SA. Der Terror richtete sich gegen politische Gegner und Juden. Seit der zweiten Hälfte des Jahres 1933 drängte Göring die Macht der SA als „Hilfspolizei" wieder zurück, auch weil die Konservativen auf der einen und das Ausland auf der anderen Seite an dem „SA-Staat" Kritik übten. Am 30. Juni 1934 ermordeten im Auftrage Hitlers Sonderkommandos von SS und Polizei 150 bis 200 aktive SA-Männer, darunter ihren Stabschef Ernst Röhm. Damit war der NSDAP-interne Machtkampf zwischen der eher „sozialrevolutionären" SA und der „elitären" SS entschieden. Bereits seit 1929 hatte Heinrich Himmler die Umwandlung der SS, die aus der SA heraus gewachsen war, in einen rassistischen und weltanschaulichen Eliteorden begonnen. Damit verbunden war von Anfang an die Ideologie* der „Ausmerzung lebensunwerten Lebens". Himmlers Ziel war es die SS mit den politischen Eliten zu verschmelzen.

Unmittelbar nach der Machtübernahme hatte sich das Regime den Zugriff auf die preußische Polizei gesichert, der Polizei der Hauptstadt und des größten Landes in Deutschland. Die bereits vor 1933 bestehenden Politischen Polizeistellen der Länder wurden dem Reich unterstellt, diesen wurde dann die im April 1933 gebildete „Geheime Staatspolizei" (Gestapo) als neue Institution „übergestülpt". Die Befehlsgewalt über die Gestapo lag seit April 1934 bei dem SS-Führer Himmler. 1936 erhielt sie eine neue Struktur: Die regionalen Gestapo-Stellen wurden direkt der Leitung in Berlin mit Heinrich Himmler als „Reichsführer SS und Chef der deutschen Polizei im Reichsministerium des Innern" untergeordnet. Das bedeutete keine Kontrolle Himmlers durch den Reichsinnenminister, sondern im Gegenteil eine Erweiterung seines Machtbereiches durch Übernahme von Funktionen, die bis dahin dem Innenminister zugestanden hatten. Die Verzahnung von staatlicher Verwaltung und SS wurde mit der Einrichtung des Reichssicherheitshauptamtes (RSHA) am 17. September 1939, kurz nach Kriegsbeginn, weiter vorangetrieben. Das Reichssicherheitshauptamt erhielt unter anderem den Auftrag die sogenannte „Gesamtlösung der Judenfrage" umzusetzen. Die konkrete Durchführung lag in den Händen der lokalen Polizeibehörden.

Der Himmler direkt unterstellte „Sicherheitsdienst des Reichsführers SS" (SD) entwickelte sich zum Ausführungsinstrument des „Maßnahmenstaates" und diente vor allem dazu Anweisungen Hitlers auszuführen, die nicht durch Gesetze gedeckt waren. Die Männer der mörderischen Einsatzgruppen, die in Osteuropa unvorstellbare Verbrechen an der Zivilbevölkerung verübten (siehe S. 206), taten dies in SD-Uniform. Der SD war zudem damit beschäftigt die politische Stimmungslage in Deutschland zu beobachten und schuf dafür ein ausgeklügeltes Berichts- und Spitzelsystem.

Die Justiz

Die Strafjustiz war der Bereich des Rechts, dem die Nationalsozialisten am stärksten ihren Stempel aufdrückten. Ende März 1933 unterzeichnete der Reichspräsident die sogenannte „Heimtückeverordnung", die jede Kritik an der Regierung mit schweren Strafen belegte und die Aufgaben und Funktionen der bereits in der Weimarer Republik bestehenden Sondergerichte ausweitete. Sie waren jetzt zuständig für alle „Verbrechen", die unter die Verordnung „zum Schutz von Volk und Staat" und die „Heimtückeverordnung" fielen. Die Zuständigkeit der Sondergerichte erweiterte sich nach 1933 ständig; im Krieg kamen dann Delikte wie das Abhören feindlicher Sender, Schwarzschlachten oder Plündern bei Verdunkelung hinzu (Kriegssonderstrafrechtsordnung). Alle diese Delikte konnten mit dem Tod bestraft werden. 1934 wurde zur „Aburteilung von Hoch- und Landesverratssachen" der Volksgerichtshof geschaffen, dessen Richter von Hitler ernannt wurden und gegen dessen Entscheidungen keine Rechtsmittel zulässig waren. Gleichzeitig wurde der Begriff des „Hochverrats" neu gefasst. Bereits der „Verdacht" hochverräterischer Bestrebungen" reichte fortan zu einer Verurteilung.

Schon im Juli 1933 waren Erbgesundheitsgerichte eingerichtet worden, die über die Zwangssterilisation von Behinderten zu urteilen hatten. Damit war die Justiz unmittelbar in den Maßnahmenstaat integriert und sie ließ sich in ihrer überwiegenden Mehrheit zum Handlanger des NS-Regimes machen. Obwohl es für einen angeklagten Kommunisten oder Sozialdemokraten oder im Krieg für einen polnischen Zwangsarbeiter durchaus lebensrettend sein konnte, wenn ein Richter die ihm zur Verfügung stehenden Entscheidungsspielräume ausnutzte, war die Mehrheit der Richter in einem erschreckenden Maße willfährig. Besonders im Krieg nahm die Demontage des alten Rechts und rechtlicher Verfahrensweisen ein rapides Tempo an. Die Schleusen hierfür waren aber schon seit 1933 weit geöffnet. Nach zuverlässiger Schätzung wurden in Deutschland 1933 bis 1945 rund 16 560 Todesurteile verhängt und fast alle vollstreckt.

Die Verwaltung

„Der Justiz-Terror wird durch den Verwaltungsterror wirkungsvoll ergänzt"[17], hieß es 1936 in einem Deutschland-Bericht des Exilvorstands der SPD. Aber gerade dieser Aspekt, die Rolle der Verwaltung in der Terror-Maschinerie, ist bisher wenig untersucht. Fest steht, dass nahezu die gesamte Staatsverwaltung mittelbar oder unmittelbar in diese Maschinerie einbezogen war. Die Gesundheitsämter beteiligten sich an der Umsetzung von rassenhygienischen Maßnahmen wie der systematischen Erfassung von Erbkrankheiten und der Zwangssterilisation; die Fürsorgeämter waren ebenso für die Rassenhygiene wie die Aussonderung sogenannter „Asozialer" verantwortlich; die Ordnungspolizei führte die Deportation von Roma und Sinti aus und überwachte die Homosexuellen; psychiatrische Anstalten vollzogen die Euthanasie. Sie alle waren informiert und beteiligt, ebenso die Bürgermeister und Landräte, die teilweise nicht nur reagierten, sondern von sich aus die Initiative ergriffen. Die Deportation der Juden war zwar Sache der Gestapo, zugleich waren bei der Organisation der Deportation die Landräte, die Schutzpolizei, die Bürgermeister, die Reichsbahn und andere Dienststellen einbezogen. Mit der Verwaltung des zugunsten des Reichs verfallenen Vermögens der aus rassischen oder politischen Gründen Emigrierten war der Oberfinanzpräsident in Berlin beauftragt, sodass alle staatlichen Finanzämter Detailarbeit bei dem gigantischen staatlichen Raubzug leisteten. Hannah Arendt hat zu Recht die Arbeitsteilung bei der Verfolgung als ein wichtiges Merkmal des totalen Staates hervorgehoben. Die Fragmentierung der Verfolgungsmaßnahmen, die jeweils nur partielle Einbindung als „kleines Rädchen" in einen effektiv funktionierenden bürokratischen Vernichtungsapparat, setzte offenbar bei den vielen Einzelnen einen psychologischen Mechanismus der Delegation von Schuld in Gang, der ein Gefühl von Mitverantwortung nicht aufkommen ließ.

Die NSDAP und die Unterstützung der „Volksgenossen"

Lange Zeit erschien die Gestapo den Historikern, gestützt auf Aussagen von Zeitgenossen, als eine übermächtige Krake, die jede noch so kleine gesellschaftliche Nische eindrang und alles und jeden bespitzeln ließ. Ihr unterster Arm waren die Blockwarte (1939 gab es rund 463 000 „Blocks" mit je 40–60 Haushalten) und andere NSDAP-Mitglieder, die hinter jeder Wand lauerten. Dieser Apparat sei allmächtig und effizient gewesen. Untersuchungen einzelner Gestapo-Stellen zeigen nun ein anderes Bild. Die Erfolgsbilanzen der Gestapo beruhten, so zuverlässige Schätzungen, zu 80 Prozent auf Anzeigen aus der Bevölkerung. Zwar etablierten die Nationalsozialisten einen formalen Mechanismus der Denunziation über die Block- und Zellenorganisation der Partei, doch weder leisteten alle NSDAP-Funktionäre Spitzeldienste noch denunzierten nur NSDAP-Mitglieder. Im Gegenteil: Jeder „Volksgenosse", der einen anderen denunzierte oder anzeigte, konnte sich in Übereinstimmung mit dem „Führerwillen" wähnen; das setzte die Hemmschwellen des „Verrats" deutlich herab. Innerhalb kurzer Zeit gelang es dem Regime neben dem institutionalisierten Terror ein informelles Unterstützungssystem zu schaffen. Die Nationalsozialisten erreichten, dass ihre Vorstellungen von gefährlichen oder minderwertigen Gegnern sowie ihre politische und rassische Hierarchisierung von vielen Volksgenossen übernommen wurden, was für das Regime ein Mehr an Kontrolle und Effizienz bedeutete.

Alltagserfahrungen im Dritten Reich

Die Widersprüchlichkeit von Erfahrungen

Der Aufsplitterung von Verfolgung und Terror auf verschiedene Institutionen von Staat und Partei entsprach eine Mehrdeutigkeit und Widersprüchlichkeit von Einstellungen zum NS-Regime und von Alltagserfahrungen. Einerseits wurde der „schöne Schein" des Dritten Reiches von vielen Deutschen zur Wirklichkeit umgedeutet, etwa die Inszenierung der Volksgemeinschaft* am 1. Mai oder des Völkerfriedens anlässlich der Olympischen Spiele 1936 in Berlin. Der Abbau der Arbeitslosigkeit durch die Rüstungskonjunktur (siehe Mat. S. 174–177) und außenpolitische Erfolge wie die Angliederung des Saarlandes 1935 taten ein Übriges die Vorkriegsjahre als Jahre der „Normalisierung" erscheinen zu lassen. Andererseits höhlte das Regime die traditionellen Sozialmilieus und Solidargemeinschaften, die schon in der Weimarer Republik an Bedeutung verloren hatten, weiter aus. Zwar konnte eine intakte Familie im katholischen Raum ebenso Schutz bieten vor den Zugriffen des NS-Regimes wie die Milieus in den Arbeitersiedlungen. Hier konnte sogar eine gewisse Gegenöffentlichkeit weiter bestehen, die der Propaganda der NSDAP andere Informationen entgegensetzte. Allerdings bedeutete der Rückzug in private Nischen ein passives Hinnehmen der herrschenden Ordnung. Zugleich bestand für jeden im Alltag immer neu die Frage, in welcher Weise und in welchem Umfang er sich anpasste: Für das Winterhilfswerk seinen Beitrag geben oder nicht? Die

Werner Heldt (1904–1954), Aufmarsch der Nullen, um 1935, Kohlezeichnung, 46,4 x 63 cm, Berlin, Berlinische Galerie

Fahne heraushängen oder nicht, und wenn ja, in welcher Größe? Der Kriegsalltag, das Leben in den Luftschutzbunkern, verstärkte solche widersprüchlichen Erfahrungen und führte zu der oft beschriebenen Lähmung der Deutschen vor Kriegsende. Die einen hofften nur, dass endlich alles einmal vorbei sei, die anderen glaubten wie Kinder an den „Führer" und dessen „Wunderwaffen" für den Endsieg.

Arbeiterschaft
Der Zugriff des Regimes auf die Menschen war jedoch längst nicht so total, wie es seine Führer proklamierten und wie es die Zeitgenossen im Rückblick schilderten. Besonders in der Vorkriegszeit, die nach den Jahren der Krise einen relativen Wohlstand auch für Arbeiterfamilien brachte, förderten Modernisierungen im Alltag den Konsens mit dem Regime, etwa wenn Vorortsiedlungen endlich an das öffentliche Stromnetz angeschlossen wurden. Ähnlich wirkten sozialpolitische Verbesserungen oder die Reise- und Wanderangebote vom „KdF" (siehe S. 88). Solche Identifikationsangebote erleichterten unter den spezifischen Bedingungen des NS-Regimes den Rückzug ins „Unpolitische". Mit dem Einsatz von sieben Millionen ausländischen Zwangsarbeitern im Krieg verstärkte sich die Aufwertung des deutschen Arbeiters, der im Betrieb gegenüber den Zwangsarbeitern die Rolle eines „Vorgesetzten" einnehmen und damit seinen Status erhöhen konnte.

Bürgertum und Mittelstand
Auch große Teile des Bürgertums blieben in einer gewissen Distanz zu den Nationalsozialisten, nicht selten aus einem ständischen Überlegenheitsgefühl gegenüber den „Massen" heraus. Allerdings arrangierten sich die alten Eliten mit dem Regime, zumal viele ihrer politischen und sozialen Ziele sich erfüllten oder zu erfüllen schienen. Nur wenige nahmen einen Karriereknick in Kauf um etwa nicht als Richter an einem Sondergericht oder als Arzt an Euthanasieaktionen mitzuwirken. Das Regime zwang keinen Deutschen am „Maßnahmenstaat" gerade auf höherer Ebene teilzunehmen.
Die Mittelschichten, die vor 1933 in besonderem Maße die Nationalsozialisten unterstützt hatten, entzogen dem Regime an der Macht ihre Unterstützung nicht, wenngleich die Forderungen des alten Mittelstandes auf Schutz vor Konkurrenz der Industrie und Kaufhäuser vom Regime nicht erfüllt wurden. Lediglich im Handel zeigte sich größere Unzufriedenheit, da die versprochene Auflösung der „jüdischen" Warenhäuser zunächst ausblieb. Später entschädigten die „Arisierungen" (Übertragungen jüdischer Betriebe an „Volksgenossen") für die negativen Auswirkungen des industriellen Booms auf den Mittelstand. Die Bauern hingegen schwankten trotz der nationalsozialistischen Blut- und Boden-Ideologie zwischen Konsens und Dissens: Obwohl viele Wünsche der Bauern im Reichserbhofgesetz berücksichtigt wurden, führten der staatliche Zwang und der zunehmende Arbeitskräftemangel in der Landwirtschaft als Folge der Rüstungskonjunktur zu gewissen bäuerlichen Unmutsäußerungen, die das Regime in Verlegenheit brachten.
Am ehesten profitierten die neuen Mittelschichten der Angestellten und Beamten vom Regime. Der Bedarf an Technikern nahm zu, ihr Berufsstand wurde aufgewertet. Die auf Leistung orientierten Unternehmen boten neue Chancen an individueller Mobilität. Zudem kam die Verdrängung der Juden aus dem Berufsleben den anderen zugute.

Frauen
Lange Zeit prägte in der historischen Forschung die Männerideologie und die Männerbündelei des Nationalsozialismus mit seinem Mutterkult das Bild der Frauen im Dritten Reich. Frauen wurden qua Geschlecht meist als Opfer der Männerherrschaft gesehen. In letzter Zeit zeichnet sich ein differenzierteres Bild ab. Zwar erschwerte das Regime den Zugang der Frauen zur Universität und in die Beamtenlaufbahn. Generell wurden Frauen aus dem Erwerbsleben zugunsten der Männer zurückgedrängt – schon seit der Wirtschaftskrise in der späten Weimarer Republik. Die Krise bedrohte die Familien und die Frauen waren in einem besonderen Maße betroffen. Viele bürgerliche Frauen reagierten mit einer Flucht zurück in die vermeintliche Sicherheit der Rolle als Ehefrau und Mutter. Das NS-Regime bediente sich dieser Sehnsucht. Zugleich eröffnete sich ihnen aber ein reiches Betätigungsfeld für karitative Aufgaben (Winterhilfswerk, Nationalsozialistische Volkswohlfahrt). Von großer propagandistischer Bedeutung war anfangs das Ehestandsdarlehen, das „abgekindert" werden konnte. Weil die Gewährung der Darlehen außer der Nichtberufstätigkeit der Ehefrau eine Untersuchung beider Ehepartner auf erbbiologische Unbedenklichkeit voraussetzte, nahmen es allerdings viel weniger junge Ehepaare in Anspruch als vom Regime erwartet.
Doch bald geriet das NS-Frauenbild in Widerspruch zur Wirklichkeit. Die Rüstungskonjunktur verlangte die Eingliederung von Frauen in die Industrie, wenn auch meist auf Arbeitsplätze, die wenig oder keine Qualifikation erforderten. Obwohl im Dritten Reich die Frauenerwerbstätigkeit erstmalig zu einem festen Element weiblicher Biografie wurde, blieb das Frauenbild von der Realität unberührt. Einer der beliebtesten Schlager jener Zeit, das Lied von der „lieben kleinen Schaffnerin", ist deutliches Zeugnis der pseudoemanzipatorischen Ideologie der Zeit. Aufstiegschancen eröffneten sich Frauen vor allem in typischen

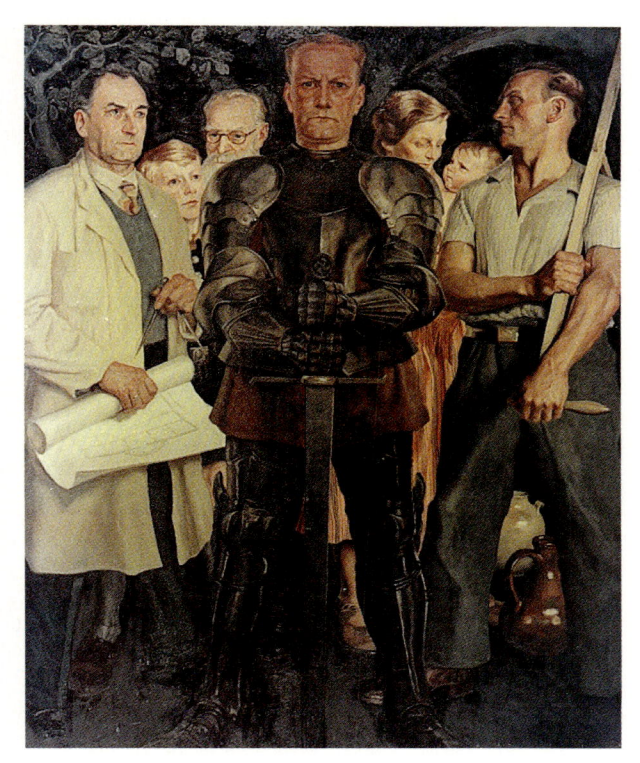

Hans Toepper (1885–1956), Deutsche Symphonie, o. J. (ca. 1938), Öl auf Leinwand, 137,2 x 94,6 cm, Washington, US-Army Center of Military History

„Frauenberufen", etwa in der Fürsorge. So gab es durchaus Arbeitsbereiche, in denen Frauen unmittelbar und mittelbar an der Durchsetzung von rassenhygienischen Maßnahmen beteiligt waren. Im Krieg hielten sie als „Blitzmädel" Einzug ins Heer. Frauen unterschieden sich im nationalsozialistischen Normen- und Maßnahmenstaat nicht grundsätzlich von Männern; sie waren häufig Opfer und Täterinnen zugleich. Man kann vermuten, dass ihr Mittun in der Regel mehr in Anpassung und im Unterlassen als im aktiven Handeln bestand, da sie nur in Ausnahmefällen in Entscheidungspositionen standen oder direkt als Aufseherinnen in den Konzentrationslagern an Gewalttaten beteiligt waren.

Jugend

In besonderem Maße bemühte sich das NS-Regime um die Zustimmung der Jugendlichen – und war hier auch besonders erfolgreich. Damit trug es auch zum weiteren Aufbrechen der traditionellen Familie und anderer Solidargemeinschaften bei. Der Eintritt in die „Hitlerjugend" (HJ) bzw. den „Bund Deutscher Mädel" (BDM) unterlag bis 1936 keinem Zwang, Jugendliche und Eltern konnten entscheiden. Für die meisten Jugendlichen waren die NS-Jugendorganisationen attraktiv; sie ermöglichten es ihnen die Generations- und Autoritätskonflikte mit Billigung des Staates zu lösen. Dies galt für Mädchen und Jungen. Manchem Mädchen bot der BDM eine verstärkte Chance zur Emanzipation, da es so eher dem häuslichen Zugriff entfliehen konnte und als Funktionärin den männlichen HJ-Funktionären gleichgestellt war. Mit der Verfestigung von bürokratischen Strukturen in der HJ und im BDM verflachte allerdings der attraktive Impuls für die Jugendlichen, zumal der militärische Drill in der HJ zunehmend den Alltag bestimmte. So lässt sich seit Ende der dreißiger Jahre in den Großstädten vermehrt ein Dissens unter Jugendlichen feststellen, der sich in der Bildung wilder Cliquen artikulierte, in denen sich autonome Formen von Jugendkultur entwickelten (siehe S. 125, Mat. 4 und 5).

Das „gespaltene Bewusstsein"

Das kulturelle Angebot im Dritten Reich unterschied sich zunächst nur wenig von dem vor 1933, mit einer folgenschweren Ausnahme: Viele Künstlerinnen und Künstler emigrierten aus politischen Gründen oder weil sie Juden waren ins Ausland (siehe S. 89 und Essay S. 136–139). Die nationalsozialistischen Eingriffe in das Rundfunkprogramm anläßlich der Märzwahlen wurden noch im Sommer 1933 zurückgenommen; Unterhaltungsmusik hatte fortan den Vorrang vor Propaganda. Ähnliches galt für die Filmindustrie: Propagandafilme wie „Hitlerjunge Quex" blieben die Ausnahme. Das Programm der Kinos beherrschten unpolitische Filme wie „Der Kongress tanzt" oder „Die drei von der Tankstelle". Bis 1939 waren auch noch unpolitische Hollywood-Filme zu sehen. „Vom Winde verweht" zählte zu Hitlers Lieblingsfilmen. „Mickey-Mouse" war bekannt, ebenso Autoren wie Thomas Wolfe. Bis zum Krieg konnte man an Kiosken sogar ausländische Zeitungen kaufen.

Das bruchlose Nebeneinander von nationalvölkischer Ideologie und amerikanischen Filmen, von Autarkiepolitik und Coca-Cola, von Thingstätten und Tanzpalästen, von Monumentalbauten und Heimatstil, von Militarisierung des Alltags und Rückkehr zum „normalen" Leben führte in den Köpfen der Menschen dazu, dass Einzelerscheinungen immer weniger aufeinander bezogen wurden. „Politik" galt zunehmend als etwas Bedrohliches, etwas, was möglichst vom normalen Leben ausgeschlossen blieb. Dieses „Gefühl" entsprach der Realität. Der Terror gegen Oppositionelle, die Verfolgung aus rassischen Gründen waren ja ebenso Teil des Alltags, zumal die Nationalsozialisten bewusst auf die Abschreckungswirkung ihrer Maßnahmen bzw. auf Zustimmung zur rassischen Diskriminierung und Verfolgung setzten. Dies erklärt auch die teilweise irrationale Bindung an den Führer. „Wenn das der Führer wüsste", war einer der wohl meist gesagten Sätze der Volksgenossen. Dahinter verbargen sich Ohnmacht und Angst.

Alltag im Nationalsozialismus – das war auch der Alltag all jener, die nicht zur Volksgemeinschaft* zählten und deren Leben bedroht wurde: Juden, Behinderte und Kranke, Homosexuelle, jene, die sich der Leistungsgemeinschaft verweigerten, und die Minderheit derer, die Widerstand leisteten. Das Leben der Deutschen unter dem Nationalsozialismus war nicht einfach „regimekonformer nationalsozialistischer Alltag" oder der Alltag einer vom Terror bedrohten ohnmächtigen Bevölkerung. Vielmehr gab es „eine langfristig formierte Gemengelage von Hinnehmen und eigensinniger Distanzierung, von Zustimmung, aber auch Sich-Widersetzen"[18]. Es dominierten die vielen Grauzonen zwischen Mitmachen und Widerstand.

Das Bewusstsein vieler Menschen spaltete sich häufig auf um die widersprüchlichen Erfahrungen zu verarbeiten. Einerseits waren die Vorkriegsjahre eher Jahre der „Normalität", was durch die Angebote an unpolitischer Unterhaltung und durch die Rückzugsmöglichkeiten ins Privatleben verstärkt wurde. Andererseits gab es immer auch die Öffentlichkeit des NS-Terrors und des Rassismus. Man wusste von den Konzentrationslagern und Arbeitserziehungslagern. Manches Kind hörte damals den Satz: „Wenn du nicht gehorchst, kommst du nach Dachau." Die Bestimmungen der „Nürnberger Gesetze" waren in allen Zeitungen nachzulesen, sie wurden im Rundfunk bekannt gegeben. Die Zeitschrift „Der Stürmer" verbreitete ihre Hetze gegen die Juden in Aushängekästen. Am 9. November 1938 sahen viele die Synagogen brennen, sie sahen den Abtransport von Nachbarn oder des jüdischen Arztes ins Lager. Das „gespaltene Bewusstsein" verdrängte jedoch den Terror und erinnerte die „Normalität".

Nationalsozialistische Rassenpolitik

Der Rassismus* der Nationalsozialisten hat eine noch weitgehend ungeschriebene Vorgeschichte und eine Nachgeschichte, die bis in die Gegenwart reicht. Zwar hat es Fremdenfeindlichkeit offenbar immer gegeben, doch wurzelt der Rassismus der Nationalsozialisten im letzten Drittel des 19. Jahrhunderts. In einer Verbindung von Wissenschaftsgläubigkeit, Erbbiologie und Medizin entstand die Lehre der Rassenhygiene, die mehr oder weniger der Glaube war mit

Praxisschild eines jüdischen „Krankenbehandlers" in Berlin 1938

Hilfe der Biologie soziale Prozesse zu beeinflussen. Damit gibt der moderne Rassismus das Recht des Individuums auf Unversehrtheit und Leben auf zugunsten eines vermeintlich höheren Wertes des „Volksganzen" oder der „Volksgemeinschaft". Die Rassenhygiene war in Teilen der Wissenschaft vor 1933 als Elitenideologie tief verwurzelt. Aus diesen Eliten – Biologen, Genetikern, Medizinern, Kriminologen, Hygienikern, Psychiatern, Pädagogen und Juristen – rekrutierten sich nach 1933 die Expertenstäbe für die nationalsozialistische Vernichtungspolitik.

Aus der Verunsicherung angesichts raschen Wandels und ungewollter Modernisierungsfolgen entstanden konnte sich der moderne Rassismus als Erlöser aus den Krisen der Moderne anbieten und sich tief in die Mitte der Gesellschaft einfressen. Historisch neu und beispiellos aber war, dass Rassedenken und Antisemitismus* im nationalsozialistischen Deutschland zum Inhalt staatlicher Politik, zum Dreh- und Angelpunkt staatlichen Handelns wurden. Dem Rassenwahn standen damit die Machtmittel eines diktatorischen Staats zur Verfügung. Begriffe wie „Rassenreinheit" und „Erbgesundheit" dienten nun erstmals der tatsächlichen Ausgrenzung immer größerer Bevölkerungsteile und begründeten eine Eskalation von Verfolgungsmaßnahmen. Die biologistische Utopie einer nach den Prinzipien der Rassen- und Sozialhygiene durchgeformten Gesellschaft führte in ihrer Konsequenz zur „Endlösung der Judenfrage" und zu anderen Formen staatlichen Massenmords.

Die nationalsozialistische Rassenpolitik entwickelte sich stufenförmig und nicht ohne Zögern. Bremsend wirkte bisweilen die Konkurrenz verschiedener Entscheidungsträger im System. Zudem galt es unterschiedliche Interessen zu berücksichtigen, etwa die der Rüstungswirtschaft, die die Zwangsarbeiter und Kriegsgefangenen aus den im Krieg besetzten Ländern dringend als Arbeitskräfte benötigte und daher für deren angemessene Versorgung plädierte. Anfangs bedurfte das Regime auch noch der Duldung des Auslands und sah sich genötigt antisemitische Ausfälle der radikalisierten Basis zu kanalisieren. Nach dem Boykott jüdischer Geschäfte und Praxen von jüdischen Ärzten und Rechtsanwälten sowie der Entfernung jüdischer Beamter (mit Ausnahme der Weltkriegsteilnehmer) aus dem öffentlichen Dienst im April 1933 begann 1935 mit den „Nürnberger Gesetzen" (siehe S. 128, Mat. 2) die systematische Ausgrenzung aller Juden, die damit zu Staatsbürgern minderen Rechts gemacht wurden. 1938 wurden die Juden praktisch vollständig aus dem Berufs- und Kulturleben verdrängt, jüdische Schülerinnen und Schüler mussten die allgemeinbildenden Schulen verlassen. Das von der NSDAP und der SA initiierte und durchgeführte Pogrom in der Nacht vom 9. auf den 10. November 1938, die sogenannte „Reichskristallnacht", zeigte dreierlei: den unverhüllten Vernichtungswillen des NS-Regimes, die inzwischen vollständige Rechtlosigkeit der Juden in Deutschland und das „Wegsehen" der deutschen Bevölkerung. Der Krieg schließlich wurde zum Motor der Vernichtung für alle Gruppen von Verfolgten, insbesondere für die europäischen Juden (siehe Mat. S. 128–131).

Deutschland im Zweiten Weltkrieg

Zentrales Ziel des vom nationalsozialistischen Deutschland entfesselten Zweiten Weltkrieges war die Eroberung von „Lebensraum" im Osten (siehe S. 203–206). Diese „Lebensraumpolitik" verband sich bei Hitler eng mit der Rassenpolitik. Der rassenpolitische Charakter dieses „deutschen" Krieges verlieh ihm seine Singularität – nicht allein das bis dahin unvorstellbare Ausmaß der Zerstörung von Menschenleben und materiellen Gütern sowie die globale Ausdehnung des Krieges.

Der Rassenkrieg
Der Rassenkrieg war ein Krieg nach innen und nach außen. Seine ersten Opfer waren die körperlich, seelisch und geistig Behinderten in Deutschland. Gleich nach Kriegsbeginn prüften Ärztekommissionen sie auf ihre „Arbeitstauglichkeit". Wer nicht als arbeitsfähig galt, wurde in als „Heil- und Pflegeheime" getarnten Vernichtungsanstalten ermordet – mitten in Deutschland. Die Vergasung der schwächsten und hilflosesten Mitglieder der Gesellschaft war der im nationalsozialistischen Sinne konsequente Schlusspunkt der Rassenhygiene. Doch dagegen regte sich bei der deutschen Bevölkerung Widerstand, vor allem bei den Angehörigen der Ermordeten und bei den Kirchen (siehe S. 124, Mat. 3). Die Vergasungsaktionen wurden deshalb eingestellt, allerdings starben weiterhin viele Behinderte durch von Ärzten verabreichte Giftspritzen. Insgesamt wurden während des Krieges etwa 200 000 Behinderte ermordet. Seit 1943 erfasste die systematische Vernichtung auch die als „rassisch minderwertig" eingestuften „Zigeuner", die Sinti und Roma. Mindestens 20 000, vielleicht sogar 40 000 von ihnen wurden nach Auschwitz transportiert und dort von der SS ermordet. Die Systematisierung des Rassenkrieges erreichte mit der Vernichtung der jüdischen Bevölkerung Europas ihren mörderischen Höhepunkt (siehe Mat. S. 128–131). Zuerst wurden die Juden in Gettos zusammengetrieben; ab September 1941 war für sie in Deutschland und in den besetzten Gebieten das Tragen des gelben Judensterns Pflicht. Nach der „Wannsee-Konferenz" vom 20. Januar 1942 begann die systematische Deportation von Juden in die Vernichtungslager im Osten Europas. Etwa sechs Millionen Juden wurden umgebracht: durch Hungerrationen, durch Exekution, durch Gas – allein in Auschwitz etwa eine Million Menschen. An dieser Tötung haben in Deutschland und in Europa Hunderttausende mitgewirkt: als Ärzte, als Polizisten, als Eisenbahner, als Hersteller und Lieferanten von Giftgas, als Soldaten, als SS-Lagerpersonal. Nur wenige haben protestiert.

Der Widerstand
In den von Deutschland überfallenen Ländern gab es von Anfang an Aktionen von Widerstands- und Partisanengruppen, die mit der Dauer des Krieges heftiger und wirksamer wurden. Auch in Deutschland selbst nahm der Widerstand der Regimegegner nach Kriegsbeginn zu (siehe Mat. S. 124–127). Die Bedingungen des Kriegsrechts erschwerten allerdings organisierte und koordinierte Aktionen; schon kleine Widersetzlichkeiten konnten jetzt mit dem Tode bestraft werden. Als sich nach Stalingrad die militärische Niederlage Deutschlands abzeichnete, bildeten sich im Militär und in der Staatsverwaltung Gruppen, die auf ein Ende des Nationalsozialismus hinarbeiteten. Ihre Motive waren sehr unterschiedlich. Einige von ihnen hatten als Demokraten schon vor dem Krieg Verbindungen ins Ausland gesucht um vor Hitler zu warnen. Andere wollten nicht länger an dem vor allem im Osten wütenden „Rassenkrieg" mitwirken und wieder anderen ging es vor allem um einen „ehrenvollen"

Das ist Kohlenklau!
DER MILLIONENDIEB

Wo steckt KOHLENKLAU?

Beim Kochen und Heizen
blüht ihm der Weizen.

Um Schalter und Hähne
schleicht die Hyäne.

An Fenstern und Türen
könnt Ihr ihn spüren.

Am Werkplatz nicht minder
stiehlt dieser Sünder.

Überall KOHLENKLAU!

Fasst ihn!

In den Zeitungen steht mehr über ihn!

„Das ist Kohlenklau!", Plakat, 1943, 120 x 85 cm, Entwurf: Johannes Landwehrmann

tion von Gütern. Diese Tendenz zur Verstaatlichung erfasste schließlich die gesamte Gesellschaft. Frauen wurden als „Luftwaffenhelferinnen" bei der Flugabwehr eingesetzt, zur Arbeit in der Rüstungsindustrie oder in der Verwaltung dienstverpflichtet. Viele Schulklassen wurden in Gebiete des Reiches evakuiert, die als weniger bombengefährdet galten. Die „Kinderlandverschickung" hatte aber noch einen anderen Zweck. In diesen Lagern erprobte die NSDAP ihre Erziehungsmaßnahmen für die Zeit nach dem „Endsieg": die Trennung der älteren Kinder von ihren Eltern, die Durchsetzung des Gefolgschaftsprinzips in der Erziehung, den Vorrang körperlicher vor intellektueller Ausbildung.

Zur Versorgung der eigenen Bevölkerung wurden Nahrungsmittel aus ganz Europa nach Deutschland geschafft und im Reich selbst arbeiteten über sieben Millionen Zwangsarbeiterinnen und Zwangsarbeiter aus den besetzten Gebieten. Der massive Einsatz von Zwangsarbeit in der Landwirtschaft ermöglichte für die gesamte Kriegsdauer eine ausreichende Grundversorgung der Bevölkerung mit Lebensmitteln. Anders als 1914–1918 führte die Kriegswirtschaft so nicht zu einer Massenverelendung. Die relative Gleichheit in der Versorgung trug sicher dazu bei die Loyalität der Deutschen gegenüber dem Regime fast bis zum Kriegsende zu sichern. Auch der Bombenkrieg der Alliierten gegen die Wohngebiete deutscher Städte und die Zentren der Rüstungsindustrie zerstörte diese Loyalität kaum. Die innere Abkehr vieler Deutscher vom Nationalsozialismus setzte erst ein, als Deutschland selbst zum Kampfgebiet wurde und Millionen vor der heranrückenden Roten Armee aus ihrer Heimat in den östlichen Reichsgebieten flüchten mussten.

Friedensschluss, der nach ihrer Meinung erst nach einer Zerschlagung des Nationalsozialismus zu erreichen war. Höhepunkt dieses Widerstandes aus der Mitte des Militärs und der Staatsverwaltung heraus war am 20. Juli 1944 das gescheiterte Bombenattentat auf Hitler durch Claus Graf Schenk von Stauffenberg. Die Attentäter und ihre Mitwisser – mehrere hundert Menschen – wurden hingerichtet, ihre Frauen und Kinder in „Sippenhaft" genommen.

Der „totale Krieg"

Mit zunehmender Dauer wurden Wirtschaft und Gesellschaft immer stärker auf die Anforderungen des Krieges ausgerichtet (siehe Mat. S. 223–226). Wie im Ersten Weltkrieg gab es eine Tendenz zur Verstaatlichung der Wirtschaft, nicht des Eigentums, aber bei der Herstellung und Produk-

1. *Erarbeiten Sie aus der Darstellung S. 86–96 und Mat. 9, S. 113 Merkmale des totalen Staates und Stufen seiner Verwirklichung im Nationalsozialismus.*
2. *Erklären Sie den Begriff „Normen- und Maßnahmenstaat" und diskutieren Sie seine Anwendbarkeit auf das Herrschaftssystem des Nationalsozialismus.*
3. *Beschreiben Sie die Erfahrungsgeschichte der Deutschen 1933–1945 und differenzieren Sie dabei nach sozialen Gruppen, Geschlecht und Alter. Welche Rolle spielten für Zustimmung zum oder Ablehnung des NS-Regimes die Außen- und Wirtschaftspolitik (siehe auch Darstellung S. 202 f. und 152–154)?*
4. *Erläutern Sie den Begriff Rassenhygiene und die daraus abgeleitete Politik. Was unterscheidet den nationalsozialistischen Antisemitismus und Rassismus von früheren Formen?*

Das faschistische Italien

Italien war das erste Land im Nachkriegseuropa, in dem das liberale System vor einer Diktatur* kapitulierte. Die Wurzeln hierfür reichen bis in die Zeit der staatlichen Einigung Italiens Mitte des 19. Jahrhunderts zurück. Das Nord-Süd-Gefälle in der industriellen Entwicklung, die krasse unterschiedliche Besitzverteilung in der Landwirtschaft sowie die Gegnerschaft zwischen dem Königreich und der katholischen Kirche verhinderten eine innergesellschaftliche Einigung. Hinzu kamen die Defizite des parlamentarischen Systems, das aufgrund eines rigiden Zensuswahlrechts – 1880 z. B. waren nur 2,2 Prozent der Bevölkerung wahlberechtigt – eine Kluft zwischen der liberalen Honoratiorenschicht und der Masse der Bevölkerung entstehen ließ. Eine soziale Modernisierung* hatte vor diesem Hintergrund kaum eine Chance auf Verwirklichung.

Die ungelösten sozialen, ökonomischen und politischen Probleme erschwerten vor allem die Bildung einer Opposition innerhalb des parlamentarischen Systems. So blieben die Massenbewegungen der Arbeiterschaft und des politischen Katholizismus von der Mitwirkung am Staat ausgeschlossen. Versuche des linksliberalen Regierungschefs Giovanni Giolitti nach 1900, durch Ausweitung des Wahlrechts, soziale Reformen und den Verzicht auf den traditionellen Antiklerikalismus eine Integration in Gang zu setzen, hatten nur zum Teil Erfolg. Mit Recht kann deshalb in Italien von einer sozial gespaltenen Nation gesprochen werden.

Die politischen Folgen des Ersten Weltkrieges

Während der Erste Weltkrieg in den meisten Ländern eine – zumindest vorübergehende – innere Einigung herbeiführte, galt dies für Italien nicht. Hier gewannen die „Interventionisten", an ihrer Spitze der aus dem sozialistischen Lager stammende Journalist Benito Mussolini und der populäre Dichter Gabriele D'Annunzio, die Auseinandersetzungen mit den „Neutralisten", der Mehrheit im Parlament. Sie nötigten die abwartende Staatsspitze im Mai 1915 zum Eintritt in den Krieg an der Seite der Entente. Mit anderen Worten: „Die Agitatoren der Straße setzten sich über die gewählten Volksvertreter hinweg"[19], ein Vorgang, der das System aus den Angeln heben konnte und 1922 in der erzwungenen Machtübertragung an Mussolini nachgeahmt wurde.

Der Krieg löste auch für Italien die Probleme nicht; die latente Krise des liberalen Systems mündete vielmehr in eine akute. Denn die Hoffnung der Interventionisten auf große Gebietsgewinne Italiens erfüllten sich nur zum Teil, sodass das Wort vom „verstümmelten Sieg" – ähnlich der Formel vom „Dolchstoß" in Deutschland – seine propagandistische Wirkung entfalten konnte. Nationalistischer Überschwang, gepaart mit Enttäuschungen über nicht erfüllte Hoffnungen, ließ D'Annunzio im September 1919 an der Spitze eines Freikorps in Fiume (Rijeka) einmarschieren und einen 15 Monate lang existierenden, allen völkerrechtlichen Bestimmungen widersprechenden „Freistaat" errichten. Vorformen des faschistischen Regimes (Führerkult, Uniformierung, Massenaufmärsche) prägten sich hier bereits aus.

Die Regierung schritt gegen das „Fiume-Abenteuer" nicht ein. Für einen weiteren Autoritätsschwund sorgten die von den Sozialisten initiierten Arbeitskämpfe und politischen Massenstreiks, die im Sommer 1920 in Fabrik- und Güterbesetzungen vor allem im Norden des Landes kulminierten. Der Kampfruf „Viva Lenin" drückte den anarchischen Zuständen im Lande den Stempel auf; die bürgerlichen Kräfte beschworen die Gefahr einer bolschewistischen Revolution. Die Regierung wurde nicht Herr der Lage. Das Verhältniswahlrecht, erstmals in den Wahlen vom November 1919 angewandt, setzte neue politische Kräfte frei. Es brachte den Sozialisten und der katholischen Volkspartei, den *Populari*, die Parlamentsmehrheit und verwies die zersplitterten Liberalen auf die Plätze. Eine Kooperation der beiden Wahlsieger erfolgte aber nicht, sodass die Liberalen einen Teil ihres Einflusses wahren, aber nur lockere Regierungsbündnisse eingehen konnten. Die Labilität der parlamentarischen Situation äußerte sich in häufigen Regierungswechseln.

Die faschistische Machtübernahme 1922

Als der linke Terror in der zweiten Hälfte des Jahres 1920 in den Gegenterror von rechts überging, zeigte sich die Agonie des liberalen Systems vollends. „Strafexpeditionen" gegen Arbeitskammern und Volkshäuser, aber auch gegen sozialistische Abgeordnete waren an der Tagesordnung, Aktionen, die vielfach Beifall in der bürgerlichen Presse, ja selbst bei der Polizei und in der Verwaltung fanden. Die Regierung brachte nicht die Kraft auf in diese Bürgerkriegssituation, die in den ersten Monaten des Jahres 1921 mehr als 200 Todesopfer kostete, ordnend einzugreifen; sie ermöglichte es dem Gegenterror damit sich in der Öffentlichkeit als Verteidiger von Recht und Ordnung aufzuspielen.

Der rechte Terror wurde von den *Fasci di Combattimento*, den faschistischen Kampfbünden, getragen, die Mussolini 1919 als Sammelbecken der Enttäuschten und Unzufriedenen gegründet hatte. Ursprünglich in ihrer Programmatik links orientiert und an revolutionäre Landarbeiterbewegun-

2 Demokratie und Diktatur

Plakat zum Treffen der faschistischen Studenten in Rom, 1929

gen auf Sizilien anknüpfend wandelten sie sich 1920 in eine faschistische Organisation und erhielten so ihr eigentümliches Doppelgesicht der „revolutionären Reaktion". Antiliberalismus, Antimarxismus sowie Antiklerikalismus waren Grundzüge dieser Bewegung. Von Anfang an setzte sie sich aus unterschiedlichen Gruppierungen zusammen (Nationalisten, Legionäre D'Annunzios, abtrünnige Sozialisten um Mussolini) und hierin spiegelte sich auch die unterschiedliche Taktik wider: Sollte der Faschismus* auf die direkte Aktion setzen und den Führern der paramilitärischen Squadren, der Kampfgruppen, den Einfluss sichern oder sollte er als eine organisatorisch gefestigte Partei – und damit zentralistisch – den Kampf gegen das „System" führen? Mussolini gelang es gegen innere Widerstände beide Stränge zu einer Doppelstrategie von Gewalt und Legalität zu verbinden: Als 1921 der Durchbruch zur Massenbewegung erfolgte – auch bürgerliche Kreise schlossen sich den Faschisten an –, leitete er die Umwandlung in eine Partei ein. Bei ihrer Gründung 1921 verfügte sie bereits über rund 300 000 Mitglieder.

Bei den vorzeitigen Neuwahlen im Mai 1921 versuchte der linksliberale Ministerpräsident Giolitti die Faschisten in einen „nationalen Block" einzubinden. Sein Konzept schlug fehl, ermöglichte aber den Faschisten den Einzug ins Parlament, ohne dass diese sich an die parlamentarischen Spielregeln gebunden fühlten. Mussolini drohte etwa im Frühjahr 1922 mit einem faschistischen Aufstand, wenn ein Ministerpräsident ernannt würde, der eine antifaschistische Koalition anstrebe. Die Sozialisten und die *Populari* fanden sich auch jetzt nicht zur Zusammenarbeit mit der Regierung bereit. Statt dessen nutzte Mussolini im September 1922 einen fehlgeschlagenen sozialistischen Generalstreik dazu die Mobilmachung der faschistischen Schwarzhemden anzuordnen und zum „Marsch auf Rom" aufzurufen. Zugleich signalisierte er dem König und der Armee Verhandlungsbereitschaft. In dieser Situation verweigerte Viktor Emanuel III. dem Ministerpräsidenten Luigi Facta die Ausrufung des Belagerungszustandes – und beauftragte Mussolini mit der Regierungsbildung. So ging das liberale System Italiens nach dem spektakulär inszenierten, dann aber stecken gebliebenen „Marsch auf Rom" ganz untheatralisch zugrunde.

Die Stabilisierung des faschistischen Systems

Nach außen wirkte der halb legale Machtantritt Mussolinis nicht wie ein Bruch mit der Tradition, stand der Ministerpräsident doch einer Koalitionsregierung aus Faschisten, Liberalen, *Populari* sowie unabhängigen Persönlichkeiten vor. Es schienen genügend Sicherungen gegen eine faschistische Diktatur eingebaut zu sein. Doch sie erwiesen sich bald als unwirksam. Die Umwandlung der faschistischen Squadren in eine staatliche Miliz, die Mussolini – nicht dem König – unterstellt wurde, konnte noch als Bändigungsmaßnahme der „revolutionären" Kräfte in den eigenen Reihen interpretiert werden. Aber bereits das Wahlgesetz vom November 1923 zeigte, dass der „Duce", wie Mussolini sich nennen ließ, mit seiner Partei das weiterhin bestehende Parlament majorisieren wollte: Die stärkste Partei bekam automatisch zwei Drittel der Sitze, sofern sie mindestens 25 Prozent der Stimmen erhielt. Selbst Altliberale wie Giolitti stimmten diesem Gesetz zu, ein Beleg dafür, wie sehr Mussolinis Formeln von der „Normalisierung" und der Sicherung der Regierungsfähigkeit ihre Wirkung taten. Dies, aber auch der Wahlterror sorgten im April 1924 für einen Stimmanteil von 65 Prozent für die faschistische Liste.

Doch bevor sich der Faschismus in Italien voll etablierte, musste er noch eine Krise bestehen. Als der populäre sozialistische Abgeordnete Giacomo Matteotti kurz nach der Wahl 1924 von einem Squadristen ermordet wurde, reagierte die Öffentlichkeit mit Abscheu. Aber auch jetzt fand sich die Opposition nur zu einem symbolischen Akt bereit: Sie zog aus dem Parlament auf den Aventin und brachte mit dieser Anknüpfung an die altrömische Tradition ihren Protest zum Ausdruck. Faktisch stellte sie sich aber mit diesem Schritt ins Abseits. Nutznießer der „Matteotti-Krise" war der geschickt taktierende Mussolini, der die Initiative zurückgewann und 1925 die Opposition ebenso ausschaltete wie die bisherigen Bündnispartner (Parteienauflösung, Verbot von Oppositionszeitungen, Rücktritt der nicht faschistischen Regierungsmitglieder).

Der ersten Etappe der faschistischen Machtdurchdringung folgte die Errichtung einer Diktatur und eines Korporativsystems. Mit dessen Hilfe sollten sowohl der Individualismus des liberalen Staates als auch der Klassenkonflikt überwunden werden. Doch stimmten Anspruch und Wirklichkeit weniger überein, als es das Modell des „totalitären Staates", den das Italien Mussolinis zu verkörpern vorgab, suggerierte (siehe S. 113, Mat. 11). Neben dem Duce bestanden als Machtzentren die Krone, die Kirche, der Industriellenverband und der Große Faschistische Rat weiter und wahrten eine gewisse Autonomie. Im damals bürokratisch noch wenig entwickelten Italien stieß zudem die Umsetzung der zentralistischen faschistischen Maßnahmen auf Schwierigkeiten. Anders als der Nationalsozialismus begründete sich der italienische Faschismus ideologisch vor allem historisch mit der Größe Italiens, weniger rassistisch. In Italien setzte die Judenverfolgung erst 1938 ein und erfuhr niemals eine Systematisierung wie im Nationalsozialismus. Zudem erlaubte der italienische Faschismus eine größere Offenheit gegenüber modernen Strömungen in Kunst und Literatur. Er ist deshalb von manchen Intellektuellen in der Zwischenkriegszeit unterschätzt worden. Der Antifaschismus in Italien formierte sich vor allem während des Zweiten Weltkrieges.

1. Erläutern Sie die historischen, sozialen und ökonomischen Belastungen des politischen Systems in Italien bis 1922.
2. Analysieren Sie die faschistische Herrschaftstechnik in Italien und vergleichen Sie diese mit jener des Nationalsozialismus.

Die Herausbildung autoritärer Regime im Osten Europas

Die „Standard"-Regierungsform nach dem Ersten Weltkrieg war auch im Osten Europas bis zur sowjetischen Grenze die parlamentarische Demokratie*. Zumeist aus der Konkursmasse der Großreiche Russland, Österreich-Ungarn und der Türkei entstanden hatten sich in Nordost- und Mittelosteuropa parlamentarisch-demokratische Republiken gebildet (Finnland, Estland, Lettland, Litauen, Polen, Tschechoslowakei, Österreich), während in Südosteuropa der Typus der parlamentarischen Monarchie vorherrschte (Rumänien, Bulgarien, Jugoslawien, Griechenland, Albanien). Ungarn als „Königreich ohne König" bildete einen Sonderfall (siehe Karte S. 63).

Doch unabhängig von der Staatsform scheiterte der scheinbare Siegeszug der parlamentarischen Demokratie in diesen Teilen Europas bald. Mit Ausnahme Finnlands und der Tschechoslowakei gelang es den übrigen Ländern nicht auf Dauer ein funktionierendes demokratisches System zu errichten. Statt dessen entstanden dort in der Zwischenkriegszeit autoritäre Regime unterschiedlicher Spielart. Erst während des Zweiten Weltkrieges gelangten zumeist mit deutscher Hilfe eindeutig diktatorische Regime an die Macht, z. B. die „Pfeilkreuzler" in Ungarn oder die „Ustascha" in Kroatien.

Die Grenzen zwischen den autoritären Regimen waren fließend; ein qualitativer Unterschied zwischen ihnen ist kaum feststellbar. Sie hoben sich aber von den im Ansatz und in der Intention totalitären Systemen in Italien und in Deutschland ab. So stützten sich diese Regime nicht auf eine dogmatische Ideologie* oder auf Massenbewegungen, die ihnen die Machtübernahme und -ausübung erleichterten. Gemeinsame Merkmale waren: ein extrem nationalistischer Kurs, der auch als Integrationsmittel für die Mehrheit gegen die nationalen Minderheiten genutzt wurde; Antiparlamentarismus und Unterdrückung demokratischer Freiheiten; Missachtung rechtsstaatlicher Prinzipien und der Einsatz einer Staatspolizei zur Einschüchterung der Bevölkerung.

Die Ursachen für das Scheitern der Demokratie sind in den sozialökonomischen und politischen Problemen dieser Länder zu sehen. Wirtschaftlich noch weitgehend agrarisch strukturiert gelang es ihnen weder Anschluss an die industrielle Entwicklung in Westeuropa zu gewinnen noch die überfällige Bodenreform durchzuführen. Die nationalen Misch-

2 Demokratie und Diktatur

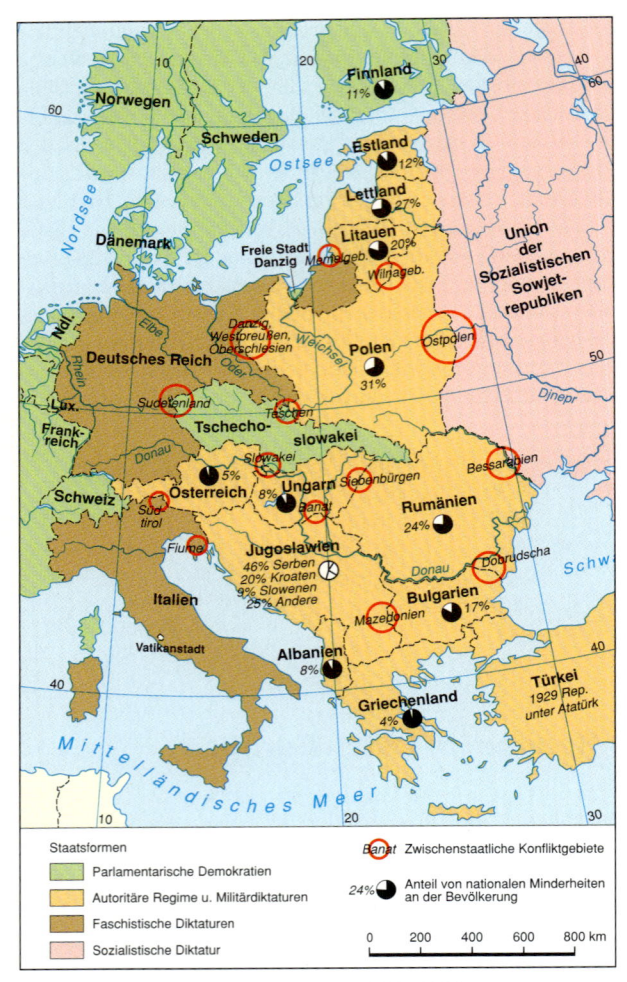

Nord-, Mittel- und Südosteuropa 1919–1939

stellte –, so zeigte auch das italienische Beispiel seine Ausstrahlungskraft. Marschall Jósef Piłsudskis „Marsch auf Warschau" 1926 war Mussolinis „Marsch auf Rom" nachempfunden (siehe S. 114, Mat. 12).

Der folgende Überblick zeigt, wie kontinuierlich sich der Übergang in autoritäre Regime im Osten Europas vollzog:

1920 Ungarn: Nach der Rätediktatur Béla Kuns (1919) Wahl Miklós Horthys zum Reichsverweser; autoritärer Kurs, Abbau demokratischer Rechte.

1924 Litauen: Militärputsch, Errichtung einer Einparteienherrschaft (Anton Smetona).

1925 Albanien: Achmed Zogu geht aus inneren Kämpfen als Sieger hervor; autoritäres Regime, 1928 Annahme des Königstitels.

1926 Polen: Jósef Piłsudski erringt die Macht (Militärputsch); das parlamentarische System bleibt als Fassade bis 1934 bestehen.

1929 Jugoslawien: König Alexander I. setzt die Verfassung außer Kraft und errichtet eine „Königsdiktatur".

1930 Rumänien: König Carol II. beginnt mit seinem „persönlichen Regiment"; 1938 nach Parteienverbot und Verfassungsaufhebung: „Königsdiktatur".

1933 Österreich: Staatsstreich von Engelbert Dollfuß (von Nationalsozialisten 1934 ermordet); Parteienverbot, Einführung einer korporativen Verfassung; Bekämpfung von Nationalsozialisten und Sozialisten.

1934 Estland und Lettland: In beiden Ländern ergreifen die Führer von Agrarparteien, Konstantin Päts und Karl Ulmanis, die Macht und errichten ein autoritäres Regime.

1934 Bulgarien: Nach Offiziersputsch Diktatur Kimon Georgiews (scheitert 1935); Zar Boris III. errichtet 1937 autoritäres Regime mit parlamentarischer Fassade.

1936 Griechenland: Nach wiederholtem Wechsel von Republik und Monarchie Staatsstreich des Generals Metaxas; Errichtung einer Diktatur.

Auch nach dem Zweiten Weltkrieg konnte sich – außer in Österreich und Griechenland – in keinem der nord-, mittel- und südosteuropäischen Staaten eine demokratische Tradition herausbilden. Erst das Ende der Sowjetunion Anfang der neunziger Jahre gab der Demokratie in diesem Teil Europas eine neue Chance.

siedlungen in Osteuropa ließen darüber hinaus Staaten mit starken nationalen Minderheiten entstehen, die nur ungern in ihrem neuen „National"-Staat lebten. Umstrittene Grenzen, z. B. zwischen Polen und Litauen oder zwischen Ungarn und Rumänien, kamen als außenpolitisches Konfliktpotential mit innenpolitischer Rückwirkung hinzu. Vor allem aber fehlte es an einer demokratischen Tradition in diesen aus autoritären Monarchien hervorgegangenen Ländern. Die Entwicklungen in der Sowjetunion und in Italien spielten ebenfalls eine Rolle: Wie das sowjetische Beispiel auf die landhungrige Bevölkerung der osteuropäischen Länder einwirkte – und damit eine Bedrohung für die alten Eliten dar-

---

1. *Skizzieren Sie die politische Entwicklung der nach dem Ersten Weltkrieg im östlichen Teil Europas entstandenen Staaten.*
2. *Analysieren Sie die Ursachen für die Schwierigkeiten der Demokratie in diesen Ländern.*

Die Sowjetunion 1917–1945

Forschungsstand und Forschungsprobleme

Die Forschungen zur Geschichte der Sowjetunion bewegten sich bis Ende der 1980er Jahre überwiegend zwischen zwei Erklärungsmodellen. Zum einen: Waren die terroristischen und diktatorischen Entwicklungen in der Sowjetunion bereits in der leninistischen Theorie, vor allem in dem Begriff der „Diktatur des Proletariats", festgeschrieben? War also der Aufbau eines totalitären Staates notwendiger Ausfluss der marxistisch-leninistischen* Ideologie und damit insbesondere unter Stalin das eigentliche Ziel der sowjetischen Politik? Das hieße die Frage nach der Rolle des Diktators zu stellen. Das andere Interpretationsraster fragt stärker nach den Zwängen der schnellen Modernisierung in der Sowjetunion und den Auswirkungen der immensen ökonomischen und sozialen Probleme, die Krieg und Zarismus hinterlassen hatten. Konnte der Stalinismus* unter diesen Umständen als Deformation des leninistischen Modernisierungskonzepts* gesehen werden?

Nach dem Ende der Sowjetunion steht zunehmend eine dritte Erklärungsvariante zur Diskussion: Zwar ist die Geschichte der Sowjetunion vor allem als Geschichte von Modernisierung in einem rückständigen Land zu sehen, doch vollzog sich diese Modernisierung dysfunktional. Von Anfang an pressten die Bolschewiki* die Modernisierung in ein verkürztes Technikverständnis. Statt auch die Gesellschaft und den Staat zu modernisieren, erhob sich die bolschewistische Partei über den Staat und die Ökonomie. Die Kosten der Modernisierung standen bald in keinem Verhältnis zu den unbestrittenen Leistungen. Sozialismus* wurde in Ansätzen schon bei Lenin mit Technizismus gleichgesetzt. Die Gesellschaft erschien als ein beliebig manipulierbares System, in dem die einzelnen Menschen keine Rechte hatten. Dies würde bedeuten, dass der Stalinismus als System nicht in all seinen Verzweigungen vorgeplant war, sondern eine Geschichte von Widersprüchlichkeiten und Ad-hoc-Entscheidungen ist. Ob man, ähnlich wie für den Nationalsozialismus, auch im Stalinismus von konkurrierenden Entscheidungsebenen auszugehen hat, ist noch offen.

Darüber hinaus interessieren sich insbesondere russische Historiker für die Frage, ob die sowjetische Geschichte ein dramatischer Bruch oder eher die Fortführung der vorrevolutionären Strukturen war. Radikal zugespitzt: Wurde die russische Geschichte von den Bolschewiki „vergewaltigt", ihr die Revolution oktroyiert? Oder verbinden sehr viel stärker als vermutet Kontinuitäten die zaristische und die sowjetische Geschichte?

Die bisherige umfangreiche Historiographie zur Geschichte der Sowjetunion war weitgehend eine Geschichtsschreibung ohne staatliche Quellen. Jetzt, nach Öffnung der Archive, zeichnet sich eine breite sozialgeschichtliche Forschung mit neuen Schwerpunkten ab: Wohin haben sich die einzelnen gesellschaftlichen Schichten entwickelt? Wie vollzog sich die Vernichtung der bürgerlichen Schichten? Wer waren die Gewinner und Verlierer in den Modernisierungs- und Industrialisierungsprozessen? Es ist anzunehmen, dass die neuen Forschungen für die Zeit der stalinistischen Diktatur in der Sowjetunion ergeben werden, daß dieses System sich nicht in ein Erklärungsmodell pressen lässt, ebenso wenig, wie monokausale Erklärungen für das Scheitern des Sowjetkommunismus überdauern werden. Weder war die stalinistische Herrrschaft so total von einer Ideologie durchtränkt noch erreichten die Partei und ihr Überwachungs- und Terrorsystem alle Nischen der Gesellschaft, wie es das Totalitarismusmodell unterstellt (siehe S. 132, Mat. 1). Die Diskussion darüber, ob der Terror Stalins und sein diktatorisches System eine Folge der notwendigen Modernisierung war und ob diese Deformationen der Preis für Russlands Weg in die Moderne waren, führt in den Kern der Geschichte des zwanzigsten Jahrhunderts in Europa. Viel stärker, als es bisher möglich war, wird der Blick auf kulturelle Kontinuitäten und Brüche, auf das komplizierte Geflecht von Herrschaft und Bevölkerung zu richten sein um die Etablierung des stalinistischen Systems zu erklären.

Revolution und Bürgerkrieg 1917–1921

Selten ist eine Revolution* so zum Kern und Ausgangspunkt des Selbstverständnisses eines Staates geworden wie die „Große sozialistische Oktoberrevolution". Diesen ersten sozialistischen Staat der Menschheitsgeschichte verteidigten die sowjetischen Kommunisten meistens kritiklos: Die Revolution verkam zum Modell für den Sieg des Kommunismus* in einem Land; sie wurde gewissermaßen verstaatlicht (siehe Mat. S. 116–119).

Die Ursachen der Revolution

In Russland begann die Industrialisierung erheblich später als in den west- und mitteleuropäischen Ländern. Die Reformen, zu denen sich Zar Alexander II. nach der Niederlage im Krimkrieg (1854–1856) gezwungen sah, insbesondere die Aufhebung der Leibeigenschaft, blieben auf halbem Wege stecken, da kein Markt geschaffen wurde. Die Diskrepanz zwischen Stadt und Land, zwischen einer expandierenden Industrie und einer stagnierenden Entwicklung auf dem Lande, konnte nicht überbrückt werden. Dies betraf nicht nur die agrarischen Produktionsweisen und die Lebensbedingungen der Bauern, sondern auch den Bildungsstand. Drei von vier Erwachsenen waren Analphabeten. Verschärft wurde die Lage auf dem Land durch die Bevölkerungsexplosion. Hatte Russland 1860 etwa 60 Millionen Einwohner, so waren es 1913 bereits 174 Millionen.

Der zaristische Staat förderte die Modernisierung der Industrie ohne ihre sozialen Folgen durch politische Modernisierung abzusichern. Dies musste die sozialen und politischen Spannungen verschärfen. 1905, noch während des schließlich verlorenen Krieges gegen Japan um den Einfluss Russlands in Ostasien, kam es zu einer Streikbewegung der Arbeiter in den Städten und in weiten Teilen des Landes zu Bauernaufständen. Da die Armee größtenteils loyal blieb, wurden die Aufstände blutig niedergeschlagen. Trotzdem sah sich der Zar zu Zugeständnissen gezwungen (Oktobermanifest). 1906 wurde eine Verfassung mit einem Parlament, der Reichsduma, gewährt. Aber deren Rechte blieben gering. Es gab keine Verantwortlichkeit der Minister gegenüber dem Parlament und keine Kontrolle der Regierung. Vor allem über Krieg und Frieden entschied allein der Zar.

Die Februarrevolution

Nach 1914 genügten zwei Kriegsjahre um Russland in eine tiefe Krise zu stürzen. Anfang 1917 nahm eine Streikbewegung im Lande Massencharakter an. Die revolutionäre Bewegung entwickelte sich entlang der Eisenbahn, dem Nervenzentrum der Revolution. Die städtischen Mittel- und Unterschichten beteiligten sich daran ebenso wie große Teile der Landbevölkerung. Am 23. Februar 1917 (nach altem Kalender), dem Internationalen Frauentag, standen in St. Petersburg 128 000 Arbeiter und Arbeiterinnen im Streik; zwei Tage später wurde der Generalstreik ausgerufen. Die Streikenden forderten Brot, die Beendigung des Krieges und die Beseitigung des Zarismus. Am 26. Februar schlossen sich militärische Einheiten den Aufständischen an. Am 27. Februar war die Hauptstadt völlig in der Hand der Arbeiter und Soldaten. Zar Nikolaus II. dankte ab; das Ende der dreihundertjährigen Herrschaft der Romanovs war gekommen.

Schon bald nach diesen Februartagen bildete sich eine „Doppelherrschaft" in Russland aus. Überall im Lande übernahmen Sowjets (Räte*) faktisch die Macht (siehe S. 116, Mat. 2). In den Sowjets dominierten zwei Parteien, die Menschewiki und die Sozialrevolutionäre. Beide hatten ihre soziale Basis in der Intelligenz. Die Menschewiki bezogen sich in ihrer Agitation und Programmatik eher auf die Industriearbeiter, die Sozialrevolutionäre eher auf die Bauern. Insbesondere die Bauern waren in dem riesigen Land schwer zu organisieren. Gemeinsam war beiden Parteien ein schematisches Bild von historischer Entwicklung, das sich an dem Ablauf der europäischen Revolutionen und an den Vorstellungen von Marx und Engels orientierte, wonach Russland zunächst eine längere Periode bürgerlich-kapitalistischer Entwicklung zu durchlaufen hätte. Die Menschewiki und die Sozialrevolutionäre forderten daher die bürgerlichen Parteien aus der zaristischen Zeit auf eine Regierung zu bilden. Das Resultat war die Provisorische Regierung (siehe S. 116, Mat. 1). Sie bestand aus Vertretern der bürgerlichen Parteien und einem Minister der Sozialrevolutionäre, Alexander Kerenski, der im Sommer schließlich Regierungschef wurde. Dem Modell der „Doppelherrschaft" entsprechend entstanden neben den Räten lokale Organe der Regierungsgewalt, die aber relativ bedeutungslos blieben.

Die Arbeiter, Bauern und Soldaten in den neuen Räten traten für einen sofortigen Friedensschluss ein. Darüber hinaus forderten sie weitgehende Mitbestimmungs- und Kontrollrechte für die sich überall bildenden Fabrikkomitees und eine grundlegende Agrarreform. Damit waren Konflikte mit der Provisorischen Regierung vorgezeichnet. Die stürmische Entwicklung in den Sommermonaten – die innere Auflösung der russischen Armee, die spontanen Landnahmeaktionen der Bauern, der Versuch eines Gegenputsches, die Radikalisierung der Massen, deren Forderungen nach Frieden, Brot und Land nicht erfüllt wurden – all das schwächte die Macht der Regierung Kerenski stark.

Die Oktoberrevolution

In dieser Situation wurden die Bolschewiki, die nur eine kleine Minderheit in den Räten darstellten, zum Sprachrohr insbesondere der städtischen Massen. Im April 1917 war ihr Vorsitzender Wladimir Iljitsch Lenin mit Hilfe der deutschen Reichsregierung aus dem Schweizer Exil nach Russland zurückgekehrt. Lenin vertrat im Gegensatz zu den Menschewiki und zu Teilen der eigenen Partei die Auffasssung, dass die Revolution mit Energie weitergetrieben werden müsse und dass allein eine Arbeiter- und Soldatenregierung, deren Keimform er im Petrograder Sowjet verwirklicht sah, die nationalen und sozialen Probleme des Landes lösen könne (siehe S. 116, Mat. 3). „Die Eigenart der gegenwärtigen Lage in Russland", schrieb Lenin in seinen Aprilthesen, „besteht im Übergang von der ersten Etappe der Revolution, die infolge des ungenügend entwickelten Klassenbewusstseins und der ungenügenden Organisiertheit des Proletariats der Bourgeoisie die Macht gab, zur zweiten Etappe der Revolution, die die Macht in die Hände des Proletariats und der ärmsten Schichten der Bauernschaft legen muss." Lenin ging allerdings davon aus, dass in den anderen europäischen Ländern die sozialistische Revolution ebenfalls vor der Türe stand und die europäische Arbeiterklasse dem sozialistischen Russland helfen werde. Die Bolschewiki forderten daher „Alle Macht den Räten", die sofortige Beendigung des Krieges, die entschädigungslose Aufteilung der Gutsländereien unter den Bauern, die Kontrolle der Arbeiter über die Industrieproduktion und das Selbstbestimmungsrecht für alle nicht russischen Völker.

Bei den Wahlen im September 1917 errangen die Bolschewiki die Mehrheit in wichtigen Sowjets. Leo Trotzki, der bedeutendste Mitstreiter Lenins, wurde Vorsitzender des Petrograder Sowjets. Am 25. Oktober nutzte Trotzki die Ohnmacht der Regierung Kerenski. Er ließ das „Revolutionäre Militärkomitee", ein Organ des Petrograder Sowjets, den Regierungssitz, das „Winterpalais", stürmen. Die Regierung wurde abgesetzt (siehe S. 117f., Mat. 5 und 7). Es gab keine Massendemonstrationen, kaum Tote. Noch am Abend trat der Petrograder Sowjet zusammen, in dem die Bolschewiki die absolute Mehrheit hatten, und verkündete zwei Dekrete: das „Dekret über den Frieden", gerichtet an alle kriegführenden Länder, und das Dekret über die entschädigungslose Enteignung von Grund und Boden. Außerdem bildete der Petrograder Sowjet eine provisorische Arbeiter- und Bauernregierung (Rat der Volkskommissare) und wählte das „Gesamtrussische Zentralexekutivkomitee". Zielstrebig verfolgten die Bolschewiki darüber hinaus die Schaffung der „Diktatur des Proletariats". Als die Wahlen zur verfassunggebenden Nationalversammlung, die noch die Provisorische Regierung veranlasst hatte, im November 1917 eine Mehrheit der Sozialrevolutionäre ergaben und das gewählte Parlament sich weigerte die Sowjetmacht uneingeschränkt anzuerkennen löste der Rat der Volkskommissare das Parlament im Januar 1918 durch Truppeneinsatz auf.

Der Bürgerkrieg

Das Schicksal der Revolution aber entschied sich im Bürgerkrieg. Von seiner Gründung an stand der neue Staat unter starkem Druck: Er musste den Krieg mit den Mittelmächten beenden (siehe S. 192f.) und eine neue staatliche Infrastruktur in einem Land schaffen, das verkehrsmäßig wenig erschlossen war. Der Landhunger der ärmeren bäuerlichen Schichten blieb auch nach der Enteignung des gesamten Besitzes von Adel, Kirche und Zarenfamilie unbefriedigt, zu-

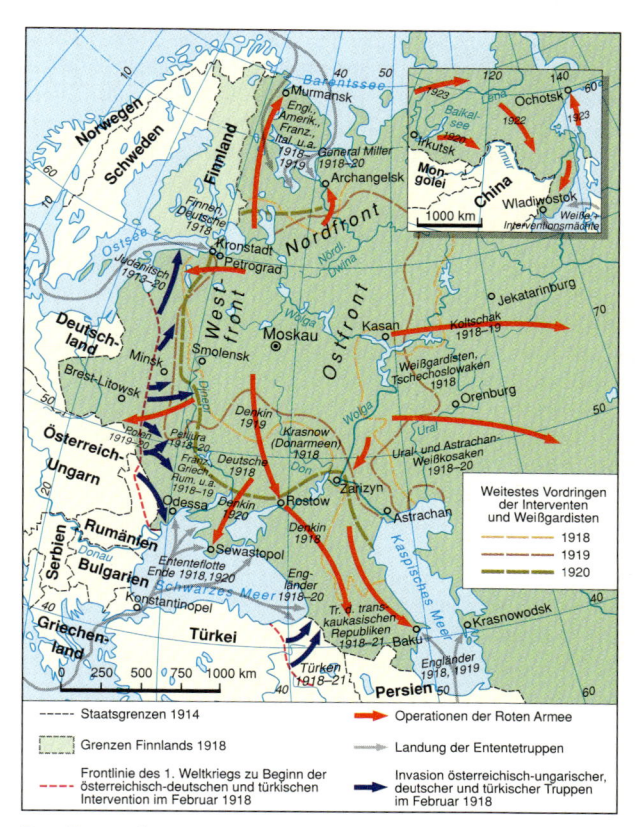

Der Bürgerkrieg in der Sowjetunion 1918–1921

mal der Zusammenbruch der Volkswirtschaft Millionen Menschen aufs Land trieb. Neue Wellen von Umverteilung, zum Teil mit unvorstellbaren Gewaltausbrüchen, erschütterten die Dörfer. In der Industrie trafen die Betriebskomitees, die an Stelle der privaten Unternehmer getreten waren, konfliktreich mit den Vertretern des Staates aufeinander, die eine planvolle Lenkung der Volkswirtschaft anstrebten.

Zudem war eine breite gegenrevolutionäre Bewegung von „Weißen" entstanden, zunächst gestützt von deutschen und österreichischen Truppen, nach deren Kapitulation von Großbritannien und Frankreich, sogar von den USA und Japan. Ein wesentliches Motiv der Westmächte war die Furcht der Industriestaaten vor einer Ausbreitung der Revolution. Zu den „Weißen" gehörten neben den alten Oberschichten auch große Teile des Mittelstandes, der einfachen Bauern und der zaristischen Armee. Zeitweilig kontrollierten sie riesige Gebiete. Einer ebenfalls gegen die neuen Machthaber kämpfenden, relativ großen anarchistischen Bewegung gelang es nicht sich auf Dauer als eigenständige Größe zu halten. Die von Trotzki neu aufgebaute „Rote Armee" kämpfte schließlich alle gegenrevolutionären Bewegungen nieder. Die Gründe für den Sieg Trotzkis liegen zum einen in dessen herausragendem Organisationstalent, aber auch in der Uneinheitlichkeit der „Weißen", die insbesondere keine Antwort auf die Nationalitätenfrage hatten.

Die Dramatik des Bürgerkriegs ist nachträglich kaum zu vermitteln. Er war begleitet von einem völligen Zusammenbruch der Geldwirtschaft, einer Zerstörung der traditionellen Familien- und Sozialmilieus und riesigen Wanderungsbewegungen. Die Bevölkerungszahl von Petrograd verminderte sich gegenüber 1917 auf ein Drittel. Millionen von Menschen starben den Hungertod; drei Millionen Kinder schlossen sich in Kinderarmeen zusammen, die plündernd durch das Land zogen und teilweise in die Kämpfe verwickelt waren. Zugleich war diese „heroische Periode der Großen Revolution", wie sie in der sowjetischen Historiographie hieß, ein Tummelplatz der Utopien, die zentrifugale Kräfte entwickelten. Dadurch, dass die „proletarische Naturalwirtschaft" als Konsequenz der Not die alten Formen privatwirtschaftlichen Austausches überdeckte, fand die kommunistische Utopie in ihrer radikalsten Ausformung eine scheinbare Entsprechung in der Realität und wurde zur einzig legalen und richtigen erklärt. Alle herkömmlichen Eigentumsformen wurden als illegal und feindlich deklariert.

Der Spielraum für eine demokratische Entwicklung war in dieser Phase des Bürgerkriegs sehr gering. Allerdings wurde er auch nicht genutzt. Die junge Sowjetmacht antwortete auf den Terror der Weißen mit dem roten Terror, der sich nicht zuletzt gegen die Opposition in den eigenen Reihen richtete. Die Revolte in der Seefestung Kronstadt (siehe S. 118, Mat. 8), in der sich Arbeiter und Matrosen 1921 nicht etwa gegen die Sowjetmacht, sondern gegen die Herrschaft der bolschewistischen Partei im Namen der Rätedemokratie auflehnten, war Ausdruck der schwersten politischen und wirtschaftlichen Krise. Trotzki ließ diese Revolte blutig niederschießen. Das, was Lenin bereits 1903 als Parteitheorie entwickelt hatte, die Partei als die „Avantgarde des Proletariats", versteinerte zur Diktatur der bolschewistischen Partei. Jeder Ansatz zu einer innerparteilichen Demokratie wurde durch die Zentralisierung aller Leitungsfunktionen und eine Militarisierung der Parteiorganisation abgetötet. Im Laufe des Jahres 1919 etablierte sich der Kriegskommunismus, in dem der Staat selbst sämtliche Produktions- und Distributionsfunktionen unter Kontrolle der Partei übernahm. Die außer- und innerparteiliche Opposition gegen diesen Kurs wurde bereits in diesen Jahren auf Befehl der bolschewistischen Führung umgebracht.

Die Stabilisierung der Sowjetmacht in den zwanziger Jahren

Die Unruhen und Bauernaufstände, die 1920/21 das Land überzogen, nahmen immer radikalere Formen an. Es waren wiederum die Bauern, die sich gegen die gewaltsamen staatlichen Zwangseintreibungen der Agrarproduktion in einer Aufstandsbewegung organisierten und schließlich die Sowjetregierung zur Umkehr zwangen. Nach dem Kampf gegen alle Eigentumsformen wurden nunmehr stärker Bündnisse zwischen den besitzenden privaten Bauern und den Arbeitern gesucht. Diese Politik des sozialen Kompromisses hieß „Neue Ökonomische Politik" (NEP). Sie stellte den Versuch dar unter Rückgriff auf die Konzeption einer staatskapitalistischen Übergangswirtschaft, in die jetzt auch die Bauern einbezogen werden sollten, die zentralen Aufgaben zu lösen: Sicherung der Versorgung der Bevölkerung durch die Landwirtschaft und Förderung der geschwächten und rückständigen Industrie. Die Ablieferungspflicht für die Bauern wurde durch eine Natural- und Geldsteuer ersetzt. In weiten Bereichen der russischen Ökonomie herrschten wieder Marktbeziehungen. Unter der Kontrolle des Staates blieben Großindustrie, Banken, Verkehrswesen, Groß- und Außenhandel und die gesamtwirtschaftliche Planung, letztere allerdings mehr in der Theorie als in der Praxis. Die Betriebe zahlten differenzierte Leistungslöhne. Tatsächlich erholte sich das Land allmählich. 1926 wurde die Vorkriegsproduktion wieder erreicht – eine enorme Leistung.

In dieser Zeit wurde auch das bereits im revolutionären Programm der Bolschewiki von 1917 formulierte Recht auf nationale Selbstbestimmung der Völker ansatzweise verwirklicht. Für die Ukraine, die kaukasischen und zentralasiatischen Republiken trat es jedoch hinter militärischen und politischen Erwägungen in den Hintergrund. Sie erhielten allerdings im Interesse ihrer kulturellen Eigenständigkeit von der Sowjetmacht Spielräume eingeräumt, ebenso wie etwa die deutsche Minderheit oder die Juden.

Die Phase der wirtschaftlichen Liberalisierung begleitete in den Städten ein Aufschwung des kulturellen Lebens. Die Künstler stellten sich in den Dienst der Revolution. Der Konstruktivismus eines Kasimir Malewitch in der Malerei, Experimente im Theater, Kreativität in der Dichtkunst oder im Film („Panzerkreuzer Potemkin", 1925) machten die Sowjetunion zu einem riesigen kulturellen Experimentierfeld, das auf andere Länder ausstrahlte. Intellektuelle und Künstler aus den westlichen Ländern bereisten die Sowjetunion und waren fasziniert. Bis tief in die zwanziger Jahre hinein hatten reformerische Bildungskonzeptionen eine Chance.

Der Aufstieg Stalins

Die ökonomischen und kulturellen Spielräume der zwanziger Jahre kontrastierte eine diktatorische Konzentration der politischen Macht. Minderheiten oder Opposition wurden in der bolschewistischen Partei nicht geduldet. Bereits 1920/21 hatten die Gewerkschaften ihre Eigenständigkeit gegenüber der Partei verloren. Nach Lenins Tod im Herbst 1924 entspann sich ein erbitterter Kampf um die politische Richtung. Trotzki auf dem „linken Flügel" hatte bereits 1923 und verschärft nach dem Tode Lenins die wachsende Bürokratisierung der Partei angeprangert. Zugleich forderte er eine rasche Industrialisierung und das Zurückdrängen des privatwirtschaftlichen Sektors. Bucharin auf dem „rechten Flügel", der stärker unter dem Eindruck des verheerenden Kriegskommunismus stand, befürchtete, dass dann die Bauern ihre Loyalität aufkündigen würden. Er forderte daher eine weitere Stützung der Bauern um über die Nachfrage an Industriegütern allmählich den Aufbau der verstaatlichten Industrie zu realisieren (siehe S. 170, Mat. 1). Stalin stand nicht im Zentrum des Konflikts. Tatsächlich gelang es ihm im Bündnis mit den Rechten zunächst 1927 den linken Flügel auszuschalten. Trotzki wurde in die Verbannung geschickt und 1940 von einem Agenten Stalins in Mexiko ermordet. 1929 folgte die Entmachtung der rechten Opposition; viele Anhänger wurden ermordet oder starben in Lagern. Stalin blieb als unangefochtener Führer übrig.

Erst jetzt, da sich die Archive öffnen, wird zu klären sein, wie es Stalin gelingen konnte „eine unermessliche Machtfülle in seinen Händen" (so Lenin bereits 1924) zu sammeln. Einer der Gründe war sicherlich die zentralistische Struktur der bolschewistischen Partei, die sich seit 1925 „Kommunistische Partei der Sowjetunion" (KPdSU) nannte. An die Stelle politisch diskutierender Parteimitglieder trat der Apparat, der vom Zentralkomitee durch die Kaderpolitik beherrscht wurde (Kaderpartei*). Die Räte* deformierten zu einem schwerfälligen, von den Parteistellen kontrollierten Verwaltungsapparat ohne eigene Macht. Offenbar prägten schon sehr früh Misstrauen und Angst die Partei. So konnte ein Mann wie Stalin als Generalsekretär ab 1922 die Arbeit der verschiedenen Parteigremien koordinieren und diese beherrschen. Hinzu kam, dass Stalins Funktion als Generalsekretär ihm Zugang zu Informationen über alle Parteikader verschaffte – bereits 1922 lagen Tausende von Personalakten auf Gouvernementsebene, also unterhalb der Spitzenpositionen in Partei und Staat, vor. Stalin wählte mit Hilfe dieser Daten Funktionäre aus. Damit verdankten ihm viele ihren Aufstieg, Stalins Einfluss vergrößerte sich. Zudem hatte sich die Partei seit der Oktoberrevolution dramatisch verändert. Aus einer kleinen Partei von geschulten Berufsrevolutionären war sukzessive eine Massenpartei geworden (siehe S. 115, Mat. 13), die durch den Parteiapparat steuerbar war. Insbesondere in der Phase der NEP strömten neue Schichten in die Partei. Der Apparat nutzte dies, indem er die „geschichtslosen" Neuzugänge, die die Geschichte der Bolschewiki und der russischen Arbeiterbewegung erst in der Version des Apparats kennen lernten, als Manövriermasse zur Konsolidierung seiner Vormacht einsetzte.

Die Sowjetunion unter Stalin

Die Kollektivierung der Landwirtschaft

In den Jahren 1927–29 konnte sich das bürokratisch-diktatorische System, das sich jeder gesellschaftlichen Kontrolle entzog, endgültig etablieren. Der Staat dehnte seine Herrschaft durch die Übernahme weiterer Funktionen aus. Die Verknappung von Getreide, dem schon unter zaristischer Herrschaft wichtigstem Exportgut, mit dem die Investitionen in die Industrie bezahlt wurden, führte zu einer Rückkehr zu den Zwangsmethoden des Kriegskommunismus. Stalin führte diesen Kampf als „Klassenkampf" gegen angebliche Großbauern, die Kulaken. Tatsächlich trafen seine Zwangsmaßnahmen fast alle Bauern. Der Begriff „Kulak" wurde als Feindbild benutzt um die Kollektivierung* der gesamten Landwirtschaft durchzusetzen. Sie wurde seit 1928 mit immer brutaler werdenden Mitteln durchgeführt. Millionen von Menschen, nicht nur die Kulaken, wurden deportiert und ermordet, vor allem in den agrarischen Kerngebieten. Die zwangsweise Kollektivierung bewirkte innerhalb weniger Monate die völlige Zerrüttung der landwirtschaftlichen Produktion. Die bäuerlichen Einzelwirtschaften verfielen; die neuen Kolchosen waren nicht arbeitsfähig. Im Winter 1932/33 brach in weiten Teilen der Sowjetunion eine Hungersnot aus. Die Staatsgewalt reagierte mit drakonischen Strafmaßnahmen. Die Kollektivierung und die gleichzeitige Zwangsrekrutierung für Industrie und Armee trafen das Land ins Mark; bis heute hat es sich davon nicht erholt (siehe S. 158–160 und Mat. S. 170–173).

Die Industrialisierung

Zugleich ging die sowjetische Führung daran das Land in einem riesigen „Entwicklungssprung" den westeuropäischen Industrieländern gleichzustellen. Zwar hatte auch für Lenin die Modernisierung Russlands als oberstes Ziel gegolten und bereits bei Lenin war Modernisierung in erster Linie auf Industrialisierung verkürzt. Unter Stalin geriet die

Modernisierung bzw. Industrialisierung aber vollends zum Selbstzweck der Rationalität (oder Irrationalität) von Herrschaft. „Aus dem Befreiungsprofil der Revolution entwickelte sich ein Pathos der Produktion."[20] Das Schwungrad der sowjetischen Industrialisierung lag in den Leitzentralen von Partei und Staat, die in Hierarchien und Kontrollen, nicht in Rentabilitäten dachten.

Die stalinistische Industrialisierungspolitik bedeutete einen völligen Bruch mit der NEP und war weder mit außenpolitischen (siehe S. 173, Mat. 8 und 9) noch ökonomischen Argumenten zu rechtfertigen. Die Parteiführung versuchte die wachsenden ökonomischen Schwierigkeiten zu durchbrechen, indem der Staat ohne Rücksichten auf das ökonomische Gleichgewicht große Investitionen in den Schlüsselindustrien tätigte. Zugleich sollte hohe Leistungsbereitschaft der Arbeiter erreicht werden. Dies geschah teils durch Zwang, teils durch materielle und propagandistische Anreize. Im Zuge einer Kampagne gegen „Gleichmacherei" wurde die vorher verurteilte Akkordarbeit aufgewertet. Das verstärkte die soziale Differenzierung innerhalb der Arbeiterschaft. Individuelle Leistung führte zu gesellschaftlichem Aufstieg. Andererseits wurden häufig Entscheidungen aus Überforderung und Unsicherheit, auch Angst, verzögert, Anweisungen übergeordneter Instanzen abgewartet. Eine Bürokratisierung der Entscheidungsprozesse war die Folge. Der erste Fünf-Jahres-Plan sah vor in kürzester Zeit 48000 Technikspezialisten auszubilden. Auch wenn dies nicht verwirklicht werden konnte, bildete sich doch eine neue Arbeiterelite heraus, die sich durch Privilegien an die Partei gebunden fühlte. Diese neuen Kader standen in Konkurrenz zu den bürgerlichen Spezialisten. Die vormals menschewistische Intelligenz wurde in den ersten Schauprozessen wegen Sabotage und Spionage verurteilt. Dies diente der Einschüchterung möglicher Oppositioneller und dem Einzug „proletarischer Kader" in technische Leitungspositionen.

Das stalinistische System: Konsens und Terror

Konsensbildend wirkten in den dreißiger Jahren zwei Faktoren: 1. Die Produktionsschübe rissen Schichten von „strategischer Bedeutung" nach oben. Arbeiter wurden zu Meistern, Bauern zu Arbeitern; der große Bedarf an technischen Kadern eröffnete Aufstiegschancen. Von 1929 bis 1941 verzehnfachte sich die Zahl der Ingenieure. Auf den Großbaustellen des Landes bildete sich so etwas wie „Pioniergeist" heraus, trotz aller ideologischen Einschnürungen und Terror. 2. Das Schlagwort vom „Sozialismus in einem Lande" setzte Integrationskräfte frei, und dies in einem Land mit ungeheuren Wanderungsbewegungen vom Land in die Städte und mit Umbrüchen in den Lebensformen. Stalins Appell an das nationale Zusammengehörigkeitsgefühl hielt die Gesellschaft zusammen, die gleichzeitig im Inneren durch Feindbilder polarisiert wurde. Der „Sowjetpatriotismus" entstand, der die Erinnerung an die russische Geschichte mit dem „Sozialismus in einem Lande" verband (siehe S. 115, Mat. 14).

Diese Konsensfaktoren reichen aber nicht aus um den kometenartigen Aufstieg Stalins vom Apparatmann zum unumstrittenen Führer des Sowjetvolkes zu erklären. War der Personenkult, der sich in inszenierten Jubelschauen entfaltete, wirklich nur die Selbstdarstellung des Regimes? Oder gab es Faktoren, die in der Mentalität und der Kultur der Menschen lagen? Sprach Stalin populistisch ihre Herzen an? Im Gegensatz zu Trotzki war Stalin kein internationalistischer Intellektueller, er verkörperte ein patriotisches und russozentrisches Weltbild. Sein Personenkult entsprach mit seinen mystischen und pseudoreligiösen Facetten Traditionen der orthodoxen Kirche. Die Person Stalin war in den unruhigen Zeiten für viele ein Halt. Für die Massen der Bevölkerung scheint sich „Mütterchen Russland" mit „Väterchen Stalin" verbunden zu haben. Aber diese mentalitätsgeschichtlichen Fragen sind noch weitgehend offen.

Die Kosten der schnellen Industrialisierung – immerhin nahm die Sowjetunion Ende der dreißiger Jahre, gemessen am Umfang der Produktion, den zweiten Platz hinter den

Alexander Gerassimov (1881–1963), Josef W. Stalin und Kliment E. Woroschilow im Kreml nach dem Regen, 1938, Öl auf Leinwand, 296 x 386 cm, Moskau, Tretjakow-Galerie

USA ein – waren immens. Der Konflikt zwischen Stadt und Land war nicht gelöst, Millionen von Bauern mussten ihr Leben auf dem Land aufgeben und zogen in die Städte. In den Fabriken war die Steigerung der Arbeitsleistung nur mit militärischer Disziplin möglich. Die zentrale Planwirtschaft scheiterte schon an den ungenügenden Möglichkeiten der Datenerhebung. Die organisatorischen und personellen Unzulänglichkeiten trieben die Stalinsche „Revolutionierung" der Wirtschaft bis zur Jagd nach vermeintlichen Saboteuren als Antwort des Systems auf selbst verursachte Funktionsstörungen. Wirtschaft und Gesellschaft wurden in einen Ausnahmezustand von Mobilisierung und Zwang versetzt. In den dreißiger Jahren wurden Millionen von Menschen verfolgt, verurteilt, in Lager verbannt. „Die Revolution frisst ihre Kinder": Dieser Satz, geprägt in der Französischen Revolution, erhielt eine neue, blutige Aktualität. Es waren zunächst vor allem die alten Bolschewiki in der Partei und Armee, es waren die deutschen Kommunisten, die vor Hitler geflohen waren, es waren die Techniker und Ingenieure, die den Säuberungen zum Opfer fielen. In den Jahren 1937/38 richtete sich die Verfolgung gegen den gesamten Partei- und Staatsapparat und gegen alle Schichten der Bevölkerung. In den sowjetischen Kerkern und Straflagern wurden mehr Kommunisten gefangen gehalten als in allen faschistischen und nicht faschistischen Ländern zusammen. Zur politischen Begründung der Säuberungen und Vernichtungsaktionen diente die These Stalins, dass der Fortschritt des Sozialismus mit einer Verschärfung des Klassenkampfes verbunden sei. Da es in der Sowjetunion keine kapitalistischen Produktionsverhältnisse mehr gab, also auch keinen Klassenfeind im herkömmlich-kommunistischen Sinn, musste man die Gegner in den eigenen Reihen suchen. Kein noch so überzeugter Kommunist konnte sicher sein, dass die Geheimpolizei ihn nicht am nächsten Morgen verhaftete und in das weit verzweigte Lagersystem, den „Archipel Gulag", einlieferte. Stalin führte einen Krieg nach innen.

Die Sowjetunion im Zweiten Weltkrieg

1939, zu Beginn des Zweiten Weltkrieges, waren die sowjetische Wirtschaft und die Rote Armee, nicht zuletzt wegen der Liquidierung nahezu des gesamten Offizierskorps der Roten Armee in den politischen Schauprozessen 1936–1938, nur beschränkt funktionsfähig. Trotzdem ist heute strittig, ob der deutsch-sowjetische Nichtangriffspakt im elementaren Interesse der Sowjetunion lag (siehe S. 203 f. und S. 213, Mat. 12). Immerhin erreichte Stalin durch die mit Hitler vereinbarten Annexionen und Gebietsabtretungen, dass die Sowjetunion fast bis an die Grenzen des alten Zarenreiches vorstieß. Im Übrigen verstand das nationalsozialistische Regime die Atempause des Nichtangriffspaktes besser zu nutzen. Der deutsche Angriff am 22. Juni 1941 traf die Sowjetunion unvorbereitet. Der Vormarsch der deutschen Wehrmacht war zunächst erfolgreich. Die Sowjetunion zahlte mit hohen Opfern auch unter der Zivilbevölkerung. Erst allmählich konnte die Rote Armee ihre zahlenmäßige und militärtechnische Überlegenheit ausnutzen. Am Ende des Krieges hatte die Sowjetunion die größten Verluste unter den Siegermächten zu verzeichnen. 20 Millionen Menschen, fast die Hälfte Zivilisten bzw. Kriegsgefangene, waren getötet, Tausende von Städten und Siedlungen in Schutt und Asche gelegt. Diese hohen Opfer waren ganz überwiegend durch die rassistische Kriegspolitik der Deutschen verursacht (siehe S. 204 und 206). Neben der Ausbeutung der Ressourcen der Sowjetunion stand die Ausbeutung der menschlichen Arbeitskraft. Millionen wurden in das Deutsche Reich verschleppt um dort in der Rüstungsindustrie zu arbeiten. Der Wehrmacht folgten die berüchtigten Einsatzgruppen. Sie sollten die Dörfer und Siedlungen „judenrein" machen und die einheimischen Eliten vernichten. Die deutschen Planungen für Russland schwankten zwischen „Ausrottung der bolschewistischen Untermenschen" und wirtschaftlicher Ausbeutung.

Im Innern stärkte der Krieg die Diktatur Stalins. Die sowjetische Propaganda entfachte einen großrussischen Nationalismus, in dem das „Vatervolk Russland" über die anderen Nationalitäten herrschte. Bereits 1942/43, nach dem Zurückschlagen der deutschen Truppen, wurden Angehörige der Völker, die als „deutschfreundlich" galten, umgesiedelt, durch Vertreibung gestraft. Der Antisemitismus* fand offizielle Förderung. Bis Kriegsende wurden etwa 6000 Juden umgebracht, die Führer der jüdischen Widerstandskomitees auf offener Straße ermordet. Der Sieg im „Großen Vaterländischen Krieg" brachte den Menschen in der Sowjetunion keine „Befreiung". Der „innere Krieg" ging weiter.

1. Erarbeiten Sie aus dem Text die Ursachen, Stufen und Träger der russischen Revolutionen.
2. Erklären Sie den Begriff „Doppelherrschaft".
3. Welche Ursachen und Folgen hatte der Bürgerkrieg?
4. Beschreiben Sie die inneren Wandlungen der Sowjetunion nach Lenins Tod und charakterisieren Sie die stalinistischen Herrschaftsmethoden. Welche Erklärungen bietet die Autorin für deren Entstehung und Funktion an? Vergleichen Sie mit den Forschungsansätzen zur Geschichte der Sowjetunion (S. 101).

1 *Aus einer Wahlrede des republikanischen Präsidentschaftskandidaten Herbert C. Hoover (1874–1964) vom 22. Oktober 1928:*

Durch 150 Jahre haben wir eine Form der Selbstregierung und ein gesellschaftliches System aufgebaut, das ganz sonderlich unser Eigentum ist. Es unterscheidet sich wesentlich von allen anderen in der Welt. Es ist das Amerikanische System. [...] Es ist auf eine besondere Konzeption der Selbstregierung gegründet, deren eigentliche Basis dezentralisierte lokale Verantwortlichkeit ist. Darüber hinaus ist es auf die Vorstellung gegründet, dass allein durch geordnete Freiheit, Freisein und gleiche Chance für den Einzelnen seine Initiative und sein Unternehmungsgeist auf dem Marsch des Fortschritts angespornt werden. Und in unserem Bestehen auf Gleichheit der Chance ist unser System weiter als die ganze Welt vorgeschritten.

Während des Krieges wandten wir uns notgedrungen an die Regierung um alle schwierigen wirtschaftlichen Probleme zu lösen. Da die Regierung alle Energie unseres Volkes für den Krieg absorbiert hatte, gab es keine andere Lösung. Zur Erhaltung des Staates wurde die Bundesregierung eine zentralisierte Despotie, die noch nie dagewesene Verantwortlichkeiten auf sich nahm, sich autokratische Machtvollkommenheit beilegte und die Geschäfte der Bürger übernahm. In hohem Grade reglementierten wir unser ganzes Volk zeitweise in einen sozialistischen Staat hinein. [...]

Als der Krieg endete, war die lebenswichtigste Frage in unserem Land wie auch in der ganzen Welt, ob die Regierungen ihre Eigentümerschaft und den Betrieb vieler Produktions- und Verteilungsmittel aus der Kriegszeit weiterführen sollten. Wir wurden aufgerufen zu einer Entscheidung in Friedenszeiten zwischen dem amerikanischen System des derben Individualismus (rugged individualism) und einer europäischen Philosophie aus diametral entgegengesetzten Lehren – Doktrinen der Bevormundung und des Staatssozialismus. Die Annahme dieser Ideen hätte die Zerstörung der Selbstregierung durch seine Zentralisation der Regierung bedeutet. Sie hätte die Unterminierung der individuellen Initiative und Unternehmungslust bedeutet, durch die unser Volk zu beispielloser Größe herangewachsen ist [...]. Als die Republikanische Partei ganz an die Macht kam, ging sie sofort entschieden zurück auf unsere Grundkonzeption vom Staat und den Rechten und Verantwortlichkeiten der Einzelnen. Dadurch stellte sie Vertrauen und Hoffnung beim amerikanischen Volk wieder her, sie befreite und stimulierte den Unternehmungsgeist, sie führte die Regierung zurück zu ihrer Position als Schiedsrichter statt Mitspieler im wirtschaftlichen Spiel. Aus diesen Gründen ist das amerikanische Volk vorwärts gekommen, während die übrige Welt stehen geblieben ist und einige Länder sogar zurückgegangen sind. [...]

1. Untersuchen Sie Hoovers Vorstellung vom „amerikanischen System" und von der „europäischen Philosophie" (Mat. 1) unter den Gesichtspunkten: a) Verhältnis von Staat und Individuum, b) Verhältnis von Staat und Wirtschaft, c) Auswirkungen des Ersten Weltkrieges, d) amerikanisches Selbstverständnis.

2. Diskutieren Sie Chancen und Gefahren, die sich aus Hoovers Auffassung für die amerikanische Wirtschaft der 1920er Jahre ergaben.

2 *Aus einer Wahlrede des demokratischen Präsidentschaftskandidaten Franklin D. Roosevelt (1882–1945) vom 23. September 1932:*

Jedermann hat ein Recht zu leben; und das bedeutet, dass er auch das Recht hat einen auskömmlichen Lebensunterhalt zu verdienen. Er mag durch Trägheit oder Verbrechen der Ausübung dieses Rechtes absagen; aber es darf ihm nicht verweigert werden. [...] Unser formelles und formloses, politisches und wirtschaftliches Regierungssystem ist jedem einen Weg schuldig sich durch seine eigene Arbeit in den Besitz einer Portion von diesem Überfluss zu setzen, die für seine Bedürfnisse genügt.

Jedermann hat ein Recht auf sein eigenes Eigentum; was ein Recht bedeutet soweit wie möglich der Sicherheit seiner Ersparnisse gewiss zu sein. Auf keine andere Weise können Menschen die Lasten jener Teile des Lebens tragen, die naturgemäß keine Möglichkeit zur Arbeit geben: Kindheit, Krankheit und Alter. In allem Denken über das Eigentum ist dieses Recht das höchste; alle anderen Eigentumsrechte müssen ihm nachstehen. Wenn wir im Einklang mit diesem Prinzip die Operationen des Spekulanten, des Manipulators, ja selbst des Finanziers einschränken müssen, so glaube ich, müssen wir die Restriktion als notwendig akzeptieren nicht um den Individualismus zu beeinträchtigen, sondern um ihn zu schützen. [...]

[Die] Folgerung ist, in kurzen Worten, dass die Häupter von Finanz und Industrie, anstatt je für sich zu handeln, zusammenarbeiten müssen um das gemeinsame Ziel zu verwirklichen. Sie müssen, wo nötig, diesen oder jenen privaten Vorteil opfern und müssen in wechselseitiger Selbstverleugnung nach einem gemeinsamen Vorteil suchen. Hier ist es, wo die formelle Regierung – die politische Regierung, wenn Sie wollen – hereinkommt. Wann immer im Verfolg dieser Absicht der Einzelgänger-Wolf, der unmoralische Konkurrent, der rücksichtslose Geschäftemacher [...] sich weigert sich zur Erreichung eines Zweckes zusammenzutun, der als im öffentlichen Wohl liegend betrachtet wird, und wenn er die Industrie in einen Zustand der Anarchie zurückzuzerren droht, kann die Regierung zu Recht ersucht werden Beschränkungen aufzuerlegen. Gleichermaßen: Sollte die Gruppe je ihre kollektive Macht entgegen der öffentlichen Wohlfahrt gebrauchen, muss die Regierung schleunig einschreiten und das öffentliche Interesse schützen.

Die Regierung sollte die Funktion wirtschaftlichen Regulierens nur übernehmen als ein äußerstes Mittel, das erst dann ausprobiert werden soll, wenn die Privatinitiative, angeregt durch hohe Verantwortlichkeit, mit aller Unterstützung und allem Ausgleich, die die Regierung zu geben vermag, am Ende doch versagt. Bisher hat es kein endliches Versagen gegeben, weil es noch keinen Versuch gab; und ich weigere mich anzunehmen, diese Nation sei unfähig mit der Situation fertig zu werden.

Quelle 1 und 2 zit. nach Erich Angermann, Die Vereinigten Staaten von Amerika als Weltmacht, Stuttgart 1987, S. 25 f. und S. 33 f.

1. Erarbeiten Sie den von Roosevelt benutzten Eigentumsbegriff (Mat. 2).
2. Sowohl Hoover als auch Roosevelt verwenden den Begriff „Individualismus". Stellen Sie die Unterschiede in den Auffassungen heraus. Welches „amerikanische System" vertritt Roosevelt, welches Hoover (Mat. 1 und 2)?

3 *Aus der Rede Friedrich Eberts (1871–1925) zur Eröffnung der Weimarer Nationalversammlung am 6. Februar 1919:*

Q Meine Damen und Herren, die Reichsregierung begrüßt durch mich die Verfassunggebende Versammlung der deutschen Nationen. Besonders herzlich begrüße ich die Frauen, die zum ersten Mal gleichberechtigt im Reichsparlament erscheinen. Die provisorische Regierung verdankt ihr Mandat der Revolution; sie wird es in die Hände der Nationalversammlung zurücklegen. (Bravo!)

In der Revolution erhob sich das deutsche Volk gegen eine veraltete, zusammenbrechende Gewaltherrschaft. (Zustimmung links. – Lebhafter Widerspruch rechts.)

Sobald das Selbstbestimmungsrecht des deutschen Volkes gesichert ist, kehrt es zurück auf den Weg der Gesetzmäßigkeit. Nur auf der breiten Heerstraße der parlamentarischen Beratung und Beschlussfassung lassen sich die unaufschiebbaren Veränderungen auch auf wirtschaftlichem und sozialem Gebiete vorwärts bringen ohne das Reich und sein Wirtschaftsleben zugrunde zu richten. (Sehr wahr! links.)

Deshalb begrüßt die Reichsregierung in dieser Nationalversammlung den höchsten und einzigen Souverän in Deutschland. [...]

Wir haben den Krieg verloren. Diese Tatsache ist keine Folge der Revolution. (Sehr wahr! links. – Lebhafter Widerspruch rechts.) [...]

Die Revolution lehnt die Verantwortung ab für das Elend, in das die verfehlte Politik der alten Gewalten und der leichtfertige Übermut der Militaristen das deutsche Volk gestürzt haben. (Sehr wahr! links.) [...]

Meine Damen und Herren, die provisorische Regierung hat eine sehr üble Erbschaft angetreten. Wir waren im eigentlichsten Wortsinne die Konkursverwalter des alten Regimes: (sehr wahr! bei den Sozialdemokraten) alle Scheuern, alle Lager waren leer, alle Vorräte gingen zur Neige, der Kredit war erschüttert, die Moral tief gesunken. Wir haben, gestützt und gefördert vom Zentralrat der Arbeiter- und Soldatenräte (Lachen rechts) – gestützt und gefördert vom Zentralrat der Arbeiter- und Soldatenräte (lebhafte Zustimmung bei den Sozialdemokraten – Unruhe rechts) unsere beste Kraft eingesetzt die Gefahren und das Elend der Übergangszeit zu bekämpfen. Wir haben der Nationalversammlung nicht vorgegriffen. Aber wo Zeit und Not drängten, haben wir die dringlichsten Forderungen der Arbeiter zu erfüllen uns bemüht. (Zurufe rechts.) [...]

Viele Unternehmer haben, verwöhnt durch den großen nationalen Markt der Kriegswirtschaft und die hohen sicheren Gewinne, die der alte monarchisch-militaristische Staat ihnen einräumte, verlernt die notwendige Initiative zu entfalten. (Sehr gut!) Wir richten deshalb an die Unternehmer den dringenden Appell die Wiederbelebung der Produktion mit allen Mitteln zu fördern.

Auf der anderen Seite rufen wir die Arbeiterschaft auf alle Kräfte anzuspannen zur Arbeit, die allein uns retten kann. (Lebhafte Zustimmung bei den Sozialdemokraten. – Zurufe bei den Unabhängigen Sozialdemokraten.) [...]

Sozialismus ist nach unserer Auffassung nur möglich, wenn die Produktion eine genügend hohe Stufe der Arbeitsleistung innehält. (Sehr richtig! bei den Sozialdemokraten.) Sozialismus ist uns Organisation, Ordnung und Solidarität, (Sehr richtig! bei den Sozialdemokraten) nicht Eigenmächtigkeit, Egoismus und Zerstörung. (Lebhafte Zustimmung bei den Sozialdemokraten.) [...] Wir wollen planmäßig den Profit dort ausschalten, wo die wirtschaftliche Entwicklung ein Gewerbe zur Vergesellschaftung reif gemacht hat. [...]

So wollen wir an die Arbeit gehen, unser großes Ziel fest vor Augen das Recht des deutschen Volkes zu wahren, in Deutschland eine starke Demokratie zu verankern (lebhafter

Beifall links) und sie mit wahrem sozialen Geist und sozialistischer Tat zu erfüllen. (Erneuter Beifall links.)

Zit. nach Verhandlungen der verfassunggebenden Nationalversammlung, Bd. 326: Stenografische Berichte, Bad Feilnbach 1986 (Reprint), S. 1 ff.

1. Stellen Sie die historische Situation dar, in der die Nationalversammlung in Weimar zusammentrat.
2. Untersuchen Sie die Rede Eberts (Mat. 3) unter folgenden Gesichtspunkten: a) Beurteilung der Revolution (Ursache/Verlauf/erhoffte Folgen), b) Demokratieverständnis unter Einbezug der Kontroverse parlamentarische Demokratie oder Rätedemokratie, c) Vorstellungen von der zukünftigen Wirtschafts- und Sozialordnung.
3. Erarbeiten Sie aus den Reaktionen der Zuhörer das Meinungsspektrum der Nationalversammlung zu Eberts Position.

4 *Aus der Rede des Vorsitzenden der SPD-Fraktion im Reichstag, Rudolf Breitscheid (1874–1944), auf dem SPD-Parteitag in Magdeburg, Ende Mai 1929:*

Q Wir wollen keine Krise; aber wenn es zu entscheidenden Auseinandersetzungen kommen soll, dann ist der Kampfboden für uns bei der Arbeitslosenversicherung wesentlich günstiger. (Lebhafte Zustimmung.) Die Proletarier werden es verstehen, wenn wir über die uns gezogenen Grenzen nicht hinausgehen, und die bürgerlichen Parteien werden es zu verstehen lernen müssen. (Sehr richtig!) Sie müssen erkennen, dass wir die stärkste Partei nicht nur in der Koalition und in der Regierung sind, sondern auch draußen im Lande. Es gibt eine Grenze für die Zugeständnisse, die wir an die Koalition und ungünstige wirtschaftliche Verhältnisse zu machen in der Lage sind. (Lebhafte Zustimmung.)
[...] Bedenken Sie doch eins! Wenn diese Regierung fällt, was kommt? – Auflösung! Schön! – Aber glauben Sie, dass die Demokratie auf die Dauer bestehen kann, wenn man alle paar Jahre zur Auflösung schreitet? (Rufe: Nein!) Was ist anders möglich? – Eine andere Regierung, eine parlamentarische Regierung! Gewiss, wenn wir das Kunststück fertig bringen die Parteien von den Demokraten bis zu den Nationalsozialisten unter einen Hut zu bringen! Und was sonst? Dann wirklich eine Krise des Parlamentarismus, dann wirklich die Ausnutzung gewisser Verfassungsbestimmungen, die dem Sinn der Demokratie nicht entsprechen, die aber nun einmal nach ihrem Wortlaut in die Verfassung gekommen sind, und die Ausnutzung durch gewisse Desperados der Bestimmungen, die unter Umständen dem Reichspräsidenten ein Recht geben könnten, das im Grunde mit der Demokratie nicht in Einklang steht. Dann könnten wir eine Art Beamtenkabinett erhalten, das an sich vielleicht schon die verschleierte Diktatur wäre.
Ich sage nicht, dass wir, um das abzuwehren, jedes Opfer zu bringen genötigt wären. Ich mahne euch nur auch an diese Möglichkeit zu denken. Es kann sein, dass einmal der Moment kommt, wo wir sagen müssen – selbst auf diese Gefahr hin – wir können nicht weiter. Dann freilich müssen wir bereit sein die Demokratie und den Parlamentarismus außerhalb des Parlaments zu verteidigen und zu vertreten.

Zit. nach Wolfgang Michalka/Gottfried Niedhart (Hg.), Die ungeliebte Republik. Dokumente zur Innen- und Außenpolitik Weimars 1918–1933, München 1980, S. 254 f.

1. Beschreiben Sie die parlamentarische Situation der Regierung Hermann Müller mit Hilfe der Wahlstatistik (siehe Tabelle S. 64) und der Darstellung (siehe S. 82 f.) sowie der Rede von Breitscheid (Mat. 4) und erörtern Sie, weshalb es auf dem Gebiet der Arbeitslosenversicherung zu Auseinandersetzungen kommen konnte.
2. Analysieren Sie die Rede Breitscheids (Mat. 4) unter den Gesichtspunkten a) Dilemma der SPD, b) Ratschläge für deren zukünftige Politik, c) Reaktion der Parteitagsdelegierten. Überprüfen Sie anhand der historischen Entwicklung den Realitätsgehalt der Äußerungen Breitscheids.
3. Diskutieren Sie, inwiefern sich in der Rede Breitscheids die Krise des Parteiensystems in der Weimarer Republik spiegelt. Ziehen Sie hierzu auch die Bemerkung des DVP-Vorsitzenden Stresemann vom März 1929 heran, „dass wir keine Partei der Weltanschauung mehr sind, sondern mehr und mehr zu einer reinen Industriepartei werden".

5 *Aus der Entschließung der „Nationalen Front" (siehe S. 84) vom 11. Oktober 1931:*

Q Die Nationale Front, einig in ihren Parteien, Bünden und Gruppen, von dem Willen beseelt gemeinsam und geschlossen zu handeln gibt Folgendes kund:
Die Nationale Opposition hat seit Jahren vergeblich gewarnt vor dem Versagen der Regierungen und des Staatsapparates gegenüber dem Blutterror des Marxismus, dem fortschreitenden Kulturbolschewismus und der Zerreißung der Nation durch den Klassenkampf, vor der planmäßigen Ausschaltung der nationalen Kräfte aus der Leitung des Staates, vor einer Politik, die in der politischen, wirtschaftlichen und militärischen Entmannung Deutschlands noch über das Diktat von Versailles hinausgeht, vor einer Politik, die die heimische Wirtschaft zugunsten weltwirtschaftlicher Utopien

preisgibt, vor einer Politik der Unterwürfigkeit dem Ausland
gegenüber, die weder die Gleichberechtigung Deutschlands
gebracht hat noch den zerrissenen Osten vor einem kriegerischen Einbruch bewahrt. Entschlossen unser Land vor dem
Chaos des Bolschewismus zu bewahren, unsere Politik
durch wirksame Selbsthilfe aus dem Strudel des Wirtschaftsbankrotts zu retten und damit der Welt zu wirklichem
Frieden zu verhelfen erklären wir:
Wir sind bereit im Reich und in Preußen in national geführten Regierungen die Verantwortung zu übernehmen. Wir
stoßen keine Hand zurück, die sich uns zu wirklich ehrlicher
Zusammenarbeit anbietet. Wir müssen es aber ablehnen, die
Erhaltung eines falschen Systems und Fortsetzung eines
falschen Kurses in einer nur national getarnten Regierung
der bisherigen Kräfte irgendwie zu stützen. Jede Regierung,
die gegen den Willen der geschlossenen Nationalen Opposition gebildet werden sollte, muss mit unserer Gegnerschaft
rechnen. So fordern wir den sofortigen Rücktritt der Regierungen Brüning und Braun, die sofortige Aufhebung der diktatorischen Vollmachten für Regierungen, deren Zusammensetzung nicht dem Volkswillen entspricht und die sich
nur noch mit Notverordnungen am Ruder halten. Wir fordern sofortige Neuwahl der überalterten Volksvertretungen,
vor allem im Reich und in Preußen. [...]
Wir beschwören den durch uns gewählten Reichspräsidenten v. Hindenburg, dass er dem stürmischen Drängen von
Millionen vaterländischer Männer und Frauen, Frontsoldaten und Jugend entspricht und in letzter Stunde durch Berufung einer wirklichen nationalen Regierung den rettenden
Kurswechsel herbeiführt. Die Träger dieser nationalen Regierung wissen um die Wünsche und Nöte des deutschen
Volkes aus ihrer blutsmäßigen Verbundenheit mit diesem.
[...] Nur der starke nationale Staat kann Wirtschaft und Arbeitskraft schützen, nur der starke nationale Staat kann das
Leistungsprinzip in jeder Form verwirklichen und die zur
Herbeiführung einer wahren Volksgemeinschaft notwendigen sozialen Maßnahmen durchführen.

*Zit. nach Ursachen und Folgen. Vom deutschen Zusammenbruch
1918 und 1945 bis zur staatlichen Neuordnung Deutschlands in der
Gegenwart, Bd. 8, Berlin o. J., S. 365 f.*

1. Untersuchen Sie die Entschließung (Mat. 5) unter folgenden Gesichtspunkten: a) ideologische Prämissen, b) Vorstellungen zur Innen-, Wirtschafts- und Sozial- sowie Außenpolitik, c) Beurteilung der Regierung Brüning (siehe auch Darstellung S. 83).
2. Entwerfen Sie eine Rede, mit der ein ausländischer Politiker (z. B. aus Frankreich oder Polen) auf die Entschließung der „Nationalen Front" reagiert.

6 *Hans Baluschek (1870–1935), Berlin, 13 Uhr, 1931, Pastell, Kreide auf Karton, 99,5 x 69,5 cm, Berlin, Akademie der Künste*

1. Analysieren Sie den Aufbau und die Einzelelemente sowie deren Zusammenhang in der oben dargestellten Abbildung (Mat. 6).
2. Vergleichen Sie Ihre Ergebnisse mit der Frauendarstellung auf S. 80. Erläutern Sie an beiden Bildern die Spannung von Tradition und Moderne in den zwanziger Jahren.

7 *Aus dem Tagebuch von Joseph Goebbels (1897–1945), 1932/33:*
Q 6. XI. 1932: [...] Wir haben eine Schlappe erlitten. [...] Hauptsache ist, dass wir die Partei halten. Die Organisation muss gefestigt und die Stimmung gehoben werden. [...]
15. XII. 1932: Es kostet große Mühe die SA und die Parteiamtswalterschaft in klarem Kurs zu halten. Es wird höchste

Zeit, dass wir an die Macht kommen. Vorläufig allerdings bietet sich nicht die geringste Aussicht. [...]

23. XII. 1932: [...] Das Jahr 1932 war eine einzige Pechsträhne. Man muss es in Scherben schlagen. Draußen geht der Weihnachtsfrieden durch die Straßen. Ich sitze ganz allein zu Hause und grüble über so vieles nach. Die Vergangenheit war schwer und die Zukunft ist dunkel und trübe; alle Aussichten und Hoffnungen vollends entschwunden. [...]

30. I. 1933: [...] Der Führer ist zum Kanzler berufen. Er hat bereits in die Hand des Reichspräsidenten seinen Eid abgelegt. Die große Entscheidung ist gefallen. Deutschland steht vor seiner historischen Wende.
Wir sind alle ganz stumm vor Ergriffenheit. Jeder drückt dem Führer die Hand und es ist, als würde unser alter Treuebund hier aufs Neue beschlossen. [...]
Wir gehen gleich wieder an die Arbeit. Der Reichstag wird aufgelöst. Es hat schwere Mühe gekostet unsere Kabinettspartner dahin zu bringen. In 4 Wochen finden die Neuwahlen statt. [...]

8. III. 1933: Die deutsche Revolution geht unentwegt weiter und macht nirgendwo Halt. Auf allen öffentlichen Gebäuden wehen schon die Hakenkreuzfahnen. [...] In der Durchführung der Revolution dürfen wir jetzt keine Rücksicht mehr kennen; denn wir haben ja die Macht um sie zu gebrauchen. Widerstand haben wir nicht zu befürchten. Unser Feind ist so zu Boden geworfen, dass er keine Hand mehr zu rühren wagt.

Joseph Goebbels, Vom Kaiserhof zur Reichskanzlei. Eine historische Darstellung in Tagebuchblättern, München 1934, S. 196 ff.

1. *Skizzieren Sie die politischen Ereignisse und Entwicklungen von November 1932 bis März 1933 und ihre Widerspiegelung in den Tagebuchaufzeichnungen von Joseph Goebbels (Mat. 7).*
2. *Beurteilen Sie die Aufzeichnungen Goebbels' vom 30. Januar und 8. März 1933 (Mat. 7) vor dem Hintergrund der „gemeinsamen Entschließung" der „Nationalen Front" (Mat. 5), des „Zähmungskonzepts" des Reichskanzlers Franz von Papen (siehe auch die Darstellung S. 84–86) und dessen Aussage: „Wir haben ihn [Hitler] uns engagiert!"*

8 Aus der Reichstagsrede des SPD-Vorsitzenden Otto Wels (1873–1939) zum „Ermächtigungsgesetz" am 23. März 1933:

Q Aus einem Gewaltfrieden kommt kein Segen: im Innern erst recht nicht. Eine wirkliche Volksgemeinschaft lässt sich auf ihn nicht gründen. Ihre erste Voraussetzung ist gleiches Recht. Mag sich die Regierung gegen rohe Ausschreitungen der Polemik schützen, mag sie Aufforderungen zu Gewalttaten und Gewalttaten selbst mit Strenge verhindern. Das mag geschehen, wenn es nach allen Seiten gleichmäßig und unparteiisch geschieht und wenn man es unterlässt besiegte Gegner zu behandeln, als seien sie vogelfrei. Freiheit und Leben kann man uns nehmen, die Ehre nicht.
Nach den Verfolgungen, die die Sozialdemokratische Partei in der letzten Zeit erfahren hat, wird billigerweise niemand von ihr verlangen oder erwarten können, dass sie für das hier eingebrachte Ermächtigungsgesetz stimmt. Die Wahlen vom 5. März haben den Regierungsparteien die Mehrheit gebracht und damit die Möglichkeit gegeben streng nach Wortlaut und Sinn der Verfassung zu regieren. Wo diese Möglichkeit besteht, besteht auch die Pflicht. Kritik ist heilsam und notwendig. Noch niemals, seit es einen Deutschen Reichstag gibt, ist die Kontrolle der öffentlichen Angelegenheiten durch die gewählten Vertreter in solchem Maße ausgeschaltet worden, wie es jetzt geschieht [...].
Die Herren von der Nationalsozialistischen Partei nennen die von ihnen entfesselte Bewegung eine nationale Revolution, nicht eine nationalsozialistische. Das Verhältnis ihrer Revolution zum Sozialismus beschränkt sich bisher auf den Versuch die sozialdemokratische Bewegung zu vernichten, die seit mehr als zwei Menschenaltern die Trägerin sozialistischen Gedankengutes gewesen ist und auch bleiben wird. [...]
Die Verfassung von Weimar ist keine sozialistische Verfassung. Aber wir stehen zu den Grundsätzen des Rechtsstaates, der Gleichberechtigung, des sozialen Rechts, die in ihr festgelegt sind. Wir deutschen Sozialdemokraten bekennen uns in dieser geschichtlichen Stunde feierlich zu den Grundsätzen der Menschlichkeit und der Gerechtigkeit, der Freiheit und des Sozialismus. Kein Ermächtigungsgesetz gibt Ihnen die Macht Ideen, die ewig und unzerstörbar sind, zu vernichten. [...]. Das Sozialistengesetz hat die Sozialdemokratie nicht vernichtet. Auch aus neuen Verfolgungen kann die deutsche Sozialdemokratie neue Kraft schöpfen.

Zit. nach Ursachen und Folgen. Vom deutschen Zusammenbruch 1918 und 1945 bis zur staatlichen Neuordnung Deutschlands in der Gegenwart, Bd. 9, Berlin o. J., S. 146 ff.

1. *Ordnen Sie die Rede (Mat. 8) in den historischen Zusammenhang ein, beachten Sie dabei auch den Inhalt des Ermächtigungsgesetzes (siehe Darstellung S. 87 f.). Arbeiten Sie die Argumente Wels' gegen das Ermächtigungsgesetz heraus.*
2. *Kommentieren Sie die Diktion von Otto Wels unter Berücksichtigung der Atmosphäre der Reichstagssitzung.*

9 *Aus einer Rede des Reichsinnenministers Wilhelm Frick (1877–1946) vor Gauamtsleitern der NSDAP am 19. September 1936:*

Q Das Wesen des […] nationalsozialistischen Führerstaates besteht einmal darin, dass an der Spitze ein Führer steht, dessen Geist und Wille den Staat beseelt und gestaltet, ihm sein Gepräge gibt. Bei ihm liegt die höchste und letzte Entscheidung in allen Angelegenheiten des Staates. In seiner Hand ruht damit letzten Endes alle Macht. „Es muss ein Wille sein und es muss ein Wille führen." Der Führer teilt den einzelnen Organisationsformen des Volkes, der Partei, dem Heere, der Verwaltung, den ständischen und wirtschaftlichen Selbstverwaltungseinrichtungen ihre Aufgabe zu. Er ist die höchste Einheit aller Erscheinungsformen des Volkes. Der Führer trägt alleine die Verantwortung gegenüber der Volksgemeinschaft. […]

Dieses sogenannte „Ermächtigungsgesetz" machte praktisch mit den überlebten und untauglich gewordenen Formen des parlamentarischen Systems Schluss. Es beseitigte im Reich den verantwortungslosen Parlamentarismus und setzte an seine Stelle das verantwortliche Führertum des Kanzlers und der von ihm geführten Reichsregierung. […]

Die gesamte Staatsgewalt in Deutschland ruht nunmehr bei dem Führer und Reichskanzler; politische Führung, Gesetzgebung und Verwaltung sind in seiner Hand vereinigt. Außerdem ist er der oberste Gerichtsherr. Die drei tragenden Säulen des Reichs: Bewegung, Staatsverwaltung und Wehrmacht, gehorchen alle dem gleichen Führer.

Zit. nach Wolfgang Michalka (Hg.), Das Dritte Reich. Bd.1, München 1985, S. 60 ff.

1. Untersuchen Sie die Rede Fricks (Mat. 9) unter den Gesichtspunkten a) Menschenbild des liberalen und des nationalsozialistischen Staates, b) Aufbau des „echten Volksstaates" im Unterschied zur Demokratie der Weimarer Republik.
2. Vergleichen Sie die Beschreibung des nationalsozialistischen Führerstaates in Mat. 9 mit der Realität des „Dritten Reiches", wie sie die Autoren der Darstellung S. 86–96 vermitteln.

10 *Aus dem politischen Testament Adolf Hitlers (1889–1945), abgefasst in Berlin am 29. April 1945:*

Q Ich habe zu viele Angebote zur Rüstungsbeschränkung und Rüstungsbegrenzung gemacht, die die Nachwelt nicht auf alle Ewigkeiten wegzuleugnen vermag, als dass die Verantwortung für den Ausbruch dieses Krieges auf mir lasten könnte. Ich habe weiter nie gewollt, dass nach dem ersten unseligen Weltkrieg ein zweiter gegen England oder gar gegen Amerika entsteht. Es werden Jahrhunderte vergehen, aber aus den Ruinen unserer Städte und Kunstdenkmäler wird sich der Hass gegen das letzten Endes verantwortliche Volk immer wieder erneuern, dem wir alles zu verdanken haben: dem internationalen Judentum und seinen Helfern! […]

Die Führer der Armeen, der Marine und der Luftwaffe bitte ich mit äußersten Mitteln den Widerstandsgeist unserer Soldaten im nationalsozialistischen Sinne zu verstärken unter dem besonderen Hinweis darauf, dass auch ich selbst als der Gründer und Schöpfer dieser Bewegung den Tod dem feigen Absetzen oder gar einer Kapitulation vorgezogen habe. […]

Um dem deutschen Volk eine aus ehrenhaften Männern zusammengesetzte Regierung zu geben, die die Verpflichtung erfüllt den Krieg mit allen Mitteln weiter fortzusetzen ernenne ich als Führer der Nation folgende Mitglieder des Kabinetts: Reichspräsident: Dönitz, Reichskanzler: Dr. Goebbels […].

Von allen Deutschen, allen Nationalsozialisten, Männern und Frauen und allen Soldaten der Wehrmacht verlange ich, dass sie der neuen Regierung und ihrem Präsidenten treu und gehorsam sein werden bis in den Tod.

Vor allem verpflichte ich die Führung der Nation und die Gefolgschaft zur peinlichen Einhaltung der Rassegesetze und zum unbarmherzigen Widerstand gegen den Weltvergifter aller Völker, das internationale Judentum.

Zit. nach Ursachen und Folgen. Vom deutschen Zusammenbruch 1918 und 1945 bis zur staatlichen Neuordnung Deutschlands in der Gegenwart, Bd. 23, Berlin o. J., S. 196 ff.

1. Stellen Sie die Situation dar, in welcher das politische Testament (Mat. 10) abgefasst wurde (siehe auch S. 225, Mat. 9).
2. Erarbeiten Sie aus Mat. 10 a) Funktion des Testaments, b) Hitlers Lagebeurteilung und Konsequenzen, c) Ideologie.

11 *Aus dem „großen Rapport" des Führers der italienischen Faschisten, Benito Mussolini (1883–1945), vor Parteifunktionären und dem Großen Rat des Faschismus vom 14. September 1929:*

Q Es geht nicht darum festzustellen, ob die Partei bestehen soll oder nicht, denn wenn sie nicht bestünde, so würde ich sie erfinden und ich würde sie so erfinden, wie die Nationale Fascistische Partei ist: zahlreich, diszipliniert, feurig, fest geschlossen hinter ihren Führern stehend. Es handelt sich darum die Partei im Staate zu „verankern". […]

Die Partei ist das Kapillarsystem des Regimes. Ihre Bedeutung ist grundlegend. Sie gelangt überall hin. Mehr als bloße Autorität übt sie ein Apostelamt aus und durch die bloße Anwesenheit ihrer wohl geordneten Massen stellt sie inmitten des Volkes ein genau charakterisiertes und bestimmtes, wohlgeleitetes Element dar. Es ist die Partei mit der Masse ihrer gewöhnlichen Mitglieder, die der Staatsautorität die freiwillige Anerkennung und das unschätzbare Geschenk einer Glaubenslehre zubringt. […]

Von jetzt an wird der Sekretär der P.N.F. mittels königlichen Dekrets auf meinen Vorschlag hin ernannt werden und die Föderations-Sekretäre mittels Dekrets des Premierministers auf Grund der Vorschläge des Parteisekretariats. In diesem absolut logischen Vorgang wird noch einmal die bewusste, endgültige und feierliche Unterordnung der Partei unter den Staat zum Ausdruck gebracht werden. Dies alles kann jenen originell und neu erscheinen, die auf Grund der Tatsache, dass wir uns noch „Partei" nennen, unsere politische Organisation noch immer nach den Maßen der anderen Parteien beurteilen. Die Eigenart, die Auswirkung der Organisation und die Eigenschaften der Nationalen Fascistischen Partei machen aber aus ihr im totalen fascistischen Staat eine ganz andere Einrichtung. […] Wenn der ganze Fascismus im Staate ist, so kann auch die Partei sich dieser unausweichlichen Notwendigkeit nicht entziehen und muss daher ihre Mitarbeit, den Organen des Staates untergeordnet, leisten.

Zit. nach Wilhelm Reich (Hg.), Benito Mussolini. Schriften und Reden 1929–1931, Bd. 7, Zürich u. a. 1934, S.145 ff.

1. Bestimmen Sie die Rolle der Partei im faschistischen Staat (Mat. 11). Erörtern Sie, welche Intentionen Benito Mussolini mit dieser Rede bei seinem Adressatenkreis verfolgte.
2. Erarbeiten Sie aus einem Vergleich von Mat. 9 und 11 Parallelen und Unterschiede der Staatsstruktur des nationalsozialistischen Deutschlands und des faschistischen Italien.

12 Nach zweitägigem Straßenkampf, der von Sympathiestreiks der Arbeiterschaft begleitet wurde, errang Marschall Józef Piłsudski (1867–1935) Mitte Mai 1926 die Macht in Polen. Er richtete anschließend einen versöhnlichen Tagesbefehl an das Heer (22. Mai) und wandte sich am 29. Mai 1926 in einer Ansprache an die Sejmparteien (Auszug):

Q Die Hauptursachen der gegenwärtigen Verhältnisse in Polen – der Not, der inneren und äußeren Schwäche – waren Schurkereien, die ungestraft blieben. Über allem herrschte in Polen das Interesse der Einzelnen und der Parteien, es bestand Straflosigkeit für alle Missbräuche und Verbrechen. […]

In Polen wuchs die Niedertracht der Leute. Die demokratischen Freiheiten wurden so stark missbraucht, dass man die ganze Demokratie hassen möchte. Das Interesse der Parteien überwog alles andere. Die Parteien vermehrten sich in Polen so zahlreich, dass sie für die Allgemeinheit unverständlich wurden. Das alles richtete sich gegen jeden, der den Staat repräsentierte. […]

Die Verhältnisse liegen so, dass ich Sie nicht in den Saal der Nationalversammlung hineinzulassen brauchte und mit Ihnen allen meinen Spott treiben könnte. Aber ich will den Versuch wagen, ob es noch möglich ist in Polen ohne Peitsche zu regieren. Ich will keinen Druck ausüben, aber ich mache Sejm und Senat warnend darauf aufmerksam, dass sie im Volk überaus verhasst sind. […]

Sejm und Senat besitzen ein Übermaß von Privilegien; diejenigen, die zur Regierung berufen werden, sollten mehr Rechte erhalten. Das Parlament muss in Ferien gehen. Geben Sie den Regierenden die Möglichkeit das zu verantworten, was sie durchführen. Der Präsident soll die Regierung bilden, aber ohne den Druck der Parteien. Das ist sein Recht. […]

In meinem Befehl an das Heer habe ich betont, dass wir den schwachen und kaum atmenden Staat auf unsere Schultern hoben – wir haben ihn den Bürgern erneuert und lebensfähig übergeben. Was haben Sie aus diesem Staat gemacht? Ein Gespött haben Sie aus ihm gemacht!

Die gegenwärtige Regierung versucht verschiedene Arbeiten vorzubereiten. Ich befürchte jedoch, dass nach der Wahl des Präsidenten alles wieder im alten Geleise gehen könnte. Ich fürchte, dass der Sejm weiter zu tagen wünscht. Es ist jedoch notwendig, dass Sie für bestimmte Zeit auseinander gehen, denn es muss sich doch etwas Neues bilden. Der Präsident soll eine bestimmte Zeit hindurch Sejm und Senat nicht im Nacken spüren. Man muss ihm für die Bildung der Regierung und für die Einleitung der Arbeiten Freiheit gewähren, die die Regierung später vor dem Sejm verantworten wird. Ich möchte keineswegs deswegen Vorwürfe hören, dass ich die begonnene Arbeit nicht bis zum Ende durchgeführt hätte und dass die Peitsche nicht durch die Straßen pfiff.

Mein Programm ist die Vernichtung der Schurkerei und die Anbahnung ehrenhafter Wege. Ich warte ab, aber ich versichere Ihnen, dass ich meinen Standpunkt nicht ändern werde. Man muss über die Parteiinteressen hinwegkommen, man muss den Staat und den erwählten Präsidenten zu Atem kommen lassen.

Józef Pilsudski, Gesetz und Ehre, Jena 1935, S. 199 ff.

1. Untersuchen Sie die Ansprache Piłsudskis (Mat. 12) unter den Gesichtspunkten a) Darstellung der Entwicklung und Situation Polens, b) Konsequenzen für die Zukunft, c) Aufgabe der Parteien.
2. Identifizieren Sie aus der Rede die autoritären Vorstellungen Piłsudskis und erörtern Sie, inwieweit diese sich von anderen diktatorischen Auffassungen in der Zwischenkriegszeit unterscheiden.

13 Mitglieder der Kommunistischen Partei der Sowjetunion 1917–1945:

Jahr	Vollmitglieder	Kandidaten	insgesamt
1917	24 000	–	24 000
1919	350 000	–	350 000
1921	732 521	–	732 521
1923	381 400	117 700	499 100
1925	440 365	361 439	801 804
1927	786 288	426 217	1 212 505
1929	1 090 508	444 854	1 535 362
1931	1 369 406	842 819	2 212 225
1933	2 203 951	1 351 387	3 555 338
1935	1 659 104	699 610	2 358 714
1937	1 453 828	527 869	1 981 697
1939	1 514 181	792 792	2 306 973
1941	2 490 479	1 381 986	3 872 465
1943	2 451 511	1 403 190	3 854 701
1945	3 965 530	1 794 839	5 760 369

Nach Thomas H. Rigby, Communist Party Membership in the USSR 1917–1967, Princeton/New Jersey 1968, S. 52.

1. Untersuchen Sie die Zahlen in Mat. 13 und identifizieren Sie Entwicklungsphasen. Informieren Sie sich über die Begriffe Stalinismus und Kaderpartei.
2. Erklären Sie die Phasen in der Mitgliederentwicklung der KPdSU nach Mat. 13 vor dem Hintergrund der sowjetischen Geschichte in dem genannten Zeitraum.

14 Aus einer Rede von Josef W. Stalin (1879–1953) auf der ersten Unionskonferenz der Funktionäre der sozialistischen Industrie, 4. Februar 1931:

Q Das Tempo verlangsamen, das bedeutet zurückbleiben. Und Rückständige werden geschlagen. Wir aber wollen nicht die Geschlagenen sein. Nein, das wollen wir nicht! Die Geschichte des alten Russland bestand unter anderem darin, dass es wegen seiner Rückständigkeit fortwährend geschlagen wurde. Es wurde geschlagen von den mongolischen Khans. Es wurde geschlagen von den türkischen Begs. Es wurde geschlagen von den schwedischen Feudalen. Es wurde geschlagen von den polnisch-litauischen Pans. Es wurde geschlagen von den englisch-französischen Kapitalisten. Es wurde geschlagen von den japanischen Baronen. Es wurde von allen geschlagen wegen seiner Rückständigkeit. Wegen seiner militärischen Rückständigkeit, seiner landwirtschaftlichen Rückständigkeit. Es wurde geschlagen, weil das einträglich war und ungestraft blieb. Erinnern Sie sich der Worte des vorrevolutionären Dichters: „Du bist armselig und reich, mächtig und ohnmächtig zugleich, Mütterchen Russland." […] Das ist der Grund, warum wir nicht länger zurückbleiben dürfen.

In der Vergangenheit hatten wir kein Vaterland und konnten keins haben. Jetzt aber, da wir den Kapitalismus gestürzt haben und die Macht uns, dem Volke, gehört, haben wir ein Vaterland und werden seine Unabhängigkeit verteidigen. Wollen Sie, dass unser sozialistisches Vaterland geschlagen wird und seine Unabhängigkeit verliert? Wenn Sie das nicht wollen, müssen Sie in kürzester Frist seine Rückständigkeit beseitigen und ein wirklich bolschewistisches Tempo im Aufbau seiner sozialistischen Wirtschaft entwickeln. Andere Wege gibt es nicht. Darum sagte Lenin am Vorabend des Oktober: „Entweder Tod oder die fortgeschrittenen kapitalistischen Länder einholen und überholen."

Wir sind hinter den fortgeschrittensten Ländern um 50 bis 100 Jahre zurückgeblieben. Wir müssen diese Distanz in zehn Jahren durchlaufen. Entweder bringen wir das zuwege oder wir werden zermalmt. […]

Wir haben aber noch andere, ernstere und wichtigere Verpflichtungen. Das sind die Verpflichtungen gegenüber dem Weltproletariat. Sie fallen mit den Verpflichtungen der ersten Art zusammen. […] Wir müssen so vorwärts schreiten, dass die Arbeiterklasse der ganzen Welt, auf uns blickend, sagen kann: Hier ist sie, meine Vorhut, hier ist sie, meine Stoßbrigade, hier ist sie, meine Arbeitermacht, hier ist es, mein Vaterland – sie machen ihr Werk, unser Werk, gut, unterstützen wir sie gegen die Kapitalisten und entfachen wir die Sache der Weltrevolution.

Josef W. Stalin, Werke, Bd. 13, Düsseldorf 1955, S. 35 ff.

1. Untersuchen Sie die Argumentation und die Rhetorik Stalins (Mat. 14). Wie sieht er das Verhältnis von Politik und Wirtschaft, Nationalismus und Internationalismus?
2. Analysieren Sie das in Mat. 14 zum Ausdruck kommende Geschichtsbewusstsein und erörtern Sie dessen Funktion für die Integration der sowjetischen Gesellschaft sowie die Rolle der Sowjetunion in der internationalen Politik (siehe Darstellung S. 104–107 und 192 f.).

Die Russische Revolution

1 *Aus der Grundsatzerklärung der Provisorischen Regierung vom 3. [16.] März 1917:*
Q Bürger! Das Vollzugskomitee von Mitgliedern der Reichsduma hat nunmehr mit der wohlwollenden Hilfe der Truppen und der hauptstädtischen Bevölkerung eine derartige Überlegenheit über die finsteren Mächte des alten Regimes errungen, dass es an die festere Organisierung der Exekutivgewalt gehen kann. [...] Bei seiner Tätigkeit wird sich das Kabinett von folgenden Prinzipien leiten lassen:
1. Vollständige und sofortige Amnestie aller politischen und religiösen Vergehen einschließlich terroristischer Angriffe, militärischer Revolten, Verbrechen in der Landwirtschaft usw.
2. Freiheit der Rede, der Presse, Vereins-, Versammlungs- und Streikfreiheit und Ausdehnung der politischen Freiheit auf Personen, die im Militärdienst stehen, soweit es die militärische Technik zulässt.
3. Abschaffung aller benachteiligenden Unterschiede infolge der Zugehörigkeit zu bestimmten Ständen, Religionsgemeinschaften und Nationalitäten.
4. Sofortige Vorbereitungen zur Einberufung einer Konstituierenden Versammlung auf der Grundlage des allgemeinen, gleichen, geheimen und direkten Wahlrechts, welche die Verwaltungs- und Verfassungsform des Landes bestimmen soll.
5. Ersetzung der Polizei durch eine Volksmiliz mit gewählter Leitung, die den Organen der lokalen Selbstverwaltung untersteht.
6. Wahlen zu den Organen der lokalen Selbstverwaltung auf der Grundlage allgemeiner, direkter, gleicher und geheimer Wahlen.
7. Die militärischen Einheiten, die an der revolutionären Bewegung teilgenommen haben, nicht zu entwaffnen und aus Petrograd zu entfernen.
8. Unter Aufrechterhaltung strenger militärischer Disziplin an der Front und im Militärdienst Befreiung der Soldaten von allen Beschränkungen allgemeiner Rechte, deren sich die anderen Bürger erfreuen.

2 *Aus der Erklärung des Vollzugskomitees des Sowjets der Arbeiter- und Soldatendeputierten vom 3. [16.] März 1917:*
Q Genossen und Bürger!
Die neue Regierung, entstanden aus den sozial aktiven, gemäßigten Gesellschaftsschichten, hat heute alle jene Reformen verkündet, die zum Teil noch im Kampf gegen das alte Regime, zum Teil nach seiner Beendigung ausgeführt werden müssen. Unter diesen Reformen dürften einige von weiten demokratischen Kreisen begrüßt werden: die politische Amnestie, die Übernahme der Vorbereitungen zur Konstituierenden Versammlung, die Verwirklichung bürgerlicher Freiheiten und die Beseitigung der nationalen Diskriminierungen. Und wir glauben, dass in dem Maße, in dem die neu entstehende Regierung auf die Verwirklichung dieser Verpflichtungen und den Kampf mit der alten Macht hinarbeitet, sie von der Demokratie unterstützt werden muss.
Genossen und Bürger! Der völlige Sieg des russischen Volkes über das alte Regime rückt nahe. Aber für diesen Sieg bedarf es noch unerhörter Anstrengung, außergewöhnlicher Disziplin und Festigkeit. Uneinigkeit und Anarchie können nicht geduldet werden. [...]
Noch ist die Gefahr einer militärischen Bewegung gegen die Revolution nicht vorüber. Um sie zu verhüten ist es sehr wichtig die Zusammenarbeit zwischen den Soldaten und Offizieren zu sichern. [...] Um des Erfolges des revolutionären Kampfes willen sollen Toleranz und Nachsicht bei kleineren Verstößen gegen die Demokratie gewahrt werden, die von jenen Offizieren begangen werden, die sich dem entscheidenden und endgültigen Kampf angeschlossen haben, den ihr mit dem alten Regime führt.

3 *Nach seiner Rückkehr aus dem Schweizer Exil trug Wladimir I. Lenin (1870–1924) in einer Sitzung der sozialdemokratischen Fraktion der Allrussischen Konferenz der Arbeiter- und Soldatenräte am 4. [17.] April 1917 seine sogenannten „Aprilthesen" vor:*
Q 1. In unserer Stellung zum Krieg, der von Seiten Russlands auch unter der neuen Regierung Lwow u. Co., infolge des kapitalistischen Charakters dieser Regierung, unbedingt ein imperialistischer Raubkrieg bleibt, ist auch das kleinste Zugeständnis [...] unzulässig.
Einem revolutionären Kriege, der die revolutionäre Vaterlandsverteidigung wirklich rechtfertigen würde, kann das klassenbewusste Proletariat zustimmen nur unter der Bedingung: a) des Übergangs der Macht in die Hände des Proletariats und der sich ihm anschließenden ärmsten Teile der Bauernschaft; b) des Verzichts in Taten und nicht nur in Worten auf alle Annexionen; c) des tatsächlichen und völligen Bruchs mit allen Interessen des Kapitals. [...]
2. Die Eigenart der gegenwärtigen Lage in Russland besteht in dem Übergang von der ersten Etappe der Revolution, die

infolge des ungenügend entwickelten Klassenbewusstseins und der mangelhaften Organisiertheit des Proletariats die Bourgeoisie an die Macht brachte, zur zweiten Etappe, die die Macht in die Hände des Proletariats und der armen Schichten der Bauernschaft legen muss. [...]
3. Keinerlei Unterstützung der Provisorischen Regierung, Aufdeckung der ganzen Verlogenheit aller ihrer Versprechungen, besonders der des Verzichts auf Annexionen. [...]
4. Anerkennung der Tatsache, dass in den meisten Arbeiterdeputiertenräten unsere Partei in der Minderheit ist, vorläufig sogar in einer schwachen Minderheit gegenüber dem Block aller kleinbürgerlichen, opportunistischen, dem Einflusse der Bourgeoisie unterlegenen und diesen Einfluss im Proletariat zur Geltung bringenden Elemente [...]. Aufklärung der Massen darüber, dass die Arbeiterdeputiertenräte die einzig mögliche Form der Revolutionsregierung sind und dass daher, solange diese Regierung dem Einfluss der Bourgeoisie unterliegt, unsere Aufgabe einzig und allein sein kann das geduldige, systematische, beharrliche, besonders den praktischen Bedürfnissen der Massen sich anpassende Klarmachen der Fehler und der Taktik. [...]
5. Nicht parlamentarische Republik – eine Rückkehr von den Arbeiterdeputiertenräten zu dieser wäre ein Schritt rückwärts –, sondern eine Republik von Arbeiter-, Landarbeiter- und Bauerndeputiertenräten im ganzen Lande, von unten bis oben.
Abschaffung der Polizei, der Armee, des Beamtentums. [...]
6. Im Agrarprogramm Verlegung des Schwergewichts auf die Landarbeiterdeputiertenräte. Enteignung des gesamten adligen Grundbesitzes. Nationalisierung des gesamten Bodens im Lande; über ihn verfügen die örtlichen Landarbeiter- und Bauerndeputiertenräte. [...]
7. Sofortige Verschmelzung aller Banken des Landes zu einer Nationalbank, die der Kontrolle des Arbeiterdeputiertenrates untersteht.
8. Nicht „Einführung" des Sozialismus als unsere unmittelbare Aufgabe, sondern einstweilen nur sofortige Übernahme der Kontrolle der gesellschaftlichen Produktion und Verteilung der Erzeugnisse durch den Arbeiterdeputiertenrat.
9. Aufgaben der Partei: a) Sofortiger Parteitag; b) Änderung des Parteiprogramms, vor allem: 1. über den Imperialismus und den imperialistischen Krieg, 2. über die Stellung zum Staat und unsere Forderung eines „Kommunestaats", 3. Änderung des veralteten Minimalprogramms; c) Änderung des Namens der Partei.
10. Erneuerung der Internationale. Initiative zur Schaffung einer revolutionären Internationale [...].

Quelle 1 bis 3 zit. nach Manfred Hellmann (Hg.), Die russische Revolution 1917, München 1980, S. 153 f., 156 f. und 189 f.

1. *Informieren Sie sich über die militärische und politische Situation Russlands zu Beginn des Jahres 1917 und ordnen Sie Mat. 1 bis 3 historisch ein.*
2. *Bearbeiten Sie Mat. 1 und 2 unter folgenden Gesichtspunkten: a) Verhältnis der Provisorischen Regierung und des Vollzugskomitees zueinander, b) Gemeinsamkeiten und Unterschiede der Lagebeurteilung und Zielsetzung.*
3. *Erörtern Sie nach Analyse von Mat. 3 das Urteil, a) Lenins Aprilthesen hätten in der turbulenten Situation des Jahres 1917 wie eine „Brandfackel" gewirkt, b) Lenins Ansicht von der geschichtlichen Entwicklung weiche vom „Historischen Materialismus" Marx' und Engels' ab.*
4. *Entwickeln Sie auf der Grundlage Ihrer Arbeitsergebnisse ein (Streit-)Gespräch zwischen Anhängern der Provisorischen Regierung, des Vollzugskomitees und Lenins.*

4 *Leitartikel der „Isvestija des Petersburger Arbeiter- und Soldatenrates" (Organ der menschewistisch-sozialrevolutionären Mehrheit in den Sowjets) vom 4. [17.] Juli 1917:*
Unter dem Einfluss der vollkommen unverantwortlichen Agitation der Bolschewiki [...] ging ein Teil des Petersburger Proletariats und der Armee bewaffnet auf die Straße. Was wollten gestern die verblendeten Genossen Arbeiter und Soldaten erreichen? Ihre Banner sprachen von der Übergabe der Macht auf die Sowjets und von der Beendigung des Krieges. Sind sie aber nicht selbst gegen den Willen der Sowjets ganz Russlands aufgetreten? Haben sie damit nicht die Autorität und die Stärke der Sowjets erschüttert? [...] Was wird geschehen, wenn dieser oder ein anderer Versuch erfolgreich sein sollte? Wenn die anerkannte Minderheit der Demokratie entgegen dem Willen des ganzen Volkes und auch gegen die Mehrheit der Petrograder Soldaten ihren Willen mit Gewalt dem ganzen Land aufzwingen will? Dieser Tag wird den Untergang der Revolution bedeuten, denn die Revolution kann sich nur dann siegreich entwickeln, wenn an ihrer Seite und an ihrer Spitze Organe stehen, die den Willen der Mehrheit der Demokratie verwirklichen.

5 *Aus einem Brief Wladimir I. Lenins (1870–1924) an die Mitglieder des Zentralkomitees der bolschewistischen Partei vom 24. Oktober [6. November] 1917:*
Genossen! Ich schreibe diese Zeilen am Abend des 24. Die Lage ist äußerst kritisch. Es ist sonnenklar, dass jetzt jede Verzögerung des Aufstandes den Tod bedeuten würde. Mit der Aufbietung meiner ganzen Kraft bemühe ich mich die Genossen zu überzeugen, dass jetzt alles an einem Faden

hängt, dass auf der Tagesordnung Fragen stehen, die nicht durch Konferenzen, durch Kongresse (selbst nicht durch Rätekongresse) entschieden werden, sondern durch die Völker, durch die Masse, durch den Kampf der bewaffneten Massen [...]. Man muss unter allen Umständen heute Abend, heute Nacht die Regierung verhaften, indem man die Junker entwaffnet (indem man sie besiegt hat, wenn sie Widerstand leisten) usw. Man darf nicht warten!! Man kann alles verlieren!! Die Geschichte wird eine Verzögerung den Revolutionären nicht verzeihen, die heute siegen können (und bestimmt siegen werden), während sie morgen Gefahr laufen vieles zu verlieren, ja Gefahr laufen alles zu verlieren. [...] Die Regierung schwankt. Man muss ihr den Rest geben, koste es, was es wolle!

Quelle 4 und 5 zit. nach Oskar Anweiler, Die Russische Revolution 1905–1921, 3. Aufl., Stuttgart 1980, S. 34 und 44.

6 *V. Denin, „Gen. Lenin reinigt die Erde von Unrat", 1920, Plakat, 68 x 44 cm*

7 *Aus einer Erklärung Leo D. Trotzkis (1897–1940) vor dem Zweiten Allrussischen Kongress der Arbeiter- und Soldatenräte nach dem „Sturm auf den Winterpalast" in der Nacht vom 25. auf den 26. Oktober [7. auf den 8. November] 1917:*

Q Offen, angesichts des ganzen Volkes, haben wir das Banner des Aufstandes entfaltet. Die politische Formel dieses Aufstandes ist: Alle Macht den Sowjets durch den Sowjetkongress. Man sagt uns: Ihr habt nicht den Sowjetkongress abgewartet. [...] Wir als Partei sahen unsere Aufgabe darin eine reale Möglichkeit für den Sowjetkongress zu schaffen, damit er die Macht in seine Hände nehmen kann. Wenn der Kongress von Junkern umringt gewesen wäre, auf welche Weise hätte er die Gewalt in seine Hand nehmen können? Um diese Aufgabe zu verwirklichen war eine Partei nötig, welche die Macht aus den Händen der Konterrevolutionäre reißen und euch sagen konnte: Hier ist sie und ihr seid verpflichtet sie zu übernehmen.

Zit. nach Oskar Anweiler, Die Russische Revolution 1905–1921, 3. Aufl., Stuttgart 1980, S. 46 f.

8 *Anfang März 1921 brach ein Aufstand der Matrosen von Kronstadt aus, die sich im Oktober [November] 1917 noch am Umsturz der Bolschewisten beteiligt hatten. In ihren „Mitteilungen des Provisorischen Revolutionskomitees der Matrosen, Rotarmisten und Arbeiter der Stadt Kronstadt" vom 8. März 1921 heißt es:*

Q Als die Arbeiterklasse die Oktoberrevolution zum Erfolg führte, hoffte sie ihre Befreiung zu erlangen. Das Ergebnis aber war eine noch größere Versklavung der menschlichen Persönlichkeit.
Die Macht des Polizeimonarchismus ging in die Hände der kommunistischen Eindringlinge über, die den Werktätigen statt der Freiheit ständige Furcht vor der Folterkammer der Tscheka brachten, deren Greueltaten die der Gendarmerieverwaltung des zaristischen Regimes noch um ein Vielfaches übertrafen. [...]
Am schändlichsten und verbrecherischsten ist jedoch die moralische Versklavung durch die Kommunisten: Sie machten auch vor der inneren Einstellung der Werktätigen nicht Halt, sondern zwangen sie nur so zu denken wie sie selbst. Mit Hilfe der staatlichen Gewerkschaften fesselten sie die Arbeiter an ihre Werkbänke und machten so die Arbeit nicht zur Freude, sondern zu einer neuen Sklaverei. Auf die Proteste der Bauern, die in spontanen Aufständen zum Ausdruck kamen, und der Arbeiter, die schon durch die Lebensbedingungen selbst zu Streiks gezwungen waren, antworteten sie mit Massenerschießungen. [...]

Immer klarer zeichnete sich das ab, was jetzt offenbar wurde, nämlich dass die RKP nicht, wie sie vorgab, für die Werktätigen eintritt; die Interessen des werktätigen Volkes sind ihr fremd, und einmal an die Macht gelangt, kennt sie nur die Sorge sie nicht wieder zu verlieren und deshalb sind alle Mittel erlaubt: Verleumdung, Gewalt, Betrug, Mord und Rache an den Familienangehörigen der Aufständischen. Die Langmut der Werktätigen ist am Ende. [...] Arbeiterstreiks brachen aus, aber die bolschewistischen Spitzel schliefen nicht und ergriffen alle Maßnahmen um die unvermeidliche dritte Revolution zu verhüten und zu unterdrücken

Zit. nach Die Sowjetunion 1917–1953, Bonn 1992 (= Informationen zur politischen Bildung, H. 235), S. 16.

1. Skizzieren Sie anhand der Mat. 4 bis 8 und der Darstellung S. 101–104 die Entwicklung in Russland vom Juli 1917 bis zum Ende der Bürgerkriegs 1921.
2. Erarbeiten Sie aus den Mat. 4, 5 und 7 das jeweilige Verständnis von Demokratie, Revolution und Partei.
3. Analysieren Sie die Aussage und die Perspektive von Mat. 6. Erörtern Sie die Beurteilung der „Oktoberrevolution" und ihrer Folgen in Mat. 6 und 8.

9 *Der Historiker Benno Ennker beschreibt in einem Forschungsbericht neuere Positionen zum Leninbild (1991):*
D Im Oktober 1988 versammelten sich um einen der vielen, modisch gewordenen „Runden Tische" Spezialisten der Geschichte der Oktoberrevolution. Nach einleitenden Referaten [...] trat ein Mitglied der einladenden Kommission, G. Z. Ioffe, mit einer Art Paukenschlag auf: Die stalinistische Historiografie, erklärte er, habe ihr eigenes Bild von der Oktoberrevolution und ihrem Führer, Lenin, geschaffen, primitiv und einfach und von bildenden Künstlern einprägsam illustriert: Lenin steht „auf der Tribüne und vor und unter ihm die Masse, die zum Führer aufschaut, als ob sie zu Christus aufblickt ..." Dieses Bild der Oktoberrevolution kehre auch in den historischen Darstellungen wieder. Solche Einlassungen vor den wichtigsten Repräsentanten der Zunft wären noch im Jahr zuvor kaum denkbar gewesen. Nun aber war der Toleranzrahmen weiter gesteckt. Obwohl man Ioffes Thesen zunächst mit Schweigen überging, wies G. Z. Muchina vom Institut für Marxismus-Leninismus darauf hin, dass neue Ansätze für die Erforschung der Revolutionsgeschichte „nicht nur in wissenschaftlicher, sondern auch in ideologischer Hinsicht wichtig" seien. A. I. Kozlov, Lehrstuhlinhaber für Geschichte der UdSSR an der Universität Rostov am Don, schien auf diese Mahnung Bezug zu nehmen, wenn er feststellte, dass sich die dogmatischen Interpretationen der Oktoberrevolution bereits seit 1923 entwickelt und schließlich Eingang in den „Kurzen Lehrgang" gefunden hätten. Wie damals, 1938, als die Lenin-Lektüre nur durch die Brille Stalins möglich war, gelte auch heute, „dass wir ... Lenin immer noch auf Stalinsche Art (po stalinski) lesen und interpretieren ... In jedem von uns sitzt seit langem der innere Redakteur, der Zensor und er ist noch immer bei der Arbeit." Auch hier verzeichnet das Protokoll weder Protest noch Zustimmung und auch nicht die knisternde Stille, die bei dieser Rede im Saal geherrscht haben mag.

Benno Ennker, Ende des Mythos? Lenin in der Kontroverse, in: Dietrich Geyer (Hg.), Die Umwertung der sowjetischen Geschichte, Göttingen 1991, S. 64.

10 „Der Weg zum Sozialismus", Karikatur aus dem „Hamburger Abendblatt", 1990

1. Analysieren Sie die Zentralaussage und die Perspektive der Karikatur (Mat. 10).
2. Skizzieren Sie mit Hilfe von Mat. 9 das in der sowjetischen Historiografie tradierte Leninbild. Versetzen Sie sich in die Lage der Teilnehmer des Gesprächs und erörtern Sie, weshalb Reaktionen auf den „Paukenschlag" ausblieben.
3. Informieren Sie sich über den Fortgang der „Aufarbeitung der eigenen Geschichte" in Russland und berichten Sie über die aktuelle geschichtswissenschaftliche und politische Beurteilung des Jahres 1917.

Eine unabhängige „dritte Gewalt"?
Justiz in der Weimarer Republik

1 *Erster Staatsanwalt Dr. Leeb, Vorsitzender des Deutschen Richterbundes, schrieb im Mai 1921 einen Artikel in der Zeitschrift seines Verbandes „Deutsche Richterzeitung" unter der Überschrift „Dreierlei":*

Q I. Verwahrung
Es ist beabsichtigt die Frauen zum Schöffen- und Geschwornendienst zuzulassen. Bei der allgemeinen Verwendung von Frauen im Schöffen- und Geschwornendienst richten Frauen über Männer. Die Beurteilung solchen Zustandes hängt von der Geistes- und Gemütsverfassung der Urteilenden ab. So lange der deutsche Mann wehrhaft war, erschien ihm die Aburteilung des Mannes durch die Frau als Narretei. Wenn die Männer sie als naturwidrig nicht mehr empfinden, so verdienen sie, was ihnen geschieht. […]
II. Das neue Strafrecht
Das Recht liegt tief im Grabe. Auf dem Grabe lastet ein schwerer Stein. […] Wer die Auferstehung des Rechts will, wälze den Stein. Die Verfasser des neuesten Entwurfs zum neuen Strafrecht wälzen ihn nicht. Das Recht ist für sie nicht Selbstzweck. […]
III. Recht und Politik
1. Lügenrecht. Neuer Geist erfüllt die Welt. Der neue Geist ist Lügengeist. Staatskunst ist Lügenkunst. Die Lüge kämpft und siegt im Zeichen des Rechts. Die Gerechtigkeit ist das Feldgeschrei der Lügner bei ihren Raub- und Eroberungszügen. Rechtsverträge sichern die Beute. Was sie schaffen, ist Rechtszustand. Wer ihn verteidigt, steht auf dem Rechtsboden. Wer ihn bekämpft, ist Rechtsbrecher. Er tut Unrecht und ist schuldig. […]
2. Partei-, Klassen- und Bastardrecht. Gesetz ist Recht. Parteiherrschaft schafft Gesetze nach Maßgabe ihrer sittlichen, gesellschaftlichen und wirtschaftlichen Belange […]. Wo Parteigesetze, da Parteirecht. Treibt die Partei Klassenpolitik, so ist das Parteirecht, Klassenrecht, Klassenjustiz. Wo mehrere Parteien die Herrschaft üben, entstehen Kompromissgesetze. Sie stellen Mischlinge, Kreuzungen der Belange der herrschenden Parteien, stellen Bastardrecht dar. Jede Majestät ist gefallen. Auch die Majestät des Gesetzes.

Deutsche Richterzeitung 13, 1921, Sp.129 ff.

2 *In der ersten Ausgabe der neu gegründeten Zeitschrift „Die Justiz. Zeitschrift für Erneuerung des Deutschen Rechtswesens. Zugleich Organ des Republikanischen Richterbundes" vom Oktober 1925 war unter der Überschrift „Was wir wollen" Folgendes zu lesen (der namentlich nicht gekennzeichnete Artikel wurde wohl von den Herausgebern W. Mittermaier, G. Radbruch, H. Sinzheimer, W. Kroner gemeinsam verfasst):*

Q Die Gründung der neuen Zeitschrift beruht auf dem Gedanken, dass das Vertrauen zur Rechtspflege in Deutschland in weiten Kreisen erschüttert ist und es als eine Aufgabe von höchster Bedeutung angesehen werden muss dieses Vertrauen wieder herzustellen. […] Es ist in vielen Fällen der formale Charakter des Rechts, gegen den sich das Rechtsbewusstsein aufbäumt. Das Recht kann indessen ohne diesen formalen Charakter nicht bestehen. Das Recht bedarf der formalen Betrachtung der Dinge und Verhältnisse, weil rechtliche Betrachtungsweise ohne formale Betrachtungsweise nicht möglich ist. *Aber es darf nicht sein, dass die Handhabung des Rechts in dieser formalen Tätigkeit sich erschöpft.* Es gibt nicht nur eine Technik, es gibt auch einen *Geist* des Rechts. Die Anwendung des Rechts ist nicht nur ein logisches Verfahren. Die Anwendung des Rechts ist auch Ausdruck einer *Gesinnung,* welche die Norm auslegt und den Tatbestand aus dem Tatsachenstoff formt. […]
Eine Rechtsordnung muss von ihren obersten Grundsätzen bis herab zu ihren besonderen Anwendungen *eines* Geistes sein. *In einem republikanischen und demokratischen Deutschland kann auch die Rechtspflege nur demokratischen und republikanischen Geistes sein.* […] Es ist ein unerträglicher Zustand, dass sich oft richterliche Gesinnung bewusst oder unbewusst nach einem Geiste richtet, der nicht der Geist des heutigen Rechtes ist.

Die Justiz 1, Oktober 1925, S. 1 f. (Hervorhebungen im Original).

3 *Aus einer Stellungnahme des Reichsgerichtsrats Reichert in der „Deutschen Richterzeitung" zur Gründung der Zeitschrift „Die Justiz" (1926):*

Q Betrachtet man nüchtern und gelassen die schöne Programmrede der „Justiz", so erkennt man alsbald, dass es staatsphilosophische Irrgänge sind, die sich umsonst auf Verfassung und Volksempfinden berufen. […]
Das Recht ist ein *unmittelbarer Teil des Volkslebens* und als solches nicht eine Konstruktion, sondern ein biologisches Gebilde der geschichtlichen Entwicklung, innerhalb deren es in Gesetzgebung, Rechtsprechung und Rechtswissenschaft konkrete Formen annimmt. Es ist klar, dass es hierbei nicht im luftleeren Raum schwebt, sondern auch Berührun-

gen hat mit den übrigen Kulturfaktoren: Religion, Kunst, Wissenschaft, Wirtschaft usw. Es wird von ihnen daher auch in gegenseitigen Wechselbeziehungen beeinflusst. So viel ist aber sicher, dass das Recht von vornherein *ethisch* aufgefasst werden muss und nicht *politisch*.

Deutsche Richterzeitung 18, 1926, Sp. 22 (Hervorhebungen im Original).

1. Vergleichen Sie Mat. 1 bis 3 unter folgenden Gesichtspunkten: a) Ursprung und Funktion des Rechts, b) Verhältnis von Staat(sform) und Recht.
2. Nehmen Sie zu den Begriffen „Bastardrecht" (Mat. 1), „Staatsgesinnung" (Mat. 2), „biologisches Gebilde" (Mat. 3) Stellung.
3. Skizzieren Sie auf der Grundlage der Analyse der Mat. 1 bis 3 und der Darstellung S. 79–82 die Situation der Justiz in der Weimarer Republik.

4 *Aufgrund einer anonymen Anzeige wurden der Künstler George Grosz und sein Verleger Wieland Herzfelde 1928 wegen Gotteslästerung – u. a. in der politischen Bildsatire „Maul halten und weiter dienen" (Mat. 5) – zu einer Geldstrafe verurteilt. Der Freispruch der zweiten Instanz wurde vom Reichsgericht kassiert. Auch den erneuten Freispruch des Landgerichts Berlin hob das Reichsgericht auf, das betreffende Bild wurde konfisziert und vernichtet. In dem Gerichtsprotokoll der ersten Instanz des Prozesses gegen Grosz und Herzfelde heißt es unter anderem:*

Vorsitzender: Nun komme ich zu dem letzten der beschlagnahmten Bilder, zu dem Bild Nr. 10. Das stellt also dar –
Grosz: Das ist Christus am Kreuz mit der Gasmaske und dann hat er Militärschuhe an.
Vorsitzender: Die linke Hand ist nicht, wie sonst, mit einem Nagel ans Kreuz geschlagen, sondern mit einem Strick festgebunden; die rechte auch; aber da ist auch ein Nagel. Dann ist da die Überschrift INRI mit dem Heiligenschein, eine Gasmaske in Verbindung mit einer Brille, wie sie auch im Gaskampf zeitweise getragen wurde, nicht wahr?
Grosz: Ja.
Vorsitzender: Das Kreuz steht etwas schräg, wie wenn es hinstürzt und darunter stehen die Worte: „Maul halten und weiter dienen!" Was sollte das zum Ausdruck bringen? Hier kann es doch keinem Menschen entgehen, dass gläubige Christen durch eine solche Darstellung schwer verletzt werden.
Grosz: Dieses Blatt ist als eine kleine Randnotiz zu dem Buch von Schwejk entstanden. [Ich] habe mir so vorgestellt, dass Christus zwischen den Schützengräben herumgeht und verkündet: Liebet euch untereinander. Ich dachte mir: In demselben Moment würde man ihn packen, ihm eine Gasmaske geben und Militärstiefel anziehen, also kurz, man würde ihn überhaupt nicht verstehen. Also hier kommt Christus sogar sehr gut weg. Er wird von einer anderen Macht vergewaltigt.
Vorsitzender: Soll „Maul halten und weiter dienen" ein Wort sein, das an ihn gerichtet wird, oder eins, das er spricht?
Grosz: Das wird an ihn gerichtet. Die tiefere Vision dieses Blattes ist nämlich die: Die einfache gekreuzigte Kreatur, die doch im Grunde genommen lebenserhaltend ist – ich bin persönlich kein Pazifist, aber man hat als Mensch immer ein tiefes Mitleid mit dem kaputt gehenden Menschen, der unschuldig immer wieder hekatombenweise geopfert wird.

Zit. nach George Grosz, Illustrierte Bücher und Mappen. Ausstellung in der Universitätsbibliothek Bremen. Veröffentlichungen der Abteilung Gesellschaftswissenschaften und der Spezialabteilung 16, Bremen, April – Mai 1978, S. 26 f.

5 *George Grosz (1893–1959), „Maul halten und weiter dienen", Blatt 10 aus der Mappe „Hintergrund. 17 Zeichnungen von George Grosz zur Aufführung des Schwejk in der Piscatorbühne", 1928*

6 Im April 1931 wurde die NS-Wochenzeitschrift „Der Stürmer" von der Polizeidirektion Nürnberg-Fürth wegen einer Bildveröffentlichung verboten. Die Begründung lautete:

Q [Das Bild trägt die] Überschrift „Karfreitag" und den Spruch „Herr, sie wollen mein Volk verraten, wie sie Dich verraten haben". Das Bild stellt Jesus Christus am Kreuz dar. Links von der Darstellung des Gekreuzigten steht ein Nationalsozialist mit gefalteten Händen, der offensichtlich im Gebete die oben angeführten Worte spricht. Rechts unten sieht man in kleineren Figuren einen katholischen Geistlichen, Arm in Arm mit einer Gestalt mit Ballonmütze. Auf der anderen Seite des Geistlichen erblickt man eine kleinere Gestalt mit slawischem Typus und verbrecherischem Gesichtsausdruck, dahinter einen jüdisch aussehenden Mann, der in der Hand ein Blatt mit verzerrtem Kruzifix und dem Namen „Groß" hält. [...] Die Darstellung des gekreuzigten Jesus Christus und des Nationalsozialisten tragen unverkennbar edle Züge, während die anderen Gestalten alle ausgesprochen als Karikaturen gezeichnet sind.

Das Reichsgericht hob das Verbot unter anderem mit folgender Begründung auf:

Die Auffassung der Verbotsverfügung, „das Bild des Gekreuzigten" sei „in der widerlichsten Weise in den Parteikampf hineingezogen und dadurch beschimpft" worden, wird ... dem wirklichen Sachverhalt nicht gerecht ... Die Figur des katholischen Geistlichen unter den „Volksverrätern" soll die Zentrumspartei und nicht die katholische Kirche darstellen.

Zit. nach Theo Rasehorn, Justizkritik in der Weimarer Republik. Das Beispiel der Zeitschrift „Die Justiz", Frankfurt/M.u. a. 1985, S. 199 f.

1. Interpretieren Sie die Bildsatire, berücksichtigen Sie dabei auch die im Protokoll zum Ausdruck gebrachten Deutungen (Mat. 4 und 5).
2. Vergleichen Sie die Begründung des Freispruchs von Grosz in der zweiten Instanz („So wenig Gasmaske und Soldatenstiefel zum Christusbild passen, genauso wenig passt die Lehre der kriegshetzenden Vertreter der Kirche zur eigentlichen christlichen Lehre.") mit den Äußerungen des Richters beim Verhör George Grosz' (Mat. 4).
3. Oberregierungsrat Robert Kempner vom Reichsinnenministerium, der spätere Ankläger bei den Nürnberger Prozessen, stellte in einem Aufsatz in der Zeitschrift „Justiz" die Entscheidung des Reichsgerichts in Mat. 6 der Verurteilung Grosz' durch dasselbe Gericht kommentarlos gegenüber. Fassen Sie an seiner Stelle einen solchen Kommentar ab.

7 1921 veröffentlichte Professor Emil Julius Gumbel (1891–1966) eine Broschüre mit dem Titel „Zwei Jahre politischer Mord", die bereits 1922 in ihrer 5. Auflage unter dem fortgeschriebenen Titel „Vier Jahre Mord" erschien und in ihren Ergebnissen vom Reichsjustizministerium als korrekt bestätigt wurde. Darin findet sich eine statistische Übersicht der politischen Morde 1918–1922:

Die Formen der politischen Morde			
„Tödlich verunglückt"	184	Als Repressalie erschossen	10
Willkürlich erschossen	73	Willkürlich erschossen	8
„Auf der Flucht erschossen"	45		
Angebliches Standrecht	37	Angebliches Standrecht	3
Angebliche Notwehr	9	Angebliche Notwehr	1
Im Gefängnis oder auf Transport gelyncht	5		
Angeblicher Selbstmord	1		
Summe der von Rechtsstehenden Ermordeten	354	Summe der von Linksstehenden Ermordeten	22

Die Sühne der politischen Morde		
	Politische Morde begangen von Linksstehenden	von Rechtsstehenden
Gesamtzahl der Morde	22	354
davon ungesühnt	4	326
teilweise gesühnt	1	27
gesühnt	17	1
Zahl der Verurteilungen	38	24
Geständige Täter freigesprochen	–	23
Geständige Täter befördert	–	3
Dauer der Einsperrung je Mord	15 Jahre	4 Monate
Zahl der Hinrichtungen	10	–
Geldstrafe je Mord	–	2 Papiermark

Nach Harry Pross (Hg.), Die Zerstörung der deutschen Politik. Dokumente 1871–1933, Frankfurt/M. 1959, S. 139.

8 Aus einem Vortrag des Bundesgerichtshofspräsidenten Professor Dr. Gerd Pfeiffer (geb. 1919) anlässlich der „Gedenkstunde zum hundertsten Gründungstag des Reichsgerichts" (1979):

D Das Reichsgericht war, vor allem gegen Ende der Weimarer Republik, Angriffen von nahezu allen Seiten ausgesetzt gewesen. Seine Richter, so können wir getrost vermuten, sehnten sich nach der unangefochtenen Autorität des Rechts und des höchsten Gerichts. Die Parteiengegensätze, die durch den Kampf der Extremisten ins Unerträgliche gesteigert waren, wurden nur als Übel angesehen. Das Bewusstsein von der demokratischen Legitimität des Interessenkampfes, aber auch von der Notwendigkeit des Kompromisses war unterentwickelt. Das wahre Recht sollte aus der Volksgemeinschaft als solcher wachsen, wie es in Bumkes[1] Rede zur Fünfzigjahrfeier des Reichsgerichts angeklungen war. Das Reichsgericht hat die Weimarer Verfassung loyal angewandt. Aber mit dem Herzen, auch das können wir wohl sagen, waren die Richter nicht der Republik und der Demokratie verschworen. Der starke Staat, der mit der sogenannten nationalen Erneuerung zu kommen versprach, war daher eine Versuchung. Die Rechtsverachtung Hitlers, die jeder hätte nachlesen können, haben die Richter in der Anfangszeit nach 1933 wohl ebenso wenig gesehen wie viele berühmte Zeitgenossen, denen erst später die Augen aufgingen.

1 Erwin Bumke (1874–1945), Reichsgerichtspräsident; Schlusswort seiner Rede im Jahre 1929: „Ein Reich – ein Recht, ein Volk – ein Geist."

Deutsche Richterzeitung 57, 1979, S. 329.

9 *Der Historiker Gotthard Jasper (geb. 1934) über die Justiz in der Weimarer Republik (1992):*
D Dieser unverhohlene Antiparlamentarismus und Antipluralismus brachte die Richter der Republik trotz ihres Eides auf die Verfassung nicht in Schwierigkeiten, weil sie zwischen dem Wesen des Staates an sich, dem ihre ganze Treue galt, und der zufälligen, auswechselbaren konkreten Staatsform zu unterscheiden sich angewöhnt hatten. Die Staatsform war umstritten, blieb Sache der Parteien. Diese „Zweiseelentheorie" (Richard Thoma) trennte die Richter und Beamten von den Parteien, ermöglichte ihnen sich von der Republik zwar besolden zu lassen, gleichwohl aber sich nur dem Staat als solchem verpflichtet zu fühlen. Der Staat über den Parteien, der die gesellschaftliche Dynamik von oben her begrenzen und ordnen sollte, war ihnen nach ihrem Selbstverständnis anvertraut, sie waren seine Sachwalter. Dieser Führungsanspruch auf ihren Sachverstand pochender obrigkeitlicher Beamter und ihrem Rechtsbewusstsein vertrauender unpolitischer Richter wurde durch Parlamentarismus und Parteienstaat massiv bedroht, insbesondere dann, wenn sich linke Mehrheiten bildeten. Im Konflikt wurde dann überdeutlich, dass „Überparteilichkeit … die Lebenslüge des Obrigkeitsstaates war", wie Gustav Radbruch[1] schon 1930 formulierte.

1 Gustav Radbruch (1878–1949), Rechtswissenschaftler und Reichsjustizminister (SPD) 1921/22 und 1923

Gotthard Jasper, Justiz und Politik in der Weimarer Republik, in: Vierteljahrshefte für Zeitgeschichte 30, 1992, S. 196.

1. Ermitteln Sie aus der Statistik (Mat. 7) die Tendenz der Rechtsprechung in politischen Fällen zu Beginn der Weimarer Republik und erörtern Sie den rechtlichen und politischen Hintergrund dieser Tendenz (siehe auch Darstellung S. 75–82).

2. Untersuchen Sie Mat. 8 und 9 unter den Gesichtspunkten: a) Abweichungen und Übereinstimmungen, b) Beurteilungsmaßstab und nehmen Sie anschließend zu diesen Positionen Stellung.

3. Erläutern Sie die „Zweiseelentheorie" (Mat. 9) und identifizieren Sie diese in der Selbsteinschätzung der zitierten Juristen (Mat. 1 bis 3) und in der Rechtsprechung (Mat. 4 und 6).

4. Setzen Sie sich mit einer These von Robert Kuhn (Die Vertrauenskrise der Justiz 1926–1928. Der Kampf um die Republikanisierung der Rechtspflege in der Weimarer Republik, Köln 1983, S. 275) auseinander: „Die Vertrauenskrise der Justiz beruhte auf einem Geburtsfehler der Weimarer Republik: auf der Übernahme der alten, monarchischen Richter und Staatsanwälte in den Dienst des neuen, republikanischen Staates."

Deutscher Widerstand gegen den Nationalsozialismus

1 *Der Schriftsetzer Gustav Streich erinnert sich an die illegale sozialdemokratische Arbeit in Essen-Borbeck:*

Q Bei den Besprechungen über die zukünftige Parteiarbeit kam man überein den Kreis der Eingeweihten möglichst klein zu halten, dafür aber die Propaganda von Mund zu Mund in verstärktem Maße zu betreiben. [...]
Bereits im Herbst 1933 kamen die Borbecker Genossen mit Parteifreunden aus ganz Essen und anderen Städten zusammen. Die illegale SPD wurde über das ganze Reich ausgebaut und die Genossen Rotthäuser und Streich in die Leitung für Groß-Essen berufen.
Anfang 1934 erschien zum ersten Mal die illegale Zeitung der SPD, „Neuer Vorwärts". Er wurde aus dem Ausland ins Reich geschmuggelt und ging hier von Hand zu Hand. Dies liest sich recht einfach, aber welch gefährliche Situationen dabei oft gemeistert werden mussten, lässt sich heute kaum noch schildern. [...]
Bis Mai 1935 wuchs die Zahl der illegal arbeitenden Sozialisten immer stärker an. Immer neue Gruppen entstanden. Die Zusammenkünfte wurden immer öfter veranstaltet. Man kam jetzt schon in öffentlichen Lokalen zusammen. In Borbeck war unser Stammlokal „Mellis", das uns jeden Sonntag zusammen sah. Die Sache des Sozialismus schien auf dem besten Wege trotz Terror und Verbot Anhänger zu gewinnen. [...]
Dann kam der 1. Mai 1935.
Es war eine große Zusammenkunft im Restaurant „Alte Burg" in Werden vereinbart.
Die Wahl des Lokals war ein Fehler, denn es war auch der Gestapo bekannt, dass seit Jahrzehnten die Sozialdemokraten hier ihren 1. Mai feierten. Sie hatte deshalb Beobachter entsandt. Man ließ unsere Genossen hier noch ungeschoren, als diese sich aber anschließend in dem früheren Reichsbanner-Lokal Kimmeskamp in Werden trafen, schritt man zur Verhaftung. Über 50 Genossen wurden so festgesetzt.

Zit. nach Wolfgang Emmerich (Hg.), Proletarische Lebensläufe, Bd. 2, Reinbek bei Hamburg 1975, S. 366 ff.

2 *Aus einem Flugblatt an die deutschen Bergarbeiter, illegal verteilt von einem 1936 gegründeten „Arbeitsausschuss der freigewerkschaftlichen Bergarbeiter Deutschlands":*

Q Kameraden! Die nationalsozialistischen Gewaltherrscher haben unsere einst unabhängigen Gewerkschaften zerschlagen, ihre Führer ermordet oder ins Exil gejagt, Hunderten treuen Verbandsfunktionären das gleiche Schicksal bereitet. [...] Überall dort, wo Kohle gehauen, Erz gefördert oder Kali geschürft wird, bilden sich Gruppen freiheitsliebender Bergarbeiter. [...] Diese im Dunkeln der Illegalität arbeitenden Knappen sprechen zu euch, deutsche Bergarbeiter-Kameraden. Pfingsten 1936 trafen sich Abgesandte aller dieser den Freiheitskampf führenden Bergarbeitergruppen unter der Leitung des Präsidenten der Bergarbeiter-Internationale zu gemeinsamer Aussprache und Beratung. Hört das Ergebnis des Kongresses eurer illegal wirkenden Kameraden:
In der Erkenntnis der Tatsache, dass der Hitlerfaschismus nur von der geeinten Arbeiterklasse siegreich überwunden werden kann, sind die in der Konferenz anwesenden Kameraden dahin übereingekommen, dass die früher vorhandene weltanschauliche und politische Zerrissenheit von nun an als überwunden gelten kann. In absolutem Vertrauen zueinander geloben wir in brüderlicher Solidarität in einer einheitlichen Bergarbeiterbewegung gegen den blutbefleckten und arbeiterfeindlichen Hitlerfaschismus bis zu seiner endgültigen Vernichtung zu kämpfen.
Gestützt auf die Solidarität der Bergarbeiter aller freiheitlichen Länder der Welt wird der Kampf um ein freies Deutschland mit allen Mitteln und in verschärfter Form von uns weiter geführt werden. Jedem Angriff der nationalsozialistisch-kapitalistischen Grubenbarone auf Lohn und Arbeitszeit der Bergarbeiter werden wir mit den zweckmäßigsten Methoden des Widerstandes begegnen.
Dem Willen der nationalsozialistischen Führerclique und ihrer großkapitalistischen Hintermänner zum Krieg setzen wir den Kampf um die Erhaltung des Friedens entgegen.
Kameraden! Wir kämpfen still und unerkannt in eurer Mitte. Helft und stützt uns, wo ihr unser Wirken erkennt und ahnt! Schafft alle mit an eurem Platz für unsere Kampfziele! Dann werden wir bald mit offenem Visier und von euch allen offen gestützt unsern Kampf fortsetzen können und der Freiheitssieg wird unser sein!

Zit. nach Detlev Peukert, Ruhrarbeiter gegen den Faschismus. Dokumentation über den Widerstand im Ruhrgebiet 1933–1945, Frankfurt/M. 1976, S. 215 f.

3 *Aus einer Predigt des Bischofs Clemens August von Galen (1878–1946) in der St.-Lamberti-Kirche in Münster (Westfalen) am 3. August 1941:*

Q Deutsche Männer und Frauen! Noch hat Gesetzeskraft der § 211 des Reichsstrafgesetzbuches, der bestimmt: „Wer

vorsätzlich einen Menschen tötet, wird, wenn er die Tötung mit Überlegung ausgeführt hat, wegen Mordes mit dem Tode bestraft."
Wohl um diejenigen, die jene armen, kranken Menschen, Angehörige unserer Familien, vorsätzlich töten, vor dieser gesetzlichen Bestrafung zu bewahren werden die zur Tötung bestimmten Kranken aus der Heimat abtransportiert in eine entfernte Anstalt. Als Todesursache wird dann irgendeine Krankheit angegeben. Da die Leiche sogleich verbrannt wird, können die Angehörigen und auch die Kriminalpolizei es hinterher nicht mehr feststellen, ob die Krankheit wirklich vorgelegen hat und welche Todesursache vorlag. Es ist mir aber versichert worden, dass man im Reichsministerium des Innern und auf der Dienststelle des Reichsärzteführers Dr. Conti gar kein Hehl daraus mache, dass tatsächlich schon eine große Zahl von Geisteskranken in Deutschland vorsätzlich getötet worden ist und in Zukunft getötet werden soll. [...]
Als ich von dem Vorhaben erfuhr, Kranke aus Marienthal abzutransportieren um sie zu töten, habe ich am 28. Juli bei der Staatsanwaltschaft, beim Landgericht in Münster und bei dem Herrn Polizeipräsidenten in Münster Anzeige erstattet durch eingeschriebenen Brief [...]: „Da ein derartiges Vorgehen nicht nur den göttlichen und natürlichen Sittengesetzen widerstreitet, sondern auch als Mord nach § 211 des StGB mit dem Tode zu bestrafen ist, erstatte ich gemäß § 139 des StGB pflichtgemäß Anzeige und bitte, die bedrohten Volksgenossen unverzüglich durch Vorgehen gegen die den Abtransport und die Ermordung beabsichtigenden Stellen zu schützen und mir von dem Veranlassten Nachricht zu geben." Nachricht über ein Einschreiten der Staatsanwaltschaft und der Polizei ist mir nicht zugegangen.

Zit. nach Wolfgang Michalka (Hg.), Das Dritte Reich, Bd. 2, München 1985, S. 339 f.

4 *Aus einem Schreiben des NSDAP-Ortsgruppenleiters in Düsseldorf-Grafenberg an die Gestapo Düsseldorf vom 17. Juni 1943:*
[Die „Edelweißpiraten"] machen sich wieder breit. Mir wird gemeldet, dass sich, und zwar nach dem letzten Terrorangriff[1] auf Düsseldorf, Ansammlungen Jugendlicher in der Ostparkanlage stärker denn je bemerkbar machen. Diese Jugendlichen im Alter von 12–17 Jahren flegeln sich bis in die späten Abendstunden mit Musikinstrumenten und weiblichen Jugendlichen hier herum. Da dieses Gesindel zum großen Teil außerhalb der HJ steht und eine ablehnende Haltung zu dieser Gliederung einnimmt, bilden diese eine Gefahr für die übrige Jugend. [...]

Es besteht der Verdacht, dass diese Jugendlichen diejenigen sind, welche die Wände in der Unterführung an der Altenbergstraße beschreiben mit „Nieder mit Hitler", „das OKW[2] lügt", „Orden und Ehrenzeichen für das große Morden", „Nieder mit der Nazi-Bestie" usw. Diese Anschriften können so oft beseitigt werden, wie man will, innerhalb weniger Tage sind die Wände wieder neu beschrieben.

1 Der Briefschreiber meint die alliierten Luftangriffe auf deutsche Städte.
2 Oberkommando der Wehrmacht

Zit. nach Detlev Peukert, Die Edelweißpiraten. Protestbewegungen jugendlicher Arbeiter im Dritten Reich, 2. Aufl., Köln 1983, S. 101.

5 *Ein Flugblatt der „Edelweißpiraten", eines illegalen Zusammenschlusses von Jugendlichen vor allem im Ruhrgebiet und im Rheinland, das von einer Wuppertaler Gruppe bis in den Herbst 1942 hinein verbreitet wurde.*

2 Demokratie und Diktatur

6 *Anfang März 1943 protestierten in Berlin in der Rosenstraße mehrere hundert Frauen und Kinder tage- und nächtelang gegen den Abtransport ihrer jüdischen Ehepartner und Väter in den Osten im Rahmen der „Endlösung der Judenfrage" (siehe S. 94 f. und Mat. S. 128–131). Es handelte sich um Angehörige sogenannter Mischehen, d. h., ein Ehepartner war „Jude", der andere „Arier". Der Arzt und spätere Historiker Walter Laquer (geb. 1921) berichtet darüber 1982 in seiner Autobiografie „Jahre auf Abruf":*

D Als ich weiterging, wurde ich plötzlich Zeuge einer Szene, wie ich sie in Deutschland viele Jahre nicht mehr erlebt hatte: einer spontanen Demonstration. […] Es kam mitten im Krieg in Deutschland zu einer kleinen Rebellion. Die
5 nicht-jüdischen Ehefrauen und Kinder der Verhafteten¹ fanden schnell heraus, worum es ging und begannen sich vor dem Sammellager in der Rosenstraße aufzustellen. Am ersten Morgen war es nur ein Dutzend. Sie verlangten mit ihren Männern sprechen zu dürfen. Ihr Verlangen wurde nicht er-
10 füllt, aber sie blieben. Gegen Abend kampierten einige Hundert vor dem Tor und riefen: „Wir wollen unsere Männer wiedersehen" und „Gebt uns unsere Väter frei!" Am nächsten Tag wuchs die Zahl auf etwa tausend an und sie wurden zu einem beträchtlichen Ärgernis, da sie Delegationen zum
15 nahe gelegenen Polizeirevier und sogar ins Hauptquartier der Gestapo schickten.
Die Behörden waren erstaunlich zuvorkommend, sogar höflich. Es sei kein Grund zur Aufregung, hieß es, noch sei nichts entschieden; man werde die Sache noch einmal über-
20 prüfen. Aber die Ehefrauen gaben sich mit solch unverbindlichem Geschwätz nicht zufrieden: Was sollte denn überprüft werden? Sie wollten ihre Männer auf der Stelle wiederhaben. […]
Als die Beamten sagten, die Leute könnten noch nicht frei-
25 gelassen werden, schlugen die Frauen vor, sie wollten bei ihren Männern im Gefängnis bleiben. Man gab ihnen zur Antwort, das sei nicht zulässig, da die Männer sich in Arrest befänden. Die Frauen entgegneten, die Rosenstraße sei kein Gefängnis² und sie hätten das Recht das Gebäude zu betre-
30 ten. Der Führer werde ganz gewiss ein solch gesetzwidriges Vorgehen nicht billigen. […] Die Beamten wussten nicht, was sie darauf antworten sollten und wandten sich an ihre Vorgesetzten um neue Instruktionen. Durch ganz Berlin verbreitete sich das Gerücht, mitten im Stadtzentrum gebe es
35 eine Demonstration, die Leute widersetzten sich den Behörden. Einige ausländische Korrespondenten – Schweden und Schweizer – tauchten schon in der Nachbarschaft auf, natürlich ganz unauffällig, sie kamen nur zufällig vorbei.³

1 Genau genommen handelte es sich nicht um Verhaftete, denn eine Verhaftung setzte eine strafrechtliche Beschuldigung voraus.
2 Das Gebäude, in dem sich das Sammellager für den Abtransport in die Vernichtungslager befand, war die ehemalige Sozial-Versicherung der Jüdischen Gemeinde in der Rosenstraße 2–4.
3 Seit dem 6. März 1943 wurden die etwa 1500 gefangenen Männer, Frauen und Jugendlichen freigelassen; sie mussten bis zum Kriegsende in Deutschland Zwangsarbeit verrichten.

Zit. nach Gernot Jochheim, Frauenprotest in der Rosenstraße. „Gebt uns unsere Männer wieder", Berlin 1993, S. 14.

7 *Kurz vor und nach dem gescheiterten Sprengstoffattentat des Oberst Claus Schenk Graf von Stauffenberg auf Hitler am 20. Juli 1944 äußerte sich Generalmajor Henning von Tresckow (1901–1944), einer der führenden Köpfe der militärischen Widerstandsbewegung, zu seinen Motiven, bevor er sich am 21. Juli 1944 das Leben nahm:*

Q Das Attentat gegen Hitler muss erfolgen, koste es, was es wolle. Sollte es nicht gelingen, so muss trotzdem der Staatsstreich versucht werden, denn es kommt nicht mehr auf den praktischen Zweck an, sondern darauf, dass die deutsche Wi-
5 derstandsbewegung vor der Welt und vor der Geschichte unter Einsatz des Lebens den entscheidenden Wurf gewagt hat. Alles andere ist daneben gleichgültig. […]
Jetzt wird die ganze Welt über uns herfallen und uns beschimpfen. Aber ich bin nach wie vor der felsenfesten Über-
10 zeugung, dass wir recht gehandelt haben. Ich halte Hitler nicht nur für den Erzfeind Deutschlands, sondern auch für den Erzfeind der Welt. Wenn ich in wenigen Stunden vor den Richterstuhl Gottes treten werde um Rechenschaft abzulegen über mein Tun und Unterlassen, so glaube ich mit gutem
15 Gewissen das vertreten zu können, was ich im Kampf gegen Hitler getan habe. Wenn einst Gott Abraham verheißen hat, er werde Sodom nicht verderben, wenn auch nur zehn Gerechte darin seien, so hoffe ich, dass Gott auch Deutschland um unsretwillen nicht vernichten wird. […]
20 Der sittliche Wert eines Menschen beginnt erst dort, wo er bereit ist für seine Überzeugung sein Leben hinzugeben.

Zit. nach Aufstand des Gewissens. Der militärische Widerstand gegen Hitler und das NS-Regime 1933–1945, Herford 1985, S. 203.

8 *Aus einem Brief des Delmenhorster Handelsstudienrats und Sozialdemokraten Otto Gratzki an einen ehemaligen Schüler vom 10. August 1943. Nach der Entdeckung seiner Korrespondenz wurde Gratzki am 23. Januar 1945 vom Volksgerichtshof zum Tode verurteilt, weil er damit „unter Missbrauch seiner Autorität als ehemaliger Lehrer … Wehrkraftzersetzung betrieben" habe:*

Q Wer sich zur Null macht, der macht die „Eins" sehr groß, wenn er sich dahinter stellt – und sind's erst Millionen

Nullen, dann wird die einfache Eins zum Herrgott, aber nicht deshalb, weil sie gottbegnadet ist, sondern infolge der vielen Nullen, die sich gern hinter die Eins stellen und dort Anlehnung suchen. Nur wenn die Eins sich mal (ver-)irrt, dann entdecken plötzlich die Nullen deren Minderwertigkeit und dann ist es aus! – restlos aus! ... Geben Sie auf alle Parolen nichts! Es liegt viel leeres Stroh drin. Die Sache läuft ihren Gang wie eine Lawine, die den Berg hinunterrollt. Je länger sie rollt, umso unheimlicher wird ihre Geschwindigkeit. Und – die Lawine rollt! [...] Mit den Wölfen muss man heulen – darin liegt eine tiefe Wahrheit.

Zit. nach Paul Wilhelm Glöckner, Delmenhorst unter dem Hakenkreuz, Bd. 2, Delmenhorst 1983, S. 33 ff.

9 *Der Zeithistoriker Richard Löwenthal (1908–1991) zum Widerstandsbegriff (1982):*
D [Es] will mir scheinen, dass man drei Grundformen des Widerstandes gegen den nationalsozialistischen Totalitarismus unterscheiden kann: den bewussten politischen Kampf, die gesellschaftliche Verweigerung und die weltanschauliche Dissidenz. Sie überschneiden sich vielfach, doch sie richten sich im Kern gegen die drei institutionellen Monopole der herrschenden Partei – die Monopole der politischen Macht, der gesellschaftlichen Organisation und der Information.
[...] Die erste bezieht sich auf Aktivitäten, die bewusst gegen die nationalsozialistische Parteidiktatur gerichtet waren, ihre Untergrabung und ihren schließlichen Sturz anstrebten und daher notwendig von vornherein illegal waren und konspirativ betrieben werden mussten; manche Autoren neigen dazu den Begriff des Widerstandes auf solche bewusst politische Opposition zu beschränken. Viel breitere Unterstützung und oft größere Wirksamkeit hatte jedoch eine Form des Widerstandes, die sich ohne politische Flagge konkret, praktisch und relativ offen gegen die Eingriffe der Nationalsozialisten in das gesellschaftliche Leben und seine Organisationen richtete – in den Betrieben und auf dem Lande, in den Kirchen und in der Nachbarschaft: Dies habe ich hier als gesellschaftliche Verweigerung bezeichnet.
Schließlich hat sich, ebenfalls ohne politisches Etikett, in Teilen von Literatur, Kunst und Wissenschaft eine bewusste Ablehnung der nationalsozialistischen Weltanschauung gezeigt, die häufig als „innere Emigration" beschrieben wird; diese weltanschauliche „Dissidenz", um den heute in anderem Zusammenhang üblichen Ausdruck zu gebrauchen, hat die Aktionen des Regimes zunächst kaum praktisch behindert, doch durch ihre Wirkung auf das Bewusstsein wichtiger Minderheiten die kulturellen Traditionen des früheren Deutschland über die Jahre des Schreckens hinweg zu retten geholfen.

Richard Löwenthal, Widerstand im totalen Staat, in: ders./Patrick von zur Mühlen (Hg.), Widerstand und Verweigerung in Deutschland 1933 bis 1945, Berlin u. a. 1982, S. 13 f.

10 *Der Historiker Detlev Peukert (1950–1994) hat in einem Schema Stufen abweichenden Verhaltens 1933–1945 dargestellt:*

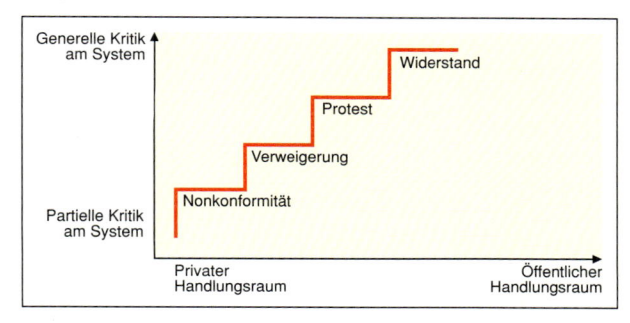

Detlev Peukert, Die Edelweißpiraten. Protestbewegungen jugendlicher Arbeiter im Dritten Reich, 2. Aufl., Köln 1983, S. 236.

1. Untersuchen Sie Mat. 1 bis 8 unter folgenden Gesichtspunkten: a) Motive und Ziele der (handelnden) Personen, b) Mittel und Wege des „Widerstandes" und dessen erhoffte und tatsächliche Wirksamkeit, c) Maßnahmen des NS-Regimes gegen die Opposition.
2. Analysieren Sie den Widerstandsbegriff in Mat. 9 und 10. Überprüfen Sie die Brauchbarkeit der Kategorien, indem Sie die Ergebnisse Ihrer Quellenarbeit (Mat. 1 bis 8) und der Darstellung S. 89 einordnen. Diskutieren Sie die von einigen Historikern geäußerte Kritik am Begriff der Verweigerung bzw. an dem vergleichbaren Begriff der „Resistenz" (Broszat), weil diese die Trennungslinie verwischten zwischen den politischen Gegnern des Nationalsozialismus und den vielen, die ihn zwar als Privatpersonen ablehnten, ihm aber dennoch loyal dienten.
3. Artikel 20 Absatz 4 des Grundgesetzes lautet: „Gegen jeden, der es unternimmt diese Ordnung zu beseitigen haben alle Deutschen das Recht zum Widerstand, wenn andere Abhilfe nicht möglich ist." Erläutern Sie diese Grundgesetzbestimmung und stellen Sie dar, in welchen Situationen das „Recht zum Widerstand" gegeben sein könnte. Erörtern Sie, ob eine solche Bestimmung a) den Übergang von der Weimarer Republik zum Dritten Reich verhindert hätte, b) den Widerstand im Dritten Reich gestärkt hätte.

Die Verfolgung und Vernichtung der europäischen Juden

1 *Chronik der nationalsozialistischen Judenverfolgung und -vernichtung 1933–1945:*

1933 Boykott jüdischer Geschäfte, Rechtsanwalts-, Arztpraxen (1. April); Gesetz „zur Wiederherstellung des Berufsbeamtentums": jüdische Beamte (Ausnahme: Kriegsteilnehmer) in den Ruhestand versetzt (7. April); Verbot des rituellen Schächtens (24. April)

1935 „Nürnberger Gesetze" (15. Sept.): Juden können keinen Reichsbürgerstatus erwerben, sie werden zu „Staatsangehörigen" herabgestuft; Verbot „rassischer Mischehen" und des „außerehelichen Verkehrs zwischen Juden und Staatsangehörigen deutschen oder ‚artverwandten' Blutes"; Entlassung aller Juden aus dem öffentlichen Dienst

1938 Pflicht zur Angabe des jüdischen Vermögens über 5000 RM (26. April); Kennzeichnung jüdischer Gewerbebetriebe (14. Juni); Entzug der Zulassung für jüdische Ärzte und Rechtsanwälte (25. Juli bzw. 27. Sept.); Zwangsvornamen „Sara" und „Israel" für weibliche bzw. männliche Juden (17. Aug.); Ausweisung von mehr als 15 000 „staatenlosen" Juden nach Polen (Okt.); Pogrom („Reichskristallnacht"): von NSDAP/SA initiiert und durchgeführt, den deutschen Juden wird eine „Sühneleistung" in Höhe von einer Milliarde RM auferlegt, Verhaftung von etwa 26 000 männlichen Juden und deren vorübergehende Einweisung in KZ (9./10./11. Nov.); endgültige Verdrängung der Juden aus dem Wirtschaftsleben durch „Arisierung" ihrer Betriebe; Verbot des Besuchs „nichtjüdischer" Schulen für jüdische Schüler (Nov.); Einschränkung der allgemeinen Bewegungsfreiheit für jüdische Deutsche, z. B. Ausgangssperre, Verbot des Theater- und Kinobesuchs, Führerscheinentzug (Dez.)

1939 Zwangsarbeit für Juden, vor allem in der Rüstungsindustrie (ab Sept. 1939)

1940 Beginn der Deportationen einzelner Juden aus Österreich und Deutschland nach Polen (Febr.); Gettoisierung polnischer Juden bzw. deren Verbringung in Arbeitslager

1941 „Ermächtigung" des SS-Obergruppenführers Heydrich zur „Endlösung der Judenfrage" (31. Juli); Pflicht zum Tragen des „Judensterns" in Deutschland (1. Sept.); Auswanderungsverbot für jüdische Deutsche (1. Okt.); allgemeine Deportation der jüdischen Bevölkerung aus Deutschland (14. Okt.)

1942 „Wannsee-Konferenz" (20. Jan.): Festlegung des Vernichtungsplans; Abtransport aller europäischen Juden nach Osten (Vernichtungslager Auschwitz, Chelmno, Belzec, Sobibor, Treblinka)

1942–1945 Systematische Vernichtung der meisten europäischen Juden: nach gesicherten Berechnungen zwischen 5,29 und knapp über 6 Millionen

2 *Juristischer Kommentar zu den Nürnberger Gesetzen (1935) von Staatssekretär Wilhelm Stuckart[1] (1902–1953) und Ministerialrat Hans Globke[2] (1898–1973) (Auszug):*

Q Die nationalsozialistische Staatsführung hat den unerschütterlichen Glauben im Sinne des allmächtigen Schöpfers zu handeln, wenn sie den Versuch macht die ewigen ehernen Gesetze des Lebens und der Natur, die das Einzelschicksal wie das der Gesamtheit beherrschen und bestimmen, in der staatlich-völkischen Ordnung des Dritten Reiches wieder zum Ausdruck zu bringen, soweit dies mit dem unvollkommenen, Menschen zu Gebote stehenden Mitteln möglich ist. Die Rechts- und Staatsordnung des Dritten Reiches soll mit den Lebensgesetzen, den für Körper, Geist und Seele des deutschen Menschen ewig geltenden Naturgesetzen wieder in Einklang gebracht werden. Es geht also bei der völkischen und staatlichen Neuordnung unserer Tage um nicht mehr und nicht weniger als um die Wiederanerkennung der im tiefsten Sinne gottgewollten organischen Lebensordnung im deutschen Volks- und Staatsleben. [...]
Das Blutschutzgesetz zieht die Trennung zwischen jüdischem und deutschem Blut in biologischer Hinsicht. Der in dem Jahrzehnt vor dem Umbruch um sich greifende Verfall des Gefühls für die Bedeutung der Reinheit des Blutes und die damit verbundene Auflösung aller völkischen Werte ließ ein gesetzliches Eingreifen besonders dringend erscheinen. Da hierfür dem deutschen Volk nur von Seiten des Judentums eine akute Gefahr drohte, bezweckt das Gesetz in erster Linie die Verhinderung weiterer Blutmischung mit Juden. [...] Kein nach der nationalsozialistischen Revolution erlassenes Gesetz ist eine so vollkommene Abkehr von der Geisteshaltung und der Staatsauffassung des vergangenen Jahrhunderts wie das Reichsbürgergesetz. Den Lehren von der Gleichheit aller Menschen und von der grundsätzlich unbeschränkten Freiheit des Einzelnen gegenüber dem Staate setzt der Nationalsozialismus hier die harten, aber notwendigen Erkenntnisse von der naturgesetzlichen Ungleichheit und Verschiedenartigkeit der Menschen entgegen. Aus der Verschiedenartigkeit der Rassen, Völker und Menschen folgen zwangsläufig Unterscheidungen in den Rechten und Pflichten der Einzelnen. Diese auf dem Leben und den unabänderlichen Naturgesetzen beruhende Verschiedenheit führt das Reichsbürgergesetz in der politischen Grundordnung des deutschen Volkes durch.

1 Seit 1922 Mitglied, seit 1926 Rechtsberater der NSDAP; 1932 Rücktritt vom Richteramt; 1944 SS-Obergruppenführer.
2 1953–1963 war Globke Staatssekretär unter Konrad Adenauer.

Zit. nach Gerhard Schoenberner, Der gelbe Stern. Die Judenverfolgung in Europa 1933 bis 1945, München 1978, S.11.

3 *Aus dem Bericht des Düsseldorfer Rabbiners Dr. Eschelbacher über den Novemberpogrom 1938. Eschelbacher erfuhr kurz vor Mitternacht des 9. November durch einen Anruf von der Verwüstung des Gemeindehauses:*

Ich dachte in das Gemeindehaus zu gehen, obgleich ich dort nicht helfen konnte. Aber fast im gleichen Augenblick läutete es heftig an der Haustür. Ich löschte die Lichter aus und sah hinaus. Der Platz vor dem Haus war schwarz von SA-Leuten. Im Augenblick waren sie oben und hatten die Flurtür eingedrückt. [...] Sie drangen in die Wohnung unter dem Chorus „Rache für Paris! Nieder mit den Juden!"¹ Sie zogen aus Beuteln Holzhämmer heraus und im nächsten Augenblick krachten die zerschlagenen Möbel und klirrten die Scheiben der Schränke und der Fenster. Auf mich drangen die Kerle mit geballten Fäusten ein, einer packte mich und schrie mich an, ich solle herunterkommen. Ich war überzeugt, dass ich totgeschlagen werde, ging ins Schlafzimmer, legte Uhr, Portemonnaie und Schlüssel ab und nahm Abschied von Berta. Sie sagte nur: „Chasak" (sei stark!). [...] Es mögen [...] 50–60 Mann gewesen sein. Unten war die Straße voll von SA-Leuten. [...] Um die Ecke, in der Stromstraße, sah ich die Straße bedeckt mit Büchern, die aus meinem Fenster geworfen worden waren, mit Papieren, Akten, Briefen. Zertrümmert lag auf der Straße meine Schreibmaschine. Während sich das alles abspielte, waren die SA-Leute bei Wertheimers in der Etage unter uns eingedrungen, hatten dort sehr viel zerstört, Herrn Wertheimer und seine Frau aus dem Bett geholt und heruntergebracht. [...] Ich wurde dann in den Hausgang geworfen und zwischen der Wand und dem Lift eingesperrt. Dann kam der Kreisleiter und sagte: „Ich nehme Sie in Schutzhaft."

Nun begann der Marsch zum Polizeipräsidium. Ein Trupp SA-Leute zog voraus [...], dann, durch einen weiteren Trupp SA-Leute von uns getrennt, Frau Wertheimer im Pyjama und dann zum Schluss wieder eine Gruppe SA-Leute. Auf dem ganzen Weg sangen sie im Sprechchor: „Rache für Paris! Nieder mit den Juden!" Einer sagte nur: „Jetzt könnt ihr Laubhüttenfest² feiern." Passanten, die uns begegneten, stimmten auch ein. Etwa um 12.20 Uhr kamen wir im Polizeipräsidium an.

1 Als Vorwand für die Exzesse diente das Attentat auf den Pariser Legationssekretär von Rath durch den siebzehnjährigen Herszel Grynspan. Damit wollte dieser auf das Schicksal seiner Eltern aufmerksam machen, die zusammen mit weiteren 15 000 polnischen Juden Opfer der rücksichtslosen nationalsozialistischen Abschiebungspraxis waren (siehe S. 128, Mat. 1).
2 Das jüdische Laubhüttenfest (Sukkot) wird am 30. Sept./1. Okt. als Erntedank in einer offenen Laubhütte gefeiert.

Zit. nach Rita Thalmann/Emmanuel Feinermann, Die Kristallnacht, Frankfurt/M. 1988, S. 109 f.

4 *Aus der Niederschrift über die „Wannsee-Konferenz" vom 20. Januar 1942:*

II. Chef der Sicherheitspolizei und des SD, SS-Obergruppenführer Heydrich, teilte eingangs seine Bestellung zum Beauftragten für die Vorbereitung der Endlösung der europäischen Judenfrage durch den Reichsmarschall mit und wies darauf hin, dass zu dieser Besprechung geladen wurde um Klarheit in grundsätzlichen Fragen zu schaffen. Der Wunsch des Reichsmarschalls ihm einen Entwurf über die organisatorischen, sachlichen und materiellen Belange im Hinblick auf die Endlösung der europäischen Judenfrage zu übersenden erfordert die vorherige gemeinsame Behandlung aller an diesen Fragen unmittelbar beteiligten Zentralinstanzen im Hinblick auf die Parallelisierung der Linienführung.

Die Federführung bei der Bearbeitung der Endlösung der Judenfrage liege ohne Rücksicht auf geografische Grenzen zentral beim Reichsführer SS und Chef der Deutschen Polizei¹ [...].

III. Anstelle der Auswanderung ist nunmehr als weitere Lösungsmöglichkeit nach entsprechender vorheriger Genehmigung durch den Führer die Evakuierung der Juden nach dem Osten getreten. Diese Aktionen sind lediglich als Ausweichmöglichkeiten anzusprechen, doch werden hier bereits jene praktischen Erfahrungen gesammelt, die im Hinblick auf die kommende Endlösung der Judenfrage von wichtiger Bedeutung sind. Im Zuge dieser Endlösung der europäischen Judenfrage kommen rund 11 Millionen Juden in Betracht. [...]

Unter entsprechender Leitung sollen nun im Zuge der Endlösung die Juden in geeigneter Weise im Osten zum Arbeitseinsatz kommen. In großen Arbeitskolonnen, unter Trennung der Geschlechter, werden die arbeitsfähigen Juden straßenbauend in diese Gebiete geführt, wobei zweifellos ein Großteil durch natürliche Verminderung ausfallen wird. Der allfällig endlich verbleibende Restbestand wird, da es sich bei diesen zweifellos um den widerstandsfähigsten Teil handelt, entsprechend behandelt werden müssen, da dieser, eine natürliche Auslese darstellend, bei Freilassung als Keimzelle eines neuen jüdischen Aufbaus anzusprechen ist. (Siehe die Erfahrung der Geschichte.) [...]

IV. Im Zuge der Endlösungsvorhaben sollen die Nürnberger Gesetze gewissermaßen die Grundlage bilden, wobei Voraussetzung für die restlose Bereinigung des Problems auch die Lösung der Mischehen- und Mischlingsfragen ist.

1 Siehe Darstellung S. 90.

Zit. nach Peter Longerich (Hg.), Die Ermordung der europäischen Juden. Eine umfassende Dokumentation des Holocaust 1941–1945, 2. Aufl., München u.a. 1990, S. 83 ff.

2 Demokratie und Diktatur

5 Die Vernichtung der europäischen Juden durch die Nationalsozialisten 1939–1945

Legende:
- „Großdeutsches Reich" und angegliederte Gebiete
- Generalgouvernement
- Besetzte Gebiete
- Verbündete Staaten
- Weitestes Vordringen der Achsenmächte
- „Anti-Hitler-Koalition"

Die Vernichtung der Juden:
- ● Vernichtungslager
- ● KZ-Hauptlager
- ■ „Sondergetto"
- 25/28 Ermordete Juden (in Tsd., Mindest- und Höchstzahl)
- Widerstand gegen die Judenverfolgung

Rk.* = Reichskommissariat

Vernichtungslager
1. Riga-Kaiserwald
2. Maly Trostinec
3. Treblinka
4. Chelmno
5. Sobibor
6. Majdanek
7. Belzec
8. Auschwitz

KZ-Hauptlager
1. Herzogenbusch
2. Natzweiler
3. Niederhagen
4. Bergen-Belsen
5. Neuengamme
6. Ravensbrück
7. Sachsenhausen
8. Mittelbau
9. Buchenwald
10. Groß-Rosen
11. Flossenbürg
12. Dachau
13. Mauthausen
14. Krakau
15. Stutthof
16. Kauen
17. Klooga
18. Vaivara

„Sondergettos"
1. Theresienstadt
2. Litzmannstadt

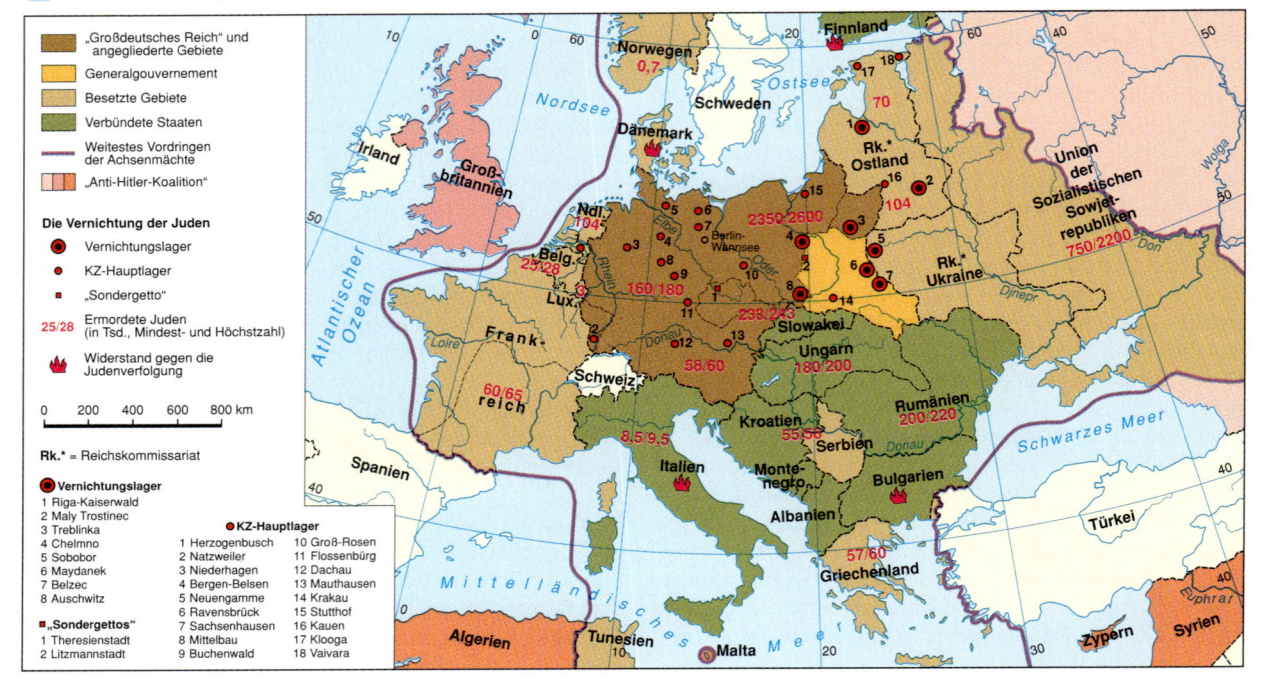

6 Aussagen des Abraham Bomba aus Israel, eines Überlebenden des Vernichtungslagers Treblinka, im Film „Shoah" (hebräisch = großes Unheil, Katastrophe) von Claude Lanzmann:

Q Mit den anderen von meinem Transport wartete ich, schon nackt, als ein Mann kam und sagte: „Du, du und du, kommt heraus …"
Wir traten aus der Reihe und sie nahmen uns zur Seite.
Einige aus dem Transport
begriffen schon, was vorging und ahnten,
dass sie nicht am Leben bleiben würden.
Sie drängten zurück, weigerten sich vorwärts zu gehen
– sie wussten schon, wohin sie gingen –
zu diesem großen Tor …
Das Weinen, die Schreie, das Gebrüll …
Was dort geschah,
war unerträglich.
Die Schreie und das Weinen blieben tagelang in den Ohren
und im Kopf und nachts ging es weiter.
Man konnte die ganzen Nächte nicht mehr schlafen.
Plötzlich, auf einmal hörte alles auf,
wie auf Befehl.
Alles wurde ruhig
dort drüben, wo die Menschen verschwunden waren,
als wäre alles tot.
Dann befahlen sie uns,
dort, wo ungefähr zweitausend Menschen sich
unter freiem Himmel ausgezogen hatten,
alles sauber zu machen
alles wegzutragen, alles aufzuräumen,
und das in Sekundenschnelle.
Die Deutschen, die anderen Leute, die da waren,
die Ukrainer, fingen an zu brüllen,
auf uns einzuschlagen, damit wir die Bündel
auf unserem Rücken noch schneller zum Platz in der Mitte
schafften, wo riesige Stapel von Kleidern,
von Schuhen und so weiter lagen.
Im Handumdrehen war alles sauber,
als wenn nichts geschehen wäre.
Nichts. Als ob niemand da gewesen wäre, niemals.
Keine Spur blieb zurück. Nichts!
Wie durch Zauberei war alles verschwunden.

Zit. nach Claude Lanzmann, Shoah, 2. Aufl., Düsseldorf 1986, S. 65 f.

7 *Aus einem Referat des israelischen Historikers Saul Friedländer (geb. 1932) auf einer Historikertagung (1986):*

D [...] dies kann uns zu dem Schluss führen, dass die Vernichtung des europäischen Judentums vielleicht ein Problem darstellt, das historische Analyse und historisches Verstehen nicht zu lösen vermögen.

Allenfalls kann man von einem bis heute einzigartigen Auftauchen eines messianischen Glaubens und einer apokalyptischen Vision der Geschichte mitten im politischen, bürokratischen und technologischen System einer hoch entwickelten Industriegesellschaft sprechen. Aber auch hierbei entsteht wieder ein falscher Eindruck – es gab keine Massenbewegung gegen die Juden, nicht einmal den Kreuzzug einer fanatischen Sekte. Die Bürokratie spielte eine zentrale Rolle, eine Bürokratie, die der Vernichtung gleichgültig gegenüberstand, aber von einem Führer gelenkt wurde, der seinerseits von den stärksten Überzeugungen getrieben wurde. Die Lähmung der Historiker resultiert aus der Gleichzeitigkeit und Verquickung völlig heterogener Phänomene: messianischer Fanatismus und bürokratische Strukturen, pathologische Handlungsantriebe und administrative Erlasse, archaische Denkweisen in einer hoch entwickelten Industriegesellschaft.

Wir wissen im Einzelnen, was geschah; wir kennen die Abfolge der Ereignisse und ihre möglichen Zusammenhänge; aber die Tiefendynamik des Phänomens entgleitet uns. Und was wir auch nicht begreifen, ist die fast schlagartige Auflösung der politischen, institutionellen und der Rechtsstrukturen Deutschlands sowie die Kapitulation der moralischen Kräfte, die naturgemäß wichtige Hindernisse hätten darstellen müssen für die Nazis in Deutschland, in anderen europäischen Ländern und in der gesamten westlichen Welt.

Zit. nach Eberhard Jäckel/Jürgen Rohwer (Hg.), Der Mord an den Juden im Zweiten Weltkrieg. Entschlussbildung und Verwirklichung, Frankfurt/M. 1987, S. 48 f.

1. *Erarbeiten Sie aus Mat. 1 und 5 den Verlauf und die Phasen der nationalsozialistischen Judenpolitik.*
2. *Untersuchen Sie Mat. 2 unter folgenden Gesichtspunkten: a) gedanklicher Aufbau und Argumentationsweise, b) Nationalsozialismus und Aufklärung, c) Auswirkungen auf den Alltag der deutsch-jüdischen Bevölkerung.*
3. *Beschreiben Sie die Methoden der SA und das Verhalten der deutschen Bevölkerung am 9./10. Nov. 1938 (Mat. 3). Verfassen Sie einen Kommentar eines ausländischen Journalisten, der Zeuge der von Eschelbacher geschilderten Vorgänge wurde (siehe auch Essay S. 354–357).*
4. *Untersuchen Sie die Niederschrift über die „Wannsee-Konferenz" (Mat. 5) unter folgenden Gesichtspunkten: a) allgemeiner politisch-militärischer Hintergrund, b) nationalsozialistische Ziele, c) Verhältnis von Zielen und Sprache. Berücksichtigen Sie auch Mat. 7.*
5. *Erarbeiten Sie aus Mat. 6 und 8 die Darstellung des Holocaust durch zwei Juden. Welche Gefühle und Gedanken lösen Felix Nussbaums Gemälde und die Aussage Abraham Bombas bei Ihnen aus?*
6. *Erarbeiten Sie aus Mat. 7, worauf nach Friedländer die „Lähmung der Historiker" – und nicht nur dieser! – zurückzuführen ist. Diskutieren Sie seine Thesen.*

8 *Felix Nussbaum (1904–1944), Jude am Fenster, Dezember 1943, Öl auf Leinwand, 104 x 60 cm, Oldenburg, Landesmuseum*

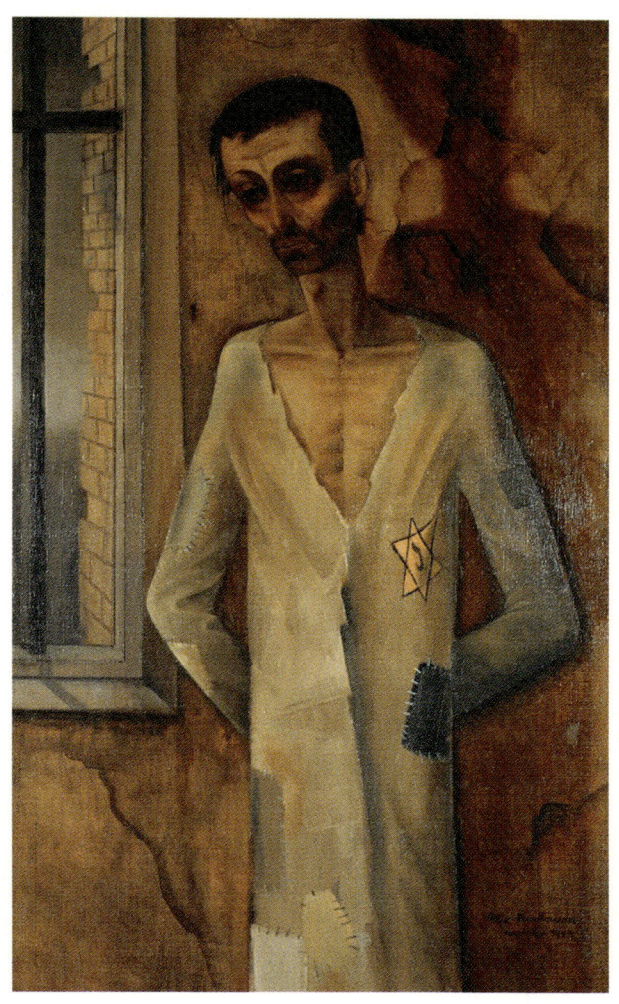

Der Nationalsozialismus in der historischen Diskussion

Totalitarismus und Faschismus

1 *Der Politologe und Historiker Karl Dietrich Bracher (geb. 1922) zur Totalitarismustheorie (1976):*
D Totalitarismus [ist] wahrhaft ein Phänomen des 20. Jahrhunderts, grundlegend verschieden von früheren Möglichkeiten diktatorischer Regime. Seine primäre Bedingung und Ermöglichung ist eben ganz wesentlich der moderne Industrialismus und die Technologie im „Zeitalter der Massen", deren Expansion und Mobilisierung die eigentliche Basis und Legitimation totaler Herrschaft bildet. Moderne Perfektion der Organisation, der Kommunikation, der Propaganda eröffnen die Möglichkeiten und halten die Instrumente bereit für jene umfassenden Kontrollen, jene totale Mobilisierung, jene terroristisch zwingende oder verführerisch überredende Gleichschaltung des Lebens und Denkens aller Bürger, wie es sie nie zuvor in der Geschichte gegeben hat.
Der Totalitarismus als ein politisches System ist dabei das unmittelbare Produkt der Krisen, die der Erste Weltkrieg zum Ausdruck gebracht und nach sich gezogen hat. Die Entwicklung sowohl des Faschismus und Nationalsozialismus wie des Kommunismus hängt eng zusammen mit den politischen und sozio-ökonomischen Folgen des Krieges sowie mit den ideologischen Konfrontationen, die er hervorgebracht und intensiviert hat. [...]
Vor allem vier Argumente geben der sozialen und politischen Struktur sowie der ideologischen Rechtfertigung eines totalitären Systems das Gepräge.
1. Eine offizielle Ideologie von umfassendem und exklusivem Anspruch, die teils auf der Ablehnung traditioneller Werte und der Perhorreszierung der Vergangenheit, teils auf der Beschwörung chiliastischer Erwartungen an die Zukunft beruht.
2. Eine zentralisierte, einheitspolitische, uniformierte Massenbewegung, die sich als Träger einer möglichst totalen Politisierung und Integrierung der Bürger und einer Überwindung der Klassengesellschaft versteht – entweder durch das Monopol einer Klasse und Ausschaltung der übrigen oder durch das Aufgehen aller Gruppen in der proklamierten „Volksgemeinschaft". [...]
3. Besonders wichtig erscheint die volle Kontrolle aller relevanten Mittel der Kommunikation und des Zwangs. [...] Hier tritt [...] die Ähnlichkeit der Instrumente und Prozesse zur Koordinierung von Information, Ausrichtung der öffentlichen Meinung, Erzwingung von totalem Gehorsam in allen totalitären Systemen eindrucksvoll hervor. Nicht die ideologische „Qualität" der verschiedenen Regime, sondern ihre Fähigkeit zur Indoktrination und Druckausübung bilden Maßstäbe zu ihrem Vergleich und zur Beurteilung ihres totalitären Charakters.
4. Eine grundlegende Rolle spielt schließlich die bürokratische Kontrolle der Ökonomie und der sozialen Beziehungen: auf dem Wege des staatlichen Dirigismus, der Sozialisierung, der Verstaatlichung.

Karl Dietrich Bracher, Zeitgeschichtliche Kontroversen. Um Faschismus, Totalitarismus, Demokratie, München 1976, S. 36 ff.

2 *Der Historiker Wolfgang Wippermann (geb. 1945) in seinen „Thesen zu einer Definition des Faschismus" (1981):*
D 1. Historisch-beschreibende Elemente einer Definition des Faschismus
Faschistische Parteien waren nach dem Führerprinzip organisiert und verfügten über uniformierte und bewaffnete Abteilungen. Sie vertraten eine Ideologie, die sowohl antisozialistische wie antikapitalistische Momente enthielt, von der die Moderne sowohl bejaht wie radikal verneint wurde und die schließlich extrem nationalistisch, antidemokratisch und gewaltverherrlichend war.
2. Strukturelle Faktoren
Faschistische Parteien konnten eine Massenbasis erreichen, wenn es ihnen gelang Menschen mit bestimmten psychischen Merkmalen („autoritärer Charakter") und Bedürfnissen (Angst und Aggression) sowie vor allem Angehörige des Mittelstandes für ihre Ziele zu gewinnen und schließlich finanzielle Zuwendungen von einigen Industriellen zu erhalten.
Zur Macht gelangten sie nur dort, wo einflussreiche Kreise in Industrie, Landwirtschaft, Militär und Bürokratie bereit waren mit der jeweiligen faschistischen Partei ein Bündnis zu schließen. Gemeinsames Ziel dieser Bündnispartner war es durch einen Lohnstopp die Zerschlagung der Organisationen der Arbeiterbewegung, durch Arbeitsbeschaffungsmaßnahmen und schließlich durch Aufrüstung und Raubkriege die Krise zu überwinden, die diese Länder getroffen hatte. [...]
Im Unterschied zum italienischen „Normal"-Faschismus gelang es jedoch dem deutschen „Radikal"-Faschismus sich von seinen Bündnispartnern in der Industrie, Landwirtschaft, Bürokratie und Wehrmacht zumindest partiell und partikular so weit zu verselbstständigen, dass er seine „dogmatisch" geprägte Rassenpolitik mit ihrer rassenzüchterischen wie rassenvernichtenden Komponente auch dann

noch verwirklichte, als dies mit den rationalen Zielen der Sicherung der politischen und ökonomischen Macht nicht mehr zu vereinbaren war.

3. Historisch-singuläre Züge
Die genannten strukturellen Faktoren reichten jedoch nicht aus um zu erklären, weshalb der Faschismus in einigen Ländern erfolgreich war, während er in anderen, die vergleichbare Strukturen aufwiesen, nicht erfolgreich war. [...] In Deutschland konnte der Nationalsozialismus bei seinem Aufstieg folgende Momente ausnützen:
a) den verlorenen Krieg, die Erbitterung über den Versailler Vertrag [...];
b) die antidemokratische Tradition und Haltung in Heer, Verwaltung und Justiz [...];
c) das Vorhandensein starker verfassungsfeindlicher Parteien [...] und das Versagen der demokratischen Parteien;
d) die Weltwirtschaftskrise, durch welche die permanente politische, soziale und ökonomische Krise der Weimarer Republik noch verschärft wurde.

Wolfgang Wippermann, Zur Analyse des Faschismus. Die sozialistischen und kommunistischen Faschismustheorien 1921–1945, Frankfurt/M. u.a. 1981, S. 146f.

3 *Wolfgang Ruge (geb. 1917), ein führender Historiker der DDR, zur Deutung des Nationalsozialismus (1983):*

D Die Hauptaufmerksamkeit der marxistischen Forschung gilt [...] in erster Linie den sozialökonomischen Ursachen des Faschismus, den Bedingungen, die seinen Vormarsch ermöglichten, den pro- und antifaschistischen Haltungen und Aktivitäten der politischen Kräfte. Bei deren Analyse stützt sie sich auf Grunderkenntnisse der Klassiker des Marxismus und geht davon aus, dass – wie Engels hervorhob – die ökonomische Notwendigkeit wohl in letzter Instanz die historische Entwicklung bestimmt, aber in jenem Prozess der Wechselwirkung keineswegs allein aktiv ist, in dem politische, rechtliche, philosophische, religiöse, literarische, künstlerische etc. Faktoren aufeinander und auf die ökonomische Basis reagieren. [...]
Zu den Zufälligkeiten, die Engels als „Ergänzung und Erscheinungsform" der Notwendigkeit definiert, gehören nicht an letzter Stelle „die sogenannten großen Männer" [...] mitsamt ihren persönlichen Eigenschaften. Indes können diese Männer nicht „an sich" interessieren, sondern nur im Kontext mit dem gesellschaftlichen Umfeld, aus dem sie hervorgehen und auf das sie tatsächlich einzuwirken imstande sind. [...]
Diese Eigenschaften, die sich in zufälligen Konstellationen objektiv bedingter Auseinandersetzungen als Trümpfe erwiesen, ließen Hitler schließlich zur Galionsfigur der Oberschicht einer Klasse werden, die historisch abgewirtschaftet hatte und sich nur noch mit grenzenloser Brutalität und nicht mehr zu überbietender Unmenschlichkeit an der Macht halten konnte.

Wolfgang Ruge, Das Ende von Weimar. Monopolkapital und Hitler, 2. Aufl., Berlin (Ost) 1983, S. 13ff.

1. Erarbeiten Sie aus Mat. 1 bis 3 a) die jeweilige Definition der Begriffe, b) Unterschiede und Übereinstimmungen im Hinblick auf Hintergründe, Machterwerb und -ausübung, c) die potentielle Vergleichbarkeit verschiedener Systeme des 20. Jahrhunderts.

2. Setzen Sie sich mit den Positionen Brachers, Wippermanns und Ruges auseinander; nutzen Sie dabei auch die Darstellung S. 86–96.

Der Nationalsozialismus – eine „braune Revolution"?

4 *1968 sorgte das Buch des amerikanischen Historikers David Schoenbaum mit dem provozierenden Titel „Die braune Revolution. Eine Sozialgeschichte des Dritten Reiches" für Aufsehen. Die „Revolutionsthese", die eng mit dem Modernitätsaspekt des Nationalsozialismus verbunden ist, wurde unter anderem von dem Historiker Horst Möller (geb. 1943) auf einer Historikerkonferenz im Januar 1983 verteidigt:*

D Die NS-Machtergreifung ist nicht nur nach Absicht – die Akteure haben ja den Begriff „Nationale Revolution" gebraucht – und nach Verlauf eine Revolution gewesen, sondern sie war auch in ihrer Wirkung revolutionär. Sie hat in wesentlichen Sektoren eine Egalisierung fortgeführt, die 1918/19 begonnen worden ist – zugegebenermaßen mit ganz anderen Inhalten und ganz anderen Zielen. Aber wenn Sie sich die Herrschaftsschichten ansehen, die 1932/33 und danach an die Macht kamen, und den Wechsel in der politischen Führungsschicht mit 1918/19 vergleichen, dann stellen Sie ohne weiteres fest: Im Sinne einer gesellschaftlichen Egalisierung – so paradox uns das erscheinen mag – hat die NS-Machtergreifung 1933/34 den Prozess der sozialen Beteiligung aller Schichten an der politischen Elite fortgesetzt, der 1918/19 eingeleitet worden ist. Diese Tatsache, die sich durch sozialgeschichtliche Analysen der Führungsschicht ohne weiteres untermauern lässt, will uns nur deswegen nicht ins Bewusstsein, weil wir davon ausgehen, dass soziale Egalisierung, soziale „Demokratisierung", notwendig etwas Positives ist. Das muss aber – und die 43,9% NS-Wähler [vom 5. März 1933] belegen das ja – nicht notwendigerweise so sein. Und auch insofern möchte ich Sie mit meiner Interpretation durchaus provozieren.

Zit. nach Martin Broszat u. a. (Hg.), Deutschlands Weg in die Diktatur, Berlin 1983, S. 81.

5 *Der Historiker Michael Prinz (geb. 1952) bilanziert die geschichtswissenschaftliche Diskussion über den Revolutionsbegriff in Bezug auf den Nationalsozialismus (1989):*

D Ein nahe liegender, häufig erhobener Einwand bezieht sich auf die Kürze der Zeit, die das „Dritte Reich" tatsächlich dauerte. Aus geplanten tausend Jahren wurden bekanntlich nur zwölf, und von diesen waren ganze sechs Friedensjahre. Für tief greifenden sozialen Wandel ist das nicht viel Zeit. Und selbst wenn es ihn gab, bleiben immer noch die enormen Probleme seiner analytischen Erfassung und kausalen Zurechnung. Wie etwa will man die Notwendigkeiten der Aufrüstung und später die objektiven Zwänge der Kriegsführung von den im engeren Sinne gesellschaftspolitischen Zielen des Regimes trennen? Verwickelte logische Probleme stellen sich bei der Frage eines angemessenen Maßstabes. Auch in anderen Ländern schritt der Modernisierungsprozess während der 1930er Jahre weiter fort. Muss ein Urteil über den revolutionären Charakter nationalsozialistischer Gesellschaftspolitik nicht von einer schwierig zu erstellenden kontrafaktischen Bilanz ausgehen, die berücksichtigt, was unter anderen politischen Umständen möglich und wahrscheinlich gewesen wäre? Erst ein solcher Maßstab würde es streng genommen erlauben *besondere* Wirkungen nationalsozialistischer Herrschaft auszumachen. […] Wenn wir 1789, 1848 und 1933 in eine Reihe stellen, bleibt, unabhängig davon, welche Perspektive wir wählen, ein ins Auge springender Unterschied. Dem NS-Regime haftet der Revolutionsbegriff im üblichen Sprachgebrauch nicht an. […] Dank der kritischen Auseinandersetzung mit der provozierenden Revolutionsthese verstehen wir besser als vorher, dass die Basis des Nationalsozialismus eben nicht nur Pflichterfüllung, Gehorsam unter den Bedingungen des Befehlsnotstandes und auch nicht allein Anpassung, Opportunismus oder blanke Furcht war. Der Nationalsozialismus wäre nie so weit gekommen, wie er kam – in seiner äußeren Leistungsfähigkeit wie in seiner Destruktivität –, wenn er nicht Begeisterung, Schwung und Bereitschaft zu unbedingtem Einsatz geweckt hätte.

Die These von der „Braunen Revolution" hat uns nicht nur dahin geführt den Nationalsozialismus als historisches Phänomen sui generis ernster zu nehmen und einige seiner Strukturprinzipien genauer zu durchschauen, sondern auch geholfen ihn in eine längerfristige Perspektive zu rücken – konkret: nach seinen Funktionen für den langfristigen sozialen Wandel zu fragen.

Vor allem aber liegt ihr Verdienst darin, dass sie uns nachdrücklich darauf aufmerksam macht, welche enormen Kosten es für Deutschland und die Welt hatte, dass sich der Zug der Modernisierung hierzulande um mehr als ein Jahrhundert verspätete.

Michael Prinz, Der Nationalsozialismus – eine „Braune Revolution"?, in: Manfred Hettling (Hg.), Revolution in Deutschland 1789–1989, Göttingen 1991, S. 73 ff.

1. Erarbeiten Sie aus Mat. 4, was Möller unter „Revolution" versteht.
2. Erläutern Sie die Argumente, die Prinz (Mat. 5) gegen die „Braune Revolution" anführt. Gehen Sie dabei auch auf die „kontrafaktische Bilanz" ein. Erarbeiten Sie Prinz' eigene Position aus seinen Schlussbemerkungen.
3. Stellen Sie dar, weshalb die Anwendung des Begriffs „Revolution" auf die NS-Machtübernahme „provozieren" mag.

Der Nationalsozialismus – eine Folge des Bolschewismus?

6 *Der Historiker Ernst Nolte (geb. 1923) zum „Zusammenhang" der „biologischen Vernichtungsaktionen" des Nationalsozialismus und der „sozialen" des Bolschewismus (1986):*

D Es ist ein auffallender Mangel der Literatur über den Nationalsozialismus, dass sie nicht weiß oder nicht wahrhaben will, in welchem Ausmaß all dasjenige, was die Nationalsozialisten später taten, mit alleiniger Ausnahme des technischen Vorgangs der Vergasung, in einer umfangreichen Literatur der frühen zwanziger Jahre bereits beschrieben war […].

Es ist wahrscheinlich, dass viele dieser Berichte übertrieben waren. Es ist sicher, dass auch der „weiße Terror" fürchterliche Taten vollbrachte, obwohl es in seinem Rahmen keine Analogie zu der postulierten „Ausrottung der Bourgeoisie" [durch die Bolschewiki in der Sowjetunion] geben konnte. Aber gleichwohl muss die folgende Frage als zulässig, ja unvermeidbar erscheinen: Vollbrachten die Nationalsozialisten, vollbrachte Hitler eine „asiatische" Tat vielleicht nur deshalb, weil sie sich und ihresgleichen als potentielle oder wirkliche Opfer einer „asiatischen" Tat betrachteten? War nicht der „Archipel GULag" ursprünglicher als Auschwitz? War nicht der „Klassenmord" der Bolschewiki das logische und faktische Prius des „Rassenmords" der Nationalsozialisten? […]

Aber so wenig wie ein Mord und gar ein Massenmord durch einen anderen Mord „gerechtfertigt" werden kann, so gründlich führt doch eine Einstellung in die Irre, die nur auf den einen Mord und den einen Massenmord hinblickt und den anderen nicht zur Kenntnis nehmen will, obwohl ein kausaler Nexus wahrscheinlich ist.

Ernst Nolte, Vergangenheit, die nicht vergehen will, in: Frankfurter Allgemeine Zeitung, 6. Juni 1986.

7 *Der Historiker Jürgen Kocka (geb. 1941) zur Position von Ernst Nolte (1993):*
D Die nationalsozialistische Unterdrückungs-, Aggressions- und Ausrottungspolitik hat vorwiegend andere Gründe als die Furcht vor der sowjetischen Revolutionierung Europas. Extremer Nationalismus, Antisemitismus, Sozialdarwinismus sind da zu nennen, das Streben nach „Lebensraum", soziale Konflikte und Verwerfungen im Inneren, Eigenarten der politischen Verfassung und der politischen Kultur in Deutschland, kulturelle Desorientierung und anderes mehr, allgemein die Krise Europas, die besonderen Belastungen der deutschen Tradition und die Auswirkungen des Weltkriegs. Das sind fast durchweg Faktoren, die in die Zeit vor der Oktoberrevolution zurückreichen oder kausal mit ihr nichts zu tun haben. […]
Die Ursachen der deutschen Katastrophe waren größtenteils hausgemacht. Die Verantwortung lässt sich beim östlichen Nachbarn nicht so abladen, wie Nolte das will. Aus dem Kampf zwischen den westlichen Demokratien und dem östlichen Bolschewismus lässt sich ein historischer Sinn des deutschen Faschismus nicht begründen.
Überhaupt greift zu kurz, wer das „Wesen" der Epoche im Kampf zwischen Faschismus und Bolschewismus sieht. Zu Recht blickt Nolte auf die ganze Epoche vom Ersten Weltkrieg bis 1989/91. Diese war aber weniger vom Kampf zwischen Bolschewismus und Faschismus als vielmehr vom Kampf der westlichen Verfassungsstaaten gegen die faschistischen und kommunistischen Diktaturen geprägt, in dem sie sich am Ende als die überlegenen erwiesen – wie immer ihre Zukunft ohne die Diktaturen auch aussehen mag.

Jürgen Kocka, Durch und durch brüchig, in: Die Zeit, 12. November 1993.

1. Analysieren Sie Mat. 6 und 7 und arbeiten Sie die Unterschiede in der Argumentation heraus.
2. Diskutieren Sie Jürgen Kockas Prämisse (Mat. 7), der Bezugspunkt eines historischen Urteils über Faschismus und Bolschewismus müsse die westliche Demokratie sein.

Historisierung des Nationalsozialismus?

8 *In einem viel beachteten Aufsatz stellte der Historiker Martin Broszat (1926–1989) 1985 die Frage, ob das historische Verstehen des Nationalsozialismus nicht durch dessen verständliche moralische Verurteilung erschwert werde:*
D [Der] Nationalsozialismus als Negativ-Maßstab der politischen Erziehung, als Gegenmodell von Recht, Freiheit und Friedensordnung scheint unverzichtbar für die Orientierung und Begriffswelt der Gegenwart. Dem steht gegenüber, dass die Moralität der Betroffenheit von der NS-Vergangenheit sich mittlerweile stark erschöpft hat. Das zur Stereotypie verflachte Diktum der „nationalsozialistischen Gewaltherrschaft" kann wohl nur durch stärker differenzierende historische Einsicht auch moralisch neu erschlossen werden. […]
Das Besondere an unserer Situation ist die Notwendigkeit und Schwierigkeit den Nationalsozialismus in die deutsche Geschichte einzuordnen. Vierzig Jahre Abstand haben dabei, so scheint es auf den ersten Blick, nicht viel bewirkt. Welches Geschichtsbuch auch man aufschlägt: Wenn das Dritte Reich beginnt, geht der Autor auf Distanz. Das Einfühlen in historische Zusammenhänge bricht ebenso ab wie die Lust am geschichtlichen Erzählen. Die Geschichte des Nationalsozialismus wird nicht mehr verdrängt, aber sie verkümmert zur Pflichtlektion. Eines immerhin wird deutlich: Die aus dem Rückblick so kurz erscheinende Hitlerzeit und die ihr vorangegangene Agonie der Weimarer Republik stellen ein dramatisches Geschichtskapitel mit besonders voll beschriebenen Blättern dar. Bedeutung und Nachwirkung lassen sich nicht an der kurzen Dauer messen und auch nicht allein an der schon viel längeren, stabilen, erfolgreichen, in vieler Hinsicht auch sanierenden Geschichte der Bundesrepublik, die uns inzwischen davon trennt. […]
Statt der pauschalen moralischen Absperrung der Hitler-Zeit ist eine Entschlackung unseres eingefahrenen Begriffs- und Sprachinstrumentariums vonnöten, eine historische Befreiung […] aus dem Zwangskorsett der Vorstellung von einer alles erfassenden Gewaltherrschaft. Vor allem muss eine periodenübergreifende Betrachtung des ganzen neuzeitlichen deutschen Geschichtsraums entwickelt werden, in dem sich auch der Nationalsozialismus abgespielt hat.

Martin Broszat, Plädoyer für eine Historisierung des Nationalsozialismus, in: Merkur 39, 1985, S. 373 ff.

1. Erläutern Sie die Thesen des Autors in Mat. 8.
2. Führen Sie am Beispiel des Nationalsozialismus ein Streitgespräch über die Frage, wie „notwendig" bzw. wie „schädlich" moralische Urteile für das historische Verstehen einer Zeit sind.

„Öfter als die Schuhe die Länder wechselnd"
Politische Flucht und Emigration aus dem nationalsozialistischen Deutschland

Von Irmela von der Lühe

Die Emigration war nicht gut. In dieser Welt der Nationalstaaten und des Nationalismus ist ein Mann ohne Nation, ein Staatenloser, übel dran. Er hat Unannehmlichkeiten; die Behörden des Gastlandes behandeln ihn mit Misstrauen; er wird schikaniert. Auch die Verdienstmöglichkeiten bieten sich nicht leicht. Wer sollte sich des Verbannten annehmen?"

Klaus Manns Schilderungen aus seiner 1942 im amerikanischen Exil geschriebenen Autobiografie klingen harmlos angesichts der harten Tatsachen. Nach Angaben des Völkerbundes gab es im Frühjahr 1935 65 000 rassisch Verfolgte sowie zwischen 16 000 und 19 000 politisch Verfolgte, die Deutschland seit 1933 verlassen hatten. Von den etwa 500 000 jüdischen Bürgern, die 1933 im Deutschen Reich gelebt hatten, gelang mal eben der Hälfte unter erniedrigenden und gefährlichen Bedingungen bis zum Herbst 1941, dem Beginn des Auswanderungsverbots, die Emigration. Boykott, Entrechtung und Vertreibung der Juden aus dem Alltagsleben im Deutschen Reich seit dem 30. Januar 1933, die Nürnberger Gesetze vom September 1935, die Novemberpogrome des Jahres 1938 und schließlich der Kriegsausbruch 1939 markieren die Eckdaten der größten rassisch und politisch motivierten Vertreibungsbewegung, die Europa bis dahin erlebt hatte.

Waren zunächst das Saarland, Wien, Amsterdam, Zürich, Prag und Paris die Fluchtorte, so sorgten Hitlers aggressive Außen- und Kriegspolitik und die militärischen Erfolge der ersten Kriegsjahre dafür, dass die aus Deutschland Geflohenen jetzt aus Europa zur Flucht gezwungen wurden. England, Amerika, Südafrika, Mexiko und Shanghai wurden zur letzten Rettung für viele, die seit Kriegsausbruch und seit der Besetzung Frankreichs in Europa in der Falle saßen. Für die jüdische Massenemigration gehörten Palästina und die USA zu den begehrtesten Exilländern, wobei jedoch in beiden Fällen restriktive Quoten bzw. komplizierte bürokratische Maßnahmen die Einwanderung erschwerten.

„Öfter als die Schuhe die Länder wechselnd", so hat Bertolt Brecht die Situation der Hitlerflüchtlinge bezeichnet und sich zugleich vehement gegen den Namen „Emigranten" verwahrt:

> Das heißt doch Auswanderer. Aber wir
> Wanderten doch nicht aus, nach freiem Entschluss
> Wählend ein anderes Land. Wanderten wir doch auch nicht
> Ein in ein Land, dort zu bleiben, womöglich für immer.
> Sondern wir flohen. Vertriebene sind wir, Verbannte.
> Und kein Heim, ein Exil soll das Land sein, das uns da aufnahm.

Ein ganzer Kontinent war auf den Beinen in jenen Jahren: rassisch Verfolgte und politische Flüchtlinge, linke Intellektuelle und pazifistisch gesinnte Künstler, Juden und Kommunisten, konservative Philosophieprofessoren, liberale Redakteure und sozialdemokratische Arbeiter. Kleine Leute und prominente Politiker, Frauen und Kinder, alle Alters- und Berufsgruppen, alle sozialen Schichten waren unter den Vertriebenen; sie alle hatten den Verlust ihrer Herkunft, ihres Arbeitsplatzes, ihrer materiellen Existenz, ihrer Sprache in Kauf genommen, in Kauf nehmen müssen. Denn zwar war die Emigration „nicht gut", aber „das Dritte Reich war schlimmer". Ob Ärztin, Reformpädagogin, Fotografin, Sekretärin oder Schauspielerin, ob Jurist oder Physiker: Zur qualvollen Existenz auf der Flucht und im Exil gab es für keinen von ihnen eine Alternative; Diktatur und Rassismus des nationalsozialistischen Staates hätten den sicheren Tod bedeutet. Albert Einstein und Bruno Walter, Lise Meitner und Else Lasker-Schüler, Max Reinhardt und Fritz Kortner, Elisabeth Bergner und Helene Weigel – die wenigen stehen für die vielen Namen und sie alle stehen für den Exodus des überwiegenden Teils der künstlerischen, wissenschaftlichen und politischen Elite der Weimarer Republik.

Formalien der Flucht

Zahllos sind – insbesondere in den ersten Monaten nach dem Machtantritt der Nationalsozialisten – die Fälle überstürzter Flucht, der sofortigen Abreise unter Zurücklassung allen Hab und Guts. Nicht weniger häufig und manchmal quälender war die formale

Prozedur, die im Fall einer „legalen Auswanderung" zu bewältigen war. Die schon seit 1931 erhobene „Reichsfluchtsteuer" wurde nach der Machtergreifung drastisch erhöht, wer auswandern wollte, wurde durch die deutschen Steuer- und Zollbestimmungen um den größten Teil seines Vermögens gebracht. Wer auswandern wollte, musste aber zugleich den Nachweis erbringen, dass er nicht mittellos im neuen Heimatland erschien. In beiden Fällen mussten Papiere und Stempel beigebracht werden, die ihrerseits nur für eine bestimmte Frist Gültigkeit besaßen; verzögerte sich also beispielsweise die Ausstellung eines deutschen Reisepasses, zog sich die Gewährung eines Visums oder Transitvisums durch ausländische Konsulate in die Länge; waren Schiffspassagen ausgebucht oder kamen die Unbedenklichkeitserklärungen verspätet, so konnte alles umsonst gewesen sein. Der Behördenwillkür, der Erpressung und der Korruption waren Tür und Tor geöffnet. Um termingerecht die lebensrettenden Auswanderungspässe zu bekommen, wanderten nicht selten Schmuck, Mobiliar und Teppiche in die Wohnstuben obrigkeitstreuer deutscher Beamter, die ihrerseits oft keine Skrupel hatten die zur Auswanderung gezwungenen jüdischen Bürger schamlos und scheinlegal auszunehmen. Ein bürokratisch-ökonomischer Teufelskreis entstand, von den nationalsozialistischen Behörden gewollt und geplant. Die wirtschaftliche Vernichtung der deutschen Juden gehörte von Beginn an ins Programm des nationalsozialistischen Rassismus und die Verordnungen der deutschen Behörden im Falle der „Auswanderung" zielten eindeutig darauf ab die jüdischen Emigranten als Bettler über die Grenzen zu jagen. Verarmt und vertrieben sollten sie für soziale Schwierigkeiten in ihren Gastländern verantwortlich gemacht werden können um so auch dort den Antisemitismus wachzurufen. Im Januar 1939 hat das Auswärtige Amt die deutschen Dienststellen im Ausland ausdrücklich in dieser Weise instruiert. Die Verfolgung der Juden in Deutschland, so hieß es in einem Rundschreiben, diene nicht bloß dem Ziel „die Juden loszuwerden", sondern „den Antisemitismus in die westlichen Länder, in denen die Juden Zuflucht gefunden haben, zu tragen".

Reaktionen auf das Exil

So ungewiss wie die Existenzbedingungen, die Aufenthalts- und Arbeitsbewilligung im jeweiligen Exilland, so ungewiss war die Dauer des Exils. Während bei vielen Emigranten in den ersten Monaten und Jahren nach der Machtübernahme eine Ansicht vorherrschte, die auch viele Dagebliebene teilten und deren vorläufiges Ausharren in Deutschland begründete, dass nämlich Hitler und seine Regierung sich nicht lange werden halten können, setzte sich spätestens seit 1936 die Einsicht durch: Das sich innen- und außenpolitisch stabilisierende Reich machte das Exil zum Dauerzustand.

So heterogen die Emigranten nach Herkunft, materieller Lage und politischer Gesinnung waren, so unterschiedlich fielen die Reaktionen auf das erzwungene Exil und die Strategien bei dem Versuch seiner Bewältigung aus. Waren schon bei der Entscheidung für die Flucht Frauen häufig spontaner, überzeugter und kompromissloser im Vergleich zu ihren oft zögernden und ängstlichen Männern gewesen, so waren es auch im Exil selbst sehr häufig die Frauen, die sich als flexibel und anpassungsfähig erwiesen und die Mühen der schwierigen Exis-

Thomas Mann begrüßt am 13. Oktober 1940 in New York seinen Bruder Heinrich, dem zusammen mit Thomas' Sohn Golo die Flucht aus Frankreich über Spanien nach Portugal geglückt war und der zusammen mit vielen Emigranten an Bord der „Nea Hellas" die USA erreichte. Fotografie

tenzsicherung auf sich nahmen. Zahllos sind die Beispiele dafür, dass Frauen, die vor dem Exil in akademischen und lukrativen Berufen gearbeitet hatten, nun als Krankenschwester, Haarfärberin, Verkäuferin oder Sekretärin Gelegenheitsjobs übernahmen, um dem Mann die Fortsetzung seiner wissenschaftlichen oder künstlerischen Arbeit zu ermöglichen.

Hinzu kam, dass insbesondere im Falle der Schriftsteller der Verlust der Heimat häufig gleichbedeutend war mit dem Verlust des Publikums, des Verlages, ja der Sprache selbst. Die Situation des Exils traf den existentiellen Lebensnerv vieler Künstler, für den es kein oder nur schwer ein Äquivalent gab. Die wenigen auch materiell erfolgreichen deutschen Schriftsteller im Exil (Thomas Mann, Lion Feuchtwanger, Stefan Zweig) können über diesen Umstand nicht hinwegtäuschen. Andererseits sahen sich durchaus erfolgreiche Schriftstellerinnen der Weimarer Republik (Lili Körber, Christa Winsloe, Gabriele Tergit) zum Verzicht aufs Schreiben gezwungen um sich praktischen Tätigkeiten zuzuwenden, die ein wenig Geld einbrachten. „Die meisten unserer großen Autoren wären im Exil verreckt, wenn die Frauen sie nicht irgendwie durchgefüttert hätten", erklärte der Schriftsteller Ernest Bornemann 1980 und schon in den Jahren während des Exils begann man den „weiblichen Heroismus" mit pathetischen Worten zu rühmen.

Der „Zwang zur Politik"

Die erzwungene Flucht aus dem nationalsozialistischen Deutschland einte die Emigranten zwar in existentieller, nicht aber in politischer Hinsicht; im Gegenteil, die politischen Animositäten, die insbesondere zwischen Sozialdemokraten und Kommunisten seit den Tagen der Weimarer Republik bestan-

Erika Mann auf der Bühne des Züricher Kabaretts „Pfeffermühle", 1934. Fotografie

den und die nicht unwesentlich zum Scheitern dieser Republik beigetragen hatten, bestanden im Exil fort. Auch die von den Kommunisten verspätet vorgenommene Kurskorrektur und die seit 1935 eingeleitete Volksfrontpolitik waren nicht wirklich und schon gar nicht dauerhaft dazu geeignet das „andere", das emigrierte Deutschland mit einer Stimme sprechen zu lassen: Missgunst und Misstrauen schufen selbst im Exil unter den Vertretern der politischen Parteien bzw. Gruppierungen ein feindseliges Klima, das in publizistische Attacken und Fehden und bisweilen auch in Denunziationen seinen Niederschlag fand. Über die Ursachen, über die Dauer und schließlich auch über die Zukunft Deutschlands nach einem Siege über Hitler war man in Emigrantenkreisen hoffnungslos zerstritten. 1937, als dieser Sieg noch in weiter Ferne lag und unter anderem von jüdischen Organisationen in Amerika der konsequente Handelsboykott gegenüber dem „Dritten Reich" gefor-

dert wurde, löste dies auch unter Hitlerflüchtlingen heftige Ablehnung aus. Hitler sei nicht Deutschland und nicht alle Deutschen seien Nazis – der Handelskrieg gegen Deutschland werde das unter der Diktatur ohnehin schwer leidende deutsche Volk, nicht aber die Führungselite treffen.

Es war Erika Mann, die älteste Tochter Thomas Manns, Schauspielerin, Kabarettistin und seit 1937 leidenschaftliche Publizistin im amerikanischen Exil, die den „Zwang zur Politik" als eine der wesentlichen Herausforderungen des Exils empfand und die im Streit um den Handelsboykott erklärte: „Der Boykott deutscher Erzeugnisse bedeutet eine entscheidende Schädigung des Dritten Reiches, das ohne Ausfuhr seiner eigenen Produkte die Rohstoffe nicht einführen kann, es braucht; die es nicht braucht um sein Volk zu ernähren und dessen Lebensstandard menschenwürdig zu halten (das Volk hungert und sein Lebensstandard ist auf Kriegsniveau gesunken), sondern die es benötigt um die Schlachten vorzubereiten, mit denen es den Frieden der Welt bedroht."

Erika und Klaus, Heinrich und Thomas Mann

Ihr Vater Thomas Mann, der sich mit der Politik bekanntlich etwas schwer tat und der bis zum Februar 1936 mit einer öffentlichen Erklärung gegen das nationalsozialistische Deutschland gezögert hatte, war zum Zeitpunkt der Machtübergabe an Hitler mit seiner Frau zu Vortrags- und Erholungsreisen im Ausland gewesen. Nur den fortgesetzten Appellen seiner ältesten Kinder war zuzuschreiben, dass er nicht nach Deutschland zurückkehrte. Als ihm die Philosophische Fakultät der Universität Bonn 1936 die Ehrendoktorwürde aberkannte, schrieb er: „Ich habe es mir nicht träumen lassen, es ist mir nicht in der Wiege gesungen worden, dass ich meine höheren Tage als Emigrant, zu Hause enteignet und verfemt, in tief notwendigem politischen Protest verbringen würde."

Was für Thomas Mann „tief notwendig", was für seine Tochter „Gebot der Stunde" und was für Klaus Mann, den ein Jahr jüngeren Bruder Erika Manns, zur künstlerisch und politisch produktivsten Lebensphase werden sollte: das Leben im Exil und in bewusster, wenngleich unterschiedlich praktizierter Opposition gegen das nationalsozialistische Deutschland, das wurde nicht selten als moralischer, als ethischer Auftrag empfunden. „Emigration ist kein Zustand – Emigration ist eine Verpflichtung", hatte es 1935 auf dem Pariser „Internationalen Schriftstellerkongress zur Verteidigung der Kultur" geheißen. Und kein Geringerer als Heinrich Mann hatte dort im Namen von Humanität, Zivilisation und europäischem „Geisteserbe" dem „tollen Gesindel", das über Europa hergefallen sei und im Namen der Dummheit die Macht beanspruche, den Kampf angesagt. Die Hoffnung auf die Macht des Intellekts, auf die immanente Überlegenheit des Geistes gegenüber der Barbarei zieht sich wie ein roter Faden durch die Äußerungen und Überlegungen der Emigranten. Die Vorstellung von einer „Akademie von Wissenden", die nach dem Sieg über Hitler den „ganzen Planeten" regieren würde, war ebenso verbreitet wie Ideen von Weltbürgertum, von den Vereinigten Staaten von Europa bzw. von einem demokratisch verfassten und planwirtschaftlich organisierten Deutschland. Bescheiden, aber höchst aktuell formulierte Erika Mann 1943 ihre Vision von einer zukünftigen Welt:

„Eine Welt – eine einzige, mäßig große, die Raum hat für alle, doch nicht für alles. Und wofür nun einmal gewiss nicht? Das Wort ist flach und wir vermeiden es lieber. Es ist unvermeidlich. Was hinter ihm steht, hat die Erde in Rauch und Flammen gehüllt und muss verfemt sein nach den Gesetzen der neuen Welt. Es heißt: *Nationalismus!*"

Klaus Mann im Hotel Bedford, New York, um 1940. Fotografie

„Exil nach dem Exil"

Die beiden deutschen Staaten, die nach dem Sieg über Hitler entstanden, brachten für viele Emigranten neuerliche Enttäuschung und gerade nicht die Erfüllung ihrer Visionen aus Exilzeiten. In der Ostzone und späteren DDR ehrte man insbesondere solche Emigranten und Emigrantinnen als Antifaschisten und Widerstandskämpfer, die sich als Kommunisten verstanden hatten und deswegen nun auch im Dienste der sozialistischen Aufbauarbeit ihre häufig furchtbaren Erfahrungen in Stalins Lagern verschwiegen. Demgegenüber begegnete man im Westen bzw. der Bundesrepublik den aus den Exilländern Zurückgekehrten mit unverhohlener Skepsis und offener Kritik: In der Stunde der Not hätten sie ihr Vaterland verlassen und es sich an den sonnigen Stränden der Côte d'Azur gutgehen lassen. Es waren die Schriftsteller Walter von Molo und Frank Thiess, die insbesondere Thomas Mann mit scharfen Worten attackierten und ihre eigene zwölfjährige „innere Emigration" beschworen („Wir erwarten dafür keine Belohnung, dass wir Deutschland nicht verließen. Es war für uns natürlich, dass wir bei ihm blieben"). Der 1952 in die Schweiz zurückgekehrte Thomas Mann hatte seinen Kritikern entgegengehalten: „In meinen Augen sind Bücher, die von 1933 bis 1945 in Deutschland überhaupt gedruckt werden konnten, weniger als wertlos. Ein Geruch von Blut und Schande haftet ihnen an."

Wie Thomas Mann, so empfanden auch viele der in die Bundesrepublik remigrierten Exilanten ihr Leben nun als ein „Exil nach dem Exil", als Existenz zwischen allen Stühlen. Die bis in die sechziger Jahre währende Ignoranz der bundesrepublikanischen Wirtschaftswundergesellschaft gegenüber der nationalsozialistischen Vergangenheit, die ehemalige Nazis in hohen Ämtern zuließ, aber ehemalige Hitlerflüchtlinge als untreue Nestbeschmutzer diskriminierte, hat das Exil zu einer fortdauernden, existentiellen Erfahrung werden lassen. Auch nach dem Ende des nationalsozialistischen Regimes erlebten sich viele der einst vor Hitler Geflohenen als Unbehauste, ja als krankhaft Stigmatisierte.

Irmela von der Lühe (geb. 1947), Professorin für Neue deutsche Literatur an der Freien Universität Berlin

---

Fassen Sie die Überlegungen der Autorin in Thesen zusammen. Informieren Sie sich über die Familie Mann im Exil und diskutieren Sie an einem Beispiel den Alltag und den „Zwang zur Politik" im Exil.

140

3. Die Weltwirtschaft in der Zwischenkriegszeit

Jeder Blick auf den Parkplatz einer deutschen Innenstadt oder in die Regale eines Supermarktes vermittelt einen Eindruck vom Ausmaß internationaler Verflechtungen einer modernen Volkswirtschaft. Was hier steht, ist mit Schiffen oder Flugzeugen oft um die halbe Welt gereist. Grundsätzlich ist die Verflechtung wirtschaftlicher Beziehungen zwischen Gruppen kein Phänomen der Neuzeit. Bis in prähistorische Gesellschaften lassen sich Handelsbeziehungen von erstaunlicher Reichweite zurückverfolgen.

Mit dem Durchbruch der Industrialisierung in den westeuropäischen Staaten während des 19. Jahrhunderts veränderte sich allerdings die Qualität solcher Beziehungen grundlegend. Seitdem ging der Austausch mit einer nie gekannten wirtschaftlichen Spezialisierung im Innern der einzelnen Nationalwirtschaften einher, an deren Ende die Herausbildung einer hoch verdichteten Weltwirtschaft stand. Die für sie charakteristische Rollenverteilung zeigt sich am einseitigsten an den außereuropäischen Kolonialländern und Rohstoffproduzenten, deren Außenhandel zum Teil noch bis in die Gegenwart hinein fast nur aus einem einzigen Produkt besteht. Zu einer Spezialisierung auf bestimmte Branchen und Produkte kam es aber zunehmend auch in den hoch industrialisierten Staaten selbst. Es ist offensichtlich, dass mit der zunehmenden internationalen Arbeitsteilung die wechselseitige Abhängigkeit der Staaten voneinander zunahm. Der Erste Weltkrieg hatte es gezeigt: Die militärischen Ereignisse unterbrachen diese gewachsene Arbeitsteilung und warfen die einzelnen Volkswirtschaften auf deren begrenzte Ressourcen zurück. Sogar zu kaum noch für möglich gehaltenen Hungersnöten kam es. Später erinnerten vor allem die heftigen Pendelausschläge der Konjunktur und ihre Rückwirkungen auf die internationalen Kapital- und Warenströme an die weltwirtschaftliche Abhängigkeit jedes Landes.

Die zwanziger Jahre eröffneten aber auch neue Chancen für die bis dahin benachteiligten Arbeiter und Frauen. Und es war eine Zeit der ökonomischen und technischen Modernisierung durch Rationalisierung. Diese ermöglichte erstmals einen Massenkonsum durch Massenproduktion, vor allem in den USA. Die Rationalisierung rief allerdings auch Ängste hervor: der Mensch als Teil der Maschine, eines disziplinierten Fabrik- oder Büroheeres. Die Börsenkrise von 1929 beendete die „Goldenen Zwanziger" und leitete die Große Depression der dreißiger Jahre ein. Ihr größtes Ausmaß erreichte die Krise in Deutschland und in den USA. Staatliche Instrumente zur Wirtschaftssteuerung, die heutige Krisen zwar nicht verhindern, aber doch begrenzen können, waren um 1930 kaum vorhanden. Aber es gab unkonventionelle wissenschaftliche Vorschläge zur Krisenbekämpfung, etwa den, durch staatliche Infrastrukturprojekte wie Straßenbau Arbeitsplätze zu schaffen und Nachfrage zu stimulieren. Hitlers Anfangserfolge beruhten darauf, dass bereits vor 1933 angelaufene staatliche Programme den Arbeitsmarkt entlasteten und er weitere, schon geplante, in Kraft setzte. Die schnelle wirtschaftliche Erholung Deutschlands in den dreißiger Jahren beruhte jedoch im Wesentlichen, wie die Japans, auf Rüstungsproduktion zur Kriegsvorbereitung. Die Politik des *New Deal* in den USA umfasste auch staatliche Wirtschaftsförderungsprojekte, die allerdings in ihrem Umfang und in ihren ökonomischen Erfolgen begrenzt blieben. Erfolgreicher war die gesellschaftliche Modernisierung und damit die politische Stabilisierung durch die sozialstaatlichen Reformgesetze des *New Deal*.

Die lange Dauer der Großen Depression hatte ihre Ursache nicht zuletzt darin, dass jedes Land versuchte die Krise auf Kosten anderer zu beenden. Um kurzfristiger Erfolge willen negierten die Regierungen, aber auch die interessierten Wirtschaftsmanager, weltwirtschaftliche Zusammenhänge. Sie erdrosselten den Welthandel durch Zölle und andere Maßnahmen und verlängerten damit die Depression. Erst im Zweiten Weltkrieg lernten die Politiker und die Völker die Lektion des Ersten Weltkrieges und der Großen Depression: Frieden zwischen den Völkern setzt eine internationale wirtschaftliche Zusammenarbeit voraus. In seiner berühmten „Vier-Freiheiten-Rede" von 1941 bezeichnete Präsident Roosevelt als eines der wesentlichen Freiheitsrechte die „Freiheit von aller Not – das bedeutet, international gesehen, wirtschaftliche Abkommen, die in jedem Lande den Einwohnern gesunde Friedensverhältnisse sichern –, und zwar überall auf der Welt".

Im Mittelpunkt dieses Kapitels stehen das Weltwirtschaftssystem, insbesondere im ersten Abschnitt, und nationale wirtschaftspolitische Konzepte im zweiten Abschnitt. Viele Sachverhalte werden an Statistiken erläutert, deren Genauigkeit aber nicht täuschen sollte: Die nationalen Statistiken sind untereinander selten vergleichbar, auch die Zeitreihen sind nicht immer vollständig und manches wurde nur in einem Land, nicht in anderen gemessen. Den Trend der Weltwirtschaftsentwicklung geben sie aber immer angemessen wieder.

Karl Völker (1889–1962), Industriebild, 1923/24, Öl auf Leinwand, auf Hartfaser aufgezogen, 93 x 93 cm, Halle/ Saale, Staatliche Galerie Moritzburg

3 Weltwirtschaft

1918 In Deutschland Einführung des Acht-Stunden-Arbeitstages (23. Nov.) und Verordnung über kollektive Tarifverträge (23. Dez.) durch den Rat der Volksbeauftragten	**1928** Beginn der forcierten Industrialisierung und Kollektivierung in der Sowjetunion	**1932** Einführung von Einfuhr- und Vorzugszöllen in Großbritannien einschließlich seiner Kolonien und der Dominions: Ende des Freihandels
1919 Versailler Vertrag	**1929** 1. Fünfjahresplan in der Sowjetunion; „Schwarzer Freitag" an der New Yorker Börse (25. Okt.): Beginn der Weltwirtschaftskrise	**1933** In Deutschland Berufung Hitlers zum Reichskanzler (31. Jan.), Gesetze für Arbeitsbeschaffungsmaßnahmen, z. B. Gründung des Unternehmens „Reichsautobahnen" (Juni/Sept.); Beginn der Präsidentschaft Franklin Delano Roosevelts und der *New Deal*-Maßnahmen, z. B. *Tennessee Valley Authority Act, National Industrial Recovery Act* in den USA
1920 Verabschiedung eines Betriebsrätegesetzes im Deutschen Reichstag	**1930** Beginn der Deflationspolitik der Regierung Brüning zur Haushaltskonsolidierung und Senkung des deutschen Lohnniveaus; Einführung des Hawley-Smoot-Zolltarifs in den USA	
1921 In Russland Verkündung der „Neuen Ökonomischen Politik" (NEP) durch Lenin auf dem X. Parteikongress der Bolschewisten		
1923 Höhepunkt der Inflation in Deutschland; Ersetzung der Reichsmark durch die Rentenmark (15. Nov.); Acht-Stunden-Arbeitstag durch Gesetz vom 21. Dez. faktisch aufgehoben	**1931** Internationale Finanz- und Bankenkrise; Aufgabe des Goldstandards in Großbritannien; Hoover-Moratorium für internationale Kriegsschulden- und Reparationszahlungen; Einführung des Stachanow-Systems in der Sowjetunion (Leistungslöhne, unterschiedliche Sozialleistungen, Verbot des Arbeitsplatzwechsels, Lohnentzug und Straflager bei Verletzung der Arbeitsdisziplin)	**1934** In Deutschland Gesetz zur Ordnung der nationalen Arbeit (Einführung des Führerprinzips in der deutschen Wirtschaft)
1925 Rückkehr zum Goldstandard in Großbritannien		**1936** Beginn des Vier-Jahres-Planes, der die deutsche Wirtschaft und das deutsche Militär bis 1940 kriegsbereit machen soll
1927 Gesetz über die Arbeitslosenversicherung und Arbeitsvermittlung in Deutschland		**1944** Abkommen von Bretton Woods

Autarkie: wirtschaftliche Unabhängigkeit eines Landes von der Weltwirtschaft durch weitgehende Selbstversorgung mit landwirtschaftlichen und industriellen Produkten sowie Rohstoffen. Im 20. Jh. versuchte die NS-Regierung durch Autarkiepolitik die deutsche Wirtschaft auf eine Kriegsführung vorzubereiten.

Bretton Woods: Verträge vom 23. Juli 1944 über die Gründung des Internationalen Währungsfonds und der Weltbank, die nach dem in New Hampshire/USA gelegenen Tagungsort als Abkommen von Bretton Woods bezeichnet werden. Einführung fester Wechselkurse zum US-Dollar.

Deflation: starkes Zurückbleiben der Nachfrage hinter dem Angebot von Gütern und Dienstleistungen in einer Volkswirtschaft oder der Weltwirtschaft mit der Folge sinkender Preise.

Depression: Im wirtschaftlichen Sinne ist die Depression der Tiefpunkt in der Abschwungphase eines Konjunkturzyklus (Überproduktion, Kapitalüberhang, Nachfragerückgang, hohe Arbeitslosigkeit); im historischen Sprachgebrauch auch ein längerer Zeitraum mit überwiegend stockender oder sogar zurückgehender Wirtschaftstätigkeit. Die Weltwirtschaftskrise seit 1929 wird als *Große Depression* bezeichnet.

Goldstandard: feste Wertbeziehung von Währungen zum Gold; bei reiner Geldumlaufwährung wird von der Zentralbank eines Staates garantiert, dass die von ihr als Papiergeld ausgegebenen gesetzlichen Zahlungsmittel auf Verlangen jederzeit in Gold umgetauscht werden. Heute halten die Zentralbanken den Gegenwert des Geldumlaufs in der Regel durch eine Mischung von Gold- oder Devisenreserven vor.

Hoover-Moratorium: vom US-Präsidenten Herbert C. Hoover ausgehender und von den Alliierten und Deutschland im Juni/Juli 1931 akzeptierter Vorschlag, für ein Jahr die Rückzahlung der alliierten Kriegsschulden und der deutschen Reparationen auszusetzen. Ziel war es eine weitere Verschärfung der Weltwirtschaftskrise und einen Zusammenbruch des internationalen Zahlungsverkehrs zu vermeiden.

Inflation: länger anhaltende Preissteigerung für Sachgüter und damit Kaufkraftverlust des Geldes. Je nach Tempo des Kaufkraftverlustes spricht man von schleichender oder galoppierender Inflation.

Kartell: bezeichnet einen Zusammenschluss von Unternehmen um Preise und Produktionsmengen abzusprechen oder Absatzgebiete abzugrenzen. Ziel ist die Ausschaltung des marktwirtschaftlichen Wettbewerbs.

Kollektivierung → Begriffe Kap. 2

Konjunktur: periodisch wiederkehrende Schwankungen einer Volkswirtschaft oder der Weltwirtschaft. Ein *Konjunkturzyklus* besteht in der Regel aus vier Phasen: 1. Aufschwung (Gewinne, Investitionen und Beschäftigung steigen); 2. Hochkonjunktur (hohe Gewinne, Vollbeschäftigung); 3. Abschwung (sinkende Gewinne und Investitionen, mehr Arbeitslose); 4. Konjunkturkrise oder Depression (wenig Investitionen, hohe Arbeitslosigkeit).

Konsumgesellschaft: Form der modernen kapitalistischen Industrie- und Wohlstandsgesellschaft. Sie ist vor allem durch eine relativ hohe Massenkaufkraft sowie durch Massenproduktion von Verbrauchs- und Gebrauchsgütern geprägt. Infolge der weitgehend gesicherten Befriedigung von Grundbedürfnissen (Lebensmittel usw.) richtet sich in der Konsumgesellschaft das Prestige der Bürger zum Teil nach dem Besitz oder Nichtbesitz von bestimmten Konsumgütern (z B. Autos bestimmter Marken); diese gelten als Hin-

Weltwirtschaft 3

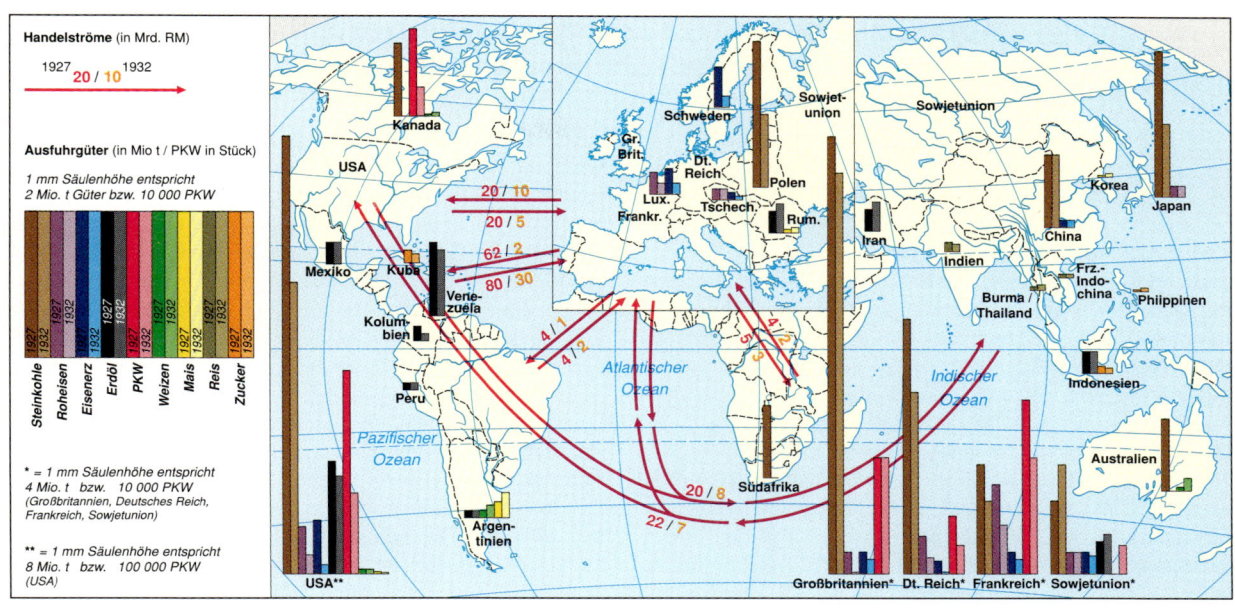

Die Weltwirtschaft in der Krise 1927–1932

weis für soziale Gruppenzugehörigkeit. Mit Konsumgesellschaft bezeichnet man auch abwertend eine Gesellschaft, in der die Steigerung der Produktion und der Verbrauch von Gütern ein Übermaß an Aufmerksamkeit finden.
Marktwirtschaft: Wirtschaftsordnung, in der Produktion, Wirtschaftskreislauf, Preisbildung und Konsum über den freien Markt geregelt werden.
NEP (russ. *Nowaja ekonomitscheskaja politika* = Neue Ökonomische Politik): von 1921 bis etwa 1928 dauernde Periode der sowjetischen Wirtschafts- und Innenpolitik mit eher marktwirtschaftlichen Instrumenten, z. B. relativ freier Binnenhandel, ausländische Kapitalinvestitionen, Handel und Kleinhandwerk in privater Hand. Ziel der NEP war die Überwindung der katastrophalen Wirtschaftslage in der Sowjetunion nach dem Bürgerkrieg. Sie führte insgesamt zu einem beachtlichen wirtschaftlichen Aufschwung ohne allerdings die Industrialisierung des Landes rasch voranzubringen.
New Deal (engl. = neue Runde im Kartenspiel): Wirtschafts- und Reformpolitik, mit der Roosevelt seit 1933 den Folgen der Großen Depression in den USA begegnete. Die US-Wirtschaft sollte durch Arbeitsbeschaffungsmaßnahmen, Verringerung der Überproduktion in Industrie und Landwirtschaft, Arbeitszeitverkürzungen, Erhöhung der Mindestlöhne und sozialstaatliche Maßnahmen belebt werden.
Planwirtschaft: Wirtschaftsordnung sozialistischer Staaten, in der im Gegensatz zur Marktwirtschaft das gesamte Wirtschaftsgeschehen zentral vom Staat gelenkt wird. Angebot, Preisfestsetzung und Verteilung der Güter werden nach gesamtwirtschaftlichen Plänen vorgenommen. Man spricht deshalb auch von Zentralverwaltungswirtschaft.
Rationalisierung → Begriffe Kap. 1

Arbeitslose und Beschäftigte in der Welt 1929–1938 (in Prozent)

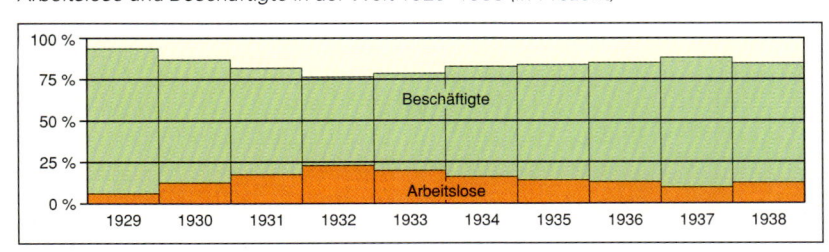

1. Analysieren und erläutern Sie die statistischen Aussagen der Karte und der Grafik auf dieser Seite. Setzen Sie die Aussage der Grafik in Beziehung zu den Arbeitslosenstatistiken auf S. 150 und S. 162, Mat. 3.
2. Erläutern Sie den Begriff „Große Depression"; ordnen Sie ihn zeitlich ein.

143

Konjunkturen und Strukturen der Weltwirtschaft in der Zwischenkriegszeit

Kontinuität und Wandel nach dem Ersten Weltkrieg

Konjunktureinbruch

Stellt man die wirtschaftliche Entwicklung in den Jahrzehnten nach 1918 dem Trend der Konjunktur* vor Ausbruch des Ersten Weltkriegs gegenüber, zeigt sich ein auffälliger Bruch. Seit den 1890er Jahren waren die deutsche und mit ihr die meisten europäischen Volkswirtschaften relativ gleichmäßig und mit hohen Raten gewachsen.

Demgegenüber war die wirtschaftliche Entwicklung nach 1914 durch ein insgesamt niedriges Wachstumsniveau und extreme Konjunkturausschläge gekennzeichnet (siehe Grafik unten). Neben politischen Ereignissen wie den beiden Weltkriegen legt es insbesondere der auffällige konjunkturelle Umschwung nahe die Jahre zwischen 1914/18 und 1939/45 als Einheit zu behandeln.

Fortsetzung struktureller Wandlungen

Auf der anderen Seite setzten sich nach dem Ersten Weltkrieg langfristige Entwicklungstendenzen und Strukturwandlungen ungebrochen und zum Teil beschleunigt fort. Die Landwirtschaft verlor weiter an Gewicht. Bezogen auf die Gesamtzahl aller Erwerbspersonen ging im Deutschen Reich der Anteil der landwirtschaftlich Beschäftigten von 35 auf 30,5 Prozent zurück. Die großen Gewinner dieser Entwicklung waren neben dem produzierenden Gewerbe (1925 rund 41 Prozent) vor allem Handel und Verkehr (16,5 Prozent) und andere Dienstleistungen (rund 12 Prozent). Das zunehmende Gewicht von Dienstleistungen, privaten und staatlichen, wie von Verwaltung und Organisation überhaupt, spiegelte sich in der überdurchschnittlichen Zunahme von Beamten und Angestellten. Diese Umschichtung begünstigte die außerhäusliche Erwerbsarbeit von Frauen. Mehr Frauen als jemals zuvor verdienten ihren Unterhalt in landwirtschaftlichen und industriellen Betrieben, in den staatlichen und Unternehmensverwaltungen oder hinter den Ladentheken des Einzelhandels.

Der Konzentrationsprozess in der Wirtschaft schritt überall weiter voran. Die durchschnittliche Größe der Unternehmen, gemessen an Umsatz und Beschäftigten, nahm ebenso zu wie der überbetriebliche Zusammenschluss und die wirtschaftliche Verbandsbildung. 1905 betrug die Zahl der bekannten Kartelle* in Deutschland 233, 1925 über 1500. Mitte der dreißiger Jahre wurde gut die Hälfte der gesamten Inlandsproduktion von kartellierten Unternehmen erzeugt. Zusammenschluss und Konzentrationstendenzen gab es auch bei den Verbänden der Arbeitnehmer. Nach dem Ende des Weltkrieges gewannen die Gewerkschaften zahlreiche Mitglieder hinzu (siehe Tabelle S. 145). Neue, vor dem Ersten Weltkrieg schwach oder noch gar nicht organisierte Gruppen, wie die Angestellten, schlossen sich zusammen und versuchten Einfluss auf andere Gruppen, die Öffentlichkeit und vor allem Staat und Gesetzgebung zu gewinnen. Hierzu gehörten, was vor 1914 noch undenkbar gewesen wäre, auch die Staatsbeamten. Sie alle suchten in der gemeinschaftlichen Organisation Schutz vor einer neuartigen, als bedrohlich empfundenen wirtschaftlichen und gesellschaftlichen Situation.

Die Bedeutung des Staates in der Gesellschaft nahm in allen Staaten zu. In der weitgehend zentral gelenkten Kriegswirtschaft und in den dreißiger Jahren der Weltwirtschaftskrise lenkte er in bis dahin unbekanntem Ausmaß wirtschaftliche und soziale Prozesse. An vielen Stellen wurden die Regeln des freien Marktes außer Kraft gesetzt oder zumindest stark zurückgedrängt. Die Selbstregulierungsfähigkeit und die Flexibilität der Wirtschaft nahmen in dem Maße ab, in dem nicht mehr ohne weiteres das einzelne Angebot und die einzelne Nachfrage, sondern Verträge und die Macht von Organisationen den Preis der Waren bestimmten.

Entwicklung des Sozialprodukts Westeuropas 1880–1980 (1899/1901 = 100; logarhythmischer Maßstab)

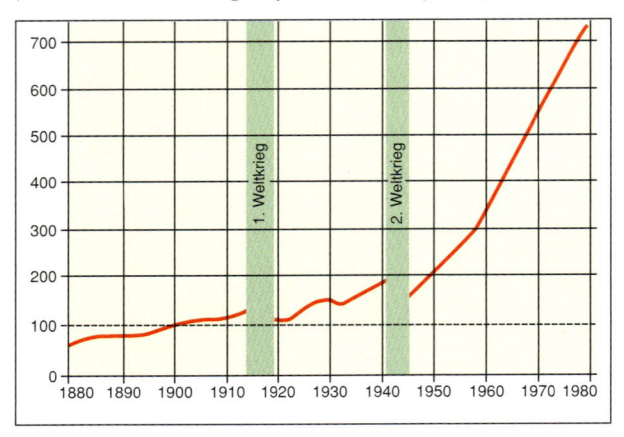

Die Umstellung der wirtschaftlichen und politischen Theorie und Praxis auf den beschleunigten Strukturwandel und die veränderten Rahmenbedingungen nach 1914 blieb jedoch, rückblickend betrachtet, Stückwerk. Das lag zum Teil daran, dass die politischen Eliten überwiegend der Vorkriegsgeneration angehörten und die Umstellung der Mentalitäten dem raschen Tempo der Veränderungen nach 1914 nur mit großer Verzögerung folgte. Es hatte jedoch auch mit den zwiespältigen Folgen des Weltkrieges zu tun. Dieser beschleunigte zwar die langfristigen sozialökonomischen Wandlungsprozesse, doch erschwerte er die Anpassung daran. Etwa weil er bei den Verlierern die Illusion nährte einen Wiederaufstieg nicht durch eine neue Politik, sondern durch außenpolitischen Revisionismus und Expansion zu erreichen oder auch, weil er allgemein einen kurzsichtigen Nationalismus förderte und die notwendige Kooperation behinderte. Vor allem in den dreißiger Jahren suchten die Staaten ihre jeweiligen Probleme durch Rückzug aus dem weltwirtschaftlichen System (siehe S. 156–158) zu lösen.

Erst nach schwersten wirtschaftlichen und politischen Katastrophen kam in den einzelnen Gesellschaften ein allgemeiner und lange nachwirkender Lernprozess in Gang. Am Ende des Zweiten Weltkrieges zeichneten sich dann in den damals getroffenen Vereinbarungen über eine internationale wirtschaftliche und politische Zusammenarbeit die Grundzüge jenes Wandels ab, dem die zweite Nachkriegszeit im 20. Jahrhundert mehrere Jahrzehnte des Wohlstandes und der Stabilität verdankte.

Die USA als Vorbild

Das Bild einer boomartig expandierenden Volkswirtschaft mit den typischen Begleiterscheinungen raschen wirtschaftlichen Wachstums, wie es der häufig verwendete Begriff der „Goldenen Zwanziger" beschwört, trifft im Wesentlichen auf die Vereinigten Staaten von Amerika zu, sehr viel weniger auf die Industriestaaten Europas. In den USA setzte nach einer kurzen Nachkriegsdepression eine anhaltende wirtschaftliche Erholung ein, die die Umstellung von der Rüstungs- auf die zivile Produktion und die Demobilmachung von Millionen von Kriegsteilnehmern erleichterte. Steigende Nominal- und Reallöhne, annähernde Vollbeschäftigung, allerdings auch schwache Gewerkschaften und ein wenig entwickeltes System öffentlicher Sozialleistungen waren typisch für das Nordamerika der *roaring twenties*. Henry Fords Automobilwerke und sein berühmtes, im Fließbandverfahren hergestelltes „T-Modell" symbolisierten den amerikanischen Vorsprung in der industriellen Rationalisierungsbewegung. Diese Entwicklung und ein großer aufnahmefähiger innerer Markt begünstigten hier den vergleichsweise frühen Übergang zur Konsumgesellschaft* (siehe Mat. S. 166–169).

Der Vorsprung in der industriellen Massenproduktion machte die amerikanische Wirtschaft in diesen Jahren zum vielbewunderten Vorbild und Reiseziel von Delegationen europäischer Wirtschaftsfachleute. Die USA traten an die Stelle Großbritanniens, das für viele industrielle Nachfolgerstaaten auf dem europäischen Kontinent seit dem ersten Drittel des 19. Jahrhunderts eine vergleichbare Modellfunktion ausgeübt hatte. Darüber hinaus beeinflussten die USA die wirtschaftliche Entwicklung in Übersee durch ihre enorme Finanzkraft. Nachdem der Weltkrieg nicht nur das Deutsche Reich mit seinen Reparationslasten, sondern auch die europäischen Großmächte England und Frankreich in Schuldner der neuen Supermacht verwandelt hatte, entwickelten sich die USA *de facto* zum finanziellen Gravitationszentrum der Weltwirtschaft (siehe S. 193–195 und S. 161, Mat. 1).

Mitglieder der Arbeiter- und Angestelltengewerkschaften in Deutschland 1913–1931 (in 1000)

	Arbeiter		Angestellte	
Jahr	Allgemeiner Deutscher Gewerkschaftsbund (sozialdemokratisch-freigewerkschaftlich)	Gesamtverband der christlichen Gewerkschaften Deutschlands (christlich-katholisch)	Allgemeiner freier Angestelltenbund[1] (sozialdemokratisch-freigewerkschaftlich)	Gesamtverband Deutscher Angestelltengewerkschaften[1] (deutschnational)
1913	2 525	341	25	148
1919	7 337	1 000	*	*
1924	4 023	613	447	394
1929	4 948	792	451	451
1931	4 134	698	435	435
1 bzw. deren Vorläuferverbände		* keine Angaben vorhanden		

Die Folgen des Krieges in Europa

Verschuldung

Der Krieg hinterließ den europäischen Volkswirtschaften enorme innere Probleme: die Umstellung der Kriegs- auf die Friedenswirtschaft; die Notwendigkeit Millionen ehemaliger Soldaten wieder in die Produktion einzugliedern; die Bereitstellung großer finanzieller Mittel zur Versorgung von Kriegsversehrten und zur Versorgung von Witwen und Waisen; der Wiederaufbau zerstörter Städte und ihrer Infrastruktur; der Transfer von Schulden- und Reparationszahlungen in völlig neuer Größenordnung; und vor allem das Abtragen der bei der Kriegsfinanzierung entstandenen enormen Verschuldung des Staates gegenüber seinen Bürgern. Die staatlichen Schulden beliefen sich in Deutschland 1918 mit 150 Milliarden Mark auf das Dreifache des Volkseinkommens aus der Vorkriegszeit. In Großbritannien hatten sich bis 1920 Schulden von über 7 Milliarden Pfund Sterling angesammelt (siehe Tabelle unten). Das entsprach in etwa dem Zwölffachen der Vorkriegsverschuldung. Aus politischen Gründen verzichteten die Regierungen durchweg auf die notwendigen umfangreichen Steuererhöhungen, sodass der größte Teil der Ausgaben kreditfinanziert wurde.

Staatsausgaben und -einnahmen in Großbritannien (in Mio. Pfund Sterling) 1913–1920

Finanzjahr	Einnahmen	Ausgaben	Differenz
1913/14	198,2	197,5	+0,7
1914/15	226,7	560,5	−333,8
1915/16	336,8	1 559,2	−1 222,4
1916/17	573,4	2 198,1	−1 624,7
1917/18	707,2	2 696,2	−1 989,0
1918/19	889,0	2 579,3	−1 690,3
1919/20	1 339,6	1 665,8	−326,2
1920/21	1 426,0	1 195,8	+230,2

Inflation

Die Bemühungen des Staates sich seiner finanziellen Lasten bei den Bürgern, insbesondere den Mittelschichten, zu entledigen, waren nicht der einzige Grund für die rapide Geldentwertung, die in fast allen am Krieg beteiligten Ländern nach 1918 und zum Teil bereits früher einsetzte. Die Verzerrung der Produktionsstruktur durch eine einseitig auf die Rüstung konzentrierte Wirtschaft bildete eine zusätzliche Ursache dafür, dass die Nachfrage nach zivilen Gütern auf ein knappes Angebot stieß und die Preise in die Höhe trieb.

Während des Krieges 1914–1918 war dieser Prozess durch Kontrollen und drakonische Strafen zurückgedrängt worden. Als man den Überwachungsapparat abbaute, schuf sich der Druck von selbst eine Bahn. Nirgendwo nahm diese Bewegung so extreme Formen an wie in Deutschland. Für einen US-Dollar, schon damals die wichtigste Bezugsgröße für andere Währungen, zahlte man Ende 1922 etwa 8000 Mark, Anfang August 1923 bereits 1 Million. Am Ende der Ruhrkrise, die aufgrund politischer Entscheidungen zu einer Hyperinflation führte, war Geldkapital in Deutschland praktisch nichts mehr wert. Erst eine radikale Währungsreform (1000 Milliarden Reichsmark für eine neue „Rentenmark") setzte Ende 1923 der Inflation* ein Ende. Das Trauma der Inflation, der Vernichtung von angespartem Kapital gerade von kleinen Leuten, belastete von da an die deutsche Politik.

Entwertung der Mark 1920–1923

Periode	Index des US-Dollarkurses (1913 = 100)	Index der deutschen Großhandelspreise (1913 = 100)
1920		
Januar	1.542	1.256
Juli	940	1.367
1921		
Januar	1.545	1.439
Juli	1.826	1.428
1922		
Januar	4.569	3.665
Juli	11.750	10.059
1923		
Januar	427.900	278.500
Juli	8.415.000	7.500.000
August	110.000.000	94.400.000
September	2.354.000.000	2.400.000.000
Oktober	601.430.000.000	709.500.000.000
November	219.400.000.000.000	72.600.000.000.000

Soziale Reformen

Der moderne Massenkrieg hatte, wie sich bald herausstellte, enorme politisch-psychologische Auswirkungen, die Staat und Gesellschaft vor neue Herausforderungen stellten und einen Wandel erzwangen. Viel weniger als vor dem Krieg waren Arbeiter auf dem Land und in der Stadt nach seinem Ende bereit eine patriarchalische Herr-im-Hause-Politik ihrer Arbeitgeber hinzunehmen; auch wollten sie sich nicht mehr als Staatsbürger „dritter Klasse" traditionellen Diskriminierungen wie dem preußischen Dreiklassenwahlrecht fügen. In Deutschland erhielten gewählte Betriebsräte seit 1920 Mitsprachemöglichkeiten bei Konflikten am Arbeitsplatz und bei der Ausgestaltung innerbetrieblicher Arbeitsbedingungen. Oberhalb der Betriebsebene handelten Gewerkschaften und Arbeitgeberverbände Tarifverträge aus, die den Spielraum des einzelnen Arbeitgebers begrenzten. Nirgendwo spiegelten sich die politischen Gewichtsverschiebungen zugunsten der kleinen Leute nach dem Krieg deutlicher als beim Ausbau der staatlichen Sozialleistungen. Dieser Ausbau beschränkte sich nicht auf die Bewältigung der unmittelbaren Kriegsfolgen durch eine verbesserte Fürsorge für die Millionen Verstümmelten des Krieges und Unterstützungsleistungen für die durch die Inflation verarmten Mittelschichten und Rentner. Der Einsatz von Leib und Leben während des Krieges äußerte sich auch in Forderungen nach einer beschleunigten Verwirklichung sozialer Reformen. England und Deutschland erhielten in diesem Jahrzehnt eine moderne Arbeitslosenversicherung bzw. bauten vorhandene Ansätze aus. Neue Zweige der Sozialversicherung – in Deutschland die 1911 geschaffene Angestelltenpensionsversicherung – traten in Kraft. Kündigungsschutzgesetze ergingen, Mietpreise wurden kontrolliert und die Wirkungen vieler Versicherungseinrichtungen steigerten sich durch Einbeziehung neuer Schichten (siehe S. 161, Mat. 2). Man sollte sich über den Umfang der damals tatsächlich gezahlten Renten wie auch der sonstigen sogenannten Transfereinkommen – Transfer, weil von den Steuerzahlern an die Empfänger über eine dritte Einrichtung, den Staat, vermittelt – keinen Illusionen hingeben. Für die Mehrheit der Rentner in Deutschland blieb der Rentenbescheid bis Ende der zwanziger Jahre zugleich der Berechtigungsausweis für die Armenfürsorge. Wo diese nicht reichte oder wer einfach den Gang dorthin scheute, für den blieben nach wie vor nur Unterstützungen durch die Verwandten.

Neue Konkurrenzen in der Außenwirtschaft

Auch außenwirtschaftlich standen die europäischen Industrieländer vor neuartigen Problemen. Spätestens nach der Demobilmachung der eingezogenen Soldaten und der Wiederaufnahme der Friedensproduktion wurde deutlich, dass Europa seine dominante Stellung in der Weltwirtschaft verloren hatte. Mit den USA trat ihm auf den heimischen Märkten wie in Übersee ein neuer Konkurrent gegenüber. Der Ausfall eines Teils der europäischen Nahrungsmittelproduktion während des Krieges und der gesteigerte Bedarf an bestimmten kriegswichtigen Rohstoffen hatte außerdem den Industrialisierungsprozess in einigen der traditionellen Rohstoffländer gefördert. Auf geschrumpften Märkten drängten sich mehr Konkurrenten als vor dem Krieg.

„Arbeitszeitverlängerung – Nein", Postkarte, 1920–1930, 9 x 14 cm, Berlin, Deutsches Historisches Museum

Die Rationalisierungsbewegung

Auf die Bedrohung von Märkten und gesteigerten Kosten durch höhere Sozialleistungen antwortete die Wirtschaft mit energischen Anstrengungen zur Erhöhung der Produktivität. Mitte der zwanziger Jahre setzte in vielen Industrien eine Aufholjagd ein. Eine allgemeine Bewegung zur Rationalisierung* setzte ein, bei der man sich jener Methoden der überbetrieblichen Gemeinschaftsarbeit bediente, die im Zusammenhang der kriegswirtschaftlichen Lenkung und Leistungssteigerung eingeübt worden waren. Das unbestrittene Vorbild verkörperte der fließbandmäßig organisierte Automobilbau in den Vereinigten Staaten (siehe S. 166–167,

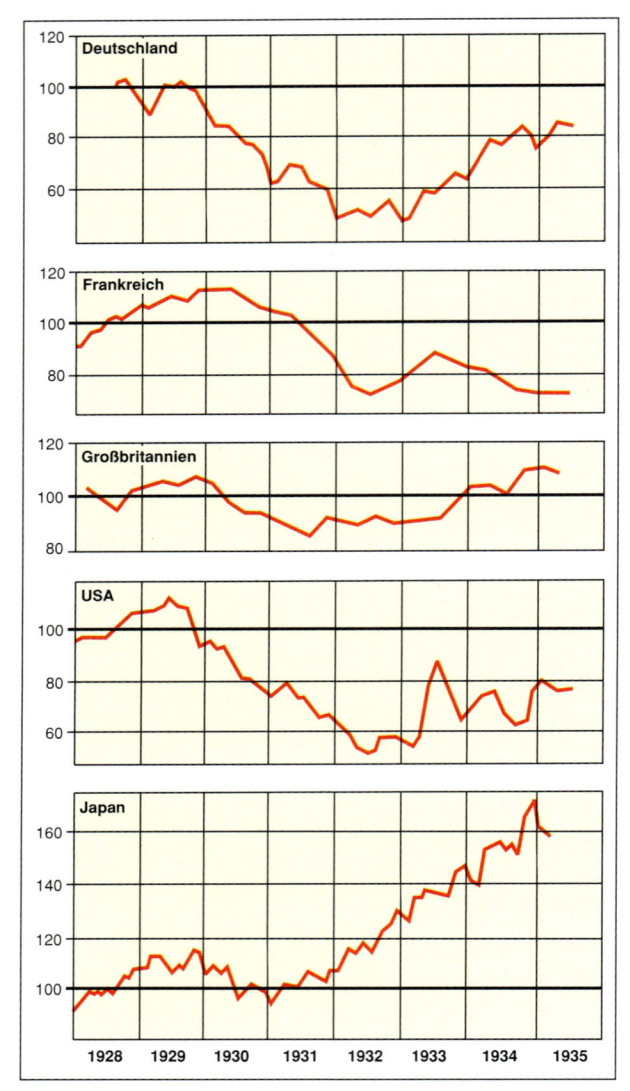

Verlauf der Weltwirtschaftskrise in verschiedenen Industriestaaten 1928–1935 (Index der Industrieproduktion 1928 = 100)

Mat. 2 bis 4). Aber auch andere Branchen machten spektakuläre Fortschritte. Nur zwei Prozent der Kohle im Ruhrgebiet wurden vor 1914 mit Maschinenhilfe abgebaut. 1924 waren es 25 Prozent, nur sieben Jahre später fast 100 Prozent. Rationalisierungskommissionen standardisierten Werkzeuge und Arbeitsmittel. Eine zeitgenössische Untersuchung nennt folgende Zahlen: Von 110 Bahnschwellentypen blieben acht übrig; aus 100 verschiedenen Hackensorten wurden zwei. 175 verschiedene Arten von Kohlewagen zählte man zu Beginn der Typisierungsarbeit. Drei blieben übrig. Ein alter Gefährte des Bergmanns, das Grubenpferd, verschwand in manchen Betrieben fast ganz. Der Erfolg dieser Anstrengungen lässt sich an den Zahlen über die Pro-Kopf-Förderung ablesen. In Oberschlesien stieg sie von 359 Tonnen im Jahre 1913 auf 436 Tonnen im Jahre 1929. Im Ruhrgebiet erhöhte sie sich um ein volles Drittel.

Relative Stabilisierung

Die Finanzierung der für den wirtschaftlichen Wiederaufbau und die Rationalisierung notwendigen Investitionen entwickelte sich in den verarmten europäischen Volkswirtschaften zur Achillesferse des Aufschwungs. Nach der Stabilisierung der Währung im Jahre 1923 und dem Abschluss eines vorläufigen Reparationsabkommens, des Dawes-Plans, im Jahre 1924 profitierte insbesondere die deutsche Wirtschaft von einem steten Strom amerikanischen Kapitals. Er bewirkte zwischen 1924 und 1928 ein kleines Wirtschaftswunder, an dessen Möglichkeit nach der deutschen Hyperinflation niemand geglaubt hatte. 1930 betrug die deutsche Verschuldung im Ausland 20,5 Milliarden Reichsmark. Davon bestand die Hälfte aus kurzfristigen Anleihen. Die Verwendung dieser Mittel zur Finanzierung langfristiger Investitionen machte eine der strukturellen Schwächen der deutschen Wirtschaft und ihres Wiederaufbaus aus. Als die Gelder seit 1928 in großem Umfang in die USA zurückgerufen wurden, rissen sie die deutsche Wirtschaft und ihr Bankensystem in den Strudel der Weltwirtschaftskrise hinein.

Die Große Depression der dreißiger Jahre

Der Ausbruch der Großen Depression* wird häufig auf den 25. Oktober 1929 („Schwarzer Donnerstag" in den USA, in Europa wegen der Zeitdifferenz „Schwarzer Freitag") datiert. Zwischen dem 23. und 29. Oktober 1929 erlebte die Börse in New York einen historischen Kurseinbruch, der bei den Aktien bis zu 90 Prozent erreichte. Der Einbruch wirkte auch deshalb so scharf, weil ihm seit 1928 ein extremes Spekulationsfieber vorausgegangen war. Höhepunkt und Absturz lagen zeitlich eng beieinander. Die deutschen Aktienkurse waren dagegen schon seit 1927 rückläufig und erreichten etwa gleichzeitig mit den amerikanischen Mitte 1931 ihren Tiefstand. Der Verfall der Aktienkurse und die Einkommensverluste bei den Anlegern bildeten aber nur einen Aspekt der Krise und keinesfalls den wichtigsten. Die Hauptmerkmale der Wirtschaftskrise waren Massenarbeitslosigkeit, sinkendes Einkommen der Beschäftigten und Rückgang des Sozialprodukts pro Kopf.

Industrie und Landwirtschaft

Im Ablauf der Wirtschaftskrise gab es zwischen den wichtigsten Industriestaaten erhebliche Unterschiede.
Im internationalen Vergleich gehörten das Deutsche Reich und die USA zu den am stärksten betroffenen Ländern (siehe Grafik S. 148 und Tabelle rechts). In beiden Staaten fiel der Wert der industriellen Produktion gegenüber dem Vorkrisenstand um fast 50 Prozent. Erste Anzeichen für ein Ende der Hochkonjunktur in den USA, die sich besonders auf die Nachfrage nach langlebigen Konsumgütern (siehe S. 168, Mat. 6 und 7) gestützt hatte, zeichneten sich bereits 1928 ab. Von diesem Zeitpunkt an profitierte die Konjunktur* überwiegend vom Export, während im Inneren ein zunehmender Anteil von Gütern durch Abzahlungsgeschäfte und Kleinkredite finanziert wurde. Das Jahr 1932 markierte in Deutschland wie in den Vereinigten Staaten den Tiefpunkt. Auch in Frankreich erreichte die Industrieproduktion zu diesem Zeitpunkt ihren niedrigsten Stand. Der Rückgang als solcher war dort mit 28 Prozent jedoch weniger ausgeprägt. Noch geringer wirkte sich der Konjunktureinbruch auf den ersten Blick in Großbritannien aus. Von den großen Industriestaaten sah die britische Bilanz scheinbar am günstigsten aus. Gegenüber 1929 belief sich der Rückgang der industriellen Produktion auf nicht einmal 20 Prozent. Der Eindruck von einer günstigen Position Großbritanniens relativiert sich allerdings, wenn man die schlechte Entwicklung der englischen Wirtschaft während der zwanziger Jahre insgesamt in Rechnung stellt. Die Große Depression war für das Königreich das dicke Ende einer langen Krisenperiode. Nur wenige Länder ließ die Depression nahezu ungeschoren: die UdSSR, die im gesamten Zeitraum von der Weltwirtschaft abgeschirmt blieb, und Japan, das bereits Ende der zwanziger Jahre auf Aufrüstung setzte und damit einen Teil seiner wirtschaftlichen Schwierigkeiten frühzeitig überwand.

Generell ist davon auszugehen, dass die Landwirtschaft von der Krise relativ geringer als die Industrie betroffen war. Das hängt stets damit zusammen, dass der Bedarf an Grundnahrungsmitteln weniger elastisch ist als andere Elemente der Gesamtnachfrage. Für noch überwiegend agrarisch geprägte Volkswirtschaften mit einem geringen Exportanteil erwies sich dies Anfang der dreißiger Jahre als Vorteil. Auch in den meisten Industrieländern erfasste die Krise die Landwirtschaft erst mit einer gewissen Verzögerung, nachdem

UdSSR	183	Frankreich	72
Japan	98	Belgien	69
Norwegen	93	Italien	67
Schweden	89	Tschechoslowakei	64
Holland	84	Polen	63
Großbritannien	84	Kanada	58
Rumänien	82	Deutschland	53
Ungarn	82	USA	53

Index der Industrieproduktion in verschiedenen Ländern zwischen 1929 und 1932 (1929 = 100)

die Einkommensverluste der städtischen Arbeitnehmer zu Konsumeinschränkungen führten und als Nachfragerückgang und Preisverfall zu Buche schlugen. Die stärksten Einbrüche verzeichneten die Investitionsgüterproduktion (Stahl- und Eisenindustrie, Maschinenbau, Bauindustrie) und in den USA besonders der Markt für langlebige Konsumgüter (Automobilproduktion). In diesen Sektoren breitete sich auch die Arbeitslosigkeit am stärksten aus.

Arbeitslosigkeit

Da die meisten europäischen Länder mit relativ hohen Arbeitslosenzahlen in die Krise gingen (siehe S. 162, Mat. 3), zeichnete sich der Einbruch der Krise in den Arbeitslosenstatistiken oft nicht so scharf ab wie bei den übrigen Indikatoren der Konjunktur*. So waren in Deutschland als Folge anhaltender Rationalisierung* und eines scharfen Wintereinbruchs bereits im Winter 1928 rund 17 Prozent aller Gewerkschaftsmitglieder ohne Arbeit. In Großbritannien lag die Arbeitslosenrate in den zwanziger Jahren sogar im Durchschnitt bei 15 Prozent. Auf dem Höhepunkt der Krise waren dann in Großbritannien 3,75 Millionen Arbeitnehmer ohne Arbeit, rund ein Viertel aller Erwerbstätigen. In Deutschland breitete sich die Arbeitslosigkeit bis in das Frühjahr 1933 hinein aus. Zu diesem Zeitpunkt meldeten die Gewerkschaften über 46 Prozent erwerbslose Mitglieder. Die Unternehmen neigten dazu sich in ihrer Entlassungspolitik am Ausbildungsstand und dem Wert des einzelnen Beschäftigten für das Unternehmen zu orientieren. So trafen die Entlassungen besonders die ungelernten Arbeiter, später erst die Facharbeiter und die Angestellten.
In allen Staaten, die über staatliche Unterstützungssysteme für Arbeitslose verfügten, stellte sich das Problem, dass die Arbeitslosenversicherungen nicht auf solche Belastungen eingerichtet waren und sich ihre Mittel bald nach dem Ausbruch der Krise erschöpften. Die Durchlauffristen aus der Arbeitslosenversicherung mit Rechtsanspruch in die von

Branche	1932	1937
Schiffsbau	62,2	23,8
Eisen	43,5	9,8
Kohle	33,9	14,7
Automobilbau	20,0	4,8
Elektro	16,3	3,1
Handel	12,2	8,8

Arbeitslosigkeit in ausgewählten britischen Industrien 1932 und 1937 (in Prozent der Erwerbspersonen)

Jahr	Belgien	Großbritannien	Schweden	Deutschland
1932	23,5	22,5	22,8	30,1
1933	20,4	21,3	23,7	26,3
1936	16,8	14,3	13,6	8,3
1938	18,4	13,3	10,9	2,1

Arbeitslosigkeit in Europa 1932–1938 (in Prozent der Erwerbspersonen)

vielen als entwürdigend empfundene Sozialhilfe und Fürsorge mit Bedarfsprüfung verkürzten sich fortlaufend. Auf dem Tiefpunkt der Krise 1932 erhielt die überwiegende Zahl aller Erwerbslosen ihre Unterstützungszahlungen nicht mehr aus der Versicherung, sondern war von Geld- und Sachleistungen der städtischen Wohlfahrtseinrichtungen bzw. privater Karitas (Suppenküchen) abhängig.

Finanzkrise

Bis 1931 wurde die Große Depression von vielen Zeitgenossen noch als Fortsetzung jener Stockungen und Rezessionen angesehen, die die konjunkturelle Entwicklung seit dem Weltkrieg geprägt hatten. Der neuartige Charakter wurde vielen erst mit dem Ausbruch einer internationalen Finanzkrise bewusst, die in vielen Ländern einen Teilzusammenbruch des Bankensystems und Panikreaktionen bei den Anlegern nach sich zog. Die Liquidation vieler Unternehmen und die Zahlungsunfähigkeit unzähliger Gläubiger sandten Schockwellen aus, die das gesamte Kreditsystem erschütterten. Mehr als ein Drittel aller amerikanischen Banken gingen zwischen 1929 und 1933 in Konkurs.

Der Wiederaufstieg aus der Krise

Der Wiederaufstieg aus der Talsohle vollzog sich in den meisten Industrieländern nur allmählich und er war bis kurz vor Ausbruch des Zweiten Weltkriegs immer wieder von Rückschlägen begleitet. Einzelne Branchen, manchmal auch ganze Landschaften, blieben vom Aufschwung unberührt. In ihnen herrschte die Trostlosigkeit der Depression bis weit in die dreißiger Jahre hinein vor.

In den wenigsten Ländern führte die Erholung der Volkswirtschaften zurück zur Vollbeschäftigung. Auch in den USA erreichte die Arbeitslosenzahl 1938 nach einem erneuten konjunkturellen Rückschlag wieder die 10-Millionen-Grenze. Endgültig absorbiert wurde der hohe Sockel struktureller Arbeitslosigkeit erst mit der anlaufenden Rüstungskonjunktur der frühen vierziger Jahre. Eine Ausnahme bildete das Deutsche Reich. Im Zeichen einer staatlich forcierten Rüstungskonjunktur zeigte seine Wirtschaft nach 1936 bereits Zeichen einer Überhitzung (siehe S. 153 f.). Während die nationalsozialistische Regierung unmittelbar nach der Machtübernahme eine Politik verfolgt hatte, die Frauen aus den Arbeitsplätzen herausdrängte, sah sie sich schon bald gezwungen durch finanzielle Anreize und Zwangsmaßnahmen zusätzliche weibliche Arbeitskräfte für eine außerhäusliche Erwerbsarbeit zu gewinnen. 1939 lag das reale Sozialprodukt pro Kopf rund 20 Prozent über dem von 1929 und fast 40 Prozent über dem von 1913. Demgegenüber blieben die Lohnsätze seit 1932 weitgehend unverändert. Durch verlängerte Arbeitszeiten, Überstundenzuschläge, betriebliche Sonderleistungen im florierenden Rüstungssektor, neue Entlohnungssysteme (Akkord) stiegen die tatsächlich ausgezahlten Löhne und Gehälter jedoch kräftig gegenüber dem Krisentiefpunkt an. Obwohl diese Erhöhung in erster Linie auf Mehrleistungen zurückging, bereitete sie dem Regime in den Jahren vor Ausbruch des Krieges zunehmend Kopfzerbrechen. Nach Jahren der Vollbeschäftigung und steigender Einkommen verblassten die Erinnerungen an Inflation und Arbeitslosigkeit zehn Jahre zuvor und die Bevölkerung entwickelte höhere Ansprüche bei Konsumgütern. Diese zivile Kaufkraft konkurrierte mit der unersättlichen staatlichen Nachfrage nach Rüstungsgütern. Die Politik der NS-Regierung Butter und Kanonen zu produzieren ließ sich, das war vielen Zeitgenossen im Jahre 1938 klar, nicht mehr lange im bisherigen Ausmaße durchhalten. In mancher Hinsicht war der Krieg für Hitler auch der Ausweg aus einer ökonomischen und sozialen Krise.

---

1. Erarbeiten Sie aus der Darstellung und den Materialien Merkmale des sozialen und wirtschaftlichen Strukturwandels in den Industrieländern 1919–1939.
2. Erläutern Sie die Bedeutung der Reparationen für die Wirtschaftsentwicklung in den zwanziger Jahren.
3. Fassen Sie die ökonomischen und sozialen Ursachen und Folgen der Weltwirtschaftskrise und der Großen Depression in den dreißiger Jahren zusammen.

Die Große Depression in Brasilien

Zu den mit der Großen Depression fest verbundenen Bildern, die sich den Zeitgenossen einprägten und in vielen Ländern einer erbitterten Kapitalismuskritik den Boden bereiteten, gehörten Film- und Bildberichte über die Vernichtung von Lebensmitteln. Nichts schien den Widersinn eines marktwirtschaftlichen Systems klarer zu machen als Arbeitslosigkeit und Hunger am einen Ende der Welt und Vernichtung von Gütern des täglichen Bedarfs am anderen Ende. Was sich hinter diesen Bildern an ökonomischen Zusammenhängen verbarg, lässt sich am Beispiel Brasiliens veranschaulichen. Wie viele andere rohstoffproduzierende Länder auch, hatte Brasilien während des Ersten Weltkriegs von Ausfällen der europäischen Nahrungsmittelproduktion profitiert und die eigene Produktion für den Export kräftig ausgeweitet. Um diese günstige Situation zu erhalten ging die brasilianische Regierung, wiederum in Übereinstimmung mit vielen vergleichbaren Staaten, zu einer Politik der Valorisierung ihrer Rohstoffproduktion über. Sie bestand darin durch gezielte Aufkäufe von Überschüssen bei guten Ernten Lager anzulegen um eine Überschwemmung des internationalen Marktes und ein Absinken des Preises zu verhindern. Diese Politik war lange Zeit erfolgreich. Sie sorgte in den zwanziger Jahren für einen beträchtlichen Handelsbilanzüberschuss und bildete die Voraussetzung dafür, dass sich die brasilianischen Mittel- und Oberschichten aus dem Ausland mit Konsumgütern versorgen konnten. Die zwanziger Jahre wurden auf diese Weise zu einer Phase des Wachstums, eines relativen, sich langsam ausbreitenden Wohlstandes und der politischen Stabilität. Im September 1928 wurde jedoch klar, dass sich diese Politik nicht mehr weiterführen ließ. Die Kaffee-Ernte des Jahres 1929/30 – Kaffee hat eine sehr lange Reifezeit – drohte noch größer zu werden als die Rekordernte des Jahres 1927/28. Hinter den wachsenden Überschüssen stand ein allgemeines Problem. Die Politik der Valorisierung, die nicht nur beim Kaffee, sondern auch bei vielen anderen Rohstoffen praktiziert wurde, regte die Agrarproduzenten systematisch dazu an die Produktion zu erhöhen und immer neues Land zu bebauen.

Da die Preiskontrolle nicht mit einer Produktionskontrolle einherging, waren Überschüsse programmiert. Im Prinzip bildete die Valorisierung in den rohstoffproduzierenden Ländern das Gegenstück zur Kartellierung und versuchten Markt- und Absatzkontrolle in den Industriestaaten. In beiden Fällen wurde sie letztlich nicht durch den Staat, sondern durch die Interessen mächtiger Gruppen – der Plantagenbesitzer hier, der Unternehmer und Manager einzelner Branchen dort – gesteuert. In dieser Form erschwerte sie die Anpassung an den Markt und war wesentlich dafür verantwortlich, dass die Krise jenes Ausmaß annahm.

Im brasilianischen Fall gelang es dem „Institut für Kaffee" in São Paulo schon Ende 1929 nicht mehr auf den angespannten internationalen Finanzmärkten noch jene Mittel aufzunehmen, die notwendig gewesen wären um einen Teil der Ernte aus dem Markt zu nehmen und den Preis zu stabilisieren. So tat das Gesetz von Angebot und Nachfrage seine Wirkung. Der Preise für das Pfund Kaffee fiel von Ende 1929 bis 1931 auf ein Drittel seines Ausgangsstandes. Wie einschneidend sich im brasilianischen Fall der Preisverfall auswirkte, lässt sich an der Handelsbilanz ablesen. Bis 1932 fiel der Exporterlös um 50 Prozent, der Wert der Einfuhr um ein Drittel. Dahinter standen Ruin, Arbeitslosigkeit und Verarmung bei unzähligen Landarbeitern und großen Teilen der städtischen Mittelschichten. Die Geldreserven der Regierung schmolzen zusammen. Auch die Abwertung der brasilianischen Währung um volle 50 Prozent bis 1932 stabilisierte die Lage nicht. Dabei hatte die Abwertung der Währung den großen Nachteil, dass sie die Auslandsschulden im gleichen Umfang erhöhte. In dieser Situation griff die Regierung zum einzigen verbleibenden Mittel um einen Marktausgleich gewaltsam herbeizuführen. Sie begann damit die schlechteren Qualitäten des Kaffees aus den Lagern und den laufenden Überschüssen zu vernichten. 1931 wurden – bezogen auf die erwartete Ernte für 1931/32 – rund 10 Prozent des Kaffees vernichtet. Als sich die Absatzsituation nicht verbesserte, steigerte sich der Prozentsatz vernichteten Kaffees bis auf 40 Prozent der Ernte von 1937/38. Wenn sich die brasilianische Gesellschaft in den dreißiger Jahren relativ rasch von den Folgen der Krise erholte, dann war das letztlich auch ein Resultat dieser Politik.

Kaffeevernichtung in Brasilien Anfang der 1930er Jahre. Zeitgenössische Fotografie

Wirtschaftspolitik in der Weltwirtschaftskrise: Einschränkung oder Ausweitung der Staatstätigkeit?

Allgemeine Tendenzen

Der nur langsame, von heftigen Rückschlägen begleitete weltwirtschaftliche Erholungsprozess in der ersten und zum Teil noch in der zweiten Hälfte der dreißiger Jahre hatte viel mit dem Versagen der zeitgenössischen Wirtschaftspolitik zu tun. Die lange Zeit nur geringe Bereitschaft das staatliche Budget konsequent und großzügig als Mittel der Konjunktursteuerung einzusetzen hat die Folgen der Depression ohne Zweifel verschlimmert. Hinzu kam, dass der allgemeine Pessimismus einem extremen wirtschaftlichen Nationalismus den Boden bereitete und die Welt auf dem Höhepunkt der Depression in einen Strudel wechselseitiger Vergeltungsmaßnahmen hineinriss. Ein Wandel setzte nur allmählich und zögernd ein. Damit blieb er unvollkommen. Einen gewissen Anteil an der konjunkturellen Erholung nach dem Tiefpunkt des Jahres 1932 hatten die Selbstheilungskräfte der Wirtschaft. Der Rückgang der Produktion stieß offensichtlich an Grenzen, ohne dass erkennbar war, dass die Kräfte der Marktwirtschaft* allein einen durchgreifenden Wiederaufschwung bewirken würden.

Wichtiger für den allmählichen Umschwung war der politische Radikalisierungsprozess, den die Depression bewirkt hatte. Dieser äußerte sich außerparlamentarisch in Gewaltaktionen und Straßenkämpfen, parlamentarisch im Zerbrechen von Parteienkoalitionen, in der Ablösung von Regierungen und Regierungsparteien (siehe S. 71–75 und S. 82–85). Hier lag der Hauptgrund dafür, dass die Regierungen aktive Konjunkturpolitik betrieben: in Frankreich mit dem Experiment einer radikalen Arbeitszeitverkürzung; durch starke Abwertungen der Währungen in Großbritannien und den USA; durch großzügige Arbeitsbeschaffungsmaßnahmen und Eingriffe in die landwirtschaftliche Produktion und Verteilung in praktisch allen europäischen Ländern. Das Erreichen der Vollbeschäftigung in den großen Industriestaaten während der späten dreißiger und frühen vierziger Jahre war jedoch in erster Linie eine indirekte Folge des Rüstungswettlaufs, den Deutschland (siehe S. 176, Mat. 7) und Japan mit weitem Vorsprung begonnen hatten. Trotz mancher Ähnlichkeit neuer sozial-, wirtschafts- und konjunkturpolitischer Instrumente in allen entwickelten Industriegesellschaften während dieser Jahre dürfen die außerordentlich tiefen politischen Unterschiede, die sich zwischen den Systemen auftaten, nicht übersehen werden. Ähnlichkeiten in der Wirtschaftspolitik gingen nach 1933 mit zunehmenden politischen Unterschieden Hand in Hand und diese wirkten wiederum auf die Wirtschafts- und Konjunkturpolitik der verschiedenen Staaten zurück.

Das Deutsche Reich: Von der Deflationspolitik zur Rüstungskonjunktur

Auf dem Papier verfügte Deutschland über bessere Möglichkeiten zur Steuerung von Wirtschaft und Konjunktur* als jeder andere Staat nach dem Ersten Weltkrieg – mit Ausnahme vielleicht der Sowjetunion. Das Deutsche Reich galt bei ausländischen Beobachtern nicht zu Unrecht als das klassische Land der Organisation, der Planung und des gelenkten Wettbewerbs. Es verfügte über eine besonders stark organisierte Arbeitnehmerschaft, zentralisierte Gewerkschaften, die sich als Gesprächspartner der Regierung anboten und in eine staatlich koordinierte Politik der Krisenbekämpfung hätten einbinden lassen. Auch das dichte industrielle und agrarische Verbands- und Kammerwesen bot ebenso wie die fortgeschrittene Kartellierung Ansatzpunkte für eine gesamtwirtschaftliche Zusammenarbeit. Umgekehrt verlangten sie eine solche Kooperation auch, da der Ausgleich auf dem Markt über Angebot und Nachfrage gerade wegen der zahlreichen Absprachen und Einmischungen nicht mehr funktionierte. Doch die innenpolitische Radikalisierung und wohl auch die noch aus dem Kaiserreich stammende Gewöhnung daran, dass im Konfliktfall ein starker Staat bereitstand um die Probleme zu lösen, verhinderten dauerhafte Übereinkommen zwischen den sozialen Gruppen. So konzentrierte sich die Initiative bei der Krisenpolitik in Deutschland in besonderer Weise beim Staat und seiner Verwaltung und nicht in der Privatwirtschaft.

Die Deflationspolitik der Regierung Brüning

Während das Deutsche Reich von der institutionellen Seite her also in mancher Hinsicht besser als andere Staaten für eine wirksame Krisenbekämpfung und eine antizyklische Konjunkturpolitik gerüstet schien, betrieb es seit der Ablösung des Reichskanzlers Hermann Müller (SPD) im März 1930 (siehe S. 82 f.) eine Politik, die ganz im traditionellen Sinne auf einen Budgetausgleich und eine Haushaltskonsolidierung ausgerichtet war. Diese wegen ihrer Fixierung auf eine Senkung der Kosten und der Preise allgemein als „Deflationspolitik" bezeichnete Strategie war eine Mischung aus modernen Mitteln – sprich: weitreichenden staatlichen Eingriffen in die Wirtschaft – und konservativen Zielen – also: Einschränkung der Staatsausgaben, Abbau von Sozialleistungen und damit der Nachfrage.

Diese verhängnisvolle, die Krisenfolgen verschärfende Politik verbindet sich in Deutschland mit dem Namen des Zentrumspolitikers und Reichskanzlers Heinrich Brüning, dessen Regierung vom 30. März 1930 bis zum 30. Mai 1932 im Amt war, bis sie unter dem Druck der öffentlichen Meinung und einer Intrige großagrarischer Interessen vom „Kabinett der Barone" Franz von Papens und später des Armeegenerals von Schleicher abgelöst wurde (siehe S. 83 f.).

Eine Politik der Deflation* praktizierte nicht nur Deutschland. Sie entsprach der traditionellen wirtschaftswissenschaftlichen Theorie, die 1928/30 und selbst danach nur von einer Minderheit der zeitgenössischen Nationalökonomen in Frage gestellt wurde. Man hat sie erst auf dem Tiefpunkt der Krise, als ihre Wirkungslosigkeit, geradezu Schädlichkeit für jedermann offenbar geworden war, schrittweise und durch widersprüchliche Einzelmaßnahmen korrigiert. Gleichwohl bleibt die Tatsache bemerkenswert, dass die krisenverschärfende Deflationspolitik in keinem anderen Land so rigoros und vor dem Hintergrund einer derartigen politischen Radikalisierung durchgesetzt wurde.

Brünings starrsinnig verfolgte Politik des „Durchhungerns", des Sparens um jeden Preis, hatte zusätzliche Gründe (siehe S. 163, Mat. 5 und 6). Sie entsprach einer in der Wirtschaft und zum Teil auch bei den christlichen Gewerkschaften verbreiteten Auffassung, wonach die Tiefe der Krise nicht auf einen Mangel an Kaufkraft zurückzuführen sei, sondern im Gegenteil auf – gemessen an den deutschen Möglichkeiten – zu hohen Löhnen und einem Übermaß staatlicher Sozialpolitik. Einem entschiedenen Herumwerfen des Steuers in der staatlichen Kredit- und Geldpolitik stand in Deutschland überdies die erst wenige Jahre zurückliegende Erfahrung einer extremen Inflation* gegenüber, die allen Beteiligten als Menetekel vor Augen stand. Die Hyperinflation war gewissermaßen die Schlange, auf die die deutsche Reichsbank trotz der ansteigenden Massenarbeitslosigkeit unverwandt schaute und die sie in ihrer Handlungsfähigkeit lähmte.

Darüber hinaus sah die Regierung Brüning in der konsequenten Sparpolitik und der durchaus in Kauf genommenen Verschärfung der wirtschaftlichen Lage eine Chance das Deutsche Reich endgültig von den Reparationsverpflichtungen zu befreien. Dieses Ziel schien mit der Verkündung des sogenannten Hoover-Moratoriums* am 19. Juni 1931 und den Beschlüssen der Konferenz von Lausanne im Juli 1932 erreicht. Zum Schutz des angeschlagenen Bankensystems vereinbarte man dort für alle zwischenstaatlichen Zahlungsverpflichtungen ein Moratorium (siehe S. 210, Mat. 6). Brüning erlebte das Inkrafttreten der Beschlüsse von Lausanne nicht mehr als Kanzler. Er war zu diesem Zeitpunkt bereits vom Reichspräsidenten entlassen worden, weil Hindenburg die von Brüning geplante Streichung von Subventionen für Großagrarier nicht billigte. Rückblickend sprach Brüning davon, man habe ihn „100 Meter vor dem Ziel" gestürzt – eine zweifellos übertrieben optimistische Einschätzung angesichts des katastrophalen Zustandes der deutschen Wirtschaft im Sommer 1932.

Das Problem der Brüningschen ebenso wie der von anderen Regierungen verfolgten Deflationspolitik lag nicht nur in ihren krisenverschärfenden Wirkungen. Sie lenkte auch den Unwillen der gesellschaftlichen Gruppen unmittelbar auf den Staat. Es war nicht der anonyme Markt, der eine Herabsetzung der Arbeitnehmereinkommen, der Mieten und der Preise bewirkte, sondern der konkret fassbare staatliche Beamte und die vom Wählerwillen abhängigen Regierungen. So bereitete die Deflationspolitik in besonderer Weise den Boden für eine politische Radikalisierung, die sich, je konsequenter diese Politik praktiziert wurde, desto entschiedener gegen den Staat und das „System" überhaupt richtete.

Die nationalsozialistische Wirtschaftspolitik

Die Wende in Deutschland bahnte sich mit der kurzlebigen konservativen Regierung Franz von Papens an. Mit Hilfe staatlicher Investitions- und Arbeitsbeschaffungsprogramme und Steuererleichterungen unternahm diese den Versuch die private Wirtschaftstätigkeit direkt anzukurbeln. Gemessen an dem, was die nationalsozialistische Regierung später an Mitteln bereitstellte, waren die Beträge noch vergleichsweise bescheiden. Andererseits verschaffte der von der Regierung Papen ausgelöste Aufschwung, der sich erst im Frühjahr 1933 spürbar auszuwirken begann (siehe S. 174, Mat. 1), der am 30. Januar 1933 berufenen Hitler-Hugenberg-Regierung eine politisch wichtige Atempause. Damit wurde verdeckt, dass insbesondere die NSDAP zunächst über keine praktizierbaren Vorstellungen zur Wiederankurbelung der Wirtschaft verfügte. Das nationalsozialistische „Wirtschaftswunder" war in erster Linie das Werk konservativer Fachleute, insbesondere des früheren Reichsbankpräsidenten Hjalmar Schacht, die sich dem NS-Regime zur Verfügung stellten und ihm damit entscheidend zu Fachkompetenz und Ansehen in der Wirtschaft verhalfen.

Zum Teil bestand die von der NSDAP bis 1936 verfolgte Politik in einer Fortsetzung des unter Papen begonnenen Kurses direkter Arbeitsbeschaffung und der Förderung privatwirtschaftlicher Investitionstätigkeit durch ein System von

Anreizen und Prämien bei gleichzeitiger Kontrolle der Preise und Löhne. Das Festhalten der Tarifsätze auf dem Stand der Weltwirtschaftskrise wie auch die Preiskontrollen bedeuteten dabei nicht nur ein Entgegenkommen gegenüber Teilen der Wirtschaft. Sie hatten vor allem die Aufgabe zu verhindern, dass die durch den Aufschwung wieder steigende private Kaufkraft in den zivilen Konsum abfloss.

Der eigentliche Weg aus der Krise, den das Regime anvisierte, war nicht der Anschluss an die Konjunktur der zwanziger Jahre, sondern ein imperialistisches Programm der sogenannten „Lebensraumgewinnung" im angeblich menschenleeren, tatsächlich aber dicht besiedelten Osten, das sich nur auf dem Weg über Krieg und Ausrottungspolitik verwirklichen ließ. Von Beginn an verknüpfte die Hitler-Regierung Arbeitsbeschaffung und Aufrüstung. Mit Hilfe der Reichsbank finanzierte das NS-Regime dabei die Rüstungsprojekte mit gewagten, geheimen Wechselgeschäften.

Die Folgen der anspringenden Konjunktur waren für die Machthaber durchaus ambivalent. Je weiter die Erholung voranschritt, desto mehr verlangten die Menschen nach einem Ausgleich für die jahrelangen Entbehrungen: höhere Löhne, längeren Urlaub, mehr Wohnungen. In den Betrieben hatten sich alte gewerkschaftliche Vorstellungen und Verbindungen erhalten. Der NS-Staat kanalisierte die steigenden Konsumwünsche der Bevölkerung mit strikten Vorschriften. Er schrieb vor, was produziert wurde und bestimmte die Verteilung von immer mehr Waren. Er untersagte Lohnerhöhungen auch dort, wo Unternehmen zur Zahlung höherer Löhne bereit waren. In den Jahren nach 1936 nahm die deutsche Wirtschaft folgerichtig immer stärker die Züge einer Kriegswirtschaft in Friedenszeiten an. Da über den Arbeitsplatzwechsel zwischen verschiedenen Branchen und Unternehmen ein konstanter Druck auf die Lohnsätze ausging, sah sich das Regime gezwungen die Freizügigkeit immer stärker einzuschränken. Schließlich unterlag jeder Wechsel einer Genehmigung durch die Arbeitsämter.

Was für die innere Bewegungsfreiheit der Arbeitnehmer galt, wirkte sich auch auf den Außenhandel aus. Den Waren- und Zahlungsverkehr mit dem Ausland regulierte seit 1934 ein immer dichteres Netz staatlicher Kontrollen (sog. „Neuer Plan" des Reichsbankpräsidenten Hjalmar Schacht). Erstaunlich stark ging der Export zurück. Setzt man das Exportvolumen von 1913 = 100, erreichte das nationalsozialistische Deutschland hiervon 1937 noch gerade 57 Prozent. Nach 1933 verlagerten sich die Handelsströme von den Industrieländern Westeuropas und den Vereinigten Staaten hin nach Südosteuropa und Lateinamerika, Ländern also, die dem Reich die für die Aufrüstung wichtigen Rohstoffe und Halbwaren liefern konnten (siehe Mat. S. 174–177).

Der Kampf gegen die Krise in den USA: Der „New Deal"

Die Regierung Hoover

In keinem Land bewirkte der Absturz in die Depression einen so großen Schock wie in den USA. Diese waren in den zwanziger Jahren anders als die europäischen Staaten von anhaltenden wirtschaftlichen Schwierigkeiten verschont geblieben. Kurssturz, Preisverfall und Massenentlassungen rissen die Gesellschaft um 1929 aus der Illusion einer immer währenden Prosperität (siehe S. 108, Mat. 1).

Auch in den USA blieb zunächst eine entschiedene Kurskorrektur in der Wirtschaftspolitik aus. Ähnlich wie viele andere Regierungen verfolgte der republikanische Präsident Hoover bis zu seiner Abwahl 1932 eine traditionelle Politik des Budgetausgleichs mit deflationärer Tendenz. Die Einnahmeausfälle des Staates durch ein sinkendes Steueraufkommen wurden mit Einsparungen bei den Sozialleistungen und, wegen der Vorbildfunktion und der Möglichkeit des direkten Zugriffs, den Gehältern der öffentlich Bediensteten bekämpft. Parallel dazu sorgte die amerikanische Regierung durch mehrere Senkungen des Diskontsatzes für billige Kredite. Da jedoch die Preise nachgaben und die Nachfrage weiter absank, ging von billigem Investitionskapital kein nachhaltiger Impuls zur Wiederbelebung der Wirtschaft aus.

Direkte Interventionsmaßnahmen setzten am frühesten in der Landwirtschaft ein. Der auf Hoovers Initiative geschaffene *Federal Farm Board* (*Agricultural Marketing Act* vom 2. Juni 1929) verfügte über einen Fond von 500 Millionen Dollar um damit Stützungskäufe zum Marktausgleich für landwirtschaftliche Produkte vorzunehmen. Die damit vorgenommenen Aufkäufe blieben jedoch in der Größenordnung zu gering und konnten den rapiden Preisverfall durch den Rückgang der Massenkaufkraft nicht verhindern.

Die Ära Roosevelt und der „New Deal"

Der Übergang vom Republikaner Hoover zum Demokraten Roosevelt und seiner Politik des *New Deal** 1933 war weniger abrupt als er nach außen erschien (siehe S. 164, Mat. 7). Roosevelt verfügte beim Amtsantritt über kein geschlossenes Programm. Auch hielt er lange Zeit am Ziel eines ausgeglichenen Budgets fest. Von einer bewussten Übernahme der damals aktuell werdenden Ideen der Vollbeschäftigungspolitik, wie sie der wohl bedeutendste zeitgenössische Nationalökonom, der Engländer John Maynard Keynes (siehe Essay S. 178–181) und neben ihm eine Handvoll unorthodoxer deutscher Wirtschaftswissenschaftler seit Ende der zwanziger Jahre öffentlich vertraten, kann bei Roosevelt erst

„We demand a New Deal", Karikatur von John Miller Baer (1886–1969), 1931

seit 1938 gesprochen werden. Der von ihm verkündete *New Deal* bestand anfangs aus Einzelideen, die zum Teil aus der Not des Augenblicks geboren waren. Erst allmählich wuchsen sie zu einem umfassenden, die Struktur staatlicher Politik verändernden Reformprojekt zusammen (siehe S. 165, Mat. 8).

Zu den improvisierten Notmaßnahmen gehörte ein noch auf den Vorarbeiten Hoovers beruhendes Bankengesetz, das innerhalb weniger Wochen das beim Publikum tief erschütterte Vertrauen in die Solidität der Banken wieder herstellte; später wurde es ergänzt durch die Vorschriften zur Eindämmung der Spekulation *(Federal Securities Act)* und Gesetze, die der Bundesregierung bzw. der zentralen Notenbank einen stärkeren Einfluss auf das gesamte Finanzsystem gaben. Auf der Linie dirigistischer Eingriffe lagen auch der am 12. Mai 1933 vom Senat verabschiedete *Agricultural Adjustment Act (AAA)* und der am 16. Juni 1933 in Kraft tretende *National Industrial Recovery Act (NIRA)*. Im ersten Fall handelte es sich um ein System von Produktions- und Mengenvorschriften in Kombination mit finanziellen Anreizen, das in der Absicht geschaffen wurde die Preise in der Landwirtschaft zu stabilisieren. Dagegen zielte der *Recovery Act* auf die Industrie. Er blieb sehr umstritten, da er neben Eingriffen in Produktion und Absatz auch eine Reihe wichtiger sozialpolitischer Vorschriften umfasste, die damit erstmals in den USA Teil der Bundesgesetzgebung wurden. Hierzu gehörten Mindestlöhne, Arbeitszeitbestimmungen, Organisationsschutz für Arbeitnehmer, Schlichtungsverfahren bei sozialen Konflikten. Die tragende Idee lautete durch Festschreibung von Mindeststandards für ganze Branchen einen Verhaltenskodex *(codes)* für die Einzelunternehmen zu schaffen. Der Kodex sollte den Wettbewerb in „faire" Bahnen lenken und mit dem Gemeinwohl verträglich machen. Wichtiger für den Kampf gegen die Arbeitslosigkeit waren große Investitionsprojekte zur Verbesserung der Infrastruktur *(Tennessee Valley Projekt)*, oft in früheren Notstandsgebieten, zur ländlichen Elektrifizierung *(Rural Electrification Administration)* und einige große Arbeitsbeschaffungsprojekte *(Civilian Conservation Corps, Public Works Administration, Civil Works Administration, Works Progress Administration)*. Rein ökonomisch gesehen glichen diese Arbeitsbeschaffungsprojekte den deutschen seit 1932 ohne aber deren politische, gar militärische Zielsetzung zu teilen. Widerstand gegen den *New Deal* kam vor allem vom Obersten Gerichtshof. So hob der *Supreme Court* in den Jahren 1934 und 1935 einige der wichtigsten Gesetze wieder auf. Formal wurde dieses Vorgehen der obersten Richter mit verfassungspolitischen Vorbehalten gegenüber einer zu weit gehenden Konzentration von Befugnissen bei der Zentralregierung begründet. Tatsächlich verbargen sich hinter den Entscheidungen grundsätzliche Bedenken gegen eine, nach dem Urteil einer Mehrheit der konservativen Juristen, zu weit gehende Regulierung von Wirtschaft und Gesellschaft. Erst in der zweiten Hälfte der dreißiger Jahre ließ der Widerstand des Obersten Gerichtshofs nach. Die strukturverändernden Eingriffe des *New Deal* erschienen den Zeitgenossen zu diesem Zeitpunkt bereits kaum noch als Bruch und Herausforderung „uramerikanischer" Traditionen, sondern als partielle Korrekturen, die das demokratische System nicht überwanden, sondern durch Reformen stärkten.

Unter wirtschafts- und wachstumspolitischen Aspekten war es nicht unwichtig, dass der *New Deal* den amerikanischen Regierungsapparat an vielen Stellen modernisierte. Die Sozialgesetzgebung beseitigte Ungerechtigkeiten und half Spannungen abzubauen. Die Bundesbehörden zogen, etwa im Bankenwesen, wichtige wirtschafts- und finanzpolitische Kompetenzen an sich, eine Voraussetzung für eine wirksame staatliche Konjunktursteuerung. Die Errichtung regionaler Planungsbehörden erleichterte die Umsetzung staatlicher Konjunktur- und Infrastrukturprogramme zur Wirtschaftsförderung (siehe S. 165, Mat. 9). Tatsächlich holte der *New Deal* die USA weg vom Tiefpunkt der Depression ohne die Wirtschaftskrise jedoch im ursprünglich erhofften Umfang zu beseitigen und die Massenarbeitslosigkeit (siehe S. 162, Mat. 3) effektiv abzubauen.

Die Entwicklung des Welthandels

Die Wirtschaftskrise der dreißiger Jahre war nicht zuletzt deshalb so tief, weil die Wirtschaftspolitik der einzelnen Staaten nicht aufeinander abgestimmt war und die meisten Regierungen den Versuch unternahmen die eigenen Probleme durch rigorose Schutz- und Abwehrmaßnahmen auf Kosten der Mitkonkurrenten zu lösen. In der Summe der Abwehr-, Abgrenzungs- und Kampfmaßnahmen entstand kein neues Gleichgewicht, sondern ein absoluter Verlust für alle.

Die „Politisierung" des Goldstandards

Zwischen 1929 und 1932 schrumpfte das Welthandelsvolumen um 26 Prozent und der Handel Europas um 38 Prozent. Trotz der allgemeinen Erholung erreichte der europäische Handel 1937 lediglich 79 Prozent des Vorkrisenniveaus. Am weitesten blieb der innereuropäische Handel mit Industriegütern zurück. Dagegen stieg der Bedarf an Rohstoffen weiter an, sodass sich das Handelsvolumen mit den Überseeländern gegenüber 1929 leicht verbesserte. Die Probleme, mit denen die Volkswirtschaften bei der Überwindung der Depression zu kämpfen hatten, hatten ihre Wurzeln zum Teil in Entscheidungen aus den Jahren unmittelbar nach dem Ersten Weltkrieg, und zwar insbesondere den Beschlüssen zur Rückkehr zum Goldstandard*.

Der Goldstandard, auch Goldwährung genannt, entstand zu Beginn des 19. Jahrhunderts in Großbritannien. Die Bank von England erklärte sich nach dem Ende der Napoleonischen Kriege, genau 1823, bereit fortan bei Verlangen die von ihr ausgegebenen Banknoten in Gold umzutauschen. Damit erhielt die englische Währung ein sicheres Fundament. Andere Staaten folgten bald diesem Vorbild. Zu den Vorzügen der Goldbindung gehörte der nachhaltige Schutz vor inflationistischen Tendenzen. Dies hängt auch mit den geringen Schwankungen des Goldpreises zusammen. Durch das Schwergewicht der City von London im internationalen Zahlungsverkehr bildete der Goldstandard bis zum Ersten Weltkrieg die geldtechnische Basis des Welthandels.

Die Rückkehr zum Vorkriegsgoldstandard entsprach einer Situation, in der die Regierungen wirtschafts- und finanzpolitisch auf eine Rückkehr zur, wie sie es empfanden, „Normalität" drängten. Das bedeutete nach innen einen ausgeglichenen Haushalt, die Beschränkung der Rolle der Notenbanken auf eine Verteidigung des Geldwertes sowie feste Wechselkurse. Im Bemühen das internationale Währungssystem der Vorkriegszeit wieder auferstehen zu lassen und die eigene Position darin zu festigen kehrte Großbritannien 1925 wieder zum Goldstandard zurück. Tatsächlich war die Londoner City jedoch angesichts der schwierigen wirtschaftlichen Situation in Großbritannien nicht mehr in der Lage die traditionelle Rolle „Anker" des Weltfinanzsystems zu spielen. Die Finanzfachleute an der New Yorker Wall Street wiederum, denen diese Rolle nach dem Ersten Weltkrieg *de facto* zugefallen war, zeigten sich noch nicht bereit eine ähnliche ordnungspolitische Funktion für die internationalen Wirtschaftsbeziehungen zu übernehmen.

Die „Nationalisierung" des Welthandels

Schon in den zwanziger Jahren praktizierte die Mehrheit der Staaten Europas ebenso wie die USA eine Handelspolitik,

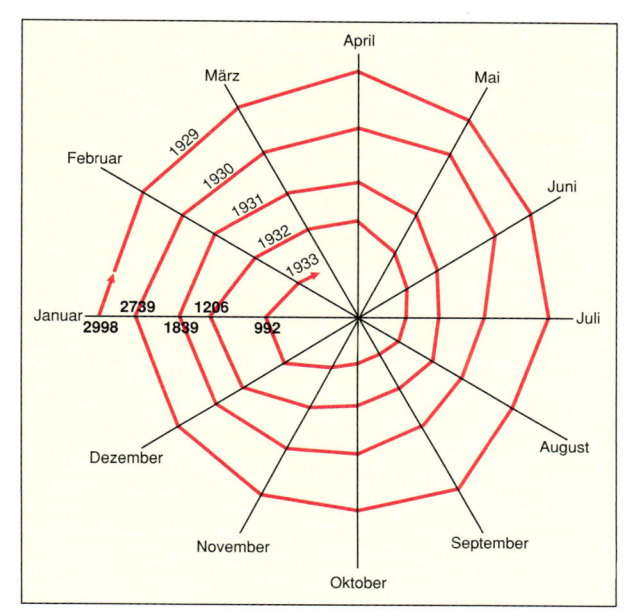

Die Spirale des Welthandels Januar 1929–März 1933: Gesamtimporte von 75 Ländern (Monatswerte in Mio. US-Dollar, vor der Abwertung)

die primär den Zweck hatte den Konkurrenzdruck von den eigenen Märkten fernzuhalten. Alle Versuche einer Liberalisierung der Weltwirtschaft auf verschiedenen Konferenzen blieben ohne greifbare Ergebnisse.

Unter den Bedingungen der Wirtschaftskrise verschärften sich einerseits die gegenseitigen Abschottungstendenzen, während die Regierungen andererseits durch die Lösung vom Goldstandard und Abwertungen der eigenen Währungen den Versuch zur Exportförderung unternehmen. So gab am 21. September 1931 Großbritannien selbst den Goldstandard wieder auf und ließ das Pfund frei im Markt floaten. Die Folge war eine Abwertung von bis zu 40 Prozent in nur wenigen Monaten. Dieser gewaltige Wertverlust lief auf einen Importzoll hinaus, da er die Güter aller Nationen, die sich der Abwertung nicht anschlossen, für britische Käufer im gleichen Umfang verteuerte. Bis zum Krieg folgten 25 Länder dem Vorbild Großbritanniens.

Ein anderes Mittel waren direkte Zollerhöhungen. Hier übernahmen die USA seit Mitte 1930 durch den Hawley-Smoot-Zolltarif eine Vorreiterrolle. Er löste auf der ganzen Welt eine Flut protektionistischer Gegenmaßnahmen aus.

Die dreißiger Jahre wurden neben einer Zeit des schrumpfenden bzw. relativ zurückbleibenden Handelsvolumens darüber hinaus zu einer Ära des Bilateralismus, also des Abschlusses zweiseitiger Handelsverträge mit Staaten eigener Wahl bei gleichzeitiger Abschottung gegenüber den Mitkonkurrenten. Besonders bemerkenswert und folgenreich war, dass Großbritannien als der traditionell wichtigste Verteidiger des Freihandels diese Position nun verließ und statt dessen den Versuch unternahm die Krise durch eine Konzentration auf die Austauschbeziehungen innerhalb des Commonwealth *(Commonwealth Preference)* zu überstehen. Frankreich, Italien und Japan verfuhren ähnlich. Nirgendwo wurde dieses System jedoch systematischer praktiziert als in Deutschland mit Schachts „Neuem Plan". Es ist typisch für den Bilateralismus der dreißiger Jahre, dass sich die alten Industrieländer auf traditionelle Einflusszonen konzentrierten, innerhalb derer sie die Möglichkeit hatten über wirtschaftliche Anreize hinaus politischen Druck auszuüben. Aus der Perspektive der Staaten mit schwächeren Volkswirtschaften lief dieses System auf eine verstärkte Abhängigkeit hinaus.

Zurück zum freien Welthandel?

In der Entwicklung des internationalen Handels und des Kapitalmarktes fiel den Vereinigten Staaten nach 1918 eine Schlüsselrolle zu (siehe S. 161, Mat. 1). Am Ausgang des Krieges waren die USA zum Schuldner der Welt geworden. Amerikanisches Geld stand hinter den Anleihen, die der deutschen Wirtschaft nach den Reparationsabkommen ab 1924 wieder auf die Beine halfen, und es war der Stopp des Finanzexports seit 1928, der den deutschen Kapitalmarkt austrocknete und das Kartenhaus gewagter Finanzierungen zum Einsturz brachte. Auch die mangelnde Bereitschaft von Franzosen und Briten zu einer Lösung des Reparationsproblems in den zwanziger Jahren hing damit zusammen, dass die USA nachhaltig auf der Begleichung der Kriegsschulden dieser Länder beharrten, die sie im Unterschied zu den Reparationen als kommerzielle Schulden behandelt wissen wollten. Das Hoover-Moratorium* von 1931 kam zu spät um den Kollaps des europäischen Finanzsystems zu verhindern und ratifizierte nur die bereits eingetretene Zahlungsunfähigkeit der wichtigsten Schuldnerländer.

Auch der 1932 zum Präsidenten gewählte Roosevelt, der in Übereinstimmung mit der großen Mehrheit amerikanischer Wirtschaftswissenschaftler seinem Vorgänger während des Wahlkampfes die protektionistische Zollpolitik seit 1930 als Fehler vorgehalten hatte, gab in seiner Regierungserklärung der Rekonstruktion der Wirtschaft im eigenen Land die Priorität vor einer gemeinsamen Anstrengung zur Wiederbelebung der Weltwirtschaft. Eine noch von Hoover für Anfang 1933 vorbereitete Weltwirtschaftskonferenz in London scheiterte am mangelnden Einigungswillen der wichtigsten Teilnehmer. In dieser Lage ließen sich die USA die Gelegenheit nicht entgehen ihre Währung kräftig abzuwerten, in der Hoffnung durch indirekte Verbilligung amerikanischer Güter auf dem Weltmarkt den heimischen Export anzuregen. Im Verlauf der dreißiger Jahre unternahm die Roosevelt-Administration einige Anläufe um durch internationale Wirtschaftskonferenzen und Vereinbarungen eine Liberalisierung der Weltwirtschaft einzuleiten. Sie wurden jedoch nicht energisch genug betrieben, waren vor dem Hintergrund des eigenen Protektionismus nicht sehr glaubwürdig und begegneten der Schwierigkeit, dass wichtige potentielle Partner wie Deutschland wegen ihrer Autarkie-* und Rüstungspolitik an einem freien Weltmarkt nicht interessiert waren.

Weltwirtschaftliche Lehren nach 1945

Der Krieg ab 1939 und die ihn begleitenden militärischen Blockadeversuche führten die Desintegration des Welthandels weiter. Die bittere Lektion eines zweiten Weltkrieges innerhalb nur einer Generation trug aber auch wesentlich zur Festsetzung jener Lehre bei, die der Erste Weltkrieg offenbar noch nicht eindringlich genug vermittelt hatte: dass nämlich die Vorstellung einer isolierten wirtschaftlichen und politischen Existenz unter den Bedingungen des 20. Jahrhunderts eine gefährliche Illusion darstellte und es darauf ankam in Krisensituationen über kurzfristige kommerzielle Interessen hinaus politische Gesichtspunkte der Kooperation geltend zu machen. Auch in Europa, nicht zuletzt in Großbritannien, beendete man den Krieg mit dem festen Vorsatz die Fehler der Zwischenkriegszeit nicht zu wiederholen.

Vor diesem Hintergrund wurden in der letzten Phase des Krieges auf Initiative der amerikanischen Regierung Einrichtungen geschaffen, die das Fundament einer neuen Weltwirtschaftsordnung bilden sollten. Einige der wichtigsten, der Weltwährungsfonds und die Weltbank, gehen auf die Abkommen zurück, die im April 1944 in Bretton Woods (New Hampshire) nach dreiwöchigen Beratungen von 44 Delegierten der Vereinten Nationen unterzeichnet wurden. Die Bundesrepublik Deutschland trat den Abkommen 1952 bei; die Sowjetunion ratifizierte sie nicht. Die Abkommen sollten den freien Handels- und Zahlungsverkehr in der Weltwirtschaft sichern, indem sie unter anderem Regeln über die Festlegung und Änderung der Wechselkurse vorschrieben. So hoffte man einen Wirtschaftskrieg mit dem Mittel der Währungsabwertung wie zu Beginn der dreißiger Jahre auszuschließen. Bei Zahlungsbilanzproblemen etwa sollte der Währungsfonds auf Antrag aushelfen können.

Nicht alle Blütenträume reiften, wie einige Währungskrisen der Nachkriegszeit zeigten. Was sich in der Praxis vor allem bewährte, war die Idee regionaler Integration, die das kriegszerstörte Europa bald nach 1945 aufgriff. Immerhin bildeten die in der Kriegszeit entworfenen internationalen Institutionen wichtige Foren der Beratung, die einen ökonomischen Interessenausgleich zwischen den großen Industriestaaten nach 1945 wesentlich erleichtert haben. Die damit eingeleiteten Entwicklungen bauten jedoch längst nicht alle Ungleichgewichte innerhalb der Weltwirtschaft ab. Im Gegenteil: Mit dem erneuten, von niemandem so erwarteten Aufstieg Europas nach 1945 entstanden vertiefte Gegensätze und neue Spannungszonen entlang der Nord-Süd-Grenze zwischen reichen und armen Ländern.

1. Beschreiben und bewerten Sie die unterschiedlichen Strategien zur Bekämpfung der Weltwirtschaftskrise.
2. Stellen Sie Motive, Ziele und Maßnahmen der nationalsozialistischen Wirtschaftspolitik zusammen. Ziehen Sie dazu auch die Materialien S. 174–177 heran. Welchen Schwierigkeiten begegnete diese Politik?
3. Erläutern Sie die Wirtschaftspolitik der USA und ihre Rolle im Welthandel der dreißiger Jahre.
4. Inwiefern ist es gerechtfertigt von einer „Politisierung" und „Nationalisierung" des Welthandels in der Zwischenkriegszeit zu sprechen?

Die wirtschaftliche Entwicklung der Sowjetunion in der Zwischenkriegszeit

Betrachtet man die wirtschaftliche Entwicklung der industrialisierten Staaten in der Zwischenkriegszeit, fällt auf, dass Auf- und Abschwungphasen mit gewissen zeitlichen Verschiebungen und Unterschieden in der Größenordnung in der Regel übereinstimmen. Darin spiegelt sich der hohe Grad weltwirtschaftlicher Verflechtung der Staaten untereinander. Ausnahmen von dieser Regel bildeten nach 1933 das Deutsche Reich und vor allem die Sowjetunion seit der

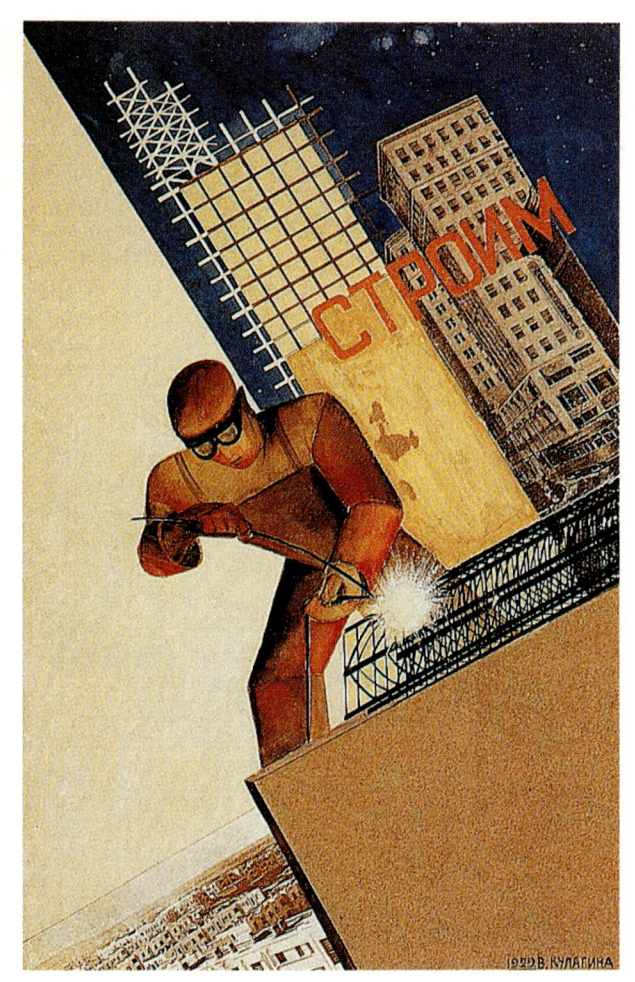

Valentina Kulagina (1902–1987), Wir bauen auf, 1929, Collage und Gouache, 57,5 x 36,2 cm, New York, Sammlung Merrill C. Berman

Oktoberrevolution (1917). Wie sehr sich letztere dem weltwirtschaftlichen Geschehen entzog, wurde zu keinem Zeitpunkt deutlicher als auf dem Höhepunkt der Weltwirtschaftskrise. Während in fast allen anderen Staaten die Industrieproduktion drastisch absank (siehe S. 162, Mat. 4), stieg sie in der Sowjetunion von 1929 bis 1932 um mehr als achtzig Prozent. Dieser Unterschied hatte gerade zu diesem Zeitpunkt große politische Bedeutung. Vor dem Hintergrund nie gekannter Massenarbeitslosigkeit verhalf die angebliche Krisenfreiheit des sowjetischen Modells der Wirtschaftspolitik den kommunistischen Parteien in den westlichen Industriestaaten zu starker Resonanz unter den erwerbslosen Arbeitern und zu Erfolgen an den Wahlurnen. Es wäre falsch sich die Wirtschaftspolitik der Sowjetunion nach der Revolution als Ausführung eines detaillierten, von langer Hand vorbereiteten Planes vorzustellen. Ein solcher Entwurf existierte nicht. Lediglich das Fernziel der in diesem Punkt am westlichen Vorbild orientierten sowjetischen Politik war eindeutig. Es bestand darin aus Russland eine entwickelte Industriegesellschaft zu machen, die freilich im Unterschied zum Westen kein privates Eigentum an Produktionsmitteln kannte. Um dieses Ziel zu erreichen wurden je nach den Umständen Methoden und Formen der Wirtschaftspolitik pragmatisch gewechselt.

„Kriegskommunismus" und NEP

Die ursprüngliche Vorstellung den Übergang zu einem sozialistischen Wirtschaftsmodell schrittweise herbeizuführen, wie sie Lenin zunächst gehegt hatte, warfen die politischen Umstände über den Haufen. Das Jahr 1917 brachte nicht den erwarteten innen- und außenpolitischen Frieden, sondern den Beginn eines Bürgerkrieges und außenpolitischer Interventionen durch die Westmächte. Hinzu trat die Hinterlassenschaft des Weltkrieges. Nur etwa 15 Prozent aller Lokomotiven und 20 Prozent aller Waggons befanden sich 1920 noch in einem gebrauchsfähigen Zustand. Zum Vergleich: Im ebenfalls vom Kriege erschöpften Österreich waren zu diesem Zeitpunkt immerhin noch zwei Drittel des rollenden Materials verwendungsfähig. Die Wirtschaftspolitik dieser ersten Phase, des „Kriegskommunismus" von 1917 bis 1920, orientierte sich an den dringendsten Bedürfnissen der Kriegführung und der Machtkonsolidierung der bolschewistischen Partei. Die Sozialisierung von Industrie und Banken wurde überstürzt und im Tempo viel radikaler als vorgesehen durchgeführt. Auch hob man die Differenzierung der Industriearbeiterlöhne auf. Im politischen und ökonomischen Chaos dieser Jahre, das von einer Hyperinflation begleitet wurde, brach die wirtschaftliche Produktion praktisch zusammen. Im Jahre 1920 betrug sie gerade noch ein Fünftel des Vorkriegsstandes. Den Behörden gelang es in dieser Situation nicht die Bauern zur Ablieferung ihrer Produkte zu den festgelegten niedrigen Preisen zu bewegen. Unterversorgung und Hungersnot in den Städten stellten sich ein.

Da diese Situation, in der sich das Erbe eines langen Krieges mit den direkten und indirekten Folgen der kommunistischen Machtübernahme mischten, im Effekt die politische Herrschaft der Partei bedrohte, entschloss sich diese das Ruder herumzuwerfen und unter der Parole „Neue Ökonomische Politik" (NEP*) widerwillig eine pragmatische Kurskorrektur vorzunehmen.

Eine gemischte Ökonomie entstand, in der der Staat die Schlüsselindustrien weiterhin zentral kontrollierte, während er im Bereich der kleineren und mittleren Betriebe, des Handels und der Landwirtschaft Spielraum für private Initiative ließ. In der Folge stabilisierte sich zeitlich etwa parallel zur Entwicklung in Deutschland im Jahre 1924 auch die russische Währung und ein Aufholprozess mit beachtlichem wirtschaftlichen Erfolg setzte ein. Ende der zwanziger Jahre überschritt die Produktion auf vielen Gebieten wieder das Vorkriegsniveau. Genaueren Zahlenangaben steht der unvollkommene Zustand der sowjetischen Wirtschafts- und Produktionsstatistik im Weg.

Zur Finanzierung von Investitionen benötigt jede Volkswirtschaft, unabhängig von ihrer Eigentumsverfassung, Ersparnisse. In der Sowjetunion war das Missverhältnis zwischen den objektiven Möglichkeiten einer noch wenig entwickelten Ökonomie solche Ersparnisse anzusammeln und dem ambitionierten Ziel in kurzer Zeit zu einer führenden Industrienation aufzusteigen besonders krass. Anders als Deutschland, das in der auf 1924 folgenden Epoche relativer Prosperität große Mengen ausländischen Kapitals importierte, blieb die Neigung westlicher Kapitalgeber zu Investitionen in Russland aus sowjetischer Perspektive enttäuschend gering. Die Verflechtung mit der Weltwirtschaft ging weiter zurück. In dieser Konstellation lag der Ausgangspunkt für die dritte Phase sowjetischer Wirtschaftspolitik nach dem Ersten Weltkrieg: die über den Zweiten Weltkrieg hinweg reichende Ära der Planwirtschaft* (seit 1928). Mit ihr endete definitiv die Epoche einer gemischten Eigentumsverfassung und der pragmatischen Kooperation mit nicht kommunistischen Kräften.

„Stalinismus" und Industrialisierung

Mit – geschätzten – durchschnittlich 13 Prozent stellten die Wachstumsraten der russischen Wirtschaft in den zwanziger und dreißiger Jahren die aller anderen Industrienationen in den Schatten. Zu Beginn des Zweiten Weltkrieges übertraf die russische Industrieproduktion in absoluten Zahlen immerhin die englische und erreichte etwa ein Drittel der amerikanischen. Das Kapital, aus dem sich die hinter diesem Wachstum stehenden Investitionen finanzierten, bildete sich durch das politisch gewollte Festhalten größter Teile der Bevölkerung auf einem äußerst niedrigen Lebensstandard. Die Verantwortlichen in Staat und Partei meinten, eine rasche Industrialisierung sei nur durch einseitige Bevorzugung der Investitions- gegenüber der Konsumgüterindustrie möglich. Die Kapitalbildung für den Aufbau der Industrie vollzog sich so: Die Preise für die Güter des täglichen Bedarfs stiegen stark; gleichzeitig wurde die wirtschaftliche Bewegungsfreiheit der Menschen mittels eines zunehmend dichter werdenden Netzes von Produktions-, Abgabe- und Arbeitsmarktkontrollen eingeschränkt bzw. gänzlich beseitigt.

Den dramatischsten Aspekt in diesem Prozess stellte die Behandlung der Landwirtschaft und ihrer Produzenten dar (siehe Mat. S. 170–173). Um die industrielle Entwicklung unter den von der KPdSU gewählten politischen Umständen zu forcieren und sie nicht erneut am stillen Widerstand der Landbevölkerung scheitern zu lassen erzwangen kommunistische Partei und Behörden die Kollektivierung* des ländlichen Grundbesitzes (1936 zu annähernd 90 Prozent) und die Ablieferung von Vorräten – um den Preis von Millionen von Opfern. Bei den in diesem Zusammenhang immer wieder genannten „Kulaken" als Trägern des bäuerlichen Widerstandes und Opfern der Repression handelte es sich weniger um Großgrundbesitzer als vielmehr um eine Schicht kleiner und mittlerer Bauern, die sich dadurch von anderen abhob, dass sie in der Lage war zusätzliche Arbeitskräfte – oft nur in sehr kleiner Zahl – zu beschäftigen. Immerhin gelang es auf diese Weise die Landwirtschaft in das System staatlicher Planung einzubeziehen, die Maschinisierung auf breiter Front durchzusetzen und die Produktivität deutlich zu heben.

Auf dem Weg zur Industriegesellschaft war die Sowjetunion bei Ausbruch des Zweiten Weltkrieges ein großes Stück vorangekommen. So unvollkommen und widersprüchlich in wirtschaftlicher Hinsicht und so unvertretbar hoch die menschlichen Kosten dieser Form industrieller Modernisierung auch waren: Ohne den Rückhalt in einer gegenüber dem Ersten Weltkrieg stark verbreiterten industriellen Basis wäre ein Sieg über die deutschen Invasionstruppen schwerlich möglich gewesen – eine Erfahrung, die dem politischen System und dem „Stalinismus", trotz Terror und Einschüchterung, lange Zeit nachwirkend zu innenpolitischem Ansehen und Stabilität verhalf.

1. Skizzieren Sie die Phasen der sowjetischen Wirtschaftsentwicklung 1917–1939 und erläutern Sie deren charakteristische Merkmale.

2. Analysieren Sie Aufbau und Elemente der Collage S. 159 und interpretieren Sie diese im historischen Kontext (siehe auch Darstellung S. 105f.)

1 Wirtschaftliche Folgen des Ersten Weltkriegs

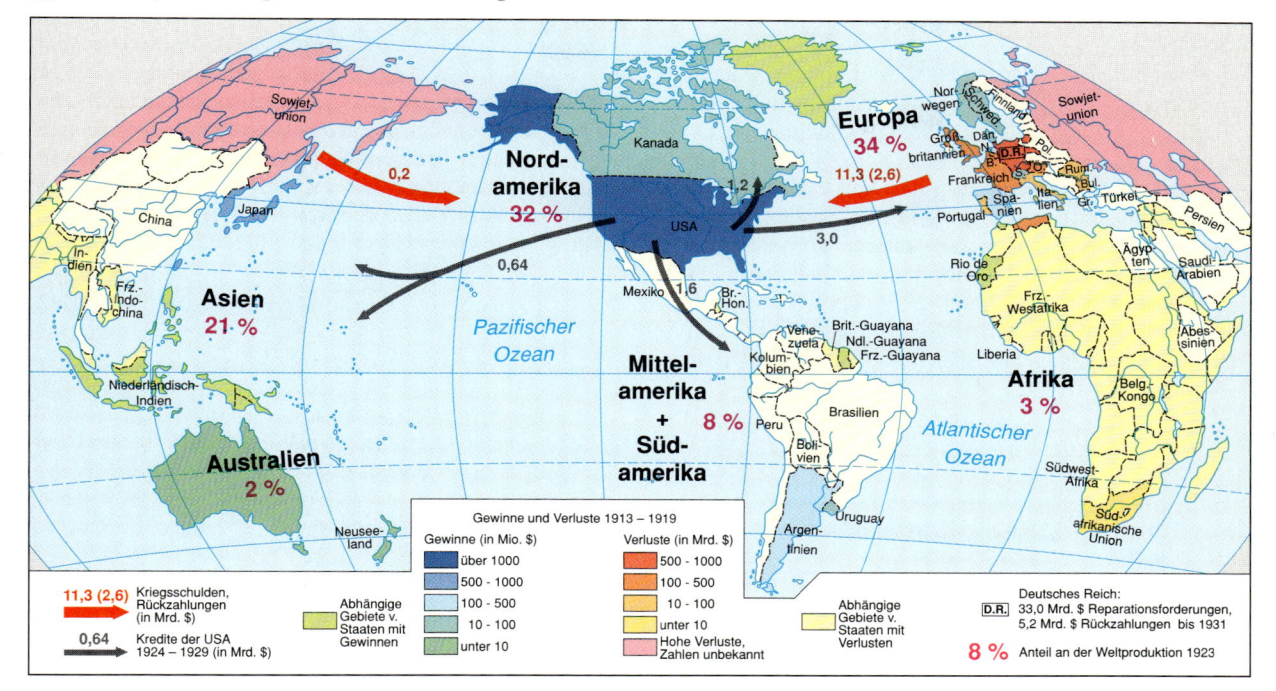

1. Erarbeiten Sie aus der Karte a) die ökonomischen Beziehungen zwischen den Staaten und erklären Sie diese, b) die wirtschaftliche Kräfteverteilung nach 1918.

2. Für diese Karte wurde eine andere Darstellung als die übliche europazentrische gewählt. Diskutieren Sie die Darstellung.

2 Der deutsche Historiker Gerhard A. Ritter (geb. 1929) zum Sozialstaat zwischen den Kriegen im internationalen Vergleich (1989):

D Die wichtigsten Entwicklungen der Jahrzehnte seit dem Ersten Weltkrieg waren das verstärkte Eingreifen des Staates in den Arbeitsmarkt und seine Übernahme einer Verantwortung für den Unterhalt von Arbeitslosen. Der Staat hatte
5 in Deutschland – wie in anderen kriegführenden Nationen – sehr weitgehende Maßnahmen zur Mobilisierung von Arbeitskräften für die Kriegswirtschaft ergriffen und versucht nach Kriegsende den Übergang zur Friedenswirtschaft zu regulieren.
10 In den zwanziger Jahren ging der staatliche Einfluss auf den Arbeitsmarkt zunächst wieder zurück. In der Weltwirtschaftskrise haben sowohl das nationalsozialistische Deutschland wie auch Schweden, die Vereinigten Staaten und in begrenztem Umfang auch Großbritannien, mit aller-
15 dings unterschiedlichem Erfolg, versucht durch staatliche Programme zur Arbeitsbeschaffung oder zur Verbesserung der Situation von Notstandsgebieten die Wirtschaft anzukurbeln und die Arbeitslosigkeit zurückzudrängen. […]
Nur in Großbritannien gab es seit einem Gesetz von 1911 eine aus Beiträgen der Arbeitnehmer und Arbeitgeber und 20 staatlichen Zuschüssen finanzierte öffentliche Zwangsversicherung gegen Arbeitslosigkeit. Diese erfasste aber nur etwa 2,3 Millionen […].
Nach dem Ersten Weltkrieg dehnte zunächst Großbritannien 1920 sein System der staatlichen Arbeitslosenversicherung 25 auf die Masse der Arbeiter aus. In Deutschland wurde eine besondere Erwerbslosenhilfe seit einer Verordnung des Reichsamtes für wirtschaftliche Demobilmachung vom 13. November 1918 eine ständige Einrichtung. Obwohl zunächst als bloße Übergangsmaßnahme gedacht und auf ein 30 Jahr begrenzt wurde diese Verordnung im Laufe der folgenden 9 Jahre insgesamt 22-mal verändert und 5-mal neu gefasst. Die wichtigste der Änderungen war, dass seit einer

Verordnung vom 15. Oktober 1923 Arbeitgeber und Arbeitnehmer durch Beiträge zur Finanzierung der Arbeitslosenunterstützung herangezogen wurden. Die Erwerbslosenhilfe verlor damit ihren bisherigen Fürsorgecharakter, ohne dass man allerdings auf das fürsorgerische Mittel der Bedürfnisprüfung verzichtete. Die volle Umwandlung zu einer Arbeitslosenversicherung, deren Leistungen für einen allerdings begrenzten Zeitraum aufgrund eines klaren Rechtsanspruchs ohne Prüfung der Bedürftigkeit gewährt wurden, wurde trotz des Drängens der Gewerkschaften vor allem wegen der unsicheren wirtschaftlichen Konjunktur bis zum 1. Oktober 1927 verzögert. [...]

Schon durch die Weltwirtschaftskrise hatte der Sozialstaat in vielen Ländern erhebliche Einbußen erfahren. In den dreißiger Jahren bröckelte das Prinzip der Sozialstaatlichkeit durch die völlige Ausschaltung der demokratischen Komponente des Sozialstaats in Deutschland und Österreich weiter ab. Dagegen haben sich die Vereinigten Staaten im „New Deal" mit einer Verantwortung des Staates für den Einzelnen erstmals angefreundet und in den skandinavischen Ländern wurde – an ältere Traditionen angeknüpft – der Sozialstaat weiter ausgebaut. Nach dem Zweiten Weltkrieg setzte sich das Prinzip der Sozialstaatlichkeit in seiner demokratischen Ausprägung in den westlichen Industrieländern weitgehend durch.

Gerhard A. Ritter, Der Sozialstaat und seine Grenzen, in: Funkkolleg Jahrhundertwende. Die Entstehung der modernen Gesellschaft 1880–1930, Heft 12, Weinheim u. a. 1989, S. 26 ff.

3 *Arbeitslosigkeit in ausgewählten Ländern 1919–1938 (in Prozent):*

Jahr	Deutschland[a]	Großbritannien[b]	USA[c]	Schweden[d]	Frankreich[e]
1919	3,7	5,2	3,4	5,5	*
1920	3,8	3,2	5,8	5,4	*
1921	2,8	17,0	16,9	26,8	5,0
1922	1,5	14,3	10,9	22,9	2,0
1923	10,2	11,7	4,6	12,5	2,0
1924	13,1	10,3	8,0	10,1	3,0
1925	6,8	11,3	5,9	11,0	3,0
1926	18,0	12,5	2,8	12,2	3,0
1927	8,8	9,7	5,9	12,0	11,0
1928	8,6	10,8	6,4	10,8	4,0
1929	13,3	10,4	4,7	10,2	1,0
1930	22,7	16,1	13,0	11,9	2,9
1931	34,3	21,3	23,3	16,8	6,5
1932	43,8	22,1	34,0	22,4	15,4
1933	36,2	19,9	35,3	23,3	14,1
1934	20,5	16,7	30,6	18,0	13,8
1935	16,2	15,5	28,4	15,0	14,5
1936	12,0	13,1	23,9	12,7	10,4
1937	6,9	10,8	20,0	10,8	7,4
1938	3,2	12,9	26,4	10,9	7,8

a bis 1932 nur Gewerkschaftsmitglieder
b in Prozent der Erwerbslosenversicherten
c in Prozent der nicht agrarischen Erwerbspersonen
d Gewerkschaftsstatistik
e Arbeitslose bezogen auf abhängige Erwerbspersonen in Bergbau, Bau und Industrie

Nach Dietmar Petzina, Arbeitslosigkeit in der Weimarer Republik, in: Werner Abelshauser (Hg.), Die Weimarer Republik als Wohlfahrtsstaat, Wiesbaden 1987, S. 242.

4 *Anteil einzelner Länder an der Weltindustrieproduktion 1913–1936/38 (in Prozent):*

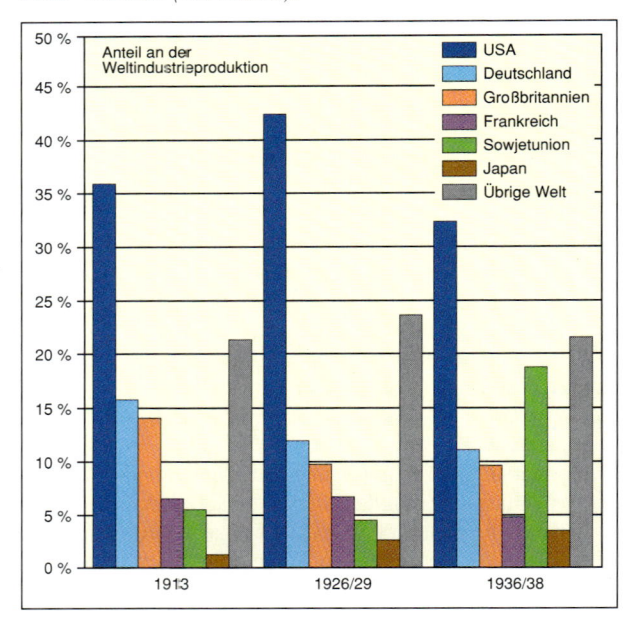

[Balkendiagramm: Anteil an der Weltindustrieproduktion für USA, Deutschland, Großbritannien, Frankreich, Sowjetunion, Japan, Übrige Welt in den Jahren 1913, 1926/29 und 1936/38]

1. Erarbeiten Sie aus Mat. 2 das Verhältnis von Staat und Wirtschaft seit 1914. Erläutern Sie die Maßnahmen, mit denen der Staat in die Wirtschaftssphäre eingriff. Stellen Sie die Maßnahmen zur sozialen Absicherung von Arbeitslosen zusammen.

2. Diskutieren Sie den von Ritter verwendeten Begriff „Sozialstaatlichkeit in seiner demokratischen Ausprägung" im historischen Kontext der Zwischenkriegszeit und in der Gegenwart.

3. Analysieren Sie mit Hilfe des Methodenarbeitsteils „Statistik" S. 439–442 die statistischen Aussagen von Mat. 3 und 4 und deren Darstellung.
4. Vergleichen Sie die Entwicklung in den verschiedenen Staaten in den unterschiedlichen Zeiträumen und erklären Sie diese. Welche Vor- und Nachteile haben statistische Reihen über relativ lange Zeiträume? Ziehen Sie zur Beurteilung weitere Statistiken dieses Kapitels heran.

5 *Aus der Erklärung des deutschen Reichskanzlers Heinrich Brüning (1885–1970) vom 16. Oktober 1930:*
Q Die Grundlinien des Reformplanes der Reichsregierung sind ein vollkommen ausgeglichener Haushaltsplan für 1931, Selbstständigmachen der Arbeitslosenversicherung, Sparsamkeit auf allen Gebieten, auch an den Gehältern, Vereinfachung des behördlichen Apparates, insbesondere auf dem Gebiete der Steuerverwaltung, eine Steuerpolitik, den Produktionsprozess nicht unerträglich belastet, vielmehr die Kapitalbildung, namentlich auch bei den kleinen Sparern, fördert und schließlich die Vorbereitung eines endgültigen Finanzausgleichs zwischen Reich, Ländern und Gemeinden. Dieser endgültige Finanzausgleich soll Ländern und Gemeinden die Verantwortung, die sie im Wesentlichen nur für die Ausgaben haben, auch für die Einnahmen wiedergeben.
Die Gehalts- und Preispolitik der Reichsregierung verfolgt, was ich mit Nachdruck betonen möchte, in ihrem auf längere Sicht eingestellten Plan keine dauernde Senkung des Reallohns; sie will vielmehr das sachlich vielfach nicht gerechtfertigte und daher unhaltbare deutsche Preisgebäude unter allen Umständen ins Wanken bringen. Dieses Ziel ist nicht zu erreichen, ohne dass auch nur eine gewisse Beweglichkeit in die Gehälter und Löhne gebracht wird, die in Deutschland zu etwas 75 Prozent, sei es durch Gesetz, sei es durch Tarifverträge, gebunden sind. Die Aufgabe die deutschen Preise der Weltpreislage anzugleichen ist für unsere wirtschaftliche Gesundung so wichtig und dringend, dass sie selbst dann durchgeführt werden muss, wenn alle Schichten des deutschen Volkes unbequeme Opfer tragen müssen. Bei solchen Maßnahmen bedarf die Reichsregierung vor allem auch der tatkräftigen Mithilfe der Beamtenschaft. Die Beamtenschaft hat in alter Pflichttreue ihre Kräfte dem Staate zur Verfügung gestellt. Bei der besonderen Schicksalsverbundenheit zwischen Beamten und Staat ist es nicht zu vermeiden, dass auch die Beamtenschaft materielle Opfer bringt. Die Beamtenschaft wird und muss es verstehen, dass sie nicht unberührt bleiben kann, wenn es gilt die Sanierung der Finanzen der gesamten öffentlichen Hand in die Wege zu leiten. […] Die Reichsregierung nimmt für sich in Anspruch, dass sie sich in sozialer Gesinnung von keiner ihrer Vorgängerinnen übertreffen lässt. Aber Sozialpolitik um ihrer selbst willen ist kein Gebilde im luftleeren Raum […]. Eine blutleere deutsche Wirtschaft und ein zusammengebrochener Staatshaushalt wären nicht mehr in der Lage die Durchführung noch so schöner sozialpolitischer Gesetze weiterhin zu gewährleisten. […]
Höchstes Ziel jeder deutschen Innen- und Außenpolitik ist die Erringung der nationalen Freiheit sowie der moralischen und materiellen Gleichberechtigung Deutschlands.
Zit. nach Ursachen und Folgen. Vom deutschen Zusammenbruch 1918 und 1945 bis zur staatlichen Neuordnung Deutschlands in der Gegenwart. Eine Urkunden- und Dokumentensammlung zur Zeitgeschichte, Bd. 8, Berlin o. J., S. 107 ff.

6 *Reichskanzler Heinrich Brüning (1885–1970) über seine Wirtschaftspolitik am 5. November 1931:*
Q Ich werde mich bis zum Letzten dagegen wehren irgendeine inflatorische Maßnahme irgendeiner Art zu treffen, und zwar nicht nur aus Gerechtigkeit, nicht nur zum Schutze der Schwachen, sondern weil ich der Ansicht bin, dass die ehrliche Bilanz in der deutschen Wirtschaft trotz aller Bitternisse wiederhergestellt werden muss und dass jeder Versuch und jedes Verlangen nach inflatorischen Maßnahmen letzten Endes nur noch den Zweck haben kann diesen Prozess der klaren Bilanz der gesamten deutschen Wirtschaft zuschanden zu machen und wiederum einen Schleier über die Fehler der Vergangenheit zu ziehen. Erfolge in der Außenpolitik sind umso eher zu erreichen, wenn wir die Bilanz der deutschen Finanzen und der deutschen Wirtschaft klar und ehrlich jedermann in der Welt zur Einsicht vorlegen. Das ist die stärkste und durchschlagendste Waffe, die die Reichsregierung haben konnte, und diese Waffe zu schmieden war die Aufgabe des ersten Jahres der Tätigkeit dieser Reichsregierung. Das hat dazu geführt, dass die Frage der Reparationen durch die Öffentlichkeit in der ganzen Welt ohne Ausnahme völlig anders beurteilt wird als in früheren Jahren. So muss es auch nach innen sein. Viele soziale und berufliche Spannungen würden nicht die Schärfe angenommen haben, auch der politische Radikalismus würde nicht so hoch gekommen sein, wenn man früher gewisse Heilprozesse betrieben und in der Privatwirtschaft wie in der öffentlichen Wirtschaft das Messer des Chirurgen rechtzeitiger und radikaler angesetzt hätte.
Zit. nach Wolfgang Michalka/Gottfried Niedhart (Hg.), Die ungeliebte Republik. Dokumente zur Innen- und Außenpolitik Weimars 1918–1933, München 1980, S. 307 f.

1. Analysieren Sie Mat. 5 und 6 unter folgenden Gesichtspunkten: a) Ursachenanalyse der Krise um 1930, b) Maßnahmen zur Krisenbekämpfung, c) politische Begründungen.

2. Brüning erklärte in einer anderen Rede, seine Regierung lasse sich in sozialer Gesinnung von keiner Vorgängerregierung übertreffen. Verfassen Sie zu dieser Erklärung einen Rundfunkkommentar aus der Perspektive eines sozialdemokratischen und eines deutschnationalen Redakteurs.

7 Aus der ersten Inaugurationsrede des amerikanischen Präsidenten Franklin Delano Roosevelt (1882–1945) vom 4. März 1933:

Q Unsere alles beherrschende Aufgabe ist es den Menschen wieder Arbeit zu verschaffen. Diese Aufgabe ist nicht unlösbar, wenn wir sie klug und unerschrocken anpacken. Teilweise kann das Problem durch direktes Eingreifen der Regierung gelöst werden, indem wir an unsere Aufgabe so großzügig herangehen, wie wir im Fall eines Krieges handeln würden; aber gleichzeitig müssen wir bei der öffentlichen Arbeitsbeschaffung so vorgehen, dass durch sie dringend notwendige Verbesserungen für den Gebrauch unserer natürlichen Hilfsmittel erfolgen. [...]

Gleichzeitig müssen wir anerkennen, dass unsere Industriegebiete übervölkert sind und dass es im nationalen Interesse gelegen ist eine Umschichtung und Neuverteilung der Menschen in unserem Land durchzuführen – eine Neuverteilung, die eine bessere Ausnützung des Landes durch diejenigen, die sich dazu am besten eignen, ermöglicht.

Gefördert kann die Erfüllung dieser Aufgabe werden durch zielbewusste Maßnahmen zur Erhöhung der Preise der ländlichen Produkte und durch die dadurch zu erreichende Steigerung der Kaufkraft der ländlichen Bevölkerung, von der dann wieder die Städte den Nutzen haben. Sie kann weiter gefördert werden dadurch, dass man der sich immer noch verschärfenden Tragödie, die mit der Enteignung kleiner Heimstätten und Landgüter und den dabei erwachsenden Verlusten verbunden ist, tatkräftig einen Riegel vorschiebt. Ferner ist es unumgänglich nötig, dass die Bundes-, Staats- und Lokal-Regierungen in Zukunft ihre Ausgaben ganz erheblich verringern. Außerdem muss eine Vereinheitlichung all der zahlreichen Hilfsmaßnahmen durchgesetzt werden, die heute noch vielfach auseinanderfließen und unwirtschaftlich und nicht genügend durchdacht sind. Endlich verlangt die Aufgabe, die wir zu lösen haben, auch die nationale Organisation und Kontrolle aller Arten von Transport- und Verkehrsmitteln oder sonstigen, dem öffentlichen Gebrauch dienenden Einrichtungen. So gibt es mancherlei Wege, die zum Ziele führen. Zu gar keinem Ergebnis aber werden wir kommen, wenn wir bloß von unseren Aufgaben reden. Wir müssen handeln, schnell und energisch.

Damit wir aber bei der Durchführung unserer Arbeit und bei der Wiederbelebung der Wirtschaft nicht wieder in die alten Übelstände zurückgleiten, haben wir Schutzwälle für unser Werk aufzurichten; es muss eine scharfe Beaufsichtigung des ganzen Bankwesens, der Kreditwirtschaft und der Kapitalanlagen eintreten und es muss der Spekulation mit anderer Leute Geld ein Ende bereitet werden. Und es muss für eine mit der Wirklichkeit in Einklang stehende, aber gesunde Währung gesorgt werden. [...]

Machen wir uns dieses Aktionsprogramm zu eigen, so werden wir unser Haus wieder in Ordnung bringen und das Gleichgewicht von Einnahmen und Ausgaben wieder herstellen. Unsere internationalen Handelsbeziehungen, von so weittragender Bedeutung sie auch sein mögen, kommen gegenüber diesen vordringlichen Aufgaben erst an zweiter Stelle. Die Sorge um sie steht hinter dem Aufbau einer gesunden nationalen Wirtschaft zurück. Ich bin für den praktischen Grundsatz zuerst das anzugreifen, was den Aufschub am allerwenigsten verträgt. Wohl werde ich keine Mühe scheuen um den Welthandel durch internationalen wirtschaftlichen Ausgleich wieder in Gang zu setzen, aber die Not zu Hause kann nicht warten, bis dieses ferne Ziel erreicht ist.

Mein Leitmotiv bei allem meinem Handeln zum Nutzen des nationalen Wiederaufbaus ist jedoch nicht engherzig nationalistisch. Wohl wurzelt es im Wissen um die wechselseitige Abhängigkeit und um den Zusammenhang der verschiedenen Strömungen und Teile der Vereinigten Staaten und rechnet mit dem alten und stetig weiter wirkenden amerikanischen Pioniergeist. Aber gerade dies ist der Weg zum Wiederaufbau, der unmittelbar vor uns liegende Weg. Und nur so haben wir die Sicherheit, dass der Wiederaufbau von wirklicher Dauer sein wird.

Herbert Schambeck u. a. (Hg.), Dokumente zur Geschichte der Vereinigten Staaten von Amerika, Berlin 1993, S. 110 f.

1. Erarbeiten Sie aus Mat. 7 die Ziele und Methoden der Wiederaufbaupolitik des amerikanischen Präsidenten Roosevelt seit 1933.

2. Vergleichen Sie die Wiederaufbaupolitik Roosevelts (Mat. 7) mit der deutschen Krisenbekämpfungsstrategie (siehe Mat. 5 und 6).

3. Welche Rolle misst Roosevelt dem Welthandel zu? Diskutieren Sie seine Auffassung vor dem Hintergrund der Darstellung S. 154 f.

8 *Aus dem Bericht des Leiters der Tennessee Valley Authority (TVA)¹ in den USA, David E. Lilienthal (1899–1981), aus dem Jahre 1943:*

Der Gedanke der einheitlichen Erschließung der Naturquellen ist getragen von der Überzeugung, dass bei demokratischer Planung das Interesse der Einzelpersönlichkeit und das der einzelnen Unternehmen in wachsendem Maße
5 mit den Interessen der Allgemeinheit in Einklang gebracht werden kann. Die Entwicklung im Tennessee-Tal hat, im Großen gesehen, die Richtigkeit dieser Überzeugung bestätigt. Das Einkommen der privaten Farmbetriebe ist gestiegen, vor allem wohl als Folge und Erfolg des Mühens um
10 den Schutz des Bodens. Der Absatz der privaten Kunstdünger-Industrie ist schneller als vorher jemals angewachsen, weil die TVA einen neuen Kunstdünger herstellte und verwendete, der die Erhaltung des Bodens sicherte und damit das öffentliche Interesse förderte. Durch bessere Schulung
15 in Waldbrandverhütung und vernünftige Abholzungsmethoden wurde gleichzeitig mit der Erhaltung der Wälder auch der privaten Holzindustrie gedient. Stadtbau-Planung half zur Verschönerung der Städte, die gleichzeitig auch den Wert des Grundbesitzes für die einzelnen Eigentümer erhöhte.
20 Diese und viele andere Ergebnisse, die ich beschrieben habe, lagen im allgemeinen öffentlichen Interesse; sie alle förderten aber gleichzeitig die Interessen bestimmter Privatunternehmen. Um erfolgreich planen zu können muss man das Volk verstehen und dem Volk vertrauen. [...] Bei demokra-
25 tischer Planung geht es letzten Endes stets um die Menschen. Wenn die Pläne nicht den Bedürfnissen des Menschen Rechnung tragen, müssen sie scheitern. Wer kein Verständnis für die Menschen hat und die Gefühle seiner Mitmenschen nicht teilt, ist kaum geeignet wirklich sinnvoll und realistisch zu
30 planen. [...]
Im ganzen Volk Verständnis für ein gemeinsames ethisches Ziel zu erwecken – das ist der idealistische Grundgedanke demokratischer Planung [...]. Nicht auf ein starres Ziel, sondern auf die Richtung kommt es an; nicht auf einen ein für al-
35 lemal festgelegten Plan, sondern auf die bewusste Auswahl vieler aufeinander folgender Pläne durch das Volk.

1 Das TVA-Projekt seit 1933 in den Staaten Tennessee, Mississippi, Alabama, Georgia, North Carolina, Virginia und Kentucky umfasste ein Gebiet von über 100000 km² mit rund 3 Mio. Menschen. Die TVA wurde als Bundesbehörde zur Überwachung der Stromgewinnung im Tennessee-Tal geschaffen. Durch Flussregulierung, Elektrifizierung, Bewässerung, Aufforstung usw. gelang es mit Hilfe großer staatlicher Arbeitsbeschaffungsmaßnahmen in einem ökonomischen und sozialen Notstandsgebiet eine Wohlstandszone zu schaffen.

David E. Lilienthal, Das elektrische Stromtal. Tennessee, München 1950, S. 249 ff.

9 *Ben Shahn (1898–1969), Years of Dust, Plakat (im Auftrag der Resettlement Administration), 1937, 96,2 x 63,5 cm, New York, Museum of Modern Art (im Original farbig)*

1. Stellen Sie die Maßnahmen des amerikanischen Tennessee-Valley-Authority-Projekts zusammen (Mat. 8) und erklären Sie deren ökonomische und ökologische Bedeutung.
2. Erläutern Sie den Begriff „demokratische Planung" im historischen Kontext. Diskutieren Sie die Übertragbarkeit dieser wirtschaftspolitischen Konzeption auf die Gegenwart.
3. Analysieren und interpretieren Sie das Plakat in Mat. 9 im Kontext des New Deal (siehe auch Darstellung S. 70 f. und 154–156). Informieren Sie sich über Filme und Romane aus und zu dieser Zeit, z. B. John Steinbecks „Früchte des Zorns".

Massenproduktion, Massenkonsum und Massenkultur in den USA

1 Wirtschaftsdaten zur Geschichte der USA 1910–1990:

Jahr	Stadtbe-völkerung (in Mio.)	Landbe-völkerung (in Mio.)	Erwerbs-personen (in Mio.)	Anteil (in Prozent) der Beschäftigten in		
				Landwirt-schaft	Industrie	Handel, Transport
1910	42,0	50,0	37,5	31,4	22,2	14,2
1920	54,2	51,6	41,6	25,9	26,9	14,0
1930	69,0	53,8	48,8	21,6	20,2	16,6
1940	74,4	57,2	56,3	17,0	20,1	16,6
1950	96,5	54,2	65,5	12,0	23,9	18,6
1960	125,3	54,1	74,1	8,1	23,2	19,0
1970	149,6	53,6	78,7	4,5	24,6	24,8
1980	167,1	59,5	106,9	3,7	22,1	26,9
1990	187,1	61,7	124,8	2,7	18,0	27,4

Jahr	Personal der Bundesreg. (in 1 000)	Personal der Streitkräfte (in 1 000)	Bruttosozial-produkt (in Mrd. US-$[1])	Elektrizität (in Mrd. kWh)	Zugelassene Pkw (in Mio.)	Arbeitslosen-quote (in Prozent[2])
1910	–	–	120,1	25	0,5	5,9
1920	655	343	140,0	57	8,1	5,2
1930	601	256	183,5	115	23,0	8,7
1940	1 042	458	227,2	180	27,5	14,6
1950	1 961	1 460	355,3	389	40,3	5,3
1960	2 399	2 476	487,7	844	61,7	5,5
1970	2 921	3 294	722,5	1 640	89,3	4,9
1980	2 782	2 050	933,6	2 286	121,6	7,1
1990	2 653	1 919	1 218,7	2 797	143,6	5,5

1 in Preisen von 1958
2 bis 1947 in Prozent der zivilen Erwerbspersonen über 14 Jahre, ab 1947 über 16 Jahre

Nach Willi Paul Adams (Hg.), Die Vereinigten Staaten von Amerika, Frankfurt/M. 1977, S. 502 ff.; Erich Angermann, Die Vereinigten Staaten von Amerika als Weltmacht, Stuttgart 1987, S. 9 f.; Statistisches Bundesamt, Länderbericht Vereinigte Staaten 1994, Wiesbaden 1995; Briand R. Mitchell, International Historical Statistics, Barsingstoke u. a. 1983; Statistical Abstracts of the United States; Nato-Brief 2/1995, S. 35.

Massenproduktion und Arbeitsverhältnisse: Das Beispiel Ford

Fords erfolgreichstes Auto, das „Modell T" (20 PS, vier Zylinder, Höchstgeschwindigkeit 40 Meilen pro Stunde), wurde von 1908 bis 1927 in fast unveränderter Form gebaut, seit 1913 in Fließbandproduktion. Während die Jahresproduktion 1910 32 000 Stück betrug, waren es 1916 bereits 734 000. Alle drei Minuten verließ ein neues Fahrzeug das Band; 1925 wurde sogar eine Tagesproduktion von 9575 erreicht. Der Marktanteil von Fordautos lag zeitweise bei 60 Prozent.

2 Der Autohersteller Henry Ford (1863–1947) schrieb in seinen Memoiren über die Grundprinzipien seines Unternehmens (1923):

Q Gäbe es ein Mittel um zehn Prozent Zeit zu sparen oder die Resultate um zehn Prozent zu erhöhen, so bedeutete die Nichtanwendung dieses Mittels eine zehnprozentige Steuer (auf alle Produktion): [...] Man erspare zwölftausend Angestellten täglich zehn Schritte und man hat eine Weg- und Krafterparnis von fünfzig Meilen erzielt. Dies waren die Methoden, nach denen die Produktion meines Unternehmens eingerichtet wurde. [...]

Unsere gelernten Arbeiter und Angestellten sind die Werkzeughersteller, die experimentellen Arbeiter, die Maschinisten und die Musterhersteller. Sie können es mit jedem Arbeiter auf der Welt aufnehmen – ja, sie sind viel zu gut um ihre Zeit in Dinge zu vergeuden, die mit Hilfe der von ihnen gefertigten Maschinen besser verrichtet werden. Die große Masse der bei uns angestellten Arbeiter ist ungeschult; sie lernen ihre Aufgabe innerhalb weniger Stunden oder Tage. Haben sie sie nicht innerhalb dieser Zeit begriffen, so können wir sie nicht gebrauchen. […]

Ein Fordwagen besteht aus rund 5000 Teilen – Schrauben, Muttern usw. mitgerechnet. Einige sind ziemlich umfangreich, andere hingegen nicht größer als Uhrteilchen. Bei den ersten Wagen, die wir zusammensetzten, fingen wir an den Wagen an einem beliebigen Teil am Fußboden zusammenzusetzen, und die Arbeiter schafften die dazu erforderlichen Teile in der Reihenfolge zur Stelle, in der sie verlangt wurden, ganz so, wie man ein Haus baut. […] Das rasche Wachstum und Tempo der Produktion machte jedoch sehr bald das Ersinnen neuer Produktionspläne erforderlich um zu vermeiden, dass die verschiedenen Arbeiter übereinander stolperten. Der ungelernte Arbeiter verwendet mehr Zeit mit Suchen und Heranholen von Material und Werkzeugen als mit Arbeit und erhält dafür geringen Lohn, da das Spazierengehen bisher immer noch nicht sonderlich hoch bezahlt wird. Der erste Fortschritt in der Montage bestand darin, dass wir die Arbeit zu den Arbeitern hinschafften, statt umgekehrt. Heute befolgen wir zwei große allgemeine Prinzipien bei sämtlichen Verrichtungen – einen Arbeiter, wenn irgend möglich, niemals mehr als nur einen Schritt tun zu lassen und nirgends zu dulden, dass er sich bei der Arbeit nach den Seiten oder vornüber zu bücken braucht.

Henry Ford, Mein Leben und Werk, Leipzig 1923, S. 89 ff.

3 *Der amerikanische Wirtschaftswissenschaftler John Kenneth Galbraith (geb. 1908) über Ford und die Lage der Fordarbeiter (1964):*

D Ford war selbst […] eine der ergiebigsten Quellen [einer] beifälligen Literatur. Obwohl von der ganzen Ford-Legende nichts besser belegt ist als seine rustikale Verachtung für den Literaten, verfasste er während der zwanziger und frühen dreißiger Jahre nicht weniger als drei Bücher. Insgesamt fanden sie weite Verbreitung und was sie von Fords Leistung und seinen Absichten verkündeten, klang ungewöhnlich vorteilhaft. […] [Aber] sie wurden bis zum letzten Satz von Samuel Crowther geschrieben. […] Man darf hinzufügen, dass diese Bücher, abgesehen von der Glorifizierung des Meisters, eine Virtuosität im nachträglichen Ersinnen von Vernunftgründen für frühere Entscheidungen zeigten. […]

Ford gehörte nur wenige Jahre zu den Arbeitgebern, die hohe Löhne zahlten. […] Auch angesichts der Inflation während des Ersten Weltkriegs blieben die Löhne bei Ford lange Zeit auf gleicher Höhe. […]

Inzwischen war Fords Wagen veraltet, aber Ford war weiterhin überzeugt, dass die Leute ihn kaufen würden, wenn nur der Preis niedrig genug bliebe. Der lag tatsächlich niedrig. […] Ebenso niedrig lagen die Kosten. Sie wurden herabgedrückt, indem man die Leute ausnützte. Sorenson[1] und seine Mitarbeiter waren Meister in der Beschleunigung des Arbeitstempos. […]

Als die Wirtschaftskrise kam und die Schlangen vor den Volksküchen länger wurden, konnte Ford aus seiner sozialen Schau zu dem Schluss gelangen, dies seien „heilsame" und die „besten Zeiten, die wir je erlebten".

1 Produktionsleiter bei Ford

John Kenneth Galbraith, Tabus in Wirtschaft und Politik der USA, Reinbek 1964, S. 116 ff.

4 *Der amerikanische Schriftsteller John Dos Passos (1896–1970) schrieb im Jahre 1936 über die Arbeit bei Ford (Auszug):*

Q Das ist die amerikanische Idee: Wohlstand durch das Auto, der von oben herab rieselt; es stellt sich heraus, dass er an Fäden wie Marionetten hing.
Daß 5 $ am Tag
bezahlt an gute, saubere amerikanische Arbeiter
die nicht tranken oder rauchten oder lasen oder selbst dachten
die nicht Ehebruch begingen
und deren Frauen keine [männlichen] Untermieter aufnahmen,
Amerika einmal mehr zum Yukon[1] der schweißgebadeten Arbeiter der Welt machten und alle tin lizzies[2] und das Automobilzeitalter und nebenbei Henry Ford machten, den Automobilkönig, den Bewunderer von Edison[3], den Vogelliebhaber, zum großen Amerikaner seiner Zeit machten. […]
Bei Ford wurde die Produktion ständig verbessert: Weniger Ausschuss, mehr Aufseher, mehr kontrollierende Vorarbeiter, mehr Überwacher (15 Minuten Frühstückspause, drei Minuten auf den Gang zur Toilette, überall die tayloristische Antreiberei, greife darunter, setze die Unterlegscheibe auf, ziehe die Schraube fest, schlage den Bolzen fest, greife darunter, setzedieunterlegscheibeauf, ziehedieschraubefest, greifedaruntersetzeaufschraubefestgreifedaruntersetzeauf
bis jeder Funke Leben für die Produktion aufgesogen wurde

und die Arbeiter in der Nacht nach Hause gehen wie graue, zitternde, leere Hülsen.)

1 Fluss in Kanada/Alaska mit großen Goldadern am Oberlauf
2 Modell der Ford-Autos
3 Thomas Alva Edison (1847–1931), amerikanischer Erfinder und Unternehmer, erbaute das erste Elektrizitätswerk (1882).

John Dos Passos, The Big Money, New York 1969, S. 73 und 75. Übers. von H. Wunderer.

1. Erarbeiten Sie aus Mat. 2 bis 4 Merkmale der Arbeitsorganisation bei Ford („Fordismus" genannt). Diskutieren Sie die Vor- und Nachteile dieser Form der industriellen Produktion.

2. Analysieren Sie die Wirtschaftsmentalität von Henry Ford und bereiten Sie ein kurzes Referat zu seinem Leben und Werk vor.

Massenkonsum und Massenkultur

5 *Stuart Davis (1894–1964), Lucky Strike, 1924, Öl auf Karton, 45,6 x 60,9 cm, Washington, Hirshhorn Museum*

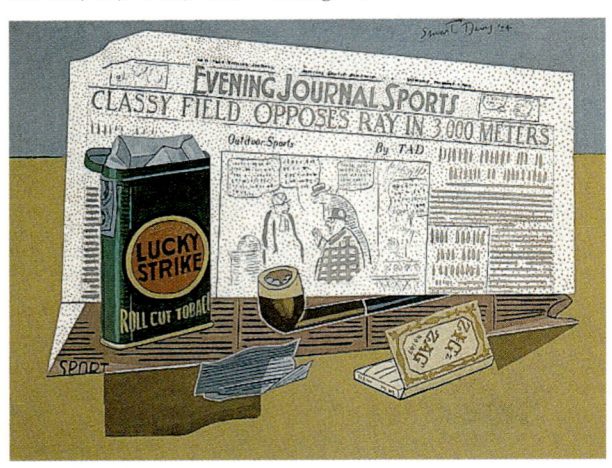

6 *Der deutsche Historiker Hartmut Petzold schreibt über den Beginn der Massenproduktion von Elektronenröhren (1987):*

D Die nicht vorgesehene und zumindest am Anfang nicht geplante schnelle Verbreitung des Broadcasting Systems ermöglichte seit Beginn der 20er Jahre […] eine ständig weiterwachsende Röhrenproduktion. Erst mit der Massenproduktion von Elektronenröhren entstand der austauschbare Universalbaustein eines neuen technischen Systems und damit einer neuen Technologie, der nach wenigen Jahren in allen industrialisierten Ländern für immer neue Verwendungsvarianten zur Verfügung stand und ständig weiterentwickelt wurde. […]

Weltweit gab es 1931 nach damaliger Schätzung über dreißig Millionen Rundfunkhörer, die sich etwa zu gleichen Teilen auf die USA und Europa aufteilten. 1929 gab es weltweit 1100 Rundfunksender, die mit 1730 kW sendeten, davon 810 in Amerika und 201 in Europa. 1931 wurden schätzungsweise acht Millionen Radioempfänger im Wert von 1,75 Mrd. RM, davon vier Millionen in Europa im Wert von 0,6 Mrd. RM, produziert. […] In Deutschland war die Jahresproduktion an Röhren von 102 125 im Jahre 1923 auf 5,875 Mio. im Jahre 1931 gestiegen, in den USA im gleichen Zeitraum von 4,5 Mio. auf 52 Mio. Der technischen Weiterentwicklung stand dabei ein Absinken der Preise gegenüber. Der durchschnittliche Preis für einen serienmäßig hergestellten Dreiröhrenempfänger, der 1923 325 RM betragen hatte, sank bis 1928 auf 21 RM. […]

Nachdem die AT & T[1]-Röhren im Labor Mitte 1913 eine Lebensdauer von 1000 Stunden erreichten, begann man mit Feldversuchen, bei denen im Oktober 1913 auf der Linie zwischen Washington und New York in Philadelphia ein Röhren-Telefonverstärker eingesetzt wurde.

Während in Europa Forschung und Entwicklung unter die Kriegsbedingungen gerieten, wurden die Programme in den USA zielstrebig weitergeführt. Das herausragende Ereignis war die Eröffnung der transkontinentalen Telefonlinie der AT & T zwischen New York und San Francisco am 25. Januar 1915 […].

Die Bedeutung des Krieges für die technische Beherrschung der Massenproduktion elektrischer Geräte, Komponenten und insbesondere Röhren betraf vor allem die Standardisierung und die Erfahrungen für die Herstellungsverfahren. Bei AT & T lag der Röhrenausstoß pro Woche im August 1917 bei knapp 200, bei Kriegsende im November 1918 bei 25 000.

1 American Telephone and Telegraph Company

Hartmut Petzold, Zur Entstehung der elektronischen Technologie in Deutschland und den USA, in: Geschichte und Gesellschaft 13, 1987, S. 344 ff.

7 *Der englische Wirtschaftshistoriker Dudley E. Baines (geb. 1931) über den Boom der zwanziger Jahre in den USA (1977):*

D Die wichtigsten Merkmale des Wirtschaftsaufschwungs waren die Massenfabrikation von Kraftfahrzeugen, besonders von Personenwagen, und die Erzeugung und Verwendung von Elektrizität. Diese beiden Neuerungen haben entscheidend dazu beigetragen, dass auch weiterhin große Kapitalmengen investiert wurden und die Wirtschaft expandierte. Sie haben die Wirtschaft aus vier Gründen beherrscht. Sie waren neu. Ihre Herstellung, besonders die von Kraftfahrzeugen, hatte das Entstehen zahlreicher Zubringer- und Nebenindustrien zur Folge, die wiederum zu Investitionen anregten und zur Expansion der Wirtschaft beitrugen. Das Auto und die billige elektrische Energie erlaubten es dem Verbraucher sein Einkommen auf neue Art auszugeben. Und schließlich beeinflusste der Erfolg dieser neuen Produkte die Wertvorstellungen und Auffassungen vieler Menschen, die jetzt eine von der Wirtschaft beherrschte Gesellschaft als durchaus wünschenswert akzeptierten.

Streng genommen waren Auto und Elektrizität keine neuen Produkte. Beide waren vor dem Krieg entwickelt worden. Aber 1919 gab es erst 6,75 Millionen Kraftfahrzeuge und es bestand noch ein großer potentieller Bedarf. Bis 1929 hatte sich die Zahl der Personenwagen fast vervierfacht und auf fünf Personen kam ein Wagen. Natürlich unterschied sich das typisch amerikanische Auto 1929 wesentlich von dem des Jahres 1919. Dies war das Geheimnis seines Erfolges: Das Auto wurde den sich wandelnden Bedürfnissen des Verbrauchers angepasst. Mit der Zeit kam es so weit, dass neue Modelle bereits angeboten wurden, bevor alte technisch überholt waren. Hier lag ein Teil – aber nur ein Teil – der Bedeutung der Werbung. Die Werbung nahm zu mit dem Entstehen der Boulevardpresse und des Rundfunks. Die ersten Radioprogramme wurden 1919 eingesetzt um den Verkauf von Radioapparaten zu fördern. 1919 gab es 606 Rundfunkstationen, die alle durch Werbesendungen finanziert wurden. Anfangs informierte die Reklame den Verbraucher über neue Produkte („Esst mehr Orangen!"), aber als die Wirtschaft expandierte und die Konkurrenz zwischen den großen Unternehmen zunahm, wurde sie mehr und mehr zu einem Mittel den Markt zu differenzieren. Das heißt, die Reklame versuchte den Verbraucher davon zu überzeugen, dass äußerlich gleiche Produkte sich in Wirklichkeit unterschieden. Hier zeigte sich das Problem der Massenproduktion: Der niedrige Preis hing davon ab, dass ein standardisiertes Produkt auf einem großen Markt verkauft wurde. Auf die Dauer ließ sich diese Nachfrage nur aufrechterhalten, wenn man das Produkt verbesserte, es dem sich wandelnden Geschmack anpasste und wenn man neue Bedürfnisse im Verbraucher weckte.

Dudley E. Baines, Die Vereinigten Staaten zwischen den Weltkriegen 1919–1941, in: Willi Paul Adams (Hg.), Die Vereinigten Staaten von Amerika, Frankfurt/M. 1977, S. 291 f.

8 *Titelseite eines fast 1100 Seiten starken Versandhauskataloges aus den USA mit rund 35 000 angebotenen Artikeln, Frühjahr/Sommer 1927*

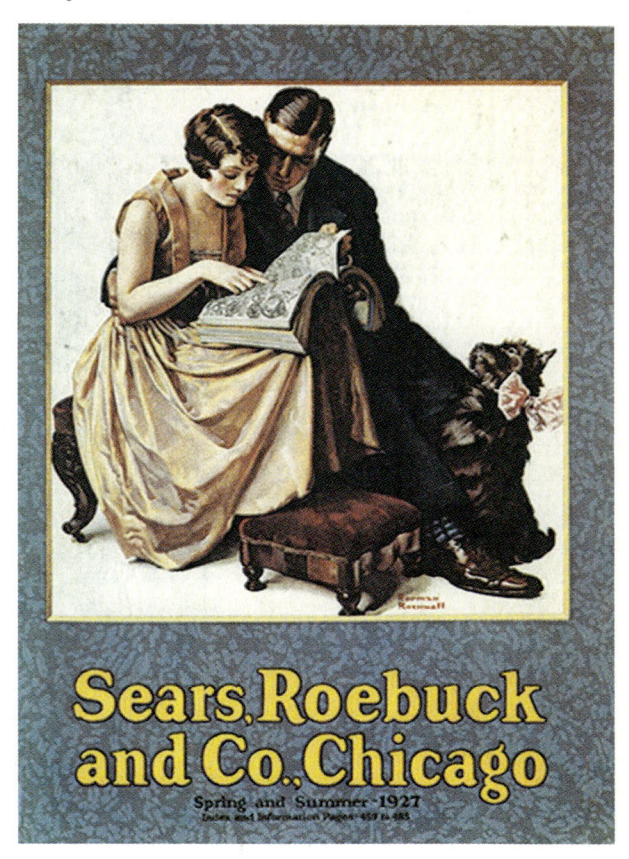

1. *Beschreiben Sie die Veränderungen im Bereich der elektronischen Technologie und Medien und diskutieren Sie die soziale und kulturelle Bedeutung dieser Veränderungen (Mat. 6 und 7). Vergleichen Sie die Entwicklung mit der neuer Medien heute (siehe Darstellung S. 400–402).*
2. *Analysieren Sie Mat. 5, 7 und 8 unter dem Aspekt der Bedeutung der Werbung für den Massenkonsum.*
3. *Erarbeiten Sie aus Mat. 6 und 7 den Zusammenhang von Massenproduktion, Massenkonsum und Massenkultur. Setzen Sie dazu John Maynard Keynes' ökonomische Theorie über die Bedeutung der Massennachfrage für das Wirtschaftswachstum in Beziehung (siehe Essay S. 178–181).*

Die Herausbildung der sowjetischen Planwirtschaft: Industrialisierung und Kollektivierung unter Stalin

1 *Der sowjetische Politiker und Wirtschaftstheoretiker Nikolai Iwanowitsch Bucharin (1888–1938) zur Entwicklung von Landwirtschaft und Industrie (1928):*

Q Um einen möglichst günstigen (möglichst krisenlosen) Verlauf der gesellschaftlichen Reproduktion und des systematischen Wachstums des Sozialismus und folglich auch ein für das Proletariat möglichst vorteilhaftes Kräfteverhältnis
5 der Klassen im Lande zu erzielen, muss eine möglichst richtige Kombination der Grundelemente der Volkswirtschaft angestrebt werden. [...]
In ihrer Naivität nehmen die Ideologen des Trotzkismus an, das Maximum des jährlichen Hinüberpumpens von Mitteln
10 aus der Bauernwirtschaft in die Industrie sichere das maximale Entwicklungstempo der Industrie überhaupt. Es ist aber klar, dass dies unrichtig ist. Das größte dauerhafte Tempo erhalten wir bei einer solchen Kombination, in der die Industrie auf der Basis einer rasch wachsenden Landwirtschaft in die Höhe steigt. Gerade in diesem Falle wird auch die In- 15
dustrie Rekordziffern in ihrer Entwicklung zeigen. Das setzt jedoch die Möglichkeit einer raschen realen Akkumulation in der Landwirtschaft, folglich also bei weitem nicht eine Politik des Trotzkismus voraus. Die Übergangsperiode eröffnet eine neue Epoche im Verhältnis zwischen Stadt und 20
Land, eine Epoche, die dem systematischen Zurückbleiben des Dorfes, dem „Idiotismus des Dorflebens", ein Ende setzt, die das Fundament des Kurses auf die Vernichtung des

2 *Tag der Ernte und Kollektivierung, 1930, Plakat, 62 x 94 cm*

Gegensatzes zwischen Stadt und Land legt, die die Industrie selbst „mit dem Gesicht dem Dorfe zu" wendet und industrialisiert, diese aus dem Hinterhof der Geschichte in die Vorderfront der ökonomischen Geschichte rückt. Die Trotzkisten begreifen folglich nicht, dass die Entwicklung der Industrie von der Entwicklung der Landwirtschaft abhängig ist.

Andererseits stehen die kleinbürgerlichen Ritter, die die Landwirtschaft gegen alle Abgaben zugunsten der Industrie „verteidigen", im Wesentlichen auf dem Standpunkt der Verewigung der Kleinwirtschaft, ihrer erbärmlichen Technik, ihrer Familienstruktur, ihres engen Kulturhorizonts. Im Innern tief konservativ sehen diese Ideologen des „Wirtes" in der Meierhofwirtschaft das A und O der Technik, der Agronomie, der Ökonomik und verteidigen die Routine und den Individualismus in einer Epoche, die die revolutionäre Umgestaltung und den Kollektivismus auf ihr Banner schreibt; sie bahnen eigentlich den Weg für die echten Kulakenelemente [1]. Wenn die Trotzkisten nicht begreifen, dass die Entwicklung der Industrie von der Entwicklung der Landwirtschaft abhängt, so begreifen die Ideologen des kleinbürgerlichen Konservatismus nicht, dass die Entwicklung der Landwirtschaft von der Industrie abhängt, das heißt, dass die Landwirtschaft ohne Traktoren, ohne chemische Düngemittel, ohne Elektrifizierung zur Stagnation verurteilt ist. Sie begreifen nicht, dass gerade die Industrie der Hebel der radikalen Umgestaltung der Landwirtschaft ist und dass es ohne die Hegemonie der Industrie unmöglich ist die Rückständigkeit, die Barbarei und das Elend des Dorfes zu beseitigen.

1 Als Kulaken wurden nach den Agrarreformen von 1906/07 in Russland Mittel- und Großbauern bezeichnet, die fremde Arbeitskräfte auf dem Hof beschäftigten.

Zit. nach Internationale Presse-Korrespondenz, 2. Hbj. 1928, Nr. 117 ff.

3 *Der 1969 aus der UdSSR emigrierte Historiker Michail Heller zur ersten Phase der Kollektivierung (1981):*
D Es gingen gleichzeitig zwei Prozesse vonstatten – die Schaffung von Kolchosen und die Liquidierung der „Kulaken". Diese Prozesse waren vielfältig miteinander verknüpft. Von Ende 1929 bis Mitte 1930 wurden „mehr als 320000 Kulakenwirtschaften entkulakisiert. Ihr Vermögen (im Wert von über 175 Millionen Rubel) wurden den unteilbaren Kolchosfonds als Eintrittsbeitrag der Landarbeiter und Dorfarmen übergeben. Dieses Vermögen stellte über 34 % des Werts des unteilbaren Kolchosvermögens dar." Die Liquidierung der „Kulaken", die dem Dorf die unternehmensfreudigsten und unabhängigsten Bauern nahm, schwächte den Widerspruchsgeist. Außerdem sollte das Schicksal der in den Norden verbannten „Entkulakisierten" veranschaulichen, wie die Sowjetunion mit denen verfährt, die nicht in den Kolchos eintreten. Die am 8. Dezember 1929 gegründete Politbürokommission unter dem Vorsitz des Volkskommissars für Landwirtschaft schlug vor die Bezirke der unteren Wolga bis zum Herbst 1931, die der linksufrigen Ukraine bis zum Frühjahr 1932 und den Norden und Sibirien bis 1933 „durchgängig zu kollektivieren". Stalin und sein damaliger engster Mitarbeiter, Molotow, drangen auf noch stärkere Beschleunigung. Der Eintritt in den Kolchos bedeutete die Übergabe des gesamten Vermögens an das Kollektiv. Am 10. Dezember schickte das Kolchoszentrum ein Telegramm an „alle örtlichen Organisationen in den Bezirken der durchgängigen Kollektivierung" mit der Anweisung „100 % Zugvieh und Rinder, 80 % der Schweine, 60 % der Schafe und des Geflügels zu kollektivieren und 25 % der Kollektivwirtschaften in Kommunen ‚umzuwandeln'". In die Dörfer wurden 25000 Kommunisten geschickt um die Bauern in die Kolchosen zu drängen. Am 1. Juli 1928 waren 1,7 % der Bauern in Kolchosen; im November 1929 7,6 %. Im März 1930 waren es 58 %.

Michail Heller, Geschichte der Sowjetunion, Bd. 1, Königstein/Ts. 1981, S. 223.

4 *Der russische Soziologe und Schriftsteller Alexander Sinowjew (geb. 1922) über Stalin und den Stalinismus (1979):*
D Will man die Frage nach dem Wesen des Stalinismus beantworten, muss man zunächst festhalten, wessen Interessen Stalin vertrat und wer ihm folgte. Weshalb bewahrte meine Mutter ein Porträt Stalins auf? Sie war Bäuerin. Bis zur Kollektivierung hatte unsere Familie nicht schlecht gelebt, doch wie teuer musste sie sich das erkaufen! Harte Arbeit vom Morgengrauen bis zum Sonnenuntergang. Und was für Aussichten hatten die Kinder (meine Mutter hatte elf Kinder geboren!)? Sie konnten nur Bauern werden oder im besten Falle Handwerker. Dann begann die Kollektivierung. Die Verwüstung des Landes. Die Flucht der Bevölkerung in die Stadt. Und das Ergebnis? In unserer Familie wurde der eine Sohn Professor, der andere Fabrikdirektor, der dritte Oberst und drei wurden Ingenieure. Vergleichbares geschah in Millionen anderen Familien. Ich will hier keine wertenden Ausdrücke wie „schlecht" oder „gut" gebrauchen. Ich will nur sagen, dass zu dieser Zeit in unserem Lande etwas vor sich ging, was es in der ganzen Menschheitsgeschichte noch nie gegeben hatte: Millionen von Menschen stiegen aus den Niederungen der Gesellschaft auf und wurden zu Handwerkern, Ingenieuren, Lehrern, Ärzten, Künstlern, Offizieren,

Wissenschaftlern, Schriftstellern, Direktoren u. ä. Was hier nicht interessiert, ist die Frage, ob Entsprechendes in Russland auch ohne den Stalinismus hätte geschehen können.
Alexander Sinowjew, Ohne Illusionen, Zürich 1980, S. 187 ff.

5 *Index der agrarischen und industriellen Bruttoproduktion in Russland/Sowjetunion 1913–1953 (1913 = 100):*

Jahr	Landwirtschaft		Industrie	
	Acker-bau	Vieh-zucht	Produktions-mittel	Konsum-güter
1913	100	100	100	100
1917	81	100	81	67
1921	55	67	29	33
1925	107	121	80	69
1928	117	137	155	120
1930	126	100	276	151
1933	121	65	450	196
1935	138	86	713	258
1940	155	114	1554	497
1945	57	64	112	59
1950	97	104	205	123
1953	96	124	299	177

6 *Sozialschichtung der russischen bzw. sowjetischen Bevölkerung 1913–1939 (in Prozent):*

Bevölkerung	1913	1924	1928	1939
Gesamtbevölkerung	100	100	100	100
Arbeiter und Angestellte	17,0	14,8	17,6	50,2
davon Arbeiter	14,6	10,4	12,4	33,5
Kolchosbauern sowie genossenschaftl. organis. Dorfhandwerker	–	1,3	2,9	47,2
Einzelbauern und nicht genossenschaftl. organis. Dorfhandwerker	66,7	75,4	74,9	2,6
Bourgeoisie, Gutsbesitzer, Privathändler, Kulaken	16,3	8,5	4,6	–

Quelle 5 und 6 nach Helmut Altrichter/Heiko Haumann (Hg.), Die Sowjetunion, Bd. 2, München 1987, S. 524 ff. und 529.

7 *Der Historiker Stephan Merl (geb. 1947) über die Positionen russischer Historiker zur Kollektivierung (1991):*
D [Bei] der Bewertung der Kollektivierung [lassen sich] drei stark voneinander abweichende Standpunkte unterscheiden, die Konservative, Kollektivierungshistoriker und Radikalreformer voneinander trennen. Zum besseren Verständnis der Kontroversen sollen die Hauptargumentationslinien hier kurz gegeneinander abgegrenzt werden:
1. Die *Konservativen* rechtfertigen die Zwangskollektivierung mit dem alten Argument: mit der gewaltigen Rückständigkeit des Landes, die nur durch eine heroische Kraftanstrengung zu überwinden war und angesichts der faschistischen Bedrohung in kürzester Zeit überwunden werden musste, und mit der – inzwischen leicht modifizierten – These, die NEP[1] habe in die Sackgasse geführt. In dieser Gruppe finden wir die alten Kämpfer, aber auch viele Ökonomen und Historiker der jüngeren Generation. Dies ist umso erschreckender, als heute niemand mehr die Millionen Menschenopfer dieser Politik in Abrede stellt. Diese Wissenschaftler vertreten also die Ansicht, die Opfer seien zum Aufbau des Sozialismus unvermeidbar gewesen. [...]
2. Die *Kollektivierungshistoriker der Chruscev-Periode*[2] sind mittlerweile ergraut, aber überwiegend aufrichtig um Wahrheitsfindung bemüht. Sie glauben weiterhin an das Ziel den Sozialismus aufzubauen und halten den freiwilligen Zusammenschluss der Bauern zu Produktionskollektiven für einen richtigen Weg. Sie verurteilen aber entschieden die Zwangsanwendung und Überstürzung der faktischen Kollektivierung und prangern die Inkaufnahme von Menschenopfern als Verbrechen an. Als Historiker sind sie zunächst bestrebt Kenntnis der Archivmaterialien zu erhalten, bevor sie urteilen. Entsprechend vorsichtig äußern sie sich. Sie stimmen weitgehend darin überein, dass es auch zwischen 1927 und 1929 ökonomisch noch eine Alternative gegeben hätte ohne den Aufbau des Sozialismus zu gefährden. [...]
3. Die *Radikalreformer,* zu denen Schriftsteller und Agrarwissenschaftler gehören, üben die grundlegendste Kritik an der Kollektivierung. Sie machen diese für die heutigen Versorgungsprobleme und die Missstände in der Landwirtschaft direkt verantwortlich, so für den Verlust der Bodenfruchtbarkeit, die verbreiteten Verstöße gegen ökologische Regeln in der Anbaupraxis, die Gleichgültigkeit der Agrarproduzenten, denen die Liebe zum Boden und der Überblick über den landwirtschaftlichen Produktionsprozess abhanden gekommen ist. Sie erwarten eine Lösung dieser Probleme nur von einer reprivatisierten Landwirtschaft, der Wiederherstellung des „Herren" *(chozjain)* über den Boden. Ihr Leitbild ist der in den 20er Jahren mit der Kollektivierung ausgerottete Kulak, der fähige Wirt, der mit seiner Hände Arbeit das Land versorgt. Sie treffen sich mit den Kollektivierungshistorikern dort, wo diese für die freie Entfaltung bäuerlicher Genossenschaften eintreten. Abweichungen sind bezüglich der Radikalität der Verurteilung der Kollektivierung und des

Kolchossystems und in der Absage an sozialistische Vorstellungen festzustellen.

1 Neue Ökonomische Politik; siehe Grundinformation S. 143
2 Chrucev = Chruschtschow (sogenannte „Tauwetter"-Periode 1956–1964 benannt nach der Amtszeit des Ersten Sekretärs des Zentralkomitees der KPdSU, Nikita Chruschtschow [1894–1971])

Stephan Merl, Kollektivierung und Bauernvernichtung, in: Dietrich Geyer (Hg.), Die Umwertung der sowjetischen Geschichte, Göttingen 1991, S. 110 f.

8 *Aus dem Bericht von Josef W. Stalin (1879–1953) über die „Ergebnisse des ersten Fünf-Jahres-Plans" am 7. Januar 1933:*

Q Wir konnten ferner nicht wissen, an welchem Tag die Imperialisten die UdSSR überfallen und unseren Aufbau unterbrechen würden; dass sie uns aber in einem beliebigen Augenblick, unter Ausnutzung der technischen und wirtschaftlichen Schwäche unseres Landes, überfallen konnten, darüber war kein Zweifel möglich. Die Partei war deshalb gezwungen das Land anzupeitschen um keine Zeit zu versäumen, um die Atempause restlos auszunutzen und in der UdSSR rechtzeitig die Grundlagen der Industrialisierung zu schaffen, die die Basis ihrer Macht bilden. Die Partei hatte keine Möglichkeit zu warten und zu manövrieren und sie musste die Politik des maximal beschleunigten Tempos durchführen.
Schließlich musste die Partei in möglichst kurzer Frist der Schwäche des Landes auf dem Gebiet der Landesverteidigung ein Ende setzen. Die gegenwärtige Lage, die Zunahme der Rüstungen in den kapitalistischen Ländern, das Fiasko der Abrüstungsidee, der Hass der internationalen Bourgeoisie gegen die UdSSR – all das drängte die Partei dazu die Stärkung der Verteidigungskraft des Landes, dieser Grundlage seiner Unabhängigkeit, zu forcieren. [...]

Josef W. Stalin, Werke, Bd. 13, Düsseldorf 1955, S. 165.

9 *Der Historiker Manfred von Boetticher (geb. 1947) über die Funktionalisierung der „äußeren Bedrohung" für die stalinistische Industrialisierungspolitik (1979):*

D In der Sowjetunion entsprachen [...] die Antikriegskampagnen zunächst einerseits der Forderung nach einer „psychologischen Mobilisierung der Massen", wie sie nach der sowjetischen Verteidigungskonzeption bereits seit längerer Zeit erhoben worden war. Andererseits wurden die Kampagnen mit Maßnahmen einer zusätzlichen militärtechnischen Ausbildung verbunden, wobei insbesondere unter der bäuerlichen Bevölkerung technische Grundkenntnisse vermittelt werden sollten. Weiter kam den Aktionen die Funktion zu eine Verbesserung der Arbeitsdisziplin auf allen Gebieten der Volkswirtschaft zu erreichen. Bei der damaligen Industrialisierungspolitik der sowjetischen Führung erhielten die Kampagnen aus Anlass einer drohenden äußeren Gefahr damit am Ende der zwanziger Jahre in zunehmendem Maße die Aufgabe die Realisierung gesteigerter Planziele trotz aller auftretenden Schwierigkeiten durch eine zusätzliche Mobilisierung der Bevölkerung durchzusetzen; die These der Interventionsgefahr erschien zugleich – ebenso wie die Behauptung der „Schädlingstätigkeit" innerhalb des Landes – als ein Mittel der Sowjetführung die Verantwortung für die innenpolitische Entwicklung auf einen fiktiven Gegner zu übertragen und als im Sicherheitsinteresse des Staates unvermeidlich zu legitimieren: Vor allem versuchte man die einseitige Forcierung einzelner Bereiche der Volkswirtschaft – verbunden mit einem verstärkten Ausbau des Rüstungssektors, wie er zu Beginn des ersten Planjahrfünfts eingeleitet wurde – als eine notwendige Maßnahme zur Stärkung der Verteidigungsfähigkeit der UdSSR angesichts einer angeblich steigenden äußeren Bedrohung auszugeben, sodass die Auswirkungen dieser Politik auf andere Wirtschaftszweige und der dadurch bedingte Konsumverzicht der Bevölkerung eine anscheinend zwingende Begründung erhielten.

Manfred von Boetticher, Industrialisierungspolitik und Verteidigungskonzeption der UdSSR 1926–1930. Herausbildung des Stalinismus und „äußere Bedrohung", Düsseldorf 1979, S. 306 f.

1. *Analysieren Sie Mat. 1 unter folgenden Gesichtspunkten: a) Zusammenhang von agrarischer und industrieller Entwicklung, b) Schwächen der sowjetischen Landwirtschaft.*
2. *Stellen Sie aus Mat. 3, 5 und 6 den Vorgang der Kollektivierung und die dadurch hervorgerufenen Veränderungen in der sowjetischen Gesellschaft zusammen. Inwieweit sind die von Bucharin angestrebten Ziele (Mat. 1) erreicht und/oder verfehlt worden? Welche Position vertritt der Autor der Darstellung S. 158–160? Nehmen Sie dazu Stellung.*
3. *Beschreiben und analysieren Sie Mat. 2 im Kontext der historischen Ereignisse.*
4. *Analysieren Sie die Bewertungen in Mat. 4 und 7. Wie erklären Sie sich die Bewunderung für Stalin und seine Politik? Diskutieren Sie die unterschiedlichen Thesen.*
5. *Erläutern Sie den Zusammenhang von Industrie- und Militärpolitik in der Sowjetunion unter Stalin (siehe Mat. 8 und 9).*

Die nationalsozialistische Autarkie- und Aufrüstungspolitik 1936–1939

1 *Indizes der industriellen Produktion im Deutschen Reich 1932–1939:*

Jahr	Gesamt-index	Produktions-güter[1]	Investitions-güter[2]	Konsum-güter
1932	59	46	35	78
1933	66	54	45	83
1934	83	77	75	85
1935	96	99	102	91
1936	107	113	117	98
1937	117	126	128	103
1938	125	136	140	107
Juni 1939	133	147	152	113

1 Rohstoffe, Maschinen, Werkzeuge etc.
2 nur Maschinen und Werkzeuge

Nach Charles Bettelheim, Die deutsche Wirtschaft unter dem Nationalsozialismus, München 1974, S. 225.

2 *Aus Adolf Hitlers (1889–1945) Denkschrift über die Aufgaben eines Vier-Jahres-Planes vom 6. August 1936, die er lediglich Hermann Göring (u. a. preußischer Ministerpräsident, Oberbefehlshaber der Luftwaffe, Beauftragter für den Vier-Jahres-Plan) und Werner von Blomberg (Reichswehrminister) übergab, nicht jedoch dem Reichswirtschaftsminister und Reichsbankpräsidenten Hjalmar Schacht, gegen dessen Wirtschaftspolitik diese Schrift gerichtet war:*
Q Es ist nicht genug damit getan von Zeit zu Zeit nur Rohstoff- oder Devisen-Bilanzen aufzustellen oder von einer Vorbereitung der Kriegswirtschaft im Frieden zu sprechen, sondern es ist notwendig der Friedensernährung und vor allem der Kriegsführung die Mittel zu sichern, die durch menschliche Energie und durch Tatkraft gesichert werden können. Und ich stelle daher zu einer endgültigen Lösung unserer Lebensnot folgendes Programm auf:
I. Ähnlich der militärischen und politischen Aufrüstung bzw. Mobilmachung unseres Volkes hat auch eine wirtschaftliche zu erfolgen, und zwar im selben Tempo, mit der gleichen Entschlossenheit und wenn nötig auch mit der gleichen Rücksichtslosigkeit. [...]
II. Zu diesem Zwecke sind auf all den Gebieten, auf denen eine eigene Befriedigung durch deutsche Produktionen zu erreichen ist, Devisen einzusparen um sie jenen Erfordernissen zuzulenken, die unter allen Umständen ihre Deckung nur durch Import erfahren können.
III. In diesem Sinne ist die deutsche Brennstofferzeugung nunmehr im schnellsten Tempo vorwärtszutreiben und binnen 18 Monaten zum restlosen Abschluss zu bringen. Diese Aufgabe ist mit derselben Entschlossenheit wie die Führung eines Krieges anzufassen und durchzuführen; denn von ihrer Lösung hängt die kommende Kriegsführung ab und nicht von einer Bevorratung des Benzins.
IV. Es ist ebenso augenscheinlich die Massenfabrikation von synthetischem Gummi zu organisieren und sicherzustellen. Die Behauptung, dass die Verfahren vielleicht noch nicht gänzlich geklärt wären, und ähnliche Ausflüchte haben von jetzt ab zu schweigen. [...]
V. Die Frage des Kostenpreises dieser Rohstoffe ist ebenfalls gänzlich belanglos, denn es ist immer noch besser, wir erzeugen in Deutschland teurere Reifen und können sie fahren, als wir kaufen theoretisch billige Reifen, für die das Wirtschaftsministerium aber keine Devisen bewilligen kann [...].
Es ist weiter notwendig die deutsche Eisenproduktion auf das Außerordentlichste zu steigern. Der Einwand, dass wir nicht in der Lage seien aus dem deutschen Eisenerz mit 26 % Gehalt ein ähnlich billiges Roheisen zu erzeugen, wie aus den 45%igen Schwedenerzen usw. ist belanglos, weil uns ja nicht die Frage gestellt ist, was wir *lieber* tun wollen, sondern nur, was wir tun *können*. Der Einwand aber, dass in dem Fall die ganzen deutschen Hochöfen umgebaut werden müssten, ist ebenfalls unbeachtlich [...].
Kurz zusammengefasst: Ich halte es für notwendig, dass nunmehr mit eiserner Entschlossenheit auf all den Gebieten eine 100%ige Selbstversorgung eintritt, auf denen diese möglich ist und dass dadurch nicht nur die nationale Versorgung mit diesen wichtigsten Rohstoffen vom Ausland unabhängig wird, sondern dass dadurch auch jene Devisen eingespart werden, die wir im Frieden für die Einfuhr unserer Nahrungsmittel benötigen. *Ich möchte dabei betonen, dass ich in diesen Aufgaben die einzige wirtschaftliche Mobilmachung sehe, die es gibt, und nicht in einer Drosselung von Rüstungsbetrieben im Frieden zur Einsparung und Bereitgung von Rohstoffen für den Krieg.* [...]
Es sind jetzt fast 4 kostbare Jahre vergangen. Es gibt keinen Zweifel, dass wir schon heute auf dem Gebiet der Brennstoff-, der Gummi- und zum Teil auch in der Eisenerzversorgung vom Ausland restlos unabhängig sein könnten. Genauso, wie wir zur Zeit 7 oder 800 000 to Benzin produzieren, könnten wir 3 Millionen to produzieren. [...] Man hat Zeit genug gehabt in 4 Jahren festzustellen, was wir nicht kön-

nen. Es ist jetzt notwendig auszuführen, das, was wir können.
Ich stelle damit folgende Aufgaben:
I. Die deutsche Armee muss in 4 Jahren einsatzfähig sein.
II. Die deutsche Wirtschaft muss in 4 Jahren kriegsfähig sein.
Zit. nach Vierteljahrshefte für Zeitgeschichte 3, 1955, S. 204 ff. (Hervorhebungen im Original).

3 *Durchschnittliche Stundenlöhne nach anerkannten Tarifen für die bestbezahlten Altersklassen in 17 Industriezweigen im Deutschen Reich 1928–1942 (in Reichspfennig):*

	Männer		Frauen	
	qualifiziert	ungelernt	qualifiziert u. spezialisiert	ungelernt
1928	95,9	75,2	60,3	49,8
1933	70,5	62,3	58,7	43,4
1936	78,3	62,2	51,6	43,4
1937	78,5	62,3	51,5	43,4
1938	79,0	62,6	51,5	44,0
1940	79,2	63,0	51,5	44,1
1941	80,0	63,9	51,9	44,5
1942	80,8	64,1	52,3	44,6

Nach Charles Bettelheim, Die deutsche Wirtschaft unter dem Nationalsozialismus, München 1974, S. 230.

4 *Index der Bruttoverdienste von Arbeiter/innen im Deutschen Reich 1928–1942 (1928 = 100):*

Jahr	Wochenreallöhne	Jahr	Wochenreallöhne
1928	100	1938	105
1933	91	1940	108
1936	97	1941	113
1937	101	1942	111

Nach Dietmar Petzina u. a., Sozialgeschichtliches Arbeitsbuch, Bd. 3, München 1978, S. 98.

5 *Aus der Denkschrift der „Wirtschaftsgruppe Eisenschaffende Industrie" zur Errichtung der „Reichswerke Hermann Göring" in Salzgitter, die zur Steigerung der deutschen Eisenproduktion beitragen sollten (August 1937):*
Q Wir sind nach dem gegenwärtig möglichen Überblick der Auffassung, dass eine Rohstahlerzeugung von 24 Mill. t ausreichen wird um selbst gesteigerten Ansprüchen des Marktes Genüge zu leisten. An dieser Stelle wollen wir es unterlassen auf die Tragweite einer weiteren Rohstahlkapazitätssteigerung und damit auf die Gefahren etwaiger Störungen des inneren Marktgefüges näher einzugehen. […] In der Weiterverarbeitung kann ein Arbeiter im Jahre etwa 8–10 t Stahl verarbeiten. Eine Kapazitätserweiterung um 1 Mill. t Rohstahl würde daher allein schon 100–125 000 Facharbeiter zusätzlich erfordern, bei einer weiteren Erhöhung der Kapazität entsprechend mehr. Es ist deshalb bei allen Überlegungen, die auf eine erhebliche Ausweitung der Rohstahlerzeugung abzielen, die Arbeiterfrage von entscheidender Bedeutung, und zwar sowohl für die eisenverarbeitende Industrie und den Erzbergbau. Beschäftigungslose hüttentechnisch geschulte Facharbeiter, Bergleute und Ingenieure stehen zur Zeit nicht zur Verfügung. Die Errichtung eines neuen Hüttenwerkes würde zur Folge haben, dass die benötigten Arbeitskräfte zum Teil den alten Werken entzogen werden müssten.
Zit. nach Fritz Blaich, Wirtschaft und Rüstung im „Dritten Reich", Düsseldorf 1987, S. 75.

6 *Aus den Sozialberichten der „Reichstreuhänder der Arbeit" (1938):*
Q Streng vertraulich
[…] Das Missverhältnis zwischen Arbeitskräften und Aufträgen hat ganz allgemein zu erheblichen Verlängerungen der Arbeitszeit geführt, die durch eine elastische Handhabung der Arbeitszeitordnung ermöglicht wurden. Wöchentliche Arbeitszeiten von 58–65 Stunden sind kaum noch Ausnahmeerscheinungen. Dabei wird von den Betrieben teils auch dann Mehrarbeit durchgehalten, wenn etwa saisonbedingt ein Rückgang der Aufträge festzustellen ist, da sie andernfalls eine Abwanderung von Arbeitskräften befürchten. […] Durch die gespannte Lage auf dem Gebiet des Arbeitseinsatzes und die damit verbundene Verlängerung der Arbeitszeit in fast allen Gewerbezweigen sind gewisse Reaktionen unvermeidbar gewesen. Die Krankheitsziffer ist erheblich gestiegen. […] Gelegentlich wird übrigens auch der Krankheitsfall als Mittel dazu benutzt um abzuwandern. […] Eine weitere Reaktionserscheinung infolge dauernder Mehrarbeit ist auch die von mehreren Reichstreuhändern berichtete Neigung von Gefolgschaftsmitgliedern nicht mehr als 48 Stunden in der Woche zu arbeiten. Kann man diesem Wunsch nicht nachkommen, so ist ein Leistungsrückgang die Folge. Hierher gehört auch das gelegentlich festzustellende willkürliche Fernbleiben vom Arbeitsplatz.
Zit. nach Timothy W. Mason, Arbeiterklasse und Volksgemeinschaft. Dokumente und Materialien zur deutschen Arbeiterpolitik 1936–1939, Opladen 1975, Dok. Nr. 147.

7 *Rüstungsausgaben und Volkseinkommen im Deutschen Reich 1932–1938 (in Mrd. RM):*

Haushalts-jahr	Rüstungs-ausgaben	Volksein-kommen	Rüstungsausg. in % des Volkseinkommens
1932	0,6	45,2	1,3
1933	0,7	46,5	1,5
1934	4,1	52,8	7,8
1935	5,5	59,1	9,3
1936	10,3	65,8	15,7
1937	11,0	73,8	15,0
1938	17,2[1]	82,1	21,0

1 Die Steigerung der Rüstungsausgaben 1938 ist auch darauf zurückzuführen, dass Aufträge der Vorjahre erst 1938 erfüllt wurden, weil die Produktionskapazität der Rüstungsindustrie in den Anfangsjahren der NS-Herrschaft begrenzt war.

Nach Fritz Blaich, Wirtschaft und Rüstung im „Dritten Reich", Düsseldorf 1987, S. 83.

8 *Wahlplakat der NSDAP zur Reichstagswahl 1936*

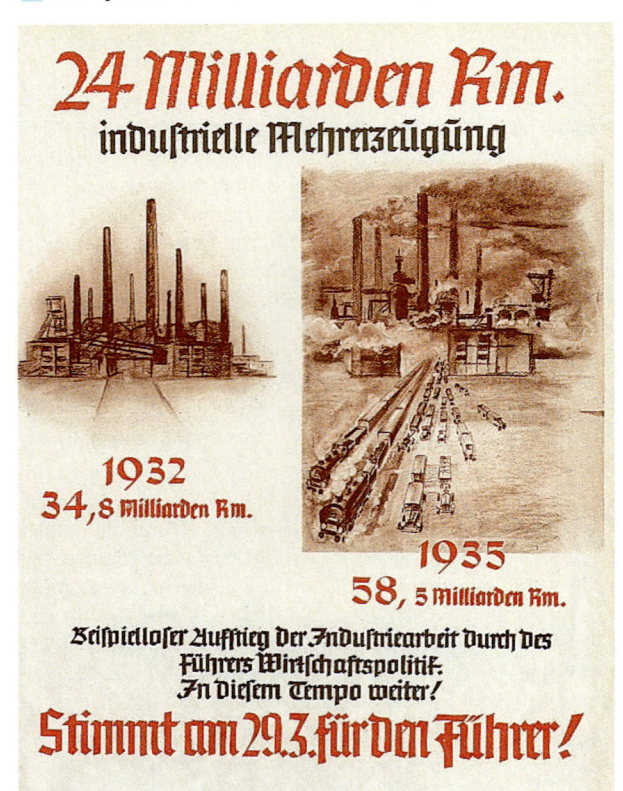

9 *Notenumlauf der Deutschen Reichsbank 1932–1943 (in Mio. RM):*

Ende	1932	3 560	Ende Okt.	1939	11 000
Ende	1933	3 645	Ende Febr.	1940	11 877
Ende	1934	3 901	Ende Okt.	1940	12 101
Ende	1935	4 285	Ende Mai	1941	13 976
Ende Okt.	1936	4 713	Ende April	1942	20 047
Ende Okt.	1937	5 275	Ende Aug.	1943	25 442
Ende Okt.	1938	7 744	Ende Dez.	1943	33 683

Nach Charles Bettelheim, Die deutsche Wirtschaft unter dem Nationalsozialismus, München 1974, S. 292.

10 *Aus der Denkschrift des Direktoriums der Deutschen Reichsbank vom 7. Januar 1939:*
Q An den Führer und Reichskanzler, Berlin
Die Reichsbank hat seit langem auf die für die Währung entstehenden Gefahren einer Überspannung der öffentlichen Ausgaben und des kurzfristigen Kredites hingewiesen. Am Ende des Jahres 1938 ist die Währungs- und Finanzlage an einem Gefahrenpunkt angelangt, der es uns zur Pflicht macht Entschließungen zu erbitten, die es ermöglichen der drohenden Inflationsgefahr Herr zu werden.
Die Reichsbank ist sich von Anfang an darüber klar gewesen, dass außenpolitische Erfolge nur erreichbar sein konnten auf Grund der Wiederaufrichtung der deutschen Wehrmacht. Sie hat deshalb die Finanzierung der Rüstung weitgehend auf sich genommen. [...]
Bei der Verwirklichung dieses Programms kam es entscheidend darauf an Inflationserscheinungen zu vermeiden, weil eine Inflation nicht nur das Vertrauen in die nationalsozialistische Führung untergraben hätte, sondern auch, weil mit einer Inflation materiell nichts gewonnen werden kann. [...]
In der Wirtschaft führt sie zur Vernichtung des mobilen Kapitals, zerrüttet die Steuereinkünfte und damit den gesamten Staatshaushalt, untergräbt den Spartrieb und macht damit die Begebung von Reichsanleihen unmöglich, sie verteuert die Einfuhr lebensnotwendiger Waren und bringt die Einrichtung des Clearingverkehrs und seine großen Vorteile zum Stocken, sodass schließlich der Außenhandel zum Erliegen kommt. [...] Mit der Überbeschäftigung der Wirtschaft ging die Verknappung der Materialien und Arbeitskräfte sowie die Verschlechterung der Qualität einher. Gleichzeitig blieb die Produktion von Verbrauchsgütern des täglichen Bedarfs relativ zurück, sodass einer erhöhten Lohnsumme ein geringeres Quantum von Verbrauchsgütern gegenüberstand. Stark wechselnde Lohn- und Preissteigerungen waren die Folgen dieser Entwicklung. [...] Auf dem

Gebiete der Konsumgüter ist es der Mangel an ausreichenden Warenmengen und Qualitäten, der zu Preissteigerungen geführt hat. Gerade in den täglichen Gebrauchsgütern des Haushaltes und der Kleidung ist der Warenmangel und vor allem die Qualitätsverschlechterung belastend spürbar. Kinderwäsche, Arbeiteranzüge etc., die früher Jahre hielten, halten nur noch Monate, kosten aber das Gleiche oder gar mehr als früher die gute Ware. […]
Wir sind der Überzeugung, dass die währungspolitischen Folgen der letzten 10 Monate durchaus zu reparieren sind und dass bei strikter Einhaltung eines aufbringbaren Etats die Inflationsgefahr wieder beseitigt werden kann. Der Führer und Reichskanzler selbst hat die Inflation öffentlich und immer und immer wieder als dumm und nutzlos abgelehnt.

Zit. nach Der Prozess gegen die Hauptkriegsverbrecher vor dem Internationalen Militärgerichtshof, Bd. 36, Nürnberg 14. Nov. 1945–1. Okt. 1946, Nürnberg 1949, S. 366 ff.

11 *Der deutsche Historiker Fritz Blaich (geb. 1940) über die Forschungskontroversen zur nationalsozialistischen Wirtschaftspolitik (1987):*
D Nationalökonomen, die sich unter dem engen Blickwinkel der Wirtschaftstheorie mit der ns. Beschäftigungspolitik befassten, neigten dazu die ersten sechs Regierungsjahre Hitlers in eine Arbeitsbeschaffungs- und eine Aufrüstungsperiode aufzuspalten. Auch Historiker warnten davor den Beginn der Rüstungspolitik allzu voreilig auf den Zeitpunkt der Machtübernahme festzulegen. Die Tatsache, dass die Herstellung des synthetischen Treibstoffs während des Krieges eine herausragende Bedeutung erlangte, lässt nach Birkenfeld keinesfalls die Folgerung zu, der „Benzinvertrag" vom 14.12.1933 sei von vornherein Bestandteil der Aufrüstung gewesen, hervorgegangen aus einem Bündnis der IG-Farben mit Adolf Hitler und der Reichswehr. Diese Diskussion beendete Fischer, der die Ergebnisse der wirtschaftswissenschaftlichen Analyse mit den Erkenntnissen der historischen Forschung verknüpfte und danach das Urteil fällte, „dass es nicht Arbeitsbeschaffung, dass es noch viel weniger Erhöhung des Sozialprodukts pro Kopf oder irgendein anderes wirtschaftliches oder soziales Ziel war, sondern vom ersten Augenblick der Machtübernahme an konsequent die Vorbereitung eines Krieges zur Eroberung neuen Lebensraumes im Osten …" […]
Gegen die inzwischen „herrschende" Lehre, nach der die in den Anfangsjahren des Regimes verfolgte Politik der Arbeitsbeschaffung bereits eine getarnte Aufrüstung darstellte, erheben sich neuerdings wieder wissenschaftlich begründete Einwände. Overy, Stelzner und Henning bestreiten, dass die Ankurbelung der Automobilindustrie und der Bau der Autobahn unter der Zielsetzung der Kriegsvorbereitung erfolgt seien. Beiden Maßnahmen sei vielmehr die Aufgabe zugekommen Arbeitsplätze zu schaffen und durch Initialzündung auf eine allgemeine Belebung der Konjunktur hinzuwirken. Vor allem das an den Autobahnbau anknüpfende Argument gewinnt an Gewicht, wenn man es der extremen Position gegenüberstellt, die Lärmer bezieht. Nach dessen Überzeugung diente die Streckenführung der Reichsautobahn von Anfang an ausschließlich militärisch-strategischen Zielen. Dass dieses Bauwerk zahlreiche, auch wenig qualifizierte Arbeitskräfte auf Jahre hinaus band, wertet er allenfalls als Nebenergebnis. Bagel-Bohlan, deren Arbeit sich auf „industrielle Rüstungsmaßnahmen" konzentriert, verweist darauf, dass in Deutschland beim Machtantritt der Nationalsozialisten als Folge der Bestimmungen des Versailler Friedensvertrages von einer Rüstungsindustrie, wie sie die anderen Industrienationen unterhielten, keine Rede sein konnte. Sie schätzt die Entwicklung und Erprobung militärischer Prototypen, wie sie die Reichswehr in der Zeit der Weimarer Republik gemeinsam mit der Industrie „schwarz" betrieben hatte, gering ein, nämlich als „Schubladenergebnisse" ohne jede fabrikatorische Auswirkung. Nach ihrer Überzeugung kann deshalb vom Anlaufen einer Rüstungsproduktion, und zwar in relativ geringem Umfang, erst ab 1934 gesprochen werden.

Fritz Blaich, Wirtschaft und Rüstung im „Dritten Reich", Düsseldorf 1987, S. 147.

1. Stellen Sie Hitlers Überlegungen zur Autarkie- und Rüstungspolitik thesenartig zusammen (Mat. 2).
2. Vergleichen Sie die Entwicklung der Stunden- und der Reallöhne in Mat. 3 und 4 und interpretieren Sie die statistischen Aussagen mit Hilfe des Methodenarbeitsteils „Statistik" (siehe S. 439–442). Beschreiben Sie die Arbeitsmarktsituation um 1938 (Mat. 5 und 6) und interpretieren Sie die dargestellten Verhaltensweisen der Arbeitnehmer (siehe auch Darstellung S. 153 f.).
3. Analysieren Sie die Tabellen in Mat. 1, 3, 7 und 9 und setzen Sie die Befunde in Verbindung zueinander. Interpretieren Sie Mat. 8 im Zusammenhang mit Ihren Befunden aus der Tabellenanalyse.
4. Erarbeiten Sie die zentralen Aussagen in Mat. 10. Reichsbankdirektor Schacht wurde kurz danach von Hitler entlassen. Inwiefern stellte die Denkschrift eine Kritik an Hitlers Politik des „Vier-Jahres-Planes" dar?
5. Fassen Sie die Forschungskontroversen in Mat. 11 zusammen und nehmen Sie anhand der Materialien des Arbeitsteiles und der Darstellung S. 153 f. dazu Stellung.

„Er übertrug dem Staat wichtige gestaltende Wirtschaftsfunktionen"

John Maynard Keynes – Revolutionär und Vordenker

Von Volker Wörl

Der Erste Weltkrieg ist noch nicht zu Ende. John Maynard Keynes arbeitet im britischen Schatzamt, er ist zuständig unter anderem für Fragen der Kriegsfinanzierung. Dazu gehören die französischen Kriegsschulden. London ist zu dieser Zeit noch der zentrale Finanzplatz der Welt. Der kunstbegeisterte Keynes erfährt von einer Versteigerung französischer Impressionisten. Er überredet Schatzkanzler Bonar Law ihn zusammen mit dem Direktor der National Gallery in die französische Hauptstadt fahren zu lassen: „Die Franzosen werden ihre Kriegsschulden sowieso nicht bezahlen, warum nicht für einen kleinen Teil davon Bilder kaufen?" Er selbst erwirbt bei dieser Gelegenheit die ersten Bilder für seine beachtliche Kunstsammlung, darunter sein Lieblingsgemälde, die „Pommes" von Cézanne.

Die Episode ist typisch für einen Mann, den heute viele als bedeutendsten Nationalökonomen des 20. Jahrhunderts bezeichnen. Ob man ihm, wie manche Beobachter dies tun, gleichen Rang einräumen kann wie Adam Smith, dem Vater der klassischen Nationalökonomie im 18. Jahrhundert, oder Karl Marx, dem Namensgeber und geistigen Vater des marxistischen Sozialismus im 19. Jahrhundert, wird erst die Geschichte lehren. Über Marxens Werk übrigens meinte Keynes, dass der marxistische Sozialismus immer eine Crux in der Geschichte der Lehrmeinungen bleiben werde und er fragte sich, „wie es möglich sein konnte, dass eine so unlogische und so langweilige Lehre einen so mächtigen und dauernden Einfluss auf den Geist der Menschen und durch ihn auf den Gang der Geschichte auszuüben vermochte".

Ein exemplarisches Produkt der englischen intellektuellen Elite

Keynes war eine faszinierende Persönlichkeit. 1883 wurde er in Cambridge als Sohn eines leitenden Beamten der dortigen Universität geboren. Der Großvater war noch Handwerker, der Vater schrieb neben anderem ein anerkanntes wirtschaftliches Lehrbuch. Die Mutter, Florence Ada Keynes, war eine außerordentlich tüchtige Frau und eine Zeit lang Bürgermeisterin von Cambridge. Begabung und Anspruch beider Elternteile spiegeln sich im Lebensweg der Kinder. Maynards Bruder Geoffrey war ein erfolgreicher Chirurg, seine Schwester Margret heiratete den späteren Nobelpreisträger für Medizin, Archibald Vivian Hill.

Maynard hat einmal die Ansicht geäußert, jeder den Durchschnitt überragende Mensch könne in der englischen Gesellschaft in die Mittel- und Oberschicht aufsteigen. In einem Brief an seinen Vater schrieb er 1910: „Wir sind schon eine wundervolle Familie, was Prüfungen betrifft. Wahrscheinlich die beste im ganzen Königreich. Wenn das Prüfungssystem noch 200 bis 300 Jahre bestehen bleibt, dann werden wir sicher als Königliche Familie enden." Keynes war zu dieser Zeit immerhin schon 27 Jahre alt, also kein jugendlicher Schwärmer mehr. Arroganz, überzogenes Selbstbewusstsein? Maynard wurde an verschiedenen Eliteschulen ausgebildet: von 1897 bis 1902 in Eton, anschließend in Cambridge. Er studierte zunächst Mathematik, genoss dann eine Art Privatunterricht bei dem berühmten Nationalökonomen Alfred Marshall, machte 1906 das Civil-Service-Examen, bei dem die Wirtschaftswissenschaft ein Prüfungsfach ist. Philosophie, Geschichte, Literatur interessierten ihn. Er habilitierte sich mit einer wahrscheinlichkeitstheoretischen Arbeit und lehrte zwanzig Jahre lang am King's College als Fellow. 1911 wurde er Redakteur im „Economic Journal", einer weltweit renommierten wirtschaftswissenschaftlichen Fachzeitschrift.

Staatsbeamter und Kapitalist

Bis zu seinem Tode im Jahre 1946 war Keynes unwahrscheinlich vielseitig tätig. 1913 wurde er Mitglied einer königlichen Kommission „On Indian Finance and Currency". Diesem Thema hat er auch sein erstes Buch gewidmet. 1915 begann er im Schatzamt zu arbeiten. Über seine Heimat hinaus bedeutsam wurde seine Teilnahme als Vertreter des britischen Schatzkanzlers an den Friedensverhandlungen in Versailles. Dort setzte er sich für eine maßvolle Behandlung der besiegten Deutschen ein, weniger aus Rücksicht gegenüber dem ehemaligen Feind, sondern weil er wusste und voraussah, dass hohe Reparationen und damit die wirtschaftliche Malaise eines großen Landes und einer führenden Volkswirtschaft politisch und ökonomisch ein Krisenfaktor ersten Ranges sind. Allerdings konnte er sich mit seinen Überzeugungen bei den Friedensverhandlungen nicht durchsetzen und verfasste unter dem Einfluss seiner Enttäuschung das Buch „The Economic Consequences of the Peace", mit dem er weltweit bekannt wurde. Der deutschen Delegation in Versailles gehörte übrigens der Soziologe Max Weber an. Weber war noch ein Vertreter der bürgerlichen Gesellschaft, Keynes dagegen beackerte den Boden der Massendemokratie.

Im Jahre 1919 begann Keynes als Geschäftsmann tätig zu werden, wurde Teilhaber in einer Bank und Manager einer Investmentgesellschaft. Er blieb immer ein volkswirtschaftlich denkender Bankmann. Im Laufe seines Lebens erwarb er ein stattliches Vermögen, das ihm den Erwerb einer beachtlichen Sammlung von Büchern und Gemälden ermöglichte. Ein Mensch von dieser geistigen Spannweite empfängt Anregungen aus vielen Quellen. Für John Maynard Keynes' intellektuelle Entwicklung war der künstlerisch-esoterische Bloomsbury-Kreis in Cambridge besonders wichtig. Hier hat er im Kreis von Künstlern, Schriftstellern und Wissenschaftlern entscheidende Anregungen erhalten für seine schöngeistigen Interessen, aber auch für seine ökonomische Philosophie. Kenner seiner Entwicklung führen aber auch antidemokratische Tendenzen und seine Vorliebe für die intellektuelle Aristokratie auf diese Begegnungen im Bloomsbury-Kreis zurück. Auch seine ablehnende Haltung gegenüber der Laissez-faire-Ideologie des liberalen Kapitalismus hat sich wohl dort ausgeprägt. Bis zu seiner Ehe mit der Primaballerina Lydia Lopokova im Jahre 1925 war er diesem Kreis eng verbunden.

John Maynard Keynes (1883–1946) an seinem Schreibtisch. Fotografie, 1933

„Erfinder" des „deficit spending"

Keynes war ein Produkt seiner Zeit und seiner Gesellschaft und zugleich ein Vordenker. Er übertrug dem Staat wichtige gestaltende wirtschaftliche Funktionen und war zugleich in eigener Sache ein erfolgreicher Kapitalist. Er war ein theoretischer Kopf und ein versierter Praktiker, ein Schöngeist und ein kühler Rechner. Sein wissenschaftliches Werk ist nicht zu lösen von seinem politischen Denken und seinen wirtschaftspolitischen Funktionen. Er war davon überzeugt, dass die Massen und deren Gewohnheiten den Ablauf der Wirtschaftsprozesse entscheidend beeinflussen. Inmitten der Weltwirtschaftskrise erschien 1930 sein zweibändiges Werk „A Treatise on Money" (deutsch: „Vom Geld"), das noch heute zu den Standardwerken der Geldlehre zählt. Er formulierte darin seine Gleichgewichtstheorie und er schlug auch schon eine Währungsunion vor mit einer internationalen Zentralbank.

Die Bindung der britischen Währung an das Edelmetall Gold hat Keynes heftig kritisiert. Nachdem der Goldstandard 1931 zusammengebrochen war, plädierte er für ein wissenschaftlich fundiertes internationales Konzept zur Währungslenkung. Hier schon kündigten sich die Vorboten des Internationalen Währungsfonds und der Weltbank an, zu deren geistigen Vätern Keynes gehört.

Sein zweites großes wissenschaftliches Werk war die 1936 erschienene „General Theory of Employment, Interest and Money" („Allgemeine Theorie der Beschäftigung, des Zinses und des Geldes"). Keynes wies darin nach, dass das freie Spiel der wirtschaftlichen Kräfte keineswegs, wie die Klassiker meinten, immer wieder gleichsam automatisch zur Vollbeschäftigung führe. Er schreibt: „Die größten Schwächen des Wirtschaftssystems, in dem wir leben, sind seine Unfähigkeit für Vollbeschäftigung zu sorgen und seine willkürliche, ungerechte Art der Einkommens- und Vermögensverteilung."

Die Gedanken dieses Buches führten zu einem Überdenken nicht nur in der wissenschaftlichen Theorie, sondern auch in der Wirtschaftspolitik. Keynes plädierte in gewissen wirtschaftlichen Krisensituationen für Geldschöpfung und staatliches Schuldenmachen *(deficit spending)*, also für eine bewusste Vermehrung der staatlichen Schulden. Damit soll über eine vergrößerte Geldmenge für mehr Nachfrage und mehr Investitionen gesorgt werden. Dieses Plädoyer für eine antizyklische öffentliche Ausgaben-, Steuer- und Kreditpolitik ist vor allem zu verstehen vor dem Hintergrund der Weltwirtschaftskrise ab 1929 und es bestimmt in wesentlichen Elementen die Wirtschaftspolitik der großen Industriestaaten bis auf den heutigen Tag.

Dabei sollte man sich erinnern, dass in der Weimarer Republik mit den Notverordnungen des redlichen Reichskanzlers Heinrich Brüning eine rigorose Sparpolitik betrieben wurde, verbunden mit Lohn- und Gehaltssenkungen, die die Krise verschärften. Katastrophale Folgen in Form einer Massenarbeitslosigkeit stellten sich ein. Sie war eine der Wurzeln für das Emporkommen des Nationalsozialismus. Genau das Gegenteil einer solchen Politik verfolgte Keynes.

In den zwanziger und dreißiger Jahren verfasste er daneben eine Menge kleinerer Bücher. Der Nationalökonom Harald Scherf schreibt: „Betrachtet man die zahlreichen Aktivitäten, seine Berufungen und Ernennungen zwischen 1920 und 1937, so hat man den Eindruck, als habe John Maynard Keynes viele Leben gelebt – all diese vielen verschiedenen Lasten, Selbstverpflichtungen und Interessen bei einer von Jugend an gefährdeten Gesundheit. 1937 überlebt er eine Thrombose der Herzkranzgefäße, bleibt aber in einem gefährdeten Zustand bis an sein Lebensende."

Im Zweiten Weltkrieg war Keynes wieder im britischen Schatzamt tätig, das Buch „How to pay for the War" entstand. Er wurde Direktor der Bank von England, verhandelte mit den Amerikanern über Kriegskredite, die berühmten Pacht-und-Leih-Verträge tragen seine Handschrift mit. Seine Überlegungen gehen schon über den Krieg hinaus. Er war zusammen mit dem Amerikaner Harry Dexter ein maßgeblicher Schöpfer der Bretton-Woods-Vereinbarungen. Dort legten im Hochsommer 1944 die Vertreter von 44 Ländern Grundlagen für die Nachkriegs-Weltwährungsordnung mit den beiden Hauptsäulen Weltwährungsfonds und Weltbank.

„... eine fast legendäre Gestalt"

Typisch für das Interesse an Keynes' Persönlichkeit sind die vielen Bilder mit seinem Konterfei. Der österreichische Nationalökonom und Soziologe Joseph Schumpeter, im gleichen Jahr wie Keynes geboren, spricht von einer „schmächtigen Statur", dem „Gesicht eines Asketen und sprühenden Augen, erfüllt von Eifer und ungeheurem Ernst". Auffallend waren die buschigen Augenbrauen, ein kräftiger Oberlippenbart und ein „dicklippiger, sinnlicher Mund". Keynes selbst soll sich übrigens für hässlich gehalten haben.

Lord Keynes, im Jahre 1942 geadelt, starb am 21. April 1946. Es hat in der ersten Hälfte des 20. Jahrhunderts eine ganze Reihe namhafter Nationalökonomen gegeben: Alfred Marshall, Gustav Knut Wicksell, Irving Fisher, Arthur Cecil Pigou, Joseph Alois Schumpeter, Walter Eucken. Worin aber liegt Keynes' herausragende Bedeutung? In seiner britischen Heimat ist er eine fast legendäre Gestalt. Er hat radikal gebrochen mit der Vorstellung, dass in einer liberal strukturierten Volkswirtschaft allein die Marktkräfte für ein sich ständig neu bildendes Gleichgewicht mit Vollbeschäftigung sorgen. Er hat die aktive Rolle des Staates und der Zentralbank betont (Ende des „Nachtwächterstaates"), hat finanztechnisch dem Geld und Kredit neue Funktionen erschlossen. Er war entscheidend daran beteiligt die Internationalität der Währungs- und Finanzpolitik in neuen Institutionen zu verankern und er hat mit seinen Theorien, Ideen und Überzeugungen wie kein anderer Wirtschaftswissenschaftler dieses Jahrhunderts Einfluss auf die Politik genommen. Manches allerdings, was ihm zugeschrieben wurde, haben andere schon vorgedacht.

Vollbeschäftigung wurde fürderhin in nahezu allen großen Industriestaaten zu einem erklärten, wenn auch oft verfehlten Ziel der Wirtschaftspolitik. Sogar die Charta der Vereinten Nationen hat ihre Mitglieder auf dieses Ziel verpflichtet. In Deutschland ist das im Jahre 1967 verabschiedete Stabilitäts- und Wachstumsgesetz mit seinen vier Hauptzielen – Vollbeschäftigung, stabile Preise, stetiges Wachstum und außenwirtschaftliches Gleichgewicht – von Keynesianischem Geist geprägt.

Motor des Wirtschaftswachstums: Nachfrage oder Angebot?

In den letzten Jahrzehnten aber sind immer wieder Missverständnisse über die Prioritäten der großen wirtschaftspolitischen Ziele entstanden, die zu einer Vernachlässigung der Geldwertstabilität führten. Dabei mag an ein Wort des früheren Bundeskanzlers Helmut Schmidt erinnert werden: „Fünf Prozent Inflation sind mir lieber als fünf Prozent Arbeitslosigkeit." In der Fixierung auf das Ziel Vollbeschäftigung wurde oft übersehen, dass nicht ein bestimmtes Maß an Arbeitslosigkeit der Preis für stabiles Geld, sondern stabiles Geld eine entscheidende Voraussetzung für hohe Beschäftigung ist. Keynes dafür verantwortlich zu machen, dass sich unter Berufung auf seinen Namen weltweit eine laxe Einstellung zur Geldwertstabilität eingestellt habe, ist ungerecht. Was unter seinem Namen von Politikern angerichtet wurde, hätte er gewiss nicht toleriert. Der spätere Nobelpreisträger Friedrich A. von Hayek, ein scharfer Kritiker des Buches „Vom Geld", hat Keynes entschieden verteidigt gegenüber Vorwürfen, er habe inflationäre Praktiken zu verantworten, die sich nach seinem Tod einstellten. Hayek schreibt: „Ich bin sicher, er wäre ein Führer im Kampf gegen die Inflation geworden, was immer er früher auch gesagt haben mag."

In Begriffen der modernen Terminologie könnte man sagen, Keynes wollte vor allem über Steuerung und Beeinflussung der gesamtwirtschaftlichen Nachfrage Wirtschafts- und Finanzpolitik betreiben, während heute die angebotsorientierte Wirtschaftspolitik das Denken bestimmt. Angebotsbedingungen verbessern – das heißt: Strukturen verbessern und beeinflussen. Zu Strukturproblemen hat Keynes wenig ausgesagt, weil sich diese Probleme damals kaum gestellt haben – vielleicht, weil sie nicht gesehen wurden. Und hier könnte Kritik ansetzen mit der Frage, ob ein so visionärer Geist nicht auch in dieser Hinsicht hätte Vordenker sein können. Man hat zu Keynes Lebzeiten weniger als heute darüber nachgedacht, wie wichtig für den Wohlstand einer Gesellschaft ein hoch entwickeltes Ausbildungssystem ist, ein leistungsfähiges Verkehrsnetz, eine funktionierende Verwaltung. Der internationale Warenaustausch und die ihn beeinflussenden Unterschiede der Kosten und der Produktivität spielten bei weitem noch nicht die gleiche wichtige Rolle wie in unseren Tagen.

Ökonomie und Ökologie

Noch größer waren Unwissenheit und Desinteresse auf dem weiten Feld der Ökologie und der Umweltzerstörung mit ihren Wurzeln in der wirtschaftlichen Tätigkeit des Menschen. Nur wirklich intime Kenner der Keynes-Literatur mögen beurteilen, ob irgendwo im Lebenswerk des großen englischen Nationalökonomen solche Gedanken auftauchen – wahrscheinlich nicht. Aber wer kann ihm daraus einen Vorwurf machen? In den zwanziger und dreißiger Jahren war die Zeit noch nicht reif für solche Gedanken, geschweige denn während des Zweiten Weltkrieges. Medizin und Biologie, Physik und Chemie, die Naturwissenschaften schlechthin, hatten sich noch kaum mit den Themen beschäftigt, die heute unter dem weiten Begriff „Umwelt" zusammengefasst sind. Es wurde kaum gemessen, kaum analysiert, kaum vorausgedacht.

Wenn Keynes davon nichts wissen konnte, konnten es die Keynesianer auch nicht? Das große Umdenken brachten ja erst die siebziger, wenn nicht die achtziger Jahre. Aber selbst das hat in der Wirtschaftspolitik bis heute noch nicht zu einem grundsätzlichen Umdenken geführt. So ist zwar in Deutschland schon gefordert worden das Stabilitäts- und Wachstumsgesetz um ein fünftes Kernziel zu erweitern, den Schutz, die Bewahrung oder Heilung der Umwelt. Aber es kam nicht dazu. Und die Wachstumsdiskussion wird weithin noch immer ganz undifferenziert geführt.

Wachstum fast um jeden Preis gilt als Voraussetzung für das Erreichen vieler denkbarer wirtschaftspolitischer Ziele – im heutigen Deutschland von der Vollbeschäftigung bis hin zur Sanierung der maroden ostdeutschen Wirtschaft. Über den elementaren Unterschied zwischen quantitativem und qualitativem Wachstum wird zwar gesprochen, aber in der Realität spielt diese überlebenswichtige Differenzierung kaum eine Rolle. Was ist qualitatives Wachstum überhaupt? Da gibt es eine Definition des eidgenössischen Wirtschaftsdepartements: „Qualitatives Wachstum ist jede nachhaltige Steigerung der Lebensqualität, die mit geringerem oder zumindest nicht ansteigendem Einsatz an nicht vermehrbaren oder nicht regenerierbaren Ressourcen sowie mit abnehmenden oder zumindest nicht zunehmenden Umweltbelastungen verbunden ist."

Wo aber ist ein so verstandenes qualitatives Wachstum primäres Ziel der Wirtschaftspolitik, geschweige denn der unternehmerischen Praxis? Mehr Wachstum bedeutet nicht automatisch mehr Lebensqualität – das Gegenteil ist oft der Fall, wenn es – vielleicht noch nicht heute, sondern erst in der nächsten Generation – die Qualität von Boden, Luft und Wasser verschlechtert, den Artenreichtum auf der Welt weiterhin dezimiert.

Allmählich beschäftigt sich auch die Wirtschaftswissenschaft mit dem Problemkreis Ökologie und Umwelt. Es gibt Lehrstühle. Von der existenziellen Bedeutung aber, die diesem Thema eigentlich zukommen müsste, ist in der Nationalökonomie und in der Politik noch viel zu wenig zu verspüren. Vielleicht bedürfte es dazu eines Kopfes von der Genialität, Phantasie und Durchsetzungskraft eines John Maynard Keynes um hier der Wissenschaft neue Impulse zu geben.

Dr. Volker Wörl (geb. 1930), bis 1995 Ressortleiter Wirtschaft der „Süddeutschen Zeitung"

> *Erläutern Sie Keynes' Theorien vor dem Hintergrund seines Lebens und seiner Zeit. Welche ökonomischen Probleme müsste nach Wörl ein „neuer" Keynes lösen? Diskutieren Sie die Spannung zwischen Wirtschaftswachstum und Ökologie.*

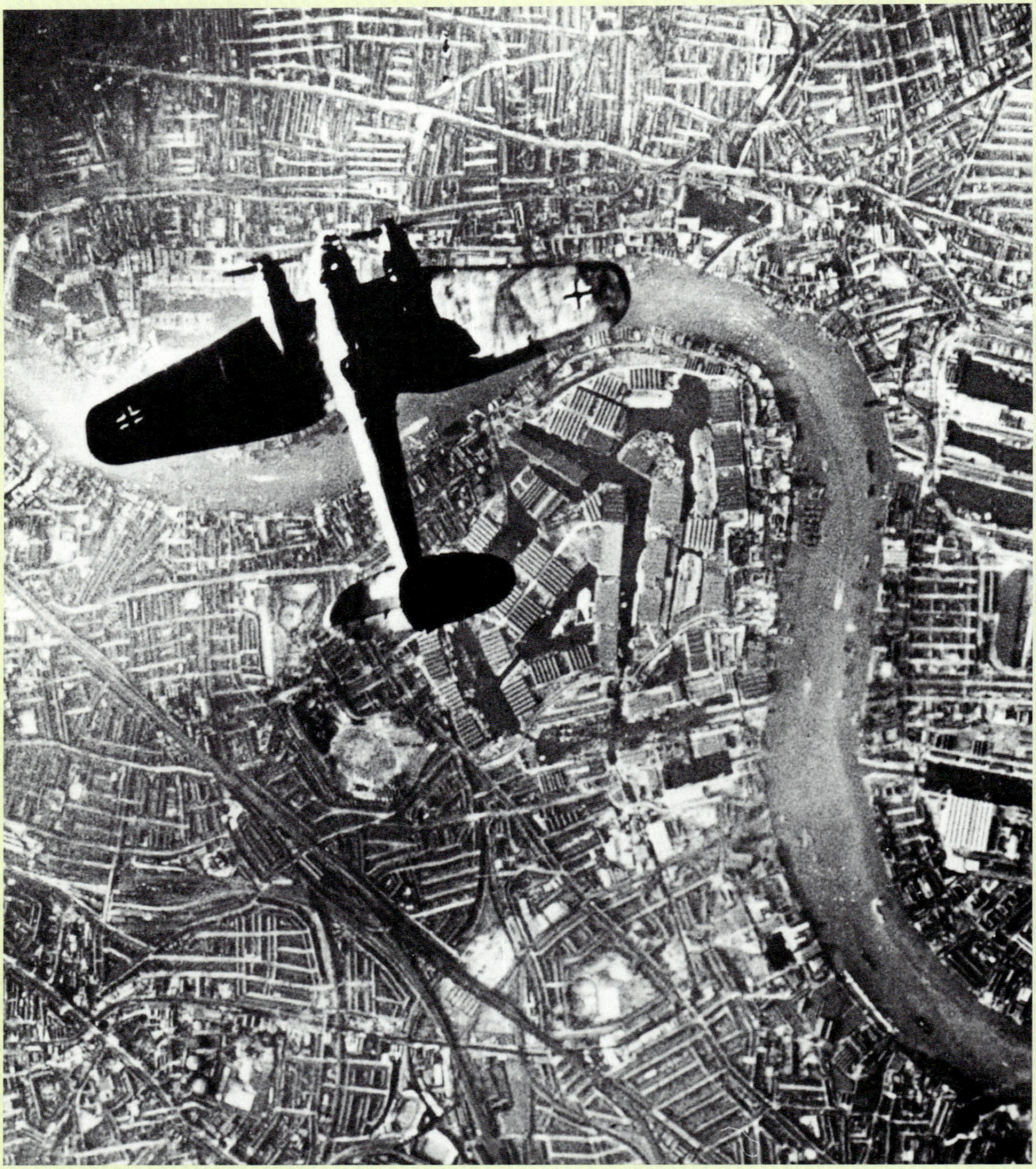

4. Internationale Politik im Zeitalter der Weltkriege

Der „Große Krieg" 1914–1918 zwischen den europäischen Mächten hatte eines gezeigt: Wenn eine ähnliche Katastrophe für die Zukunft verhindert werden sollte, dann galt es ein System der internationalen Zusammenarbeit, des freien Handelsaustausches und der friedlichen Konfliktaustragung zwischen Staaten zu schaffen. Dafür wurde 1919 auf der Pariser Friedenskonferenz der Völkerbund gegründet. Doch das Misstrauen der Regierungen, die Ablehnung, ja Hassgefühle zwischen Angehörigen verschiedener, oft gerade benachbarter Völker waren zu groß und zu sehr durch historische „Bilder" voneinander gefestigt, als dass die Regierungen allein darauf vertraut hätten im Völkerbund einvernehmliche Regelungen zum Ausgleich ihrer jeweiligen Interessen zu erreichen. Die Mittel der Zeit vor 1914, Beziehungen zwischen den Staaten zu regeln, behielten Gültigkeit: zwei- und mehrseitige Wirtschaftsverträge, politische Bündnisse, Militärallianzen, die eben nicht allein die Verhältnisse zwischen den Vertragspartnern betrafen, sondern sich oft gegen andere richteten, die nicht am Vertrag beteiligt waren. Das Scheitern des Völkerbundes in den dreißiger Jahren war eine Folge dieser Politik, aber auch der Tatsache, dass wichtige Staaten wie die USA oder die neue Sowjetunion ihm gar nicht oder sehr spät beitraten.

Der Wendepunkt in der internationalen Politik zwischen 1919 und 1939 war allerdings nicht das Scheitern des Völkerbundes. Es war die Weltwirtschaftskrise ab 1929, die viele Ansätze zu friedlicher Konfliktregelung und freiem Handelsaustausch zunichte machte. In ihrem Gefolge versuchten Deutschland, Japan und Italien sich mit militärischen Mitteln wirtschaftliche Einflusszonen zu sichern. Sie untergruben damit den Völkerbund und den freien Handelsverkehr in gleicher Weise. Ihre Politik und ihr Bündnis, der sogenannte „Antikominternpakt", führten die ganze Welt schließlich 1939 in einen neuen Krieg.

Von heute aus betrachtet schrumpft die Zeit von 1918 bis 1939 zu einer „Zwischenkriegszeit" zusammen, in der es nur darum ging den nächsten Krieg vorzubereiten. Manche sahen das in der Tat von Anfang an so, in Deutschland vor allem die Deutschnationalen und die Nationalsozialisten. Es gab jedoch auch ernsthafte Versuche Konsequenzen aus dem Zusammenbruch des internationalen Systems durch den Großen Krieg zu ziehen. Da dies scheiterte, standen wir in Europa und in der Welt 1945, am Ende des Zweiten Weltkrieges, vor einer ganz ähnlichen Situation wie 1918. Darum kann es von Gewinn für das Verständnis unserer heutigen Lage sein die Entwicklung der internationalen Politik nach dem Ersten Weltkrieg zu analysieren: Können wir die Bedingungen für einen umfassenden Frieden heute besser kontrollieren? Drohen uns immer noch ähnliche Gefahren? Gibt es neue Bedrohungen oder Chancen, die unsere Lage von der vor 1945 unterscheiden?

Die internationalen Beziehungen sind einerseits ein eigenes System, das bestimmten, in Jahrhunderten entwickelten diplomatischen Regeln unterliegt. Zweiseitige (bilaterale) oder mehrseitige (multilaterale) Verträge binden die Staaten an das internationale Völkerrecht. Institutionen wie die Europäische Union oder ein System der kollektiven Sicherheit können nicht mehr ausschließlich „staatenegoistisch" gedacht werden. Eine lange Friedensperiode setzt, historisch gesehen, immer voraus, dass ein internationales System existiert, das von allen Staaten respektiert wird.

Andererseits sind Innen- und Außenpolitik miteinander verbunden. Durch außenpolitische Tätigkeit soll der Einfluss des eigenen Staates über sein eigenes Gebiet hinaus gesichert oder ausgeweitet werden. Dies geschieht in der Regel zumindest auch aus wirtschaftlichen Gründen: um die Ein- und Ausfuhr von Gütern zu sichern oder zu erhöhen. Außenpolitik dient also auch der Befriedung innerer sozial-ökonomischer Konflikte. Die Gewalt der imperialistischen Expansion, die in den Ersten Weltkrieg geführt hatte, erklärt sich nicht zuletzt daraus. Viel stärker als im 19. Jahrhundert mussten (und müssen) Politiker im 20. Jahrhundert auf die Stimmung der Bevölkerung Rücksicht nehmen oder aber versuchen diese durch die Medien zu beeinflussen. Wenn auch im folgenden Kapitel vor allem von einzelnen Personen, staatlichen und wirtschaftlichen Organisationen die Rede ist, die „Außenpolitik machten", so darf der jeweilige Zusammenhang zur innenpolitischen Diskussion, zu Interessengruppen und Einstellungen der Bevölkerung, zumal sie sich in Wahlentscheidungen niederschlagen konnten, nicht vergessen werden. Die Völker wurden zunehmend ein Subjekt der äußeren Politik.

Wir werden uns im Folgenden damit beschäftigen,
– wieweit ein System kollektiver Sicherheit, das wir heute weiterzuentwickeln bestrebt sind, in die Wege geleitet werden und wie sich dennoch eine Politik der gegenseitigen Abgrenzung und Aggression entwickeln konnte;
– welche Vorstellungen Völker voneinander entwarfen;
– und schließlich werden wir an einigen Beispielen die nationalsozialistische Eroberungs- und Unterwerfungspolitik behandeln – den mit dem Tod von Millionen Menschen bezahlten Versuch in Europa ein auf Terror, Rassismus und Völkermord begründetes System zu errichten.

Deutsches Bombenflugzeug (He-111) am 7. September 1940 über London. Fotografie

4 Internationale Politik bis 1945

1914–18	Erster Weltkrieg
1917	Russische Revolution
1918	Frieden von Brest-Litowsk zwischen Deutschland und Russland (3. März); Revolution in Deutschland und Ausrufung der Republik (9. Nov.); Waffenstillstand zwischen Deutschland und den alliierten Mächten (11. Nov.)
1919	Beginn der Pariser Friedenskonferenz (18. Jan.); Unterzeichnung des Friedens von Versailles und Gründung des Völkerbundes (28. Juni); zwischen dem 10. Sept. 1919 und dem 10. Aug. 1920 Unterzeichnung der Friedensverträge mit Österreich, Bulgarien, Ungarn und der Türkei
1919–39	Unabhängigkeitsbewegung in Indien unter Mahatma Gandhi
1920	Russisch-polnischer Krieg
1921–22	Washingtoner Abrüstungskonferenz
1922	Vertrag von Rapallo zwischen Deutschland und der Sowjetunion (16. Apr.); Machtübernahme der Faschisten in Italien (28. Okt.)
1923	Besetzung des Ruhrgebiets durch französische und belgische Truppen ("Ruhrkrise")
1925	Räumung des besetzten Ruhrgebietes (1. Aug.); Verträge von Locarno (16. Okt./1. Dez.)
1926	Berliner Vertrag zwischen Deutschland und der Sowjetunion (24. März); Aufnahme Deutschlands in den Völkerbund (8. Sept.); Friedensnobelpreis an Aristide Briand und Gustav Stresemann (10. Dez.)
1927	Japan erklärt im sog. "Tanka-Memorandum" Ziel der Beherrschung Asiens durch Japan
1929	Beginn der Weltwirtschaftskrise
1931	Statut von Westminster für das *British Commonwealth of Nations*; japanischer Überfall auf die Mandschurei und Gründung des von Japan abhängigen Staates Mandschukuo (1932)
1933	Machtübernahme der Nationalsozialisten in Deutschland (30. Jan.); Austritt Deutschlands aus dem Völkerbund
1934	Nichtangriffspakt zwischen Deutschland und Polen; Eintritt der Sowjetunion in den Völkerbund
1935	Wiedereinführung der allgemeinen Wehrpflicht in Deutschland
1935–36	Besetzung des Rheinlandes durch deutsche Truppen; Antikominternpakt zwischen Deutschland, Japan und (ab 1937) Italien
1937–45	Chinesisch-japanischer Krieg
1936–39	Spanischer Bürgerkrieg
1938	"Anschluss" Österreichs an das Deutsche Reich (13. März); Münchener Abkommen (29./30. Sept.)
1939	Einmarsch deutscher Truppen in Prag (15. März); "Stahlpakt" zwischen Italien und Deutschland (22. Mai); deutsch-sowjetischer Nichtangriffspakt (23. Aug.); Beginn des Zweiten Weltkrieges mit dem Überfall auf Polen (1. Sept.)
1940–41	Deutsche Truppen besetzen praktisch alle Staaten in Nord-, West- und Südosteuropa
1941	Deutscher Überfall auf die Sowjetunion (22. Juni); japanisch-sowjetischer Nichtangriffspakt (Juli); Atlantik-Charta (14. Aug.); japanischer Überfall auf Pearl Harbor eröffnet Krieg zwischen Japan und den USA (7. Dez.); deutsche und italienische Kriegserklärung an die USA (11. Dez.)
1942	Niederlage der deutschen Armee unter Rommel in Nordafrika; Wende des Krieges in Asien durch die Schlacht bei den Midway-Inseln
1943	Konferenz von Casablanca (14.–24. Jan.); deutsche Niederlage bei Stalingrad (31. Jan./ 2. Febr.); Aufruf von Goebbels zum "totalen Krieg" (18. Febr.); Landung der Westalliierten auf Sizilien, Sturz Mussolinis (15. Juli); Konferenz von Teheran (28. Nov.–1. Dez.)
1944	Landung der westalliierten Truppen in der Normandie (6. Juni); Beginn der Rückeroberung der von Japan besetzten Gebiete (Philippinen, Burma)
1945	Konferenz von Jalta (4.–11. Febr.); amerikanische Landung in Japan (19. Febr.); bedingungslose Kapitulation der deutschen Wehrmacht (7.–9. Mai 1945); Gründung der "Vereinten Nationen" (26. Juni); Atombomben auf Hiroshima und Nagasaki (6./9. Aug.); sowjetische Kriegserklärung an Japan (8. Aug.); bedingungslose Kapitulation der japanischen Armee (2. Sept.)

Antikominternpakt: Bezeichnung für ein gegen die Sowjetunion gerichtetes Abkommen zwischen Deutschland und Japan vom 25. Nov. 1936, dem 1937 Italien, 1939 Ungarn und Spanien beitraten.

Appeasement(politik) (engl. = Beschwichtigung): Bezeichnung für die still haltende, auf Friedenswahrung bedachte britische Außenpolitik gegenüber der nationalsozialistischen Regierung. Als Höhepunkt der Appeasementpolitik gilt das Münchener Abkommen von 1938.

Blitzkrieg: Bezeichnung für eine in den 1930er Jahren im deutschen Generalstab entstandene Konzeption der Kriegführung, die durch Überraschungsmomente und den massierten Einsatz von Panzern und Flugzeugen vor der eigentlichen kämpfenden Truppe eine rasche Entscheidung zu erzwingen versucht. Die Blitzkrieg-Strategie sollte in Deutschland und Japan die strukturelle militärische und industrielle Unterlegenheit dieser Staaten kompensieren.

Commonwealth of Nations (engl. = etwa Gemeinschaft der Nationen): zunächst ab 1907 Assoziation Großbritanniens und der selbst regierten weißen Siedlerkolonien *(Dominions)*, ab 1917–1920 auch Indien als Quasi-*Dominion*. Seit 1926, endgültig seit dem Westminster-Statut von 1931 *British Commonwealth of Nations* mit den *Dominions* Irland, Kanada, Neufundland (bis 1934), Australien, Südafrikanische Union und Neuseeland als "autonome Gemeinschaften" innerhalb des britischen Empire. Nach dem Zweiten Weltkrieg schrittweise Erhebung der farbigen Kolonien erst zu *Dominions*, dann zu unabhängigen Republiken, die zum größten Teil Mitglied des nachkolonialen *Commonwealth* wurden.

Dominion → siehe Commonwealth

Entente (frz. = Einvernehmen): Bezeichnung für das formelle oder nicht formelle Bündnis zweier oder mehrerer Staaten; die *Entente cordiale* war das britisch-französische Bündnis vor dem Ersten Weltkrieg; als Entente wurde schließlich die gesamte Kriegskoalition im Ersten Weltkrieg gegen die „Mittelmächte" Deutschland, Österreich-Ungarn und Bulgarien bezeichnet.

Freihandelspolitik: Prinzip der Außenhandelspolitik eines Staates, das auf einen durch Zölle oder andere Beschränkungen ungestörten internationalen Handel dringt.

Gleichgewichtspolitik: Konzept der internationalen Politik, die Macht souveräner Staaten oder Staatengruppen so in der Waage zu halten, dass keine Vorherrschaft (Hegemonie) eines Staates oder einer Staatengruppe entsteht und so der Frieden gewahrt werden kann. Die im 18. und 19. Jh. vorherrschende Gleichgewichtspolitik der europäischen Mächte scheiterte im Imperialismus und im Ersten Weltkrieg und konnte auch durch das Konzept der kollektiven Sicherheit des Völkerbundes in der Zwischenkriegszeit nicht wieder hergestellt werden. Nach dem Zweiten Weltkrieg und mit der atomaren Aufrüstung entstand das *bipolare Gleichgewicht des Schreckens* zwischen den Weltmächten USA und Sowjetunion.

Isolationismus: Politik eines Staates keine Bindungen an andere Staaten einzugehen. Indem die USA z. B. nach dem Ersten Weltkrieg dem Völkerbund nicht beitraten und sich politisch aus den Konflikten in Europa heraushielten, verfolgten sie in der Zwischenkriegszeit eine Politik des Isolationismus.

Komintern (Abk. für Kommunistische Internationale): 1919 auf Betreiben Lenins gegründeter internationaler Zusammenschluss vor allem kommunistischer Parteien. Ziel war die Weltrevolution zur Errichtung der Diktatur des Proletariats. Seit 1924 wurde die Komintern weitgehend den außenpolitischen Interessen der Sowjetunion unterworfen und der Führung der KPdSU unterstellt. 1943 im Interesse des Bündnisses der Sowjetunion mit den Westmächten aufgelöst.

„Lebensraum(politik)": Der aus der wissenschaftlichen Schule der „Geopolitik" stammende Begriff (1897) bezeichnet den Raum, den bestimmte Bevölkerungen „objektiv" zum Leben benötigen. In der Weimarer Republik entwickelte sich aus diesem wissenschaftlich umstrittenen Begriff das politische Schlagwort vom „Volk ohne Raum". In Hitlers „Mein Kampf" und in seinem unveröffentlichten „Zweiten Buch" ist „Lebensraum" einer der Zentralbegriffe der NS-Ideologie und meint die militärisch-gewaltsame Ausdehnung des deutschen Gebietes in den europäischen Osten unter Verdrängung, Versklavung und Ausrottung der dort lebenden slawischen Völker.

Locarno (Locarnopakt oder Locarnoverträge, am 16. Okt. 1925 in Locarno abgeschlossen, am 1. Dez. 1925 in London unterzeichnet): Bezeichnung für ein System von Verträgen, das einerseits dem Sicherheitsbedürfnis Frankreichs durch eine Garantie der deutschen Westgrenzen Rechnung trug, andererseits Deutschland in den Kreis der Großmächte zurückführte (Eintritt in den Völkerbund). Die Verträge schlossen eine friedliche Veränderung der deutschen Grenzen nicht aus und enthielten ein Schiedsabkommen, das eine friedliche Regelung aller Konflikte vorsah.

Militarismus: bedeutet die Durchdringung und das Vorherrschen militärischer Grundsätze und Wertvorstellungen im öffentlichen und privaten Leben.

Münchener Abkommen: am 29. Sept. abgeschlossener und am 30. Sept. 1938 unterzeichneter Vertrag zwischen dem Deutschen Reich, Großbritannien, Frankreich und Italien, der die Tschechoslowakei zwang überwiegend von Deutschen bewohnte Gebiete Böhmens (Sudetenland) an Deutschland abzutreten (3,63 Mio. Einwohner = 25 Prozent der Bevölkerung der CSR), darüber hinaus aber eine Bestands- und Sicherheitsgarantie für die Tschechoslowakei enthielt, die von Hitler bereits im Frühjahr 1939 gebrochen wurde.

Nationalitäten: völkerrechtliche Bezeichnung für nationale (ethnische) Minderheiten in einem Staat. Seit Ende des 19. Jh. häuften sich in Staaten mit ethnischen Minderheiten in Mittel- und Osteuropa sowie auf dem Balkan Konflikte zwischen den Bevölkerungsgruppen, weil die staatstragende(n) Gruppe(n) die Minderheiten benachteiligte(n) und einzelne Nationalitäten für sich ein gewisses Maß an Autonomie, z. B. in der Kultur- und Schulpolitik, oder das Selbstbestimmungsrecht, d. h. nationale Unabhängigkeit, verlangten. Die Neugründung von Staaten nach dem Ersten Weltkrieg hat diese Probleme nur zum Teil lösen können. Seit dem Zerfall des Ostblocks um 1990 sind Nationalitätenprobleme teilweise wieder aufgebrochen, z. B. auf dem Gebiet der ehemaligen Sowjetunion, des ehemaligen Jugoslawien oder im Auflösungsprozess der Tschechoslowakei. Auch in der Dritten Welt kommt es häufig zu Konflikten zwischen Nationalitäten, z. B. in Indien und Pakistan, weil die alten Stammes-, Religions- und Kulturgrenzen oft nicht den von den Kolonialmächten gezogenen Landesgrenzen entsprechen.

Pazifismus (lat. pax = Frieden): Friedensgesinnung, deren Träger aus grundsätzlichen religiösen oder ethischen Gründen oder mit historisch-politischer Begründung Krieg ablehnt. Besonders vor und nach dem Ersten Weltkrieg gab es eine breite pazifistische Stimmung. Auch in den Kampagnen gegen die Einführung der Bundeswehr in den 1950er Jahren und in der Friedensbewegung Ende der siebziger/Anfang der achtziger Jahre war der Pazifismus ein bestimmendes Element.

Rapallo: am 16. April 1922 in Rapallo (bei Genua) abgeschlossener Vertrag zwischen dem Deutschen Reich und Sowjetrussland, in dem beide Seiten auf Reparationen verzichteten und ihre diplomatischen Beziehungen normalisierten (Erneuerung 1926 durch den Berliner Vertrag). Vor allem in der westlichen Publizistik galt und gilt der „Geist von Rapallo" polemisch als Symbol für die Abwendung Deutschlands vom Westen und seine Orientierung nach Osten.

Ruhrkrise: ausgelöst durch die französische und belgische Besetzung des Ruhrgebietes im Januar 1923 zur Zahlungserzwingung rückständiger deutscher Reparationen. Die Reichsregierung rief daraufhin die Bevölkerung in den besetzten Gebieten zum passiven Widerstand auf, der weitgehend befolgt wurde und dessen Bezahlung die Inflation in Deutschland auf den Höhepunkt trieb; deshalb Abbruch des „Ruhrkampfes" im September 1923.

Selbstbestimmungsrecht: das Recht von Völkern und Nationen ihre staatliche Organisation frei und ohne fremde Einmischung zu bestimmen. Selbstbe-

4 Internationale Politik bis 1945

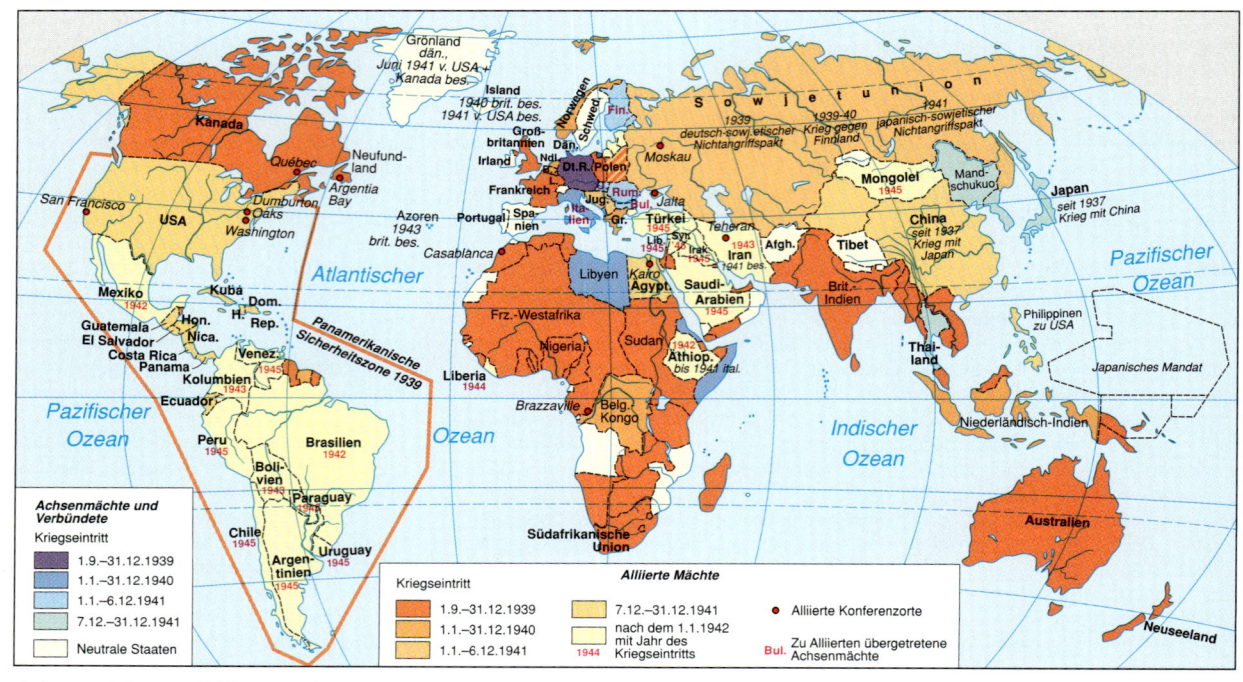

Achsenmächte und Alliierte im Zweiten Weltkrieg 1939–1945

stimmung schließt Selbstregierung ein. Hervorgegangen ist das Selbstbestimmungsrecht von Nationen aus den Forderungen der Französischen Revolution von 1789. Unter Berufung darauf kam es im 19. Jh. zu einer Reihe von Nationalstaatsgründungen in Europa und Südamerika. Obwohl nach dem Ersten Weltkrieg zum Grundsatz für eine Friedensregelung erhoben und gegenüber den Kolonien während des Zweiten Weltkrieges erneut bekräftigt, ist das Selbstbestimmungsrecht bis heute kein anerkannter Bestandteil des Völkerrechts. In der Sowjetunion unter Lenin und Stalin und nach 1945 angesichts des sowjetischen Führungsanspruchs im Ostblock insgesamt war das nationale Selbstbestimmungsrecht faktisch beseitigt.

Stereotyp: vorgefasste, von den Mitgliedern einer Gruppe geteilte Meinung über eigene oder die Merkmale anderer Gruppen von Menschen. Soziale Stereotype werden nicht durch Wirklichkeits-, sondern durch soziale Erfahrung erworben und auch verändert. Wenn an negativen sozialen Stereotypen trotz entgegenstehender oder fehlender Wirklichkeitserfahrung fest gehalten wird, spricht man von Vorurteilen oder auch von Feindbildern. Vorurteile und Feindbilder werden häufig für politische Zwecke instrumentalisiert.

Totaler Krieg: Der Begriff wurde von General Ludendorff in der Endphase des Ersten Weltkrieges geprägt und meinte die Missachtung der völkerrechtlich bindenden Unterscheidung von kriegführenden Truppen und nichtkämpfender Bevölkerung, aber auch die Mobilisierung der gesamten eigenen Bevölkerung und Wirtschaft für den Krieg. Dieses Konzept wurde im Zweiten Weltkrieg erstmals in Deutschland, dann aber teilweise auch in anderen Staaten verwirklicht und umfasste die ökonomische und psychologische Mobilisierung der gesamten Bevölkerung für den Krieg, die vollständige Ausrichtung der Wirtschaft auf die Kriegserfordernisse, die Entwicklung und Anwendung von Massenvernichtungswaffen („Bombenkrieg"). In einer weiteren wissenschaftlichen Bedeutung umfasst der Begriff für Deutschland darüber hinaus den rassenideologisch begründeten und bewusst geplanten Terror- und Vernichtungskrieg in Osteuropa, das „Euthanasie"-Programm sowie den Holocaust an den europäischen Juden während des Zweiten Weltkrieges.

Versailles, Frieden von (28. Juni 1919, in Kraft getreten am 10. Jan. 1920, abgeschlossen zwischen dem Deutschen Reich und 27 Siegerstaaten): Der Vertrag bestand aus 15 Teilen (u. a.: I Völkerbundsatzung; II Grenzfragen; III Reparationen). Der Vertrag regelte vor allem die deutschen Gebietsabtretungen, die Abrüstung der deutschen Armee auf 100 000 Mann und das Verbot der allgemeinen Wehrpflicht, die Wiedergutmachung der alliierten Kriegsschäden (Art. 231; sog. „Kriegsschuldartikel") und mögliche Interventionsrechte der Alliierten in Deutschland. Gegen den „Diktatfrieden" von Versailles entwickelte sich in der Wei-

Internationale Politik bis 1945   4

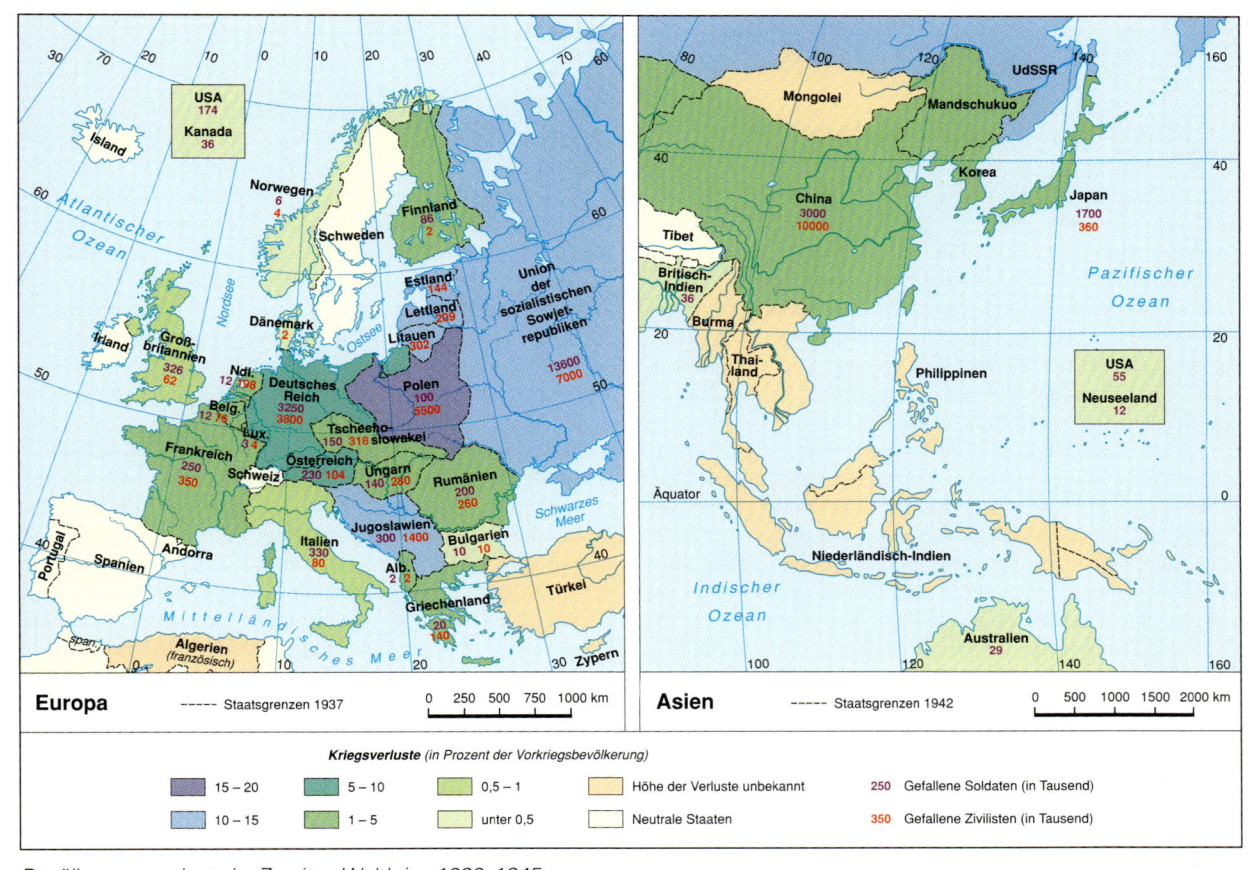

Bevölkerungsverluste im Zweiten Weltkrieg 1939–1945

marer Republik von Anfang an eine nationalistische Kampagne. In der britischen und amerikanischen Öffentlichkeit wurden teilweise wirtschaftliche und territoriale Bestimmungen des Friedensvertrages kritisiert.

Völkerbund: während der Pariser Friedenskonferenz 1919 gegründete Organisation von zunächst 32 Staaten zur Friedenswahrung durch Verpflichtung zur Konfliktaustragung in der (Voll-)Versammlung oder im Rat des Völkerbundes. Eine ausdrückliche Ächtung des Krieges sah die Völkerbundsatzung jedoch nicht vor. Das Ständige Sekretariat des Völkerbundes sowie das Internationale Arbeitsamt hatten ihren Sitz in Genf, der Internationale Gerichtshof befand sich in Haag, das Institut für geistige Zusammenarbeit in Paris. Die Schwäche des Völkerbundes resultierte nicht zuletzt aus der Nichtmitgliedschaft der USA sowie der nur zeitweisen Mitgliedschaft der Großmächte Deutschland, Sowjetunion, Italien und Japan und aus mangelhaften Sanktionsmöglichkeiten gegen Völkerrechtsbrüche. Der Völkerbund war zuständig für die Verwaltung des Saargebietes (bis 1935) und von Danzig sowie der ehemaligen deutschen Kolonien. Die Leistungen des Völkerbundes in humanitären und hygienischen Fragen sind unbestritten (Rückführung von Kriegsgefangenen, Sorge für Flüchtlinge, Kampf gegen Sklaverei, Opium-, Frauen- und Kinderhandel).

> 1. Stellen Sie aus den Materialien konfliktmindernde und -verschärfende Maßnahmen zwischen 1919 und 1939 zusammen.
> 2. Vergleichen Sie die internationale Politik der 1920er und der 1930er Jahre.

Die Welt nach dem „Großen Krieg"

Die Pariser Friedenskonferenz 1919

Am 18. Januar 1919 eröffneten die Delegierten der 27 Siegerstaaten des Ersten Weltkrieges die Pariser Friedenskonferenz. Insgesamt versuchten etwa 10 000 Politiker und Sachverständige Europa politisch und wirtschaftlich neu zu ordnen. Die wichtigsten unter ihnen bildeten den Kreis der „Großen Drei": der Präsident der USA, Woodrow Wilson, der britische Premier David Lloyd George und der französische Ministerpräsident Georges Benjamin Clemenceau; sie waren die eigentlichen Entscheidungsträger.

Die Friedensverträge, die die Nachkriegsordnung festlegten, waren von einem tiefen Widerspruch gekennzeichnet. Einerseits gingen sie vom Selbstbestimmungsrecht* der Völker und einem friedlichen Interessenausgleich in internationalen Gremien und Verträgen aus, in dem jeder Staat gleich berechtigt sein sollte. Andererseits beschnitten sie einseitig die Rechte der ehemaligen Kriegsgegner um die Grundlage für gegenseitige Sicherheit zu legen. Werfen wir einen Blick auf die Landkarte und vergleichen die Situation vor und nach dem Ersten Weltkrieg, so fällt auf, dass außer Deutschland noch zwei weitere bisherige Großmächte einschneidende Gebietsverluste haben hinnehmen müssen und im Ergebnis des Krieges ihre Verfassung gewechselt haben (siehe Karte S. 189): Das zaristische Russland wandelte sich mit der Revolution zur Union der Sowjetstaaten; das Kaiserreich Österreich-Ungarn wurde aufgelöst; aus ihm ging die österreichische Republik und eine Reihe neuer Staaten hervor. Die Türkei wurde fast vollständig vom europäischen Kontinent zurückgedrängt. Die Spannungen zwischen dem Prinzip der Nationalitäten* und der europäischen Integration, mit denen wir uns heute konfrontiert sehen, sind kaum zu verstehen, wenn man die Situation nach dem Ersten Weltkrieg nicht kennt; das trifft insbesondere auf die Etappen der Staatsbildung in Ost- und Südosteuropa zu.

Zwar setzte sich mit der Auflösung Österreich-Ungarns und der entsprechenden Neubildung von Staaten das Nationalstaatsprinzip weiter durch. Doch einige der neuen Staaten, z. B. Jugoslawien, blieben so zersplittert, dass von innerer ethnischer, kultureller oder wirtschaftlich-sozialer Homogenität nicht die Rede sein konnte. Angesichts der komplizierten Siedlungsgeschichte und der unterschiedlichen politischen Traditionen in Europa war es eine Illusion Grenzen strikt nach ethnischen Kriterien zu ziehen. Das hätte insbesondere in Osteuropa zu einer so weit gehenden Zersplitterung der Staatenwelt geführt, dass deren wirtschaftliche Unabhängigkeit gefährdet schien und die Überlegenheit Deutschlands, Österreichs und Russlands nicht hätte abgebaut werden können. Wäre es nur nach dem Selbstbestimmungsrecht gegangen, so hätten Menschen über Staatsbildungen bestimmen müssen, die unter der deutschen, russischen, türkischen oder österreichischen Herrschaft kaum Gelegenheit gehabt hatten politische Organisationen, politisches Bewusstsein und Erfahrungen im eigenständigen politischen Handeln herauszubilden.

Das Ergebnis der europäischen Neuordnung stellte so in vieler Hinsicht einen Kompromiss zwischen Nationalitätenrecht und Machtpolitik dar. Es schuf weder ein ausgeglichenes Verhältnis zwischen den Staaten noch innerhalb zahlreicher Bevölkerungsgruppen in vielen Staaten. Die teilweise gewaltsamen Veränderungen in der mittelost-, südost- und osteuropäischen Staatenwelt in den 1990er Jahren, d.h. nach der Auflösung der Sowjetunion, die nach dem Ende des Zweiten Weltkrieges den Status quo in Osteuropa durch ihre Übermacht aufrecht erhalten hatte, sind in mancher Hinsicht noch eine Folge der ungelösten Machtprobleme im europäischen Staatensystem nach dem Ersten Weltkrieg.

Völkerbund und Staateninteressen

Der Völkerbund

Ende April 1919 verabschiedete die Vollversammlung der Pariser Friedenskonferenz die Satzung des Völkerbundes* (siehe S. 208, Mat. 2). Diese sollte die durch die Pariser Verträge geschaffene Ordnung garantieren und alle Vertragsparteien im Konfliktfalle an die in der Völkerbundsatzung festgelegten Schiedsgerichtsverfahren binden. Allerdings durften die Verlierer des Ersten Weltkrieges dem Völkerbund vorerst nicht beitreten; auch das revolutionäre Russland blieb ausgeschlossen. So konnte die Idee von US-Präsidenten Wilson, den Völkerbund als „allgemeine Gesellschaft der Nationen" zur Grundlage der Nachkriegsordnung zu machen, nicht wirklich eingelöst werden.

Satzung und Zielsetzung des Völkerbundes und die Bestimmungen der Friedensverträge ergänzten sich nicht einfach, sie standen auch miteinander in Konkurrenz. Diese Spannung aufzulösen war eines der Hauptprobleme internationaler Politik nach 1919 (siehe Essay S. 227–229).

Die Bundessatzung verpflichtete die Mitglieder auf gemeinsame Abrüstung bis auf ein „Mindestmaß", „das mit der na-

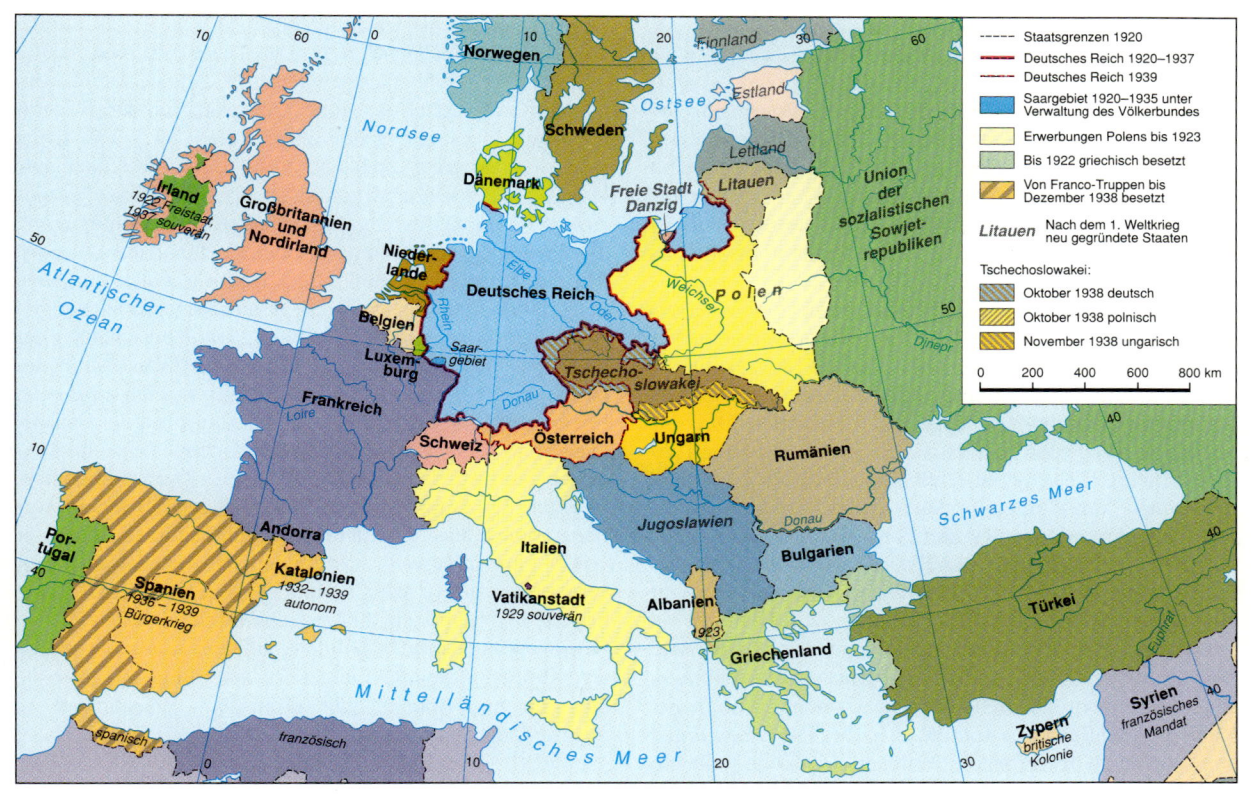

Europa zwischen den Weltkriegen 1919–1939

tionalen Sicherheit und mit der Erzwingung internationaler Verpflichtungen durch gemeinschaftliches Vorgehen vereinbar ist". Rüstung sollte also nur noch zum Zweck der unmittelbaren Landesverteidigung und des gemeinsamen Vorgehens gegen Staaten erlaubt sein, die gegen die Satzung verstießen. Jeder Krieg und jede Bedrohung, betraf sie auch nur ein Bundesmitglied, wurde zur Sache des gesamten Bundes erklärt, der politische und wirtschaftliche Sanktionen verhängen konnte.

Wie verhielten sich die Interessen der großen Mächte zu diesem Modell internationalen politischen Handelns?

Deutsches Reich

Von Deutschland aus gesehen bestimmte der Versailler Friedensvertrag* Grenzen und Ziele der Außenpolitik. Durch dessen militärische und wirtschaftliche Bestimmungen sowie die Gebietsabtretungen schied das Deutsche Reich aus dem Kreis der imperialistischen Staaten aus, die sich auf überseeische Gebiete stützten und ihre Handelsinteressen notfalls durch militärische Präsenz absichern konnten. Das sollte die zukünftige wirtschaftliche und politische Expansion vor allem auf den europäischen Kontinent leiten. Den wichtigsten außenpolitischen Faktor bildete für Deutschland sein Verhältnis zu den mächtigsten Vertragspartnern von Versailles – und nur, soweit diese selbst den Völkerbund als Instrument der Nachkriegsordnung handhaben, war auch der Bund, dem Deutschland vorerst ja nicht angehörte, für die deutsche Außenpolitik Orientierungspunkt des Handelns.

Die Vertragsbestimmungen von Versailles (siehe S. 209 f., Mat. 4 bis 6) schufen eine enge Verbindung zwischen Innen-, Wirtschafts- und Außenpolitik. Jeder Konflikt über die Reparationen berührte unmittelbar die Beziehungen zwischen Deutschland und den Siegermächten. Die Sieger hatten ein Druckmittel in der Hand um die Vertragserfüllung zu erzwingen. Sie konnten notfalls Teile Deutschlands besetzen um Reparationslieferungen sicherzustellen. Deutschland war außen- und besonders wirtschaftspolitisch nicht wirklich souverän, so lange diese Koppelung zwischen Reparationsforderungen und Wirtschaftskontrolle durch die Siegermächte bestand. So war die Regierung gehalten dem Vertrag jedenfalls soweit nachzukommen, dass die Handlungsfähigkeit des Reiches gegenüber den Vertragsmächten nicht gefährdet wurde. Andererseits kam sie stets dann innenpolitisch unter Druck, wenn sie die Reparationsauflagen weitgehend zu erfüllen suchte.

Von Beginn der Weimarer Republik an hetzten völkische und nationalistische Bewegungen gegen den Versailler Vertrag, der für alle Schwierigkeiten nach 1918, z. B. für Arbeitslosigkeit und Inflation, herhalten musste. Die Reichsregierungen standen vor dem fast unlösbaren Dilemma außenpolitische Bewegungsfreiheit zu erlangen und zugleich innere Stabilität zu erreichen. Die deutschen innenpolitischen Verhältnisse bildeten daher eine wesentliche Komponente der europäischen Beziehungen. Oder anders ausgedrückt: Die soziale Stabilisierung in Deutschland und die Stabilität der zwischenstaatlichen Ordnung waren miteinander verknüpft – und das auf lange Zeit. Denn im Gegensatz zu allen voraufgegangenen internationalen Friedensregelungen setzte der Vertrag nicht mit dem Zeitpunkt seiner Gültigkeit eine neue Ordnung, sondern schrieb eine Reihe von Maßnahmen vor, die sich über lange Zeit hinzogen. Wie lange überhaupt mit welchen jährlichen Belastungen Reparationen zu zahlen waren, blieb lange unbestimmt (siehe S. 210, Mat. 6); die Entscheidung über die nationale Zugehörigkeit der Saar sollte erst 1935 fallen; die Räumung der Rheinzone war erst nach 15 Jahren vorgesehen. Das Fernziel jeder deutschen Nachkriegsregierung war es von diesen langfristigen Bindungen schneller loszukommen, als der Vertrag es vorsah – die Frage war nur, ob im Einverständnis oder in Konfrontation mit den Siegermächten.

Frankreich

Es war vor allem die französische Regierung, die auf der Pariser Friedenskonferenz harte Bedingungen für Deutschland wie Gebietsabtretungen und hohe Reparationen durchsetzte. Frankreich sollte das unbestrittene politisch-wirtschaftliche Zentrum auf dem Kontinent werden. Deutschland dürfe nur zweite Macht sein. Viele Politiker und Militärs hofften sogar durch die jahrelange Besetzung das Rheinland vom Reich abtrennen zu können.

Das Ziel der französischen Außenpolitik – und auch seiner Völkerbundspolitik – war es Frankreich ein für allemal Sicherheit vor dem Deutschen Reich zu verschaffen. Dafür gab es gute Gründe. Frankreich war durch ein mächtiges Deutschland am stärksten gefährdet. Das hatten die Kriege von 1870/71 und 1914/18 gezeigt. Diese Erfahrung sollte sich im Zweiten Weltkrieg wieder bestätigen. Der fundamentale französisch-deutsche Gegensatz in der Reparationsfrage blockierte in den ersten Jahren nach dem Krieg jede Verständigung unter den europäischen Mächten. Die Klärung des deutsch-französischen Verhältnisses erwies sich so als Voraussetzung für eine allgemeine Stabilisierung der wirtschaftlichen und politischen Beziehungen zwischen den europäischen Staaten. Diese Klärung wurde erst nach der gefährlichen Zuspitzung der gegenseitigen Beziehungen in der Ruhrkrise* von 1923 erreicht. Die Überwindung der Ruhrkrise bezeichnet daher nicht nur einen Wendepunkt der inneren Lage Deutschlands; sie eröffnete auch eine neue Phase politisch-wirtschaftlichen Austausches in Europa. Diese historische Lehre machte sich der erste deutsche Bundeskanzler nach dem Zweiten Weltkrieg, Konrad Adenauer, zu eigen, der Anfang der zwanziger Jahre noch geneigt war Separationspläne im Rheinland zu unterstützen, indem er von Beginn an bestrebt war ein deutsch-französisches Einvernehmen in der europäischen Politik herzustellen.

Frankreichs Bemühen, die USA und England für das Ziel zu gewinnen, die Kräfteverhältnisse auf dem Kontinent grundlegend umzugestalten, stießen dort allerdings auf Skepsis, die sich mit zunehmender politischer Unsicherheit in Deutschland verstärkte.

Großbritannien

Großbritannien brauchte Stabilität auf dem Kontinent. Seit dem Wiener Kongress verfolgte es das Ziel auf dem Kontinent ein „Gleichgewicht der Mächte" (balance of power) herzustellen um den Rücken frei zu haben für die Sicherung seiner überseeischen Interessen. Die britische Außenpolitik folgte daher einer doppelten Perspektive: Europa und Übersee. Von den Handelsbeziehungen mit Übersee hing der Wohlstand der britischen Bevölkerung, die Finanzkraft der britischen Banken und der Großmachtstatus Großbritanniens insgesamt ab. Die zunehmende Konkurrenz der USA als Welthandelsmacht sowie die Befreiungsbewegungen und der erwachende Nationalismus in den kolonisierten Gebieten machten England in Übersee genug zu schaffen (siehe S. 366 f.). Während des Krieges hatten die „weißen" Dominions* durch wirtschaftliche Beiträge, aber auch Truppenkontingente, an Selbstständigkeit gegenüber dem Mutterland gewonnen. Seit dem „Statut von Westminster" 1931 verband sie schließlich nur noch eine Staatengemeinschaft (Commonwealth of Nations*) mit Großbritannien.

Stabilität in Europa war eine Voraussetzung für die Weltmachtansprüche Großbritanniens. Seine Politiker waren bestrebt, nachdem die Friedensverträge vor allem französischen Interessen entgegengekommen waren, nun hinsichtlich Deutschlands Maßnahmen zu fördern, die sozialen Unruhen und einer Unberechenbarkeit der deutschen Außenpolitik entgegenwirkten. Ihnen war der Zusammenhang zwischen Deutschlands Wirtschaftslage und europäischem Frieden bewusst; die Erfüllung der Reparationsauflagen war für sie daher kein absolutes Ziel. Daher gab es einen begrenzten britisch-französischen Gegensatz in der Deutschland- und Europapolitik, der bis 1939 nicht wirklich überwunden werden konnte.

USA

Die Haltung der USA zu Europa und zum Völkerbund blieb zwiespältig. Europa war nach 1914 Schuldner der Vereinigten Staaten von Amerika geworden, die durch Geldtransfer, Versorgungs- und Waffenlieferungen zum Sieg der Entente* erheblich beigetragen hatten. Aber der Kurs des amerikanischen Präsidenten Wilson, in die politische Neuordnung Europas einzugreifen und Amerika über den Völkerbund in die neue Ordnung einzubinden, war in den Vereinigten Staaten umstritten. Viele Politiker und Wirtschaftsführer fürchteten, die USA könnten in politische oder gar militärische Konflikte in Europa mit seinen vielen Staaten und ihren schwer berechenbaren Einzelinteressen hineingezogen werden. Wilson erhielt für seine Politik eines weltumspannenden Sicherheitssystems nicht die Mehrheit im amerikanischen Kongress. Die USA traten dem Völkerbund nicht bei.

Der Völkerbund wurde nun vor allem ein Forum europäischer Politik; im ungünstigen Falle diente er zum Austragen alter Rivalitäten, im günstigen zum Entwurf grenzüberschreitender Zukunftsplanungen.

Obwohl die USA keine dauerhafte politische Verpflichtung eingingen, drangen vor allem Wirtschafts- und Finanzmanager darauf die Handels- und Kapitalverbindungen zu Europa auszubauen. Die zweite Phase der internationalen Politik in der Zwischenkriegszeit von 1924 bis in die Weltwirtschaftskrise hinein wurde wesentlich von amerikanischen Konzepten politisch angeregt und von amerikanischem Kapitaleinsatz abgestützt.

Dennoch blieben politisches und wirtschaftliches System weitgehend getrennt. Dies haben amerikanische Politiker schließlich angesichts der neuerlichen deutschen Aggression unter dem Nationalsozialismus als entscheidenden Fehler der ersten Nachkriegsordnung erkannt. Sie haben deshalb nach 1945 nicht nur die Grundlagen zur europäischen Integration, sondern auch zu dauerhafter politischer, militärischer und wirtschaftlicher Zusammenarbeit mit Westeuropa gelegt. Die Modelle der internationalen Politik vor und nach 1945 unterschieden sich grundlegend. Vor 1945 blieb die Situation unentschieden: Es gab zwar einen Völkerbund, es gab Ansätze zu einer Abstimmung in manchen Bereichen der Wirtschafts- und Finanzpolitik zwischen den europäischen Staaten; aber die trennenden Faktoren, die nationalen Eigeninteressen erlaubten eine kontinuierliche, institutionell gesicherte Zusammenarbeit noch nicht.

Japan

Mit Japan hatte sich um 1900 eine außereuropäische industrielle Großmacht herausgebildet. Der Öffentlichkeit und den Politikern in Europa war dies noch wenig bewusst. Vertreter der europäischen Großmächte hatten sich während der Friedensverhandlungen in Paris sogar darauf geeinigt Japan den ehemaligen deutschen Kolonialbesitz in China zu überlassen; damit hatten sie nicht nur die japanischen Expansionsbestrebungen unterstützt, sondern auch national-revolutionäre Bewegungen in China gegen die drohende neue Kolonialisierung entfacht.

In den USA beobachtete man die Entwicklung Japans zur asiatischen Großmacht aufmerksamer. Etwa so wie heute die amerikanische Autoindustrie von der japanischen Konkurrenz überholt wird, wurde damals der Textilmarkt in den USA von japanischen Produkten gleichsam überschwemmt. Im pazifischen Raum und in China stießen die Wirtschaftsinteressen der USA und Japans aufeinander, versuchten die Regierungen beider Länder der eigenen Industrie möglichst den Vorrang auf dem asiatischen Markt zu verschaffen. Auf dem asiatischen Festland dagegen bedrohte der Expansionsdrang Japans sowjetische Interessen und berührte damit auch die europäischen Machtverhältnisse.

Die Dezentrierung des Staatensystems

Nach 1919 zeichneten sich drei reale Machtzentren ab: die USA, Japan und Europa. In Europa waren die inneren Machtverhältnisse am ungesichertsten. Durch die kommunistische Revolution in Russland war es zudem gespalten (zur Rolle der UdSSR siehe S. 192 f.) und England, das im Zusammenhang seines Empires gesehen werden muss, hatte mehr Berührungspunkte mit der neuen Großmacht USA als die anderen europäischen Staaten. Die Voraussetzungen zu europäischer Einheit und zu weltumgreifenden Regelungen waren also keinesfalls günstig. Die Kooperation, die sich in der zweiten Hälfte der zwanziger Jahre zwischen europäischen Staaten anbahnte, ergab sich weniger aus konkreten gemeinsamen Interessen, sondern mehr aus Furcht vor einem neuen Krieg, der zur Selbstzerstörung Europas hätte führen können und auf alle Fälle seine Schwächung gegenüber den USA und Japan zur Folge gehabt hätte.

Aus der Perspektive der großen Mächte war die übrige Welt vor allem Objekt der Machtinteressen anderer. Das galt für Afrika und Vorderasien, wo die Kolonialherrschaft der europäischen Mächte nach dem Ersten Weltkrieg nur ansatzweise angetastet wurde (siehe S. 365–367 und Karte S. 362). Wegen seiner Ölvorkommen entwickelte sich Vorderasien zu einem zentralen Interessengebiet der Industriemächte und internationaler Ölkonzerne. Hier offenbarte sich der Machtverlust Europas gegenüber den USA: Zwar blieben die arabischen Gebiete politisch weitgehend von England und Frankreich abhängig, wirtschaftlich setzten sich aber in der Zwischenkriegszeit die amerikanischen Ölkonzerne durch. Noch weniger konnten die europäischen Regierungen die mittel- und südamerikanischen Staaten politisch beeinflussen, die schon im 19. Jahrhundert ihre Unabhängigkeit erreicht hatten, auch wenn sie wirtschaftlich stark von den USA, England und in einzelnen Fällen seit den dreißiger Jahren auch von Deutschland abhängig waren. Seit Verkündung der Monroe-Doktrin 1823 hatten die USA eine direkte politische Intervention Europas unmöglich gemacht, aber zur Aufrechterhaltung ihrer eigenen politisch-wirtschaftlichen Interessen ein Interventionsrecht formuliert und z. B. 1926 in Nicaragua gegen eine soziale Befreiungsbewegung auch wahrgenommen. Den Führungsanspruch der USA in der westlichen Hemisphäre bestritten weder die europäischen Großmächte noch Japan.

Die Sowjetunion: Frieden durch Weltrevolution?

Russland war 1917 nach der Revolution nicht nur aus dem Krieg ausgeschieden, sondern hatte sich mit dem Abschluss des Sonderfriedens von Brest-Litowsk im März 1918 mit Deutschland auch von den späteren Siegermächten isoliert. Die kommunistischen Führer der Sowjetunion propagierten eine Außenpolitik, die sich von den Prinzipien der „imperialistischen Großmächte" unterscheiden sollte (siehe S. 366). Nicht die ökonomischen Interessen der privaten Industrie sollten die internationalen Beziehungen bestimmen, sondern die Interessenübereinstimmung der Arbeiterklasse über die Staatengrenzen hinweg sollte die Völker zusammenführen.

In Brest-Litowsk hatten Lenin und Trotzki versucht diese Prinzipien in die Tat umzusetzen: Die Verhandlungen wurden zum Teil öffentlich geführt, Geheimdiplomatie sollte nicht mehr geduldet werden; keine Annexionen, statt dessen Selbstbestimmungsrecht, keine Kontributionen (Reparationen oder Kriegsentschädigungen) lauteten die Forderungen. Freilich blieben diese Prinzipien wie das gesamte Vertragswerk angesichts der deutschen Niederlage Ende 1918 und des alliierten Eingreifens in der Sowjetunion auf Seiten gegenrevolutionärer Kräfte weitgehend wirkungslos (siehe S. 103). Schon bald sollten die Sowjetführer selbst gegen die in Brest-Litowsk verkündeten Prinzipien aus eigenen Machtinteressen in eklatanter Weise verstoßen. Das lässt sich am Schicksal der baltischen Staaten (Estland, Lettland, Litauen) verfolgen. Die drei ehemaligen russischen Provinzen hatten 1917 bzw. 1918 im Zusammenhang der Revolution und des deutsch-russischen Friedensschlusses ihre Unabhängigkeit erklärt. Die Pariser Konferenz bestätigte ihre Souveränität international. Doch sollte diese nicht lange Bestand haben. Zur Zeit der sowjetisch-nationalsozialistischen Interessengemeinschaft wurden sie 1940 der Sowjetunion eingegliedert; erst im Gefolge des Zerfalls der Sowjetunion erlangten sie 1991 ihre Freiheit wieder.

1919 musste die Sowjetrepublik um ihren eigenen wirtschaftlichen und politischen Bestand kämpfen. England, Frankreich, die USA, Japan und Italien unterstützten im russischen Bürgerkrieg antirevolutionäre Gruppen mit Waffen und Truppenkontingenten und weiteten ihn zum „Interventionskrieg" aus. Da die Sowjetunion zu schwach war um durch äußeren Druck ihre außenpolitischen Ziele durchzusetzen musste sie versuchen im revolutionären Sinne auf kommunistische und sozialistische Parteien in den anderen Ländern einzuwirken. Die Sowjetführer regten daher 1919 die Gründung der „Kommunistischen Internationale" (Komintern*) an um eine Zusammenarbeit der revolutionären Parteien unter sowjetischem Führungsanspruch zu gewährleisten sowie von innen her Druck auf die Interventionsstaaten auszuüben und die Beendigung der Intervention zu erzwingen.

Im besiegten und hoch industrialisierten Deutschland schienen hierzu die Verhältnisse am günstigsten. Wäre erst einmal in Deutschland der Kapitalismus überwunden, so könnten Frankreich, Italien und gar England „aufgerollt" werden. Nach Trotzkis Auffassung von der „Permanenten Revolution" sollten Unruhe und Umsturz in die entwickelten Länder hineingetragen werden um auf der Grundlage der Herrschaft des Proletariats ein einheitliches Europa zu schaffen. Das stellte zwar mehr einen Anspruch dar, als dass es tatsächlich die anderen Länder hätte beeinflussen können, stärkte aber das Misstrauen der kapitalistischen Mächte in die Sowjetunion. Der britische Premier David Lloyd George drückte diese Furcht vor dem Export der Revolution in einem Memorandum für die Pariser Konferenz aus: „Ganz Europa ist erfüllt mit dem Geist der Revolution ... Die gesamte bestehende politische, gesellschaftliche und wirtschaftliche Ordnung wird von der Masse der europäischen Bevölkerung in Frage gestellt ... Es besteht die Gefahr, dass wir die Masse der Bevölkerung in ganz Europa in die Arme der Extremisten treiben, die um der Erneuerung der Menschheit willen das bestehende gesellschaftliche Gefüge gänzlich zerstören. Diese Kräfte haben in Russland triumphiert."

Das Modell der Weltrevolution scheiterte. Dafür gelang es der neuen „Roten Armee" bis 1920, die Interventionen Japans und der Westmächte abzuwehren. Den polnisch-russischen Krieg von 1919/20 beendete im März 1921 ein Kompromissfrieden. Die darin festgelegte polnisch-sowjetische Grenze beruhte allerdings nicht auf dem Selbstbestimmungsrecht, sondern stellte allein einen Machtkompromiss zwischen beiden Staaten dar.

Nach der so erreichten Sicherung ihrer Grenzen und dem Scheitern des revolutionären Anspruches auf internationaler Ebene verzichtete die sowjetische Regierung auf die Propagierung der „Permanenten Revolution". Der Sozialismus müsse vielmehr im eigenen Lande und aus eigenen Kräften gefestigt werden. Außenpolitische Konflikte waren dem nicht mehr dienlich. Bei aller Reserve gegenüber den kapitalistischen Ländern anerkannte die Sowjetführung daher die Notwendigkeit in den Kreis der internationalen Diplomatie zurückzufinden, d. h. sich die außenpolitische Anerkennung in der internationalen Staatengemeinschaft zu sichern. „Friedliche Koexistenz" schien auch zwischen Staaten unterschiedlicher sozial-ökonomischer Verfassungen möglich. Aber die europäischen Staaten gaben ihre Abgrenzungspolitik gegenüber der UdSSR nur allmählich auf.

1. Stellen Sie die Grundzüge des Staatensystems nach 1919 dar.
2. Analysieren Sie die Darstellung unter den Aspekten a) Interessen der Einzelstaaten, b) mögliche Konflikte in den internationalen Beziehungen nach 1919.
3. Vergleichen Sie die Friedenskonzeption der Pariser Konferenz von 1919 und des Wiener Kongresses 1815 und identifizieren Sie „solidarische" und „agonale" Momente des jeweils neuen Staatensystems.

Die Reparationsfrage oder: Ökonomie und internationale Politik in den zwanziger Jahren

Im Versailler Vertrag von 1919 hatte das Deutsche Reich neben Gebietsabtretungen, die seine industrielle Macht minderten, einer Erstattung der Kriegskosten und -schäden an die Siegermächte zustimmen müssen (siehe S. 209 f., Mat. 4 und 5). Gleichwohl gab es auf der Pariser Friedenskonferenz manchen Vertreter, der die Erstattung der Kosten eines modernen Krieges für unmöglich erklärte. Dies müsse in den Verliererstaaten soziale Unruhen hervorrufen und eine neue Friedensordnung gefährden (siehe S. 209, Mat. 3).

Das Reparationsproblem in Deutschland

Die Lösung der Reparationsfrage war nicht nur für Deutschland, sondern für die Wirtschaft Europas insgesamt entscheidend: Die Sieger wollten sich die Kriegsverluste zurückerstatten lassen und so ihre Wirtschaft wieder aufbauen; Deutschland aber wollte vermeiden durch permanente Zahlungen ans Ausland wirtschaftlich auf den Status einer Macht minderen Ranges zurückzufallen. Die Inflation in Deutschland bis 1923 war daher auch ein außenpolitisches Mittel die Reparationszahlungen rein rechnerisch zu erfüllen, die tatsächliche Belastung für die Wirtschaft durch die Geldentwertung aber wesentlich geringer zu halten. Hugo Stinnes sprach gegenüber dem amerikanischen Vertreter in der Reparationskommission von „der Waffe der Inflation"; denn die Unterbewertung der Mark im Verhältnis zu anderen Währungen erleichterte deutsche Exporte; die Inflation verstärkte allerdings die innere soziale Krise. Außen- und innenpolitische Spannungen verbanden sich 1923 zu einer allgemeinen Krise, als französische und belgische Truppen unter Berufung auf den Vertrag von Versailles das Ruhrgebiet besetzten um noch nicht erfüllte Kohlelieferungen des Reiches zu sichern.

Der Konflikt ging aber tiefer. Es war den deutschen Unternehmern nämlich gelungen den Verlust ihrer Erzbasis in Lothringen an Frankreich wettzumachen, indem sie qualitätsmäßig bessere schwedische Erze einkauften und moderne Großkonzerne schufen, die nun gleichzeitig Kohle förderten und Metall verarbeiteten. Damit waren sie der in Vorkriegsstrukturen verharrenden französischen Schwerindustrie überlegen. Die französische Regierung versuchte nun durch direkte Intervention und Kontrolle des wirtschaftlichen Kerngebiets in Deutschland das Versailler System gewaltsam aufrechtzuerhalten ohne hierfür aber die rückhaltlose Unterstützung der USA und Englands zu erhalten. Besonders in den USA hatten sich andere Vorstellungen entwickelt.

Kredite aus den USA
Im Vergleich zu Kontinentaleuropa, das einen beträchtlichen Teil seines Kapitals im Kriege verzehrt hatte, hatte sich in den USA Kapital angesammelt, das für Investitionen zur Verfügung stand und das der amerikanischen Industrie neue Märkte öffnen konnte (siehe S. 146 und S. 161, Mat. 1). Nach Beendigung des „Ruhrkampfes" gab die amerikanische Regierung einem System den Vorzug, das amerikanisch-englischen Interessen Präferenzen einräumte, die Überlegenheit der deutschen vor der französischen Stahlindustrie anerkannte und einen Grundsatz von Versailles* nahezu in sein Gegenteil umkehrte: Um eine gleichmäßige industrielle Entwicklung in Europa zu gewährleisten, dürfe aus Deutschland nicht Kapital abgezogen, vielmehr müsse ihm welches zugeführt werden.

Nachdem 1924 in Deutschland Inflations- und Ruhrkrise überwunden waren, flossen in der Tat Kredite aus den USA nach Deutschland, die die Produktion wieder ankurbelten. Jetzt konnten auch hinreichend Überschüsse erwirtschaftet werden um den Reparationsforderungen nachzukommen (siehe S. 210, Mat. 6). Denn amerikanische Geschäftsleute und Bankenvertreter hatten darauf gedrungen, dass die Reparationen auf die tatsächliche Leistungsfähigkeit der deutschen Wirtschaft abgestellt werden müssten. „Deutschlands Wiederaufrichtung ist kein Endzweck in sich selbst, sondern nur ein Teil des großen Problems der Wiederherstellung Europas", stellte ein Sachverständigenausschuss fest.

So ergab sich ein transatlantischer Kreislauf des Geldes: Amerikanische Kredite flossen nach Deutschland, Deutschland bezahlte seine Reparationsschulden, die der europäischen Wirtschaft allgemein zugute kamen und es zugleich England und Frankreich ermöglichten, ihre Kriegsschulden an die USA zurückzuzahlen. Auch private amerikanische Firmen, insbesondere aus der Automobilindustrie, investierten in Deutschland und legten damit den Grund für eine amerikanisch-deutsche Kapitalverflechtung, die nach dem Zweiten Weltkrieg noch weiter ausgebaut werden sollte. General Motors z. B. kaufte 1929 die Adam Opel AG.

Trotz der Weigerung politische Verpflichtungen in Europa einzugehen betrieben die USA also eine expansive Geld- und Handelspolitik, die in Europa zur politischen Stabilität beitrug. Die Einführung der Rentenmark in Deutschland Ende 1923 und die Verabschiedung einer neuen Reparationsregelung bildeten in den außenpolitischen Verhältnissen nach dem Kriege eine Zäsur: Endlich konnte eine Phase multilateraler, durch den Völkerbund* abgesicherter Zusammenarbeit zwischen den europäischen Staaten beginnen.

Der Zusammenbruch des Reparationskreislaufs in der Weltwirtschaftskrise
Die wirtschaftlichen Voraussetzungen außenpolitischer Kooperation erwiesen sich jedoch als brüchig. In der Weltwirtschaftskrise zogen viele amerikanische Gläubiger ihre Kredite aus Deutschland und Europa ab; sie trugen damit dazu bei die Bankenkrise aus den USA nach Europa zu tragen. Freilich sahen sich die amerikanischen Geldgeber auch durch die Ergebnisse der Reichstagswahlen vom September 1930 verunsichert (siehe Tabelle S. 64), die die Abkehr von

Plakat zu dem von NSDAP und DNVP durchgeführten Volksbegehren gegen den Young-Plan, 1929, 72 x 48 cm

parlamentarisch verantwortlichen Regierungen eingeleitet hatten.
Zur Abwehr der Weltwirtschaftskrise ergriffen viele Staaten wirtschaftsprotektionistische Maßnahmen. Die Tendenz zu Freihandelspolitik* und internationaler Kooperation kehrte sich um: Schutzzölle wurden errichtet, regionale Wirtschaftszonen gebildet, außenpolitische Interessen neu definiert. Fast alle Staaten sahen sich gezwungen mögliche Investitionen auf die eigene Wirtschaft zu lenken oder wenigstens deren Kapitalkraft zu erhalten, sodass generell Kapital aus dem Ausland abgezogen wurde. Ein System gegenseitiger Sicherungen gab es nicht. Die Weltwirtschaft brach innerhalb kurzer Zeit zusammen bzw. teilte sich in getrennte Märkte und politische Einflusszonen auf. So gewährten sich Großbritannien und die Dominions* gegenseitig Vorzugszölle und schufen einen einheitlichen Währungsblock. Diese negative Erfahrung einer international beschleunigten Krise diente nach dem Zweiten Weltkrieg Politikern und Wirtschaftsfachleuten als Lehre, als sie die Weltbank und den Weltwährungsfonds einrichteten und so Kapitalreserven schufen, die bei einer Krise eingesetzt werden können.
Die Zerstörung internationaler Kapitalströme durch die Wirtschaftskrise beeinflusste auch die Reparationsregelungen. Unter Hinweis auf die innenpolitischen Schwierigkeiten und den Rückgang der Produktion konnte der deutsche Reichskanzler Brüning die US-Regierung überzeugen, dass weitere Zahlungen nicht mehr durchsetzbar waren. Das Hoover-Moratorium und die Konferenz von Lausanne beendeten 1932 die deutschen Reparationszahlungen viel früher als es die Verträge bestimmten (siehe S. 210, Mat. 6).
Obwohl die Reparationen zum wirtschaftlichen Wiederaufbau der europäischen Siegerländer nicht wesentlich beigetragen, den wirtschaftlichen Austausch zwischen den europäischen Ländern nach dem Kriege eher behindert und Frankreich nicht die erhoffte industrielle Überlegenheit verschafft hatten, stellten sie für die außenwirtschaftlichen Beziehungen Deutschlands eine hohe Belastung dar. Vor allem bewirkten die Auslandszahlungen in Deutschland eine ewige Devisenknappheit und eine negative Kapitalbilanz. Von einem Kapitalexport- war Deutschland zu einem Kapitalimportland geworden. Dies sollte zu einem der Entscheidungspunkte der NS-Außen- und -Wirtschaftspolitik werden.

1. Stellen Sie die Position der Siegerstaaten und Deutschlands in der Reparationsfrage dar.
2. Erläutern Sie die Versuche zur Lösung der Reparationsfrage und deren Folgen.

Zwischen kollektiver Sicherheit und nationaler Aggression: Internationale Politik in den zwanziger und dreißiger Jahren

Die Washingtoner Abrüstungskonferenz 1921/22
Die Machtverteilung in der Welt schien im Wesentlichen durch die Versailler Siegermächte festgeschrieben. Die USA, die politische Verpflichtungen ja weder gegenüber ihren Kriegsverbündeten noch gegenüber den Verlierern eingegangen waren, versuchten nun vertraglich wenigstens weltweit in grober Weise ein stabiles Verhältnis zwischen den militärischen Potentialen der Großmächte festzulegen. Als wichtigster Indikator dafür diente die Flottenstärke, die in Hinsicht auf eine weltweite militärische Präsenz wichtiger als die Heeresstärke war. Als Ergebnis der Washingtoner „Abrüstungskonferenz", die vom November 1921 bis zum Februar 1922 tagte, wurde das Verhältnis der Flottenstärken zwischen den USA, England, Japan, Frankreich und Italien auf 5:5:3:1,75:1,75 festgelegt. Dieses Abkommen richtete sich vor allem gegen Japan, die aufstrebende Industriemacht in Asien. Entgegen der Konferenzbezeichnung handelte es sich also nicht um einen Schritt zu gemeinsamer Abrüstung, sondern eher um traditionelle Kabinettspolitik, die international kaum kontrollierbar war und keine Sanktionen bei Verstößen zur Folge hatte.

Der Rapallo-Vertrag von 1922
Das Deutsche Reich und die neue Sowjetunion hatten nach 1919 eine Gemeinsamkeit: ihre außenpolitische Isolation. Am Rande einer der vielen Konferenzen zur Regelung der Reparationsprobleme vereinbarten 1922 Reichskanzler Joseph Wirth und Außenminister Walter Rathenau mit dem sowjetischen Volkskommissar des Äußeren, Georgi W. Tschitscherin, wieder diplomatische Beziehungen aufzunehmen, sich gegenseitig keinerlei Forderungen aus dem vergangenen Krieg zu stellen und den gegenseitigen Handel zu fördern (Vertrag von Rapallo). Eine sich bereits anbahnende Zusammenarbeit auf militärischem Gebiet wurde zwar in dem Vertrag nicht angesprochen, faktisch aber durch ihn begünstigt. Besondere Bedeutung erhielt der Vertrag aller-

dings auf einer anderen Ebene: Über ideologische Grenzen hinweg optierte Deutschland für eine Politik, die für die Westmächte wie für die mit Frankreich verbündeten Staaten östlich von Deutschland *(cordon sanitaire)* stets einen bedrohlichen Charakter hatte: „Rapallo" stand für eine gegen den Westen gerichtete Politik – auch wenn es faktisch für die deutschen Politiker darum ging wenigstens mit einem der großen europäischen Staaten ein durch den Krieg nicht belastetes Verhältnis zu entwickeln.

Die Verträge von Locarno 1925

Dem selbst gesetzten Ziel eines friedlichen Interessenausgleichs kamen die Politiker erst 1924 mit der Neuregelung der Reparationsfrage durch den Dawes-Plan näher. Damit im Zusammenhang stand der Abschluss eines europäischen Sicherheitsvertrages, der in Zukunft politische Stabilität auf dem Kontinent herstellen, die Besetzung des Ruhrgebiets beenden und eine Wiederholung der Ruhrkrise* verhindern sollte. Die Verträge von Locarno leiteten seit 1924 eine Phase deutsch-französischer Zusammenarbeit ein, die zu einem wesentlichen Teil durch den Völkerbund vermittelt wurde. Ihre Gültigkeit war an Deutschlands Beitritt zum Völkerbund geknüpft, der nun auch von Frankreich ausdrücklich gewünscht wurde.

Locarno brachte eine allgemeine Entspannung, die der britische Botschafter Lord d'Abernon so kennzeichnete: „Der erste und wichtigste Grund liegt darin, dass Locarno die Kriegsentente gegen Deutschland beendet. Er bringt Deutschland in das europäische Konsortium der Westmächte und räumt mit der alten diplomatischen Auffassung der Lage auf, die Deutschland als ‚den bösen Friedensstörer', den ‚Exponenten des aggressiven Militarismus' und den tollen Hund Europas betrachtete."[1]

Obwohl Deutschland auch mit Polen und der Tschechoslowakei ein Abkommen schloss, das es darauf verpflichtete Streitfragen vor den Internationalen Gerichtshof zu bringen, sprach Locarno die deutschen Ostgrenzen nicht an. Eine Revision, wenn auch nur auf friedlichem Wege, ließen die Verträge offen. So blieb Locarno – vom Prinzip der allgemeinen Völkerverständigung her gesehen – durchaus doppelbödig. Außenminister Gustav Stresemann, der diese Verträge mit geschaffen hatte und in der folgenden Zeit der Garant einer Zusammenarbeit mit Frankreich werden sollte, sah die Vertragspolitik vor allem als Mittel zur Wiederherstellung der außenpolitischen Handlungsfreiheit Deutschlands, was für ihn auch bedeutete: Revision der Ostgrenzen (siehe S. 210, Mat. 7). Die Bereitschaft, auf der einen Seite mit dem Vertrag von Versailles geschaffene Fakten wie die Abtretung von Elsass-Lothringen anzuerkennen, war auf der anderen Seite mit der Erwartung verbunden, dass damit andere Folgen des Vertrages langfristig unter Duldung der Siegermächte revidiert werden könnten. So eindeutig der Vertragstext war, so wenig ließen sich aus ihm diese Erwartungen ablesen, die die deutsche Politik schließlich mehr prägen sollten als die im Vertrag eingegangenen Verpflichtungen.

Europäische Einigungsbewegung

Die Gemeinsamkeit der Interessen Deutschlands und der europäischen Siegermächte, die Locarno unterzeichnet hatten, beschränkte sich nicht auf die Regelung der Verhältnisse unter den unmittelbar Beteiligten. Locarno hatte seinen Ausgang von Beratungen innerhalb des Völkerbundes genommen und lenkte die Aufmerksamkeit der Unterzeichnerstaaten auf eine Einheit, die in den zwanziger Jahren immer häufiger als ein zukünftiger politischer und wirtschaftlicher Faktor im Konzert der Mächte thematisiert wurde: Europa. Schon während des Ersten Weltkrieges hatten in mehreren Ländern Politiker, Ökonomen und Intellektuelle Vereinigungen gegründet, die die Idee eines Zusammenschlusses der europäischen Staaten auf vielerlei Weise vertraten. Die Aktualität des Europagedankens in den zwanziger Jahren entstammte durchaus widersprüchlichen Analysen der politischen Lage. Einerseits kam in ihnen die Überzeugung zum Ausdruck, dass die europäische Gesellschaft eine große kulturelle Tradition verbinde und dass sie eine außerordentlich dynamische Wirtschaftsmacht repräsentiere. Andererseits schienen Tradition und Dynamik von innen und außen bedroht:

– die untereinander konkurrierenden europäischen Nationalstaaten waren in der Lage sich selbst zu zerstören, und zwar politisch, wirtschaftlich und moralisch;
– neue Machtzentren hatten sich in Nordamerika und Asien gebildet, denen ein zersplittertes Europa auf Dauer unterlegen war;
– es hatte sich auf dem Boden Europas selbst mit dem Kommunismus eine soziale Bewegung herausgebildet, die in der Sowjetunion politische Realität geworden war und einen neuen Universalanspruch vertrat, der Werte wie Liberalismus, Individualismus und christliche Bindung leugnete.

Auch wenn der Nationalismus als politische Ideologie in den zwanziger Jahren in vielen Ländern an Macht sogar noch zunahm, strebten manche einen politischen Zusammenschluss in Europa nach dem Vorbild der Vereinigten Staaten an. Bekanntester Motor dieser Bewegung war die „Paneuropa-Union". Am ersten „paneuropäischen" Kongress im Jahre 1926 nahmen über 2000 Politiker, Wissenschaftler und Geschäftsleute teil.

Der Völkerbund und die Idee der „europäischen Föderation"

Unter den führenden Politikern Europas machte sich der französische Außenminister Aristide Briand den Gedanken einer europäischen Union zu eigen. Friedenssicherung, „die endgültige, generelle Liquidation des Krieges", wie er in einer Rede vor dem französischen Parlament im Dezember 1928 betonte, war dabei vielleicht sein umfassendstes Motiv. Gegenüber dem deutschen Außenminister Gustav Stresemann fasste er den politisch-wirtschaftlichen Hintergrund konkreter: Eine europäische Föderation sei notwendig, „politisch um den Frieden zu stabilisieren, und vor allen Dingen wirtschaftlich um sich vor der amerikanischen Übermacht zu schützen". Im September 1929 legte Briand dem Völkerbund den Plan einer europäischen Föderation vor (siehe S. 211, Mat. 8). Den Völkerbund wählte sich Briand als Forum seiner Initiative, da hier die Unterzeichnerstaaten von Locarno sich zu regelmäßigen Konsultationen trafen und weil die europäische Föderation organisatorisch als eine der regionalen Gruppen innerhalb des Völkerbundes abgesichert und so durch ihn garantiert werden sollte. Briands Pläne zielten auf eine einem Parlament ähnliche Beratungsgruppe europäischer Staaten innerhalb des Völkerbundes und auf eine europäische Zollunion – gleichsam Vorformen des Europarates und der Europäischen Wirtschaftsgemeinschaft.

Briands Vorstoß zwang die Regierungen ihre politischen Zukunftsplanungen offen zu legen bzw. sich selbst über die Prioritäten klar zu werden. Während fast alle kleineren Staaten Briands Vorschlag positiv aufnahmen, sandten die drei wichtigsten Mächte, England, Deutschland und Italien, ablehnende Stellungnahmen. Für die deutsche Regierung war ausschlaggebend, dass sie über Locarno hinaus keine Festlegungen des Staus quo in Europa wünschte und ihre Handlungsfreiheit weder gegenüber den USA noch gegenüber der Sowjetunion, die ja beide weder dem Völkerbund noch der Föderation angehören würden, einengen lassen wollte.

Als im britischen Kabinett die Entscheidung über Briands Europa-Plan anstand, war die *Labour Party* bereits gespalten und hatte mit den Konservativen eine Koalitionsregierung eingehen müssen (siehe S. 72 f.). Diese setzte nicht auf Europa, sondern auf engere wirtschaftspolitische Bindungen innerhalb des Commonwealth*. Das faschistische Italien wiederum verfolgte langfristig expansive Ziele im Mittelmeerraum, die mit einer Friedensverpflichtung schwer vereinbar waren. Briands Vorschlag blieb eine viel diskutierte Idee, die erst nach dem Zweiten Weltkrieg für ihre Verwirklichung reif war.

Théophile-Alexandre Steinlen (1859–1923), Guerre à la Guerre, 1922, Plakat, Lithographie, 79,5 x 59,5 cm

Friedensbewegung

Europa- und internationale Friedensbewegung hatten manche Berührungspunkte, weil viele Friedensbewegte in einem europäischen Bund die Möglichkeit sahen ihr Hauptziel, die Verhinderung von Kriegen, zu verwirklichen. Ihre politische Basis hatte die Friedensbewegung oft in den verschiedenen sozialistischen und sozialdemokratischen Parteien des Westens, in Frankreich, in Holland, auch in Deutschland. Die englische *Labour Party* hatte z. B. in sechs Punkten ihre außenpolitischen Ziele in einem Manifest für die Wahlen 1929 dargelegt, das einer Friedens-Charta nahe kam: 1. Gewaltverzicht durch internationale Verträge, 2. radikale Abrüstung, 3. Beilegung von Konflikten durch internationalen Gerichtshof, 4. wirtschaftliche Zusammenarbeit statt Wirtschaftskrieg, 5. Verzicht auf Geheimdiplomatie, 6. Auflösung von Militärblöcken und Abschluss von Nichtangriffsverträgen.

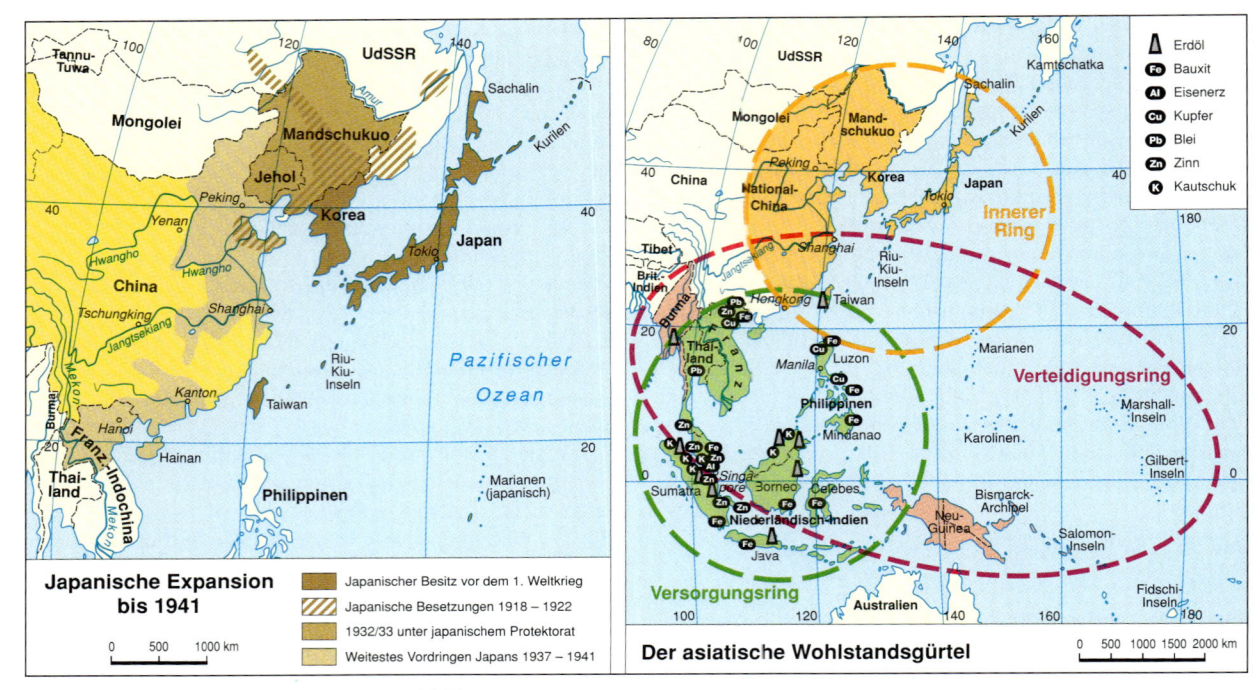

Die japanische Expansion in Asien bis 1941

Die japanische Expansionspolitik

Als in der Weltwirtschaftskrise (siehe S. 156–158) das handels- und finanzpolitische System zerfiel, das die großen Mächte miteinander verbunden hatte, löste sich auch die politische Ordnung auf, die durch die zwei Bezugspunkte Versailles* und Völkerbund* gekennzeichnet war.

Entsprechende Verschiebungen der weltpolitischen Lage zeichneten sich zuerst im ostasiatischen Raum ab. Ähnlich wie in Deutschland unmittelbar nach dem Krieg verbanden sich nun in Japan innere und äußere Krise. Die ungeheuren sozialen Verschiebungen, die mit der schnellen Industrialisierung und wirtschaftlichen Öffnung des Landes verbunden waren, hatten in den zwanziger Jahren zu Machtkämpfen und häufigem Wechsel des innenpolitischen Kurses geführt. Die äußere Verwundbarkeit des japanischen Industrialisierungsprozesses zeigte sich nach 1930 überdeutlich. Japan musste seine Textilexporte in die USA nahezu einstellen. In der japanischen Politik und Gesellschaft erstarkten jene Kräfte, die auf eine stärkere militärische Absicherung der wirtschaftlichen Interessen des Landes drängten und bereit waren hierfür auch einen Konflikt mit den USA einzugehen. Das Militär nutzte 1931 einen an sich unbedeutenden Zwischenfall an der chinesischen Grenze um in die Mandschurei einzumarschieren und 1932 den von Japan gänzlich abhängigen neuen Staat Mandschukuo auszurufen. Damit war Japan in offene Konfrontation zu China und dessen nationalrevolutionärem Kurs unter dem General Tschiang Kai-schek getreten. Nach mehrfachen Interventionen in chinesische Angelegenheiten und der Provokation von Grenzkonflikten ging das Militär 1937 zur offenen Invasion über und eroberte in den folgenden Jahren weite Teile des östlichen Chinas.

1938 proklamierte die japanische Regierung eine politische Neuordnung Ostasiens, die Errichtung eines „asiatischen Wohlstandsgürtels", ein Begriff, der die politisch-wirtschaftliche Unterwerfung des ostasiatischen Raumes unter japanische Interessen verschleiern sollte. Japans neue asiatische Ideologie wandte sich zugleich gegen die USA und nationale Bewegungen in China und in anderen Gebieten, die bisher noch weitgehend von europäischen Kolonialmächten kontrolliert wurden. Das an Rohstoffen reiche Südostasien hätte sich als eigener Großwirtschaftsraum mit einiger Aussicht auf Erfolg gegen die anderen Zentren politisch-wirtschaftlicher Macht, Europa und die USA, behaupten können. Daher war Japan so bestrebt die USA hier herauszuhalten und den erwachenden Nationalismus, der sich gegen die alten europäischen Kolonialmächte und den Anspruch japanischer Dominanz in gleicher Weise regte, in eine allgemeine asiatische Ideologie einzubinden.

Das Scheitern kollektiver Sicherheitssysteme: Der Krieg Italiens gegen Äthiopien

Italien gehörte nach seinem offenen Koalitionswechsel im Ersten Weltkrieg zu den Siegermächten. Nach der Konsolidierung des Faschismus in Italien versuchte Diktator Benito Mussolini, durch den Aufbau einer mittelmeerischen Einflusszone seinem Regime außen- und wirtschaftspolitisch größere Geltung zu verleihen. Nach Südosten, auf dem Balkan, stieß er allerdings auf deutsche Wirtschaftsinteressen. Aber Italien besaß Kolonien in Afrika (Libyen, Eritrea, Somali). Von Somali aus versuchten italienische Truppen das äthiopische Kaiserreich, einen der wenigen unabhängigen Staaten Afrikas, zu destabilisieren. Es war für kurze Zeit, von 1889 bis 1896, als „Abessinien" italienische Kolonie gewesen. Das diente Mussolini als Legitimation um im Oktober 1935 nach einem kurzen und wegen der moderneren Waffen ebenso überlegen wie grausam geführten Krieg Äthiopien erneut unter italienische Herrschaft zu bringen.

Der „Abessinienkrieg" war die letzte Probe auf die Handlungsfähigkeit des Völkerbundes nach der Weltwirtschaftskrise. Äthiopien hatte nach den ersten Grenzkonflikten 1934 den Völkerbund angerufen. Der englische Außenminister Samuel Hoare setzte sich für wirtschaftliche Sanktionen ein um Italiens Kriegführung zu erschweren. Die Öffentlichkeit, nicht nur in England, war auf seiner Seite. Doch die französische Regierung fühlte sich dem Nachbarn Italien näher, insbesondere mit Rücksicht auf ihre eigenen kolonialen Interessen in Afrika; an einer Schwächung Italiens – etwa im Verhältnis zu Deutschland – war ihr nicht gelegen. So blieben die Völkerbundsbeschlüsse halbherzig und trafen die Versorgung der italienischen Truppen nicht ernsthaft.

Nach der Annexion Äthiopiens trat Italien aus dem Völkerbund aus. Japan hatte den Bund bereits nach der Invasion der Mandschurei 1933 – im gleichen Jahr wie Deutschland – verlassen. Mussolinis Vorgehen hatte deutlich gemacht, dass der Völkerbund nicht in der Lage war die Expansion von Staaten zu verhindern, deren Führung entschlossen war militärische Mittel einzusetzen. Das Vorhaben, ein System kollektiver Sicherheit zu schaffen, war gescheitert.

Von der „Achse Berlin – Rom" zum „Antikominternpakt"

Der Konflikt um Äthiopien führte das nationalsozialistische Deutschland und das faschistische Italien näher zusammen. Italienische und deutsche Truppenkontingente griffen 1936 gemeinsam in den Spanischen Bürgerkrieg (1936–1939) ein um hier einem Regime die Alleinherrschaft zu sichern, das dem ihrigen nahe zu stehen und sie politisch zu unterstützen versprach. Diese Zusammenarbeit brach Italien endgültig aus der einstigen Koalition mit den Siegermächten von Versailles heraus. Mit der sogenannten „Achse Berlin–Rom", mit der Mussolini die Verbundenheit von Faschismus und Nationalsozialismus bezeichnete, war eine neue Kräftekonstellation in Europa entstanden. Mit der Erweiterung um Japan und unter der ideologischen Klammer des Antikommunismus erlangte die Zusammenarbeit der expansiven Mächte 1937 im „Antikominternpakt"* weltpolitische Bedeutung.

---

1. Erläutern Sie die Absichten und den Zusammenhang der außenpolitischen Vertragspolitik Deutschlands in der Weimarer Republik.
2. Stellen Sie die Versuche einer europäischen Verständigungspolitik in den 1920er Jahren und deren Motive dar. Welche Bedeutung hatte dabei der Völkerbund?
3. Skizzieren Sie die Bündnispolitik in den dreißiger Jahren.

Nationalsozialistische Außenpolitik: Der Weg in den Krieg

Die Militarisierung der Außenpolitik

Adolf Hitlers Aufstieg zum Reichskanzler und diktatorischen „Führer" beruhte im Wesentlichen auf Erwartungen, die seine Wähler und diejenigen, die ihm zur Macht verholfen hatten, auf die Innenpolitik richteten. Von Anfang an zeichneten sich jedoch auch außenpolitische Forderungen ab, die die Nationalsozialisten von anderen Parteien unterschieden – allerdings weniger durch die Ziele selbst als vielmehr durch die Radikalität, mit denen die Ziele verfolgt werden sollten. So war Hitler schon lange vor 1933 für kompromisslose Aufrüstung und außenpolitische Konfrontation eingetreten. Als neuer Reichskanzler umriss er bereits am

3. Februar 1933 vor Generälen der Reichswehr Nah- und Fernziele seiner Außenpolitik: Statt „Revision" hieß es nun „Kampf gegen Versailles", und zwar mit Hilfe des Militärs. Zur Steigerung der politischen Macht Deutschlands sollte die vom Versailler Friedensvertrag verbotene allgemeine Wehrpflicht wieder eingeführt werden. Adolf Hitler dachte bereits über Versailles hinaus. Was würde kommen, wenn die Einschränkungen von Versailles für die deutsche Politik keine Bedeutung mehr hätten? „Vielleicht Erkämpfung neuer Exportmöglichkeiten, vielleicht – und wohl besser – Eroberung neuen Lebensraums im Osten und dessen rücksichtslose Germanisierung", heißt es in den Aufzeichnungen eines Teilnehmers.[2] Hitler war sich bewusst, dass er eine risikoreiche Außenpolitik vertrat. Die Phase der Wiederaufrüstung bezeichnete er als die „gefährlichste Zeit", in der Frankreich über Deutschland „herfallen" könne um eine für Frankreich bedrohliche Aufrüstung von Anfang an zu unterbinden.

Bernard Partridge (1861–1945), „Adolf in the lookingglass", Karikatur aus der englischen Zeitung „Punch", 5. Dezember 1934

Hitler verknüpfte damit geschickt Innen- und Außenpolitik. Er sicherte sich die Unterstützung des Militärs, das eine herausragende Rolle in der nationalsozialistischen Politik einnehmen sollte; in der Erwartung ihrer künftigen wichtigen Stellung in der nationalsozialistischen Gesellschaft akzeptierten die Militärs ihrerseits das neue Regime. Fast alle Offiziere, die sich später gegen Hitler richteten, hatten am Anfang seine Politik der Aufrüstung und Stärke begrüßt.
Um das Risiko einer aggressiven Außenpolitik in Grenzen zu halten folgte dem Austritt aus dem Völkerbund 1933 im Januar 1934 ein Nichtangriffspakt mit Polen. Damit war einer der stärksten französischen Verbündeten unter den osteuropäischen Staaten neutralisiert. Nach außen hin betonte Hitler in mehreren großen Reden den Friedenswillen der nationalsozialistischen Regierung.
Für einen aufmerksamen Beobachter war der neue Militarismus* allerdings nicht zu übersehen. Als 1935 die allgemeine Wehrpflicht wieder eingeführt wurde, hatte die Armee die vom Versailler Vertrag vorgeschriebene Höchstgrenze von 100 000 Mann um über das Dreifache überstiegen und Marine und Luftwaffe befanden sich in einem schnellen Neuaufbau. Im März 1936 marschierten deutsche Truppen in die entmilitarisierte Rheinland-Zone ein. Es war unverkennbar, dass militärische Stärke der Regierung außenpolitische Beweglichkeit verschaffte. Die militärische Unterstützung Deutschlands und Italiens für Franco in Spanien zeigte dies. Und im März 1938 überschritten Wehrmachtseinheiten gar die Grenze zu Österreich. Unter Ausnutzung innerer Schwierigkeiten hatten die Nationalsozialisten mit dazu beigetragen die österreichische Republik zu destabilisieren. Die demokratischen Kräfte, insbesondere die der Sozialdemokraten, waren zu schwach um sich der deutschen „Schutzmacht" zu widersetzen; die Mehrheit der österreichischen Bevölkerung hatte das Vereinigungsverbot mit Deutschland ohnehin nicht akzeptiert. Österreich wurde als „Ostmark" dem Deutschen Reich eingegliedert; damit war der letzte Souveränitätsvorbehalt für das Deutsche Reich aus dem Versailler Vertrag beseitigt worden (siehe S. 213, Mat. 9).

Vom Risikokurs zum Kriegskurs
Anders als Stresemanns Verhandlungsdiplomatie, die Deutschland aufgrund einer Ausgleichspolitik neue Bewegungsfreiheit verschafft hatte, trennte die nationalsozialistische Machtpolitik die europäischen Mächte in zwei Lager: Deutschland und Italien auf der einen und Frankreich und England auf der anderen Seite. Für Frankreich war diese Politik angesichts der Rückgliederung des Saarbundes 1935 und der Aufhebung der entmilitarisierten Zone 1936 am

gefährlichsten. Die englische Regierung aber, und sie konnte sich hier auf die Stimmung in der Bevölkerung berufen, versuchte jeden offenen Konflikt mit dem nationalsozialistischen Staat zu vermeiden (siehe Mat. S. 219–222). Im Grunde genommen akzeptierten die englischen Politiker seit der Weltwirtschaftskrise, dass Schritt für Schritt der Versailler Vertrag faktisch aufgehoben wurde. Sie suchten nach einem neuen europäischen Ordnungssystem; sie glaubten ein Gleichgewicht auf dem Kontinent auf friedlichem Wege am besten dadurch zu erreichen, dass sie den Revisionszielen Deutschlands nachkamen, allerdings in gegenseitigem Einverständnis und abgesichert durch entsprechende internationale Vereinbarungen: Die britische „Appeasement"-Politik* kehrte zurück zu den Methoden der Bündnispolitik vor dem Ersten Weltkrieg.

Selbst Repräsentanten der nationalsozialistischen Außenpolitik wie der deutsche Botschafter in London und spätere Außenminister Joachim von Ribbentrop hofften auf einen diplomatischen Ausgleich mit England. In Hitlers Konzept allerdings passte eine solche Vorstellung nicht mehr. Nachdem es ihm gelungen war „durch die Risikozone ungehindert hindurch" zu gehen, wie es Propagandaminister Joseph Goebbels formulierte, war er bereit Friedenspropaganda und diplomatische Rücksichten fallen zu lassen.

Mit dem Vierjahresplan war 1936 bereits vorformuliert worden, worum es Hitler ging (siehe S. 174, Mat. 2): um eine militärische Entscheidung. Das bedeutete eine Kraftprobe nach außen und nach innen. Wirtschaftlich bedeutete die Vorbereitung eines Krieges die endgültige Abkehr von Export- und Weltmarktorientierung, die Beschränkung des privaten Konsums und zunehmende staatliche Lenkung der Produktion und Verteilung von Gütern.

Deutschland konnte seinen Bedarf an Agrarprodukten, vor allem an Fett und Fleisch, traditionell nicht decken. Um aus dieser wirtschaftlichen Abhängigkeit vom Ausland nicht eine politische Schwäche entstehen zu lassen importierte die Regierung verstärkt Agrargüter aus den politisch schwachen, unter sich rivalisierenden südosteuropäischen Ländern. Im Gegenzug legte sie diese auf den Bezug von deutschen Industriegütern fest und schuf so einen von deutschen Interessen abhängigen Wirtschaftsraum, der zunehmend englische und französische Interessen berührte.

Diplomatisch und militärisch trat seit 1937/38 die offene Konfrontation an die Stelle einer diplomatisch verbrämten „Gleichberechtigungspolitik" (siehe S. 212, Mat. 10). Gegen diesen wirtschaftlichen und militärischen Risikokurs sprachen sich Repräsentanten der konservativen Elite wie Reichsbankpräsident Hjalmar Schacht (siehe S. 176, Mat. 10) und Generalstabschef Ludwig Beck aus, die bisher

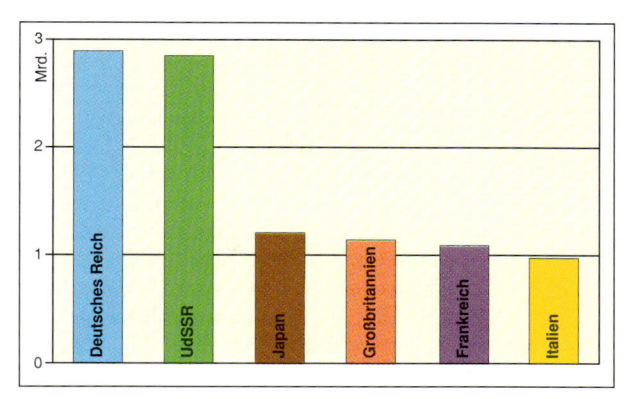

Militärausgaben der Großmächte 1933–1938 (in Mrd. Pfund Sterling)

die Aufrüstung unterstützt hatten. Wie andere auch wurden sie gegen Personen ausgewechselt, die weder moralische noch politische Bedenken gegen den Kriegskurs hatten.

Die Zerschlagung der Tschechoslowakei 1938/39

Hitler nahm Konflikte um die Rechte der Sudetendeutschen in der Tschechoslowakei zum Anlass auf diese Druck auszuüben. Nur vordergründig ging es darum einen autonomen Status für die dortige deutsche Minderheit zu erreichen. Hitlers Ziel war es die Tschechoslowakei „durch eine militärische Aktion zu zerschlagen", wie er in einer Rede am 30. Mai 1938 äußerte. Die Drohung eines militärischen Eingreifens führte zu diplomatischen Initiativen Frankreichs und Englands, die der Tschechoslowakei bei einem Angriff Beistand hätten leisten müssen. Mussolini unterstützte Frankreich und England, da er für sein Regime keinen Sinn in einem europäischen Krieg um einen Teil der Tschechoslowakei sah. So ließ sich Hitler unter diplomatischem Druck auf eine Konferenz mit dem britischen Premierminister Arthur Neville Chamberlain, dem französischen Ministerpräsidenten Edouard Daladier und dem italienischen Diktator Benito Mussolini ein, die 1938 in München stattfand.

Das Münchener Abkommen vom 29. September 1938 legte die Abtretung des Sudetenlandes an Deutschland fest. Unter dem Deckmantel des Selbstbestimmungsrechts beschnitt es die territoriale Eigenständigkeit der Tschechoslowakei aber noch mehr: Der slowakische Landesteil sollte gegenüber der Zentralregierung in Prag mehr Rechte erhalten, das „Problem der ungarischen und polnischen Minderheit" „gelöst" werden. Das führte zu weiteren Gebietsabtretungen an Ungarn und Polen. Die Regierung in Prag wurde von den Ver-

tragsmächten gezwungen dem Abkommen zuzustimmen. Innenpolitische Konflikte waren unvermeidbar; insbesondere entwickelten sich Spannungen zwischen Tschechen und den Slowaken, die sich nun deutscher Unterstützung sicher waren.
Als die Prager Regierung Militär einsetzte um die Einheit des Landes zu erhalten nahm Hitler dies zum Anlass den militärischen Angriff auszuführen, den „München" noch verhindert hatte. Am 15. März 1939 besetzten deutsche Truppen Tschechien, das als „Protektorat Böhmen und Mähren" dem Reich eingegliedert wurde. Die Slowakei wurde formal souverän, war politisch und wirtschaftlich aber völlig vom nationalsozialistischen Deutschland abhängig.

Von der „Krise um Danzig" zum Beginn des Zweiten Weltkrieges

Der faktische Erfolg seiner Politik von Drohung und schnellem militärischen Eingreifen verleitete Hitler dazu unmittelbar nach der Annexion Tschechiens das nächste Konfliktfeld auf ähnliche Art vorzubereiten. Jetzt richteten sich die deutschen Pressionen gegen Polen, das der Wiedereingliederung Danzigs ins Reich zustimmen sollte. Wiederum sprach Hitler vor Befehlshabern der Wehrmacht vorher aus – am 23. Mai 1939 –, was das eigentliche Ziel seiner Politik war: „Danzig ist nicht das Objekt, um das es geht. Es handelt sich für uns um die Erweiterung des Lebensraums im Osten und Sicherstellung der Ernährung sowie die Lösung des Baltikum-Problems."[3] Bereits am 11. April 1939 hatte er der Wehrmachtsführung aufgetragen Vorbereitungen für einen „vernichtenden" Angriff gegen Polen zu treffen.
Seit der Tschechoslowakei-Krise hatte sich das internationale Umfeld aber gewandelt. In England gewannen Gegner der Appeasement-Politik* an Einfluss. Auch Premier Chamberlain sprach nun davon, es gelte Deutschlands „Marsch zur Weltherrschaft" aufzuhalten. Frankreich und Großbritannien garantierten Polen dessen Unabhängigkeit. Freilich war dieses Versprechen im Konfliktfall nicht leicht einzulösen, da Polen für die Truppen beider Länder nicht unmittelbar erreichbar war.
Frankreich und Großbritannien nahmen deshalb Verhandlungen mit der Sowjetunion auf, deren Haltung zu Polen im Falle eines deutschen Angriffes von außerordentlicher Bedeutung war. Die Sowjetunion war zwar schon 1934 dem Völkerbund beigetreten und hatte seitdem versucht sich durch internationale Diplomatie gegen die wachsende Stärke Deutschlands zu sichern. Doch noch wirkte bei den Westmächten die Furcht vor einer bolschewistischen Weltrevolution fort. Bewusst hatten sie Stalin noch von der Münchener Konferenz ausgeschlossen. Nun deutete sich eine Abkehr von dieser Politik an. Ein militärisches Bündnis zwischen England, Frankreich und der Sowjetunion schien allerdings nur erreichbar, wenn Polen der sowjetischen Armee ein Durchmarschrecht zugestand. Hiervor fürchteten sich die Polen aber nicht weniger als vor einer deutschen Aggression. Die polnische Regierung versuchte ihre Unabhängigkeit zu wahren; die Verhandlungen der Westmächte mit der sowjetischen Führung zogen sich hin – von Stalin durchaus nicht ungewollt.
Zur gleichen Zeit verhandelte die sowjetische Führung nämlich mit dem deutschen Außenminister. Dieser schien Stalin mehr bieten zu können als die Westmächte. Der am 23. August 1939 abgeschlossene deutsch-sowjetische Nichtangriffspakt, der sogenannte „Hitler-Stalin-Pakt" (siehe S. 213, Mat. 12), schloss ein geheimes Zusatzabkommen ein, in dem beide Mächte ihre Interessensphären absteckten: Finnland, die baltischen Staaten sowie das rumänische Bessarabien wurden der sowjetischen Interessensphäre zuerkannt. Das Zusatzprotokoll stellte den Fortbestand Polens historisch erneut in Frage und sah eine Aufteilung zwischen Deutschland und der Sowjetunion vor.
Durch diese Bündniskonstellation sah Hitler die Bedingungen für einen militärischen Angriff gegen Polen als gegeben an. Am 1. September 1939 überschritten die deutschen Truppen die polnische Grenze. England und Frankreich ließen sich durch den deutsch-sowjetischen Pakt – wohl gegen Hitlers Erwartungen – nicht davon abhalten ihre Garantieerklärung einzulösen. Am 3. September 1939 erklärten sie Deutschland den Krieg.

Massenloyalität durch außenpolitische Erfolge?

Im Gegensatz zur Kontroverse über die Kriegsschuld 1914 gab und gibt es in der Geschichtswissenschaft keine Debatte über den Beginn des Zweiten Weltkrieges. Es ist unbestritten, dass Hitler 1939 in den Krieg trieb. Wohl aber streiten Historiker darüber, wie konsequent der Weg in den Krieg von vornherein durch Hitlers „Programm", durch seine außenpolitischen Auffassungen, seine Weltsicht und seine rassistischen Vorstellungen vorgezeichnet war. Hitlers programmatische Schrift „Mein Kampf" lässt keinen Zweifel daran, dass sich nach seiner Auffassung Nationen und Staaten durch Krieg behaupten und im Krieg ihre Stärke erweisen. Die Rassenideologie zeichnete die „germanischen" Deutschen vor anderen Völkern aus und gab die Richtung von Expansion und Unterwerfungsanspruch vor: „Lebensraum* im Osten". Warum jedoch haben sich die Deutschen bereitwillig in den Krieg führen lassen, warum die anderen Mächte nicht frühzeitig ein Abwehrkonzept gegen eine Aggression entwickelt, die so offensichtlich festlag?

Die innere und äußere Machtentfaltung des nationalsozialistischen Staates beruhte vor allem darauf, dass die jeweils einzelnen Schritte von Machtsicherung und Expansion von der Masse der Bevölkerung und von einflussreichen Gruppen der Elite mitgetragen wurden, wie auch immer sie das Gesamtgebäude der nationalsozialistischen Ideologie beurteilten: Das Militär begrüßte die Aufrüstung ohne dabei das Spiel mit dem großen Risiko gutzuheißen; aber es war bereit den Erfolg zu honorieren, denn die Ehre, die der faktische Erfolg der Hitlerschen Politik mit sich brachte, kam auch ihm zugute. Ähnliches gilt für die Großindustrie, die an der Rüstungskonjunktur gut verdiente. Auch hier regte sich in den Jahren 1936 bis 1938 Widerstand gegen den direkten Weg in den Krieg und den Rückzug vom internationalen Warenaustausch. Doch es gab auch mächtige Firmen wie die IG Farben, die eine nach Osten gerichtete Expansionspolitik als Garantie für den Absatz ihrer Chemieprodukte begriffen.

Hitlers Außenpolitik war in Deutschland populär, selbst bei solchen Männern und Frauen, die in einer gewissen Distanz zum Nationalsozialismus standen. Die Abschüttelung der Versailler Vertragsauflagen, die Wiederherstellung „nationaler Größe" ließen viele den „Führer" auf den großen Kundgebungen mitfeiern. Nicht, als Kommunisten und Sozialdemokraten verhaftet wurden, nicht, als die Synagogen brannten, verbreitete sich Angst unter den Deutschen, sondern erst, als in der Krise um die Tschechoslowakei der große Krieg bevorstand. Doch wie hätte sich damals Angst in politisches Handeln, in Protest gegen die Regierung umsetzen können? Und schließlich prägte der Erfolg wieder die Emotionen, wandelte Angst in Erleichterung oder gar Zustimmung. In den Tagen um das Münchener Abkommen* berichtete der „Sicherheitsdienst" der SS Hitler, größere Teile der Bevölkerung seien politisch unsicher geworden. Auch hier ging Hitler zur Offensive über. Er verkündete vor der Presse, dass nun mit der aus taktischen Gründen offiziell betriebenen Friedenspropaganda Schluss sei (siehe S. 213, Mat. 11). Den außenpolitischen Aggressionskurs begleitete so eine innere Militarisierung und eine Verschärfung der politischen Strafbestimmungen – ein Vorspiel zum „totalen Krieg"*.

1. Erläutern Sie die Begriffe „Risikokurs" und „Kriegskurs". Welche Maßnahmen und Aktionen zwischen 1933 und 1939 sind dem einen, welche dem anderen Begriff zuzuordnen?
2. Vergleichen Sie Hitlers Vorgehen gegen die Tschechoslowakei 1938 und gegen Polen 1939 und erörtern Sie die jeweiligen Reaktionen des Auslandes (siehe auch Mat. S. 220–222).
3. Diskutieren Sie die Erklärungen, die der Autor der Darstellung für den „Erfolg" der nationalsozialistischen Aggressionspolitik anführt.

Der Zweite Weltkrieg 1939–1945

Der Verlauf des Krieges

Der Krieg gegen Polen und die deutsch-sowjetische Zusammenarbeit bis 1941

Der Erfolg schien Hitlers Aggressionskurs auch im Krieg zu bestätigen. Die polnische Armee konnte den technisch weit überlegenen deutschen Truppen nicht standhalten. Schon Mitte September 1939 standen deutsche Einheiten an der im „Hitler-Stalin-Pakt" markierten „Interessenlinie" zur UdSSR. Daraufhin besetzten sowjetische Truppen den östlichen Teil Polens. Deutschland und die Sowjetunion teilten Polen vollständig unter sich auf. Schon bald regte sich Widerstand gegen die Auslöschung des polnischen Staates. In London bildete sich eine Exilregierung, die die polnische Nation und den polnischen Staat vertrat.

Auf sowjetisches Drängen stimmte Deutschland einer Erweiterung des geheimen Zusatzprotokolls zu. Alle baltischen Staaten, auch Litauen, sollten nun zum sowjetischen Einflussbereich zählen. Die sowjetische Führung erzwang schrittweise die militärische und politische Kontrolle über diese Länder, die nach fingierten Volksabstimmungen und der mit Deutschland vereinbarten Übersiedlung der deutschstämmigen Bevölkerung als neue Sowjetrepubliken der Union eingegliedert wurden. Finnland, das 1917 von Russland unabhängig geworden war, widersetzte sich jedoch dem sowjetischen Druck, woraufhin die sowjetische Armee nach Finnland einmarschierte, aber keine durchgreifende militärische Entscheidung erreichen konnte. In der im März 1940 abgeschlossenen Friedensvereinbarung musste sich die Sowjetunion mit zwar strategisch wichtigen, aber flächenmäßig unbedeutenden Gebietsgewinnen begnügen.

Die Aggressionen markierten eine neue Qualität der sowjetischen Außenpolitik, die offensichtlich darauf abzielte ehemals russische Gebiete, die dank der deutschen Absicherung in ihren Einflussbereich zurückgekommen waren, rücksichtslos zu „sowjetisieren". So waren im besetzten polnischen Gebiet Tausende polnischer Offiziere ermordet worden um potentielle Widerstandskräfte von vornherein auszuschalten.

Der Finnlandkrieg hatte zum Ausschluss der UdSSR aus dem Völkerbund* geführt. Stalins einziger außenpolitischer Partner war nun Hitler. Die UdSSR unterstützte das nationalsozialistische Deutschland mit bedeutenden Rohstofflieferungen und glaubte sich vor einem deutschen Angriff sicher.

Die Phase der „Blitzkriege" bis 1941

Die militärischen Planungen der nationalsozialistischen Führung nach dem Polenfeldzug richteten sich gegen Westen. Die Strategien Deutschlands auf der einen und Englands und Frankreichs auf der anderen Seite waren einander entgegengesetzt. Die Westmächte setzten auf einen Ermattungs- und Abwehrkrieg, der die deutschen Kräfte aufreiben und die eigenen stärken sollte, bevor eine direkte militärische Konfrontation mit Deutschland gewagt werden konnte (siehe S. 219, Mat. 2). Die deutsche Strategie bestand darin in kurzen Blitzkriegen* alle Kräfte für begrenzte Zeit auf jeweils einen Punkt zu konzentrieren und sich nach und nach die Ressourcen zu erobern, die Deutschland für eine langfristige Kriegführung bisher fehlten.

Im April 1940 besetzten deutsche Truppen Dänemark und Norwegen um die Ost- und Nordseeschifffahrt und den Zugriff auf das schwedische Erz zu kontrollieren. Im Mai 1940 begann die Offensive gegen Frankreich. Um die starken französischen Grenzbefestigungen der „Maginot-Linie" zu umgehen stießen die deutschen Truppen über Holland und Belgien, deren Neutralität brechend, rasch nach Paris vor. Englisch-französische Truppeneinheiten konnten sich an der Kanalküste bei Dünkirchen nur knapp vor einer verheerenden Niederlage nach England absetzen. Frankreich, auf dem Kontinent auf sich gestellt, verfügte weder über ausreichende militärische Stärke noch über die innere Entschlossenheit um dem deutschen Angriff standzuhalten. Unter der Aussichtslosigkeit der Lage zerbrach dessen Kampfbereitschaft und politische Einheit faktisch schon, bevor die nationalsozialistische Führung am 22. Juni 1940 die Teilung des Landes dekretierte: Mittel- und Südfrankreich blieben unter der Regierung Pétain formal selbstständig, diese repräsentierte die nationalkonservativen Kräfte und war zu einer Zusammenarbeit mit dem siegreichen Deutschland bereit („Vichy"-Frankreich). Der Norden mit der Atlantikküste und Paris kam unter deutsche Militärverwaltung. Ähnlich wie im Falle Polen versuchte General de Gaulle in London die nationalen Ansprüche Frankreichs gegenüber der Außenwelt zu wahren und den französischen Widerstand (résistance) gegen die deutschen Besatzer zu unterstützen.

Am 10. Juni 1940 trat Italien auf Seiten Deutschlands in den Krieg ein. Um die italienischen Kriegsziele in Nordafrika und im Mittelmeer zu unterstützen besetzten deutsche Truppen Jugoslawien und Griechenland und ein „Afrikakorps" setzte nach Tunesien und Libyen über.

Das Kriegskonzept schien nahezu überall aufzugehen. Bis hin zur sowjetischen Grenze kontrollierte das nationalsozialistische Deutschland im Frühjahr 1941 praktisch den gesamten Kontinent. Wie aber würde sich dieses riesige Gebiet sichern lassen? Die Grenzen deutscher Militärmacht waren bereits sichtbar geworden. Gegenüber England hatte sich das Konzept der Blitzkriege als untauglich erwiesen. Die Luftwaffe hatte im Bombenkrieg England nicht so schwächen können, dass dieses sich friedensbereit zeigte. Der Luftkampf gegen England musste ergebnislos abgebrochen werden. England wurde zu dieser Zeit schon durch bedeutende Rüstungslieferungen der USA unterstützt. Obwohl deren Bevölkerung überwiegend für die weitere Neutralität der Vereinigten Staaten eintrat, hatte Präsident Roosevelt im März 1941 im amerikanischen Kongress ein Gesetz durchgesetzt, das umfangreiche Waffen- und Warenlieferungen an Deutschlands Kriegsgegner erlaubte. Damit deutete sich – wie im Ersten Weltkrieg – die globale Dimension der europäischen Auseinandersetzung bereits an.

Der Krieg gegen die Sowjetunion

Obwohl Deutschland Anfang 1941 den europäischen Kontinent beherrschte, war weder der Krieg gewonnen noch ein Konzept sichtbar, wie er beendet werden könnte. Es entsprach Hitlers Denken die Entscheidung in der Offensive, in der Ausweitung des Krieges zu suchen und nun das Land anzugreifen, das in der nationalsozialistischen Ideologie ohnehin als der Hauptfeind und das eigentliche Ziel der „Lebensraumpolitik" galt: die kommunistische Sowjetunion. Trotz des deutsch-sowjetischen Nichtangriffspaktes hatten die militärischen Planungen dazu bereits im Sommer 1940 begonnen. Stalin und die sowjetische Armeeführung, obwohl von den Alliierten vor einem bevorstehenden deutschen Angriff gewarnt, wurden vom Beginn der Kampfhandlungen am 22. Juni 1941 überrascht. In den ersten Monaten erlitten die sowjetischen Armeen ungeheure Verluste; der größte Teil der westlichen Sowjetunion musste aufgegeben werden. Doch im Winter 1941/42 erwies sich, dass ebenso wenig wie gegen England die Blitzkriegstrategie gegen die Sowjetuni-

Internationale Politik bis 1945 | **4**

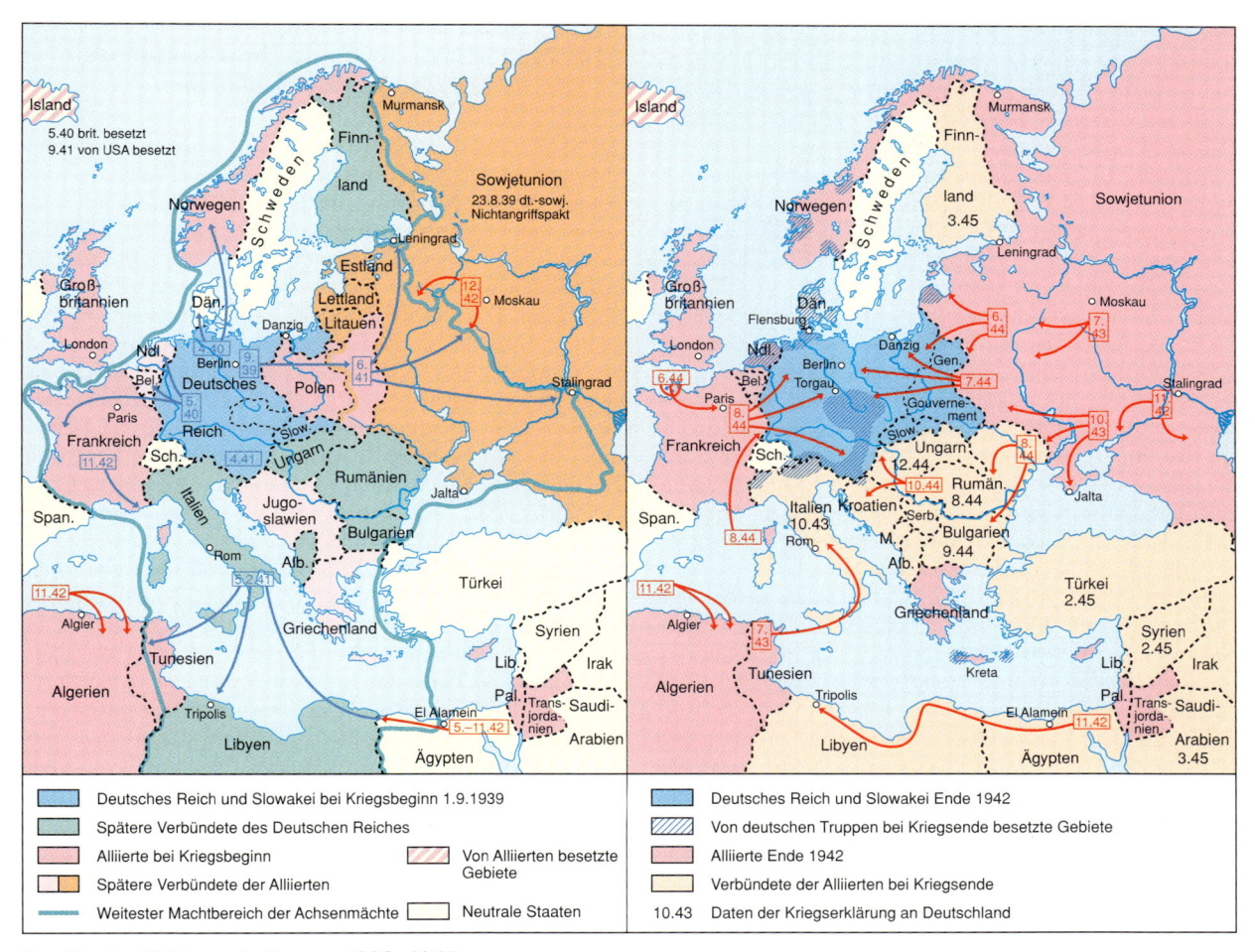

Der Zweite Weltkrieg in Europa 1939–1945

on aufgegangen war. Hatten sich die deutschen Truppen gegen England weder zu Wasser noch in der Luft durchsetzen können, so waren sie im Osten auf einen Gegner gestoßen, der stärkere Panzer, Panzer abwehrende Waffen und zahlenmäßig überlegene Bodentruppen einsetzen konnte.

Deutschland war nun gezwungen „in die Tiefe" zu rüsten, d. h. die bisherige Schwerpunktbildung der Waffenfertigung, die den Erfordernissen des jeweiligen „Blitzkrieges" angepasst war, aufzugeben. Die gesamte Gesellschaft wurde vom „totalen Krieg"* erfasst (siehe Mat. S. 223–226). 1942 erreichten die deutschen Truppen nur noch geringe Landgewinne, wurde die Verlustbilanz unter den Soldaten immer verheerender. Die Einkesselung und Kapitulation der 9. Armee in Stalingrad im Januar 1943 wurde zum Symbol der Kriegswende: der Erschöpfung der Soldaten, der Unmöglichkeit hinreichend Nachschub zur Verfügung zu stellen, und eines sinnlosen Durchhaltewillens der politischen und militärischen Führung.

Der asiatische Kriegsschauplatz und das Kriegsende

Zur Jahreswende 1942/43 war der Krieg schon lange nicht mehr auf Europa beschränkt. Die Konfrontation zwischen Japan und den Vereinigten Staaten von Amerika hatte sich zugespitzt, nachdem Japan 1940 den nördlichen Teil von Französisch-Indochina besetzt hatte und sich anschickte die

Öffnung Ostasiens für den Weltmarkt, die nicht zuletzt die USA im 19. Jahrhundert erzwungen hatten, wieder rückgängig zu machen. Als die USA ein Ölembargo gegen Japan verhängten und den Rückzug aus China verlangten, griffen japanische Flugzeuge überraschend am 7. Dezember 1941 den amerikanischen Stützpunkt Pearl Harbor auf Hawaii an. Die japanische Militärführung glaubte offenbar mit einem dem deutschen ähnlichen Blitzkriegkonzept die USA aus dem ostasiatischen Raum vertreiben zu können ohne das Risiko eines großen Krieges eingehen zu müssen.

In den USA und in Deutschland begriff man jedoch den japanisch-amerikanischen Konflikt als Teil des Machtkampfes um eine neue Weltordnung, der in Europa seit 1939 ausgefochten wurde. Der amerikanischen und britischen Kriegserklärung an Japan folgte die deutsche Kriegserklärung an die USA am 11. Dezember 1941, und zwar in der Erwartung die USA zwingen zu können ihre Kräfte zwischen Europa und Asien aufzusplittern – vergebens. England und die USA kamen überein, dass erst eine Entscheidung auf dem europäischen Kriegsschauplatz fallen müsse.

Nach der Niederlage der deutsch-italienischen Verbände in Afrika setzten die Alliierten im Sommer 1943 nach Italien über; das zog den Sturz Mussolinis nach sich, der sich auf das von deutschen Truppen gehaltene Gebiet in Norditalien zurückziehen musste.

1943 eröffneten England und die USA den Luftkrieg, dem die deutschen Städte bald schutzlos ausgeliefert waren. Die Zivilbevölkerung, bis jetzt durch den Krieg nicht unmittelbar gefährdet, erlebte nun auch Verwüstung, Zerstörung, Tod. Im Osten mussten sich die Truppen der Achsenmächte unter großen Verlusten schrittweise zurückziehen. Am 6. Juni 1944 begann mit der Invasion der westlichen Alliierten in der Normandie die Rückeroberung des europäischen Kontinents. Selbst dann sollte es fast noch ein Jahr dauern, bis der Krieg gegen Deutschland beendet werden konnte. Die deutsche Armeeführung kapitulierte erst (vom 7. bis 10. Mai 1945), als Hitler bereits Selbstmord begangen hatte und die alliierten Truppen fast ganz Deutschland besetzt hatten.

Japan setzte den Kampf auch nach der Niederlage Deutschlands fort. US-Präsident Truman gab daraufhin sein Einverständnis die unter hohem technischen Aufwand in Zusammenarbeit von britischen und amerikanischen Wissenschaftlern entwickelte Atombombe einzusetzen. Am 6. August 1945 wurde die erste Bombe über der Stadt Hiroshima abgeworfen, am 9. August die zweite über Nagasaki. Innerhalb von Minuten waren beide Städte fast völlig zerstört und über 100 000 Menschen sofort tot; viele weitere sollten den Langzeitwirkungen zum Opfer fallen. Am 2. September 1945 kapitulierte die japanische Regierung.

Herrschaftskonzept und Besatzungspolitik des Nationalsozialismus

Die nationalsozialistischen Kriegsziele waren fundamental unterschieden von denjenigen der deutschen Regierung im Ersten Weltkrieg. Es ging nicht mehr um „Gleichberechtigung" unter den imperialistischen Mächten, sondern um die absolute Vormachtstellung zumindest in Europa und bis weit nach Asien, wo nach der gemeinsamen Vorstellung der deutschen und japanischen Führungsschicht etwa entlang der chinesischen Grenze das Einflussgebiet Japans begann. Nationalsozialistische Friedenspläne sahen vor die Wirtschaft aller unterworfenen Gebiete auf die Konsumbedürfnisse der deutschen Bevölkerung und die Produktion der deutschen Industrie auszurichten. Das setzte eine effiziente Kontrolle der besetzten Gebiete voraus. Deren konkrete Ausgestaltung unterschied sich von Region zu Region und entsprechend der Kriegslage. Die rassenideologischen Annahmen spielten in der Ausprägung der jeweiligen Besatzungsherrschaft eine tragende Rolle. In Polen und in der Sowjetunion wurden breite Bevölkerungsschichten regelrecht ausgehungert, in Razzien zusammengetrieben und erschossen oder zu Zehntausenden in Arbeits- und Konzentrationslager verschleppt, wo der größte Teil von ihnen innerhalb weniger Monate umkam. Die Dezimierung und Verschleppung der Bevölkerung war Teil des rassistischen Unterwerfungskonzepts, nach dem „der Osten" vor allem Deutschen Siedlungsland zur Verfügung stellen sollte und der einheimischen Bevölkerung nur ein begrenztes Lebensrecht auf niedrigem Niveau zugestanden wurde.

Auf ehemaligem polnischen und sowjetischen Gebiet übten deutsche Organe ihre Herrschaft unmittelbar aus. In den Ländern Nord- und Westeuropas dagegen versuchten die deutschen „Reichskommissare" oder die Wehrmachtsverwaltung mit kollaborationswilligen Kräften zusammenzuarbeiten. Terrormaßnahmen wie Geiselerschießungen oder die gezielte Zerstörung von ganzen Ortschaften richteten sich hier gegen den wachsenden Widerstand.

Von Anfang an mit dem Krieg verbunden war die Verschleppung und Ermordung der jüdischen Bevölkerung; je länger der Krieg dauerte und je mehr Gebiete er erfasste, umso umfassender wurden sie ausgeführt. Die Besatzungsorgane, das Auswärtige Amt und insbesondere das Reichssicherheitshauptamt der SS organisierten in kaltblütiger Weise die Deportation der Juden aus ganz Europa in die Vernichtungslager im Osten (siehe Mat. S. 128–131). Auch dies war Bestandteil des Herrschaftskonzepts, das die deutsche Verwaltung in den besetzten Gebieten verwirklichte.

Kriegs- und Nachkriegsplanungen der Alliierten

In militärischer wie außenpolitischer Hinsicht stellte der Krieg gegen die Sowjetunion einen Einschnitt dar. In den USA fielen 1941 alle Beschränkungen für Waffenlieferungen an kriegführende Staaten einschließlich der Sowjetunion. In der Atlantik-Charta vom 14. August 1941 (siehe S. 214, Mat. 13) verständigten sich die USA und Großbritannien bereits auf die Prinzipien einer Nachkriegsordnung, die einerseits Grundsätze aus der Friedensordnung von Versailles* übernahm, andererseits aus deren Fehlern zu lernen versuchte. So sollten die Alliierten auf Gebietsgewinne verzichten, das Selbstbestimmungsrecht* der Völker beachten und einen freien Welthandel garantieren.

Nach dem Kriegseintritt der USA entstand aus dem Kern der englisch-amerikanischen Zusammenarbeit eine breite, politisch-wirtschaftliche Systemabgrenzungen übersteigende Kriegskoalition, die Anfang 1942 schon 26 Staaten, die sogenannten „Vereinten Nationen", im Krieg gegen Deutschland, Italien, Japan und deren Verbündete zusammenfasste. Von weltpolitischer Bedeutung sollte werden, dass die bis dahin außenpolitisch weitgehend isolierte Sowjetunion durch den Krieg gegen das nationalsozialistische Deutschland als eine der drei entscheidenden Großmächte unter den Alliierten bestimmenden Einfluss auf die Gestaltung der Machtverhältnisse in der Welt gewann. Schon früh machte Stalin deutlich, dass die in der Atlantik-Charta niedergelegten Prinzipien in Osteuropa den sowjetischen Sicherheitsinteressen nachgeordnet seien und die Gebietsgewinne der Sowjetunion durch den Hitler-Stalin-Pakt im Baltikum und in Polen nicht rückgängig gemacht werden könnten. Damit deutete sich ein Nachkriegsproblem an, das mit dem der französischen Sicherheitsforderungen nach dem Ersten Weltkrieg vergleichbar war, nun aber einen voraussichtlich weit mächtigeren Partner betraf.

Einig waren sich die „Großen Drei" (Stalin, Roosevelt und Churchill) darin, dass Deutschland vollständig besetzt werden sollte um den Siegern die Möglichkeit zu geben dieses Mal direkt wirtschaftliche und politische Bedingungen durchzusetzen, die eine erneute Gefährdung des Weltfriedens durch Deutschland ausräumen sollten. Dem entsprach die Forderung nach der „unbedingten Kapitulation". Zeitweise bestanden sogar Pläne Deutschland in verschiedene kleinere Staaten aufzuteilen oder in Verbindung mit einer durchgreifenden Abrüstung zu de-industrialisieren. Angesichts der schwer berechenbaren politischen und wirtschaftlichen Rückwirkungen solcher Maßnahmen auf ganz Europa und die Konkurrenz der Großmächte untereinander wurden solche Vorstellungen aber niemals offizielles Programm. Kurz vor Kriegsende, Anfang Februar 1945, einigten sich Stalin, Roosevelt und Churchill in Jalta über die unmittelbar anstehenden Probleme: 1. Aufteilung Deutschlands in getrennte Besatzungszonen – womit faktisch die spätere Teilung Deutschlands in Ost und West vorgegeben wurde, ohne dass dies damals schon beabsichtigt worden wäre; 2. die Westverschiebung Polens auf Kosten Deutschlands und als Kompensation für die von der Sowjetunion einbehaltenen Gebiete. Schon 1944 hatte Großbritannien der Sowjetunion Rumänien, Ungarn und Bulgarien als Einflussgebiete zugestanden. Damit war der Sowjetunion während und unter dem Druck des Krieges ein bedeutender Machtzuwachs in Europa gelungen. Freilich gingen sowohl Churchill als auch Roosevelt als auch ihre Berater mehrheitlich davon aus, dass sich die Zusammenarbeit mit der sowjetischen Führung nach dem Kriege würde fortsetzen lassen – ungeachtet der unterschiedlichen politischen Systeme. Diese Zusammenarbeit sollte im Rahmen einer übernationalen Organisation zur Sicherung des Friedens erfolgen, deren Gründung 1943 beschlossen worden war. Sie sollte aus der Kriegs-Allianz der „Vereinten Nationen" hervorgehen. Im Gegensatz zum Völkerbund sollten die USA und die UdSSR ihr von Anfang an angehören.

Alle diese Planungen zeigen, dass die Alliierten von der langfristigen Überlegenheit ihrer eigenen Kräfte überzeugt und vom Willen getragen waren den diktatorischen Bewegungen in Deutschland und Japan in Zukunft keine Chance mehr zu lassen. Die Frage, wie die inneren Verhältnisse in den von den Achsenmächten beherrschten Ländern nach dem Kriege ausgestaltet werden sollten und ob die Konkurrenz der Systeme eine allgemeine Demokratisierung und wirtschaftliche Öffnung behindern könnte, entwickelte sich erst nach der deutschen und japanischen Kapitulation 1945 zum beherrschenden Problem der internationalen Politik.

---

1. Skizzieren Sie den Verlauf des Zweiten Weltkrieges, und erklären Sie die Ursachen für die jeweilige Über- bzw. Unterlegenheit Deutschlands und Japans.
2. Stellen Sie die Nachkriegspläne Deutschlands und der Alliierten dar und vergleichen Sie diese.
3. Analysieren Sie die gesamte Darstellung unter den Gesichtspunkten a) Interessen der USA, Großbritanniens und der Sowjetunion in den internationalen Beziehungen, b) Möglichkeiten einer Zusammenarbeit, c) Konfliktpunkte untereinander.

4 Internationale Politik bis 1945

1 *Der Völkerbund 1920–1939*

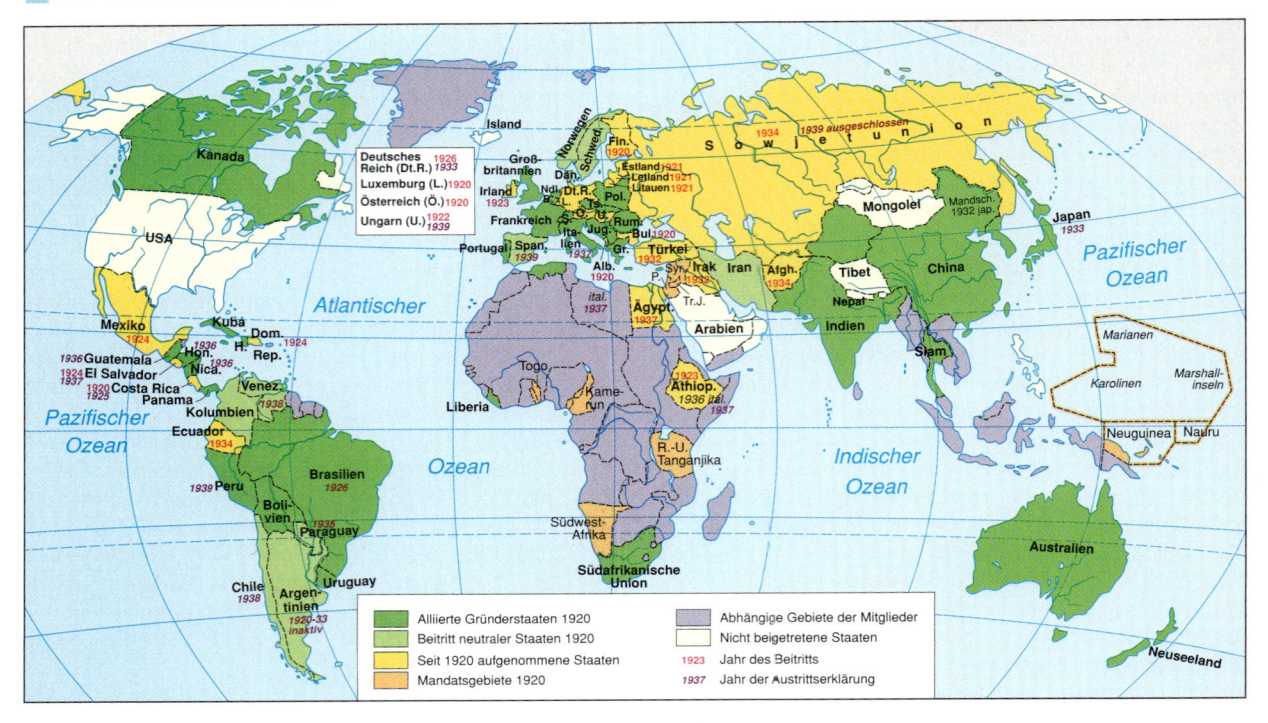

Legende:
- Alliierte Gründerstaaten 1920
- Beitritt neutraler Staaten 1920
- Seit 1920 aufgenommene Staaten
- Mandatsgebiete 1920
- Abhängige Gebiete der Mitglieder
- Nicht beigetretene Staaten
- *1923* Jahr des Beitritts
- *1937* Jahr der Austrittserklärung

2 *Aus dem Versailler Friedensvertrag vom 28. Juni 1919, der in Teil I die „Völkerbundsatzung" enthält:*

Q Art. 2: Der Bund übt seine in dieser Satzung bestimmte Tätigkeit durch eine Bundesversammlung und durch einen Rat, denen ein ständiges Sekretariat beigegeben ist, aus. [...]
Art. 8: Die Bundesmitglieder bekennen sich zu dem Grundsatz, dass die Aufrechterhaltung des Friedens eine Herabsetzung der nationalen Rüstungen auf das Mindestmaß erfordert, das mit der nationalen Sicherheit und mit der Erzwingung internationaler Verpflichtungen durch gemeinschaftliches Vorgehen vereinbar ist. [...]
Art. 10: Die Bundesmitglieder verpflichten sich die Unversehrtheit des Gebiets und die bestehende politische Unabhängigkeit aller Bundesmitglieder zu achten und gegen jeden äußeren Angriff zu wahren. [...]
Art. 12: Alle Bundesmitglieder kommen überein eine etwa zwischen ihnen entstehende Streitfrage [...] der Schiedsgerichtsbarkeit oder der Prüfung durch den Rat [des Völkerbundes] zu unterbreiten. [...]
Art. 14: Der Rat wird mit dem Entwurf eines Planes zur Errichtung eines ständigen internationalen Gerichtshofs betraut. [...] Dieser Gerichtshof befindet über alle ihm von den Parteien unterbreiteten internationalen Streitfragen. [...]
Art. 16: Schreitet ein Bundesmitglied entgegen den [...] übernommenen Verpflichtungen zum Kriege, so wird es ohne weiteres so angesehen, als hätte es eine Kriegshandlung gegen alle anderen Bundesmitglieder begangen. Diese verpflichten sich unverzüglich alle Handels- und Finanzbeziehungen zu ihm abzubrechen.

Reichsgesetzblatt, 1919, Nr. 140, S. 719 ff.

1. *Erarbeiten Sie aus Mat. 1 und 2 die Mitglieder, die Ziele, die politischen Mittel und den organisatorischen Aufbau des Völkerbundes (siehe auch Darstellung S. 188 f., 197 und 199).*
2. *Vergleichen Sie Ziele und Aufbau des Völkerbundes mit der UNO (siehe auch Essay S. 227–229).*

3 *Der britische Nationalökonom John Maynard Keynes (1883–1946) über die sozialen und wirtschaftlichen Auswirkungen des Versailler Vertrages auf Europa (1919):*
Q Der Friedensvertrag enthält keine Bestimmungen zur wirtschaftlichen Wiederherstellung Europas, nichts um die geschlagenen Mittelmächte wieder zu guten Nachbarn zu machen, nichts um die neuen Staaten Europas zu festigen, nichts um Russland zu retten. Auch fördert er in keiner Weise die wirtschaftliche Interessengemeinschaft unter den Verbündeten selbst. Über die Ordnung der zerrütteten Finanzen Frankreichs und Italiens oder den Ausgleich zwischen den Systemen der alten und der neuen Welt konnte man sich in Paris nicht verständigen. Der Rat der Vier¹ schenkte diesen Fragen keine Aufmerksamkeit, da er mit anderem beschäftigt war – Clemenceau, das Wirtschaftsleben seiner Feinde zu vernichten, Lloyd George, ein Geschäft zu machen und etwas nach Hause zu bringen, was wenigstens eine Woche lang sich sehen lassen konnte, der Präsident [Wilson], nur das Gerechte und Rechte zu tun. Es ist eine bemerkenswerte Tatsache, dass das wirtschaftliche Grundproblem eines vor ihren Augen verhungernden und verfallenden Europa die einzige Frage war, für die es nicht möglich war die Teilnahme der Vier zu erwecken. Wiedergutmachung war ihr Hauptinteresse auf wirtschaftlichem Gebiet und sie behandelten sie als eine Frage der Theologie, der Politik, der Wahltaktik, kurz, von jedem anderen Gesichtspunkt als dem der wirtschaftlichen Zukunft der Staaten [...].
Die bezeichnenden Züge der gegenwärtigen Lage lassen sich in drei Gruppen zusammenfassen: 1. Das vollständige Nachlassen der inneren Produktivität Europas, 2. Der Zusammenbruch des Verkehrswesens und des Austausches, mittels deren seine Erzeugnisse dorthin gebracht werden konnten, wo man ihrer am meisten bedurfte und 3. Europas Mangel an Kaufkraft zur Beschaffung der gewohnten Waren von Übersee. [...] Vor uns steht ein leistungsunfähiges, arbeitsloses, desorganisiertes Europa, zerrissen vom Hass der Völker und von innerem Aufruhr, kämpfend, hungernd, plündernd und schwindelnd; wo soll man weniger düstere Farben hernehmen?

1 Außer den „Großen Drei" noch der italienische Ministerpräsident Vittorio Emanuele Orlando (1860–1952)

John Maynard Keynes, Die wirtschaftlichen Folgen des Friedensvertrages, München u. a. 1920, S. 184 ff.

1. Analysieren Sie Keynes' Kritik am Versailler Friedensvertrag (Mat. 3). Erläutern Sie die Motive, die er für die Politik des „Rats der Vier" nennt.
2. Diskutieren Sie Keynes' Analyse der Situation in Europa nach 1918.

4 *Aus den das Deutsche Reich betreffenden Teilen des Versailler Friedensvertrages vom 28. Juni 1919:*
Q Art. 45: Als Ersatz für die Zerstörung der Kohlengruben in Nordfrankreich und als Anzahlung auf die von Deutschland geschuldete völlige Wiedergutmachung der Kriegsschäden tritt Deutschland das volle und unbeschränkte, völlig schulden- und lastenfreie Eigentum an den Kohlengruben im Saarbecken [...] mit dem ausschließlichen Ausbeutungsrecht an Frankreich ab. [...]
Art. 80: Deutschland erkennt die Unabhängigkeit Österreichs [...] an und verpflichtet sich sie unbedingt zu achten; es erkennt an, dass diese Unabhängigkeit unabänderlich ist, es sei denn, dass der Rat des Völkerbundes einer Änderung zustimmt. [...]
Art. 81: Deutschland erkennt [...] die vollständige Unabhängigkeit der Tschecho-Slowakei an [...].
Art. 87: Deutschland erkennt, wie die alliierten und assoziierten Mächte es bereits getan haben, die völlige Unabhängigkeit Polens an. [...]
Art. 160: 1. Spätestens am 31. März 1920 darf das deutsche Heer [...] nicht mehr als 100 000 Mann, einschließlich der Offiziere und der Depots, betragen. Das Heer ist nur für die Erhaltung der Ordnung innerhalb des deutschen Gebietes und zur Grenzpolizei bestimmt. [...]
Art. 213: Solange der gegenwärtige Vertrag in Kraft bleibt, verpflichtet sich Deutschland jede Untersuchung zu dulden, die der Rat des Völkerbundes mit Mehrheitsbeschluss für notwendig erachtet. [...]
Art. 231: Die alliierten und assoziierten Regierungen erklären und Deutschland erkennt an, dass Deutschland und seine Verbündeten als Urheber für alle Verluste und Schäden verantwortlich sind, die die alliierten und assoziierten Regierungen und ihre Staatsangehörigen infolge des ihnen durch den Angriff Deutschlands und seiner Verbündeten aufgezwungenen Krieges erlitten haben.

Reichsgesetzblatt, 1919, Nr. 140, S. 769 ff.

1. Erarbeiten Sie aus Mat. 4 und 5 die Auswirkungen des Versailler Vertrages auf Wirtschaft und Bevölkerung in Deutschland (siehe auch Mat. 6). Welche Bestimmungen erlaubten einen Eingriff in die staatliche Souveränität Deutschlands?
2. In der zeitgenössischen Diskussion wurde der Versailler Vertrag in Deutschland fast nur als „Diktatfrieden" bezeichnet. Dagegen hebt die Geschichtswissenschaft heute seinen „Kompromiß-Charakter" hervor; auch habe der Vertrag Deutschland im Status einer europäischen Großmacht belassen. Nehmen Sie zu beiden Auffassungen Stellung (siehe auch Darstellung S. 188–190).

4 Internationale Politik bis 1945

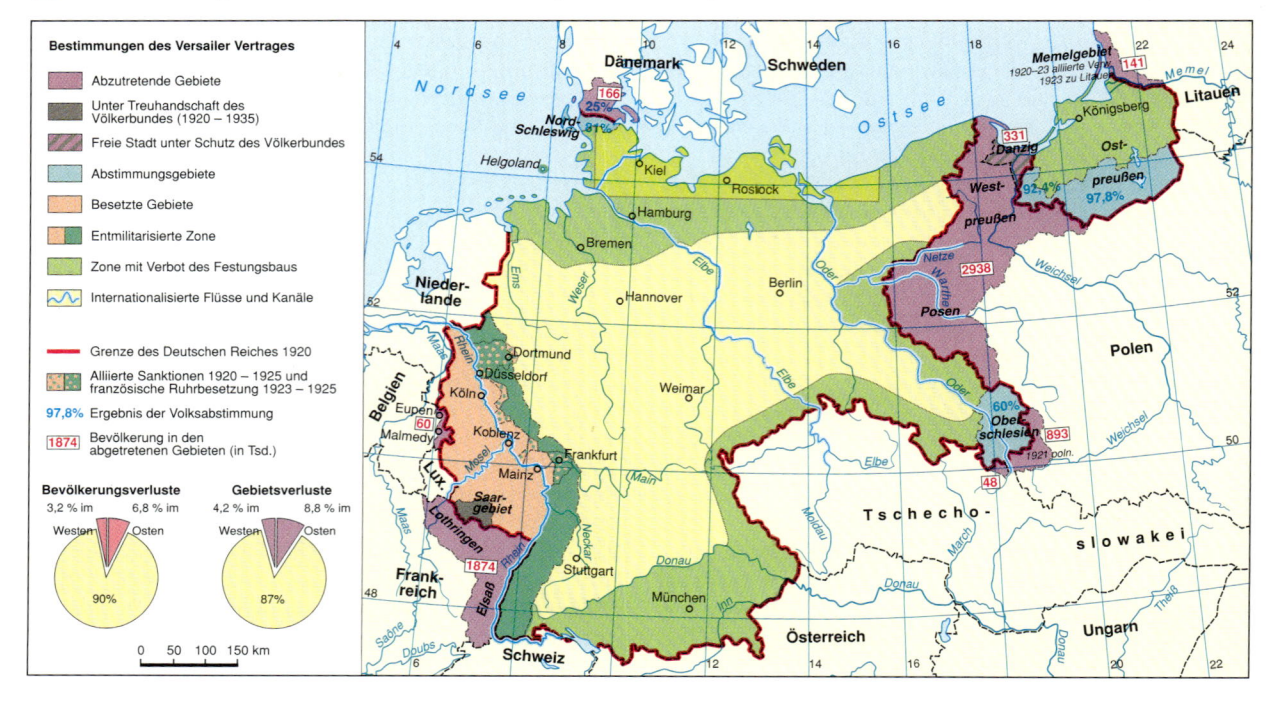

5 *Die Auswirkungen des Versailler Friedensvertrages von 1919 auf das Deutsche Reich*

Bestimmungen des Versailler Vertrages
- Abzutretende Gebiete
- Unter Treuhandschaft des Völkerbundes (1920 – 1935)
- Freie Stadt unter Schutz des Völkerbundes
- Abstimmungsgebiete
- Besetzte Gebiete
- Entmilitarisierte Zone
- Zone mit Verbot des Festungsbaus
- Internationalisierte Flüsse und Kanäle
- Grenze des Deutschen Reiches 1920
- Alliierte Sanktionen 1920 – 1925 und französische Ruhrbesetzung 1923 – 1925
- 97,8% Ergebnis der Volksabstimmung
- 1874 Bevölkerung in den abgetretenen Gebieten (in Tsd.)

Bevölkerungsverluste: 3,2 % im Westen, 6,8 % im Osten
Gebietsverluste: 4,2 % im Westen, 8,8 % im Osten

6 *Entwicklung der Reparationsverpflichtungen des Deutschen Reiches 1919–1932 (in Goldmark)*

Jahr	Konferenz	Gesamthöhe (in Mrd.)	Anzahl der Raten	Jahresraten (in Mrd.)	Laufzeit bis
1919	Versailles	nicht festgelegt	30	nicht festgelegt	1950
1920	Boulogne	269	42	2–6	1961
1921 Jan.	Paris	226	42	6,5	1962
1921 Mai	London	132	66	2–6	1987
1924	London (Dawesplan)	nicht festgelegt	nicht festgelegt	1–2,5	nicht festgelegt
1929	Den Haag (Youngplan)	65	59	1,7–2,1	1988
1932	Lausanne	3	1	3	–

Nach Hans-Jürgen Pandel, Inflation und Arbeitslosigkeit, Stuttgart 1988, S. 11.

1. Analysieren Sie Mat. 6 und erläutern Sie die Veränderungen der Reparationsbestimmungen vor dem historischen Hintergrund 1919–1932 (siehe Darstellung S. 193–195 und 146 f.).
2. Schreiben Sie einen Kommentar zu Mat. 6 aus der Sicht eines französischen und eines deutschen Journalisten im Jahre 1932.

7 *Aus einem Brief des Außenministers Gustav Stresemann (1878–1929) an Kronprinz Wilhelm vom 7. September 1925:*
Q Die deutsche Außenpolitik hat nach meiner Auffassung für die nächste absehbare Zeit drei große Aufgaben: Einmal die Lösung der Reparationsfrage in einem für Deutschland erträglichen Sinne und die Sicherung des Friedens, die die Voraussetzung für eine Wiedererstarkung Deutschlands ist. 5

Zweitens rechne ich dazu den Schutz der Auslandsdeutschen, jener 10–12 Millionen Stammesgenossen, die jetzt unter fremdem Joch in fremden Ländern leben.
Die dritte große Aufgabe ist die Korrektur der Ostgrenzen: die Wiedergewinnung von Danzig, vom polnischen Korridor und eine Korrektur der Grenze in Oberschlesien.
Im Hintergrunde steht der Anschluss von Deutsch-Österreich, obwohl ich mir sehr klar darüber bin, dass dieser Anschluss nicht nur Vorteile für Deutschland bringt, sondern das Problem des Deutschen Reichs sehr kompliziert (Verstärkung des katholischen Einflusses, Bayern plus Österreich gegen Preußen, Vorherrschen der klerikalen und sozialistischen Parteien in Deutsch-Österreich).
Wollen wir diese Ziele erreichen, so müssen wir uns aber auch auf diese Aufgaben konzentrieren. Daher der Sicherheitspakt[1], der uns einmal den Frieden garantieren und England sowie, wenn Mussolini mitmacht, Italien als Garanten der deutschen Westgrenze festlegen soll. Der Sicherheitspakt birgt andererseits in sich den Verzicht auf eine kriegerische Auseinandersetzung mit Frankreich wegen der Rückgewinnung Elsass-Lothringens, ein deutscher Verzicht, der aber insoweit nur theoretischen Charakter hat, als keine Möglichkeit eines Krieges gegen Frankreich besteht. […]
Die Sorge für die Auslandsdeutschen spricht für den Eintritt in den Völkerbund. […]
Polen, die Tschechoslowakei, Jugoslawien und Rumänien, die sämtlich durch internationale Verträge gebunden sind, für ihre Minderheiten, das heißt speziell für die deutschen Minderheiten, zu sorgen, werden sich nicht so sträflich über ihre Verpflichtungen hinwegsetzen können, wenn sie wissen, dass Deutschland alle diese Verfehlungen vor den Völkerbund bringen kann. Zudem sind alle die Fragen, die dem deutschen Volk auf dem Herzen brennen, z. B. Fragen der Kriegsschuld, allgemeine Abrüstung, Danzig, Saargebiet etc. Angelegenheiten des Völkerbunds, die durch einen geschickten Redner im Plenum des Völkerbunds zu ebenso vielen Unannehmlichkeiten für die Entente werden können. Frankreich ist bei dem Gedanken des Eintritts Deutschlands in den Völkerbund durchaus nicht entzückt, während England ihn herbeiwünscht um Frankreichs bisher überragendem Einfluss in dem Völkerbund entgegentreten zu können.
Die Frage des Optierens zwischen Osten und Westen erfolgt durch unseren Eintritt in den Völkerbund nicht. Optieren kann man ja übrigens nur, wenn man eine militärische Macht hinter sich hat. Das fehlt uns leider. Wir können weder zum Kontinentaldegen für England werden, wie einige glauben, noch können wir uns auf ein deutsch-russisches Bündnis einlassen. Ich warne vor der Utopie, mit dem Bolschewismus zu kokettieren. Wenn die Russen in Berlin sind, weht zunächst die rote Fahne vom Schloss und man wird in Russland, wo man die Weltrevolution wünscht, sehr zufrieden sein Europa bis zur Elbe bolschewisiert zu haben und wird das übrige Deutschland den Franzosen zum Fraß geben.
[…] Das Wichtigste ist für die unter 1) berührte Frage der deutschen Politik das Freiwerden deutschen Landes von fremder Besatzung.

1 Gemeint ist der Vertrag von Locarno vom 16. Oktober 1925.

Zit. nach Gustav Stresemann, Schriften, hg. von Arnold Harttung, Berlin 1976, S. 336 ff.

1. Erarbeiten Sie aus Mat. 7 die Ziele, Mittel und Motive der außenpolitischen Konzeption Stresemanns.
2. Historiker haben die Politik des deutschen Außenministers Stresemann als „Verständigungspolitik" bezeichnet. Was spricht für, was gegen eine solche Kennzeichnung (siehe auch S. 196)?

8 *Aus der Rede des französischen Außenministers Aristide Briand (1862–1932) vor der Bundesversammlung des Völkerbundes am 5. September 1929:*
Q Ich denke, dass unter den Völkern, deren Länder geographisch zusammen gehören wie die der europäischen Völker, eine Art von einem föderativen Band bestehen sollte. Diese Völker müssen in jedem Augenblick die Möglichkeit haben in Kontakt miteinander zu treten, über ihre gemeinsamen Interessen zu diskutieren, gemeinsame Entschlüsse zu fassen, kurz, sie müssen untereinander ein Band der Solidarität knüpfen, das es ihnen erlaubt widrigen Verhältnissen im gewünschten Augenblick zu begegnen, wenn sie eintreten sollten. Alle meine Anstrengungen sind darauf gerichtet dieses Band zu schaffen.
Selbstverständlich wird die Gemeinschaft vor allem auf dem Gebiet der Wirtschaft tätig sein: Dort ist es am nötigsten. Ich glaube, dass man auf diesem Gebiet Erfolge erzielen kann. Aber ich bin mir auch sicher, dass das föderative Band ohne die Souveränität irgendeiner Nation anzutasten, die an dieser Gemeinschaft teilnehmen könnte, vom politischen oder sozialen Standpunkt aus gesehen von Nutzen sein könnte. Ich habe vor diejenigen meiner Kollegen, die hier die europäischen Nationen vertreten, während dieser Sitzungsperiode offiziös zu bitten diese Anregung aufzunehmen und sie ihren Regierungen zum Studium vorzuschlagen um später – vielleicht während der nächsten Versammlung – die Möglichkeiten zur Verwirklichung meines Planes, die ich zu erkennen glaube, zu klären.

Zit. nach Geschichte in Quellen, Bd. 5, bearb. von Günter Schönbrunn, 2. Aufl., München 1970, S. 225.

1. Erläutern Sie, warum und in welcher Form Briand (Mat. 8) eine Föderation in Europa anstrebte. Vergleichen Sie mit dem Einigungsprozess Europas nach 1945.
2. Erörtern Sie die Chancen und Hindernisse für Briands Pläne in der internationalen Politik nach 1918 (siehe auch Darstellung S. 196 f.).

9 *Plakat des „Traditionsgaus München-Oberbayern" der NSDAP zur Volksabstimmung am 10. April 1938, 163 x 117 cm*

10 *Aus einer Rede Adolf Hitlers (1889–1945) vor den Oberbefehlshabern der Wehrmacht, dem Kriegs- und dem Außenminister am 5. November 1937 nach der Niederschrift des Obersten Hoßbach, die bis 1945 geheim blieb:*

Q Das Ziel der deutschen Politik sei die Sicherung und die Erhaltung der Volksmasse und deren Vermehrung. Somit handele es sich um das Problem des Raumes. Die deutsche Volksmasse verfüge über 85 Millionen Menschen, die nach der Anzahl der Menschen und der Geschlossenheit des Siedlungsraumes in Europa einen in sich so fest geschlossenen Rassekern darstelle, wie er in keinem anderen Land wieder anzutreffen sei und wie er andererseits das Anrecht auf größeren Lebensraum mehr als bei anderen Völkern in sich schlösse. Wenn kein dem deutschen Rassekern entsprechendes politisches Ergebnis auf dem Gebiet des Raumes vorläge, so sei das eine Folge mehrhundertjähriger historischer Entwicklung und bei Fortdauer dieses politischen Zustandes die größte Gefahr für die Erhaltung des deutschen Volksstammes auf seiner jetzigen Höhe. […] Bevor er sich der Frage der Behebung der Raumnot zuwende, sei die Überlegung anzustellen, ob im Wege der Autarkie oder einer gesteigerten Beteiligung an der Weltwirtschaft eine zukunftsreiche Lösung der deutschen Lage zu erreichen sei. […]
Auf dem Gebiet der Lebensmittel sei die Frage der Autarkie mit einem glatten „Nein" zu beantworten. […]
Beteiligung an der Weltwirtschaft: Ihr seien Grenzen gezogen, die wir nicht zu beheben vermöchten. Einer sicheren Fundierung der deutschen Lage ständen die Konjunkturschwankungen entgegen, die Handelsverträge böten keine Gewähr für die praktische Durchführung. Insbesondere sei grundsätzlich zu bedenken, dass seit dem Weltkriege eine Industrialisierung gerade früherer Ernährungsausfuhrländer stattgefunden habe. […]
Die einzige uns vielleicht traumhaft erscheinende Abhilfe läge in der Gewinnung eines größeren Lebensraumes, ein Streben, das zu allen Zeiten die Ursache der Staatenbildungen und Völkerbewegungen gewesen sei. Dass dieses Streben in Genf und bei den gesättigten Staaten keinem Interesse begegne, sei erklärlich. Wenn die Sicherheit unserer Ernährungslage im Vordergrund stände, so könne der hierfür notwendige Raum nur in Europa gesucht werden, nicht aber ausgehend von liberalistisch-kapitalistischen Auffassungen in der Ausbeutung von Kolonien. Es handele sich nicht um die Gewinnung von Menschen, sondern von landwirtschaftlich nutzbarem Raum. Auch die Rohstoffgebiete seien zweckmäßiger im unmittelbaren Anschluss an das Reich in Europa und nicht in Übersee zu suchen, wobei die Lösung sich für ein bis zwei Generationen auswirken müsse. Was darüber hinaus in späteren Zeiten notwendig werden sollte, müsse nachfolgenden Geschlechtern überlassen bleiben. Die Entwicklung großer Weltgebilde gehe nun einmal langsam vor sich, das deutsche Volk mit seinem starken Rassekern finde hierfür die günstigsten Voraussetzungen inmitten des europäischen Kontinents. Dass jede Raumerweiterung nur durch Brechen von Widerstand und unter Risiko vor sich

gehen könne, habe die Geschichte aller Zeiten – Römisches Weltreich, Englisches Empire – bewiesen. Auch Rückschläge seien unvermeidbar. Weder früher noch heute habe es herrenlosen Raum gegeben, der Angreifer stoße stets auf den Besitzer. [...]
Zur Lösung der deutschen Frage könne es nur den Weg der Gewalt geben, dieser niemals risikolos sein. [...] Stelle man an die Spitze der nachfolgenden Ausführungen den Entschluss zur Anwendung von Gewalt unter Risiko, dann bleibe noch die Beantwortung der Fragen „wann" und „wie".

Zit. nach Akten der deutschen auswärtigen Politik, Serie D (1937–1945), Bd. 1, S. 25 ff.

1. *Untersuchen Sie anhand von Mat. 10 die Hauptlinien der außenpolitischen Konzeption und Argumentation Hitlers und erläutern Sie die Schlüsselbegriffe der Quelle.*
2. *Vergleichen Sie Mat. 10 und Mat. 7 und nehmen Sie zu beiden Stellung.*

11 *Aus einer geheimen Rede Adolf Hitlers (1889–1945) vor Verlegern und führenden deutschen Pressevertretern am 10. November 1938:*
Q Die Umstände haben mich gezwungen *jahrzehntelang* fast nur vom Frieden zu reden. Nur unter der fortgesetzten Betonung des deutschen Friedenswillens und der Friedensabsichten war es mir möglich dem deutschen Volk Stück für Stück die Freiheit zu erringen und ihm die Rüstung zu geben, die immer wieder für den nächsten Schritt als Voraussetzung notwendig war. Es ist selbstverständlich, dass eine solche jahrzehntelang betriebene Friedenspropaganda auch ihre bedenklichen Seiten hat; denn es kann nur zu leicht dahin führen, dass sich in den Gehirnen vieler Menschen die Auffassung festsetzt, dass das heutige Regime *an sich* identisch sei mit dem Entschluss und dem Willen den Frieden unter *allen* Umständen zu bewahren. Das würde aber nicht nur zu einer falschen Beurteilung der Zielsetzung dieses Systems führen, sondern es würde vor allem auch dahin führen, dass die deutsche Nation, statt den Ereignissen gegenüber gewappnet zu sein, mit einem Geist erfüllt wird, der auf die Dauer als Defaitismus gerade die Erfolge des heutigen Regimes nehmen würde und nehmen müsste. Der Zwang war die Ursache, warum ich jahrelang nur vom Frieden redete. Es war nunmehr notwendig das deutsche Volk psychologisch allmählich umzustellen und ihm langsam klarzumachen, dass es Dinge gibt, die, wenn sie nicht mit friedlichen Mitteln durchgesetzt werden können, mit Mitteln der Gewalt durchgesetzt werden *müssen*. Dazu war es aber notwendig nicht etwa nun die Gewalt als solche zu propagieren, sondern es war notwendig dem deutschen Volk bestimmte außenpolitische Vorgänge so zu beleuchten, dass die *innere Stimme* des Volkes selbst langsam nach der Gewalt zu schreien begann. Das heißt also bestimmte Vorgänge *so* zu beleuchten, dass im Gehirn der breiten Masse des Volkes ganz automatisch allmählich die Überzeugung ausgelöst wurde: Wenn man das eben nicht im Guten abstellen kann, dann muss man es mit Gewalt abstellen [...]. Diese Arbeit hat Monate erfordert, sie wurde planmäßig begonnen, planmäßig fortgeführt, verstärkt. Viele haben sie nicht begriffen, meine Herren; viele waren der Meinung, das sei doch alles etwas übertrieben. Das sind jene überzüchteten Intellektuellen, die keine Ahnung haben, wie man ein Volk letzten Endes zu der Bereitschaft bringt gerade zu stehen, auch wenn es zu blitzen und zu donnern beginnt.

Zit. nach Vierteljahreshefte für Zeitgeschichte 6, 1958, S. 182 ff.

1. *Skizzieren Sie den historischen Hintergrund der Rede.*
2. *Untersuchen Sie in Mat. 11 die Bedeutung von Krieg und Gewalt in Hitlers politischer Konzeption und seine Herrschaftstechniken. Welche Rückschlüsse lassen sich aus dieser Rede über die Akzeptanz der Außenpolitik Hitlers in der Bevölkerung ziehen (siehe auch Darstellung S. 202 f. und Mat. 9)?*

12 *Aus dem Nichtangriffsvertrag zwischen Deutschland und der UdSSR („Hitler-Stalin-Pakt"), 23. August 1939:*
Q Die Deutsche Reichsregierung und die Regierung der Union der Sozialistischen Sowjetrepubliken, geleitet von dem Wunsche die Sache des Friedens zwischen Deutschland und der UdSSR zu festigen und ausgehend von den grundlegenden Bestimmungen des Neutralitätsvertrages, der im April 1926 zwischen Deutschland und der UdSSR geschlossen wurde, sind zu nachstehender Vereinbarung gelangt:
Artikel I: Die beiden vertragschließenden Teile verpflichten sich sich jeden Gewaltakts, jeder aggressiven Handlung und jeden Angriffs gegeneinander, und zwar sowohl einzeln als auch gemeinsam mit anderen Mächten, zu enthalten.
Artikel II: Falls einer der vertragschließenden Teile Gegenstand kriegerischer Handlungen seitens einer dritten Macht werden sollte, wird der andere vertragschließende Teil in keiner Form diese dritte Macht unterstützen.
Artikel III: Die Regierungen der beiden vertragschließenden Teile werden künftig fortlaufend zwecks Konsultation in Fühlung miteinander bleiben um sich gegenseitig über Fragen zu informieren, die ihre gemeinsamen Interessen berühren. [...]

Geheimes Zusatzprotokoll
Aus Anlass der Unterzeichnung des Nichtangriffsvertrags zwischen dem Deutschen Reich und der Union der Sozialistischen Sowjetrepubliken haben die unterzeichnenden Bevollmächtigten der beiden Teile in streng vertraulicher Aussprache die Frage der Abgrenzung der beiderseitigen Interessensphären in Osteuropa erörtert. Diese Aussprache hat zu folgendem Ergebnis geführt:
1. Für den Fall einer territorial-politischen Umgestaltung in den zu den baltischen Staaten (Finnland, Estland, Lettland, Litauen) gehörenden Gebieten bildet die nördliche Grenze Litauens zugleich die Grenze der Interessensphäre Deutschlands und der UdSSR. Hierbei wird das Interesse Litauens am Wilnaer Gebiet beiderseits anerkannt.
2. Für den Fall einer territorial-politischen Umgestaltung der zum polnischen Staate gehörenden Gebiete werden die Interessensphären Deutschlands und der UdSSR ungefähr durch die Linie der Flüsse Narew, Weichsel und San abgegrenzt.
Die Frage, ob die beiderseitigen Interessen die Erhaltung eines unabhängigen polnischen Staates erwünscht scheinen lassen und wie dieser Staat abzugrenzen wäre, kann endgültig erst im Laufe der weiteren politischen Entwicklung geklärt werden.
In jedem Fall werden beide Regierungen diese Frage im Wege einer freundschaftlichen Verständigung lösen.
3. Hinsichtlich des Südostens Europas wird von sowjetischer Seite das Interesse an Bessarabien betont. Von deutscher Seite wird das völlige politische Desinteressement an diesen Gebieten erklärt.
4. Dieses Protokoll wird von beiden Seiten streng geheim behandelt.

Zit. nach Europa-Archiv 2, 1947, S. 1043 f.

1. *Erläutern Sie vor dem engeren und weiteren historischen Hintergrund die einzelnen Vertragsbestimmungen in Mat. 12 und beurteilen Sie den Vertrag.*
2. *Schreiben Sie einen Zeitungskommentar zum „Hitler-Stalin-Pakt" aus der Sicht eines polnischen Journalisten.*

13 *Die Atlantik-Charta, 14. August 1941:*
Q Der Präsident der Vereinigten Staaten und Premierminister Churchill als Vertreter Seiner Majestät Regierung des Vereinigten Königreiches halten es […] für richtig gewisse allgemeine Grundsätze der nationalen Politik ihrer beiden Länder bekannt zu machen, auf die sie ihre Hoffnung auf eine bessere Zukunft für die Welt gründen:

1. Ihre Länder erstreben keinerlei Gebiets- oder sonstige Vergrößerung.
2. Sie wünschen keine Gebietsveränderungen, die nicht mit den frei zum Ausdruck gebrachten Wünschen der betreffenden Völker übereinstimmen.
3. Sie anerkennen das Recht aller Völker die Regierungsform zu wählen, unter der sie leben wollen; und sie wünschen, dass denen souveräne Rechte und Selbstregierung zurück gegeben werden, die ihrer gewaltsam beraubt worden sind.
4. Sie werden sich unter gebührender Berücksichtigung ihrer bestehenden Verpflichtungen bemühen allen Staaten, groß oder klein, Siegern oder Besiegten, fördernd zu helfen, dass sie unter gleichen Bedingungen Zutritt zum Handel und zu den Rohstoffen der Welt haben, die zu ihrem wirtschaftlichen Gedeihen notwendig sind.
5. Sie wünschen vollste Zusammenarbeit zwischen allen Nationen auf wirtschaftlichem Gebiet zu erreichen mit dem Ziel, für alle einen gehobenen Arbeitsstandard, wirtschaftlichen Fortschritt und soziale Sicherheit zu gewährleisten.
6. Sie hoffen, dass nach der endgültigen Zerstörung der Nazityrannei ein Frieden geschaffen wird, der allen Nationen die Möglichkeit gibt in Sicherheit innerhalb ihrer eigenen Grenzen zu leben und der Gewähr dafür bietet, dass alle Menschen in allen Ländern der Welt ihr Leben frei von Furcht und Mangel leben können.
7. Ein solcher Friede sollte es allen Menschen ermöglichen die Meere und Ozeane ungehindert zu überqueren.
8. Sie glauben, dass aus sachlichen wie aus ideellen Gründen alle Nationen der Welt dazu gelangen müssen auf die Anwendung von Gewalt zu verzichten. Da künftig kein Friede erhalten werden kann, wenn von Nationen, die mit Angriffen außerhalb ihrer Grenzen drohen oder drohen könnten, weiterhin ihre Land-, See- und Luftrüstungen aufrechterhalten werden, glauben sie, dass bis zur Schaffung eines umfassenderen und dauerhaften Systems allgemeiner Sicherheit die Entwaffnung solcher Nationen wesentlich ist. Sie werden ebenso alle anderen durchführbaren Maßnahmen unterstützen und fördern, die den friedliebenden Völkern die erdrückende Last der Rüstung erleichtern.

Zit. nach Herbert Schambeck u.a. (Hg.), Dokumente zur Geschichte der Vereinigten Staaten von Amerika, Berlin 1993, S. 480 f.

1. *Erarbeiten Sie aus Mat. 13 die Kriegsziele der westlichen Alliierten im Jahre 1941 und erörtern Sie deren Bedeutung für die internationale Ordnung nach 1945.*
2. *Diskutieren Sie die These, die Alliierten hätten aus den Fehlern von Versailles gelernt (siehe Darstellung S. 207).*

Zur Entwicklung einer stereotypen Eigenwahrnehmung: Deutschland und seine Nachbarn nach dem Ersten Weltkrieg

1 *Der Historiker Arnold Suppan (geb. 1945) schreibt über nationale Stereotypen* (1991):*
D Das Bild vom anderen, das Fremdbild, ebenso wie das Selbstbild entsteht aus dem Bedürfnis von Individuen, Gruppen und Nationen sich eine klar geordnete Welt einzurichten und sich in dieser sozial bestätigt zu sehen. [...] Dabei bedienen sie sich gedanklich gebildeter Stereotypen, Auto- wie Heterostereotypen, als Bewertungsmaßstäbe. Mit deren Hilfe wird ein eigenes Rollenbild als Gesamtheit der ethischen Wert- und Aufgabenstellungen geformt. Wesentlicher Bestandteil dieses ideologischen Rollenbildes ist das Geschichtsbild der Individuen und sozialen Gruppen, das sich aus der Verarbeitung verschiedener Vergangenheitserlebnisse und eines in Jahrhunderten gewachsenen, von Generation zu Generation weitergegebenen Vermächtnisses entwickelte.

Im Entstehungsprozess der modernen Nationalbewegungen kam der Verankerung der nationalen Gruppe im Vergangenheitserlebnis besonders große Bedeutung zu, da die Geschichtsschreibung daraus die nationale Sendungsidee zu formulieren hatte. Daher feierten die Historiker die nationalen Siege und beklagten die eigenen Niederlagen, daher zeichneten sie Feindbilder gegen den äußeren Gegner und den Verräter im Innern, daher steckten sie der eigenen Nation auch Ziele in territorialer Hinsicht. [...]

Stereotypen sind schematisierte Selbst- und Fremdbilder in der logischen Form eines Urteils, das in ungerechtfertigt vereinfachender und generalisierender Weise, mit emotional wertender Tendenz, einer Gruppe von Personen bestimmte Eigenschaften oder Verhaltensweisen zu- oder abspricht. Der Erwerb solcher Stereotypen erfolgt nicht auf Grund

2 *Titelbild einer antipolnischen Broschüre aus Deutschland, 1925*

3 *Karikatur aus der polnischen Zeitschrift „Kocynder", Nr. 6, 1920*

eigener Erfahrung, sondern wird über Erziehung, Sozialisation und öffentliche Meinung vermittelt. Hierbei ist zu fragen, von welchen sozialen Schichten eine solche Vorurteilsbildung ausgeht, welche Mittel dazu eingesetzt werden – hier ist auf die besondere Bedeutung bildlicher Darstellungen (z. B. Karikaturen) hinzuweisen – und welche Instrumentalisierungsabsicht hinsichtlich der Mobilisierung bestimmter Bevölkerungsschichten besteht. Allgemein lässt sich festhalten, dass aus der politisch-gesellschaftlichen Wirklichkeit in Verbindung mit einer programmatischen Ideologie und mit sich verfestigender Meinungsbildung bestimmte Einstellungen ausgebildet werden, die zum Entstehen von Selbst- und Fremdbildern, von Freund- und Feindbildern führen, die sich bei entsprechender Breitenwirkung etwa im Verlaufe einer Generation zu Stereotypen verdichten können. [...]

Geschichtsschreibung und Geschichtswissenschaft arbeiteten immer wieder den biografischen, den Zeit- und den Raumfaktor in der Geschichte heraus. Sie schufen dabei aber auch Ahnen- und Heroengalerien, stellten große Auseinandersetzungen dar – Bauernkriege, Türkenkriege, Franzosenkriege –, untermauerten „historische Rechte" und übertrugen die Ausdehnung mittelalterlicher und frühneuzeitlicher Feudalreiche – meist mittels Landkarten – auf moderne Nationalstaaten, ohne den multi-ethnischen Charakter vieler Regionen entsprechend zu berücksichtigen.

Arnold Suppan, Nationale Stereotypen in der Karikatur, in: Wolfram Herwig/Walter Pohl (Hg.), Probleme der Geschichte Österreichs und ihrer Darstellung, Wien 1991, S. 277 ff.

1. Erläutern Sie die Definition des Begriffs „Stereotyp" in Mat. 1. Sind für Suppan die Begriffe Fremd-/Selbstbild und Stereotyp synonym verwendbar?
2. Untersuchen Sie, welche Rolle der Autor der Geschichte bei der Entstehung von Stereotypen beimisst.
3. Diskutieren Sie die Anfangsthese des Autors. Inwieweit ist sie heute noch zutreffend?
4. Beschreiben Sie die Abbildungen in Mat. 2 und 3. Analysieren Sie die Rolle, die das eigene bzw. fremde Land jeweils spielt.
5. Erläutern Sie die Zielrichtung der Karten in Mat. 4 und 5 im Hinblick a) auf die Lage Deutschlands im europäischen Kräftefeld, b) auf die Beurteilung der nach dem Ersten Weltkrieg neu oder wieder gegründeten Staaten.
6. Erläutern Sie die grafischen Darstellungsmittel der Karten und deren mögliche Wirkung auf die Betrachter. Vergleichen Sie mit heutigen politischen Karten zur Zwischenkriegszeit in Ihrem historischen Schulatlas.

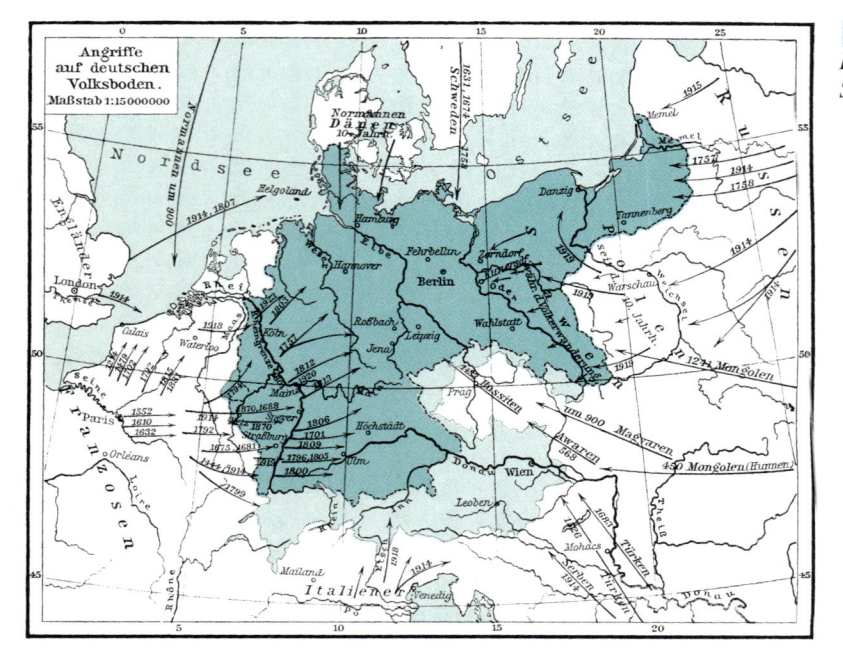

4 *„Geopolitische Lage Deutschlands". Karte aus F. W. Putzgers Historischer Schulatlas, Bielefeld/Leipzig 1931.*

5 „Das Heerlager um Deutschland". Karte aus: J. Vogel, Die Karte spricht! 30 bunte Bildkarten zur Erdkunde unseres Vaterlandes, 3. Aufl., Breslau 1935

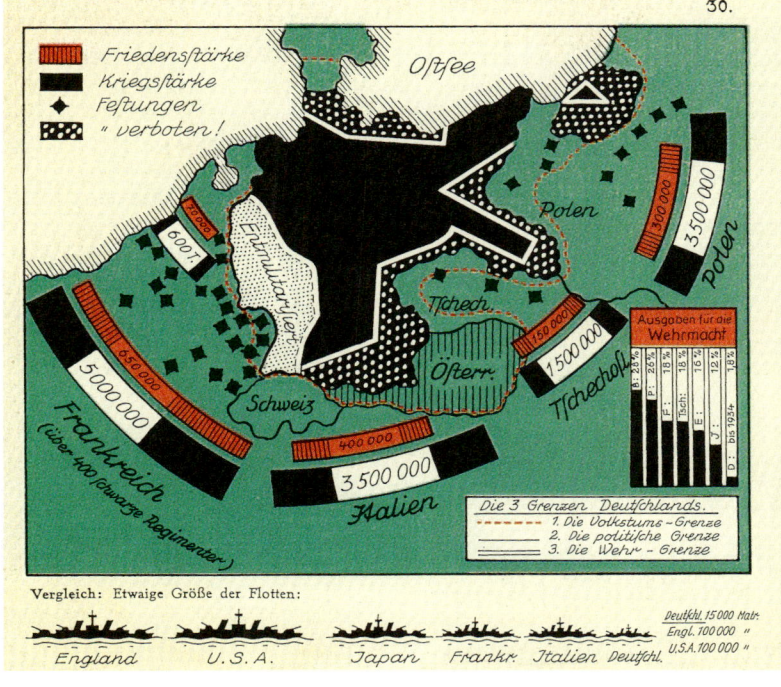

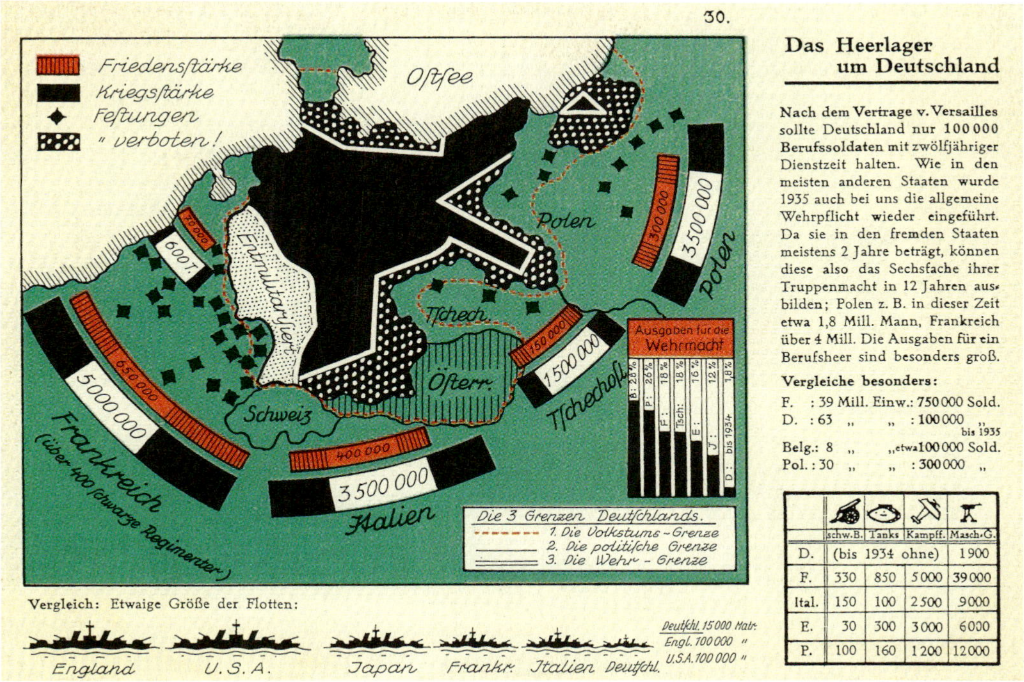

Neue Generationen – neue Geschichtsbilder?

6 In Hamburg wurde 1978 siebzehn 9. Klassen (Hauptschulen, Realschulen, Gymnasien) unter anderen die Frage gestellt: „Was fällt dir ein, wenn du den Begriff Volksrepublik Polen hörst? Schreibe das bitte auf." Die Antworten wurden in unterschiedliche Kategorien eingeteilt, von denen sich vier auf die Geschichte bezogen. Der Autor der Studie, Bernhard Kulich, berichtet, welche Themen mit welcher Häufigkeit genannt wurden:

D Hitler/2. Weltkrieg/Konzentrationslager 44 %
Deutsche leben dort/Aussiedlerprobleme 41 %
frühere deutsche Gebiete 20 %
Angaben über die Vorkriegsgeschichte Polens 16 %

Etwa die Hälfte der befragten Schüler äußert sich spontan zu den Leiden, die viele Polen während des Überfalls Hitlerdeutschlands auf ihr Land durchlitten haben. Aus den Schülerantworten geht ganz klar hervor, dass die 15-jährigen deutschen Schüler *nicht unbeteiligt* die deutsche Geschichte und die Entwicklung der deutsch-polnischen Beziehungen betrachten.

Bernhard Kulich, Was 15-jährige deutsche Schüler über die Volksrepublik Polen wissen, in: Die Deutsche Schule 71, 1979, S. 120.

7 1990 wurden in Polen 187 Fragebögen von 18- bis 19-jährigen Oberschülern ausgewertet. Dazu schreibt die Autorin der Studie, Bernadette Jonda:

D Besonders aufschlussreich sind die Reaktionen auf die Frage: „Was fällt dir ein, wenn du die Worte ‚Deutsche'/‚Deutschland' hörst?" Zwar geben relativ viele Jugendliche (33) darauf keine Antwort […] oder sie schreiben „nichts" oder „ich habe keine Assoziationen" (21) […].
In fast jeder vierten beantworteten Frage nach Assoziationen zu Begriffen Deutsche/Deutschland war die Rede vom „Krieg" oder vom „Zweiten Weltkrieg". […] Nur drei Aussagen waren eindeutig negativ mit dem Hinweis auf die bevorstehende Wiedervereinigung Deutschlands. Jeweils 25 Aussagen waren neutral oder eindeutig positiv. So wurde oft formuliert, die Deutschen seien „Nachbarn im Westen" und „Menschen genauso wie wir" und: „Deutsche sind für mich Vertreter eines Volkes, an das wir grenzen, und eines reicheren und besser entwickelten Landes als unseres. In der Vergangenheit gab es des öfteren Konflikte, aber es gab auch Zeiten der Ruhe. Ich habe keine stereotypen Vorstellungen von diesem Volk. Mit einem Deutschen assoziiere ich positive Eigenschaften: Geschicklichkeit, Arbeitsamkeit."

4 Internationale Politik bis 1945

20 „Ich verbinde damit nichts Unangenehmes oder Feindliches. Ich halte die Deutschen für ein normales Volk, für Menschen, wie sie auch in anderen Ländern leben, die auch ihre Freuden und Sorgen haben, die aber keineswegs sich über andere Völker erheben. Ein ruhiges, reiches und sorgloses
25 Volk."

Bernadette Jonda, Die Deutschen und die beiden deutschen Staaten in der Sicht der Jugendlichen in Polen, in: Wolfgang Melzer u. a. (Hg.), Osteuropäische Jugend im Wandel, Weinheim u. a. 1991, S. 101 f.

1. *Erläutern Sie den Stellenwert, den die Geschichte bei der Beurteilung Deutschlands bzw. Polens in Mat. 6 bis 8 einnimmt. Vergleichen Sie mit den Aussagen in Mat. 1.*
2. *Auf welchen Abschnitt der deutsch-polnischen Beziehungsgeschichte nehmen die deutschen Schüler (Mat. 6) vor allem Bezug? Erörtern Sie, inwieweit in der polnischen Befragung (Mat. 8) unter „geschichtlicher Erfahrung" noch andere Abschnitte gemeint sein könnten.*
3. *Führen Sie die Umfrage (Mat. 8) in Ihrem Kurs durch. Analysieren und diskutieren Sie die Befunde.*

8 *Ergebnisse einer Umfrage aus dem Jahre 1990 unter polnischen Oberschülern im Alter von 18 bis 19 Jahren über ihre Einstellungen zum deutsch-polnischen Verhältnis (in Prozent):*

	völlige Zustimmung	weit gehende Zustimmung	weit gehende Ablehnung	absolute Ablehnung	Gleich-gültigkeit	weiß es nicht	keine Angaben
A) Polen und Deutsche waren schon immer Feinde und werden es bleiben.	10,2	21,9	24,6	22,5	2,1	16,6	2,1
B) Trotz der tragischen gemeinsamen Vergangenheit können Deutsche und Polen Freunde werden.	20,3	29,9	22,5	4,8	4,3	16,6	1,6
C) Die Polen sind aufgrund ihrer geschichtlichen Erfahrung gegenüber den Deutschen misstrauisch.	39,6	42,2	7,5	1,6	0,5	8,0	0,6
D) Das Unheil, das die Deutschen den Polen angetan haben, darf man nicht vergessen.	38,0	25,1	15,0	4,8	6,4	9,1	1,6
E) Das Unheil, das die Deutschen den Polen angetan haben, darf man nicht vergessen, aber man sollte es verzeihen.	33,7	33,7	9,6	10,2	2,7	8,0	2,1
F) Das Unheil, das die Deutschen den Polen im 2. Weltkrieg angetan haben, muss man den Deutschen immer vorhalten.	3,7	8,7	34,2	31,5	6,4	14,4	1,1
I) Polen und Deutsche sollten gemeinsam die friedliche Zukunft Europas bauen.	52,4	24,6	5,9	1,6	6,4	8,0	1,1

Nach Bernadette Jonda, Die Deutschen und die beiden deutschen Staaten in der Sicht der Jugendlichen in Polen, in: Wolfgang Melzer u. a. (Hg.), Osteuropäische Jugend im Wandel, Weinheim u. a. 1991, S. 106.

Die Appeasement-Politik in der zeitgenössischen Auseinandersetzung und in der historischen Interpretation

1 *Aus einem Memorandum des britischen Außenministers Anthony Eden (1897–1977) zu den Möglichkeiten der Politik seiner Regierung gegenüber Deutschland vom 11. Februar 1936:*

Q Unser Dilemma ist akut. Bei der Armut Nazideutschlands, gemessen an dem schwindenden Exporthandel dieses Landes und am Anstieg der Arbeitslosigkeit, steht zu erwarten, dass sie dieselben Auswirkungen wie in Italien haben und den Diktator [Hitler] ermutigen wird sein Volk in ein auswärtiges Abenteuer zu stürzen als einziges Mittel, das ihm noch bleibt, dessen Aufmerksamkeit vom Versagen seiner Politik zu Hause abzulenken. Da unser Ziel darin besteht Krieg zu vermeiden sollte daraus folgen, dass wir gut beraten wären alles in unserer Macht Stehende zu tun um Deutschlands wirtschaftliche Erholung zu unterstützen, dadurch den Druck auf den deutschen Herrscher zu mildern und einen Ausbruch weniger wahrscheinlich zu machen. Die Umstände dieses besonderen Falles sind jedoch außergewöhnlich; und wer könnte sicher sein, dass, wenn wir Anstrengungen unternehmen Deutschlands wirtschaftliche Position zu verbessern, seine Machthaber nicht die Vorteile, die sie dadurch gewinnen könnten, erst recht benutzen ihre Aufrüstung weiter zu verfolgen und ihre Nation für den Krieg vorzubereiten. [...] Wir sollten bereit sein Deutschland Konzessionen zu machen, und es müssten Konzessionen von einigem Wert sein, wenn sie ihr Ziel erreichen sollen, aber diese Konzessionen dürfen nur als Teil eines endgültigen Übereinkommens angeboten werden, das eine weitere Rüstungsbegrenzung und Deutschlands Rückkehr in den Völkerbund in sich schließt.

Zit. nach Oswald Hauser, England und das Dritte Reich, Bd. 1, Stuttgart 1972, S. 287.

2 *Aus einem Bericht des Ministers für die Koordination der Verteidigung, Sir Thomas Inskip (1876–1947), vom Dezember 1937:*

Q England kann nicht hoffen einen Krieg gegen eine größere Macht durch einen plötzlichen K.O.-Schlag zu gewinnen; im Gegenteil, für einen Erfolg müssen wir einen langen Krieg in Betracht ziehen, in dessen Verlauf wir alle unsere Ressourcen, die der Dominien und anderer Überseeländer werden mobilisieren müssen. [...] Wir müssen unsere potentiellen Gegner mit den Risiken eines langen Krieges konfrontieren, den sie nicht durchstehen können. Wenn wir aus einem solchen Krieg siegreich hervorgehen sollen, ist es wichtig, dass wir in ihn hineingehen mit einer wirtschaftlichen Stärke, die hinreichend ist uns in die Lage zu versetzen, den optimalen Gebrauch von unseren überseeischen Ressourcen zu machen und den Belastungen zu widerstehen. [...] Von einer richtigen Perspektive aus gesehen ließe sich die Aufrechterhaltung unserer wirtschaftlichen Stabilität genauer beschreiben als ein wesentliches Element unserer Verteidigungskraft: ein Element, das man angemessen neben den drei Waffengattungen als vierte Teilstreitkraft bezeichnen kann, ohne die rein militärische Anstrengungen ohne Nutzen wären.

Zit. nach Reinhard Meyers, Britische Sicherheitspolitik 1934–1938, Düsseldorf 1976, S. 418.

3 *Der britische Premierminister Arthur Neville Chamberlain (1869–1940) über die Prinzipien seiner Außenpolitik in einer Rede vor dem Unterhaus, 21. Februar 1938 (Auszug):*

Q Damit das Unterhaus ein möglichst vollständiges Bild gewinnt von den Ereignissen, die uns in die gegenwärtige Lage geführt haben, muss ich um seine Nachsicht bitten, wenn ich versuche noch einmal meine eigenen Ansichten über gewisse Aspekte der Außenpolitik darzulegen – Ansichten, die sich niemals verändert haben und die von allen meinen Kollegen geteilt werden. Bei früherer Gelegenheit beschrieb ich, wie sich diese Politik auf drei Prinzipien gründet – erstens auf den Schutz britischer Interessen und des Lebens britischer Staatsangehöriger; zweitens auf die Erhaltung des Friedens und, soweit wir es beeinflussen können, auf die Regelung von Konflikten mit friedlichen Mitteln und nicht mit Gewalt und drittens auf die Förderung freundlicher Beziehungen mit anderen Nationen, die bereit sind unsere freundschaftlichen Gefühle zu erwidern und die die Regeln internationalen Verhaltens, ohne die es weder Sicherheit noch Stabilität geben kann, einhalten.

Zit. nach Parliamentary Debates, House of Commons, Vol. 332, Spalte 53 f. Übers. von B. J. Wendt.

4 *Der deutsche Botschafter in London, Herbert von Dirksen (1882–1955), über Arthur Neville Chamberlain und die britische Deutschlandpolitik, 5. Juli 1938:*

Q Ich bin davon überzeugt, dass der Premierminister Chamberlain, der Außenminister Lord Halifax und eine Reihe von maßgebenden Kabinettsmitgliedern ernsthaft die Politik des Ausgleichs mit Deutschland vorzubereiten wünschen [...]. Neville Chamberlain hat es fertig gebracht die britischen Finanzen zu sanieren[1] ohne die finanziellen Kräfte des Landes zu erschöpfen. In den letzten fünf Jahren vor seinem Aufrücken zum Ministerpräsidenten hat Chamberlain nicht nur ein ausgeglichenes Budget vorgelegt, sondern darüber hinaus noch finanzielle Rücklagen machen können. Dieser Glanzleistung verdankt er seine außergewöhnliche Laufbahn. Er wird sich auf das Äußerste dagegen wehren diesen großen Erfolg für das Wohlergehen des britischen Volkes durch eine Politik zunichte zu machen, die gewollt oder ungewollt zum Kriege führt. Ich weiß aus seiner Umgebung, wie klar er sich darüber ist, dass Englands soziale Struktur, ja die große Idee des britischen Empire sich nicht durch die Wirren eines, selbst erfolgreichen, Krieges hindurchretten lässt. Chamberlain hat sich mit der ganzen Hartnäckigkeit, die seiner Familie eigen ist, der Idee des europäischen Ausgleichs verschrieben. Er weiß sehr wohl, dass der deutsch-englische Ausgleich das Kernstück einer solchen europäischen Befriedung bildet. Trotz dieser Erwägungen verdient aber die in weiten Kreisen der unpolitischen englischen Öffentlichkeit vorherrschende psychosenartige Stimmung ernste Beachtung – schon aus dem Grunde, weil sie im Fall eines Kabinettswechsels, der Eden und die Arbeiterpartei ans Ruder bringen würde, an Realität gewinnen könnte.

1 Chamberlain war vor seiner Ernennung zum Premierminister 1931–1937 Schatzkanzler.

Zit. nach Akten zur deutschen auswärtigen Politik 1918–1945, Serie D (1937–1945), Bd. 2, Nr. 281, 5. Juli 1938, S. 376.

5 *Der britische Premierminister Arthur Neville Chamberlain (1869–1940) über seine Politik in der sogenannten „Sudetenkrise" in einer Rede vor dem Unterhaus am 28. September 1938 (Auszug). Die abschließenden Beratungen und die Unterzeichnung des Münchener Abkommens* fanden am 29./30. September 1938 statt:*

Q Eine der Hauptschwierigkeiten im Umgang mit totalitären Regierungen ist der Mangel an Möglichkeiten, mit den Persönlichkeiten in Kontakt zu kommen, in deren Händen die endgültigen Entscheidungen für ein Land liegen. So beschloss ich, selbst nach Deutschland zu gehen[1] um Hitler zu interviewen und in einer persönlichen Unterredung herauszufinden, ob es noch irgendeine Hoffnung auf die Rettung des Friedens gibt. Ich wusste sehr gut, dass ich dadurch, dass ich einen so beispiellosen Weg einschlug, mich selbst der Kritik aussetzte, weil ich die Würde eines britischen Premierministers herabgesetzt hätte, dass ich mich aber auch der Enttäuschung und vielleicht sogar dem Unmut aussetzte, wenn es mir nicht gelänge ein befriedigendes Abkommen zurück zu bringen. Aber ich fühlte, dass in einer solchen Krise, wo es bei den auf dem Spiel stehenden Konfliktpunkten um das Leben von Millionen Menschen ging, solche Überlegungen nicht zählen dürfen.

1 Am 15. und 22. bis 24. September 1938.

Zit. nach Parliamentary Debates, House of Commons, Vol. 339, Spalte 13 f. Übers. von B. J. Wendt.

6 *„Whose turn next?", Karikatur von Ernest Howard Shepard (1879–1976) aus dem Londoner „Punch", 18. Mai 1938*

7 *In der Debatte des britischen Unterhauses vom 3. bis 6. Oktober 1938 zum Münchener Abkommen prallten die Meinungen über das „Appeasement" heftig aufeinander. Labour-Führer Clement Attlee (1883–1967) führte unter anderem aus:*

Q Wir alle fühlten Erleichterung, dass es diesmal nicht zum Krieg gekommen ist. Jeder von uns hat Tage der Angst durchlebt; wir können aber nicht das Gefühl haben, dass Frieden erreicht ist; wir haben eher das Gefühl, dass wir nur einen Waffenstillstand in einem Kriegszustand haben. [...] Wir dürfen nicht nur die dramatischen Ereignisse der letzten paar Wochen betrachten, die im Lande so viel Besorgnis ausgelöst haben, sondern den Kurs der Politik, die Jahr für Jahr verfolgt wurde und die uns aus einer Position des Friedens und der Sicherheit in die unsichere Lage heute geführt hat, in der der Krieg zwar abgewandt worden ist, die Bedingungen aber, die zu einem Krieg führen können, immer noch gegenwärtig sind. [...] Vor allem muss die Welt, wenn sie Frieden haben soll, zur Herrschaft des Rechts zurückkehren. Bei so vielen Menschen in unserem Lande hat sich, einmal ganz abgesehen von der tiefen Sympathie mit dem tschechischen Volk, das Gefühl eingestellt, dass moralische Vorstellungen der nackten Gewalt unterlegen sind, und die Besorgnis in den Herzen so vieler Menschen lautet: Sie begrüßen die Erleichterung, die ihnen die Bemühungen des Premierministers gebracht haben; sie erkennen diese Bemühungen an; aber sie fragen, wo wir jetzt stehen; denn obwohl diese Anstrengungen den unmittelbaren Krieg abgewendet haben, war die schließliche Wirkung der ganzen Episode, die Überzeugung in der Welt zu stärken, dass Gewalt, Gewalt allein sich durchsetzt. Das ist die Gefahr, die die Gemüter der Leute bewegt.

Zit. nach Parliamentary Debates, House of Commons, Vol. 339, Spalte 511, 539 und 543. Übers. von B. J. Wendt.

8 *Der konservative Abgeordnete Winston Churchill (1874–1965) sagte in der Unterhausdebatte zum Münchener Abkommen (siehe Mat. 7) unter anderem:*
Q Ich will damit beginnen zu sagen, was jeder gern ignorieren oder vergessen möchte, aber was nichtsdestoweniger festgestellt werden muss, nämlich dass wir eine totale und vollständige Niederlage erlitten haben und dass Frankreich noch mehr hat zahlen müssen als wir. [...] Das Äußerste, was der Premierminister für die Tschechoslowakei und in den umstrittenen Angelegenheiten hat erreichen können, war, dass der deutsche Diktator, statt seine Mahlzeit mit einem Biss vom Tisch zu schnappen, damit zufrieden war, dass man sie ihm Gang für Gang servierte. [...] Man muss diplomatische und korrekte Beziehungen haben, aber es kann niemals Freundschaft geben zwischen der britischen Demokratie und der Nazimacht, der Macht, die christliche Ethik mit den Füßen tritt, die ihren Kurs mit einem barbarischen Heidentum weitertreibt, die sich brüstet mit dem Geist der Aggression und Eroberung, die Stärke und perverse Freude aus Verfolgung schöpft und die, wie wir gesehen haben, mit erbarmungsloser Brutalität die Drohung mörderischer Gewalt benutzt. Diese Macht kann niemals ein verlässlicher Freund der britischen Demokratie sein. Was ich unerträglich finde, ist das Gefühl, dass unser Land in den Machtbereich und die Einfluss-Sphäre Nazideutschlands fällt und dass unsere Existenz von seinem guten Willen oder seinem Gutdünken abhängig wird.

Zit. nach Parliamentary Debates, House of Commons, Vol. 339, Spalte 360 f. und 370. Übers. von B. J. Wendt.

9 *Die Historiker Martin Gilbert (geb. 1936) und Richard Gott (geb. 1938) zur Appeasement-Politik (1969):*
D „Appeasement" entstammte [...] geistiger Trägheit, nicht politischer Bedenkenlosigkeit. Selbst Vansittart[1], der niemals müde wurde gegen den Schaden zu wettern, den die Ansichten der „appeasers" anrichteten, gab zu, dass der Irrtum dieser Politiker „kein Verbrechen, sondern ein Unglück war, von dem das Land betroffen wurde". Die „appeasers" sahen auch jetzt nur, was sie gerne sehen wollten. Sie weigerten sich Deutschland ohne langes Federlesen zu verurteilen und bemühten sich gegenüber einem Phänomen, von dem sie wenig wussten, eine möglichst gerechte Haltung einzunehmen.

1 Robert Vansittart (1881–1957), 1930–1938 Unterstaatssekretär im britischen Außenministerium

Martin Gilbert/Richard Gott, Der gescheiterte Frieden. Europa 1933–1939, Stuttgart 1964, S. 18.

10 *Der Historiker Gottfried Niedhart (geb. 1940) zum Begriff „appeasement" (1972):*
D Mit Appeasement verbinden sich allzu viele Assoziationen und Meinungen. Appeasement ist zur Chiffre geworden für eine Politik des kurzsichtigen Zurückweichens, der Beschwichtigung und der schwächlichen Reaktion auf die Herausforderung einer expansiven Macht, eine Politik der Aufrechterhaltung des Friedens um jeden Preis unter Opferung eigener Prinzipien. Wie „München" gehört „Appeasement" zum „historischen Beweisarsenal" (Wendt), das formelhaft und losgelöst von seinem historischen Ursprung immer dann benutzt wird, wenn es gilt eine Politik des Ausgleichs gegenüber Diktatoren zu geißeln oder vor einer solchen Politik zu warnen. Appeasement ist zum Synonym für einseitige Zugeständnisse an einen potentiellen Aggressor geworden, die den Kriegsausbruch letztlich begünstigten.

Gottfried Niedhart, Friede als nationales Interesse: Großbritannien in der Vorgeschichte des Zweiten Weltkriegs, in: Neue Politische Literatur 4, 1972, S. 451.

11 Im Oktober 1976 trafen sich deutsche und britische Historiker im Georg-Eckert-Institut für Internationale Schulbuchforschung in Braunschweig und diskutierten kontrovers die Ergebnisse der Appeasement-Forschung um Empfehlungen an die Schulbuchautoren beider Länder zu geben. Auszug aus einem gemeinsamen Konferenzbericht:

D Die Teilnehmer waren sich darüber einig, dass der Begriff „appeasement" weder im pejorativen[1] Sinne benutzt noch unbedacht auf andere Zeiträume übertragen werden sollte. Wo immer von einer Politik des „appeasement" ge-
5 sprochen wird, sollte sie im Sinne der jeweils verfolgten Politik interpretiert werden.

a) „Appeasement" war der Versuch, das Empire durch zunehmend unangemessene politische, militärische und wirtschaftliche Mittel zu sichern, während im eigenen Lande die
10 bestehende Gesellschaftsordnung aufrechterhalten werden sollte. Die angewandte Methode war „peaceful change" (friedliche Veränderung) mit dem Ziel ein „general settlement" (allgemeine Regelung) zu erreichen.

b) Die Unzulänglichkeit der Mittel war nicht der entschei-
15 dende Faktor in Chamberlains Überlegungen; da Chamberlain den Wunsch hatte den Frieden zu bewahren, war er bereit Deutschland und Italien gegenüber Opfer zu bringen und Zugeständnisse zu machen.

c) „Appeasement" war die Antwort der Briten auf die natio-
20 nalsozialistische, faschistische und japanische Herausforderung zwischen den beiden Weltkriegen.

d) Nach den Erfahrungen der Blutopfer des Ersten Weltkriegs herrschte bei großen Teilen der britischen Bevölkerung der Wunsch vor den Frieden zu bewahren.
25 e) In Anbetracht der Tatsache, dass die Bewahrung des Friedens ein Hauptziel der britischen Regierung war und dass Hitler ein Gegner dieses Zieles war, äußerten einige Teilnehmer die Ansicht, dass es zum „appeasement" keine wirkliche Alternative gegeben habe. Ein Teilnehmer fügte hinzu,
30 dass Churchills Rolle als „anti-appeaser" keinesfalls so konsequent gewesen sei, wie man uns glauben machen möchte. Ein besonderer Diskussionspunkt hinsichtlich der „Appeasement-Politik" war die Frage der Kontinuität bzw. des Verzichts auf „appeasement" nach dem 3. September 1939.
35 Einige Teilnehmer argumentierten wie folgt:

a) Das Konzept des „appeasement" und einige seiner Elemente haben die Kriegserklärung Großbritanniens an Deutschland überlebt. Nach der Ansicht einiger Teilnehmer wurde „appeasement" erst am 10. Mai 1940 aufgegeben, d. h.
40 nach Churchills Regierungsübernahme.

b) Nach Chamberlains Meinung gab es ein Element der Kontinuität vor und nach Ausbruch des Krieges, weil er nicht glaubte, dass es möglich sei Deutschland zu besiegen. In einer ausweglosen Situation hätten Friedensverhandlungen mit Deutschland früher oder später aufgenommen werden 45 müssen. Diese Ansicht war nicht die „britische" Meinung, d. h., sie wurde nicht notwendig von der Öffentlichkeit oder anderen Kabinettsmitgliedern geteilt.

1 abschätzig, herabsetzend

Zit. nach *Internationales Jahrbuch für Geschichts- und Geographieunterricht*, Bd. 17, 1976, S. 230 f.

12 Der Historiker Bernd Jürgen Wendt (geb. 1934), 1983:

D Das „economic appeasement" als ein wichtiger Aspekt des „appeasement" allgemein war zuallererst eine Antwort auf eine extrem schwierige wirtschaftliche und soziale Lage in Großbritannien selbst. In einer kritischen Phase der britischen Wirtschaftsentwicklung wollte die Regierung in 5 Whitehall[1] einen Prozess der inneren Transformation, Anpassung und Modernisierung gegen alle Quellen äußerer Gefahr und Einschüchterung absichern, vor allem gegen die Risiken eines künstlichen und verzerrten inneren Wirtschaftsbooms, der durch ein neues Wettrüsten ausgelöst 10 würde. Für die konservativen Eliten bedeutete der Frieden nach außen, dass der Prozess der Modernisierung in einer Weise gesteuert werden könnte, der weder die britische Gesellschaft revolutionieren noch zulassen würde, dass die sozialen Auseinandersetzungen noch heftiger als während des 15 Ersten Weltkriegs und danach aufflammen würden. [...] Der Erste Weltkrieg hatte ein instruktives Beispiel dafür geboten, dass Krieg nicht nur für die Wirtschaft und Gesellschaft der Besiegten enorme Gefahren und Schwierigkeiten mit sich bringt, sondern auch für die Sieger. 20

1 Straße im Londoner Stadtteil Westminster, Sitz vieler Ministerien

Bernd Jürgen Wendt, „Economic Appeasement" – A Crisis Strategy, in: Wolfgang Mommsen u. a. (Hg.), *The Fascist Challenge and the Policy of Appeasement*, London 1983, S. 171. Übers. von B. J. Wendt.

1. Informieren Sie sich mit Hilfe eines englischen Wörterbuchs über die Bedeutung der Wörter „to appease" und „appeasement".
2. Analysieren Sie die Mat. unter den Gesichtspunkten a) Motive und Begründungen, b) Mittel, c) Folgen der Appeasement-Politik. Unterscheiden Sie sie dabei nach zeitgenössischen Aussagen und jenen, die später von Historikern in Kenntnis der Folgen gemacht wurden.
3. Schreiben Sie einen Leitartikel zum „Münchener Abkommen" aus der Sicht eines Befürworters und einen aus der Sicht eines Gegners der Appeasement-Politik.

Der „totale Krieg"

1 *Aus einer Stellungnahme von Oberst Georg Thomas (1890–1946), Leiter des Wehrwirtschaftsstabes im Reichskriegsministerium, auf der 5. Tagung der Reichsarbeitskammer am 24. November 1936:*

Q Der totale Krieg der Zukunft wird Forderungen an das Volk stellen, wie wir alle sie noch nicht kennen. Die seelischen und körperlichen Anstrengungen des Weltkrieges, die unserem deutschen Volke doch wirklich schwere Lasten auf-
5 erlegt haben, werden im Krieg der Zukunft weit übertroffen werden.

Robert Ley (1890–1945), Leiter der Deutschen Arbeitsfront, vertrat auf dieser Tagung folgende Position:

Denn wenn man von einem Volk nur Opfer verlangt – das hat
10 uns der Krieg mit unerhörter Deutlichkeit gezeigt – aushalten, aushalten, durchhalten, durchhalten! –, so ist das alles ganz schön; es gibt aber für jeden Menschen ein Ende der Belastungsprobe und für ein Volk natürlich auch [...]. Da gibt es eine Grenze und wenn diese Belastungsprobe erreicht
15 ist, dann bricht das eben. Und die war bei uns eben 1918 da am 9. November. Wir mögen darüber traurig sein, betrübt, mögen schimpfen und wettern; Tatsache ist, dass die regierenden Männer vergaßen dem Volke für die ungeheure Belastung dieser viereinhalb Jahre auf der anderen Seite neue
20 Kräfte einzugeben und immer wieder hineinzupumpen.

Zit. nach Timothy W. Mason, *Sozialpolitik im Dritten Reich. Arbeiterklasse und Volksgemeinschaft*, Opladen 1977, S. 15.

2 *Aus dem geheimen Lagebericht zur innenpolitischen Lage des Sicherheitsdienstes der SS vom 11. Oktober 1939:*

Q Gestern Vormittag tauchte insbesondere fast schlagartig in allen Teilen des Reiches das Gerücht auf die englische Regierung und der englische König hätten abgedankt und es sei ein Waffenstillstand geschlossen worden. In verschiedenen
5 Betrieben führte die Mitteilung dieses Gerüchtes zu längeren Arbeitspausen, da die Belegschaften sich über die angeblich neue Lage unterhielten. In Berlin kam es stellenweise auf Straßen und Plätzen zu freudigen Kundgebungen von Menschen, welche die Nachricht für wahr hielten. Auf
10 einem Wochenmarkt im Berliner Bezirk Prenzlauer Berg verweigerten die Käufer weitere Eintragungen in die Kundenlisten mit dem Bemerken, dass das nunmehr nach dem Kriegsende überflüssig sei [...]. Auf dem Berliner Vorortbahnhof Heinersdorf durchkommende Truppentransporte
15 wurden von der Bevölkerung mit den Worten begrüßt: „Ihr könnt nach Hause fahren, der Krieg ist aus!" An der Berliner Börse führten die Gerüchte zu einer starken Nachfrage nach Reichsanleihen.

Zit. nach Heinz Boberach (Hg.), *Meldungen aus dem Reich. Die geheimen Lageberichte des Sicherheitsdienstes der SS 1938–1945*, Bd. 2, Berlin 1984, S. 339.

1. *Erarbeiten Sie aus Mat. 1 die Annahmen des NS-Regimes zur Wirkung eines Krieges auf die deutsche Bevölkerung. Ordnen Sie die Aussagen zeitlich ein.*
2. *Was sagt Mat. 2 zur Stimmung der Deutschen bei Kriegsbeginn aus? Vergleichen Sie mit Mat. 13, Seite 211.*

3 *Der Historiker Czesław Madajczyk (geb. 1921) über die nationalsozialistische Okkupationspolitik in Warschau (Polen), dessen Bevölkerungszahl 1935 etwa 1,3 Millionen betrug (1988):*

D Unter den Städten des Generalgouvernements verzeichnete Warschau [...] die stärksten Veränderungen. So kamen in der Stadt während der Kampfhandlungen im September 1939 allein weit über 100 000 Menschen um. Zur gleichen
5 Zeit verließ ein geringer Teil der Bevölkerung die Stadt und emigrierte in die Sowjetunion, darunter 35 000 bis 40 000 Juden. Von Oktober bis Dezember 1939 war in Warschau dann wieder ein allmählicher Zuwachs zu verzeichnen: Ein Teil der Flüchtlinge kehrte zurück um sich nach Verdienstmöglich-
10 lichkeiten umzusehen. Den stärksten Bevölkerungszuwachs gab es im Januar 1940 im Zusammenhang mit der Aussiedlung von Polen und Juden aus den ins Deutsche Reich eingegliederten Gebieten. Dieses Zuwachstempo hielt jedoch nicht an. In der Hauptsache erfolgte die Zunahme in den jü-
15 dischen Kommissariaten, die ohnehin bereits dicht bevölkert waren. Neben den dort eingewiesenen neu angekommenen Juden bezog sich dies gleichzeitig auf diejenigen, die aus den überwiegend von Christen bewohnten Kommissariaten umgesiedelt wurden. Dieser Prozess verstärkte sich später
20 noch, als die Besatzungsbehörden die Juden in das Getto abzuschieben begannen und die Aussiedlung der jüdischen Bevölkerung aus den größeren und kleineren Städten des Warschauer Distrikts in dieses Getto betrieben wurde. Insgesamt erreichte die Zahl der in das Getto Umgesiedelten und
25 aus eigenem Antrieb Zugezogenen 121 000. Demgemäß setzte sich die Bevölkerung von Warschau im Jahre 1941 aus 90 700 Polen, 411 000 Juden, 33 000 Deutschen und 17 000 Menschen anderer Nationalitäten zusammen.
Die in den Jahren 1942/43 durchgeführte Ausrottung der

jüdischen Bevölkerung führte folglich auch zu einer sehr wesentlichen Verringerung der Bevölkerung Warschaus. Zu einem weiteren Rückgang kam es im Ergebnis der Razzien, des blutigen Terrors, der nazistischen Grausamkeiten während des Warschauer Aufstandes¹ und danach. Nach der Kapitulation der Aufständischen wurde die Stadt unter Bedingungen, wie sie die neuere Geschichte noch nicht gekannt hatte, „evakuiert". Die ausgesiedelten Einwohner Warschaus verstreute man nach dem Aufstand über das gesamte Generalgouvernement; viele von ihnen wurden in Lager gebracht, die sich in Deutschland befanden. Das Durchgangslager Prosków, in dem man eine Auswahl traf, durchliefen etwa 500 000 Einwohner Warschaus sowie 100 000 Menschen aus der Umgebung der Stadt. Durch andere Lager [...] wurden ca. 50 000 Personen geschleust. Im Januar 1945 war die Bevölkerungszahl der Hauptstadt auf 140 000 Personen gesunken [...]. Gegenüber dem Ersten Weltkrieg, in dem die Bevölkerung Warschaus um 20 Prozent abgenommen hatte, erlebte sie nun auch in dieser Hinsicht den größten Rückschlag ihrer Geschichte.

1 Aufstand der polnischen Untergrundarmee Aug.–Okt. 1944

Czeslaw Madajczyk, Die Okkupationspolitik Nazideutschlands in Polen 1939–1945, Köln 1988, S. 236 f.

4 *Wöchentliche Lebensmittelrationen eines „Normal-Verbrauchers" im Deutschen Reich 1939–1945 (in Gramm):*

Zeitpunkt	Brot	Fleisch	Fett
Ende September 1939	2 400	500	270
Mitte April 1942	2 000	300	206
Anfang Juni 1943	2 325	250	218
Mitte Oktober 1944	2 225	250	218
Mitte März 1945	1 778	222	109

5 *Der Mengenindex der deutschen Industrieproduktion 1939–1944 (1939 = 100):*

Jahr	Insgesamt	Waffen u. Gerät	Konsumgüter	Wohnungsbau
1939	100	100	100	100
1940	97	176	95	53
1941	99	176	96	36
1942	100	254	86	23
1943	112	400	91	*
1944	110	500	86	14

Quelle 4 und 5 nach Hans-Ulrich Thamer, Verführung und Gewalt. Deutschland 1933–1945, Berlin 1986, S. 712 und 718.

6 *Der britische Sozialwissenschaftler Nicholas Kaldor (1908–1986) zur deutschen Kriegswirtschaft (1946):*
D Mit modernen Maßstäben gemessen war die deutsche Kriegsorganisation keineswegs besonders wirksam. Obwohl (auf dem Papier) von Kriegsbeginn alles richtig kontrolliert wurde, war die tatsächliche Handhabung der Kontrollen oft ungeschickt und bis zum Äußersten laienhaft. Sie litt an einer Vervielfachung der Kontrollorgane, ohne dass die Einfluss-Sphären zwischen ihnen klar getrennt wurden; sie litt an der Vorliebe der Nazis der regulären Beamtenhierarchie alle wirklichen Vollmachten wegzunehmen – zugunsten von überstürzt errichteten ad-hoc-Kommissariaten, die auf die vorher existierende Verwaltung aufgestülpt wurden ohne geeignete Voraussicht oder Planung; sie litt an den ständigen Reibungen und Zuständigkeitskonflikten zwischen Staats- und Parteibeamten und sie litt schließlich an dem Führerprinzip. Dieses Prinzip besagte, dass niemand unter dem Führer vollständige Koordinationsvollmachten hatte oder sicher war nicht unerwartet überspielt oder der ursprünglichen Verantwortung beraubt zu werden. Obwohl gewisse Bereiche der Wirtschaft [...] gewisse sehr eindrucksvolle Ergebnisse zeigten, blieb das Grundproblem, eine geeignete Koordinierung der Eingriffe zu sichern, [...] bis zum Ende ungelöst.

Zit. nach Rolf Wagenführ, Die deutsche Industrie im Kriege 1939–1945, 2. Aufl., Berlin 1963, S.124.

7 *Aus der Rede von Reichspropagandaminister Joseph Goebbels (1897–1945) am 18. Februar 1943 im Berliner Sportpalast:*
Q Wir haben die Gefahr, die uns aus dem Osten bedrohte, immer hoch, aber leider nicht immer hoch genug eingeschätzt. Der Krieg hat auch hier unsere nationalsozialistischen Anschauungen nicht nur bestätigt, sondern überbestätigt. Da wir die Gefahr zwar sahen, aber nicht in ihrer ganzen Größe erkannten, haben wir dementsprechend auch den Krieg, man möchte fast sagen, mit der linken Hand zu führen versucht. Das Ergebnis ist unbefriedigend. Wir müssen uns also zu dem Entschluss durchringen nun ganze Sache zu machen, das heißt, den Krieg um das Leben unseres Volkes auch mit dem Leben des ganzen Volkes zu bestreiten. Der totale Krieg ist also das Gebot der Stunde. [...] Jedermann weiß, dass dieser Krieg, wenn wir ihn verlören, uns alle vernichten würde. Und darum ist das Volk mit seiner Führung entschlossen nunmehr zur radikalsten Selbsthilfe zu greifen. [...] Darum ist die totale Kriegsführung eine Sache des ganzen Volkes.

Zit. nach Archiv der Gegenwart 13, 1943, S. 5837 f.

8 Arbeitskräfte im Deutschen Reich (jeweiliger Gebietsstand) 1939–1944 (in Mio.):

Zeit	Zivile Arbeitskräfte				Wehrmacht			Gesamtzahl		
	Deutsche			Ausländer u. Kriegs-gefangene	Insges. Einbe-rufene	Kumulierte Verluste	Aktiv-bestand	der erfassten Deutschen	der Zivil-arbeits-kräfte	der aktiven Kräfte
	Män-ner	Frauen	ins-ges.							
	1	2	3	4	5	6	7	8	9	10
1939 Ende Mai	24,5	14,6	39,1	0,3	1,4	–	1,4	40,5	39,4	40,8
1940 Ende Mai	20,4	14,4	34,8	1,2	5,7	0,1	5,6	40,5	36,0	41,6
1941 Ende Mai	19,0	14,1	33,1	3,0	7,4	0,2	7,2	40,5	36,1	43,3
1942 Ende Mai	16,9	14,4	31,3	4,2	9,4	0,8	8,6	40,7	35,5	44,1
1943 Ende Mai	15,5	14,8	30,3	6,3	11,2	1,7	9,5	41,5	36,6	46,1
1944 Ende Mai	14,2	14,8	29,0	7,1	12,4	3,3	9,1	41,4	36,1	45,2
1944 Ende Sept.	13,5	14,9	28,4	7,5	13,0	3,9	9,1	41,4	35,9	45,0

Nach Rolf Wagenführ, Die deutsche Industrie im Kriege 1939–1945, 2. Aufl., Berlin 1963, S. 139.

9 Bericht aus den Akten der Geschäftsführenden Reichs-regierung Dönitz vom Ende März 1945 (Auszug):
Q Die Verbindung zwischen den Menschen ist weitgehend abgerissen. Zehntausende von Männern an der Front sind bis heute ohne Nachricht, ob ihre Angehörigen, ihre Frauen und Kinder noch am Leben sind und wo sie sich befinden. Sie
5 wissen nicht, ob sie nicht längst von Bomben erschlagen oder von den Sowjets massakriert worden sind. Hunderttausende von Frauen bleiben ohne Nachricht von ihren Männern und Söhnen, die irgendwo draußen stehen, sie sind ständig von dem Gedanken erfüllt, dass sie nicht mehr unter
10 den Lebenden sein könnten. [...] Wohl werde da und dort krampfhaft versucht sich selbst damit zu beruhigen, dass es vielleicht am Ende doch nicht so schlimm werde. Schließlich könne ein 80-Millionen-Volk nicht bis zum letzten Mann, bis zur letzten Frau und bis zum letzten Kind ausge-
15 rottet werden. Eigentlich könnten sich die Sowjets nicht gegen die Arbeiter und Bauern wenden, denn sie würden in jedem Staat gebraucht. Aufmerksam wird im Westen auf alles gehört, was aus den von den Engländern und Amerikanern besetzten Gebieten herüber dringt. Hinter allen so lauten
20 Trostsprüchen aber steht eine tief greifende Angst und der Wunsch, dass es nicht so weit kommen möchte. Erstmalig in diesem Krieg macht sich die Ernährungsfrage empfindlich bemerkbar. [...] Viele gewöhnen sich an den Gedanken Schluss zu machen. Die Nachfrage nach Gift, nach einer Pis-
25 tole und sonstigen Mitteln dem Leben ein Ende zu bereiten ist überall groß [...]. Zahlreiche Gespräche in den Familien [...] sind von Planungen beherrscht, wie man auch bei Feindbesetzung durchkommen könnte. Notgroschen werden beiseite gelegt, Fluchtorte gesucht.

Zit. nach Heinz Boberach (Hg.), Meldungen aus dem Reich. Die geheimen Lageberichte des Sicherheitsdienstes der SS 1938–1945, Bd. 17, Berlin 1984, S. 6735 und 6737.

1. Analysieren Sie Mat. 3 unter den Gesichtspunkten a) Einbeziehung der Bevölkerung in den besetzten Gebieten in den „totalen Krieg", b) Charakter des Krieges als Rassen- und Vernichtungskrieg (siehe Darstellung S. 206).
2. Erarbeiten Sie aus Mat. 4 bis 9 die Phasen, die Maßnahmen und die Auswirkungen des Krieges auf die Menschen, die Gesellschaft und die Wirtschaft.
3. Informieren Sie sich über die Zahl und das Schicksal von ausländischen Zwangsarbeitern und Kriegsgefangenen während des Zweiten Weltkrieges in Ihrem Ort und bereiten Sie Ihre Ergebnisse in Form eines Referats auf.

10 Der Historiker Hans-Ulrich Thamer (geb. 1943) zum „totalen Krieg" (1986):
D Während das nationalsozialistische Regime im Krieg seinen ganzen Vernichtungswillen entfaltete und mit dem Entschluss zur „Endlösung" der Judenfrage noch einen zusätzlichen Kriegsschauplatz eröffnete, war es darum bemüht
5 der eigenen Bevölkerung möglichst wenig Opfer zuzumuten. So viel Normalität wie möglich, so viel Krieg wie nötig, das war die Devise zumindest der ersten Kriegsjahre. Aber auch nach der Wende 1941/42 konnte sich das Regime nur zögernd und schubweise zur totalen Mobilisierung sei-
10 ner wirtschaftlichen Kräfte entschließen [...].
„Ein November 1918 wird sich niemals mehr in der deutschen Geschichte wiederholen", hatte Hitler in seiner

Reichstagsrede vom 1. September 1939 versichert. Das bezog sich auf die Kriegführung wie auf die Innenpolitik. Weder eine Kapitulation noch eine Revolution wie 1918 sollte es geben. Die ständige Furcht vor einer revolutionären Situation, vor Unzufriedenheit, mangelnder Arbeitsmoral, Streiks und inneren Unruhen äußerte sich auf doppelte Weise: in der Rücksichtnahme auf die materiellen und zivilisatorischen Grundbedürfnisse der Deutschen wie in der zunehmenden Einschüchterung durch Überwachung, Terror und Propaganda. Das eine war die Ergänzung des anderen. Soziale Zugeständnisse und brutale Gewalt ergänzten einander.

Der nationalsozialistischen „Kriegswirtschaft in Friedenszeiten" folgte 1939 eine „friedensähnliche Kriegswirtschaft". Das hatte mehrere Gründe: Die „Wehrwirtschaft" des Regimes schien wesentliche Forderungen des Krieges schon im Frieden erfüllt zu haben. Der Staat besaß bereits wirksame Instrumente zur Lenkung der Investitionen, Rohstoffe und Arbeitskräfte wie zur Kontrolle von Preisen und Löhnen. Auch Verordnungen zur Bewirtschaftung der Verbrauchsgüter lagen in den Schubladen bereit und wurden mit Kriegsbeginn schrittweise eingesetzt. [...]

Den totalen Krieg, die Mobilisierung aller Kräfte und Reserven, hatten die Nationalsozialisten vermeiden wollen; die Wende des Krieges zwang sie zum Kurswechsel. [...]

Der totale Krieg fand nur bedingt statt. Gleichwohl wurde der Krieg zum Motor wirtschaftlicher und gesellschaftlicher Modernisierung. Das geschah eher ungewollt als gewollt, eher aus der Notwendigkeit die kriegswirtschaftliche Leistungsfähigkeit und die militärische Schlagkraft zu steigern beziehungsweise den Durchhaltewillen der Bevölkerung zu stützen, denn aus programmatisch-weltanschaulichen Zielsetzungen. Indem das revolutionäre Regime auf Rationalität und Modernität setzte, beschleunigte es die kapitalistische Organisation der Produktion. Das verstärkte die Konzentration der Unternehmen, trieb immer mehr Arbeitskräfte vom Kleingewerbe in die Großindustrie und beschleunigte den sozialen Wandel.

Hans-Ulrich Thamer, Verführung und Gewalt. Deutschland 1939–1945, Berlin 1986, S. 711 ff.

11 *Der Historiker Wilhelm Deist (geb. 1931) zum „totalen Krieg" (1989):*

D Politik war für [Hitler] „die Durchführung des Lebenskampfes eines Volkes" und in diesem Kampf ums Dasein versank die Unterscheidung der beiden Begriffe Friedens- oder Kriegspolitik „in ein Nichts". [...] Das Ziel einer deutschen Politik sah er im Kampf um Lebensraum im Osten und darauf waren alle politischen Energien konzentriert. Konsequent forderte Hitler daher „die unbeschränkte innere Durch- und Ausbildung" des Volkes für den Krieg. Diesen Ansichten, die Hitler schon Mitte der 20er Jahre in „Mein Kampf" formuliert hatte, ließ er nach der sogenannten Machtergreifung entsprechende Taten folgen – so war der Aufbau einer militarisierten Volksgemeinschaft nur ein Ergebnis seiner insgesamt konsequenten Kriegsvorbereitungspolitik.

Von diesen Prämissen ausgehend musste der Krieg [...] von allem Anfang an ein unverwechselbares Signum erhalten. Es war zu erwarten, dass die Industrialisierung des Krieges, die im Ersten Weltkrieg zur Realität geworden war, zusammen mit den sich ständig erweiternden Möglichkeiten der Technik weiter „Fortschritte" machen würde – wie zum Beispiel der alliierte Luftkrieg gegen das Reich dann auch unter Beweis stellte. Doch diese Steigerung der Vernichtungspotentiale, die sich nunmehr dank des technischen Fortschritts auf sämtliche „Kraftquellen" des Gegners richten konnten, war nicht das Unverwechselbare dieses Krieges. Es bestand vielmehr in dem ideologisierten Rasse- und Vernichtungskrieg, der von deutscher Seite unter Hitlers Führung nicht erst mit dem Angriff auf die Sowjetunion praktiziert wurde, sondern bereits mit dem mörderischen Wirken der Einsatzgruppen der Sicherheitspolizei in Polen und mit der charakteristischerweise auf den 1. September 1939 zurück datierten Weisung Hitlers zur Euthanasie des sogenannten lebensunwerten Lebens begonnen hatte. Die noch immer weit verbreitete Vorstellung, dass beide Aktionen völlig unterschiedlichen Bereichen zuzuordnen seien und daher nichts miteinander zu tun hätten, oder gar, dass beides nicht mit der Kriegführung zusammenhänge, verkennt, dass Hitler – und nicht nur er – sich nach den Erfahrungen des Ersten Weltkrieges an einem Kriegsbild orientierte, das den Waffen- und Wirtschaftskrieg sowie die psychologische Kriegführung gleichgewichtig in sich vereinigte und dem er noch den Gedanken des Rassekrieges hinzufügte.

Wilhelm Deist, Überlegungen zur „widerwilligen Loyalität" der Deutschen bei Kriegsbeginn, in: Wolfgang Michalka (Hg.), Der Zweite Weltkrieg, München 1989, S. 229 f.

1. *Analysieren Sie Mat. 10 und 11 unter den Gesichtspunkten a) Merkmale und Reichweite des „totalen Krieges", b) Motive und Begründungen, c) zeitliche Einordnung, d) Auswirkungen, e) Bewertungen, und erklären Sie die Unterschiede. Welche Deutung erscheint Ihnen aufgrund der Materialien dieses Arbeitsteils plausibler?*

2. *Beurteilen Sie abschließend die Auszüge aus der Rede Goebbels' am 18. Februar 1943 (Mat. 7).*

Eine Weltordnung ohne Kriege?
Der Völkerbund, die Vereinten Nationen und die Idee der kollektiven Sicherheit

Von Egon Bahr

Als ich 1954 in Genf die Konferenz verfolgte, die den Indochinakrieg beenden sollte, verlor ich mich in dem Irrgarten des Völkerbundgebäudes in Gängen, die, mit Läufern ausgelegt, durch Stille und Menschenleere auffielen. Der Blick auf die Büroschilder überraschte: Hier arbeiteten Menschen an der Abwicklung des Völkerbundes. Ob die wohl vergessen worden waren? Vielleicht arbeiten sie noch heute? Immerhin war der Völkerbund 1946 aufgelöst worden. – Internationale Organisationen haben ein langes Leben, selbst wenn sie nichts mehr außer sich selbst zu organisieren haben.

Die Geschichte wiederholt sich: Am Ende eines wichtigen Zeitabschnitts, insbesondere nach verlustreichen Kriegen, keimt die Hoffnung auf Frieden.

Die Geschichte wiederholt sich nicht: Jedesmal sind die Umstände anders; die Menschen glauben klüger geworden zu sein und versuchen aus früheren Fehlern zu lernen. Jedenfalls ist Geschichte nicht langweilig.

Nach dem Ersten Weltkrieg ...

Nach dem Ersten Weltkrieg wurde 1919 der Völkerbund gegründet. Er ging auf eine Anregung des amerikanischen Präsidenten Wilson zurück. Im letzten seiner „14 Punkte" hatte er „die Erstellung eines Völkerbundes zum Zweck der Gewährung gegenseitiger Garantien für politische Unabhängigkeit und territoriale Integrität in gleicher Weise für große und kleine Staaten" verlangt.

Die Verhinderung von Kriegen zwischen den Staaten war also das Ziel und dabei sollte die Sicherheit der kleinen Staaten nicht geringer sein als die der großen. Auf das Ziel konnte man sich einigen. Die Beteiligten waren für friedliche Streitbeilegung, vorausgesetzt, dass alle zustimmen. Die Einstimmigkeit wirkte wie ein Vetorecht. Jeder konnte eine bindende Entscheidung verhindern. Damit war das Schicksal des Völkerbundes vorgezeichnet: ein Forum internationaler Diskussion, hilflos, als Japan 1931 in China einfiel oder Italien 1935 in Abessinien.

Ein universales Organ der Streitschlichtung konnte er auch nicht werden: Die USA blieben von vornherein fern, Deutschland und Japan traten 1933 aus, die Sowjetunion trat spät bei (1934) und als sie im Winter 1939 Finnland angriff, versank der Völkerbund in Agonie und bereitete seine Auflösung vor. Natürlich spielte er auch keine Rolle, als der Zweite Weltkrieg begann. Er konnte jedenfalls den Aggressor Hitler nicht stoppen.

Darüber darf nicht vergessen werden, dass der Völkerbund bei der Flüchtlingshilfe bedeutende humanitäre Aktionen in Gang setzen und Danzig den Rahmen der Unabhängigkeit erhalten konnte, solange es Hitler gefiel. Denn „Mourir pour Danzig ...", sterben für Danzig, wollte niemand.

Nach dem Zweiten Weltkrieg ...

Am Ende des Zweiten Weltkrieges, angesichts der Trümmerfelder in Europa und Millionen von Toten, erschreckt durch die apokalyptischen Visionen nach dem Abwurf der beiden Atombomben auf Hiroshima und Nagasaki war klar: Nie wieder dürfe es Kriege zwischen Staaten geben. Dieses Mal würde man es besser machen und die Erfahrungen des Völkerbundes berücksichtigen: Alle wichtigen Staaten sollten Mitglieder werden. Die Nationen sollten sich bemühen eine globale Sicherheitsordnung zu errichten, für große wie für kleine Staaten. Diese „vereinten" Nationen müssten auch über Sanktionsinstrumente verfügen: Sie müssten notfalls mit Gewalt gegen Aggressoren einschreiten.

Ein Generalstab wurde vorgesehen, der Sicherheitsplanungen vornehmen und über Truppenkontingente verfügen sollte, die wiederum die einzelnen Nationen zur Verfügung stellen müssten. Ohne Sanktionsinstrumente würde es wohl nicht gehen; das war eine Erfahrung des Völkerbundes.

Die guten Absichten scheiterten. Die Konfrontationen zwischen Ost und West und das Interesse einen dritten Weltkrieg zu verhindern überschatteten alles. Es stellte sich heraus, dass sich Großmächte, selbst wenn sie gar nicht so groß waren, aber über Atomwaffen verfügten, nicht überstimmen ließen.

Das Vetorecht der fünf Atommächte (USA, Sowjetunion, Frankreich, Großbritannien, China) hatte zwei Folgen: Die Vereinten Nationen konnten nur zu Entscheidungen kommen, wenn keiner dieser fünf Widerspruch einlegte. Im

Ost-West-Konflikt geschah das nur bei unwichtigen Fragen. Die Vereinten Nationen führten daher ein kümmerliches Dasein; Ruf und Anspruch waren bedeutender als reales Gewicht. Zum anderen rettete das Vetorecht die Existenz der Vereinten Nationen: Wenn eine Großmacht sich nicht einer Mehrheitsentscheidung in einem lebenswichtigen Konflikt unterwarf, brauchte sie nicht die Organisation zu verlassen, sondern blieb Mitglied, legte ihr Veto ein und verhinderte einen Beschluss. Das Vetorecht rettete die Vereinten Nationen über die Zeit, bis es den Ost-West-Konflikt nicht mehr gab.

In der Zwischenzeit hatten sich die Vereinten Nationen etwas zugelegt, was in ihrer Verfassung, der Charta, gar nicht vorgesehen war: Blauhelme, also multinationale Streitkräfte, die immer dort eingesetzt worden sind, wo es einen verlässlichen Waffenstillstand gab und die streitenden Parteien es wünschten. Es waren Waffenstillstandsgaranten. Sie wurden natürlich nur dort tätig, wo die Interessen der Vetomächte nicht verletzt wurden, also etwa im Kongo oder auf Zypern oder nach dem Krieg zwischen Israel und Ägypten und Syrien. Sie dürfen sich nur selbst verteidigen. Wenn eine Streitpartei kommt und einen neuen Angriff beginnt, treten sie höflich beiseite und hoffen nicht getroffen zu werden. Im Nahen Osten haben wir das mehrfach erlebt. Mit anderen Worten: Sicherheit ist das nicht – noch deutlicher: Ein Staat kann seine Sicherheit bisher nicht allein den Vereinten Nationen anvertrauen.

Nach dem Kalten Krieg ...

Nach dem Zusammenbruch der Sowjetunion haben die Vereinten Nationen begonnen sich auf die Absichten zu besinnen, die sie im Jahre 1945 bei ihrer Gründung hatten. In kleinen Schritten haben sie versucht Sicherheit zu schaffen, auch wenn es keine Waffenstillstände gab. Das Beispiel Jugoslawien zeigt, auf welch vermintes Gelände sich die Weltorganisation begab. Sie ist nach vierzig Jahren des Kalten Krieges insofern zu einem Kind des Kalten Krieges geworden, als sie durch seine Regeln deformiert worden und daher nicht fähig ist unbelastet die eigene Charta anzuwenden. Fehler bei solchen Versuchen sind unvermeidlich.

Zudem hat sich ein weiteres Problem entwickelt. Schon der Völkerbund hatte sich die Erhaltung des Friedens zwischen *Staaten* vorgenommen. Etwas hart ausgedrückt: Die Staaten sollten sich gefälligst an die Regeln der internationalen Beziehungen halten; was sie im Inneren mit ihren Bewohnern machten, blieb ihre Angelegenheit. Die Charta der Vereinten Nationen ist ebenfalls auf die Souveränität der Staaten gegründet. Folgerichtig wird die Einmischung in deren innere Angelegenheiten abgelehnt. Es gehört zu der nicht angenehmen Klarheit, dass der deutsche Ausdruck *Völkerrecht* falsch ist; es gibt kein Recht der Völker, sondern nur ein Recht der Staaten (*international law* wird mit Völkerrecht nicht korrekt übersetzt).

Natürlich gibt es auch in der Charta der Vereinten Nationen Formulierungen über Menschenrechte. Dabei erscheint die Freiheit von Not sogar noch vor der Freiheit von Furcht; nur wer nicht verhungert, hat die Chance seine Meinung auszudrücken. Natürlich gibt es auch Vorstellungen von Minderheitenrechten, die einzelne Kulturkreise nach ihrer Tradition unterschiedlich verstehen. Natürlich ist auch das Selbstbestimmungsrecht der Völker vorgesehen. Aber was ist ein Volk? Wenn es um eine Gemeinschaft geht mit eigener Sprache, eigenem Identitätsgefühl, so gibt es Völker von 2000 Seelen, sowohl in Amerika wie in Sibirien. Haben dreieinhalb Millionen Kroaten ein größeres Recht auf Selbstbestimmung und einen eigenen Staat als zwölf Millionen Kurden?

Bei den Kurden im Nordirak war das einfach. Da wollte das Weltgewissen es 1990 nicht zulassen sie der Willkür und Gewalt des irakischen Präsidenten Saddam Hussein zu überlassen. Also hatte man eine Schutzzone für sie geschaffen. Das war nicht gefährlich in einem besiegten Staat ohne Friedensvertrag. Aber das noch immer gültige Staatenrecht konnte es auch als eine Intervention in die inneren Angelegenheiten des souveränen Staates betrachten. Niemand denkt daran ähnlich für die Kurden in der Türkei zu verfahren oder für die Kurden in Syrien oder dem Iran; denn das würde einen oder mehrere Kriege bedeuten.

Wann und unter welchen Umständen also gewinnt ein Volk das Recht auf Selbstbestimmung, auf einen eigenen Staat, auf Sezession, d.h. das Verlassen seines bisherigen Staates, auf Autonomie, auf Sonderrechte in seinem Staat? Wie werden Minderheitenrechte definiert? Offensichtlich verlieren Grenzen ihren trennenden oder schmerzenden Charakter erst, wenn Minderheiten auf jeder Seite jeder Grenze gleiche, mindestens ähnliche Rechte haben.

Ich glaube, diese vier Faktoren muss man als eine Einheit sehen: Selbstbestimmung, Sezession, Autonomie und Minderheitenrecht. Nirgenwo ist definiert und schon gar nicht vereinbart, wann und unter welchen Umständen solche Rechte das bestehende Recht der souveränen Staaten relativieren, aushebeln, vielleicht sogar überlagern. Das ist ein weißer Fleck. Das ist ein Grund für Kriege. Hier bedarf es einer großen Anstrengung der Staaten zu einer global verbindlichen Charta zu kommen, wenn es eine Weltordnung ohne Kriege geben soll.

Die Charta der Vereinten Nationen von 1945 war ein Kind der zeitgenössischen Erfahrung – insofern dem Völkerbund ähnlich. Die Sieger des Zweiten Weltkriegs wollten sicher sein, dass von Deutschland und Japan keine Kriegsgefahr mehr ausgehen könne. Deshalb schufen sie für diese die Feindstaatenklauseln, die ihnen die Möglichkeit zum Eingreifen boten, falls diese Länder noch einmal Krieg begännen. Die Feindstaatenklauseln wurden nie benutzt. Es gab keinen Grund. Deutschland wurde geteilt und alle ehemaligen Feinde wurden zu jeweiligen Freunden in der neuen Konstellation des Ost-West-Konfliktes. Die Sieger haben sich im Laufe der Jahre auch verpflichtet im deutschen Fall, als die Bundesrepublik und die DDR 1973 den Vereinten Nationen beitraten, diese Klauseln nicht mehr zu benutzen. Aber sie stehen noch heute in der Charta, gespensterähnlich – vergleichbar der Dienststelle des Völkerbundes „in Abwicklung".

Der Grund ist einfach: Niemand wagt sich an die Veränderung der Charta heran. Es gäbe viele Wünsche, nicht zuletzt aus Entwicklungsländern, die sofort vorgebracht würden, wenn in einem Punkt der gültige Text der Charta verändert werden sollte.

Die Feindstaatenklauseln tun nicht mehr weh, aber wichtiger ist etwas anderes: Das Vetorecht könnte bezweifelt werden. Inzwischen ist es mehr als 50 Jahre her, seit die Vereinten Nationen 1945 in San Francisco gegründet wurden. Seither hat sich die Welt verändert, grundlegend, fast nicht wiedererkennbar. Wo ist das Recht geblieben, aus dem die Sieger des Zweiten Weltkrieges ihren Anspruch herleiten als Club der Privilegierten die Weltordnung nach dem Jahr 2000 weiter bestimmen zu können? Sicher ist, wie es in der Geschichte immer war, dass Besitzende ihre Privilegien ungern abgeben. Deshalb stellt sich die Frage, ob nicht wenigstens für den Raum Europa, der das Gebiet der gesamten Sowjetunion mit umfasst und sich in der KSZE (Konferenz für Sicherheit und Zusammenarbeit in Europa) einen Rahmen gegeben hat, eine Ordnung herstellbar ist, die Kriege ausschließt und dabei nicht durch Vetos verhindert werden kann. Die „Partnerschaft für den Frieden" ist ein Ansatz.

Das Ende der Sowjetunion und die Auflösung des Ostblocks sind die dritte Zeitenwende in diesem Jahrhundert, wahrscheinlich fundamentaler als das Ende des Ersten und des Zweiten Weltkriegs. Denn zum ersten Mal haben wir es mit einer Welt zu tun, in der es nur eine Supermacht gibt, und mit einem Russland, das noch nie in seiner Geschichte in seinen heutigen Grenzen existiert hat. Diese Veränderungen gehen weit über das hinaus, was mit der Oktoberrevolution 1917 begonnen hat.

Und wieder kommt der Wunsch eine Ordnung ohne Kriege zu schaffen, in der kleine Staaten in derselben Sicherheit leben können wie große, in der die Mehrheit sich endlich, nicht mehr belastet durch die Fortsetzung der Kriegsgeschichten, den globalen Problemen zuwenden kann: Bevölkerungsexplosion, Umweltbewahrung, Klimaveränderung, technologische Revolutionen und ihre Beherrschung. Statt dessen sehen wir, dass Staaten und Völker glauben, aus der Disziplin des Ost-West-Konflikts entlassen, von der Furcht des atomaren Infernos scheinbar befreit sich den Luxus kleiner begrenzter Kriege leisten zu können.

Weltweit ist die Suche nach einem neuen Prinzip für Ordnung und Stabilität. Die Erfahrung der Geschichte, auch die Erfahrung des Völkerbundes über die Vereinten Nationen bis zur Gegenwart, zeigt, dass es über alle Traditionen und kulturellen Unterschiede hinweg nur dann möglich ist verlässlich Ordnung herzustellen, wenn man sich auf ein für alle verbindliches Recht verständigt: Das noch immer vorhandene Recht des Stärkeren muss durch die Stärke des Rechts ersetzt werden und dazu bedarf es dann eben auch festgelegter funktionsfähiger Sanktionsmöglichkeiten. So wie die Polizei die innerstaatliche Ordnung garantiert, muss es auch möglich sein übernational und zwischen den Staaten die Ordnung gegenüber jedem zu garantieren oder wieder herzustellen, der die Ordnung bricht.

Wenn sich Geschichte nicht nur wiederholen soll, so ist vor dem Hintergrund der Erfahrungen des Völkerbundes und der Vereinten Nationen nun der qualitative Sprung erforderlich, dass sich Staaten einem für alle gültigen Recht unterwerfen und damit auf die Durchsetzung nationaler Interessen durch Gewalt verzichten. Gewaltverzicht ist aber nur dann zu erlangen und zu erwarten, wenn die Gemeinschaft der Völker und Staaten Beistand, Schutz und Sicherheit allen zuverlässig garantiert, die sich gewaltfrei an die vereinbarten Regeln halten. Das ist die Idee der kollektiven Sicherheit, das Ziel, das sich die Vereinten Nationen bei ihrer Gründung vorgenommen hatten. Es wird Zeit es zu verwirklichen.

Egon Bahr (geb. 1922 in Treffurt/ Thüringen); seit 1959 in Regierungsämtern in Berlin und Bonn; bis 1990 als SPD-Abgeordneter im Bundestag; seit 1984 Direktor des Instituts für Friedensforschung und Sicherheitspolitik an der Universität Hamburg

Informieren Sie sich über den Politiker Egon Bahr und diskutieren Sie dessen Thesen zur internationalen Politik im 20. Jahrhundert.

5. Internationale Politik nach 1945:

Konkurrenz der Weltmächte und Europa

Mit dem Beginn der neunziger Jahre ist die Weltpolitik in eine Phase radikaler Veränderungen eingetreten. Die Machtkonstellation, die seit dem Ende des Zweiten Weltkrieges das internationale System bestimmt hatte, hat sich aufgelöst. Die Struktur des Ost-West-Konfliktes, der mit seiner bipolaren Weltordnung und den zwei machtpolitischen Zentren in Washington und Moskau seit 1945 weltweit bestimmend gewesen war, befindet sich in einem grundlegenden Wandlungsprozess. Diese Zäsur ist nur vergleichbar mit grundlegenden Umbrüchen wie z. B. nach dem Ersten Weltkrieg. Ausgelöst wurde der radikale Wandel durch Umbrüche, die in der Sowjetunion und in den mittelost- und südosteuropäischen Ländern ihren Ausgang nahmen und die 1991 in die Auflösung des sowjetischen Imperiums mündeten.

Bis dahin allerdings hat der Ost-West-Konflikt die internationale Politik dominiert. Die Gliederung der folgenden Darstellung orientiert sich daher auch an seinen Entwicklungsphasen: seiner Herausbildung 1945–1949, seinem Verlauf 1949–1991 und seinem Ende. Wo auch immer auf der Welt Konflikte auftraten, wurden sie – wenn sie ein bestimmtes Maß rein regionaler Interessengegensätze überstiegen – von den Machtinteressen der zwei Supermächte überlagert und bestimmt. Dabei hat der Ost-West-Konflikt nie zu einer direkten militärischen Konfrontation der beiden Weltmächte geführt, wenngleich es mehrfach den Anschein hatte, als stünde die Welt vor einem neuen, bisher unbekannten atomaren Weltkrieg bzw. könnten Stellvertreterkriege in eine direkte Konfrontation umschlagen. Die politischen und psychologischen Wirkungen dieser globalen Spannungsverhältnisse zwischen den zwei Blöcken waren – im Nachhinein betrachtet – wohl größer als die Gefahr des Ausbruchs eines tatsächlichen atomaren Krieges. Der Konflikt, der in den Nachkriegsjahren von der Kooperation zur Konfrontation zwischen den USA und der Sowjetunion führte und zur Folge hatte, dass beide Supermächte ihre Blöcke gegenseitig abgrenzten, kann in mehrere Ebenen gegliedert werden.

Machtpolitisch suchten beide Mächte ihren Einflussbereich weltweit auszudehnen, militärisch abzusichern und auf Kosten des Gegners auszuweiten.

Ideologisch war der Gegensatz bestimmt von einer weltweiten Auseinandersetzung zwischen dem Kommunismus mit seinen staatssozialistischen Ordnungsvorstellungen auf der einen Seite und den Ideen der liberal-westlichen Demokratien mit ihrer kapitalistischen Wirtschaftsordnung auf der anderen Seite. Von beiden Seiten wurde die Auseinandersetzung propagandistisch geführt und mit teilweise klischeehaften Feindbildern und Kampfbegriffen, wie z. B. „Reich des Bösen", „kapitalistischer Imperialismus", „kommunistische Zersetzung", ausgetragen. Die politische und psychologische Kriegführung war eine Konstante in diesem Konflikt, in dem beide Seiten das Feindbild immer wieder propagandistisch neu aufbauten um die Weltöffentlichkeit von der Notwendigkeit ihrer eingeschlagenen Politik zu überzeugen. Das hatte Konsequenzen, und zwar bis hin zu sportlichen Wettkämpfen wie den Olympischen Spielen, die im Sommer 1980 in Moskau von den USA boykottiert wurden, oder Kinofilmen wie z. B. der 1961 produzierten Filmkomödie „Eins, Zwei, Drei" von Billy Wilder.

Militärisch hat der Ost-West-Konflikt dazu geführt, dass beide Supermächte ein Arsenal an Kriegstechnik und neuartigen Waffensystemen produzierten, die immer noch ausreichen um das gesamte Leben auf dem Planeten Erde mehrfach auszulöschen. Ungeheure Summen sind in Ost und West in immer gigantischere Rüstungsvorhaben hineingesteckt worden. Das „Neue" bei diesem weltweiten Konflikt war, dass die Angst vor der möglichen Selbstvernichtung der Menschheit zu einem politisch einsetzbaren Faktor gemacht wurde.

Das Ende des Ost-West-Konfliktes kam für viele überraschend und in einer nicht vorhersehbaren Geschwindigkeit. Dass die Auflösung der Bipolarität relativ friedlich vor sich ging, gehört zu den erfreulichen Seiten dieses Prozesses. Gleichwohl lässt sich nicht übersehen, dass seit dem Wegfall der Bedrohung durch einen nuklearen Zusammenstoß nun bei regionalen Konflikten der Krieg wieder als ein Mittel der Politik eingesetzt wird. Insofern stellt sich die Frage, durch welche Strukturen das internationale Weltstaatensystem wieder an Stabilität gewinnen könnte. Ob eine „Renaissance" der Vereinten Nationen mit neuen, weiter reichenden Kompetenzen dazu ausreicht, bleibt eine offene Frage. Sicher ist hingegen, dass sich nach der Überwindung des Ost-West-Konfliktes eine regionalisierte Welt entfaltet, in der regionale Führungsmächte ihre Ansprüche anmelden und durchzusetzen suchen. An die Stelle der Bipolarität könnte daher in Zukunft die Multipolarität als Kennzeichen und Handlungsrahmen der internationalen Politik treten. Unter diesen Vorzeichen wird sich dann auch die Rolle Europas in der Weltpolitik möglicherweise wieder verändern.

Die Erde, vom Mond aus gesehen. Amerikanische Aufnahme während der ersten Mondlandung im Jahr 1969

5 Internationale Politik nach 1945

1944 Konferenz von Bretton Woods/USA (Juli): neues Weltwährungssystems mit dem US-Dollar als Leitwährung

1945 Konferenz der „Großen Drei" (Churchill, Stalin, Roosevelt) in Jalta (4.–11. Febr.): in den Vereinbarungen über Polen wird die Curzon-Linie als polnische Ostgrenze festgelegt, die Westgrenze endgültig erst in einem Friedensvertrag; bezüglich Deutschland wird Frankreich als vierte Macht bei der Aufteilung in Besatzungszonen hinzugezogen, die Bildung des Alliierten Kontrollrats beschlossen und eine Einigung über die Demontage herbeigeführt, während die Reparationsfrage ungelöst bleibt; die UdSSR bekommt in Asien Anrechte auf die innere Mongolei, erhält Zugang zu Pazifikhäfen und als Besitz die Kurilen und Südsachalin – Gründungskonferenz der „Vereinten Nationen" in San Francisco (April/Mai) – Kapitulation Deutschlands (8./9. Mai) – Potsdamer Konferenz (Juli/Aug.) – Abwurf der Atombomben auf Hiroshima und Nagasaki (Aug.) – Kapitulation Japans (2. Sept.)

1947 Verkündung der Truman-Doktrin: Beginn der *Containment*-Politik (März) – Begründung des „Europäischen Wiederaufbauprogramms" = Marshall-Plan (Juni) – Gründung der Kominform (Sept.)

1948 UdSSR schließt zunächst mit Rumänien (März), danach mit Ungarn, Bulgarien Freundschafts- und Beistandspakte – In der CSSR übernimmt die Kommunistische Partei die Regierung – Währungsreform in den drei Westzonen und in Westberlin (Febr.) – Berliner Blockade und Alliierte Luftbrücke (26. Juni–Mai 1949)

1949 Abschluss des Nordatlantikpakts *(North Atlantic Treaty Organization/NATO)* – Gründung der Bundesrepublik Deutschland (Mai) – erster sowjetischer Atombombentest (Aug.) – Gründung der Deutschen Demokratischen Republik (Okt.)

1950 Korea-Krieg (Juni–Juli 1953)

1951 Australien, Neuseeland und die USA beschließen einen kollektiven Sicherheitspakt (ANZUS)

1954 Acht-Mächte-Pakt zur Schaffung einer südostasiatischen Verteidigungsorganisation (SEATO) zwischen den ANZUS-Staaten, Philippinen, Thailand, Großbritannien, Frankreich, Pakistan

1955 Pariser Verträge von 1954 in Kraft getreten: Bundesrepublik Deutschland wird souverän und NATO-Mitglied – Gründung des Warschauer Paktes

1956 Revolutionäre Unruhen in Ungarn von Sowjettruppen niedergeschlagen (Okt.) – Sueskrieg: Israelischer Angriff gegen Ägypten (mit Großbritannien und Frankreich abgesprochen) (Nov.)

1957 Gründung der Europäischen Wirtschaftsgemeinschaft (EWG)

1958 Berlin-Krise: UdSSR fordert ultimativ den Abzug der Westmächte aus Berlin

1961 Bau der Berliner Mauer (Aug.)

1962 Kuba-Krise

1963 Beilegung der Kuba-Krise, Errichtung einer direkten Nachrichtenverbindung („heißer Draht") zwischen Washington und Moskau

1964 Direktes Eingreifen der USA in den Vietnamkrieg

1968 Vertrag über die Nichtweiterverbreitung von Atomwaffen zwischen USA, Großbritannien und UdSSR – Einmarsch der Warschauer-Pakt-Streitkräfte in die Tschechoslowakei (Aug.)

1972 SALT-I-Abkommen über strategische Rüstungsbegrenzungen

1975 Unterzeichnung der KSZE-Schlussakte in Helsinki

1979/80 NATO-Doppelbeschluss – UdSSR marschiert in Afghanistan ein

1990 Wiedervereinigung Deutschlands – Charta von Paris der KSZE

1991 Verträge von Maastricht: Grundsätze einer gemeinsamen Wirtschafts-, Währungs-, Außen- und Sicherheitspolitik der EU-Länder – Auflösung des Warschauer Paktes (April) – Auflösung der UdSSR und Gründung der GUS (Dez.)

1994 Gründung der Welthandelsorganisation (WTO)

1995 Umwandlung der KSZE in OSZE

Atomares Patt: kennzeichnete den Zustand zwischen den USA und der UdSSR, die sich militärisch auf allen Ebenen blockierten, weil keiner von ihnen einen strategischen „Zug" durchführen konnte ohne die Gefahr auszuschließen, dass er sich dadurch selber vernichtete.

Bilateralismus: Bezeichnung für die enge Beziehung zwischen zwei Staaten. Das Prinzip des Bilateralismus wird in der Außenpolitik oft eingesetzt um sich für die eigene Nation eine vorteilhafte Situation zu verschaffen, weil man dadurch andere Nationen gegeneinander ausspielen kann. Insofern versteht sich der Begriff als Gegenbegriff zum System kollektiver Sicherheit.

Bipolarität: bezeichnet die Struktur des internationalen Staatensystems, bei dem zwei antagonistische Machtzentren (zwei Führungsmächte) allein bestimmend sind und das internationale Geschehen kontrollieren. Den Gegensatz dazu bildet ein System der Multipolarität, bei dem es mehrere Machtzentren bzw. Führungsmächte gibt.

Breschnew-Doktrin: 1968 formulierte These von der begrenzten Souveränität der sozialistischen Staaten im Falle einer Gefahr für die „sozialistische Gemeinschaft". Sie gilt als Versuch Breschnews den Einmarsch des Warschauer Pakts und die sowjetische Interventionspolitik in der CSSR zu rechtfertigen.

Containment-Politik (engl. = Eindämmung): vor allem von George F. Kennan entworfenes Konzept der US-Außenpolitik, das davon ausging den sowjetischen Druck durch unnachgiebigen Gegendruck zu beantworten um so den sowjetischen Einflussbereich einzudämmen. Dabei sollten wirtschaftliche und finanzielle Hilfen der USA eine große Rolle spielen. Das Konzept führte, ausgehend von der Truman-Doktrin, zum Aufbau des nordatlantischen Paktsystems und zu einer starken antikommunistischen Einstellung.

Flexible Erwiderung: Begriff für die NATO-Strategie, die 1961 eingeführt wurde und von 1967–1990 als offizielle Strategie galt. Im Falle einer militärischen Pro-

Internationale Politik nach 1945 5

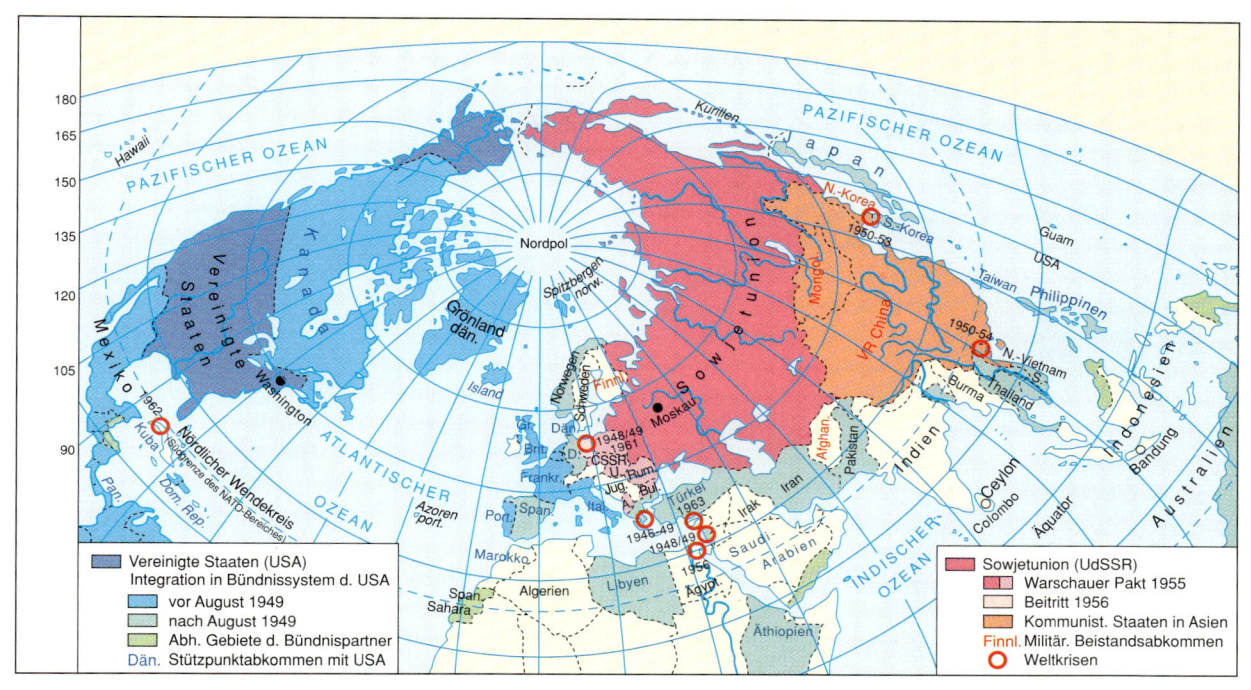

Die militärische Blockbildung im Kalten Krieg

Die Verteidigungsausgaben der USA und der UdSSR 1965–1985

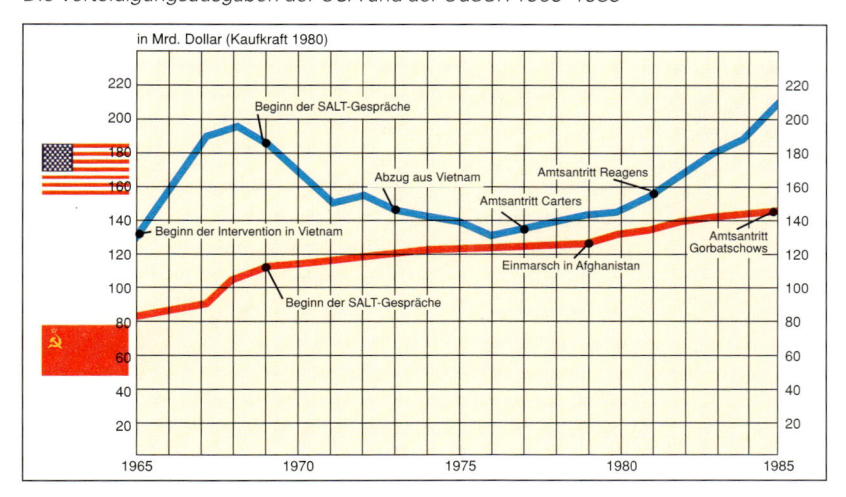

vokation des Gegners war zunächst eine „angemessene" konventionelle Verteidigung vorgesehen, danach erst der Einsatz von strategischen Atomwaffen der NATO. Die im Ernstfall benötigten Übergänge wurden bewusst flexibel gehalten. Dieses Konzept setzte verstärkte Rüstungsanstrengungen voraus, weil man alle Arten von Waffen- und Trägersystemen brauchte.

Friedliche Koexistenz: Auf dem XX. Parteitag der KPdSU proklamierte Nikita S. Chruschtschow diesen Begriff als außenpolitische Leitlinie für das Verhältnis der UdSSR zu den kapitalistischen Staaten. Der Gedanke der friedlichen Koexistenz entsprang eher taktischen als ideologischen Überlegungen. Er sollte der UdSSR einen größeren außenpolitischen Handlungsspielraum verschaffen. Das Prinzip hatte innerhalb des sowjetischen Machtbereichs aber keine Geltung.

Kominform: Abkürzung für Informationsbüro der Kommunistischen und Arbeiterparteien; gegründet 1947 auf Initiative Stalins; Mitglieder waren die KPdSU und die Kommunistischen Parteien Jugoslawiens (bis 1948), Bulgariens, Polens, Rumäniens, Ungarns, der CSSR, Frankreichs, Italiens. Im Zuge der Entstalinisierung 1956 aufgelöst.

KSZE (Konferenz für Sicherheit und Zusammenarbeit in Europa): 1975 unter-

233

5 Internationale Politik nach 1945

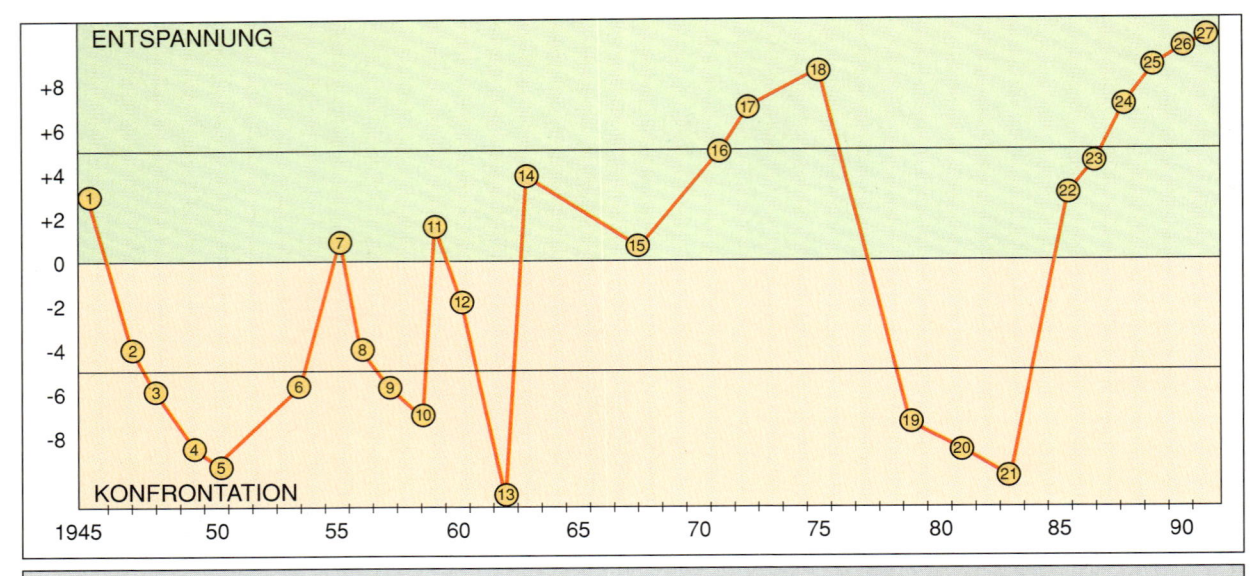

„Fieberkurve" der amerikanisch-sowjetischen Beziehungen 1945–1991

1. Ende des Zweiten Weltkriegs in Europa und Asien; Gründung der UNO (Mai–Sept. 1945)
2. Truman-Doktrin, Marshall-Plan; Zwei-Welten-Theorie (März–Sept. 1947)
3. Kommunistischer Umsturz in der CSSR bzw. Beginn der sowjetischen Blockade Berlins (Febr. bzw. Juni 1948)
4. Gründung der NATO bzw. kommunistische Staatsgründungen in China und der DDR (April bzw. Okt. 1949)
5. Ausbruch des Korea-Kriegs (Juni 1950)
6. Tod Stalins bzw. Waffenstillstand in Korea (März bzw. Juli 1953)
7. Genfer Gipfelkonferenz der Siegermächte des Zweiten Weltkriegs (Juli 1955)
8. „Doppelkrise" von Ungarn und Sues (Okt./Nov. 1956)
9. Sowjetischer Sputnik-Start (Okt. 1957)
10. Berlin-Ultimatum der UdSSR (Nov. 1958)
11. Gipfeltreffen Chruschtschow – Eisenhower in Camp David (Sept. 1959)
12. Bau der Berliner Mauer (Aug. 1961)
13. Kuba-Krise (Okt./Nov. 1962)
14. Einrichtung des „heißen Drahts"; Teilstopp von Atomtests; (Juni/Aug. 1963)
15. Kernwaffensperrvertrag; Ende des „Prager Frühlings" (Juli/Aug. 1968)
16. Vier-Mächte-Abkommen über Berlin (Sept. 1971)
17. SALT-I-Vertrag (Mai 1972)
18. KSZE-Schlussakte in Helsinki (Aug. 1975)
19. NATO-Doppelbeschluss; UdSSR marschiert in Afghanistan ein (Dez. 1979)
20. Kriegsrecht in Polen; US-Handelssanktionen gegen die UdSSR (Dez. 1981)
21. Abbruch aller Rüstungskontrollverhandlungen in Genf (Nov. 1983)
22. Gipfeltreffen Reagan – Gorbatschow in Genf (Nov. 1985)
23. Gipfeltreffen Reagan – Gorbatschow in Reykjavik (Okt. 1986)
24. INF-Vertrag über Abbau der Mittelstreckenraketen beim Gipfeltreffen Reagan – Gorbatschow in Washington unterzeichnet (Dez. 1987)
25. Gipfeltreffen Reagan – Gorbatschow in Moskau; Rückzug der UdSSR aus Afghanistan; Waffenstillstand Iran – Irak; Waffenstillstand Südafrika – Angola – Kuba; Generalstabchefs der USA und UdSSR besuchen sich gegenseitig; Abbau von Mittelstreckenraketen (Mai–Aug. 1988)
26. Pariser KSZE-Gipfel: NATO- und Warschauer-Pakt-Staaten erklären den Aufbau von Partnerschaften; formales Ende des Kalten Krieges (Nov. 1990)
27. Auflösung des Warschauer Paktes; Auflösung der UdSSR und Gründung der GUS (April/Dez. 1991)

zeichneten 35 Staaten die Schlussakte von Helsinki, in der sie sich über folgende Problembereiche verständigten: Gewaltverzicht, friedliche Schlichtung von Streitfällen, Nichteinmischung in innere Angelegenheiten und Anerkennung der Menschenrechte; außerdem sprachen sie sich für Kooperation in Wissenschaft und Technik aus. Durch mehrere nachfolgende Konferenzen wurde die KSZE zu einer festen Einrichtung um den Frieden in Europa zu festigen. Vor allem die Oppositionsgruppen in den Ostblockstaaten beriefen sich darauf, dass ihre Länder die Akte von Helsinki unterzeichnet hatten und forderten öffentlich die Einhaltung der Menschenrechte. 1990 unterzeichneten die KSZE-Staaten die Charta von Paris, durch die sie sich zu Demokratie, zu Marktwirtschaft, sozialer Gerechtigkeit und zu den Menschenrechten bekennen. Seit 1993 gehören der KSZE 53 Staaten an. 1995 ging sie in die OSZE über.

Marshall-Plan (offiziell *European Recovery Program/ERP*): Bezeichnung für das wirtschaftliche Hilfsprogramm zum Wiederaufbau Europas, benannt nach dem gleichnamigen amerikanischen Außenminister. Durch die Stärkung der Wirtschaft in Europa und ihrer Rückführung zu Part-

Abschluss	Inkrafttreten	Abkommen	Inhalt
1963	1963	„Heißer Draht"	Einrichtung einer direkten Nachrichtenverbindung zwischen Washington und Moskau
1972	1972	SALT I: ABM-Abkommen	Bereitstellung von Systemen zur Abwehr ballistischer Flugkörper auf zwei Standorte in jedem Land begrenzt
1972	1972	SALT I: Interimsabkommen	Begrenzung der Gesamtzahl bestimmter strategischer Angriffswaffen
1973	1973	Abkommen zur Verhinderung eines Atomkriegs	Verpflichtet beide Seiten bei Gefahr eines Atomkriegs zu Konsultationen
1974	–	Atomteststoppvertrag (Schwellenvertrag)	Begrenzung unterirdischer Atomwaffentests auf eine Sprengkraft bis zu 150 Megatonnen TNT (ausgenommen Tests zu friedlichen Zwecken)
1976	–	Atomteststoppvertrag (PNE-Vertrag)	Begrenzung unterirdischer Atomtests zu friedlichen Zwecken
1979	–	SALT-II-Vertrag	Begrenzung der Zahl nuklearstrategischer Angriffswaffen
1979	–	SALT-II-Protokoll	Begrenzung der Verteilung und Erprobung mobiler Interkontinentalraketen und bestimmter Marschflugkörper bis zum 31. Dezember 1981
1987	1987	INF-Vertrag	Abbau der Mittelstreckenraketen
1990	1990	KSE-Vertrag	Reduzierung der konventionellen Streitkräfte in Europa

Rüstungsbegrenzungs- und Rüstungskontrollabkommen zwischen den USA und der UdSSR 1963–1990

nern des freien Welthandels sollten auch die politischen Verhältnisse stabilisiert und so die Anfälligkeit der Länder für die kommunistische Ideologie gebremst werden. Inwieweit das Programm auch von nationalen ökonomischen Interessen der USA mitbestimmt war, ist eine umstrittene Frage.

NATO (North Atlantic Treaty Organization): 1949 geschlossenes kollektives Verteidigungsbündnis zwischen den USA, Kanada, Dänemark, Frankreich, Island, Italien, den Benelux-Staaten, Norwegen, Portugal und Großbritannien; 1952 Beitritt Griechenlands und der Türkei, 1955 der Bundesrepublik Deutschland, 1982 Spaniens. Nach der Auflösung des Warschauer Pakts hat die NATO im Dezember 1991 einen Kooperationsrat geschaffen, der aus den 16 NATO-Staaten, den elf GUS-Staaten und den ehemaligen Warschauer-Pakt-Staaten besteht.

Nuklearwaffen (strategische und taktische): Erstere sind Raketen und Bomber mit mehr als 5 000 km Reichweite und auf Atom-U-Booten stationierte Nuklearraketen. Zu den taktischen gehören Atomwaffen mit kurzer Reichweite, meist Artilleriegranaten, aber auch Bomber und Kurzstreckenraketen.

OSZE → KSZE

Roll back (engl. = zurückdrängen): Begriff für die Außenpolitik von John F. Dulles (US-Außenminister 1953–1959) gegenüber dem sowjetischen Großmachtstreben. Über die Eindämmung hinaus wollte er den Kommunismus zurückdrängen und so den Einfluss der „freien Welt" ausweiten. Dies sollte vor allem mit den friedlichen Mitteln des moralischen Drucks und nicht durch einen militärischen Kreuzzug geschehen. Die Ereignisse in der DDR (Aufstand 1953) und in Ungarn (Aufstand 1956) zeigten, dass die UdSSR bestrebt war ihren Einfluss auch militärisch abzusichern.

SEATO (South East Asia Treaty Organization): 1955 geschlossenes Verteidigungsbündnis zwischen Australien, Frankreich, Großbritannien, Neuseeland, Pakistan, den Philippinen, Thailand und den USA. Wichtigstes Ziel der westlichen Großmächte war die Aufrechterhaltung ihrer Einflüsse in den ehemaligen Kolonialgebieten Südostasiens. Die SEATO sollte den antikommunistischen militärischen Gürtel vervollständigen. Sie verlor nach dem Rückzug der USA aus Vietnam ihre Bedeutung und wurde 1977 aufgelöst.

Status-quo-Politik: eine Politik, die den eigenen „Besitzstand" zu wahren versucht, dies aber auch dem politischen Gegner zubilligt, sodass die jeweiligen Einflusszonen respektiert werden. Dies schließt aber nicht aus, dass in den Randzonen der internationalen Politik beide Supermächte ihren Einfluss- und Machtbereich zu erweitern suchten.

Warschauer Pakt: Freundschafts- und militärischer Beistandspakt der Ostblockländer, 1955 geschlossen zwischen der Sowjetunion, Polen, CSSR, Ungarn, Rumänien, Bulgarien, DDR (seit 1956) und Albanien (bis 1968). Von 1958 an gab es ein vereinigtes Oberkommando in Moskau. Der Pakt verpflichtete die kommunistischen Länder zu wechselseitigem militärischem Beistand. In der Realität war der Pakt primär ein Instrument der Sowjetunion Osteuropa politisch zu kontrollieren.

---

1. Erklären Sie anhand der Materialien, welche entscheidenden Schritte zur Blockbildung geführt haben.
2. Kennzeichnen Sie die verschiedenartigen Merkmale, die den Ost-West-Konflikt bestimmt haben.
3. Vergleichen Sie die internationale „Weltordnung" nach der Überwindung des Ost-West-Konfliktes mit der vor Beginn des Konfliktes.

Die Entstehung des Ost-West-Konfliktes (1945–1949)

Die Welt bei Kriegsende

Bei Kriegsende im Jahr 1945 bekundeten die beiden neuen Supermächte, die USA und die UdSSR, ihre Absicht kooperativ eine neue Weltordnung zu schaffen. Aber es kam anders. Kaum zwei Jahre später begann der Ost-West-Konflikt, der eine weltweite Konfrontation nach sich zog und die Welt mehrmals an den Rand eines atomaren Weltkriegs brachte. Fortan bestimmte die Bipolarität* mit ihren machtpolitischen Zentren in Washington und Moskau das internationale Geschehen. Für die politische und militärische Eskalation schoben sich beide Seiten die Verantwortung zu und trafen wechselseitig Vorkehrungen um in einer befürchteten Konfrontation bestehen zu können. Die Folge war ein verstärktes Sicherheitsbedürfnis und ein zunehmendes Misstrauen gegenüber allen politischen Schritten des Gegners. Der Kalte Krieg resultierte aber nicht nur aus dem wechselseitigen Misstrauen. Und die Konfrontation, die die Zeit nach 1947 bis Ende der 1980er Jahre bestimmte, war auch kein unvermeidbarer Prozess, hervorgerufen durch zwei gegensätzliche politische und gesellschaftliche Systeme. Die Ursachen liegen in den verpassten Chancen nach den Siegen über das nationalsozialistische Deutschland und Japan. Warum aber wurden die Chancen zu einer Kooperation nicht genutzt?

Mit der Kapitulation Deutschlands und Japans war die Weltordnung der Zwischenkriegszeit zerbrochen. Deutschland war als Großmacht in der Mitte Europas untergegangen, aber auch die „alten" europäischen Großmächte England und Frankreich waren nicht mehr die entscheidenden machtpolitischen Faktoren. Zwar gehörten sie zu den Siegern, doch konnten sie keine Großmachtpolitik mehr betreiben. Die europäischen Staaten wurden zu Objekten der Weltpolitik. Insofern war die Situation anders als nach dem Ende des Ersten Weltkriegs.

Die Konturen der neuen Ordnung wurden von den beiden Flügelmächten des internationalen Systems der Zwischenkriegszeit, den USA und der UdSSR, bestimmt. Das galt vor allem für die USA, die bei Kriegsende die stärkste machtpolitische Position besaßen. Amerikanische Truppen hielten nicht nur große Teile West-, Mittel- und Südeuropas besetzt, sondern standen auch in weiten Teilen Südostasiens und des pazifischen Raumes. Die militärische Überlegenheit der USA war unangefochten. Hinzu kam, dass Amerika nach Zündung der ersten Atombombe über das Atomwaffenmonopol verfügte. Auch aufgrund ihres wirtschaftlichen Potentials waren die USA, von keinerlei Kriegszerstörungen betroffen, eindeutig die Führungsmacht. Und außerdem wollte der 1945 ins Amt gekommene amerikanische Präsident Harry Truman – anders als die amerikanischen Politiker nach 1918 – dem Einfluss der USA weltweit Geltung verschaffen und die Chancen nutzen um seine Vorstellungen von einer neuen Weltordnung nach den Prinzipien der liberalen Demokratie und des freien Welthandels durchzusetzen. Demgegenüber sah die Ausgangslage der UdSSR keineswegs günstig aus. Die Sowjetunion ging geschwächt aus dem Krieg hervor: Über 20 Millionen Menschen hatten während des Krieges ihr Leben verloren, große Teile des Landes waren verwüstet, das Industrialisierungsprogramm war durch die Kriegswirren um Jahre zurückgeworfen, Kapital zum Wiederaufbau und zur Modernisierung fehlte. Die Weltmachtstellung Moskaus beschränkte sich deshalb zunächst nur auf die Stärke der Roten Armee sowie auf die von ihr eroberten und kontrollierten Gebiete in Mittel-, Ost- und Südosteuropa sowie in Asien. Im Gegensatz zu den USA hatte die Sowjetunion nach Kriegsende deshalb weniger Möglichkeiten weltweit Machtpolitik zu betreiben.

Die unterschiedliche Ausgangsposition und die verschiedenartigen Interessen der beiden Führungsmächte hatten ein verschärftes Misstrauen zur Folge. Die politische Führung in Moskau wurde aus zwei Gründen von einem extremen Sicherheitsbedürfnis geleitet: einerseits durch die leidvolle Erfahrung des Hitler-Überfalls, andererseits durch die ökonomische Schwäche der UdSSR bei Kriegsende. Die USA dagegen sahen in der UdSSR nicht die geschwächte Macht, sondern die Militärmacht, hinter der eine Ideologie stand, die auf aggressiven Export ihres Systems angelegt war.

Von der Kooperation zur Konfrontation

Wann der Schritt von der Kooperation zur Konfrontation der beiden neuen Führungsmächte erfolgte und wer zuerst den Kurs der Konfrontation einschlug, wird in der Geschichtswissenschaft auch heute noch – nach dem Ende der Nachkriegsepoche – kontrovers beurteilt (siehe S. 258, Mat. 4). Immer mehr setzt sich aber die Ansicht durch, dass eine eindeutige Schuldzuweisung nicht möglich ist. Die Meinungen tendieren eher dahin, dass der Kalte Krieg aufgrund fundamental unterschiedlicher Grundüberzeugungen und -interessen in einem Prozess sich steigernden Misstrauens entstand.

Die Vorstellungen der USA

Atlantik-Charta. Zu den zentralen Bausteinen einer neuen Weltordnung gehörte für den amerikanischen Präsidenten Franklin D. Roosevelt die Atlantik-Charta von 1941 (siehe S. 214, Mat. 13), die auf einer Erweiterung des kollektiven Sicherheitskonzeptes seines Vorgängers Woodrow Wilson nach dem Ersten Weltkrieg beruhte (siehe S. 257, Mat. 3). Mittelpunkt der neuen völkerrechtlichen Grundlage sollte danach die Respektierung und Einhaltung der folgenden „vier Freiheiten" bilden:
– das Selbstbestimmungsrecht der Völker bei der Wahl ihrer Regierungsformen,
– die Garantie der Unabhängigkeit und Souveränität der einzelnen Staaten,
– die wirtschaftliche Gleichberechtigung aller Staaten,
– der Verzicht aller Staaten auf jede Form von Gebietserweiterungen.

Ein kollektives Sicherheitssystem sollte wirksamer als nach dem Ersten Weltkrieg dafür sorgen, dass diese Prinzipien überall Geltung erhalten. Praktisch bedeutete das Konzept, dass die Siegerkoalition aus den USA, der UdSSR, England und Frankreich den Frieden durch die neu zu schaffenden Vereinten Nationen garantierten. China war als „fünfter Weltpolizist" in diesem Kreis vorgesehen, nachdem es bereits 1943 in eine Vereinbarung über die Zusammenarbeit der Alliierten nach dem Kriege aufgenommen worden war. Nach dem sogenannten *Open-Door-Prinzip* sollte in der Weltwirtschaft durch freien Zugang aller Staaten zu allen Märkten eine neue Ära der internationalen Zusammenarbeit und wirtschaftlichen Stabilität beginnen. Voraussetzung für die Realisierung von Roosevelts Vorstellung der *One World* war, dass kein Staat für sich machtpolitische Interessensphären beanspruchte – ein Gedanke, den Churchill für England nicht akzeptierte. Roosevelt aber war überzeugt Stalin für die weltweite Mitarbeit gewinnen zu können.

Zwar zeigte die Kriegsallianz schon zu Beginn erste Differenzen, als Stalin sich weigerte die Gebiete, die er aufgrund des Hitler-Stalin-Paktes besetzt hatte, wieder aufzugeben. Dennoch blieb die amerikanische Seite von einer prinzipiellen Kooperationsbereitschaft überzeugt, wenn man das Sicherheitsbedürfnis der UdSSR hinlänglich berücksichtigte. Welche konkreten Kriegsziele die sowjetische Seite verfolgte, ließ sich zunächst nicht klar herausfinden, da sie sich propagandistisch nur auf den ersten Schritt, die „Vernichtung des faschistischen Aggressors" und die „Befreiung der unterdrückten Völker", festgelegt hatte.

UNO, Währungsfonds, Weltbank, GATT. Auf der Konferenz von Dumbarton Oaks in den USA gelang 1944 eine grundsätzliche Übereinstimmung über die Einrichtung einer Weltorganisation und ein Jahr später wurde mit der Zusicherung des Vetorechts für die ständigen Mitglieder des Sicherheitsrates (USA, Großbritannien, Frankreich, UdSSR und China) die Voraussetzung für die Gründung der Vereinten Nationen (*United Nations/UN* oder *UNO*) geschaffen. 50 Staaten unterzeichneten auf der Konferenz von San Francisco 1945 die UN-Charta, die am 24. Oktober 1945 („Tag der Vereinten Nationen") in Kraft trat. Polen kam als 51. Mitglied dazu ohne an der Konferenz teilgenommen zu haben. Damit hatte sich zwar grundsätzlich die amerikanische Konzeption einer internationalen Organisation zur Konfliktregelung und kollektiven Sicherheitsgewährleistung unter Einschluss der Sowjetunion durchgesetzt (siehe Grafik S. 254). Brüchig war das Friedenskonzept der „Einen Welt" allerdings durch die Tatsache, dass jede Großmacht ein Vetorecht hatte und so im eigenen Interesse gemeinsames Handeln blockieren konnte. Dies lag auch im Interesse der UdSSR, die sich im Sicherheitsrat und in der Vollversammlung einer

Bruce Russel, Die Kluft zwischen Ost und West, Karikatur für die „Los Angeles Times", 1945

klaren Mehrheit westlich orientierter Staaten gegenübersah. Das Vetorecht wurde allerdings im Verlauf des sich zuspitzenden Ost-West-Gegensatzes zu einem Mittel um machtpolitische Eigeninteressen über das Konzept einer kollektiven Sicherheit zu stellen und die UNO zur Durchsetzung der jeweiligen Blockinteressen zu funktionalisieren.

Weniger erfolgreich war das Bemühen der USA ein internationales Handels- und Währungssystem zu schaffen. Einerseits beteiligte sich die UdSSR an der Konferenz von Bretton Woods 1944, auf der ein internationales Währungssystem mit dem US-Dollar als Leitwährung vereinbart wurde. Die Folge war, dass alle Waren- und Geldtransfers auf der Basis des US-Dollars abgewickelt wurden. Wenn ein Land Waren im Ausland kaufen wollte, musste es in US-Dollar bezahlen. Diese mussten zuvor als Devisen durch Warenverkäufe im Ausland erwirtschaftet werden. Damit waren die Währungen aller übrigen Mitgliedstaaten in ihrem Wert an den Dollar gekoppelt, während die USA den Wert des US-Dollars dadurch stabil halten wollten, dass sie sich verpflichteten ausländische Dollarguthaben auf Verlangen zu einem festgelegten Preis in Gold umzutauschen. Auf diese Weise entstand ein System fester Wechselkurse.

Andererseits trat die UdSSR den in Bretton Woods gegründeten Organisationen des Internationalen Währungsfonds und der Weltbank nicht bei, und zwar aus Furcht, in die Abhängigkeit des von den USA dominierten Währungssystems zu geraten. Als die Sowjetunion sich auch nicht dem Allgemeinen Zoll- und Handelsabkommen *(General Agreement on Tariffs and Trade/GATT)* anschloss, durch das eine weltweite Handelsliberalisierung und Zollsenkungen erreicht werden sollte, blieb das amerikanische Konzept, neben dem politischen Bereich auch das Handels- und Währungssystem über internationale Organisationen zu steuern, auf die Länder mit marktwirtschaftlichem System beschränkt. Im ökonomischen Bereich war der Riss zwischen den Ländern mit einer planwirtschaftlich-sozialistischen Wirtschaftsordnung und denen mit einer marktwirtschaftlich-kapitalistischen schon zu diesem Zeitpunkt nicht mehr zu kitten.

Die Politik der Sowjetunion

Trotz der Zustimmung zu einer kollektiven Sicherheitsordnung durch die UNO war die UdSSR unter Stalin nicht bereit auf eine machtpolitische Absicherung ihrer geopolitischen Interessen zu verzichten. Da Stalin aber damit rechnen musste, dass Roosevelt der Aufteilung Europas in Interessensphären nicht zustimmen würde, schuf er im mittelosteuropäischen Raum vollendete Tatsachen.

Schon im Spätsommer 1944 kontrollierte die Sowjetunion die politischen Geschehnisse in Bulgarien und Rumänien, die beide von der Roten Armee besetzt worden waren. Auch in Polen machte Stalin seinen politischen Einfluss geltend, indem er das Lubliner Komitee, das allein von prosowjetischen Kräften besetzt war, als einzige zukünftige Vertretung des polnischen Staates anerkannte. Dies führte zu erheblichen Spannungen mit den Alliierten, da sie für eine Beteiligung der polnischen Exilregierung in London bei der Neugestaltung des polnischen Staates eintraten. Nach dem Einmarsch der Roten Armee in Warschau im Januar 1945 wurde dieser Exilregierung allerdings die Einreise nach Polen verweigert und das Lubliner Komitee als polnische Regierung eingesetzt. Stalin hatte in Mittelosteuropa einen Sicherheitsgürtel für die Sowjetunion errichtet ohne sich um die Prinzipien der Atlantik-Charta zu kümmern.

Diese sowjetische Politik der Absicherung des europäischen Vorfeldes durch die Errichtung ihr „freundlich gesinnter Regierungen" in Rumänien, Bulgarien und Ungarn sowie das Aufschieben von freien Wahlen in Polen, die Stalin noch im Februar 1945 in Jalta zugesagt hatte, machten immer deutlicher, dass es kaum vereinbare Positionen zwischen den USA und der Sowjetunion zur zukünftigen Neuordnung in Europa gab.

Etappen auf dem Weg zur Konfrontation

In der Diskussion darüber, warum es nicht zu einer kooperativen Nachkriegsordnung kam, sondern der Weg der Konfrontation beschritten wurde, werden von der Forschung vor allem Fragen an die politischen Erwägungen in den USA gestellt – nicht zuletzt wegen des Zugangs zu den Quellen, der in den USA leichter als in der Sowjetunion war. Hat die amerikanische Führung die Chance zu einer Nachkriegsordnung verpasst, weil sie – ähnlich wie Wilson 1918 – ein idealistisches Konzept favorisierte anstatt eine pragmatische Kooperation mit der Sowjetunion anzustreben? Haben die USA nicht hinreichend in Rechnung gestellt, dass die Betonung ihrer weltweiten Handels- und Wirtschaftsinteressen bei der sowjetischen Führung Ängste vor einer Erneuerung der außenpolitischen Isolation wie nach 1917 hervorrufen konnte? War die amerikanische Einschätzung richtig, dass die konkrete sowjetische Politik zur Sicherung ihres Machtbereiches nur als der Ausdruck eines grundsätzlichen Eroberungswillens und als Auftakt zur Sowjetisierung und revolutionären Umgestaltung ganz Europas gedeutet werden konnte? Um diese Fragen beantworten zu können muss man sich die jeweiligen konkreten Schritte auf dem Weg von der Kooperation der Kriegsalliierten zur Ost-West-Konfrontation noch einmal vor Augen führen.

Potsdamer Konferenz. Ein zentrales Ereignis stellt dabei die Konferenz von Potsdam vom 17. Juli bis 2. August 1945 dar.

An ihr nahmen für den verstorbenen Roosevelt der neue amerikanische Präsident Harry S. Truman teil, für Großbritannien zunächst Winston S. Churchill und – nach seiner Abwahl – der neue Premier Clement R. Attlee sowie Stalin. Als man sich in Potsdam zur Konferenz traf, war das Misstrauen auf beiden Seiten schon stark gewachsen. Nicht nur die sowjetische Haltung in der Polenfrage hatte dazu beigetragen; die Amerikaner weigerten sich auch die der Sowjetunion zugesagte Wiederaufbauhilfe zu gewähren und ergriffen keine ernsthafte Initiative um ihr Atomwaffenmonopol einer Internationalisierung zuzuführen. Auf den Kriegskonferenzen in Teheran Ende 1943 und Jalta Anfang 1945 hatte man sich bezüglich Deutschland lediglich darauf geeinigt das Land in Besatzungszonen aufzuteilen und die sowjetische Westgrenze durch eine „gewisse Westverschiebung Polens" wieder herzustellen. Jetzt trafen die deutschland- und europapolitischen Vorstellungen unvermittelt aufeinander. Zwar konnten die Siegermächte – Frankreich war auf der Konferenz nicht vertreten, stimmte dem Ergebnis aber nachträglich zu – einige grundlegende Prinzipien für eine gemeinsame Deutschlandpolitik verabreden; in der zentralen Frage, wie Deutschland als Ganzes behandelt werden sollte, fand man jedoch keine Lösung, was sich vor allem auf das Problem der Reparationen auswirkte. Obwohl man daran festhielt Deutschland als wirtschaftliche Einheit zu behandeln, wurde jeder Besatzungsmacht gestattet Reparationen aus der eigenen Besatzungszone zu entnehmen.

Wegen der wirtschaftlichen Schwäche Englands und Frankreichs, die ihre Besatzungszonen kaum versorgen konnten, begann seit 1946 auf US-Initiative ein Integrationsprozess, der zur Zusammenlegung der Zonen führte. Westdeutschland wurde ein gemeinsamer Wirtschaftsraum, auf dessen ökonomische und politische Entwicklung die UdSSR keinen Einfluss mehr hatte; umgekehrt blieben die Westmächte vom Einfluss auf das Geschehen in der sowjetischen Besatzungszone ausgeschlossen. Dass von Kooperation keine Rede mehr sein konnte, zeigte sich auch darin, dass die zur Konfliktregelung geschaffene UNO mit der Behandlung des ausbrechenden Ost-West-Konflikts nicht einmal betraut wurden, weil ihr Entscheidungsorgan, der Sicherheitsrat, durch das Vetorecht der Großmächte blockiert war.

Byrnes-Rede. Im September 1946 vollzogen die USA eine deutliche Wende in ihrer Außenpolitik, die auf eine klare Abgrenzung gegenüber der Sowjetunion abzielte. Der amerikanische Außenminister Byrnes kündigte an die drei Westzonen bald zum Selbstbestimmungsrecht zurück zu führen und auf den Weg einer westlichen Demokratie zu bringen. In einem Memorandum des amerikanischen Außenministeriums vom 1. April 1946 hieß es, Moskau müsse „zunächst einmal mit diplomatischen Mitteln, letzten Endes jedoch, wenn notwendig, auch mit militärischer Gewalt" davon überzeugt werden, dass „sein gegenwärtiger außenpolitischer Kurs die Sowjetunion nur in eine Katastrophe führen" könne.

Truman-Doktrin. Ein Jahr später wurde der amerikanische Sicherheitsauftrag in der Truman-Doktrin dann erstmals global interpretiert als ein Auftrag gegenüber allen demokratischen Staaten, die von der UdSSR in irgendeiner Form bedroht oder gefährdet schienen. Um den Kongress davon zu überzeugen, wie wichtig eine direkte Unterstützung Griechenlands und der Türkei sei, entwarf der stellvertretende Außenminister Dean Acheson ein düsteres Bild von der Zukunft, das Präsident Truman mit einer historischen Analyse noch weiter zuspitzte: „Es gab nur zwei Großmächte auf der Welt: die USA und die Sowjetunion. Wir befanden uns in einer Situation, die es seit dem Altertum nicht mehr gegeben hatte. Seit Rom und Karthago hatte es auf der Erde keine derartige Polarisierung der Macht mehr gegeben ... Unternahmen die Vereinigten Staaten Schritte um von sowjetischer Aggression oder kommunistischer Unterwanderung bedrohte Staaten zu unterstützen, so geschah dies zum Schutze der Vereinigten Staaten, ja zum Schutze der Freiheit selbst."[1] Truman selbst ließ dann bei der Verkündung seiner Doktrin den strategischen Aspekt fallen und sprach nur vom Kampf zweier Lebensweisen. Damit war das Signal gesetzt, dass die USA der Sowjetunion keine weitere Expansion zugestehen würden. Indem die Sowjetunion in der Truman-Doktrin zu einem moralischen Gegner erklärt worden war, begann eine Politik der Eindämmung (containment*) – eine Politik, die nicht ganz frei war von missionarischen Zügen (siehe S. 256, Mat. 1).

Marshall-Plan. Mit dem Marshall-Plan* im Jahr 1948 erfolgte die wirtschaftspolitische Absicherung der Truman-Doktrin. Der von den USA nunmehr offen angestrebte wirtschaftliche Wiederaufbau Europas sollte über das Europäische Wiederaufbauprogramm (European Recovery Program/ERP) durchgeführt werden. Allen kooperationswilligen Staaten Europas wurde amerikanische Finanz- und Wirtschaftshilfe angeboten, damit sie ihre Volkswirtschaften sanieren und sozial stabile Verhältnisse herstellen konnten. Die Sowjetunion lehnte für sich die Hilfe ab und verbot auch den ursprünglich beitrittswilligen Ländern in Osteuropa am Marshall-Plan teilzunehmen. Durch beide Maßnahmen verwiesen die Amerikaner die Sowjetunion auf den Weg der Abschließung. Denn aus sowjetischer Sicht war dieser außenpolitische Kurs mit einem kreuzzugsartigen Charakter versehen und klarer Ausdruck eines Dominanzstrebens, das man glaubte mit einer Politik der Abschottung (1947 Gründung der Kominform*; siehe S. 256, Mat. 2) be-

5 Internationale Politik nach 1945

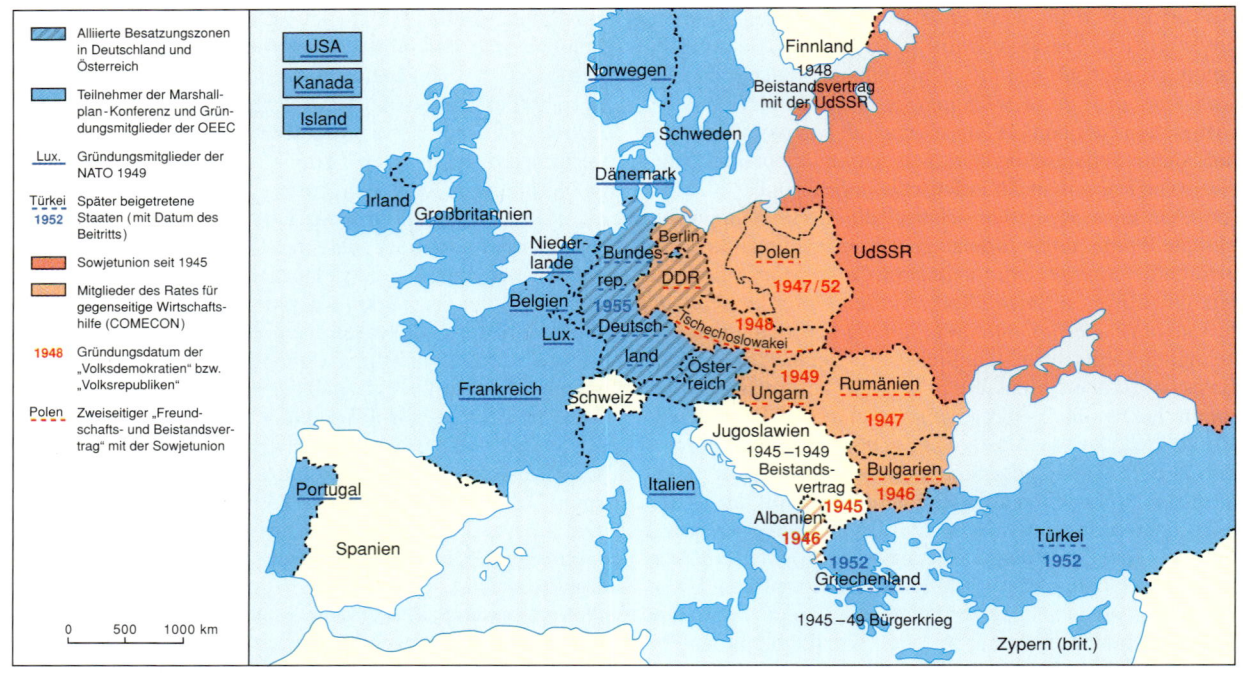

Blockbildung in Europa nach dem Zweiten Weltkrieg

antworten zu müssen. Allerdings waren die Amerikaner keineswegs allein für die Verhärtungen der Fronten in dem jetzt beginnenden Kalten Krieg verantwortlich. Das sowjetische Vorgehen in der Tschechoslowakei im Februar 1948 trug das Ihrige dazu bei: Durch einen von Moskau aus unterstützten Staatsstreich wurde in Prag eine kommunistische Regierung in den Sattel gehoben und damit die Konsolidierung des sowjetischen Machtbereichs zum Abschluss gebracht.

Berlin-Blockade. Im Juni 1948 überschritt die UdSSR erstmals die ihr von den Westmächten stillschweigend zuerkannte Einflusszone. Als Reaktion auf die westdeutsche Währungsreform (siehe S. 294 f.) sperrte sie alle Zugangswege zu den drei Westsektoren Berlins. Mit der Berliner Blockade, die bis Mitte 1949 andauerte, griff die UdSSR indirekt auf die Rechte der westlichen Besatzungsmächte in Berlin über und riskierte einen militärischen Konflikt. Denn die Westmächte waren nicht bereit diesen Vertragsbruch hinzunehmen und erwogen eine gewaltsame Öffnung der Verkehrswege. Unter dem Einfluss des amerikanischen Militärgouverneurs Lucius D. Clay entschied sich Amerika dann aber für eine Luftbrücke um die Bevölkerung Westberlins mit den nötigen Nahrungsmitteln zu versorgen.

Gründung der NATO. Beide Ereignisse wurden von den Amerikanern und Engländern als Beweis für die prinzipielle Aggressionsbereitschaft der Sowjetunion gedeutet, vor der nur eine militärische Absicherung des Westens schützen könnte. Der Bruch in der ehemaligen Kriegsallianz war endgültig vollzogen, beide Seiten suchten nach Möglichkeiten „ihr Lager" militärisch geschlossen zu formieren. Während die Sowjetunion ihren Machtbereich durch bilaterale* „Freundschafts- und Beistandsverträge" mit allen osteuropäischen Staaten absicherte, entstand im Westen mit dem Brüsseler Vertrag (März 1948) zwischen Großbritannien, Frankreich und den drei Benelux-Staaten das erste Verteidigungsbündnis in Europa, das gegen einen möglichen Angriff der UdSSR gerichtet war. Die westeuropäischen Staaten, die sich seit dem Kampf um den Marshall-Plan* durch die Sowjetunion bedroht fühlten, drängten nach einer Erweiterung ihrer Sicherheit durch die USA. Sie wollten ihre Sicherheit an die amerikanische Nuklearmacht* gekoppelt sehen um den potentiellen Gegner wirksam abzuschrecken. Mit dem Nordatlantikvertrag *(North Atlantic Treaty Organization/NATO*)* vom April 1949 übernahmen die Amerikaner diese Sicherheitsgarantie für die westeuropäischen Staaten.

Die Folgen der Konfrontation für Europa

Als mit der Gründung der NATO die militärische Verknüpfung mit den USA hergestellt war, hatte die Bipolarität* als Grundstruktur der neuen Weltordnung klare Umrisse angenommen; Europa war in zwei Blöcke geteilt, die beide von den Zentren der ehemaligen Flügelmächte aus bestimmt wurden. Mit der Gründung der NATO und später der EWG auf wirtschaftlichem Gebiet wurde deutlich, dass der seit den zwanziger Jahren bestehende Gedanke eines geeinten Europas als dritter Kraft zwischen den beiden Großmächten nicht durchzusetzen war. Europa war nun gleichbedeutend mit Westeuropa, das sich ökonomisch und politisch zusammenschloss und sicherheitspolitisch über die NATO mit amerikanischen und kanadischen Streitkräften verbunden war. „Antikommunismus" und „Antiimperialismus" wurden zu Schlagworten in den zwei Einfluss-Sphären und zwei Militärbündnissen, die sich entlang der quer durch Mitteleuropa verlaufenden Trennlinie gegenüberstanden.

1. Stellen Sie die wichtigsten Etappen auf dem Weg zur Konfrontation zusammen und bestimmen Sie deren Bedeutung.
2. Erläutern Sie die Ursachen, die zum Ost-West-Konflikt führten, und erarbeiten Sie die Folgen für das internationale System nach dem Zweiten Weltkrieg.
3. Nehmen Sie zu der Behauptung Stellung, die Eskalation des Konfliktes zwischen den USA und der UdSSR beruhe auf einem „wechselseitigen Missverständnis". Klären Sie dazu zunächst, was die USA an der sowjetischen Politik und was die Sowjetunion an der amerikanischen Politik „missverstanden" haben könnten.

Der Verlauf des Ost-West-Konfliktes (1949–1991)

Politisches Denken und Handeln in der Zeit des weltumspannenden Ost-West-Konfliktes war vor allem durch die Vorstellung geprägt, es gehe um eine Auseinandersetzung verschiedener Gesellschaftssysteme mit unterschiedlichen Lebensformen, die ständig in eine militärische Konfrontation mit den katastrophalen Folgen eines Atomkriegs umzuschlagen drohe. Weil beide Seiten den Übergriff der Gegenseite befürchteten, wurden Kontakte abrupt und oft aus geringen Anlässen abgebrochen, wurden Mauern errichtet, wurde aufgerüstet und die Militarisierung in der eigenen Gesellschaft als permanente Bereitschaft zum Kampf legitimiert. Die Folge war, dass in West und Ost Feindbilder aufgebaut wurden um das jeweilige System im Inneren zu stabilisieren. Die westlichen Demokratien vollzogen aus der Furcht vor der Unaufhaltsamkeit der bolschewistischen Revolution den politischen Zusammenschluss, der ihre unterschiedlichen Interessen ausgleichen sollte; die kommunistischen Führer hingegen bauten ihr „Lager" zu einer repressiven Festung aus, weil sie befürchteten anders nicht dem „Imperialismus" des Westens standhalten zu können.

Aus heutiger Perspektive lässt sich allerdings nicht übersehen, dass diese beiderseitige Furcht nicht immer gleich stark und auch nicht immer handlungsbestimmend war. Insofern kann die Epoche des Kalten Krieges nicht einheitlich als konstante Konfrontation charakterisiert werden. Neben relativ ruhigen Zeiten mit politischen und diplomatischen Kontakten erreichte der Konflikt in einigen Situationen Höhepunkte, in denen sich die Rivalität militärisch zu entladen drohte (siehe Grafik S. 234). Insgesamt aber ist der Verlauf eher dadurch bestimmt, dass beide Seiten bemüht schienen, die Schwelle der atomaren Konfrontation nicht zu überschreiten. In der Öffentlichkeit aber blieb angesichts des „Gleichgewichts des Schreckens" und des atomaren Patts* die Furcht ein bestimmendes Element der Nachkriegszeit.

Vom Korea-Krieg zur Kuba-Krise

Die Folgen des Korea-Krieges

Es war für viele überraschend, dass der Kalte Krieg nicht in Europa, sondern in Asien zu einem neuen Krieg eskalierte. Als 1950 nordkoreanische Truppen Südkorea angriffen und damit die amerikanisch-sowjetischen Vereinbarungen über die Teilung beider Staaten entlang des 38. Breitengrades brachen, wurde dieses Vorgehen im Westen als kommunistische Bedrohung der „freien Welt" gedeutet. Im Auftrag der UNO griffen die USA ein um die Invasion Nordkoreas zurückzudrängen; dabei kam es zu einer Ausweitung des Krieges mit der Volksrepublik China, die Nordkorea unterstützte.

Die Amerikaner zogen aus dem Ausbruch des Korea-Krieges den Schluss, dass ihr Arsenal an Nuklearwaffen* nicht ausreiche um jeden Gegner glaubwürdig von einem Krieg unterhalb der atomaren Schwelle abzuschrecken. Durch Erhöhung der konventionellen und atomaren Kampfkraft, d.h.

durch militärische Aufrüstung und durch die Festigung und Ausweitung der bestehenden Militärbündnisse wollten sie deshalb die politische Sicherheit vor allem entlang des „Eisernen Vorhangs" in Europa gewährleisten. Das bedeutete auch, dass die im Mai 1949 gegründete Bundesrepublik in diese Aufrüstungspolitik eingebunden werden musste.

Gegen solche Pläne einer Wiederbewaffnung Deutschlands hatte Frankreich Bedenken. Es wollte eine Remilitarisierung Westdeutschlands nur zulassen, wenn dessen Truppen in eine europäische Streitmacht eingebunden würden. Dieser Plan einer Europäischen Verteidigungsgemeinschaft (EVG) von 1954 scheiterte aber, sodass nur noch die NATO als einzige Integrationsklammer für die neuen Streitkräfte der Bundesrepublik übrig blieb. 1955 wurde die Bundesrepublik NATO-Mitglied und unterstellte ihre gesamten Streitkräfte dem alliierten Oberkommando.

Die Sowjetunion reagierte auf diese sicherheits- und verteidigungspolitischen Absichten mit zunehmender Skepsis. Ihr Ziel war es die Bundesrepublik von den Westmächten zu isolieren. 1952 hatte Stalin in einer Note den Westmächten das Angebot unterbreitet in ganz Deutschland freie Wahlen durchführen zu lassen und ein wiedervereinigtes Deutschland in die Neutralität zu entlassen. Ob Stalin wirklich bereit war das Machtmonopol der SED in der DDR zu opfern, wenn dadurch die Wiederaufrüstung der Bundesrepublik verhindert werden konnte, ist bis heute eine kontrovers diskutierte Frage. Die Westmächte griffen diese Stalin-Offerte nicht auf, weil sie sie als Störmanöver und verschleiernde Propaganda ansahen. Die Fronten verhärteten sich wieder, als die UdSSR 1955 die DDR sicherheitspolitisch in ihren Block einband und den Warschauer Pakt* unter sowjetischer Führung als militärisches Gegenstück zur NATO gründete.

Die Absicherung der eigenen Blöcke und die Anerkennung der Einfluss-Sphären

Die Weltpolitik zwischen 1955 bis zur Kuba-Krise 1962 war von der Erhaltung der bestehenden Machtverhältnisse zwischen Ost und West, einer Politik des Status quo* auf der Grundlage der bipolaren Grundstruktur bestimmt. Beide Weltmächte versuchten in dieser Phase ihren Einflussbereich politisch und militärisch zu festigen. Die UdSSR war bestrebt in ihrem Einflussbereich einen ideologisch monolithischen Block unter der alleinigen Führung der KPdSU zu errichten. Wer sich diesem Führungsanspruch nicht fügte – wie etwa Jugoslawien 1948 unter Tito oder Mao Zedong in China –, der geriet in einen ideologischen und machtpolitischen Konflikt mit Moskau. Von der offiziellen Politik abweichende Strömungen in den kommunistischen Parteien der Ostblockstaaten wurden unter sowjetischem Einfluss durch „Säuberungsprozesse" eliminiert, Volksaufstände gegen die Herrschaft der Kommunisten, wie 1953 in der DDR oder 1956 in Ungarn, gewaltsam niedergeschlagen.

Die Westmächte griffen nicht ein, obwohl die amerikanische Außenpolitik seit 1953 anstelle des *containment** eine Politik des *roll back** gegenüber der kommunistischen Welt propagierte. Die Amerikaner verschärften aber seit dem Ende des Koreakriegs 1953 ihre militärischen Anstrengungen und beschränkten ihren politischen Radius nicht mehr auf Westeuropa. 1954 wurde unter amerikanischer Führung der pazifische Raum durch die Gründung der SEATO* *(South East Asia Treaty Organization),* der Entsprechung zur NATO in Europa, militärisch abgesichert. Ein Jahr später schlossen die Türkei und der Irak auf Drängen der USA den Bagdad-Pakt, dem im selben Jahr Großbritannien, Pakistan und Iran beitraten um dadurch den Nahen und Mittleren Osten militärisch der westlichen Allianz anzunähern. Bald umschloss ein Netz von Militärbündnissen unter amerikanischer Führung die UdSSR und ihre Verbündeten.

Damit aber hatten sich die USA weltweit politisch und militärisch engagiert und der permanenten Gefahr eines militärischen Eingreifens ausgesetzt. Durch wirksame Abschreckung suchte Washington den Ausbruch eines neuen lokalen Krieges zu verhindern um eine direkte militärische Konfrontation mit der Sowjetunion zu umgehen. Das strategische Konzept bestand in der „massiven Vergeltung", d.h.: Auch ein konventioneller Angriff schloss die Gefahr einer nuklearen Antwort ein. Da die USA im Gegensatz zur So-

Amerikanische und sowjetische Panzer stehen sich in Berlin an der Friedrichstraße („Checkpoint Charlie") gegenüber. Fotografie, August 1961

wjetunion über Trägersysteme verfügten, die Nuklearwaffen* weit in das Land des Gegners tragen konnten, hat dieses Konzept seine Wirkung insofern verfehlt, als die UdSSR alles daran setzte um ebenfalls ein solches Raketenträgersystem zu entwickeln. Der Start des ersten sowjetischen Satelliten „Sputnik" im Jahr 1957 signalisierte eine Wende, denn jetzt war die UdSSR in der Lage mit Langstreckenraketen die USA direkt nuklear zu bedrohen. Diese neue Situation zwang die militärische Logik zu einem Umdenken: Nur mit einem Konzept der Rüstungskontrolle konnte eine kriegsverhindernde Stabilität politisch erreicht werden.

Aber die Atmosphäre wechselseitigen Misstrauens und wechselseitiger Anfeindungen war Mitte der fünfziger Jahre so dominant, dass alle Versuche, die Verhärtung der Fronten in Verhandlungen abzubauen, scheiterten. Daran änderte auch die Tatsache nichts, dass der sowjetische Parteiführer Nikita Chruschtschow das Prinzip der „friedlichen Koexistenz"* mit den kapitalistischen Staaten als politische Maxime verkündet hatte, weil er zugleich darauf beharrte, dass diese Koexistenz nur mit militärischer Stärke durchzusetzen sei (siehe S. 259, Mat. 6). Zwar gelang zwischen Ost und West 1955 die Lösung des Österreich-Problems, aber beide Seiten blieben darauf bedacht den eigenen Block und die Einflusszonen militärisch und machtpolitisch abzusichern. Der Bau der Berliner Mauer 1961, gegen den die USA zwar durch Aufmarsch von Panzern protestierten ohne dabei jedoch eine militärische Auseinandersetzung zu riskieren, bewies zweierlei: Einerseits zeigte sich, wie sehr der Frieden an einem seidenen Faden hing, andererseits wurde deutlich, dass beide Weltmächte bei aller politischen Konfrontation gegen eine Absicherung der jeweiligen Einflusszonen nicht vorzugehen gewillt waren.

Die Kuba-Krise

Anders als der Berliner Mauerbau 1961 gefährdete ein Jahr später die Konfrontation der beiden Weltmächte in Kuba den Weltfrieden in ernsthafter Weise. Denn durch die Stationierung sowjetischer Mittelstreckenraketen auf Kuba, das seit 1959 von dem sozialistischen Revolutionär Fidel Castro regiert wurde, brach Moskau aus dem machtpolitischen Status quo* aus. Die amerikanische Regierung unter Präsident John F. Kennedy sah darin nicht nur eine unmittelbare Bedrohung der Sicherheit der USA, sondern auch eine Einmischung der Sowjetunion in den eigenen „Vorgarten". Präsident Kennedy reagierte entsprechend scharf mit einer Mobilmachung der Streitkräfte und verlangte von Chruschtschow ultimativ den Abzug der Raketen. Gegen Kuba verhängte er eine Seeblockade. Angesichts einer drohenden militärischen Aktion gab Chruschtschow nach. Die Raketen

„Was für eine Unverschämtheit mir Raketen vor die Haustür zu stellen!" Englische Karikatur, 1962

wurden abgezogen, als die Amerikaner zusicherten keine Intervention auf Kuba durchzuführen und ihre gegen die Sowjetunion gerichteten Raketen in der Türkei abzubauen. Der Versuch einer der beiden Supermächte, in die Einfluss-Sphäre des Gegners einzudringen, war damit gescheitert.

Die Kuba-Krise markierte einen Wendepunkt im Kalten Krieg. Beide Mächte hatten die Erfahrung gemacht, dass ihre Konfrontationspolitik in einen nuklearen Krieg umschlagen könnte. Wollte man ein solches Risiko umgehen, musste die militärische und machtpolitische Rivalität durch Entspannungspolitik abgebaut werden. Insofern wirkte die Kuba-Krise als Katalysator und förderte die Gesprächsbereitschaft, die dann auch in den sechziger und siebziger Jahren zunahm. Dennoch forcierten beide Mächte parallel dazu ihre Aufrüstung und modernisierten ihre Waffensysteme um für eine militärische Konfrontation gerüstet zu sein.

Rüstungskontrollpolitik und weitere Aufrüstung in den 1960er/70er Jahren

Nach der Kuba-Krise unternahmen beide Weltmächte erste Anläufe um Schritte zu einer nuklearen Kooperation einzuleiten und so zu einer gemeinsamen Politik der Sicherung des Friedens überzugehen. Es setzte sich die Einsicht durch, dass – wie es der amerikanische Präsident Kennedy in einer Rede 1963 formulierte – „in einem Zeitalter, in dem die bei einem Atomkrieg freigesetzten tödlichen Giftstoffe von Wind und Wasser, Boden und Saaten bis in die entferntesten Winkel des Erdballs getragen und sich selbst auf die noch ungeborenen Generationen auswirken würden", eine Fort-

setzung der Konfrontation nicht zu verantworten sei (siehe S. 260, Mat. 7). Ohne dass auf beiden Seiten die Aufrüstung grundsätzlich gestoppt wurde, gelangen jetzt wenigstens erste kleine Schritte zum Abbau der Konfrontation:
- 1963 trafen beide Weltmächte ein Abkommen über die Einrichtung einer direkten Nachrichtenverbindung zwischen Washington und Moskau („heißer Draht").
- Im gleichen Jahr einigten sich die USA, Großbritannien und die Sowjetunion auf einen Vertrag über die Einstellung der Kernwaffenversuche in der Atmosphäre, im Weltraum und unter Wasser.
- Fünf Jahre später folgte der sogenannte Atomwaffensperrvertrag, ein Vertrag, in dem sich die Mächte verpflichteten keine Kernwaffen weiterzuleiten. Er trat 1970 in Kraft und steht allen Staaten zum Beitritt offen.

Damit waren beide Weltmächte zum Kern ihrer machtpolitischen Rivalität vorgedrungen: zur Verhandlung über die strategischen Nuklearwaffen. Im Zentrum stand dabei die Frage, wie man bei den strategischen Rüstungen zu einer Begrenzung kommen könne *(Strategic Arms Limitation Talks/ SALT)*. Das beiderseitige Interesse an einer festen Regulierung der Sicherheitsbeziehungen war so stark, dass selbst politische Spannungen, wie sie 1968 durch den Einmarsch der Warschauer-Pakt-Staaten in die Tschechoslowakei auf dem Hintergrund der Breschnew-Doktrin* oder durch den amerikanischen Kriegseinsatz in Vietnam auftraten, die begonnenen Verhandlungen nicht mehr abbrechen ließen, sondern nur hinauszögerten.

Von entscheidender Bedeutung war die Unterzeichnung einer Grundsatzerklärung (1972) über die amerikanisch-sowjetischen Beziehungen. In ihr bekannten sich beide Staaten zu ihrer besonderen Verantwortung in der Weltpolitik und zu der Bereitschaft Konflikte mit friedlichen Mitteln beizulegen, auf den eigenen Vorteil zu verzichten und in gefährlichen Situationen Zurückhaltung zu üben. Konkreten Niederschlag fand dieser neue Ton in zwei Abkommen:
- 1972 einigten sich beide Mächte darauf ihre land- und seegestützten Interkontinentalraketen und Raketenabwehrsysteme zu beschränken (SALT- und ABM-Vertrag).
- Ein Jahr später beschlossen die USA und die Sowjetunion, bei der Gefahr eines Nuklearkrieges „sofortige Konsultationen" aufzunehmen.

Da diese Verhandlungen von den USA ohne direkte Einbeziehung ihrer westeuropäischen NATO-Partner geführt wurden, weckten sie Befürchtungen vor einem Bilateralismus* der Weltmächte auf Kosten der europäischen Sicherheit. Einen Hinweis dafür, dass die USA ihre Nukleargarantie für Westeuropa zurücknehmen wollten, sah Frankreich in dem Übergang der NATO von der Strategie der „massiven Vergeltung" zur Strategie der „flexiblen Erwiderung"*. Es trat aus der militärischen Integration der NATO aus und begann den Aufbau einer eigenen Nuklearstreitmacht.

Den USA gelang es aber trotz dieser Verstimmungen die Bündnispartner von der Notwendigkeit der Fortsetzung der Entspannungs- und Rüstungskontrollpolitik zu überzeugen. Vor allem der deutsche Bundeskanzler Willy Brandt griff mit seiner Ostpolitik diese weltweiten Bemühungen auf und versuchte durch zweiseitige Verträge mit den Staaten des Ostblocks die Blockkonfrontation in Mitteleuropa politisch zu überwinden und den neuralgischen Punkt des Kalten Krieges zu entschärfen (siehe S. 307 f.).

Der KSZE-Prozess. Neben den SALT-Verhandlungen und den politischen Bemühungen der neuen deutschen Ostpolitik gab es noch eine weitere Verhandlungsebene, auf der die Europäer die Entspannungsbemühungen in den siebziger Jahren voranbringen wollten: die Konferenz für Sicherheit und Zusammenarbeit in Europa (KSZE*) sowie die Gespräche über beiderseitige Truppenverminderungen (MBFR-Verhandlungen/*Mutual Balanced Force Reduction*). Erfolge waren dabei allerdings nur möglich, solange die Bündnisvormächte USA und Sowjetunion weiterhin an einer Kooperation interessiert waren.

Die KSZE begann ihre Tätigkeit 1972 mit Vorgesprächen, die nach dreijährigen Verhandlungen 1975 in der Verabschiedung der sogenannten „Schlussakte von Helsinki" mündeten. 35 Staaten Europas und Nordamerikas unterzeichneten dieses Dokument, in dem einerseits der Status quo in Europa garantiert wurde, andererseits sich aber auch alle verpflichteten die Menschenrechte einzuhalten (siehe S. 273, Mat. 1). Dadurch hatten vor allem die Oppositionsgruppen in den Ostblockstaaten eine offizielle Grundlage, auf die sie sich bei ihrer Politik berufen konnten (siehe Mat. S. 273–277). Dadurch, dass man sich in Helsinki gleich auf Folgekonferenzen einigte, konnte der eingeschlagene Prozess der Entspannung ungeachtet neuer politischer Turbulenzen weitergeführt werden. Die MBFR-Verhandlungen allerdings scheiterten und kamen erst nach 1989/90 voran.

Da die Entspannungspolitik nicht grundsätzlich den Ost-West-Konflikt beseitigte, hat es auch in dieser Zeit ständig Versuche gegeben den Einfluss zum eigenen Vorteil auszuweiten. Dazu gehörte z. B. die sowjetisch-kubanische Intervention im Bürgerkrieg in Angola, die zur Folge hatte, dass in den USA die Kräfte Auftrieb erhielten, die in der Entspannungspolitik ein untaugliches Mittel in der Auseinandersetzung mit Moskau sahen. Diese sahen sich dann 1979 bestätigt, als im Zusammmenhang mit der islamischen Revolution im Iran 52 amerikanische Diplomaten in Geiselhaft genommen wurden und als die Sowjetunion im Dezember

1979 in Afghanistan militärisch intervenierte und das Land besetzte. Die amerikanische Außenpolitik ging daraufhin wieder auf Konfrontationskurs, erhöhte die Militärausgaben, verhängte ein Weizenembargo gegen die UdSSR und demonstrierte der Weltöffentlichkeit eine neue Politik der Stärke, als sie im Jahre 1980 ihren Landsleuten untersagte an den Olympischen Spielen in Moskau teilzunehmen und diesen Boykott auch von den Bündnispartnern in Europa erwartete.

Erneute Politik der Konfrontation Anfang der 1980er Jahre

Spätestens mit dem Einmarsch der Sowjetunion in Afghanistan 1979/80 war deutlich geworden, dass die Entspannungs- und Rüstungskontrollpolitik auf einem zerbrechlichen Konsens beruhte. Obwohl jetzt die europäischen NATO-Partner darauf drängten den Verhandlungsfaden mit Moskau nicht abreißen zu lassen und auch nach der Afghanistan-Invasion die Entspannungsbemühungen weiter zu führen, stand die bilaterale Entspannungspolitik der Supermächte mit ihren Verhandlungen über die Rüstungskontrolle im Jahre 1980 vor einem Ende. Der sowjetischen Weigerung, die in Osteuropa stationierten nuklearen Mittelstreckenraketen abzubauen, entsprach eine Remilitarisierung der US-Außenpolitik, die wieder auf eine Politik der Stärke gegenüber der UdSSR setzte.

So erfuhr der Ost-West-Konflikt in der ersten Hälfte der achtziger Jahre wieder eine deutliche Verschärfung. Die USA erhöhten ihre Militärausgaben deutlich (siehe Tabelle S. 233) und begannen 1983 mit der Entwicklung eines weltraumgestützten Raketenabwehrsystems *(Strategic Defense Initiative/SDI)*. Unter ihrem Präsidenten Ronald Reagan waren sie auch nicht an einer Fortführung der Rüstungskontrollpolitik interessiert. Vielmehr wurde jetzt eine Globalisierung der Konfrontation mit der Sowjetunion betrieben: Im Nahen Osten versuchten die USA Israel und die arabischen Staaten in ihre Globalstrategie gegen die Sowjetunion einzubeziehen, für die Dritte Welt entwickelten die USA das Konzept einer „Kriegführung mit niedriger Intensität". Auch die Außenwirtschaftspolitik wurde unter Reagan für die Konfrontation mit der Sowjetunion genutzt: Der amerikanischen Exportindustrie wurden harte Beschränkungen im Osthandel auferlegt und die westeuropäischen Bündnispartner wurden aufgefordert ihre Geschäfte mit Moskau aufzuschieben. Dadurch kam es zu Kontroversen im atlantischen Bündnis, denn die Europäer sahen gerade in der Ausweitung des Handels eine Möglichkeit zur Entspannung.

Durchbruch zur Abrüstung

Diese amerikanische Politik der Stärke traf in Moskau auf eine Führungsspitze, die nach Breschnews Tod 1982 kaum handlungsfähig war. Erst Michail Gorbatschow, der 1985 die Regierungsgeschäfte übernahm, konnte eine neue Politik einleiten. Er ging davon aus, dass die Erhaltung der Macht in der Sowjetunion nur durch einen umfassenden innenpolitischen Umbau zu erreichen sei. Für ihn waren Fortschritte in der Entspannungspolitik die Voraussetzung um sein wirtschafts- und innenpolitisches Reformprogramm umzusetzen. Deshalb formulierte er ein Konzept des „Neuen Denkens", mit dem er der Außen- und Sicherheitspolitik der Sowjetunion eine neue Orientierung gab. Als Grundlage für einen stabilen Frieden gab er die Position des Klassenkampfes auf und betonte die Einheit der Welt; der unkontrollierte und volkswirtschaftlich ruinöse Rüstungswettlauf sollte beendet werden, die Sowjetunion durch eine defensive Militärdoktrin vom Streben nach militärischer Überlegenheit abgebracht werden. Das Prinzip der „friedlichen Koexistenz"* weitete er – anders als Chruschtschow und Breschnew – auf die ganze Welt aus. Um den Kostendruck zu mildern, der aufgrund der weltweiten militärischen Verwicklungen auf der sowjetischen Wirtschaft lastete, begann er von 1987 an das sowjetische Engagement in der Welt ein-

Der sowjetische Parteichef Michail Gorbatschow und der US-Präsident Ronald Reagan unterzeichnen auf dem Gipfeltreffen in Washington am 8. Dezember 1987 den Abrüstungsvertrag (INF-Vertrag). Fotografie

Europa auf dem Weg zur Einigung

Die Idee einer Union der europäischen Staaten hat Tradition. Sie reicht bis in die frühe Neuzeit zurück und wurde immer dann artikuliert, wenn Europa durch Kriege verwüstet worden war, wie z. B. im Dreißigjährigen Krieg. Erste konkrete Schritte zur Gründung eines europäischen Verbundes datieren allerdings erst Anfang des 20. Jahrhunderts. Nach dem Ersten Weltkrieg war der Versuch, den Frieden zwischen den Völkern durch eine „europäische Föderation" zu sichern, aber gescheitert (siehe S. 196 f.).

Während des Zweiten Weltkriegs entwickelten zunächst Vertreter der west- und osteuropäischen Widerstandsbewegungen das Konzept einer überstaatlichen europäischen Ordnung, und zwar mit dem Argument, dass der Nationalstaat des 19. Jahrhunderts Frieden, Wohlstand und Demokratie nicht mehr allein sichern könnte (siehe S. 268, Mat. 1). Machtpolitisch wurde argumentiert, dass Europa zwischen den Weltmächten USA und UdSSR seinen Einfluss nur in einem Verbund bewahren könnte. Außerdem sei eine europäische Einigung nötig um Deutschland als potentiell mächtigste Nation auf dem Kontinent einzubinden.

Der Ost-West-Gegensatz ließ die Einigungspläne nach 1945 rasch auf die westeuropäischen Staaten zusammenschrumpfen. Dass Gesamteuropa eine Utopie bleiben würde, zeigte sich schon 1947, als die Sowjetunion den Staaten ihres Machtbereiches eine Beteiligung an dem Marshall-Plan untersagte. Als mit der „Organisation für europäische wirtschaftliche Zusammenarbeit *(Organization for European Economic Cooperation/OEEC)* 1948 ein erster Schritt für den Wiederaufbau Westeuropas vollzogen wurde, blieben die westeuropäischen Staaten unter sich.

Nachdem die Gründung eines westdeutschen Staates beschlossene Sache war, drängte Frankreich 1949 darauf den Europarat zu gründen. Durch ihn sollten rasch die Weichen für eine föderative Organisation Westeuropas gestellt werden. Die britische Regierung widersetzte sich jedoch diesem Ansinnen, sodass der Europarat nur eine beratende Versammlung ohne konkrete Machtbefugnisse blieb. Der französische Außenminister Robert Schuman entschloss sich daraufhin mit der supranationalen Organisation Europas auch ohne britische Beteiligung zu beginnen. Darin lag die strategische Bedeutung des „Schuman-Plans", der 1951 zur Gründung der „Europäischen Gemeinschaft für Kohle und Stahl" (EGKS) führte. Ein erster gemeinsamer Markt für die damaligen Schlüsselindustrien war geschaffen. Der deutsche Bundeskanzler Konrad Adenauer hatte bei der Errichtung der EGKS entscheidend mitgewirkt, weil er darin ein wesentliches Element der Einbindung der jungen Bundesrepublik in eine westeuropäische Sicherheitsgemeinschaft sah.

Die westeuropäischen Staaten wollten aber aus Furcht vor der Sowjetunion auch eine gemeinsame militärische Organisation, bei der die USA einbezogen sein sollten. Nachdem sie 1948 einen westeuropäischen Verteidigungspakt (die spätere Westeuropäische Union/WEU) geschlossen hatten, gelang es ihnen 1949 die USA in den Atlantikpakt einzubinden und die integrierte Militärorganisation der NATO *(North Atlantic Treaty Organization)* für Europa zu bilden. 1955 wurde dann auch die Bundesrepublik NATO-Mitglied.

Die nächsten Schritte im Integrationsprozess bildeten die „Europäische Wirtschaftsgemeinschaft" (EWG) und die „Europäische Atomgemeinschaft" (EURATOM), beide 1957 in Rom gegründet. Dahinter standen, da vorerst nur die sechs Gründungsmitglieder der EGKS beteiligt waren, nur zum Teil wirtschaftliche Interessen an einem größeren europäischen Markt. Wichtiger war das Interesse die Bundesrepublik einzubinden und sich durch diesen Zusammenschluss als Europäer eigenständig gegenüber den Großmächten zu behaupten. Großbritannien, Dänemark, Norwegen, Schweden, Portugal, Österreich und die Schweiz beteiligten sich aus politischen Gründen nicht an der EWG, schlossen sich aber zu einer „Europäischen Freihandelszone" *(European Free Trade Association/EFTA)* zusammen um den Rückgang ihres Handels mit der EWG teilweise zu kompensieren.

Der wirtschaftliche Zusammenschluss der Sechs erwies sich rasch als erfolgreicher Weg. Der Wettbewerb auf dem größer gewordenen europäischen Markt stärkte die internationale Konkurrenzfähigkeit, der Außenhandel verdoppelte sich in den Jahren zwischen 1958 und 1968, der Binnenhandel nahm sogar um über 230 Prozent zu. Mit einem Anteil von ca. 30 Prozent erreichte die EWG eine Spitzenstellung im Welthandel. Der Zusammenschluss wirkte sich auch positiv auf das Bruttosozialprodukt aus. Die Volkseinkommen stiegen um mehr als 50 Prozent, die allgemeinen Einkommensverhältnisse verbesserten sich merklich.

Entsprechend gewann die Wirtschaftsgemeinschaft in der Bevölkerung ihrer Mitgliedsländer an Unterstützung und wurde auch für andere europäische Länder attraktiv. 1967 beschlossen die Sechs, EWG, EGKS und EURATOM zur „Europäischen Gemeinschaft" (EG) zusammenzufassen. Die Sogkraft ihres ökonomischen Erfolgs zeigte sich bei der Nord- und Süderweiterung in den siebziger und achtziger Jahren. Durch den Beitritt von Irland, Großbritannien und Dänemark erweiterte sich das Europa der Sechs zu einem Europa der Neun und schließlich – als Griechenland, Spanien und Portugal beitraten – zu einem Europa der Zwölf. Anfang 1995 schlossen sich dann auch Schweden, Finnland und Österreich der mit den Verträgen von Maastricht 1991 in „Europäische Union" (EU) umgewandelten EG an. Maastricht war aber mehr als nur eine Umbenennung. Der Vertrag legte Grundsätze für eine gemeinsame Wirtschafts-, Währungs- und Außen- bzw. Sicherheitspolitik fest und übertrug damit die in Jahrhunderten gewachsenen klassischen Felder des modernen Nationalstaats auf das vereinigte Europa.

Internationale Politik nach 1945

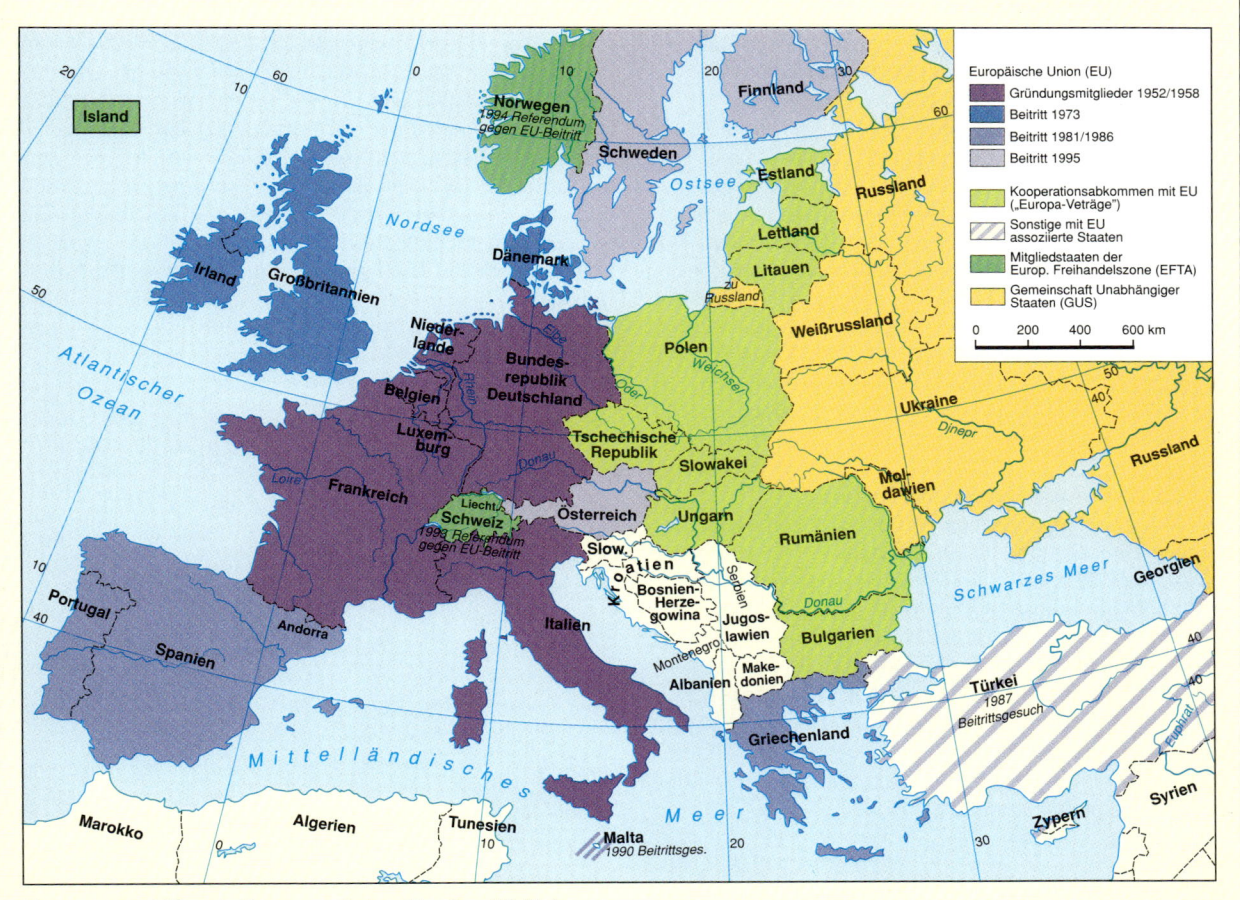

Europäische Union (EU)
- Gründungsmitglieder 1952/1958
- Beitritt 1973
- Beitritt 1981/1986
- Beitritt 1995
- Kooperationsabkommen mit EU („Europa-Verträge")
- Sonstige mit EU assoziierte Staaten
- Mitgliedstaaten der Europ. Freihandelszone (EFTA)
- Gemeinschaft Unabhängiger Staaten (GUS)

Zusammenschlüsse in Europa nach dem Zweiten Weltkrieg

Die Beschlüsse von Maastricht haben die Grenzen einer europäischen Einigung, die sich vorwiegend auf die Effekte der Marktintegration stützte, deutlich gemacht. Die vielen Politikbereiche, die in die Zuständigkeit der Europäischen Union übergehen sollen, haben die Frage nach ihrer demokratischen Legitimation aufgeworfen. Das indirekte Mandat der Europäischen Kommission in Brüssel und des Europäischen Ministerrates genügt nicht mehr um für die Bürger die Transparenz der Entscheidungen sichtbar werden zu lassen. Sozial Schwache und große Teile des Mittelstandes befürchten in einem von wirtschaftlichen Interessen dominierten „Superstaat" die sozialstaatliche Absicherung zu verlieren, die ihnen der Nationalstaat garantiert. Was konkret unter einer „Gemeinsamen Außen- und Sicherheitspolitik" zu verstehen ist, lässt sich nur mühsam vermitteln angesichts ständig neuer Differenzen zwischen nationalstaatlichen Interessen. Außerdem lassen die Unübersichtlichkeit nach dem Ende des Ost-West-Konflikts und die Tatsache der Vereinigung der beiden Teile Deutschlands manch einen auf das scheinbar einfachere Ordnungsmuster des Nationalstaats zurückgreifen.

Die Schwierigkeiten, den Vertrag von Maastricht zu ratifizieren – in Dänemark gelang dies erst im zweiten Anlauf und auch in Frankreich war die Zustimmung in der Bevölkerung nur mit einer relativ knappen Mehrheit zustande gekommen – und die Beschlüsse, die Wirtschafts- und Währungsunion von 1999 an zu verwirklichen, verweisen auf die Notwendigkeit einer breiten gesellschaftlichen Diskussion über die Frage, welche Ziele mit dem europäischen Einigungsprozess verfolgt werden sollen (siehe Mat. 268–272).

seitig zurückzuschrauben. Die Sowjetunion zog sich aus Angola zurück, beendete den Krieg in Afghanistan und stellte ihre Unterstützung für die sandinistische Regierung in Nicaragua ein (siehe S. 261, Mat. 8).

Der Abbau dieser internationalen Konfliktfelder ermöglichte es der amerikanischen Führung unter Ronald Reagan wieder auf einen Kooperationskurs einzuschwenken. Reagan begrüßte die sowjetische Politik und nahm die Abrüstungsverhandlungen wieder auf. Nach dem Gipfeltreffen von Reykjavik im Herbst 1986 gelang beiden Politikern der entscheidende Durchbruch bei der nuklearen Abrüstung. Ein Jahr später konnte der INF-Vertrag abgeschlossen werden, der weltweit alle nuklearen Mittelstreckenraketen kürzerer und längerer Reichweite beseitigte. Damit wurde erstmals in der Geschichte der Rüstungskontrolle eine hochmoderne Waffenkategorie komplett abgerüstet.

Die Folgen der Abrüstung für Europa

Obwohl bei den strategischen Waffen noch keine Einigung zwischen beiden Supermächten erreicht wurde, war gegen Ende der achtziger Jahre unverkennbar, dass sich in der internationalen Politik der Ost-West-Konflikt deutlich abgeschwächt hatte. Die Beziehung zwischen den USA und der Sowjetunion hatte eine neue Qualität erreicht, die sich auch auf Europa und auf die kommunistischen Staats- und Gesellschaftssysteme in Osteuropa auswirkte. Denn im Zusammenhang mit dem Abbau der Ost-West-Konfrontation ließ Gorbatschow erkennen, dass die Breschnew-Doktrin* und eine militärische Intervention – wie 1968 in der CSSR – für ihn kein Mittel der Herrschaftssicherung in den Ostblockstaaten war. Für die osteuropäischen Staaten entstanden so Freiräume, die sie eigenständig nutzen konnten. Die Reformkräfte in Polen und Ungarn beriefen sich jetzt auf das sowjetische Vorbild der wirtschaftlichen und innenpolitischen Liberalisierung und öffneten sich nach Westen. Unter diesem Druck der Reformbewegungen brachen nach und nach die kommunistischen Regierungen zusammen und wurden durch demokratische Herrschaftssysteme abgelöst. Mit dem Ende des Kommunismus in Osteuropa, der Auflösung der DDR und dem Vollzug der deutschen Einheit 1990 sowie dem Auseinanderfallen der UdSSR Ende 1991 waren der Kalte Krieg und der Ost-West-Konflikt beendet.

1. Vergleichen Sie das internationale System, wie es sich nach dem Zweiten Weltkrieg herausgebildet hat, mit dem internationalen System nach dem Ersten Weltkrieg (siehe Darstellung S. 188 f. und 195–199).

2. Der Korea-Krieg spielte für die westlichen Staaten im Ost-West-Konflikt eine besondere Rolle. Nehmen Sie zur Bedeutung dieses Krieges für die westliche Welt Stellung.

3. Erklären Sie, inwieweit die Kuba-Krise einen Wendepunkt im Verlauf des Ost-West-Konfliktes darstellte.

4. Überprüfen Sie die Behauptung, dass der Weltfrieden selbst während der heißen Phase des Ost-West-Konfliktes weniger bedroht war als nach der Überwindung dieses Konfliktes.

Europa und die Welt nach dem Ende des Ost-West-Konfliktes

Der Zerfall der Sowjetunion und die internationalen Folgen

Die sowjetischen Reformkräfte unter Führung von Michail Gorbatschow wandelten seit 1985 auf einem schmalen Grat. Ihr Liberalisierungsprogramm von Wirtschaft und Gesellschaft sowie ihr Vorhaben, die Selbstständigkeit der einzelnen Sowjetrepubliken zu stärken, wurde immer problematischer. Denn einerseits sank der allgemeine Lebensstandard und verschlechterte sich die Nahrungsmittelversorgung zunehmend, andererseits brachen in den einzelnen Republiken Nationalitätenkonflikte aus, die den Bestand der Union der sozialistischen Republiken gefährdeten. Hinzu kam, dass Gorbatschows internationale Kooperationsbereitschaft und seine Zugeständnisse bei den Abrüstungsverhandlungen das Misstrauen konservativer Militärkreise weckten und Widerstand gegen einen „Ausverkauf" sowjetischer Interessen hervorriefen. Bestätigt sahen sich diese Kräfte durch die Vorgänge, die in den baltischen Staaten ihren Ausgang nahmen: Nachdem Estland, Lettland und Litauen auch mit Gewaltanwendung nicht mehr in der UdSSR zu halten waren und 1990 ihre Unabhängigkeit erklärten, beanspruchten auch die übrigen zwölf Sowjetrepubliken weit reichende Autonomierechte von der Zentralregierung. Gorbatschows Versuch, mit einem neuen Unionsvertrag dem sowjetischen Gesamtstaat eine neue Basis für den Erhalt als Großmacht zu geben, scheiterte. Im Dezember 1991 erklärten die Präsidenten von Russland, der Ukraine und Weißrussland die UdSSR für aufgelöst und gründeten die „Gemeinschaft Unabhängiger Staaten" (GUS). Kurze Zeit danach traten die anderen Republiken mit Ausnahme der baltischen Staaten der GUS bei. Daraufhin gab Gorbatschow seine Ämter zurück; der 31. Dezember 1991 markiert das Datum, an dem die Sowjetunion aufhörte zu bestehen.

Die USA reagierten auf diesen unerwarteten Zerfallsprozess mit großer Besorgnis – nicht nur wegen der ungeklärten Frage, wer die Kontrolle über das vorhandene sowjetische Atomwaffenpotential künftig in den Händen halte. Washington befürchtete auch, keinen berechenbaren Partner mehr zu haben um weitere Fortschritte im Bereich der Abrüstung strategischer Waffen zu erzielen. An der Skepsis gegenüber den internationalen Folgen dieser Entwicklung änderte auch die Tatsache wenig, dass 1992 noch einmal mit dem Präsidenten der Russischen Föderation, Boris Jelzin, drastische Abrüstungsmaßnahmen vereinbart wurden und beide Seiten sich auf eine „strategische Partnerschaft", d.h. auf eine enge Zusammenarbeit beider Militärapparate einigten. Zwar beteiligten sich die USA an einem Wirtschaftsaufbauprogramm für die GUS, aber seit Russland Krieg gegen Tschetschenien führt und nur halbherzig Anstalten trifft um die Demokratisierung voranzutreiben, mehren sich in den USA Vorbehalte gegen eine weitreichende Kooperation.

Europas neue Rolle in der internationalen Sicherheitspolitik

Europa vor neuen Problemen?

Was hat sich für Europa durch das Ende des Ost-West-Konflikts verändert? Mit der Auflösung dieses Konflikts wurde die Spaltung Europas überwunden, ohne dass daraus aber schon automatisch eine neue Friedensordnung entstanden ist. Da der Zeitdruck groß war, beschränkten sich die Europäer darauf die vorhandenen Organisationen und Kooperationsstrukturen an die veränderten Bedingungen anzupassen. Ob sie aber geeignet sind die neuen Probleme zu lösen, die sich seit 1990 ergeben haben, ist nicht sicher. Denn die Europäer mussten zur Kenntnis nehmen, dass ihr Kontinent nicht nur aus einer Vielzahl von Nationalstaaten besteht, sondern obendrein in vielen Staaten auch eine Vielzahl von ethnischen und religiösen Minderheiten lebt (siehe Essay S. 278–281). Manche von ihnen fordern unter Berufung auf ihr Selbstbestimmungsrecht einen eigenen Staat bzw. Autonomie. Das war zwar prinzipiell auch schon während des Ost-West-Konflikts so, aber der Druck der bipolaren Struktur des internationalen Systems hatte zur Folge, dass solche Prozesse nicht zum Ausbruch kamen oder unterdrückt werden konnten.

Die Auflösung der Sowjetunion und die „Gemeinschaft Unabhängiger Staaten"/GUS

Autonome Republiken *(hellerer Farbton)*
1 Karelien
2 Komi
3 Sacha (ehem. Jakutien)
4 Burjatien
5 Tuwa
6 Chakassien
7 Altaj
8 Mordwinien
9 Tschuwaschien
10 Mari El
11 Udmurtien
12 Tatarstan
13 Baschkirien
14 Kalmykien
15 Adygien
16 Karatschajewo-Tscherkessien
17 Kabardino Balkarien
18 Nordossetien
19 Inguschetien
20 Tschetschenien
21 Dagestan

22 Autonome Republik Abchasien
23 Autonome Republik Adscharien
24 Autonome Republik Nachitschewan
25 Autonome Republik Karkalpakistan

Lettland Aus der Sowjetunion 1990/1991 ausgetretene Republiken
— Grenze der Gemeinschaft Unabhängiger Staaten (GUS) seit 1992

Die Organisation für Sicherheit und Zusammenarbeit in Europa/ OSZE, vormals KSZE (Stand: 1995)

Deutlich wurde, dass die internationalen Rahmenbedingungen der globalen Konfrontation die westeuropäische Einigung positiv beeinflusst haben. Im Schutze der NATO und der atlantischen Partnerschaft konnte die westeuropäische Gemeinschaft zusammenwachsen, wobei ihr ein großer Anteil der Sicherheitsaufgaben von der westlichen Führungsmacht USA abgenommen wurde. Unter dem Druck der sozialistischen Herausforderung durch den Warschauer Pakt haben die Westeuropäer sich zusammengefunden und ihre Gemeinschaft stufenweise ausgeweitet. Dabei gelang es ihnen immer mehr Bereiche der Politik in die gemeinsame Gestaltung zu überführen (siehe S. 244 f.). Der Aufbau dieser Gemeinschaft lebte zu einem Teil davon, dass sie als marktwirtschaftlich-demokratisches Modell in der ideologischen Auseinandersetzung mit dem sozialistisch-autoritären Osten ihre grundlegende Legitimation erfuhr. Der Antikommunismus und die Abschottung Osteuropas durch die Sowjetunion bildeten dabei eine wirksame Klammer, vor allem, wenn es sich um Fragen handelte, die über eine rein wirtschaftliche Integration hinaus reichten.

Von der KSZE zur OSZE

Die europäische Friedensordnung, die nach dem Ende des Ost-West-Konflikts aus der Taufe gehoben werden sollte, hatte zunächst auf die Ängste vor einem politisch und ökonomisch dominanten Deutschland zu reagieren. Die Frage der Einbindung Deutschlands lag auch im Interesse des Landes selbst, das durch Vorantreiben der politischen Integration Europas alle Bedenken zerstreuen wollte.

Als Kooperationsrahmen für eine europäische Friedensordnung bot sich die KSZE* an. Sie war die einzige Organisation, die alle Staaten Europas umfasste und zugleich Nordamerika und die UdSSR mit Europa verknüpfte. Mit der Charta von Paris vom November 1990 wurde die KSZE von einer Konferenzabfolge zu einem – allerdings nur losen – Institutionengefüge weiterentwickelt. Vereinbart wurde die Einrichtung eines ständigen Sekretariats in Prag, eines Zentrums für Konfliktverhinderung in Wien und eines Büros für freie Wahlen in Warschau. Ferner wurden ein mindestens ein Mal jährlich tagender Rat der Außenminister und ein diese Zusammenkünfte vorbereitender Ausschuss Hoher Beamter beschlossen. Außerdem verpflichtete die Charta von Paris alle KSZE-Mitgliedstaaten zur Verwirklichung von Menschenrechten, Demokratie und Marktwirtschaft als unverzichtbare Elemente einer europäischen Friedensordnung.

Auf der KSZE-Konferenz in Paris schlossen die Mitglieder der NATO und des Warschauer Paktes außerdem einen Vertrag über eine Reduzierung der konventionellen Streitkräfte in Europa (KSE) ab. Nachdem der Warschauer Pakt* im April 1991 aufgelöst, die UdSSR auseinandergefallen und die drei Baltenrepubliken und die GUS in die KSZE aufgenommen worden waren, verabschiedeten die NATO-Staaten und die ehemaligen Mitglieder des Warschauer Paktes eine politisch bindende Vereinbarung, die den KSE-Vertrag auch ohne Ratifizierung vorläufig in Kraft setzte. Auch sollten an zukünftigen Verhandlungen über konventionelle Abrüstung in Europa alle KSZE-Staaten beteiligt werden.

Mit der Aufstockung der KSZE auf 53 Staaten, ihrer Ausdehnung auf Gesamteuropa einschließlich der GUS und der Hereinnahme der Abrüstungsdiplomatie konnte dreierlei erreicht werden: Das wiedervereinigte Deutschland wurde integriert, die neuen Demokratien Osteuropas und die GUS politisch eingebunden und auf die in der Charta von Paris niedergelegten Verhaltenskriterien festgelegt. Diese Institutionalisierung der KSZE, die sich aufgrund dieser festeren Strukturen seit 1995 „Organisation" (OSZE) nennt, schuf einen ausbaufähigen Rahmen für eine europäische Sicherheitsstruktur, die auf Konflikte innerhalb ihres Einzugsbereichs reagieren könnte. Allerdings zeigen die Reaktion auf die Nationalitätenkonflikte in der GUS und vor allem die Hilflosigkeit gegenüber dem Krieg im ehemaligen Jugoslawien, dass von einer wirklich funktionierenden Sicherheitsstruktur noch nicht gesprochen werden kann.

Die EU und die WEU

Neben der KSZE stand nach dem Ende des Ost-West-Konfliktes die seit 1967 bestehende Europäische Gemeinschaft (EG) als zweites Element einer europäischen Sicherheitsstruktur zur Verfügung. Auf sie richteten sich auch besonders die Blicke der mittelost- und südosteuropäischen Staaten. Über ihre Bedeutung für die wirtschaftliche Integration Europas hinaus hatte die EG stets auch politische Auffassungen und Zielsetzungen ihrer Mitglieder gebündelt und auf der Grundlage gemeinsamer Absprachen international vertreten (siehe S. 246 f.). Diese Rolle als Akteur einer gemeinsamen Außen- und Sicherheitspolitik übernahm die EG mit Blick auf die Nationalitätenkonflikte in der ehemaligen UdSSR und auf dem Balkan im Dezember 1991, als die zwölf Außenminister in Brüssel einen Kriterienkatalog für die diplomatische Anerkennung neuer Staaten in Osteuropa und der UdSSR verabschiedeten und Assoziierungsverträge mit Polen, Ungarn und der CSSR unterschrieben.

Seit ihrem Wandel zur Europäischen Union (EU) und ihrem Anspruch eine gemeinsame Außen- und Sicherheitspolitik zu vertreten hat sich die EU immer stärker als Organisation zur Konfliktregelung zu profilieren versucht. Aufgrund der unterschiedlichen Interessen der Mitgliedstaaten, besonders Frankreichs und Großbritanniens, ist ihre Aktionsfähigkeit in der Sicherheitspolitik aber begrenzt. Ob dabei die mit militärischen Zielen gegründete Westeuropäische Union (WEU) als sicherheits- und verteidigungspolitische Institution zu einem dritten Pfeiler einer europäischen Friedensordnung werden kann, ist in der derzeitigen Situation noch offen. Mit dem Vertrag von Maastricht haben die europäi-

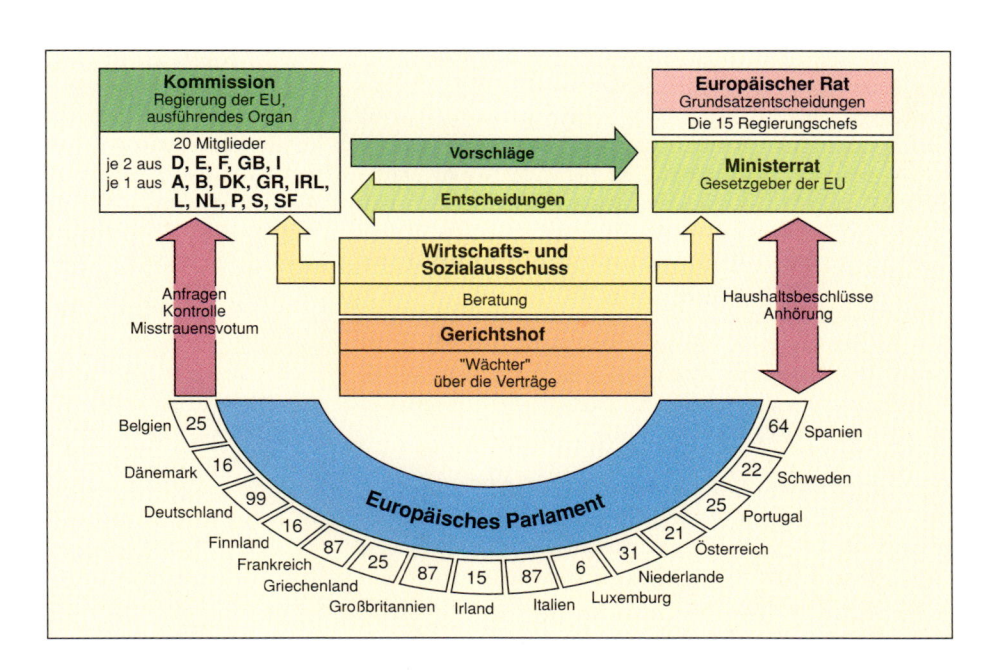

Die Europäische Union (Stand: 1995)

5 Internationale Politik nach 1945

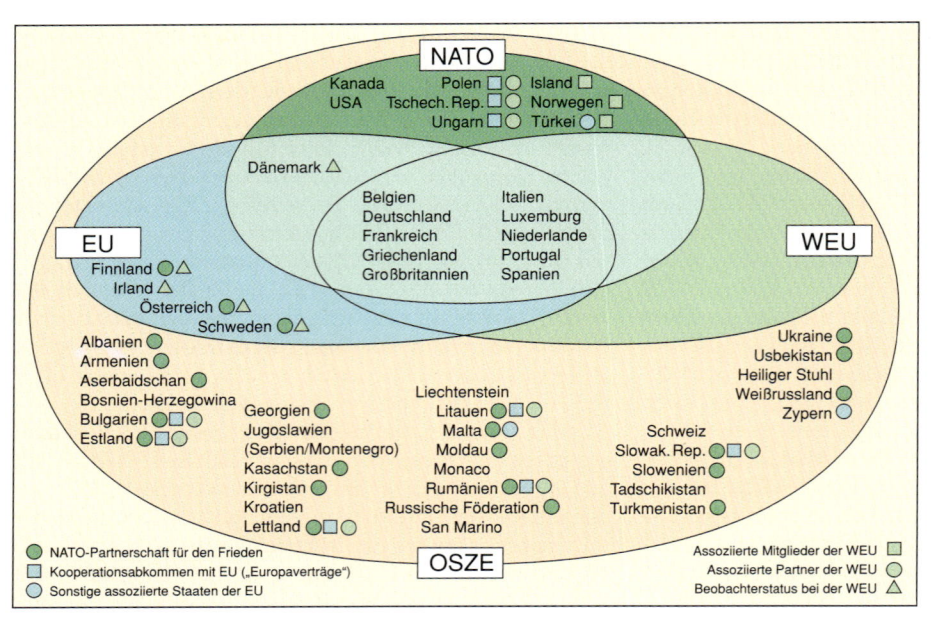

Mitgliedschaft in den Institutionen der euro-atlantischen Sicherheitsordnung (Stand 1999)

NATO: Kanada, USA, Polen ○□, Island, Tschech. Rep. ○□, Norwegen □, Ungarn ○□, Türkei ○□

Dänemark △

EU / NATO / WEU (Kernbereich): Belgien, Deutschland, Frankreich, Griechenland, Großbritannien, Italien, Luxemburg, Niederlande, Portugal, Spanien

EU: Finnland ○△, Irland △, Österreich ○△, Schweden ○△

OSZE (weitere Staaten):
- Albanien ○
- Armenien ○
- Aserbaidschan ○
- Bosnien-Herzegowina
- Bulgarien ○□○
- Estland ○□○
- Georgien ○
- Jugoslawien (Serbien/Montenegro)
- Kasachstan ○
- Kirgistan ○
- Kroatien
- Lettland ○□○
- Liechtenstein
- Litauen ○□○
- Malta ○○
- Moldau ○
- Monaco
- Rumänien ○□○
- Russische Föderation ○
- San Marino
- Schweiz
- Slowak. Rep. ○□○
- Slowenien
- Tadschikistan
- Turkmenistan ○
- Ukraine ○
- Usbekistan ○
- Heiliger Stuhl
- Weißrussland ○
- Zypern ○

Legende:
- ○ NATO-Partnerschaft für den Frieden
- □ Kooperationsabkommen mit EU („Europaverträge")
- ○ Sonstige assoziierte Staaten der EU
- □ Assoziierte Mitglieder der WEU
- ○ Assoziierte Partner der WEU
- △ Beobachterstatus bei der WEU

---

schen Politiker die Absicht bekundet die WEU zu einem „bewaffneten Arm" der Europäischen Union auszubauen und Planungen dazu in die Wege geleitet. Da die WEU-Einsätze nicht an einstimmige Beschlüsse des WEU-Rates, sondern nur an die Zustimmung der sich beteiligenden Staaten gebunden sind, könnte mit der Aufwertung der WEU nicht nur ein sicherheits-, sondern ein militärpolitisches Instrument entstehen. Es soll die NATO nicht ersetzen, die nach wie vor für die Verteidigung der Atlantischen Gemeinschaft zuständig bleiben wird. Für alle anderen Fälle innerhalb wie außerhalb des NATO-Einzugsbereiches aber steht mit der WEU ein europäisches Instrument zur Verfügung, das die Koordinierungsfunktion, die die NATO bisher ausgeübt hat, übernehmen kann. Der NATO wird damit ein Tätigkeitsbereich entzogen, der in der Vergangenheit schon sehr viel wichtiger war als die Verteidigung. Er dürfte in der Zukunft an Bedeutung zunehmen, weil kaum mehr mit einem Angriff auf die Atlantische Gemeinschaft, wohl aber mit zahlreichen Regionalkonflikten zu rechnen ist.

Transatlantische Beziehungen und NATO

Die durch den Vertrag von Maastricht beflügelten Planungen der Westeuropäer, eine gemeinsame Außen- und Sicherheitspolitik zu entwickeln, trafen in Washington auf wachsende Besorgnis. Bereits im Vorfeld von Maastricht hatten die USA mehrmals Kritik an einer gemeinsamen Außen- und Sicherheitspolitik der EG geäußert und dabei stets auf die NATO als den eigentlichen Kern der westeuropäischen Sicherheit und der transatlantischen Beziehungen verwiesen. Aus amerikanischer Sicht hatten die Auflösung des Warschauer Paktes und der Zerfall der Sowjetunion an der Funktion der NATO als Bindeglied zwischen Nordamerika und Westeuropa und als Strukturrahmen für die transatlantische Kooperation nichts geändert. Die NATO blieb das Standbein für die amerikanische Europapolitik, über das Washington seinen Einfluss auf die zukünftige europäische Friedensordnung ausüben und sicherstellen konnte. Allerdings versuchten die USA sehr schnell der NATO eine stärker politische Rolle zuzuschreiben, etwa im Hinblick auf neue Herausforderungen durch regionale Konflikte oder auch bei dem politischen Problem der Nichtverbreitung von Massenvernichtungswaffen. Da die USA und die EU – teilweise aus Rücksicht auf Russland – einen NATO-Beitritt der osteuropäischen Staaten ablehnten, versuchten sie mit der Gründung eines „Nordatlantischen Kooperationsrates" und der angebotenen „Partnerschaft für den Frieden", der 1995 schon 26 europäische Nicht-NATO-Staaten beigetreten waren, Foren zu schaffen, auf denen die Beziehungen zwischen der NATO, der ehemaligen Sowjetunion und den Staaten Osteuropas geklärt werden sollten.

Für die USA waren die Strukturen einer erneuerten transatlantischen Partnerschaft und einer zukünftigen europäischen Friedensordnung klar vorgegeben: Die wirtschaftliche Hilfe für Osteuropa und die GUS sollte durch die EG koordiniert und durchgeführt werden. Die USA wollten sich im Wesentlichen auf technische Hilfen und Infrastrukturmaßnahmen beschränken und finanziell lediglich in bescheidenem Rahmen an der Europäischen Bank für Wiederaufbau und Entwicklung teilnehmen. Der OSZE kam die Aufgabe zu, dem Sicherheitsbedürfnis der Länder Mittel- und Osteuropas und der GUS durch Einbindung in verlässliche gesamteuropäische Strukturen zu entsprechen. Die OSZE konnte aus amerikanischer Sicht darüber hinaus der Ansatz sein für die noch an die UdSSR ergangene Einladung zum Eintritt in die „euroatlantische Gemeinschaft".

Die Rückversicherung gegen mögliche Instabilitäten vor allem in der GUS und auf dem Balkan sowie die Funktion des institutionellen Rahmens für die Ausgestaltung der transatlantischen Beziehungen blieben der NATO vorbehalten. Allerdings sollte ihre militärische Bedeutung zurückgeschraubt, ihre politische dagegen aufgewertet werden. Aufgrund dieser Festlegung war es nicht zu vermeiden, dass Reibungsflächen zwischen den USA und Westeuropa im Hinblick auf die europäische Einigung entstanden. Dabei war es vor allem die sicherheitspolitische Dimension der europäischen Einigung, die zu Kontroversen im transatlantischen Bündnis führte und die USA zu deutlicher Kritik herausforderte, und weniger die wirtschaftliche, da man den Binnenmarkt auch als Chance z. B. für die amerikanischen transnationalen Konzerne betrachtete.

Diese Kontroversen spiegelten den Anpassungsdruck wider, dem sich die transatlantischen Beziehungen nach dem Ende des Ost-West-Konflikts ausgesetzt sahen. Mehr als vierzig Jahre lang hatten die USA als Führungsmacht der NATO unter erheblichem Aufwand die Sicherheit Europas garantiert. Nun sahen sie sich einer Situation gegenüber, in der die westeuropäischen Staaten ihre Sicherheit selbst zu organisieren begannen. Die amerikanisch-europäischen Beziehungen hatten sich ausbalanciert und waren nun auch im Sicherheitsbereich nicht mehr einseitig zugunsten der Weltmacht USA strukturiert. Die Folge waren Anpassungszwänge und Konflikte, die zu Beginn der neunziger Jahre die transatlantische Partnerschaft trübten.

Probleme der globalen Neuordnung

Die neue Rolle der Vereinten Nationen/UNO

Die Welt nach dem Ende des Ost-West-Konflikts mit ihrer multipolaren Struktur muss nicht von sich heraus friedlicher sein als die bis 1989/90 existierende Welt der Bipolarität und Blockkonfrontation. Das haben der Golfkrieg von 1991, die blutigen Konflikte in der GUS und der Krieg im ehemaligen Jugoslawien eindringlich vor Augen geführt. Um so wichtiger ist es jene friedensstiftende Funktion zu verstehen, die die internationale Organisation auszeichnet und sie von anderen Sicherheitskonzepten – etwa dem Gleichgewichtssystem – abhebt. Nur die internationale Organisation ist in der Lage auf die Rahmenbedingungen einzuwirken und sie zu verändern, in denen die Staaten im internationalen System handeln. Fehlt sie, befinden sich die Staaten in einem Zustand der Anarchie, weil keine übergeordneten Institutionen existieren, die auf das Außenverhalten der Systemmitglieder einwirken können. Aus dieser Erkenntnis war die UNO nach dem Zweiten Weltkrieg als weltumspannendes kollektives Sicherheitssystem geschaffen worden. Ihre Charta enthält sowohl ein prinzipielles Gewaltverbot als auch festgelegte Entscheidungsverfahren für die Feststellung der Rechtswidrigkeit des Vorgehens eines Mitgliedes und hinsichtlich der Beschlussfassung über Zwangsmaßnahmen. Beides kann der Sicherheitsrat mit Zustimmung der fünf ständigen Sicherheitsratsmitglieder beschließen. Allerdings hat der nach 1945 rasch aufkommende Ost-West-Konflikt mit der Konfrontation der Supermächte dazu geführt, dass der Sicherheitsrat durch das Vetorecht der Großmächte weitgehend blockiert war und der zur Leitung von Zwangsmaßnahmen vorgesehene Militärausschuss und die Verträge zur Unterstellung von Streitkräften unter das UNO-Kommando nicht zustande kamen.

Aber auch gerade unterhalb der Ebene des Gewalteinsatzes leistet die UNO von der Bereitstellung eines Verhandlungsforums über das Entsenden von Beobachtern bis hin zum Einsatz von Friedenstruppen Beträchtliches zur Sicherung des Friedens. Das Instrument der Friedenssicherung *(peace keeping)* durch Friedenstruppen (Blauhelme) ist viel moderner und der Weltordnung nach dem Ost-West-Konflikt weitaus angemessener als das Instrument der Friedenserzwingung *(peace enforcement)* nach Kapitel VII der UN-Charta. Die Friedenssicherung war ursprünglich gar nicht vorgesehen und wurde vom Generalsekretär der UNO Dag Hammarskjöld 1956 aus der Taufe gehoben um mit Zustimmung der Konfliktparteien bereits vor dem Ausbruch von Kriegen tätig werden zu können. Friedenstruppen sollen Streit schlichten, denn Sicherheit wird nicht erreicht, wenn Konflikte gewaltsam beseitigt werden. Von 1945 an gab es viele solcher Missionen. Das Neue an den Friedenstruppen ist, dass sie nicht mehr nur in zwischenstaatlichen, sondern zunehmend auch in innerstaatlichen Konflikten eingesetzt werden, von El Salvador angefangen über Kambodscha bis hin zum Balkan.

5 Internationale Politik nach 1945

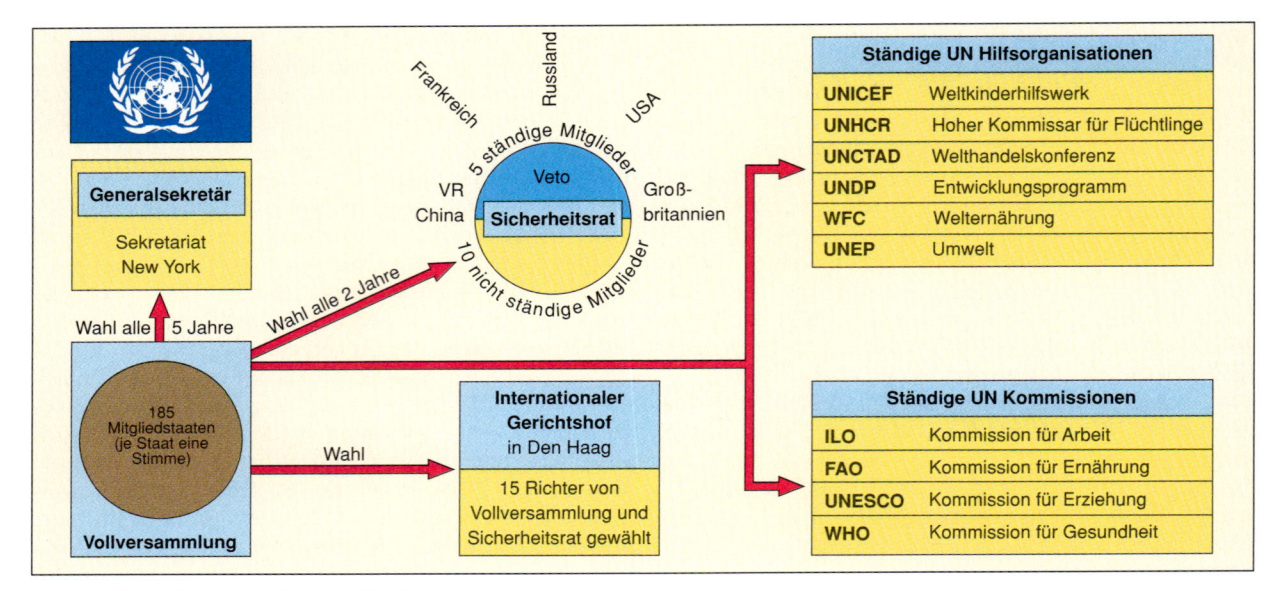

Ständige UN Hilfsorganisationen	
UNICEF	Weltkinderhilfswerk
UNHCR	Hoher Kommissar für Flüchtlinge
UNCTAD	Welthandelskonferenz
UNDP	Entwicklungsprogramm
WFC	Welternährung
UNEP	Umwelt

Sicherheitsrat: 5 ständige Mitglieder (Frankreich, Russland, USA, Großbritannien, VR China) mit Veto; 10 nicht ständige Mitglieder

Generalsekretär – Sekretariat New York – Wahl alle 5 Jahre

Vollversammlung: 185 Mitgliedstaaten (je Staat eine Stimme) – Wahl alle 2 Jahre

Internationaler Gerichtshof in Den Haag: 15 Richter von Vollversammlung und Sicherheitsrat gewählt

Ständige UN Kommissionen	
ILO	Kommission für Arbeit
FAO	Kommission für Ernährung
UNESCO	Kommission für Erziehung
WHO	Kommission für Gesundheit

Die Vereinten Nationen (Stand: 1995)

An der Ausbreitung von UN-Missionen auf innerstaatliche Konflikte wird deutlich, dass das allgemeine Völkerrechtsdenken so weit entwickelt worden ist, dass die Durchsetzung und Bewahrung der Menschenrechte dem Gestaltungsmonopol des Staates über seine inneren Angelegenheiten übergeordnet wurden. Darauf gründeten sich die Sanktionen gegen die Apartheidspolitik Südafrikas und das weiße Minderheitenregime in Rhodesien. Auch die UNO-Politik gegenüber dem Irak ist auf diesem weiter entwickelten Völkerrechtsverständnis aufgebaut. Der Sicherheitsrat hat mit seiner berühmten Resolution 688 vom 5. April 1991 und mit der Errichtung von Schutzzonen für die vom Völkermord bedrohten Kurden in die „inneren Angelegenheiten" des Irak eingegriffen. Als sich Libyen weigerte zwei mutmaßliche Flugzeugattentäter auszuliefern und sich gegenüber den Sanktionen des Sicherheitsrates vom 15. April 1992 auf seine inneren Angelegenheiten berief wurde dies von der UNO unter Verweis auf die Internationalität des Terrorismus bestritten. Seitdem gilt das dem Souveränitätsprinzip eines Staates entspringende Interventionsverbot bei Menschenrechtsverletzungen, beim Terrorismus und beim verbotenen Nuklearwaffenbesitz nicht mehr uneingeschränkt.

Die Staatengemeinschaft hat nach der Auflösung des Ost-West-Konflikts und dem Ende der Blockade der UNO die Gelegenheit die friedensstiftende Funktion der internationalen Organisation zur Verwirklichung einer neuen Weltordnung zu nutzen. Die Instrumente stehen zur Verfügung bzw. können durch den Ausbau der UNO zu einem vollwertigen kollektiven Sicherheitssystem geschaffen werden. Auf regionaler Ebene in Europa stehen OSZE, EU und NATO-Kooperationsrat bereit. Vor allem die OSZE kann zu einer Unterorganisation der UNO ausgebaut werden. Auf jeden Fall hängt die Verwirklichung einer neuen Friedensordnung, weltweit als auch regional, entscheidend vom Ausbau und der verstärkten Nutzung internationaler Organisationen ab (siehe S. 262, Mat. 9 und 10 und Essay S. 227–229).

Weltweit zu lösende Probleme

Die Weltordnung nach dem Ende des Ost-West-Konflikts unterscheidet sich grundlegend von derjenigen, die sich nach 1945 unter den Bedingungen des Bilateralismus und der Blockkonfrontation entwickelt hatte. Diese Ordnung schrieb ein bestimmtes Verhalten vor – nämlich die Gefolgschaft gegenüber dem jeweiligen Block und seiner Vormacht – und belohnte diese mit Schutz und positiven Sanktionen wie Auslandshilfe und Exportgarantien. Die neue Weltordnung dagegen beschränkt sich darauf abweichendes Verhalten durch Negativsanktionen zu verhindern oder rückgängig zu machen, wie das Beispiel des Golfkrieges 1991 zeigt. Sie kann Gefolgschaft nicht mehr vorschreiben, sondern lediglich Kooperation anbieten und Aggressionen kollektiv zurückweisen.

Das gilt vor allem im Hinblick auf jene Problembereiche, von denen die Menschheit als Ganzes aktuell betroffen ist oder potentiell betroffen werden könnte. So ist die fortschreitende Umweltzerstörung längst zu einem Problem geworden, das weit jenseits der Zuständigkeit einzelner Staaten oder Staatengruppen liegt. Hier sind alle Staaten in der Verantwortung gemeinsam auf den Erhalt der natürlichen Lebensgrundlagen aller Menschen hin zu wirken. Dazu bedarf es eines globalen Dialogs über Umweltfragen, der mit den Weltumweltkonferenzen von Rio de Janeiro 1992 und Berlin 1995 erneut stattgefunden hat. Der dabei zutage getretene Widerspruch zwischen Entwicklung und Ökologie ist angesichts der Bevölkerungsexplosion und angesichts des westlichen Industrialisierungs- und Wachstumsmodells höchst brisant. Er wird sich nur dann auflösen lassen, wenn die Industriestaaten selbst eine glaubwürdige Umweltschutzpolitik betreiben und zu einem massiven Ressourcentransfer zugunsten von Entwicklung und Umweltschutz in die Entwicklungsländer und die ehemals sozialistischen Staaten Osteuropas bereit sind.

Das zweite Problem mit globaler Reichweite liegt in der Bedrohung durch Massenvernichtungswaffen und ihrer Weitergabe. Wenn sie nicht gestoppt wird, wächst die Gefahr, dass atomare, biologische oder chemische Waffen in die Krisen- und Kriegsregionen der Welt gelangen und mittels moderner Raketentechnologie regional oder sogar interkontinental eingesetzt werden.

Das dritte Problem betrifft die Organisation der Weltwirtschaft. Es besteht die Gefahr, dass die Austauschbeziehungen zwischen den westlichen Industriestaaten, die seit 1961 in der „Organisation für Wirtschaftliche Zusammenarbeit und Entwicklung" *(Organization for Economic Cooperation and Development/OECD)* koordiniert sind, zunehmend von drei miteinander in scharfem und ungeregeltem Wettbewerb stehenden Zentren – USA, EU und Japan – geprägt werden. Handelskriege sind aber am wenigsten geeignet die Wirtschaftsprobleme in den ehemals sozialistischen Staaten zu lösen. Um ihre Volkswirtschaften zu sanieren und auf Weltmarktniveau anzuheben sind enorme Transfers an Kapital und technisch-organisatorischem Wissen nötig, die nur die Staaten der OECD bereitstellen können.

Daneben bleibt das Problem der Entwicklungsländer eine Herausforderung. Ihre Austauschbeziehungen sind in erster Linie auf die Industriestaaten ausgerichtet; regionale Verflechtungen und Handelsbeziehungen sind kaum entwickelt. Die Folge sind ungleiche Austauschbeziehungen, in denen die Entwicklungsländer vor allem Rohstoffe und Halbfertigwaren, die Industriestaaten Fertigprodukte und Investitionsgüter liefern, was den Aufbau einer eigenen Industrieproduktion in den Entwicklungsländern behindert (siehe S. 375 f.). Hier könnten regionale Handelsorganisationen Abhilfe schaffen, die zunächst dafür sorgen, dass die Austauschbeziehungen zwischen den Entwicklungsländern einer Region intensiviert werden um die Infrastruktur und Produktionsbasis allmählich zu entwickeln, einen gemeinsamen Markt zu schaffen und dann auf dem Weltmarkt konkurrenzfähig zu werden.

Im OECD-Rahmen ist diese Entwicklung über regionale Handelsorganisationen zu gemeinsamen Märkten mit kaufkräftiger Nachfrage bereits weit fortgeschritten. Das gilt für die EU wie für die *Nordamerikanische Freihandelszone (North American Free Trade Area/NAFTA)* zwischen den USA, Kanada und Mexiko. Im asiatisch-pazifischen Raum besteht der Verbund der Asiatisch-Pazifischen Wirtschaftlichen Zusammenarbeit *(Asian Pacific Economic Cooperation/APEC),* die allerdings wegen des Widerstandes der USA noch kein institutionelles Gerüst erhalten hat und nicht zu einer regionalen Handelsorganisation ausgebaut worden ist.

Am Ende der Entwicklung könnte eine Welthandelsorganisation stehen, wie sie von den USA 1945 geplant war, dann aber aufgrund von Widerständen im amerikanischen Kongress und von Seiten der damals bereits existierenden Entwicklungsländer nicht zustande gekommen ist. Sie könnte analog zur UNO im politischen und sicherheitspolitischen Bereich die Konflikte im Welthandel aufgreifen und kooperativ bearbeiten. Ob die mit dem Abschluss der Uruguay-Runde des GATT im April 1994 gegründete Welthandelsorganisation *(World Trade Organization/WTO)* diese Aufgabe erfüllen kann, muss abgewartet werden.

---

1. Erklären Sie die Folgen des Ost-West-Konflikts für den Prozess der europäischen Integration. Setzen Sie sich mit dem Erklärungsansatz der Autoren der Darstellung kritisch auseinander.

2. Erläutern Sie, welche Bedeutung die KSZE für die Überwindung des Ost-West-Konfliktes hatte und welche Chancen die OSZE bei der Bewältigung künftiger Konflikte bietet.

3. Nehmen Sie zu der in dem Text beschriebenen Bedeutung der UNO für eine neue Weltordnung Stellung.

4. Der UNO-Bericht über „Die menschliche Entwicklung 1995", der als Basis für die 4. Weltfrauenkonferenz der UNO vom September 1995 diente, kommt zu dem Ergebnis, dass Frauen auch heute in keiner Gesellschaft der Erde die gleichen Chancen wie Männer haben. Setzen Sie sich aus dieser Perspektive kritisch mit der Rolle supranationaler Einrichtungen bei der Lösung „weltweiter Probleme" auseinander.

Blockbildung und Kalter Krieg

1 *Über die Lage am Mittelmeer richtete der amerikanische Präsident Harry S. Truman (1884–1972) eine Botschaft an den Kongress, 12. März 1947 (Auszug):*

Ein Gebiet der Gegenwartslage, das ich Ihnen heute zur Erwägung und Entscheidung vorlegen möchte, betrifft Griechenland und die Türkei. Die griechische Regierung hat an die USA einen dringenden Ruf nach finanzieller und wirtschaftlicher Unterstützung gerichtet. Die ersten Berichte der jetzt in Griechenland befindlichen amerikanischen Wirtschaftskommission […] bestätigen die Erklärung der griechischen Regierung, dass Hilfe kommen muss, wenn Griechenland als freie Nation weiter bestehen soll.
Durch den Terror einiger tausend bewaffneter Männer, die von Kommunisten angeführt werden, wird der griechische Staat heute in den Grundlagen seiner Existenz bedroht. Griechenland muss Unterstützung haben, wenn es eine auf eigenen Füßen stehende und auf Selbstachtung begründete Demokratie werden soll. […]
Griechenlands Nachbar, die Türkei, verdient ebenfalls unsere Beachtung. Die Zukunft der Türkei als unabhängiger und wirtschaftlich gesunder Staat ist für die freiheitsliebenden Völker der Welt von keiner geringeren Bedeutung als die Griechenlands. […]
Eines der Ziele der Außenpolitik der Vereinigten Staaten ist es Bedingungen zu schaffen, unter denen wir und andere Nationen uns ein Leben aufbauen können, das frei von Zwang ist. Das war ein grundlegender Faktor im Krieg gegen Deutschland und Japan. Wir überwanden mit unserem Sieg Länder, die anderen Ländern ihren Willen und ihre Lebensweise aufzwingen wollten. […]
In einer Anzahl von Ländern waren den Völkern kürzlich gegen ihren Willen totalitäre Regimes aufgezwungen worden. Die Regierung der USA hat mehrfach gegen Zwang und Einschüchterung bei der Verletzung des Jalta-Abkommens in Polen, Rumänien und Bulgarien protestiert. […]
Im gegenwärtigen Abschnitt der Weltgeschichte muss fast jede Nation ihre Wahl in Bezug auf ihre Lebensweise treffen. Nur allzuoft ist es keine freie Wahl. Die eine Lebensweise gründet sich auf den Willen der Mehrheit und zeichnet sich durch freie Einrichtungen, freie Wahlen, Garantie der individuellen Freiheit, Rede- und Religionsfreiheit und Freiheit vor politischer Unterdrückung aus.
Die zweite Lebensweise gründet sich auf den Willen einer Minderheit, der der Mehrheit aufgezwungen wird. Terror und Unterdrückung, kontrollierte Presse und Rundfunk, fingierte Wahlen und Unterdrückung der persönlichen Freiheiten sind ihre Kennzeichen.
Ich bin der Ansicht, dass es die Politik der Vereinigten Staaten sein muss, die freien Völker zu unterstützen, die sich der Unterwerfung durch bewaffnete Minderheiten oder durch Druck von außen widersetzen. Ich glaube, dass wir den freien Völkern helfen müssen sich ihr eigenes Geschick nach ihrer eigenen Art zu gestalten.

Zit. nach Europa-Archiv, 1947, S. 820.

2 *Die im September 1947 gegründete Kominform* gab im selben Monat folgende Deklaration zur internationalen Lage bekannt (Auszug):*

Infolge des Zweiten Weltkriegs und in der Nachkriegsperiode sind wesentliche Änderungen in der internationalen Lage eingetreten. Diese bestehen in einer neuen Aufstellung der in der Weltarena tätigen hauptsächlichen Kräfte, in einer Änderung in den Beziehungen unter den Siegerstaaten des Zweiten Weltkriegs und in ihrer Neugruppierung. […]
So sind zwei Lager entstanden: das imperialistische, antidemokratische Lager, dessen Hauptziel darin besteht die Weltvormachtstellung des amerikanischen Imperialismus zu erreichen und die Demokratie zu zerstören und das antiimperialistische, demokratische Lager, dessen Hauptziel es ist den Imperialismus zu überwinden, die Demokratie zu konsolidieren und die Überreste des Faschismus zu beseitigen. Der Kampf zwischen den beiden entgegengesetzten Lagern – dem imperialistischen und antiimperialistischen – vollzieht sich unter den Bedingungen einer weiteren Verschärfung der allgemeinen Krise des Kapitalismus, des Niedergangs der Kräfte des Kapitalismus und der Festigung der Kräfte des Sozialismus und der Demokratie. Aus diesem Grunde entfalten das imperialistische Lager und seine leitenden Personen in den Vereinigten Staaten eine besondere Aktivität. Diese wird gleichzeitig nach allen Richtungen entwickelt: in Richtung militärischer und strategischer Maßnahmen, der wirtschaftlichen Expansion und des ideologischen Kampfes. Der Truman-Marshall-Plan ist nur ein Teil, das europäische Kapitel des allgemeinen Planes für eine die Welt umfassende expansionistische Politik, die von den Vereinigten Staaten in allen Teilen der Erde verfolgt wird. Der Plan für die wirtschaftliche und politische Versklavung Europas durch den amerikanischen Imperialismus wird durch die Pläne einer wirtschaftlichen und politischen Versklavung Chinas, Indonesiens und der südafrikanischen Länder ergänzt. Die Aggressoren von gestern – die kapitalistischen Magnaten in Deutschland und Japan – werden durch die USA für ihre neue Rolle vorbereitet. Sie besteht darin, als Werkzeug der imperialistischen Politik der Vereinigten Staaten in Europa und Asien zu dienen. […] Unter diesen Umständen muss sich das antiimperialistische, demokrati-

sche Lager konsolidieren, ein gemeinsames Aktionsprogramm ausarbeiten und seine Taktik gegen die Hauptkräfte des imperialistischen Lagers, gegen den amerikanischen Imperialismus, gegen seine britischen und französischen Alliierten, gegen die rechts gerichteten Sozialisten – vor allem in Großbritannien und Frankreich – wenden. […]

Die rechts gerichteten Sozialisten sind die Verräter an dieser Sache. Mit Ausnahme jener Länder der neuen Demokratie, in denen der Block der Kommunisten und Sozialisten mit den übrigen demokratischen fortschrittlichen Parteien die Grundlage des Widerstands dieser Länder gegen die imperialistischen Pläne bildet, erleichtern die Sozialisten in den meisten übrigen Ländern […] durch ihre knechtische Gesinnung und Willfährigkeit die Aufgabe des amerikanischen Kapitals. […] Hieraus folgt, dass sich die kommunistischen Parteien einer besonderen Aufgabe gegenübersehen: Sie müssen das Banner der Verteidigung der nationalen Unabhängigkeit und Souveränität ihrer Länder aufnehmen.

Zit. nach Boris Meissner (Hg.), Das Ostpakt-System. Dokumentation, Frankfurt/M. 1955, S.97.

1. *Vergleichen Sie, wie in Mat. 1 und 2 die politische Lage analysiert und beurteilt wird.*
2. *Mit welchen Argumentationsmustern arbeitet Truman, mit welchen arbeiten die Verfasser in Mat. 2?*
3. *Erläutern Sie, welche Folgen die Einschätzung des politischen Gegners für die internationale Lage hatte.*
4. *Beurteilen Sie, inwiefern Mat. 1 und 2 von einem ideologischen Gehalt durchdrungen sind.*

3 *Der amerikanische Publizist Walter Lippmann (1889–1974) urteilt 1953 über das Fortwirken der außenpolitischen Vorstellungen, die der amerikanische Präsident Woodrow Wilson nach dem Ersten Weltkrieg entworfen hatte, in der amerikanischen Außenpolitik nach dem Zweiten Weltkrieg:*

Q Die Wilson'sche Doktrin entsprang aus der Anpassung der amerikanischen Tradition an eine unvorhergesehene Notlage – eine Lage, die uns zwang nach Europa zurückzukehren, auf europäischem Boden zu kämpfen und uns mit europäischen Nationen zusammenzuschließen […]. Vielleicht konnte man die Wilson'sche These so formulieren: Da die amerikanische Demokratie in der Welt keine sichere Freistatt mehr findet, sind wir Amerikaner aufgeboten um die Welt zu einer Freistatt der amerikanischen Demokratie zu machen. Zu diesem Zweck müssen die Grundsätze der amerikanischen Demokratie Allgemeingut der ganzen Welt werden. […]

Das Wilson'sche Gedankensystem will es nicht wahrhaben, dass Amerika eine Nation unter vielen anderen Nationen ist und dass diese ihm als derzeitige oder künftige Rivalen, Verbündete oder Partner gegenüberstehen, mit denen es sich auseinandersetzen muss. Es steckt darin eine Vision einer Welt, in der es keine dauernden Rivalitäten und tief gehenden Interessenkonflikte gibt, in der man keine Kompromisse im Grundsätzlichen zu schließen braucht und keine Trennung der Einfluss-Sphären, keine Bündnisse und keinen Krieg kennt, sondern höchstens noch Kriege der Weltgemeinschaft gegen einzelne Regierungen, die sich verbrecherisch gegen die Weltordnung auflehnen. Aus dem Gefühl, dass der Krieg ein verbrecherischer Eingriff in die natürliche Weltordnung ist, den man nicht dulden darf, entwickelt Wilsons Lehre eine von den Massen getragene Kreuzzugsstimmung, dass es überhaupt notwendig wird in den Krieg zu ziehen, ist ein Hohn auf Menschentum und Menschenrecht. Alle Kriege dürfen daher nur Kriege zur Beendigung der Kriege sein, Kreuzzüge, die nur dann beendet werden können, wenn alle Völker sich der einen wahren politischen Religion unterworfen haben. […]

Es lässt sich nicht bestreiten, dass die Wilson'sche Ideologie vom Zeitpunkt ihrer Formulierung an das politische Denken und Handeln der Amerikaner bestimmt hat. […] Denken wir an die vielen Diskussionen, die seit 1941 geführt wurden oder – wie die Kongressdebatten über die Bewilligung der Auslandshilfen – noch jetzt im Gange sind: Ob es sich nun um den Kriegseintritt handelte, um die Mitgliedschaft im Völkerbund und in den Vereinten Nationen, um die Truman-Doktrin, den Marshall-Plan, den Nordatlantikpakt, die Intervention in Korea oder den Sicherheitsvertrag (Japan 1951) – wer für diese Maßnahmen sprach, der stand mit seinen Argumenten im Zeichen der Wilson'schen Ideologie.

Es leuchtet ein und wird auch in Amerika selbst oft betont, dass das amerikanische Volk für die eben genannten großen Entscheidungen nur dadurch gewonnen werden konnte, daß man die in Wilsons Gedanken verborgenen starken Gefühlskräfte mobilisierte. Volk und Kongress hätten alle jene Maßnahmen abgelehnt und bekämpft, wenn dahinter nicht die Idee eines Kreuzzugs gegen die Nazis, die Japaner, die Sowjets, die chinesischen Kommunisten oder den Kommunismus überhaupt stünde, wenn das amerikanische Volk nicht durch die Verheißung einer neuen Weltordnung angefeuert würde: dass nach dem Ende dieser Kreuzzüge alle Völker, auch die, denen sie gegolten haben, auf die gleichen Ziele und Grundsätze schwören würden. […]

Vielen Amerikanern wird jetzt klar, dass die Maßnahmen, die unter Zuhilfenahme des ideologischen Ansporns, im Zeichen des Kreuzzugs, propagiert werden, nur zu oft im Verlauf ihrer politischen Verwirklichung entscheidend und manchmal geradezu hoffnungslos entstellt werden. [...] Meiner Meinung nach wird es immer klarer, dass die Wilson'sche Ideologie unmöglich als Grundlage für die Außenpolitik einer Nation dienen kann, die eine Stellung wie die unsere einnimmt und die Last unserer Verantwortung trägt.

Walter Lippmann, Amerikanische Außenpolitik, in: Der Monat, Heft 53, 1953, S. 472–474.

1. Erläutern Sie, was der Verfasser in Mat. 3 unter der „Wilson'schen Doktrin" versteht.
2. Überprüfen Sie, inwiefern die „Ideologie Wilsons" die amerikanische Außenpolitik nach 1945 mit bestimmt hat und welche Bedeutung dies für die Entstehung des Kalten Krieges hatte (siehe auch Mat. 5).
3. Welche Einwände kann man gegen die Gedanken von Walter Lippmann in Mat. 3 erheben?

4 *Der deutsche Historiker Wilfried Loth (geb. 1948) analysierte die Entstehung des Kalten Krieges (1980):*
D Im Rückblick lassen die Vorgänge des Jahres 1945 einige für die Entstehung des Kalten Krieges zentrale Sachverhalte erkennen. Erstens: Die Wende von 1945 war eine Wende der amerikanischen Politik, nicht der sowjetischen. Während die amerikanische Regierung ihre Interessen durchzusetzen suchte und Konfliktlösungen nur noch in Form von Zugeständnissen der sowjetischen Seite erwartete, räumte die sowjetische Regierung zwar der Konsolidierung ihres Hegemonialbereichs Priorität ein, blieb aber im Übrigen bis in den Herbst 1947 hinein um die Herstellung eines kooperativen Verhältnisses zu den USA bemüht.
Zweitens: Diese Wende in der amerikanischen Politik war gewiss durch die sowjetische Osteuropa-Politik ausgelöst worden; unvermeidlich geworden war sie aber erst dadurch, dass sich die amerikanische Öffentlichkeit Illusionen über die Systemnotwendigkeiten der Sicherheitspolitik des Sowjetstaates gemacht hatte. Diese Illusionen wiederum waren in der Tradition der amerikanischen Politik tief verwurzelt [...]; insofern wird in dem Konflikt über Osteuropa der tief greifende strukturelle Unterschied der beiden Weltmächte und ihrer Politik deutlich: Gegen das Interesse des expandierenden Kapitalismus der USA an weltweitem Freihandel und weltweiter Durchsetzung liberaler Prinzipien stand das Interesse der sowjetischen Mobilisierungsdiktatur an einer Abschirmung gegen diese Prinzipien und gegen den ökonomischen Vormarsch der USA.
Drittens: Dieser Gegensatz musste zwar zum Ausbruch kommen, aber es war zunächst keineswegs entschieden, dass er zu einer Teilung der Welt in einander absolut feindlich gegenüberstehende Machtblöcke führen würde. Natürlich war das amerikanische Wirtschaftssystem auf eine immer stärkere Ausrichtung der Weltwirtschaft auf die amerikanischen Bedürfnisse hin angelegt, aber die ökonomischen Interessen der Sowjetunion und der USA waren zunächst einmal weithin komplementär, sodass nicht von vornherein feststand, dass Kooperationsgewinne einseitig zugunsten der USA gehen mussten. Der expandierende Kapitalismus der USA war umso weniger definitiv imperialistisch, als die amerikanischen Führungskräfte zunächst weder bereit noch in der Lage waren sich in Europa dauerhaft zu engagieren. [...] Ebenso hielten die Sowjetregierung und die kommunistischen Parteien der anderen Länder natürlich an ihrem revolutionären Selbstverständnis und Anspruch fest, aber in den Methoden der sowjetischen Interessensicherung in Osteuropa herrschten Pragmatismus und Flexibilität vor und an eine Ausweitung des sowjetischen Einflussbereiches über den Machtbereich der Roten Armee hinaus war im Rahmen konkreter Perspektiven überhaupt nicht zu denken [...]. Viertens: Aufgrund ihrer strukturellen Überlegenheit besaßen die USA größere Möglichkeiten die tatsächliche Gestaltung des künftigen sowjetisch-amerikanischen Verhältnisses zu bestimmen. In ihrer Macht lag es die bestehende Asymmetrie in der Sicherheitslage der beiden Mächte abzubauen, etwa durch eine eindeutigere Anerkennung der sowjetischen Sicherheitsinteressen in Osteuropa, durch eine tatsächliche internationale Atomwaffenkontrolle oder durch eine Wirtschaftshilfe, die den ökonomischen Interessen beider Seiten entsprach. Indem die amerikanische Regierung die sowjetische Sicherheitssphäre de facto nicht anerkannte, [...] initiierte sie 1945 einen Mechanismus wechselseitiger Fehlwahrnehmungen und Konflikteskalation: Die amerikanischen Entscheidungsträger missdeuteten die Sicherheitspolitik der Sowjetunion als Beleg für prinzipiell unbegrenzten sowjetischen Expansionismus und reagierten mit Verweigerung weiterer Kooperation; die sowjetische Führung missdeutete diese Kooperationsverweigerung als Beleg für einen notwendigerweise aggressiven Charakter des expandierenden US-Kapitalismus und reagierte mit weiterer Verhärtung ihrer Sicherheitspolitik.

Wilfried Loth, Die Teilung der Welt 1941–1955, München 1980, S. 116 f.

1. *Fassen Sie die Argumentation des Verfassers von Mat. 4 zusammen und diskutieren Sie seine Thesen zur Frage der Kooperation und Konfrontation.*
2. *Welche Einwände könnte man gegen die Thesen des Autors von Mat. 4 erheben?*

5 *Ausstellung preisgekrönter Marshall-Plan-Plakate. Fotografie, Dezember 1949*

Die Koexistenztheorie – Weg zur Entspannung?
6 *Nikita S. Chruschtschow (1894–1971), Erster Sekretär des Zentralkomitees der Kommunistischen Partei der Sowjetunion, hielt vor dem 20. Parteikongress am 14. Februar 1956 folgende Rede (Auszug):*

Q Das Lenin'sche Prinzip des friedlichen Nebeneinanderbestehens von Staaten mit verschiedenen sozialen Systemen war und bleibt die Generallinie der Außenpolitik unseres Landes. Man sagt, die Sowjetunion vertrete das Prinzip des friedlichen Nebeneinanderbestehens nur aus taktischen, konjunkturbedingten Erwägungen heraus. Es ist jedoch bekannt, dass wir uns auch früher, von den ersten Jahren der Sowjetmacht an, mit derselben Beharrlichkeit für die friedliche Koexistenz einsetzten. Also ist dies kein taktischer Schachzug, sondern der Leitsatz der sowjetischen Außenpolitik.

Das bedeutet, dass eine Gefahr für die friedliche Koexistenz der Länder mit verschiedenen sozialen und politischen Systemen, soweit sie tatsächlich besteht, keineswegs von der Sowjetunion, keineswegs vom sozialistischen Lager ausgeht. Hat ein sozialistischer Staat auch nur einen Beweggrund für die Entfesselung eines aggressiven Krieges? Haben wir etwa Klassen oder Gruppen, die am Krieg als einem Bereicherungsmittel interessiert sind? Nein. [...] Haben wir vielleicht wenig Land und Naturschätze, mangelt es uns vielleicht an Rohstoffquellen oder an Absatzmärkten für unsere Waren? Nein, das haben wir alles im Überfluss. Wozu sollten wir also einen Krieg brauchen? Wir brauchen ihn nicht, wir lehnen grundsätzlich eine Politik ab, die Millionen Menschen im eigennützigen Interesse einer Handvoll Milliardäre in den Krieg stürzt. [...]

Die Ideologen der Bourgeoisie entstellen die Tatsachen, indem sie vorsätzlich die Fragen des ideologischen Kampfes mit den Fragen der Beziehungen zwischen den Staaten in einen Topf werfen um die Kommunisten der Sowjetunion als aggressiv darzustellen. Wenn wir davon sprechen, dass im Wettbewerb der beiden Systeme – des kapitalistischen und des sozialistischen – das sozialistische System siegen wird, so bedeutet das keineswegs, dass der Sieg durch eine bewaffnete Einmischung der sozialistischen Länder in die inneren Angelegenheiten der kapitalistischen Länder erreicht wird. Unsere Überzeugung vom Sieg des Kommunismus beruht darauf, dass die sozialistische Produktionsweise entscheidende Vorzüge gegenüber der kapitalistischen hat. [...] Das Prinzip der friedlichen Koexistenz findet immer breitere internationale Anerkennung. Das ist auch logisch, weil es unter den gegenwärtigen Verhältnissen keinen anderen Ausweg gibt. In der Tat, es gibt nur zwei Wege: entweder friedliche Koexistenz oder der verheerendste Krieg der Geschichte. Etwas Drittes gibt es nicht. [...]

Unter diesen Umständen bewahrt natürlich die Lenin'sche These Gültigkeit, dass, da der Imperialismus existiert, auch die ökonomische Grundlage für die Entstehung von Kriegen erhalten bleibt. Deshalb müssen wir größte Wachsamkeit an den Tag legen. Solange der Kapitalismus in der Welt fortbesteht, werden die reaktionären Kräfte, die die Interessen der kapitalistischen Monopole vertreten, auch künftighin Kriegsabenteuer und Aggression anstreben, können sie versuchen einen Krieg vom Zaune zu brechen.

Zit. nach Boris Meissner, Das Ende des Stalin-Mythos. Die Ergebnisse des 20. Parteikongresses der KPdSU, Frankfurt/M. 1956, S. 106 ff.

1. Wie begründet Chruschtschow die Notwendigkeit der friedlichen Koexistenz (Mat. 6)?
2. Warum geht nach Chruschtschow von der Sowjetunion keine Gefahr für den Frieden aus? Beurteilen Sie diese Position, indem Sie das Verhalten der Sowjetunion während der Kuba-Krise analysieren (siehe S. 243).
3. Erörtern Sie, warum aufgrund dieser Koexistenztheorie die Spannungen des Kalten Krieges nicht überwunden werden konnten.

7 *Vor der American University in Washington hielt Präsident John F. Kennedy (1917–1963) am 10. Juni 1963 eine Rede über die Friedenssicherung als weltpolitisches Leitprinzip (Auszug).*

Q Welche Art von Frieden meine ich? Nach welcher Art von Frieden streben wir? Nicht nach einer Pax Americana, die der Welt durch amerikanische Kriegswaffen aufgezwungen wird. Nicht nach dem Frieden des Grabes oder der Sicherheit der Sklaven. Ich spreche hier von dem echten Frieden – jenem Frieden, der das Leben auf Erden lebenswert macht, jenem Frieden, der Menschen und Nationen befähigt zu wachsen und zu hoffen und ein besseres Leben für ihre Kinder aufzubauen, nicht nur ein Friede für Amerikaner, sondern ein Friede für alle Menschen. Nicht nur Frieden in unserer Generation, sondern Frieden für alle Zeiten.

Ich spreche vom Frieden, weil der Krieg ein neues Gesicht bekommen hat. Ein totaler Krieg ist sinnlos in einem Zeitalter, in dem Großmächte umfassende und verhältnismäßig unverwundbare Atomstreitkräfte unterhalten können und sich weigern zu kapitulieren ohne vorher auf diese Streitkräfte zurückgegriffen zu haben. Er ist sinnlos in einem Zeitalter, in dem eine einzige Atomwaffe fast das Zehnfache an Sprengkraft aller Bomben aufweist, die von den gemeinsamen alliierten Luftstreitkräften während des Zweiten Weltkriegs abgeworfen wurden. Und er ist sinnlos in einem Zeitalter, in dem die bei einem Atomkrieg freigesetzten tödlichen Giftstoffe von Wind und Wasser, Boden und Saaten bis in die entferntesten Winkel des Erdballs getragen und sich auf die noch ungeborenen Generationen auswirken würden. […] Ich spreche daher vom Frieden als dem zwangsläufig vernünftigen Ziel vernünftiger Menschen. […]

Für diesen Frieden gibt es keinen einfachen Schlüssel, keine großartige oder magische Formel, die sich ein oder zwei Mächte aneignen könnten. Der echte Friede muss das Produkt vieler Nationen sein […].

Bei einem solchen Frieden wird es Streitigkeiten und entgegengesetzte Interessen geben, wie dies innerhalb von Familien und Nationen der Fall ist. Der Weltfriede wie auch der Friede in Stadt und Land erfordern nicht, dass jeder seinen Nachbarn liebt. Er erfordert lediglich, dass man in gegenseitiger Toleranz miteinander lebt, seine Streitfälle einer gerechten und friedlichen Lösung unterwirft. […]

Lassen Sie uns zweitens unsere Haltung gegenüber der Sowjetunion überprüfen. Der Gedanke ist entmutigend, dass die sowjetischen Führer wirklich glauben können, was ihre Propagandisten unablässig schreiben. Keine Regierung und kein Gesellschaftssystem sind so schlecht, dass man das unter ihm lebende Volk als bar jeder Tugend ansehen kann. Wir Amerikaner empfinden den Kommunismus als Verneinung der persönlichen Freiheit und Würde im tiefsten abstoßend. Dennoch können wir das russische Volk wegen vieler seiner Leistungen – sei es in der Wissenschaft und Raumfahrt, in der wirtschaftlichen und industriellen Entwicklung, in der Kultur und seiner mutigen Haltung – rühmen. […]

Sollte heute – wie auch immer – ein totaler Krieg ausbrechen, dann würden unsere beiden Länder die Hauptziele darstellen. Es ist eine Ironie, aber auch eine harte Tatsache, dass die beiden stärksten Mächte zugleich auch die beiden Länder sind, die in der größten Gefahr einer Zerstörung schweben. Alles, was wir aufgebaut haben, alles, wofür wir gearbeitet haben, würde vernichtet werden. Und selbst im Kalten Kriege – der für so viele Länder, unter ihnen die engsten Verbündeten der Vereinigten Staaten, Lasten und Gefahren bringt – tragen unsere beiden Länder die schwersten Lasten. Denn wir werfen beide für gigantische Waffen riesige Beträge aus – Beträge, die besser für den Kampf gegen Unwissenheit, Armut und Krankheit aufgewendet werden sollen. Wir sind beide in einem unheilvollen und gefährlichen Kreislauf gefangen, in dem Argwohn auf der einen Seite Argwohn auf der anderen auslöst und in dem neue Waffen zu wieder neuen Abwehrwaffen führen. […]

Lassen Sie uns drittens unsere Einstellung zum Kalten Krieg überprüfen. […] Wir müssen auf der Suche nach Frieden ausdauernd bleiben, in der Hoffnung, dass konstruktive Veränderungen innerhalb des kommunistischen Blocks Lösungen in Reichweite bringen können, die heute noch unerreichbar scheinen. Wir müssen unsere Politik so betreiben, dass es schließlich das eigene Interesse der Kommunisten wird einem echten Frieden zuzustimmen. Vor allem müssen die Atommächte, bei gleichzeitiger Wahrung ihrer eigenen Lebensinteressen, solche Konfrontation vermeiden, die einem Gegner nur die Wahl zwischen einem demütigenden Rückzug oder einem Atomkrieg lassen.

Zit. nach Europa-Archiv, 1963, S. 289 ff.

1. Ordnen Sie die Rede John F. Kennedys (Mat. 7) in den historischen Zusammenhang ein (siehe S. 243 f.).
2. Erörtern Sie, inwiefern Kennedys Gedanken einen Neuansatz für die amerikanische Außenpolitik enthalten um die Spannungen des Kalten Krieges zu überwinden. Vergleichen Sie dabei das Bild der Sowjetunion mit demjenigen von Truman (Mat. 1).

8 *Am 25. Dezember 1991 zog Michail Gorbatschow (geb. 1931) anlässlich seines Rücktritts als Präsident der Sowjetunion in einer Rede eine innen- und außenpolitische Bilanz (Auszug):*

Q Verehrte Landsleute! Mitbürger!
Angesichts der Situation, die nach der Gründung der Gemeinschaft Unabhängiger Staaten entstanden ist, beende ich meine Tätigkeit als Präsident der UdSSR. Diese Entscheidung treffe ich aufgrund meiner Prinzipien. Ich trat immer fest ein für die Selbstständigkeit und Unabhängigkeit der Völker, die Souveränität der Republiken. Aber gleichzeitig war ich auch für die Erhaltung des Unionsstaates und des ganzen Landes. Die Ereignisse haben sich in eine andere Richtung entwickelt.
Ich spreche zu Ihnen das letzte Mal als Präsident der UdSSR. Deshalb halte ich es für notwendig meinen seit 1985 gegangenen Weg einzuschätzen. Und dies umso mehr, da es darüber nicht wenig oberflächliche, widersprüchliche und nicht objektive Wertungen gibt.
Das Schicksal hat es so gefügt, dass es sich bereits bei meiner Amtsübernahme zeigte, dass es im Land Probleme gab. [...] Der Prozess der Erneuerung des Landes und der grundlegenden Veränderungen in der Weltgemeinschaft hat sich komplizierter erwiesen, als man voraussagen konnte. Trotzdem muss man das Vollbrachte gebührend einschätzen. Die Gesellschaft wurde frei. Und das in politischer und geistiger Hinsicht. Und das ist die größte Errungenschaft. Sie wird bei uns jedoch noch nicht gebührend gewürdigt. Und wahrscheinlich deshalb, weil wir es immer noch nicht gelernt haben die Freiheit richtig zu nutzen. Trotzdem wurde eine Arbeit von historischer Bedeutung geleistet. Es wurde ein totalitäres System beseitigt, das ein weiteres Aufblühen und Wohlergehen des Landes verhinderte. Es wurde der Durchbruch zu demokratischen Veränderungen vollzogen. Freie Wahlen, eine freie Presse, Religionsfreiheit, wirkliche Machtorgane und ein Mehrparteiensystem wurden zur Realität. Die Menschenrechte wurden als oberstes Prinzip anerkannt. [...]
Wir leben in einer anderen Welt: Der „Kalte Krieg" ist vorbei. Das Wettrüsten wurde gestoppt. Die wahnsinnige Militarisierung unseres Landes, die unsere Wirtschaft, das gesellschaftliche Bewusstsein und die Moral zugrunde richtete, wurde beendet. Die Gefahr eines Weltkrieges wurde beseitigt. Ich möchte noch einmal betonen, dass von meiner Seite in der Übergangsperiode alles für eine zuverlässige Kontrolle der Kernwaffen getan wurde. Wir öffneten uns der Welt und verzichteten auf die Einmischung in fremde Angelegenheiten sowie auf den Einsatz von Truppen außerhalb unseres Landes. Und man antwortete uns mit Vertrauen, Solidarität und Respekt. Wir wurden zu einer der wichtigsten Stützen bei der Umgestaltung der modernen Zivilisation auf friedlicher und demokratischer Basis. Die Völker und Nationen haben die reale Freiheit erhalten den Weg ihrer Entwicklung selbst zu bestimmen. Die Suche nach einer demokratischen Reformierung unseres Vielvölkerstaates führte uns an die Schwelle eines neuen Unionsvertrages. Ich möchte von ganzem Herzen all jenen danken, die in all diesen Jahren mit mir für die gerechte und gute Sache eingetreten sind. Sicherlich war eine Reihe von Fehlern vermeidbar. Vieles hätte man besser machen können. Aber ich bin überzeugt, dass unsere Völker in einer aufblühenden und demokratischen Gesellschaft leben werden. Ich wünsche Ihnen alles Gute.

Michail Gorbatschow, Ansprache des ehemaligen Staatspräsidenten der Sowjetunion vom 25. Dezember 1991, in: Sowjetunion heute/Wostok, Nr. 1, Februar 1992.

1. Erläutern Sie, wodurch es dem sowjetischen Präsidenten Michail Gorbatschow gelang den Kalten Krieg zu überwinden (Mat. 8).
2. Welche Probleme gab es in seinem Land, als er die Macht übernahm und inwiefern haben diese zu einer Entspannungspolitik beigetragen? Ziehen Sie dazu die Darstellung S. 248–251 heran.
3. Untersuchen Sie, inwiefern Gorbatschow von traditionellen Prämissen der sowjetischen Außenpolitik nach 1945 abgerückt ist.

5 Internationale Politik nach 1945

Die Vereinten Nationen/UNO

9 *Vorschläge des UNO-Generalsekretärs Boutros Ghali (geb. 1922) zur Friedens- und Sicherheitspolitik der UNO (1995)*

1. Vorbeugende Diplomatie

Ziel:
- Verhinderung des Entstehens von Streitigkeiten
- Verhinderung des Ausbruchs offener Konflikte
- rasche Begrenzung ausgebrochener Konflikte

Mittel:
- Diplomatische Gespräche
- vertrauensbildende Maßnahmen
- Frühwarnsysteme
- vorbeugenden Einsatz von UN-Truppen
- vorsorgliche Einrichtung entmilitarisierter Zonen

3. Friedenssicherung

Ziel:
- Stabilisierung der Lage in den Konfliktzonen
- Überwachung der Vereinbarungen

Mittel:
- Entsendung von Beobachtermissionen
- Einsatz von UN-Friedenstruppen
- Bildung von UN-Zonen zwischen den Konfliktparteien
- Wahrnehmung polizeilicher Aufgaben
- Sicherung humanitärer Maßnahmen
- Umfassendes Krisenmanagement

2. Friedensschaffung

Ziel: Nach Konfliktausbruch Herbeiführung einer Einigung der feindlichen Parteien

Mittel:
- Friedliche Mittel (z. B. Vermittlung, Verhandlungen, Schiedsspruch, Entscheidungen durch Internationalen Gerichtshof)
- Gewaltlose Sanktionen (z. B. Wirtschaft- und Verkehrsblockade)
- Friedensdurchsetzung (Aufstellung von UN-Truppen)
- Militärische Gewalt

4. Friedenskonsolidierung

Ziel: Stabilisierung des Friedens durch Diplomatie und friedlichen Wiederaufbau

Mittel: *Nach einem Konflikt innerhalb eines Landes:*
- Entwaffnung der verfeindeten Parteien
- Wiederherstellung der öffentlichen Ordnung
- Repatriierung von Flüchtlingen
- Neuaufbau staatlicher Institutionen

Nach einem internationalen Konflikt:
- Realisierung gemeinsamer Projekte zur Förderung der wirtschaftlichen und sozialen Entwicklung
- Abbau der Schranken zwischen den Nationen (z.B. Kulturaustausch, Reiseerleichterungen)

10 *Kriege und Spannungen in der Welt 1994/95 (Jahresbericht des Internationalen Instituts für strategische Studien)*

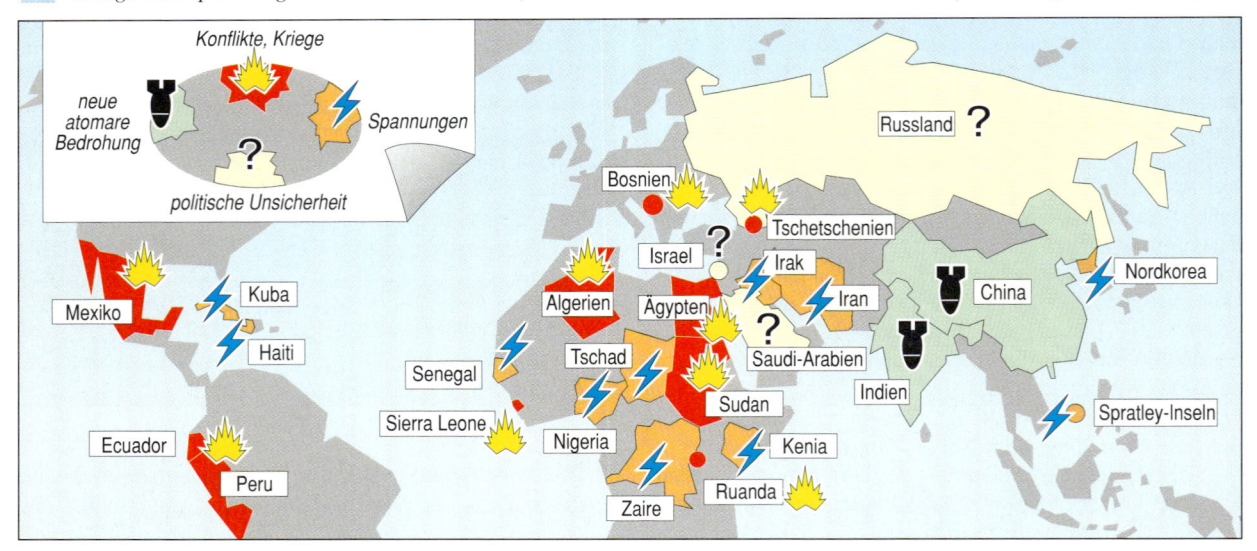

1. Stellen Sie aus Mat. 10 die Regionen zusammen, von denen nach dem Ende des Ost-West-Konfliktes eine besondere Gefährdung der internationalen Sicherheit ausgeht.

2. Diskutieren Sie Möglichkeiten durch friedenserhaltende oder friedenschaffende Maßnahmen der Vereinten Nationen die in der Karte aufgeführten Konflikte zu lösen.

Internationale Politik nach 1945

Von Palästina nach Israel:
Die schwierige Gründung eines Nationalstaates

1 *Von Palästina nach Israel – eine Übersicht 1916–1995:*

1916 Sykes-Pikot-Abkommen: Aufteilung des Nahen Ostens in ein französisches und ein britisches Interessengebiet	schen Bewohnern aus israelischen Gebieten; Waffenstillstand, kein Friedensvertrag; arabische Staaten verweigern Anerkennung Israels	**1990/91** 2. Golfkrieg: Irak schießt Raketen auf Israel
1917 Balfour-Deklaration: Zusage Großbritanniens für eine jüdische „nationale Heimstätte" in Palästina	**1964** Mit der Gründung der Palästinensischen Befreiungsorganisation (PLO) beginnt sich der palästinensische Widerstand militant zu organisieren	**1991** Nahostkonferenz aller am Nahostkonflikt beteiligten Gegner in Madrid; Aufnahme diplomatischer Beziehungen zwischen Israel und der Sowjetunion
1920 Errichtung eines britischen Völkerbundmandats über Palästina	**1967** 3. israelisch-arabischer Krieg („Sechs-Tage-Krieg"); Beginn der israelischen Siedlungspolitik	**1993** Prinzipienerklärung zwischen Israel und der PLO über gegenseitige Anerkennung und Schaffung einer palästinensischen Selbstverwaltung (Sept.)
1936–39 Bürgerkriegsähnliche Unruhen zwischen jüdischen Einwanderern und Arabern	**1973** 4. israelisch-arabischer Krieg („Yom-Kippur-Krieg"): arabische Ölförderländer verfügen Preiserhöhung und Lieferstop („Ölkrise")	**1994** Gaza-Jericho-Abkommen zwischen Israel und der PLO legt die staatliche Autonomie für die Palästinenser in Jericho und Gaza fest (Mai); Friedensvertrag zwischen Israel und Jordanien (Okt.); PLO-Führer Yasser Arafat, der israelische Außenminister Shimon Peres und Ministerpräsident Jitzhak Rabin erhalten den Friedensnobelpreis
1937 Teilungsplan der Peel-Kommission	**1979** Ägyptisch-israelischer Friedensvertrag	
1947 UNO beschließt in der Resolution 181 Teilung Palästinas	**1987** Beginn der „Intifada" (arab. = abschütteln): Aufstand der palästinensischen Bevölkerung in den von Israel besetzen Gebieten Westjordanland und Gaza	
14. Mai 1948 Unabhängigkeitserklärung und Proklamation des Staates Israel; Rechte und Interessen der Palästinenser nicht hinreichend berücksichtigt		
1948/49 1. Krieg zwischen Israel und den arabischen Nachbarstaaten; Sieg und Gebietseroberungen Israels	**1988** Unabhängigkeitserklärung und Proklamation eines palästinensischen Staates durch die PLO; bedingte Anerkennung des Staates Israel	**1995** Der israelische Ministerpräsident Jitzhak Rabin wird von israelischen Extremisten ermordet (Nov.)
1956 Krieg Israels gegen Ägypten („Sinai-Feldzug"; 2. israelisch-arabischer Krieg; Flucht von ca. 700 000 arabi-		

2 *Palästina/Israel 1916–1995*

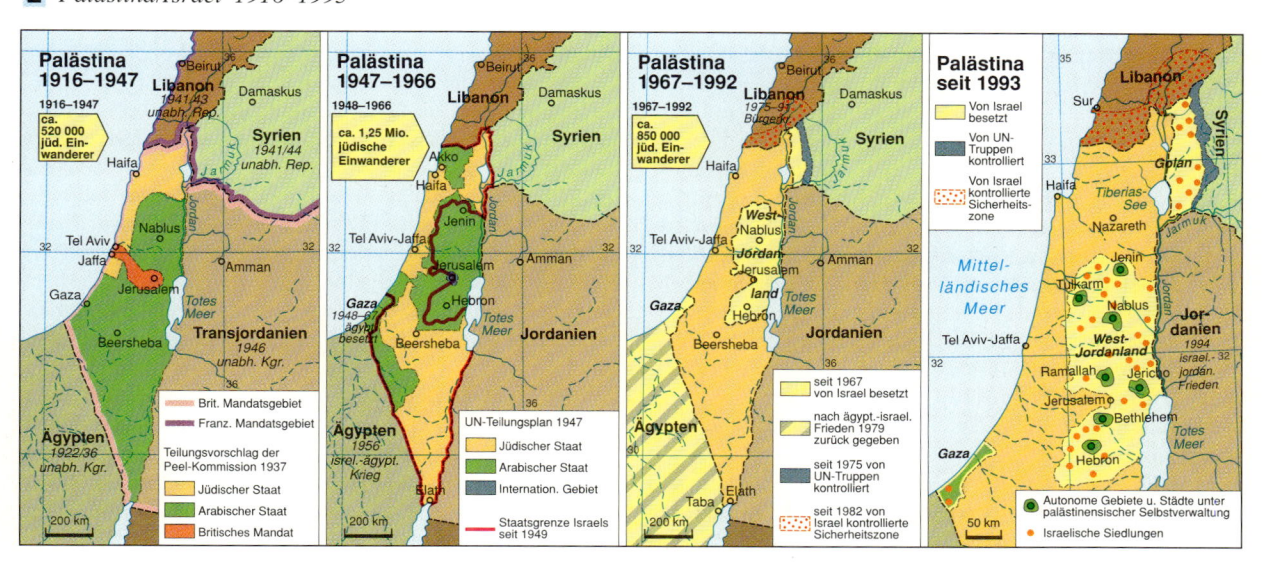

Vom Mandat zum Staat Israel

3 Nach der nationalsozialistischen Machtübernahme in Deutschland 1933 kam es zu einer erneuten Flut von Einwanderungen nach Palästina. Allein im Jahr 1935 kamen 59000 Juden mit der 5. großen Alijah (Einwanderungswelle) ins Land (siehe Mat.6). Die arabische Bevölkerung sah sich mehr und mehr als Minderheit im eigenen Land und reagierte zunehmend gewaltsam auf den Flüchtlingsstrom aus Deutschland und Polen. Die kriegsähnliche Eskalation 1936 ließ die britische Mandatsmacht 1937 reagieren und eine Untersuchungskommission einsetzen, deren Abschlussbericht („Peel-Bericht") die Situation folgendermaßen schilderte:

Q Ein ununterdrückbarer Konflikt ist zwischen zwei nationalen Gemeinschaften in den engen Grenzen eines kleinen Landes aufgeflammt. Etwa 1000000 Araber befinden sich in einem offenen oder latenten Fehdezustand mit etwa
5 400000 Juden. Es gibt nichts, was beide miteinander gemeinsam hätten. Die Araber sind vorwiegend asiatisch, die Juden vorwiegend europäisch. Sie unterscheiden sich in der Religion und ihrer Sprache. Ihr kulturelles und soziales Leben, ihr Denken und ihre Verhaltensweisen sind ebenso un-
10 vereinbar wie ihre nationalen Träume [...].
Aus dieser Analyse folgt der Vorschlag einer Teilung:
Die Vorteile einer Teilung nach den von uns vorgeschlagenen Richtlinien für die Araber seien folgendermaßen zusammengefasst:
15 (I) Sie erlangen nationale Unabhängigkeit und können mit den Arabern der Nachbarländer in der Sache arabischer Einheit und arabischen Fortschritts auf gleichem Fuß zusammenarbeiten.
(II) Sie werden endgültig von der Furcht befreit, dass sie von
20 den Juden „überschwemmt" und möglicherweise schließlich einer jüdischen Herrschaft unterworfen werden könnten.
(III) Die endgültige Begrenzung des jüdischen Nationalheims innerhalb einer festgelegten Grenze und im Besonde-
25 ren die Einführung eines neuen Mandats zum Schutze der Heiligen Stätten, vom Völkerbund feierlich garantiert, beseitigt alle Befürchtungen, dass die Heiligen Stätten jemals unter jüdische Kontrolle kommen könnten.
(IV) Als Entschädigung für den Verlust des Territoriums, das
30 von den Arabern als das ihre angesehen wird, erhält der arabische Staat von dem jüdischen eine Subvention. [...]
Die Vorteile der Teilung für die Juden können folgendermaßen zusammengefasst werden:
(I) Eine Teilung sichert die Errichtung eines jüdischen Na-
35 tionalheims und befreit es von der Möglichkeit in Zukunft arabischer Herrschaft unterworfen zu werden.

(II) Eine Teilung macht es den Juden möglich ihr Nationalheim im vollsten Sinne ihr eigen zu nennen, denn sie verwandelt es in einen jüdischen Staat. Seine Bürger werden in der Lage sein so viele Juden zuzulassen, als sie glauben, dass 40 aufgenommen werden können. Sie werden endlich aufhören das „Leben einer Minderheit" zu führen.

Zit. nach Rosemarie Wehling, Der Nahost-Konflikt in der politischen Bildung, in: Aus Politik und Zeitgeschichte, Jg. 1978, Beilage 18, S.29.

1. Erläutern Sie, welche Prinzipien der Bericht (Mat. 3) vertritt und inwieweit der eigentliche Teilungsvorschlag den im Bericht formulierten Prinzipien entsprach. Erörtern Sie die sich daraus ergebenden Konfliktzonen zwischen Arabern und Juden (siehe auch Mat. 2).
2. Beurteilen Sie die im Peel-Bericht vorgeschlagene Lösung. Schreiben Sie einen Zeitungskommentar zum Peel-Bericht (Mat. 3) aus jüdischer und einen aus arabischer Sicht, und zwar aus der Perspektive des Jahres 1937.

4 1947 billigte die UNO-Vollversammlung die Teilung Palästinas in einen jüdischen und einen arabischen Staat. Am 14. Mai 1948 erfolgte die offizielle Gründung des Staates Israel durch einen jüdischen Nationalrat. In der Unabhängigkeitserklärung heißt es (Auszug):

Q Im Lande Israel entstand das jüdische Volk. Hier prägte sich sein geistiges, religiöses und politisches Wesen. Hier lebte es frei und unabhängig. Hier schuf es eine nationale und universelle Kultur und schenkte der Welt das ewige Buch der Bücher. 5
Durch Gewalt vertrieben blieb das jüdische Volk auch in der Verbannung seiner Heimat in Treue verbunden. [...]
Beseelt von der Kraft der Geschichte und Überlieferung suchten Juden jeder Generation, in ihrem alten Lande wieder Fuß zu fassen. 10
Die Katastrophe, die in unseren Tagen über das jüdische Volk hereinbrach und Millionen von Juden in Europa vernichtete, bewies unwiderleglich aufs Neue, dass das Problem der jüdischen Heimatlosigkeit durch die Wiederherstellung des jüdischen Staates im Lande Israel gelöst werden 15 muss, eines Staates, dessen Pforten jedem Juden offen stehen. [...]
Im Zweiten Weltkrieg leistete die jüdische Gemeinschaft im Lande Israel ihren vollen Beitrag zum Kampfe der Frieden und Freiheit liebenden Nationen gegen die verbrecherischen 20 Nazimächte. Mit dem Blute ihrer Soldaten und ihrem Einsatz für den Sieg erwarb sie das Recht auf Mitwirkung bei der Gründung der Vereinten Nationen.

Am 29. November 1947 fasste die Vollversammlung der Vereinten Nationen einen Beschluss, der die Errichtung eines jüdischen Staates im Lande Israel forderte. [...]
Demzufolge haben wir, die Mitglieder des Volksrates, als Vertreter der jüdischen Bevölkerung und der Zionistischen Organisation, heute, am letzten Tage des britischen Mandats über Palästina, uns hier eingefunden und verkünden hiermit kraft unseres natürlichen und historischen Rechtes und aufgrund des Beschlusses der UNO-Vollversammlung die Errichtung eines jüdischen Staates im Lande Israel – des Staates Israel.

Zit. nach Hermann Meier-Cronemeyer u. a., Israel, Hannover 1970, S. 149.

5 *Aus der Proklamation eines unabhängigen palästinensischen Staates durch die Palästinensische Befreiungsorganisation/PLO von 1988 (Auszug):*

Palästina, das Land der drei monotheistischen Religionen, ist das Land, aus dem das palästinensisch-arabische Volk stammt, in dem es sich entwickelte und sich auszeichnete. Das palästinensisch-arabische Volk war immer in Palästina verwurzelt und hat nie seine Bande mit ihm gelöst. [...]
Trotz der historischen Ungerechtigkeit, die dem palästinensisch-arabischen Volk widerfuhr und die dazu führte, dass es zerstreut und seines Rechts auf Selbstbestimmung beraubt wurde, gefolgt von der Resolution 181 (1947), die Palästina in zwei Staaten, einen arabischen und einen jüdischen, teilte, stellt diese Resolution, die immer noch der internationalen Legitimität entspricht, das Recht des palästinensisch-arabischen Volkes auf Souveränität und nationale Unabhängigkeit sicher. [...]
In Ausübung der Rechte des palästinensischen Volkes auf Selbstbestimmung, politische Unabhängigkeit und Souveränität über sein Land proklamiert der Palästinensische Nationalrat im Namen Gottes und im Namen des palästinensischen Volkes die Gründung des Staates Palästina auf seinem palästinensischen Boden mit Jerusalem als Hauptstadt (Al Quds al-sharif).
Der Staat Palästina ist der Staat aller Palästinenser, wo immer sie sich auch befinden. [...]
Im Rahmen des Kampfes um Frieden ruft der Staat Palästina die Vereinten Nationen auf ihre besondere Verantwortung gegenüber dem palästinensisch-arabischen Volk und seiner Heimat wahrzunehmen.

Zit. nach Krieg und Frieden im Nahen Osten. Materialsammlung, Hamburg, Behörde für Schule, Jugend und Berufsbildung, 1991, S. 138.

1. Vergleichen Sie die Unabhängigkeitserklärungen in Mat. 4 und 5 und erläutern Sie, wie der Unabhängigkeitsanspruch jeweils begründet wird. Berücksichtigen Sie auch die Entwicklung des israelisch-palästinensischen Verhältnisses zwischen 1948 und 1988 mit Hilfe von Mat. 1.
2. Analysieren Sie in Mat. 4 und 5 die jeweilige Rollenzuweisung an die Vereinten Nationen.

6 *Die Gesellschaftsstruktur in Palästina/Israel*

a) *Jüdische Einwanderung nach Palästina/Israel (in Personen) 1882–1990:*

Jahr	Zahl der Einwanderer	Wichtigste Herkunftsländer
1882–1903	20–30 000 (1. Alijah)	Russland
1904–1914	35–40 000 (2. Alijah)	Russland, Polen
1919–1923	ca. 35 000 (3. Alijah)	Russland, Polen
1924–1931	ca. 80 000 (4. Alijah)	Polen, Sowjetunion
1932–1938	ca. 200 000 (5. Alijah)	Polen, Deutschland,
1939–1945	ca. 80 000	Polen, Deutschland, Rumänien, Tschechosl., Ungarn
1946–1948	ca. 160 000	Polen, Rumänien, Bulgarien, Algerien, Tunesien
1949–1951	ca. 710 000	Polen, Rumänien, arab. Staaten
1952–1987	ca. 1 060 000	arab. Staaten, Iran, Sowjetunion, Polen, Rumänien, Äthiopien
1988–1989	ca. 30 000	Sowjetunion
1990	ca. 200 000	Sowjetunion, Äthiopien

Nach Johannes Glasneck/Angelika Timm, Israel, Bonn 1992, S. 286.

b) *Herkunft der jüdischen Bevölkerung Israels (Dezember 1977):*

Geboren in	Einwohner in Personen	in Prozent
Israel	1 639 300	53,3
Europa und Amerika	794 100	25,8
Asien und Afrika (vor allem in arabischen Ländern)	643 900	20,9

Nach Wochenschau für politische Erziehung, Sozial- und Gemeinschaftskunde, Sek. I, Jg. 1985, März/April, S. 60.

c) Die Verteilung der arabischen und jüdischen Bevölkerung in Palästina/Israel 1882–1986:

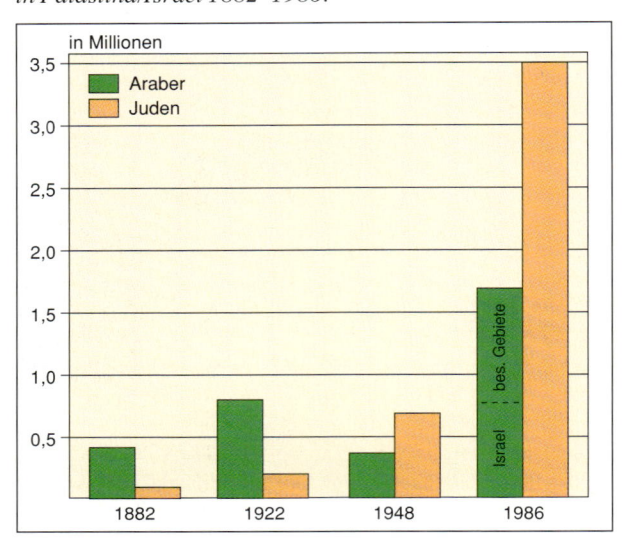

[Diagramm: Bevölkerung in Millionen – Araber und Juden, 1882, 1922, 1948, 1986; 1986 mit Unterteilung Israel / bes. Gebiete]

1. Beschreiben Sie die Bevölkerungsentwicklung in Israel anhand von Mat. 6 a bis c.
2. Analysieren Sie mögliche Zusammenhänge mit den arabisch-israelischen Konflikten (siehe Mat. 1).

d) Beschäftigte in Israel nach Wirtschaftsbereichen 1945 und 1985 (in Prozent):

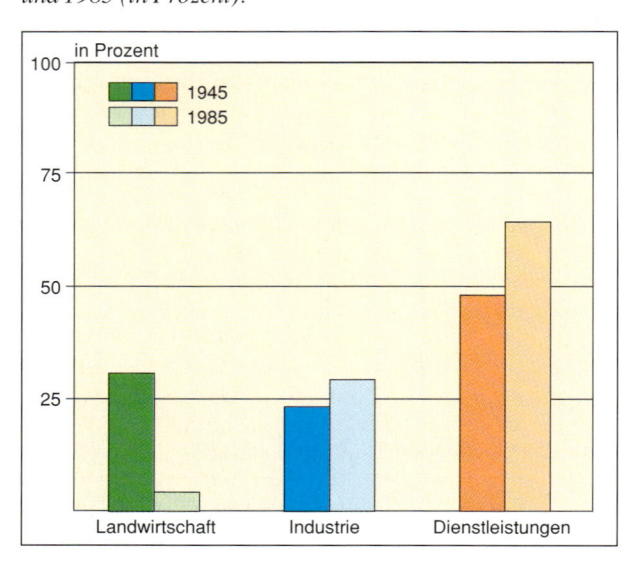

[Diagramm: Landwirtschaft, Industrie, Dienstleistungen – 1945 und 1985]

e) Erwerbsstruktur der arabischen Bevölkerung in Israel 1955 und 1985 (in Prozent):

Wirtschaftsbereich	1955	1984
Landwirtschaft	49,8	9,0
Industrie und Bau	36,3	43,0
Dienstleistungssektor	13,9	48,0

f) Stadt-Land-Verteilung der arabischen Bevölkerung in Israel 1948 und 1983 (in Prozent):

	1948	1983
städtisch	23,6	67,0
ländlich	76,4	33,0

Quelle 6 c bis f nach Michael Wolffsohn, Israel, Opladen 1987, S. 39.

1. Beschreiben Sie die Entwicklung der Wirtschaftssektoren in Israel und erklären Sie, inwieweit die arabische Bevölkerung hieran teilnimmt (Mat. 6 e und f).
2. Analysieren Sie die Gliederung der Bevölkerung Israels (Mat. 6 a bis f). Beurteilen Sie, ob eine Chancengleichheit von Arabern und Juden tatsächlich gegeben ist.

Der Friedensprozess im Nahen Osten

7 *Der Politologe Rolf Tophoven über die Rolle der Großmächte im Nahen Osten (1995):*
D Seit dem Zweiten Weltkrieg wurde der Nahe Osten zu einem besonderen Interessengebiet der USA und der Sowjetunion. […] Die USA unterstützten Israel, die Sowjetunion und andere Länder des damals noch existierenden Ostblocks die arabischen Staaten, vor allem Syrien. […]
Dennoch war in der US-Politik gegenüber Israel seit dem Oktoberkrieg 1973 ein schleichender Wandel zu erkennen. Strategische und vor allem auch wirtschaftliche Interessen der USA im Nahen und Mittleren Osten ließen es für die amerikanische Außenpolitik als notwendig erscheinen auch die arabischen Interessen stärker als zuvor ins politische Kalkül einzubeziehen und den Druck auf Israel zu verstärken. […]
Der eigentliche Schwenk in der Nahostpolitik der Sowjetunion nach einer langen Phase antiisraelischer Politik vollzog sich mit dem Amtsantritt Michail Gorbatschows. […] Nach dem Zusammenbruch der Sowjetunion gilt bei den Friedensgesprächen zwischen Israel und seinen arabischen Nachbarn jetzt Russland als „Garantiemacht", wenngleich

aufgrund der erheblichen Probleme in Osteuropa die USA als einzig verbliebene Supermacht eindeutig die Vermittlerrolle zwischen den Konfliktparteien übernommen haben.

Rolf Tophoven, Bestimmungsfaktoren israelischer Außenpolitik, in: Informationen zur politischen Bildung 247, Bonn 1995, S. 27–31, hier S. 27 f.

8 *Der israelische Ministerpräsident Yitzhak Rabin, US-Präsident Bill Clinton und der PLO-Vorsitzende Yasser Arafat in Washington am 13. September 1993 anlässlich der Prinzipienerklärung über die Schaffung einer palästinensischen Selbstverwaltung. Fotografie*

9 *Palästinenser verfolgen am 4. Mai 1994 auf dem Markt von Jericho die Unterzeichnung des Gaza-Jericho-Abkommens in Kairo. Fotografie*

10 *„Verständigung". Karikatur aus dem „Göttinger Tageblatt", 11. September 1993*

11 Die Frankurter Allgemeine Zeitung schrieb zur gegenseitigen Anerkennung Israels und der PLO (Sept. 1993):
D Die Unterschriften von Rabin und Arafat, mit denen Israel und die PLO sich offiziell anerkannt haben, besiegelten einen historischen Kompromiss, den bis vor kurzem niemand für möglich gehalten hätte. Die veränderte Ordnung im Nahen Osten wird weit über die Region hinaus Folgen haben. Nicht nur besteht jetzt zum ersten Mal die realistische Chance eine Ära von „hundert Jahren Terror", wie Schimon Peres in der Knesseth ausrief, zu beenden. Was in den letzten Monaten nach zähen Verhandlungen in Paris, Madrid, Oslo und Washington geleistet wurde, ist ein epochales Ereignis: nach dem Auseinanderbrechen der kommunistischen Systeme und dem Golfkrieg die dritte große Veränderung, durch die sich die Machtblöcke innerhalb weniger Wochen verschoben haben und alte Lagerzugehörigkeiten aufgekündigt wurden.

Frankfurter Allgemeine Zeitung, 18. September 1993, S. 25.

1. *Informieren Sie sich anhand der Abbildungen (Mat. 8 bis 10) und der Zeittafel (Mat. 1) über die entscheidenden Schritte im Nahost-Friedensprozess.*
2. *Welche Personen oder Sachverhalte rücken Mat. 8 bis 10 in den Mittelpunkt des Friedensprozesses?*
3. *Erläutern Sie, inwieweit die Sichtweise der Karikatur (Mat. 10) diejenige der Fotografie (Mat. 8) relativiert?*
4. *Bestimmen Sie, ob in Mat. 11 das Ende des Ost-West-Konfliktes zu den Folgen oder zu den Ursachen des Friedensprozesses gehört. Schreiben Sie einen kurzen Zeitungskommentar zur Rolle, die der Ost-West-Konflikt Ihrer Meinung nach für den Friedensprozess gespielt hat (siehe auch Mat. 7).*

Der Prozess der europäischen Einigung

1 *Projekt einer Deklaration, ausgearbeitet von europäischen Widerstandskämpfern, Frühjahr 1944:*

Q I. Der Widerstand gegen die nationalsozialistische Unterdrückung, der die Völker Europas in einem gemeinsamen Kampf verbindet, hat zwischen ihnen eine Solidarität sowie eine Gemeinschaft der Ziele und Interessen geschaffen, die ihre ganze Bedeutung und ihre ganze Tragweite in der Tatsache sich haben niederschlagen lassen, dass die Delegierten der europäischen Widerstandsbewegungen sich zusammengefunden haben um die gegenwärtige Deklaration zu formulieren [...]. Indem sie die wesentlichen Bestimmungen der Atlantik-Charta sich zu eigen machen, erklären sie, dass das Leben der Völker, die sie vertreten, auf die Achtung der Person, die Sicherheit, die soziale Gerechtigkeit, die umfassende Nutzung der wirtschaftlichen Hilfsquellen zugunsten der Gemeinschaft in ihrer Gesamtheit und die autonome Entfaltung des nationalen Lebens begründet sein muss.

II. Diese Ziele können nur erreicht werden, wenn die verschiedenen Länder der Welt sich bereit erklären das Dogma der absoluten Staatssouveränität abzustreifen, indem sie sich einer gemeinsamen Bundesorganisation eingliedern. [...]

III. Der Frieden in Europa stellt den Schlüssel zum Frieden in der Welt dar. Tatsächlich ist Europa im Zeitraum einer einzigen Generation das Auslösezentrum zweier Weltkriege geworden, wobei hierfür wesentlich maßgebend war, dass auf diesem Kontinent 30 souveräne Staaten existierten. Es ist unerlässlich gegen diese Anarchie anzugehen, indem eine Bundesordnung für die europäischen Völker geschaffen wird. Nur eine Bundesordnung wird die Teilnahme des deutschen Volkes am europäischen Leben gestatten, ohne dass es zur Gefahr für andere Völker würde. Nur eine Bundesordnung wird es gestatten die Probleme der Grenzziehung in Gebieten mit gemischter Bevölkerung zu lösen, sodass diese Gebiete aufhören der Gegenstand irrer nationalistischer Begehrlichkeit zu sein. [...] Nur eine Bundesordnung wird die Erhaltung der demokratischen Institutionen in solcher Weise gestatten, dass die noch nicht politisch voll gereiften Völker die allgemeine Ordnung nicht gefährden können. Nur eine Bundesordnung wird den wirtschaftlichen Wiederaufbau des Kontinents und die Ausschaltung der Monopole wie der nationalen Autarkie gestatten. [...]

IV. Es ist nicht möglich schon jetzt die geographischen Grenzen einer Bundesordnung vorzusehen, die den europäischen Frieden gewährleisten soll. Jedoch ist es angebracht festzustellen, dass diese Bundesordnung von Anfang an stark und umfassend genug sein muss um der Gefahr zu entgehen, nur die Einflusszone eines fremden Staates zu sein oder das Instrument für die Hegemonie-Politik eines Mitgliedes. Darüber hinaus muss sie von Anfang an allen Ländern offen stehen, deren Gebiet ganz oder teilweise in Europa liegt und die Mitglieder werden können oder wollen.

Die Bundesordnung muss sich auf eine Deklaration der Menschenrechte gründen, die die freie Entwicklung der menschlichen Person und das normale Funktionieren der demokratischen Funktionen gewährleisten. Darüber hinaus muss sie sich auf eine Deklaration der Minderheitsrechte stützen, die eine autonome Existenz dieser Minderheiten insoweit sicher stellt, wie dies mit der Integrität der Nationalstaaten vereinbar ist, auf deren Staatsgebiet sie sich befinden. Die Bundesordnung darf nicht das Recht eines jeden Mitgliedstaates einschränken, die ihm eigenen Probleme in Übereinstimmung mit seinen völkischen und kulturellen Eigenarten zu lösen. Jedoch werden die Staaten, in Erinnerung an die Erfahrungen und Fehlschläge des Völkerbundes, unwiderruflich an den Bund diejenigen Kompetenzen ihrer Souveränität abtreten müssen, die die Verteidigung des Territoriums, die Beziehungen mit Mächten außerhalb des Bundes, die Wirtschaftsbeziehungen und die internationalen Verbindungswege zum Gegenstand haben.

V. Der Frieden, der aus dem Kriege geboren werden soll, muss sich auf Gerechtigkeit und auf den Fortschritt gründen, nicht auf Rache und Reaktion. Dennoch wird eine unnachsichtige Einstellung gegenüber allen Kriegsverbrechen erforderlich sein, die ungestraft zu lassen eine Beleidigung für das Opfer der Kriegstoten und insbesondere der namenlosen Helden des europäischen Widerstandes wäre. Deutschland und seine Satelliten werden am wirtschaftlichen Wiederaufbau der Gebiete mitwirken müssen, die von ihnen verwüstet wurden, aber Deutschland muss geholfen werden, notwendigenfalls sogar gezwungen, seine politische und wirtschaftliche Struktur zu ändern, damit es sich dem europäischen Bunde eingliedern könne.

Zit. nach Centre d'action pour la Fédération européenne (Hg.), L'Europe de Demain, Neuchatel 1945, S. 70 ff.

2 *Der belgische Politiker Paul Henri Spaak (1899–1972) erläuterte 1951 in einer Rede die Gründe für seinen Rücktritt als Präsident der Versammlung des Europarats:*

Q Meine Damen und Herren, von der Höhe des Präsidentenstuhles [...] habe ich eine Feststellung machen müssen,

die mich oft mit großer Traurigkeit erfüllt hat. Die Unsummen an Begabung, die man oft in dieser Versammlung aufgewandt hat um auseinanderzusetzen, dass man nichts tun dürfe, hat mich in Erstaunen versetzt. Da gibt es Deutsche, die Europa erst schaffen wollen, wenn sie die Einheit Deutschlands wieder hergestellt haben. Da gibt es Belgier, die Europa erst verwirklichen wollen, wenn England mittut. Da gibt es Franzosen, die Europa nicht schaffen wollen, wenn sie dabei den Deutschen in einem Dialog gegenüberstehen. Die Engländer wollen Europa solange nicht schaffen, bis sie eine Lösung mit dem Commonwealth gefunden haben. [...] Wenn wir in dieser Versammlung, davon bin ich überzeugt, ein Viertel der Energie, die hier aufgewandt wurde um „Nein" zu sagen, darangesetzt hätten um „Ja" zu sagen, dann wären wir nicht mehr in dem Zustand, in dem wir uns heute befinden [...].
Wenn wir hier nicht gezwungen wären uns so parlamentarisch zu verhalten, könnte man sehr brutal werden. Aber immerhin, schauen Sie ein wenig auf die verflossenen Jahre zurück. Wer von Rom, von Athen, von Paris oder London kommt und sich daran erinnert, was sein Land einst gewesen ist und was seine Hauptstadt einst in der Welt dargestellt hat, und ermisst, was heute aus uns allen geworden ist – wie kann er angesichts der Ereignisse diese Ruhe und diese Gelassenheit an den Tag legen? Das Europa, von dem wir hier sprechen, ist einmal ein Europa, das wir schwer haben verstümmeln lassen. Ein Europa ohne Polen, ohne Tschechoslowakei, ohne Ungarn, ohne den Balkan, ohne Ostdeutschland! Das Europa, von dem wir hier sprechen, ist zum anderen ein Europa, gegen das sich heute Asien und Afrika erheben [...]. Das Europa, von dem wir hier sprechen, ist ferner ein Europa, das seit fünf Jahren in der Angst vor den Russen und von der Wohltätigkeit der Amerikaner lebt.
Angesichts eines solchen Schauspiels sind wir unbewegt, so, als ob die Geschichte warten würde, so, als ob wir Zeit hätten im Laufe von Jahrzehnten und Jahrzehnten in aller Ruhe unsere Geisteshaltung umzuwandeln, unsere Zollschranken zu beseitigen, unseren nationalen Egoismus aufzugeben, so, als ob wir die Ewigkeit vor uns hätten.

Zit. nach Claus Schöndube/Christel Ruppert, Eine Idee setzt sich durch, Hangelar 1964, S. 167 f.

1. Arbeiten Sie heraus, auf welchen Grundsätzen und mit welchen Zielen nach Mat. 1 das neue Europa errichtet werden soll. Welche Rückschlüsse kann man daraus hinsichtlich der politischen Position der Verfasser ziehen?
2. Nehmen Sie Stellung zu den Vorstellungen über die Kompetenzen der Bundesordnung und die Einbindung Deutschlands in Mat. 1.

3. Ordnen Sie die Rede von Spaak (Mat. 2) in den historischen Zusammenhang ein (siehe auch Darstellung S. 236–241). Nehmen Sie zu der Beurteilung des europäischen Einigungsprozesses in Mat. 2 Stellung.

3 *Auszug aus den „Römischen Verträgen", mit denen 1957 die Europäische Wirtschaftsgemeinschaft/EWG gegründet wurde:*
Q Artikel 3: Die Tätigkeit der Gemeinschaft [...] umfasst:
a) die Abschaffung der Zölle und mengenmäßigen Beschränkungen bei der Ein- und Ausfuhr von Waren sowie aller sonstigen Maßnahmen gleicher Wirkung zwischen den Migliedstaaten;
b) die Einführung eines gemeinsamen Zolltarifs und einer gemeinsamen Handelspolitik gegenüber dritten Ländern;
c) die Einführung einer gemeinsamen Politik auf dem Gebiet der Landwirtschaft; [...]
e) die Einführung einer gemeinsamen Politik auf dem Gebiet des Verkehrs;
f) die Errichtung eines Systems, das den Wettbewerb innerhalb des Gemeinsamen Marktes vor Verfälschungen schützt;
g) die Anwendung von Verfahren, welche die Koordinierung der Wirtschaftspolitik der Mitgliedstaaten und die Behebung von Störungen im Gleichgewicht ihrer Zahlungsbilanzen ermöglichen;
h) die Angleichung der innerstaatlichen Rechtsvorschriften, soweit dies für das ordnungsgemäße Funktionieren des Gemeinsamen Marktes erforderlich ist;
i) die Schaffung eines Europäischen Sozialfonds um die Beschäftigungsmöglichkeiten der Arbeitnehmer zu verbessern und zur Hebung ihrer Lebenshaltung beizutragen;
j) die Errichtung einer Europäischen Investitionsbank um durch Erschließung neuer Hilfsquellen die wirtschaftliche Ausweitung in der Gemeinschaft zu erleichtern;
k) die Assoziierung der überseeischen Länder und Hoheitsgebiete um den Handelsverkehr zu steigern und die wirtschaftliche und soziale Entwicklung durch gemeinsame Bemühungen zu fördern.

Zit. nach Europa. Verträge und Gesetze, Bonn 1972, S. 75 f.

1. Ordnen Sie die „Römischen Verträge" in den historischen Kontext ein (siehe Darstellung S. 244 f.).
2. Erläutern Sie die Bedeutung der Vereinbarungen, die in den Römischen Verträgen 1957 getroffen worden sind (Mat. 3), für den weiteren Prozess der europäischen Integration. Ziehen Sie dazu auch die Darstellung S. 244 f. heran.

4 *Der französische Staatspräsident Charles de Gaulle (1890–1970) auf einer Pressekonferenz 1962 zu Europa:*
Q Zum gegenwärtigen Zeitpunkt ist kein anderes Europa möglich als das der Staaten, außer natürlich dem der Mythen, der Phantasie, des Scheins. Was in der Wirtschaftsgemeinschaft geschieht, beweist das jeden Tag, denn die Staaten sind es, die Staaten allein, die diese Wirtschaftsgemeinschaft geschaffen haben, die ihr Kredite gegeben und ihr Beamte zur Verfügung gestellt haben. Und die Staaten sind es, die ihr Realität und Wirksamkeit verliehen haben. Dies umso mehr, als man keine wichtige wirtschaftliche Maßnahme ergreifen kann ohne einen politischen Akt zu vollziehen. […]
Ich möchte besonders auf den Einwand der Integration näher eingehen. Man präsentiert ihn uns mit den Worten: „Verschmelzen wir die sechs Staaten zu einer supranationalen Einheit. Dann wird alles sehr einfach, sehr praktisch sein." Doch es ist unmöglich eine solche Einheit zu finden, da es heute in Europa keinen Föderator gibt, der in ausreichendem Maße die Macht, den Kredit und die Fähigkeit besäße. Also begnügt man sich mit einer Art Hybris, in der sich die sechs Staaten verpflichten würden sich den Beschlüssen einer gewissen Mehrheit zu unterwerfen. Gleichzeitig müsste, obwohl es schon sechs nationale Parlamente gibt, dazu eine gemeinsame europäische Vertretung und darüber hinaus […] noch ein weiteres Parlament gewählt werden, das man als „europäisch" bezeichnen und das den sechs Staaten Vorschriften machen würde. Das sind Ideen, die vielleicht einige Gemüter begeistern können, aber ich kann mir überhaupt nicht vorstellen, wie man sie praktisch verwirklichen könnte, selbst wenn man sechs Unterschriften auf einem Vertrag hätte. Kann man sich ein Deutschland, ein Italien, ein Holland, ein Belgien oder Luxemburg vorstellen, die bereit wären in einer für sie wichtigen nationalen oder internationalen Frage das zu tun, was ihnen schlecht erscheint, nur weil es von anderen befohlen würde? Würde sich das französische, deutsche, holländische, belgische oder luxemburgische Volk Gesetzen unterwerfen, die von ausländischen Abgeordneten verabschiedet werden, wenn diese Gesetze seinem inneren Willen zuwider liefen? Bestimmt nicht […]. Sehen Sie, wenn man von den großen Dingen spricht, denkt man gern an die Wunderlampe, die Aladin nur zu reiben brauchte um sich damit über die Wirklichkeit zu erheben. Doch es gibt keine Zauberformel, die es möglich macht etwas so Schwieriges wie ein geeintes Europa zu konstruieren. Machen wir daher die Realität zur Grundlage des Gebäudes.
Zit. nach Europäische politische Einigung. Dokumentation von Vorschlägen und Stellungnahmen, Bd. 1, hg. von Heinrich von Siegler, Bonn u.a. 1968, S. 165 f.

1. Analysieren Sie, welche Auffassung vom Staat den Ausführungen de Gaulles (Mat. 4) zugrunde liegt.
2. Welche Perspektiven ergeben sich aus de Gaulles Ausführungen für Europa?

5 *Der Präsident der Kommission der Europäischen Wirtschaftsgemeinschaft, Walter Hallstein (1901–1982), erläuterte 1969 seine Sicht der europäischen Integration:*
Q Im Jahre 1880 konnten sich ein französischer und ein amerikanischer Arbeiter für den Lohn einer Arbeitsstunde 1,3 kg Brot kaufen. Im Jahr 1954 war der französische Arbeiter immer noch in der gleichen Lage, während sich sein amerikanischer Kollege 18 kg Brot kaufen konnte, also mehr als das Fünffache. Nehmen wir hinzu, dass noch heute in Kontinentaleuropa bei der Herstellung von Kraftfahrzeugen keine einzige Fabrik Fabrikationsmaschinen von der Art der amerikanischen einsetzen kann, dass es in Kontinentaleuropa keine Produktion von Verkehrsflugzeugen gibt, ganz zu schweigen von dem Rückstand in der Atomwirtschaft, so wird das Bild der Schwäche vollständig.
Kein Wunder, dass die Europäer sich gefragt haben, woran das liegt. […] Die Antwort lautet: Der entscheidende Grund für die Überlegenheit anderer Wirtschaftsräume, die nach Menschenzahl und Produktionskapazität mit Kontinentaleuropa vergleichbar sind, zeigt, dass das, was uns mangelt, der große einheitliche Binnenmarkt ist, wie er bei den Amerikanern und den Sowjetrussen vorhanden ist […].
Die Größe eines solchen Marktraumes tut es freilich nicht allein. Das Wirtschaften der Menschen in ihm muss so organisiert sein, dass die Produktivkräfte darin mächtig angeregt werden. In einem System der Freiheit wie dem unsrigen gibt es dafür ein einziges Mittel […], das ist der Wettbewerb.
Walter Hallstein, Der unvollendete Bundesstaat, Düsseldorf u.a. 1969, S. 154 f.

6 *Vorschläge des niederländischen EG-Politikers Sicco Leendert Mansholt (geb. 1908) für die weitere Ausgestaltung Europas (1974):*
Q Ich sehe zwei Methoden um Europa zu schaffen: Entweder wir beziehen alle Europäer ohne Ausnahmen mit ein, das heißt in eine moderne Form der Demokratie; wir sprechen darüber, wir beratschlagen, wir geben Wahlmöglichkeiten, wir lassen kontrollieren, das bedeutet also die Bildung einer politischen Union, in der dem Menschen die zentrale Stellung zukommt, oder wir machen ein Europa mit Wasserkopf und ohne Körper. Damit befassen wir uns im Augenblick: das Europa des „Laisser-faire", das Europa des gemeinsa-

men Marktes, der Betriebe, der multinationalen Unternehmen und also auch der Monopole, und wir betrachten den Menschen nur als Produzenten.
Ein politisches Europa – das drängt sich doch geradezu auf. […] Aber wie soll man sich gegenwärtig als Europäer fühlen können? Das wird erst der Fall sein, wenn sich Europa mit dem Menschen befasst. Dem Menschen in seinem Alltagsleben, seiner Arbeit, seiner Freizeit, seinem Wunsch nach Mitverantwortung. Der nicht einem Streben nach mehr Produktion untergeordnet wird, Fragen der Investitionspolitik, der Handelspolitik. Das Nachdenken über den Menschen, die Sorge für den Menschen muss in der internationalen Politik – also auch in Europa – noch gelernt werden.
Wir sind in Europa zur Zeit ein Block von neun Ländern: die stärkste Wirtschaftsmacht auf kommerzieller Ebene. Wir schließen Handelsverträge mit den Amerikanern, den Japanern, aber eine europäische Außenpolitik besteht nicht. […] Wer aber lenkt das Weltgeschehen? Das sind die Amerikaner und die Russen. […] Eine europäische Politik gegenüber Ländern der Dritten Welt gibt es ebenso wenig wie eine eigene europäische Innenpolitik. Die nationalen Parlamente haben keine Möglichkeit die in Brüssel beschlossene Sozialpolitik zu kontrollieren. Den Problemen der Verteidigung aber kann man nicht mehr entrinnen. Wir müssen wissen, ob wir eine europäische Streitmacht wollen oder nicht. Welches werden die Beziehungen Europas zu den anderen Ländern sein? Welches seine Strategie? […]
(Es) ist klar, dass wir nichts sind, solange wir nicht das Machtfeld der europäischen Institutionen vergrößert haben. Wir müssen jetzt politische Maßnahmen ergreifen, die sich in 15 oder 20 Jahren auswirken. Dabei besteht noch nicht einmal die Keimzelle eines europäischen Forschungszentrums. Wenn man die von der gegenwärtigen Kommission vorgeschlagenen armseligen Pläne kennt und gleichzeitig die Spannungen, die der Minimalplan im Ministerrat hervorgerufen hat, kann man nur weinen.

Sicco Mansholt, Die Krise. Europa und die Grenzen des Wachstums, Reinbek 1974, S. 23 f. und 120 f.

1. Vergleichen Sie die Ausführungen von Walter Hallstein (Mat. 5) mit denen von Leendert Mansholt (Mat. 6). Welche unterschiedlichen Vorstellungen von Europa kann man erkennen?
2. Informieren Sie sich über die grundlegenden Inhalte der Verträge von Maastricht (siehe dazu auch Darstellung S. 247).
3. Diskutieren Sie, inwieweit in den Verträgen von Maastricht Kritikpunkte von Mansholt (Mat. 6) berücksichtigt wurden.

7 *In einem Fernsehinterview äußerte sich die britische Premierministerin Margret Thatcher (geb. 1925) zu einem europäischen Bundesstaat (1988):*
Frage (F): Was beunruhigt Sie am meisten angesichts der Möglichkeit, dass wir Teil eines […] Bundesstaates Europa werden könnten?
Antwort (A): Ich meine, einige Leute sind sehr oberflächlich, wenn sie sagen: „Es gibt doch die Vereinigten Staaten von Amerika. Warum können wir nicht die Vereinigten Staaten von Europa haben?" […] Die Geschichte Europas ist ganz anders verlaufen. Es ist die Geschichte vieler unterschiedlicher geschichtlicher Entwicklungen. Wir können keine Vereinigten Staaten von Europa haben. Was wir haben können, ist, dass die zwölf Länder Europas stetig auf immer engere Zusammenarbeit in den Dingen hinwirken, die wir gemeinsam besser machen können […], aber nicht […] unsere eigene Identität aufgeben […].
F: Beunruhigt Sie das, wenn wir die Kontrolle über die große Mehrheit der sozialen und wirtschaftlichen Entscheidungen, die dieses Land betreffen, verlieren würden?
A: […] Wenn ich zum Europäischen Rat gehe und mit anderen Regierungschefs spreche, kann ich mir nicht vorstellen, dass irgendeiner von ihnen […] nach seiner Heimkehr von einem solchen Treffen vor sein Parlament tritt und sagt: „Also, Leute, ihr werdet in Zukunft keine Macht mehr haben. Alle Entscheidungen werden in Zukunft nicht mehr hier, sondern andernorts getroffen […]."
F: Sehen Sie es also als Ihre Aufgabe an Widerstand zu leisten gegen diese […] Entwicklung, die auf eine Schwächung unserer nationalen Entscheidungsfreiheit […] zugunsten europäischer Entscheidungsgewalt und einer einzigen europäischen Regierung hinausläuft?
A: Ich meine, das ist eine recht klare Abgrenzung. Es gibt einige Dinge, bei denen es besser für uns alle ist, wenn wir sie gemeinsam angehen, weil wir gemeinsam stärker sind […]. Die Dinge, die wir gemeinsam tun können, werden wir gemeinsam tun, aber wir werden uns unsere separate Identität in ihrer Gesamtheit bewahren. […] Vergessen Sie nicht: Die Demokratie ist bei uns gewachsen, wir sind die Mutter der Parlamente – und ich würde unter gar keinen Umständen die große Mehrheit unserer Entscheidungen aus der Hand geben […]. Wir müssen für unser Volk ein faires Geschäft aushandeln. Das ist etwas ganz anderes als einem (europäischen) Parlament alle Macht zu übertragen.

Zit. nach Politik und Unterricht, Heft 2, Stuttgart 1989, S. 32

1. Von welcher Position aus beurteilt Margret Thatcher (Mat. 7) die Perspektive der europäischen Einigung?
2. Nehmen Sie zu ihren Einwänden Stellung.

8 *Karikatur zur europäischen Einigung, ca. 1980*

EUROPÄISCHE GEMEINSCHAFT SOUVERÄNER NATIONALSTAATEN

9 *Der Historiker Hagen Schulze (geb. 1943) leitet aus der europäischen Geschichte Grundsätze für die zukünftige Entwicklung Europas ab (1990):*

D Wie konnte es aber geschehen, dass trotz des dichten Geflechts westeuropäischer Institutionen, trotz des definitiven Endes jahrhundertealter „Erbfeindschaften", trotz der Aussicht auf die Entstehung eines europäischen Binnenmarktes von 1993 an die europäische Begeisterung der Nachkriegsjahre verflachte, dass in Krisensituationen der nationale Egoismus der europäischen Staaten stärker zu sein scheint als das gemeinsame Interesse Westeuropas, dass die Wahlen weitaus niedrigere Beteiligungen erkennen lassen als die nationalen Parlamentswahlen?
Der Blick auf die Entwicklung des europäischen „Wir"-Gefühls gibt darauf eine ebenso einfache wie bedrückende Antwort: Europa hat sich immer nur gegen etwas, nie für etwas zusammenschließen können, mit den Worten des britischen Historikers Geoffrey Barraclough: „Die auffälligste Schwäche der europäischen Idee ist, dass sie stark nur so lange bleibt, wie die Bedrohung Europas stark bleibt; es ist eine befristete Einheit, die auf einer zeitweiligen oder auch nur vermuteten Gemeinsamkeit der Interessen beruht und schnell zerfällt, sobald der unmittelbare Zweck weniger drängend ist."
Das ist die augenblickliche Situation Europas: Eine Generation, die weder die nationalsozialistische noch die stalinistische Diktatur erlebt hat, die sich zudem derzeit aus dem Osten nicht bedroht fühlt, neigt dazu das reale Europa eher als Ärgernis anzusehen: ein Gewirr von bürokratischen Institutionen, deren Handeln oft schwer zu verstehen ist, ein Kontinent von Butterbergen und Milchseen, von mörderischen Konflikten zwischen holländischen und französischen Schweinezüchtern, aber ohne inneren, geistigen Zusammenhang, ohne wirkliche Notwendigkeit und Legitimation […]. Europa ist nie anders als politisch zerstückelt zu denken gewesen […]. Die Pluralität von Ideen, Kulturen, Regionen und Staaten zeichnet sich dadurch aus, dass sie Vielfalt bleibt, also nie für längere Zeit der Vorherrschaft einer Idee, einer Kultur oder eines Staates anheimfällt. Jeder Versuch der Hegemonie ruft Gegner auf den Plan und aus der Auseinandersetzung entsteht früher oder später neue Heterogenität. Das Überdauern der Vielfalt durch Selbstregulierung ist aber auch in einem weiteren Bereich zu beobachten: Der balance of power, also dem rechtsförmig geregelten Ausgleich zwischen den politischen Kräften im Staatensystem, entspricht das Prinzip der Demokratie: Hier geht es um den Ausgleich zwischen den Interessen der Bürger und ihrer Vereinigungen auf rechtsförmiger Grundlage, meist in Gestalt einer Verfassung: Nicht nur Rechte, Pflichten und Interessen der einzelnen Bürger werden ausbalanciert, sondern auch die Befugnisse der staatlichen Institutionen um deren Macht zu begrenzen. […]
Wenn Europa eine Zukunft haben soll, dann wird es unvermeidlich an das Europa der Vergangenheit anknüpfen müssen […]. Die dauerhafte Einheit der Vielfalt – das ist nicht nur durch einen zentralistischen, mit allen modernen Machtbefugnissen ausgestatteten Einheitsstaat zu verwirklichen. Dauerhaft kann eine europäische Verfassung nur sein, wenn sie mit den Nationen, ihrer langen Geschichte, ihren Sprachen und ihren Staaten rechnet. All dies kann nur zu einem Ganzen zusammengefügt werden, wenn das künftige Europa im Geist der Subsidiarität errichtet wird: ein verhältnismäßig lockeres Staatengebilde aus mehreren politischen Etagen, „in dem nur das an die nächsthöhere Etage abgegeben werden darf, was auf der unteren nicht erledigt werden kann" (Joseph Rovan).

Hagen Schulze, Die Wiederkehr Europas, Berlin 1990, S. 37 und 64.

1. Fassen Sie die Überlegungen von Hagen Schulze (Mat. 9) thesenartig zusammen. Vergleichen Sie seine Einschätzung mit den Ausführungen der Deklaration von 1944 (Mat. 1).

2. Stellen Sie in einem Kurzreferat die in den Materialien dieses Arbeitsteils wiedergegebenen Auffassungen zum europäischen Einigungsprozess einander gegenüber und nehmen Sie angesichts des erreichten Standes eine Wertung vor.

Menschen- und Bürgerrechtsbewegungen in Osteuropa

Die Rechte der Bürgergesellschaft

1 *Helsinki-Schlussakte der Konferenz über Sicherheit und Zusammenarbeit in Europa/KSZE vom 1. August 1975:*
VII. Achtung der Menschenrechte und Grundfreiheiten, einschließlich der Gedanken-, Gewissens-, Religions- oder Überzeugungsfreiheit
Die Teilnehmerstaaten werden die Menschenrechte und Grundfreiheiten einschließlich der Gedanken-, Gewissens-, Religions- oder Überzeugungsfreiheit für alle ohne Unterschied der Rasse, des Geschlechts, der Sprache oder der Religion achten.
Sie werden die wirksame Ausübung der zivilen, politischen, wirtschaftlichen, sozialen, kulturellen sowie anderen Rechte und Freiheiten, die sich alle aus der dem Menschen innewohnenden Würde ergeben und für seine freie und volle Entfaltung wesentlich sind, fördern und ermutigen.
In diesem Rahmen werden die Teilnehmerstaaten die Freiheit des Individuums anerkennen und achten, sich allein oder in Gemeinschaft mit anderen zu einer Religion oder einer Überzeugung in Übereinstimmung mit dem, was sein Gewissen ihm bietet, zu bekennen und sie auszuüben.
Zit. nach Europa-Archiv, Jg. 30, 1975, S. D 441.

2 *Aus der tschechoslowakischen „Charta '77" (1977):*
„Charta '77" ist eine freie, informelle und offene Gemeinschaft von Menschen verschiedener Überzeugungen, verschiedener Religionen und verschiedener Berufe, verbunden durch den Willen sich einzeln und gemeinsam für die Respektierung der Bürger- und Menschenrechte in unserem Land und in der Welt einzusetzen – jener Rechte, die dem Menschen von beiden kodifizierten internationalen Pakten, von der Abschlussakte der Konferenz in Helsinki, von zahlreichen weiteren internationalen Dokumenten gegen Krieg, Gewaltanwendung und soziale und geistige Unterdrückung zugestanden werden und die zusammenfassend von der „Allgemeinen Erklärung der Menschenrechte" der UN zum Ausdruck gebracht werden. „Charta '77" fußt auf dem Boden der Solidarität und Freundschaft von Menschen, die von der gemeinsamen Sorge um das Geschick der Ideale bewegt werden, mit denen sie ihr Leben und ihre Arbeit verbunden haben und verbinden. „Charta '77" ist keine Organisation, hat keine Statuten, keine ständigen Organe und keine organisatorisch bedingte Mitgliedschaft. Ihr gehört jeder an, der ihrer Idee zustimmt, an ihrer Arbeit teilnimmt und sie unterstützt. „Charta '77" ist keine Basis für oppositionelle politische Tätigkeit. Sie will dem Gemeininteresse dienen wie viele ähnliche Bürgerinitiativen in verschiedenen Ländern des Westens und des Ostens. Sie will also nicht eigene Programme politischer oder gesellschaftlicher Reformen oder Veränderungen aufstellen, sondern in ihrem Wirkungsbereich einen konstruktiven Dialog mit der politischen und staatlichen Macht führen, insbesondere dadurch, dass sie auf verschiedene konkrete Fälle von Verletzung der Menschen- und Bürgerrechte hinweist, deren Dokumentation vorbereitet, Lösungen vorschlägt, verschiedene allgemeine Vorschläge unterbreitet, die auf Vertiefung dieser Rechte und ihrer Garantien abzielen und als Vermittler in anfallenden Konfliktsituationen wirken, die durch Widerrechtlichkeit verursacht werden können.
Zit. nach Ladislav Hejdánek, Wahrheit und Widerstand. Prager Briefe, München 1988, S. 274 f.

3 *Aus dem Programm der polnischen Gewerkschaft „Solidarnosc" (Oktober 1981):*
Die NSZZ „Solidarnosc" vereint viele gesellschaftliche Strömungen, vereint Menschen mit unterschiedlichen politischen und religiösen Überzeugungen und Menschen unterschiedlicher Nationalität. Uns verbindet der Protest gegen die Ungerechtigkeit, gegen den Missbrauch der Macht und die Monopolisierung des Rechts, im Namen der gesamten Nation zu sprechen und zu handeln. Uns verbindet der Protest gegen den Staat, der die Bürger wie sein Eigentum behandelt. Wir lehnen es ab, dass die arbeitende Bevölkerung im Konflikt mit dem Staat der authentischen Interessenvertretung beraubt ist, dass es keinen Schutz gibt gegen den „guten Willen" der Machthaber, die allein über den Grad der Freiheit entscheiden, den sie ihren Bürgern zugestehen. Wir verurteilen, dass unbedingter politischer Gehorsam anstelle von Eigeninitiative und Selbstständigkeit belohnt wird. Uns verbindet die Ablehnung der Lüge im öffentlichen Leben, der Verschwendung der Ergebnisse der harten Arbeit des Volkes. […] Grundlage des Handelns muss die Achtung des Menschen sein. Der Staat muss dem Menschen dienen und darf nicht über ihn herrschen, die Organisierung des Staates muss der Gesellschaft dienen und darf nicht von einer einzigen politischen Partei monopolisiert werden. Der Staat muss so organisiert sein, dass er das Wohl des gesamten Volkes zum Ausdruck bringt.
Zit. nach Barbara Büscher u. a. (Hg.), „Solidarnosc", Köln 1983, S. 297.

4 *Streik auf der Danziger Lenin-Werft im Sommer 1980, angeführt von dem Elektriker Lech Walesa (geb. 1943). Anfangs nur ein Streik für Lohnerhöhungen und gegen Preissteigerungen, werden bald das Streikrecht und die Zulassung einer unabhängigen Gewerkschaft gefordert und schließlich die unabhängige Gewerkschaftsorganisation „Solidarnosc" ausgerufen. Fotografie*

5 *Reformvorschläge der russischen Wissenschaftler Andrej Sacharov (geb. 1921), V. Turtschin und Schores A. Medwedjew (geb. 1925) in einem Schreiben an die sowjetische Staatsführung vom 19. März 1970 (Auszug):*

Q Es ist deshalb notwendig auch wieder von ideologischen Fragen zu sprechen. Die Demokratisierung und eine Fülle von Information und Wettbewerb werden unserem ideologischen Leben – Gesellschaftswissenschaften, Kunst und Propaganda – wieder einen dynamischen und schöpferischen Inhalt geben und den bürokratischen, rituellen, dogmatischen, pompösen, heuchlerischen und mittelmäßigen Stil liquidieren, der heute darin vorherrscht. Der Kurs auf Demokratisierung wird den Zwiespalt zwischen dem Partei- und Staatsapparat und der Intelligenz beseitigen. An die Stelle des gegenseitigen Unverständnisses wird eine enge Zusammenarbeit treten. Der Kurs auf Demokratisierung wird eine Welle des Enthusiasmus erzeugen, wie es ihn in den zwanziger Jahren gab. Die besten intellektuellen Kräfte des Landes werden für die Lösung der wirtschaftlichen und sozialen Probleme mobilisiert werden. [...] Die Einführung der Demokratisierung und Initiative und Kontrolle der höchsten Organe wird ermöglichen diesen Prozess planmäßig durchzuführen und alle Ebenen des Partei- und Staatsapparats auf einen neuen Arbeitsstil umzustellen, der sich vom bisherigen durch größere Offenheit und freiere Diskussion aller Probleme unterscheidet. Ohne Zweifel wird die Mehrheit der Funktionäre, die ja in einem modernen und hoch entwickelten Land aufgewachsen und erzogen worden sind, sich auf diesen neuen Arbeitsstil umstellen und rasch dessen Vorteile erkennen können. Die Aussiebung einer kleinen Zahl von Unfähigen wird die Sache nur erleichtern.

Zit. nach Cornelia Gerstenmaier, Die Stimme der Stummen, 3. Aufl., Stuttgart 1972, S. 335 f. und 340 f.

1. Erläutern Sie Grundlagen und Ziele der Bürgerrechtsbewegungen (Mat. 2 bis 5). Welche Bedeutung hatte die Schlussakte der KSZE für die Bürgerrechtsbewegungen?

2. Beschreiben Sie die Vorgehensweisen der Bürgerrechtler in Mat. 2 bis 5.

Wahrheit und Gewissen

6 *Aus einem offenen Brief von Alexander Solschenizyn (geb. 1918) „Lebt nicht mit der Lüge!" an die sowjetische Führung (12. Februar 1974):*

Q Schon drücken sie [die Machthaber] uns [die Gesellschaft] immer tiefer hinab, schon kommt auf uns alle der allgemeine geistige Untergang zu und jeden Augenblick kann der physische aufflammen und uns und unsere Kinder verbrennen – wir aber zeigen unverändert unser ängstliches Lächeln und stammeln: „Was sollten wir dagegen tun? Wir haben nicht die Kraft." [...] Doch wir können – alles! – Aber wir belügen uns selbst um uns zu beruhigen. Nicht sie sind an allem schuld – wir selbst, nur WIR! [...] Doch niemals wird sich etwas von selbst von uns lösen, wenn wir alle es Tag für Tag anerkennen, preisen und ihm Halt geben, wenn wir uns nicht wenigstens von seiner spürbarsten Erscheinung losreißen. Von der LÜGE. [...]

Denn: Gewalt kann sich hinter nichts anderem verbergen als hinter der Lüge und die Lüge kann sich nur durch Gewalt halten. Und nicht jeden Tag, nicht auf jede Schulter legt die Gewalt ihre schwere Pranke: Sie fordert von uns nur der Lüge ergeben zu sein, täglich an der Lüge teilzunehmen – und darin liegt die ganze Ergebenheit. Und hier nämlich liegt der von uns vernachlässigte, einfachste und zugänglichste Schlüssel zu unserer Befreiung: SELBST NICHT MITLÜGEN! Die Lüge mag alles überzogen haben, die Lüge mag alles beherrschen, doch im kleinsten Bereich werden wir uns dagegen stemmen: OHNE MEIN MITTUN! [...] Unser Weg: IN NICHTS DIE LÜGE BEWUSST UNTERSTÜTZEN! Erkennen, wo die Grenze der Lüge ist (für jeden sieht sie anders aus) – und dann von dieser lebensgefährlichen Grenze zurücktreten. Nicht die toten Knöchel-

chen und Schuppen der Ideologie zusammenkleben, nicht den vermoderten Lumpen flicken – und wir werden erstaunt sein, wie schnell und hilflos die Lüge abfällt, und was nackt und bloß dastehen soll, wird dann nackt und bloß vor der Welt stehen.
Alexander Solschenizyn, Offener Brief an die sowjetische Führung. Lebt nicht mit der Lüge. Darmstadt 1974, S. 59–62.

7 *Aus „Politik und Gewissen", Vortrag von Václav Havel (geb. 1936) anlässlich der Verleihung der Ehrendoktorwürde an der Universität Toulouse (1984):*
Q Es zeigt sich jedoch, dass einzig der scheinbar machtlose Mensch, der es wagt laut ein wahres Wort auszurufen und der mit seiner ganzen Person und seinem ganzen Leben dahinter steht und bereit ist schwer dafür zu bezahlen, seltsamerweise größere Macht hat, sei er auch formal noch so rechtlos wie unter anderen Bedingungen Tausende von anonymen Wählern. [...] Es zeigt sich, dass die Politik bei weitem nicht immer eine Angelegenheit professioneller Techniker der Macht bleiben muss und dass ein einfacher Elektriker[1], der das Herz auf dem rechten Fleck hat, etwas über sich achtet und sich nicht fürchtet, die Geschichte eines Volkes beeinflussen kann. [...] Als Jan Patocka[2] über die „Charta '77" schrieb, benutzte er den Begriff „Solidarität der Erschütterten". Er dachte dabei an die, die es wagten sich der unpersönlichen Macht zu widersetzen und das einzige entgegenzusetzen, worüber sie verfügten: ihr eigenes Menschsein.
1 Gemeint ist Lech Walesa.
2 Jan Patocka (1907–1977), tschechischer Philosoph
Zit. nach Václav Havel, Am Anfang war das Wort, Texte von 1969 bis 1990, Reinbeck 1990, S. 111 f.

8 *Der russische Dissident Vladimir Bukowskij (geb. 1942) in seinen Erinnerungen über die Ziele der Bürgerrechtsbewegung in den 1960er/70er Jahren (1978):*
Q Wir spielten nicht Politik, verfassten keine Programme zur „Volksbefreiung", gründeten keine „Schwert-und-Pflug"-Verbände. Unsere einzige Waffe war die Öffentlichkeit. Keine Propaganda, sondern Öffentlichkeit, damit später niemand sagen könnte, er habe nichts gewusst. Der Rest war Sache des Gewissens jedes Einzelnen. Wir erwarteten auch keine Siege – es bestand nicht die leiseste Hoffnung auf Sieg. Aber jeder sollte zumindest die Chance haben seinen Nachkommen zu sagen: Ich habe getan, was ich konnte; ich war ein Bürger, habe um Gesetzlichkeit gekämpft und niemals gegen mein Gewissen gehandelt. Es war kein politischer Kampf, sondern ein Kampf des Lebendigen gegen das Tote, des Natürlichen gegen das Widernatürliche.
Vladimir Bukowskij, Wind vor dem Eisgang, Frankfurt/M. u. a. 1978, S. 286.

1. Untersuchen Sie mit Hilfe von Mat. 6 bis 8, auf welche psychologischen Druckmittel ein totalitärer oder autoritärer Staat seine Herrschaftsgewalt gründet.
2. Welche Rolle schreiben die Mat. 6 bis 8 dem Individuum in diesem Staat zu? Wie kann sich jeder Einzelne zur Wehr setzen? Erörtern Sie, ob die zum Ausdruck kommende Haltung – rückblickend betrachtet – eine Rolle bei der Auflösung der sozialistischen (kommunistischen) Herrschaft gespielt hat.
3. Diskutieren Sie darüber, ob diese Haltung heute noch und auch in unserer Gesellschaft von Bedeutung ist.

Die Rechte der Nation

9 *Aus dem Memorandum Nr. 5 des ukrainischen Helsinki-Komitees (Sommer 1977):*
Q Wir stellen die Frage der Vereinigung – Vereinigung der Ukraine, Russlands, Georgiens, Lettlands und anderer Brudernationen mit dem Freiheitsgeist der Menschheit! Jedes Volk soll Mitglied des Menschheitsbundes werden, erfüllt vom Drang freien Schöpfertums. Unser Volk aber muss der Besitzer seiner eigenen Erde werden, der Vollender eigener Tradition im Geist seiner Vorfahren, sein eigener Herr beim Aufbau eines besseren Lebens. Darum lautet die Hauptforderung der ukrainischen Nation für sich und alle Brudervölker – Erlangung vollständiger Souveränität auf sämtlichen Gebieten geistigen, gesellschaftlichen und staatlichen Lebens. [...] Wir legen vor unserem Volk den Schwur ab, dass wir vor keiner Repression der Unterdrücker zurückweichen werden. Die Wahrheit steht auf unserer Seite. Die einen sterben als Feiglinge und Verräter, die anderen als treue Kinder der gequälten Mutter, unserer Nation. Heute hören wir die Stimme der Mutter Ukraine in unseren Herzen. Wir sind gewillt Freiheit zu erkämpfen und zu verwirklichen, darum erklären wir allen Brudervölkern unser Credo: Das Licht wird über die Finsternis doch siegen, die Epoche des Hasses, der Spaltung, Trennung und Unterjochung wird zu Ende gehen. Die Sonne der Freiheit wird auf diese Welt scheinen.

10 *Manifest der „Nationalen Volksfront" Litauens „An alle Litauer in Heimat, Verbannung und Exil" (1978):*
Q Reiht euch ein in unseren Kampf für nationale Freiheit und politische Unabhängigkeit, für die Wiedergeburt unse-

res Staates, für ein freies und souveränes Volks-Litauen! Wir appellieren vor allem an die litauischen Studenten, Soldaten und Komsomolzen: Vernichtet eure Mitgliedsbücher! Mag unsere Organisation heute noch illegal sein, bald wird sie den legalen Status erkämpft haben, denn unser Programm ist identisch mit Humanität, Freiheit und Menschenrechten.
Wir wenden uns an die litauischen Kommunisten, die in der Partei den Interessen einer fremden imperialistischen Macht dienen. Tretet aus, wenn ihr nicht zu Verrätern an den Lebensinteressen eures Volkes werden wollt! Nach dem heldenhaften Partisanenwiderstand in der Nachkriegs-Ära hat 1972 die Wiederauferstehung unseres nationalen Freiheitskampfes eingesetzt. Es ist die moralische Pflicht der Kommunisten Litauens sich den Bestrebungen für die nationale Freiheit anzuschließen. Wir stützen uns auf das werktätige Volk, unser Ziel ist die Schaffung der Litauischen Volksrepublik im Rahmen eines Bundes der Baltischen Völker, verbunden mit dem freien Europa. […] Trotz seiner militärischen Macht befindet sich der Sowjetimperialismus in der Auflösung, alle nicht russischen Völker der UdSSR führen heute einen solidarischen Kampf für nationale Freiheit und Selbstständigkeit – Kaukasier, Ukrainer, Turkvölker, die Balten.

Quelle 9 und 10 zit. nach Wolfgang Strauss, Bürgerrechtler in der UdSSR, Freiburg 1979, S. 78 und 87 f.

11 *Bericht über die Verhandlung zwischen der Streikleitung und Vertretern der kommunistischen Regierung während des großen Streiks auf der Danziger Werft im Sommer 1980 (siehe Mat. 4):*
Q Walesa, die Delegierten und die Regierungskommission erheben sich und singen gemeinsam die Nationalhymne. Im Saal herrscht eine Atmosphäre der Versöhnung. Die Spannung der 17 Streiktage löst sich allmählich. Leszek [Walesa] nimmt die Gelegenheit wahr sich noch einmal persönlich bei seinem Verhandlungspartner, der Regierung, zu bedanken. Man hat verhandelt, Zugeständnisse gemacht und sich auf eine gemeinsame Sache geeinigt. Noch einmal greift Walesa zum Mikrofon: „Während dieser kurzen Pause möchte ich mich noch einmal bei Ihnen, Herr Ministerpräsident, und auch bei allen anderen politischen Kräften, die es nicht zugelassen haben, dass dieser Konflikt mit Gewalt entschieden wurde, bedanken. Wir haben miteinander geredet, wie es sich unter Polen gehört. Es ist nicht leicht Gewalt anzuwenden. Wir haben vieles nachzuholen, das ist klar. Aber solange wir uns als Herren im eigenen Haus betrachten können, solange können wir Selbstachtung bewahren und arbeiten. Gesiegt hat hier nicht eine Seite. Gesiegt haben Vernunft und Besonnenheit."

Zit. nach Jule Gatter-Klenk, Vielleicht auf Knien, aber vorwärts! Gespräche mit Lech Walesa, 2. Aufl., Königstein/Ts. 1983, S. 89.

1. *Erarbeiten Sie, welche Vorstellungen von „Volk" die Manifeste in Mat. 9 bis 11 verbinden.*
2. *Erläutern Sie den Unterschied zwischen einer Bewegung, die sich auf allgemeine, gesellschaftliche Menschen- und Bürgerrechte beruft, und einer Bewegung, die für die Rechte des Volkes oder der Nation eintritt. Lässt sich beides miteinander vereinbaren?*
3. *Diskutieren Sie, ob sich mit einem Appell an die gemeinsame nationale Zugehörigkeit ideologische Konflikte lösen lassen (Mat. 11)?*

Repression und Verfolgung

12 *Strafverfahren gegen den Begründer der russischen Helsinki-Gruppe, Jurij Orlov, in der Darstellung Andrej Sacharovs (geb. 1921) (Frühjahr 1978):*
Q Die Verhandlung gegen Orlov fand in Ljublino statt. Zu ihr kamen sehr viele Freunde des Angeklagten, zahlreiche ausländische Korrespondenten und Vertreter einiger ausländischer Botschaften. Aber diesmal wurde keiner von uns auch nur bis zum Verhandlungsgebäude vorgelassen; durch spezielle Absperrungen und Milizstreifen gehindert konnten wir uns ihm nur auf fünfzehn bis zwanzig Meter nähern. Während der Verhandlung durchsuchte man Orlovs Frau und seine Söhne zweimal unter Anwendung grober physischer Gewalt und zerriss ihnen die Kleidung: Man suchte Tonbandgeräte mit Aufnahmen dieses formal öffentlichen Prozesses. Sogar gegen den Verteidiger wandten die entfesselten KGB-Leute Gewalt an; sie sperrten ihn während der Verhandlung einige Zeit in ein Zimmer neben dem Sitzungssaal. Am letzten Tag des Prozesses, vor der Urteilsverkündung, als ich laut verlangte, dass die anwesenden Freunde des Angeklagten in den Saal gelassen werden sollten, und mich durch die Menge zu drängen begann, kam es, ähnlich wie in Omsk, zu Handgreiflichkeiten. Man zog mich und dann auch andere in nebenan stehende Milizwagen; ich schlug einen der KGB-Männer, einer von ihnen versetzte Ljusja[1] einen sehr kräftigen und professionellen Hieb gegen die Kehle und sie setzte sich zur Wehr. Während wir in den Wagen gestoßen wurden, traf Ljusja den Chef der örtlichen Milizabteilung rein mechanisch und unabsichtlich mit einem Schlag. Man ließ uns bald frei, schickte uns dann aber eine schriftliche Vorladung vor Gericht. Die Anklage lautete: rowdyhafte Ausrufe während der Gerichtsverhandlung.

Ich wurde mit fünfzig, Ljusja mit vierzig Rubeln Geldstrafe belegt.

1 Jelena Bonner, die Frau Andrej Sacharovs

Andrej Sacharov, Mein Leben, München u. a. 1991, S. 567 f.

13 *Auszug aus einem Bericht von Tatjana Chodorovitsch über psychiatrische Gefängnisse in der UdSSR und die Inhaftierung des ukrainischen Dissidenten Leonid Pljuschtsch (1976):*

Es ist noch nicht lange her, dass man in der Stadt Dnjepropetrovsk das psychiatrische Sonderkrankenhaus auf dem Gelände des noch belegten Gefängnisses gebaut hat; dreifacher Stacheldraht bekrönt die Mauer aus weißen Ziegeln, die es umgibt. Hinter der ersten Mauer zeichnet sich eine zweite Mauer ab, die ebenfalls mit Stacheldraht bestückt ist, und dahinter ein Gebäude aus roten Ziegeln, aus dessen Mitte sich ein weißer Würfel erhebt. Dieser weiße Würfel ist das psychiatrische Gefängnis von Dnjepropetrovsk. Auf dem steingepflasterten Hof für die „Spaziergänge" gibt es keinen einzigen Baum oder Strauch. Hierher wurde Ende Juli 1973 Leonid Pljuschtsch gebracht, mit der Aufschrift „geisteskranker Krimineller" auf dem Rücken. Von jetzt an waren gefährliche Geisteskranke sein Umgang und seine Wohnung war die Zelle. [...] In den Zellen sind 20 bis 25 Kranke zusammen gepfercht. Die vergitterten Fenster lassen nur ein diffuses Licht ein und in den Räumen herrscht Kälte. Es ist uns nicht gelungen die Ausmaße der Zellen und die Zahl der Fenster festzustellen; wir wissen nicht einmal, ob es Bettwäsche gibt. Wir wissen nicht, was die Kranken zu essen bekommen und wie oft sie am Tage Mahlzeiten erhalten. Die kahl geschorenen Kranken tragen schmutzige Wäsche, abgetragene Häftlingskleidung, die gleiche wie jene der gewöhnlichen Kriminellen, die im Krankenhaus arbeiten. Der Spaziergang dauert eine Stunde am Tag. Können diese Bedingungen allein die Traurigkeit, die verborgene Unruhe oder ganz einfach die Angst erklären, von der die kranken und die gesunden Menschen befallen werden, die in dieser Anstalt interniert sind?

Tatjana Chodorovitsch, Die Affäre Pljuschtsch. Der Psychoterror in der Sowjetunion, Wien u. a. 1976, S. 49 ff.

14 *Aus einem Interview mit dem ungarischen Bürgerrechtler Gábor Demszky (1985):*

Die Lage der ungarischen Opposition hat sich seit einem Jahr von Monat zu Monat verschlechtert. [...] Was mir am 24. September nachmittags vor Lásló Rajks Wohnung passierte, ist beispielhaft. Zwei Verkehrspolizisten stoppten mein Auto und kontrollierten die Papiere. Vom ersten Augenblick an war mir jedoch klar, dass es hier um mehr als um eine Routinekontrolle ging. Sie drohten mir, wenn ich nicht die Hände aus den Hosentaschen nehme, würden sie mich in Handschellen abführen. Dieser Ton war rauher als gewöhnlich, weshalb meine Freundin, die mich begleitete, sofort bei Lásló Rajk klingelte um ihn als Zeugen zu bitten. Rajk war leider nicht zu Hause. In der Zwischenzeit hatte man mit der Durchsuchung des Autos begonnen und die Polizisten nahmen aus meiner Aktentasche eine Übersetzung heraus, einen von Sacharov in der ZEIT erschienenen Artikel mit dem Titel „Wenn die Bombe abgeworfen wird". Die Polizisten lasen den Artikel und als sie auf den Begriff der Gewissensfreiheit stießen, machten sie spöttische Bemerkungen und der eine der beiden setzte sich in das Polizeiauto und forderte über Funk Verstärkung an. Die ganze Sache war ziemlich gespenstisch. Es schien mir, als habe ich es mit der Gedankenpolizei zu tun, die sich auf gewisse Begriffe stürzt und den Gebrauch von bestimmten Wörtern bestraft. Im Weiteren lasen sie einen an György Konrád adressierten Brief, den ich gerade erst geschrieben hatte. Ich verwahrte mich gegen die Verletzung des Briefgeheimnisses, das auch in der ungarischen Verfassung garantiert ist. Nachdem sie mir den Brief trotz wiederholter Aufforderung nicht zurück gaben, langte ich danach, woraufhin der eine Polizist mir Tränengas ins Gesicht sprühte, sodass ich plötzlich nichts mehr sah. Doch damit nicht genug, sie schlugen auch mit Gummiknüppeln auf mich ein, trafen mehrmals meinen Kopf, wovon ich zu Boden sank und das Bewusstsein verlor. Danach transportierten sie mich zum Polizeipräsidium, wo sie von einem Staatssicherheitsdienstler die Anweisung erhielten mich zu einem Arzt zu bringen. Dieser diagnostizierte eine Gehirnerschütterung und wies mich ins Krankenhaus ein, wo ich vier Tage lang behandelt wurde. Doch die Symptome der Gehirnerschütterung waren laut ärztlichem Gutachten auch noch zwei Wochen danach erkennbar.

Zit. nach Hans-Henning Paetzke, Andersdenkende in Ungarn. Frankfurt/M. 1986, S. 158 f.

1. *Erläutern Sie, welche Methoden der Repression und Verfolgung in Mat. 12 bis 14 beschrieben werden.*
2. *Versetzen Sie sich in die Situation von Gábor Demszky (Mat. 14). Wie würden Sie selbst reagieren, wenn Sie mit einer solchen Situation konfrontiert wären?*
3. *Es gibt Meinungen, denen zufolge die Verletzungen der Bürgerrechte in den osteuropäischen Ländern bis Ende der 1980er Jahre mit der Vorgehensweise des Nationalsozialismus gleichzusetzen sind. Nehmen Sie Stellung und begründen Sie Ihre Position.*

Europa – Einheit und Vielheit

*Von Ralf Dahrendorf**

„Im Anfang war Napoleon." So begann Thomas Nipperdey seine Geschichte Deutschlands im 19. Jahrhundert. Wie würde man wohl die Geschichte Europas im 20. Jahrhundert beginnen? Sicher nicht mit einem vergleichbaren Akt „schöpferischer Zerstörung" (um mit Joseph Schumpeter zu sprechen). In diesem Jahrhundert gäbe es allzu lange mehr Zerstörung als schöpferische Gestaltung.

Man denkt eher an den Kassandraseufzer des britischen Außenministers Sir Edward Grey in jenen folgenreichen Augusttagen des Jahres 1914: „Die Lichter gehen aus in ganz Europa. Wir werden sie zu unseren Lebzeiten nicht wieder aufleuchten sehen." Die Lichter des späteren Lord Grey waren lamps, Gaslaternen vermutlich, wie er sie in Westminster und St. James's kannte; sie sind in der Tat für immer dem technischen Fortschritt zum Opfer gefallen.

Derselbe technische Fortschritt tauchte indes alsbald Europa in noch ganz andere, schlimmere Finsternisse. Von den ersten Panzerschlachten, Giftgasattacken, Luftangriffen und dem unbegrenzten U-Boot-Krieg bis zu Auschwitz und dem Archipel Gulag führt ein Weg der Selbstzerstörung Europas und mehr noch, der Zersetzung seines moralischen Gewebes. Am Ende muss man fragen: Gibt es das überhaupt, Europa als eine zivilisierende Kraft, die allmählich politische Gestalt gewinnt?

Edward Greys Generation sah die Lichter Europas jedenfalls nicht wieder aufleuchten. Als der langjährige Außenminister im September 1933 starb, hatte die schlimmste Phase der Geschichte des Jahrhunderts gerade begonnen. Wir Nachgeborenen, die zudem das Glück hatten seit 1945 im freien Teil der Welt zu leben, waren besser daran; im halben Europa leuchteten zunächst Glühlampen, später dann Neonröhren und gleißendes Halogenlicht auf.

Nie zuvor haben so viele Menschen Freiheit und Wohlstand in Frieden so lange genießen können wie die Bürger der OECD-Welt in den vierzig Jahren nach 1948/49. Dabei fand sich sogar so etwas wie ein reales, organisiertes Europa zusammen, unter Mühen zwar, als Echternacher Springprozession – ein Referendum zurück, zwei Referenden voran – und stets von seinen inneren Mängeln angenagt, aber in günstigen Momenten fast schon eine Europäische Gemeinschaft auf dem Weg zur Europäischen Union. Dann kam das wunderbare Jahr 1989, in dem die Lichter auch in jenem Teil Europas wieder zu flackern begannen, der im Dunkel der in Jalta besiegelten und in Helsinki bestätigten sowjetischen Hegemonie ein mühsames Leben gefristet hatte. Polen, Tschechen, Slowaken, Ungarn und andere mit ihnen schienen den Weg zu finden, von dem sie selbst glaubten, dass er „zurück nach Europa" führt.

Doch ach! Die schönsten Tage von Warschau und Budapest, Prag und Leipzig dauerten nicht. Heute klagen nachdenklichere, ernst zu nehmende Leute, dass in diesem Jahr 1992 die Ansätze zu einem kraftvollen, einigen Europa zu Grabe getragen werden. Sie denken nicht nur an die Verträge von Maastricht, deren an sich geringfügige Bedeutung von den ermatteten und nun auch noch verstörten Herren, die sich im Dezember 1991 zu ihrer Unterschrift versammelt hatten, maßlos übertrieben wird.

Nein, die sorgenvollen Betroffenen meinen das Europa der friedlichen Kooperation, von dem in Sarajewo und bei der gemeinsamen Bewältigung der Beben im ehemaligen Jugoslawien wie auch sonst in Ost- und Südosteuropa nicht viel übrig geblieben ist. Sie meinen sodann das Europa der Offenheit und des Wohlstandes, das nicht nur auf den Klippen einer Rezession aufläuft, sondern auch aus Angst vor dem Schiffbruch oder aus Gedankenlosigkeit wenig tut um die Entstehung einer neuen Mauer im Osten zu verhindern. Sie meinen immer auch das Europa der Institutionen, das offenkundig bei den Europäern auf keine Gegenliebe mehr stößt, und zwar nicht nur in Dänemark und in Frankreich. Nun ist es bekanntlich eine eigene Sache mit dem voreiligen Läuten der Totenglocken; schon mancher ist quicklebendig von ihren Klängen aufgestanden. Zumindest lässt sich sagen, dass das europäische Stundenglas noch keineswegs ganz leer ist. Dennoch besteht Anlass die Frage erneut zu stellen: Was meinen wir eigentlich, wenn wir Europa sagen?

Drei Jahre vor der Revolution von 1989 hat Timothy Garton Ash gefragt: „Mitteleuropa – aber wo liegt es?" In

---

* Gekürzte Fassung des Aufsatzes von Ralf Dahrendorf, Europa – Einheit und Vielfalt, in: Damals Jg. 1993, S. 74–79.

Warschau, Prag und Budapest war ihm aufgefallen, dass die Leute sich gerne als Mitteleuropäer bezeichneten. Dabei war ihnen das alte Gespenst Mitteleuropa völlig aus dem Gedächtnis entschwunden. Sie dachten nicht an Friedrich Naumann, noch nicht einmal an Deutschland, sondern daran, dass sie nicht länger zu Osteuropa gerechnet werden wollten. Osteuropa hieß sowjetische Hegemonie, Nomenklatura-Herrschaft und graues Einerlei. Sie suchten ihren Ort weiter westlich. Und was fanden sie dort? Lange schon hatten die Polen sich aus der Osteuropäischen Zeitzone entfernt und ihre Stunden nach Mitteleuropäischer Zeit gezählt (was ihnen wenigstens zeitlich zwei Stunden Distanz von dem nur anderthalb Flugstunden entfernten Moskau brachte). Westlich des Ostens liegt die Mitte. Mitteleuropa, so berichtete uns Garton Ash, war für viele zum Inbegriff des Westens geworden. [...]

Jetzt redeten sie so ähnlich wie Spanier und Portugiesen nach ihren Transformationen in den siebziger Jahren. Auch sie wollten ja zurückkehren nach Europa. Für Spanien war das die Abkehr von einer langen Selbstisolation, fast eine Art iberischer Meiji-Revolution. Portugal stand vor einer noch schwierigeren Aufgabe. Das Land hatte seit Jahrhunderten mit dem Rücken zu Europa gelebt und hinaus geblickt auf den weiten Atlantik oder auch in den tiefen Süden, nach Afrika. Heute haben beide Länder – jedes auf seine Weise – den Anschluss an Europa gefunden. Es muss also wohl so etwas geben wie Europa. Aber was ist es?

Mal sieht man Europa und dann doch wieder nicht. Die Vielfalt des Kontinents (einschließlich der vorgelagerten Inseln, versteht sich) entzückt uns und die Suche nach Einheit gibt uns Hoffnung. Ist es am Ende die besondere Verbindung von Einheit und Vielheit, die Europa ausmacht? [...]

Europa der falschen Vielheit

So erleben wir heute ein Europa der falschen Vielheit und der falschen Einheit. Das entwertet die Hoffnungen auf ein Europa nicht, das seine Vielfalt anerkennt und doch seine Einheit sucht; es bedeutet aber, dass wir dessen Ordnung neu bedenken und in manchem von Anfang an neu stiften müssen. Die Frage der Zeit ist nicht die der Vielheit. Sie ist wirklich genug in all ihrer Kraft und Gefahr. Europas Vielfalt ist schlicht eine Tatsache, an der Politiker wenig ändern werden. Die Frage der Zeit ist die der Einheit. Wie können wir ein Europa schaffen, das die wild gewordene Vielheit bändigt ohne ihre schöpferische Kraft zu zerstören?

Die Versuchung ist groß mit einer geographischen „Definition" zu beginnen: Sie ist gefährlich. Ich will ihr dennoch für einen Moment nachgeben. Europa ist offenkundig nicht dasselbe wie die Europäische Gemeinschaft der Zwölf. Die EG beschreibt einen nicht einmal wirtschaftlich, geschweige denn politisch und kulturell relevanten Raum. Europa ist aber auch nicht durch die Konferenz für Sicherheit und Zusammenarbeit definierbar. Der riesige Raum von Wladiwostok westwärts bis Vancouver hat nicht nur eine seltsam willkürliche Südgrenze, sondern schließt auch Mächte ein, die bei aller europäischen Vergangenheit längst eigene Wege beschritten haben. Europa ist also größer als die EG und kleiner als die KSZE. Vielleicht sollte man es dabei lassen. Oder gibt es doch noch eine schärfere Definition? Es fällt immerhin auf, dass die gewaltträchtigen Verwerfungen an charakteristischen Stellen auftreten: an den Grenzen des Habsburgischen und des Osmanischen Reiches, an denen des alten Russischen Reiches, in Nordafrika, also dort, wo Orthodoxie und Islam an Europa grenzen. [...] Wäre Europa nicht immer schon durch seine Mischung stark gewesen, dann könnte man versucht sein seine Grenze dort zu ziehen, wo die lateinische Tradition endet.

Doch ist das schon kein geographischer Begriff mehr. Der Gedanke eines lateinischen Europa hat einen anderen tieferen Sinn. Michael Stolleis hat ihn in einem Beitrag zur Europa-Diskussion entwickelt. Er empfiehlt eindringlich das, was er „die lateinische Lösung" nennt und als Rechtshistoriker definiert: „Alle Figuren, mit denen die westeuropäischen Rechtsordnungen heute operieren – das Mehrheitsprinzip, die parlamentarischen Verfahren, die Grundidee, dass diejenigen, die es angeht, über eine Sache auch zu entscheiden haben, die Volkssouveränität, der Gesetzesbegriff, die Regulierung der Herrschaft durch eine Verfassung, die Gewaltenteilung, die Unabhängigkeit der Justiz –, alles hat seine mittelalterlichen und frühneuzeitlichen Wurzeln und es ist europäischer Gemeinbesitz."

Die Institution der Republik als *res publica* verstanden, als Herrschaft des Rechts, das ist keine schlechte, es ist eine anwendbare Definition Europas. Ich mache sie mir einschränkungslos zu eigen. Und doch fehlt ihr noch etwas. Am Ende ist vielleicht das lateinische Europa ebenso wenig hinreichend wie das cartesianische Europa Jean Monnets. Es fehlt die Wirkkraft der Bürgertugenden, die Tiefenkultur des Bürgersinns. Es fehlt eben jenes Element, das das Lateinische zum Westlichen erweitert.

Europa hat dann Sinn, wenn wir es als spezifisch westlich begreifen, und dazu gehört immer auch die Bürgergesellschaft *(civil society)*. „Der Westen" – das ist Aufklärung, Rationalität, Parlamentarismus, Liberalismus, bejahte ökonomische Entwicklung. [...]

Wenn es aber einen bösen „Föderator" nicht gibt, dann bleibt nur ein anderes, weit schwächeres Motiv, Rechtsinstitutionen und Bürgergesellschaft – die lateinische und die westliche Tradition schweben nicht im luftleeren Raum. Sie gewinnen Gestalt erst im Rahmen staatlicher Institutionen, wie ihn auf exemplarische Weise der heterogene Nationalstaat geliefert hat. Es ist sozusagen der Beitrag des 19. Jahrhunderts zum „europäischen Gemeinbesitz". In ihm finden unterschiedliche ethnische, kulturelle, religiöse Gruppen eine gemeinsame Basis für die Entfaltung ihrer Lebenschancen: Er allein garantiert Bürgerrechte und Bürgerchancen. Raymond Aron ist nur ein Zeuge unter vielen für die überlebenswichtige Bedeutung des Nationalstaates: „Die Juden meiner Generation werden nicht vergessen, wie zerbrechlich die Menschenrechte in dem Augenblick werden, in dem sie nicht mehr Staatsbürgerrechten entsprechen."

Aron schrieb dies 1974 in einem Aufsatz über die Frage, ob multinationale Bürgerschaft möglich sei. Dabei kam er zu dem Schluss: „Es gibt keine solchen Wesen wie ‚Europäische Bürger'." Aron hat Recht; es ist lebensgefährlich den Nationalstaat zu demontieren, bevor etwas Besseres an seine Stelle getreten ist. Aron hat auch Unrecht; der heterogene Nationalstaat kann für den konsequenten Lateiner und Westler nicht das letzte Wort des Fortschritts der Zivilisation sein. Der Nationalstaat ist der Natur der Sache nach exklusiv, er zieht Grenzen, Rechtsstaat und Bürgersinn aber sind immer ein Vorschuss auf jene „Idee zu einer allgemeinen Geschichte in weltbürgerlicher Absicht", in deren Kontext Immanuel Kant sie angesiedelt hat. Das hier entworfene Europa sollte ein nächster Schritt auf dem Weg zur Weltbürgerschaft sein.

Festung Europa, Karikatur von Borislav Sajtinac, 1991

Europa als Weltbürgerschaft

Das klingt hochgestochen und weit entfernt von der Realität. Es soll auch nicht ablenken von handfesten Interessen der Kooperation. Indes ging es Kant ja nie um Utopia. Er blieb immer kritisch und fragte daher, wie man denken und handeln müsste, wenn man bestimmte Ziele erreichen will. Er suchte nach Maßstäben, nach Kriterien. So führt auch die hier entwickelte Argumentation zu durchaus praktischen Schlüssen. Es spricht viel dafür, dass die europäischen Nationalstaaten bestimmte Fragen gemeinsam anpacken. Wenn sie das aber tun, dann sollten sie sich durch die Grundsätze leiten lassen, die den Nationalstaat lateinischer und westlicher Prägung kennzeichnen. Daraus folgt ein neues, ein anderes Europa als das der bisherigen Versuche.

Erstens: Wir brauchen ein Europa der schlanken Institutionen, nicht einen europäischen Superstaat und auch nicht ein kunstvolles Europa der Regionen. Es hat schon seinen Grund, wenn sich in den neuen Demokratien

Ostmitteleuropas mancher mit Wehmut an die Habsburg-Zeit erinnert und wenn ganz Verwegene heute sogar vom Heiligen Römischen Reich träumen (wobei sie geneigt sind die Deutsche Nation wegzulassen). Die Wirklichkeit war in beiden Fällen nicht so schön wie die Erinnerung; aber beides waren Versuche gewisse Herrschaftsfunktionen zentral auszuüben und zugleich eine bunte, vom Zentrum weder organisierte noch unterdrückte Vielfalt fortbestehen zu lassen. Dies ist in der Tat ein Modell für Europa. [...]

Ein Europa der schlanken Institutionen berührt die bestehenden Nationalstaaten, aber auch ihre mehr oder minder autonomen Regionen sowie die Gemeindehoheit, die Kulturkreise und Religionsgemeinschaften nur an jenen wenigen Punkten, an denen die Beweislast für gemeinsames Handeln überwältigend ist. Ein solches Europa wird daher eine Struktur *sui generis* haben und weder mit historischen noch mit zeitgenössischen politischen Gebilden vergleichbar sein.

Zweitens: Zu dieser Struktur gehören sicherlich gewisse Rahmenregelungen des Wirtschaftens, also Bedingungen, die die Initiative der Wirtschaftenden ermutigen. „Binnenmarkt" ist ein seltsamer, eher illiberaler Begriff, denn alle Märkte drängen auf Öffnung, also auf die Beseitigung des Unterschiedes von drinnen und draußen. Insoweit der europäische Binnenmarkt das leistet, ist er erwünscht; überall dort aber, wo er protektionistisch gemeint ist, führt er zur Aufblähung von Bürokratien, zu kostspieligen und wahrscheinlich erfolglosen Versuchen der Umverteilung und zur Störung der Weltmärkte. Das gilt auch für eine Währungsunion, die vornehmlich politisch konzipiert wird. [...]

Drittens: Entscheidend ist gerade unter diesen Umständen, dass Europa seine lateinische und westliche Berufung ernst nimmt. Eine ERU oder Europäische Rechtsunion hat weit größere Priorität als die EWU, die Europäische Währungsunion. Europa muss Rechtsstaat und Demokratie verkörpern, pflegen und garantieren; sonst ist es der Mühe nicht wert. Misst man das wirkliche Europa an Michael Stolleis' Katalog des „europäischen Gemeinbesitzes" – Mehrheitsprinzip, parlamentarisches Verfahren, Volkssouveränität, Gewaltenteilung usw. –, dann kommt man zu kläglichen Ergebnissen. Vielleicht empfiehlt sich bei der Anrufung eines „Europa der Bürger" auch Vorsicht; die schlanken Institutionen der Europäischen Union sollen gar nicht in die Alltagswelt der Bürgergesellschaft hinein wirken: Man kann sich daher auch Sperenzien wie EG-Tennisturniere und EG-Jugendorchester sparen. Wohl aber muss Europa ein Raum der effektiven Garantie von Bürgerrechten werden, also eben das leisten, was Raymond Aron ihm vor zwanzig Jahren noch nicht zutraute.

Europäische Einheit, wie sie hier verstanden wird, hat nur dann Sinn, wenn sie die besten Züge des heterogenen Nationalstaates auf kontinentaler Ebene entfaltet. Nicht Tennisturniere, sondern Grundrechtsgarantien stiften ein überzeugendes Europa der Bürger.

Viertens: Die hier entworfene Konstruktion würde einen europäischen Raum schaffen, in dem Innen- und Außenpolitik an wichtigen Punkten ineinanderfließen. Insbesondere ist dies ein Raum, der für seine Bewohner jenen Halt und auch heilsamen Zwang schafft, der sie vor Versuchungen der Unfreiheit zurückhält. Spanien wollte nicht zuletzt darum der EG beitreten, weil es sich von der Gemeinschaft zusätzliche Sicherungen gegen autoritäre Anfechtungen versprach. Die frühere Mitgliedschaft der neuen Demokratie Ostmitteleuropas in allen Institutionen der Europäischen Einigung ist aus demselben Grunde wichtig. Rechtsstaat und Demokratie sind immer prekär, ihre gemeinsame Verteidigung bietet allen Schutz. Sodann geht aus dieser Argumentation hervor, dass Europa in entscheidenden Dingen nur ein Schritt auf dem langen Weg zur Weltbürgerschaft ist. Europa ist sich jedenfalls nicht selbst genug. Das bedeutet praktisch vor allem, dass Europa treibende Kraft bei der Schaffung weltweiter Regeln und Institutionen bleiben muss. In dem Maße, in dem es sich abzuschirmen, gar fremde Menschen und Güter gleichzeitig fernzuhalten versucht, verrät es seinen Auftrag.

Karl Popper bleibt aktuell: „Je mehr wir versuchen zum heroischen Zeitalter der Stammesgemeinschaft zurückzukehren, desto sicherer landen wir bei Inquisition, Geheimpolizei und einem romantisierten Gangstertum ... Wir können wieder zu Bestien werden. Aber wenn wir Menschen bleiben wollen, dann gibt es nur einen Weg, den Weg in die offene Gesellschaft."

Lord Ralf Dahrendorf (geb. 1929), Soziologe und Politiker, Direktor des St. Antony's College in Oxford

---

Was bedeutet für Sie Europa? Liegt Ihrer Ansicht nach in der Tradition des Modells des heterogenen Nationalstaates lateinischer und westlicher Prägung eine Perspektive für die Zukunft?

Setzen Sie sich kritisch mit Dahrendorfs Europa-Begriff auseinander, der die Tradition der griechischen Antike völlig ausklammert. Was lässt sich gegen eine solche Verkürzung einwenden?

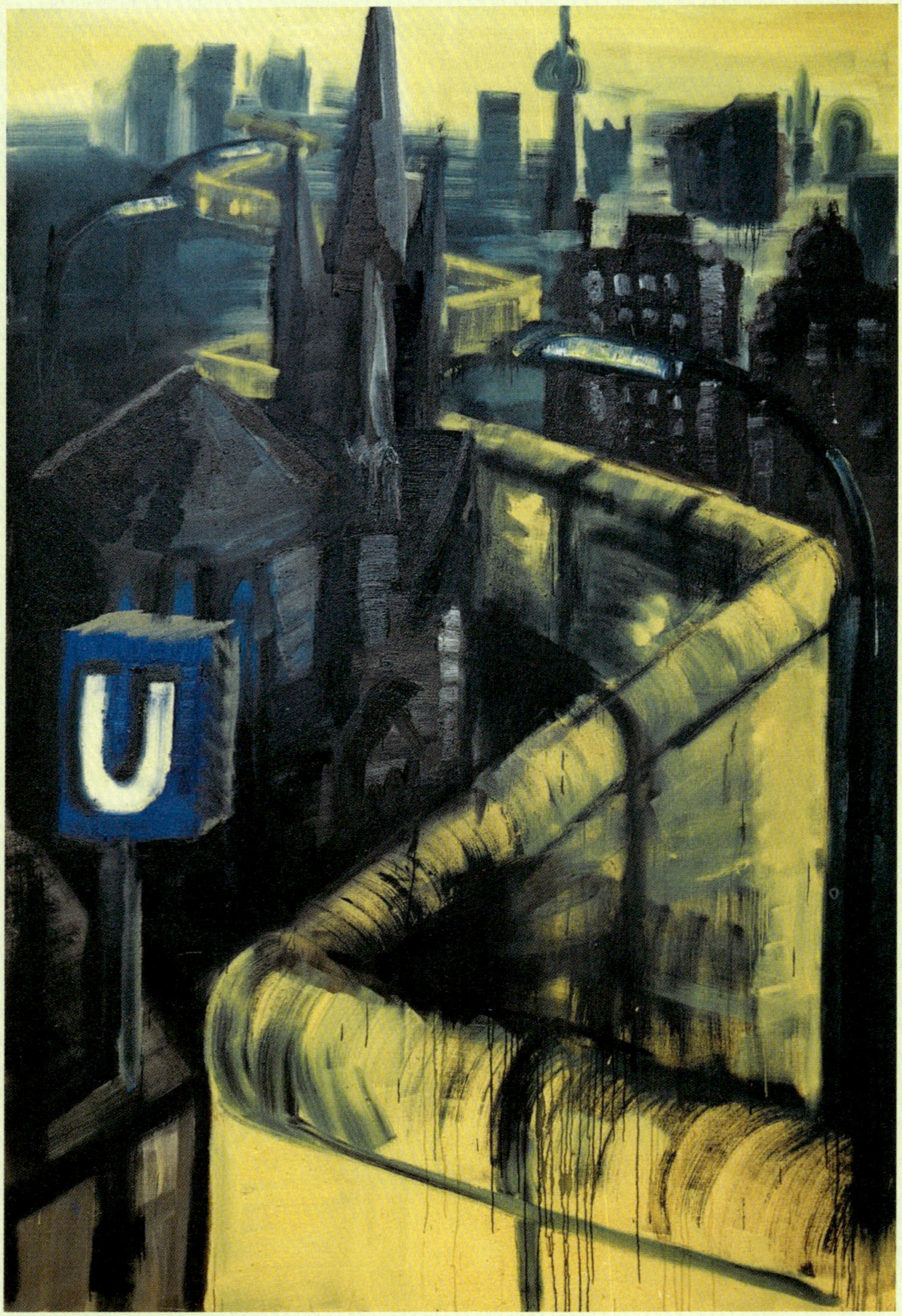
U

6. Deutschland nach 1945

Schulbuchautorinnen und Schulbuchautoren hatten es vor 1990 bei der Darstellung der deutschen Geschichte nach dem Zweiten Weltkrieg schwerer als heute. Besonders schwierig war es den Endpunkt der Darstellung zu bestimmen: Vielleicht 1972, das Jahr des Grundlagenvertrages zwischen den beiden deutschen Staaten? Oder besser 1982 mit dem Ende der sozialliberalen Koalition in Bonn? Für den Endpunkt der deutschen Geschichte nach 1945 gab es noch keinen markanten Einschnitt, der als Epochenjahr wie 1918 für das Ende des Kaiserreichs oder 1933 für das Ende der Weimarer Republik hätte gelten können. Seit 1990 ist mit der Vereinigung der beiden deutschen Staaten der zeitliche Rahmen gegeben: 1945 bis 1990. Aber hat sich damit auch die Geschichte bis 1990 geändert? Wohl kaum. Zwar erschließen sich die Entwicklungen und Strukturen einer historischen Epoche oft erst im Rückblick. Dennoch bleibt die deutsche Geschichte bis 1989/90 die eines gespaltenen Landes, auch im Bewusstsein der Menschen, die den größten Teil ihres Lebens in zwei Staaten mit unterschiedlichen Wert- und Rechtssystemen gelebt und häufig erst nach 1990 erkannt haben, wieviel Fremdheit sich zwischen ihnen, trotz aller Gemeinsamkeiten des Alltags, entwickelt hatte. Die „geteilte Geschichte" wird noch lange in die gemeinsame Gegenwart hinein wirken.

Die Nachkriegsjahre und die Entstehung von zwei deutschen Staaten bilden den ersten Schwerpunkt des Kapitels. Doch die deutsche Teilung begann nicht erst 1949, nicht 1945 oder 1939, sondern, wie Bundespräsident Richard von Weizsäcker einmal sagte, 1933. Die historische Verantwortung dafür trügen die Deutschen selbst. *Nach* dem Zweiten Weltkrieg war die Gründung eines westlichen und eines östlichen Teilstaates eine Folge des Ost-West-Konflikts. Die Siegermächte haben diese Gründungen nicht gegen den vereinten politischen Willen der deutschen Bevölkerung durchgesetzt. Schon vor 1949 hatten sich im Osten und im Westen Deutschlands konkurrierende Systeme etabliert. Jeder Teilstaat jedoch – und darin äußerte sich ein fortdauerndes gesamtdeutsches Bewusstsein – betrachtete sich als „eigentlichen" deutschen Staat, dem sich der jeweils andere Teil über kurz oder lang anschließen würde.
Die Geschichte der beiden deutschen Staaten seit 1949 wird in getrennten Abschnitten dargestellt. Sie zeigen, wie sich der Gegensatz der Gesellschaftssysteme langsam, aber stetig vertiefte und welche Leistungen und Versäumnisse beide deutsche Staaten aufwiesen. Die Geschichte des größeren, westlichen Staates erscheint dabei leicht als eine „Erfolgsgeschichte": die freiheitliche Verfassung und die Rückkehr in das westliche Wertesystem; das „Wirtschaftswunder"; die gesellschaftliche Modernisierung; der Ausbau des Sozialstaates und von Bürgerrechten. Doch es ist auch eine Geschichte innerer Konflikte: in den fünfziger Jahren vor allem um die Minderung von sozialen Ungleichheiten; später um mehr politische und gesellschaftliche Reformen, um mehr demokratische Teilhabe am Staat; in den achtziger Jahren um ökologische Fragen und die gesellschaftliche Gleichberechtigung der Frauen.

In dem kleineren, östlichen Staat wirkte die Last des verlorenen Krieges ökonomisch länger nach. Trotzdem entwickelte sich auch die DDR im Vergleich mit ihren östlichen Nachbarstaaten zu einer Wohlstandsgesellschaft. Die soziale Sicherheit aller führte besonders nach 1961, nach dem Mauerbau, zu einer Identifikation der DDR-Bürger mit ihrem Staat, die allerdings bei vielen durch die Ablehnung des sowjetischen politischen Systems, konkret: der SED-Diktatur, überlagert wurde. Der gemeinsame, „westliche" Nationalstaat blieb im Osten für viele der Bezugspunkt politischen Denkens. Die ostdeutsche Revolution 1989 begann zwar als Bewegung von Bürgerrechtlern, aber sie erhielt ihre Schubkraft und ihre Unumkehrbarkeit rasch aus der nationalen Westbindung der meisten DDR-Bürger.

Das historische Wissen über die Nachkriegszeit ist anders als bei zeitlich weiter zurückliegenden Perioden durch persönliche Erinnerungen von Menschen geprägt. Die Großeltern und Eltern der Schülerinnen und Schüler von heute würden aufgrund ihrer lebensgeschichtlichen Erfahrungen vielleicht ganz andere Schwerpunkte setzen als die Autorin dieses Kapitels. Viele individuelle Erfahrungen entziehen sich der immer generalisierenden historischen Darstellung. Es bleiben Leerstellen. Sie können durch Erzählungen von Zeitgenossen gefüllt werden, aber auch durch Literatur, z.B. Wolfgang Borcherts Theaterstück „Draußen vor der Tür" oder die zeitgeschichtlichen Romane von Heinrich Böll, Wolfgang Koeppen, Günter Grass, Christa Wolf, Uwe Johnson. Fiktionale Literatur individualisiert und nimmt leidenschaftlich Partei, während die Geschichte als Wissenschaft sich in ihrem Urteil auf überprüfbare Quellen und auf für eine Gesellschaft als wichtig angesehene Ereignisse und Strukturen stützen muss. Doch das Gesamtbild einer Epoche erschließt sich nur durch eine Zusammenschau von lebensgeschichtlichen Erfahrungen, ästhetischen Zeugnissen und historischer Analyse und Erklärung.

Rainer Fetting (geb. 1949), Durchgang Südstern, 1988, Öl, Sand auf Leinwand, 300 x 200 cm, Berlin, Sammlung A. P.

6 Deutschland nach 1945

1945 Bedingungslose Kapitulation Deutschlands (8. Mai); Potsdamer Konferenz (17. Juni–2. Aug.)

1946 In der Sowjetzone Zwangsvereinigung von SPD und KPD zur SED

1947 Inkrafttreten des Bizonenabkommens

1948 Sowjetunion zieht sich aus dem Alliierten Kontrollrat in Berlin zurück (20. März); Währungsreform in den Westzonen; Einführung der Deutschen Mark (20. Juni); Währungsreform in der Sowjetzone (23. Juni); Berliner Blockade (24. Juni 1948 – 12. Mai 1949)

1949 Verkündung des Grundgesetzes für die Bundesrepublik Deutschland, das am 8. Mai 1949 durch den Parlamentarischen Rat verabschiedet wurde (23. Mai); Wahlen zum 1. Deutschen Bundestag; Bildung einer Koalitionsregierung unter Bundeskanzler Konrad Adenauer (CDU); Gründung der DDR durch Umbildung des Deutschen Volksrats in die Provisorische Volkskammer; die am 18. März gebilligte Verfassung tritt am 7. Okt. in Kraft

1950 DDR erkennt im Görlitzer Vertrag die Oder-Neiße-Grenze an

1951 Revision des Besatzungsstatuts; Bundesrepublik nimmt diplomatische Beziehungen zu anderen Staaten auf (6. März); Westalliierte erklären den Kriegszustand mit Deutschland für beendet (9. Juli); Interzonenhandelsabkommen zwischen der Bundesrepublik und der DDR (20. Sept.)

1952 Sowjetischer Vorschlag für einen Friedensvertrag mit Deutschland („Stalin-Noten", 10. März); Errichtung einer Sperrzone durch die DDR entlang der Zonengrenzen (27. Mai)

1953 Aufstände in Ost-Berlin und in der DDR, die durch sowjetisches Militär niedergeschlagen werden (16./17. Juni)

1954 Vier-Mächte-Konferenz in Berlin über deutsche Wiedervereinigung

1955 Sowjetunion erklärt den Kriegszustand mit Deutschland für beendet (25. Jan.); Inkrafttreten der Pariser Verträge; Aufhebung des Besatzungsstatuts; Bundesrepublik wird souveräner Staat (5. Mai); Beitritt der Bundesrepublik zur NATO (9. Mai); Gründung des Warschauer Pakts unter Einschluss der DDR (14. Mai); Aufnahme diplomatischer Beziehungen zwischen der Bundesrepublik und der Sowjetunion; Vereinbarung über die Freilassung der letzten Kriegsgefangenen in der Sowjetunion (9.–13. Sept.); DDR wird souveräner Staat (20. Sept.)

1957 Verabschiedung des Rentenreformgesetzes durch den Bundestag; Unterzeichnung der Römischen Verträge (EWG und EURATOM)

1958 Inkrafttreten des Gleichberechtigungsgesetzes in der Bundesrepublik

1959 Einführung der zehnjährigen Schulpflicht in der DDR

1961 Beginn des Mauerbaus in Berlin (13. Aug.)

1963 Unterzeichnung des deutsch-französischen Vertrages; Rücktritt Konrad Adenauers als Bundeskanzler, Nachfolger wird Ludwig Erhard (CDU); erstes Passierscheinabkommen für West-Berliner zum Besuch von Ost-Berlin (17. Dez.)

1966 Bildung einer Großen Koalition aus CDU/CSU und SPD; nach dem Rücktritt Erhards (30. Nov.) wird Kurt Georg Kiesinger (CDU) zum Bundeskanzler gewählt

1968 Massendemonstrationen in der Bundesrepublik („Studentenunruhen") nach dem Attentat auf Rudi Dutschke (April)

1969 Wahlen zum 6. Deutschen Bundestag; Bildung einer SPD/FDP-Koalition unter Bundeskanzler Willy Brandt (SPD)

1970 Treffen von Bundeskanzler Brandt und Ministerpräsident Stoph in Erfurt und Kassel (19. März/21. Mai); Unterzeichnung des Moskauer Vertrages zwischen der Bundesrepublik und der Sowjetunion (12. Aug.); Unterzeichnung des Warschauer Vertrages zwischen der Bundesrepublik und Polen (7. Dez.)

1971 Rücktritt Walter Ulbrichts als SED-Parteichef; Nachfolger: Erich Honecker (3. Mai); Unterzeichnung des Vier-Mächte-Abkommens über Berlin (3. Sept.)

1972 Unterzeichnung des Grundlagenvertrages zwischen den beiden deutschen Staaten (21. Dez.)

1974 Rücktritt Willy Brandts als Bundeskanzler; Nachfolger wird am 16. Mai Helmut Schmidt (SPD)

1975 KSZE-Konferenz in Helsinki

1978 Gründung der Umweltschutzpartei „Grüne Aktion Zukunft" (Vorläuferin der „Grünen")

1982 Bildung einer CDU/CSU/FDP-Koalition in Bonn; Wahl Helmut Kohls (CDU) zum Bundeskanzler durch konstruktives Misstrauensvotum (1. Okt.)

1983 Milliardenkredit westdeutscher Banken an die DDR (Wiederholung 1984)

1987 Offizieller Besuch Erich Honeckers in der Bundesrepublik

1989 Ungarn lässt ohne Absprache mit der DDR-Führung Bürger der DDR in den Westen ausreisen (10./11. Sept.; bis Ende Sept. rund 25 000 Flüchtlinge); am 9. Okt. demonstrieren in Leipzig rund 70 000 Menschen für eine demokratische Erneuerung in der DDR; Massendemonstrationen in anderen Städten folgen; das ZK der SED stürzt Erich Honecker; sein Nachfolger als Generalsekretär wird Erich Krenz (18. Okt.); Öffnung der Grenzen für DDR-Bürger nach West-Berlin und in die Bundesrepublik; Fall der Berliner Mauer (9. Nov.)

1990 Umbenennung der SED in PDS (19. Jan.); erste freie Wahlen zur Volkskammer in der DDR (18. März), Bildung einer Großen Koalition unter Ministerpräsident Lothar de Maizière (CDU); Beginn der Wirtschafts- und Währungsunion von DDR und Bundesrepublik (1. Juli); in Moskau Unterzeichnung des „Vertrages über die abschließende Regelung in Bezug auf Deutschland" zwischen den vier Siegermächten des Zweiten Weltkrieges und den beiden deutschen Staaten (12. Sept.); Beitritt der DDR nach Artikel 23 des Grundgesetzes zur Bundesrepublik Deutschland; Vereinigung der beiden deutschen Staaten (3. Okt.)

Deutschland nach 1945

Die Bundesrepublik Deutschland und die Deutsche Demokratische Republik 1949–1990

Antifaschismus: ursprünglich Bezeichnung für die Gegnerschaft zum Faschismus und Nationalsozialismus; vor und nach 1945 von der Sowjetunion und entsprechend der SED als Integrationsideologie benutzt um demokratische Gegner des Faschismus und Nationalsozialismus in ein Bündnis unter kommunistischer Führung („Einheitsfront", „Demokratischer Block") zu überführen; Funktion der ständigen Berufung auf den gemeinsamen Antifaschismus war gleichzeitig, Kritik an den kommunistischen Parteien als „faschistisch" und damit undemokratisch zu brandmarken; verschmolz in der Zeit des Ost-West-Konflikts häufig mit „Antiimperialismus" zu einem Begriff und sollte die politisch-moralische Überlegenheit des sowjetisch dominierten Staatensystems zum Ausdruck bringen.

Antikommunismus: Bezeichnung für oft militante Gegnerschaft zum Kommunismus; in der Zeit des Kalten Krieges in den westlichen Staaten teilweise für jeweils innenpolitische Zwecke instrumentalisiert (Diskreditierung von sozialdemokratischen und reformerischen Parteien).

Besatzungsstatut (21. Sept. 1949 bis 5. Mai 1955): bestimmte die Rechte der (westlichen) Alliierten in der Bundesrepublik nach deren Gründung; Einschränkung der Souveränität des neuen Staates durch übergeordnete Rechte der Alliierten u. a. in Fragen wie deutsche Streitkräfte, Zivilluftverkehr, Industrieproduktion, Außenhandel, Außenpolitik, Reparationen, Sicherheit der Besatzungstruppen, Verfolgung von Kriegsverbrechern.

Blockparteien: Bezeichnung für alle Parteien in der SBZ/DDR mit Ausnahme der SED; entstand aus dem „Gemeinsamen Ausschuss der antifaschistisch-demokratischen Parteien Deutschlands" (1945) im August 1949 als Parteien- und Organisationsbündnis („Demokratischer Block"), das von der SED gelenkt wurde; die ursprünglich unabhängigen Parteien CDU und LDPD (DBD und NDPD waren ohnehin von der SED gegründet und abhängig) erkannten spätestens Anfang der fünfziger Jahre die SED-Führungsposition im „Block" an und ordneten sich ihr unter; seit Oktober 1950 Wahl nach Einheitslisten; Funktion der Blockparteien war die Integration bürgerlicher, nationaler und christlicher Wähler in das DDR-Herrschaftssystem; Auflösung des Blockparteiensystems Ende 1989.

Deutschland nach 1945

Jahr	Personen	Jahr	Personen
1945–		1968	16 036
1948/49	732 100	1969	16 975
1949	129 245	1970	17 519
1950	197 788	1971	17 408
1951	165 648	1972	17 164
1952	182 393	1973	15 189
1953	331 390	1974	13 252
1954	184 198	1975	16 285
1955	252 870	1976	15 168
1956	279 189	1977	12 078
1957	261 622	1978	12 117
1958	204 092	1979	12 515
1959	143 917	1980	12 763
1960	199 188	1981	15 433
1961,		1982	13 208
bis 13.8.	155 402	1983	11 343
1961,		1984	40 974
ab 14.8.	51 624	1985	24 912
1962	21 356	1986	26 178
1963	42 632	1987	18 958
1964	41 873	1988	39 845
1965	29 552	1989	343 854
1966	24 131	1990,	
1967	19 578	bis 30.6.[2]	238 384

1 Flüchtlinge sind Personen, die ohne Erlaubnis, Übersiedler Personen, die mit Erlaubnis der dortigen Behörden die DDR verlassen haben. In die Gesamtzahl eingeschlossen sind politische Häftlinge, die von der Bundesregierung freigekauft wurden, und solche, die von den DDR-Behörden aus der Haft in die Bundesrepublik entlassen wurden (insgesamt 29 670 bis 1989). 1949 bis 13. Aug. 1961 wurden nur die Flüchtlinge registriert; die Zahl der Übersiedler wird während dieses Zeitraums ebenfalls einige hunderttausend betragen haben.
2 Mit dem Inkrafttreten der Wirtschafts- und Währungsunion und dem Auslaufen des Aufnahmegesetzes für Bürger aus der DDR am 1. Juli 1990 wurde die Statistik eingestellt.

Flüchtlinge und Übersiedler aus der SBZ/DDR in die Westzonen/Bundesrepublik Deutschland 1945–1990 [1]

Demontage: im Potsdamer Abkommen beschlossener Abbau von rund 1 800 Industriebetrieben und von Infrastruktur (z. B. Eisenbahngleise) in Deutschland durch die Alliierten zur Befriedigung ihrer Reparationsansprüche und zur Verminderung der deutschen Wirtschaftskraft; rund die Hälfte aller Demontagen erfolgte in der Sowjetzone; in den Westzonen 1948 Einstellung der Demontagen, weil sich diese negativ auf den Wiederaufbau der Wirtschaft auswirkten.

Entnazifizierung: von den Besatzungsmächten beschlossene (Potsdamer Abkommen) und eingeleitete, dann von den Deutschen übernommene Maßnahmen zur Ausschaltung des NS-Einflusses in Staat, Wirtschaft und Kultur, bestehend aus den Prozessen gegen Kriegsverbrecher (Nürnberger Prozesse), der Internierung und Verurteilung von NS-Verantwortlichen (z. B. Gauleiter, Bürgermeister, höhere SS- und Polizeiränge) und der Überprüfung der Bevölkerung durch Fragebogen; das Strafmaß (Freiheitsentzug, Vermögensverlust, Berufsverbot, Aberkennung des Wahlrechts usw.) richtete sich nach der Schwere der Belastung (Hauptschuldige = Kriegsverbrecher, Belastete, Minderbelastete, Mitläufer, Entlastete); Ende der Entnazifizierung in der Sowjetzone 1948; in den Westzonen betraf die Entnazifizierung rund 6 Mio. Menschen, 98 Prozent wurden als Mitläufer eingestuft; nach 1949 verlor die Entnazifizierung rasch an Bedeutung.

Lastenausgleich: im Grundgesetz verankertes Recht (Art. 120/120 a) um eine gleichmäßige Verteilung der Kriegs- und der Kriegsfolgelasten zu garantieren; genaue Regelung erst im Lastenausgleichsgesetz von 1952: Vermögende (über 17 800 €) mussten einen Lastenausgleich zahlen, während Geschädigte eine Entschädigung (z. B. Hausratentschädigung für Ausgebombte, Kriegsschadensrente) erhielten; Summe aller Leistungen im Rahmen des Lastenausgleichs rund 67,4 Mrd. €.

Parlamentarischer Rat: Verfassunggebende Versammlung für die Bundesrepublik Deutschland (1. Sept. 1948 bis 8. Mai 1949), gebildet aus 65 von den Länderparlamenten in den Westzonen gewählten Abgeordneten (27 CDU/CSU, 27 SPD, 5 FDP, 2 Zentrum, 2 Deutsche Partei, 2 KPD bzw. 61 Männer und 4 Frauen).

Runder Tisch: Begriff für die in den Staaten des Ostblocks geführten Gespräche zwischen der jeweiligen Regierung und der institutionell nicht vorgesehenen Opposition (die sich in Polen 1988 um einen runden Tisch versammelten); 1989/90 in der DDR eine Art Ersatzparlament oder Ersatzgemeinderat bis zu den jeweiligen freien Wahlen im März bzw. Mai 1990.

Soziale Marktwirtschaft: Wirtschaftsordnung, die ihrem Anspruch nach im Gegensatz zum frühliberalen („Manchester-Liberalismus") wie zum sozialistischen Wirtschaftssystem steht; wichtigste Elemente: Garantie und Schutz des wirtschaftlichen Wettbewerbs und die soziale Abfederung negativer Auswirkungen marktwirtschaftlicher Prozesse durch den Staat sowie die Verbreitung des Privateigentums an Produktionsmitteln; Begriff wurde nach dem Zweiten Weltkrieg von Alfred Müller-Armack, einem Berater Ludwig Erhards, geprägt.

Volkskongress: von der SED im Dezember 1947 einberufene Versammlung von rund 2 000 Mitgliedern (auch aus den Westzonen), die den Willen der SED zur deutschen Einheit bekunden sollte; der 2. und der in der Sowjetzone im Mai 1949 „gewählte" 3. Volkskongress bildeten ein Exekutivorgan, den „Deutschen Volksrat" (400 Mitglieder), der eine Verfassung ausarbeitete und sich am 7. Okt. 1949 als „Provisorische Volkskammer für eine „Deutsche Demokratische Republik" konstituierte.

Volkspartei: politikwissenschaftlicher Begriff für Parteien, die (anders als die deutschen Parteien im Kaiserreich und in der Weimarer Republik) sozial, konfessionell und politisch-programmatisch eine große Spannbreite aufweisen, z. B. Katholiken und Protestanten in der CDU, Arbeitnehmer und Selbstständige in der SPD (Integrationsparteien).

Währungsreform: Neuordnung des Geldwesens im Nachkriegsdeutschland. In den Westzonen am 20. Juni 1948 Ersetzung der Reichsmark durch die Deutsche Mark: Umtausch für jeden Bürger von RM 60 im Verhältnis 1:1 („Kopfgeld"), Abwertung von RM-Guthaben auf 6,5 Prozent, von RM-Verbindlichkeiten auf

Indikator	Einheit	1950 BRD	1950 DDR	1960 BRD	1960 DDR	1970 BRD	1970 DDR	1980 BRD	1980 DDR	1989/90 BRD	1989/90 DDR
Einwohnerzahl	Mio	50,0	18,4	55,4	17,2	60,7	17,1	61,6	16,7	61,7	16,7
Anteil 0 bis 15-Jährige[2]	%	23,7	22,1	21,3	21,0	23,2	22,6	18,2	18,9	14,6	19,5
Anteil 65-Jährige und älter	%	13,7	13,8	16,4	17,6	19,3	19,5	19,3	17,9	15,3	13,3
Anzahl der Haushalte	Mio.	16,7		19,5	6,6	22,0	6,4	24,8	6,5	27,4	6,6
Anzahl der Wohnungen	Mio.	10,6	5,1	16,1	5,5	20,8	6,1	25,4	6,6	26,3	7,0
Ausstattung der Haushalte:											
– Fernsehgeräte	%			34,0	18,5	73,0	73,6	93,0	88,1	94,0	95,0
– Waschvollautomaten	%			9,0	6,2	39,0	53,6	70,0	84,4	86,0	97,0
– Telefon	%			14,0		31,0	9,7	70,0	11,6	98,0	16,0
– Auto	%			27,0	3,2	44,0	15,6	62,0	38,1	97,0	52,0
Erwerbstätige	Mio.	20,3	7,2	26,25	7,7	26,67	7,8	26,33	8,2	29,68	8,6
Arbeitslose	Mio.	1,6		0,27		0,15		0,89		2,25	
Erwerbsquote Frauen[3]	%	31,3	40,9	33,6	45,0	30,2	48,2	32,6	49,9	37,0	48,9
Ausländische Arbeitnehmer	Mio.			0,28		1,84		2,07		1,62	
Anteil der Beschäftigten in:											
– Land- und Forstwirtschaft	%	24,6	30,7	13,3	17,0	8,9	12,8	5,3	10,7	4,2	10,8
– Produzierendes Gewerbe	%	42,7	42,3	48,4	48,7	48,6	51,2	45,3	51,5	41,1	50,1
– Handel und Verkehr	%	14,3	14,6	19,9	18,8	17,2	18,5	17,6	17,7	17,9	17,9
– Dienstleistungen, übrige Wirtschaftsbereiche	%	18,4	12,4	18,4	15,5	25,3	17,5	31,8	20,1	36,8	21,6[4]
Zahl der Studierenden[5] an Hochschulen	Tsd.	99	32	269	100	482	143	986	130	1485	131
davon weiblich	%	21,3	21,3	25,2	25,2	26,2	35,4	37,1	48,7	38,5	48,6

1 Falls für das Stichjahr keine zuverlässigen Daten zu ermitteln waren, fehlen sie oder es wurde die zeitlich nächste Angabe herangezogen. – 2 In Prozent der Gesamtbevölkerung. – 3 Allgemeine Erwerbsquote, berechnet auf alle Männer und Frauen. – 4 Addition der Prozentzahlen ergibt im Original 100,4. – 5 Ohne Studierende aus dem Ausland.

Daten zur sozialen und wirtschaftlichen Entwicklung der Bundesrepublik Deutschland und der Deutschen Demokratischen Republik 1950–1989/90[1]

10 Prozent; keine Belastung von Sach- und Aktienvermögen; gleichzeitig weitgehende Aufhebung der Warenbewirtschaftung und Preisbindung; im Bewusstsein der Bevölkerung als das eigentliche „Gründungsdatum" der Bundesrepublik verwurzelt. – In der Sowjetzone am 23. Juni 1948: Umtausch von RM 70 im Verhältnis 1:1, des übrigen Bargelds und des Geldvermögens im Verhältnis 10:1; praktisch ohne Auswirkungen auf Versorgung und Wirtschaftswachstum.

Westintegration: Begriff zur Kennzeichnung des politischen Prozesses, der die Bundesrepublik seit den fünfziger Jahren Schritt für Schritt durch Verträge in das westliche Staatensystem einband (z. B. Europarat, NATO, EWG/EG); eine Folge der militärischen, wirtschaftlichen und politischen Westintegration ist der (relative) Rückgang nationalstaatlichen Denkens sowie eine stärkere Verankerung universaler politischer Werte (z. B. Demokratie, Menschenrechte) in der deutschen Bevölkerung.

Wiedergutmachung: Begriff für vermögensrechtliche Rückerstattungen, z. B. von enteigneten Häusern oder Firmen, und staatliche Entschädigungen, z. B. Renten (Bundesentschädigungsgesetz 1956) an Gegner und Verfolgte des NS-Regimes; stellvertretend für Millionen während der NS-Zeit ermordeter Juden Zahlungen an den Staat Israel (1952); In der DDR erhielten vor allem politische Opfer des Faschismus Rentenzahlungen.

1. Stellen Sie aus den Materialien eine Übersicht zur Beziehungsgeschichte der beiden deutschen Staaten 1949–1990 zusammen. Welche Rolle spielten die ehemaligen Siegermächte in der deutschen Nachkriegsgeschichte?
2. Skizzieren Sie anhand der Materialien wichtige Phasen der wirtschaftlichen und sozialen Entwicklung in der Bundesrepublik Deutschland und in der DDR.

Deutschland unter alliierter Besatzung 1945–1949

Eine Gesellschaft im Umbruch

Das Kriegsende und seine gesellschaftlichen Folgen

Deutschland im Jahre 1945 – das war eine Gesellschaft auf der Straße: zu Fuß, auf dem Fahrrad, mit Pferdefuhrwerken, in wenigen Autos und überfüllten Zügen. Mindestens ein Drittel, vielleicht sogar die Hälfte der Bevölkerung war unterwegs. Millionen Menschen kamen vor und nach Kriegsende als Flüchtlinge und Vertriebene aus den Gebieten jenseits der Oder-Neiße-Linie in die vier Besatzungszonen. Umgekehrt befanden sich zu jener Zeit 9 bis 10 Millionen Zwangsarbeiter, Kriegsgefangene und KZ-Häftlinge anderer Nationalitäten in Deutschland, darunter allein 2,4 Millionen aus der Sowjetunion und 2,1 Millionen aus Frankreich. Die meisten von ihnen drängten zurück in ihre Heimat, aber noch 1947 soll es eine Million solcher „Displaced Persons" genannten Menschen in den vier Besatzungszonen gegeben haben. Nach Hause zurück wollten auch die während des Krieges aus bombengefährdeten Städten evakuierten rund 10 Millionen Deutschen, überwiegend Frauen und Kinder. Die Dramatik der Bevölkerungsverschiebung schon vor Kriegsende zeigt das Beispiel der Stadt Köln, deren Einwohnerzahl von Kriegsausbruch bis -ende durch Tod, Wegzug nach Ausbombung oder Evakuierung von 730 000 auf 40 000 Einwohner sank. Die vierte große Gruppe, die sich auf den Straßen befand, waren die ehemaligen Soldaten, die sich aus der Kriegsgefangenschaft nach Hause durchschlugen. Und schließlich kehrte auch ein Teil der nach 1933 emigrierten Deutschen zurück, oft eher misstrauisch als freundlich empfangen. Waren die Emigranten nicht alle Linke und eigentlich „Vaterlandsverräter" gewesen? Auch später rief kein Bundespräsident, kein Bundeskanzler die Exilierten zur Rückkehr, zum Neuaufbau eines demokratischen Deutschland auf (siehe Essay S. 136–139).

Die Folgen der unfreiwilligen und ungeplanten Wanderungen vor und nach Kriegsende veränderten die deutsche Gesellschaft tiefgreifend; sie zeigten sich allerdings häufig erst in den fünfziger und sechziger Jahren. In ehemals katholischen Gebieten Bayerns siedelten sich protestantische Ostpreußen an, in protestantischen Regionen Norddeutschlands katholische Schlesier. Die konfessionellen Grenzen, die Deutschland lange geprägt und bis in das Parteiensystem gereicht hatten, wurden durchlässig; längerfristig nahmen die kirchlichen Bindungen insgesamt ab. Städtischen Industriearbeitern und Handwerkern wurden Wohnungen in ländlichen Regionen zugewiesen, sie bauten dort Betriebe auf; Stadt und Land glichen sich je länger desto mehr einander an. Das Dorf als spezifische Lebenswelt verschwand.

Die Bewältigung der Alltagsprobleme

1945 war das alte oder neue „Zuhause" äußerlich für viele eine Trümmerwüste. Besonders in den Großstädten und industriellen Ballungsgebieten war mehr als die Hälfte der Wohnungen zerstört, in Köln, Würzburg, Dessau und Halberstadt fast 80 Prozent. Notdürftig richteten sich die Menschen in Kellern, halb zerstörten Wohnungen, Behelfsheimen, Kasernen, Schulen oder Barackenlagern ein. Dazu kamen der Hunger und die Kälte. Überall in Europa hungerten nach Kriegsende Menschen, auch in Deutschland. Mindestens 2000 Kalorien täglich für jeden wären nötig gewesen, doch 1946 betrug die amtliche Zuweisung in der amerikanischen Zone lediglich 1330, in der französischen gar nur 900 Kalorien. Der durchschnittliche Gewichtsverlust soll in diesen Jahren 41 Pfund pro Kopf betragen haben. „Vor allem ist da aber die Kälte", schrieb der Schriftsteller Hans-Erich Nossack Ende 1945, „die Gedanken verwirren sich darüber ... Die meisten Menschen laufen mit geschwollenen Fingern und offenen Wunden umher und es lähmt alle Tätigkeit".[1] Nahrungsmangel, schlechte hygienische Verhältnisse in den Notwohnungen und Kälte schwächten die körperlichen Widerstandskräfte, führten zu Krankheiten wie Diphterie und Typhus und erhöhten insbesondere bei Kindern und alten Menschen die Sterblichkeit.

Wie reagierten die Menschen auf die Ausnahmesituation der Jahre nach Kriegsende, auf „Entwurzelung", wie es in den Statistiken hieß, und „Unbehaustsein", wie eine literarische Metapher jener Zeit lautete? Durch einen stärkeren Zusammenhalt der Familien, die als einzige Institution Schutz und Halt in einer chaotischen Umwelt bot; durch eine zeitweilige Veränderung sicher geglaubter Werte und Normen, die auch Diebstahl oder Prostitution aus Gründen des täglichen Überlebens duldete; durch die Entstehung einer „zweiten Ökonomie", des Schwarzmarktes, und den zeitweisen Übergang von der Geld- zur Naturalwirtschaft. So sahen in allen vier Besatzungszonen die rasch wieder gewählten Betriebsräte ihre Hauptaufgabe darin für „ihre Leute" das Lebensnotwendige zu beschaffen und zu tauschen: Kohle gegen Kartoffeln, Zement gegen Butter.

Kollektiv-solidarische Formen bei der Bewältigung der Nachkriegsnot wie diese waren jedoch nicht vorherrschend,

vorherrschend war eine Mentalität des „Jeder ist sich selbst der Nächste". Historiker sprechen von einer „Dominanz des Privaten". Das bedeutete zum einen den Rückzug in die emotionale Wärme der Familie. Gleichzeitig wurden die Familien aufs äußerste belastet, reduzierten sich nicht selten auf eine verwandtschaftliche Zwangsgemeinschaft und ökonomische Notgemeinschaft, in denen die Frauen die Verantwortung für das „Durchkommen" trugen. Die aus dem Krieg heimkehrenden Männer, durch Betriebszerstörungen, Flucht oder Vertreibung häufig ohne Arbeit und nicht mehr in der Rolle des Familienernährers, fühlten sich oft überflüssig, an den Rand gedrängt. Die Zahl der Ehescheidungen stieg zunächst stark an.

Ein nicht unerheblicher Teil der Frauen musste sich ohnehin alleine helfen, weil ihre Männer im Krieg getötet worden waren. Ihre Kinder waren früh selbstständig und sorgten für den Haushalt und die Geschwister. Trotz oder vielleicht wegen solcher Familienverhältnisse war das Frauenideal der fünfziger und frühen sechziger Jahre die nicht berufstätige Hausfrau, die in der Sorge für ihren Ehemann und ihre Kinder aufgeht. Die in den Kriegs- und Nachkriegsjahren häufig extrem belasteten Frauen empfanden diese Rückkehr zur traditionellen Rollenverteilung der Geschlechter oftmals als Entlastung von lange getragener Verantwortung. Langfristig veränderten die Kriegs- und Nachkriegserfahrungen dennoch die Rolle der Frauen: Mochten die Mütter für sich auch die alten Verhaltensmuster wählen, ihre Töchter sollten neue Selbstständigkeit gewinnen. Seit den fünfziger Jahren verbesserte sich das Niveau der Schul- und Berufsbildung für Mädchen (siehe Tabelle S. 287).

Abkehr von der Politik
„Dominanz des Privaten" bedeutete zum zweiten Rückzug aus der Gesellschaft und der Politik. Nach den Erfahrungen mit dem Nationalsozialismus wollten viele von Politik nichts mehr wissen. Das galt für die Älteren, die sich bewusst oder unbewusst an der „deutschen Katastrophe" mit schuldig fühlten, wie für die Jüngeren, die ihren „Idealismus" verraten glaubten. Die Erwartung einer vielleicht Jahrzehnte dauernden Besatzungsherrschaft verstärkte die politische Resignation und Apathie. Die alten obrigkeitsstaatlichen, apolitischen Mentalitäten lebten so in neuer Form weiter. Im privaten Leben durchkommen, die persönliche Situation verbessern, eine sichere Existenz aufbauen: Das waren die vorherrschenden Sinnorientierungen der Nachkriegszeit.

Abkehr von der Politik konnte auch Wendung in die Kultur bedeuten. Zwar gab es nach Kriegsende einen kulturellen Aufbruch und den Versuch sich mit den Ursachen der nationalsozialistischen Diktatur ernsthaft auseinanderzusetzen. Bereits 1945 erschien das Buch „Der SS-Staat" von Eugen Kogon, einem ehemaligen Buchenwald-Häftling, und 1946 „Die Schuldfrage" von Karl Jaspers. Die Theaterstücke „Des Teufels General" (1945) von Carl Zuckmayer und „Draußen vor der Tür" (1947) von Wolfgang Borchert wurden heftig diskutiert. Die Sprache vieler jüngerer Schriftsteller war bewusst rauh und lakonisch; das Wort von der „Kahlschlag-Literatur" kam auf. Vorherrschend war jedoch die Kontinuität. Der Historiker Friedrich Meinecke schlug vor in allen größeren Orten Deutschlands „Goethegemeinden" zur „Rettung des uns verbliebenen Restes deutscher Volks- und Kultursubstanz" zu bilden.[2] Der Emigrant Wolf-

Karl Hofer (1878–1955), Frau in Ruinen, 1945, Öl auf Leinwand, 100 x 65 cm, Privatbesitz

gang Langhoff berichtete 1946: „Schließlich sang eine Fünfzehnjährige hell, dünn, glockenrein, ohne jede Sentimentalität, Dehnung oder Färbung: ‚Sah ein Knab' ein Röslein stehn …' Das ist es, glaube ich, was ich liebe und was mir den Glauben an Deutschlands Auferstehung erhält."[3]

Politischer Neuaufbau

Unmittelbar nach Kriegsende stellte sich die Frage der politischen Beteiligung der Deutschen nicht. Die Unterzeichnung der bedingungslosen Kapitulation durch die deutsche Wehrmachtsführung, die Verhaftung der letzten deutschen Regierung in Flensburg und die Besetzung durch alliierte Truppen beendeten faktisch die deutsche Staatlichkeit. In drei, später vier Besatzungszonen bauten die Sieger einen Verwaltungsapparat mit je einer Militärregierung an der Spitze auf. Die deutschen Verwaltungen wurden den Besatzungsbehörden unterstellt, von ihr kontrolliert und angewiesen. Die Rahmenbedingungen für den Wiederbeginn des politischen Lebens setzten die Alliierten im Potsdamer Abkommen vom 2. August 1945 (siehe S. 325, Mat. 1): Entnazifizierung, Demokratisierung, Dezentralisierung. Jede Besatzungsmacht interpretierte diese Grundsätze jedoch im Lichte ihrer eigenen politischen Wertvorstellungen und machtpolitischen Interessen.

Die Entnazifizierung

Die Entnazifizierung* galt in allen vier Zonen als Voraussetzung der Teilhabe von Deutschen an der politischen Verantwortung. Der erste Schritt war das Verbot der NSDAP und aller ihr angeschlossenen Organisationen sowie die Verhaftung und Internierung von Parteileitern der NSDAP, Führern der SS und leitenden Beamten. Ein wichtiger und von allen Alliierten getragener Schritt zur Entnazifizierung war der von Herbst 1945 bis Herbst 1946 dauernde Hauptkriegsverbrecher-Prozess in Nürnberg. Die Anklage erfolgte wegen Verbrechens gegen die Menschlichkeit und den Frieden und wegen Kriegsverbrechen. Das Gericht verurteilte zwölf von 22 Angeklagten zum Tode durch den Strang, darunter Hermann Göring, Martin Bormann und Joachim von Ribbentrop, sieben zu Haftstrafen, drei wurden freigesprochen. Weitere Kriegsverbrecherprozesse folgten. In den Westzonen wurden 5133 Personen angeklagt und 668 Todesurteile gefällt, für die SBZ betragen die entsprechenden Zahlen 12 807 bzw. 118. Deutsche Gerichte in der Bundesrepublik und in der DDR verurteilten bis 1965 rund 24 000 Personen. Langwieriger gestaltete sich die Entnazifizierung des öffentlichen Dienstes, der Wirtschaft und der Bevölkerung insgesamt. In den Westzonen konzentrierte sich die Entnazifizierung zunächst auf die öffentlichen Verwaltungen, Schulen und Hochschulen. Dem diente ein durch Fragebogen schematisiertes Verfahren, das dann auf andere Berufsgruppen bzw. in der amerikanischen Zone die Bevölkerung insgesamt ausgedehnt wurde. Die Auswertung der Fragebogen oblag der jeweiligen Besatzungsmacht. Den Grad der individuellen Verantwortung drückten fünf Kategorien von I (Hauptschuldiger) bis V (Unbelasteter) aus. Auch in der SBZ stand die politische Säuberung des öffentlichen Dienstes von Nationalsozialisten an erster Stelle. Sie wurde allerdings von Deutschen nach sowjetischen Richtlinien durchgeführt. Trotz teilweise unterschiedlicher Praxis und Motive war die Entnazifizierung bis weit in das Jahr 1946 hinein in der US-Zone und in der SBZ besonders streng.
Ab 1946/47 übertrugen auch die Westmächte die Entnazifizierung deutschen „Spruchkammern", die zahlreiche Entlassungen aus dem öffentlichen Dienst aufhoben. Noch ausstehende Verfahren endeten fast immer mit dem Spruch „Mitläufer" (Kategorie IV) oder „Unbelasteter". „Mitläuferfabriken" hat ein Historiker deshalb die Spruchkammern genannt. Häufig seien die Täter und die Unterstützer der NS-Diktatur rehabilitiert statt verurteilt worden. Die vor allem nach 1949 nur teilweise gelungene Entnazifizierung belastete die „Vergangenheitsbewältigung" in der Bundesrepublik stark (siehe Mat. S. 332–335). Von einem völligen Scheitern kann jedoch nicht die Rede sein. Der weit gehende Austausch der politischen Eliten nach 1945 z. B. war eine der zentralen Voraussetzungen für den demokratischen Neubeginn.
In der SBZ wurde die Entnazifizierung insgesamt rascher und konsequenter umgesetzt als in den Westzonen. Bei der Beurteilung sind jedoch mehrere Aspekte zu berücksichtigen: In die von Nationalsozialisten „gesäuberten" Stellen rückten vielfach im Sinne der KPD und der sowjetischen Militäradministration „zuverlässige" Genossen nach. Mit der Enteignung der Großgrundbesitzer (Bodenreform) und der Verstaatlichung von Mittel- und Großbetrieben (Industriereform) im Jahre 1946 wurden die nach der marxistisch-leninistischen Theorie wichtigsten Säulen und Nutznießer der NS-Herrschaft zerschlagen. Die „strukturelle" Entnazifizierung galt als bedeutsamer als die „personelle" Entnazifizierung. Ab August 1947 änderte sich die Praxis der Entnazifizierung in der SBZ. Es kam zu einer Rehabilitierung einfacher NSDAP-Mitglieder. Im März 1948 wurde die Entnazifizierung in der SBZ offiziell für abgeschlossen erklärt.

Der Aufbau von politischen Parteien
Der politische Neubeginn auf deutscher Seite begann überraschend schnell mit spontan gebildeten Aktionsausschüs-

	Amerikanische Zone	Britische Zone	Französische Zone	Westzonen insgesamt
Zahl der bearbeiteten Fälle	950 126	2 041 454	669 068	3 660 648
Hauptschuldige	1 654	–	13	1 667
Schuldige, Belastete	22 122	–	938	23 060
Minderbelastete	106 422	27 177	16 826	150 425
Mitläufer	485 057	222 028	298 789	1 005 874
Entlastete	18 454	1 191 930	3 489	1 213 873
Verfahren eingestellt:				
– Jugendamnestie	89 772	–	71 899	161 671
– Heimkehrer-, Weihnachtsamnestie	194 738	–	71 899	196 646
– Unbelastet	–	512 651	270 152	782 803
– Andere Gründe	31 907	87 668	5 054	124 629

Entnazifizierungsstatistik für die Länder der Westzonen 1949/50

sen in Gemeinden und Betrieben. Parallel dazu trafen sich – noch ohne Erlaubnis der Besatzungsmächte – Mitglieder der während der NS-Diktatur verbotenen oder selbst aufgelösten Parteien zur Neugründung oder Wiedergründung, als erste die Sozialdemokraten auf Initiative Kurt Schumachers schon am 19. April 1945 in Hannover. Eine wichtige politische Rolle kam in den ersten Monaten auch den Kirchen zu, die vor allem bei den Westmächten als „unbelastete" Institutionen galten.

In Potsdam vereinbarten die Alliierten die Zulassung von demokratischen politischen Parteien. Zu diesem Zeitpunkt jedoch war die sowjetische Militärregierung in ihrer Zone bereits vorgeprescht. Der politische Neuaufbau war offensichtlich von den Führungen der KPdSU unter Stalin und der KPD im Moskauer Exil unter Wilhelm Pieck und Walter Ulbricht genau geplant worden um die politische Vorherrschaft der KPD nach Kriegsende in Deutschland zu sichern – allerdings nicht durch ein Ein-Parteien-System nach sowjetischem Vorbild, sondern durch einen „antifaschistisch-demokratischen Block" mehrerer Parteien unter kommunistischer Kontrolle. So waren auch die ersten in der SBZ eingesetzten Bürgermeister vielfach Sozialdemokraten oder Vertreter bürgerlicher Parteien. Die Kommunisten übernahmen bevorzugt die Ämter für Personalwesen, Polizei und Volksbildung. Bereits am 10. Juni 1945 erlaubte die sowjetische Militäradministration die „Bildung und Tätigkeit" von „antifaschistischen Parteien". Am 11. Juni trat die KPD mit einem Gründungsaufruf an die Öffentlichkeit, am 15. Juni die SPD, am 26. Juni und am 5. Juli folgten die CDU und die LDPD. Monate vor der entsprechenden Entwicklung in den Westzonen entstand ein Vier-Parteien-System mit zwei Arbeiterparteien, einer christlichen und einer liberalen Partei. Überraschend daran war dreierlei: 1. die programmatische Aussage der KPD, sie wolle unter den „gegenwärtigen Entwicklungsbedingungen in Deutschland" nicht das „Sowjetsystem" einführen, vielmehr eine „parlamentarisch-demokratische Republik mit allen demokratischen Rechten und Freiheiten für das Volk" anstreben; 2. die Konzentration der politischen Kräfte des Bürgertums auf je eine christliche und eine liberale Sammlungspartei; 3. die Bereitschaft der drei nicht kommunistischen Parteien mit der KPD zusammen zu arbeiten. Gemeinsame Erfahrungen während der Unterdrückung in der NS-Zeit trugen dazu ebenso bei wie die Überzeugung, in einer Notlage ohnegleichen für die deutsche Bevölkerung sei eine Zusammenarbeit notwendig. Der politische Wiederaufbau der Parteien in den Westzonen begann später: ab August 1945 in der amerikanischen, ab September in der britischen, ab November in der französischen Zone. Ein zweiter Unterschied zur „Ostzone", wie es nun bald allgemein hieß, lag in der Dezentralisierung der Parteizulassungen. Wurde dort das zentralistische Prinzip verfolgt – Anerkennung der Parteiführungen, Parteienaufbau von oben nach unten –, bedurfte in den Westzonen jede örtliche Parteigründung der Genehmigung durch die jeweilige Besatzungsmacht. Das begünstigte die Bildung von kleinen, nur regional bedeutsamen Parteien. Trotzdem bildete sich mit der Zeit ebenfalls ein Vier-Parteien-System aus. Neben SPD und KPD, die schon vor 1933 bestanden hatten, traten zwei bürgerliche Parteien. Die CDU entstand als neuartige Sammlungsbewegung, als „Union" politischer Kräfte beider Konfessionen (mit einem leichten Übergewicht der Katholiken), konservativer und liberaler Gruppen und christlicher Gewerkschafter. In Bayern erhielt diese Sammlungsbewegung als CSU zusätzlich eine spezifisch regionale

„In die neue Zeit mit der Sozialdemokratie", Plakat, um 1946, 84 x 59 cm, Entwurf: Carl Reiser (1877–1950)

Färbung mit konservativerer Grundströmung. Von der Ost-CDU unterschieden sich die westlichen Unionsparteien durch eine stärkere Betonung der Bedeutung des Privateigentums und der Marktwirtschaft. Doch vor allem in den ersten Jahren hatten die „Linken" in der CDU noch eine starke Position. Sie vertraten einen christlichen Sozialismus oder aus christlichen Motiven eine antimilitaristische Grundhaltung wie der spätere Bundespräsident Gustav Heinemann (1957 zur SPD übergetreten). In der FDP vereinigten sich die seit dem Kaiserreich getrennten links- und rechtsliberalen Kräfte, wobei die Rechtsliberalen oder Nationalliberalen bis Mitte der sechziger Jahre dominierten.

Die Gründung der SED

Die Übereinstimmung des Parteiensystems im Vier-Zonen-Deutschland blieb jedoch äußerlich. Während in den Westzonen unter dem Einfluss und der Aufsicht der Besatzungsmächte eine demokratische Parteienkonkurrenz mit deutlich unterscheidbaren Programmen entstand, entwickelte sich in der SBZ ein System der Blockparteien* unter Führung der KPD bzw. SED. Die Zwangsvereinigung der SPD mit der KPD zur SED im April 1946 war eine Reaktion der sowjetischen und deutschen Kommunisten auf die deutlich größere Zustimmung der Bevölkerung zur Politik der Sozialdemokraten und die vernichtende Wahlniederlage der Kommunisten bei den ersten freien Wahlen in Österreich (November 1945). Die Hoffnung der KPD in freien Wahlen ihre Macht festigen zu können zerstob. Um die SPD in der Ostzone auszuschalten setzte sie nun mit Macht die Vereinigung der beiden Arbeiterparteien durch. Dabei waren es im Juni 1945 Mitglieder der SPD in Berlin gewesen, die angesichts der Erfahrungen seit 1933 eine Vereinigung der Arbeiterparteien gefordert hatten, was die KPD damals noch ablehnte. Ende 1945 lehnte die Ost-SPD ab, im Bewusstsein ihrer neuen Stärke und gegenüber den Kommunisten misstrauisch geworden, vor allem aber, weil das zu einer Spaltung der gesamtdeutschen SPD geführt hätte. Die SPD in den Westzonen wandte sich strikt gegen eine Fusion mit der nach ihrer Meinung undemokratischen und unter sowjetischem Einfluss stehenden KPD. Daraufhin setzte die KPD mit sowjetischer Hilfe die Ost-SPD unter Druck: Politische Erklärungen der SPD wurden nicht veröffentlicht, offen widerstrebende Sozialdemokraten verhaftet, in den Betrieben Kampagnen wie „Einheit von unten nach oben" entfesselt. Schließlich erklärte sich die Führung der Ost-SPD zur Vereinigung bereit, die am 21./22. April 1946 in Berlin vollzogen wurde.

Zumindest nach außen hin war die SED in der ersten Zeit auch etwas anderes als die KPD. Sie war nach den Vereinigungsbestimmungen eine marxistische, keine marxistisch-leninistische Partei; alle Führungspositionen wurden 1946 paritätisch mit ehemaligen Sozialdemokraten und Kommunisten besetzt. Plakate propagierten massenwirksam die Einheit der Arbeiterbewegung als Vorstufe zur Einheit Deutschlands. Viele SPD-Mitglieder trugen den Vereinigungsprozess mit, wünschten sich eine einige und demokratische Arbeiterpartei. Allerdings regte sich überall da Widerstand, wo sowjetische und kommunistische Pressionen gegen SPD-Mitglieder öffentlich bekannt wurden – wie in Rostock – oder frei über den Zusammenschluss diskutiert werden konnte – wie in Berlin. Dort sprachen sich bei einer Urabstimmung im März 1946 in den West-Berliner SPD-Bezirken rund 82 Prozent gegen eine Verschmelzung mit der KPD aus – trotz grundsätzlicher Zustimmung zur Zusammenarbeit der beiden Arbeiterparteien. Wegen der in Berlin in allen vier Zonen geltenden Besatzungsrechte war eine Folge dieser Abstimmung, dass es bis 1961 eine Parteiorganisation der SPD in Ostberlin gab, die freilich nach 1949 nicht mehr zu Wahlen zugelassen wurde.

Die Entstehung der SED war in mancher Hinsicht der erste sichtbare Schritt zur deutschen Spaltung und veränderte das Parteiensystem in der Ostzone. Spätestens seit 1948 wandelte sich die SED zu einer „Partei neuen Typs" nach sowjetischem Vorbild, zu einer kommunistischen Kaderpartei (siehe S. 339, Mat. 10). Gleichzeitig änderte sich die Rolle der bürgerlichen Blockparteien*, die nach und nach jede Selbstständigkeit verloren und sich der Politik der SED unterstellten. 1946 hatten die CDU und die LDPD noch gemeinsam mit der SED die Politik der Bodenreform und der Verstaatlichung großer Industriebetriebe durchgesetzt. 1947 gingen sie, ermuntert durch für die SED wenig überzeugende Wahlergebnisse, auf stärkere Distanz zur SED, besonders die Ost-CDU unter ihren Vorsitzenden Jakob Kaiser und Ernst Lemmer. Als die sowjetische Militäradministration Ende 1947 beide kurzerhand absetzte, veränderten sich die bürgerlichen Parteien in der SBZ schrittweise bis zur völligen Unterstellung unter die SED in der „Nationalen Front des demokratischen Deutschland", wie die Zusammenfassung der Blockparteien, der Staatspartei SED und gesellschaftlicher Verbände ab 1949 hieß. Um CDU und LDPD zusätzlich zu schwächen, hatte die SED 1948 zwei weitere Blockparteien gegründet: die „Demokratische Bauernpartei Deutschlands" (DBD) und die „National-Demokratische Partei Deutschlands" (NDPD). Bis zum Ende der DDR 1989 blieb dieses Blockparteiensystem unverändert (siehe Mat. S. 339–341).

Gewerkschaftlicher Neubeginn
Bei der Neugründung von Gewerkschaften im besetzten Deutschland wiederholten sich die Grundmuster des Aufbaus bei den Parteien. Zum einen gab es eine zonenübergreifende Bereitschaft die Zersplitterung in „Richtungsgewerkschaften" wie vor 1933 zu überwinden. Es sollte eine einheitliche, starke Gewerkschaftsbewegung geben, einen Zusammenschluss von Arbeitern, Angestellten und Beamten aller parteipolitischen Orientierungen. Für jeden großen Industriezweig sollte eine Einzelgewerkschaft entstehen und für jeden Betrieb nur eine Gewerkschaft zuständig sein. Die Einzelgewerkschaften sollten sich zu einem Bund zusammenschließen.

In den Westzonen erfolgte der Aufbau von Gewerkschaften, den Vorgaben der Besatzungsmächte entsprechend, dezentral: zuerst auf örtlicher Ebene, gefolgt von Zusammenschlüssen auf regionaler Ebene. 1947 wurde in Bielefeld der erste zonale Dachverband gegründet: der „Deutsche Gewerkschaftsbund (britische Zone)". Nach der Gründung der Bundesrepublik Deutschland konstituierte sich im Oktober 1949 der „Deutsche Gewerkschaftsbund" (DGB) als bundesweite Organisation.

In der SBZ vollzog sich der Gewerkschaftsaufbau zentralistisch von oben nach unten. Bereits am 15. Juni 1945 hatte sich in Berlin ein „Initiativausschuss zur Gründung antifaschistisch-demokratischer Gewerkschaften" gebildet, im Februar 1946 folgte die offizielle Gründung des „Freien Deutschen Gewerkschaftsbundes" (FDGB). Obwohl alle Parteien in der Leitung des FDGB vertreten waren, sicherten sich die Kommunisten mit ihren straff geführten Betriebsgruppen rasch die Vorherrschaft in ihm. Als es im Herbst 1947 wegen eines neuen Leistungslohnsystems zu Konflikten zwischen den Arbeitern in den Betrieben und der SED sowie der sowjetischen Militäradministration kam, trat die Umwandlung des FDGB in ein politisches Instrument der SED zur Massenbeeinflussung klar zutage. Die noch überwiegend sozialdemokratisch gesonnenen Betriebsräte opponierten mit den Arbeitern gegen das neue Lohnsystem und beharrten auf ihrer Selbstständigkeit gegenüber Anweisungen von außen. Daraufhin installierte die SED in den Betrieben von der Zentrale eingesetzte und abhängige Betriebsgewerkschaftsleitungen (BGL). In mancher Hinsicht bildeten die Auseinandersetzungen über das Leistungslohnsystem und die dabei zutage tretende Entfremdung der SED von den Arbeitern ein Vorspiel der Ereignisse im Juni 1953.

Der Weg zur Gründung zweier deutscher Staaten

Die Ursachen für die Teilung Deutschlands lagen nach 1945 in den nicht miteinander zu vereinbarenden Zielen und Interessen der Westmächte und der Sowjetunion im Zeichen des sich bald durchsetzenden Kalten Krieges. Der Zerfall der Kriegsallianz begann bereits auf der Potsdamer Konferenz (siehe S. 238–241). Dass diese Entwicklung schließlich zur Gründung von zwei deutschen Staaten führen würde, war 1945 auch den Siegermächten noch nicht klar. Die Deutschlandpolitik der Alliierten schwankte zwischen Kooperation und Konflikt und führte erst in mehreren Stufen zur deutschen Teilung.

Die Oder-Neiße-Linie
Während der Potsdamer Konferenz konnte der britische Premier Winston Churchill noch zurecht fragen, was mit dem Begriff „Deutschland" geographisch eigentlich gemeint sei. Nach der Konferenz war diese Frage beantwortet: völker-

rechtlich das Deutschland in den Grenzen von 1937, faktisch Deutschland bis zur Oder-Neiße-Linie, unter Abtrennung seiner östlichen Provinzen, die nun den westlichen Teil Polens bzw. einen Teil der Sowjetunion bildeten. Die endgültige Anerkennung der Oder-Neiße-Grenze blieb zwar einem späteren Friedensvertrag vorbehalten, ernsthaft ist eine Revision der territorialen Bestimmungen des Potsdamer Abkommens jedoch weder von der Sowjetunion noch von den Westmächten jemals erwogen worden. Die mit der Abtrennung der deutschen Ostgebiete verbundene „Ausweisung" und „Überführung deutscher Bevölkerungsteile" gemäß Artikel XIII des Potsdamer Abkommens hatte im Herbst 1944 bereits als Flucht der Deutschen aus Osteuropa und den Ostprovinzen des Reiches begonnen. Insgesamt werden rund zwölf Millionen Deutsche im Rahmen des „Bevölkerungstransfers" ihre Heimat verlassen haben. Etwa zwei Millionen dürften Flucht und Vertreibung nicht überlebt haben.

Zonensouveränität und ökonomische Teilung

Für Deutschland westlich von Oder und Neiße legten die Alliierten fest, es solle trotz der Aufteilung in Besatzungszonen politisch und wirtschaftlich eine Einheit bleiben. Als gemeinsames legislatives Organ schufen sie den Alliierten Kontrollrat in Berlin. Der Kontrollrat konnte nur einstimmig beschließen, d. h., jede Besatzungsmacht besaß ein Vetorecht. Einen Einigungszwang gab es nicht. Die exekutive Gewalt lag für jede Zone in den Händen des jeweiligen Zonenbefehlshabers. Faktisch zerfiel Deutschland so in vier politische Einheiten.

Auch die Wirtschaftseinheit existierte nur auf dem Papier. Das war zum einen eine Folge der Zonenaufteilung, die einen einheitlichen Wirtschaftsraum zerriss: In der SBZ fehlten z. B. Kohle und Stahl aus dem Ruhrgebiet, in der britischen Zone die landwirtschaftlichen Produkte aus Mecklenburg oder Bayern. Es gab kein zentrales Transportsystem, weil die französische Regierung eine einheitliche deutsche Eisenbahnverwaltung wegen der militärischen Gefahr für ihr Land ablehnte. Die Erinnerung an zwei Aufmärsche deutscher Armeen gegen Frankreich mit Hilfe der Eisenbahn war noch sehr nah. Als noch folgenreicher erwiesen sich die in Potsdam den Deutschen auferlegten Reparationsleistungen. Im Vorgriff auf eine endgültige Verständigung über deren Höhe sollte jede Besatzungsmacht ihre Reparationen aus ihrer Zone befriedigen, und zwar durch Entnahme von Produktionsgütern, Abbau von Produktionsmitteln wie Maschinen (Demontage*) und Inanspruchnahme von deutschen Arbeitsleistungen. Die durch die Kriegshandlungen besonders schwer geschädigte Sowjetunion sollte darüber hinaus zehn Prozent der industriellen Ausrüstung der Westzonen erhalten, wenn dadurch der Aufbau einer deutschen Friedenswirtschaft nicht behindert werde.

Frankreich und die UdSSR nutzten die Reparationsregelungen zur Durchsetzung ihrer wirtschaftlichen Sonderinteressen. Frankreich schnürte seine Besatzungszone wirtschaftlich durch einen „Seidenen Vorhang" von den anderen Zonen ab, verweigerte die Aufnahme von Vertriebenen und Flüchtlingen, richtete die Produktion an französischen Bedürfnissen aus und gliederte sich das Saarland mit seinen Kohlevorkommen praktisch an. Die SBZ hinter dem „Eisernen Vorhang" wurde ebenso energisch auf die sowjetischen Interessen ausgerichtet. Neben der Ablieferung von Waren und der Demontage von weit über 1000 Betrieben gingen etwa 200 der wichtigsten Betriebe mit 25 Prozent der gesamten SBZ-Produktion als Aktiengesellschaften in sowjetisches Eigentum über. Insgesamt dürften die Reparationen die Wirtschaft der späteren DDR mit rd. 33 Milliarden Euro belastet haben. Die wirtschaftliche Abtrennung vom Westen verstärkte den Umbau des Wirtschaftssystems. 1945 wurde unter der Losung „Junkerland in Bauernhand" der Großgrundbesitz über 100 Hektar enteignet und in kleine Bauernstellen für ehemalige Landarbeiter umgewandelt. Bis 1948 erfolgte in mehreren Schritten die Verstaatlichung von Banken, Sparkassen und allen größeren Betrieben und die Umstellung auf eine zentral gelenkte Planwirtschaft.

Am ehesten waren noch die amerikanische und die britische Besatzungsmacht an der deutschen Wirtschaftseinheit interessiert. Beide mussten mehrere Milliarden Dollar aufbringen um die Ernährung der Bevölkerung in ihren Zonen zu gewährleisten. Die wirtschaftliche Selbstversorgung Deutschlands war deshalb ihr politisches Nahziel. Der französische Sonderweg einerseits, der wirtschaftspolitische Kurs der Sowjetunion andererseits und nicht zuletzt politische Vorgänge wie die „Zwangsvereinigung" von SPD und KPD zur SED im April 1946 leiteten eine Umorientierung der amerikanisch-britischen Politik ein. Im Mai 1946 stellten die Amerikaner die Reparationslieferungen für die Sowjetunion wegen fehlender Gegenlieferungen ein. Am 1. Januar 1947 errichteten die amerikanische und die britische Regierung die Bizone als „Vereinigtes Wirtschaftsgebiet" ihrer beiden Besatzungszonen. Gleichzeitig ging ein Teil der legislativen und exekutiven Gewalt beider Zonen an die wieder oder neu errichteten deutschen Länder über. Allerdings behielten sich beide Besatzungsmächte ein Einspruchsrecht gegen alle Gesetze und Erlasse der Länder vor. Auch waren von den Länderparlamenten und -regierungen die Besatzungsrechte und Vereinbarungen des Alliierten Kontrollrats penibel zu befolgen. Ein Stück Souveränität hatten die Deutschen in der Bizone jedoch wieder erlangt. Im Juni 1947 kündigten die USA den Marshall-Plan für den wirtschaftlichen Wiederaufbau Europas an (siehe S. 239 f.), der auch eine Reaktion auf die katastrophale Wirtschaftslage und die Hungerkrise im Winter 1946/47 in Deutschland war. Er wies bereits auf das Ende der Gemeinsamkeiten in der Deutschlandpolitik der Alliierten voraus; das Scheitern der Londoner Außenministerkonferenz im Dezember 1947 besiegelte den Bruch zwischen den einstigen Verbündeten. Die Politik beider „Blöcke" zielte seitdem auf die Errichtung von Teilstaaten. Dafür mussten aber auch die Deutschen gewonnen werden. Zwar konnten sich die meisten deutschen Politiker in West und Ost ein geteiltes Deutschland kaum vorstellen, doch die Entwicklung bis Anfang 1948 zeigte, wie weit die innere Spaltung bereits vorangeschritten war.

Das Krisenjahr 1948
Die Krisen des Jahres 1948 vertieften die äußere und innere Spaltung. Mit dem kommunistischen Umsturz in der Tschechoslowakei Mitte Februar und der Gründung einer westeuropäischen Militärallianz Anfang März erreichte der Kalte Krieg einen ersten Höhepunkt (siehe S. 240). Am 20. März 1948 zog der sowjetische Militärgouverneur aus dem Alliierten Kontrollrat in Berlin aus. Im Juni beschlossen die Westmächte eine engere Zusammenarbeit ihrer drei Zonen. Frankreich hatte erst zugestimmt, als die USA und Großbritannien die Angliederung des Saarlandes an Frankreich nachträglich sanktionierten und die französische Mitwirkung in der Internationalen Kontrollbehörde für die Ruhrindustrie akzeptierten.
Am 1. Juli 1948 überreichten die drei westlichen Militärgouverneure den Ministerpräsidenten der Länder die sogenannten „Frankfurter Dokumente". Sie enthielten die Aufforderung von den Landtagen eine verfassunggebende Versammlung wählen zu lassen. Diese solle eine demokratische Verfassung für einen föderal organisierten Teilstaat schaffen. Vorläufig werde neben einer deutschen Verfassung ein Besatzungsstatut* bestehen bleiben. Die Ministerpräsidenten rangen den Militärgouverneuren vorab mühsam einige Zugeständnisse ab: Um den vorläufigen, „provisorischen" Charakter des zu gründenden Staates zu unterstreichen sollte ein „Grundgesetz" statt einer Verfassung von einem Parlamentarischen Rat erarbeitet werden. Eine Verfassung könne erst vom „ganzen deutschen Volk" verabschiedet werden.
Der sich anbahnenden staatlichen Teilung ging die Aufteilung Deutschlands in zwei Währungsgebiete voraus. Am 20. Juni 1948 war in den drei Westzonen eine maßgeblich von amerikanischer Seite bestimmte Währungsreform* in Kraft getreten. Sie beseitigte den kriegsbedingten inflationären Geldüberhang und schuf so günstige Voraussetzungen für eine wirtschaftliche Konsolidierung. Die umfassende Zwangsbewirtschaftung fast aller Waren und Dienstleistungen wurde gelockert bzw. aufgehoben. Die Lebensmittelmarken und der „Schwarzmarkt" verschwanden. Eingriffe in das Produktivvermögen unterblieben; ein Lastenausgleichsgesetz* trat erst sehr viel später in Kraft. Damit war die Rekonstruktion der überkommenen Wirtschafts- und Sozialordnung in der Bundesrepublik vorgezeichnet. Drei Tage später, am 23. Juni 1948, führte die Sowjetunion ihrerseits eine Währungsreform* in ihrer Besatzungszone durch. Am Tag danach begann die sowjetische Blockade West-Berlins, auf die die Westmächte mit einer beispiellosen Aktion, der „Luftbrücke", reagierten. Fast elf Monate lang wurden 2,2 Millionen West-Berliner und die Soldaten der alliierten Garnisonen in Berlin vornehmlich aus der Luft versorgt. Eine Wende der Politik der Westmächte erreichten die Sowjets mit der Blockade Berlins nicht, wohl aber einen Stimmungsumschwung in der westdeutschen und West-Berliner Bevölkerung zugunsten der Westmächte. Mit der Luftbrücke wurden aus „Siegern" „Freunde", aus „Besatzungsmächten" „Schutzmächte". Darüber hinaus verstärkten diese Erfahrungen den Antikommunismus* der westdeutschen Bevölkerung, der später einseitig politisch instrumentalisiert wurde (siehe S. 303 f.).

Die Gründung der Bundesrepublik Deutschland
Der Spaltung in zwei Währungsgebiete folgte die politische. Im August 1948 erarbeiteten von den westdeutschen Ministerpräsidenten berufene Sachverständige (Herrenchiemseer Verfassungskonvent) einen Verfassungsentwurf, der dem ab 1. September 1948 tagenden Parlamentarischen Rat* als Beratungsgrundlage diente. Der Entwurf nahm die demokratischen Traditionen der deutschen Verfassungsgeschichte seit 1848 auf und reflektierte die Erfahrungen der Weimarer Republik. Im Parlamentarischen Rat hatten die bürgerlichen Parteien gegenüber der SPD, den Ergebnissen der Landtagswahlen 1947 entsprechend, ein Übergewicht. Zum Vorsitzenden wurde Konrad Adenauer (CDU) gewählt; sein Gegenspieler auf der SPD-Seite war Carlo Schmid. Es gab Auseinandersetzungen, Eingriffe durch die Besatzungsmächte, auch tiefe Enttäuschungen, so, als CDU/CSU und FDP die Verankerung sozialer Grundrechte im Grundgesetz als Gegenleistung für die Zustimmung der SPD zur föderalen Struktur des neuen Staates niederstimmten. Im Ganzen förderten die Verfassungsberatungen aber jenen „Ursprungskonsens", der zur Grundlage der Stabilität des politischen Systems in der Bundesrepublik wurde. Seine Elemente waren:

- die unbedingte Garantie der Menschen- und Bürgerrechte;
- die demokratisch-pluralistisch aufgebaute politische Ordnung: ein parlamentarisch-repräsentatives System ohne plebiszitäre Elemente und mit einer starken Regierung (konstruktives Misstrauensvotum); Mitwirkung und Mitbestimmung der Länder bei der Gesetzgebung des Bundes; Errichtung eines unabhängigen Verfassungsgerichts; Festlegung des sozialstaatlichen Auftrages der Verfassung, der unter bestimmten Bedingungen sogar die Vergesellschaftung von Privateigentum ermöglicht. Artikel 1 und 20 des Grundgesetzes wurden für unveränderbar erklärt: die Geltung der Grundrechte, Rechtsstaatlichkeit, Sozialstaatlichkeit, Gewaltenteilung und freie Wahlen bilden so den Kern der Verfassung;
- freie, konkurrierende Parteien, die an der politischen Willensbildung mitwirken (Artikel 21);
- vorläufige Anerkennung der deutschen Teilstaatlichkeit (Präambel, Artikel 23 und 146).

Ein weiteres Element des Ursprungskonsenses war die soziale Marktwirtschaft*, d. h. ein kapitalistisch organisiertes Wirtschaftssystem mit sozialstaatlicher Bindung. Wieviel Kapitalismus und wieviel Sozialstaatlichkeit sie enthalten sollte, blieb aber immer umstritten. Am 8. Mai 1949 verabschiedete der Parlamentarische Rat das Grundgesetz mit 53 zu 12 Stimmen. Nach der Genehmigung durch die drei Militärgouverneure und der Ratifizierung in den Landtagen – nur Bayern stimmte dagegen – trat es am 23. Mai 1949 in Kraft. Es gab wieder einen deutschen Staat, dessen Souveränität durch das Besatzungsstatut* jedoch eingeschränkt blieb. Die Westmächte behielten sich darin das Recht vor jederzeit in die Politik der Bundesrepublik Deutschland einzugreifen. Am 14. August 1949 wählte die westdeutsche Bevölkerung die Abgeordneten des 1. Deutschen Bundestages, in dem die CDU/CSU und die SPD zwar fast gleich stark waren, insgesamt aber die bürgerlichen Parteien eine deutliche Mehrheit besaßen (siehe S. 338, Mat. 7). Am 12. September wurde Theodor Heuss (FDP) zum ersten Bundespräsidenten gewählt, am 15. September der damals 73-jährige Konrad Adenauer (CDU) zum ersten Bundeskanzler.

Die Gründung der DDR

Die Gründung der DDR vollzog sich parallel zu jener der Bundesrepublik. Im Laufe des Jahres 1948 entstand in der SBZ mehr und mehr eine „Volksdemokratie" nach osteuropäischem Muster. Die SED formte sich zu einer zentral gelenkten Kaderpartei um und bekämpfte die letzten sozialdemokratischen Elemente, die ihr geblieben waren. Die Verstaatlichung von Betrieben wurde fortgesetzt. Im Juni 1948 verabschiedete der Parteivorstand der SED den ersten Zwei-

Die Verfassungsordnung der Bundesrepublik Deutschland (mit Änderungen aufgrund der Vereinigung 1990)

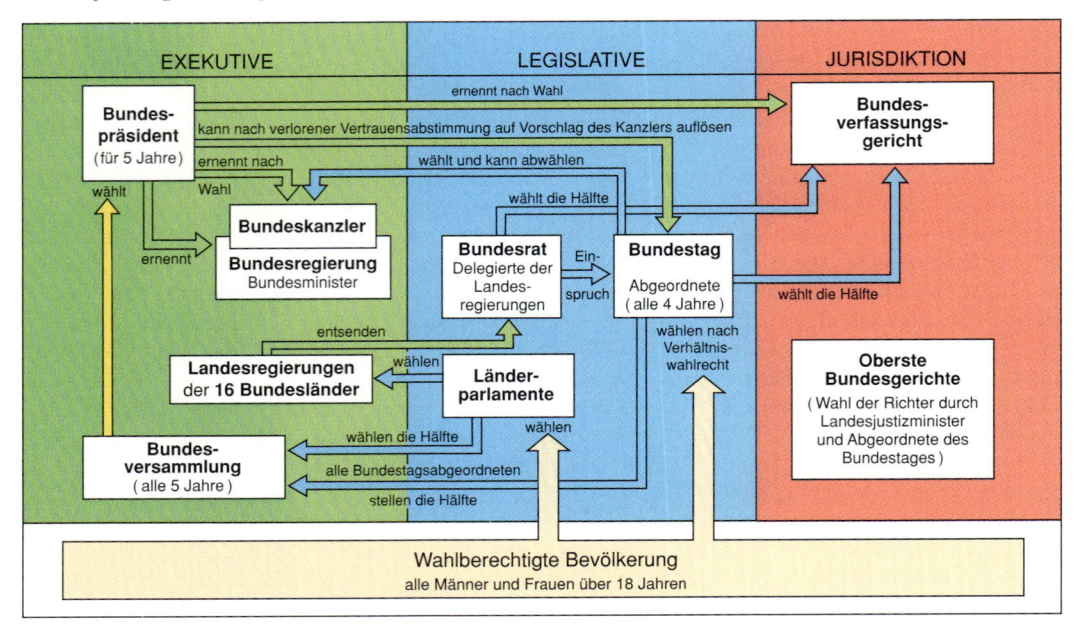

Jahres-Plan für die Jahre 1949–1950. Das war in zweifacher Hinsicht aufschlussreich: Die SED war zur Staatspartei aufgestiegen; die Grenzen zwischen SED und Staat verschwanden allmählich. Und: Der wirtschaftliche Umbau der SBZ, die Etablierung einer zentral gelenkten Planwirtschaft, näherte sich der Vollendung.

Die politischen Aktivitäten zur Staatsgründung bündelte die SED ab Ende 1947 in der sogenannten Volkskongressbewegung für „Einheit und gerechten Frieden". Der erste Volkskongress* tagte im Dezember 1947, der zweite im März 1948. Er bestand aus knapp 2000 von Parteien und Massenorganisationen delegierten Mitgliedern, 512 davon waren kommunistisch geleitete Delegierte aus den Westzonen. Der Volkskongress wählte aus seiner Mitte einen „Deutschen Volksrat" von 400 Mitgliedern, der sich am 19. März 1948 konstituierte und mit den Verfassungsberatungen für „eine unteilbare deutsche demokratische Republik" begann. Im März 1949 wurde die Verfassung verabschiedet, im Mai 1949 fanden Wahlen für den 3. Volkskongress in der SBZ statt. Zur Wahl stand eine von der SED dominierte Einheitsliste und abgestimmt wurde über die Sätze: „Ich bin für die Einheit Deutschlands und für einen gerechten Frieden. Ich stimme darum für die nachstehende Kandidatenliste zum 3. Deutschen Volkskongress." Der so „gewählte" 3. Volkskongress, in dem die rund 34 Prozent Nein-Stimmen gar nicht repräsentiert waren, trat am 29./30. Mai 1949 zusammen und wählte den 2. Deutschen Volksrat. Dieser erklärte sich am 7. Oktober 1949 zur „Provisorischen Volkskammer". Das Datum galt seitdem als offizieller Gründungstag der DDR. Noch am gleichen Tag setzte die Volkskammer die „Verfassung der Deutschen Demokratischen Republik" in Kraft. Wie das Grundgesetz erhob die Verfassung der DDR den Anspruch für ganz Deutschland zu gelten. Trotz mancher Ähnlichkeiten mit bürgerlich-demokratischen Verfassungen unterschied es sich von ihnen durch einen zentralistischen Staatsaufbau; es gab keine Trennung von Legislative und Exekutive und keine unabhängige Justiz. Grundsätzlich garantierte die DDR-Verfassung von 1949 die bürgerlichen Grundrechte, freie Wahlen und das Streikrecht der Gewerkschaften. Verfassungstext und -wirklichkeit klafften allerdings weit auseinander. In der Praxis schränkte der zunächst unscheinbare Artikel 6, der nicht nur Glaubens-, Rassen- und Völkerhass sowie Kriegshetze unter Strafe stellte, sondern auch „Boykotthetze gegen demokratische Einrichtungen und Organisationen" als „Verbrechen im Sinne des Strafgesetzbuches" definierte, alle demokratischen Rechte ein. Als „Boykotthetze" im Sinne des Artikels 6 legte die DDR-Justiz jede politische Opposition gegen die SED und die DDR aus und verfolgte sie strafrechtlich.

Weichenstellungen und Handlungsspielräume

So wie die deutsche Geschichte 1945–1949 bisher dargestellt wurde, scheint die Spaltung Deutschlands in zwei politische Wertesysteme, zwei Wirtschaftssysteme und schließlich zwei Staaten unausweichlich gewesen zu sein. Sicher: Die gemeinsame Kriegsallianz gegen das nationalsozialistische Deutschland hatte die grundlegenden ideologischen Differenzen zwischen den Westmächten und der Sowjetunion nicht beseitigt, nur überdeckt. Aber sie hatte auch Möglichkeiten der Kooperation eröffnet, besonders in Deutschland. Die Ursachen für den Kalten Krieg seit 1947 lagen denn auch weniger hier als in Polen, dem Mittleren Osten und Südostasien (siehe S. 236–241). Von dort wirkten sie auf die Deutschlandpolitik der Alliierten zurück. Trotzdem ist es gerechtfertigt nach Weichenstellungen und Handlungsspielräumen auf alliierter und deutscher Seite zu fragen.

Eine erste Weichenstellung scheint die Zerschlagung der SPD und ihre Zwangseingliederung in die SED sowie die schleichende Aushöhlung der bürgerlichen Parteien in der SBZ gewesen zu sein. Damit wurde nicht nur die Ausbildung zonenübergreifender deutscher Parteien verhindert. Insbesondere bei der britischen Regierung verstärkte dieser Vorgang den ohnehin schon vorhandenen Eindruck, die Sowjetunion wolle sich endgültig in Deutschland festsetzen. Die Russen am Rhein: eine für die Briten mehr als bedrohliche Vorstellung, der sie seit 1946 energisch entgegenarbeiteten. Hätte die SPD in den Westzonen der Vereinigung mit der KPD zur SED zustimmen sollen? Das scheiterte an der eindeutig demokratischen Ausrichtung der SPD und an der erklärten Absicht der KPD die Vereinigung zunächst auf die SBZ, wo sie die Kontrolle hatte, zu beschränken.

Eine zweite Weichenstellung war die Verstaatlichung von Betrieben in der SBZ. Das lief der amerikanischen Vorstellung von Marktwirtschaft und Privateigentum strikt zuwider. Auch in Westdeutschland gab es insbesondere nach dem „Hungerwinter" 1946/47 große Sympathien für den Sozialismus – bis weit in die Reihen der CDU hinein, die in ihrem Ahlener Programm vom 3. Februar 1947 die Sozialisierung der Großindustrie, Wirtschaftsdemokratie und Planwirtschaft forderte. Mit den wirtschaftlichen Erholungen seit Sommer 1947 verschwanden solche Sympathien allerdings. Gleichzeitig verfestigte sich bei führenden westdeutschen Politikern die Überzeugung, erst eine Vereinigung der drei Zonen und deren wirtschaftlicher Wiederaufstieg werde eine Herauslösung der SBZ aus dem sowjetischen Machtblock ermöglichen. Der SPD-Vorsitzende Kurt Schumacher begründete am 31. Mai 1947 die „Magnettheorie", die in den folgenden Jahren westdeutsche Politik bestimmen sollte: „Man muss soziale und ökonomische Tatsachen schaffen, die das Übergewicht der drei Westzonen über die Ostzone deklarieren ... Es ist realpolitisch vom deutschen Gesichtspunkt aus kein anderer Weg zur Erringung der deutschen Einheit möglich als diese ökonomische Magnetisierung des Westens, die ihre Anziehungskraft auf den Osten so stark ausüben muss, dass auf die Dauer die bloße Innehabung des Machtapparates dagegen kein sicheres Mittel ist. Es ist gewiss ein schwerer und vermutlich langer Weg."[4] Nach der Ablehnung des Marshall-Plans durch die osteuropäischen Staaten war die deutsche Teilung nur noch eine Frage der Zeit und in der westdeutschen Bevölkerung gab es dagegen auch kaum Vorbehalte. In einer Umfrage am 21. August 1948 zogen 95 Prozent einen Weststaat einem kommunistisch kontrollierten Gesamtdeutschland vor. Andererseits, auch das muss bedacht werden, haben Politiker und Bevölkerung in Ost und West 1948/49 eine rasche Auseinanderentwicklung der beiden deutschen Staaten nicht erwartet. Noch waren weder das westdeutsche „Wirtschaftswunder" noch die völlige „Sowjetisierung" von Staat und Wirtschaft in der DDR vorauszusehen.

1. Erarbeiten Sie aus dem Text die gesellschaftlichen Folgen der NS-Diktatur und des Krieges. Welche haben noch heute Einfluss auf Gesellschaft und Politik?
2. Skizzieren Sie die Struktur des nach 1945 entstehenden Parteiensystems in West und Ost und beschreiben Sie die Grundpositionen der Parteien. Vergleichen Sie mit dem Parteiensystem in der Weimarer Republik (siehe S. 75–77) und erklären sie die Veränderungen.
3. Erläutern Sie die ökonomische und politische Bedeutung der Währungsreform.
4. Vergleichen Sie die Politik der vier Besatzungsmächte in Deutschland. Diskutieren Sie den Einfluss der Siegermächte in ihren jeweiligen Zonen und die Möglichkeiten der Kooperation zwischen den Siegermächten.

Die Bundesrepublik Deutschland 1949–1989

Die „Ära Adenauer": Wirtschaft, Gesellschaft und Politik in den fünfziger Jahren

In einer liberalen Demokratie bestimmt in der Regel nicht ein einzelner Politiker das Geschehen; er ist eingebunden in parlamentarische Mehrheiten und vielfältige Interessenloyalitäten. Von einer „Ära Churchill" oder einer „Ära Eisenhower" sprechen Historiker selten. Warum dann „Ära Adenauer"? Aus drei Gründen: In der frühen Zeit der Bundesrepublik besaß Adenauer praktisch ein „Monopol" in der Außenpolitik, es gab weder einen Außenminister noch einen Auswärtigen Ausschuss im Bundestag, alle Kontakte zu den Alliierten liefen über den Kanzler. Ebenso mächtig war Adenauers Position als Parteivorsitzender der CDU, nicht weil die CDU besonders stark, sondern als Parteiorganisation besonders schwach war, lediglich ein „Kanzlerwahlverein". Der Erfolg Adenauers beruhte schließlich darauf, dass er mit seinem großväterlich-strengen Auftreten und seinen volkstümlich-schlichten Formulierungen der Sehnsucht vieler in der westdeutschen Nachkriegsgesellschaft nach starker Führung entsprach. Das Kürzel „Ära Adenauer" bezeichnet deshalb mehr als die Politik eines einzelnen Kanzlers: Es charakterisiert die politische Kultur jener Zeit.

Das „Wirtschaftswunder"

Zwischen 1950 und 1960 verdreifachte sich das Bruttosozialprodukt der Bundesrepublik, in dem Jahrzehnt 1960–1970 verdoppelte es sich noch einmal. Die Arbeitslosenquote sank von 1950 bis 1965 von 11 auf 0,7 Prozent; die Reallöhne stiegen im gleichen Zeitraum um fast das Zweieinhalbfache. In historischen Darstellungen wird diese Wirtschaftsentwicklung oft „beispiellos" genannt. War sie das wirklich? Verglichen mit den wirtschaftlichen Dauerkrisen in Deutschland seit dem Ende des Ersten Weltkrieges sicher, im Vergleich mit der Wirtschaftsentwicklung anderer Staaten nach 1945 weniger. Ein „Wirtschaftswunder" gab es fast überall, auch in der DDR. Aber nirgendwo im Westen waren die Wachstumsraten so hoch, dauerte der Aufschwung so lange wie in der Bundesrepublik (siehe Tabelle S. 299). Woran lag das? Wirtschaftshistoriker sprechen von einem Rekonstruktionseffekt. Schon in der Zwischenkriegszeit hatte die deutsche Volkswirtschaft weniger produziert als es ihrer Leistungskraft entsprach. Kriegshandlungen und Demontagen* bis 1949 zerstörten dann viele Produktionsanlagen. Erhalten blieb dagegen das hohe wissenschaftliche und technische Leistungsvermögen der arbeitenden Menschen. Der Wiederaufbau, die Rekonstruktion von zerstörten Fabriken und Städten setzte nach 1945 in ganz Europa das Wachstum in Gang, am stärksten jedoch dort, wo die Zerstörungen beson-

	1913–1950	1950–1965	1965–1980
BR Deutschland	0,4	5,6	3,9
USA	1,7	2,0	2,3
Großbritannien	1,3	2,3	2,0
Frankreich	0,7	3,7	4,1
Schweden	1,6	2,6	2,2

Wachstumsraten des realen Pro-Kopf-Sozialprodukts in ausgewählten Staaten 1913–1980 (durchschnittliche jährliche Wachstumsraten in Prozent)

ders groß gewesen waren. Der Wiederaufbau zwang überdies zur Modernisierung von Maschinen, von Eisenbahnen und Straßen, der gesamten technischen Infrastruktur.
Andere Faktoren traten hinzu: Die Löhne und Sozialleistungen waren in der Bundesrepublik niedriger und die Arbeitszeiten höher als in anderen westlichen Industriestaaten. Als traditionelles Exportland profitierte sie nach 1952 besonders stark von der weltweiten Hochkonjunktur und der Liberalisierung des Weltmarktes und der starre Wechselkurs von 4,20 DM (= 2,14 €) für 1 Dollar wirkte wie eine indirekte Exportsubvention. Die Aufnahme von Millionen von Vertriebenen und Flüchtlingen aus den deutschen Ostgebieten und der DDR wirkte nicht wachstumsmindernd, sondern -stimulierend. Die neuen „Westbürger" waren in der Regel hochqualifiziert, mobil und vergrößerten durch ihre bloße Zahl den Binnenmarkt erheblich. So kam es nicht nur zu einer „Re-Industrialisierung", sondern zu einer „Neu-Industrialisierung", besonders im Süden der Bundesrepublik. Und schließlich erzeugten die ersten zaghaften Wirtschaftserfolge eine allgemeine Aufbaumentalität, alle sahen, dass es aufwärts ging und die Arbeit sich lohnte.
Je nach Standort des Betrachters wird mal dieser, mal jener Faktor für die Erklärung des „Wirtschaftswunders" hervorgehoben. Die besonderen Bedingungen der Rekonstruktionsperiode jedoch und damit das „Wirtschaftswunder", darüber besteht in der Forschung Einigkeit, sind nicht beliebig wiederholbar.
1948–1952 sprach noch niemand von einem „Wirtschaftswunder". Am Anfang stand eine „Gründungskrise". Nach der Währungsreform schnellten die Preise und die Arbeitslosigkeit in die Höhe, die Löhne blieben sehr niedrig. Nicht nur die SPD-Opposition und die Gewerkschaften, auch Teile der CDU und sogar die Amerikaner verlangten Anfang der fünfziger Jahre, die soziale Marktwirtschaft weniger rigoros zu handhaben und die Wirtschaft stärker zu lenken. Erst die durch den Korea-Krieg ausgelöste weltweite Nachfrage nach Investitionsgütern beendete die „Gründungskrise", weil die noch nicht ausgelastete und sich modernisierende westdeutsche Wirtschaft die dringend benötigten Industriegüter liefern konnte. Auf dem Binnenmarkt verstärkte der nun einsetzende Wohnungsbau den Aufschwung. Ab Mitte der fünfziger Jahre begann für langlebige Konsumgüter wie Kühlschränke oder Autos ein Nachfrageboom und hielt das Wirtschaftswachstum für ein Jahrzehnt in Gang. Die Rezession der Jahre 1966/67 (siehe Grafik S. 305) beendete das „Wirtschaftswunder", die Ausnahmesituation einer Rekonstruktionsperiode. Seitdem ist die Bundesrepublik eine sehr leistungsfähige, aber „normale" Volkswirtschaft.

Soziale Marktwirtschaft oder Sozialstaat?
„Die beste Sozialpolitik ist eine gesunde Wirtschaftspolitik", sagte Bundeskanzler Adenauer in seiner ersten Regierungserklärung am 20. September 1949 und umschrieb damit präzise den Kern der sozialen Marktwirtschaft*: Die Wirtschaft solle sich ohne staatliche Eingriffe frei entfalten können, der Staat müsse nur durch rechtliche Bestimmungen den Wettbewerb sichern und soziale Härten abfangen. Hohe Wachstumsraten und ein harter Preiswettbewerb würden allerdings eine staatliche Sozialpolitik weitgehend überflüssig machen. Wirtschaftspolitik als Sozialpolitik – mit diesem Konzept veränderte die Bundesregierung die bis ins Kaiserreich zurück reichende sozialstaatliche Tradition in Deutschland. In den fünfziger Jahren lagen die Sozialversicherungsleistungen unter dem europäischen Durchschnitt. Die sozialpolitischen Auseinandersetzungen kreisten deshalb vor allem um die Frage, wie groß die staatliche Verantwortung für die „Stiefkinder des Wirtschaftswunders", die Alten, die Flüchtlinge und Vertriebenen, die Kriegsinvaliden, -witwen und -waisen oder die Arbeitslosen nach Artikel 20 Absatz 1 des Grundgesetzes sei. Gewerkschaften, SPD, zum Teil auch die Kirchen und die Sozialausschüsse in der CDU/CSU verlangten angesichts der ungleichen Verteilung der Früchte des „Wirtschaftswunders" mehr staatliche Eingriffe. Die Wirtschaft und Wirtschaftsminister Ludwig Erhard von der CDU wandten sich dagegen. Trotzdem kehrte die Bundesrepublik Schritt für Schritt zur klassischen Sozialstaatspolitik zurück, weil die Mehrheit der Bevölkerung es wünschte und der finanzielle Spielraum des Staates dank des kräftigen Wirtschaftswachstums es zuließ. Zu nennen sind insbesondere das Lastenausgleichsgesetz (1952), das Vertriebenen, Flüchtlingen und Ausgebombten eine Entschädigung für kriegsbedingte Vermögensschäden zusprach, das Kindergeldgesetz (1954) und das Sozialhilfegesetz (1961). Der Durchbruch zum Sozialstaat gelang 1957 mit dem von Regierung und Opposition gemeinsam erarbeiteten Rentenreformgesetz, das die bedrückende materielle Not im Alter

Risikodeckung durch Sozialversicherung in ausgewählten Staaten 1890–1970 (Gewogener Index¹ im Verhältnis zum europäischen Durchschnitt = 100)

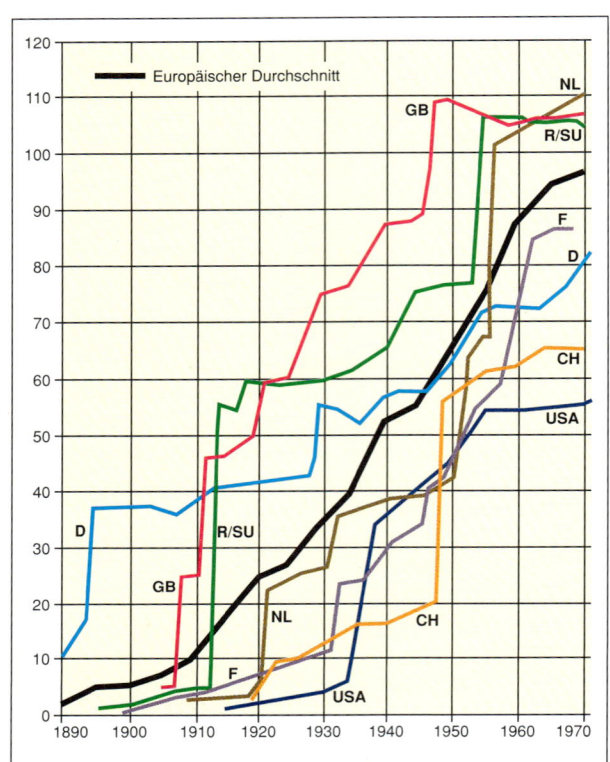

1 Meßziffer, die aus dem Mittelwert verschiedener, nach ihrer Bedeutung gewichteter Werte (hier: Sozialleistungen) gebildet wird und auf eine Größe (hier: europäischer Mittelwert) bezogen bzw. basiert wird.

verminderte. So betrug 1950 die durchschnittliche Arbeiterrente nur 31 € im Monat. Kern der Rentenreform war die „Dynamisierung" der Renten. 1957 erhöhten sich die Renten mit einem Schlag um rund 60 Prozent und folgen seitdem den durchschnittlichen Lohn- und Gehaltserhöhungen. Gleichzeitig trat an die Stelle des bis dahin gültigen Versicherungsprinzips, d. h. der Rentenzahlung aus angesparten Versicherungsbeiträgen, der „Generationenvertrag", d. h., die Renten wurden aus den aktuellen Versicherungsbeiträgen der Arbeitnehmer gezahlt. Die Rentenreform von 1957 hat das Vertrauen der Bevölkerung in die Sozialstaatlichkeit der Bundesrepublik wesentlich gefestigt und zum Klima des „sozialen Friedens" und des Konsenses beigetragen, das

Grundlage für den weiteren wirtschaftlichen Ausbau war. In der Frühphase der Bundesrepublik herrschte dagegen noch ein rauheres soziales Klima. Die Einführung der Mitbestimmung in der Montanindustrie 1951 und das Betriebsverfassungsgesetz von 1952, das den Betriebsräten einige Mitspracherechte in personellen und Mitbestimmungsrechte in sozialen Angelegenheiten zusprach, erfolgte erst nach schweren Auseinandersetzungen zwischen Regierung und Gewerkschaften und unter britischem Druck. Das eigentliche Ziel der Gewerkschaften war zwar die Sozialisierung von Großbetrieben gewesen, aber sie akzeptierten die Beschlüsse des Parlaments. Anders als in der Weimarer Republik verstanden sich die Einheitsgewerkschaften nicht als „Ersatzparteien"; sie beschränkten sich auf die entschlossene Durchsetzung der sozialen Interessen der Arbeitnehmer. Und damit hatten sie Erfolg. Im Rahmen der Tarifvertragsautonomie setzten sie höhere Löhne und Gehälter, kürzere Arbeitszeiten und verbesserte Arbeitsschutzbestimmungen durch. Im Allgemeinen gelang der Interessenausgleich mit den Arbeitgebern, erleichtert durch das starke Wachstum der Produktivität. Den neuen kooperativen Stil drückte der Begriff der „Sozialpartnerschaft" aus. Er verdeckte freilich, dass grundsätzliche Veränderungen zugunsten der Arbeitnehmer wie die Einführung der Fünf-Tage-Woche oder die Lohnfortzahlung für Arbeiter im Krankheitsfall erst mit lang anhaltenden Streiks erkämpft wurden.

Die Bundesrepublik als moderne Industriegesellschaft

Als kennzeichnend für die Entwicklung der Bundesrepublik 1949–1965/66 gilt vielen Historikern der „Modernisierungsschub", der das Ende des deutschen „Sonderweges" eingeleitet habe. Die Modernisierung der Wirtschaft beschränkte sich nicht auf die Erneuerung und den Ausbau der Produktionsanlagen. Sie zeigte sich vor allem in der geradezu dramatischen Veränderung der Struktur der Erwerbsbevölkerung. Die Zahl der in der Landwirtschaft Tätigen ging kräftig zurück, während ihre Zahl in der Industrie geringfügig und im Dienstleistungsgewerbe steil anstieg. Im gleichen Zeitraum sank die Zahl der Selbstständigen und vergrößerte sich die der Arbeiter, besonders aber die der Angestellten und Beamten. Mehr und mehr wandelte sich die Bundesrepublik zu einer modernen Arbeitnehmer- und Dienstleistungsgesellschaft – mit erheblichen Folgen für das politisch-gesellschaftliche Bewusstsein. Der „alte Mittelstand" der kleinen Landwirte, Ladenbesitzer und Handwerker mit seinen eher rückwärts gerichteten Einstellungen schrumpfte; der in der frühen Zeit der Bundesrepublik noch sichtbare Klassencharakter der Gesellschaft löste sich in einer neuen „Konsumgesellschaft" auf, in der die soziale Ungleichheit allerdings groß blieb. Der Besitz von oder die Verfügung über Produktionsmittel bildete zwar weiterhin eine deutliche innergesellschaftliche Schranke, trennte aber nicht mehr so scharf wie in der Zwischenkriegszeit Reiche und Arme, weil der Mitte der fünfziger Jahre beginnende und zunächst noch bescheidene Wohlstand für viele, der damit verbundene Massenkonsum und die allgemeine Aufstiegs- und Leistungsorientierung traditionellen Klassenkampfparolen den Boden entzog. Die „Aufholjagd" in der Modernisierung erfasste aber nicht alle Bereiche. Das Bildungswesen änderte sich praktisch nicht und ebenso wenig die rechtliche und materielle Benachteiligung der Frauen.

Soziale Stellung der Erwerbsbevölkerung in der Bundesrepublik Deutschland 1950–1990 (in Prozent)

	1950	1960	1970	1980	1990
Selbstständige/mithelfende Familienangehörige	28,3	22,2	17,1	12,0	10,8
Beamte/Angestellte	20,6	28,1	36,2	45,6	51,8
Arbeiter	51,0	49,7	46,5	42,3	37,4

Durch Westintegration zur staatlichen Souveränität

Das Besatzungsstatut* für die Bundesrepublik Deutschland von 1949 schränkte deren staatliche Souveränität erheblich ein, die Westalliierten waren sogar berechtigt gegebenenfalls wieder die volle Gewalt zu übernehmen. Adenauers Politik zielte darauf ab das westdeutsche „Provisorium" durch Wiedererlangung der staatlichen Souveränität abzusichern und so den außen- und innenpolitischen Handlungsspielraum der Bundesregierung zu vergrößern. Von einer langen Dauer des Ost-West-Konflikts und damit der deutschen Teilung überzeugt wollte Adenauer dieses Ziel durch Integration in die westlichen Bündnis- und Wirtschaftssysteme erreichen. Die direkte Kontrolle durch die Besatzungsmächte sollte einer „Kontrolle durch Partnerschaft" weichen. Eckpfeiler dieser Politik der Westintegration* waren eine enge Zusammenarbeit mit den USA und die Überwindung des deutsch-französischen Gegensatzes; als Fernziel schwebte Adenauer eine „vollständige Union Frankreichs und Deutschlands"[5] vor. Eine Schaukelpolitik zwischen Ost und West, gar einen „dritten Weg" Deutschlands zwischen Kapitalismus und Sozialismus, lehnte Adenauer ab. Die Wiedervereinigung könne nur Ergebnis einer Politik der Abgrenzung und der militärischen Stärke gegenüber der Sowjetunion sein. Gegen den Widerstand der SPD, auch von Teilen seiner eigenen Partei, setzte er die Politik der Westintegration durch (siehe S. 241 f.).

Die wichtigsten Stationen waren: 1951 die Aufnahme der Bundesrepublik in den Europarat und die Erklärung der drei Westmächte über die Beendigung des Kriegszustandes mit Deutschland; 1952 der Beitritt zur Montanunion und das Wiedergutmachungsabkommen* mit Israel; 1953 die Regelung der Reparationsfragen im Londoner Abkommen; 1954 der Bundestagsbeschluss zum Aufbau der Bundeswehr und 1955 die Aufnahme der Bundesrepublik in NATO und Westeuropäische Union (WEU). Auf diesem Weg gab es Rückschläge wie das Scheitern der EVG, aber 1955 war das Ziel erreicht. Am 5. Mai traten die zwischen der Bundesregierung und den Westmächten ausgehandelten „Pariser Verträge" in Kraft, mit denen die Bundesrepublik Deutschland bis auf wenige Detailregelungen ein souveräner Staat wurde. Fast zur gleichen Zeit begannen die Verhandlungen für einen gemeinsamen westeuropäischen Wirtschaftsmarkt, die EWG (siehe S. 269, Mat. 3), zu deren Gründungsmitgliedern die Bundesrepublik 1957 gehörte. Politisch, militärisch und wirtschaftlich war sie damit fest im Westen verankert.

In den Wahlen von 1953 und von 1957, als die CDU/CSU die absolute Mehrheit errang, bestätigten die Wählerinnen und Wähler Adenauers außenpolitischen Kurs. Seinen äußerlich sichtbaren Höhepunkt bildete 1963 der „Elysée-Vertrag", in dem eine enge deutsch-französische Zusammenarbeit und regelmäßige Treffen der Regierungen beider Staaten vereinbart wurden. Heute, mehr als dreißig Jahre später, wirkt das wie selbstverständlich. Damals aber war es ein Meilenstein: das Ende einer mehr als 150 Jahre währenden „Erbfeindschaft" zwischen Deutschland und Frankreich.

Die SPD unter ihren Parteivorsitzenden Kurt Schumacher und Erich Ollenhauer bekämpfte bis 1960 die Politik der vollständigen Westintegration – nicht weil sie gegen internationale Zusammenarbeit war, sondern weil die Westintegration nach ihrer Meinung die deutsche Teilung zementiere (siehe S. 328, Mat. 9). Adenauer beschwöre zwar die deutsche Wiedervereinigung in Sonntagsreden, in Wirklichkeit sei er aber an ihr gar nicht interessiert. Und in der Tat gibt es einige Quellen, die belegen, dass Adenauers politische Priorität der Westintegration galt (siehe S. 329, Mat. 10). Die ablehnende Haltung der Westmächte gegenüber den Stalin-Noten von 1952 ging auch auf vertrauliche Interventionen Adenauers bei den Westmächten zurück und 1958 ließ er der Sowjetunion eine geheime Botschaft zukommen, in der er die Bereitschaft der Bundesregierung signalisierte, mindestens für eine gewisse Zeit auf das Ziel der nationalstaatlichen Einheit zu verzichten. Wie diese beiden Vorgänge lässt die Deutschland- und Ostpolitik der Bundesregierung in den fünfziger Jahren im ganzen kein klares Konzept erkennen, sie war weitgehend defensiv. Ein Beispiel dafür ist die „Hallstein-Doktrin". Danach beanspruchte die Bundesrepublik für ganz Deutschland in den internationalen Beziehungen das „Alleinvertretungsrecht". Die Anerkennung der DDR durch einen Staat zog automatisch – mit Ausnahme der Sowjetunion – den Abbruch der diplomatischen Beziehungen nach sich. Nach dem Bau der Mauer 1961 und dem vorsichtigen Beginn der Entspannungspolitik der Supermächte ab 1962 geriet Adenauers defensive Deutschland- und Ostpolitik in eine Krise und trug wesentlich zu dem Autoritätsverlust in seinen letzten Regierungsjahren bei.

Historiker bewerten die Politik der Westintegration fast durchgehend positiv. Sie habe die jahrzehntelange gefährliche Isolierung Deutschlands vom Westen beendet. Die international, nicht mehr traditionell nationalstaatlich orientierte Politik Adenauers sei sein größtes Verdienst. Kontrovers wird dagegen die Deutschland- und Ostpolitik beurteilt. Die einen sagen, die deutsche Einheit habe nur langfristig in einer übernationalen Lösung verwirklicht werden können. Die anderen wenden ein, Adenauer habe historische Chancen des Ausgleichs mit der Sowjetunion versäumt, zudem habe der Widerspruch zwischen Geheimdiplomatie und öffentlicher Wiedervereinigungsrhetorik seine Deutschland- und Ostpolitik unglaubwürdig gemacht.

Regierung und Parlament, Parteien und Verbände
Die Erfahrungen der Weimarer Republik haben die Grundgesetzartikel zum Regierungssystem der Bundesrepublik entscheidend geprägt. Sie sollten vor allem politische Stabilität ermöglichen und die Macht zwischen Regierung und Parlament gleichmäßig verteilen. Dem diente die Einführung des konstruktiven Misstrauensvotums in Artikel 67, nach dem ein Kanzler nur durch die Wahl eines neuen Kanzlers vom Parlament gestürzt werden kann. „Negative" Mehrheiten sind dadurch ausgeschlossen. Das gab der Regierung und insbesondere dem jeweiligen Kanzler von Anfang an eine starke Stellung, für die „Ära Adenauer" spricht man sogar von einer „Kanzlerdemokratie". Trotz der dem Kanzler nach Artikel 65 zustehenden Richtlinienkompetenz wird in Koalitionsregierungen seine Macht jedoch durch Koalitionsvereinbarungen eingeschränkt, und mit Ausnahme der CDU/CSU-Alleinregierung 1957–1961 waren alle bisherigen Bundesregierungen Koalitionsregierungen.

Dem 1. Bundestag 1949–1953 gehörten Vertreter von elf Parteien und zwei parteilose Abgeordnete an, dem 2. Bundestag 1953–1957 selbst nach Einführung der Fünf-Prozent-Klausel zur Bundestagswahl 1953 neben der CDU/CSU, der SPD und der FDP noch drei weitere Parteien (siehe S. 338, Mat. 7). Doch die befürchtete politische Instabilität durch Parteienzersplitterung wie in der Weimarer Republik trat nicht ein, vielmehr kam es seit den fünfziger Jahren zu einem Prozess der Parteienkonzentration. Ursache dafür war weniger die Fünf-Prozent-Klausel als der grundlegende gesellschaftliche Wandel und das Verschwinden der traditionellen Klassen- und Konfessionslinien im Wählerverhalten. Die kleineren Parteien bis auf die FDP gingen bis Mitte der sechziger Jahre in der CDU bzw. der CSU auf, die „Union" war seitdem eine „Mitte-Rechts-Volkspartei". Für die SPD gestaltete sich der Weg zur „Mitte-Links-Volkspartei" schwieriger. Erst die Verabschiedung des Godesberger Programms 1959 (siehe S. 336, Mat. 2) mit dem Verzicht auf den Marxismus als alleiniger programmatischer Grundlage machte sie für die immer wichtiger werdenden Mittelschichten wählbar. Dazu trugen allerdings auch die Erfolge ihrer Politik in vielen Kommunen und in den Bundesländern bei. Das starre Schema CDU/CSU-Regierung und SPD-Opposition in der „Ära Adenauer" gilt – genau genommen – ohnehin nur für die Bundespolitik. Die politische Stabilität in der Bundesrepublik beruht aber nicht zuletzt darauf, dass Oppositionsparteien im Bundestag gleichzeitig Regierungsparteien in einem Bundesland sind und umgekehrt. Der notwendige innerparteiliche Interessenausgleich in Volksparteien und zwischen Bundestag und Bundesrat führte in den fünfziger und sechziger Jahren in beiden Volksparteien* zu einer „Abschleifung" der ideologischen Gegensätze – Kritiker der Volksparteien sprechen von einem „programmatischen Einheitsbrei" – und zu der in Deutschland bis dahin wenig verbreiteten Bereitschaft zum politischen Kompromiss.

An den Rändern des politischen Spektrums agierten in den frühen Jahren der Bundesrepublik die „Sozialistische Reichspartei" (SRP) und die KPD. Die eine wurde 1952 vom Bundesverfassungsgericht als nationalsozialistische Nachfolgeorganisation verboten, die andere 1956, weil politisches Programm und politische Praxis der KPD gegen die Verfassungsordnung der Bundesrepublik Deutschland gerichtet seien. Die Urteile reflektierten den antitotalitären Geist des Grundgesetzes, weniger die reale Gefahr, die von beiden Parteien ausging. Mitte der fünfziger Jahre war das rechtsradikale Wählerreservoir ebenso bis zur Bedeutungslosigkeit geschrumpft wie das der ehemals starken KPD.

Politische Interessen organisieren sich freilich nicht nur in Parteien. Die Verbände – von den Industrieverbänden bis zu den Kirchen – haben im politischen System Deutschlands seit dem Kaiserreich traditionell eine starke Stellung. Nach 1948/49 spielten sie dagegen zuerst eine untergeordnete Rolle, weil die marktwirtschaftlichen Prinzipien Ludwig Erhards eine strikte Trennung von Staat und Privatwirtschaft forderten. Die Stunde der Verbände kam mit der Korea-Krise ab 1950, als sich die Industrieverbände bereit erklärten, durch Absprachen untereinander die Produktion von Investitionsgütern rasch zu erhöhen. Seitdem sind die Verbände wieder eine Macht. Die „Gemeinsame Geschäftsordnung" der Bundesministerien legt fest, dass bei der Vorbereitung von Gesetzen die „Vertretungen der beteiligten Fachkreise" gehört werden können. Die enge Verbindung von politisch nicht kontrollierten Interessenverbänden und Bürokratie – die „leise Politik" – ist oft kritisiert worden. Negative Beispiele für die Macht der Verbände gab und gibt es viele. So wechselte Adenauer 1957 auf massiven Druck des Deutschen Industrie- und Handelstages seinen erfolgreichen Finanzminister Franz Schäffer (CSU) aus, weil dieser sich Steuersenkungen für die Wirtschaft verweigerte. Als „unleidlich, aber unentbehrlich" bezeichnete der Verfassungsjurist Theodor Eschenburg die Verbände. Doch wo liegt die Grenze für Gruppenmacht in einer liberalen Demokratie?

Das „motorisierte Biedermeier"

Das „motorisierte Biedermeier" hat Erich Kästner einmal die fünfziger Jahre genannt und damit die geistige Selbstbeschränkung der Zeit gemeint. Vom „Muff der fünfziger Jahre" haben andere gesprochen. Und vorherrschend war in der Tat das Streben nach dem „kleinen Glück im Winkel": nach bescheidenem Wohlstand, dem „modernen" Wohnzimmer mit Nierentisch, Cocktail-Sesseln und Fernsehtruhe oder eher repräsentativ im Stil des „Gelsenkirchener Barock", dem ersten Urlaub mit gebrauchtem VW und Zelt. Die Sehnsucht nach einer heilen, konfliktfreien Welt war weit verbreitet. Die einen fanden sie in „Schnulzen" und Heimatfilmen, die anderen in der Lyrik und den „unzerstörbaren deutschen Klassikern". Alles, was das hart erarbeitete kleine Konsumglück gefährdete oder kritisierte, schien gefährlich. Die Jüngeren begeisterten sich für amerikanische Filme und Musik vom Swing bis zum Rock 'n' Roll, aber von Politik wollten auch sie nicht viel wissen. Der „Keine Experimente"-Wahlslogan der CDU/CSU von 1957 traf in vieler Hinsicht den Zeitgeist.

Die Auseinandersetzung mit der nationalsozialistischen Vergangenheit beschränkte sich weitgehend auf eine kleine Gruppe von Intellektuellen und auf „Sonntagsreden" von Politikern. Und während aktive Nationalsozialisten sich vor Gericht gegenseitig entlasteten und eine weitherzige Auslegung des Artikels 131 des Grundgesetzes vielen von ihnen die Rückkehr in Beamtenpositionen erlaubte, mussten die Opfer in oft entwürdigenden Verfahren nachweisen, dass das nationalsozialistische Deutschland sie überhaupt verfolgt und geschädigt habe. Die meisten Richter und Staatsanwälte, von denen viele schon während der NS-Zeit amtiert hatten, waren an einer demokratischen Erneuerung oder „Selbstreinigung der Justiz" nicht interessiert. Sie hatten doch nur Recht gesprochen bzw. sprachen nur Recht; wer die Gesetze machte, spielte in ihrem positivistischen Rechtsverständnis keine Rolle. Unter ganz anderen Vorzeichen sollte sich nach 1990 das Problem der justiziellen Aufarbeitung einer Diktatur wiederholen.

Der Antikommunismus* der fünfziger Jahre wirkte in vieler Hinsicht als Entlastung von der eigenen schuldbeladenen Vergangenheit. Allzu viele rechtfertigten den Nationalsozialismus und ihr eigenes Verhalten damit, er sei die einzige Rettung vor dem „Bolschewismus" und der „roten Gefahr" gewesen. Der Antikommunismus wurde allerdings auch für parteipolitische Zwecke missbraucht, vor allem von Adenau-

„Der Förster vom Silberwald", Filmplakat, 1954, Entwurf: Theo Bleser

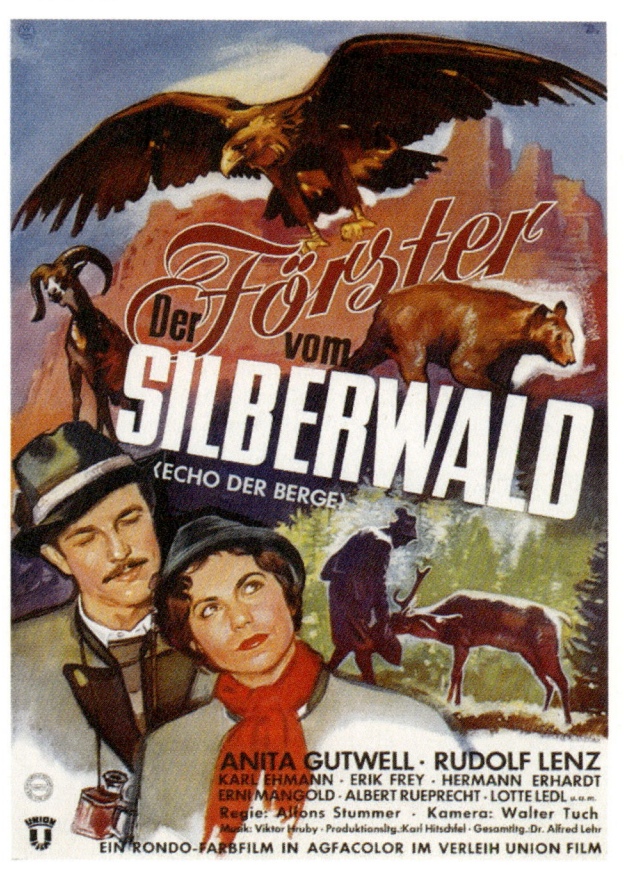

er, der mit der Warnung vor den „Sowjets" immer auch die Sozialdemokraten treffen wollte, obwohl deren prinzipieller Antikommunismus womöglich noch schärfer war als der der bürgerlichen Parteien. Der Antikommunismus war aber nicht nur Entlastung und nicht nur manipuliert; er fußte auf realen Erfahrungen vieler bei der sowjetischen Eroberung und Besetzung Ostdeutschlands und wurde durch Ereignisse wie die Berliner Blockade 1948/49, den 17. Juni 1953, den Ungarnaufstand 1956 oder den Mauerbau 1961 bestätigt.

Gegen Ende des Jahrzehnts setzte eine differenziertere Auseinandersetzung mit der jüngsten deutschen Geschichte ein. 1959 erschienen die Romane „Billard um halb zehn" von Heinrich Böll und „Die Blechtrommel" von Günter Grass, die sich gleichermaßen mit der nationalsozialistischen Vergangenheit und der Nachkriegszeit beschäftigten, und „Mutmaßungen über Jakob" von Uwe Johnson, der erstmals die Grenze und die Teilung als literarische Motive aufnahm. Die drei Romane leiteten eine Phase der gesellschaftskritischen und politisch engagierten Literatur in der Bundesrepublik ein. Massenwirksamer war sicher die sechzehnteilige Fernsehreihe „Das Dritte Reich" von 1960/61, deren durchschnittliche Sehbeteiligung von 58 Prozent das einsetzende Interesse an der NS-Geschichte reflektierte. Von besonderer Bedeutung waren schließlich die großen NS-Prozesse: der Ulmer Einsatzgruppenprozess von 1958, der Eichmann-Prozess 1960 in Israel und der Frankfurter Auschwitz-Prozess von 1963 bis 1965, die die Mauer des Schweigens und Verdrängens durchbrachen und die Schwere der nationalsozialistischen Verbrechen erkennen ließen. Unter dem Eindruck dieser Prozesse fand 1965 im Bundestag die Debatte über die Verjährung von NS-Verbrechen statt (siehe S. 333, Mat. 3). Das Ergebnis, eine zeitweise Aussetzung der Verjährungsfristen, war noch halbherzig. Erst 1979 sollte der Bundestag Mord von jeder Verjährung ausnehmen.

Krise und Protest: Die Übergangsphase 1961–1969

Das Ende der Ära Adenauer

Der Machtverfall der seit 1957 allein regierenden CDU/CSU begann eigentlich schon mit der „Präsidentschaftskrise" des Jahres 1959. Adenauer hatte erklärt, er wolle Nachfolger des ersten Bundespräsidenten Theodor Heuss werden. Als sich dann abzeichnete, dass die CDU/CSU als seinen Nachfolger den populären Wirtschaftsminister Ludwig Erhard wählen würde, sprach er diesem öffentlich die Kanzlerqualifikation ab und zog seine Präsidentenkandidatur zurück. Er beschädigte damit nicht nur Erhards Ansehen, sondern auch sein eigenes und das des Präsidentenamtes. Zum Bundespräsidenten wurde schließlich der Landwirtschaftsminister Heinrich Lübke (CDU) gewählt. Die Schwächen der Deutschlandpolitik Adenauers offenbarten sich im August 1961, als der Mauerbau in Berlin die deutsche Teilung zementierte. Die Journalistin Marion Gräfin Dönhoff kommentierte sie damals als „Quittung für den langen Schlaf" der Regierung. Dass Adenauer scheinbar ungerührt seinen Wahlkampf mit heftigen Angriffen gegen Willy Brandt, den Kanzlerkandidaten der SPD und Regierenden Bürgermeister von Berlin, fortsetzte und erst am 22. August Berlin besuchte, erbitterte viele. Die „Spiegel"-Affäre von 1962 schließlich endete in einer Regierungskrise. Die Verhaftung von Journalisten und Durchsuchung von Redaktionsräumen rief bundesweit Protest hervor und deutete erstmals den Wandel der politischen Kultur in den sechziger Jahren an. Verteidigungsminister Franz-Josef Strauß (CSU), der in einigen Punkten das Parlament belogen hatte, verlor sein Amt und Adenauer rettete sich nur durch die Zusage 1963 zurückzutreten.

1963–1966 folgte die kurze und glücklose Kanzlerzeit Ludwig Erhards, überschattet von der ersten Wirtschaftsrezession in der Geschichte der Bundesrepublik. Mit der Rezession und dem sie begleitenden Anstieg der Arbeitslosenziffern traten die Versäumnisse der „Aufbaujahre" seit 1949, die bisher nur von Minderheiten diskutiert wurden, ins Bewusstsein der Mehrheit: die Vernachlässigung der personellen und sozialen Infrastruktur, insbesondere des Bildungswesens; die ungleiche Verteilung der Früchte des „Wirtschaftswunders"; die Perspektivlosigkeit der Deutschland- und Ostpolitik; die Defizite in der politischen Beteiligung der Bürger; das Fortwirken autoritärer Verhaltensweisen und der Mangel an Kritik. Die Mitte der sechziger Jahre bildet so mentalitätsgeschichtlich und wirtschaftsgeschichtlich eine wichtige Zäsur, aber auch politikgeschichtlich: 1966 endete mit dem Eintritt der SPD in eine Koalition mit der CDU/CSU die sogenannte „Große Koalition", die Führungsrolle der Unionsparteien auf Bundesebene.

Die Große Koalition 1966–1969

Die neue Regierung mit Kurt-Georg Kiesinger (CDU) als Bundeskanzler und Willy Brandt (SPD) als Außenminister war ausdrücklich eine Koalition auf Zeit. Sie sollte die Wirtschaftskrise und den politischen „Reformstau" überwinden, die Notstandsgesetze verabschieden, auch dem erneut aufflackernden Rechtsradikalismus das Wasser abgraben, wenn nötig durch Einführung des Mehrheitswahlrechts. Im Gefolge der Wirtschaftskrise hatte die neu gegründete NPD 1966 bei den Landtagswahlen in Hessen und Bayern mit 7,9 bzw.

7,4 Prozent spektakuläre Wahlerfolge erzielt. Würde sich die Geschichte der Weimarer Republik wiederholen? War die Bundesrepublik nur eine Schönwetterdemokratie? Das fragten sich besorgt viele Bürger.

Die Wirtschaftskrise konnte bald mit der keynesianisch orientierten Politik (siehe Essay S. 178–181) des neuen Wirtschaftsministers Karl Schiller (SPD) beigelegt werden. Er strahlte Kompetenz aus, war rasch populär. Ab 1968 stieg die Wachstumskurve der Wirtschaft wieder steil an, die Arbeitslosenquote sank bis 1970 auf 0,7 Prozent. Kern seiner Wirtschaftspolitik war die antizyklische Haushaltspolitik, d. h., in Zeiten der Rezession investieren Bund, Länder und Kommunen kräftig, in Zeiten der Hochkonjunktur halten sie sich zurück, sparen Steuern an. Die dafür notwendige staatliche Planung wurde im Stabilitätsgesetz von 1967 verankert, das erstmals die Ziele staatlicher Wirtschaftspolitik umriss, das „magische Viereck": Preisstabilität, außenwirtschaftliches Gleichgewicht, gleichmäßiges Wirtschaftswachstum, hoher Beschäftigungsstand.

Bei den Notstandsgesetzen ging es vor allem um die Ablösung noch bestehender Souveränitätsrechte der ehemaligen Besatzungsmächte. Relativ unumstritten war, dass die Bundesrepublik Verfassungsregelungen für den „äußeren Spannungsfall" brauchte, umstritten waren dagegen besonders in der SPD die Notstandsregelungen für „innere Unruhen". Viele Bürger hatten Angst vor einem schleichenden Übergang in die Diktatur, die Gewerkschaften vor einem Einsatz von Polizei und Bundeswehr bei Streiks. Nach langen Auseinandersetzungen verabschiedete der Bundestag im Mai 1968 schließlich die Notstandsgesetze, nachdem in Artikel 9 des Grundgesetzes die Geltung von Notstandsregelungen für Arbeitskämpfe ausgeschlossen und in Artikel 20 Abs. 4 ein Widerstandsrecht der Bürger gegen eine missbräuchliche Anwendung der Notstandsgesetze eingeführt wurde.

Die neue Außenpolitik kam dagegen nur zögernd voran. Die „Hallstein-Doktrin" (siehe S. 302) wurde 1967 mit der Aufnahme diplomatischer Beziehungen zu Rumänien zwar faktisch außer Kraft gesetzt und mit einem Brief des Bundeskanzlers an die DDR-Führung auch der innerdeutsche Kontakt gesucht. Doch schon dagegen gab es in der CDU/CSU Widerstände. Zudem verschlechterte sich nach dem Einmarsch der Sowjetunion in die Tschechoslowakei im August 1968 das Klima für die Entspannungspolitik. Vor allem aber mauerten nun die DDR und ihre Verbündeten. In einer Art umgekehrter „Hallstein-Doktrin" wollten sie erst nach einer völkerrechtlichen Anerkennung der DDR verhandeln oder diplomatische Beziehungen zur Bundesrepublik aufnehmen. Diesen Preis wollten die Befürworter der Entspannungspolitik aber nicht entrichten.

Die Einführung des angestrebten Mehrheitswahlrechts lehnte der SPD-Parteitag 1968 ab. Die Delegierten befürchteten, das Mehrheitswahlrecht werde die CDU/CSU begünstigen; zudem verstoße es gegen die deutsche Verfassungstradition. Die CDU/CSU reagierte aufgebracht, das Ende der Gemeinsamkeiten der ungleichen Koalitionspartner deutete sich an. Die rückblickende Beurteilung der Großen Koalition ist so zwiespältig wie die seitens der Zeitgenossen. Das Bündnis auf Zeit half Widerstände gegen Reformen durch breite Mehrheiten abbauen. Gleichzeitig löste es politische Instabilität aus, das Modell der Konkurrenzdemokratie, des parlamentarischen Gegenübers von Regierung und Opposition, funktionierte nicht mehr. Die Wahlerfolge der NPD zeugen davon ebenso wie das Anwachsen einer breiten außerparlamentarischen Protestbewegung.

Arbeitslosigkeit und reale Veränderung des Bruttosozialprodukts in der Bundesrepublik Deutschland 1951–1990 jeweils gegenüber dem Vorjahr in Prozent (in Preisen von 1985; bis 1960 ohne Saarland und West-Berlin)

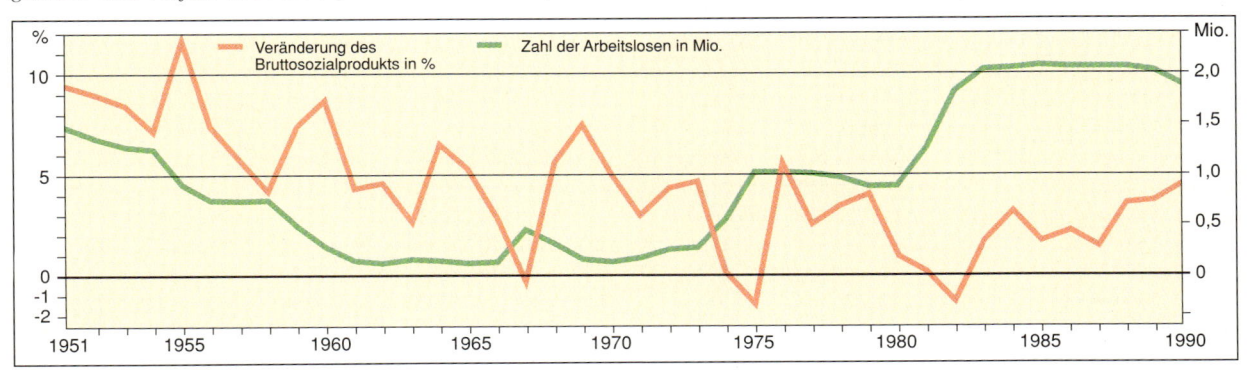

Die „außerparlamentarische Opposition"

Die außerparlamentarische Opposition (APO) entstand in den frühen sechziger Jahren und entwickelte sich in der Zeit der Großen Koalition zu einer Massenbewegung. Ihre Träger waren Intellektuelle, auch Gewerkschafter, vor allem jedoch Studenten und Studentinnen. Ein organisatorisches Zentrum gab es nicht; die APO bestand aus vielen kleinen Gruppen mit unterschiedlichen Motiven. Sie protestierten gegen rückständige Bildungspolitik, Notstandsgesetze und das Verdrängen der NS-Vergangenheit, kritisierten die Vietnam-Politik der USA, entdeckten erschreckt das Nord-Süd-Problem und solidarisierten sich mit Befreiungsbewegungen in der Dritten Welt (siehe S. 372), verurteilten das Konsum- und Wohlstandsdenken der Älteren ebenso wie deren Antikommunismus, forderten mehr gesellschaftliche Gleichheit. Vor allem aber war man „antiautoritär". Die Studierenden lasen neben Karl Marx und Sigmund Freud die Schriften von Wissenschaftlern und Schriftstellern, die 1933 Deutschland hatten verlassen müssen. Das sowjetische Modell des Sozialismus befürworteten die wenigsten, reformkommunistische Vorstellungen faszinierten dagegen viele. In mancher Hinsicht war es ein normaler Generationenkonflikt wie die gleichzeitigen Studentenbewegungen in Frankreich und in den USA, von denen die deutschen Studierenden neue Protestformen wie *go-ins* oder *sit-ins* übernahmen. In Deutschland war es jedoch mehr. Zumindest die Kritik an Schulen und Hochschulen und die Demonstrationen gegen die Notstandsgesetze vereinten viele Bürger und Studierende; das intellektuelle Klima veränderte sich, politisches Interesse und politische Beteiligung vor allem der Jüngeren stiegen. Eine neue politische Kultur entstand. Mindestens ebenso viele Bürger waren aber entsetzt, sahen das Ende von Gesetz und Ordnung gekommen. Die konservative Massenpresse, an ihrer Spitze die „Bild"-Zeitung, heizte diese Stimmung an, besonders im Zentrum der Studentenbewegung, in Berlin. Hier kam es im April 1968, als ein junges NPD-Mitglied einen der studentischen Sprecher, Rudi Dutschke, mit drei Schüssen lebensgefährlich verletzte, zu Straßenkrawallen, die auf westdeutsche Städte übergriffen. Der äußerliche Höhepunkt der „Studentenrevolte" (daher die Bezeichnung „68er") war gleichzeitig ihr Wendepunkt; 1968 war das Jahr der Spaltung der Studentenbewegung. Am Gewaltproblem, der Beurteilung der parlamentarischen Demokratie nach der Verabschiedung der Notstandsgesetze Ende Mai 1968 und der militärischen Beendigung des „Prager Frühlings" durch Truppen der Sowjetunion und ihrer Verbündeten im August 1968 schieden sich die Geister.

Ganz wenige der „68er" gingen als „Rote Armee Fraktion" (RAF) in den Untergrund, nahmen – wie sie es nannten – den „militärischen Kampf" gegen Staat und Gesellschaft auf, schreckten auch vor Mord nicht zurück. Eine Minderheit organisierte sich in einer Vielzahl von kleinen, sich gegenseitig befehdenden kommunistischen Parteien. Die größte von ihnen war die 1968 gegründete Deutsche Kommunistische Partei (DKP), die in der SED ihr Vorbild sah und von dieser finanziert wurde. Bundesweit hat die DKP bis 1990 kaum mehr als ein Prozent der Wählerstimmen gewinnen können. Die große Mehrheit aus der Studentenbewegung führte ein ganz normales bürgerliches Leben, bewahrte in der Regel aber ein überdurchschnittliches Interesse an Politik. Ein Teil von ihnen begann den „Marsch durch die Institutionen", wollte die Reformvorstellungen auf parlamentarischem Wege durchsetzen. Insgesamt hat die „68er"-Bewegung die Entwicklung positiv beeinflusst: Sie stieß einen politischen und gesellschaftlichen Modernisierungsschub an, der langfristig die Demokratie in der Bundesrepublik stärkte.

Aufbruch und Wandel: Die sozialliberale Ära 1969–1982

„Machtwechsel" in Bonn: Die Regierungen Brandt/Scheel und Schmidt/Genscher

Die Bildung einer sozialliberalen Koalition aus SPD und FDP im Jahre 1969 bildet in der Geschichte der Bundesrepublik einen tiefen Einschnitt. Nach zwanzig Jahren Regierungszeit standen CDU und CSU erstmals in der Opposition. Ermöglicht hatte die sozialliberale Koalition ein programmatischer Wechsel der bis Mitte der sechziger Jahre eher nationalliberal geprägten FDP hin zu einer Partei für gesellschaftliche Reformen, besonders in der Bildungs- und Rechtspolitik (siehe S. 337, Mat. 4). In der Deutschland- und Ostpolitik übernahm die oppositionelle FDP vor 1969 gar eine Art Vorreiterrolle; als „Anerkennungspartei" hatte Kiesinger sie bezeichnet. Die neue Koalition deutete sich an bei der Wahl des Sozialdemokraten Gustav Heinemann zum Bundespräsidenten im März 1969. Von „einem Stück Machtwechsel ... nach den Regeln einer parlamentarischen Demokratie" sprach Heinemann selbst. Der eigentliche Machtwechsel vollzog sich mit den Bundestagswahlen im Herbst 1969. Er stellte das für eine Demokratie notwendige Gegenüber von Regierung und Opposition im Parlament wieder her; die in der Zeit der Großen Koalition rasch angewachsene NPD verschwand als „Oppositionsersatz" für rechte Wähler.

Die erste sozialliberale Regierung mit Willy Brandt als Kanzler und Walter Scheel (FDP) als Außenminister verfügte nur über eine Mehrheit von zwölf Mandaten. Sie begann schwungvoll mit gesellschaftlichen Reformen, vor allem aber mit einer neuen Ostpolitik. Dagegen opponierten einige Abgeordnete der SPD und der FDP und wechselten zur CDU über. Im April 1972 sank die Koalitionsmehrheit auf zwei Stimmen. Die daraufhin von der CDU/CSU beantragte Wahl ihres Fraktionsvorsitzenden Rainer Barzel zum Kanzler – das konstruktive Misstrauensvotum – am 27. April 1972 scheiterte jedoch. Nur Neuwahlen boten einen Ausweg aus der verfahrenen Situation. Die Wahlen im November 1972 wurden zu einem Votum über die Deutschland- und Ostpolitik und die Wähler bestätigten klar den Regierungskurs: Die SPD wurde vor der CDU/CSU stärkste Partei, die Koalition erhielt eine solide Mehrheit von 271 zu 225 Stimmen im Bundestag. Im Mai 1974 erklärte Willy Brandt überraschend seinen Rücktritt. Anlass war die Spionageaffäre Guillaume, die Entdeckung eines von der DDR eingeschleusten Agenten in seinem engsten Mitarbeiterstab. „Brandt hatte den politischen Bürgerkrieg mit dem SED-Staat beendet und fiel als dessen letztes Opfer", schrieb der Journalist Peter Bender.[6] Ein weiterer Grund war die durch den „Ölschock" ausgelöste Wirtschaftskrise, die zu Stockungen bei der Politik der inneren Reformen führte.

Nachfolger von Brandt und dem inzwischen zum Bundespräsidenten gewählten Scheel wurden Bundeskanzler Helmut Schmidt (SPD) und Außenminister Hans-Dietrich Genscher (FDP). Sie stellten ihre Regierungspolitik unter das Motto „Kontinuität und Konzentration". Die Reformpolitik wurde fortgesetzt, aber unter „Finanzierungsvorbehalt" gestellt. Belastet wurde die Regierung Schmidt/Genscher vor allem durch Probleme der inneren Sicherheit im Zusammenhang mit dem Terrorismus und die Auswirkungen der weltweiten Wirtschaftskrise. Als diese um 1980 auf Deutschland übergriff und durch eine Strukturkrise verschärft wurde, begann das Ende der sozialliberalen Koalition.

Die sozialliberale Deutschland- und Ostpolitik

Die neue Außenpolitik folgte den Grundlinien der Entspannungspolitik der USA (siehe S. 243–245). Die durch den Zweiten Weltkrieg in Deutschland geschaffenen Realitäten, insbesondere die Oder-Neiße-Grenze, sollten anerkannt und Kontakte aller Art die immer deutlichere Entfremdung zwischen den Menschen in West und Ost abbauen. Ein „geregeltes Nebeneinander" werde den Zusammenhalt der Nation eher bewahren als Boykott und Abgrenzung. Zugleich war es der Versuch durch Abbau von Spannungen zwischen den Militärblöcken im Ostblock Veränderungen zu ermöglichen. „Wandel durch Annäherung" hatte Egon Bahr, ein Mitarbeiter Willy Brandts, bereits 1963 das Ziel der neuen Deutschland- und Ostpolitik genannt (siehe S. 329f., Mat. 11 und 12).

Zwischen 1969 und 1972 vereinbarte die Regierung Brandt/Scheel mit allen Ostblockstaaten die Aufnahme diplomatischer Beziehungen und regelte in mehreren Verträgen die Deutschland- und Ostpolitik neu. Grundlage aller Verträge war der Verzicht auf Gewalt zur Durchsetzung von Grenzveränderungen und eine Garantie der Sicherheit West-Berlins. Im Moskauer Vertrag vom 7. August 1970 erkannte die Bundesrepublik gegenüber der Sowjetunion die bestehenden Grenzen in Europa einschließlich der Oder-Neiße-Grenze und der Demarkationslinie zwischen den beiden deutschen Staaten faktisch an. Die Sowjetunion verzichtete ihrerseits auf das ihr noch als Siegermacht zustehende Interventionsrecht in der Bundesrepublik. Im Warschauer Vertrag vom 7. Dezember 1970 folgte die de-facto-Anerkennung der Oder-Neiße-Grenze gegenüber Polen. In einem separaten Abkommen wurde gleichzeitig den noch in Polen lebenden Deutschen das Recht auf Übersiedlung in die Bundesrepublik garantiert. Das Vier-Mächte-Abkommen vom 3. September und das Transitabkommen zwischen der Bundesrepublik und der DDR vom 17. Dezember 1971 garantierten die von der Sowjetunion und der DDR bisher immer bestrittenen Bindungen West-Berlins an die Bundesrepublik und die Zugangswege nach West-Berlin. Im Grundlagenvertrag vom 8. November 1972 akzeptierte die Bundesrepublik den souveränen Status der DDR, vermied aber deren völkerrechtliche Anerkennung als Ausland.

Nach 1972 folgten mühsam ausgehandelte Einzelabkommen, z.B. zum Ausbau der Verkehrswege nach Berlin. In vielen Fragen einigte man sich jedoch nicht, weil die DDR-

Jupp Wolter (geb. 1917), „Einen ganzen Anzug, Herr Gromyko – keinen Sakko!" Karikatur aus der „Hannoverschen Allgemeinen Zeitung", 30. Juli 1970

Führung die politischen Auswirkungen menschlicher Kontakte fürchtete und die Bundesregierung auf dem „besonderen Charakter" der Beziehungen zur DDR bestand. Die Entspannungspolitik führte die Bundesregierung multilateral fort; sie war eine der treibenden Kräfte im sogenannten KSZE-Prozess (siehe S. 244 f.). Nach 1975/76 verringerte sich der Spielraum für die Entspannungspolitik: durch die Aufrüstung der Sowjetunion mit atomaren Mittelstreckenwaffen, die entsprechende „Nachrüstung" der NATO und den Einmarsch der Sowjetunion in Afghanistan 1980.

Die CDU/CSU-Opposition reagierte auf die Entwicklung unsicher, war gespalten. Einerseits unterstützten die Westmächte, die Kirchen, selbst die Mehrheit der CDU/CSU-Wähler die neue Deutschland- und Ostpolitik; andererseits drängten die Vertriebenenverbände und die CSU auf Ablehnung. Schließlich enthielten sich in der Bundestagsabstimmung zu den Moskauer und Warschauer Verträgen die meisten CDU/CSU-Abgeordneten der Stimme, einige lehnten sie ab, wenige stimmten zu, darunter der Fraktionsvorsitzende Rainer Barzel und der spätere Bundespräsident Richard von Weizsäcker. Der Grundlagenvertrag mit der DDR wurde gegen die Stimmen der CDU/CSU verabschiedet. In den folgenden Jahren setzte die CDU/CSU ihre Ablehnungspolitik fort, sie verweigerte sogar als eine von wenigen europäischen Parteien dem KSZE-Vertrag die Zustimmung.

Die wirtschaftliche Entwicklung

Die Wirtschaftsentwicklung der siebziger Jahre zerfällt in deutlich unterscheidbare Phasen:
– eine Hochkonjunktur mit Vollbeschäftigung bis 1974;
– ein scharfer Wachstumseinbruch 1974/75 mit einem Anstieg der Arbeitslosenzahl von 273 000 auf 1 074 000, verursacht durch das Ende der Weltwirtschaftskonjunktur und den „Ölschock" als letzte Folge politisch begründeter Preiserhöhungen der Ölländer (siehe 373 f.);
– eine Phase der konjunkturellen Stabilisierung bis 1980, in der jedoch die Arbeitslosenzahl nur auf 876 000 sank, weil die westdeutsche Wirtschaft in eine Strukturkrise geriet. Die umfassende Rationalisierung von Produktion und Dienstleistungen als Folge neuer mikroelektronischer Techniken, auch der Niedergang „alter" Industrien wie der Montanindustrie an Rhein, Ruhr und Saar oder der Textilindustrie führten zu einem Abbau von Arbeitsplätzen und damit einer hohen „Sockelarbeitslosigkeit";
– die „Stagflation" der Jahre 1980–1982, als die Weltwirtschaftskrise endgültig auf Deutschland übergriff, die Strukturkrise verschärfte, die Arbeitslosenzahl auf 1,8 Millionen hochschnellen ließ, die Inflation aber trotz der wirtschaftlichen Stagnation kaum zurückging.

Im Ganzen gelang es der Bundesregierung unter dem als Wirtschafts- und Finanzfachmann international geachteten Helmut Schmidt die Auswirkungen der Weltwirtschaftskrise auf Deutschland bis 1980 durch staatliche Konjunkturprogramme zu mildern. Die Strukturkrise war jedoch staatlichen Konjunktursteuerungsmaßnahmen nicht zugänglich und nahm in der Bundesrepublik teilweise dramatische Ausmaße an, weil der industrielle Sektor größer war als in vergleichbaren Ländern (siehe Tabelle unten) und viele Gelegenheiten zur Rationalisierung bot.

Neben die Erfahrung der ökonomischen Grenzen des Wachstums trat in den siebziger Jahren die der ökologischen Grenzen des Wachstums. Die Ölkrise verwies erstmals auf die Begrenztheit der Ressourcen für das Wachstum; umweltzerstörende Produktionstechniken gerieten in die Kritik; die Auswirkungen des rasant ansteigenden Autoverkehrs auf die Wohnqualität in den Städten und die Natur traten mehr und mehr ins Bewusstsein. Das Verhältnis von Ökonomie und Ökologie entwickelte sich zu einem zentralen gesellschaftlichen Problem.

Der Ausbau des Sozialstaates

Der Ausbau des Sozialstaates war ein Kernstück der sozialliberalen Reformpolitik. Zu Beginn dominierten kostenintensive Reformen: die zweite Rentenreform von 1972; die einkommensunabhängige Zahlung von Kindergeld; die Krankenhausreform; die Erhöhung des Wohngeldes. Für die ausländischen Arbeitnehmer wurden erstmals Mindeststandards für Wohnungen festgelegt, überhaupt wurden sie mehr und mehr in das deutsche Arbeits- und Sozialrecht integriert.

Erwerbspersonen nach Wirtschaftsbereichen im internationalen Vergleich 1950–1980 (in Prozent)

	Bundesrepublik	USA	Großbritannien	Frankreich
1950				
Landwirtschaft	24,6	12,2	4,9	27,7
Industrie	42,7	34,7	47,5	35,6
Tertiärer Sektor	32,7	53,1	47,6	36,6
1965				
Landwirtschaft	11,1	6,6	3,1	19,8
Industrie	47,8	33,2	44,8	36,8
Tertiärer Sektor	41,1	60,2	52,1	43,4
1980				
Landwirtschaft	5,3	3,4	2,7	8,2
Industrie	45,3	29,7	34,2	32,8
Tertiärer Sektor	49,4	66,8	63,1	59,0

Ein zweiter Reformschwerpunkt war das Programm zur Humanisierung der Arbeitswelt, z. B. das Betriebsärztegesetz von 1974. Der „Ölschock" 1974/75 leitete eine Phase der Konsolidierung sozialstaatlicher Leistungen ein, die Regierungsparteien setzten die Reformen aber gerade in der Gesundheitsfürsorge und im Arbeitsschutz fort. Das 1976 verabschiedete Sozialgesetzbuch, das alle Sozialleistungen zusammenfasste, symbolisiert den hohen Stellenwert der Sozialpolitik in der sozialliberalen Koalition. Mit dessen § 1 fanden erstmals die Begriffe „soziale Gerechtigkeit" und „soziale Sicherheit" Eingang in die deutsche Rechtssprache. Die materiellen Lebensbedingungen für die große Mehrheit der Bevölkerung verbesserten sich in den siebziger Jahren erheblich. Während 1969 erst 44 Prozent aller Haushalte über ein Auto verfügten, waren es 1978 schon 62 Prozent. Im gleichen Zeitraum stieg die Wohnfläche pro Person von rund 24 auf 32 Quadratmeter; vor allem aber verbesserte sich die Qualität der Wohnungen; Bad und Heizung gehörten nun zum normalen Standard. Die wöchentliche Arbeitszeit sank, der Jahresurlaub verlängerte sich. Für Reisen und Bildung gaben die Bürger mehr aus als je zuvor und selbst der „kleine Mann" konnte sparen. Während Mitte der sechziger Jahre nur rund ein Drittel der Arbeitnehmer ein Haus oder eine Wohnung als Eigentum besaßen, waren es Anfang der achtziger Jahre fast die Hälfte. Insgesamt kam es in den siebziger Jahren zwar nicht zu der von manchen befürchteten, von anderen geforderten „Vermögensumverteilung", aber die „Verteilungsgerechtigkeit" nahm zu. Das zeigte nicht nur der Anstieg der Sozialleistungsquote am Bruttosozialprodukt von gut 20 auf über 30 Prozent. Auch die Lohnquote, d.h. der Anteil aller Arbeitnehmereinkommen am jährlichen Volkseinkommen, stieg 1970–1982 von 68 auf fast 77 Prozent. Insgesamt hat der Ausbau des Sozialstaates die Identifikation der Bürger mit „ihrer" Bundesrepublik verstärkt. Aber, so fragten die Kritiker, war das alles zu bezahlen? Und sollte der Staat eigentlich für alles zuständig sein?

„Mehr Demokratie wagen"
„Mehr Demokratie wagen", hatte Bundeskanzler Willy Brandt in seiner ersten Regierungserklärung 1969 gefordert (siehe S. 331, Mat. 14). Und die Bürger wagten mehr Demokratie, das Interesse an Politik und das politische Engagement nahmen zu. Das merkten die Parteien und Gewerkschaften, deren „Basis" immer aktiver wurde, sich bisweilen gegen die eigene Führung stellte. Neu war das „objektbezogene" politische Engagement: der Bürgerprotest und die Bürgerinitiativen gegen die Betonierung der Städte, den Bau von Atomkraftwerken, die Nachrüstung, die Zerstörung der Natur. Nacheinander entstanden „neue soziale" oder „alter-

native Bewegungen": die ökologische Bewegung, die Anti-Atomkraft-Bewegung, die Friedensbewegung. Die Tradition der Studentenbewegung fortsetzend und weiterführend, waren Straßendemonstrationen, symbolische Besetzungen oder Mahnwachen Ausdruck und Mittel ihres Protests. Problematisch war das „Ein-Punkt-Programm" der jeweiligen Bewegungen, die Beschränkung auf ein Ziel, was die kompromisslose Interessenvertretung bis zu einzelnen Fällen gewaltsamer Aktionen förderte, aber auch leicht in politische Resignation oder Apathie umschlug. In manchen Gruppen breiteten sich Antiparlamentarismus und Mangel an Konsensdenken aus. Die meisten zogen jedoch aus der Schwäche der „reinen" außerparlamentarischen Protestpolitik den Entschluss selbst eine Partei zu gründen. Im Frühjahr 1979 entstand die „Grüne Partei", die bei Wahlen in Bremen und Baden-Württemberg auf Anhieb den Sprung ins Länderparlament schaffte. Bei den Bundestagswahlen von 1980 scheiterte sie dagegen noch mit 4,3 Prozent an der Fünf-Prozent-Klausel. Ursache des Erfolges der Grünen war deren entschiedenes Eintreten für Umweltfragen und die Enttäuschung besonders jüngerer Wählerinnen und Wähler über die immer vorsichtigere Politik der SPD.
Für wichtiger als die Entstehung der „Grünen Partei" halten allerdings manche Historiker die der neuen Frauenbewegung (siehe Mat. S. 346–349). Auch diese hatte ihre Anfänge in der Studentenbewegung und trat in den frühen siebziger Jahren hervor mit spektakulären Aktionen gegen den § 218, der Frauen bei Abtreibung unter Strafe stellte. Entscheidend an der neuen Frauenbewegung war jedoch, dass sie sich eher still in allen Parteien und Organisationen ausbreitete, sich der politischen Einordnung nach „Männerkategorien" wie „links", „rechts" oder „alternativ" entzog. Überall forderten die Frauen Chancengleichheit in Beruf und Politik, die Vereinbarkeit von Familie und Beruf für Frauen und Männer. Als Erfolg der neuen Frauenbewegung in den siebziger und achtziger Jahren gelten weniger konkrete Gesetze, ihr Erfolg lag in der Erzeugung eines neuen gesellschaftlichen Problembewusstseins.

Gefährdung der Demokratie?
Überschattet wurde die neue, den Regierenden oft unbequeme Bürgerpartizipation durch den „Extremistenbeschluss" und den Terrorismus. Die von Bundeskanzler Willy Brandt und den Ministerpräsidenten der Länder 1972 vereinbarten „Grundsätze über die Mitgliedschaft von Beamten in extremen Organisationen" zielten auf den Ausschluss von Rechts- und Linksextremisten aus dem öffentlichen Dienst. Weniger des Ziels als der Überprüfungspraxis der Behörden wegen entstand bald Misstrauen, ja massiver Protest. Für je-

Jörg Immendorf (geb. 1945), Café Deutschland I, 1977/78, Kunstharz auf Leinwand, 282 x 320 cm, Aachen, Neue Galerie – Sammlung Ludwig

den Bewerber wurde beim Verfassungsschutz nachgefragt, ob „verfassungsfeindliche" Aktivitäten über ihn bekannt seien. Aufgrund der öffentlichen Kritik kündigten SPD und FDP 1976 den „Extremistenbeschluss" formell auf. Nur bei begründeten Zweifeln an der Verfassungstreue eines Bewerbers sollte ermittelt werden. Bund und SPD-geführte Länder verzichteten seitdem auf die „Regelanfrage" beim Verfassungsschutz, in den CDU/CSU-Ländern bestand sie fort.

Die selben Frontstellungen ergaben sich bei der Bekämpfung des RAF-Terrorismus (siehe S. 306), der in den siebziger und achtziger Jahren mit Bombenanschlägen und Attentaten auf führende Personen des öffentlichen Lebens die Bundesrepublik erschütterte. So fragwürdig und wirklichkeitsfremd die Solidarisierung mancher alternativer und „autonomer" Gruppen mit den Terroristen war, so bedenklich war die Aushöhlung liberaler Rechtspositionen wie die Einschränkung der Rechte der Verteidiger von Terroristen durch den Bundestag.

Gesellschaftliche Veränderungen

In den fünfziger Jahren hatte der Staat die Modernisierung der Wirtschaft durch den Ausbau der technischen Infrastruktur, von Verkehrs- und Nachrichtenwesen sowie der Energieversorgung, vorangetrieben. Vernachlässigt wurde dagegen die personelle und soziale Infrastruktur: die Qualifikation der Arbeitskräfte, das Bildungs- und Gesundheitswesen, Kultureinrichtungen. Diese andere Hälfte der Modernisierung stand in den siebziger Jahren im Mittelpunkt. Die „Bildungsrevolution" war die wichtigste Veränderung, obwohl grundlegende institutionelle Reformen wie die vom Deutschen Bildungsrat 1970 vorgeschlagene Einführung von Gesamtschulen ausblieben. „Revolutionär" waren die Bildungsexpansion und der Wandel der Erziehungsziele von Eltern und Lehrern. Zwischen 1965 und 1980 stiegen die Bildungsausgaben von Bund, Ländern und Gemeinden von 8 auf 39,3 Milliarden Euro. Kein anderes staatliches Aufgabengebiet wies vergleichbar hohe Steigerungsraten auf. Der Besuch einer höheren Schule und der Universität wurde für viele junge Menschen zur Selbstverständlichkeit. 1960 waren von allen 15- bis 19-jährigen nur 19 Prozent Schülerinnen, Schüler oder Studierende, 1980 schon 49 Prozent. Wie es der Soziologe Ralf Dahrendorf 1965 gefordert hatte, avancierte Bildung zum „Bürgerrecht", ermöglicht durch steigende Einkommen der Eltern und die 1972 eingeführte Studienförderung für Schüler und Studierende (BAFöG). Von der Expansion profitierten besonders die Arbeiterkinder

| 1965 | 3,4 | 1975 | 5,5 | 1985 | 4,7 |
| 1970 | 4,1 | 1980 | 5,2 | 1990 | 4,1 |

1 Ausgaben für Schulen, Hochschulen, Weiterbildung, Ausbildungsförderung (BAFöG u. a.), Forschungsförderung

Anteil der Bildungsausgaben[1] am Bruttosozialprodukt in der Bundesrepublik Deutschland 1965–1990 (in Prozent)

und die Frauen. Der Anteil der Arbeiterkinder unter den Studierenden stieg von 1965 bis 1982 von 6 auf 16 Prozent, der der Frauen von knapp 25 auf fast 40 Prozent.
Parallel dazu vollzog sich ein Wandel der Erziehungsziele. Während in den sechziger Jahren von den Eltern „Ordnungsliebe und Fleiß" als zentrales Erziehungsziel genannt wurden, hielten sie seit den siebziger Jahren „Selbstständigkeit und freien Willen" für wichtiger. Überhaupt änderten sich die gesellschaftlichen Einstellungen und Alltagsnormen. Soziologen sprechen von einem „Wertewandel", besonders bei den jüngeren Menschen. Die strengen Umgangsformen verschwanden, Haartracht und Kleidung wurden lässiger. Statt Rouladen oder Eisbein mit Sauerkraut aßen viele lieber italienische, spanische oder griechische Gerichte. Wohngemeinschaften und „Ehen ohne Trauschein" zogen nicht länger gesellschaftliche Ächtung nach sich. Konflikt und Kritik galten als notwendige Elemente der Demokratie. Der „Wille zur Gleichheit" bestimmte das Jahrzehnt; er signalisierte, wie der Politikwissenschaftler Christian von Krockow schrieb, „eine historische Wende, nicht bloß als Abkehr vom Alten, sondern als Neubeginn zugleich".[7]

„Wende" und Kontinuität: Die achtziger Jahre

Von der Regierung Schmidt/Genscher zur Regierung Kohl/Genscher

Nicht ein Wählervotum, sondern ein Koalitionswechsel der FDP beendete im Oktober 1982 die sozialliberale Ära. Wie immer gab es dafür nicht nur einen Grund, sondern ein Ursachenbündel. Zum einen geriet die Bundesregierung nach dem Scheitern der Abrüstungsverhandlungen der Weltmächte (siehe S. 245) in Bedrängnis. Sollte sie die „Nachrüstung" gegen drohende sowjetische Mittelstreckenraketen, konkret: die Lagerung von atomaren Raketensprengköpfen auf dem Territorium der Bundesrepublik erlauben? Dagegen lief die Friedensbewegung Sturm, auch in der SPD gab es Widerstand. Zum anderen stürzte die zweite Welle der Ölpreiserhöhungen seit 1979 das Land in wirtschaftliche Turbulenzen. Die FDP profilierte sich als Sparpartei, verlangte Kürzungen bei den Sozialleistungen. Das war für die SPD unannehmbar. Am 1. Oktober 1982 wurde Helmut Schmidt durch ein konstruktives Misstrauensvotum gestürzt und Helmut Kohl, Fraktionsführer der CDU/CSU, zum neuen Bundeskanzler gewählt. Die FDP geriet durch den Koalitionswechsel in eine schwere Krise. Sie spaltete sich praktisch; viele prominente Mitglieder verließen die Partei oder gingen zur SPD, Hans-Dietrich Genscher trat wegen der Kritik am Koalitionswechsel als FDP-Parteichef zurück. Dennoch erhielt die neue Regierung aus CDU/CSU und FDP bei den vorgezogenen Bundestagswahlen im März 1983 eine Mehrheit.

Die Politik der achtziger Jahre

Ziel der neuen Koalition war eine „Wende" in der Politik, aber das war in mancher Hinsicht mehr „Schlagwort als Ereignis", wie der Zeithistoriker Wolfgang Benz meint. Als Regierungspartei setzte die CDU/CSU die von ihr vorher bekämpfte Deutschland- und Ostpolitik der sozialliberalen Koalition fort. Das rief Irritationen bei den rechten Wählern der CDU/CSU hervor. Schärfer trat die Wende in der Wirtschafts- und Sozialpolitik hervor. Gegen die Stimmen der SPD-Opposition beschlossen die konservativ-liberalen Regierungsparteien einen Abbau sozialpolitischer Leistungen: das Schüler-BAFöG wurde gestrichen, das für Studierende auf Darlehen umgestellt, der soziale Wohnungsbau eingestellt, die Rentenerhöhungen wurden reduziert. Bei steigenden Schüler- und Studentenzahlen sanken die Bildungsausgaben. Mit der staatlichen Sparpolitik und mit Steuersenkungen sollten Gewinne und Investitionskraft der Unternehmen gestärkt und Arbeitsplätze geschaffen werden. Das erstere gelang, das zweite nicht. Während der Anteil der Unternehmer- und Vermögenseinkommen 1981–1988 von knapp 26 auf 32 Prozent des Volkseinkommens stieg, sank die Lohnquote von rund 74 auf 68 Prozent. Seit 1985 wurde auch wieder mehr investiert, aber selbst 1990 erreichten die Investitionen mit 21,4 Prozent des Bruttosozialprodukts noch nicht wieder die Höhe der Investitionen von 1980 mit 22 Prozent. Und trotz eines durch die Weltwirtschaftskonjunktur der achtziger Jahre begünstigten Aufschwungs von 1983 bis 1990 verschwand der hohe Sockel der Arbeitslosigkeit nicht. Mehr und mehr entwickelte sich die Bundesrepublik zu einer „Zwei-Drittel-Gesellschaft": Der größere Teil der Bevölkerung verdiente gut, konnte sich mehr leisten als je zuvor. Ein kleinerer Teil war häufig von Arbeitslosigkeit und sozialem Abstieg bedroht und von Sozialleistungen wie Arbeitslosen- und Sozialhilfe abhängig.

Klaus Staeck (geb. 1938), „Die Zukunft gehört dem Auto", Plakat, 1984

Dazu zählten insbesondere weniger qualifizierte Arbeitskräfte und ältere Menschen.

Ein Jahrzehnt der Widersprüche?

Als Kennzeichen der achtziger Jahre wird in der Literatur häufig die „Zielunklarheit" der Politik und eine Stimmung der Unsicherheit in der Gesellschaft genannt. Die Regierung habe sich Schwankungen der öffentlichen Meinung angepasst, keine Probleme gelöst. Zwei Beispiele sind die Umweltpolitik und die Begrenzung der Kostenexplosion im Gesundheitssystem. Zwar verkündete die Bundesregierung immer wieder entschlossenes Handeln, begnügte sich aufgrund von Protesten der Industrie- und Ärzteverbände aber stets mit bescheidenen Korrekturen.

Die Gesellschaft der achtziger Jahre bestimmten unterschiedliche Stimmungen. Soziologen kennzeichnen die Entwicklung als „Pluralisierung der Lebensstile". Einerseits breitete sich ein wirtschaftsliberaler Zeitgeist aus, Leistung sollte sich wieder lohnen. Der wachsende Wohlstand der Mehrheit äußerte sich in einem demonstrativen Konsum. Niemals zuvor haben die Bundesbürger so viel Geld für Luxusgüter ausgegeben. Andererseits stieg das Verständnis für Fragen des Umweltschutzes, der Friedenspolitik, für Probleme der Dritten Welt. Das Bundesverfassungsgericht stärkte in verschiedenen Urteilen die Stellung der Bürger gegenüber dem Staat. So erhob es in einem Grundsatzurteil zur Sammlung und Verwertung von bei Volkszählungen erhobenen Daten das „informationelle Selbstbestimmungsrecht" der Bürger zu einem Quasi-Grundrecht. Die Reformbewegung insgesamt war zwar schwächer, aber im Bundestag und in mehreren Länderparlamenten etablierten sich die Grünen als vierte Partei. Eine Mehrheit aus SPD und Grünen, ein „rot-grünes Bündnis", schien gegen Ende der achtziger Jahre nicht mehr ausgeschlossen. Die komplizierte Gemengelage der Stimmungen reflektieren Meinungsumfragen. Generell nahm das politische Interesse ab; Parteiverdrossenheit breitete sich aus. Eine Parteispendenaffäre („Flick-Affäre") Mitte der achtziger Jahre, in die CDU und FDP verwickelt waren und in deren gerichtlicher Klärung zwei ehemalige Wirtschaftsminister der FDP rechtskräftig verurteilt wurden, trug dazu ebenso bei wie ein Finanzskandal des gewerkschaftseigenen „Neue Heimat"-Konzerns und die „Barschel-Affäre" in Schleswig-Holstein, wo der CDU-Ministerpräsident im Wahlkampf staatliche Macht missbrauchte. Gleichzeitig war die Zufriedenheit mit den eigenen Lebensumständen und die grundsätzliche Zustimmung zur Idee der Demokratie und zum wirtschaftlichen System der Bundesrepublik in der Bevölkerung groß.

---

1. *Fassen Sie die ökonomische Entwicklung in der Bundesrepublik mit ihren sozialen Folgen zusammen; diskutieren Sie die in der Darstellung erwähnten Erklärungen für die jeweilige Wirtschaftskonstellation.*
2. *Analysieren Sie die jeweiligen Bedingungen und Ziele der Politik der Westintegration und der neuen Ostpolitik und beurteilen Sie die Außenpolitik Adenauers und Brandts im internationalen Kontext.*
3. *Stellen Sie Ursachen und Folgen des gesellschaftlichen Umbruchs in den sechziger Jahren zusammen. Welche Veränderungen wirken bis heute nach?*
4. *Arbeiten Sie für die vier Phasen in der Geschichte der Bundesrepublik jeweils die nach Ihrer Meinung zentralen Ereignisse und Entwicklungen heraus und diskutieren Sie deren Zusammenhang und Bedeutung.*

Die Deutsche Demokratische Republik 1949–1989

Die Sowjetisierung von Staat und Gesellschaft in den fünfziger Jahren

Das Macht- und Meinungsmonopol der SED

„Von der Sowjetunion lernen heißt siegen lernen", lautete eine der SED-Parolen des Jahres 1951. Sie bereitete auf die Entwicklung der DDR in den folgenden Jahren vor: den weiteren Umbau von Staat und Gesellschaft nach sowjetischem Vorbild, d.h. weit gehende Verstaatlichung von Industrie, Handel, Handwerk und Landwirtschaft; zentrale Planwirtschaft; Monopolisierung von Entscheidungen in Staat, Gesellschaft und Kultur bei der führenden Partei. Historiker bezeichnen diesen Vorgang, der Ende der vierziger Jahre alle osteuropäischen „Volksdemokratien" erfasste, als „Sowjetisierung" oder „Stalinisierung". In der Sowjetzone begann sie bereits 1946 und verstärkte sich ab 1948, als sich die SED zu einer „Partei neuen Typs" umformte (siehe S. 339, Mat. 10). Der Beginn war gleichzeitig der Kern der Sowjetisierung: die Errichtung eines Macht- und Meinungsmonopols der SED, der Anspruch auf den alleinigen Besitz der Wahrheit, abgeleitet aus der „Theorie von Marx, Engels, Lenin, Stalin". Der Wahrheitsanspruch diente der Legitimierung aller Maßnahmen der Partei, auch von Gewalt und Terror. Innerparteiliches Organisationsprinzip war der „demokratische Zentralismus", d.h. die Ausrichtung der gesamten Partei an der vom Politbüro, dem eigentlichen Machtzentrum der DDR, vorgegebenen „Parteilinie" und die Kontrolle der Funktionäre und Mitglieder durch den hierarchisch gegliederten Parteiapparat. Spätestens 1952 war die Stalinisierung der SED abgeschlossen. Auf ihrer 2. Parteikonferenz vom 9. bis 12. Juli 1952 erklärte Walter Ulbricht den planmäßigen „Aufbau des Sozialismus" in der DDR zur neuen Hauptaufgabe. Das war der Startschuss zur Sowjetisierung, ein Prozess, der zwar zielgerichtet, aber nicht geradlinig verlief. Phasen größerer Flexibilität und stärkerer Repression folgten rasch aufeinander, zum einen der Widerstände in der Bevölkerung wegen, zum anderen, weil die SED sich den wandelnden Machtverhältnissen in der Sowjetunion nach Stalins Tod anpassen musste.

Zur Durchsetzung und Sicherung ihres Machtmonopols wandte die SED mehrere, sich ergänzende Methoden an: Terror oder die Androhung von Terror; „Gleichschaltung" aller politischen und gesellschaftlichen Organisationen außerhalb der SED und der Presse; Etablierung einer neuen Elite in Staat, Wirtschaft und Kultur.

Im Staats- und Militärapparat, in der Wirtschaft, der Justiz, in Schulen, Hochschulen und Massenmedien besetzten „Kader" der SED nach und nach alle Leitungspositionen. Ideologische Zuverlässigkeit und Bewährung in der Partei waren in der Regel wichtiger als Sachkompetenz. Die neue Elite zählte ungefähr eine halbe Million Menschen. Sie war Teil der SED oder doch in sie eingebunden und durch Privilegien wie besondere Lebensmittel- und Wohnungszuweisungen von der Masse der Bevölkerung abgehoben. Sie bildete das Rückgrat der SED-Macht. Die Durchsetzung des Machtmonopols erforderte darüber hinaus die letzten Reste von Selbstständigkeit in den Blockparteien* und Massenorganisationen wie der FDJ (Freie Deutsche Jugend) oder dem FDGB (Freier Deutscher Gewerkschaftsbund) zu beseitigen. Die Mittel dazu waren Einschüchterung und Verhaftungen von widerstrebenden und Belohnungen für kooperationswillige Kräfte. Schon im Juni 1952, parallel zur 2. Parteikonferenz der SED, erkannte die CDU „die führende Rolle der SED als der Partei der Arbeiterklasse vorbehaltlos" an und erklärte den „Aufbau des Sozialismus in der DDR … auf der Grundlage des Marxismus-Leninismus" zu ihrem Ziel (siehe S. 340, Mat. 12). Die anderen Parteien und Massenorganisationen folgten. Die Fassade der „sozialistischen Parteiende-

Horst Strempel (1904–1975), Plandiskussion, 1949, Öl auf Leinwand, 85 x 98 cm, Berlin, Nationalgalerie

mokratie" blieb zwar – anders als in der Sowjetunion – stehen; faktisch herrschte jedoch nur eine Partei: die SED. Zu ihrer Machtsicherung gehörten schließlich der Terror und die Willkürjustiz. Die Zahl der aus politischen Gründen zu Zuchthausstrafen, Lagerhaft in Sibirien oder zum Tode Verurteilten ist kaum noch exakt zu ermitteln, in den fünfziger Jahren wird sie zwischen 20 000 und 70 000 betragen haben. Im Vorfeld der Justiz operierte das 1950 gegründete Ministerium für Staatssicherheit (MfS/Stasi), das direkt dem Politbüro der SED unterstellt war und als „Schild und Schwert" der Partei fungierte.

Vom Vorrang der Wiedervereinigung zur Zwei-Staaten-Theorie

Die Nationalhymne der DDR von 1949 mit dem Vers „Deutschland, einig Vaterland" reflektierte die offizielle Politik der SED bis 1955 und die Wünsche der Bevölkerung in der nationalen Frage: die Vereinigung der 1949 gegründeten beiden deutschen Teilstaaten. Und bis 1954/55 hielt die Sowjetunion ihre deutschlandpolitische Option offen: Teilung Deutschlands und Integration der DDR in das „Lager der Volksdemokratien" oder – wie in der Stalin-Note von 1952 gefordert – ein gesamtdeutscher Staat ohne Blockbindung nach Westen oder Osten. Die SED setzte die sowjetische Politik lediglich um. Sie blieb in den ersten Jahren nach außen national orientiert und gab sich vereinigungsbereit, wenn die Bundesrepublik ihrer „imperialistischen und aggressiven Politik" abschwöre. Parallel zur Wiedervereinigungsrhetorik der DDR-Führung vollzog sich jedoch die faktische Ostintegration der DDR. 1950 wurde sie in den „Rat für gegenseitige Wirtschaftshilfe" (RGW) aufgenommen; bilaterale Wirtschaftsabkommen mit der Sowjetunion und anderen osteuropäischen Staaten folgten. Bereits 1954 entfielen fast 75 Prozent des DDR-Außenhandels auf den Ostblock.

Nach dem Scheitern der Berliner Außenministerkonferenz der Großmächte von 1954 begann der Kurswechsel der sowjetischen Deutschlandpolitik. Im März 1954 erhielt die DDR „erweiterte Souveränitätsrechte". Sie konnte fortan formal ihre inneren und äußeren Angelegenheiten selbst bestimmen; die Sowjetunion wurde von einer Besatzungs- zu einer Schutzmacht. Im Mai 1955 gehörte die DDR zu den Gründungsmitgliedern des „Warschauer Paktes" und nach der Aufstellung der Nationalen Volksarmee (NVA) integrierte sich die DDR 1956 auch militärisch in den Ostblock. Die „Zwei-Staaten-Theorie" entstand 1955 nach der Genfer Gipfelkonferenz der Großmächte, an der erstmals – wenn auch an „Katzentischen" – die Außenminister der Bundesrepublik und der DDR teilnahmen (siehe S. 242 f.). Seitdem erklärten die Sowjetunion und die DDR übereinstimmend, eine Wiedervereinigung der beiden deutschen Staaten sei nur unter Wahrung der „sozialistischen Errungenschaften" in der DDR möglich. Beinahe schlagartig hörten die Wiedervereinigungskampagnen der DDR auf; das Hauptziel ihrer Außenpolitik war nun die völkerrechtliche Anerkennung als selbstständiger Staat. In den Berlin-Krisen um 1960 und in den sechziger Jahren vertraten die Sowjetunion und die DDR sogar die Theorie von drei selbstständigen Staaten in Deutschland: der Bundesrepublik, der DDR und der „selbstständigen politischen Einheit West-Berlin". Erst die Deutschland- und Berlinverträge von 1972 mit der Anerkennung der Bindungen zwischen der Bundesrepublik und West-Berlin machten die Drei-Staaten-Theorie hinfällig.

Die wirtschaftliche und soziale Entwicklung

Nach dem 1952 verkündeten „Aufbau des Sozialismus" steigerte sich das Tempo der Verstaatlichung der Wirtschaft. Bis Ende der fünfziger Jahre stieg der Anteil der in „Volkseigenen Betrieben" (VEB) erzeugten Industrieproduktion auf über 90 Prozent; ebenso dominierte im Handel der staatliche oder quasi-staatliche genossenschaftliche Sektor, während das Handwerk von Verstaatlichungsmaßnahmen noch weitgehend ausgenommen blieb. Für die Landwirtschaft propagierte die SED seit 1952 das genossenschaftliche Eigentum, angesichts der häufig unrentablen Betriebsgrößen im Grunde eine vernünftige ökonomische Entscheidung. Viele Bauern widersetzten sich jedoch der neuen Landwirtschaftspoli-

Sozialökonomische Struktur der Erwerbsbevölkerung in der DDR 1955–1985 (in Prozent)

	1955	1970	1985
Arbeiter und Angestellte (einschl. Lehrlinge)	78,4	84,5	89,2
Mitglieder von Produktionsgenossenschaften[1]	2,4	12,3	8,9
Komplementäre und Kommissionshändler[2]	–	0,5	0,3
Übrige Berufstätige[2]	19,3	2,8	1,6
darunter:			
Einzelbauern und private Gärtner	12,6	0,1	0,1
private Handwerker	3,9	1,7	1,2
private Groß- und Einzelhändler	1,8	0,3	0,1
Freiberuflich Tätige	0,4	0,2	0,1

1 einschl. Mitglieder von Rechtsanwaltskollegien
2 einschl. mithelfende Familienangehörige

tik der SED, obwohl ein erheblicher Teil von ihnen erst durch die Bodenreform von 1945 (siehe S. 294) zu Neueigentümern geworden war. 1958 verschärfte die SED ihre Politik: Alle Landwirte sollten nun in „Landwirtschaftliche Produktionsgenossenschaften" (LPG) eintreten. Mit Pressionen und Verhaftungen von widerstrebenden Bauern erreichte die SED im April 1960 das Ziel: Über 90 Prozent der landwirtschaftlichen Produktion erzeugten nun staatliche und genossenschaftliche Betriebe.

Mit der Änderung der Eigentumsverhältnisse vollzog sich ein grundlegender Wandel der Sozialstruktur der Bevölkerung in der DDR. Der Anteil jener, die nicht in staatlich kontrollierten Betrieben arbeiteten, betrug 1961 nur noch 4,5 Prozent. Die große Mehrheit der Beschäftigten war direkt oder indirekt vom Staat abhängig. Der garantierte zwar in dem seit 1950 geltenden „Gesetz der Arbeit" ein „Recht auf Arbeit" – offene Arbeitslosigkeit gab es in der DDR nicht –, unterband aber jede SED-unabhängige Interessenvertretung der Arbeiter und Angestellten.

Dem sowjetischen Vorbild folgend stand im Mittelpunkt des wirtschaftlichen Wiederaufbaus in der DDR die Schwerindustrie. Die Erfolge waren groß, schon 1953 wurde hier wie in der Energiewirtschaft und der Chemieindustrie doppelt so viel produziert wie 1936. Vor allem in der zweiten Hälfte der fünfziger Jahre wuchs das Bruttosozialprodukt jährlich um mehr als zehn Prozent, ein kleines „DDR-Wirtschaftswunder". Den Preis für den einseitigen Aufbau zahlte die Bevölkerung: mit der Vernachlässigung der Konsumgüterproduktion – erst 1958 endete die Rationierung von Fleisch, Fett und Zucker, verschwanden die Lebensmittelmarken – und des Wohnungsbaus; mit hohen Steuersätzen für Selbstständige; mit Preissteigerungen und einer Erhöhung der gesetzlich festgesetzten Arbeitsnormen entsprechend dem „Gesetz der Arbeit". Die anhaltenden Versorgungsmängel, die forcierte Sowjetisierung der Wirtschaft, aber auch von Bildung und Kultur sowie der politische Druck verursachten eine Stimmung der Kritik und der Niedergeschlagenheit, verstärkt durch den Vergleich mit den ökonomischen Erfolgen und politischen Freiheiten in der Bundesrepublik. Eine Reaktion war die Flucht in den Westen (siehe Tabelle S. 286). Von 1949 bis zum 13. August 1961 verließen fast drei Millionen Menschen die DDR, überwiegend Jüngere und gut Ausgebildete.

Der 17. Juni 1953

Eine andere Folge der forcierten Sowjetisierung war der Aufstand vom 17. Juni 1953 (siehe S. 326–328, Mat. 4 bis 8). Verunsichert durch die unklaren Machtverhältnisse in der Sowjetunion nach Stalins Tod am 5. März 1953 und die steigende Unzufriedenheit der Bevölkerung revidierte die SED-Führung am 9. Juni 1953 mit dem sogenannten „Neuen Kurs" einige der Maßnahmen, die zum „Aufbau des Sozialismus" führen sollten. Die Reformer in der SED gewannen Boden. Die politischen Repressionen wurden gelockert, Preissteigerungen zurückgenommen. In Kraft blieben die im Mai 1953 erhöhten Arbeitsnormen. Unter den Arbeitern formierte sich dagegen Widerstand. Am 16. Juni 1953 legten die Bauarbeiter in der Berliner Stalinallee die Arbeit nieder und zogen in Demonstrationszügen zum Sitz der SED. Die Bewegung breitete sich in Windeseile aus; in vielen Orten gab es Streiks und Demonstrationen. Neben die wirtschaftlichen traten von Beginn an politische Forderungen wie freie Wahlen. Politische Gefangene wurden befreit.

In der Nacht zum 17. Juni zogen in Berlin sowjetische Panzer auf, drängten mit Warnschüssen die Demonstranten zurück. Mindestens 51 Menschen wurden bei den Demonstrationen getötet, 20 standrechtlich erschossen, über 6 000 verhaftet, zwei zum Tode verurteilt. Fast zwei Drittel der Opfer des 17. Juni waren Arbeiter.

In der Führung und der Bevölkerung der DDR löste der 17. Juni einen „Lernschock" aus. Einerseits begann in der SED eine gegen „feindliche Elemente" gerichtete Säuberungswelle und der Repressionsapparat des MfS wurde ausgebaut. Andererseits drosselte die Partei das Tempo beim Aufbau der Schwerindustrie; die Sowjetunion verzichtete ab 1954 auf direkte Reparationsleistungen. Die Versorgungslage der Bevölkerung verbesserte sich, aber nicht die Stimmung. Viele gaben die Hoffnungen auf politische Reformen auf, wurden vorsichtig. Andere kehrten der DDR endgültig den Rücken: Über 330 000 Menschen gingen allein 1953 in die Bundesrepublik.

Die Bewertung des 17. Juni war lange umstritten. Die DDR-Geschichtswissenschaft brandmarkte ihn zunächst als vom Westen gesteuerten „faschistischen" oder „konterrevolutionären Putsch", später war allerdings auch von „Unzufriedenheit und Missstimmung von Werktätigen" die Rede. Die westliche Geschichtswissenschaft charakterisierte den 17. Juni 1953 überwiegend als spontanen Arbeiteraufstand, der an sozialdemokratische Traditionen anknüpfte, und als den ersten „Arbeiter- und Bauernstaat" traumatisch belastendes Datum. Die neuere Forschung betont, gestützt auf erst seit 1990 zugängliche Quellen, stärker die auch politischen Forderungen der Aufständischen. Darin sei der 17. Juni 1953 ein Vorläufer des Herbstes 1989 gewesen.

Loyalität und Widerstand

Warum konnte sich das SED-System trotz ökonomischer und politischer Unzufriedenheit der Bevölkerung behauptten? Sicher, die sowjetischen Truppen und der DDR-eigene Sicherheitsapparat aus MfS, Volkspolizei und später der NVA garantierten seine Existenz. Politische Unterdrückung allein sichert aber keine Herrschaft, ebenso wenig wie die Privilegierung der Eliten in Staat, Wirtschaft und Kultur. Eine systemstabilisierende Loyalität der Bevölkerung gegenüber der Staatsführung muss hinzukommen. Ein Grund für die Loyalität der DDR-Bürger waren der langsam, aber stetig wachsende Lebensstandard und die Arbeitsplatzgarantie. Hinzu kamen einige gesellschaftliche Reformen, besonders die im Bildungswesen. Zwar wurde auch das Schul- und Hochschulwesen nach 1950 am Modell der Sowjetunion ausgerichtet, der Marxismus-Leninismus zur Grundlage von Unterricht und Studium gemacht, der russische Sprachunterricht obligatorisch eingeführt. Wichtiger war jedoch der Ausbau von Schulen und Hochschulen. Bildung war in der DDR von Anfang an kein soziales Privileg. Schon 1959/60 besuchten 65 Prozent der Jugendlichen länger als acht Jahre die Schule. Der Akademisierungsgrad wuchs rasch; 1959/60 studierten über zwanzig Prozent der jüngeren Jahrgänge an einer Universität oder Fachschule (siehe Tabelle S. 287). Viele DDR-Bürger waren stolz auf ihr Bildungssystem, das soziale Gerechtigkeit und Aufstieg durch Leistung versprach.

Ein weiterer Grund für die Loyalität war der immer wieder beschworene Antifaschismus*. Hatte die DDR, so fragten insbesondere Jüngere, Intellektuelle und Künstler, nicht die richtigen Lehren aus der Geschichte gezogen und, anders als die Bundesrepublik Deutschland, die Nationalsozialisten aus ihren Führungspositionen in der Verwaltung, der Wirtschaft und der Justiz verjagt? Trat sie nicht konsequent für Frieden und gegen Ausbeutung und Rassismus ein? Weniger der Marxismus-Leninismus selbst als von der SED in Anspruch genommene demokratische und humanistische Ideale begründeten häufig die Zustimmung von DDR-Bürgern zu ihrem Staat.

Ablehnung äußerte sich vor allem im „Weggehen" nach Westen. Eine eigentliche Opposition konnte sich so in der DDR nicht entwickeln, aber sie ließ sich auch nicht völlig unterdrücken, nicht einmal in der SED. In mehreren Säuberungswellen wurden „Abweichler" von der Parteilinie diszipliniert, wenn sie sich auf einen „eigenen Weg" zum Sozialismus oder die Entstalinisierung in der Sowjetunion ab 1956 beriefen, so 1952 Paul Merker und Leo Bauer oder 1953 Anton Ackermann und Rudolf Herrnstadt. Außerhalb der SED bestritt insbesondere die evangelische Kirche den totalen Machtanspruch der SED. Anfang 1953 verhaftete das Ministerium für Staatssicherheit etwa fünfzig Pfarrer, Diakone und Laien; Zahlreiche Mitglieder der „Jungen Gemeinde" wurden in ihrer Arbeit behindert, rund 300 Oberschülerinnen und -schüler wegen der Mitarbeit in der „Jungen Gemeinde" der Schule verwiesen. Der Widerstand der evangelischen Kirche richtete sich gegen die Abschaffung des Religionsunterrichts in den Schulen, die Diskriminierung und Verfolgung der „Jungen Gemeinden" und er richtete sich gegen die sozialistische Jugendweihe, die als Konkurrenz zur Konfirmation angesehen wurde. Aus den Konflikten erwuchs jene Distanz der evangelischen Kirche zum politischen System der DDR, die in den achtziger Jahren unter ganz anderen Bedingungen eine politische Opposition unter dem Dach und dem Schutz der Kirche wachsen ließ (siehe S. 320).

„Das Maß ist voll!" Flugblatt der SED-Bezirksleitung Suhl, 13. August 1961

Das Maß ist voll!
Unsere Geduld ist zu Ende!

Der Staat der Arbeiter und Bauern, unsere Deutsche Demokratische Republik, schützt vom heutigen Tage an wirksam seine Grenzen gegen den Kriegsherd Westberlin und gegen den Bonner Atomkriegsstaat.

Arbeiter und Genossenschaftsbauern, Angehörige der Intelligenz, Handwerker und Bürger des Mittelstandes, Werktätige in Stadt und Land des Bezirkes Suhl!

Stellt Euch geschlossen hinter die Schutzmaßnahmen unseres Arbeiter-und-Bauern-Staates!

Nehmt von allen Reisen nach Berlin, die nicht der unmittelbaren Arbeit dienen, Abstand!

Bekundet jetzt noch entschlossener Eure Treue zur Arbeiter-und-Bauern-Macht!

Wir bedrohen niemanden — aber wir fürchten auch keine Drohung!

Nicht Strauß siegt – Ulbricht wird siegen – und Ulbricht sind wir!

Wir sind eins mit dem mächtigen sozialistischen Weltsystem, an dessen Spitze die unbesiegbare Sowjetunion steht. Wir sind eins mit den Worten Chruschtschows: „Ihr Herren Imperialisten, eure Arme sind zu kurz!" Wer uns angreift, wird durch die Riesenfaust des Sozialismus zerschlagen!

Schuld an Unbequemlichkeiten, die für diesen oder jenen unserer Bürger mit unseren Schutzmaßnahmen verbunden sind, hat einzig und allein das Verbrechergesindel in Bonn und Westberlin!

Die Stabilisierung der DDR nach dem Mauerbau

Der Mauerbau im Jahre 1961

Der Mauerbau beendete das Experiment den Sozialismus in einem Land mit offener Grenze aufzubauen, und nicht zu Unrecht galt der 13. August 1961 als „heimlicher Gründungstag" der DDR. Die DDR-Führung rechtfertigte die Mauer mitten durch Berlin stets als „antifaschistischen" und „antiimperialistischen Schutzwall", doch die wirklichen Gründe lagen in den inneren Schwierigkeiten: Konflikte bei der „Kollektivierung" der Landwirtschaft, die Wirtschaftskrise um 1960 und eine erneut anschwellende Fluchtbewegung vor allem jüngerer Menschen unter 25 Jahren. Aufgeschreckt durch die Krisen um die freien Zugangswege nach und den Status von West-Berlin seit 1958 (siehe S. 314) fürchteten viele DDR-Bürger, die offenen Sektorengrenzen in Berlin würden geschlossen: Es sei höchste Zeit zu gehen. Und offensichtlich plante die DDR-Führung schon länger das „Schlupfloch" West-Berlin zu stopfen und so ein „Ausbluten" der DDR zu verhindern. Die Sowjetunion lehnte zunächst ab; erst Anfang August 1961 gaben sie und die anderen Ostblockstaaten grünes Licht für die „Grenzsicherung" der DDR. Die vom SED-Politbüromitglied Erich Honecker technisch schon vorbereitete Aktion begann in der Nacht zum 13. August 1961, einem Sonntag, genau um Mitternacht, als Soldaten und Bauarbeiter West- und Ost-Berlin verbindende Straßen mit hastig hochgezogenen Stacheldrahtverhauen und Mauern sperrten. Die Bevölkerung in der DDR wurde abgeriegelt (siehe S. 445 f.).

Ökonomische Reformversuche

„Wissenschaftlich-technische Revolution" – das war der Schlüsselbegriff der nach dem Mauerbau in der DDR einsetzenden „Modernisierung". Mit wissenschaftlichen Planungs- und Produktionsmethoden sollte die Wirtschaft selbstverantwortlich und effektiver arbeiten, eine „sozialistische" Leistungsgesellschaft entstehen. Jüngere Fachleute und Wissenschaftler stiegen in die Führungen von Partei, Staat und Wirtschaft auf. Das 1963 verkündete „Neue Ökonomische System der Planung und Leitung" (NÖSPL) zeitigte zunächst auch einige Erfolge. 1969 war die Industrieproduktion der DDR mit 17 Millionen Einwohnern größer als die des Deutschen Reiches 1936 mit 60 Millionen Einwohnern. Die Produktion von Konsumgütern stieg und damit der Lebensstandard und die Zufriedenheit der Bevölkerung. 1970 besaßen von 100 Haushalten 15 ein Auto, 69 einen Fernseher, 53 eine Waschmaschine und 56 einen Kühlschrank. Der Erfolg des NÖSPL wurde von der SED selbst teilweise verspielt um ihr Machtmonopol zu sichern. Zwischen den alten Parteifunktionären und den jungen Fachleuten gab es Zuständigkeitskonflikte. Als auch die Sowjetunion Druck auf die DDR-Führung ausübte, wurde ab 1967 die Planung wieder stärker zentralisiert.

Um das angestrebte „Weltniveau" in der Wirtschaft zu erreichen mobilisierte die SED alle Arbeitskraftreserven und baute das Bildungssystem aus. Schon 1960 übten rund 70 Prozent aller Frauen im arbeitsfähigen Alter einen Beruf aus, bis 1970 stieg die Quote auf über 80 und bis 1988 auf mehr als 90 Prozent. Seit den sechziger Jahren strebte die DDR-Führung dazu eine bessere berufliche Ausbildung der Frauen an, um deren noch geringe Arbeitsproduktivität zu erhöhen. Dem diente auch das 1965 beschlossene „Gesetz über das einheitliche sozialistische Bildungssystem". Nach den neuen Lehrplänen hatten Mathematik und Naturwissenschaften als Basis der „wissenschaftlich-technischen Revolution" einen viel höheren Stellenwert als zur gleichen Zeit in der Bundesrepublik. Zudem führte die von allen Schülerinnen und Schülern besuchte zehnklassige „allgemeinbildende polytechnische Oberschule" in die Grundlagen der Produktionstechnik ein. Übergeordnet blieb trotz allem der ideologische Erziehungsauftrag. Schüler und Studierende waren laut Gesetz „zur Liebe zur DDR und Stolz auf die Errungenschaften des Sozialismus zu erziehen um bereit zu sein alle Kräfte der Gesellschaft zur Verfügung zu stellen, den sozialistischen Staat zu stärken und zu verteidigen".[8]

Gespaltenes Bewusstsein

Unmittelbar nach dem Mauerbau gab es Unruhen in der DDR-Bevölkerung, aber dann richteten sich alle in der neuen Situation ein. Die SED, durch die Mauer endgültig in ihrer Machtposition geschützt, baute ihre führende Rolle aus. 1967 zählte sie 1,8 Millionen Mitglieder. Trotz der weiter bestehenden stalinistischen Struktur der Partei veränderten sich deren Herrschaftsmethoden. Der Terror nahm ab. Ideologische Überzeugungsarbeit und verbesserte Lebensverhältnisse sollten den Gehorsam und die Loyalität der Bevölkerung sichern.

Ein unausgesprochener Pakt bestimmte in den folgenden Jahren das Verhältnis zwischen Regierenden und Regierten: Die Bevölkerung akzeptierte den Herrschaftsanspruch der SED, bestätigte ihn auf pflichtgemäßen Versammlungen und Demonstrationen und durch „Zettelfalten" bei Wahlen. Dafür ließ die SED die Bevölkerung weitgehend in Ruhe. Zwischen öffentlicher Heuchelei und privaten „Nischen" im Familien- und Freundeskreis entwickelten viele Bürger ein gespaltenes Bewusstsein. Ein Grund für die oft kritiklose

Hinnahme der Verhältnisse scheint das Fehlen einer „bürgerlichen Aufklärung" in der DDR gewesen zu sein, etwa von unabhängigen Journalisten und Wissenschaftlern. Nur wenige überwanden die politische Doppelmoral. Ansätze zu einer politischen Opposition zeigten sich erstmals wieder 1968 im Zusammenhang mit dem reformkommunistischen Kurs in der Tschechoslowakei. Der „Prager Frühling" wurde im August 1968 durch den Einmarsch von Soldaten des Warschauer Pakts, darunter auch DDR-Truppen, beendet. Für die DDR-Opposition um den Philosophieprofessor Robert Havemann und den Liedermacher Wolf Biermann aber blieb der „demokratische Kommunismus" die große Alternative zum SED-Staat.

„Real existierender Sozialismus": Die DDR in den siebziger Jahren

Von Ulbricht zu Honecker

Die relativen ökonomischen Erfolge und die politische Stabilisierung der sechziger Jahre hatten das Selbstbewusstsein der DDR-Führung gestärkt; sie verstand sich mehr und mehr als „Juniorpartner" der Sowjetunion im Ostblock. Als diese um 1970 auf die Entspannungspolitik der sozialliberalen Koalition in Bonn einging, verweigerte sich die SED. Wie wenig stabil deren Herrschaftssystem war, offenbarten Ovationen von DDR-Bürgern für Bundeskanzler Brandt anlässlich seines Erfurt-Besuches 1970. Zur Sicherung ihrer eigenen Entspannungspolitik drängte die sowjetische Führung auf die Ablösung Ulbrichts. Im Mai 1971 trat dieser als 1. Sekretär der SED zurück, sein Nachfolger wurde Erich Honecker, der die Führungsrolle der Sowjetunion wieder als verbindlich anerkannte. 1971/72 wurden das Berlinabkommen und der Grundlagenvertrag vereinbart (siehe S. 307).

Honeckers erste Amtsjahre gelten heute noch manchen als die besten Jahre der DDR: Sie wurde als souveräner Staat weltweit diplomatisch anerkannt; der Wohlstand des „kleinen Mannes" stieg; die katastrophale Wohnungslage verbesserte sich durch den Neubau von zwei Millionen Wohnungen zwischen 1971 und 1984; die Jugendlichen spürten weniger Gängelung, durften lange Haare und Jeans tragen und westliche Musik hören; die Künstler und Intellektuellen forderte Honecker gar auf kritischer und farbiger zu werden. Der „real existierende Sozialismus" sollte verbessert, die Menschen nicht auf eine Utopie in ferner Zukunft vertröstet werden. Von der neuen Sozialpolitik profitierten besonders die Frauen. Der Ausbau von Kindergärten und Vorschulklassen entlastete die ganz überwiegend berufstätigen Mütter. Für Frauen mit Kindern verminderte sich die Wochenarbeitszeit auf 40 Stunden. 1976 wurde ein bezahltes „Babyjahr" ab dem zweiten und 1986 auch für das erste Kind eingeführt. Die Konzentration der Frauenförderung auf die Mütter verfestigte allerdings auch die traditionelle Rollenverteilung der Geschlechter und die Doppelbelastung der Frauen durch Familie und Beruf. Unverändert blieb der absolute Herrschaftsanspruch der SED. 1974 erklärte Erich Honecker: „Es ist schon heute so, dass kein Problem von Bedeutung ohne die tatkräftige politisch-ideologische und organisatorische Arbeit unserer Partei gelöst werden kann. Zur wachsenden Rolle unserer Partei im gesellschaftlichen Leben gibt es keine Alternative."[9]

Wirtschaftliche Krisen und ideologische Verhärtungen

In der zweiten Hälfte der siebziger Jahre schlug die Entwicklung wieder um. Zum einen brachten die Öl- und die Weltwirtschaftskrise auch die seit 1972 praktisch völlig verstaatlichte DDR-Wirtschaft in Schwierigkeiten; hohe Auslandsschulden mussten getilgt werden. Der Lebensstandard stagnierte. Zwar war er so hoch wie nie und weit höher als in den anderen Ostblockstaaten. Dennoch kehrte die Unzufriedenheit zurück, weil Erwartungen und Realität auseinanderklafften und die meisten DDR-Bürger am Lebensstandard und am politischen System der Bundesrepublik orientiert blieben. Zum anderen ermunterte die vorsichtige Öffnung des Systems als Konsequenz der Entspannungspolitik und der KSZE-Schlussakte von Helsinki 1975 (siehe S. 244 f.) die Opposition. Robert Havemann forderte 1976, unabhängige Oppositionsparteien und Zeitungen zuzulassen. Rudolf Bahros im Westen erschienenes Buch „Die Alternative" erregte Aufsehen und 100 000 Bürger sollen 1976 einen Antrag auf Übersiedlung in die Bundesrepublik gestellt haben. Die SED reagierte erneut mit Repressionen. Havemann wurde unter Hausarrest gestellt, Bahro zu acht Jahren Zuchthaus verurteilt, Wolf Biermann 1976 während einer Vortragsreise im Westen ausgebürgert, Protest von Schriftstellern und Künstlern dagegen bestraft, 1979 das politische Strafrecht verschärft.

Der Niedergang eines Staates: Die DDR 1982–1988

Die Systemkrise

Die Stagnation seit 1976 mündete in den achtziger Jahren in eine allgemeine Systemkrise der DDR ein, die lange verdeckt blieb: durch den weiterlaufenden Partei- und Staatsapparat, die Vorteile der von der EG privilegierten Wirtschaftsbeziehungen zur Bundesrepublik und glanzvolle Ereignisse wie die Eröffnung der wieder aufgebauten Semper-Oper in Dresden 1985 oder den Besuch Erich Honeckers in Bonn 1987. Die Systemkrise zeigte sich, erstens, als Wirtschaftskrise. Schon 1982 drohte der DDR ein finanzieller Ruin, der durch einen vom CSU-Vorsitzenden Franz-Josef Strauß 1983 vermittelten Milliardenkredit abgewendet werden konnte. Zusätzliche Auslandsschulden verhinderten jedoch nicht den ökonomischen Niedergang der veralteten und technologisch rückständigen DDR-Industrie und auch nicht die sich ausweitende Umweltkatastrophe, weil für Umweltschutz kein Geld vorhanden war. Die Bürger verdienten zwar gut, hochwertige Konsumgüter waren aber teuer und nur schwer zu bekommen.

Dazu kam, zweitens, eine Glaubwürdigkeitskrise. Viele Bürger gaben die Hoffnung auf bessere Verhältnisse auf. Die politische Distanz zum Staat wuchs, vor allem bei den Jüngeren. Mit verantwortlich dafür waren die „bedarfsgerecht" gelenkte Berufsausbildung und die eingeschränkte Möglichkeit zu studieren. 1972 gab es insgesamt 153 997 Studierende in der DDR, 1984 nur noch 129 628. Die Jüngeren fühlten sich um ihre Zukunft betrogen: Weder sozialen Aufstieg wie den Älteren noch die Verwirklichung individueller Lebensentwürfe gestand ihnen ihr „vormundschaftlicher Staat" zu. „Nichts ist eingelöst/Von allen Versprechen:/Wie Herbstlaub raschelnd/Treiben die Worte./Allzu sicher der Zukunft/Glaubten wir unseren Propheten", hieß es 1986 in einem Gedicht von Heinz Czechowski.[10]

Schließlich geriet die DDR-Führung, drittens, in eine außenpolitische Isolierung. Ängstlich auf ihre Macht bedacht vergaß sie, wer diese Macht garantierte: die Sowjetunion. Zwar begrüßte die SED die vom sowjetischen Parteichef Gorbatschow 1985 eingeleitete neue Runde der Entspannungspolitik (siehe S. 245 und 248), weigerte sich aber die innenpolitischen Reformen, „Perestrojka" und „Glasnost", auf die DDR zu übertragen. „Keine Fehler-Diskussion" lautete die Devise. Damit begab sich die DDR-Führung in einen ideologischen Zweifrontenkrieg. Wie sollte sie ihren Bürgern klarmachen, dass nicht nur der „imperialistische Westen", sondern auch die „brüderliche Schutzmacht" Sowjetunion eine Gefahr für die DDR darstellte?

„Deutsch" oder „sozialistisch"?

Welche Ursachen es auch immer für das schnelle Ende der DDR 1989/90 gegeben haben mag, ein Grund war das nie ausgelöschte Bewusstsein der Menschen zwischen Elbe und Oder, die DDR sei ein Staat auf Zeit, eigentlich gehörten sie einem größeren nationalen Zusammenhang an. Für die „Gründerväter" der DDR schlossen sich „sozialistisch" und

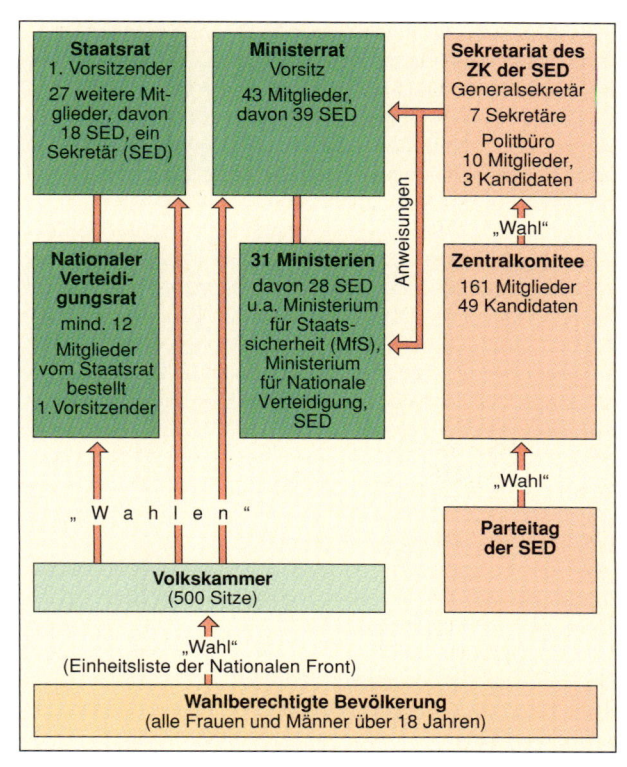

Partei und Staat in der DDR

„deutsch" nicht aus. Artikel 1 der DDR-Verfassung von 1949 lautete: „Deutschland ist eine unteilbare demokratische Republik." Wie die Bundesrepublik beanspruchte die DDR in den ersten Jahren, der eigentliche Kern eines gesamtdeutschen Nationalstaates zu sein. Die Verse „Wenn wir brüderlich uns einen,/Schlagen wir des Volkes Feind!" in der Nationalhymne der DDR reflektierten dieses Selbstverständnis.

Nach 1955, nach der Verkündung der „Zwei-Staaten-Theorie", definierte sich die DDR mehr und mehr durch Abgrenzung zur Bundesrepublik. Schöpfer der Verfassung von 1968 war dann auch nicht mehr das „deutsche Volk", sondern das „Volk der Deutschen Demokratischen Republik" gab sich eine „sozialistische Verfassung" für einen „sozialistische(n) Staat deutscher Nation" (Artikel 1). Der Text der Nationalhymne wurde seit Anfang der siebziger Jahre bei offiziellen Anlässen nicht mehr gesungen. Mit der Verfassung von 1974 entfiel jeder Hinweis auf die deutsche Nation. Artikel 1 bestimmte, die DDR sei ein „sozialistischer Staat der Arbeiter und Bauern". Das Wort „deutsch" ließ sich in der

DDR zwar nicht vermeiden, aber der Begriff „Deutschland" verschwand weitgehend aus der offiziellen Sprache – mit drei Ausnahmen: Die Staatspartei hieß bis 1989 „Sozialistische Einheitspartei Deutschlands", ihr Zentralorgan „Neues Deutschland". Und die sowjetischen Truppen in der DDR bezeichneten sich weiterhin als „Gruppe der sowjetischen Streitkräfte in Deutschland".

Allein mit dem Sozialismus ließ sich die Loyalität der Bevölkerung jedoch offensichtlich nicht begründen. Seit Anfang der achtziger Jahre traten zwei Elemente hinzu. Zum einen versprach die DDR-Führung ihren Bürgern „Gesetzlichkeit, Ordnung und Sicherheit". „Geborgenheit" lautete die neue Losung. Zum anderen beschwor die DDR das „Erbe" der ganzen deutschen Geschichte. Das „Erbe" der revolutionären Traditionen hatte man stets für sich reklamiert, 1984 erklärte die DDR-Führung erstmals, die DDR sei „tief und fest" in der „ganzen deutschen Geschichte verwurzelt".[11] Die DDR-Geschichtswissenschaft entdeckte an Luther oder Bismarck plötzlich „progressive" Züge. Unbefangener als westdeutsche Historiker bezeichnete Honecker Friedrich II. als „den Großen". Die Geschichte öffnete so ein Hintertürchen ins Nationale.

Wachsende Opposition

Nach 1961, nach dem Mauerbau, artikulierte sich Widerstand oder Distanz zum System in der DDR in drei Formen: als Ausreisebegehren, als praktiziertes Christentum oder als politische Opposition. Zwischen den drei Gruppen bestand ein spannungsreiches Miteinander, manchmal auch Gegeneinander.

Die Ausreisewelle nahm in den achtziger Jahren eine neue Qualität an. Die Zahl der Anträge auf „Entlassung aus der Staatsbürgerschaft" stieg. Ausreisewillige schlossen sich in Gruppen zusammen, suchten die Öffentlichkeit, besetzten spektakulär Botschaften westlicher Staaten.

Die Kirchen bildeten von jeher den einzigen staatsfreien Raum in der DDR, von der SED zwar nicht geliebt, aber anders als in der Sowjetunion im Großen und Ganzen geduldet, solange sie sich auf kirchliche und karitative Aufgaben beschränkten. 1989 gehörte noch mehr als ein Drittel der DDR-Bürger einer Kirche an, allein 30 Prozent der evangelischen. Ihrem Verständnis von der Aufgabe der Christen in der Welt folgend ließ sich die evangelische Kirche die Grenzen ihres Handelns nicht von der SED vorschreiben, geriet immer wieder in Konflikte mit der „Obrigkeit" DDR. Vor allem ihrer Proteste wegen führte die DDR 1964 als einziger Ostblock-Staat eine Art zivilen Ersatzdienst ein. Statt als Soldaten wurden religiös motivierte Pazifisten als „Bau-Soldaten" eingesetzt. Bis 1969 bildeten die evangelischen Kirchen Deutschlands in der EKD sogar noch eine gesamtdeutsche Einheit, erst dann erfolgte mit der Gründung des „Bundes der evangelischen Kirchen in der DDR" eine kirchliche Spaltung. Seit 1971 benutzten die kirchlichen Vertreter die mehrdeutige Formel „Kirche im Sozialismus". Das eröffnete Freiräume der Kritik, auch am „real existierenden Sozialismus". Und obwohl die meisten evangelischen Gemeinden sich eher als „unpolitisch" verstanden, solange Staat und Partei sie in Ruhe ließen, engagierte sich eine wachsende Zahl überwiegend jüngerer Menschen in kirchlichen Bürgerrechts-, Ökologie- und Friedensgruppen. Kirchengruppen und -leitungen forderten Reisefreiheit und die Achtung von Menschenrechten. Mehr und mehr entwickelten sich die evangelischen Kirchen zum Kristallisationspunkt oppositionellen Verhaltens. Seit Ende der siebziger Jahre entstanden auch unabhängige Oppositionsgruppen, so 1985 die „Initiative für Frieden und Menschenrechte".

Dem unterschiedlich motivierten Widerstand bzw. der eindeutigen Distanz zum System gesellte sich scheinbar unpolitische Widersetzlichkeit bei. In Leipzig organisierten 1985 einige Maler staatsunabhängige Ausstellungen, die Zehntausende besuchten. 1987 versammelten sich bei Rockkonzerten vor dem Berliner Reichstag auf Ost-Berliner Seite der Mauer Tausende von Jugendlichen und riefen „Die Mauer muss weg". Die DDR-Führung reagierte auf den neuen zivilen Ungehorsam wie gewohnt mit Verhaftungen und Ausweisungen. Das Ministerium für Staatssicherheit steigerte seine Macht; am Ende der DDR soll es 85 000 hauptamtliche und 108 000 inoffizielle Mitarbeiter beschäftigt haben.

---

1. *Beschreiben Sie den Prozess der Sowjetisierung in der DDR. In welchen Phasen war die Sowjetisierung stärker, in welchen schwächer ausgeprägt?*
2. *Erläutern Sie die Wirtschaftsstruktur der DDR und die Phasen ihrer ökonomischen Entwicklung (siehe auch Tabelle S. 287) und vergleichen Sie mit der in der Bundesrepublik bis 1989.*
3. *Analysieren Sie Ideologie, Parteistruktur und Herrschaftstechniken der SED in den verschiedenen Phasen der Geschichte der DDR und beschreiben Sie die Verbindung von Staat und SED (siehe auch Grafik S. 319). Vergleichen Sie die SED-Diktatur mit der NS-Diktatur. Erläutern Sie die Gemeinsamkeiten und die Unterschiede.*
4. *Wann und aus welchen Gründen entwickelten sich Opposition und Widerstand in der DDR? Setzen Sie Ihr Analyseergebnis in Beziehung zur inneren Entwicklung in der DDR und zu den Ost-West-Beziehungen.*

Die Vereinigung der beiden deutschen Staaten 1989/90

Die friedliche Revolution des Jahres 1989

Am Anfang vom Ende der DDR standen die Kommunalwahlen im Mai 1989. Wie üblich stimmten nach dem offiziellen Wahlergebnis fast 99 Prozent der Bevölkerung dem „gemeinsamen Wahlvorschlag der Nationalen Front" zu und wie üblich war das Wahlergebnis gefälscht. Nicht üblich war der Protest von oppositionellen Gruppen und von Kirchengemeinden: Sie erstatteten Strafanzeigen gegen die Wahlfälscher. An manchen Orten sollen bis zu zwanzig Prozent der Wahlberechtigten mit Nein gestimmt haben. Erstmals zeigte sich die mögliche Stärke der Opposition.

Parallel zu den Konflikten um die Kommunalwahlen steigerte sich die Ausreisewelle. Tausende von DDR-Bürgern besetzten im Sommer 1989 die Ständige Vertretung der Bundesrepublik in Ost-Berlin und ihre Botschaften in Budapest, Prag und Warschau, ließen sich auch von deren zeitweiliger Schließung nicht abschrecken und immer sicherer konnten sie auf „Entlassung aus der Staatsbürgerschaft der DDR" und die Ausreise in den Westen hoffen. Mitte Juni 1989 forderte die „Initiative für Frieden und Menschenrechte" öffentlich eine Diskussion über den Stalinismus in der DDR. Am 24. Juni rief eine Initiativgruppe zur Gründung einer sozialdemokratischen Partei in der DDR auf. In einer Dienstbesprechung des Ministeriums für Staatssicherheit am 31. August hieß es dennoch, trotz der sich häufenden Vorfälle und Kritik, selbst unter Parteigenossen, sei „die Gesamtlage stabil", ein neuer 17. Juni drohe nicht, „denn dafür sind wir ja auch da".[12]

Jochen Knobloch (geb. 1941), Leipzig, 9. Oktober 1989, Fotografie

Als Ungarn ab 10./11. September 1989 ohne Absprache mit der DDR-Regierung auch DDR-Bürger unbehelligt über die seit Mai geöffnete Grenze nach Österreich ausreisen ließ, brachen die Dämme. Noch im September wechselten über 25 000 Menschen in die Bundesrepublik über. Als ebenso bedrohlich für die Stabilität der DDR erwies sich die immer mutiger werdende Opposition, die häufig unter dem Dach und dem Schutz der evangelischen Kirche agierte. Die unabhängige Opposition setzte sich bis dahin im Grunde aus Hunderten von Freundesgruppen zusammen, ihr fehlte eine organisatorische Struktur. Das änderte sich. Am 12. September veröffentlichte die Bürgerbewegung „Demokratie jetzt" einen Gründungsaufruf; am 19. September beantragte das „Neue Forum" offiziell die Zulassung als politische Vereinigung. Das war unglaublich und wurde wegen der „staatsfeindlichen" Ziele des „Neuen Forums" auch abgelehnt. Trotzdem trugen sich Tausende in die Mitgliederlisten ein. Besonders auffällig war die starke Beteiligung von Frauen. In Leipzig demonstrierten Montag für Montag mehr Bürger im Anschluss an ein Friedensgebet in der Nikolaikirche. Am 4. Oktober forderten die Oppositionsgruppen in einem gemeinsamen Aufruf erstmals freie Wahlen in der DDR unter UN-Kontrolle und damit die Abschaffung der SED-Diktatur. Wegen der Feiern zum 40. Gründungstag der DDR am 7. Oktober 1989, aber nicht nur deshalb, reagierte der Staatsapparat hart. Oppositionelle wurden verhaftet, nicht genehmigte Massendemonstrationen gewaltsam aufgelöst.

Die Wende brachte die Teilnahme des sowjetischen Präsidenten Gorbatschow an den Gründungsfeierlichkeiten. Verklausuliert forderte er die DDR-Führung öffentlich zu Reformen auf, warnte vor den Gefahren für „jene, die nicht auf das Leben reagieren". Der Volksmund machte daraus „Wer zu spät kommt, den bestraft das Leben" und drohte damit der SED auf Spruchtafeln. Am Tage der Gründungsfeierlichkeiten gründeten DDR-Bürger im Pfarrhaus von Schwante bei Potsdam die „Sozialdemokratische Partei in der DDR".

Den Durchbruch für die Oppositionsbewegung brachte die Leipziger Montagsdemonstration am 9. Oktober 1989. 70 000 Menschen nahmen teil, obwohl Gerüchte über den Einsatz der Volksarmee gegen die Demonstration umliefen. „Keine Gewalt", riefen die Menschen und „Wir bleiben hier", vor allem aber „Wir sind das Volk". Am 17. Oktober setzte das Politbüro der SED Erich Honecker als Generalsekretär ab; sein Nachfolger wurde Egon Krenz. Mit personellen Retuschen war die Systemkrise der DDR jedoch nicht mehr zu lösen. Allein in Leipzig demonstrierten jetzt Montag für Montag Hunderttausende, in vielen Städten kam es zu ähnlichen Aktionen. Am 4. November erreichte die Demonstrationswelle in Ost-Berlin ihren Höhepunkt. Eine halbe Million Menschen forderten Presse-, Reise-, Meinungs- und Versammlungsfreiheit, Rechtsstaatlichkeit und freie Wahlen. Das Machtmonopol der SED zerbröselte.

Der Fall der Berliner Mauer und die Folgen

Am 9. November 1989 fiel die Mauer, wie sie am 13. August 1961 gekommen war: nachts und unerwartet. Es wird wohl kaum noch genau zu rekonstruieren sein, wie aus einer im beiläufigen Ton angekündigten Mitteilung des SED-Politbüromitglieds Schabowski am Abend des 9. November, es werde sehr bald befriedigende Regelungen für Westreisen der DDR-Bürger geben, innerhalb weniger Stunden eine faktische Öffnung der DDR-Grenzen wurde. Jedenfalls strömten noch in der Nacht des 9. November Zehntausende von Ost-Berlinern in den Westen der Stadt und in den nächsten Tagen waren es Hunderttausende, die unbehelligt die Mauer in Berlin oder die „Staatsgrenze West" zur Bundesrepublik passierten. Unbeschreibliche Szenen spielten sich überall ab (siehe S. 351, Mat. 4 bis 6). „Später wird man genau wissen, was die Bilder zu bedeuten hatten", schrieb ein Essayist im November 1989. „Dort begann eine glorreiche Geschichte – oder ein fürchterliches Unglück ... Wer jetzt daran teilnahm, wusste nicht, was das alles bedeutete. Das verlieh (jenen Tagen) ihre unvergleichliche Schönheit." [13]

Von einem Tag zum anderen änderte sich fast alles, auch für die Westdeutschen. Bis zum 9. November hatten sie die Ereignisse in der DDR fasziniert, aber in sicherer Entfernung am Fernsehschirm verfolgt. Plötzlich gingen die Ereignisse sie direkt an und sie ahnten, dass ihr Staat Bundesrepublik nicht unverändert bleiben würde. „Jetzt wächst zusammen, was zusammengehört", sagte Willy Brandt am 10. November auf einer Kundgebung in Berlin. Zumindest nachträglich erscheint es so, als habe mit dem Fall der Mauer auch die staatliche Souveränität der DDR geendet. Alles, was in den folgenden Wochen von den Politikern in West und Ost erdacht und besiegelt wurde, wie die Vereinbarungen zwischen der Bundesrepublik und der DDR zur Regelung des Grenzverkehrs, wirkte merkwürdig nachholend.

Den Gang der Ereignisse bestimmten die Menschen auf den Demonstrationen in der DDR. Statt „Wir sind das Volk" riefen sie bald „Wir sind ein Volk". Der sicherste Weg zu Wohlstand und Demokratie schien den meisten die Vereinigung mit der Bundesrepublik zu sein. Nicht noch einmal sozialistische Experimente! Das war die Stimmung bei der Mehrheit. Die Bürgerbewegungen erhielten viel Zulauf und Zuspruch, wenn sie alte Machtstrukturen beseitigten, in Städten und Gemeinden die Bürgermeister der Kontrolle eines Runden Tisches* unterstellten, die Zentrale und die Zweigstellen der „Stasi" besetzten. Doch wenn sie von Re-

Berlin, 10. November 1989. Fotografie

formen oder von einer neuen Verfassung für die DDR sprachen (siehe S. 352, Mat. 7), vor einem zu schnellen Einigungstempo warnten, hörte niemand mehr hin. Bis Ende Januar 1990 zerfiel die DDR zusehends. Die SED schrumpfte von 2,6 Millionen auf 700000 Mitglieder. Sie wählte eine neue Führung, benannte sich zweimal um, zuletzt in „Partei des demokratischen Sozialismus" (PDS) – umsonst: Nichts hielt ihren Sturz in die Bedeutungslosigkeit auf. Besser erging es den im November/Dezember 1989 rasch gewendeten Blockparteien*, die sich nun den Bonner Regierungsparteien CDU und FDP als Partner empfahlen. Der neuen DDR-Regierung Modrow gebrach es an Autorität; überall im Staatsapparat saßen noch die alten Kader, die mehr an einer Sicherung ihrer Privilegien als an der Lösung der Probleme in der DDR interessiert waren. Ende Januar beschlossen die Vertreter des Runden Tisches bei der Regierung Modrow die geplanten Neuwahlen für die Volkskammer auf den 18. März 1990 vorzuziehen. Der Wahlkampf drehte sich nur um die Frage „Wie schnell kommt die Einheit?" Wahlsieger am 18. März 1990 war die CDU und so sollte es auch bei den folgenden Wahlen des Jahres 1990 in der DDR oder dann ehemaligen DDR bleiben. Die Motive der Wähler lagen auf der Hand: Einheit und Wohlstand so schnell wie möglich, keine Experimente mit politisch unterschiedlich zusammengesetzten Regierungen in Ost und West.

Stationen der Vereinigung

Die Vereinigung setzte die Zustimmung der Siegermächte des Zweiten Weltkrieges voraus. Und so wie der Beginn des Kalten Krieges zur deutschen Spaltung geführt hatte, so war das Ende des Ost-West-Konflikts 1990 (siehe S. 248 f.) die Voraussetzung für die Vereinigung der beiden deutschen Staaten. Die außenpolitische Absicherung der Vereinigung gelang überraschend schnell, nachdem sich die CDU/CSU im Westen nach anfänglichem Zögern zur Anerkennung der Oder-Neiße-Grenze durchgerungen hatte. Die uneingeschränkte Unterstützung der USA für den deutschen Vereinigungsprozess beseitigte auch einige Zweifel bei der französischen und britischen Regierung. Entscheidend war danach die Zustimmung der Sowjetunion. Würde sie die NATO-Mitgliedschaft eines vereinten Deutschland und das Vorrücken des NATO-Gebietes bis an die Oder akzeptieren? Was konnte die Bundesrepublik bieten um die legitimen Sicherheitsbedürfnisse der Sowjetunion zu befriedigen? Die Einigung zwischen der deutschen und der sowjetischen Regierung Mitte Juli 1990 bestand darin, dass die Sowjetunion dem neuen Staat in der Frage der Bündniszugehörigkeit freie Hand ließ. Die Bundesrepublik ihrerseits garantierte die Abrüstung einer gesamtdeutschen Bundeswehr auf 370000 Mann und die Finanzierung des Rückzugs der sowjetischen Truppen aus der DDR mit 7,1 Milliarden Euro. Am 12. September 1990 unterzeichneten die Außenminister der vier Siegermächte und der beiden deutschen Staaten in Moskau den „Vertrag über die abschließende Regelung in Bezug auf Deutschland". Die Nachkriegszeit war zu Ende.

Im innerdeutschen Verhältnis war seit den Wahlen in der DDR am 18. März 1990 alles klar. Gleichwohl gab es über die Modalitäten der Vereinigung zwischen der Regierung in Bonn und der neuen CDU-geführten Regierung in Ost-Berlin unter Lothar de Maizière manchen Streit. Sollte die Vereinigung nach Artikel 23 oder Artikel 146 des Grundgesetzes erfolgen, also mit oder ohne Verfassungsreferendum (siehe S. 352 f., Mat. 7 bis 11)? Sollte Berlin Regierungssitz eines vereinten Deutschland sein oder Bonn? Sollte die DDR ein Bundesland bilden oder sollten die alten Länder in der

DDR wieder erstehen? Sollte für die Wiedergutmachung von Enteignungen in der DDR das Prinzip „Entschädigung statt Rückgabe" gelten, wie es die SPD forderte, oder sollten die Eigentumsrechte der westlichen Bürger absoluten Vorrang haben? Sollte die rechtliche und ökonomische Angleichung in einem Schritt erfolgen oder sollte es Übergangsregelungen geben um einen Veränderungsschock zu vermeiden, wie viele Experten empfahlen? Außer in der Länderfrage setzte sich die Regierung Kohl durch.

Der erste Schritt zur Vereinigung war am 1. Juli 1990 die Einführung von D-Mark und Marktwirtschaft in der DDR. „Es wird niemandem schlechter gehen als zuvor – dafür vielen besser", versprach Bundeskanzler Kohl am Vorabend der Währungsumstellung im Fernsehen. Das war, wie sich zeigen sollte, eine viel zu optimistische und gegen den Rat von Wirtschaftsexperten abgegebene Prognose. Mit der Einführung der D-Mark verbesserte sich zwar schlagartig das Warenangebot, aber der ebenso plötzliche Sprung der rückständigen DDR-Wirtschaft in die Weltmarktkonkurrenz ließ die Arbeitslosenzahlen steigen. Die wirtschaftlichen Probleme der Vereinigung sind von vielen Politikern in Ost und West unterschätzt worden. Im Juli/August handelten die Regierungen unter Zeitdruck den „Einigungsvertrag" (siehe S. 353, Mat. 11) aus, der manches ganz genau, manches ungenau und manches, wie die Regelung der Schwangerschaftsunterbrechung im vereinten Deutschland, gar nicht regelte. Unklar blieben vor allem die Finanzfragen. Zwischen der Regierung Kohl und der SPD-Opposition gab es darüber heftige Debatten. Am 20./21. September verabschiedeten der Bundestag in Bonn und die Volkskammer in Ost-Berlin sowie der Bundesrat den Einigungsvertrag. Er legte als Termin für den Beitritt nach Artikel 23 des Grundgesetzes entsprechend dem Beschluss der Volkskammer vom 23. August den 3. Oktober 1990 fest. Seit diesem Tag ist Deutschland wieder ein souveräner Staat. Die Freude über das Ende der staatlichen Teilung und die neue Freiheit verdrängte freilich nur für kurze Zeit die Tatsache, dass der schwerere Teil der Vereinigung noch vor den Deutschen lag.

1. Analysieren Sie die Ursachen für den Zusammenbruch der DDR und beurteilen Sie die Bedeutung der einzelnen Faktoren.
2. Diskutieren Sie die Rolle der Opposition in der DDR 1989/90.
3. Beschreiben Sie die Stufen des Vereinigungsprozesses der beiden deutschen Staaten. Erörtern Sie den Zusammenhang von Deutschland-, Europa- und Weltpolitik vor und nach der Vereinigung.

Neue Herausforderungen und Aufgaben

Der 3. Oktober 1990 markiert zwar das Ende der staatlichen Teilung, aber nicht das „Ende der Geschichte". Die Bürgerinnen und Bürger in Deutschland haben vielmehr eine Reihe von neuen und alten Problemen zu lösen – solche, die mit der Vereinigung entstanden sind, und solche, die von der Vereinigung nur kurzfristig überdeckt oder durch sie verändert wurden.

Zum einen muss der staatlichen Vereinigung die gesellschaftliche Integration von Ost und West folgen. Die ökonomische Angleichung der beiden ehemaligen Teilstaaten ist dabei ein wichtiger Punkt, doch nicht der einzige und langfristig vielleicht nicht einmal der schwierigste. Vierzig Jahre unterschiedliche politische Wertsysteme, Wirtschaftsformen, Rechtsvorschriften, Sozialregelungen und Bildungsinstitutionen haben unterschiedliche Lebenserfahrungen in Ost und West erzeugt, die nur langsam einer gemeinsamen Erfahrung weichen werden.

Dass aus staatlicher Vereinigung nicht gesellschaftliche Desintegration erwächst, ist auch für die internationalen Beziehungen von zentraler Bedeutung. Das größere und vollständig souveräne Deutschland hat seinen Platz in der Staatengemeinschaft neu zu finden. Das ist für die Deutschen ebenso schwer wie für ihre Nachbarn. Welche Position kann, muss und will die Bundesrepublik künftig in der UNO einnehmen? Sollen deutsche Soldaten für andere Zwecke als die Verteidigung der Bundesrepublik mit Waffen kämpfen?

Zum anderen harren wichtige Probleme aus der alten Bundesrepublik und der alten DDR einer Bewältigung. Der Umweltschutz oder die gesellschaftliche, nicht allein rechtliche Gleichstellung der Frauen sind nur zwei Beispiele.

Als letzte, aber deshalb nicht weniger große Herausforderung sei die europäische Einigung genannt. Wie kann – zumindest oder doch zuerst in Westeuropa, wie es nach dem Zweiten Weltkrieg entstand – eine politische Integration von Staaten mit ganz unterschiedlicher Geschichte gelingen? Wie soll ein demokratisches und soziales Europa aussehen? Wieviel „Eigenleben" dürfen und müssen die Einzelstaaten behalten, welche bisher nationalstaatlich organisierten Rechte sind an eine europäische „Zentrale" zu übertragen? Und wie können die mittelost- und südosteuropäischen Staaten und die Nachfolgestaaten der ehemaligen Sowjetunion, in denen es nach 1990 zu einer Renaissance des Nationalismus und der Nationalstaaten kam, in ein neues Europa eingebunden werden? An der Schwelle zum 21. Jahrhundert gilt es mit den Erfahrungen der Geschichte neue Wege zu beschreiten.

Deutschland 1945/46

1 *Aus den Deutschland betreffenden Abschnitten des „Potsdamer Abkommens" vom 2. August 1945:*

Q Es ist nicht die Absicht der Alliierten das deutsche Volk zu vernichten oder zu versklaven. Die Alliierten wollen dem deutschen Volke die Möglichkeit geben sich darauf vorzubereiten sein Leben auf einer demokratischen und friedlichen Grundlage von neuem wieder aufzubauen. Wenn die eigenen Anstrengungen des deutschen Volkes unablässig auf die Erreichung dieses Zieles gerichtet sein werden, wird es ihm möglich sein zu gegebener Zeit seinen Platz unter den freien und friedlichen Völkern der Welt einzunehmen. […]

A. Politische Grundsätze

1. Entsprechend der Übereinkunft über das Kontrollsystem in Deutschland wird die höchste Regierungsgewalt in Deutschland durch die Oberbefehlshaber der Streitkräfte der Vereinigten Staaten von Amerika, des Vereinigten Königreichs, der Union der Sozialistischen Sowjetrepubliken und der Französischen Republik nach den Weisungen ihrer entsprechenden Regierungen ausgeübt, und zwar von jedem in seiner Besatzungszone, sowie gemeinsam in ihrer Eigenschaft als Mitglieder des Kontrollrates in den Deutschland als Ganzes betreffenden Fragen.

2. Soweit dieses praktisch durchführbar ist, muss die Behandlung der deutschen Bevölkerung in ganz Deutschland gleich sein.

3. Die Ziele der Besetzung Deutschlands, durch welche der Kontrollrat sich leiten lassen soll, sind:

(I.) Völlige Abrüstung und Entmilitarisierung Deutschlands und die Ausschaltung der gesamten deutschen Industrie, welche für eine Kriegsproduktion benutzt werden kann, oder deren Überwachung. […]

(II.) Das deutsche Volk muss überzeugt werden, dass es eine totale militärische Niederlage erlitten hat und dass es sich nicht der Verantwortung entziehen kann für das, was es selbst dadurch auf sich geladen hat, dass seine eigene mitleidlose Kriegsführung und der fanatische Widerstand der Nazis die deutsche Wirtschaft zerstört und Chaos und Elend unvermeidlich gemacht haben.

(III.) Die Nationalsozialistische Partei mit ihren angeschlossenen Gliederungen und Unterorganisationen ist zu vernichten; […] es sind Sicherheiten dafür zu schaffen, dass sie in keiner Form wieder auferstehen können, jeder nazistischen und militärischen Betätigung und Propaganda ist vorzubeugen.

(IV.) Die endgültige Umgestaltung des deutschen politischen Lebens auf demokratischer Grundlage und eine eventuelle friedliche Mitarbeit Deutschlands am internationalen Leben sind vorzubereiten. […]

5. Kriegsverbrecher und alle diejenigen, die in der Planung oder Verwirklichung nazistischer Maßnahmen, die Greuel oder Kriegsverbrechen nach sich zogen oder als Ergebnis hatten, teilgenommen haben, sind zu verhaften und dem Gericht zu übergeben. Nazistische Parteiführer, einflussreiche Nazianhänger und die Leiter der nazistischen Ämter und Organisationen und alle anderen Personen, die für die Besetzung und ihre Ziele gefährlich sind, sind zu verhaften und zu internieren. […]

9. Die Verwaltung Deutschlands muss in Richtung auf eine Dezentralisation der politischen Struktur und der Entwicklung einer örtlichen Selbstverwaltung durchgeführt werden. […]

(II.) In ganz Deutschland sind alle demokratischen politischen Parteien zu erlauben und zu fördern mit der Einräumung des Rechtes Versammlungen einzuberufen und öffentliche Diskussionen durchzuführen. […]

(IV.) Bis auf weiteres wird keine zentrale deutsche Regierung errichtet werden […]

B. Wirtschaftliche Grundsätze

12. In praktisch kürzester Frist ist das deutsche Wirtschaftsleben zu dezentralisieren mit dem Ziel der Vernichtung der bestehenden übermäßigen Konzentration der Wirtschaftskraft, dargestellt insbesondere durch Kartelle, Syndikate, Trusts und andere Monopolvereinigungen. […]

14. Während der Besatzungszeit ist Deutschland als eine wirtschaftliche Einheit zu betrachten […].

Zit. nach Ernst Deuerlein (Hg.), Potsdam 1945. Quellen zur Konferenz der „Großen Drei", München 1963, S. 354 ff.

1. Untersuchen Sie das Potsdamer Abkommen (Mat. 1) unter den Gesichtspunkten a) Regelung der Herrschaftsverhältnisse in Deutschland, b) politische und wirtschaftliche Grundsätze der Alliierten, c) Regelungen zur Zukunft Deutschlands (siehe auch Darstellung S. 290–295).

2. Das Potsdamer Abkommen ist häufig als „Formelkompromiss" bezeichnet worden. Welche Bestimmungen könnten die These belegen?

2 *Der Basler Theologe Karl Barth (1886–1968) bereiste vom 19. August bis 4. September 1945 die amerikanische Zone. In seinem Bericht an die Militärregierung vom 7. September 1945 übermittelte er auch Beschwerden und Befürchtungen der deutschen Bevölkerung:*

Q 1. Man beklagt sich über den allzu geringen Spielraum, den die amerikanischen Behörden den aufbauwilligen und freiheitlich gesinnten deutschen Menschen und Kräften zubilligen. Die Amerikaner geben den Deutschen keine Diskussionsmöglichkeit. Sie ermuntern sie nicht zu eigener Initiative und Selbsthilfe. [...]

2. Man bedauert die ungemein schleppende Geschäftsführung der amerikanischen Behörden, die Widersprüche zwischen den Verfügungen der über- und untergeordneten Stellen, das „Experimentieren" jetzt mit dieser, jetzt mit jener Methode. [...]

3. Die bisher gemachten „Experimente" hinsichtlich der „denazification" erscheinen allgemein als unbefriedigend. Die Heranziehung bestimmter Gruppen ehemaliger Pg's[1] zu Aufräumungsarbeiten wird [...] für eine gefährliche Entehrung dieser nötigen und nützlichen Arbeiten gehalten, zu der man lieber die ganze Bevölkerung heranziehen sollte, während sie jetzt als Strafarbeiten verächtlich gemacht würden. Eine sinnvolle und gerechte Methode zur Auffindung der gefährlichen, weniger gefährlichen und ungefährlichen Pg's – es gibt aber auch sehr gefährliche Nicht-Pg's! – und eine gerechte Ansetzung der gegen die gefährlichen Elemente einzusetzenden Sicherungen sei noch nicht gefunden. [...]

4. Man versteht nicht die scheinbare Gleichgültigkeit der amerikanischen Politik gegenüber den ganz Deutschland beschäftigenden Schreckensnachrichten aus dem Osten. Es handelt sich abgesehen von der von den Russen verübten massenweisen Vergewaltigung deutscher Frauen vor allem um die systematische Aushungerungspolitik gegen die deutsche Bevölkerung des den Polen in Pommern, Westpreußen und vor allem Schlesien zugesprochenen Gebietes. Was dort geschieht, fällt nach deutschem Urteil auch den Verbündeten der Russen und Polen und also auch den Amerikanern zur Last. Man fragt sich, warum die amerikanische Humanität, die gegen die deutschen Gräuel so empfindlich gewesen sei, hier offenbar nicht ernstlich reagiere. [...]

5. Ich hörte bittere und dringende Klagen über die Zustände in gewissen amerikanischen Gefangenschaftslagern, genannt wurde immer wieder Kreuznach, doch scheint dieser Ort nicht der einzige zu sein [...].

6. Ich hörte insbesondere in Bonn, aber doch auch anderwärts, sehr drastische Darstellungen über die Vorgänge bei und nach dem ersten Eindringen der Amerikaner: wüste Plünderungen und Zerstörungen, auch Vergewaltigungen. Man hatte die Amerikaner als Befreier erwartet und begrüßt. [...]

7. Man ist empört [...] über die Gewohnheit der amerikanischen Soldaten übrig gebliebene wertvolle Lebensmittel vor den Augen der Bevölkerung mit Benzin zu übergießen und zu verbrennen. In Marburg sei dasselbe mit einem ganzen Lager eroberter deutscher Militärmäntel geschehen.

8. Man fragt sich besorgt, ob die Amerikaner sich eigentlich bewusst seien, welche Verantwortung Amerika mit seinem Sieg (unconditional surrender!) für das Schicksal der Besiegten übernommen hat. Die Deutschen sind wehrlos und hilflos in der Hand der Alliierten. Was immer die Schuld der Deutschen gewesen sein mag – die ihnen schon im kommenden Winter bevorstehende Hungersnot wird auf das Konto der Anordnungen der Alliierten gehen.

1 Abkürzung für „Parteigenosse"

Zit. nach Die evangelische Kirche nach dem Zusammenbruch. Berichte ausländischer Beobachter aus dem Jahre 1945, bearb. von Clemens Vollnhals, Göttingen 1988, S.118 ff.

3 *Anton Paul Weber (1893–1980), Zwischen Ost und West, 1946*

1. Welche Rückschlüsse lässt Mat. 2 a) über die amerikanische Besatzungspolitik und b) über Stimmungen und Erwartungen der deutschen Bevölkerung im Spätsommer 1945 zu? Ziehen Sie zur Beurteilung auch das Potsdamer Abkommen (Mat.1) und Mat. 3 heran.

2. Erörtern Sie die in dem Bericht angesprochenen Grundprobleme im Zusammenhang mit der Darstellung über Deutschland im Jahre 1945 (siehe S. 288–290). Welche Aspekte dominieren in der Darstellung des Zeitgenossen, welche in der der rückblickenden Historikerin?

Der 17. Juni 1953

4 *Aus einem Artikel der „Leipziger Volksstimme", Organ der SED-Bezirksleitung Leipzig, 23. Mai 1953:*

Q Aber überall dort, in all den Parteiorganisationen, wo ideologische Windstille herrscht, können sich Feinde der Ar-

beiterklasse, können sich antidemokratische, parteifeindliche Tendenzen entwickeln, wie das zum Beispiel in der Parteiorganisation des Leipziger Druckhauses zum Ausdruck kommt. So war es in der Parteigruppensitzung der Setzerei Werk 1 möglich, dass Genossen eine Diskussion führten, die zeigte, wie hier noch der Sozialdemokratismus als Hemmschuh gegen die Realisierung der Beschlüsse in Erscheinung tritt, ohne dass er von den Genossen prinzipiell bekämpft wird. So erklärte u. a. der Genosse Tschirpe, dass in der Partei der „alte Buchdruckergeist" wieder einziehen müsse. Er bezeichnete jeden ergebenen Parteiarbeiter, der die Beschlüsse der Partei durchführt, als „Befehlsempfänger". [...] Solche Diskussionen wurden auch von anderen Genossen geführt. So unter anderem vom Genossen Ristau, der in einer offenen, parteifeindlichen Weise erklärte, es müsse erst wieder eine „richtige Wahl" kommen, dann würden die Genossen, die sich jetzt für die Beschlüsse einsetzen, „schon sehen, wo sie mit ihrer Partei hinkommen". Diese Auffassung Ristaus entspricht den Lügen des RIAS[1]. Er setzt sich damit in direkten Gegensatz zur Partei, deren konsequenter Kampf zur politischen Festigung der Deutschen Demokratischen Republik und zu ständigem wirtschaftlichen Aufschwung in unserem Lande führt. Ristau sabotiert damit genau wie Genosse Tschirpe die Politik der Partei.
Diese parteifeindlichen Auffassungen zeigen, dass im Leipziger Druckhaus diese Dinge keine Einzelerscheinungen sind, sondern dass der Sozialdemokratismus noch in hoher Blüte steht. Charakteristisch für diese Gruppe von Genossen ist, dass sie sich weigern am Parteilehrjahr teilzunehmen, weil sie angeblich nichts mehr hinzuzulernen brauchen. Sie missachten auch in dieser Frage schon seit Jahren die Beschlüsse der Partei.

1 Abkürzung für den Berliner Sender „Rundfunk im Amerikanischen Sektor"

Zit. nach Ilse Spittmann/Karl Wilhelm Fricke (Hg.), 17. Juni 1953. Arbeiteraufstand in der DDR, Köln 1982, S. 180 f.

5 *Aus einem Bericht der CDU-Ost über die Unruhen im Bezirk Cottbus, 23. Juni 1953 (veröffentlicht 1990):*
Q Bei einer Massendemonstration in Lübbenau, an der sich über 1000 Arbeiter und Angestellte beteiligten, wurden in einer Resolution folgende Forderungen gestellt: Wegfall der Zonengrenzen, Rücktritt der Regierung, demokratische Wahlen, Angleichung der HO[1]-Preise an die Löhne der Arbeiter, Freilassung der politisch Inhaftierten und Presse- und Redefreiheit. Der Ausnahmezustand wurde verhängt. Die Stellungnahme der Regierung zu den von ihr begangenen Fehlern wird von der Bevölkerung nicht verstanden. Es wird die Ansicht vertreten, dass diejenigen, die Fehler machen, auch zur Verantwortung gezogen werden müssen.

1 HO = Handelsorganisation; Bezeichnung der verstaatlichten Kaufläden

Zit. nach Ilse Spittmann/Gisela Helwig (Hg.), DDR-Lesebuch. Stalinisierung 1949–1955, Köln 1991, S. 225.

6 *Bekanntmachung der Regierung der DDR, unterzeichnet von Ministerpräsident Otto Grotewohl (1894–1964), 17. Juni 1953:*
Q Maßnahmen der Regierung der Deutschen Demokratischen Republik zur Verbesserung der Lage der Bevölkerung sind von faschistischen und anderen reaktionären Elementen in Westberlin mit Provokationen und schweren Störungen der Ordnung im demokratischen Sektor von Berlin beantwortet worden. Diese Provokationen sollen die Herstellung der Einheit Deutschlands erschweren.
Der Anlass für die Arbeitsniederlegung der Bauarbeiter in Berlin ist durch den gestrigen Beschluss in der Normenfrage fortgefallen.
Die Unruhen, zu denen es danach gekommen ist, sind das Werk von Provokateuren und faschistischen Agenten ausländischer Mächte und ihrer Helfershelfer aus deutschen kapitalistischen Monopolen. Diese Kräfte sind mit der demokratischen Macht in der Deutschen Demokratischen Republik, die die Verbesserung der Lage der Bevölkerung organisiert, unzufrieden. Die Regierung fordert die Bevölkerung auf:
1. Die Maßnahmen zur sofortigen Wiederherstellung der Ordnung in der Stadt zu unterstützen und die Bedingungen für eine normale und ruhige Arbeit in den Betrieben zu schaffen.
2. Die Schuldigen an den Unruhen werden zur Rechenschaft gezogen und streng bestraft. Die Arbeiter und alle ehrlichen Bürger werden aufgefordert die Provokateure zu ergreifen und den Staatsorganen zu übergeben.
3. Es ist notwendig, dass die Arbeiter und die technische Intelligenz in Zusammenarbeit mit den Machtorganen selbst die notwendigen Maßnahmen zur Wiederherstellung des normalen Arbeitsverlaufes ergreifen.

Neues Deutschland, 18. Juni 1953.

7 *Aus dem Artikel „Wie ich mich schäme" von Kuba (= Kurt Barthel, 1914–1967), Sekretär des Schriftstellerverbandes der DDR, im „Neuen Deutschland", 20. Juni 1953:*
Q Maurer – Maler – Zimmerleute.
Sonnengebräunte Gesichter unter weißleinenen Mützen,

muskulöse Arme, Nacken – gut durchwachsen, nicht schlecht habt ihr euch in eurer Republik ernährt […].
Als wenn man mit der flachen Hand ein wenig Staub vom Jackett putzt, fegte die Sowjetarmee die Stadt rein.
Zum Kämpfen hat man nur Lust, wenn man die Ursache dazu hat, und solche Ursache hattet ihr nicht. Eure schlechten Freunde, das Gesindel von drüben, strich auf seinen silbernen Fahrrädern durch die Stadt wie Schwälbchen vor dem Regen.
Dann wurden sie weggefangen.
Ihr aber dürft wie gute Kinder um neun Uhr abends schlafen gehen. Für euch und den Frieden der Welt wachen die Sowjetarmee und die Kameraden der Deutschen Volkspolizei. Schämt ihr euch auch so, wie ich mich schäme?
Da werdet ihr sehr viel und sehr gut mauern und künftig sehr klug handeln müssen, ehe euch diese Schmach vergessen wird.
Zerstörte Häuser reparieren, das ist leicht. Zerstörtes Vertrauen wieder aufzurichten ist schwer, sehr schwer.

Neues Deutschland, 20. Juni 1953.

8 *Bertolt Brecht (1898–1956), „Die Lösung", 1953*

> Nach dem Aufstand des 17. Juni
> Ließ der Sekretär des Schriftstellerverbandes
> In der Stalinallee Flugblätter verteilen,
> Auf denen zu lesen war, dass das Volk
> Das Vertrauen der Regierung verscherzt habe
> Und es nur durch verdoppelte Arbeit
> Zurückerobern könne. Wäre es da
> Nicht einfacher, die Regierung
> Löste das Volk auf und
> Wählte ein anderes?

Bertolt Brecht, Gesammelte Werke 10, Frankfurt/M. 1967, S. 1009 f.

1. Stellen Sie aus Mat. 4 bis 6 die Ursachen der Unzufriedenheit der DDR-Bevölkerung und ihre Forderungen zusammen. Welche Bezeichnung wäre für den „Aufstand" angemessen (siehe auch Darstellung S. 315)?
2. Diskutieren Sie die Ursachenanalyse und die Maßnahmen der SED (Mat. 4 und 6). Welche Formulierungen deuten eine selbstkritische Haltung an?
3. Vergleichen Sie die Stellungnahmen von Kuba und Brecht (Mat. 7 und 8). Holen Sie weitere Informationen über Brecht ein und diskutieren Sie an seiner Person das Problem „Die Intellektuellen und die Macht".

Westintegration und Wiedervereinigung

9 *Aus einem Brief des SPD-Vorsitzenden Erich Ollenhauer (1901–1963) zu den Pariser Verträgen, 23. Januar 1955:*
Q Die Abstimmung der gesetzgebenden Körperschaft der Bundesrepublik über das Pariser Vertragswerk, dessen Kernstück die Aufstellung deutscher Streitkräfte im Rahmen der Westeuropäischen Union und der NATO ist, ist von schicksalsschwerer Bedeutung für die Zukunft des ganzen deutschen Volkes. Die Annahme des Vertragswerkes führt nach unserer Überzeugung zu einer verhängnisvollen Verhärtung der Spaltung Deutschlands. Der Deutsche Bundestag dagegen hat wiederholt einstimmig beschlossen die Wiederherstellung der Einheit Deutschlands als die vordringlichste Aufgabe der deutschen Politik zu behandeln.
Die Wiederherstellung der Einheit Deutschlands ist nur möglich auf dem Wege von Verhandlungen zwischen den vier Besatzungsmächten.
Die Haltung der Sowjetunion lässt erkennen, dass nach der Ratifizierung der Pariser Verträge Verhandlungen über die deutsche Einheit nicht mehr möglich sein werden.
Dies bedeutet: Die Bundesrepublik und die sogenannte „Deutsche Demokratische Republik" bleiben gegen den Willen des deutschen Volkes nebeneinander bestehen. Zugleich werden dadurch die Spannungen zwischen West und Ost verschärft, deren schwerste Last vom ganzen deutschen Volk diesseits und jenseits des Eisernen Vorhangs zu tragen wäre.
Diese Lage erfordert nach Auffassung weitester Kreise des deutschen Volkes jede mögliche Anstrengung der Bundesrepublik eine solche Entwicklung um der Einheit, der Freiheit und des Friedens unseres Volkes willen zu verhindern. Ohne eine solche Anstrengung bleibt im Ausland der Irrtum bestehen, als ob man in Deutschland die Wiedervereinigung in Freiheit nicht als das vordringlichste Ziel betrachte. […]
Die Sozialdemokratische Partei Deutschlands ist der Überzeugung, dass noch nicht alle Möglichkeiten erschöpft sind um vor der Ratifizierung der Pariser Verträge endlich einen ernsthaften Versuch zu unternehmen auf dem Wege von Vier-Mächte-Verhandlungen die Einheit Deutschlands in Freiheit wieder herzustellen. Die Erklärung der Sowjetregierung vom 15. Januar 1955 enthält hinsichtlich der in allen vier Zonen Deutschlands und Berlin durchzuführenden Wahlen Vorschläge, die Verhandlungen über diesen Punkt aussichtsreicher machen als während der Berliner Konferenz im Januar 1954. Die Sowjetunion hat in ihrer Erklärung außerdem zum ersten Mal dem Gedanken einer internationalen Kontrolle der Wahlen zugestimmt.

Zit. nach Christoph Kleßmann, Die doppelte Staatsgründung. Deutsche Geschichte 1945–1955, 5. Aufl., Bonn 1991, S. 479.

10 Nach der Genfer Außenministerkonferenz im Oktober 1955 (siehe S. 242) hatte der Unterstaatssekretär im britischen Außenministerium, Sir Ivone Kirkpatrick, dem deutschen Botschafter in London, Herwarth von Bittenfeld, in einem Gespräch eine mögliche Veränderung der britischen Politik angedeutet um die festgefahrenen Vier-Mächte-Verhandlungen über Deutschland wieder in Gang zu bringen: Die Briten könnten sich vorstellen mit der UdSSR einen Sicherheitsvertrag zu schließen, wenn diese ihrerseits einer Wiedervereinigung Deutschlands nach westlichen Vorstellungen (freie gesamtdeutsche Wahlen, völlige Handlungsfreiheit einer gesamtdeutschen Regierung nach innen und außen) zustimmte. Bittenfeld teilte Adenauer die britischen Pläne mit und übermittelte dessen Reaktion Kirkpatrick am 15. Dezember 1955. Kirkpatrick schrieb am 16. Dezember 1955 in einem „streng geheimen" Bericht (Auszug):

Q 2. Der Botschafter sagte mir, er habe diese Möglichkeit sehr vertraulich mit dem Kanzler erörtert. Dr. Adenauer wünschte mich [Kirkpatrick] wissen lassen, dass er es missbilligen würde, wenn diese Position erreicht würde. Der ent-
5 scheidende Grund sei, dass Dr. Adenauer kein Vertrauen in das deutsche Volk habe. Er sei äußerst besorgt, dass sich eine künftige deutsche Regierung zu Lasten Deutschlands mit Russland verständigen könnte, wenn er von der politischen Bühne abgetreten sei. Folglich sei er der Meinung, dass die
10 Integration Westdeutschlands in den Westen wichtiger als die Wiedervereinigung Deutschlands sei. Wir [die Briten] sollten wissen, dass er in der ihm noch verbleibenden Zeit alle Energien darauf verwenden werde dieses zu erreichen, und er hoffe, dass wir alles in unserer Macht Stehende tun
15 würden um ihn bei dieser Aufgabe zu unterstützen.
3. Bei dieser Nachricht an mich betonte der Botschafter nachdrücklich, dass der Kanzler wünsche, dass ich seine Meinung kenne, aber es würde natürlich katastrophale Folgen für seine politische Position haben, wenn seine Ansich-
20 ten, die er mir [Kirkpatrick] in solcher Offenheit mitgeteilt habe, jemals in Deutschland bekannt würden.
Handschriftlicher Zusatz des britischen Außenministers Harold Macmillan zu dem Bericht am 19. Dezember:
Ich denke, er [Adenauer] hat Recht.

Zit. nach Josef Foschepoth (Hg.), Adenauer und die Deutsche Frage, Göttingen 1988, S. 55 und 289 f.

1. Skizzieren Sie die Grundpositionen zur Deutschland- und Außenpolitik in Mat. 9 und 10 (siehe auch S. 301 f.).
2. Erörtern Sie die Möglichkeiten einer aktiveren deutschen Wiedervereinigungspolitik in den fünfziger Jahren. Was spricht für die Position Adenauers (CDU), was für die Ollenhauers (SPD)?

Die neue Ostpolitik

11 *Aus dem Referat des Leiters des Presse- und Informationsamtes des Landes Berlin, Egon Bahr (siehe S. 227–229), vor der Evangelischen Akademie Tutzing am 15. Juli 1963:*

Q Die Änderung des Ost-West-Verhältnisses, die die USA versuchen wollen, dient der Überwindung des Status quo, indem der Status quo zunächst nicht verändert werden soll. Das klingt paradox, aber es eröffnet Aussichten, nachdem die bisherige Politik des Drucks und Gegendrucks nur zu einer Erstarrung des Status quo geführt hat. Das Vertrauen darauf, dass unsere Welt die bessere ist, die im friedlichen Sinne stärkere, die sich durchsetzen wird, macht den Versuch denkbar sich selbst und die andere Seite zu öffnen und die bisherigen Befreiungsvorstellungen zurückzustellen. [...] Die erste Folgerung, die sich aus einer Übertragung der Strategie des Friedens auf Deutschland ergibt, ist, dass die Politik des Alles oder Nichts ausscheidet. Entweder freie Wahlen oder gar nicht, entweder gesamtdeutsche Entscheidungsfreiheit oder ein hartes Nein, entweder Wahlen als erster Schritt oder Ablehnung, das alles ist nicht nur hoffnungslos antiquiert und unwirklich, sondern in einer Strategie des Friedens auch sinnlos. Heute ist klar, dass die Wiedervereinigung nicht ein einmaliger Akt ist, der durch einen historischen Beschluss an einem historischen Tag auf einer historischen Konferenz ins Werk gesetzt wird, sondern ein Prozess mit vielen Schritten und vielen Stationen. Wenn es richtig ist, was Kennedy sagte, dass man auch die Interessen der anderen Seite anerkennen und berücksichtigen müsse, so ist es sicher für die Sowjetunion unmöglich sich die Zone zum Zwecke einer Verstärkung des westlichen Potentials entreißen zu lassen. Die Zone muss mit Zustimmung der Sowjets transformiert werden. Wenn wir so weit wären, hätten wir einen großen Schritt zur Wiedervereinigung getan. [...] Das ist eine Politik, die man auf die Formel bringen könnte: Wandel durch Annäherung. Ich bin fest davon überzeugt, dass wir Selbstbewusstsein genug haben können um eine solche Politik ohne Illusion zu verfolgen, die sich außerdem nahtlos in das westliche Konzept der Strategie des Friedens einpasst, denn sonst müssten wir auf Wunder warten und das ist keine Politik.

Zit. nach Archiv der Gegenwart 33, 1963, S. 10700 f.

12 *Aus einem Interview der Wochenzeitung „Die Zeit" mit dem CSU-Vorsitzenden Franz-Josef Strauß (1915–1988) am 8. April 1966:*

Q *Zeit:* Sie schreiben in Ihrem Buch „The Grand Design", Sie seien kein Utopist. Wenn Sie Wiedervereinigung sagen, woran denken Sie?

Strauß: Wenn ich kein Utopist sein will, dann drücke ich das aus: dass jetzt um keinen Preis, er mag heißen, wie er will, eine sowjetische Zustimmung zur Wiedervereinigung erreicht werden kann. Ich bin zur Zeit sogar der Überzeugung, dass die Sowjets zwar sicherlich gern eine Konföderation sehen würden, die uns aus dem Westgefüge herausbricht, dass sie aber zur Zeit nicht einmal übermäßig begeistert wären von einem kommunistisch regierten Gesamtdeutschland. Weil ihnen die Entstehung dieses Machtpotentials an ihrer Westgrenze wenig ins Konzept zu passen scheint. […]

Zeit: Welche Art von neuem geschichtlichen Wandlungsprozess sehen Sie denn voraus und wie sollte er in Gang kommen?

Strauß: Ich sehe, so utopisch es heute klingt, nur eine einzige Möglichkeit das bestehende Kräfteverhältnis so zu verschieben, dass die deutsche Frage keine Quelle der Unruhe mehr für die Nachbarn ist, weder im Westen noch im Osten: Sie führt über Europa. Das heißt noch lange nicht, dass es kommen wird, obwohl es kommen müsste. […]

Zeit: Sie glauben an das normale Zusammenleben eines westdeutschen und eines ostdeutschen Staates innerhalb einer übergreifenden europäischen Struktur?

Strauß: Ja, aber nicht in der Form eines Zusammenlebens der Bundesrepublik mit einer zum Pseudostaat erhobenen sowjetischen Besatzungszone. Es mag ein Wunder geschehen, es mögen neue Entwicklungen eintreten, aber das ist ja alles dann politisches Kaffeesatz-Lesen. Ich kann mir unter den gegebenen und vorausschaubaren Umständen und den möglichen Entwicklungen und Entwicklungslinien nicht vorstellen, dass ein gesamtdeutscher Nationalstaat wieder entsteht, sei er auch neutralisiert, aber ungebunden.

Zeit: […] Würden Sie es sehr bedauern, wenn die Aussicht auf ein Wiederzusammenwachsen der beiden Deutschlands in einem nationalstaatlichen Rahmen nicht möglich wäre?

Strauß: Bedauern und nicht bedauern, das sind emotionale Kategorien. Ich halte es rational und nach geschichtlichen Erfahrungsmaßstäben in der voraussehbaren Zukunft leider nicht für möglich.

Zit. nach Peter Bender, Neue Ostpolitik. Vom Mauerbau zum Moskauer Vertrag, 2. Aufl., München 1989, S. 231 f.

13 Aus einer Bundestagsrede des CSU-Abgeordneten Karl-Theodor von und zu Guttenberg (1921–1972) am 27. Mai 1970:

Q Meine Damen und Herren, die Opposition hatte nur einen einzigen Grund für ihre Große Anfrage, über die wir heute hier debattieren, nämlich die tiefe Sorge, wohin die Reise führen soll, die die Bundesregierung nach Osten angetreten hat. […] Ich will die Sache, die hier auf dem Spiele steht, um derewillen wir schwerste, sage ich, Sorge haben, gleich bei ihrem Namen nennen. Diese Sache ist nicht mehr und nicht weniger als das Recht der Deutschen – aller Deutschen – frei zu sein und selbst über sich zu bestimmen. […] Ich sage hier für meine Freunde und für mich mit allem Nachdruck, mit allem Ernst und leider auch mit der heute nötigen Sorge: Wir, die CDU/CSU, sind nicht bereit sogenannte Realitäten zu achten, zu respektieren oder gar anzuerkennen, die den Namen „Unrecht" tragen. […]

Ich setze die Frage hinzu: Ist hier einer, der ernsthaft vorbringen wollte, dass Unrecht dadurch Recht würde, dass es Jahre, ja Jahrzehnte dauert? Ich bitte jeden in diesem Haus sich zu prüfen. Meine Damen und Herren von der SPD, dies gilt besonders für Sie, weil Sie als Partei die Ehre für sich in Anspruch nehmen dürfen unter Hitler Tausende von Märtyrern gestellt zu haben. Meine Frage heißt: Ist einer hier bereit, wäre einer hier bereit seinen Frieden mit Adolf Hitler zu machen, wenn es diesem Mann gelungen wäre 37 Jahre durchzuhalten? Ich sage Nein, ich sage dreimal Nein. […]

Ich will daher heute den Mut und die Freiheit nehmen an unser aller – aller in diesem Hause – Gewissen zu appellieren und ich will gleichzeitig ins Bewusstsein rufen, dass auch der, der besten Willens dem Frieden zu dienen meinen mag, gefährlich irren kann. Er irrte dort am gefährlichsten, wo er sich verleiten ließe einer militanten totalitären Ideologie mit jenem wertfreien bloßen Pragmatismus begegnen zu können, der für das tägliche Geschäft unter Demokraten selbstverständlich durchaus angemessen ist.

[…] Ich bin davon überzeugt, dass Ihre Regierung auf Anerkennungskurs liegt. Dieser Kurs wird dazu führen, dass eines Tages der Schutz der Nato zerbröckeln und die Sowjetunion ihre Vorherrschaft über ganz Europa gewinnen kann. Herr Bundeskanzler, um dies über allen Zweifel deutlich noch einmal zu sagen: Gewiss nicht […], weil Sie das so wollen, aber weil es nach unserer gewissenhaften Prüfung Ihrer Politik in der Logik dieser Politik liegt.

Zit. nach Verhandlungen des Deutschen Bundestages. 6. Wahlperiode. Stenografische Berichte, Bd. 72, Bonn 1970, S. 2693 ff. (ohne parlamentarische Zwischenrufe).

1. Analysieren Sie die Aussagen von Bahr, Strauß und Guttenberg (Mat. 11 bis 13) unter den Gesichtspunkten a) politische Grundpositionen, b) Beurteilung der Deutschen Frage, c) politische Strategie.

2. Diskutieren Sie die Realisierungschancen der in Mat. 11 bis 13 vertretenen Position in der internationalen Politik (siehe auch S. 243–245 und 307). Wie beurteilen Sie nachträglich die vorgeschlagenen politischen Konzepte?

Mehr Demokratie wagen?

14 *Aus der Regierungserklärung von Bundeskanzler Willy Brandt, SPD (1913–1992), vor dem Deutschen Bundestag, 28. Oktober 1969:*

Q Unsere parlamentarische Demokratie hat 20 Jahre nach ihrer Gründung ihre Fähigkeit zum Wandel bewiesen und damit ihre Probe bestanden. Dies ist auch außerhalb unserer Grenzen vermerkt worden und hat unserem Staat zu neuem
5 Vertrauen in der Welt verholfen.
Die strikte Beachtung der Formen parlamentarischer Demokratie ist selbstverständlich für politische Gemeinschaften, die seit gut 100 Jahren für die deutsche Demokratie gekämpft, sie unter schweren Opfern verteidigt und unter gro-
10 ßen Mühen wieder aufgebaut haben. Im sachlichen Gegeneinander und im nationalen Miteinander von Regierung und Opposition ist es unsere gemeinsame Verantwortung und Aufgabe dieser Bundesrepublik eine gute Zukunft zu sichern. […]
15 Unser Volk braucht, wie jedes andere, seine innere Ordnung. In den 70er Jahren werden wir aber in diesem Lande nur soviel Ordnung haben, wie wir an Mitverantwortung ermutigen. Solche demokratische Ordnung braucht außerordentliche Geduld im Zuhören und außerordentliche Anstrengung
20 sich gegenseitig zu verstehen.
Wir wollen mehr Demokratie wagen. Wir werden unsere Arbeitsweise öffnen und dem kritischen Bedürfnis nach Information Genüge tun. Wir werden darauf hinwirken, dass durch Anhörungen im Bundestag, durch ständige Fühlung-
25 nahme mit den repräsentativen Gruppen unseres Volkes und durch eine umfassende Unterrichtung über die Regierungspolitik jeder Bürger die Möglichkeit erhält an der Reform von Staat und Gesellschaft mitzuwirken.
Wir wenden uns an die im Frieden nachgewachsenen Gene-
30 rationen, die nicht mit den Hypotheken der Älteren belastet sind und belastet werden dürfen; jene jungen Menschen, die uns beim Wort nehmen wollen – und sollen. Diese jungen Menschen müssen aber verstehen, dass auch sie gegenüber Staat und Gesellschaft Verpflichtungen haben. Wir werden
35 dem Hohen Hause ein Gesetz unterbreiten, wodurch das aktive Wahlalter von 21 auf 18, das passive von 25 auf 21 Jahre herabgesetzt wird. Wir werden auch die Volljährigkeitsgrenze überprüfen.
Mitbestimmung, Mitverantwortung in den verschiedenen
40 Bereichen unserer Gesellschaft werden eine bewegende Kraft in den kommenden Jahren sein. Wir können nicht die perfekte Demokratie schaffen. Wir wollen eine Gesellschaft, die mehr Freiheit bietet und mehr Mitverantwortung fordert. Diese Regierung sucht das Gespräch, sie sucht die kritische
45 Partnerschaft mit allen, die Verantwortung tragen, sei es in den Kirchen, der Kunst, der Wissenschaft und der Wirtschaft oder in anderen Bereichen der Gesellschaft. […]
Wenn wir leisten wollen, was geleistet werden muss, brauchen wir alle aktiven Kräfte unserer Gesellschaft.

Zit. nach Bundeskanzler Brandt, Reden und Interviews, Hamburg 1971, S. 11 f.

1. Analysieren Sie Mat. 14 und ordnen Sie es in die Geschichte der sechziger und siebziger Jahre ein. Erörtern Sie das Demokratieverständnis in Brandts Rede.
2. Analysieren Sie das Schaubild (Mat. 15) und diskutieren Sie die Rolle der jungen Generation in der Politik um 1970 und heute.

15 *Ergebnisse einer Umfrage des Meinungsforschungsinstituts Emnid unter 2960 Berufs-, Mittel- und Oberschülern sowie Studenten in Orten über 10 000 Einwohner über die Ziele ihres Protests:*

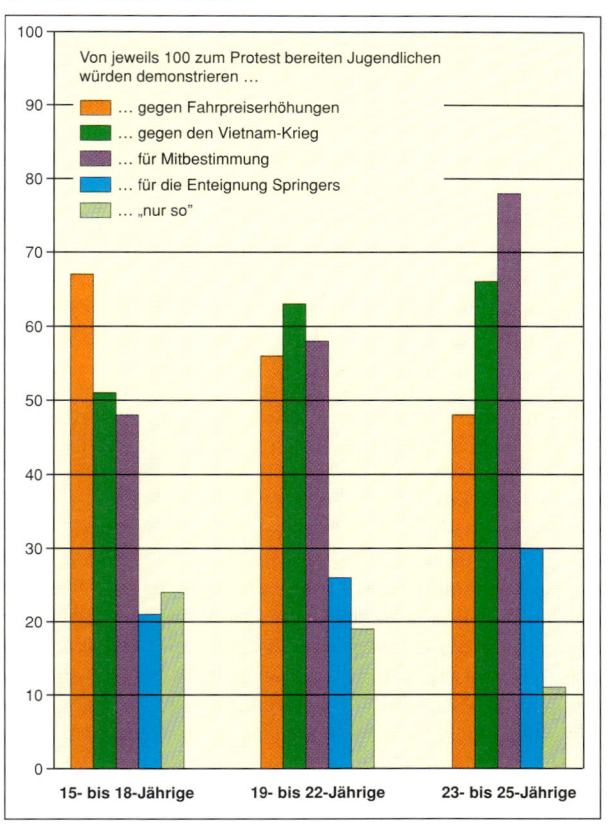

Von jeweils 100 zum Protest bereiten Jugendlichen würden demonstrieren …

	15- bis 18-Jährige	19- bis 22-Jährige	23- bis 25-Jährige
… gegen Fahrpreiserhöhungen	67	56	48
… gegen den Vietnam-Krieg	51	63	66
… für Mitbestimmung	48	58	78
… für die Enteignung Springers	21	26	30
… „nur so"	24	19	11

Nach Der Spiegel Nr. 8, 1968.

Die Bürde der Vergangenheit – Zur Auseinandersetzung mit dem Nationalsozialismus in Ost und West

1 *1949/50 besuchte die Philosophin Hannah Arendt (1906–1975) das Land, aus dem sie 1933 hatte fliehen müssen. Ihre Eindrücke fasste sie in dem 1950 erschienenen Aufsatz „The Aftermath of Nazi-Rule" zusammen:*

Der Anblick, den die zerstörten Städte in Deutschland bieten, und die Tatsache, dass man über die deutschen Konzentrations- und Vernichtungslager Bescheid weiß, haben bewirkt, dass über Europa ein Schatten tiefer Trauer liegt. […] Doch nirgends wird dieser Alptraum von Zerstörung und Schrecken weniger verspürt und nirgendwo wird weniger darüber gesprochen als in Deutschland. Überall fällt einem auf, dass es keine Reaktion auf das Geschehene gibt, aber es ist schwer zu sagen, ob es sich dabei um eine irgendwie absichtliche Weigerung zu trauern oder um den Ausdruck einer echten Gefühlsunfähigkeit handelt. Inmitten der Ruinen schreiben die Deutschen einander Ansichtskarten von den Kirchen und Marktplätzen, […] die es gar nicht mehr gibt. Und die Gleichgültigkeit, mit der sie sich durch die Trümmer bewegen, findet ihre genaue Entsprechung darin, dass niemand um die Toten trauert; sie spiegelt sich in der Apathie wider, mit der sie auf das Schicksal der Flüchtlinge in ihrer Mitte reagieren oder vielmehr nicht reagieren. Dieser allgemeine Gefühlsmangel, auf jeden Fall aber die offensichtliche Herzlosigkeit, die manchmal mit billiger Rührseligkeit kaschiert wird, ist jedoch nur das auffälligste äußerliche Symptom einer tief verwurzelten, hartnäckigen und gelegentlich brutalen Weigerung sich dem tatsächlich Geschehenen zu stellen und sich damit abzufinden.

Diese Gleichgültigkeit und die Irritation, die sich einstellt, wenn man dieses Verhalten kritisiert, kann an Personen mit unterschiedlicher Bildung überprüft werden. Das einfachste Experiment besteht darin expressis verbis festzustellen, was der Gesprächspartner schon vor Beginn der Unterhaltung an bemerkt hat, nämlich dass man Jude sei. Hierauf folgt in der Regel eine kurze Verlegenheitspause und danach kommt – keine persönliche Frage wie etwa: „Wohin gingen Sie, als Sie Deutschland verließen?", kein Anzeichen für Mitleid, etwa dergestalt „Was geschah mit Ihrer Familie?" – sondern es folgt eine Flut von Geschichten, wie die Deutschen gelitten hätten (was sicher stimmt, aber nicht hierher gehört); und wenn die Versuchsperson dieses kleinen Experiments zufällig gebildet und intelligent ist, dann geht sie dazu über die Leiden der Deutschen gegen die Leiden der anderen aufzurechnen […].

Hannah Arendt, Zur Zeit. Politische Essays, Berlin 1986, S. 43 f.

2 *Rosemarie Reichwein (geb. 1904) war verheiratet mit Adolf Reichwein, Professor für Geschichtsdidaktik an der Pädagogischen Akademie Halle/Saale, der 1933 als Sozialdemokrat seine Professur verlor, später zum „Kreisauer Kreis" gehörte und am 20. Oktober 1944 als Widerstandskämpfer hingerichtet wurde. In einem Interview schilderte Rosemarie Reichwein 1990 Nachkriegsreaktionen:*

In der ersten Zeit nach dem Zusammenbruch habe ich mich mit meinen politischen Äußerungen zurückgehalten. Als die ersten Care-Pakete kamen und die Nachbarschaft neidisch guckte – die wussten natürlich, dass wir die Pakete bekamen, weil wir zum Widerstand gehört hatten –, merkten wir, dass wir unbeliebt waren. Ich schwieg und machte meine Arbeit und wartete und dachte, es wird schon einmal eine Aufklärung geben. Das ist ja auch schwer für die Bevölkerung zu verdauen: Eben noch haben sie gejubelt und alles mitgemacht und bis zum bitteren Ende an den Sieg geglaubt und auf einmal läuft alles anders herum und sie sind die Schuldigen. […] Vor allem habe ich versucht an die Widerstandsliteratur heranzukommen, was sehr schwierig war; das erste Buch darüber habe ich in Schweden gefunden, die Tagebücher Ulrich von Hassells. Die durften zuerst nur in der Schweiz erscheinen […], weil die Besatzungsmächte diese Art von Literatur nicht gern sahen. Die wollten einfach nicht durchsickern lassen, dass es überhaupt Widerstand gab. Im Übrigen finde ich es noch immer merkwürdig, dass jahrelang der 17. Juni gefeiert wurde, der 20. Juli aber bis heute eigentlich unter den Tisch fällt. Es gibt ein paar interne Feiern, aber ein öffentlicher Feiertag ist der 20. Juli nie geworden, obwohl es doch seit dem Zweiten Weltkrieg kaum ein zweites Datum gibt, das in diesem Maße zur Ehrenrettung der Deutschen beigetragen hat. […]

Mit wem reden Sie heute über diese Dinge?

Eigentlich mit niemandem außerhalb der Familie. Ich schneide das Thema noch immer nicht an; wenn es nicht von anderer Seite angesprochen wird, rede ich nicht darüber. Ich weiß, dass der ganze 20. Juli ein heikles Thema ist und dass darüber sehr unterschiedliche Meinungen bestehen. Ich will menschliche Kontakte nicht dadurch zerstören, dass Meinungsverschiedenheiten über Dinge auftreten, die lange zurückliegen. Das ist eine böse Zeit gewesen. Ich bin mehr dafür vorauszuschauen, für die Enkel zu denken, als immer wieder das Alte aufzuwühlen.

Zit. nach Dorothee von Meding, Mit dem Mut des Herzens. Die Frauen des 20. Juli, Berlin 1992, S. 158 ff.

3 *Aus der Rede des Bundestagsabgeordneten Ernst Benda (geb. 1925; CDU) in der Debatte des Deutschen Bundestages über die Verjährung nationalsozialistischer Verbrechen am 10. März 1965 (siehe Darstellung S. 304):*

Q Meine Damen und Herren! Ich komme zum Schluss mit einem anspruchsvollen Wort, das mir ein Kollege gesagt hat, [...] der [...] einer völlig anderen Meinung ist als ich. Er hat mir gegenüber gemeint, man müsse um der Ehre der Nation
5 willen mit diesen Prozessen Schluss machen. Meine Damen und Herren, Ehre der Nation – hier ist für mich einer der letzten Gründe, warum ich meine, dass wir hier die Verjährungsfrist verlängern bzw. aufheben müssten.
(Beifall bei der SPD und der CDU/CSU.)
10 Ich stimme völlig denen zu, die sagen [...], dass es natürlich ein Irrtum wäre, wenn wir meinten, wir könnten das, was in unserem Lande und unserem Volke geschehen ist, dadurch erledigen, dass wir stellvertretend, sozusagen symbolisch, einige ins Zuchthaus schicken und dann meinen, nun sind
15 wir fein heraus. Es gibt eine [...] Stimme [...] von einem französischen Schriftsteller, der davon spricht, dass die Deutschen in der Gefahr sind so ein „Spezialistentum für Gewissen" zu entwickeln, einige also, die sich um Gewissen kümmern – das ist die Justiz, das sind die Journalisten natür-
20 lich und die Geistlichen und ich weiß nicht wer noch – und es gibt andere, die gehen in der Zwischenzeit allen möglichen anderen Dingen nach und meinen, das wird von den Spezialisten erledigt, das geht sie gar nichts an. So nicht! So nicht natürlich! Darüber gibt es keine Meinungsverschie-
25 denheit. Aber ich bestehe darauf – und es gehört für mich zum Begriff der Ehre der Nation – zu sagen, dass dieses deutsche Volk doch kein Volk von Mördern ist und dass es diesem Volke doch erlaubt sein muss, ja dass es um seiner willen dessen bedarf, dass es mit diesen Mördern nicht identifiziert
30 wird, sondern von diesen Mördern befreit wird, dass es, besser gesagt, deutlicher gesagt, sich selber von diesen Mördern befreien kann. [...]
Und es gibt dann schließlich das Wort, das ich an den Schluss setzen möchte – es hätte, wenn man es richtig versteht, die
35 ganze lange Rede [...] vielleicht überflüssig gemacht –, es gibt dieses Wort an dem Mahnmal in Jerusalem für die sechs Millionen ermordeten Juden, das in einer eindrucksvollen Form in einer ganz schlichten Halle den Satz zitiert, der nicht aus diesem Jahrhundert stammt – ich sage ihn in meiner
40 notwendigerweise unvollkommenen Übersetzung gleich in Deutsch, er steht dort in Englisch und Hebräisch –:
Das Vergessenwollen verlängert das Exil
und das Geheimnis der Erlösung heißt Erinnerung.

Zit. nach Zur Verjährung nationalsozialistischer Verbrechen, Teil 1, Bonn 1980, S. 165 f.

4 *Ulla Hahn (geb. 1946), „Sie bleiben", 1986*

Schön gemacht sagt der Tourist
auf gepflegt gepflastertem Steinweg
Schön gemacht schweift sein Blick
in die ruhigen Wellen des Parks
Nur ein paar dezente Tafeln
weisen auf ihre Saat in den Beeten:
Fünftausend Juden schön gemacht
zehntausend Juden Zigeuner
zwanzigtausend und noch
einmal fünf einmal zehn
Schöngemacht hingemacht sauber
und so akkurat. Erika heißt
das Blümelein auf diesen Leibern
blüht es üppig wie nirgends
im dürren Heidegrund sonst.
Immer der Nase nach führt der Rundweg
zwischen den Hügeln zum Ausgang
Die Erinnerung an die Erinnerung
eckt nirgends an. Der Tourist packt die Kamera weg
Hier ist kein Motiv das sich lohnt.
Nur von weitem sticht der Obelisk
als Schornstein ins Auge.
Die Toten längst Staub geworden
Der bleibt.

Zit. nach Frankfurter Allgemeine Zeitung, 9. Oktober 1986.

5 *Der Historiker Clemens Vollnhals (geb. 1956) zur Vergangenheitsbewältigung in der Bundesrepublik (Auszug):*

D Auch wird man im historischen Rückblick nicht übersehen dürfen, dass eine großzügige Rehabilitierungspolitik, die vielfach Gnade vor Recht gehen ließ, für die Bildung eines neuen konsensfähigen Gemeinwesens unumgänglich war. Nur so ließ sich die Ansammlung eines gewaltigen Po-
5 tentials von Unzufriedenen und Diskriminierten verhindern, das zusammen mit dem Millionenheer der Vertriebenen und Flüchtlinge eine politisch hochbrisante Sprengkraft hätte entfalten können. Die außerordentliche Stabilität der Bundesrepublik in den ersten Jahrzehnten ihres Bestehens ist
10 wesentlich „auch ein Ergebnis dieses frühzeitig eingeschlagenen pragmatischen Kurses gewesen, der unausgesprochen von der Mitschuld fast aller ausging und – anstatt eine allgemeine Katharsis zur Vorbedingung eines neuen Anfangs zu machen – alle Energien in den Wiederaufbau und das bald
15 einsetzende ‚Wirtschaftswunder' lenkte". Der restaurative Geist der fünfziger Jahre, verbunden mit einem vehementen

Antikommunismus, erleichterte Millionen ehemaliger Nationalsozialisten, geläuterten wie eher verstockten, die Identifikation mit dem neuen Staatswesen. Die notwendige Integration erlaubte keinen scharfen Bruch mit der Vergangenheit. Dies konnte von den Opfern der NS-Diktatur nur in ohnmächtiger Empörung registriert werden, mussten sie doch die bittere Erfahrung machen: „Der Wille, die Verbrechen der Vergangenheit zu sühnen, ist genauso schwach entwickelt wie der Wille zur Wiedergutmachung."

Bedeutsamer als das gescheiterte Experiment der Massenentnazifizierung erwiesen sich für die feste Verankerung der Demokratie freilich andere Entwicklungen. Neben der negativen Erfahrung mit dem Fiasko des Nationalsozialismus ist hier wohl an erster Stelle der ökonomische Erfolg der Bundesrepublik zu nennen, der der zweiten deutschen Demokratie jene Massenloyalität sicherte, die der Republik von Weimar gefehlt hatte. Mit der politischen und militärischen Westintegration setzte sich in einem langen Erziehungs- und Lernprozess auch die politisch-kulturelle Neuorientierung an den westlichen Leitbildern durch.

Clemens Vollnhals, Das gescheiterte Experiment, in: ders. (Hg.), Entnazifizierung, München 1991, S. 63 f.

1. *Identifizieren Sie aus Mat. 1 bis 4 Grundzüge der Auseinandersetzung mit der nationalsozialistischen Vergangenheit nach 1945. Diskutieren Sie die jeweiligen Reaktionen und Schlussfolgerungen der Autorinnen und Autoren. Berücksichtigen Sie dabei auch deren Generations- und Gruppenzugehörigkeit.*
2. *In der deutschen und in der internationalen Öffentlichkeit werden immer wieder Diskussionen darüber geführt, ob überhaupt und wie die ehemaligen Stätten nationalsozialistischer Massenmorde erhalten und als „Museen" gestaltet werden sollen (siehe auch Mat. 4). Welche Argumente sprechen Ihrer Meinung nach für Erhaltung, welche dagegen? Suchen Sie eine der Gedenkstätten in Ihrer Region auf und diskutieren Sie deren Gestaltung.*
3. *Wie beurteilt Vollnhals (Mat. 5) die „Vergangenheitsbewältigung" in der Bundesrepublik Deutschland? Analysieren Sie seine Argumentation und setzen Sie sie in Beziehung zu Mat. 1 bis 4.*

6 *Zusammenfassender Merktext aus dem Lehrbuch „Geschichte" für die Klasse 10 in der DDR aus dem Jahre 1977:*
Q – Der Sieg der Sowjetunion und ihrer Verbündeten über die faschistischen Aggressoren befreite das deutsche Volk vom Faschismus und eröffnete ihm die historische Chance eine grundlegende Wende in seiner Geschichte einzuleiten. Die Befreiung durch die Sowjetunion schuf günstige Bedingungen um in Deutschland unter Führung der Arbeiterklasse eine antiimperialistisch-demokratische Umwälzung zu vollziehen und dem Sozialismus den Weg zu bahnen.
– Im Zuge der Befreiungsmission der Sowjetunion wurde in der sowjetischen Besatzungszone der faschistische Staatsapparat radikal vernichtet. Die sozialistische Besatzungsmacht förderte die Entwicklung der antifaschistisch-demokratischen Kräfte des deutschen Volkes und gewährleistete die Bildung revolutionär-demokratischer Staatsorgane. Das war ein wesentlicher Unterschied zur Situation im Jahre 1918 und erleichterte den Kampf der deutschen Arbeiterklasse um eine antiimperialistisch-demokratische Entwicklung.
– Im Unterschied zur Zeit nach dem ersten Weltkrieg verfügte die deutsche Arbeiterklasse nach dem zweiten Weltkrieg über eine kampfgestählte Kommunistische Partei. In Fortsetzung des Kampfes gegen den Faschismus begann unmittelbar nach der Befreiung Deutschlands vom faschistischen Joch unter Führung der KPD der Kampf um die antifaschistisch-demokratische Umwälzung in Deutschland. Mit dem Aufruf vom 11. Juni 1945 gab die KPD dem deutschen Volk ein klares Programm, mit dem sie auf die endgültige Beseitigung der Wurzeln des Faschismus und auf die demokratische Neugestaltung Deutschlands orientierte.

Geschichte. Lehrbuch für Klasse 10, Berlin (Ost) 1977, S. 57.

7 *Aus dem Artikel „Das haben wir nicht gelernt" der Schriftstellerin Christa Wolf (geb. 1929) für die DDR-Zeitschrift „Wochenpost", geschrieben am 21. Oktober 1989:*
Q Was haben wir falsch gemacht?, fragte in der Leserversammlung [...] eine etwa sechzigjährige Frau. Sie sprach davon, wie stark ihr eigenes Leben mit der Entwicklung dieses Staates verwoben ist; wie sie an den Zielen hängt, für die sie sich in ihrer Jugend engagierte. Ich verstand sie gut. Natürlich will sie nicht vierzig Jahre ihres Lebens negieren; natürlich wollen und können wir nicht vierzig Jahre Geschichte löschen. Aber es steht uns eine schwere Arbeit bevor; die Voraussetzungen dieser Geschichte und ihren Ablauf Etappe für Etappe, Dokument für Dokument im Lichte ihrer Ergebnisse und der Forderung des heutigen Tages neu zu untersuchen. Dabei wird eine Menge nur noch von wenigen geglaubter Dogmen fallen, unter anderem das Dogma von den „Siegern der Geschichte".

Diese Losung [...] hat dazu beigetragen das Verstehen zwischen den Generationen in unserem Land zu erschweren. Eine kleine Gruppe von Antifaschisten, die das Land regierte, hat ihr Siegesbewusstsein zu irgendeinem nicht genau zu bestimmenden Zeitpunkt aus pragmatischen Gründen auf die ganze Bevölkerung übertragen. Die „Sieger der Geschichte" hörten auf sich mit ihrer wirklichen Vergangenheit, der der Mitläufer, der Verführten, der Gläubigen in der Zeit des Nationalsozialismus auseinanderzusetzen. Ihren Kindern erzählten sie meistens wenig oder nichts von ihrer eigenen Kindheit und Jugend. Ihr untergründig schlechtes Gewissen machte sie ungeeignet sich den stalinistischen Strukturen und Denkweisen zu widersetzen, die lange Zeit als Prüfstein für „Parteilichkeit" und „Linientreue" galten und bis heute nicht radikal und öffentlich aufgegeben wurden. Die Kinder dieser Eltern, nun schon ganz und gar „Kinder der DDR", selbstunsicher, entmündigt, häufig in ihrer Würde verletzt, wenig geübt sich in Konflikten zu behaupten, gegen unerträgliche Zumutungen Widerstand zu leisten, konnten wiederum ihren Kindern nicht genug Rückhalt geben, ihnen nicht das Kreuz stärken, ihnen, außer dem Drang nach guten Zensuren, keine Werte vermitteln, an denen sie sich hätten orientieren können.

Christa Wolf, Im Dialog. Aktuelle Texte, Frankfurt/M. 1990, S. 95 f.

8 *Der (Ost-)Berliner Historiker Olaf Groehler (geb. 1935) zum „Antifaschismus"-Begriff in der DDR (1992):*

D Zudem war der Widerstand lange Zeit mehr oder minder auf die Behandlung eines einzigen Stranges, nämlich den Widerstand der […] kommunistischen Arbeiterbewegung reduziert worden. Dieser allein galt als konsequenter, wahrhaft antifaschistischer, weil antiimperialistischer Widerstand. […] Aus dem Massenwiderstand von Kommunisten […] wurde ein Führungsanspruch abgeleitet.

Olaf Groehler, Antifaschismus – Vom Umgang mit einem Begriff, in: Ulrich Herbert/ders. (Hg.), Zweierlei Bewältigung, Hamburg 1992, S. 37 f.

1. Analysieren Sie Mat. 6 bis 8 und arbeiten Sie die Struktur der historischen Erklärungen heraus. Diskutieren Sie an Mat. 6 und 8 die Funktion der DDR-Geschichtswissenschaft und des DDR-Geschichtsunterrichts.
2. Interpretieren Sie die Plastik „Jahrhundertschritt" (Mat. 9). Überlegen Sie, ob zur Interpretation die Totalitarismusthese (siehe S. 132, Mat. 1) herangezogen werden kann.
3. Der polnische Schriftsteller Andrzej Szczpiorski (geb. 1924) schildert in seinem Roman „Eine Messe für die Stadt Arras", wie es in der Stadt nach Hungersnot und Pest 1461 zu blutigen Ausschreitungen und Pogromen gegen Juden und andere Bürger kam, die dem Rat der Stadt missliebig waren und für die schlimmen Heimsuchungen verantwortlich gemacht wurden. Binnen eines Monats fiel beinahe ein Fünftel der Bevölkerung den Verfolgungen zum Opfer, bis der Stadtherr, der Bischof von Utrecht, eingriff. Der Rat musste die Stadt verlassen, aber die von ihm begangenen Verbrechen wurden nicht untersucht, die Schuldigen nicht abgeurteilt. Stattdessen hielt der Bischof eine Messe, die in den Worten gipfelte: „Was geschehen ist, ist nicht geschehen und was war, ist nicht gewesen." Dagegen protestiert Jean, der Held des Romans: „Es ist kein gut Ding zu sagen, wie Du gesagt hast … Denn die Wahrheit ist, dass das Geschehene geschehen und das Gewesene gewesen ist …"

Diskutieren Sie die Positionen, die in der Parabel vertreten werden. Welche Wertmaßstäbe liegen ihnen zugrunde? Wenden Sie das Beispiel auf die deutsche Geschichte seit 1933 an. Welche Bedeutung hat die Geschichtswissenschaft bei der „Vergangenheitsbewältigung"?

9 *Wolfgang Mattheuer (geb. 1927), Jahrhundertschritt, 1984, Bronze bemalt, 250 x 150 x 230 cm, Halle, Schloss Moritzburg*

Parteien und Wahlen in Ost und West 1949–1990

Bundesrepublik Deutschland 1949–1990

1 *Plakat der CDU zur Bundestagswahl 1957, 87 x 61 cm*

2 *Aus dem Godesberger Programm der SPD, beschlossen auf dem Parteitag vom 13. bis 15. November 1959:*
Q Freiheit, Gerechtigkeit und Solidarität, die aus der gemeinsamen Verbundenheit folgende gegenseitige Verpflichtung, sind die Grundwerte des sozialistischen Wollens. [...]
Aus der Entscheidung für den demokratischen Sozialismus ergeben sich Grundforderungen, die in einer menschenwürdigen Gesellschaft erfüllt sein müssen:
Alle Völker müssen sich einer internationalen Rechtsordnung unterwerfen, die über eine ausreichende Exekutive verfügt. Der Krieg darf kein Mittel der Politik sein. Alle Völker müssen die gleiche Chance haben am Wohlstand der Welt teilzunehmen. Entwicklungsländer haben Anspruch auf die Solidarität der anderen Völker.
Wir streiten für die Demokratie. Sie muss die allgemeine Staats- und Lebensordnung werden, weil sie allein Ausdruck der Achtung vor der Würde des Menschen und seiner Eigenverantwortung ist.
Wir widerstehen jeder Diktatur, jeder Art totalitärer Herrschaft; denn diese missachten die Würde des Menschen, vernichten seine Freiheit und zerstören das Recht. Sozialismus wird nur durch die Demokratie verwirklicht, die Demokratie durch den Sozialismus erfüllt.
Zu Unrecht berufen sich die Kommunisten auf sozialistische Traditionen. In Wirklichkeit haben sie das sozialistische Gedankengut verfälscht. Die Sozialisten wollen Freiheit und Gerechtigkeit verwirklichen, während die Kommunisten die Zerrissenheit der Gesellschaft ausnutzen um die Diktatur ihrer Partei zu errichten.
Im demokratischen Staat muss sich jede Macht öffentlicher Kontrolle fügen. Das Interesse der Gesamtheit muss über dem Einzelinteresse stehen. In der vom Gewinn- und Machtstreben bestimmten Wirtschaft und Gesellschaft sind Demokratie, soziale Sicherheit und freie Persönlichkeit gefährdet. Der demokratische Sozialismus erstrebt darum eine neue Wirtschafts- und Sozialordnung.
Alle Vorrechte im Zugang zu Bildungseinrichtungen müssen beseitigt werden. Nur Begabung und Leistung sollen jedem den Aufstieg ermöglichen.

3 *Aus dem Geleitwort des CDU-Generalsekretärs Bruno Heck zur Broschüre „Die CDU stellt sich vor" aus dem Jahre 1969:*
Q Wir aber sind davon überzeugt, dass die Demokratie keinen Bestand habe ohne religiös-sittliches Fundament; für uns sind die demokratischen Grundwerte metaphysisch bedingt. Das unterscheidet uns vom Säkularismus der Liberalen wie der Sozialisten, die es allenfalls zu einer Partnerschaft mit den Kirchen kommen lassen wollen. [...] – die Nächstenliebe, also die Sorge für den Nächsten – kann am wenigsten in einem demokratischen Staat auf den privaten und persönlichen Bereich verwiesen bleiben; sie muss in das Gewissen für das Ganze, in das Politische mit einbezogen und wirksam werden, wo es darum geht Staat und Gesellschaft so zu ordnen, dass den Menschen, dass allen Menschen optimale Bedingungen und Chancen geboten werden

ihr Leben, ihr Menschsein, ihr Menschentum zu gestalten. Die Mitmenschlichkeit, die Verantwortung für den Nächsten ist eine absolute Grenze, die von keiner Sachgesetzlichkeit her überschritten werden darf. Deswegen ist für uns Christliche Demokraten der erste der drei Grundwerte weder die Freiheit wie bei den Liberalen noch die Gleichheit wie bei den Sozialisten, sondern die Brüderlichkeit, die Solidarität. Ja, die Brüderlichkeit, die Solidarität ist es, die Freiheit und Gleichheit nebeneinander erst möglich macht.

Quelle 2 und 3 zit. nach Heino Kaack, Geschichte und Struktur des deutschen Parteiensystems, Opladen 1971, S. 406 ff.

4 *Aus den Freiburger Thesen der F.D.P. zur Gesellschaftspolitik, beschlossen auf dem Parteitag vom 25. bis 27. Oktober 1971:*
Q *These 1:*
Liberalismus nimmt Partei für Menschenwürde durch Selbstbestimmung.
Er tritt ein für den Vorrang der Person vor der Institution.
Er setzt sich ein für größtmögliche Freiheit des einzelnen Menschen und Wahrung der menschlichen Würde in jeder gegebenen oder sich verändernden politischen und sozialen Situation.
Behauptung der Menschenwürde und Selbstbestimmung des Einzelnen in Staat und Recht, in Wirtschaft und Gesellschaft gegenüber einer Zerstörung der Person durch die Fremdbestimmung und durch den Anpassungsdruck der politischen und sozialen Institutionen waren und sind die ständige Aufgabe des klassischen wie des modernen Liberalismus.
Oberste Ziele liberaler Gesellschaftspolitik sind daher die Erhaltung und Entfaltung der Individualität persönlichen Daseins und der Pluralität menschlichen Zusammenlebens.
These 2:
Liberalismus nimmt Partei für Fortschritt durch Vernunft.
Er tritt ein für die Befreiung der Person aus Unmündigkeit und Abhängigkeit.
Er setzt sich ein für Aufklärung des Unwissens und Abbau von Vorurteilen, für Beseitigung von Bevormundung und Aufhebung von Unselbständigkeit.
Erste Voraussetzungen einer auf die Förderung solcher Emanzipation des Menschen und damit Evolution der Menschheit gerichteten liberalen Gesellschaftspolitik sind geistige Freiheit und die Prinzipien der Toleranz und der Konkurrenz.
Nur auf dieser Grundlage ist eine freie und offene Gesellschaft möglich, in der Wahrheit und Gerechtigkeit nicht als fertige Antworten überliefert und hingenommen, sondern angesichts des Wandels der Verhältnisse stets als neu sich stellende Fragen an den Menschen aufgeworfen und erörtert werden.

Zit. nach Heino Kaack, Zur Geschichte und Programmatik der Freien Demokratischen Partei. Grundriss und Materialien, Meisenheim am Glan 1976, S. 120.

5 *Plakat der Partei „Die Grünen" zur Bundestagswahl 1980, 84 x 61 cm, Entwurf: Grafik Werkstatt Bielefeld*

WIR HABEN DIE ERDE VON UNSEREN KINDERN NUR GEBORGT.
DIE GRÜNEN

6 *Aus dem Urteil des Bundesverfassungsgerichts zur Rechtsstellung der Parteien in der Bundesrepublik vom 5. April 1952:*
Q In der Demokratie von heute haben die Parteien allein die Möglichkeit die Wähler zu politisch aktionsfähigen Gruppen zusammenzuschließen. Sie erscheinen geradezu als das Sprachrohr, dessen sich das mündig gewordene Volk

bedient um sich artikuliert äußern und politische Entscheidungen fällen zu können. Sie sind, wie schon Radbruch[1] […] mit Recht hervorgehoben hat, die „letzten Kreationsorgane aller anderen Organe […], ohne deren Zwischenschaltung die amorphe Volksmasse gar nicht imstande wäre die Organe der Staatsgewalt aus sich zu entlassen". Heute ist jede Demokratie zwangsläufig ein Parteienstaat, da eine Verfassung, „welche alle Inhaber oberster Gesetzgebungs- und Regierungsgewalt aus Wahlen des Volkes oder Wahlen oder sonstigen Bestimmungsbefugnissen volksgewählter Staatsorgane hervorgehen lässt, nicht zum Leben erweckt und nicht am Leben erhalten werden kann, wenn sich nicht frei aus der Gesellschaft irgendwelche Gruppen bilden, die ihre Häupter als Bewerber um die verschiedenen Wahlämter (Parlamentsmitglieder, Präsidenten, Minister u. dgl.) präsentieren" […].

Das Grundgesetz hat nun die Parteien zu einer verfassungsmäßigen Institution erhoben. Art. 21 GG bestimmt: „Die Parteien wirken bei der politischen Willensbildung des Volkes mit. Ihre Gründung ist frei."

Der Zweck dieser Bestimmung ist, die in der Weimarer Verfassung zwischen der politischen Wirklichkeit und dem geschriebenen Verfassungsrecht bestehenden Spannungen zu beheben. Dadurch ist von Bundes wegen der moderne demokratische Parteienstaat legalisiert; die Parteien sind in die Verfassung eingebaut. Ein solcher Einbau enthält die Anerkennung, dass die Parteien nicht nur politisch und soziologisch, sondern auch rechtlich relevante Organisationen sind. Sie sind zu integrierenden Bestandteilen des Verfassungsaufbaus und des verfassungsrechtlich geordneten politischen Lebens geworden. Sie stehen daher nicht wie andere soziale Gebilde nur in einer verfassungsmäßig gesicherten Position dem Staate gegenüber. […]

Die politischen Parteien nehmen in der heutigen Form der Demokratie eine Sonderstellung ein. Sie können und müssen als Faktoren des Verfassungslebens anerkannt werden, da sie in dessen innerem Bereich stehen, während das Gleiche für Gemeinden, Kirchen usw., die dem Staate allenfalls mit verfassungsmäßig gesicherten Rechten gegenüberstehen können, nicht behauptet werden kann.

1 Gustav Radbruch (1878–1949), Professor für Staatsrecht, 1921–1923 Justizminister (SPD), 1933 als erster deutscher Professor von den Nazis entlassen

Zit. nach Entscheidungen des Bundesverfassungsgerichts, Bd. 1, Tübingen 1952, S. 223 ff.

7 Bundestagswahlen 1949–1990 (Ergebnisse in Prozent der gültigen Zweitstimmen in dem jeweiligen Gebietsstand):

	1949	1953	1957	1961	1965	1969	1972	1976	1980	1983	1987	1990
Wahlberechtigte in Mio.	31,2	33,1	35,4	37,4	38,5	38,7	41,4	42,1	43,2	44,1	45,3	60,9
Wahlbeteiligung in %	78,5	86,0	87,8	87,7	86,8	86,7	91,1	90,7	88,6	89,1	84,3	77,8
CDU/CSU	31,0	45,2	50,2	45,4	47,6	46,1	44,9	48,6	44,5	48,8	44,3	43,8
SPD	29,2	28,8	31,8	36,2	39,3	42,7	45,8	42,6	42,9	38,2	37,0	33,5
FDP	11,9	9,5	7,7	12,8	9,5	5,8	8,4	7,9	10,6	7,0	9,1	11,0
Die Grünen	–	–	–	–	–	–	–	–	1,5	5,6	8,3	3,8
Bündnis 90/Grüne	–	–	–	–	–	–	–	–	–	–	–	1,2
PDS	–	–	–	–	–	–	–	–	–	–	–	2,4
DP	4,0	3,3	3,4	2,8	–	0,1	–	–	–	–	–	–
GB/BHE	–	5,9	4,6				–	–	–	–	–	–
Zentrum	3,1	0,8	0,3	–	–	–	–	–	–	–	–	–
Bayernpartei	4,2	1,7	0,5	–	–	0,2	–	–	–	–	–	–
DRP, NPD, Republikaner	1,8	1,1	1,0	0,8	2,0	4,3	0,6	0,3	0,2	0,2	0,6	2,1
KPD, DFU, DKP	5,7	2,2	–	1,9	1,3	–	0,3	0,3	0,2	0,2	–	–
Sonstige	9,1	1,5	0,5	0,1	0,3	0,8	–	0,3	0,1	–	0,7	2,2

DP = Deutsche Partei
GB/BHE = Gesamtdeutscher Block / Bund der Heimatvertriebenen und Entrechteten
DRP = Deutsche Reichspartei
DFU = Deutsche Friedensunion

Nach den Statistischen Jahrbüchern für die Bundesrepublik Deutschland.

8 *Mitglieder der Parteien in den Westzonen einschließlich Berlin und in der Bundesrepublik Deutschland einschließlich West-Berlin 1946–1988 (in 1000)[1]:*

Jahr	SPD	CDU	CSU	FDP	KPD/DKP	Grüne[2]
1946	711	400[2]	69		205[2]	–
1950	684			83		–
1955	589	220[2]	43[2]			–
1968	732	287	74	57		–
1975	998	590	133	74		–
1980	987	693	172	85	40[2]	18
1985	919	719	183	67	40[2]	37
1988	910	693	184	65		

1 Für die Mitgliederentwicklung über den gesamten Zeitraum liegen nur für die SPD Zahlen vor, für die anderen Parteien erst ab 1968.
2 Geschätze Zahlen nach der wissenschaftlichen Literatur.

Nach Christoph Kleßmann, Die doppelte Staatsgründung. Deutsche Geschichte 1945–1955, 5. Aufl., Göttingen u. a. 1991, S. 434; Eckhard Jesse, Der politische Prozess in der Bundesrepublik Deutschland, in: Werner Weidenfeld u.a (Hg.), Deutschland-Handbuch. Eine doppelte Bilanz 1949–1989, München 1989, S. 494.

9 *Aus einem Interview mit Bundespräsident Richard von Weizsäcker (geb. 1920) im Jahre 1992:*
Q *Weizsäcker:* Den wesentlichen Inhalt der Verfassung zu den Parteien, also des Artikels 21, haben wir schon erörtert. Was das Parteiengesetz selbst sagt, ist höchst interessant. Da ist nicht mehr von einer bloßen Mitwirkung „bei der politischen Willensbildung des Volkes" die Rede, sondern nun wird daraus die Mitwirkung „auf allen Gebieten des öffentlichen Lebens", „indem sie", wie es weiter heißt, „insbesondere auf die Gestaltung der öffentlichen Meinung Einfluss nehmen". Was heißt eigentlich hier Einfluss nehmen? Ist Mitwirken bei und Einflussnehmen auf dasselbe? Ist dies so vom Grundgesetz gewollt? Der Einfluss der Parteien geht ohnehin über den politischen Willen, von dem allein die Verfassung redet, weit hinaus. Die Parteien wirken an der Bildung des gesamten gesellschaftlichen Lebens aktiv mit. Sie durchziehen die ganze Struktur unserer Gesellschaft, bis tief hinein in das seiner Idee nach doch ganz unpolitische Vereinsleben.
Frage: ... das sogenannte „Vorfeld", von dem Politiker sprechen ...
Weizsäcker: Ja, aber was heißt Vorfeld? Wessen Vorfeld? Vorfeld wofür? Der Ausdruck suggeriert doch, der Sinn des Lebens wäre die Politik.
Frage: So wird es in den Parteien meist gesehen. Alles ist „Vorfeld", von den Pfadfindern bis zur Blaskapelle.
Weizsäcker: In der Tat geht der Einfluss weit über den öffentlichen staatlichen Bereich hinaus. Er reicht direkt oder indirekt in die Medien und bei der Richterwahl in die Justiz, aber auch in die Kultur und den Sport, in kirchliche Gremien und Universitäten. Es geht darum sich an der Bildung der Meinungen im Kleinen und im Großen zu beteiligen und den Zuspruch umfassend vorzubereiten und auszubauen, den man bei der nächsten Wahl gerne finden möchte.
Wenn das Parteiengesetz die Parteien legitimiert auf die Gestaltung der öffentlichen Meinung Einfluss zu nehmen, dann fördert es damit – ob gewollt oder nicht – eine Entwicklung, die zu einem Missstand geworden ist.

Zit. nach Richard von Weizsäcker im Gespräch mit Gunter Hofmann und Werner A. Perger, Frankfurt/M. 1992, S. 146 f.

1. *Entwerfen Sie für die in Mat. 1 bis 5 formulierten Grundwerte der Parteien je einen Flugblatttext. Informieren Sie sich über die heute gültigen Grundwerte in den Programmen der Parteien und vergleichen Sie diese.*
2. *Loten Sie in „Koalitionsgesprächen" die Möglichkeiten der Zusammenarbeit der Parteien nach 1960 aus. Bereiten Sie sich darauf in Gruppen durch „Koalitionspapiere" vor und ziehen Sie neben den Materialien dieses Arbeitsteils auch andere Informationen zu den Parteien aus dem Kapitel heran. Erläutern Sie abschließend, welche Gründe in bestimmten Zeitabschnitten zu bestimmten Koalitionsregierungen führten.*
3. *Erörtern Sie die verfassungsrechtliche Position der Parteien (Mat. 6). Welche positiven und negativen historischen Erfahrungen berücksichtigt die Verfassungsinterpretation der Verfassungsrichter? Was sagt die Mitgliederzahl und -bewegung der Parteien über deren „soziologische" Bedeutung aus (Mat. 8)?*
4. *Diskutieren Sie die Angemessenheit der „Parteienkritik" Richard von Weizsäckers (Mat. 9). Formulieren und begründen Sie Ihr eigenes Urteil zu den Parteien heute.*

Deutsche Demokratische Republik 1949–1990

10 *Aus dem Beschluss der 1. Parteikonferenz der SED vom 28. Januar 1949:*
Q Die Kennzeichen einer Partei neuen Typus sind:
Die marxistisch-leninistische Partei ist die bewusste Vorhut der Arbeiterklasse. Das heißt, sie muss eine Arbeiterpartei sein, die in erster Linie die besten Elemente der Arbeiterklasse in ihren Reihen zählt, die ständig ihr Klassenbewusstsein erhöhen. Die Partei kann ihre führende Rolle als Vorhut des Proletariats nur erfüllen, wenn sie die marxistisch-leninistische Theorie beherrscht, die ihr die Einsicht in die ge-

sellschaftlichen Entwicklungsgesetze vermittelt. Daher ist die erste Aufgabe zur Entwicklung der SED zu einer Partei neuen Typus die ideologisch-politische Erziehung der Parteimitglieder und besonders der Funktionäre im Geiste des Marxismus-Leninismus.

Die Rolle der Partei als Vorhut der Arbeiterklasse wird in der täglichen operativen Leitung der Parteiarbeit verwirklicht. Sie ermöglicht es die gesamte Parteiarbeit auf den Gebieten des Staates, der Wirtschaft und des Kulturlebens allseitig zu leiten. Um dies zu erreichen ist die Schaffung einer kollektiven operativen Führung der Partei durch die Wahl eines Politischen Büros (Politbüro) notwendig. […]

Die marxistisch-leninistische Partei beruht auf dem Grundsatz des demokratischen Zentralismus. Dies bedeutet die strengste Einhaltung des Prinzips der Wählbarkeit der Leitungen und Funktionäre und der Rechnungslegung der Gewählten vor den Mitgliedern. Auf dieser innerparteilichen Demokratie beruht die straffe Parteidisziplin, die dem sozialistischen Bewusstsein der Mitglieder entspringt. Die Parteibeschlüsse haben ausnahmslos für alle Parteimitglieder Gültigkeit, insbesondere auch für die in Parlamenten, Regierung, Verwaltungsorganen und in den Leitungen der Massenorganisationen tätigen Parteimitglieder.

Demokratischer Zentralismus bedeutet die Entfaltung der Kritik und Selbstkritik in der Partei, die Kontrolle der konsequenten Durchführung der Beschlüsse durch die Leitungen und die Mitglieder.

Die Duldung von Fraktionen und Gruppierungen innerhalb der Partei ist unvereinbar mit ihrem marxistisch-leninistischen Charakter.

Zit. nach Hermann Weber (Hg.), DDR. Dokumente zur Geschichte der Deutschen Demokratischen Republik 1945–1985, München 1986, S. 134.

11 *Aus den „Richtlinien" zur „Parteiüberprüfung" von 1950/51, bei der rund 150 000 SED-Mitglieder ausgeschlossen wurden:*

Q Praktische Hinweise für die Beurteilung:
Parteifeinde
Für solche unverbesserlichen Mitglieder, die Verbindungen mit Schumacher-Kreisen im Westen unterhalten, gegnerisches Material verbreiten, Antisowjethetze betreiben und einer einheitlichen marxistisch-leninistischen Partei notorisch ablehnend gegenüberstehen, ist ebenso wenig Platz in unserer Partei wie für unbelehrbare Sektierer, die die Partei in der Anwendung der marxistisch-leninistischen Strategie und Taktik hindern, die die Politik der Nationalen Front ablehnen, [sie] sind auszuschließen.

Ehemalige Angehörige parteifeindlicher Gruppierungen, die ihre damaligen Fehler nicht vorbehaltlos und ehrlich selbstkritisch anerkennen und nicht in ihrer praktischen Tätigkeit ihre Parteiverbundenheit beweisen, sind Parteifeinde auch dann, wenn sie nur einzelne Punkte der feindlichen Ideologie oder der Tätigkeit ehemaliger parteifeindlicher Gruppierungen offen oder versteckt verteidigen. Sie sind auszuschließen.

Zit. nach Richtlinien zur Parteiüberprüfung 1950/1951, in: Beiträge zur Geschichte der Arbeiterbewegung 32, 1990, S. 786.

12 *Aus der CDU-Satzung, 18. Oktober 1952:*
Q Die Christlich-Demokratische Union der Deutschen Demokratischen Republik ist die führende Kraft der friedliebenden Christen Deutschlands im Kampf um Frieden, Einheit, Demokratie und Sozialismus. Die in den Reihen der CDU vereinigten christlichen Demokraten bekennen sich zum christlichen Realismus als zu der Lebenshaltung, in der die Christen aus ihrem Glauben heraus die Welt sehen, beurteilen und handelnd gestalten.

Die CDU bekennt sich zum Kampf für den Frieden und für die nationalen Interessen unseres Volkes. Sie bekennt sich zum Aufbau des Sozialismus in der Deutschen Demokratischen Republik, der festen Grundlage unseres Ringens um ein einheitliches, demokratisches Deutschland. Sie betrachtet es als ihre höchste Aufgabe die friedliebenden Christen Deutschlands für diese Ziele zu gewinnen, zu sammeln und zur Mitarbeit an der Verwirklichung dieser Ziele zu führen. Die CDU bekennt sich zu den Grundsätzen des Demokratischen Blocks, der unter der Führung der Partei der Arbeiterklasse, der Sozialistischen Einheitspartei Deutschlands, unsere gesellschaftliche Ordnung festigt und weiterentwickelt […].

13 *Aus den Dokumenten des 8. Parteitages der LDPD, 8. Juli 1960:*
Q Die LDPD ist eine demokratische Partei, die sich zu den humanistischen und revolutionär-demokratischen Traditionen des Bürgertums bekennt und die ihnen entsprechenden, in der Geschichte des Kultur- und Geisteslebens geprägten Ideale auf einer neuen gesellschaftlichen Grundlage verwirklichen hilft.

Die LDPD ist ein fester Bestandteil der Kräfte, die sich in der Nationalen Front des demokratischen Deutschland vereinigt haben und unter Führung der Arbeiterklasse und ihrer Partei für die glückliche Zukunft des ganzen deutschen Volkes kämpfen. […]

Die Mitglieder der LDPD sind vorwiegend Handwerker, Einzelhändler, kleine und mittlere Unternehmer und andere Gewerbetreibende, die sich zu sozialistischen Werktätigen entwickeln, ihr nahe stehende Kreise der Intelligenz und der Angestellten sowie Genossenschaftsbauern.

Quelle 12 und 13 zit. nach Hermann Weber (Hg.), DDR. Dokumente zur Geschichte der Deutschen Demokratischen Republik 1945–1985, München 1986, S. 192 f. und 246.

14 *Für die Wahlen in der DDR stellte entsprechend Art. 3 Abs. 1 der DDR-Verfassung der „Demokratische Block", in dem alle Parteien und Massenorganisationen zusammengeschlossen waren, eine Einheitsliste auf. Ein weiteres Indiz für die Bedeutung der Parteien im Blockparteiensystem ist deren Mitgliederzahl.*

a) Mitglieder der Parteien in der DDR 1987 (in Personen):

SED	2 328 000	DBD	115 000	LDPD	104 000
CDU	140 000	NDPD	110 000		

b) Wahlbeteiligung bei den Wahlen zur Volkskammer der DDR 1950–1986 (in Prozent):

1950	98,53	1963	99,25	1976	98,58
1954	98,51	1967	98,82	1981	99,21
1958	98,90	1971	98,48	1986	99,74

c) Zusammensetzung der Volkskammer der DDR, 9. Wahlperiode, 1986–1990 (in Prozent):

SED	25,4	NDPD	10,4	KB	4,2
DBD	10,4	FDGB	12,2	VdgB	2,8
CDU	10,4	DFD	6,4		
LDPD	10,4	FDJ	7,4		

d) Ergebnis der Wahlen zur Volkskammer der DDR am 18. März 1990 (in Prozent):

CDU	40,8	BFD	5,3	Bündnis '90	2,9
DA	0,9	SPD	21,9	PDS	16,4
DSU	6,3	Grüne/Frauenliste	2,0	Sonstige	3,5

Nach Alexander Fischer (Hg.), Ploetz. Die Deutsche Demokratische Republik. Daten, Fakten, Analysen, Freiburg u. a. 1988, S. 191 f., 207 und 209; Hermann Weber, DDR. Grundriss der Geschichte 1945–1990, Hannover 1991, S. 232.

15 *Die führende Rolle der SED in Staat und Gesellschaft der DDR war seit 1968 in Artikel 1 der Verfassung festgeschrieben. Das offizielle DDR-Handbuch von 1979 schreibt zum Parteiensystem der DDR (Auszug):*

Q Ein wichtiger Bestandteil des politischen Systems der sozialistischen Gesellschaft in der DDR sind die mit der SED verbündeten selbstständigen Parteien, die CDU, die LDPD, die DBD und die NDPD. Das erfolgreiche Zusammenwirken dieser Parteien mit der SED ist ein Ausdruck der Bündnispolitik der Arbeiterklasse. Diese vier Parteien haben aktiv und mit hohem Verantwortungsbewusstsein gegenüber der Bevölkerung an der Seite der Arbeiterklasse an der antifaschistisch-demokratischen Umwälzung mitgearbeitet. Sie erkennen die führende Rolle der Arbeiterklasse an und haben sich vorbehaltlos für den Sozialismus entschieden. Sie haben einen bedeutsamen Beitrag beim Aufbau und der Entwicklung des sozialistischen Staates der DDR geleistet und setzen ihre Kräfte für die Gestaltung der entwickelten sozialistischen Gesellschaft ein.
Die vier Parteien arbeiten im Demokratischen Block der Parteien und Massenorganisationen und in der Nationalen Front der DDR vertrauensvoll und zielgerichtet mit der Partei der Arbeiterklasse zusammen und leisten einen eigenständigen Beitrag bei der Erfüllung der gesellschaftlichen und staatlichen Aufgaben.
Die Blockparteien sind zuverlässige Verbündete der Partei der Arbeiterklasse.

Handbuch Deutsche Demokratische Republik, Leipzig 1979, S. 262.

1. Beschreiben Sie die Merkmale der SED als einer „Partei neuen Typus". Prüfen Sie die Angemessenheit der auch in der Darstellung vertretenen These von der „Stalinisierung der SED" (siehe S. 313).
2. Stellen Sie das Programm und die Funktion der mit der SED im „Demokratischen Block" verbündeten Parteien dar. Welche Handlungsspielräume gab es für die Blockparteien?
3. Vergleichen Sie das Parteien- und Wahlsystem in der Bundesrepublik und in der DDR 1949–1990 unter den Aspekten der Aufgaben der Parteien, der Partizipation der Bevölkerung und der Systemeffizienz.
4. Welche Möglichkeiten einer „Verbesserung" des Parteien- und Wahlsystems in der Bundesrepublik sehen Sie heute? Berücksichtigen Sie dabei auch Erfahrungen mit Parteien- und Wahlsystemen in anderen demokratischen Ländern.

„Parteilichkeit" oder „Experimente"?
Zur Entwicklung der bildenden Kunst in der DDR

1 *Aus der Entschließung des Zentralkomitees der SED über den „Formalismus" vom 17. März 1951:*
Q Trotz aller Erfolge hat [in der DDR] die Entwicklung auf kulturellem Gebiet nicht mit den großen Leistungen auf wirtschaftlichem und politischem Gebiet Schritt gehalten. Genosse Johannes R. Becher sagte auf unserem III. Parteitag: „[...] Die Hauptursache für das Zurückbleiben in der Kunst hinter den Forderungen der Epoche ergibt sich aus der Herrschaft des Formalismus in der Kunst sowie aus Unklarheiten über Weg und Methoden des Kunstschaffens in der Deutschen Demokratischen Republik. [...]
Der Formalismus bedeutet Zersetzung und Zerstörung der Kunst selbst. Die Formalisten leugnen, dass die entscheidende Bedeutung im Inhalt, in der Idee, im Gedanken des Werkes liegt. Nach ihrer Auffassung besteht die Bedeutung eines Kunstwerkes nicht in seinem Inhalt, sondern in seiner Form. Überall, wo die Frage der Form selbstständige Bedeutung gewinnt, verliert die Kunst ihren humanistischen und demokratischen Charakter. [...]
Das wichtigste Merkmal des Formalismus besteht in dem Bestreben unter dem Vorwand oder auch der irrigen Absicht, etwas ‚vollkommen Neues' zu entwickeln, den völligen Bruch mit dem klassischen Kulturerbe zu vollziehen. Das führt zur Entwurzelung der nationalen Kultur, zur Zerstörung des Nationalbewusstseins, fördert den Kosmopolitismus und bedeutet damit eine direkte Unterstützung der Kriegspolitik des amerikanischen Imperialismus. [...]"
Um eine realistische Kunst zu entwickeln orientieren wir uns am Beispiel der großen sozialistischen Sowjetunion, die die fortschrittlichste Kultur der Welt geschaffen hat.
Genosse Schdanow hat 1934 wie folgt formuliert:
„Genosse Stalin hat unsere Schriftsteller die Ingenieure der menschlichen Seele genannt. Was heißt das? Welche Verpflichtung legt ihnen dieser Name auf?
Das heißt erstens, das Leben kennen, es nicht scholastisch, nicht tot, nicht als ‚objektive Wirklichkeit', sondern als die Wirklichkeit in ihrer revolutionären Entwicklung darzustellen.
Dabei muss die wahrheitsgetreue und historisch konkrete künstlerische Darstellung mit der Aufgabe verbunden werden die werktätigen Menschen im Geiste des Sozialismus ideologisch umzuformen und zu erziehen. Das ist die Methode, die wir in der schönen Literatur und in der Literaturkritik als die Methode des sozialistischen Realismus bezeichnen."
Welche Lehren haben wir daraus für das Kulturschaffen in der Deutschen Demokratischen Republik zu ziehen? Um eine realistische Kunst zu entwickeln, „die ... die neuen gesellschaftlichen Verhältnisse in der Deutschen Demokratischen Republik zum Ausdruck bringt" (Entschließung des III. Parteitages der SED) müssen unsere Kunstschaffenden das Leben richtig, das heißt in seiner Vorwärtsentwicklung darstellen. Dazu ist die Kenntnis des wirklichen Lebens erforderlich. Die typischen Umstände unserer Zeit, unter denen die getreue Wiedergabe typischer Charaktere erfolgen soll, sind die neuen gesellschaftlichen Verhältnisse in der Deutschen Demokratischen Republik, das ist der Kampf um die Lösung der Lebensfragen unseres Volkes.
Entsprechend dieser Verhältnisse muss die wahrheitsgetreue, historisch konkrete künstlerische Darstellung mit der Aufgabe verbunden werden die Menschen im Geiste des Kampfes für ein einheitliches, demokratisches, friedliebendes und unabhängiges Deutschland, für die Erfüllung des Fünf-Jahres-Plans, zum Kampf für den Frieden zu erziehen.
Zit. nach Dokumente der Sozialistischen Einheitspartei Deutschlands, Bd. 3, Berlin 1952, S. 431 ff.

2 *Harald Metzkes (geb. 1929), Polytechnischer Unterricht, 1959, Öl auf Leinwand, 125 x 140,5 cm, Frankfurt/Oder, Museum Junge Kunst*

3 Zu Harald Metzkes Bild „Polytechnischer Unterricht" hieß es im Jahre 1959 in der DDR-Zeitschrift „Bildende Kunst":

Q Wir können nicht umhin festzustellen, dass das Bild von Metzkes in keiner Weise den neuen reichen Ideeninhalt, der in dem darstellenden Geschehen verborgen liegt, widerspiegelt. Vielmehr ist es im Grunde im Geist des „verschmähten
5 Abstraktionismus" gehalten, wohl sorgfältig konstruiert und komponiert, doch komponiert „an und für sich" […]. Die Arbeit im VEB Bergmann-Borsig[1] […] hat den Künstler, weil er starr an überlebten künstlerischen Auffassungen festhielt, nicht das Neue künstlerisch erfassen lassen. Es kommt also
10 nicht allein darauf an „bloß" im Betrieb zu arbeiten, man muss sich vielmehr die Weltanschauung der Arbeiterklasse zu Eigen machen und die Erscheinungen von neuen ideologischen und ästhetischen Positionen aus bewerten. Infolge mangelnder künstlerischer Parteinahme und Volksverbun-
15 denheit ist ein kaltes, hölzernes Bild entstanden, dem Leute Beifall klatschen mögen, die sich für die „Form" schlechthin begeistern, das aber dem Publikum, dem die künstlerische Form mehr ist als das Spielfeld subjektiver künstlerischer Ambitionen, nichts sagt über die neuen Züge im wirklichen
20 Leben […].

1 Metzkes hatte das Bild in Zusammenarbeit mit dem Volkseigenen Betrieb Bergmann-Borsig in Berlin geschaffen.

Zit. nach Jörn Schütrumpf, Auftragspolitik in der DDR, in: Monika Flacke (Hg.), Auftragskunst der DDR 1949–1990, München 1995, S. 24.

4 Aus dem Tagebuch des Malers und Bildhauers Wolfgang Mattheuer (geb. 1927, siehe S. 335) vom 24. Oktober 1965:
Q Ich lese „Die Aula" von Kant.
Taucht doch bei der Frage: „Was ist Geschichte?" gleich Brechts Schlagergedicht „Fragen eines lesenden Arbeiters" auf. Riebenlamm, der Dozent für Geschichte, sagt es so:
5 „Los, Leute, zurück zu Brechts Frage und damit zur ersten Regel unserer neuen Geschichtsbetrachtung: ‚Wer baute das siebentorige Theben?' Das ist, was uns interessiert, das werden wir fortan immer fragen und wenn wir die Antworten, die wir darauf bekommen, säuberlich auffädeln, werden wir
10 eines Tages ahnen, was Geschichte ist."
Als Brecht seinen Arbeiter so fragen ließ, hat er hoffentlich die Rolle des schöpferischen Menschen, des Planers und Entwerfers nicht zu einer sekundären Rolle herabstufen wollen; die Wirkung war jahrzehntelang leider diese. Die Folgen
15 sind deutlich im Großen und im Kleinen zu sehen, zum Beispiel wenn westliche Produkt-Form hiesiges Vakuum füllt. Es sind uns Ideen, Entwürfe und Pläne bekannt, die nie realisiert wurden. Wo aber sind die Steinhaufen, die die Steineschlepper zusammenschleppten, wenn ihnen niemand sagte, wohin, wie und wozu sie gefügt werden sollten? Es ist zweit-
20 rangig, wer die Steine schleppt. Wohin und wozu ist ausschlaggebend für die Geschichte, für die Kultur, für die Entwicklung der Form. Jene, die Steine schleppen, können nur schleppen, für jede Sache, für jede Form. Bestimmt einer der ihren wie und wohin, ist er einer der anderen geworden und
25 schleppt nicht mehr. Muss er es trotzdem, so zeigt sich darin ein Widerspruch im gesellschaftlichen Sein, der über kurz oder lang gelöst werden muss.
Ein Schlepper fragt nicht nach dem Sinn, auch heute nicht, und wer diese Illusion des Andersseinkönnens nicht über-
30 winden kann, ist ein unverbesserlicher Sozialromantiker.

Wolfgang Mattheuer, Äußerungen. Graphik – Text, Leipzig 1990, S. 7 f.

5 Fritz Skade (1898–1971), Mutti kommt heim, 1964, Öl auf Holz, 110 x 115 cm, Berlin, FDGB (früher FDGB-Bezirksvorstand Dresden)

6 *Aus einem Referat des SED-Politbüromitglieds Kurt Hager (geb. 1912) auf der Tagung des Zentralvorstandes des Verbandes Bildender Künstler der DDR in Berlin am 24. März 1983:*

Q Wenn wir auch berücksichtigen, dass die sozialistische Kunst Raum für verschiedene Schaffensmethoden hat, wird die sozialistisch-realistische Kunst immer die Hauptrichtung des realen Kunstprozesses bestimmen. Ich darf an eine Formulierung im Statut des Verbandes erinnern: „Der Verband Bildender Künstler bekennt sich zum sozialistischen Realismus – als Ausdruck des Wesens und der Wirklichkeit der sozialistischen Gesellschaft – als Hauptmethode des Kunstschaffens." Und weiter heißt es: „Es gilt eine Kunst zu schaffen, die parteilich und volksverbunden in der Vielfalt ihrer Möglichkeiten die historische Größe und die Schönheiten der entwickelten sozialistischen Gesellschaft, aber auch ihre Konflikte und Widersprüche adäquat widerspiegelt. [...]"[1]

Wir gehen dabei stets davon aus, dass unsere sozialistisch-realistische Kunst, in welchen Formen sie sich auch zeigt, vor allem Abbild der Wirklichkeit, eine der Grundformen der Erkenntnis der heutigen Welt, der Menschen in der Welt ist. Das setzt zugleich voraus, dass sich die Kunst auch als Erkenntnis mitteilt und aufgenommen werden kann, dass sie erlebbar, verständlich, erfassbar ist.

Schon seit den letzten Bezirkskunstausstellungen ist zu beobachten, dass manche Kunstwerke zwar bedeutenden gesellschaftlichen Fragen verpflichtet sind, der Grad ihrer Verallgemeinerung, die Verwendung von Metaphern und Symbolen sie jedoch oft unverständlich für den Betrachter macht.

Das künstlerische Experiment ist sicher unerlässlich. Doch wenn sich die Mittel auf Kosten des Inhalts verselbstständigen, führt das auch zu einer Schwächung der ideologischen Wirkungskraft unserer sozialistischen Kunst.

Wir berücksichtigen dabei immer, dass der sozialistische Realismus kein Katalog von Normen, Regeln oder Vorschriften ist, die ein für allemal gegeben wären. Der sozialistische Realismus ist vielmehr eine höchst lebendige Schaffensmethode, in ständiger Entwicklung und Veränderung begriffen, wie das Leben selbst. Unveräußerlich aber sind und bleiben seine Grundprinzipien: Parteilichkeit, Volksverbundenheit, hoher sozialistischer Ideengehalt.

1 Verband Bildender Künstler der Deutschen Demokratischen Republik. Statut des VBK-DDR und Richtlinien. Beschlossen auf dem VIII. Kongress des VBK-DDR. Berlin, am 23. November 1978, S. 5.

Kurt Hager, Beiträge zur Kulturpolitik, Bd. 2, Berlin (Ost) 1987, S. 52 f.

7 *Willi Sitte (geb. 1921), Chemiearbeiter am Schaltpult, 1968, Öl auf Leinwand, 145 x 101 cm, Halle, Staatliche Galerie Moritzburg*

8 *Die Kunsthistorikerin Karin Thomas zur bildenden Kunst in der Bundesrepublik und in der DDR (1991):*

D Kunst und Kultur gelten in der bundesrepublikanischen Gesellschaft als autonome Kräfte des kreativen Experimentierens und Gestaltens, denen es obliegt sich mit den Erscheinungsweisen der gegenwärtigen Welt unabhängig, kritisch und schöpferisch in die Zukunft weisend auseinanderzusetzen. Deshalb wird die individuelle Freiheit als unverzichtbar für die Setzung relevanter Kunstaussagen postuliert. Sozialpolitische Fördermaßnahmen gelten dann als suspekt, wenn mit ihnen ein Abbau dieser künstlerischen Autonomie verbunden ist. Nach [...] statistischen Erhebungen [...] am Beginn der 80er Jahre ziehen bundesrepublikanische Künstler selbst verwaltete Vermittlungsinstanzen jeder staatlichen Förderungseinrichtung grundsätzlich vor. […]

15 Schon während seiner Ausbildung war der Künstler in der DDR in das Organisationssystem sozialistischer Erziehung eingebunden, das zentral vom Ministerium für Kultur gesteuert wurde. An den Kunsthochschulen war das Studium mit einer ideologischen Unterrichtung in den wesentlichen
20 Positionen des Marxismus-Leninismus verbunden. Als künstlerische Diplomarbeit wurde eine Mehrfigurenkomposition mit gesellschaftlich argumentierendem Hintergrund verlangt. Von der Hochschule wechselte der junge Künstler über in die Obhut des „Verbandes Bildender Künstler der
25 DDR" (VBK/DDR). Diese Institution kontrollierte im Auftrag des Ministeriums für Kultur die Durchführung der ideologischen und organisatorischen Zielsetzung im Bereich der bildenden Kunst und hatte zugleich beratende Funktion bei der Konzipierung der kulturpolitischen Strategien, wie sie
30 anlässlich der Parteitage festgelegt wurden. Die Aufnahme in den VBK/DDR hing weitgehend von der staats- und parteikonformen Einstellung des Bewerbers ab. Da über den VBK Gehälter, Renten, öffentliche Aufträge, Ausstellungen, Beteiligungen an Veranstaltungen des Staatlichen Kunst-
35 handels und Reisegenehmigungen in das westliche Ausland vergeben sowie praktisch alle Materialbeschaffung organisiert wurden, war die ideologische Disziplinierung der Künstler über die Verbandspolitik lange Zeit in großem Umfang durchsetzbar.

Karin Thomas, Kunst, in: Werner Weidenfeld/Karl-Rudolf Korte (Hg.), Handwörterbuch zur deutschen Einheit, Bonn 1991, S. 458–466.

9 *Norbert Wagenbrett (geb. 1954), Begegnung, 1984, Öl auf Leinwand, 140 x 100 cm, Halle, Staatliche Galerie Moritzburg*

1. Erarbeiten Sie aus Mat. 1, 3, 4 und 6 die Entwicklung der offiziellen Kunst in der DDR. Welche Wandlungen lassen sich feststellen, was bleibt unverändert? Interpretieren Sie die kunsttheoretischen Äußerungen im Zusammenhang der jeweiligen politischen Situation. Diskutieren Sie die Geschichtsauffassung von Mattheuer in Mat. 4.
2. Analysieren und vergleichen Sie die Darstellungen von Menschen in den Bildern 2, 5, 7 und 9. Berücksichtigen Sie das Thema des Bildes, den Bildaufbau, Farben und Symbole, die Charakterisierung der dargestellten Menschen und ihrer Umgebung. Prüfen Sie den Zusammenhang zwischen der Entstehungszeit der Bilder und der jeweiligen kunsttheoretischen Auslegung des sozialistischen Realismus. Welche Hinweise geben die Bilder auf „systemkonforme" und „systemkritische" Haltungen (siehe auch Mat. 3 und 4)?
3. Analysieren Sie Mat. 1, 6 und 9 unter den Gesichtspunkten a) Selbstverständnis der Kunst und b) Verhältnis von Kunst und Staat in der Bundesrepublik und in der DDR.
4. Der Streit über den Realismus in der Kunst, über Inhalt und Form, Kunst, Politik und Moral ist nicht neu. Diskutieren Sie dieses Problem. Bereiten Sie sich auf die Diskussion vor, indem sie andere Beispiele aus Geschichte und Gegenwart suchen.

Von allem die Hälfte? – Die Frauenbewegung in der Bundesrepublik Deutschland

1 *Aus den Lebenserinnerungen der Rechtsanwältin Dr. Elisabeth Selbert (1896–1986; 1948/49 Mitglied des Parlamentarischen Rates, 1946–1958 Landtagsabgeordnete in Hessen und Mitglied des SPD-Parteivorstandes), die für das Grundgesetz in Artikel 3 Abs. 2 die Formulierung „Männer und Frauen sind gleichberechtigt" durchsetzte – eine Rechtsnorm von „revolutionärem Charakter", wie Elisabeth Selbert sagte, wenn man sie mit dem ursprünglichen, aus der Weimarer Verfassung (Artikel 109) übernommenen Entwurf vergleiche, der lediglich bestimmte: „Männer und Frauen haben grundsätzlich dieselben staatsbürgerlichen Rechte und Pflichten":*

Ich hatte mir die Institution der Gleichberechtigung der Frau nicht so schwer vorgestellt. […]
Noch in der zweiten Lesung der Grundrechte […] war mein Antrag mit einem einheitlichen Nein außer meiner Fraktion abgelehnt worden. In diesem Augenblick setzte dann der Protest von außen ein. […]
Es war geradezu begeisternd und erschütternd, wie die Proteste aus dem ganzen Bundesgebiet, und zwar Einzelproteste und Verbandsproteste in großen Bergen, in die Beratungen des Parlamentarischen Rates hineingeschüttet wurden. Körbeweise! Und ich wusste, in diesem Augenblick hätte kein Abgeordneter mehr gewagt gegen diese Fülle von Protesten anzugehen und bei seinem Nein zu bleiben.
Im Parlamentarischen Rat trat jedoch erst dann ein Sinneswandel ein, als sich die Frauenverbände auf der ganzen Linie rührten. Es waren nicht etwa nur die sozialistischen Frauen, nicht nur die Frauen der Gewerkschaften, z. B. 40 000 in der Metallarbeitergewerkschaft organisierte Frauen, sondern auch die Frauenausschüsse und die überparteilichen Frauenverbände. Ich möchte sagen, die Frauen auf der ganzen Linie. Ich möchte eigentlich diese Zeit noch einmal erleben. Welchen ungeheuren Einfluss diese politische Bewegung der Frauen, die plötzlich wie ein Sturm über den Rat wegging, bedeutet hat. Erst dann trat diese große Wende ein. […]
Für mich war es selbstverständlich, dass die Gleichberechtigung der Frauen rechtlich abgesichert werden musste. Gerade auch nachdem die praktische Gleichwertigkeit der Frauen im Berufsleben durch die Einbeziehung der Frauen in die Kriegsproduktion während des Krieges und durch den Wiederaufbau ganz deutlich geworden war. Die Gleichstellung der Frau auf allen Gebieten des Rechts war längst überfällig: in der Verfassung und ihr folgend im Ehe- und Familienrecht. Gleichberechtigung im Arbeitsleben und der Grundsatz gleicher Lohn für gleiche Arbeit sollte künftig verwirklicht werden, denn ich wollte die Gleichstellung als imperativen Auftrag an den Gesetzgeber, im Gegensatz zur Weimarer Verfassung, verstanden wissen. Ich hatte nicht geglaubt, dass 1948/49 noch über die Gleichberechtigung überhaupt diskutiert werden müsste und ganz erheblicher Widerstand zu überwinden war! Aber ich habe es dann doch mit Hilfe der Proteste aller Frauenverbände geschafft. Es war ein harter Kampf, wie die Protokolle des Parlamentarischen Rates beweisen.

Zit. nach Barbara Böttger, Das Recht auf Gleichheit und Differenz. Elisabeth Selbert und der Kampf der Frauen um Art. 3.2 Grundgesetz, Münster 1990, S. 163 ff.

1. Arbeiten Sie aus Mat. 1 Ziele, Methoden und Träger der Bewegung zur rechtlichen Gleichstellung der Frau um 1948/49 heraus.
2. Erläutern Sie den Wandel der Rechtsnormen von der Weimarer Verfassung zum Grundgesetz.

Die neue Frauenbewegung

2 *Nach einer Phase des Stillstandes in den fünfziger und sechziger Jahren entwickelte sich parallel zu gesellschaftlichen Reformbewegungen die neue Frauenbewegung. Zu ihren Phasen und Themen schreibt die Soziologin Barbara Riedmüller (geb. 1945) 1988:*

– Mit dem Anfang der Frauenbewegung in der Studentenbewegung 1968 bis 1971 steht vor allem der § 218 im Blickpunkt. Mit diesem Thema ist eine breite öffentliche Kampagne verbunden, die sich gegen die staatliche und professionell männliche Bevormundung der Frau richtet.
– Seit ca. 1976 geht dieser öffentliche Charakter der Frauenbewegung zurück. In der Kritik der Frauenbewegung wird diese Phase als Rückzug nach innen beschrieben. […] In diese Zeit fällt die Gewaltdiskussion[1], die vielleicht aufgrund ihrer Radikalität das zugrunde liegende Thema der Institutionen- und Herrschaftskritik verdeckt hat.
– Dem folgt der Ausbau einer feministischen Gegenkultur, […] wobei hier in Analogie zur Alternativbewegung die thematische Bandbreite von Gesundheit, Ökologie bis Frieden abgedeckt wird. […]
– Parallel zu diesen alternativen Projekten und zum Teil mit ihnen verschränkt tritt die kulturelle Sichtweise (weibliche

Kultur) stärker hervor. Themen wie „neue Mütterlichkeit", „weiblicher Pazifismus", Matriarchat und Hexenthemen kennzeichnen eine neue Phase der Frauenbewegung. [...]
– [...] Die soziale Frage hat in den letzten Jahren an Bedeutung zugenommen, damit findet auch eine Rückbeziehung auf allgemeine gesellschaftliche Diskussionszusammenhänge der sozialen Frage (Arbeitslosigkeit, Armut) statt. Dazu wären auch die Diskussion über die unbezahlte Hausarbeit zu zählen (mit der Forderung nach Lohn für Hausarbeit), die Forderung nach gleichen Chancen am Arbeitsmarkt (mit der Quotierungsdiskussion) und die Forderung nach gleicher Teilhabe am System sozialer Sicherung (mit der Armutsdiskussion). Diese Themen beginnen sich im Gegensatz zur genannten kulturellen Linie zu einem neuen Fokus der Frauenbewegung zu entwickeln und unter Umständen zu einem Anziehungspunkt für andere Gruppen von Frauen zu werden, die eine Veränderung und Liberalisierung der Institutionen anstreben.

1 Gemeint ist die Gewalt von Männern gegen Frauen. Als Konsequenz aus der Gewaltdiskussion wurden in vielen Städten Frauenhäuser gegründet, in denen von Männern misshandelte Frauen und Kinder Schutz und Beratung finden.

Barbara Riedmüller, Das Neue an der Frauenbewegung. Versuch einer Wirkungsanalyse der neuen Frauenbewegung, in: Uta Gerhardt/Yvonne Schütze (Hg.), Frauensituation. Veränderungen in den letzten zwanzig Jahren, Frankfurt/M. 1988, S. 27 f.

3 *Zur sozialen und ökonomischen Situation der Frauen in den siebziger und achtziger Jahren heißt es bei der Historikerin Ute Frevert (geb. 1954) 1986:*
D Die seit den sechziger Jahren forcierte Tendenz zu einer Annäherung zwischen der weiblichen und männlichen Normalbiografie scheint angesichts der aktuellen und prognostizierten ökonomischen Entwicklung zum Stillstand gekommen bzw. sogar rückläufig geworden zu sein. Begleitet wird diese Tendenzwende von deutlichen Restaurationserscheinungen in der staatlichen Frauen- und Familienpolitik. Hatten sich die sozialliberalen Regierungen der siebziger Jahre bemüht Frauen ihre Doppelrolle in Beruf und Familie zu erleichtern, zielt die seit 1982 amtierende christdemokratische Regierung darauf ab die „sanfte Macht der Familie" zu stärken und Frauen die Familienarbeit wieder schmackhafter zu machen. Die Propagierung einer „neuen Mütterlichkeit" verfolgt nicht nur arbeitsmarktpolitische, sondern auch bevölkerungspolitische Zielsetzungen. [...]
Dass Frauen nicht nur aus ökonomischen Gründen erwerbstätig sind, sondern den Beruf zunehmend als Mittel der Selbstverwirklichung schätzen, übersehen solche Therapievorschläge geflissentlich. Ebenso undenkbar und unvorstellbar ist es offensichtlich die angeblich natürliche Funktionsteilung der Geschlechter auf den Kopf zu stellen und Männern die Familienrolle als „dauerhafte Lebensform" anzuempfehlen. Aber auch eine dem Gleichberechtigungsgrundsatz entsprechende Problemlösung, wonach Männer und Frauen sich sowohl die Arbeit in der Familie als auch die im Beruf teilen, bleibt aus dem Katalog der Möglichkeiten ausgeblendet. [...] Während man von Frauen erwartet, dass sie sich (den Berufsanforderungen) zumindest phasenweise zugunsten der Hausfrauen- und Mütterarbeit entziehen, wird ein solches familienbezogenes Verhalten bei Männern negativ sanktioniert.

Ute Frevert, Frauen-Geschichte. Zwischen Bürgerlicher Verbesserung und Neuer Weiblichkeit, Frankfurt/M. 1986, S. 283 ff.

4 *Ausgewählte Daten zum Frauenanteil in beruflichen und politischen Positionen in der Bundesrepublik Deutschland in den 1980er Jahren (in Prozent):*

Weibliche Abgeordnete im 10. Deutschen Bundestag 1983–1987	9,8
Frauen im Parteivorstand von Parteien (1982/83)	
– CDU	6,3
– CSU	7,0
– FDP	12,1
– SPD	17,5
– Grüne	30,0
Frauen in Führungspositionen von Gewerkschaften (1983)	
– Handel, Banken und Versicherungen (HBV)	22,7
– Öffentlicher Dienst, Transport und Verkehr (ÖTV)	6,6
Frauen in Hochschulen (1987)	
– Professorinnen	7,6
– Assistentinnen, Akademische Rätinnen u. ä. (Mittelbau)	21,0
– Studentinnen	38,0
Richterinnen (1989)	18,0
Ärztinnen (1987)	26,2
Führungspositionen in der Wirtschaft (1986)	4,0
Frauenanteil bei den	
– Teilzeitbeschäftigten (1987)	92,7
– Arbeitslosen (1987)	48,6

Nach Quotierung – Reizwort oder Lösung? Expertenanhörung der Hessischen Landesregierung am 2. Mai 1985. Wortprotokoll, Wiesbaden (1985), S. 26 ff.; Rainer Geißler, Soziale Ungleichheit zwischen Frauen und Männern im geteilten und im vereinten Deutschland, in: Aus Politik und Zeitgeschichte, 1991, B 14/15, S. 17; Statistische Jahrbücher für die Bundesrepublik Deutschland 1987 ff.

1. Stellen Sie aus den Mat. 1 bis 5 und den Informationen in der Darstellung S. 289, 309 und 402–404 eine Übersicht zur Situation der Frauen seit 1945 zusammen. Unterscheiden Sie dabei nach politischen, rechtlichen, sozialen und ökonomischen Aspekten.
2. Diskutieren Sie die Rangfolge der Aspekte und den Zusammenhang von Frauenbewegung und gesamtgesellschaftlicher Diskussion.

Frauenquote – Ausgleich oder Privilegierung?

5 *Seit den achtziger Jahren versuchen vor allem sozialdemokratisch regierte Länder und Kommunen die berufliche Benachteiligung von Frauen durch sogenannte „Quoten" zu mindern. So heißt es in der „Richtlinie zur Förderung von Frauen im öffentlichen Dienst der Freien Hansestadt Bremen" vom 9. Oktober 1984:*

Q 9. Bei der Einstellung und der Besetzung höher bewerteter Stellen sollen Frauen – bei gleicher Qualifikation wie ihre männlichen Bewerber – bevorzugt werden, wenn in vergleichbaren Funktionen des jeweiligen Ressorts weniger Frauen als Männer beschäftigt sind.

Zit. nach Michael Meuser, Gleichstellung auf dem Prüfstand. Frauenförderung in der Verwaltungspraxis, Pfaffenweiler 1989, S. 151.

6 *Die Juristin Dagmar Coester-Waltjen zur Quotenregelung 1982 (Auszug):*

Q Mit Skepsis [...] ist die diskutierte Quotenregelung zu betrachten, denn in vielen Bereichen wird es bei der augenblicklichen Situation an einer ausreichenden Zahl fachlich qualifizierter Frauen fehlen, sodass die offenen Stellen nicht oder nur mit weniger qualifizierten Frauen entsprechend der Quotelung besetzt werden könnten. [...]
Wird der Arbeitgeber gezwungen sich bei gleichwertigen Bewerbern stets für die Frau zu entscheiden, bis die entsprechenden Posten jeweils zur Hälfte mit Angehörigen beiderlei Geschlechts besetzt sind, dann besteht die Gefahr, dass dieser gesetzliche Druck Ressentiments und Gegenreaktionen auslöst, die die Regelung ineffektiv machen. Zu denken ist dabei insbesondere an „frisierte" Stellenbeschreibungen, Abschreckung von Bewerbern und sonstige Umgehungspraktiken. Auch in der übrigen Bevölkerung könnte eine Quotenregelung auf Unverständnis und Ablehnung stoßen, wenn beispielsweise die Frau aus der Doppelverdienerehe dem allein verdienenden Familienvater bei der Bewerbung via Quotenregelung vorgezogen wird. Gerade im Hinblick auf den starken Aufholbedarf der Frauen auf dem Arbeitsmarkt könnten derartige Praktiken zu sozialem Unfrieden führen. Praktisch würde mit dieser Regelung ein Druck dahin ausgeübt, dass gerade in den weniger ausgebildeten Schichten vor allem die Frauen auf den Arbeitsmarkt drängen und die bisherigen Rollen vertauscht werden. Ein solcher Rollentausch ist aber zum einen nicht das Ziel des Gesetzes und würde zum anderen zumindest im Augenblick den fundamentalen Lebensgewohnheiten unserer Gesellschaft so sehr widersprechen, dass das Gesetz nicht akzeptiert würde.

Dagmar Coester-Waltjen, Zielsetzung und Effektivität eines Antidiskriminierungsgesetzes, in: Zeitschrift für Rechtspolitik 15, 1982, S. 221 f.

7 *Die Juristin Diemut Majer (geb. 1938) zur „Quotierung" zu Gunsten von Frauen 1990 (Auszug):*

Q Eine offene Ablehnung der Frauenfrage gibt es nicht mehr; aber eine mehr oder weniger insgeheime Ablehnung, Verschiebung oder Leugnen des Problems sieht man insbesondere in Bereichen, die öffentlicher Kontrolle nicht unterliegen, wie in großen Teilen von Industrie und Handwerk, aber auch im Bereich der Hochschulen, der Kirchen und weiter Bereiche der Verwaltungen; zwar gibt es vielfach sogenannte Förderpläne oder -richtlinien für Frauen, aber eine effektive Verbesserung der Zahl von Frauen in mittleren und oberen Positionen ist dadurch nicht erreicht worden. Vor allem zeigt sich dies, wenn es um Machtfragen, das heißt, um die Führungspositionen geht. Spitzenpositionen sind immer noch fast ausschließlich eine Domäne der Männer.
Dass sich in diesem Punkt nichts Wesentliches bewegt, liegt daran, dass trotz aller verbalen Bekundungen unausrottbar in vielen Männern (auch in vielen Frauen) das Gefühl von der Nichtgleichwertigkeit der Frauen steckt. Die Gründe liegen hierfür letztlich in einem unterschiedlichen „Wertigkeitsdenken", das bis in die antike Geschichte zurück reicht. Zwar wagt heute keiner mehr zu behaupten Frauen seien prinzipiell ungeeignet für den Beruf, speziell für Führungsaufgaben. Ein gewisses Maß an Fähigkeiten wird ihnen durchaus zugestanden, zumal sich der Ausbildungsstand der Frauen in den letzten Jahren erheblich verbessert hat. Es bleiben aber Zweifel und Vorbehalte, die dahingehend wirken, dass die Männer letztlich doch als die Geeigneteren erscheinen.
Die dahinter stehenden Denkstrukturen haben eine lange – auch philosophische – Tradition: Schon in der Politeia von Platon wird dies deutlich zum Ausdruck gebracht, indem Platon einem seiner Freunde erklärt: „Also, o Freund, gibt es gar kein Geschäft von allen, durch die der Staat besteht, welches dem Weibe oder dem Manne als Mann angehöre, son-

dern die natürlichen Anlagen sind auf ähnliche Weise in beiden verteilt und an allen Geschäften kann das Weib teilnehmen ihrer Natur nach; wie der Mann an allen; in allen aber ist das Weib schwächer als der Mann."

Diemut Majer, Verfassungsrecht und Quotierung. Ausgleich oder Privileg der Frauen? in: „Von allem die Hälfte", Berlin 1990, S. 23 f.

8 Karikatur von Marie Marcks (geb. 1922), 1977

1. Untersuchen Sie die Argumentation der Mat. 6 und 7. Welche Bilder der geschlechtsspezifischen Rollenverteilung und der Frau lassen sich identifizieren? Welche gesellschaftlichen Einflüsse und Auswirkungen werden aufgezeigt?
2. Analysieren Sie die Karikatur von Marie Marcks und diskutieren Sie die verwendeten Stereotype (Mat. 8).
3. Vergleichen Sie die Ziele der „alten" (Mat. 1) und der „neuen" Frauenbewegung. Welche Erklärungen gibt es für den nur langsamen Wandel bei der Verwirklichung der Gleichberechtigung?
4. Der Europäische Gerichtshof stellte 1995 in einem Urteil fest, die Quotenregelung (siehe Mat. 5) verstoße gegen eine EG-Richtlinie aus dem Jahre 1976. Informieren Sie sich über den heutigen Stand der Frauenförderung im Berufsleben.
5. Führen Sie eine Pro-Contra-Diskussion zu der in Mat. 5 aufgeführten Quotenregelung. Stellen Sie vorbereitend die Argumente zunächst aus der Perspektive Ihres eigenen Geschlechts, dann aus der des anderen zusammen. Welche Regelungen wären nach Ihrer Meinung geeignet das Verfassungspostulat der Gleichberechtigung (Artikel 3 Absatz 2 Grundgesetz) in Zukunft zu verwirklichen?

„Frauen-" oder „Geschlechterforschung"?

9 *Die Sozialwissenschaftlerin Sigrid Metz-Göckel (geb. 1940) zu Gegenstand und Begriff der Frauenforschung (1993):*

D Obwohl mit der Aufklärung und der Französischen Revolution die Würde des Menschen unabhängig von Rasse, Klasse und Religion als für alle Menschen gleichwertig anerkannt wurde, mussten Frauen um Rechte kämpfen, die den Männern in der bürgerlichen Gesellschaft längst zugestanden waren, auch wenn es in den Lebensverhältnissen der männlichen Bevölkerung ebenso krasse soziale Unterschiede gab. Die politische und soziale Geschichte der Frauen kann von daher nicht im Rahmen der allgemeinen Geschichte gesehen werden, sozusagen in ihr aufgehen [...]. Höhere Bildung, Wahlrecht, Abbau der Geschlechtsvormundschaft, Geschäftsfähigkeit, Versammlungsfreiheit, gleiche Entlohnung u. a. m. wurden Frauen erst nach mühevollen Kämpfen schrittweise zugestanden .[...]

Anliegen der Frauenforschung ist die Klärung der Zusammenhänge von Diskriminierung und Befreiungsmöglichkeiten. [...] Nach diesem Verständnis ist das Geschlecht eine soziale Strukturkategorie, die unterschiedliche soziale Chancen und Perspektiven für Männer und Frauen vermittelt. Dies hängt damit zusammen, dass jede Gesellschaft neben den Erfordernissen der materiellen Existenzsicherung und der politischen Regelung des Zusammenlebens auch die biologisch-sozialen Reproduktions-Erfordernisse wie „Aufzucht" der Kinder, Pflege der Verwandtschaftsverhältnisse, Namensgebung und Vererbung organisieren muss. Über dieses Regelungssystem wird grundsätzlich das Verhältnis der Geschlechter und insbesondere die Stellung der Frau bestimmt. [...]

Frauenforschung bezieht sich jedoch auf Männer als das „andere Geschlecht", von dem Frauen „definiert und abhängig gemacht werden". Sie wird in jüngster Zeit zur „Geschlechterforschung" insofern, als sie sich vergleichend, kritisch und analytisch auf Männer bezieht und das Geschlechtsverhältnis sowie die Geschlechterbeziehungen im Kontext der gesellschaftlich-historischen Rahmenbedingungen zum Gegenstand ihrer Untersuchungen macht.

Sigrid Metz-Göckel, Frauenforschung in Westdeutschland, in: Gisela Helwig/Hildegard Maria Nickel (Hg.), Frauen in Deutschland 1945–1992, Bonn 1993, S. 409 f.

1. Erarbeiten Sie aus Mat. 9 die Gegenstände und die Begründung einer wissenschaftlichen Frauenforschung.
2. Erläutern Sie die Begriffe „Frauenforschung" und „Geschlechterforschung". Welcher Begriff erscheint Ihnen angemessener (siehe auch S. 426, Mat. 5)?

Die ostdeutsche Revolution und das Ende der staatlichen Teilung

**Am Ausgang einer Epoche?
Bewusstseinslagen im Jahr vor der Wende**

1 *Aus einer Rede des Generalsekretärs der SED Erich Honecker (1912–1994) vom Januar 1989:*
Q [D]ie Mauer wird […] so lange bleiben, wie die Bedingungen nicht geändert werden, die zu ihrer Errichtung geführt haben. Sie wird in 50 und auch in 100 Jahren noch bestehen bleiben, wenn die dazu vorhandenen Gründe noch nicht beseitigt sind. Das ist schon erforderlich um unsere Republik vor Räubern zu schützen, ganz zu schweigen vor denen, die gern bereit sind Stabilität und Frieden in Europa zu stören. Die Sicherung der Grenze ist das souveräne Recht eines jeden Staates, und so auch unserer DDR.
Zit. nach Neues Deutschland, 20. Januar 1989.

2 *Aus einem Interview mit dem Architekten Georg (geb. 1947) aus Berlin über seine Erfahrungen als Bürger in der DDR. Wegen der zu befürchtenden Repressionen wurden in dem im Westen erschienenen Buch zum 40. Jahrestag der Gründung der DDR im Oktober 1989 die Interviewpartner nicht mit vollem Namen genannt. Im ersten Teil des Interviews hatte Georg erzählt, wie seine Ideale immer wieder bei der Umsetzung in die Praxis scheiterten:*
Q *Würdest du diese Erwartungen, deren Enttäuschung du jetzt beschreibst, überhaupt für praktisch gerechtfertigt halten? Wieso hast du so etwas von der DDR erwartet?*
Na, weil die DDR, weil die sozialistische Ideologie dieses Staates immer drauf aus gewesen ist zu sagen: „Im Mittelpunkt steht der Mensch." Sie hat eigentlich dort an Traditionen angeknüpft, die in der Renaissance waren, wo der Mensch Maßstab aller Dinge sein sollte. Und es stellt sich heraus, dass im Mittelpunkt Machterhalt steht. Da verrät der Staat seine eigenen Ideale.
Tut das nicht jeder Staat?
Tja, vielleicht … Aber ich empfinde es jetzt hier in unserem Staat. Ich kann zu anderen Staaten da nichts sagen. Das hilft mir auch im Moment nicht. Was habe ich mir als Student noch eingebildet, wo man gesagt hat, die Eigentumsfrage bei uns ist geklärt und demzufolge sind städtebauliche Probleme bei uns viel einfacher lösbar als irgendwo anders. Das fand ich einen wunderbaren Ansatz, weil er eben so sozial orientiert ist, wo man sagt: Eigentum soll nicht etwas verhindern, sondern Eigentum soll etwas fördern. Und was ist denn dabei rausgekommen? Faktisch stimmt es, aber es hat eine Umbewertung stattgefunden, dass das Eigentum nicht geachtet, nicht geschätzt wird. Eigentum an Grund und Boden oder Eigentum an Luft … auch städtisches Eigentum. Eine Frage, ob man die Kurve, den Kurvenradius einer Straße verändern muss, bloß weil dort eine Lampe steht, die ich nicht wegnehmen kann, weil sie Privatinteressen dient, das ist nicht mehr das Problem. Darüber hat man aber vergessen, dass es ein Problem ist eine Straße überhaupt zu bauen. Das ist das Enttäuschende. […]
Na, mittlerweile bin ich schon der Meinung, dass jeder irgendwo einen Anteil hat! Es gibt da durchaus auch ein kollektives Verantwortungsgefühl, das unterentwickelt ist. Aber am meisten belastet sind nach meiner Meinung die Leute, die über Wissen verfügen und das Wissen nicht einsetzen. Und da gibt es eben viel zu viele. […]
Hältst du es für möglich aus dieser Situation herauszukommen? Wäre das realistisch?
Dieses Herauskommen passiert irgendwie. Der Zustand, so wie er jetzt ist, der ist nicht auf Dauer so. Es kann wohl so nicht gehen. Es ist nur die Frage, wie eine Veränderung kommt. Äußerlich mag das an Personen hängen, an einer Überalterung. Aber es kann auch sein, dass die Isolation unseres Staates so stark ist, dass von anderen her auf Veränderung noch viel mehr gedrängt wird als von uns selbst. Ich geh davon aus, es wird eine Veränderung stattfinden. Es ist für mich bloß die Frage, wie weit die Veränderung eine produktive, also hoffnungsvolle Komponente hat oder nicht. Ist das Ergebnis dann eine totale Resignation oder lässt sich neu beginnen?
Zit. nach Bärbel Bohley u. a., 40 Jahre DDR … und die Bürger melden sich zu Wort, Frankfurt/M. u. a. 1989, S. 82 f.

3 *Der SPD-Politiker Willy Brandt (1913–1992) im letzten Kapitel („Baupläne") seiner Autobiografie (1989):*
Q Die Perversion des deutschen Nationalismus, im Bewusstsein der Nachbarvölker und großer Teile der übrigen Welt präsent, muss sie für alle Zeiten ausschließen, dass sich nicht auf Zerstörungen angelegte nationalrevolutionäre Energien ansammeln und gegebenenfalls – ohne dass eine Obrigkeit ausdrücklich dazu auffordert – sich entladen? Die Vermutung spräche dafür, dass der Ort des Geschehens jener Teil des gespaltenen Deutschland wäre, in dem die Menschen weniger saturiert sind als in dem anderen. Warum, mit welchem Recht und aufgrund welcher Erfahrung ausschließen, dass eines Tages in Leipzig und Dresden, in Magdeburg und Schwerin – und in Ostberlin – nicht Hunderte, sondern

Hunderttausende auf den Beinen sind und ihre staatsbürgerlichen Rechte einfordern? Einschließlich des Rechts von einem Teil Deutschlands in den anderen überzusiedeln? Sie brächten nicht nur die Russen, sondern auch die Alliierten – von wegen vorbehaltener Rechte für Deutschland als Ganzes – in einige Verlegenheit. Und nähmen vielleicht nicht einmal entscheidende Rücksicht auf jenen Typus selbstgefälliger Landsleute im Westen, der alles lieber täte, als mit denen zu teilen, die bei Kriegsende das kürzere Los gezogen hatten. […]

Wer wollte von vornherein jene Form bestimmen, in der nationale Gemeinsamkeit ihren Ausdruck findet, wenn diese nicht mehr durch Machtinteresse anderer oder durch den Gegensatz der Systeme blockiert würde?

Und Berlin? Und die Mauer? Die Stadt wird leben und die Mauer wird fallen.

Willy Brandt, Erinnerungen, Frankfurt/M. 1989, S. 487 ff.

1. Analysieren Sie Mat. 1 bis 3. Welche Hoffnungen und Befürchtungen sprechen aus den Texten? Welche Begründungen werden dafür gegeben?
2. Diskutieren Sie die in den Texten ausgesprochenen Erwartungen im Kontext der internationalen Beziehungen und der Situation in der DDR (siehe Darstellung S. 318–320) im Jahre 1989.

Novemberbilder: Die Mauer ist gefallen

4 *Aus den „Berliner Notizen" des niederländischen Schriftstellers Cees Nooteboom (geb. 1933) vom 18. November 1989:*

Q Wie sieht ein Fisch den Fluss, in dem er schwimmt? Er kann nicht raus um Abstand zu gewinnen. So ist es hier in Berlin. Alles fließt. Jeden Augenblick gibt es neue Ereignisse, Berichte, wenn ich aus dem Haus gehe, bin ich innerhalb weniger Minuten Teil einer wogenden Menge, wird mir aus Zeitungsschlagzeilen zugeschrien: Abschied von der Insel. Deutschland umarmt sich. Das Volk hat gesiegt. Achthunderttausend eroberten West-Berlin. Vor und in den Banken und Postämtern lange Reihen von DDR-Bürgern, die ihr Begrüßungsgeld abholen. Alte Leute mit verstörten Blicken, die zum ersten Mal seit fast dreißig Jahren wieder in diesem Teil der Stadt sind und ihre Erinnerungen suchen, junge Leute, die nach dem Mauerbau geboren wurden, vielleicht gar nur einen Kilometer weiter weg wohnen, bewegen sich in einer Welt, die sie nie gesehen haben, und sie laufen, als ob der Asphalt sie nicht tragen könnte.

Während ich dies schreibe, läuten ringsherum die Kirchenglocken, wie vor ein paar Tagen, als die Glocken der Gedächtniskirche die Nachricht von der geöffneten Mauer bronzen über die Stadt ergossen haben und die Menschen auf der Straße knieten und weinten. Sichtbare Geschichte hat immer ewas Ekstatisches, Ergreifendes, Beängstigendes. Niemand kann sich dem entziehen. Und niemand weiß, was geschehen wird. Berlin hat viel mitgemacht.

Zu Zehntausenden strömen sie durch die östlichen Schleusen in den Westen, bringen ihre Emotionen mit, als könnte man sie anfassen, ihre Gefühle spiegeln sich in den Gesichtern der Westberliner wider, die vom Geräusch ihrer eigenen Millionen Schritte in den für den Autoverkehr gesperrten Straßen angefeuert werden, von Sirenen und Kirchenglocken, von den fragenden Stimmen und deren Geräuschen, den ungeschriebenen Worten des Szenarios, das keiner ersonnen hat. Keiner und jeder. Wir sind das Volk! skandierten die Menschen noch vor zwei Wochen in Leipzig[1]. Nun sind sie hier, ihre Führung haben sie zu Hause gelassen.

1 Gemeint sind die Leipziger Montagsdemonstrationen, an denen am 23. Oktober 1989 rund 300000 Menschen teilnahmen.

Cees Nooteboom, Berliner Notizen, Frankfurt/M. 1991, S. 93 ff.

5 *Trak Wendisch (geb. 1958), Ost-Berlin, Brücke I, 1989, 210 x 180 cm*

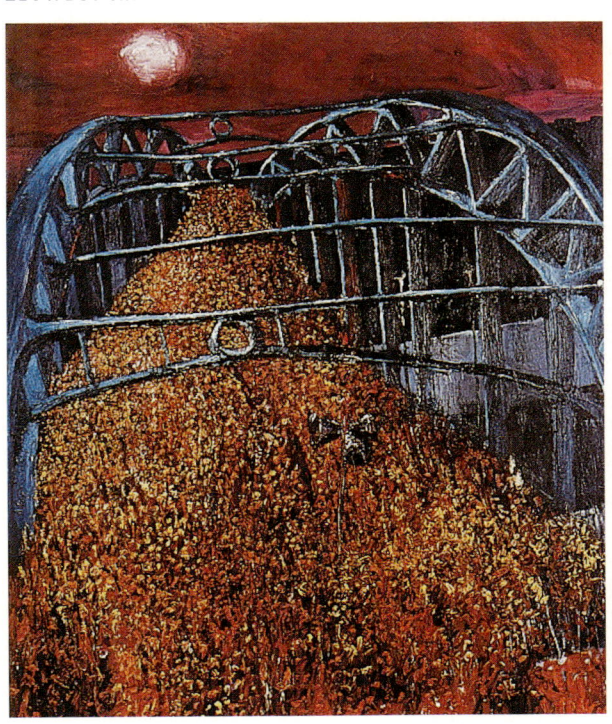

6 *Rudolf Schöpper (geb. 1922), „Mauer, Stein und Eisen bricht, aber unsere Liebe nicht", Karikatur aus den „Westfälischen Nachrichten", 14. November 1989*

Staatliche Vereinigung oder eine Verfassung durch das Volk?
Form und Zeitpunkt der Vereinigung waren bis August 1990 umstritten. Zum einen ging es um die Frage, ob sich die Bürgerinnen und Bürger vor der Vereinigung eine demokratische Verfassung geben sollten, zum anderen darum, ob für die Vereinigung Artikel 23 oder Artikel 146 des Grundgesetzes (siehe Mat. 8) herangezogen werden.

7 *Anlässlich der Einbringung eines Verfassungsentwurfes für den „Runden Tisch" in der DDR am 4. April 1990 führte Gerd Poppe (geb. 1941), Vertreter der „Initiative für Frieden und Menschenrechte" und seit dem 5. Februar 1990 „Minister der nationalen Verantwortung", aus, die Kompetenz zum Erlass einer Verfassung liege „unmittelbar und unveräußerlich beim Volk" (Tonbandmitschnitt):*

Q Niemand darf dem Volk, das in einer friedlichen Revolution seine Fesseln selbst gesprengt hat, dieses Recht bestreiten. Diejenigen, die die Voraussetzung für eine neue Ordnung geschaffen haben, dürfen ihres Rechts nicht beraubt werden. Deshalb legt der Runde Tisch als der legitime Sachwalter derjenigen Kräfte, die die Erneuerung bewirkten, einen Entwurf für eine neue Verfassung vor, über dessen Annahme nach öffentlicher Diskussion ein Volksentscheid befinden soll. Dabei handelt es sich um eine Verfassung für die DDR, mit deren Annahme wir eine gegenüber der durch das Grundgesetz für die Bundesrepublik gegebenen gleichrangige und damit gleichberechtigte Ordnung schaffen. Mit diesem Entwurf einer neuen Verfassung tritt der Runde Tisch Bestrebungen entgegen sich durch die Abgabe von Beitrittserklärungen einer anderen Verfassungsordnung, dem Grundgesetz der BRD, nach Artikel 23 zu unterwerfen. Wer auf einen solchen Weg der Einheit Deutschlands zustrebt, verletzt […] das Selbstwertgefühl und damit die Würde dieses Volkes […].

Zit. nach Uwe Thaysen, Der Runde Tisch. Oder: Wo blieb das Volk? Der Weg der DDR in die Demokratie, Opladen 1990, S. 146.

8 *Aus dem Grundgesetz für die Bundesrepublik Deutschland vom 23. Mai 1949:*
Q Artikel 23 (Geltungsbereich des Grundgesetzes)
Dieses Grundgesetz gilt zunächst im Gebiet der Länder Baden, Bayern, Bremen, Groß-Berlin, Hamburg, Hessen, Niedersachsen, Nordrhein-Westfalen, Rheinland-Pfalz, Schleswig-Holstein, Württemberg-Baden und Württemberg-Hohenzollern. In anderen Teilen Deutschlands ist es nach deren Beitritt in Kraft zu setzen.
Artikel 146 (Geltungsdauer des Grundgesetzes)
Dieses Grundgesetz verliert seine Gültigkeit an dem Tage, an dem eine Verfassung in Kraft tritt, die von dem deutschen Volke in freier Entscheidung beschlossen worden ist.

Grundgesetz für die Bundesrepublik Deutschland. Textausgabe, Bonn 1982, S. 32 und 105.

9 *Der Bonner Professor für Öffentliches Recht Josef Isensee (geb. 1937) äußerte in einem Beitrag der Wochenzeitung „Die Zeit" (8. Juni 1990):*
Q Da sich […] in Ost und West keine ernsthafte Alternative zum Grundgesetz zeigt, beschränkt sich manche Forderung nach einem Verfassungsreferendum darauf, dieses solle das Grundgesetz nur bestätigen und ihm neue Legitimation zuführen. Die weit hergeholte Begründung für einen Legitimationsbedarf lautet dann: Das Grundgesetz sei im Jahre 1949 in Unfreiheit unter der Besatzungsmacht zustande gekommen. Doch was immer an anfänglicher Entscheidungsfreiheit gefehlt haben mag – das Grundgesetz hat in den vier Jahrzehnten seiner Geltung ein Maß an Zustimmung des Volkes erreicht wie keine deutsche Verfassung zuvor. […] Was dem Grundgesetz in vier Jahrzehnten an demokratischer Akzeptanz zugewachsen ist, lässt sich nicht mit einer Volksabstimmung aufwiegen, die nicht mehr ist als Momentaufnahme einer bestimmten politischen Stimmungslage. Ein Volksentscheid aber, der nichts entscheiden, sondern nur einlösen soll, was die führenden Kräfte im Lande vorgeben, kann nicht Integration fördern, wie manche Demokratietheoretiker erhoffen. Ein Volksentscheid, der nichts zu entscheiden hat, ist nicht Demokratie, sondern demokratisches

Placebo. Die Deutschen der DDR, demnächst um ihrer demokratischen Integration willen zum gesamtdeutschen Volksentscheid vergattert, könnten böse erinnert werden an die Akklamationsprozedur des weiland real existierenden
25 Sozialismus.

10 *Ernst Gottfried Mahrenholz (geb. 1929), Vizepräsident des Bundesverfassungsgerichts, schrieb am 8. Juni 1990 ebenfalls in der „Zeit":*
Q Das Wort „Wir sind das Volk", das so unbezähmbar schien, soll offenbar doch noch gezähmt werden. Seine Kraft hatte es aus der Idee der Volkssouveränität empfangen, es nahm den grotesken Begriff „Volksdemokratie" beim Wort.
5 „Genug des Volkes" – so lässt sich die Diskussion darüber verstehen, ob eine Verfassung für das ganze deutsche Volk auch von diesem gebilligt werden muss. [...]
An den Fernsehern konnten die Bürger der Bundesrepublik noch einmal sehen, was es heißt, dass die Staatsgewalt vom
10 Volke ausgeht. Gleichsam handgreiflich war, dass der Staat ein freiheitlicher Staat sein muss, wenn es der Staat des Volkes sein soll, ein Volksstaat, wie es in früheren Landesverfassungen hieß.
Es gibt also eine notwendige Beziehung zwischen Volk und
15 Verfassung. Sie hat mit freier Wahl, freier Meinungsäußerung und unabdingbarer Rechtsstaatlichkeit zu tun, mit der Absage an jede auch noch so verborgene Nische willkürlicher Herrschaft; sie betrifft die Gleichheit aller Menschen vor dem Gesetz, das freie Bekenntnis jeder Überzeugung,
20 Respektierung des Elternrechts, Sozialstaat und einiges mehr. All dies hatte drüben gefehlt, all dies ist in genauem Sinne in dem Wort „Wir sind das Volk" enthalten.
Hier scheint mir kein Ausweichen möglich. Entweder ist die Verfassung die des Volkes (und nichts anderes besagt der
25 Begriff der Volkssouveränität), dann muss das Volk zu ihr „Ja" gesagt haben; oder es ist die Verfassung seiner Vertreter, die gewiss trotz allen Streits nach bestem demokratischem Gemeinsinn entscheiden, aber doch nicht „wissen, was für das Volk gut ist". Denn dann wären sie das Volk der
30 Verfassung. [...]
Artikel 23 des Grundgesetzes steht im Abschnitt „Der Bund und die Länder". Der Artikel spricht vom Geltungsbereich des Grundgesetzes und niemand hat bei den Beratungen dieses Artikels darauf hingewiesen, dass hier die Alternative
35 zum Artikel 146 formuliert werde. Das Grundgesetz kann also nicht – auch nicht nach einem Beitritt gemäß Artikel 23 – neue gesamtdeutsche Verfassung sein.
Quelle 9 und 10 zit. nach Die Zeit, 8. Juni 1990.

11 *Aus dem „Vertrag zwischen der Bundesrepublik Deutschland und der Deutschen Demokratischen Republik über die Herstellung der Einheit Deutschlands" vom 31. August 1990:*
Q Art. 3 Inkrafttreten des Grundgesetzes.
Mit dem Wirksamwerden des Beitritts tritt das Grundgesetz für die Bundesrepublik Deutschland [...] in den Ländern Brandenburg, Mecklenburg-Vorpommern, Sachsen, Sachsen-Anhalt und Thüringen sowie in dem Teil des Landes 5 Berlin, in dem es bisher nicht galt, mit den sich aus Artikel 4 ergebenden Änderungen in Kraft, soweit in diesem Vertrag nichts anderes bestimmt ist.
Art. 4 Absatz 6
Artikel 146 wird wie folgt gefasst: 10
„Artikel 146
Dieses Grundgesetz, das nach Vollendung der Einheit und Freiheit Deutschlands für das gesamte deutsche Volk gilt, verliert seine Gültigkeit an dem Tage, an dem eine Verfassung in Kraft tritt, die von dem deutschen Volke in freier Ent- 15 scheidung beschlossen worden ist."
Art. 5 Künftige Verfassungsänderungen.
Die Regierungen der beiden Vertragsparteien empfehlen den gesetzgebenden Körperschaften des vereinten Deutschlands sich innerhalb von zwei Jahren mit den im Zusammenhang 20 mit der deutschen Einigung aufgeworfenen Fragen zur Änderung oder Ergänzung des Grundgesetzes zu befassen, insbesondere
– in Bezug auf die Möglichkeit einer Neugliederung für den Raum Berlin/Brandenburg abweichend von den Vorschrif- 25 ten des Artikels 29 des Grundgesetzes durch Vereinbarung der beteiligten Länder,
– mit den Überlegungen zur Aufnahme von Staatszielbestimmungen in das Grundgesetz sowie
– mit der Frage der Anwendung des Artikels 146 des Grund- 30 gesetzes und in deren Rahmen einer Volksabstimmung.
Die Verträge zur Einheit Deutschlands (Stand: 15. Oktober 1990), München 1990, S. 44 ff.

1. Stellen Sie aus Mat. 7 bis 11 die Argumente für die Beitritts- und für die Volksabstimmungslösung zusammen. Welche Einzelargumente erscheinen Ihnen für die eine oder andere Lösung überzeugend? Erläutern Sie die Begriffe Volkssouveränität und Volksentscheid. Welche zusätzlichen Argumente sind für die historische Situation Mitte 1990 zu bedenken?
2. Informieren Sie sich über Stand und Ausgang der im Einigungsvertrag (Mat. 11) vorgesehenen Verfassungsänderungen. Wie beurteilen Sie Verfahren und Lösung?

„Schicksalstage in der Geschichte werden gemacht"
Der 9. November

Von Michael Daxner

Am 11.11. um 11 Uhr 11 beginnt der Karneval. Das habe ich im Norden Deutschlands gelernt. Dieser Brauch ist von weiter südlich adoptiert. Manche denken noch am Morgen dieses Tages daran, dass sie gestern bei einer der Veranstaltungen anwesend waren, die der gewalttätigen Überfälle auf jüdische Menschen und Einrichtungen in der Nacht vom 9. auf den 10. November 1938 gedachten. Seit dem 9. November 1989 wird auch dieses Datum überlagert: Da wurde doch die Mauer geöffnet?

Über Jahrtausende haben agrarische Daten (Erntedank) und astronomische Perioden (Sonnenwende) den Jahreskreis gegliedert, Arbeit und Freizeit, Fest und Fasten geordnet. Dann kamen die Gedenktage, anfangs symbolisch: Christi Geburt, später konkret: Kaisers Geburtstag, Führers Geburtstag. Solche Tage gruben sich schon ein in das Gedächtnis von Kindern. Sie gehören zur Tradition.

Im 19. Jahrhundert gab es Theaterstücke, die die schicksalhafte Wiederkehr von schrecklichen Ereignissen auf immer den gleichen Jahrestag legten: „Der 24. Februar" von Zacharias Werner oder „Der 29. Februar" von Adolf Müllner. Es gab kein Entrinnen, solange noch Beteiligte oder Zeugen eines Verbrechens am Leben waren. Das Publikum in der Romantik liebte solche „Schicksalstragödien", es wollte, dass die Menschen nicht nur Naturgewalten, sondern auch geschichtlichen Mächten ausgeliefert werden, gegen die sie sich nicht wehren konnten.

Einer macht den Anfang ...

Aber Schicksalstage in der Geschichte werden gemacht. Am 18. Januar 1701 setzt sich Kurfürst Friedrich III. von Brandenburg in Königsberg eine Krone auf und nennt sich von nun an „König von Preußen". Am 18. Januar 1871 proklamieren die deutschen Fürsten den preußischen König Wilhelm I. im Spiegelsaal von Versailles zum Deutschen Kaiser. Am 18. März 1848 siegt in Berlin die Revolution. Friedrich Wilhelm IV. huldigt unter dem Druck des Volkes den 230 toten Barrikadenkämpfern und verspricht eine Verfassung. Am 18. März 1948 versammelt sich in der Staatsoper zu (Ost-)Berlin der 2. Deutsche Volkskongress und beschließt die Ausarbeitung einer Verfassung, die am 18. März 1949 verabschiedet wird – sie tritt am 7. Oktober des gleichen Jahres als erste Verfassung der DDR in Kraft.

Einer macht den Anfang, provoziert. Die anderen folgen als Provokateure. Und ist der Anfang einmal nicht schlecht, dann sind die Provokationen zumeist umso grausamer. Sie halten Erinnerungen wach und bestrafen die, die dem Anfang etwas Positives abgewinnen wollten, etwa eine demokratische Republik.

9. November 1918: Reichskanzler Max von Baden gibt eigenmächtig den Thronverzicht des immer noch zaudernden Kaisers Wilhelm II. bekannt und übergibt die Regierungsgeschäfte an Friedrich Ebert. Von einem Fenster des Reichstages ruft Philipp Scheidemann die Republik aus: „Das deutsche Volk hat auf der ganzen Linie gesiegt! Das Alte, Morsche ist zusammengebrochen; der Militarismus ist erledigt!"

9. November 1923: In München marschieren Adolf Hitler und General Ludendorff mit ihren Anhängern zur Feldherrnhalle und erklären die „Novemberverbrecher für abgesetzt". Der Hitler-Putsch ist eine Farce und zugleich eine Warnung. Hitler schreibt aus der Festung Landsberg am Lech: „Sogenannte nationale Behörden verweigerten den toten Helden ein gemeinsames Grab. So widme ich ihnen zur gemeinsamen Erinnerung den ersten Band dieses Werkes, als dessen Blutzeugen sie den Anhängern unserer Bewegung dauernd voranleuchten mögen." Flamme empor!

9. November 1938: Abends und nachts brennen in Deutschland die Synagogen, Friedhöfe werden geschändet, Geschäfte geplündert und zerstört. Über 25 000 jüdische Menschen werden verhaftet. Ein Spaßvogel, wahrscheinlich Göring, nennt diese Nacht „Kristallnacht". Die deutschen Spaßvögel hängen das „Reichs-" davor, wie sie ja heute noch ihren „inneren Reichsparteitag" haben. Die Reichskristallnacht hat sich als Datum eingeprägt. Sensible Menschen haben nach 1983 entdeckt, dass dies so nicht angemessen aufgerufen werden kann aus der Geschichte: Sie versuchen den Begriff „Reichspogromnacht" durchzusetzen, und sensible Menschen verwenden diesen Begriff, wohl wissend, dass die Kristallnacht gemeint ist.

9. November 1989: Tausende von Menschen kommen nachts von Ost- nach Westberlin; die Mauer ist gefallen.

Einen Tag später: Jürgen Wohlrabe, ein weniger bekannter Berliner CDU-Politiker, stößt Bundeskanzler Helmut Kohl an. Dieser reagiert zunächst nicht, Willy Brandt schaut starr in die Ferne, wendet sich ab. Wohlrabe stimmt die Nationalhymne an. Kohl und Brandt fallen ein, mit ihnen Tausende vor dem Rathaus Schöneberg. Tausende pfeifen auch, als das Deutschlandlied, die Kaiserhymne, die Nationalhymne erklingt. Ein paar Tage danach versendet die Tageszeitung TAZ den Gesang auf einer viereckigen Billigpressung.

Deutsche Erinnerungen

Dieser 9. November war nicht geplant. Er ist nicht der Gedenktag der Deutschen geworden und man wird erzählen, dass die Mauer durch ein ähnliches Missverständnis durchbrochen wurde, wie damals die Republik zustande gekommen war.

Gedenktage können überstrapaziert werden, wenn sie nicht über jeden Dissens erhaben Zusammengehörigkeit ausdrücken und nicht bloß Zusammengehörigkeitsgefühl dokumentieren. So der 4. Juli in den USA, immerhin der Erklärung der Menschenrechte und der Unabhängigkeit gewidmet; so der 14. Juli in Frankreich, der Erstürmung der Bastille, den Menschenrechten und dem Beginn eines neuen Zeitalters gewidmet.

Wenn wir von religiösen absehen, ist das mit den deutschen Gedenktagen nicht so eindeutig bestellt. Die Geburtstage müssen überstrapaziert werden. Die Erinnerungen an große Siege (Sedan) oder Menschen (Luther) wurden durch zu viele Interpretationen getrübt und ansonsten erinnerte man sich fast nur an Desaster, überhaupt in jüngster Zeit:

der 30. Januar – die Nazis ergreifen die Macht, die sie eigentlich schon seit geraumer Zeit besitzen;

der 8. Mai – nein, nicht die Befreiung, der Zusammenbruch wird erinnert. Der Parlamentarische Rat verabschiedet das Grundgesetz am 8. Mai 1949. Aber nicht an diesem Tag wird in der Bundesrepublik an allen öffentlichen Gebäuden geflaggt, sondern am 23. Mai, dem Tag der Veröffentlichung im Bundesgesetzblatt;

der 17. Juni – der eigentliche deutsche Gedenktag im Westen, der die Gleichung *rot = braun* so plausibel zu machen scheint;

der 13. August – der Tag des Mauerbaus, kein eigentlicher Gedenktag, sondern im Westen einer der Beruhigung über die eigene moralische und politische Überlegenheit;

der 3. Oktober – Feiertag der hastigen Vereinigung vor der Einheit;

der 9. November – eine Verlegenheit.

Die Trauer über die Judenverfol-

On Kawara (geb. 1932), Nov. 9, 1984 (aus der „Today-Serie" 1984), Acryl auf Leinwand, 66 x 91,5 cm, Frankfurt am Main, Museum für Moderne Kunst

gung, die Fassungslosigkeit über die Vernichtung von Millionen in den Gaskammern, die „Aufarbeitung der Vergangenheit" und ihre „Entsorgung" (Jürgen Habermas) prägen einen neuen Abschnitt der deutschen Geschichte, vor allem in der Bundesrepublik vor der Vereinigung. Es sind induzierte Haltungen, mühsam angeeignet, nicht gleich durch die Demokratie des Grundgesetzes oder den Wiederaufbau von den Menschen angenommen als „Trauerarbeit". Der 9. November 1938, ausgelöst durch ein nur scheinbar zufällig dorthin gelegtes Ereignis, wird gleichwohl zum endgültigen Lerndatum für das Deutsche Reich und sein Gedächtnis. Jetzt musste jedem klar sein: Die Nazis meinten es ernst mit der Vernichtung der Juden. Erst in den sechziger Jahren wird dieses Datum aktualisiert. Die Kinder der Nachkriegsgesellschaft, die Angehörigen einer Generation, die im Frieden aufgewachsen ist, wenden sich gegen ihre Eltern, gegen das Kollektiv aus Tätern und Mitläufern. Die Opfer werden befragt, hervorgeholt, zu „Zeitzeugen" gemacht, die sie immer schon waren.

Das alles geht mir durch den Kopf, nachdem die Fernsehbilder des 9. November 1989 abgelöst wurden durch euphorische Kommentare, Ungläubigkeit, Freude, die jeder nachvollziehen kann, und die Gewissheit, das könne doch nicht alles gewesen sein. Menschen fallen sich in die Arme, so viel Hoffnung und Rhetorik haben ihre Bestimmung erhalten, heute wird nicht über die „Mühen der Ebene" (Bertolt Brecht) gesprochen. Gut so. Aber was wird aus diesem Datum in Zukunft werden?

Gedenktage sind Markierungen

Gedenktage sind als Markierungen in der Biografie sozialer Gruppen wichtig. Sie dienen längst nicht mehr der Orientierung, sondern der Identifikation. Wenn fast alle Menschen einer Gesellschaft am gleichen Tag das gleiche feiern oder betrauern, dann drückt das einen Konsens über die eigene Verfassung aus, über den Zustand, in dem sich ein Gemeinwesen befindet. Wenn so ein Tag aber die Freude der einen in die Galle der andern verwandelt, dann ist noch vieles zu verarbeiten und zu korrigieren. Ich möchte einen Feiertag, der die eingelösten Menschenrechte feiert und die verletzten zugleich anklagt, aber mit der Gewissheit: Wir wollen sie herstellen. Ich möchte einen Friedensschluss feiern können mit denen, deren Niederlage nicht in neue Ungerechtigkeit mündet. Früher haben die Tyrannen und Monarchen sich selbst durch das gezwungene Volk feiern lassen und das war prächtig. Heute soll eine demokratische Republik nicht sich selbst feiern können? Für Deutschland gibt es da noch ein unabgegoltenes Datum, das davor liegt: der 9. November 1938.

Wer an der altmodischen (und falschen) Definition des Volkes als „Schicksalsgemeinschaft" hängt, dem sind sie Erkennungszeichen für die Gültigkeit des Geschicks. Das hätte den ersten 9. November doch prädestiniert aktiv die demokratische Republik zu feiern, lange vor Hitler und seinen Wegbereitern. Wurde die erste Republik spätestens im Januar 1933 zu Grabe getragen, so hat die Diktatur am 9. November 1938 ihrem Gesicht die wahrhaftige Form gegeben, deren Züge bis zu den Vernichtungslagern vor Auschwitz nur noch prägnanter, schärfer, aber niemals weicher wurden. Mir geht durch den Kopf, in jenem November 1989, dass in Zukunft die Gedenkfeiern am 10. November immer jene Peinlichkeit tragen werden, die sich rhetorisch so windet: einerseits ein Tag der Trauer, andererseits aber ein Tag der freudigen Besinnung. Sie werden tun, als hätte die Öffnung die Schuld, und mit der Schuld die Trauer getilgt. So ist es ja auch gekommen, aber nicht mehr so bruchlos, wie in früheren Jahren gedacht werden konnte, immerhin.

„Wir" waren das Ende

Als knapp ein Jahr nach dem Mauersprung die Vereinigung zur Einheit geraten sollte, haben viele Politiker das „Ende der Nachkriegszeit" proklamiert und weltpolitisch scheint dies ja plausibel. Aber ich habe da meine Zweifel und gehe zurück in meine Biografie, die eng mit den sechziger Jahren verbunden ist, mit der Studentenbewegung und mit Willy Brandts „Mehr Demokratie wagen!" Meine These war schon vor dem 9. November 1989, dass „wir" dieses Ende waren, zwanzig Jahre früher. „Wir", diese diffuse Menge von lauten, moralisierenden, theoriehungrigen, antiautoritären, elternfressenden Friedenskindern, deren Erfolg ganz anders sich gestaltete als erwartet, weshalb wir uns hüten sollten von Verdienst zu reden. Meine Kurzformel lautet seit längerem: ohne uns keine Debatte über die Notstandsgesetze, ohne diese Debatte keine sozialliberale Koalition, ohne diese keine Ostverträge, ohne Ostverträge keine sozialen Bewegungen im sozialistischen Lager von Dauer und Wirkung, Rückschläge eingeschlossen, ohne diese kein Gorbatschow und keine Perestroika und schon gar nicht die Menschen in der DDR, die ihre Befreiung nach 1988 in die eigene Hand genommen hatten, als im Westen noch keiner daran glauben wollte, dass die Hoffnung auf Vereinigung real werden könnte. Viel Heuchelei danach, rechts wie links: Die Mauer hat ja stabilisiert, dem Westen mehr genützt als dem Osten, sie hatte Realpolitik ermöglicht, wo jetzt die Realität einbrach – mit Ungerechtigkeit, Arbeitslosigkeit, Auslöschung von Biografien; zugegeben. Und? möchte ich fragen, was ist daran so besonders, als dass Befreiungen auch Krisen mit sich bringen. Mir geht es nicht darum, dass die Einigungspolitik nicht hätte besser gemacht werden können, aber der 9. November 1989 hat doch durchbrochen, was eine Scheinsicherheit gewährte, auch eine Sicherheit vor der verdrängten Rückschau. Im DDR-Jargon war die Mauer ein „antifaschistischer Schutzwall" und verhöhnte damit die Opfer des Faschismus und die

Demokraten in beiden deutschen Staaten, die überlebenden Antifaschisten zumal. Faschismus und Widerstand gegen ihn, auch Abwehr gegen künftigen Faschismus – *das* haben wir thematisiert und in die Politik gebracht, 1968, auch, als wir voller Trauer den Einmarsch der Sowjets in Prag beklagten: Das war das Menetekel des „Realen Sozialismus".

Natürlich ist diese Erklärung einseitig, zu kurz gegriffen, überheblich, lässt alle Selbstkritik der Studentenbewegung und der verpassten Chancen einer Demokratie beiseite, die auch zur Geschichtsarbeit gehören. Aber diese Demokratie ist doch seit 1968 fester geworden, hat Berufsverbote und RAF überwunden und stellt sich in Frage. Rostock, Hoyerswerda, brennende Flüchtlingsheime, Tote in Mölln und anderswo, geschändete jüdische Friedhöfe, besonderer Hass auf Sinti und Roma, die wieder nur die Zigeuner sind, seit eh und je, und wieder ein offener, wenn auch subtiler Antisemitismus.

„... und ihr steht und schaut zu ..."

Aus dem 9. November 1938 ist nichts zu lernen. Dieser Gedenktag hat sich aufgehoben, aufgelöst im Rauch der Gaskammern, in millionenfachem Leid der ausgelöschten Juden, der Opfer des Kriegs, der Zerstörung zivilisierter Gesellschaften. Aus seiner Vorbereitung wäre allerdings zu lernen und diese Lektion könnte zum 9. November 1989 führen. Plötzlich hatten Menschen ihrem Staat den Gehorsam aufgekündigt, haben friedlich – und mit Lichterketten – ihre Humanität gegen die Phrasen eines leer gewordenen Humanismus demonstriert.

Wahrscheinlich wäre eine solche Haltung des gewaltlosen Widerstands 1938 tödlich und deshalb zu spät gekommen, wäre sinnloser Widerstand gewesen. Aber wäre sie ein paar Jahre früher auch erfolglos gewesen? Müßige Frage, und doch: Wer steht heute auf, wenn Flüchtlinge abgewiesen, Asylbewerber verfolgt werden, und wer gibt denen, die aufstehen, den Kredit, um dessentwillen auch die Mauer gefallen ist?

> Ss' brent! Briderlech, ss' brent! ...
> un ir schtejt un kukt asojsich
> mir farlejgte hent ...
>
> Es brennt, Brüder, es brennt! ...
> und ihr steht und schaut zu mit
> verschränkten Händen ...
> *(Mordechaij Gebirtig, 1877–1942)*

Die friedlichen Revolutionen in Ost- und Mitteleuropa haben nicht nur Frieden gebracht, zu sehr hat sich die Vergangenheit in die Zukunft hinüber gerettet. Vieles wird noch einmal bei 1918 ansetzen müssen. Aber hier in Deutschland ist es doch gut gegangen? Manche ausländischen Politiker oder Friedensgruppen reden gar von einem Vorbild.

Da war aber noch der 9. November 1938 und die leuchtenden Synagogen waren angekündigt gewesen. Es sollte sich als Schicksal darstellen, was so gewollt und ins Werk gesetzt wurde. Der Gedenktag hat sich hinter dem Rücken der Trauernden und der Vergessenden durchgesetzt. Er hat nicht „seine Form gefunden"; es gibt keine Form für diesen Tag, solange nicht der Konsens dieser Gesellschaft auch darin besteht, dass Schuld und Scham nur zu ertragen sind, wenn *mit* ihnen und nicht *gegen* sie gelebt wird, wenn nicht schäbig aufgerechnet wird, was auf das Konto von anderen geht.

Ich sehe sie wieder vor mir, wie sie die Hymne singen, Kohl, Brandt, Wohlrabe, viele mit ihnen, die meisten stumm oder pfeifend. „Gott erhalte ..." oder „Von der Maas bis an die Memel ..." oder „Einigkeit und Recht und Freiheit ...". Die Melodie, schon beim österreichischen Kaiser zweckentfremdet endet für mich immer und ausnahmslos im „Deutschland, Deutschland über alles, über alles in der Welt". Über alles: über den sechs Millionen Juden, über den Abermillionen Opfern des deutschen Krieges, über die Nachkriegszeit, die aus diesem Schoß gekrochen war. Über eine neue Hymne denkt die Verfassungskommission des vereinigten Parlaments sowenig nach wie über den 9. November. Aber vergessen lässt sich das Licht der brennenden Synagogen nicht: Es leuchtet ins neue Deutschland hinein.

Prof. Dr. Michael Daxner, (geb. 1947 in Wien), seit 1986 Präsident der Carl von Ossietzky-Universität Oldenburg; Vorstandsmitglied der Jüdischen Gemeinde Oldenburg

---

Diskutieren Sie die Überlegungen des Autors zur Funktion von Gedenktagen. Analysieren Sie die Beziehung zwischen Sprache und Perspektive des Autors.

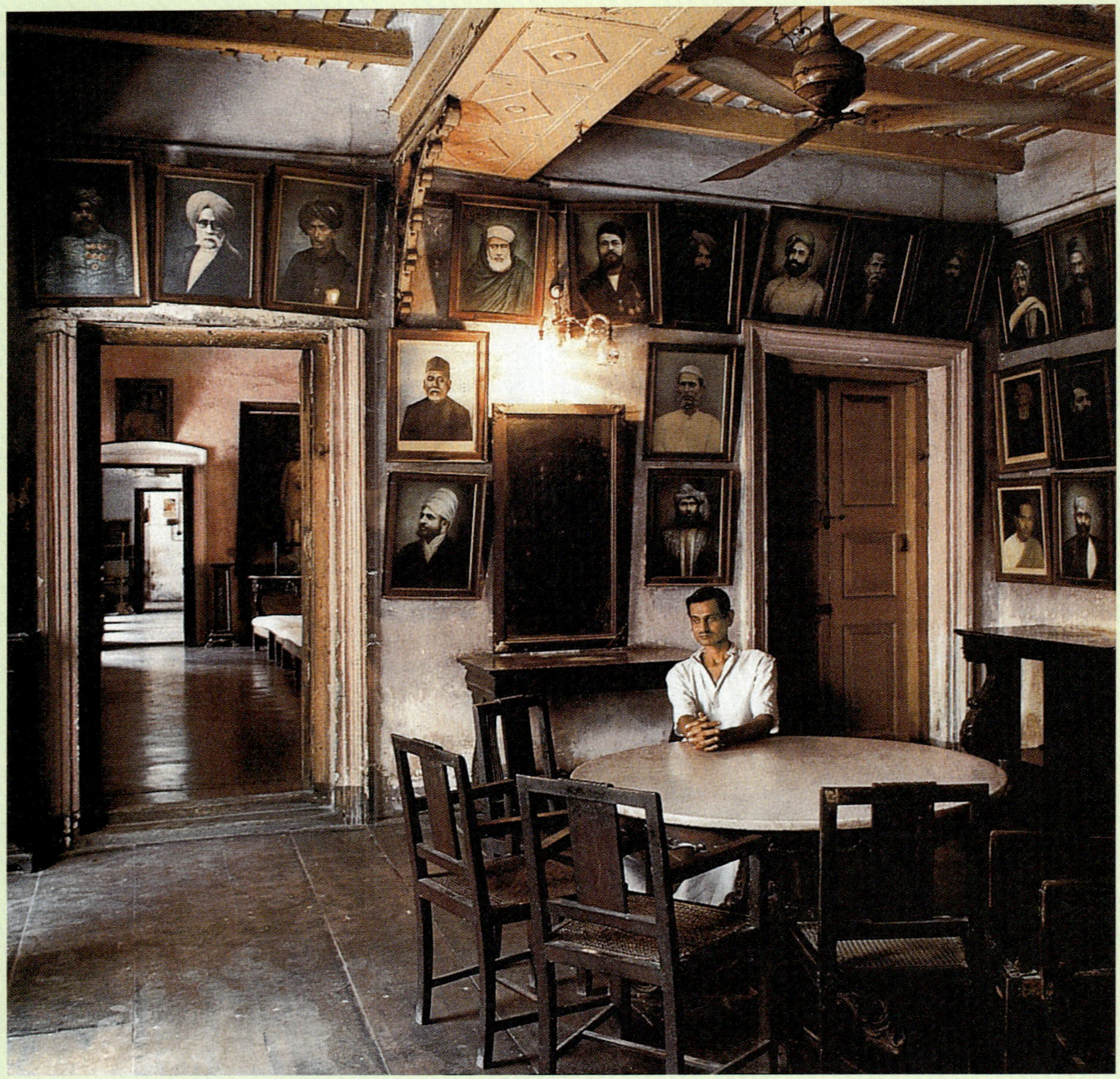

7. Dekolonisierung und Dritte Welt

„Subkontinent auf dem Weg zur Software-Supermacht. Indien fährt mit hohem Tempo auf dem Info-Highway – Spitzenleistungen zu Niedrigstpreisen." So und ähnlich lauteten 1995 zahlreiche Schlagzeilen zur wirtschaftlichen Entwicklung von Ländern der „Dritten Welt". Drei Jahre zuvor war das große Kolumbus-Gedenkjahr gefeiert worden: Für viele aus der Dritten Welt ein Anlass kritisch auf 500 Jahre Geschichte der „Europäisierung der Welt" zurückzublicken, denn 460 Jahre waren eine Geschichte der Aufteilung und Ausbeutung. Erst im letzten Zehntel dieser Epoche war mit der „Dekolonisierung" das Ende der direkten politischen Herrschaft Europas über die Welt gekommen, bildete sich gleichzeitig jene Gruppe von Ländern heraus, die wir noch immer als „Dritte Welt" bezeichnen. Dekolonisierung und Herausbildung der „Dritten Welt" stehen in engem Kontext zur Entwicklung der internationalen Politik und bilden daher das Gliederungsschema des Darstellungstextes in diesem Kapitelkurs.

Der Begriff „Dritte Welt" ist umstritten. Zur Zeit seiner Entstehung bezeichnete er Staaten, die weder zur „Ersten Welt" der westlichen, kapitalistischen Industriestaaten noch zur „Zweiten Welt" der staatssozialistischen Länder zählten. Obwohl der Ostblock heute nicht mehr existiert, behält der Begriff seinen Sinn: Wie der „Dritte Stand" in der Französischen Revolution, kennzeichnet er eine Mehrheit, die nur über wenig politische Rechte verfügt.

Bereits 1885, in der Schlussakte der Berliner Kongo-Konferenz, hatten die europäischen Kolonialmächte den unterworfenen Völkern zentrale Rechte auf Sicherung ihrer Existenz und Verbesserung ihrer Lebenslage zugesagt. In der Realität des Imperialismus entpuppten sich diese Versprechen indes immer wieder als Legitimation europäischer Herrschaftsansprüche. Der Erste Weltkrieg erschütterte diese imperialistischen Ansprüche, der Zweite Weltkrieg zerstörte sie endgültig. Denn nur noch zwei Weltmächte bestimmten nun die internationale Politik: die USA, die mit der Atlantik-Charta 1941 die Unabhängigkeit der Kolonialvölker zu einem ihrer wesentlichen Kriegsziele gemacht hatten, und die UdSSR, die mit der sozialistischen Revolution den Kolonialvölkern einen neuen Weg in die Unabhängigkeit wies.

Unabhängigkeit war das Ziel aller Kolonialvölker. Der passive Widerstand Mahatma Ghandis eröffnete Indien und Pakistan 1947 den Weg in die Selbstständigkeit. Der Sieg Mao Zedongs und der Kommunisten in China 1949 demonstrierte den Kolonialvölkern den erfolgreichen sozialistisch-revolutionären Weg. Aber schon Anfang der 1950er Jahre, als es in dem ehemaligen japanischen Herrschaftsgebiet Korea zwischen dem kommunistischen Norden und dem kapitalistischen Süden zum Krieg gekommen war, trat deutlich die Verknüpfung der Unabhängigkeitskämpfe mit dem Ost-West-Konflikt zutage. Völkerrechtliche Selbstständigkeit bedeutete also noch lange nicht tatsächliche Unabhängigkeit. Das mussten auch die Völker Afrikas erfahren, denen zwar seit den 1960er Jahren der Durchbruch zur Unabhängigkeit gelang, dies aber oft nur bei gleichzeitiger Parteinahme im Ost-West-Konflikt.

Ungeachtet aller internationalen Abhängigkeiten haben die Länder der Dritten Welt schon sehr früh einen eigenen Weg zwischen den Blöcken gesucht. So sollte die Bandung-Konferenz von 1955 den Grundstein zu einem Zusammenschluss und einer gemeinsamen Interessenvertretung legen. Dies gelang jedoch nicht. Zu verschieden waren die Kulturen und politischen Systeme, die sozialen und wirtschaftlichen Voraussetzungen, die sich mit den sechziger Jahren weiter vertieften. Zum einen haben sich in den letzten Jahren die wirtschaftlichen Bedingungen drastisch verändert. Einige Länder liefern „Spitzenleistungen zu Niedrigstpreisen" und Ostasien wird mittlerweile wegen seiner wirtschaftlichen Modernisierungsleistungen geradezu als Herausforderung für die alten westlichen Industriestaaten verstanden. Die Anfang des 20. Jahrhunderts aufgestellte These des Soziologen Max Weber, die ostasiatischen Kulturen seien zur Modernisierung nicht fähig, verliert offensichtlich ihre Gültigkeit.

Zum anderen werden seit dem Ende des Ost-West-Konflikts zahlreiche Dritte Welt-Länder, vor allem in Afrika, durch innere Kämpfe vom Zerfallen bedroht. Allerdings lassen sich diese Probleme nur zum Teil den Nachwirkungen des Kolonialismus zurechnen. Sie sind auch das Ergebnis einseitiger Industrialisierungsprogramme, einer gewaltigen Aufrüstung während des Kalten Krieges sowie traditioneller Sozial- und Stammesstrukturen. Diese „Krise Afrikas" verlangt neue Lösungswege. In einer Ausgabe der Zeitschrift „Focus" vom April 1994 sah Äthiopiens Staatschef Meles Zenawi Rettung in einer selbstbestimmten demokratischen Entwicklung. Der südsudanesische Oppositionspolitiker Bona Malwal dagegen forderte ganz Afrika unter UN-Treuhandschaft zu stellen. Wie aber lassen sich der Anspruch auf demokratische Freiheit und Selbstständigkeit der Völker bei all ihren Verschiedenheiten mit dem Anspruch der UNO vereinbaren Demokratie und Menschenrechte in der „Einen Welt" durchzusetzen?

Raum im Haus der ehemaligen Großgrundbesitzerfamilie Ghosh in Kalkutta, Indien. Fotografie , 1987

7 Dritte Welt

1826 Unabhängigkeit Lateinamerikas von Spanien und Portugal	**1949** Ausrufung der Volksrepublik China durch Mao Zedong	**1964** UNCTAD I in Genf *(UN Conference on Trade and Development)*: erste der künftig alle vier Jahre tagenden Weltkonferenz, wichtiges Forum der Entwicklungsländer, Gegenstück zum Internationalen Währungsfonds (IWF); Gründung der „Gruppe der 77"; Beginn des 2. Indochina-Krieges durch amerikanische Bombenangriffe auf Nordvietnam
1885 Kongo-Konferenz in Berlin: Grundsätze für koloniale Besitzergreifung, Anheizen des Wettlaufs um Kolonien	**1950/53** Korea-Krieg: Eingreifen der UNO auf der Seite Südkoreas unter militärischer Führung der USA	
1914/18 Erster Weltkrieg; Aufruf Sowjetrusslands zur Unabhängigkeit aller Völker (1917); 14-Punkte-Programm US-Präsident Wilsons mit der Forderung der gerechten Behandlung der Kolonialvölker (1918)	**1951** Portugal erklärt seine Kolonien zu Überseeprovinzen	
	1952 Ausnahmezustand in der britischen Kolonie Kenia (Mau-Mau-Aufstand)	
	1954 Niederlage Frankreichs bei Dien Bien Phu in Vietnam; Genfer Verträge zur Beendigung des 1. Indochina-Krieges; Teilung Vietnams	**1965** Einseitige Unabhängigkeitserklärung der weißen Siedlerregierung in der britischen Kolonie Rhodesien
1919 Versailler Frieden: ehemalige Kolonien der besiegten Mächte unter Aufsicht der Siegermächte als Völkerbundmandate, *nicht* als Kolonien	**1955** Konferenz der blockunabhängigen Staaten Asiens und Afrikas in Bandung	**1971** 20-jähriger Freundschaftsvertrag zwischen Indien und der UdSSR
	1956 Unabhängigkeit des Sudan, Marokkos und Tunesiens; britisch-französische Intervention am Sueskanal in Ägypten scheitert	**1973/74** Ölboykott der OPEC gegen die Industriestaaten löst Weltwirtschaftskrise aus
1931 Das Westminster-Statut gibt den „weißen *Dominions*" volle Selbstständigkeit unter der britischen Krone, vermeidet aber den Begriff Unabhängigkeit		**1989** Gemeinsamer Rohstofffond der UNCTAD zur Verbesserung der *Terms of Trade*
	1959 Spanien erklärt seine Kolonien zu Provinzen des Mutterlandes	
1945 Ende des Zweiten Weltkriegs in Europa und Asien: Ausrufung der Republik Indonesien durch Sukarno (Aug.), der Republik Vietnam in Hanoi durch Ho Chi Minh (Sept.); Kämpfe auf Java zwischen niederländischen und indonesischen Truppen	**1960** Unabhängigkeit der schwarzafrikanischen Staaten Kamerun, Senegal, Mali, Madagaskar, Zaire, Somalia, Französisch West- und Äquatorialafrika, Nigeria; weitere Staaten in den folgenden Jahren; Gründung der Organisation der erdölexportierenden Länder *(Organization of the Petroleum Exporting Countries/OPEC)*	**1992** UNCTAD VIII in Cartagena/Kolumbien: Entwicklungsländer erkennen erstmals eigene Verantwortung für Entwicklungsmängel an
		1994 Ende des Apartheidregimes in Südafrika: Nelson Mandela erster farbiger Präsident; Unabhängigkeit Namibias (ehemaliges Deutsch-Südwestafrika)
1946 Bürgerrecht für alle Einwohner der französischen Kolonien; Beginn des 1. Indochina-Krieges		**1995** Inkrafttreten eines neuen Welthandelsabkommens *(World Trade Organization/WTO)* mit verbindlichen 3/4-Mehrheitsbeschlüssen, Befürchtung der armen Länder der Dritten Welt von den Industrie- und Schwellenländern überstimmt zu werden
1947 Unabhängigkeit Indiens und Pakistans von Großbritannien, blutige Auseinandersetzungen zwischen Hindus und Moslems im Punjab und in Bengalen	**1961** Gründung der Blockfreien-Bewegung; Beginn des Befreiungskampfes in Angola (Unabhängigkeit 1975)	
	1962 Ende des Algerien-Krieges	
	1963 Gründung der Organisation für die Einheit Afrikas *(Organization of African Unity/OAU)*	
1948 Ausrufung des Staates Israel, Beginn des israel.-arab. Konflikts		

Assimilation: im Allgemeinen Begriff für das Aufgehen von Fremden in anderen Kulturen; im Besonderen Begriff für das Ziel der französischen „Kulturmission" die kolonialen Untertanen zu Franzosen zu erziehen.

Blockfreiheit/Blockfreie Staaten: Als blockfrei galten Länder, die nicht den ost-westlichen Bündnissystemen angehörten und sich offiziell zu einer Politik des Neutralismus bekannten. Die Konferenz von Bandung 1955 stellte den Beginn der Blockunabhängigenbewegung dar, vor allem von Ländern der Dritten Welt, die damit für die Vertretung ihrer Interessen eine eigene internationale Plattform zu bilden suchten. Nach der Überwindung des Ost-West-Konflikts muss die Idee der Blockfreiheit neu definiert werden.

Commonwealth of Nations: umfasst fast die Gesamtheit unabhängiger Staaten (mit Ausnahme von Irland, Ägypten und Südafrika), die ehemals dem britischen Kolonialreich angehörten und größtenteils Englisch als Amtssprache behielten. Nachdem sich zahlreiche Mitglieder zu Republiken erklärten, die die britische Königin nicht mehr als Staatsoberhaupt anerkennen, ist das Commonwealth nur noch ein lockerer Staatenverband.

Communauté Française: ein letzter Versuch von Präsident de Gaulle die Kolonien in einem Staatenbund an Frankreich zu binden. Die 1958 gegründete Gemeinschaft zerfiel bereits 1960 mit der Unabhängigkeitserklärung der frankophonen Staaten in Afrika.

Dritte Welt: Dazu gehören alle industriell schwach entwickelten Länder in Afrika, Asien und Lateinamerika. Die Einteilung in Erste, Zweite und Dritte Welt geht dabei von der historischen Entwicklung der Industrialisierung aus. Die im 18. und 19. Jh. industrialisierten kapitalistischen Länder bildeten die Erste Welt, während die später industrialisierten ehemaligen sozialistischen Länder des Ostblocks zur Zweiten Welt gezählt wurden. Die Ungleichheit zwischen den reichen Industriestaaten und den Entwicklungsländern auf der südlichen Hälfte führt zu Auseinandersetzungen, in der die Nationen der Dritten Welt eine Verbesserung ihrer Situation und eine Gleichberechtigung auf dem Weltmarkt anstreben.

Entwicklungsdekade: von der UNO seit 1961 jeweils für das folgende Jahrzehnt proklamierte „Dekadenstrategie". 1990 verabschiedete die UN-Vollversammlung die 4. Entwicklungsdekade für die 1990er Jahre. Die drei abgelaufenen Entwicklungsdekaden zeichneten sich durch eine Sammlung meist zu hoch gesteckter Entwicklungsziele aus.

Entwicklungsländer: Bezeichnung für die Staaten der Dritten Welt, die im Vergleich zu den Industriestaaten wirtschaftlich und technisch „unterentwickelt" sind. Drei Viertel der Weltbevölkerung leben in Entwicklungsländern Afrikas, Asiens und Lateinamerikas, ständig bedroht durch Armut, Krankheit, Hunger und Tod. Kennzeichen bzw. Ursachen: Über 50 % der Bevölkerung sind in der Landwirtschaft tätig, eine hohe Analphabetenrate, ein geringer Lebensstandard, oft feudale Gesellschaftsformen; Abhängigkeit von Industrienationen, geringe Industrialisierung, hohe Auslandsverschuldung und Kapitalmangel.

„Gruppe der 77": Lockerer organisatorischer Zusammenschluss von inzwischen 128 Entwicklungsländern (1991), der als *pressure group* der Dritten Welt gemeinsame Verhandlungspositionen gegenüber den Industrieländern auf internationalen Konferenzen durchzusetzen versucht.

Humankapital: Wissen und Fähigkeiten der Menschen, das im Produktionsprozess eingesetzte Sachkapital zu nutzen und weiterzuentwickeln. In der Regel Umschreibung für technisch-wissenschaftliche Kompetenz und Intelligenz.

Indirekte Herrschaft *(Indirect Rule):* Konzept der britischen Kolonialverwaltung, das die in den Kolonien vorgefundenen Herrschaftsstrukturen als Verwaltungsunterbau benutzte, Personal und Kosten sparte, aber durch den Aufstieg „moderner Eliten" in Frage gestellt wurde.

Internationaler Währungsfonds/IWF *(International Monetary Fund /IMF):* 1945 unter der Führung der USA gegründet um eine Neuordnung und Stabilisierung der internationalen Wirtschaftsbeziehungen auf der Basis fester Wechselkurse zwischen konvertiblen Währungen mit dem Dollar als Leitwährung institutionell abzusichern. Der IWF wurde zu einem wichtigen, stark von den Interessen der kapitalkräftigen Industrieländer abhängigen Steuerungsinstrument der internationalen Währungs- und Finanzpolitik; seit den 1980er Jahren Hauptakteur des internationalen Schuldenmanagements.

Lomé-Abkommen: Assoziierungsabkommen zwischen der Europäischen Gemeinschaft (EG) und zunächst 46, zuletzt 69 AKP-Staaten (Staaten Afrikas, der Karibik und des Pazifik). Lomé I von 1975 beschloss u. a. 1. den freien Zugang fast aller Waren zum EG-Markt und umgekehrt die Meistbegünstigung für Waren aus der EG; 2. Kapital- und technische Hilfe über den Europäischen Entwicklungsfonds (EEF); 3. Ausfuhrerlös-Stabilisierung. Lomé II bis IV (1990 für 10 Jahre) bauten weitere Importbeschränkungen für Produkte aus den AKP-Staaten ab, erhöhten die Mittel des EEF und verstärkten die Hilfe für die Ernährungssicherung und ländliche Entwicklung. Lomé galt als „Modell für Partnerschaft", verlor aber diesen Anspruch auch aufgrund der geringen Finanzausstattung des EEF.

Monokultur/Monostruktur: die Ausrichtung der Landwirtschaft/Volkswirtschaft auf im Wesentlichen ein (Rohstoff-)Produkt, welches den Export bestimmt. Viele Entwicklungsländer sind von Monokulturen gekennzeichnet, teilweise, weil sie von den Kolonialmächten in die koloniale Arbeitsteilung hineingezwungen wurden. Die Abhängigkeit von einem Rohprodukt erweist sich unter den Bedingungen der internationalen Arbeitsteilung der *terms of trade* als Entwicklungsfalle.

Terms of Trade (ToT): reale Austauschrelationen zwischen Primärgütern (Rohstoffen) und Industriegütern (siehe Grafik S. 375). Die von R. Prebisch entwickelte „Theorie der säkularen Verschlechterung

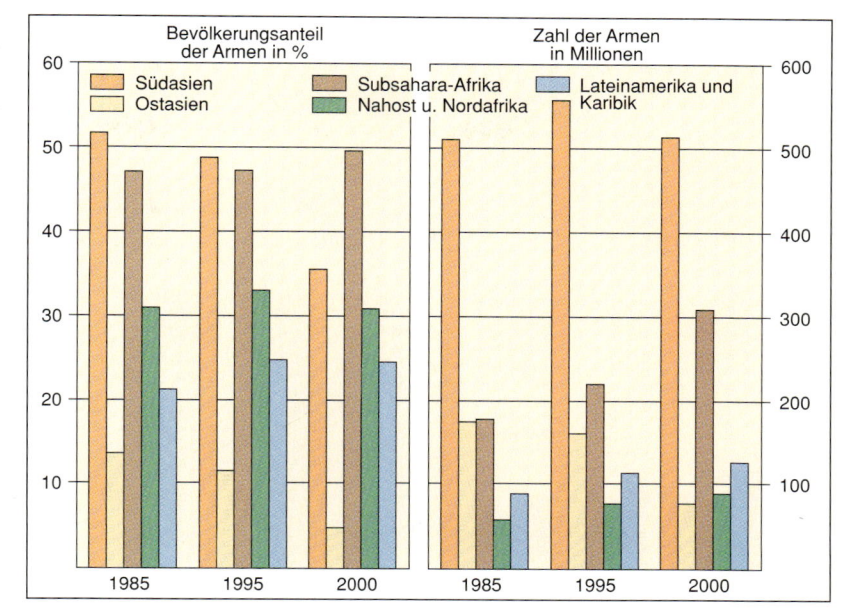

Strukturen der Weltarmut 1985–2000

7 Dritte Welt

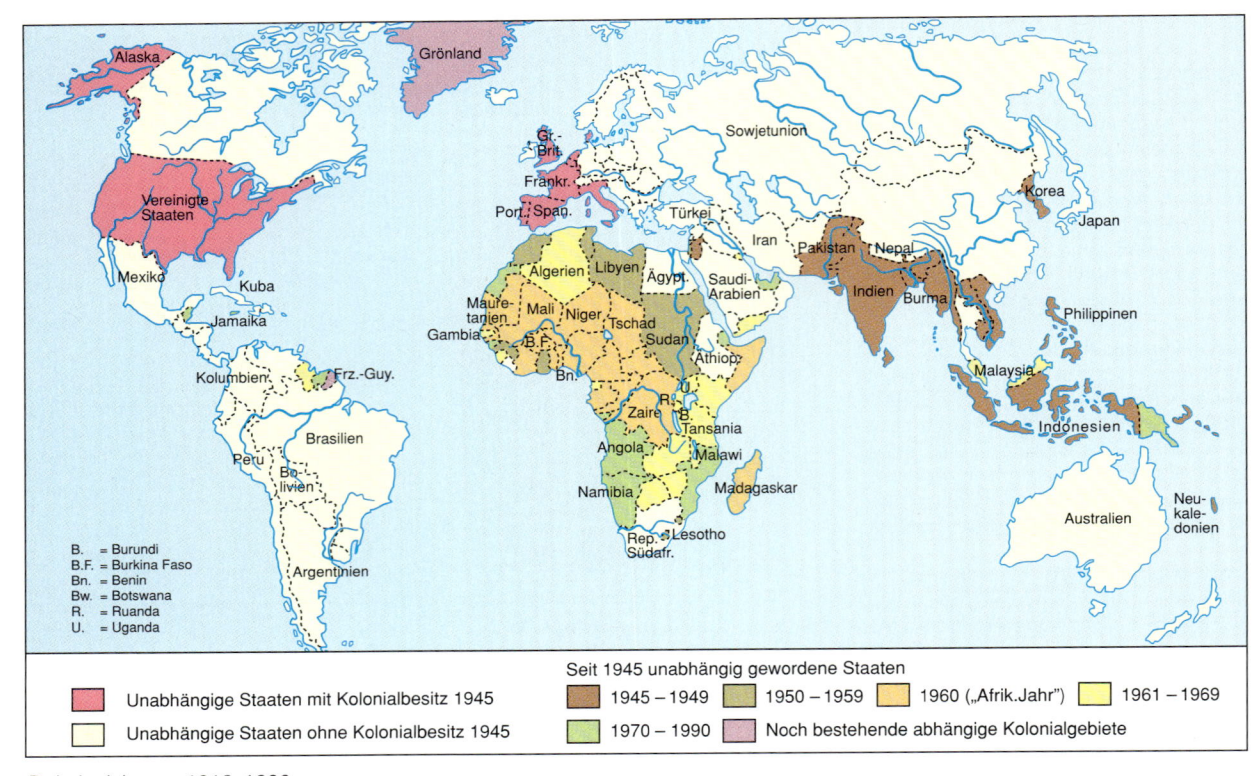

Legende:
- Unabhängige Staaten mit Kolonialbesitz 1945
- Unabhängige Staaten ohne Kolonialbesitz 1945

Seit 1945 unabhängig gewordene Staaten:
- 1945–1949
- 1950–1959
- 1960 („Afrik. Jahr")
- 1961–1969
- 1970–1990
- Noch bestehende abhängige Kolonialgebiete

Abkürzungen:
- B. = Burundi
- B.F. = Burkina Faso
- Bn. = Benin
- Bw. = Botswana
- R. = Ruanda
- U. = Uganda

Dekolonisierung 1918–1990

Sozialindikatoren im internationalen Vergleich 1989/90

Sozialindikatoren	OECD-Länder	Subsahara-Afrika	Südasien	Indien	Ostasien	China	Lateinamerika	LLDC[a]
Lebenserwartung bei Geburt	77	51	58	59	68	70	68	51
Säuglingssterblichkeit (auf 1000 Geburten)	8	107	93	92	34	29	48	69
Zugang in % der Bevölkerung								
– zu Trinkwasser	*	40	72	75	75	74	79	46
– zu Gesundheitsdiensten	*	48	56	*	*	*	75	46
Kalorienversorgung								
pro Kopf/Tag Einwohner	3 417	2 122	2 215	2 229	2 617	2 639	2 721	2 022[b]
pro Arzt	460	22 930	3 460	2 520	2 390	1 000	1 220	21 410
Alphabetisierungsquote	96	51	46	48	76	73	84	45
Einschulungsquoten in %[c]								
– in Primarschulen	97	47	*	*	100	100	87	50
– in Sekundarschulen	95	17	38	43	46	44	50	16
– im Tertiärbereich	43	2	*	6	5	2	18	2

* keine Angaben vorhanden – a Least Developed Countries (siehe S. 373) – b 1988
c in Prozent der jeweiligen Altersgruppe

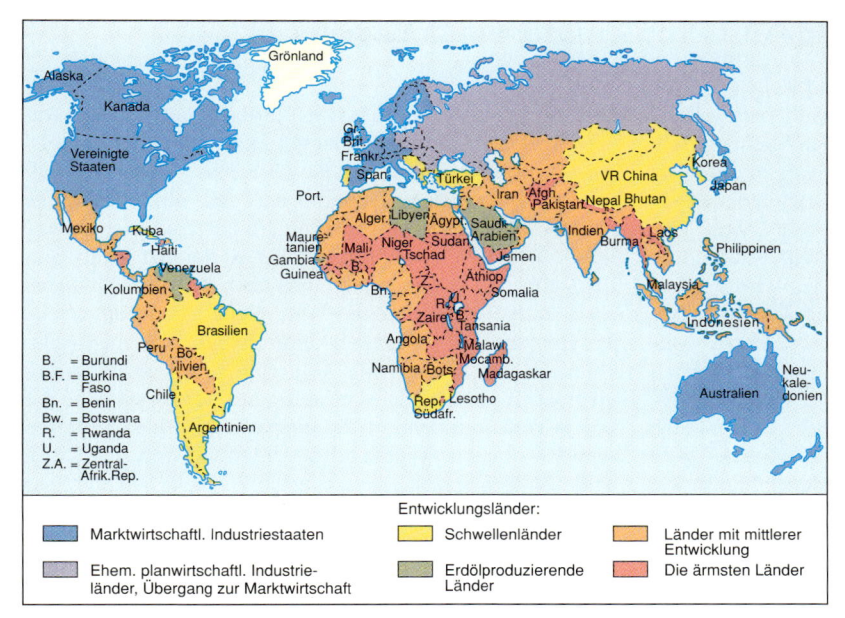

Industrieländer und Entwicklungsländer 1993

Entwicklungsländer:
- Marktwirtschaftl. Industriestaaten
- Ehem. planwirtschaftl. Industrieländer, Übergang zur Marktwirtschaft
- Schwellenländer
- Erdölproduzierende Länder
- Länder mit mittlerer Entwicklung
- Die ärmsten Länder

	1960	1970	1975	2000[a]
Kalkutta	5,5	6,9	8,1	19,7
Mexico City	4,9	8,6	10,9	31,6
Groß-Bombay	4,1	5,8	7,1	19,1
Groß-Kairo	3,7	5,7	6,9	16,4
Djarkarta	2,7	4,3	5,6	16,9
Seoul	2,4	5,4	7,3	18,7
Delhi	2,3	3,5	4,5	13,2
Manila	2,2	3,5	4,4	12,7
Teheran	1,9	3,4	4,4	13,8
Karatschi	1,8	3,3	4,5	15,9
Bogota	1,7	2,6	3,4	9,5
Lagos	0,8	1,4	2,1	9,4

a Schätzung

Städtewachstum in Ländern der Dritten Welt 1960–2000 (in Mio. Einwohner)

USA blieb symbolisch für die Nähe zu den US-amerikanischen Interessen. Die „Bank der Armen" hat sich heute zum wichtigsten multilateralen Kreditgeber der Dritten Welt entwickelt. Sie finanziert ihre Operationen 1. durch Einzahlungen ihrer Mitglieder, 2. aus Kreditaufnahmen auf den internationalen Kapitalmärkten, vor allem in Form von Schuldverschreibungen gegenüber Staats- und Privatbanken, 3. aus Einnahmen aus den eigenen Kreditgeschäften. Sie vergibt Kredite zu kommerziellen Bedingungen und unter strengen Kontrollen der Kreditwürdigkeit und Rentabilität; sie ist zugleich programmatische Vordenkerin der internationalen Entwicklungspolitik und seit den 1980er Jahren – zusammen mit dem IWF – Lenkerin der Strukturanpassungspolitik.

Weltmarkt: der durch die zunehmende Verflechtung der nationalen Wirtschaften im 20. Jh. entstandene weltweite Austausch von Gütern und Dienstleistungen. Im Gegensatz zur nationalen Schutzzollpolitik nach dem Ersten Weltkrieg haben nach dem Zweiten Weltkrieg die westlichen Industrieländer, vor allem die USA, die Wiederherstellung eines freien Weltmarktes durch den Abbau von Zoll- und Handelsbeschränkungen forciert. Aufgrund ihrer wirtschaftlichen Macht und ihres Hauptanteils am Welthandel können die westlichen Industrieländer die Bedingungen bestimmen, zu denen Agrarprodukte und Rohstoffe auf dem Weltmarkt insbesondere aus den Ländern der Dritten Welt verkauft werden müssen *(terms of trade)*. Alle bisherigen internationalen Versuche, zu einer gerechten Struktur des Welthandels zu kommen, haben den Preisverfall für Rohstoffe und die Verschuldung der Entwicklungsländer nicht stoppen können.

der ToT" folgert aus einem langfristigen Vergleich der Preise dieser beiden Gütergruppen, dass sich das Austauschverhältnis langfristig zuungunsten der Primärgüter aus den Entwicklungsländern und zum Vorteil der Industrieländer verändert habe. Um die Wirkweisen der ToT angemessen bewerten zu können muss zwischen ihren verschiedenen Typen und Berechnungsarten unterschieden werden.

Weltbank: 1944 zum Wiederaufbau der kriegszerstörten Länder konzipiert und 1945 in Washington gegründet. Die geographische Nähe zum Machtzentrum der

---

1. Beschreiben Sie die Dekolonisierung in ihrem räumlichen und zeitlichen Ablauf.
2. Stellen Sie Probleme der Entwicklungsländer anhand der Statistiken, Begriffe und der Zeittafel fest.
3. Erarbeiten Sie die Situation der Entwicklungshilfe nach dem Wendejahr 1989/90 mit Hilfe der Grafik S. 363.

Dritte Welt – Zur Problematik eines Begriffs

Jeder scheint zu wissen, was die „Dritte Welt" ist, weil sie uns täglich in den Medien als eine Welt von Massenarmut, Krisen und Katastrophen vermittelt wird. Gemeinhin werden die drei Kontinente Afrika, Asien und Lateinamerika zur Dritten Welt oder schlicht zum „Süden" gezählt. Diese Vorstellungen und Umschreibungen sind nur teilweise richtig, teilweise mit Klischees behaftet. Inzwischen wird der Begriff der Dritten Welt häufig mit dem einschränkenden „sogenannt" versehen oder sogar als untauglicher Begriff abgelehnt. Entstanden war die Einteilung der Welt in drei Welten zur Zeit des Ost-West-Konflikts, in dem die westlichen Industrieländer sich selbst als die „Erste" Welt ansahen, sich die sozialistischen Länder des Ostblocks als „Zweite" Welt davon absetzten. Die übrigen, nicht gebundenen Länder auf dem Globus wurden unter diesem Aspekt der Blockteilung als „Dritte" Welt betrachtet.

Es gibt verschiedene Gründe für die Kritik an der Einteilung der Welt in drei Welten und damit an der Zusammenfassung von inzwischen rund 135 Ländern zur Dritten Welt, die ein vielfältiges Gemisch aus großen und kleinen, rohstoffreichen und rohstoffarmen, ethnisch vielfarbigen und kulturell unterschiedlichen Staaten darstellen. Sie verfolgen innen- und außenpolitisch unterschiedliche Interessen, haben verschiedene politische und soziale Systeme mit teilweise scharfen Grenzen zwischen den herrschenden Eliten und der Masse der Bevölkerung. Daraus ergeben sich für die einzelnen Länder zum Teil grundlegend andersartige Entwicklungsmöglichkeiten.

Schon die übliche geographische Zuordnung von Asien, Afrika und Lateinamerika zur Dritten Welt übersieht einige Tatbestände: Erstens gehörte ein erheblicher Teil Asiens zur ehemaligen Sowjetunion und damit zur Zweiten Welt, während Japan zur Ersten Welt der OECD-Länder *(Organization for European Economic Cooperation)* gezählt wird. Zweitens ordnen die politischen Führungsgruppen Lateinamerikas ihren Subkontinent der „westlichen Hemisphäre" und dem „christlichen Abendland" zu und reagieren daher sehr empfindlich auf eine Zuordnung zur Dritten Welt. Wird dagegen die Dritte Welt als ehemals kolonisierte Welt definiert, dann müssten ihr auch die früheren „weißen *Dominions*" im britischen Empire (also Kanada, Südafrika, Australien, Neuseeland) zugerechnet werden.

Wird die Dritte Welt ökonomisch als arme Welt verstanden, passen die reichen Ölstaaten nicht ins Bild; wird sie als unterentwickelte Welt definiert, dann sind ihr die ostasiatischen Schwellenländer, wie z. B. Südkorea und Taiwan, die über eine entwickelte Industrie verfügen, entwachsen. Andererseits erklärte die Weltbank inzwischen auch die meisten osteuropäischen Länder, die vorher als Zweite Welt galten, zu Entwicklungsländern, weil sie eine bestimmte Schwelle des Pro-Kopf-Einkommens unterschritten haben. Da die Dritte Welt politisch im Kontext des Ost-West-Konflikts entstanden war, sprach man nach dem Verschwinden der sozialistischen Zweiten Welt allenthalben vom „Ende der Dritten Welt": Wenn es keine Zweite Welt mehr gibt, könne es auch keine Dritte Welt mehr geben. Dieses Argument ist zu einfach, da es einseitig aus der Perspektive der Ersten Welt argumentiert. Es gibt weiterhin einen Kern von rund 100 Staaten, die sich selbst der Dritten Welt zurechnen, darunter auch einzelne neue Staaten in Kaukasien und Zentralasien.

Problematisch ist auch ein Verständnis von Dritter Welt, das diese als eine geschlossene Staatengruppe betrachtet. Die Dritte Welt bildete im Kontext der internationalen Politik niemals eine homogene Staatengruppe und entwickelte sich zunehmend in verschiedene Ländergruppen mit unterschiedlichen Entwicklungsniveaus, Problem- und Interessenlagen auseinander. Zwar organisierte sie sich, wie z. B. in der „Gruppe der 77"* oder in der Blockfreienbewegung*, um gemeinsame Verhandlungspositionen aufzubauen; ihr Erfolg als „Gewerkschaft der Dritten Welt" war jedoch gering, weil die Interessendifferenzen untereinander größer waren als die Gemeinsamkeiten.

Versteht man die Dritte Welt global als den „Süden", so ist auch dieser Begriff von vornherein problematisch. Die große Mehrheit der Entwicklungsländer* liegt nämlich auf der Nordhalbkugel. So ist auch das politische Schlagwort vom Nord-Süd-Konflikt kaum trennscharf. Dennoch ist dieser Begriff keine Leerformel. Er steht vielmehr nach der Überwindung des Ost-West-Konflikts als ein Kennzeichen für den sich abzeichnenden zentralen Weltkonflikt zwischen einer reichen Weltminderheit, die nur ein Fünftel der Weltbevölkerung umfasst, aber über vier Fünftel des Weltsozialprodukts verfügt, und einer armen Weltmehrheit.

> *1. Verfassen Sie eine knappe Definition des Begriffs „Dritte Welt". Diskutieren Sie die sachlichen Probleme, die die Begriffsbildung aufwirft.*
> *2. Es gibt Auffassungen, denen zufolge ein Begriff wie „Dritte Welt" den Betroffenen nichts nütze, sie vielmehr diffamiere. Nehmen Sie Stellung.*

Kolonialmächte und Anfänge der Dekolonisierung in der ersten Hälfte des 20. Jahrhunderts

Der Erste Weltkrieg als Zäsur in der Kolonialgeschichte

Die Ausgangssituation

Die europäischen Kolonialreiche, die sich seit 1880 mit dem Imperialismus herausgebildet hatten, erlangten zwischen den beiden Weltkriegen ihre größte Ausdehnung, zugleich begann aber auch ihr Verfall. Die „Europäisierung" der Welt mit „Kreuz und Schwert" rief Gegenbewegungen wach, die im weiteren Verlauf teils durch Verhandlungen, teils durch Aufstände und Kriege die Kolonialherrschaft abschüttelten. Die Ablösung der Kolonien vom jeweiligen „Mutterland", Dekolonisierung genannt, war angestoßen.

Schon vor dem Ersten Weltkrieg waren in Indien, Indochina und Indonesien politische Organisationen entstanden, die politische Mitwirkungsrechte in den Kolonialinstitutionen forderten. Der 1885 gegründete Indische Nationalkongress brachte in seinem Namen einen doppelten Anspruch zum Ausdruck: „National" stand für das Ziel eines unabhängigen Nationalstaates, „Kongress" für eine alle Kasten, Völker und Religionen übergreifende Sammlungsbewegung. Der Erste Weltkrieg zwang dann die Kolonialmächte, um ihre Kolonien an den Kriegslasten beteiligen zu können, zu Zusagen für eine baldige Dekolonisation. Über eine Million Inder und Hunderttausende von Afrikanern waren als Soldaten oder Zwangsarbeiter in den Krieg einbezogen worden.

Internationaler Druck auf die Kolonialmächte

„14 Punkte". Am Ende des Ersten Weltkriegs gaben zwei wichtige politische Programme und der Völkerbund der Dekolonisierung in ihrer Frühphase neue Impulse: Der US-Präsident Thomas Woodrow Wilson forderte in seinen „14 Punkten" für eine Friedensregelung auch das Selbstbestimmungsrecht der Völker, wobei prinzipiell auch die Kolonien mitgedacht wurden (siehe S. 378, Mat. 1). Auf dieses Recht konnten sich fortan die Unabhängigkeitsbewegungen in den Kolonien berufen. Gleichwohl war die praktische Politik der USA doppelzüngig. Die USA, die aus einer kolonialen Rebellion hervorgegangen waren, verstanden und präsentierten sich zwar als antikoloniale Macht, waren aber nach der Besetzung Puerto Ricos und der Philippinen im Anschluss an den Krieg mit Spanien (1898) selbst zu einer Kolonialmacht geworden. So war Präsident Wilson, der den europäischen Kolonialismus kritisierte, 1912 nicht bereit

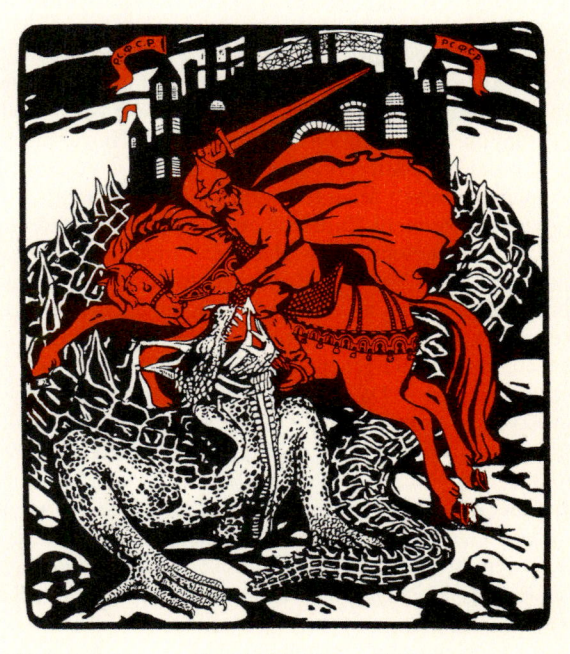

„1917 – Oktober – 1920", Sowjetrussisches Plakat, 1920, 71 x 54 cm. Der dem Plakat angefügte Text lautete: „Genosse! Verdreifache deine Energie, durch der Kanonen Batterie, der Bajonette Igel, freudig begrüßen wir im blutigen Kampf der Oktoberrevolution dritten Jahrestag! Sie ist ein Pfand unseres nahen Sieges, Knechte werden wir niemals sein! Durch zeitweilige Misserfolge und Nöte schreiten wir in das lichte Reich der Arbeit. Vom Proletarierschwert getroffen, aushauchend reißt der Drachen des Imperialismus den Rachen auf ... Die sowjetische, föderative, sozialistische Weltrepublik – es lebe ihre Macht!"

einen im US-Kongress eingebrachten Gesetzentwurf zu unterstützen, der den Philippinen bis 1921 die Unabhängigkeit verschaffen sollte. Seine Nachfolger sympathisierten mit

Unabhängigkeitsbewegungen, verweigerten den Philippinen aber bis 1946 die Selbstständigkeit. Dementsprechend schwach war die Position der USA gegenüber den großen europäischen Kolonialmächten Großbritannien und Frankreich, als am Ende des Ersten Weltkriegs über den Frieden verhandelt wurde.

Völkerbundsvertrag. Artikel 22 des Völkerbundsvertrages von 1919 (siehe S. 188 f.) konstruierte einen mühsam ausgehandelten Kompromiss. Die den Kriegsverlierern Deutschland und Italien aberkannten Kolonien und die arabischen Teile des Osmanischen Reiches erhielten zwar kein Selbstbestimmungsrecht, wurden aber auch nicht mehr zu formellen Kolonien anderer Mächte. Sie wurden vielmehr als „Treuhandgebiete" der internationalen Kontrolle des Völkerbundes unterstellt. Zudem übertrug der Völkerbundsvertrag den „fortgeschrittenen Nationen" nicht nur die Vormundschaft über Völker, die „noch nicht imstande sind sich unter den besonders schwierigen Bedingungen der heutigen Welt selbst zu leiten", sondern auch die „heilige Aufgabe" sich um das „Wohlergehen und die Entwicklung vieler Völker" zu kümmern. Damit gab die Idee der Treuhandschaft der Kolonialherrschaft eine Zielsetzung, die von den Kolonialmächten vor 1914 so nicht anvisiert worden war. Die Kongo-Akte von 1885 hatte den Gedanken der „Zivilisierung" der Kolonialvölker in den Vordergrund gestellt, womit politische Unterdrückung und wirtschaftliche Ausbeutung leicht vereinbar waren. Die Gedanken des Wohlergehens und der Entwicklung ließen dies nun nicht mehr zu. Der Kolonialismus der alten Art war durch die Wandlungen in der internationalen Politik in seiner expansiven Gewalt gebrochen.

„Dekret über den Frieden". Das zweite politische Programm erwuchs aus der Russischen Revolution. Kurz vor Präsident Wilson proklamierte Lenin im „Dekret über den Frieden" vom 8. November 1917 das Selbstbestimmungsrecht der Völker, das uneingeschränkt auch für die Kolonialvölker gelten müsse (siehe S. 378, Mat. 2). Das Dekret gründete in der marxistischen Kritik am Imperialismus, den Lenin als die letzte Stufe des Kapitalismus vor dessen endgültigem Zusammenbruch ansah. Diese Kritik gab antikolonialen Widerstandsbewegungen Rückhalt, zumal die erfolgreiche Russische Revolution, die in einem rückständigen Agrarland stattgefunden hatte, für die Kolonien Vorbild sein konnte (siehe S. 101–104 und 192 f.).

Die „14 Punkte" Wilsons, der Treuhandschaftskompromiss des Völkerbundsvertrages und das sowjetrussische „Dekret über den Frieden" signalisierten, dass die vormals alleinige Macht kolonialpolitischen Handelns der europäischen Staatenwelt entglitt. In Europa machte sich eine Krisenstimmung breit, die in zahlreichen Büchern zum Ausdruck kam: so in Oswald Spenglers „Untergang des Abendlandes" (1918/22), in René Groussets „Réveil de l'Asie" (1924) oder in Arnold Toynbees Vision eines „pazifischen Jahrhunderts".

England und Frankreich: Zwei Wege der Kolonisation – zwei Wege der Unabhängigkeit?

Kolonialherrschaft bedeutete immer Bevormundung und Unterwerfung, wie sie auch ideologisch gerechtfertigt und verwaltungstechnisch ausgeübt wurde. Ihre Formen und Methoden allerdings waren je nach Kolonialmacht und den Bedingungen in den Kolonien vielgestaltig. Die Muster lieferten die britische und französische Kolonialverwaltung.

Britische und französische Kolonialverwaltung

Die Briten übten ihre Herrschaft in der Regel durch eine kosten- und personalsparende „indirekte Herrschaft"* *(indirect rule)* aus. Sie benutzten einheimische Autoritäten als Verwaltungsunterbau und gingen nach dem Prinzip „teile und herrsche" vor. So konservierten sie alte Herrschafts- und Stammesstrukturen. Die Methode geriet aber in eine Krise, als die im Schoße des Kolonialsystems herangewachsenen modernen Eliten traditionelle Autoritätsstrukturen in ihren Ländern nicht mehr akzeptieren wollten. Das musste zum Konflikt auch mit der Kolonialmacht führen.

Die französische Kolonialpolitik hingegen war in der Regel zentralistisch angelegt. Wenn sie einheimische Autoritäten einsetzte, dann in direkter Unterstellung und damit als reine Ausführungsorgane. Richtungsweisend war ein Zirkular, das der Generalgouverneur von Französisch-Westafrika 1917 verschickte: „Es gibt nicht zwei Autoritäten: die französische und die eingeborene. Es gibt nur eine! Nur der Kreiskommandant befiehlt. Er allein ist verantwortlich. Der eingeborene Häuptling ist ein Instrument." Die französische Kolonialpolitik betrachtete ihre Kolonien als Teil des nationalen Territoriums. Daraus ergab sich der entscheidende Unterschied zur Politik der anderen Kolonialmächte. Die kolonialen Untertanen sollten politisch und kulturell zu Franzosen „erzogen" werden. Die Schlagworte waren „zivilisatorische Mission" und „Assimilation"*. Im Zuge dessen erhielten schon früh in Einzelfällen Afrikaner das Recht an Wahlen zur Französischen Nationalversammlung teilzunehmen. So etwas war in der britischen Kolonialkonzeption nicht vorstellbar. Aus bürgerrechtlicher Sicht war damit die französische Kolonialdoktrin sicherlich „fortschrittlicher". Sie bedeutete aber auch Geringschätzung der anderen Kulturen, kulturelle Entfremdung und Verlust der Wertschätzung für das Eigene. Dieser Versuch, die Kolonien eng mit dem „Mutterland" zu verbinden, führte als „direkte" Herrschaft zu schwereren Konflikten als bei der indirekten Herrschaftspraxis der Briten.

Wege zur Unabhängigkeit zwischen den Kriegen

Während Frankreich erst auf Druck der weltpolitischen Veränderungen nach 1945 im Nahen Osten und Nordafrika Unabhängigkeit gewährte, ging die britische Politik flexibler vor, ungeachtet der Tatsache, dass noch immer konservative Kolonialpolitiker wie Winston Churchill (1874–1965) für den Fortbestand der Kolonialreiche eintraten. Die Briten verbanden dabei auf der arabischen Halbinsel ihre geopolitischen Interessen an den Ölquellen mit dem Unabhängigkeitsstreben von lokalen Dynastien. Sie erkannten die völkerrechtliche Unabhängigkeit von Ägypten 1922, des Irak 1930 und Saudi-Arabiens 1935 an, banden diese Staaten aber gleichzeitig durch Verträge politisch und militärisch eng an sich. Indien, dem „kostbarsten Juwel in der Krone Englands", wurde bereits 1919 ein Stück Selbstverwaltung zugestanden. Politische Mitbestimmungsrechte wurden aber bis zum *India Act* 1935 auf eine winzige Besitz- und Bildungsschicht beschränkt. Deshalb hatte Mahatma Gandhi (1869–1948) schon im Jahre 1920 mit seinem gewaltfreien Widerstand gegen die Kolonialherrschaft, die weltweit Aufsehen erregte, begonnen. Seinen „weißen *Dominions*" (Kanada, Südafrika, Australien, Neuseeland) gewährte Großbritannien im Westminster-Statut von 1931 volle Selbstständigkeit unter dem Dach der britischen Krone, vermied aber den Begriff der Unabhängigkeit. Gewährt wurde dieses *Dominion*-Privileg zunächst nur weißen Siedlerkolonien. Verweigert hat man diesen Status hingegen weißen Minderheiten, die in Kenia und Südrhodesien lebten, da diese die innere Autonomie *(responsible government)* zur Errichtung eines Minderheitenregimes mit Rassendiskriminierung zu missbrauchen suchten. Insgesamt war aber der Kolonialpolitik als ganzer und damit auch dem „farbigen Empire" durch das Privileg des *responsible government* ein Dekolonisationsziel gesetzt. Im Gegensatz zu England tat sich Frankreich schwerer seine Positionen zu räumen. Erst 1946 erhielten Syrien und der Libanon auf massiven britischen Druck die Selbstständigkeit.

Zweiter Weltkrieg: Motor der Dekolonisation

Die internationalen Konstellationen

Schon die Weltwirtschaftskrise 1929/33 hatte auch die Kolonien als Bestandteile der Weltwirtschaft in Mitleidenschaft gezogen (siehe S. 151). Nationale Eigenständigkeit und sozialistische Orientierung der Wirtschaft gegenüber der kapitalistischen, katastrophenanfälligen Wirtschaftsweise wurden für junge Eliten und breitere Bevölkerungsschichten in den Kolonien zu attraktiven Alternativen.

Entscheidend für die weitere Dekolonisationsgeschichte wurde jedoch der Zweite Weltkrieg. Er brachte Frankreich und Großbritannien, den bedeutendsten Kolonialmächten und gleichzeitig europäischen Großmächten, demütigende Niederlagen bei. Besonders die Niederlagen in Südostasien und China gegen die neue imperialistische Industriemacht Japan und seine antiwestliche Propaganda erschütterten den angeblichen „himmlischen Herrschaftsauftrag" der europäischen Kolonialmächte bei den unterworfenen Völkern. Durch militärische Niederlagen geschwächt und um ihren Überlegenheitsanspruch gebracht mussten Großbritannien und Frankreich Konzessionen machen, die vor Kriegsbeginn noch undenkbar gewesen wären.

Auch in der Weltpolitik, zu deren Führungsmächten die USA und UdSSR durch den weiteren Verlauf des Krieges aufstiegen, wuchs der Widerstand. Beide versuchten in der Tradition ihrer Politik von 1917/18 sich als antikoloniale Mächte zu profilieren und bei den Unabhängigkeitsbewegungen Sympathien zu sammeln. US-Präsident Franklin D. Roosevelt (1882–1945) hatte schon in der Atlantik-Charta vom 14. August 1941 gegen heftigen Widerstand des britischen „Kriegspremiers" Winston Churchill das allgemeine Selbstbestimmungsrecht der Völker festgeschrieben (siehe S. 214, Mat. 13). Im dritten Artikel der Charta erklärten die

Demonstration in Bombay für die indische Unabhängigkeit, 1931. Fotografie

Unterzeichnerstaaten: „Sie respektieren das Recht aller Völker die Regierungsform zu wählen, unter der sie leben wollen, und sie wünschen, dass denjenigen die souveränen Rechte und die Selbstregierung zurückgegeben werden, denen sie mit Gewalt genommen worden sind."
Die Kolonialvölker überhörten die öffentlich verbreitete Botschaft nicht. Zwei Tage später fragte der Regierungschef von Birma an, wann England diesen Artikel auf sein Land anwenden würde.
Wie nach dem Ersten Weltkrieg, so verzichteten die USA unter dem Druck der Briten auf der Kriegskonferenz in Jalta im Februar 1945 und in den Verhandlungen über die UN-Charta im Sommer 1945 doch wieder auf die ursprünglich geplante Unterstellung aller Kolonien unter das neue Treuhandsystem der UNO; sie setzten aber in Artikel 73 der UN-Charta den „heiligen Auftrag" an die Kolonialmächte durch, das Wohl der noch abhängigen Völker „aufs Äußerste" zu fördern und die „Selbstregierung zu entwickeln".

Dekolonisation im Fernen Osten bis 1949
Im Fernen Osten löste das Kriegsende eine schnelle Veränderung der Staatenwelt aus. Die Kapitulation Japans befreite Korea, Formosa und das Protektorat Mandschukuo (Mandschurei) von einer Kolonialherrschaft (siehe S. 199 f.), die einerseits brutal war, die aber auf der anderen Seite den Auf- und Ausbau der Infrastruktur, Industrie und Landwirtschaft vorangetrieben hatte. Gaben die USA im Juli 1946 den Philippinen die Unabhängigkeit, so versuchte Holland noch vier Jahre lang die nach der Kapitulation Japans ausgerufene Unabhängigkeit Indonesiens mit militärischer Gewalt zu verhindern. Zeitweilig waren 145 000 holländische Soldaten im Einsatz um den Partisanenkrieg niederzuschlagen. Aber der Druck der USA zwang Holland Ende 1949 zum Rückzug. Gleichzeitig versagten die USA Frankreich (zunächst noch) die militärische Unterstützung in dem 1946 aufflammenden Krieg gegen die vietnamesische Befreiungsarmee.

Französische und britische Kolonialpolitik
Um dem wachsenden Unabhängigkeitsstreben der Kolonialvölker die Spitze zu nehmen, erklärte Frankreich 1946 alle Einwohner seiner Kolonien zu gleichberechtigten französischen Bürgern. Dies war zwar der Höhe- und Endpunkt der auf Assimilation zielenden Kolonialpolitik, aber er konnte das Streben der neuen Staatsbürger nach Unabhängigkeit nicht mehr aufhalten. Dies gelang auch nicht mehr der 1946 begründeten *Union française,* die versuchte Indochina und die Protektorate in Nordafrika (Tunesien, Marokko) durch die Gewährung der inneren Autonomie in einen von Frankreich geführten Staatenbund einzubinden. Je mehr Frankreich versuchte sich auch mit Repressionen gegen die nationalen Bewegungen als koloniale Großmacht zu behaupten, desto größer wurden die Widerstände.
Anders als in Frankreich verlief wiederum die Dekolonisation im britischen Kolonialreich in Süd- und Südostasien. Die neue, sozialistische Regierung der *Labour Party,* die die Konservativen unter Churchill abgelöst hatte, entließ im August 1947 Burma, im Februar 1948 Ceylon und – entscheidend – im August 1947 Indien und Pakistan in die Unabhängigkeit. Die gelegentliche Romantisierung dieser, nach dem Sprachgebrauch britischer Aktenpublikationen, friedlichen „Übertragung der Macht" übersieht allerdings, dass in Indien im August 1942 und im November 1945 in allen größeren Städten antikoloniale Unruhen ausgebrochen waren und im Februar 1946 Meutereien in der britisch-indischen Marine die Stütze der britischen Herrschaft ins Wanken gebracht hatten; sie übersieht auch die unfriedliche Teilung Britisch-Indiens in die Staaten Indien und Pakistan, die von Gewalttaten zwischen Hindus und Moslems und riesigen Flüchtlingswellen begleitet war. Hier wurden mehr Menschen aus ihren Heimatgebieten vertrieben als nach Kriegsende in Europa (siehe Mat. S. 385–390).
Es gibt einen Streit unter Historikern, ob in Indien eine Übertragung oder Eroberung der Macht stattgefunden habe. Die Labour-Regierung wollte unter dem Einfluss eines starken antikolonialen Flügels seit Kriegsende die Unabhängigkeit Indiens, hätte sich aber ohne Druck der indischen Nationalbewegung kaum gegen die von Churchill angeführte imperialistische Stimmung im eigenen Land durchsetzen können. Die britischen Politiker hatten eine nüchterne Kosten-Nutzen-Rechnung angestellt, nach der die Sicherung des „kolonialen Friedens" mehr kostete als die kolonialwirtschaftlichen „Extraprofite" einbrachten. Hinzu kam die Erschöpfung Großbritanniens durch den Zweiten Weltkrieg. Hierdurch geriet das Land in große Abhängigkeit von der finanziellen Stärke und damit der Politik der USA, die zunehmend auf Dekolonisierung drängten.
Auch wenn die verschiedenen Muster direkter und indirekter Kolonialregierung die Ansätze zur Dekolonisierung in der Zwischenkriegszeit prägen, so muss in jedem Einzelfall geklärt werden, inwieweit diese Muster die tatsächliche Entwicklung nach 1945 wirklich beeinflusst haben.

---

1. Erörtern Sie, inwieweit der Erste Weltkrieg eine Zäsur in der Kolonialgeschichte darstellt. Ziehen Sie dazu auch die Basismaterialien S. 378–384 heran.
2. Stellen Sie die „Muster" der Kolonialpolitik Großbritanniens und Frankreichs dar.

Dritte Welt und Dekolonisierung im Zeichen des Ost-West-Konfliktes

Der Ost-West-Konflikt als Geburtshelfer der Dritten Welt

Die Nachkriegsjahre hatten gezeigt, dass die Dekolonisierung nicht mehr aufzuhalten war. Der Kolonialismus hatte jetzt die Weltmeinung und eine neue Weltordnung gegen sich. Die bestimmenden Mächte waren jetzt die USA und die UdSSR, die beide offiziell eine antikoloniale Politik verfolgten. Die UNO wurden zu einer Plattform für die wachsende Gruppe der Staaten, die die Unabhängigkeit aller Völker öffentlich einklagten. In einem eigens eingerichteten Dekolonisationsausschuss wurden die Kolonialmächte zur Rechenschaft gezogen. Rechtliche Grundlagen für die Forderungen nach Unabhängigkeit waren die UN-Charta von 1945 mit ihrem Selbstbestimmungsrecht der Völker, die allgemeine Erklärung der Menschenrechte von 1948 sowie mehrere Erklärungen der UN-Generalversammlung.

Der nach Kriegsende aufbrechende Ost-West-Konflikt bedeutete für die Dekolonisation zwar eine Beschleunigung, aber ihre Antriebskräfte kamen von innen. Sie wurden getragen vom antikolonialen Widerstand, der sich in breiten Allianzen unter Führung nationalistischer Eliten zusammenfand. Nun verbanden sich die Unabhängigkeitsbewegungen auch häufiger mit sozialrevolutionären Bewegungen. Sie hatten in Gewerkschaften, Bauernverbänden und Organisationen der öffentlich Bediensteten, die koloniale Diskriminierung besonders hautnah erlebten, eine Basis.

In China gewannen die von Mao Zedong angeführte kommunistische Partei und Volksarmee immer mehr Anhänger. Seit ihrer Flucht auf dem „langen Marsch" durch China 1934/35 konnten sie unter der mehrheitlich bäuerlichen Bevölkerung zunehmend Fuß fassen. In Vietnam organisierte Ho Chi Minh den Kampf der „Viet-minh" gegen die Kolonialmächte und verband dabei das Streben nach nationaler Unabhängigkeit mit einer sozialrevolutionären Zielsetzung. Hierin zeigt sich auch, dass nach 1945 eine jüngere und radikalere Gruppe die Führung übernommen hatte.

Das in den Unabhängigkeitsbewegungen verstärkt auftretende sozialrevolutionäre Element mit seiner kommunistischen und antikapitalistischen Zielsetzung wurde in den westlichen Industriestaaten als Bedrohung empfunden. Infolgedessen wurde der Dekolonisationsprozess zunehmend durch die Brille des Ost-West-Konflikts gesehen, der sich in den Nachkriegsjahren zwischen den USA und der UdSSR herausgebildet hatte. Die erfolgreiche kommunistische Revolution in China 1949, der von einer Aggression des kommunistischen Nordkorea ausgelöste Korea-Krieg 1950–1953 (siehe S. 241 f.) und der Unabhängigkeitskrieg der Viet-minh in Indochina 1946–1954 verstärkten den Eindruck einer stückweisen Ausweitung der kommunistischen Weltrevolution. Schon 1947 hatten wiederum die USA in der Truman-Doktrin die weltweite Eindämmung des Kommunismus angekündigt (siehe S. 239). In diesen Rahmen wurde auch die US-Entwicklungshilfe eingebettet. Das erste Auslandshilfeprogramm der USA 1950 lief unter dem Gesetzestitel der „gegenseitigen Sicherheit" *(mutual security)*. Dadurch erhielt die Entwicklungshilfe* von Anfang an eine besondere Funktion im Kalten Krieg. Ihrem obersten Ziel, der Bekämpfung von Armut, lief sie zuwider und begründete teilweise ihre Misserfolge. Die Eindämmungsstrategie verleitete den Westen dazu, ungeachtet der eigenen Ziele von Demokratie und Menschenrechten in den neuen Ländern der Dritten Welt* alte Gesellschaftsstrukturen zu stabilisieren und selbst reaktionäre Diktatoren zu unterstützen.

Der Kalte Krieg führte letztlich dazu, dass die jungen Staaten erneut zu Objekten der Rivalität zwischen Großmächten wurden. Man umwarb sie mit Wirtschafts- und Militärhilfe, ließ damit aber neue Abhängigkeiten entstehen, die zahlreiche Dritte-Welt-Länder bis heute belasten.

„Wind des Wandels" in Afrika: Die Welle der Dekolonisation

Afrika südlich der Sahara (Subsahara-Afrika) galt in der internationalen Kolonialdebatte auch nach dem Zweiten Weltkrieg als ein Kontinent, der noch nicht „reif" für eine Selbstregierung sei. Aber auch hier hatte dieser Krieg eine ähnliche Wirkung wie der Erste Weltkrieg in Nah- und Fernost. Auch in Afrika waren es die neuen Eliten, die an Missionsschulen und britischen oder französischen Universitäten die Ideen der Französischen Revolution, des britischen Parlamentarismus oder des Marxismus-Leninismus kennengelernt und um sich herum den Zerfall der Kolonialreiche erlebt hatten. Sie forderten energischer politische Mitsprache ein, wobei sich ihre Agitation auch gegen die traditionellen einheimischen Autoritäten richtete (siehe S. 381 f., Mat. 9 und 10).

Zwar waren die frühen antikolonialen Aufstände auf Madagaskar (1947), in Kamerun (1955) und in Angola (seit 1961) eher die Ausnahme als die Regel in der afrikanischen Dekolonisation; aber auch hier entwickelte der Prozess eine Eigendynamik. Wozu Asien mehrere Jahrzehnte brauchte, führte in Afrika innerhalb eines Jahrzehnts zum Wandel, der, beginnend mit der Unabhängigkeit Ghanas 1957, die letzte Dekolonisationswelle in den sechziger Jahren einleitete.

Auflösung des britischen und französischen Kolonialbesitzes in Afrika
In der Folge ihrer früheren Kolonialpolitik handelten die Briten schneller als die Franzosen und bereiteten sich auf einen Rückzug vor. Gewaltsame Auseinandersetzungen entstanden dort, wo größere weiße Siedlergemeinschaften die Einordnung in einen afrikanischen Staat zu verhindern suchten. In Kenia kam es zum Konflikt mit den weißen Siedlern auf dem weißen Hochland. Gegen sie richtete sich der Terror der Mau-Mau-Geheimbünde unter dem Volk der Kikuyu. Die Briten griffen hier in traditionell kolonialistischer Weise ein und versuchten den Aufstand gewaltsam niederzuschlagen. In Rhodesien wollte sich die weiße Minderheit Ende 1965 durch eine einseitige Unabhängigkeitserklärung an der Seite des „weißen Südafrika" dem Dekolonisationsprozess unter afrikanischer Führung entziehen. Der Versuch führte zu einem siebenjährigen Krieg und schließlich – nach einer vorübergehenden Rückkehr zum alten Kolonialstatus – erst im April 1980 zur Unabhängigkeit von Zimbabwe.

General Charles de Gaulle, Führer des „freien Frankreich" im Zweiten Weltkrieg, hatte den west- und zentralafrikanischen Kolonien eine neue Kolonialpolitik versprochen. Nach Kriegsende entwickelte das Frankreich der „Vierten Republik" Konzepte, die den Kolonien auf der einen Seite schrittweise die innere Selbstverwaltung zugestehen sollten, die sie aber auf der anderen Seite nicht aus dem französischen Staatsverband entlassen wollten. Ein Rahmengesetz von 1956 hielt dem wachsenden Streben nach Unabhängigkeit nicht lange stand. 1958 versuchte de Gaulle als Präsident der nun „Fünften Republik" mit Lockungen und Drohungen die sich verselbstständigenden Territorien für eine Föderation *(Communauté)* mit Frankreich zu „gewinnen". Guinea, das beim Referendum zur geplanten *Communauté Française** mit Nein gestimmt hatte, wurde indes mit dem Abzug des Verwaltungspersonals und Entzug der Finanzhilfe bestraft. Dadurch sollten andere Territorien von einer Verweigerung abgeschreckt werden – vergebens. De Gaulle lenkte ein und seit 1960 führten die französischen Kolonien die Dekolonisationswelle in Afrika an.

Die neuen „frankophonen" Staaten blieben jedoch durch Sicherheitsverträge und wirtschaftliche und kulturelle Beziehungen mit der ehemaligen Kolonialmacht enger verbunden als die „anglophonen" Staaten mit Großbritannien im Rahmen des *Commonwealth of Nations**. Die französische kul-

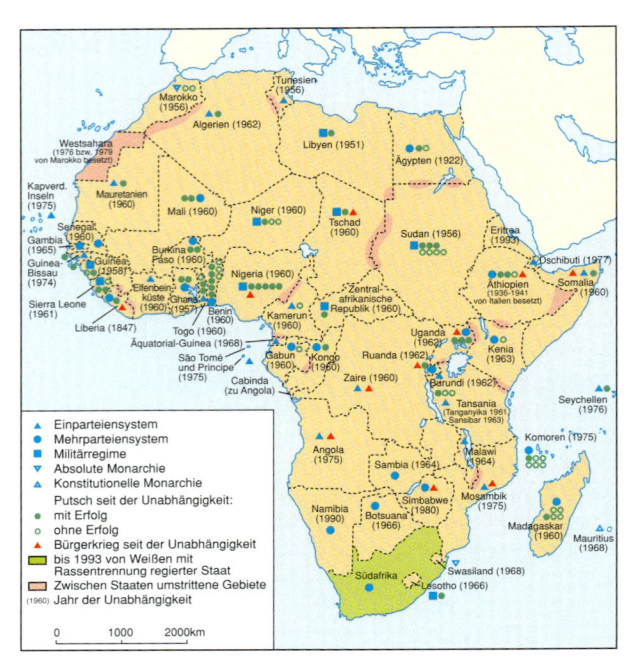

Die politische Entwicklung der afrikanischen Staaten seit der Unabhängigkeit bis 1993

turelle Assimilation bewirkte sogar, dass sich die neuen Staaten weiterhin am „Mutterland" orientierten. Frankreich leistete beträchtliche Finanzhilfe, band seine ehemaligen Kolonien konsequent in die Franc-Zone ein und sorgte dafür, dass sie mit der EG assoziiert und Nutznießer des Europäischen Entwicklungsfonds wurden. Diese besonderen wirtschaftlichen Beziehungen, die Sicherheitsverträge und das Schutzbedürfnis der nachkolonialen Regime sichern Frankreich bis in die Gegenwart in West- und Zentralafrika ein starkes Gewicht. Mit seinem Militär und der Fremdenlegion konnte es wie eine Ordnungs- und Polizeimacht auftreten und schuf eine Art informeller *Communauté*.

Verstreut über die Ozeane verblieben bis heute einzelne Territorien im Kolonialstatus, wie z.B. die britischen Falkland-Inseln im Südatlantik, die französische Insel Réunion im Indischen Ozean oder die ebenfalls französischen Inseln Guadeloupe und Martinique in der Karibik.

Rückwirkungen auf die „Metropolen"
Der Algerien-Krieg. Der Befreiungskampf in den Kolonien veränderte auch die „Metropolen". 1962 musste sich Frankreich nach einem brutalen Kolonialkrieg, in dem es zeitweise eine halbe Million Soldaten eingesetzt hatte, aus Algerien

zurückziehen (siehe S. 380 f., Mat. 6 und 8). Durch die Brutalität des Krieges, die vor allem auch die Zivilbevölkerung getroffen hatte, erlitt Frankreich als Mutterland der Menschenrechte einen enormen Statusverlust. Und: Im Innern spaltete der Konflikt die öffentliche Meinung. Der bedeutendste französische Philosoph seiner Zeit, Jean-Paul Sartre, den viele als das „Gewissen der Welt" bezeichneten, wurde zu einem der schärfsten Kolonialkritiker. Die Auseinandersetzungen um den Algerien-Krieg trugen in Frankreich entscheidend zum Ende der „Vierten Republik" und zur Entstehung der von de Gaulle geprägten, auf die Macht des Präsidenten zugeschnittenen „Fünften Republik" bei.

Unabhängigkeit von Portugal. Auch Portugal verlor seine afrikanischen Überseeterritorien nach kostspieligen Kolonialkriegen in Angola, Mosambik und Guinea-Bissau. Mit dem verzweifelten Versuch, das äußere Kolonialreich zu erhalten, wollte das diktatorische Regime unter General Salazar auch die Macht im Inneren Portugals retten. Die sich abzeichnende Niederlage führte aber zu Unruhen in der Armee, sodass schließlich von einer demoralisierten Kolonialarmee die Revolution gegen das Salazar-Regime ausging.

Großbritannien überstand die Auflösung des Empire ohne innere Erschütterungen, obgleich mit Kratzern am britischen Weltmachtbewusstsein. Die jetzt unabhängigen Staaten, verbunden im Commonwealth, bildeten nur noch einen lockeren Verband, den die Londoner „Times" hämisch als eine „gigantische Farce" bezeichnete.

Die Dritte Welt organisiert sich selbst

Politische Spielräume im Ost-West-Konflikt

Mitte der fünfziger Jahre trugen drei Ereignisse wesentlich zur Endgeschichte des Kolonialismus und zum Eintritt der ehemaligen Kolonialvölker in die Weltpolitik bei: Erstens erlangten nach Frankreichs demütigender Niederlage bei Dien Bien Phu im Jahre 1954 die französischen Kolonien und Protektorate in Indochina die Unabhängigkeit. Zweitens zeichnete sich auf einer im Jahre 1955 in Bandung (Indonesien) veranstalteten Konferenz von 29 afro-asiatischen Staaten und Unabhängigkeitsbewegungen die Bildung der Blockfreienbewegung ab, die als „Dritte Welt" eine eigene Rolle zwischen den Supermächten USA und UdSSR suchte. Drittens scheiterte im Sommer des Jahres 1956 der gemeinsame Versuch von Großbritannien und Frankreich mit militärischer Gewalt die Verstaatlichung des Suezkanals durch Präsident Nasser rückgängig zu machen. Sie mussten sich nach einer Interventionsdrohung der UdSSR und unter dem Druck der USA zurückziehen und sich den neuen Machtverhältnissen in der Weltpolitik beugen (siehe S. 380, Mat. 5). Ihren politischen Spielraum sahen die blockfreien Staaten in der Konkurrenz der beiden Supermächte, die um Ausdehnung bzw. Sicherung ihres weltpolitischen Einflussgebietes im Rahmen des Kalten Krieges rangen. Beim Kampf um die unabhängigen Staaten der Dritten Welt knüpfte die Sowjetunion an ihre antiimperialistischen Proklamationen von 1917 (siehe S. 366) an. Ihre nach 1955/56 eingeleitete offensive Dritte-Welt-Politik, ihr Bündnis mit Nassers Ägypten und ihre enge Zusammenarbeit mit Indien nährten im Westen weltrevolutionäre Bedrohungsängste. Die USA wiederum steckten in einem außenpolitischen Dilemma: Sie wollten ihre NATO-Verbündeten, wie z. B. Großbritannien und Portugal, nicht verprellen, gleichwohl Moskau keine propagandistische Munition liefern. Zudem fürchteten die Staaten der Dritten Welt den ökonomischen Einfluss der USA, wie sie ihn in Mittel- und Südamerika demonstrierten und machtpolitisch im Zweifelsfall durch Interventionen, wie z. B. in Panama, sicherten. Gleichzeitig konnten die USA aber auch nicht ihren offiziellen antikolonialen Anspruch aufgeben, wie sie ihn seit 1918 mit den „14 Punkten" Wilsons (siehe S. 365) und entschiedener seit der Atlantik-Charta von 1941 vertraten.

Die Bandung-Konferenz 1955

Die Bandung-Konferenz von 1955 gilt als die Geburtsstunde der Blockfreienbewegung. Sie markiert den Versuch der jungen Staaten, die sich durch die gemeinsame Erfahrung des Kolonialismus verbunden fühlten, von Objekten zu Subjekten der Weltpolitik zu werden. Drei außereuropäische Leitfiguren der Konferenz – Präsident Gamal Abd-el-Nasser (1918–1970) von Ägypten, Präsident Sukarno (1901–1970) von Indonesien und Ministerpräsident Jawaharlal Nehru (1889–1964) von Indien – sowie dazu der jugoslawische Präsident Josip Tito (1892–1980) formulierten eine scharfe Kritik an allen Formen des Kolonialismus und Rassismus. Ihre Prinzipien der internationalen Politik wurden zum Credo der Blockfreienbewegung (siehe S. 379, Mat. 4).

Die Blockfreien verstanden sich als dritte Kraft in der von zwei militärisch-ideologischen Blöcken beherrschten Weltpolitik und versuchten ihr Gewicht durch eine Sammlungsbewegung der neuen Staaten zu vergrößern. Mitglied konnte werden, wer sich blockfrei erklärte, auch wenn enge Beziehungen zu einer Großmacht bestanden. Es ist den Blockfreien gelungen die Nord-Süd-Beziehungen zu einem zentralen Thema der Weltpolitik zu machen ohne jedoch die Machtverteilung in der Weltpolitik zu verändern.

Bald nach der Bandung-Konferenz entstand die Gleichsetzung von „blockfreier" und Dritter Welt. Ihr wurden zunächst nur die afro-asiatischen Länder zugerechnet, weil Lateinamerika nicht nur im Rahmen des Rio-Paktes von 1947 eng mit den USA verbunden war, sondern die herrschenden Eliten den Kontinent bis heute als Teil des „christlich-abendländischen" Westens verstehen. Erst zu Beginn der sechziger Jahre begann der Sammelbegriff „Dritte Welt" alle Länder zu umfassen, die sich vor der ersten UN-Konferenz für Handel und Entwicklung von 1964 (UNCTAD I) der „Gruppe der 77"* anschlossen – und dies waren nun auch die lateinamerikanischen Staaten.

Reformforderungen und innere Gegensätze in der Dritten Welt

Nach der Dekolonisationswelle der sechziger Jahre wuchs die „Gruppe der 77" schnell auf 127 Staaten an. Sie verständigte sich in den kommenden Auseinandersetzungen über eine neue Weltwirtschaftsordnung jenseits aller Unterschiede in Entwicklungsstand, politischer Organisation und außenpolitischer Orientierung sowie auf ein Paket von Forderungen zur Reform der Nord-Süd-Beziehungen.

Sowohl im „Nord-Süd-Dialog" als auch in der entwicklungspolitischen Diskussion der Industrieländer entstand ein polemischer Schlagabtausch. Auf den stürmischen Nord-Süd-Konferenzen der siebziger Jahre nutzte die „Gruppe der 77" ihre Stimmenmacht um Erklärungen mit weltverändernden Zielen zu verabschieden. Aber sie waren und blieben einseitige Absichtserklärungen, denen sich die Industrieländer nicht beugten. Der „Nord-Süd-Dialog" geriet so zu einer Ansammlung von spektakulären Proklamationen, die revolutionäre Hoffnungen weckten, aber an den internationalen Machtstrukturen folgenlos abprallten.

Die sozialistisch und kommunistisch begründeten Revolutionen von Mao Zedong, Fidel Castro oder Che Guevara, die den Aufstand der „Weltdörfer" des Südens gegen die „Metropolen" des Nordens propagierten, fanden auch bei der „68er-Generation" westlicher Universitäten großen Widerhall. Revolutionstheoretiker deuteten die Dritte Welt als „dritten Stand" in der Weltgesellschaft, als „Weltproletariat" oder – nach dem Buchtitel des französischen Soziologen Frantz Fanon – als die „Verdammten dieser Erde". Aber die Dritte Welt war kein einheitliches „revolutionäres Subjekt" im marxistischen Sinne; denn neben der Armut gab es auch den Reichtum kleiner mächtiger Minderheiten (siehe S. 378, Mat. 3). So sprang die chinesische Revolution nicht auf das übrige Asien über und die kubanische nicht auf Lateinamerika; vielmehr entstanden vielerorts Militärdiktaturen. Die Gegensätze zwischen konservativen und kapitalistischen Regimen sowie mehr oder weniger sozialistischen bildeten ein zusätzliches Element der Uneinigkeit.

Der Begriff der Dritten Welt wurde auch mit der Idee eines „dritten Weges" zwischen Kapitalismus und Sozialismus verbunden. Diese griffige Formel kam übrigens den Nachkriegseliten in den Dritte-Welt-Ländern sehr gelegen; sie konnten damit die Führungsrolle des Staates bei der wirtschaftlichen Entwicklung und so auch ihre eigene Macht begründen. Die „gemischte Wirtschaft" wurde zum Inbegriff eines eigenen Weges. Der „afrikanische Sozialismus", der „arabische Sozialismus" oder andere Umschreibungen wollten sich sowohl vom Kapitalismus westlicher Prägung als auch vom Sozialismus sowjetischer Prägung abgrenzen. Nur wenige Staaten der Dritten Welt bekannten sich zum „wissenschaftlichen Sozialismus" und zum sowjetischen Herrschafts- und Entwicklungsmodell, wie z. B. die afrikanischen Volksrepubliken Äthiopien, Angola, Mosambik, Kongo, Benin; mit dem Ende des Kommunismus in Osteuropa brachen sie sofort zusammen. Als beständiger erwiesen sich die „Volksrepubliken" in Ostasien – China (siehe S. 380, Mat. 7), Nordkorea, Indochina – und auf Kuba, die aus eigenständigen Revolutionen hervorgegangen waren.

Ein gesteigertes Selbstbewusstsein gewann die sich organisierende Dritte Welt durch die zunächst erfolgreiche Kartellbildung der erdölexportierenden Staaten (OPEC). Deren nahezu monopolistische Stellung ließ die Erdölpreise erstmals 1973/74 rapide ansteigen und führte zu einer weltwirtschaftlichen Rezession. Diese Demonstration der Macht gab der Dritten Welt politischen Rückenwind. Sie drohte mit weiteren Kartellbildungen für Rohstoffe (z. B. Kupfer und Kaffee), was aber für einzelne Dritte-Welt-Länder Verteuerungen dieser Produkte bedeutete. Sie drohte mit der Abkoppelung vom Weltmarkt, forderte aber gleichzeitig mehr Entwicklungshilfe. Ihre Führungsgruppen hielten revolutionäre Reden, waren aber durch viele eigene wirtschaftliche, politische und kulturelle Interessen mit den Industrieländern verbunden.

So schwächten die Interessengegensätze zwischen den Führungseliten und den Bevölkerungsmassen in den einzelnen Ländern selbst sowie die verschiedenen wirtschaftlichen und politischen Zielsetzungen der Dritte-Welt-Staaten untereinander die Position gegenüber den Industriestaaten der Ersten und Zweiten Welt. Sie waren damit mehr Objekt dieser Mächte als Subjekt zwischen ihnen.

Auseinanderentwicklung der Dritten Welt

Die Dekolonisationswelle der sechziger Jahre hatte die Dritte Welt nicht einheitlicher gemacht, sondern schärfer in verschiedene „Entwicklungswelten" differenziert. Dabei brachten historisch bedingte Wachstums- und Industrialisierungsschübe eine kleine Gruppe von „Schwellenländern" hervor, die sich den Industrieländern annäherten, während sich der Entwicklungsabstand zwischen den ärmsten Ländern und der übrigen Welt vergrößerte. Schließlich entstand die Gruppe der Ölstaaten; sie verfügte über den für die Industrieländer notwendigen Rohstoff Erdöl und damit über eine finanzielle und politische Verhandlungsmacht. Zwischen diesen Gruppen gibt es wiederum Mischtypen.

Die „Vierte Welt" der ärmsten Länder

Die UN-Vollversammlung sonderte schon 1971 die Gruppe der „am wenigsten entwickelten Länder (LLDC = *Least Developed Countries*) aus der Gruppe der „weniger entwickelten Länder" (LDC = *Less Developed Countries*) aus. Sie sind die internationalen „Habenichtse", deren Anteil am Welthandel unter einen Prozentpunkt gesunken ist. Maßgebend für die Zuordnung zur LLDC-Gruppe war lange eine Kombination von drei Merkmalen:
– ein extrem niedriges Pro-Kopf-Einkommen (zu Beginn der 1990er Jahre weniger als 600 US-Dollar pro Jahr);
– ein Anteil der Industrieproduktion am Bruttosozialprodukt (das im Durchschnitt der westlichen Industrieländer bei 43 Prozent liegt), von weniger als 10 Prozent;
– eine Alphabetisierungsrate von weniger als 20 Prozent unter Erwachsenen über 15 Jahren.

Zu Beginn der neunziger Jahre wurden diese Grobkriterien durch komplizierte Indices der Lebensqualität und der wirtschaftlichen Entwicklung verfeinert. Die Folge der neuen Berechnungsmethode war, dass die Zahl der LLDC-Staaten von 42 auf 47 stieg. In ihnen lebten 1990 rund 400 Millionen Menschen oder zehn Prozent der Gesamtbevölkerung der Dritten Welt, wenn man die VR China mit einbezieht.

Gleichwohl leben auch in Ländern, die nicht zu den LLDC zählen, große Menschenmassen unter Bedingungen, die die „am wenigsten entwickelten Länder" prägen. Allein in Indien, das aufgrund seines Industrialisierungs- und Alphabetisierungsgrades nicht zu den LLDC zählt, leben mehr Arme als in der gesamten „Vierten Welt". Auch Schwellenländer haben in ihren städtischen Slums und ländlichen Problemregionen Vierte-Welt-Bedingungen. Millionen von Brasilianern geht es kaum besser als der Mehrheit der Afrikaner, obwohl das statistische Pro-Kopf-Einkommen in Brasilien sechsmal höher ist als im afrikanischen Durchschnitt.

Die Ölländer

Die Ölpreissteigerungen von 1973/74 und 1979/80 bewirkten, dass die Öleinnahmen der im OPEC-Kartell organisierten Ölstaaten zwischen 1970 und 1980 von 7 auf 280 Milliarden US-Dollar anstiegen. Dieser neue Reichtum verteilt sich jedoch – bis heute – sehr ungleich, wenn man zwischen bevölkerungsarmen Ländern wie Saudi-Arabien bzw. den Scheichtümern auf der einen Seite und den bevölkerungsreichen Mitgliedern wie Irak, Algerien, Nigeria, Venezuela, Mexiko oder Indonesien auf der anderen Seite unterscheidet. Während in den 13 OPEC-Ländern insgesamt rund 420 Millionen Menschen (1990) leben, so sind es in den bevölkerungsarmen zusammen nur etwa 17 Millionen. Und nur den Letztgenannten gelang es durch die Öleinnahmen die höchsten Pro-Kopf-Einkommen in der Welt zu erzielen. Wer also bei den Ölländern nur an die „Ölscheichs" am Golf denkt, macht sich ein falsches Bild.

Die Ölländer erlebten durch die Steigerung der Ölpreise zwar Einkommenssprünge, blieben aber insgesamt unterentwickelt, sofern man unter Entwicklung die Fähigkeit versteht durch eine eigenständige Entfaltung der Produktivkräfte die Gesellschaft mit lebensnotwendigen materiellen Gütern und lebenswerten kulturellen Gütern und Dienstleistungen zu versorgen. Wenn Ölländer schlüsselfertige Fabriken importieren und diese durch ausländische Fach- und Arbeitskräfte betreiben, erzielen sie zwar Wachstum, das den Konsum steigert, aber keine Entwicklung einer eigenen, unabhängigen Produktion. Einige der bevölkerungsreichen Ölstaaten erlebten bald ein böses Erwachen aus dem Ölrausch, der sie dazu verführt hatte in Erwartung immer höherer Einnahmen immer größere und langfristigere Investitionen zu tätigen. Mexiko, Venezuela, Algerien, Nigeria und Indonesien gerieten in schwere Wirtschaftskrisen.

Seit Mitte der achtziger Jahre gelang es den Industriestaaten die Kartellmacht der OPEC zu brechen. Neue Ölquellen in der Nordsee, verstärkte Lieferungen der Sowjetunion aus Sibirien und die Forcierung anderer Energieträger, z. B. Gas, führten zu sinkenden Preisen auf dem Weltölmarkt. Die Interessengegensätze zwischen den bevölkerungsarmen Golfstaaten und den bevölkerungsreichen Mitgliedern der OPEC wuchsen. Die Golfstaaten mit hohen Devisenüberschüssen hatten kein Interesse daran durch überzogene Preisforderungen und eine Angebotsdrosselung die Ökonomien des Westens zu schwächen; denn dort sollten ihre Kapitalanlagen sichere Renditen abwerfen und von dort erwarteten die Herrscher auch militärischen Schutz gegen Regimebedrohungen von innen und außen. Insofern waren die westlichen Industrieländer als Anlagemärkte der Petro-Dollars und als Lieferanten von den in den neureichen Ölländern nachgefragten Luxusgütern und Waffen auch Nutznießer der „Ölschocks". Im Gegensatz dazu waren die bevölkerungsreichen Ölstaaten auf hohe bzw. wachsende Einnahmen angewiesen um den Konsum der Bevölkerung zu sichern und Industrialisierungsprojekte voranzutreiben. Der Golf-Krieg zwischen dem Irak und Kuwait 1990/91, in den der Westen unter Führung der USA zur Sicherung seiner Ölinteressen gegen den Irak eingriff, hat hier seine Wurzel.

Die „kleinen Tiger" und andere Schwellenländer

Im internationalen Sprachgebrauch werden die Schwellenländer in der Abkürzung als NIC *(Newly Industrializing Countries)* bezeichnet, was besagt, dass sie sich an der Schwelle zu einem Industrieland befinden. Es ist noch umstritten, welche Länder aufgrund welcher Kriterien zu diesen „Wirtschaftswunderländern" gezählt werden sollen. Auf den NIC-Listen der OECD und des Internationalen Währungsfonds (IWF)* erschienen aufgrund von zwei Kriterien (wachsender Anteil an der weltweiten Industrieproduktion und am Weltexport von industriellen Fertigwaren) zunächst nur sechs Länder, die gemeinhin zur Dritten Welt gezählt wurden: die vier „kleinen Tiger" in Ostasien – Südkorea, Taiwan, Hongkong und Singapur – sowie Brasilien und Mexiko. Während Mexiko im Gefolge der Verschuldungskrise wieder ausschied, machte sich eine zweite Generation von „kleinen Tigern" in Südostasien – Thailand, Malaysia, Indonesien – auf den Sprung in die NIC-Gruppe.

Die Erfolgsgeschichte der NIC-Länder beruht auf dem Modell der exportgestützten „nachholenden Industrialisierung". Dies kann aber nur erfolgreich sein, solange die Absatzmärkte für ihre Industrieprodukte offen bleiben. Während sich die Schwellenländer Ostasiens auf den wachsenden Protektionismus der von Arbeitslosigkeit geplagten Industrieländer einzustellen verstanden, tun sich andere potentielle Schwellenländer schwer neue Nischen zu finden. Es findet ein weltweiter Verdrängungswettbewerb statt.

Häufig werden die „kleinen Tiger" als Vorbilder für die übrige Dritte Welt dargestellt. Diese Vorbildfunktion wird nicht nur durch die Erfahrung getrübt, dass in einigen „Wirtschaftswunderländern" (wie Thailand, aber auch Indonesien) große Teile der Bevölkerung vom Wirtschaftsboom wenig profitieren. Auch wird der Weltmarkt anderen Aufholern kaum ähnliche Chancen bieten wie den beiden „ersten Generationen" der NICs. Wichtiger ist die Erfahrung, dass die politischen, gesellschaftlichen und kulturellen Voraussetzungen des wirtschaftlichen Erfolgs der „kleinen Tiger" nicht einfach auf das übrige Asien oder auf Afrika übertragen werden können. Entwicklung hat eben nicht nur mit Geld, Maschinen oder Produktionsverhältnissen, sondern vor allem auch mit Menschen, Kultur und Politik zu tun.

Daher gibt es auch andere Typologien von Entwicklungsländern, die sich nicht an statistischen Messgrößen, sondern an der Entwicklungsfähigkeit aufgrund der Ausstattung mit materiellen Ressourcen und Humankapital* orientieren. Gruppenbildungen, die Kulturräume zerschneiden und Länder in einer Gruppe zusammenwürfeln, die außer der Armut, dem Öl- oder Bevölkerungsreichtum oder dem Exportanteil von Fertigprodukten wenig gemeinsam haben, sind statistische Kunstwerke. Das NIC Brasilien hat mit dem NIC Singapur viel weniger gemeinsam als mit seinen Nachbarstaaten. Das Starren auf nackte Wirtschaftsdaten verstellt den Blick für gewachsene Kultur-, Lebens- und Entwicklungsräume. Die vorrangige Orientierung am Bruttosozialprodukt hat bisher eher zu entwicklungspolitischen Misserfolgen für die Mehrheit der Dritte-Welt-Länder geführt und diese mehr auf die Interessen der Industriestaaten ausgerichtet als auf ihre eigenen.

Ende der Dritten Welt?

Schon ausgangs der siebziger Jahre war gelegentlich vom „Ende der Dritten Welt" die Rede, weil sich herausstellte, dass die umfangreichen Forderungskataloge nur mühsam die Interessendifferenzen zwischen Ländergruppen mit sehr unterschiedlichen Problemlagen überspielen konnten. Die Rhetorik der „gemeinsamen Interessen" konnte auch kaum die vielen Konflikte untereinander verdecken. Die Dritte Welt war schon in der Nachkriegszeit zum „Kriegsschauplatz" geworden. Sie war nicht in der Lage diese Konflikte selbst zu lösen und lud die Weltmächte geradezu zur Einmischung ein. Auf diese Weise wurden viele „Stellvertreterkriege" geführt, sei es in Indochina, Afghanistan, am „Horn von Afrika", im südlichen Afrika oder in Zentralamerika.

In den achtziger Jahren widerspiegelten die Gipfelkonferenzen der blockfreien Staaten die Schwächung der Dritten Welt durch die Schuldenkrise. Nachdem auch das OPEC-Kartell an Durchschlagskraft verloren hatte, wich die kämpferische Aufbruchstimmung der siebziger Jahre einem wachsenden Ohnmachtsbewusstsein. In der Tat hatte sich die Dritte Welt als ohnmächtig erwiesen die Strukturen der Weltpolitik und Weltwirtschaft zu ihren Gunsten zu verändern. Damit ist die Dritte Welt aber nicht am Ende. Sie existiert weiterhin als ein lockerer Interessenverband.

Nach dem Ende des Ost-West-Konflikts fällt es diesen Ländern noch schwerer gemeinsame Nenner für ihre Politik zu finden. Hatten sie sich bisher über die zwei Kriterien der politischen Blockfreiheit und der wirtschaftlich-sozialen Unterentwicklung definiert, so bleibt jetzt nur noch das vielschichtige Kriterium der Unterentwicklung übrig. Dies stellt aber weniger Gemeinsamkeit her, als dass es die verschiedenen Interessenlagen schärfer markiert.

Neokolonialismus und Unterentwicklung: Historische Entwicklungen – theoretische Deutungen

Neokolonialismus

Das Zeitalter des Kolonialismus, in dessen Verlauf 85 Prozent der Erdoberfläche durch die Hände von neun europäischen Kolonialmächten gingen und Merkmale Europas erhielten, ist fast abgeschlossen. Aber die Kolonialherrschaft hinterließ tiefe Spuren in allen Lebensbereichen: in der Festlegung der Staatsgrenzen, die Völker auseinanderrissen bzw. andere willkürlich in künstlichen Staatsgebilden zusammenwürfelte; in Sprache und Kultur, in Wirtschaftsstrukturen, in politischen Ritualen bis hin zu Sportarten, wie z. B. dem Cricket in der anglophonen Karibik. Zur Hypothek des Kolonialismus gehört auch die folgenschwere Aufteilung Afrikas in teilweise kaum überlebensfähige Kleinstaaten.

Die Unabhängigkeit war keine „Stunde Null", sondern die ehemaligen Kolonien waren von kolonialen Produktions- und Exportstrukturen vorgeprägt. Sie produzierten für den Weltmarkt, was sie nicht selbst brauchten, produzierten aber nicht, was sie brauchten, nämlich Konsumgüter, Medikamente, Maschinen. Zwar hatte sich ihr politischer Überbau durch Beseitigung der Kolonialherrschaft und die Machteroberung durch einheimische Eliten geändert, aber in ihrer Wirtschaft hatten ihnen die Kolonialmächte enge Verbindungen vererbt (siehe S. 381, Mat. 9).

Die „Kolonisierung der Gehirne" bzw. „Verwestlichung der Seele" war eine noch folgenschwerere Hinterlassenschaft des Kolonialismus als Monokulturen*, Plantagen und Bergbauenklaven. Sie verpflanzte die Orientierung an europäischen Leitbildern von Entwicklung und Lebensstilen in die Köpfe; sie entfremdete von der eigenen Kultur und verfremdete Bedürfnisse; sie wickelte das Potential zu eigenständiger Entwicklung ein, nicht aus (siehe S. 382, Mat. 10).

Mit der Unabhängigkeit war die Dekolonisation wohl völkerrechtlich, aber noch längst nicht wirtschaftlich oder kulturell erreicht. Im Gegenteil: Nur zu oft wuchs die wirtschaftlich-politische Abhängigkeit durch die Orientierung am Weltmarkt* und die immer höhere Verschuldung durch Entwicklungskredite. Kritiker sprachen infolge dieser wirtschaftlichen Durchdringung von „Neokolonialismus" oder „Neoimperialismus", womit das Fortbestehen kolonialer Abhängigkeiten ungeachtet der formalen Unabhängigkeit zum Ausdruck gebracht werden sollte. Die nachkolonialen Herrschaftseliten gebrauchten diesen Vorwurf aber auch zur Ablenkung von Entwicklungsproblemen, die weniger fremdverschuldet als vielmehr „hausgemacht" waren.

Theoretische Deutungen von Unterentwicklung

Manche westliche Kolonialhistoriker betonen im Gegensatz zu den Konzepten des Neokolonialismus die positiven Aufbauleistungen der Kolonialherrschaft im Bildungs- und Gesundheitswesen, in Infrastruktur und Verwaltung. Schweizer Kritiker der modernen Entwicklungshilfe wagten sogar die These, dass der Kolonialismus alles in allem mehr zum Fortschritt armer Gesellschaften beigetragen habe, als die sich uneigennützig gebende moderne Entwicklungshilfe bislang zu leisten vermochte. Eine solche Rehabilitierung des Kolonialismus konnte nicht unumstritten bleiben.

Modernisierungstheorie. Solange Strukturmerkmale von Unterentwicklung (Hunger, Krankheit, Unwissenheit, hohes Bevölkerungswachstum, Unterdrückung der Frauen, Kapitalmangel) nur aufgezählt werden, gibt es kaum Streit. Er entsteht aber sofort, wenn die Ursachen erklärt werden sollen. War es der Kolonialismus, der Unterentwicklung hervorgebracht hat, und ist es die „neokoloniale" Abhängigkeit, die sie fortschreibt? Oder sind ihre Ursachen in inneren Schwächen, in Sozialstrukturen und Kulturen zu suchen, wie Anhänger der Modernisierungstheorie behaupten? Diese verstehen Entwicklung und Modernisierung als Angleichung an die bereits entwickelten westlichen Gesellschaften (siehe S. 14) und machen die eigenständigen Traditionen der Dritte-Welt-Länder für Unterentwicklung verantwortlich; der Kolonialismus ist für sie danach eher ein Motor denn ein Hindernis für Entwicklung.

Theorie der ungleichen Tauschbedingungen. Ende der sechziger Jahre und in den siebziger Jahren stapelten sich auf

Index der Terms of Trade 1980–1993 (1980 = 100)

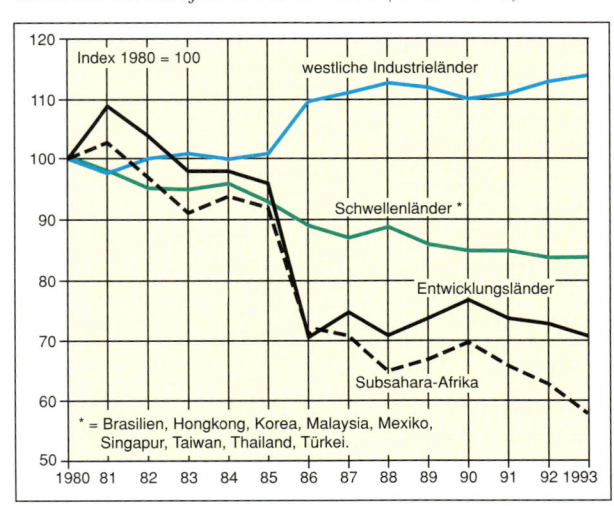

den Büchertischen von europäischen „Dritte-Welt-Gruppen" Schriften, die die Unterentwicklung auf die Ausbeutung der Dritten Welt durch multinationale Unternehmen und unfaire Handelsbeziehungen zwischen Industrie- und Entwicklungsländern zurückführten. Sie machten den „ungleichen Tausch" an den sich verschlechternden Austauschrelationen zwischen Rohstoffen und Industriegütern, den sogenannten *terms of trade** fest. Weil nach dieser Auffassung der Außenhandel für die Entwicklungsfähigkeit viel wichtiger ist als Entwicklungshilfe, hatte die von den Vereinten Nationen verkündete Erste Entwicklungsdekade* 1960 bis 1970 den Handel zum „Hauptinstrument der wirtschaftlichen Entwicklung" erklärt; die ersten beiden UN-Konferenzen für Handel und Entwicklung *(UN Conference on Trade and Development/UNCTAD)* in Genf (1964) und New Delhi (1968) propagierten den Slogan „Handel statt Hilfe". Weil die internationalen Handelsbedingungen aufgrund der ungleichen *terms of trade* (siehe Grafik S. 375) verhindern, dass der Handel zum Motor der Entwicklung wurde, tauchten aus dieser Argumentation heraus verstärkt die Forderungen nach einer neuen Weltwirtschaftsordnung auf.

Dependenztheorie. Belebende Impulse erhielt die häufig polemisch geführte Debatte von den lateinamerikanischen Dependenztheoretikern. Sie wandten sich gegen modernisierungstheoretische Erklärungen von Unterentwicklung, da diese die Ursachen in traditionellen Wertordnungen, in Fatalismus oder in geringer Leistungsbereitschaft verorteten. Sie führten dagegen die Geschichte und Gegenwart der Unterentwicklung auf die Eingliederung der ehemaligen Kolonien („Peripherien") in den von den Kolonialmächten („Metropolen") beherrschten Weltmarkt zurück. Dieser wurde für sie zur Sackgasse für Entwicklung.

Der Streit über die Ursachen der Unterentwicklung kühlte in den achtziger Jahren ab. Selbst ehemalige Anhänger der Dependenztheorie haben ihre Meinung angesichts der Erfolgsgeschichte der „kleinen Tiger" (siehe S. 374) geändert. Diese haben entgegen allen dependenztheoretischen Lehrsätzen die Chancen des Weltmarkts* genutzt. Die Entwicklungstheoretiker mussten sich also mit der Frage beschäftigen, warum diese Länder die Überwindung von Unterentwicklung schafften, andere hingegen nicht. Seither rückt man von übergreifenden theoretischen Erklärungsmustern ab und beschäftigt sich mehr mit den konkreten Bedingungen in den einzelnen Ländern und Regionen (siehe S. 384, Mat. 12). Im Vordergrund steht dabei die Frage, wie an die jeweiligen besonderen Voraussetzungen angeknüpft werden kann um eine eigenständige Entwicklung in Gang zu bringen. Das Verhalten internationaler Organisationen wie UNO und Weltbank* wird aber immer ein wichtiger Faktor bleiben.

1. *Legen Sie die Beziehung zwischen dem Ost-West-Konflikt und der Dekolonisation dar.*
2. *Welche Bedeutung hatte die Dekolonisation für die „Metropolen"?*
3. *„Die ‚Dritte Welt' – eine chancenlose politische Vereinigung!" – Diskutieren Sie diese These.*
4. *Charakterisieren Sie das Verhältnis „Dritte Welt" – „Erste Welt" im Zeichen von „Neokolonialismus" und Unterentwicklung.*

Die Dritte Welt nach dem Ende des Ost-West-Konfliktes

Die Dritte Welt als neues Feindbild?

Manche Interpreten des Weltgeschehens meinten, dass sich mit dem Ende des Ost-West-Konflikts und dem daraus gefolgerten „Ende der Dritten Welt" auch der Nord-Süd-Konflikt verflüchtigt habe. Andere sagten dagegen, dass der Nord-Süd-Konflikt nun erst seine volle Konfliktkraft entfalten und sich zum zentralen Weltkonflikt entwickeln werde. Nach dem Verschwinden des Feindbildes „Osten" entdeckten Sicherheitspolitiker schnell neue Bedrohungen aus dem Süden, die sich zu einem Feindbild aufschaukelten und den Nord-Süd-Konflikt mit neuen Bedrohungsvorstellungen auffüllten. Dieses Feindbild setzt sich, wie bei Feindbildern und Stereotypen üblich, aus einem Gemisch von realen Bedrohungen, Vorurteilen und Realitätsverzerrungen zusammen, das sich in diffusen Ängsten äußert:

– in der durch den Golf-Krieg und die Aufrüstung des Nahen Ostens genährten Angst, dass Europa durch „orientalische Despoten", wie z. B. den irakischen Präsidenten Saddam Hussein, die zum „Heiligen Krieg" gegen den Westen aufrufen, militärisch bedroht werden könnte;
– in Ängsten vor der Explosion der sogenannten „B-(Bevölkerungs-)Bombe", die die alternden Industriegesellschaften im Norden mit hungernden Menschen aus dem Süden überschwemmen könnte;

– in den seit einigen Jahren aufgeputschten Ängsten vor dem „Aufbruch der Massen nach Europa", die durch die wachsende Zahl von Asylsuchenden genährt wurden;
– in Ängsten vor weltweiten ökologischen Gefährdungen, die aus dem Raubbau an den Regenwäldern, dem rasanten Fortschreiten der Verwüstung und vor allem aus der Verstärkung des Treibhauseffektes im Gefolge der Industrialisierung und Motorisierung des Südens resultieren;
– in Ängsten vor der anschwellenden Drogenwelle und der sie begleitenden Kriminalität, aber auch vor der Ausbreitung von AIDS, dessen Entstehen und Verbreitung dem tropischen „Sündenbabel" angelastet werden;
– in Ängsten vor dem islamischen Fundamentalismus, der allzu leichtfertig mit Fanatismus und Terrorismus gleichgesetzt wird, und vor einer Bedrohung des „christlichen Abendlandes" durch die arabisch-islamische Welt;
– in Ängsten vor einer sich ausbreitenden „Chaos-Macht" der „Habenichtse" im Süden, die – nach dem abschreckenden Beispiel von Somalia – den Norden in viele Kriege verstricken könnten.

Solche Feindbilder entstehen nicht von sich aus, sondern werden durch Vermittler (z.B. Medien, Politiker, scheinwissenschaftliche Argumente) aufgebaut. Sie dienen der Selbstversicherung einzelner wie sozialer Gruppen in Umbruchzeiten, sie dienen Interessen und liefern Rechtfertigungen für politisches Handeln. Militärapparate brauchen Feindbilder um ihre Existenz rechtfertigen zu können.

Zu Beginn der neunziger Jahre gerieten die vertrauten Weltbilder durcheinander. Der Zusammenbruch von Staatsverbänden, das Aufbrechen ethnischer und religiöser Konflikte, das Erstarken fundamentalistischer Bewegungen, aber auch ein verschärfter internationaler Konkurrenzkampf belebten alte Konfliktszenarien, die im Kalten Krieg von der ideologischen und militärischen Konfrontation überlagert waren. Der amerikanische Politologe Samuel Huntington sah hinter der vertrauten Welt der Nationalstaaten das Herannahen eines weltweiten „Zusammenpralls der Zivilisationen" und eines Kampfes des „Westens gegen den Rest der Welt". Seine Prognose löste heftige Diskussionen aus. Kritisiert wurde vor allem, dass er sich nicht um das Verstehen von Kulturen bemühe, sondern kulturelle Gegensätze hervorhebe, die den Charakter von Feindbildern annehmen. Seine Analyse setze nicht bei den realen Konflikten selbst an.

Hinter Konflikten, die als Kultur- oder Religionskonflikte erscheinen, verbergen sich hauptsächlich Macht- und Verteilungskonflikte. Auch stehen hinter antiwestlichen „Kriegserklärungen" eher Abwehrreaktionen gegen die politische, wirtschaftliche und kulturelle Überlegenheit des Westens. Und so erklärt sich der islamische Fundamentalismus politisch gesehen weniger aus seiner religiösen Gesinnung als vielmehr aus der Reaktion auf soziale Frustrationen, verletzte Selbstwertgefühle und enttäuschte Hoffnungen.

Erste Welt und Dritte Welt als „Eine Welt"?

Wir haben zwar eine „Weltkultur der Nationalstaaten" und seit 1989/90 auch eine Wiederbelebung des Nationalstaatsgedankens und des Nationalismus. Aber gleichzeitig ist die „Eine Welt" einem komplexen System vielfach kommunizierender Röhren vergleichbar geworden. Die ökonomischen, sozialen und ökologischen Entwicklungen in der einen Region der Welt sind mit den Entwicklungen in anderen Regionen auf vielfache Weise verbunden. Die globale Vernetzung hat ein Ausmaß erreicht, das die einzelstaatliche Souveränität in Frage stellt. Eine Intervention in Singapur kann z.B. für den Verlust von Arbeitsplätzen in Baltimore verantwortlich sein. Dieser steigende Druck der Weltprobleme kann nur gelöst werden, wenn die einzelstaatliche Souveränität zugunsten einer Weltinnenpolitik begrenzt wird. Ob es sich um die Verhütung von Kriegen, den Schutz der Umwelt, die Regelung des Handels- und Kapitalverkehrs, die Eindämmung von Wanderungsbewegungen oder die Bekämpfung von Drogen und Terrorismus handelt: Das Instrumentarium des existierenden Staatensystems, das immer noch auf dem klassischen Modell nationalstaatlicher Souveränität beruht, reicht nicht mehr aus. Die Lösungsversuche von Einzelstaaten behindern sich entweder gegenseitig oder können nicht schnell genug koordiniert werden. Die Globalisierung verlangt deshalb eine Aufwertung supranationaler Institutionen, vor allem der Vereinten Nationen.

Wenn der Norden neuen Konflikten mit dem Süden wirksam begegnen will, dann helfen nicht weltweit operierende Interventionstruppen, sondern nur eine Weltsozialpolitik, die einen internationalen Lastenausgleich herstellt. Notwendig ist eine „neue Weltordnung", die durch Verminderung sozialer Ungleichheit auch dem „Zusammenprall der Zivilisationen", wie ihn Huntington befürchtet, vorbeugen kann.

1. Untersuchen Sie anhand der Aufzählung zur Feindbild- und Stereotypenbildung einen Artikel aus der Tages- oder Wochenpresse zur Problematik des Nord-Süd-Konflikts.

2. Nehmen Sie Stellung zu den beiden Thesen des Autors hinsichtlich der Bedeutung supranationaler Einrichtungen; vergleichen Sie mit dem Essay von Egon Bahr über Völkerbund und UNO (siehe S. 227–229).

7 Dritte Welt

1 *Der amerikanische Präsident Thomas Woodrow Wilson (1856–1924) unterbreitete dem Kongress im letzten Kriegsjahr des Ersten Weltkriegs sein „14 Punkte"-Programm. Artikel 5 forderte (1918):*

Q 5. Eine freie, offenherzige und absolut unparteiische Ordnung aller kolonialen Ansprüche, gegründet auf die strenge Beachtung des Prinzips, dass bei Bestimmungen aller derartigen Fragen der Souveränität das Interesse der betreffenden Bevölkerung gleiches Gewicht haben muss wie die billigen[1] Ansprüche der Regierung, deren Rechtstitel festgesetzt werden soll.

1 berechtigten

2 *Auszug aus dem „Dekret über den Frieden" von Wladimir Iljitsch Lenin (1870–1924) vom 8. November 1917:*

Q Wenn irgendeine Nation mit Gewalt in den Grenzen eines gegebenen Staates festgehalten wird, wenn dieser Nation entgegen ihrem zum Ausdruck gebrachten Wunsche […] das Recht vorenthalten wird nach vollständiger Zurückziehung der Truppen der die Angliederung vornehmenden oder überhaupt stärkeren Nation, in freier Abstimmung über die Formen ihrer staatlichen Existenz ohne den mindesten Zwang selber zu entscheiden, so ist eine solche Angliederung eine Annexion, d. h. eine Eroberung und Vergewaltigung.

Diesen Krieg fortzusetzen um die Frage zu entscheiden, wie die starken und reichen Nationen die von ihnen annektierten schwachen Völkerschaften unter sich aufteilen sollen, hält die Regierung für das größte Verbrechen an der Menschheit.

Quelle 1 und 2 zit. nach Geschichte in Quellen, Bd. 6, bearb. von Günter Schönbrunn, 3. Aufl., München 1979, S. 105 und 80.

1. Vergleichen Sie die Programmforderungen von Wilson und Lenin (Mat. 1 und 2) und nennen Sie Gründe für die jeweilige Art der Forderung.
2. Schätzen Sie die Wirkung der Forderungen auf die Kolonialvölker nach Ende des Ersten bzw. Zweiten Weltkriegs ein. Begründen Sie Ihre Einschätzungen.

3 *Die amerikanische China-Reisende Agnes Smedley (1894–1950) über Bauern und Großgrundbesitzer im China der 1920er Jahre. China, im Laufe des 19. Jahrhunderts unter den Einfluss der europäischen Kolonialmächte geraten, wurde nach dem Sturz der Mandschu-Dynastie 1911 eine Republik (1928):*

Q Wir begegneten dem verzweifelten Kampf, der zwischen den armen Bauern und den Großgrundbesitzern Chinas tobte, zum ersten Mal in der Stadt Wushi. […] Hier waren die Bauern in der Kommunistischen Partei organisiert, der anzugehören mit dem Tode bestraft wird […].

Wir verließen schließlich die kleine Stadt und marschierten quer über das Land eine halbe Stunde nach Tschutschali, einem nach der Familie Tschu benannten Dorf. Der Weg bestand nur aus einem Fußpfad und so mussten wir im Gänsemarsch, ein Soldat vor und einer hinter uns, gehen […]. Die Soldaten plauderten und beantworteten unsere Fragen willig und ohne Zögern. Sie stammten nicht aus diesem Bezirk, dessen Dialekt sie auch nicht sprachen. Sie hatten deshalb wenig oder kein Gefühl der Gemeinschaft mit den Bauern. Und doch stammten sie selbst aus armen Bauernfamilien. Die Soldaten gehörten zu dem „Freiwilligen-Korps", wie es bei der Kuomintang und der Nanking-Regierung genannt wird; dieses Korps wurde durch die Grundbesitzer und Handelskammern organisiert. Es ist an die Stelle der Revolutionären Bauernligen getreten, die nach der Bildung der Nanking-Regierung 1927 durch den weißen Terror aufgelöst wurden. […] Tschutschali ist ein Dorf, das nur aus zwanzig Grundbesitzerfamilien besteht. Die Familie Tschu, die wohlhabendste von allen, zählt ungefähr 25 Mitglieder, die alle unter einem Dache leben […].

Tagsüber machten wir Spaziergänge über Land, besuchten sieben verschiedene Dörfer, die zwischen Tschutschali und den umgebenden Hügeln lagen. Wir wurden von Soldaten und zwei Mitgliedern der Familie Tschu begleitet. Viele der Dörfer wurden ausschließlich von Pächtern der Familie Tschu bewohnt, manche waren sogar nach ihr benannt. Mit Ausnahme eines einzigen Dorfes, in dem 29 Familien lebten, die nicht ganz so arm waren, erblickten wir nichts als unbeschreibliche Armut, Schmutz und Krankheit. Die Hütten der Pächter bestanden aus Lehmwällen und ihr Boden aus Erde. Die Betten bestanden aus alten, auf Töpfen liegenden Brettern, auf denen schmutzige Fetzen und Lumpen lagerten. Wir besuchten eine Familie, die zweieinhalb Mu Land bebaute und mehr als die Hälfte ihres Jahreseinkommens an den Grundbesitzer zahlte. Manche Monate im Jahr hingen sie gänzlich von der Großmut des Grundbesitzers ab. Wegen des Geldes, das er ihnen zu wucherischen Bedingungen geliehen hatte, waren sie ihm dauerhaft versklavt. Wir erfuhren ferner, dass sich jenseits dieser Dörfer noch andere befänden, in denen eine Not und ein Elend herrschten, die noch viel schrecklicher seien als die, die wir jetzt erblickten – eine Not, die so tief ist, dass ein Aufbäumen dagegen keine Wurzeln mehr fassen kann. In den Bezirken, die wir besuchten, waren die Bauern wenigstens zum Teil organisiert, bewusst und von kämpferischer Gesinnung. Sie sparten sich die Kupfermünzen vom Munde ab um Waffen kaufen zu

können. Wie auf Tiere wurde auf sie Jagd gemacht und wie Tiere wurden sie von der Familie Tschu, in deren Händen die ganze Macht in diesem Bezirk ruht, niedergeschossen.
55 Die Familie Tschu ließ uns ihren Reichtum sehen, ihre wirtschaftliche und politische Macht, die tausend Mu Land, die sie besaß und die einst das Eigentum der Bauern gewesen und nun durch Wucher und andere Mittel in den Besitz der Tschu gelangt waren. Doch unbequem ruht der Kopf, der die
60 Krone trägt – und jeder Schritt der Familie Tschu wird in Angst getan; ohne eine Leibwache wagen sie es nicht einer Gruppe von Bauern nahe zu kommen. Ohne Soldaten an ihrer Seite wagen sie es nicht ihr Dorf zu verlassen.

Agnes Smedley, China blutet (1928), Berlin 1950, S. 16–23.

1. *Agnes Smedley spricht in ihrem Reisebericht über China (Mat. 3) von einer Klassenkampfsituation. Stellen Sie diese anhand des Berichtsauszuges dar.*
2. *Vergleichen Sie diese Klassenkampflage mit der Russlands vor 1917 (ziehen Sie auch Mat. S. 116–119 heran).*

4 *Aus dem Schlusskommuniqué der Konferenz von Bandung (Indonesien) vom 24. April 1955. An der Konferenz nahmen 340 Delegierte aus 23 Ländern Asiens und sechs Ländern Afrikas teil, die zusammen 1,4 Milliarden Menschen (ca. 55 Prozent der Weltbevölkerung) repräsentierten:*

Q II. Probleme der abhängigen Völker
1. Die Asiatisch-Afrikanische Konferenz diskutierte die Probleme der abhängigen Völker, den Kolonialismus und die nachteiligen Folgen, die aus der Unterwerfung von Völ-
5 kern unter ausländische Unterjochung, Beherrschung und Ausbeutung erwachsen.
Die Konferenz kam überein zu erklären,
a) dass der Kolonialismus in all seinen Formen ein Übel ist, das so schnell wie möglich ausgerottet werden muss;
10 b) dass die Unterwerfung von Völkern unter fremdes Joch, unter ausländische Herrschaft und Ausbeutung eine Verleugnung der fundamentalen Menschenrechte darstellt, im Widerspruch zur Charta der Vereinten Nationen steht und ein Hindernis für die Förderung des Weltfriedens und
15 der Zusammenarbeit ist;
c) die Sache der Freiheit und Unabhängigkeit all dieser Völker zu unterstützen;
d) dass sie an die betreffenden Mächte appellieren all diesen Völkern Freiheit und Unabhängigkeit zu gewähren. […]
20 IV. Erklärung über die Förderung des Weltfriedens und der Zusammenarbeit
Freiheit und Frieden sind voneinander abhängig. Alle Völker müssen das Recht auf Selbstbestimmung haben und Freiheit und Unabhängigkeit müssen so schnell wie möglich allen noch abhängigen Völkern gewährt werden. Alle Natio- 25 nen sollten das Recht haben ihr eigenes politisches und wirtschaftliches System und ihre eigene Lebensweise in Übereinstimmung mit den Zielen und Grundsätzen der Charta der Vereinten Nationen frei zu wählen.
Frei von Misstrauen und Furcht und mit gegenseitigem Ver- 30 trauen und gutem Willen sollten die Nationen Toleranz üben und in Frieden als gute Nachbarn miteinander leben und auf der Grundlage folgender Prinzipien eine freundschaftliche Zusammenarbeit entwickeln:
– Achtung vor den fundamentalen Menschenrechten und 35 den Zielen und Grundsätzen der Charta der Vereinten Nationen. Achtung vor der Souveränität und territorialen Integrität aller Nationen. Anerkennung der Gleichheit aller Rassen und der Gleichheit aller Nationen, ob klein oder groß. 40
– Verzicht auf Interventionen oder Einmischung in die inneren Angelegenheiten des anderen Landes.
– Achtung vor dem Recht jeder Nation sich allein oder kollektiv in Übereinstimmung mit der Charta der Vereinten Nationen zu verteidigen. 45
– Verzicht auf Vereinbarungen über kollektive Verteidigung, die den besonderen Interessen einer der Großmächte dienen.
– Verzicht jedes Landes darauf auf andere Länder Druck auszuüben. 50
– Verzicht auf Aggressionspakte oder -drohungen oder den Gebrauch von Gewalt gegen die territoriale Integrität oder politische Unabhängigkeit irgendeines Landes. Regelung aller internationalen Streitfragen durch friedliche Mittel wie Verhandlungen, Versöhnung, Schiedsspruch 55 oder gerichtliche Regelung sowie durch andere friedliche Mittel nach der eigenen Wahl der Parteien in Übereinstimmung mit der Charta der Vereinten Nationen. Förderung der gegenseitigen Interessen und Zusammenarbeit.
– Achtung vor dem Recht und den internationalen Ver- 60 pflichtungen.

Zit. nach Die afro-asiatische Solidaritätsbewegung, Berlin 1968, S. 51–61.

1. *Benennen Sie die politischen Ziele des Bandung-Kommuniqués (Mat. 4) und kennzeichnen Sie die Rolle, die den Vereinten Nationen nach Auffassung der Bandung-Staaten in der Dekolonisation zukommt.*
2. *Informieren Sie sich über die Machtstruktur der UNO um 1955 und beurteilen Sie davon ausgehend die Hoffnungen der blockfreien Staaten. Ziehen Sie auch die Darstellungen S. 237 f., 369 und 371 f. hinzu.*

5 *Peter Leger, „Erstmal ausprobieren", Karikatur zur Suez-Krise, Dezember 1956*

1. Ordnen Sie in Mat. 5 die Figuren und deren Spielzeug der Politik bzw. den Interessen verschiedener Länder zu. Begründen Sie Ihre Zuordnungen.
2. Interpretieren Sie auf diesem Hintergrund und unter Einbeziehung der internationalen politischen Lage (siehe Darstellung S. 371) die Karikatur.

6 *Der Fernsehjournalist Peter Scholl-Latour (geb. 1924) berichtet vom Beginn des Aufstandes in Algerien (1956):*

D Die Geburtsstunde der bewaffneten algerischen Revolution (schlug) am Allerheiligentag 1954. Wenn man in Paris in den ersten Monaten noch hoffen konnte dieser sporadischen Rebellion Herr zu werden – im August 1955 geschah das Unwiderrufliche. Die algerischen Partisanen der „nationalen Befreiungsfront" ermordeten in der Gegend von Philippeville 123 französische Siedler auf ihren isolierten Höfen. Darauf antworteten die bewaffneten Milizen der Pieds Noirs¹ wie Berserker mit dem Massaker Tausender Moslems […]. Täglich wird die Ausdehnung des Aufstandsgebietes auf neue Landstriche gemeldet. Es fängt meist damit an, dass auf ein einsam fahrendes Auto Schüsse aus dem Hinterhalt abgegeben werden. Zwei Tage später werden die ersten Attentate auf muselmanische Hilfspolizisten oder Tabakhändler gemeldet, bis jeder Verkehr bei Nacht still liegt, die isolierten Kolonistenhöfe sich mit Sandsäcken und Schutzmauern befestigen und die kleinen Kampftrupps der Nationalen Befreiungsarmee aus ihren abgelegenen Verstecken den Terror in jede Meschta, in jedes Eingeborenendorf, tragen. Im Unterschied zu Marokko, wo die Unruheherde seinerzeit in den übervölkerten Städten zu suchen waren, verlegt die algerische Revolution das Schwergewicht ihrer Aktionen auf das offene Land. Dort bietet das Bauernproletariat fruchtbaren Nährboden für jede Revolte. Parallel zur militärischen Tätigkeit setzt der politische Druck der „Nationalen Befreiungsfront" ein. Der Streik gegen jede Steuereintreibung der französischen Verwaltung ist in der Regel das untrügliche Symptom dafür, dass die Aufständischen sich durchzusetzen beginnen. Diese Weigerung geht nämlich parallel zu drastischen Erhebungen an Geld und Nahrungsmitteln, die die „Front de Libération Nationale" (FLN) bei ihren Glaubensgenossen vornimmt. Es bestätigt sich, dass in mehr als einem Drittel Algeriens kein Straßentransport von Gütern und Personen mehr stattfindet, dessen Sicherheit nicht mit klingender Münze von den Fellaghas [Rebellen] erkauft worden ist. […]

Das Unheimliche an dieser Revolte ist ihre Anonymität. Der französische Nachrichtendienst hat zwar die Namen der höchsten Verantwortlichen beschaffen können, soweit sie im Ausland, in Ägypten oder Libyen, an obskuren Drähten ziehen. Die Führer der Nationalen Befreiungsfront im Innern sind meist unbekannt. Das Programm der FLN beschränke sich auf die kompromisslose Unabhängigkeitsforderung für Algerien; staatsrechtliche, wirtschaftliche oder gar soziale Fragen würden in keinem der Geheimdokumente berührt.

1 in Algerien geborene und lebende Franzosen

Peter Scholl-Latour, Allah ist mit den Standhaften. Begegnungen mit der islamischen Revolution, Stuttgart 1983, S. 224–230.

1. Charakterisieren Sie die Befreiungsbewegung in Algerien nach dem Bericht von Peter Scholl-Latour (Mat. 6).
2. Vergleichen Sie die Situation mit der in China (Mat. 3).
3. Der Algerienkrieg war ein besonders brutaler Kolonialkrieg beider Seiten. Benennen Sie dafür Gründe unter Hinzuziehung der Darstellung S. 370 f. und Mat. 8.

7 *Jung Chang (geb. 1952), Tochter eines chinesischen Parteifunktionärs, der in der Zeit der Kulturrevolution höchste Ämter bekleidete, erzählt aus den Jahren des „Großen Sprungs nach vorn" (1958–1962), in denen China besonders in ländlichen Regionen die Industrialisierung vorangetrieben hat. Jung Chang lebt heute in London als Universitätsdozentin (1991):*

D Im Herbst 1957 war ich sechs […]. Jeden Tag auf dem Weg von und zur Schule suchte ich jeden Zentimeter nach abgebrochenen Nägeln, rostigen Zahnrädern und anderen Metallstücken ab. Die Ausbeute meiner täglichen Suche wanderte zur Stahlproduktion in sogenannte Kleinhochöfen

[...]. In unserer Schule standen anstelle der Woks¹ große Gefäße auf den Öfen in der Schule, sie dienten als Schmelztiegel [...]. Mao war von der halb ausgegorenen Idee beherrscht China in kürzester Zeit in eine moderne Großmacht zu verwandeln. Er deklarierte, die Stahlproduktion innerhalb eines Jahres zu verdoppeln. Doch wurden nicht etwa Facharbeiter in Stahlwerken eingestellt, sondern die ganze Bevölkerung musste sich als Stahlkocher betätigen. Jeder Arbeitseinheit wurde eine bestimmte Stahlquote vorgegeben und monatelang ruhte die normale Arbeit, weil alle damit beschäftigt waren ihre Quote zu erfüllen. Nach offiziellen Schätzungen konnten etwa 100 Millionen Bauern nicht mehr ihre Felder bestellen, weil sie Stahl kochen mussten. Sie hatten für die Ernährung der Bevölkerung gesorgt. Ganze Hänge wurden abgeholzt, weil man die Bäume zum Befeuern der Hochöfen brauchte. Die Stahlkampagne war ein gigantischer Fehlschlag, es kam nur Ausschuss dabei heraus. Diese absurde Situation spiegelte nicht nur Maos vollkommene Unkenntnis wirtschaftlicher Zusammenhänge wider, sondern die geradezu metaphysische Weise, in der er die Realität ignorierte [...].
Seit 1958 war es von Staats wegen verboten zu Hause zu kochen, alle Bauern mussten in der Kantine der Volkskommune essen. Alle Küchengeräte wie die Woks¹ wurden abgeschafft, mancherorts übrigens sogar das Geld. Jeder sollte von der Kommune und vom Staat versorgt werden. Täglich standen die Bauern nach der Arbeit vor den Kantinen Schlange und aßen nach Herzenslust. Sie verbrauchten die gesamten Nahrungsmittelvorräte auf dem Land. Natürlich gingen die Bauern auch noch auf die Felder, aber wieviel sie arbeiteten, spielte keine Rolle, denn was sie produzierten, gehörte dem Staat und diente nicht unmittelbar ihrem Lebensunterhalt. Viele Bauern waren erschöpft, sie mussten pausenlos Stahl kochen, Brennstoff und Alteisen sammeln, Eisenerz schürfen und die Brennöfen heizen. Um die Erntezeit 1958 sah man nur wenige Menschen auf den Feldern.

Jung Chang, Wilde Schwäne. Die Geschichte einer Familie, München 1994, S. 270–275.

1 typischer chinesischer Brat- und Kochtopf

1. *Eines der berühmtesten Schlagwörter Mao Zedongs war das von der Entwicklung Chinas „aus eigener Kraft". Seine Wirkung war auch in anderen Dritte-Welt-Ländern gewaltig. Worin sehen Sie die Anziehungskraft des Schlagworts? Welche Probleme dieser Zielsetzung ergeben sich nach Jung Changs Beschreibung (Mat. 7)?*
2. *Vergleichen Sie die Ergebnisse der Entwicklung „aus eigener Kraft" mit denen der Entwicklungshilfe durch die Industrieländer vor allem in den 1950er/60er Jahren.*

8 *Soldaten der französischen Kolonialarmee revoltierten im Januar 1960 unter General Jacques Massu mit einem Barrikadenaufstand („la semaine des barricades") gegen die Unabhängigkeitspolitik des französischen Staatspräsidenten de Gaulle. Fotografie*

9 *Der Präsident Guineas, Ahmed Sekou Touré (1922–1984), der 1958 als Regierungschef von Guinea die Unabhängigkeit seines Landes durchsetzte, formuliert in einer Rede vor der UNO seine Ziele für die in die Unabhängigkeit entlassenen Staaten Afrikas (1960):*

Isoliert genommen bedeutet die politische Unabhängigkeit keineswegs völlige nationale Befreiung. Sie ist gewiss eine entscheidende und notwendige Etappe. Dennoch sind wir gezwungen zu erkennen, dass die nationale Unabhängigkeit nicht nur politische Befreiung, sondern auch und vor allem eine totale wirtschaftliche Befreiung voraussetzt. Ohne diese beiden Forderungen ist kein sozialer Fortschritt möglich. Wenn Afrika sich aber wirtschaftlich befreien soll, darf es nicht länger als Rohstoff-Reservoir gelten.

Wir müssen den gegenwärtigen Zustand der Unterentwicklung fast des ganzen Erdteils Afrika betonen. Sie ist eine direkte Folge des Fehlens jeder typisch afrikanischen Wirtschaft. Die neuen Staaten stehen, wenn sie sich von der Knechtschaft befreien, dem schwerwiegenden Tatbestand gegenüber, dass die afrikanische Wirtschaft zerstückelt und den Wirtschaftsbereichen der jeweiligen ehemaligen Kolonialmächte integriert ist [...]. Die falsche koloniale Vorstellung, dass es unmöglich sei Afrika zu industrialisieren, muss aufgegeben werden zugunsten neuer Ideen, die auf die unausweichliche Entwicklung aller Kontinente eingehen – darunter des Erdteils Afrika – und die absolute Notwendigkeit einer Industrialisierung der Länder Afrikas einschließen. Wir sind davon überzeugt, dass die Industrialisierung Afrikas keineswegs die Entwicklungschancen anderer Erdteile beeinträchtigt, sondern sie im Gegenteil beträchtlich erhöht. Die Bedürfnisse Afrikas auf allen Gebieten werden wachsen. Umstellen müssen sich also nur jene, die heute die Weltwirtschaft in der Hand halten; sie müssen sich nicht nur mit der politischen, sondern auch mit der wirtschaftlichen Emanzipation Afrikas abfinden: Sie gehört zur Harmonie und zum neuen Gleichgewicht der Welt.

Zit. nach Franz Ansprenger, Politik im Schwarzen Afrika, Köln u. a. 1961, S. 481 f.

1. Benennen Sie die Hoffnungen, die Präsident Sekou Touré 1960 mit einer unabhängigen Industrialisierung der Länder der Dritten Welt verbindet (Mat. 9).
2. Beurteilen Sie die Chancen des Programms von Sekou Touré. Stellen Sie auch eine Beziehung zum chinesischen Weg Mao Zedongs (Mat. 7) her.

10 Der madegassische Wirtschaftsminister Jacques Rabemananjara (geb. 1913) umreißt in einer Rede auf einem Schriftstellerkongress in Rom kulturelle Aufgaben Schwarzafrikas (1965):

Q Was wir den Kolonisatoren verübeln, ist, dass sie uns ganz bewusst von unserer Geschichte abgelenkt und sogar zur Verachtung dieser Geschichte erzogen haben um uns leichter dazu zu bringen ihre eigenen Totems, ihre eigenen Heiligtümer und ihr eigenes Pantheon zu verehren.
Es kommt also für uns darauf an unsere eigenen Werte wieder in Ordnung zu bringen, unser geplündertes Erbe wieder herzustellen und die Seiten wiederzufinden, die man mit Gewalt oder mit Hinterlist aus unserem Familienalbum herausgerissen hat. Wie bei jedem anderen Volk wird auch unser Humanismus von diesem wiedergewonnenen eigenen Grund ausgehen müssen, genauso gut wie er all das hinzuziehen muss, was uns von außen her zugeflogen ist und was diesem Humanismus erst seine Energie und seine umfassenden Ziele gibt.
Wir haben in der Schule von Hammurabi und von Sardanapal, von Darius und Themistokles, von Alexander und von Caesar gehört. Warum fangen all unsere neuen unabhängigen Staaten nicht endlich damit an neben der Geschichte anderer Völker auch unsere eigene Geschichte zu lehren? Warum sollten wir nicht endlich dafür sorgen, dass Namen wie Toussaint Louverture, Samori, Béhanzin, Hadsch Omar, Tschaka und Radama, Andrianampioinimerina und Ramaromanompo unseren Kindern nicht fremder und geheimnisvoller klingen als der Name eines Tutenchamun oder eines Ramses?
Die kulturelle Einheit des Abendlandes wird auf der Schulbank geschaffen. Der kleine Pole hört dort von genau demselben Römischen Reich, demselben Mittelalter, derselben Renaissance und derselben Neuzeit wie seine Alterskameraden in Lille oder in Florenz. Wir sind stolz darauf, dass unsere afrikanischen Gedichte heute ins Deutsche und Englische, ins Russische, Italienische und Chinesische übersetzt und in diesen Sprachen verbreitet werden. Aber ist es nicht erschütternd, wenn man überlegt, dass bei uns kein Mensch daran gedacht hat dieselben Gedichte auf der Schule unsrer eigenen kommenden Generation beizubringen! Niemand ist Prophet in seinem eigenen Vaterland – nur der Europäer ist es sehr wohl bei sich und bei den anderen zugleich. [...]
Die Europäer haben uns erzählt, dass sie ihre Schwächen und Krankheiten durch den Talisman der Freiheit überwunden hätten. Sobald jedoch auch wir versuchten ihre Methoden anzuwenden und den Weg einzuschlagen, auf dem sie uns selber vorausgegangen sind, ließen sie uns verhaften, warfen uns ins Gefängnis, zogen uns vor Gericht, verurteilten uns, ließen uns hinrichten oder schickten uns in die Verbannung.

Zit. nach Ruprecht Paquée, Afrika antwortet Europa, Frankfurt/M. 1967, S. 142–145.

1. Erarbeiten Sie aus der Rede (Mat. 10), worin das Hauptproblem der ehemaligen Kolonialvölker liegt die eigene Entwicklung voranzutreiben.
2. Skizzieren Sie Positionen einer Debatte über die Zielsetzung der Stärkung der Dritte-Welt-Länder durch Industrialisierung oder durch eigene Identitätsfindung. Gehen Sie dabei auch auf Sekou Touré (Mat. 9) und China (Mat. 8) ein. Beziehen Sie auch die Rolle des Ost-West-Konflikts mit ein (siehe Darstellung S. 369–372).
3. Charakterisieren Sie Rabemananjaras Sicht der europäischen Bildung und nehmen Sie Stellung dazu.

11 *Der kolumbianische Schriftsteller Gabriel García Márquez (geb. 1928) schildert den Terror eines mittelamerikanischen Militärregimes gegen streikende Arbeiter der Bananenplantagen (1965):*

Q Kaum waren sie [die Regimenter] in Macondo erschienen, da stellten die Soldaten auch schon ihre Gewehre in die Ecke, schnitten und verluden die Bananen und setzten die Züge in Bewegung. Die Arbeiter, die sich bis dahin aufs Warten verlegt hatten, schlugen sich, nur mit ihren Arbeitsmessern bewaffnet, in den Busch und begannen die Sabotage zu sabotieren […]. José Arcadio Segundo [der Gewerkschaftsführer] befand sich unter der Menschenmenge, die sich vom Freitagmorgen an vor dem Bahnhof zusammenrottete […]. Das Gesetz Nummer 4 […] nannte in drei Artikeln von insgesamt achtzig Wörtern die Streikenden „eine Horde von Übeltätern" und ermächtigte das Heer diese mit Gewehrsalven niederzumähen […]. Der Hauptmann gab den Befehl zum Feuern und 14 Maschinengewehrnester antworteten […]. Als José Arcadio Segundo erwachte, lag er mit dem Gesicht nach oben im Dunkeln. Er merkte, dass er in einem endlosen, schweigsamen Zug fuhr, dass sein Haar blutverklebt war und dass ihm alle Knochen schmerzten […], erst jetzt entdeckte er, dass er auf Toten lag. Im Wagen war kein Fleckchen frei, nur im Mittelgang. Seit der Metzelei mussten mehrere Stunden vergangen sein, weil die Leichen die Temperatur von Gips im Herbst hatten, dazu die Festigkeit von versteinertem Schaum und die Verlader hatten offenbar genug Zeit gehabt sie wohlgeordnet wie Bananenbüschel in die Güterwagen zu stapeln. Bemüht dem Alptraum zu entkommen schleppte sich José Arcadio Segundo von einem Wagen in den anderen, in der Fahrtrichtung des Zuges, und in den Lichtern, die beim Vorüberfahren an den schlummernden Dörfern zwischen den Holzplanken aufblitzten, konnte er die toten Männer sehen, die toten Frauen, die toten Kinder, die wie Abfallbananen ins Meer geworfen werden sollten […]. Die offizielle, tausendmal wiederholte und von der Regierung im ganzen Land durch alle ihr zur Verfügung stehenden Informationsmedien wiedergekäute Lesart setzte sich schließlich durch. Es hatte keine Toten gegeben, die zufriedenen Arbeiter waren zu ihren Familien heimgekehrt und die Bananengesellschaft hatte für die Dauer des Regens ihre Arbeit eingestellt. Das Standrecht war weiterhin in Kraft für den Fall, dass der Sturzregen Notverordnungen zum Wohl der Bevölkerung nötig mache, doch die Truppen waren kaserniert. Tagsüber gingen die Soldaten mit hochgekrempelten Hosen durch die Straßen und spielten Schiffbruch mit den Kindern. Abends, nach dem Zapfenstreich, stießen sie mit ihren Gewehrkolben Türen ein, zerrten Verdächtige aus den Betten und nahmen sie auf eine Reise ohne Wiederkehr mit. Das war noch immer die Fahndung und Ausrottung der Übeltäter, Mörder, Brandstifter und Aufrührer gegen das Gesetz Nummer 4, doch die Militärs stritten es selbst den Verwandten ihrer Opfer gegenüber ab, welche die Diensträume der Kommandanten auf der Suche nach Auskünften überschwemmten. „Muss ein Traum gewesen sein", betonten die Offiziere beharrlich. „In Macondo ist nichts passiert und wird auch nichts passieren, es ist ein glückliches Dorf." So vollendeten sie die Ausrottung der Gewerkschaftsführer.

Gabriel García Márquez, Hundert Jahre Einsamkeit, 10. Aufl., München 1988, S. 342–350.

1. Vergleichen Sie die Klassenkampfsituation in Mittelamerika (Mat. 11) mit der in China (Mat. 3 und 8) und Algerien (Mat. 6 und 7).
2. Schreiben Sie aus der Sicht eines UN-Beobachters einen Bericht über die Kampfmethoden des Militärs in Mittelamerika.
3. Sammeln Sie Materialien, die die von Gabriel García Márquez (Mat. 11) beschriebene Situation in Mittelamerika erklären können.

12 *Der Schweizer Nahostexperte Arnold Hottinger (geb. 1926) analysiert Grundstrukturen der arabischen Welt nach der Dekolonisation (1989):*

D Kennzeichen des orientalischen Staates bis hinab zur *Daula*[1], dem Reich der Osmanen, ist es stets gewesen, dass er mit Gewalt über seine Bürger herrschte; an ihrem Konsens war ihm wenig gelegen, viel jedoch daran, dass sie ihre Tribute entrichteten. Der Islam brachte ein Element der Mäßigung in die herkömmliche Despotie, weil die Gottesgelehrten darauf bestanden, dass der Herrscher nach dem Gottesgesetz, der Scharia, regiere. Der neueren Zeit mit der Einführung des „laizistischen" Staates war es beschieden diese theologische Absicherung gegenüber den Machthabern zu beseitigen. Die Gelehrten wurden dadurch entmachtet, dass sie wenig Einfluss mehr auf die neue, moderne Oberschicht ausüben konnten. Der europäische Staat hatte seit der Zeit der Französischen Revolution neue Formen und Verfahren entwickelt, die dazu dienten die Macht der Herrscher einzuschränken und sie einer gewissen Kontrolle durch ihre Bevölkerung zu unterstellen, Wahlen zum Beispiel, Ämter auf Zeit, Abgeordnetenversammlungen zur Kontrolle der Exekutive und zur Formulierung der Gesetze usw. Die unabhängigen Staaten der arabischen Welt übernahmen diese Einrichtungen […], doch bald schon begannen sie sich dieser „fremden" (wie man damals sagte) Insti-

7 Dritte Welt

tutionen zu entledigen. In fast jedem Land wurde ein einzelner Mann, sei es ein Präsident oder ein König, praktisch allmächtig. Eines der Hauptinstrumente des Alleinherrschers ist stets die Geheimpolizei. Die unabhängigen Staaten fanden in diesem Sinne sehr rasch den Weg zu Staaten des orientalischen Typs zurück, sie legten alle Instrumente der Machteinschränkung aus ihren europäischen Mutterländern schnell ab. Sie behielten allerdings alle „modernen" Errungenschaften und Instrumente bei, die zur Erhaltung ihrer Macht dienten. Diese reichen vom Maschinengewehr, der strategisch bedeutsamen Straße in den letzten Wüstenwinkel bis zum Helikopter und zur Rakete. Auch subtilere Wege der Machterhaltung wurden vom Westen übernommen und ausgebaut: alle Möglichkeiten zur Massenbeeinflussung und -lenkung durch staatliche Medien und Organisationen; die elektronischen Mittel zur Überwachung der Untertanen; der Gebrauch von Ideologien um eine Gesellschaft gleichzuschalten. Die *Daula* machte sich auch einige meist oberflächlich verstandene Elemente des Sozialismus zunutze, etwa die Nationalisierung von Wirtschaftsunternehmen um sie selbst zu führen. Der Privatkapitalismus wurde in Staatskapitalismus umgewandelt und die *Daula* zog in ihrer Art Gewinn aus ihm um ihre Macht zu steigern und die Mitläufer unterzubringen. Wirtschaftliche Probleme ließen sich auf einige Zeit hinaus durch Verschuldung und Manipulation der eigenen Währung vertuschen, deren Folgen mit der Zeit zwar die Untertanen durch sinkenden Lebensstandard zu spüren bekamen; doch dies berührte die *Daula* nicht besonders. Sie entdeckte sogar in Ländern wie Ägypten, dass es für ihre Stabilität von Vorteil sein konnte, wenn die Bevölkerung so sehr verarmte, dass sich die große Mehrheit den ganzen Tag hindurch in erster Linie darum sorgte, wie sie ihre Familien und sich selbst ernähren sollte.

Es besteht ein Unterschied zwischen den Staaten, die früher unter kolonialer Oberherrschaft standen und den anderen, in denen traditionelle Fürsten fortregieren, ohne dass sie ein solches Zwischenspiel erlebten. Paradoxerweise sind heute die ehemals kolonisierten Länder jene, die zu den brutalsten Formen der Diktatur neigen; die Staaten mit traditioneller Führung sind zwar nie demokratisch gewesen, sie kennen aber andere Institutionen, die dazu gedient haben und noch dienen der allzu starken Konzentration der Macht ihrer Herrscher entgegen zu wirken.

1 arab. = Regierung

Arnold Hottinger, 7-mal Naher Osten, 4. Aufl., München 1988, S. 406–409.

1. *Erläutern Sie nach Arnold Hottinger (Mat. 12) den Zusammenhang von der Struktur der Kolonialverwaltung in den arabischen Staaten und der Verfassungsentwicklung nach deren Unabhängigkeit.*
2. *Beurteilen Sie ausgehend von Hottinger die Forderung nach einem treuhänderischen Eingreifen der europäischen Staaten bzw. einem humanitären Neokolonialismus in der gegenwärtigen Krise vieler Staaten in Subsahara-Afrika. Ziehen Sie dazu auch die Schlusszitate von der Auftaktseite (siehe S. 359) heran.*
3. *Diskutieren Sie ausgehend von der These der „Entwicklung der Unterentwicklung" die Handelsbeziehungen zwischen „Erster" und „Dritter Welt" Ende des 20. Jh.*

13 *Handelsströme zwischen Europa, Asien und Nordamerika 1980 und 1993 (in Mrd. US-Dollar)*

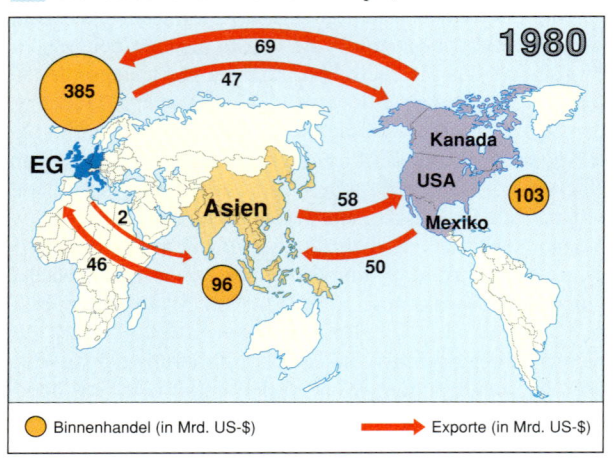

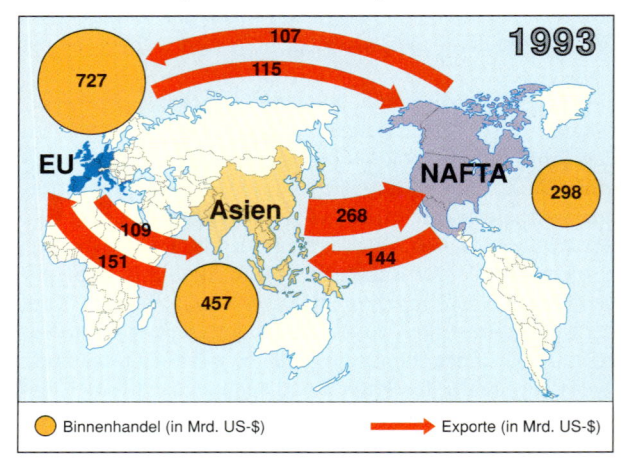

1980:
- EG Binnenhandel: 385
- Asien Binnenhandel: 96
- Kanada/USA/Mexiko Binnenhandel: 103
- EG → Asien: 47; Asien → EG: 69
- EG → Afrika: 2; Afrika → EG: 46
- Asien → USA: 50; USA → Asien: 58

1993:
- EU Binnenhandel: 727
- Asien Binnenhandel: 457
- NAFTA Binnenhandel: 298
- EU → Asien: 115; Asien → EU: 107
- EU → Afrika: 109; Afrika → EU: 151
- Asien → NAFTA: 268; NAFTA → Asien: 144

Binnenhandel (in Mrd. US-$) — Exporte (in Mrd. US-$)

Indien: Gesellschaft und Herrschaft seit der Unabhängigkeit 1947

1 *Indien und Pakistan seit der Unabhängigkeit 1947*

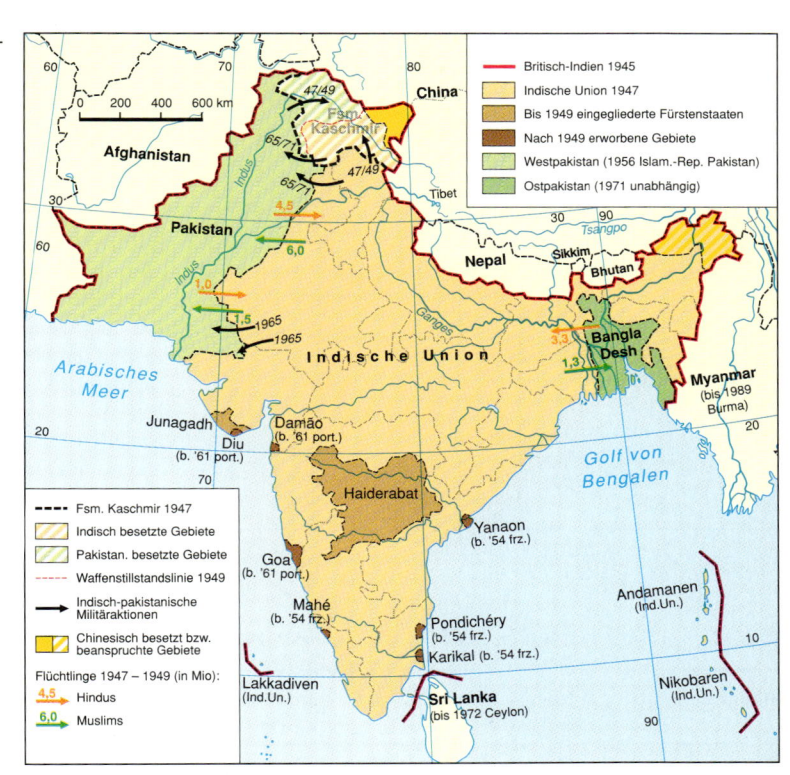

Legende:
- Britisch-Indien 1945
- Indische Union 1947
- Bis 1949 eingegliederte Fürstenstaaten
- Nach 1949 erworbene Gebiete
- Westpakistan (1956 Islam.-Rep. Pakistan)
- Ostpakistan (1971 unabhängig)
- Fsm. Kaschmir 1947
- Indisch besetzte Gebiete
- Pakistan. besetzte Gebiete
- Waffenstillstandslinie 1949
- Indisch-pakistanische Militäraktionen
- Chinesisch besetzt bzw. beanspruchte Gebiete
- Flüchtlinge 1947–1949 (in Mio)
  - 4,5 Hindus
  - 6,0 Muslims

2 Geschichte Indiens 1947–1994 im Überblick:

1947	Im Zuge der Aufteilung von Britisch-Indien in den Staatenbund Indien und Pakistan kommt es zu Unruhen zwischen Hindus und Moslems; Jawaharlal Nehru erster Ministerpräsident des souveränen Indien
1948	Ein fanatischer Hindu ermordet Gandhi.
1948–49	1. Indisch-pakistanischer Krieg endet mit der Teilung Kaschmirs
1950	Indien wird unabhängige Republik, bleibt aber im britischen Commonwealth
1952	Erste allgemeine Wahlen bringen der Kongresspartei eine große Mehrheit
1955	Konferenz von Bandung; Nehru strebt für Indien die Führung der bündnisfreien Staaten an
1959–62	Chinesisch-indische Grenzstreitigkeiten gehen in einen Krieg über, in dem Indien von den USA, England und der Sowjetunion unterstützt wird
1961	Indische Truppen besetzen die portugiesischen Besitzungen in Indien
1965	2. Indisch-pakistanischer Krieg
1966	Indira Gandhi (Tochter Nehrus) wird Ministerpräsidentin
1971	3. Indisch-pakistanischer Krieg: Ost-Pakistan spaltet sich als selbstständiger Staat Bangladesh ab
1974	Zündung der ersten indischen Atombombe
1975	Start des ersten indischen Forschungssatelliten
1980–84	Punjab-Krise
1984	Indira Gandhi wird von zwei Sikhs aus ihrer Leibgarde ermordet; Giftgaskatastrophe in der chemischen Fabrik eines US-Konzerns in der Stadt Bhopal
1989	Indien verfügt erstmals über Mittelstreckenraketen
1991	Radjiv Gandhi (Sohn Indira Gandhis) von einer Terroristin ermordet
1994	Pesterkrankungen in indischen Großstädten (Sept./Okt.)

3 Die Bevölkerung Indiens 1921–1991:

Jahr	Bevölkerung (in Mio.)	Wachstumsrate (pro 100)	Bevölkerungsdichte (in Personen pro km²)
1921	252	–0,03	81
1931	279	1,1	90
1941	319	1,4	103
1951	361	1,3	117
1961	439	2,2	142
1971	548	2,2	173
1982	683	2,2	216
1991	844	2,1	267

Jahr	Alphab.rate (in %)	Durchschnittsalter (Jahre)	Anzahl Frauen auf 1000 Männer
1921	7,2	20,2	955
1931	9,5	26,7	950
1941	16,1	31,7	945
1951	16,7	32,1	946
1961	24,0	41,3	941
1971	29,4	46,3	930
1982	36,2	52,1	934
1991	52,1	58,6	929

Nach Das Parlament Nr. 8/9 vom 19./26. Febr. 1993, S. 4.

4 Religionsgemeinschaften in Indien 1971 (in Prozent):

Religion	Angehörige in %	Religion	Angehörige in %
Hindus	82,72	Buddhisten	0,70
Mohammedaner	11,21	Jains	0,47
Christen	2,60	andere	0,40
Sikhs	1,89	ohne Angaben	0,01

5 Die in der Verfassung verankerten Sprachen Indiens und die Zahl ihrer Sprecher 1971 (in Mio.):

Sprache	Personen	Sprache	Personen
Assamesisch	9,0	Oriya	19,9
Bengali	44,8	Punjabi	16,4
Gujarati	25,9	Sanskrit	0,0
Hindi	161,6	Sindhi	1,7
Kannada	21,7	Tamil	37,7
Kashmir	2,4	Telegu	44,8
Malayalam	21,9	Urdu	28,6
Marathi	42,3		

Quelle 4 und 5 nach Fischer Weltalmanach 1971.

6 *Der indische Bundesminister für Planung, Durga Prasad Dhar, analysiert die ererbten bürokratischen Strukturen (1973):*

Q Wir haben aus der Kolonialzeit eine Verwaltungsstruktur ererbt, die allen technologischen Neuerungen feindlich gesinnt ist. Ihre Prozeduren, ihre Motive, ihre Funktionsweise und – vor allem anderen – ihre Ethik stammen aus einem Zeitalter, das Traditionen der Hierarchie und dem Gehorsam die allergrößte Bedeutung beimaß.
Wir haben die grundlegende Struktur dieser Verwaltung nicht verändert, während wir diese hingegen erheblich vergrößert haben, indem wir ihr neue Organisationen angegliedert haben, die dazu bestimmt waren neue Zielvorgaben zu verfolgen, obwohl diese Ziele ihrem tiefsten Wesen geradezu entgegengesetzt waren. Eine Zeit lang hat man sich in dem Glauben gewiegt, dass die neuen Funktionen ohne Schwierigkeiten im Rahmen der überkommenen Strukturen erfüllt werden könnten. Die traditionellen Funktionäre konnten sich auf diese Weise damit brüsten die Gemeindeentwicklungsprogramme voranzutreiben, obwohl die Schwächen des alten Systems fortbestanden. Die gegenwärtig vorhandene Verwaltung kann jedoch kein bestimmender Faktor für die anstehenden sozio-ökonomischen Veränderungsprozesse sein. Nicht nur ihre Herkunft und ihre allgemeine Sicht der Dinge sind der Technologie gegenüber feindselig, sondern auch ihre Nützlichkeit als Ausführungsinstrument der Politik ist sehr eingeschränkt.

Durga Prasad Dhar, Why and How and What I plan, in: Illustrated Weekly of India, 25. Febr. 1973, S. 10 f. Übers. von Th. Schleich.

1. Benennen Sie mit Hilfe von Mat. 1 bis 6 Faktoren, die auch nach der Unabhängigkeit Indiens einer „indischen Einheit" entgegenstanden.
2. Vergleichen Sie die Bundesrepublik Deutschland und Indien hinsichtlich Sprachenverteilung, Machtverteilung und bürokratischer Strukturen (zur Bundesrepublik siehe Kapitel 6, S. 282–357 und ziehen Sie Lexika oder Handbücher heran) und arbeiten Sie Ähnlichkeiten und Unterschiede heraus.

7 *Der Historiker Dietmar Rothermund (geb. 1933) über die indische Landwirtschaft nach der „Grünen Revolution" (1979):*

D Eine Reihe von Dürrejahren nach 1966 hatte diesen Bann [der niedrigen Agrarpreise] gebrochen. Die Verknappung der Nahrungsmittel ließ die Preise emporschnellen und damit war für die reicheren Bauern, die für den Markt produzierten, der Anreiz gegeben mehr zu investieren und mit Kunstdünger, verbessertem Saatgut, Bewässerung und vermehrtem Arbeitseinsatz die Erträge zu steigern [...]. Der arme Bauer, der nur für den Lebensunterhalt seiner Familie arbeitete, konnte sich diese Investitionen nicht leisten und bliebt bei den alten, genügsamen Getreidearten, die ohne Kunstdünger und Bewässerung ihre niedrigen, aber zuverlässigen Erträge erbrachten. Wenn diese Erträge nicht mehr ausreichten um die Familie zu ernähren, dann musste er eben zum reichen Nachbarn gehen und seine Arbeitskraft in den Dienst der *Grünen Revolution* stellen. Den Gewinn aber strich der reiche Nachbar ein. Die Städter, die jetzt mehr Geld für ihren Lebensunterhalt ausgeben mussten, verlangten höhere Löhne und Gehälter und erhielten sie auch. Das führte zu einer Inflation [...]. *Grüne Revolution* und Inflation erwiesen sich jedoch gemeinsam als Feinde der Armen, deren Einkünfte gering blieben, während die Preise stiegen. Die verkrüppelte und [durch die Weltwirtschaftskrise] verschreckte indische Landwirtschaft hat die Morgenluft der Freiheit erst sehr langsam gespürt. Der Geldverleiher hatte nach wie vor seine Bedeutung, das gläubigerfreundliche Recht bestand fort. Doch während dieses Recht sich einst in einer aufstrebenden kapitalistischen Gesellschaft entwickelt hatte, blieb es in Indien in der Hand habsüchtiger Männer, die ihre alten Methoden verfolgten. Kredit war in der indischen Landwirtschaft nicht eine Spritze in den Arm der produktiven Landwirte, sondern eine Fessel, die alle band, die jemals Geld oder Getreide leihen mussten.

Ähnlich wie bei dem einst so unentbehrlichen Rindvieh [die *grünen Revolutionäre* hatten die *heiligen Kühe* sich selbst überlassen und Traktoren gekauft] ist es im Zeichen der *Grünen Revolution* den Dorfhandwerkern und der Landarbeiterschaft ergangen. In früheren Zeiten unterhielten die Bauern die Dorfhandwerker gemeinsam [...]. Die Geldwirtschaft hat alle diese Bindungen gelöst, es ist für den reicheren Bauern weit billiger die Gegenstände, die er braucht, auf dem Markt zu kaufen und die Landarbeit an Tagelöhner zu vergeben [...]. Die vielen aus ihren alten Bindungen entlassenen Arbeitskräfte stehen für geringen Lohn zur Verfügung [...]. Die *Grüne Revolution* hat aber nicht nur die Kluft zwischen Reich und Arm vertieft, sondern auch regionale Unterschiede hervortreten lassen. Der große Durchbruch ergab sich zuerst auf dem Gebiet der Weizenproduktion und konzentrierte sich auf eine Zone ungefähr 200 km im Umkreis von Delhi – Panjab, Haryana, der Westen von Uttar Pradesh. [...] Das Hochland, auf dem weder Weizen noch Reis, sondern nur genügsame Hirse- und Maisarten gedeihen, ist von der *Grünen Revolution* kaum erfasst worden.

Dietmar Rothermund, 5-mal Indien, München u. a. 1979, S. 358–368 (Hervorhebungen im Original).

8 *Der Entwicklungshelfer Walter Keller schildert das Leben in indischen Großstädten (1982):*
D Bombay, die reichste indische Stadt, Bombay, „das Tor zur Welt", Filmstadt. Das ist die eine Seite von Bombay. Die andere Seite – das ist das Elend. Elend, wie es beispielsweise Krishna, seine Frau Anita und die beiden zwei- und dreijährigen Kinder Santosh und Seema täglich erfahren. Obwohl es in Strömen regnet, werden sie wieder einmal kein Dach über dem Kopf haben. Nachmittags sind die Männer der Stadtverwaltung Bombays gekommen und haben ihre Hütte niedergerissen. Sie bestand aus mehreren zusammengeflickten Jutesäcken, die von einem Gerüst aus Bambusstangen getragen wurden.
Szenenwechsel: Madras, südindische Metropole mit fünf Millionen Einwohnern. „Jothi Amma Nagar" ist eines von mehreren hundert Slumgebieten der Stadt. Es liegt zwischen einer breiten Hauptverkehrsstraße, einem Bahndamm und einem etwa 50 Meter breiten, stinkenden Kanal, in den die Abwässer der Stadt geleitet werden. [...]
So wie die Familien von Krishna und Arumugan leben allein in Indiens Großstädten 25 Millionen Menschen, die armselige Bretterbuden, nicht genutzte Wasserrohre, eine aufgespannte Plastikplane, ein Stück der lauten und schmutzigen Straße oder eine kleine Ecke in einem Bahnhof oder einer Straßenunterführung ihr Zuhause nennen. Die beiden Familien zählen zu den Millionen von Vergessenen, zu den Verdammten der größten Demokratie der Welt, wie die Politiker ihren Staat Indien gern nennen. Sie werden von den meisten Reichen verachtet. Ihre Hütten, die ausgebreiteten Plastikplanen, der ganze Schmutz und Gestank des Slums passen nicht in ihr Wunschbild von einem modernen Indien – das ist die wirtschaftlich, technologisch und militärisch aufstrebende südasiatische Supermacht, die Atomkraftwerke und Raketen baut. [...]
Bei der Untersuchung der soziologischen Strukturen eines Slums wird man feststellen, dass etwa 95 Prozent der Bewohner zu der Gruppe der *Harijans,* der *Unberührbaren,* zählen. Im Alltagsleben bleiben *Harijans* diskriminiert und unterdrückt, obwohl die Einteilung der Gesellschaft in Kasten mit der indischen Verfassung abgeschafft wurde. [...] Der Ort, an dem ein *Unberührbarer* geboren ist, gilt als verunreinigt und schändlich. Im ländlichen Indien muss ein *Harijan* barfuß durch ein Gebiet gehen, in dem Kastenhindus leben. [...] Die Flucht in die Stadt – und damit in den Slum – ist oft die letzte Alternative. Die Menschen suchen Geborgenheit in der Anonymität der Metropole.
Freilich hat die Flucht vom Land nicht allein soziale Gründe; andere Faktoren für das Anwachsen der Städte kommen hinzu: Wegen zahlreicher „Entwicklungsprojekte" – wie

dem Riesenstaudammprojekt entlang des Narmada-Flusses – müssen zum Beispiel immer mehr Menschen ihre angestammten Wohngebiete verlassen. Die Folgen der Völkerwanderung in die Städte liegen auf der Hand: Bereits während der letzten 40 Jahre ist die Zahl der in den Städten Indiens lebenden Menschen um das Vierfache, auf 230 Millionen, gewachsen – mehr als ein Viertel der Gesamtbevölkerung Indiens lebt heute in Städten. [...]

Mit dem derzeitigen Wachstum von jährlich 2,1 Prozent würde sich die indische Bevölkerung innerhalb der nächsten 32 Jahre verdoppeln. Indien ist ein Beispiel dafür, dass staatliche Familienplanung scheitern muss, solange sie nur ein Ersatz für grundlegende soziale Reformen ist. Deshalb gehen offizielle Slogans, die suggerieren, dass kleine Familien automatisch auch Glück und Wohlstand bringen, gerade an denen vorbei, die die meisten Kinder bekommen: an den Ärmsten der Armen, für die Geburtenkontrolle nur dann akzeptabel ist, wenn sich dadurch auch ihre Einkommens-, Ernährungs- und Gesundheitslage im Ganzen verbessert. Gerade sie sind es, die Kinder brauchen, weil diese bereits sehr früh mit arbeiten und dadurch zum Familieneinkommen beitragen können. [...] In einer Gesellschaft, in der Töchter wegen der – gesetzlich verbotenen, aber trotzdem praktizierten – Mitgiftforderungen, oftmals als ein Kostenfaktor angesehen werden, wundert es nicht, wenn Ehepaare Söhne bevorzugen. Geschlechtsbestimmungen durch Fruchtwasseruntersuchungen werden in gnadenloser Weise dazu benutzt weibliche Embryos abzutreiben. Resultat der gesellschaftlichen Diskriminierung des weiblichen Geschlechts: Indien ist eines der wenigen Länder, in denen mehr Männer als Frauen leben.[1]

1 Siehe auch Mat. 4, S. 386.

Walter Keller, Die Verdammten und Vergessenen in der größten Demokratie der Welt, in: Public Forum Nr. 19 vom 9. Oktober 1992, S. 38–40 (Hervorhebungen im Original).

1. Welche Auswirkungen hatte die „Grüne Revolution" in Indien (Mat. 7)? Vergleichen Sie die Agrarprobleme Indiens mit den landwirtschaftlichen Gegebenheiten in der Europäischen Gemeinschaft.
2. Erklären Sie das Anwachsen der indischen Großstädte (Mat. 8). Welchen Zusammenhang von „Grüner Revolution" und der Explosion der städtischen Bevölkerungszahl sehen Sie? Inwieweit ist die Entwicklung in Indien typisch für Dritte-Welt-Länder?
3. Skizzieren Sie anhand von Mat. 8 die Gründe für das Scheitern staatlicher Maßnahmen zur Geburtenbeschränkung in Indien; vergleichen Sie mit der staatlich verordneten Familienplanung in China.

9 *Aus einer Rede des Ministerpräsidenten Jawaharlal Nehru (1889–1964) in der Verfassunggebenden Versammlung (15. März 1948):*

Q Indien [...] beginnt wieder sich in den Strom der menschlichen Geschichte einzuschalten [...]. Asien hat in den Jahrtausenden der Geschichte eine wichtige Rolle gespielt [...], aber in den vergangenen 200 Jahren haben gewisse technische und wissenschaftliche Entwicklungen in Europa und später auch in Amerika dazu geführt, dass Europa Asien beherrsche und den Einfluss Asiens auf die Weltgeschichte minderte.

Heute ist die Neuordnung der Beziehungen zwischen Europa und Asien eines der Hauptprobleme [...]. In der Vergangenheit hat Europa Asien ignoriert – vor allem wegen seiner politischen und wirtschaftlichen Hegemonie [...]. Es gibt vieles, das die europäischen von den asiatischen Sichtweisen unterscheidet. Asien ist heute vor allem mit den unmittelbaren menschlichen Problemen beschäftigt. In jedem Lande Asiens – und sie sind alle mehr oder weniger unterentwickelt – geht es um Nahrung, Kleidung, Gesundheit und Erziehung: Fragen der Machtpolitik betreffen uns nicht direkt. Das Erbteil Europas sind Machtkonflikte und jene Probleme, die aus dem Besitz von Macht erwachsen. Man fürchtete die Macht zu verlieren und man fürchtet, dass dieser oder jener die Macht erringen wird [...]. In Asien haben wir dieses Erbe nicht. Die Länder Asiens mögen hier und da Streitigkeiten mit ihren Nachbarn haben, doch sie haben nicht jenes grundlegende Erbteil der Machtkonflikte, wie es Europa hat. Das ist ein großer Vorteil für Asien und es wäre äußerst töricht, wenn die Länder Asiens und Indien sich in die Nachwehen der Konflikte Europas hineinziehen ließen.

Jawaharlal Nehru, Independence and After, New York 1962, S. 52–53. Übers. von Th. Schleich.

10 *Auszug aus einer Rede der Ministerpräsidentin Indira Gandhi (1917–1984) auf der Gipfelkonferenz nicht paktgebundener Länder in Algier (1973):*

Q Als wir frei wurden, hatten wir große Hoffnungen sofortige Veränderungen in unserer Gesellschaft durchführen zu können. Wir dachten, dass der einmal eingeleitete und mit Eifer vorangetriebene Umwandlungsprozess rasch vonstatten gehen würde. Doch einheimische wie auch ausländische politische und ökonomische Interessen erwiesen sich als gewaltige Hindernisse. Je mehr sich der Kampf auf dem Felde der Ökonomie zuspitzt, desto akzentuierter wird die Stimme des so lange unterdrückten Volks; doch bei jedem Schritt nach vorn nimmt der Widerstand alteingesessener Gruppen, die häufig mit ausländischen Interessen, insbesondere mit den anonymen multinationalen Konzernen, im Bunde sind, an Vehemenz zu, wird rücksichtsloser und zugleich subtiler und heimtückischer, da er nun nicht mehr offen zutage tritt, sondern indirekt subversiv und provokant ist. In Indien erleben wir diese Zwänge tagtäglich in Aktion. Vielleicht haben auch andere Entwicklungsländer derartige Erfahrungen. Die Beseitigung der Armut hängt daher nicht allein von der Kapitalakkumulation ab, so wichtig diese auch ist, sondern überdies von der Herausbildung politisch bewusster Kräfte, die diese Zwänge überwinden können.

Der Kolonialismus hat tiefe Narben des Minderwertigkeitsgefühls hinterlassen, die angesichts des atemberaubenden Fortschritts von Wissenschaft und Technik in den wohlhabenden Ländern noch stärker spürbar werden. Es ist richtig, dass wir aus den Erkenntnissen und Erfahrungen anderer Nutzen ziehen. Doch dabei dürfen wir nicht die tatsächlichen Bedürfnisse der Mehrheit unserer Bevölkerung aus dem Blickfeld verlieren. Die Technologie darf uns nicht nur aufgepfropft werden, darf nicht die Ungleichheiten vergrößern und uns nicht schwerere Belastungen aufbürden, als unserer Gesellschaft zu tragen vermag. […] Das Ziel unseres sozialökonomischen Umwandlungsprozesses besteht nicht nur in der Steigerung des Bruttosozialprodukts oder in der Errichtung von Konsumgesellschaften, sondern darin Wachstum, soziale Gerechtigkeit und die Vermittlung kultureller Werte, die von Empfindung und Mitgefühl geprägt sind, miteinander ins Gleichgewicht zu bringen.

Zit. nach Bianca Schorr (Hg.), Indira Gandhi. Reden, Schriften, Interviews, Köln 1988, S. 163 f.

1. Arbeiten Sie anhand von Mat. 9 und 10 Unterschiede zwischen politischen Zielen europäischer und asiatischer Länder heraus.
2. Skizzieren Sie mit Hilfe von Mat. 10 die Rolle Indiens in der Bewegung der nicht paktgebundenen Länder. Ziehen Sie dazu auch die Darstellung S. 371 f. sowie S. 379, Mat. 4 heran.
3. Diskutieren Sie die Ziele der indischen Außenpolitik seit der Unabhängigkeit. Halten Sie sie für erfolgreich? Benennen Sie Ihre Gründe.

11 *Der Journalist Erhard Haubold (geb. 1936) über die wirtschaftliche Lage Indiens (1991):*

D Vor 45 Jahren hatten Indien und Japan ähnliche Startbedingungen, waren die übrigen Länder Asiens genauso arm. Heute sind beinahe alle davongezogen, sind die durchschnittlichen Einkommen in Südkorea zehnmal und in Hongkong 25-mal so groß […]. Trotz umfangreicher menschlicher und natürlicher Ressourcen, trotz westlicher Entwicklungshilfe von rund vier Milliarden Dollar im Jahr ist Indien heute ärmer als jedes vergleichbare Land der Dritten Welt. Die Ausgaben für Gesundheit und Erziehung sind wesentlich niedriger als in anderen asiatischen Ländern. Das Wachstum der Industrieproduktion mit weniger als fünf Prozent gehört zum langsamsten in Asien. […]

Warum liegt Indien so weit zurück? Ein wesentlicher Grund ist sein Versuch sich von der Weltwirtschaft abzukoppeln und dem sowjetischen Modell der Selbstversorgung zu folgen. Aber hohe Zölle verstärken den Blick des Unternehmers „nach innen", auf einen ungemein großen einheimischen Markt und verheißen einen Gewinn, den die Produktion für den Export nie erzielen kann. […] Die Auslandsverschuldung beträgt 70 bis 80 Milliarden Dollar, einschließlich der Anlagen von Auslandsindern (rund zehn Milliarden) und der Handelskredite. Diese Kredite haben die Lage erheblich verschärft: Indien importiert dem Wert nach seit Jahren mehr, als es ausführt und hat das Defizit zunehmend kurz- und mittelfristig finanziert. Diese Roll-over-Kredite werden aber teurer und weniger gern verlängert, seitdem die Bonitätsbewertung Indiens schlechter geworden ist. […] Die Hauptschuld an der Devisenknappheit hat die übertriebene Kreditaufnahme der öffentlichen Hand. Die Kur für Indien heißt Deregulierung. […]

Indien sei ein Wirtschaftswunder, das auf seine Entdeckung warte, schreibt die Zeitung *Times of India*. Das Land „hat ausgebildete Arbeiter, dynamische Unternehmer, gute Ingenieure und schlitzohrige Händler. Was es braucht, ist eine Regierung, die den Tiger aus dem Käfig lässt. Aber die Aussichten dafür sind nicht gerade glänzend." „Die Welt hat unsere Art von Sozialismus längst zum Fenster hinausgeworfen." Das sagt der indische Unternehmer J. R. D. Tata. Unter den Intellektuellen aber hat die Diskussion über den Zusammenbruch des sowjetischen Vorbilds noch kaum begonnen. Sozialismus und Planung werden immer noch mit einer humanen, progressiven Haltung gleichgesetzt. Geschäftsleute haben in der Bevölkerung einen schlechten Ruf, da verlässt man sich lieber auf eine mächtige Regierung, die seit der Zeit von Mogul-Kaisern und englischen Kolonialherren Schwierigkeiten löst, indem sie Befehle gibt.

Erhard Haubold, Indien braucht eine Regierung, die den Tiger aus dem Käfig lässt, in: Frankfurter Allgemeine Zeitung, 24. Juni 1991.

1. Erläutern Sie mit Hilfe von Mat. 11 die Ursachen, die für die dort geschilderte wirtschaftliche Situation Indiens verantwortlich sind.
2. Bewerten Sie die Rolle des Westens beim Zustandekommen dieser Situation.

12 *Der Journalist Thomas Ross berichtet von einem Gespräch mit dem indisch stämmigen Schriftsteller V. S. Naipaul (geb. 1932) über die Lage der indischen Nation (1992):*
Q An das Prinzip des exakten, durchsichtigen, wahrheitsgetreuen Schreibens hat er [Naipaul] sich auch in seinem neuesten Buch gehalten, seinem dritten über Indien in einer Zeitspanne von 27 Jahren: „Indien – ein Land im Aufruhr" [...]. Darin schildert er ein einzigartiges Experiment, eine Art Testfall für uns alle, ob nämlich Menschen unterschiedlicher Denkart, Herkunft, Lebensform und Tradition in einer ständig enger werdenden Welt lernen können friedlich miteinander zu leben. „Ich finde, die Inder machen einen sehr guten Versuch", sagt er. Wer Indien nur in kleinen Ausschnitten erlebt, den Terrorismus der Fanatiker in Kaschmir und im Punjab aufs Ganze überträgt, mag Naipauls Meinung für allzu wohlwollend halten, doch muss man diese peripheren Konflikte vor dem Hintergrund eines Subkontinents sehen, der mehr als die doppelte Bevölkerung Europas beherbergt. „Die Menschen sollen die Rebellionen anderer respektieren", sagt er, „Rebellionen, die im Grunde die notwendige Behauptung ihrer Menschlichkeit sind."
Naipaul weitet den Ort der intellektuellen Freiheit aus, er spricht von einer universalen Zivilisation: „Ich kann nicht umhergehen und sagen, ich bin Asiate und lebe in einer separaten Welt. Ich meine, wir teilen die Welt, ihre Werte und Ideen." Die Quintessenz der universalen Zivilisation sieht er im Individualismus und im Streben nach Glück, im Unterschied zur streng geformten Kollektivität traditioneller Gesellschaften wie der indischen. Er holt das Manuskript eines Vortrages, den er 1990 in New York gehalten hat, und liest vor, was er unter dieser „ungeheuren menschlichen Idee" des Strebens nach Glück versteht: „Ich kann mir nicht vorstellen, dass meines Vaters Eltern sie verstanden hätten. So viel ist darin enthalten: die Idee der persönlichen Verantwortung, der Möglichkeiten, das Leben des Intellekts, die Idee der Berufung und Vervollkommnung, des Vollbringens." Naipaul legt Wert darauf diese Idee nicht mit Hedonismus zu verwechseln, sie bedeute Vervollkommnung, Anstrengung, Mühe, „eine europäische philosophische Idee, älteren Ideen entgegengesetzt, düsteren Ideen, dass wir nämlich nicht auf dieser Welt sind um uns zu freuen, sondern um unserem Gott zu dienen".
„Wir haben es [im heutigen Indien] mit einer Kultur zu tun", sagt er, „die keine Idee des Sich-selbst-Anschauens hatte, der Selbstkritik und der Selbstanalyse. In den letzten 50 Jahren aber wurde Indien sich seiner selbst bewusst, wurde selbstkritisch, nicht nur seiner Geschichte gegenüber." Im Jahre 1962, als Naipaul zum ersten Mal Indien besuchte, „liebten die Inder die Idee der Armut, glaubten, Indien nehme einen besonderen Platz in der Welt ein, weil es sehr, sehr arm war. Seine Armut war spirituelle Armut, die Menschen hingen nicht an dieser Welt. Diese Haltung ist heute verschwunden, von einer neuen Idee der menschlichen Würde abgelöst." [...]
Als Naipaul im Alter von 30 Jahren [aus Trinidad] das erste Mal nach Indien kam, fand er nichts von dem Gemeinschaftsgefühl [der indischen Auswanderer in Übersee], stattdessen die Fragmentierung in ungezählte Gruppen verschiedenster Natur und die Loyalität gehörte jeweils diesen Gruppen. Doch ein halbes Menschenleben später sieht er eine neue Situation. Gut, es gebe nicht diese Art Familiensinn der Inder für ihr Land, doch was passiert und in gewisser Weise darauf hin wirkt, ist die Entwicklung des Interesses für Menschen, eine Art moralisches Empfinden für die Armut und für die Institutionen, die den Menschen schützen. Das wächst sogar rasch. Leitartikel und Kommentare in den Zeitungen gehen davon aus, dass jeder Mensch Rechte hat, jeder Mensch Werte besitzt, dass er gut behandelt werden soll. Das gab es vor zwei Generationen noch nicht. Und es ist dieses wachsende Empfinden, dass jeder Mensch, unabhängig von Kaste, Klasse, Religion, ob arm oder reich, Rechte habe, die Naipaul als „zentrale Idee" Indiens [heute] versteht. Diese Idee steht im Gegensatz zu dem, was [der Ethnologe] Levy-Strauß „die Abwertung des Menschen durch den Menschen" in Indien durch das Kastensystem nannte. Was jedoch in Indien noch nicht geschehen sei, sagt Naipaul, und was noch revolutionärer und gleichzeitig stabilisierender wirken werde, das sei das Gefühl des Individualismus. Dazu müssten erst einmal Wirtschaft und Erziehung soweit entwickelt sein, dass jeder auf eigenen Füßen stehen könne, Vertrauen in die Institutionen habe und den Glauben an die Zukunft. Erst wenn die Menschen mehr als heute die eigenen Herren, die Meister ihres Lebens seien und sich Vorstellungen über die Zukunft machen könnten, würden sie kleine Familien statt der vielköpfigen planen.

Thomas Ross, Ein Gespräch mit dem indischen Schriftsteller V. S. Naipaul, in: Frankfurter Allgemeine Zeitung, Magazin Heft Nr. 657, 1. Oktober 1992, S. 18–22.

1. *Welche Entwicklungslinien arbeitet Naipaul (Mat.12) für die Nachkriegsgeschichte der indischen Gesellschaft heraus? Worin gründet sich sein Optimismus für die Zukunft? Vergleichen Sie seine Sicht der „universalen Zivilisation" mit den Prinzipien Mahatma Gandhis.*
2. *Vergleichen Sie die Geschichte Indiens nach 1947 mit der Geschichte anderer, in die Unabhängigkeit entlassener Staaten in Asien, z.B. Indonesien, Pakistan, Vietnam (informieren Sie sich in Lexika oder Handbüchern).*

„Ich bin AusländerIN"
Frauen und Dritte Welt – Unebenheiten der Solidarität

Von Cheryl Benard und Edit Schlaffer

„Die Menschenrechte haben zu gelten ohne Diskriminierung der Rasse, der Hautfarbe, des Geschlechts, der Sprache, der Religion ... oder des sonstigen Status."
Internationaler Pakt über die bürgerlichen und politischen Rechte, Vereinte Nationen, 1966

Ich bin Ausländer" – viele junge Menschen in Deutschland kauften sich ein T-Shirt mit dieser Aufschrift um ihre Solidarität zu bekunden. Das war gut und gut gemeint. Und die Ausländerin? Sie stand auf keinem T-Shirt. Vielleicht dachten wir, dass sie ganz automatisch dazu gehört, zur großen Gruppe der diskriminierten und gefährdeten Ausländer, mit denen wir uns solidarisch erklären wollten. Doch die Wahrheit ist viel komplizierter. Es ist nicht nur eine sprachliche Bequemlichkeit, wenn wir uns mit dem Ausländer solidarisieren und die Ausländerin darunter subsumieren, sondern eigentlich schon eine ungewollte Parteinahme. Ob man Ausländer oder Ausländerin, Mann oder Frau ist, spielt in sehr vielen Ländern dieser Welt eine sehr große Rolle. Eine lebenswichtige Rolle mitunter.

In vielen Länder, z. B. Pakistan, ist die Mädchensterblichkeit viel höher als die der Jungen. Weil Töchter unerwünscht sind, bekommen sie die schlechtere Nahrung und man macht sich gar nicht erst die Mühe sie impfen zu lassen. Die Konsequenzen lassen sich aus den Bevölkerungsstatistiken ablesen: Im Punjab kommen auf 100 Mädchen ca. 115 Jungen. Auch der Infantizid, das Töten neu geborener Mädchen, ist bei weitem noch nicht ausgerottet. Es gibt Gegenden in Indien, wo die Väter sich zu helfen wissen, wenn unerwünschterweise eine Tochter geboren wurde: Sie drücken das kleine Gesicht des Säuglings in loses Salz, bis das Mädchen erstickt. Sogar die moderne Medizin wird zu diesen Zwecken missbraucht. Die Amniozentese, ein Test, der zur Früherkennung von Erbschäden erfunden wurde, dient in arabischen Ländern und in Indien der Ausrottung von Töchtern: Zeigt der Test, dass das werdende Kind ein Mädchen ist, muss die Mutter es sofort abtreiben lassen.

Auch erwachsene Frauen sind nicht sicher. In Indien sterben jährlich Tausende von jungen Bräuten, weil ihre Mitgift zu gering war; sie werden von der erzürnten Schwiegerfamilie mit Benzin übergossen und verbrannt um den Weg frei zu machen für die nächste Schwiegertochter, die auch wieder Geld einbringt.

Zur groben Missachtung weiblichen Lebens, die bis zum offiziell geduldeten Mord an Tausenden von Frauen reicht, kommen die gravierenden Einschränkungen in der Würde und Freiheit von Frauen in weiten Teilen der Dritten Welt. Die islamischen Länder verletzen in besonders krasser Weise die politischen Rechte, die Bewegungsfreiheit und die elementaren Entwicklungschancen ihrer weiblichen Bevölkerung. Die Schulbildung von Mädchen wird, obwohl dies im ursprünglichen Islam ganz ausdrücklich als besonders hoher Wert gefordert wurde, von den heutigen islamischen Regierungen schmählich vernachlässigt. Die Konsequenz: sehr hohe Raten des Analphabetentums bei Frauen. Abgesehen von der Einschränkung, die das für die halbe Bevölkerung bedeutet, schaden diese Länder sich damit im sozialen Sinn ganz erheblich. Ignorante, ungebildete Frauen sind zwar für die männliche Vormachtstellung und Herrlichkeit von Vorteil, denn sie sind von ihren Männern abhängig und damit gefügig, aber diese Frauen können nicht angemessen für das Wohl und die Gesundheit ihrer Familien sorgen. Die Armut, die mangelnde Hygiene und die gesundheitlichen Probleme dieser Länder sind in nicht unerheblichem Maße auf diese Schachmattstellung der Frauen zurückzuführen. Den Männern in diesen Kulturen ist es jedoch sehr wichtig ihre Vormachtstellung um jeden Preis zu erhalten. Diesem Ziel dienen Gesetze und Traditionen, die unmittelbar gegen die internationalen Menschenrechte verstoßen.

Diese internationalen Menschenrechte sehen das Recht auf Leben, auf Bewegungsfreiheit, auf körperliche Unantastbarkeit, auf politische Beteiligung, auf freie Partnerwahl, auf Bildung vor. Doch die Lebensrealität von Frauen in weiten Teilen der Dritten Welt entspricht nicht im entferntesten diesen Grundsätzen.

In vielen islamischen Ländern brauchen Frauen die Einwilligung ihres Vaters oder Ehemannes um einen Pass zu beantragen und reisen zu dürfen. Verheiratete Frauen dürfen ohne Erlaubnis des Mannes in manchen Ländern, z.B. Marokko und Oman, nicht einmal das Haus verlassen; tun sie es trotzdem, so können sie, etwa in Ägypten, von der Polizei unter Anwendung von Zwang zurückgebracht werden. Kinder gelten als Privateigentum des Mannes; im Fall einer Scheidung gehören sie ihm, die Mutter hat nicht einmal ein Besuchsrecht. Diese Angst, für immer ihre Kinder zu verlieren, zwingt viele Frauen dazu bei Männern zu bleiben, die sie gröbstens misshandeln.

Arrangierte Ehen sind in vielen Ländern noch die Norm. Häufig werden dabei auch minderjährige Mädchen an wesentlich ältere Männer verheiratet. Die enorme Rolle, die in diesen Kulturen der Jungfräulichkeit zugewiesen wird, hat weitere schädliche Auswirkungen auf das Leben von Mädchen und Frauen. Sie unterliegen strengster Beaufsichtigung, ihr Verhalten wird in mitunter paranoider Art und Weise kontrolliert und geringe Vergehen, z.B. geringfügige Abweichungen von der Kleidervorschrift oder ein völlig belangloser Austausch von Grüßen mit einem männlichen Mitschüler, können schon Anlass für drakonische Bestrafungen sein. Schon der Verdacht auf Nicht-Jungfräulichkeit bei der Hochzeit oder auf Ehebruch können die Verwandten der Frau veranlassen sie zu töten. Diese sogenannten „Ehrenmorde" werden von der Justiz selten bestraft.

„Andere Landessitten"

In etlichen afrikanischen und nordafrikanischen Ländern ist es die Sitte der weiblichen Beschneidung, die Frauen großen Schaden zufügt. Um ihre sexuelle Empfindungsfähigkeit und somit ihre Motivation zur Untreue zu reduzieren werden Teile der äußeren weiblichen Geschlechtsorgane entfernt, oft unter hygienisch schlechten Bedingungen. Neben dem Trauma, den dieser Eingriff für ein junges Mädchen bedeutet, kommen viele Todesfälle durch nachfolgende Infektionen. Darüber hinaus aber ist das gesamte Sexualleben dieser Frauen für immer beeinträchtigt; das Gebären von Kindern und meist auch jeder sexuelle Kontakt sind mit großen Schmerzen verbunden, die Sterblichkeitsrate von Kindern ist infolge von Vernarbungen und anderen anatomischen Problemen bei diesen Frauen wesentlich höher. Internationale Gesundheitsorganisationen kämpfen seit Jahren gegen diese Unsitte an, aber der Wunsch der dortigen Männer, ihre Partnerinnen „treuer" zu machen, indem sie ihnen jegliche Lustfähigkeit nehmen, ist stärker.

Die Einschränkungen der Freiheit von Frauen sind vielfältig. In Saudi-Arabien dürfen sie nicht Auto fahren; in den öffentlichen Verkehrsmitteln sind sie auf vergitterte Verliese im hinteren Teil des Vehikels verwiesen. Fast alle öffentlichen Einrichtungen gibt es doppelt – einmal für Männer und dann noch einmal, viel schlechter, für Frauen. Die meisten Restaurants weisen in der Auslage ein Schild auf, dass Frauen den Zutritt verbietet. Wir müssen sol-

Hochzeitszeremonie in Hathur, Südindien, 1982. Fotografie

che Zustände nur auf andere Bevölkerungsgruppen transponieren um zu erkennen, wie untragbar das ist: Die rassistische Gesellschaft des amerikanischen Südens etwa erhielt internationale Missbilligung, weil Schwarze dort nur in den hinteren Reihen der Autobusse sitzen durften und in öffentlichen Speiselokalen nicht bedient wurden, und auch Südafrika wurde für seine Politik der Apartheid geächtet. Wenn Frauen aber die Opfer genau derselben Behandlung sind, wird es unter dem Schlagwort der „anderen Landessitten" verharmlost.

In Kuwait wird Frauen sogar noch das Wahlrecht vorenthalten. In Indonesien verliert die Ehefrau automatisch ihre Staatsbürgerschaft, wenn ihr Mann seine aufgibt oder verändert. Im Iran und anderen islamischen Ländern gilt die Zeugenaussage einer Frau nur halb soviel wie die eines Mannes. Wer eine Frau tötet, erhält nur die halbe Strafe, da ihr Leben nur halb soviel wert ist.

„Es fehlt ein effizienter internationaler Druck"

Bereits diese nur sehr unvollständige Auflistung der Menschenrechtsverstöße, die Frauen lediglich infolge ihrer Geschlechtszugehörigkeit treffen, macht die Dimensionen des Problems deutlich. Und dennoch fehlt ein effizienter internationaler Druck gegen diese Missstände. Dieses Fehlen ist sehr auffällig, wenn wir es etwa mit dem Fall Südafrikas vergleichen, wo rassistische Politik auf den massiven Widerstand der Weltmeinung stieß.

Wie ist dieser Doppelstandard zu erklären? Auf der Ebene der Regierung erklärt er sich durch mehrere Tatsachen: Diplomatische und wirtschaftliche Beziehungen lassen es nicht ratsam erscheinen hier Staub aufzuwirbeln; die Spitzenpolitiker sind fast ausnahmslos Männer, denen möglicherweise die Sensibilität für solche Themen fehlt; und, das Wichtigste, von den Bevölkerungen der westlichen Länder kommt in diesen Anliegen kaum Druck.

In Europa bewirkt eine verhängnisvolle Mischung aus Dritter-Welt-Romantik, falsch verstandener Solidarität und der Angst, als überheblicher und „ethnozentrischer" Europäer zu gelten, dass die weibliche Hälfte der Dritten Welt aus der Solidarität ausgespart bleibt. Das Leiden dieser Frauen, die extremen Gewalttaten und Menschenrechtsverstöße werden unter dem Etikett der „Folklore" schulterzuckend hingenommen.

Frauen in vielen Teilen der Welt leben damit unter Umständen der vollkommenen Rechtlosigkeit und Verrohung. Ihre Behandlung entbehrt jeder menschlichen Würde, jeden Anstands. Gerne begründet oder rechtfertigt sich diese Behandlung mit der Berufung auf Tradition oder Sitte, aber es sind nicht die Tradition und die Sitte, die diese Handlungen ausführen, es sind Personen. Ganz konkrete Menschen sind es, männliche Menschen, die als Vollstrecker der Gewalt auftreten und ihren Frauen, ihren Töchtern das Leben zur Hölle machen – sie einsperren, bedrohen, schlagen, töten.

Der Begriff der Betroffenheit hat inzwischen zwar sehr viel an Kontur gewonnen. Aber er ist nur die Hälfte der moralischen Rechnung. Auch wenn wir betroffen sind, fehlt uns noch immer die Verantwortung.

In erster Linie fällt diese Verantwortung auf die Männer aus den beschriebenen Traditionskreisen. Niemand kann sie ihnen abnehmen und der Freispruch, den ein falsch verstandener europäischer „Multi-Kulti"-Pluralismus großzügig verkündet, ist ungültig. Schon der Koran, der gegen die Praktik der Mädchentötung vorging, formulierte das unmissverständlich: Am Tag des letzten Gerichts, heißt es dort, wird jeder Einzelne sich verantworten müssen für das, was er getan hat „und die ermordeten weiblichen Neugeborenen werden fragen, für welches Verbrechen sie getötet wurden". In zweiter Linie trifft die Verantwortung aber auch uns, denen es besser geht, die einen größeren Denk- und Handlungsspielraum haben und deren Werte eigentlich die eindeutige Verurteilung solcher Vorkommnisse einfordern.

Der „orientalische Mann" ist also keineswegs der Einzige, der sein Gewissen prüfen sollte. Ist es Achtung oder Verachtung fremder Kulturen, wenn man ihre Fehler und Leiden unter dem Etikett der Toleranz mit Gleichgültigkeit hinnimmt? Wenn diese „Toleranz" vor allem das Leiden der Frauen betrifft, bei politischen Gefangenen aber andere Regeln gelten, müssen wir dahinter bedrohliche Einstimmigkeiten der Gewalt vermuten, zumindest aber große Unebenheiten der Solidarität.

Cheryl Benard (geb. 1953) und Edit Schlaffer (geb. 1950) leiten als Sozialwissenschaftlerinnen die Ludwig-Boltzmann-Forschungsstelle in Wien

---

Erarbeiten Sie aus dem Essay, was die Autorinnen unter „Unebenheiten der Solidarität" verstehen.
Benard/Schlaffer messen den Menschenrechten für die Regelung der Geschlechterbeziehungen in der Dritten Welt eine entscheidende Rolle bei. Erörtern Sie diesen Ansatz auf dem Hintergrund der Darstellung S. 376 f.
Diskutieren Sie mit Angehörigen der muslimischen Religion über die Stellung von Frauen, wie sie die Autorinnen darstellen.

8. Die westliche Zivilisation in der Moderne:

Demokratie und Massengesellschaft

Die Lebenserfahrungen eines 1995 etwa 55-jährigen Ehepaares lassen sie die Welt ihrer Großeltern und Eltern oft besser verstehen als die ihrer erwachsenen Kinder oder gar die ihrer Enkel. Mit jenen verbinden sie noch gemeinsame Erlebnisse der Kriegs- und Nachkriegszeit, Erinnerungen an Bombennächte vielleicht oder an Flüchtlingslager, an die „schlechte Zeit" nach 1945 und die oft bis zum Ende der fünfziger Jahre dauernde Knappheit an Wohnraum und an Geld. Ein Urlaub in Italien oder Spanien war für Jugendliche in den fünfziger Jahren praktisch undenkbar; in der Regel besuchte man in den Ferien Verwandte. Gehorsam gegenüber Eltern, Lehrern und Meistern galt als selbstverständlich. Der Müll wurde nicht sortiert, weil die Gemeinden es in ihrer „Entsorgungssatzung" so vorschrieben, sondern weil fast alles „wieder verwertet" werden konnte: Papier und Holz wurden im Stubenofen oder im Küchenherd verbrannt, Gläser zum Kaufmann an der Ecke, Metall- und Textilreste zum Altwarenhändler gebracht. Da es noch keine Supermärkte, wenig Kühl- und kaum Eisschränke gab, fiel überhaupt viel weniger Verpackungsmüll an. In dieser Welt der fünfziger Jahre gab es für Eltern und Kinder in der Regel auch noch kein Fernsehen; Kultur und Belehrung, Spannung und Unterhaltung boten Bücher und das Kino.

Andererseits wuchsen diese Jugendlichen, die um 1960 die Schule verließen, in eine Welt scheinbarer sozialer Stabilität und gesicherter Zukunftsperspektiven hinein. Wer ein Handwerk oder Gewerbe erlernte oder ein Studium absolvierte, erwartete, dass er seinen Beruf bis zum Eintritt in das Renten- bzw. Pensionsalter ausüben würde. Für Mädchen war die Frage der Schul- und Berufsausbildung nach Meinung vieler Eltern weniger wichtig; sie würden wohl bald heiraten, Kinder bekommen und dann ihren Beruf aufgeben. Wenn die Darstellung in diesem Kapitel den Frauen einen großen Platz einräumt, hängt das vor allem damit zusammen, dass sich die gesellschaftlichen Auffassungen über die Geschlechterrollen in den letzten dreißig Jahren in entscheidender Weise verändert haben.

Heute leben Jugendliche meistens ökonomisch weniger beengt und scheinbar weniger eingebunden in traditionelle gesellschaftliche Rollen als Jugendliche in den fünfziger und noch in den sechziger Jahren. Sie haben mehr Chancen als ihre Eltern ihr eigenes Leben zu verwirklichen: in der Schule, im Beruf, in der Freizeit, im politischen Engagement. Aber sie sind auch stärker für sich selbst verantwortlich als früher und das bei einer ökonomisch eher unsicheren Zukunftsperspektive.

Die Gesellschaften, in der heute Kinder und Jugendliche aufwachsen, bezeichnen Soziologen als „komplexe Gesellschaften". Diese unterscheiden sich in ihren je nationalen Ausprägungen nicht grundsätzlich von den Gesellschaften um 1900 oder 1930, doch verstärkt sich ihr Komplexitätsgrad in allen Industriestaaten seit dem Zweiten Weltkrieg und besonders in den letzten zwanzig bis dreißig Jahren erheblich. Dazu gehören z. B. die Steigerung der Bevölkerungsdichte und -mobilität; die vielfältige Einbindung der Einzelnen in verschiedene soziale Gruppen; der größere Rollenpluralismus, aber auch mehr Rollenkonflikte; die Zunahme von sozialen Differenzierungen und von Subkulturen; die Veränderung der Arbeitswelt durch die neuen Technologien.

Statt von „komplexen Gesellschaften" wird in diesem Zusammenhang auch von der „westlichen Zivilisation" gesprochen. Westlich meint hierbei keine geographische Einordnung, denn die genannten Merkmale gelten für manche anderen Regionen ebenso. Der Begriff „Zivilisation" war allerdings in der deutschen Soziologie und Geschichtswissenschaft anders als in der englischen und französischen lange Zeit mehrdeutig und ist es auch heute noch: Er wird zum einen zur Kennzeichnung für die Summe jener Staaten verwendet, die eine demokratische Politik- und kapitalistische Wirtschaftsverfassung mit den oben beschriebenen Entwicklungsprozessen aufweisen. Zum anderen dient er als Gegenbegriff und zur Abgrenzung der „zivilisierten Gesellschaften" von den sogenannten „primitiven Gesellschaften". Dazu wird er häufig mit dem Begriff „Kultur" gleichgesetzt oder als Bezeichnung für die mehr technisch bestimmten Kulturgüter gewählt. In letzter Zeit hat der Begriff „Zivilisation" durch Norbert Elias eine weitere Bedeutung bekommen. Elias versteht darunter auch den in der frühen Neuzeit beginnenden Prozess der fortschreitenden Trieb- und Affektregulierung der Menschheit, der z. B. sichtbar wird in regulierten Ess- und Schlafriten oder in diszipliniertem Arbeitsverhalten.

Angesichts der Weite des Begriffs kann im folgenden Kapitel nicht alles behandelt werden, wohl aber wichtige Teilbereiche der westlichen Zivilisation an der Schwelle zum 21. Jahrhundert. Im Mittelpunkt stehen die gesellschaftlichen Basisbedingungen und ihr Wandel: Arbeit und Freizeit, Ehe und Familie, Bürger und Staat.

Jochen Knobloch (geb. 1941), St. Goarshausen am Rhein zwischen Koblenz und Mainz. Fotografie

8 Massengesellschaft

1936–41	Entwicklung des elektrischen digitalen Computers durch Konrad Zuse (Berlin)	
seit 1940	Verstärkter Einsatz von Schädlingsgiften in der Landwirtschaft (z. B. Herbizide, Pestizide)	
1945	Erste deutsche Atomreaktorversuche (Haigerloch); Abwurf der ersten Atombombe durch die US-amerikanischen Streitkräfte auf Hiroshima und Nagasaki	
1946	Elektronische Rechenmaschine (USA)	
1947	Erster Flug mit Schallgeschwindigkeit (USA)	
1949	Gründung der NATO, des Europarates, der Bundesrepublik Deutschland und der Deutschen Demokratischen Republik	
1951	Bau des ersten Atomkraftwerkes in England	
1952	Beginn des regelmäßigen Fernsehbetriebs in der Bundesrepublik durch den Nordwestdeutschen Rundfunk in Hamburg (täglich zwei Stunden)	
1953	Tod Stalins leitet die erste Phase der „Entstalinisierung" in der Sowjetunion ein; Besteigung des Mount Everest (8848 m) durch Edmund Hillary und Tenzing Norgay	
1954	Der Oberste Bundesgerichtshof in den USA erklärt die Rassentrennung an öffentlichen Schulen für verfassungswidrig	
1955	Gründung des Warschauer Paktes	
1956	Gründung des Kernforschungszentrums Karlsruhe	
1957	Unterzeichnung der Römischen Verträge (= Gründung der EWG); Bau des ersten Betonfernsehturms in Stuttgart; Non-Stop-Flug von Düsenflugzeugen um die Erde (USA); Start des ersten Satelliten („Sputnik I") in den Weltraum durch die Sowjetunion	
1957/58	Erste Durchquerung der Antarktis über den Südpol (Fuchs/Hillary)	
1959	Landung der ersten sowjetischen Rakete auf dem Mond	
1960	Erfindung des Lasers (USA); ermöglicht in der Folge die Verwendung von Lasern in der Nachrichtenübertragung, die Chirurgie mit Laserstrahlen oder neue Formen der Musikwiedergabe, z. B. CD-Player	
1961	Bau der Berliner Mauer; der Russe Jurij Gagarin ist der erste Mensch im Weltall	
1962	Erste Fernsehübertragung zwischen Europa und den USA über den Satelliten „Telstar"	
1963	Produktion von Industrierobotern in den USA; Einführung des Farbfernsehens in den USA	
1964	Bürgerrechtsgesetz in den USA	
1967	Umwandlung der EWG in die EG; die Bundesrepublik beginnt als erstes europäisches Land mit der Ausstrahlung eines regelmäßigen Farbfernsehprogramms; erste erfolgreiche Herztransplantation in einem Kapstädter Krankenhaus durch Christiaan Barnard (seit den 1980er Jahren rasche Zunahme von Herz- und anderen Organtransplantationen)	
1968–70	„Studentenunruhen", vor allem in den USA, der Bundesrepublik und in Frankreich	
1969	Zwei amerikanische Astronauten betreten als erste Menschen den Mond	
seit 1970	Zunehmende chemische Bodenbearbeitung in der Landwirtschaft	
1971	Beginn der Produktion von Mikroprozessoren, die eine neue industrielle Entwicklung einleiten (führend: USA, Japan)	
1979	Erster weiträumiger Smog-Alarm in der Bundesrepublik (Ruhrgebiet); Wahlen zum ersten Europäischen Parlament	
1984	Ausstrahlung des ersten deutschsprachigen Satellitenfernsehprogramms; der Tod des amerikanischen Schauspielers Rock Hudson an Aids rückt diese neue Krankheit erstmals in das Bewusstsein der breiten Öffentlichkeit	
1986	Atomreaktorunglück in Tschernobyl; Unterzeichnung der „Einheitlichen Europäischen Akte" (Maastricht-Vertrag) durch die zwölf EG-Staaten; Weiterentwicklung der EG zur EU	
1988	Verbot des verbleiten Normalbenzins in der Bundesrepublik; der „Intercity Experimental" (ICE) stellt mit 406,9 Kilometern pro Stunde zwischen Fulda und Würzburg einen neuen Schienenweltrekord auf	
1989	Öffnung der Berliner Mauer	

Demographie (griech. *demos* = Volk, *graphein* = schreiben, dt. = Bevölkerungswissenschaft): Die Demographie entstand als Wissenschaft im 17. Jh. und hatte zunächst die Aufgabe verlässliche Daten zur Bevölkerung des frühmodernen Staates zu sammeln und Methoden zur Bevölkerungsvermehrung (Peuplierung) zu untersuchen, z. B. Unterrichtung der Bevölkerung über hygienische Maßnahmen zur Reduzierung der hohen Sterblichkeit. Die Demographie untersucht heute, vor allem mit statistischen Methoden, einzelne Elemente der Bevölkerungsentwicklung und -struktur (z. B. Altersgliederung, Fruchtbarkeit, Sterblichkeit, Heiratsalter) und deren Zusammenhänge sowie ökonomische, soziale und kulturelle Merkmale von Gesellschaften (z. B. Industrialisierungsgrad, Bildungsstand, Einkommensverhältnisse usw.).

Demokratie (griech. *demokratein* = Herrschaft des Volkes): Demokratie ist eine Regierungsform, in der der Wille des Volkes ausschlaggebend ist. Die direkte Demokratie beruht auf der unmittelbaren Teilhabe der Bürger an den politischen Entscheidungen, sie setzt damit Überschaubarkeit der Bevölkerungszahl, des Staatsgebietes und der politischen Probleme voraus. Die moderne Form der Demokratie entwickelte sich in den europäischen Nationalstaaten als mittelbare oder repräsentative Demokratie, d. h., die Herrschaft wird nicht direkt vom Volk ausgeübt, sondern durch vom Volk gewählte Repräsentanten, die Abgeordneten. Kennzeichen der modernen freiheitlichen Demokratie sind: Garantie der Menschenrechte, allgemeines, gleiches, geheimes und freies Wahlrecht, Gewaltenteilung, Parlamente, Mehrparteiensystem, Minderheitenschutz.

Freizeit → Begriffe Kap. 1
Massengesellschaft → Begriffe Kap. 1
Massenkommunikation/Massenmedien → Begriffe Kap. 1
Moderne → Begriffe Kap. 1

Massengesellschaft **8**

Neue Technologien: In der Regel wird darunter heute die Computertechnik verstanden, d. h. die elektronische Verarbeitung und Vernetzung von Daten in komplexen Rechen- und Steuerwerken (Prozessoren), die im Jahre 1941 mit der Herstellung des ersten arbeitsfähigen Computers durch Konrad Zuse begann. Seit den 1950er Jahren Verwendung von Großcomputern vor allem beim Militär, in der Forschung und großen Unternehmen (Banken, Versicherungen). Seit 1971 Produktion von immer leistungsfähigeren Mikroprozessoren; dadurch wurde die Herstellung von Personalcomputern und der Einsatz in vielen Fertigungsbereichen möglich, z. B. in der Werkzeugmaschinenproduktion. Mit der Datenfernübertragung berühren und verstärken sich die Entwicklung neuer Technologien und neuer Medien.

Sozialisation: Der Begriff umfasst im weitesten Sinne jenen Prozess des sozialen Lernens, durch den die heranwachsenden Individuen im Rahmen einer bestimmten Gesellschaft sozial handlungsfähig werden. Die Sozialisation umfasst beabsichtigte (z. B. Erziehung und Instruktion durch Eltern oder Lehrer) und unbeabsichtigte Lernprozesse, etwa Nachahmung von oder Identifikation mit realen oder fiktiven Personen (z. B. durch Lesen), sie erfolgt institutionalisiert (z. B. Schule) oder nicht institutionalisiert (z. B. durch Freunde, Fernsehen). Bei der Übernahme des sozialen Status des Erwachsenen, je nach Gesellschaft zwischen etwa 12 und 30 Jahren, d. h. zwischen dem Eintritt der Geschlechtsreife und dem Ende der Berufsausbildung, haben sich die Ergebnisse des Sozialisationsprozesses im Großen und Ganzen verfestigt; im Grunde dauert der Sozialisationsprozess jedoch lebenslang, z. B. durch Erlernen neuen Wissens und neuer Techniken am Arbeitsplatz, gesellschaftliche oder persönliche Krisen (z. B. Ehescheidung, Verlust des Lebenspartners) oder die Übernahme neuer Rollen wie die Elternrolle oder im Alter.

Zivilisation: bedeutet ursprünglich die verfeinerte Lebensweise in den Städten gegenüber dem einfachen bäuerlichen Leben. Zivilisation bezieht sich auf den Entwicklungsstand und die Ausprägung

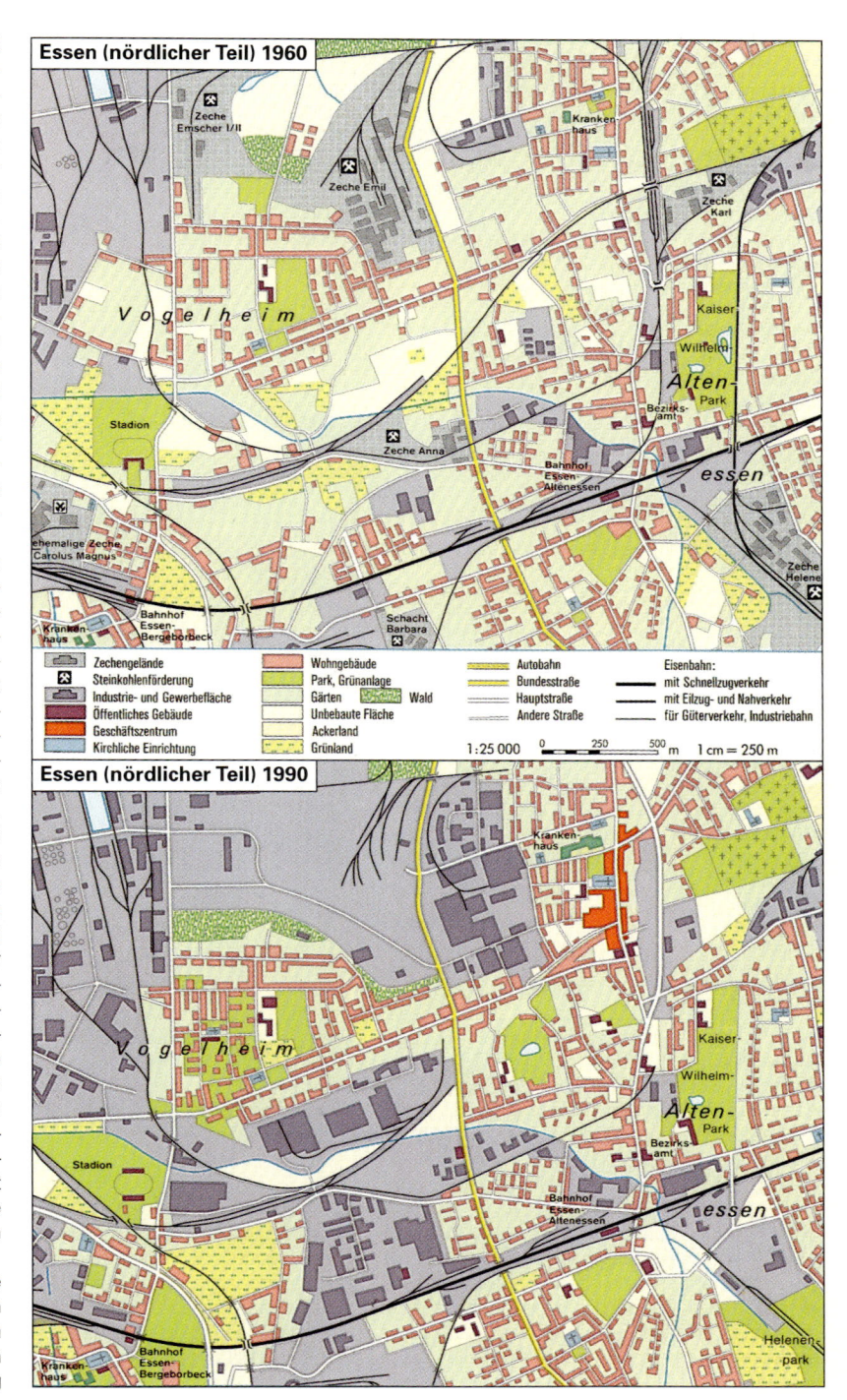

Verkehrs-zweig	1960 Beförderte Personen (in Mio.)	1960 Personen-kilometer (Mrd. km)	1970 Beförderte Personen (in Mio.)	1970 Personen-kilometer (Mrd. km)	1989 Beförderte Personen (in Mio.)	1989 Personen-kilometer (Mrd. km)
Verkehr insg.	22 983	252,2	30 655	455,4	39 603	687,1
Öffentl. Verkehr	7 560	89,7	7 245	103,1	6 898	121,4
– Eisenbahnen	1 399	39,6	1 054	38,1	1 145	42,3
– Öffentl. Straßen-, Personenverkehr[1]	6 156	48,5	6 170	58,4	56 973	62,5[3]
– Luftverkehr[2]	5	1,6	21	6,6	56	16,6
Taxi- u. Mietwagenverkehr	123	0,8	290	1,7	365	2,3
Individualverkehr[4]	15 300	161,7	23 120	350,6	32 340	563,4

1 Stadtschnellbahnen, U-Bahnen, Straßenbahnen, Omnibusse – 2 Personenkilometer nur über dem Bundesgebiet – 3 Ohne Verkehr der Kleinunternehmer – 4 Pkw, Krafträder, Mopeds

Personenverkehr in der Bundesrepublik Deutschland 1960–1989

Jahr	Anzahl	Auflage
1950	429	11,1
1960	498	15,5
1970	430	17,3
1980	395	20,4
1990	389	20,9
1994	413	25,8

Tageszeitungen in der Bundesrepublik Deutschland (jeweiliger Gebietsstand) und verkaufte Auflage 1950–1994 (in Mio.)

Jahr	Benzin	Diesel
1950	0,56	0,17
1960	0,60	0,23
1970	0,37	0,19
1980	0,46	0,24
1990	0,35	0,16

Preise von Benzin und Diesel (in Preisen von 1950 = inflationsbereinigt) in der Bundesrepublik Deutschland (in € je Liter)

	Zufriedenheit mit der Demokratie[1] 1973	Zufriedenheit mit der Demokratie[1] 1989	für soziale Reformen[2] 1973	für soziale Reformen[2] 1989	für die EG-Mitgliedschaft[3] 1973	für die EG-Mitgliedschaft[3] 1989	mit dem Leben zufrieden[1] 1973	mit dem Leben zufrieden[1] 1989
Belgien	62	53	69	68	57	73	92	85
BR Deutschland	44	76	70	63	63	55	82	90
Dänemark	45	70	51 (76)	67	42	42	95	95
Großbritannien	44	57	60 (76)	71	31	48	85	89
Frankreich	41	54	78	70	61	68	77	81
Griechenland	53	52	58 (80)	66	42 (81)	67	58	66
Niederlande	52	71	75	67	63	84	93	94
Irland	55	59	60 (76)	68	56	76	92	82
Italien	27	27	73	78	69	79	65	76
Luxemburg	52	82	65	69	67	77	79	97
Portugal	34 (85)	57	60 (85)	59	24 (80)	70	56 (85)	71
Spanien	51 (85)	57	69 (85)	84	58 (80)	74	70 (85)	84
EG/EU	51 (84)	56	–	–	–	65	74 (85)	83

1 Antworten „Sehr zufrieden" und „Eher zufrieden" – 2 Zustimmung zu „Man muss die Gesellschaft in kleinen Schritten durch Reformen verändern" – 3 Positive Antworten auf die Frage „Ist die EG-Mitgliedschaft Ihres Landes eine gute Sache?"

Politische Einstellungen der Bürger der Europäischen Gemeinschaft/Europäischen Union 1973 und 1989 (in Prozent); ermittelt durch Repräsentativumfragen; abweichende Jahre in Klammern

	1960	1970	1980	1990
Telefonanschluss	3 221	8 800	20 850	30 348
Telexanschluss	35	80	139	117
Hörfunkgenehm.	15 892	19 622	23 323	28 062
Fernsehgenehm.	4 637	16 675	21 190	24 694

Nachrichtenwesen in der Bundesrepublik Deutschland 1960–1990 (in 1000)

von Wirtschaft (Landwirtschaft, Gewerbe, Verkehr, Arbeitsteilung usw.), Technik und Politik (Machtverteilung, soziale Organisation usw.) ebenso wie von Kunst, Philosophie, Religion und Wissenschaft. Der Begriff umfasst aber auch weiterhin Elemente der ursprünglichen Bedeutung, z. B. Umgangsformen, bestimmte Sitten usw. Im deutschen Sprachgebrauch wird Zivilisation häufig abwertend auf Wirtschaft und Technik eingeengt, Wissenschaft, Philosophie und Kunst dagegen mit dem positiv bewerteten Begriff der Kultur davon abgesetzt.

1. Stellen Sie aus den Materialien die gesellschaftlichen und technischen Veränderungen seit etwa 1950 in Stichwörtern dar. Berücksichtigen Sie dabei auch die Tabellen S. 166, 287 und 308. Unterscheiden Sie nach zeitgleichen und zeitversetzten Phasen und erklären Sie deren Zusammenhang.
2. Vergleichen Sie die Daten für die Zeit nach dem Zweiten Weltkrieg mit denen für den Zeitraum 1880 bis 1945 (siehe S. 10 bis 13). Erläutern Sie mit Hilfe der vorliegenden Materialien den Einfluss der Technik auf die gesellschaftliche Entwicklung in der westlichen Zivilisation.

Demokratie und Massengesellschaft: Ein Widerspruch?

Man könnte die Frage stellen, ob Demokratie* und Massengesellschaft* sich gegenseitig ausschließen. Demokratie setzt den freien, mündigen, aktiven Bürger voraus. Der Begriff „Massengesellschaft" wird zumeist in kulturkritisch abwertendem Sinne zur Beschreibung von gesellschaftlichen Entwicklungsprozessen benutzt, z. B. für die Entstehung von großstädtischen Ballungszentren, für die durch die Technik ermöglichte Serienfertigung oder einer äußerlich beeinflussten konformen Konsumneigung. Der Begriff unterstreicht die vermutete Folge der Passivität, der Manipulierbarkeit des Menschen in dieser Massengesellschaft und des „Ausgeliefertseins" der Individuen an die Technik, an die gesellschaftlichen Bedingungen, an politische und kulturelle Autoritäten bzw. Trägergruppen.

In der Tat hat die technisch-ökonomische und bürokratische Entwicklung im 20. Jahrhundert und verstärkt seit den 1950er Jahren zu einer Ausbreitung der „Massengesellschaft" geführt, und zwar im Sinne der stärkeren engen räumlichen Zusammenführung von Menschen: in der Arbeitswelt durch die Zunahme von Großbetrieben und das Zusammenlegen von Verwaltungsorganisationseinheiten; im Schulbereich durch Bildung von Schulzentren; im Freizeitsektor durch die Entstehung von Sportzentren, Freizeitparks oder von Massentourismus.

Hat aber dieser gesellschaftliche Wandel gleichzeitig zu verstärkten Massenphänomenen wie Passivität und Beeinflussung der „Massen" geführt, wie es die Bezeichnung „Massengesellschaft" unter sozialkritischem Aspekt postuliert? Unkritisches Nachahmen von Meinungsbildern, allein am Kollektiv orientiertes Verhalten ohne bewusste und überlegte Orientierung, den Versuch andere Personen für die eigenen Zwecke zu manipulieren hat es zu allen Zeiten unter den Menschen gegeben. Aber zweifellos hat sich die Chance der Manipulierbarkeit von Einstellungen und Verhalten der „breiten Massen" durch die technische Entwicklung erhöht, z. B. durch Massenkommunikationsmittel*; und es besteht heute bei mehr Menschen das Gefühl der Vereinzelung sowie der Entindividualisierung gegenüber den bürokratischen und industriellen Strukturen von Großorganisationen. Diese Entwicklung hat aber gerade nicht zu einer verstärkten Passivität geführt. Im Gegenteil: In allen Industrienationen entstanden im Zuge der verstärkten Durchsetzung der Massengesellschaft gleichzeitig die verschiedensten selbstorganisierten Bürgerinitiativen und Bürgerbewegungen. Zur gleichen Zeit verstärkte sich der Prozess der Individualisierung. Mit „Individualisierung" wird in diesem Zusammen-

Andy Warhol (1928–1987), Campbell's Suppendose I, 1968, Acryl und Liquitex, Siebdruck auf Leinwand, 91,5 x 61 cm, Aachen, Neue Galerie, Sammlung Ludwig

hang der zentrale Trend von erhöhten Wahlmöglichkeiten in modernen Gesellschaften bezeichnet. Denn der Lebenslauf des Einzelnen hat nicht wie in der Vergangenheit nach genau vorgegebenen Phasen abzulaufen (z. B. nach Berufsabschluss folgt die Verlobung, dann Heirat, Geburt von Kindern usw.). Auch besitzen heute unterschiedliche Lebens- und Haushaltsformen (Wohngemeinschaften, die Kleinfamilie, die Ein-Eltern-Familie, der Ein-Personen-Haushalt) mehr oder weniger gleiche gesellschaftliche Akzeptanz, sodass das Individuum innerhalb dieser „Pluralität von Lebensformen" seine eigene auswählen kann.

Selbstverständlich ist diese parallele Entwicklung zur Massengesellschaft und zur Entstehung von Spontangruppen sowie zu stärkerer Individualisierung nicht als ein einfaches Ursache-Wirkungs-Verhältnis anzusehen, sondern diesen gesellschaftlichen Veränderungsprozessen liegen eine Vielzahl von verursachenden Bedingungen zugrunde.

Die heutige Pluralität von Lebensformen, zwischen denen der Einzelne wählen kann, zwingt ihm aber auch aktive Entscheidungsprozesse auf. Denn Wahlfreiheit und Entscheidungszwang sind zwei Seiten der gleichen Medaille. Die Möglichkeit für Schülerinnen und Schüler, am Religionsunterricht teilzunehmen oder nicht teilzunehmen, ist oft eine der ersten Entscheidungssituationen. Vor fünfzig Jahren hätten sie diese Entscheidungsfreiheit nicht gehabt. Erleichtert wird der Entscheidungsprozess für den Einzelnen zwar zeitgeschichtlich dadurch, dass man heute Entscheidungen revidieren kann. In früheren Jahrhunderten war ein Berufswunsch weder durch individuelle Wahl einlösbar noch später veränderbar. Die individuelle Auswahl eines Ehepartners war nur beschränkt möglich, Eheentschluss unaufkündbar. Die in unserer heutigen Gesellschaft von den Einzelnen dauernd geforderten Entscheidungen setzen eine aktive Persönlichkeit voraus. Gleiches gilt für das gesellschaftliche System der Demokratie. In diesem Sinne verschränken sich beide Prozesse – Demokratisierung und Verbreitung der Massengesellschaft.

1. Stellen Sie die Merkmale zusammen, die den Begriffen Massengesellschaft und Demokratie in diesem Kapitel zugeordnet werden (siehe auch S. 415–417, Mat. 10 bis 12); vergleichen Sie mit Kapitel 1 (siehe S. 26–37).
2. Diskutieren Sie das Verhältnis von Demokratie und Massengesellschaft.

Der Wandel der Arbeitswelt und der Familie

In allen Industriestaaten besteht eine enge Abhängigkeit zwischen Wirtschafts-, Beschäftigungs- und Bildungssystem. An der Gleichzeitigkeit der Veränderungsprozesse in den letzten Jahrzehnten zeigt sich dies besonders deutlich.

Der Wandel der Arbeitswelt

Wirtschaftlicher Strukturwandel
Der Wandel in der Wirtschaftsstruktur infolge technischer und ökonomischer Innovationen zog Veränderungen in den Produktionssektoren, den Betriebsgrößen, den Erwerbsquoten, der Berufsstruktur, den Anforderungen am Arbeitsplatz und damit Veränderungen im Bildungssystem nach sich. Am auffälligsten und am gravierendsten war der gesamtgesellschaftliche Strukturwandel im Hinblick auf die drei Produktionssektoren. Man spricht vom primären Sektor (Land-, Forst- und Fischereiwesen sowie Urgewinnungen), dem sekundären (verarbeitendes Gewerbe wie Industrie und Handwerk) und dem tertiären Sektor (vor allem Handel, Verwaltung, Dienstleistungsberufe).

Der überwiegende Teil der Erwerbstätigen arbeitet nicht mehr wie vor hundert Jahren (siehe Grafik S. 13) in der Landwirtschaft, in Industrie oder Handwerk, sondern ist heute im Dienstleistungsbereich beschäftigt. Dies ist eine Folge der technischen Entwicklung und der damit einhergehenden Rationalisierung, der verstärkten „Verschulung", der Zunahme des Gesundheitsdienstes und der „Freizeitindustrie". Insofern ist die Bezeichnung „Industriestaat" für die meisten europäischen und einige außereuropäische Länder eigentlich falsch. Viele von ihnen sind im Grunde „Dienstleistungsgesellschaften" geworden: So sind z. B. in den USA und in Kanada 71 Prozent aller Erwerbstätigen im tertiären und nur rund 27 Prozent im sekundären sowie 3 Prozent im primären Sektor beschäftigt. Entgegengesetzt ist die Verteilung z. B. in China (14 zu 17 zu 68 Prozent) oder in Indien (25 zu 13 zu 63). In Europa bestehen starke Unterschiede zwischen den einzelnen Staaten (siehe Tabelle S. 401), verursacht durch unterschiedliche technische Entwicklungsniveaus und die „Funktionsteilung" zwischen den Staaten („Urlaubsland" versus „güterproduzierendes Land"). In der Bundesrepublik ist der Anteil der Beschäftigten im Dienstleistungssektor nur um rund 15 Prozentpunkte höher als im produzierenden Gewerbe. Der Anteil der Erwerbstätigen in der Landwirtschaft und in angrenzenden Bereichen, also im primären Sektor, beträgt nur noch 4 Prozent. Es ist zu vermuten, dass der Strukturwandel in allen Staaten weiter zunehmen wird, weil weitere „Entwicklungsschübe" durch den Einsatz und die Wirkung der Neuen Technologien* zu erwarten sind (siehe Grafik S. 11). Ihre Verbreitung spiegelt die gegenseitigen Abhängigkeiten des Wirtschafts-, Beschäftigungs- und Bildungssystems.

Massengesellschaft

Neue Technologien

Unter den Neuen Technologien* wird verstanden:
- die elektronische Datenverarbeitung (EDV) und ihr Einsatz in allen Informations-, Kommunikations- und Produktionsbereichen;
- die Entwicklung neuer Kommunikationsmedien der Text-, Daten- und Bildverarbeitung;
- die Entwicklung numerisch gesteuerter Planungs- und Produktionsprozesse.

Die Neuen Technologien haben sowohl die Arbeitswelt wie das Privatleben derart verändert, dass viele von einer neuen industriellen bzw. technischen Revolution sprechen. Noch sind nicht alle Veränderungsprozesse zu erkennen, welche die Neuen Technologien bewirken werden, weil ihr Ausnutzungsgrad bislang noch nicht voll „ausgeschöpft" ist. Ihre Einführung in Produktion und Verwaltung, im Medien-, Unterrichts- und Kommunikationsbereich sowie in der Forschung führte einerseits zu Rationalisierungseffekten und damit zum Abbau von Arbeitsplätzen. Andererseits eröffneten sich durch sie neue Chancen, etwa in der medizinischen Diagnostik und Therapie. In der Technik, in der Wissenschaft und auch in der Kunst führten die Neuen Technologien zu teilweise umstürzenden Neuerungen. Sie ermöglichten räumliche und zeitliche Entkoppelungen, z. B. bei Bildschirmkonferenzen. Sie unterstützen die Herausbildung von großen technischen Systemen, die nationale, vor allem jedoch internationale ökonomische Vernetzungen und damit Interdependenzen stärker herausprägen und zunehmende Machtkonzentration bedeuten. Das gilt insbesondere für die großen Energieträger Elektrizität, Gas, Erdöl und schließlich die Kernenergie, aber auch für Infrastruktursysteme des Schienen-, Straßen- und Luftverkehrs und für das Finanzsystem (Banken, Börsen, Versicherungen).

Beruflicher Wandel

Häufig wird behauptet, Neue Technologien dequalifizierten die Arbeitskräfte. Doch das Gegenteil ist richtig: Sie fordern neue Qualifikationen und setzen damit Fort- und Weiterbildungsmaßnahmen in Gang. Eine abgeschlossene Berufsausbildung – auf welchem Qualifikationsniveau auch immer – reicht heutzutage selten mehr für die gesamte Lebenszeit. Hierdurch ist ein neuer „Markt" entstanden: die Nachfrage nach praxisorientiertem Wissen und beruflichen Fertigkeiten. Sie wird vor allem in den USA durch privatwirtschaftlich organisierte Angebote befriedigt, in der Bundesrepublik eher „halb öffentlich" oder „öffentlich", z. B. in Umschulungsmaßnahmen des Arbeitsamtes.

Die berufliche Flexibilisierung ist überhaupt zu einem notwendigen Qualifikationskriterium im Beschäftigungssys-

Land	Erwerbstätige			
	Anteil der Erwerbspersonen an der Bevölkerung (in Prozent)	Land- und Forstwirtschaft, Fischerei	produzierendes Gewerbe	sonstige Wirtschaftsbereiche
		(in Prozent der Erwerbstätigen)		
Europa				
Bundesrepublik Deutschland [2]	48	4,4	40,1	55,5
Ehem. DDR und Berlin (Ost)	54	4,0	51,2	44,8
Belgien	42	2,7	28,2	69,1
Dänemark	57	5,5	27,2	67,3
Finnland	52	8,3	30,6	61,1
Frankreich	44	6,0	29,5	64,5
Griechenland	39	26,5	27,3	46,2
Großbritannien und Nordirland	50	2,1	28,7	69,2
Irland	37	15,0	28,1	56,9
Island	43	10,2	30,2	59,6
Italien	42	8,8	31,9	59,3
Jugoslawien	43	28,7	30,9	40,4
Luxemburg	42	3,3	30,4	66,3
Niederlande	46	4,5	26,0	69,5
Norwegen	50	6,4	24,6	69,4
Österreich	45	7,9	37,0	55,1
Polen	49	25,8	37,3	36,9
Portugal	48	17,9	34,5	47,6
Rumänien	59	27,9	45,1	27,0
Schweden	53	3,3	29,1	67,6
Schweiz	53	5,5	35,0	59,5
Sowjetunion	50	18,2	38,4	43,4
Spanien	39	11,8	33,4	54,8
Tschechoslowakei	50	11,3	45,1	43,6
Türkei	39	50,1	20,2	29,7
Ungarn	46	18,8	35,4	45,8
Amerika				
Kanada	51	4,2	24,6	71,2
Vereinigte Staaten	50	2,8	26,5	70,7
Asien				
China [3]	51	68,4	17,2	14,4
Indien	37	62,6	12,6	24,8
Israel	36	4,2	27,4	68,0
Japan	52	7,2	34,1	58,7
Korea, Republik	43	19,5	33,1	46,6
Singapur	49	0,3	35,7	64,0
Australien und Ozeanien				
Australien	47	5,5	25,6	68,9
Neuseeland	48	10,5	24,6	64,9

1 Wenn Daten für 1990 noch nicht vorlagen, Ergebnisse für den zuletzt verfügbaren Zeitpunkt bzw. Zeitraum.
2 Nach dem Gebietsstand vor dem 3. Okt. 1990.
3 Ohne Taiwan.

Erwerbstätigkeit in verschiedenen Ländern der Welt 1990 [1]

Keith Haring (1958–1990), Ohne Titel, 12. April 1984, Acryl auf Nessel, 152 x 152 cm, New York, The Estate of Keith Haring

tem geworden und entlässt jene schnell in die Arbeitslosigkeit, die diese Anpassungsleistung nicht besitzen. Das gilt sowohl für die untersten Berufspositionen, für die angelernten Hilfsarbeiter, als auch für jene mit hohem Bildungsabschluss. Im Übrigen hat die Zahl der Studierenden in allen Staaten seit den sechziger Jahren stark zugenommen und nirgends ist mehr die automatische Koppelung von hohem Bildungsabschluss und hoher Berufsposition gegeben. Am wenigsten gilt dies für die USA – was hier von den Betroffenen aber auch nicht in dem Maße wie z. B. in Frankreich, Italien, Russland oder Deutschland erwartet wird.

Durch die Einführung der Neuen Technologien, überhaupt durch den allgemeinen technologischen Wandel und durch die Ausbreitung des tertiären Sektors haben sich die Berufsstrukturen verändert. Für einen Teil der Arbeiterpositionen fand eine Umstellung von harter körperlicher Arbeit zu hoch mechanisierten „Teil-Arbeiten" oder „bloßen" Kontrollfunktionen statt. Damit verbunden nahm der Anteil der ungelernten und der Facharbeiter an der Gesamtzahl der Beschäftigten ab und der Anteil der angelernten Arbeiter sowie der Angestellten im industriellen Fertigungsbereich zu. Es entstanden neue Berufsgruppen und berufliche Ausbildungsgänge auf allen Qualifikationsebenen, vor allem im Bildungssystem, an Schulen, Universitäten, sonstigen Forschungseinrichtungen, im Tourismus, in der psychischen und sozialen Beratung, im Gesundheitswesen.

Die Zunahme von Erwerbstätigen im Dienstleistungssektor bedeutete gleichzeitig, dass von immer mehr Arbeitenden in immer stärkerem Maße die Kompetenz zu verknüpfendem Denken und zur Innovationsfähigkeit sowie psychologische und soziale Fähigkeiten wie Empathie, Teamfähigkeit und kommunikative Kompetenz gefordert werden.

Kompetenzen, die Menschen während der Arbeitsprozesse erwerben, zeigen Rückwirkungen auf ihr privates Leben. Die empirische Forschung ist aber noch nicht in der Lage die Art dieser Einflüsse genau zu benennen.

Zur Entwicklung der Familie

Die Familie wird von den meisten Menschen als etwas Unveränderliches wahrgenommen, als das Gleichbleibende in einer sich verändernden Welt. Stimmt diese Annahme eigentlich oder gab es selbst in dem kurzen Zeitabschnitt zwischen dem Ende des Zweiten Weltkriegs und der Gegenwart familiale Veränderungen? Ist „Familie" noch das, was sie für die Großeltern der jetzigen Jugendgeneration war? Was hat sich verändert: die Bedeutung der Familie für den Einzelnen, die Zusammensetzung der Familie, die Einstellung zur Ehe und Familie?

Familie und Staat

In den ersten Jahren nach 1945 und der Anfangsphase der Bundesrepublik erfuhr die Institution Familie eine besondere Wertschätzung in der Bevölkerung. Die Phase der Reorganisation des Arbeitsmarktes und der Produktion ging einher mit einer Phase des Rückzugs auf die Familie unter Betonung ihrer Eigenständigkeit in und gegenüber der Gesamtgesellschaft. Im Grundgesetz der Bundesrepublik Deutschland wurden in Artikel 6 Absatz 1 Ehe und Familie unter den besonderen Schutz der staatlichen Ordnung gestellt und in Absatz 2 allein den Eltern „das natürliche Recht" und „die zuvörderst ihnen obliegende Pflicht" der Pflege und Erziehung ihrer Kinder zugesprochen.

Die familienbetonte Einstellung im Grundgesetz, aber auch in der Öffentlichkeit entstand als Reaktion auf das „Dritte Reich", wo in der Ideologie Staat und „Volksgemeinschaft" vor der Familie rangierten, wo staatlicherseits in das Familienleben eingegriffen werden konnte, wo Kinder, Jugendliche und Erwachsene stark in außerfamiliäre, politisierte Organisationen integriert waren, und schließlich als Reaktion auf den Krieg, der Familien für Jahre zerrissen hatte. Hierauf ist auch der Familialismus in anderen Staaten (z.B. USA) der Nachkriegszeit zurückzuführen, wenn dieser auch nicht ganz so ausgeprägt war wie in Deutschland. Hinzu kam in der Bundesrepublik der neu bzw. wieder gewonnene politische und öffentliche Einfluss der Kirchen. Welch starken Stellenwert die Politik der Familie innerhalb der Gesellschaftsordnung zumaß, dokumentiert das am 20. Oktober 1953 gegründete „Ministerium für Familienfragen".

Auch in der ehemaligen DDR wurde auf Staatsebene die Familie als eine der wichtigsten Instanzen und hier vor allem im Hinblick auf die politische Sozialisation der Kinder gesehen. Die SED wollte daher möglichst viel Einfluss auf das Familienleben nehmen. Im Gegensatz zu dieser Staatsauffassung standen die Erwartungen der DDR-Bürger und -Bürgerinnen: Für sie war die Familie ein „Ort der Geborgenheit", vor allem gegenüber dem politischen Staatsapparat, und sie war oft ihr wichtigster Lebenswert.

Bedeutungsverlust der Familie?
Die Einstellungen zur Familie aus der Nachkriegszeit sind in der DDR bzw. in den neuen Bundesländern bis heute stabil geblieben, während in der alten Bundesrepublik seit den späten sechziger Jahren die herkömmliche Familie als einengend für die individuelle Entwicklung öffentlich kritisiert und alternativen Lebensformen gegenübergestellt wurde. Ausgelöst wurde die Debatte über die Nachteile und Gefahren der „bürgerlichen Familie" für den Entwicklungsprozess des Einzelnen im Rahmen der Studenten- und der neuen Frauenbewegung (siehe Mat. S. 346–349). Diese Protestbewegungen kamen aus den USA und breiteten sich in Westeuropa vor allem in Frankreich und der Bundesrepublik aus. Seit den achtziger Jahren beschreiben dann alle Arten von Massenkommunikationsmitteln die Gegenwartssituation und die Zukunftschancen von Ehe und Familie als „düster". In essayistischer, aber auch wissenschaftlicher Literatur wurde ein Bedeutungsverlust von Ehe und Familie behauptet, von der „Krise der Familie" gesprochen. Zur Belegung dieser Annahme wiesen viele Autoren auf die familienstatistischen Veränderungen seit Mitte der sechziger Jahre hin (siehe Tabellen unten), d. h. auf die Abnahme der Eheschließungszahlen, auf den Rückgang der Geburtenquoten, auf den Anstieg der Ehescheidungszahlen, der Ein-Personen-Haushalte und der nicht ehelichen Partnerbeziehungen.

In der Tat gibt es bis heute diese statistischen Trendverläufe – und zwar in allen Industriestaaten, mit einem besonders starken „Schub" in den neuen Bundesländern seit der Vereinigung. Aber aus massenstatistischen Datenzusammenstellungen können keine Motivanalysen abgeleitet werden und das Schlagwort vom „Bedeutungsverlust" oder der „Krise von Ehe und Familie" bezieht sich gerade auf diese Ebene. Inzwischen haben indes eine Reihe von empirischen Untersuchungen belegt, dass – entgegen dieser Annahme – die

Familienstatistische Daten zur Bundesrepublik Deutschland und zur DDR 1950–1990

Alte Bundesländer						
Jahr	durchschnittl. Heiratsalter Männer (ledig)	durchschnittl. Heiratsalter Frauen (ledig)	Eheschließungen je 1000 Einw.	Lebendgeborene je 1000 Einw.	nichtehel. Geburten auf 100 Lebendgeborene	Ehescheidungen je 10000 Einw.	Index der Gesamtfruchtbarkeit
1950	28,1	25,4	10,7	16,2	9,7	16,9	2,09
1955	27,0	24,8	8,8	15,7	7,9	9,2	2,13
1960	25,9	23,7	9,4	17,4	6,3	8,8	2,37
1965	26,0	23,7	8,3	17,7	4,7	10,0	2,50
1970	25,6	23,0	7,3	13,4	5,5	12,6	2,01
1975	25,3	22,7	6,3	9,7	6,1	17,3	1,45
1980	26,1	23,4	5,9	10,1	7,6	15,6	1,45
1984	27,0	24,4	5,9	9,5	9,1	21,3	1,29
1985	27,2	24,6	5,9	9,6	9,4	21,0	1,28
1986	27,5	24,9	6,0	10,3	9,6	20,1	1,34
1987	27,7	25,2	6,1	10,5	9,7	21,2	1,37
1988	28,0	25,5	6,3	11,0	10,0	21,0	1,34
1989	28,2	25,7	6,4	11,0	10,2	20,4	1,39
1990	28,4	25,9	6,6	11,5	10,5	19,4	–

DDR und neue Bundesländer						
Jahr	durchschnittl. Heiratsalter Männer (ledig)	durchschnittl. Heiratsalter Frauen (ledig)	Eheschließungen je 1000 Einw.	Lebendgeborene je 1000 Einw.	nichtehel. Geburten auf 100 Lebendgeborene	Ehescheidungen je 10000 Einw.	Index der Gesamtfruchtbarkeit
1950	–	–	11,7	16,5	12,8	27,1	–
1955	24,6	23,2	8,7	16,3	13,1	14,3	–
1960	23,9	22,5	9,7	17,0	11,6	14,2	2,33
1965	24,2	22,9	7,6	16,5	9,8	15,6	2,48
1970	24,0	21,9	7,7	13,9	13,3	16,1	2,19
1975	23,2	21,3	8,4	10,8	16,1	24,7	1,54
1980	23,4	21,3	8,0	14,6	22,9	26,8	1,94
1984	24,1	22,0	7,9	13,7	33,6	30,2	1,74
1985	24,3	22,0	7,9	13,7	33,8	30,8	1,73
1986	24,6	22,5	8,3	13,4	34,5	31,5	1,70
1987	24,8	22,7	8,5	13,6	32,8	30,4	1,74
1988	25,0	22,9	8,2	12,9	33,4	29,6	1,67
1989	25,3	23,2	7,9	12,0	33,6	30,1	1,57
1990	–	–	6,3	11,1	–	19,8	–

Eltern-Kind-Familie keineswegs an subjektiver Wertschätzung verloren hat, wenn auch die Jüngeren der Ehe etwas skeptischer gegenüberstehen. Auch hinter der Abnahme der Eheschließungszahlen verbirgt sich nicht der Entschluss nie im Leben heiraten zu wollen. Vielmehr wählen die jungen Leute erst eine nicht eheliche Lebensgemeinschaft und heiraten in späteren Jahren, vor allem dann, wenn sie ein Kind erwarten oder sie sich Kinder wünschen. Die heute selbstverständliche Akzeptanz der nicht ehelichen Lebensgemeinschaften und damit die Entstehung einer neuen Lebensform im Zuge des Individualisierungsprozesses war noch vor dreißig Jahren völlig undenkbar, und zwar nicht allein aufgrund der ökonomischen Knappheit und der Wohnraumnot, sondern weil es gesetzlich verboten war zusammenzuleben ohne verheiratet zu sein. Erst 1973 wurde der sogenannte „Kuppeleiparagraph" in der Bundesrepublik abgeschafft.

Ebenso bedeutet der Anstieg der Scheidungszahlen kein Infragestellen von Ehe und Familie. Nur die eigene Ehe wird als gescheitert betrachtet und man heiratet wieder, sobald sich eine Möglichkeit dazu ergibt. Überhaupt sind neue Familien- und Lebensformen wie die Ein-Eltern-Familie, die Stiefeltern-Familie, die Wohngemeinschaft oder das „Single"-Dasein kein Ausdruck für die Ablehnung der traditionellen Eltern-Kind-Familie. Obwohl die Zahlen in den letzten Jahren gestiegen sind, bilden solche Lebens- und Familienformen rein quantitativ in der Bundesrepublik weiterhin eine Minorität. In anderen west- und osteuropäischen Staaten und in den USA, Kanada und Australien nahm ihr Anteil an allen Familienformen weit mehr zu. Dennoch gilt auch in diesen Staaten wie für die Bundesrepublik, dass die Mehrzahl der Betroffenen ihre jetzige Lebensform nicht als bewusste alternative Lebensform zur traditionellen Elternfamilie gewählt hat. Sie ist vielmehr Folge von Partnerkonflikten, Partnerwahlproblemen und anderen Faktoren.

Familienstrukturen

Wenn also die subjektive Wertschätzung der Eltern-Kind-Familie in der gesamten Bevölkerung trotz der öffentlich geführten kritischen Diskussion unverändert hoch ist, heißt das nicht, dass sich nicht die familialen Strukturen und die Beziehungen zwischen den Familienmitgliedern verändert haben. Die Eltern sind in der Regel heute etwas älter und ihr Erziehungsstil ist weniger autoritär als noch in den fünfziger und sechziger Jahren. Vor allem aber haben heutzutage immer weniger Kinder Geschwister, und wenn, dann meistens nur noch eine Schwester oder einen Bruder. Ihnen fehlt damit die Erfahrung der „Geschwister-Zwangsgemeinschaft" mit ihren positiven und negativen Seiten. Denn Geschwister bildeten häufig eine eigene Gemeinschaft – in der Soziologie spricht man von einem Subsystem – gegenüber den Eltern, während das Einzelkind nur eine unmittelbare Beziehung zu den Erwachsenen aufbauen kann. Wegen der Abnahme der Kinderzahl in der Familie nimmt in der nächsten Generation auch die Zahl der Seitenverwandten ab, was vor allem für die zukünftigen Generationen gelten wird. Mit anderen Worten: Die – wie aus früheren literarischen und biografischen Zeugnissen, z. B. aus dem Roman „Buddenbrooks" von Thomas Mann – zu entnehmende Bedeutung des „Onkels" oder der „Tante" gilt für die Entwicklung der jetzigen und zukünftigen Jugendlichen kaum mehr. Dafür haben noch nie in der Geschichte der Menschheit so viele durch die Erhöhung der Lebenserwartung die Chance gehabt ihre Großeltern und selbst ihre Urgroßeltern zu erleben.

Als Folge der geringeren Kinderzahl in der Familie und der gestiegenen Lebenserwartung gilt für die gesamte westliche Zivilisation, dass die Familienphase im Lebenslauf des Einzelnen „geschrumpft" ist, was vor allem große Auswirkungen auf das Leben von Frauen hat. Denn die „Familienphase" füllt nur noch rund ein Viertel des gesamten Lebens einer Frau aus. Eine normative Festschreibung der Frauen auf ihre Mutterrolle würde bedeuten, dass sie ein Viertel ihres Lebens in der Erwartung auf das „eigentliche Leben", die Familienphase, und die Hälfte ihres Lebens im Bewusstsein, dass „eigentliche Leben" sei vorbei, verbringen würden. Den längsten Zeitabschnitt bildet gegenwärtig die nachelterliche Phase, das ist der Zeitabschnitt, nachdem die Kinder das Elternhaus verlassen haben.

Demographische Veränderungen

Die Gesellschaften werden älter

Der Rückgang der Kinderzahl wirkt sich demographisch* aus, d. h., er beeinflusst den gesamten Bevölkerungsaufbau einer Gesellschaft. Insbesondere das quantitative Verhältnis zwischen den Generationen verändert sich, was wiederum Einfluss auf die gesellschaftliche Infrastruktur hat. Weniger Kinder bedeuten weniger Bedarf an Kindergartenplätzen, Schul- und Ausbildungsstätten. Aber auch die Zahl der Arbeitskräfte nimmt ab und diese geringere Zahl muss dann die Renten für eine höhere Zahl älterer Mitbürger und Mitbürgerinnen „erwirtschaften". Dieser Prozess hat sich während der letzten Jahrzehnte verschärft, weil neben dem Geburtenrückgang gleichzeitig in allen Industriegesellschaften die Lebenserwartung gerade im hohen Alter gestiegen ist. Für die Bundesrepublik Deutschland gilt ein Zuwachs von drei Jahren bei den Männern und von fünf Jahren bei den Frauen als statistisch gesichert, sodass heute der Anteil der unter

Zeit-punkt	e0 (F)	e0 (M)	e0 (F)-e0 (M)	e60 (F)	e60 (M)	e60 (F)-e60 (M)
Deutsches Reich						
1871/80	38,5	35,6	2,9	12,7	12,1	0,6
1881/90	40,3	37,2	3,1	13,1	12,4	0,7
1891/00	44,0	40,6	3,4	13,6	12,8	0,8
1901/10	48,3	44,8	3,5	14,2	13,1	1,1
1911	50,7	47,4	3,3	14,2	13,2	1,0
1924/26	58,8	56,0	2,8	15,5	14,6	0,9
1932/34	62,8	59,9	2,9	16,1	15,1	1,0
Bundesrepublik Deutschland						
1946/47	63,4	57,7	5,7	17,0	15,2	1,8
1949/51	68,5	64,6	3,9	17,5	16,2	1,3
1960/62	72,4	66,9	5,5	18,5	15,5	3,0
1964/66	73,5	67,6	5,9	18,9	15,5	3,4
1970/72	73,8	67,4	6,4	19,1	15,3	3,8
1974/76	74,8	68,3	6,5	19,7	15,6	4,1
1980/82	76,9	70,2	6,7	20,8	16,5	4,3
1985/87	78,4	71,8	6,6	21,7	17,3	4,4
1986/88	78,7	72,2	6,5	22,0	17,6	4,4
Deutsche Demokratische Republik						
1946	52,3	46,6	5,7	13,2	11,6	1,6
1949	64,1	58,9	5,2	16,2	14,9	1,3
1952	69,1	63,9	5,2	17,8	15,9	1,9
1955	70,6	66,2	4,4	18,4	16,3	2,1
1960	71,4	66,5	4,9	18,2	15,6	2,6
1968	74,4	69,2	5,2	19,5	16,4	3,1
1972	73,7	68,5	5,2	18,6	15,4	3,2
1980	74,9	69,0	5,9	19,0	15,6	3,4
1985	75,5	69,5	6,0	19,2	15,7	3,5

Lebenserwartung bei Geburt (e0) und im Alter von 60 Jahren (e60) für beide Geschlechter (F, M) im Deutschen Reich, in der Bundesrepublik und in der DDR 1871–1988

15-jährigen Bevölkerung genauso groß ist wie der der über 65-jährigen (siehe Tabelle S. 287). Nach der Bevölkerungsmodellrechnung des Statistischen Amtes der Europäischen Gemeinschaft wird im Jahre 2020 voraussichtlich mehr als ein Viertel aller Deutschen älter als 60 Jahre sein.

Zwar hat es in der Menschheitsgeschichte schon immer einzelne Menschen gegeben, die sehr alt wurden, aber erst in den Industriestaaten, an erster Stelle steht Japan, erreichte mehr als die Hälfte aller Menschen das 70. Lebensjahr. Die Menschen werden immer älter, weil die menschliche Kultur Umweltbedingungen schafft, die ein Älterwerden ermöglichen. Der Alterungsprozess ist kein rein biologischer Ablauf, er wird auch kulturhistorisch beeinflusst (siehe S. 413, Mat. 4). Eine besondere Rolle spielt dabei das Gesundheits- und das Bildungsverhalten sowie die medizinische Versorgung. Sozialpolitisch wird insbesondere die Zunahme der „Hochbetagten" diskutiert, obwohl es keinen automatischen Zusammenhang zwischen hoher Lebenserwartung und zunehmender Pflegebedürftigkeit gibt. Jedenfalls lebten 1990 knapp die Hälfte der über 74-Jährigen in Deutschland in ihrem eigenen Haushalt und versorgten sich – zuweilen mit geringer familialer oder fremder Hilfe – selbst.

Die Altersforscher Baltes und Baltes schreiben: „Selbstverständlich kann sich eine menschliche Kultur nur in den Grenzen entfalten, die biologisch prinzipiell möglich sind ... Man spricht von einem biologischen Maximalalter von etwa 110 bis 120 Jahren, wobei selbst unter ‚optimalen' Bedingungen die wahrscheinliche Spannweite des Maximalalters für die meisten Menschen zwischen 80 und 100 Jahren liegen dürfte. Das biologisch mögliche Maximalalter von 110 bis 120 Jahren ist prinzipiell ganz wenigen vorbehalten."[1]

Auf die Frage, warum in allen Industriestaaten Frauen mit einer höheren Lebenserwartung rechnen können, weiß die Forschung bislang noch keine Antwort. Ebenso sind die Ursachen noch unbekannt für den Sachverhalt, dass in allen Gesellschaften und zu allen Zeiten mehr männliche als weibliche Säuglinge geboren werden; Spekulationen beherrschen bisher noch diese Diskussion. Bis zum 50. Lebensjahr ist deshalb in der Bundesrepublik, wie in der gesamten westlichen Zivilisation, ein „Männerüberschuss" gegeben. Dieser disproportionale Bevölkerungsaufbau, bezogen auf das Geschlecht, gleicht sich in späteren Altersstufen wegen des höheren Todesrisikos durch Straßenunfälle und durch Störungen im Kreislaufsystem bei Männern wieder aus.

Ursachen und Folgen des Geburtenrückgangs

Trotz des Geburtenrückgangs seit Mitte der sechziger Jahre (mit Ausnahme der Geburtenzunahme in den Jahren von 1975 bis 1980 in der DDR), nahm die Bevölkerung in Deutschland seit dem Zweiten Weltkrieg bis 1974 zunächst zu um dann bis 1987 wieder zu fallen; seitdem ist wieder ein Anstieg zu verzeichnen. Diese „Wellenbewegung" – bezogen auf das gesamte deutsche Gebiet – ist allein eine Folge der verschiedensten Wanderbewegungen, vor allem der Zuwanderung aus Osteuropa. Innerhalb der Bundesrepublik Deutschland gab und gibt es, mit Ausnahme der „Mauer-Zeit", anhaltende Ost-West-Bewegungen. Entsprechend den Bevölkerungszahlen veränderte sich jeweils auch die Bevölkerungsdichte. Das vereinte Deutschland rangierte 1990 mit 222 Einwohnern pro Quadratkilometer nach den Niederlanden (356), Belgien (326) sowie Großbritannien und Nordirland (235) an vierter Stelle in Europa.

8 Massengesellschaft

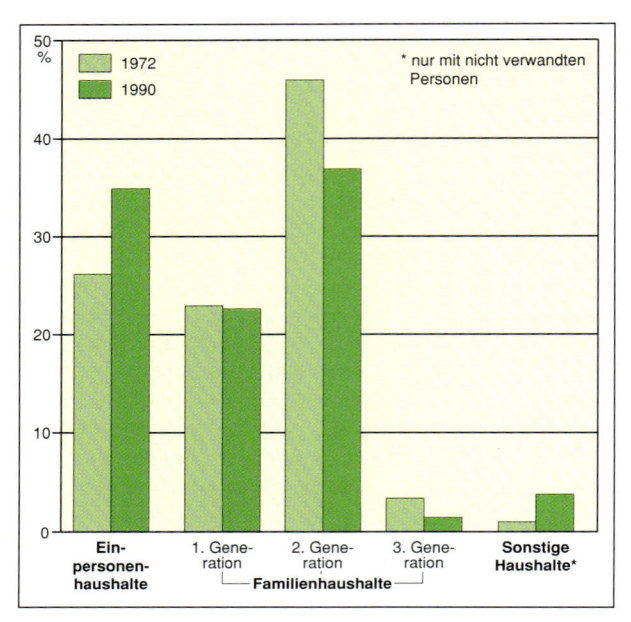

Private Haushalte in der Bundesrepublik Deutschland nach Haushaltstyp 1972–1990

Einen seit Jahrzehnten andauernden Geburtenrückgang gab es nicht nur in Deutschland, sondern in allen Industrienationen, wenn auch die Bundesrepublik Deutschland mit durchschnittlich 1,4 Kindern pro Frau zu den Ländern mit den niedrigsten Geburtenquoten zählt. Die Demographen* erklären die Abnahme der Kinderzahl pro Familie in allen modernen Gesellschaften mit dem Funktionswandel von Kindern: Je höher der technische Industrialisierungsgrad eines Landes ist, desto stärker werden mit Kindern allein immaterielle Werte verbunden, wie die Befriedigung emotionaler Bedürfnisse, die Freude Kinder aufwachsen zu sehen. Dagegen wurden bei uns in früheren Zeiten und in den Entwicklungsländern noch heute Kinder vor allem wegen ihrer Mithilfe, zur Versorgung der Eltern im Alter und bei Krankheit, zur Weitergabe von Besitz und des Namens gewünscht und dazu waren bzw. sind wegen der hohen Säuglings- und Kindersterblichkeit in diesen Gesellschaften viele Kinder funktional. Unser Versicherungssystem, die bessere ökonomische Lage, die Planbarkeit durch die Entwicklung von Antikonzeptiva und andere Faktoren haben in den Industriestaaten zu einem Funktionswandel von Kindern geführt und zur Wahlfreiheit zwischen einem Leben mit oder ohne Kindern; damit wurde auch auf dieser Ebene der Individualisierungsprozess verstärkt. Hinzu kommt, dass sich seit den fünfziger Jahren immer stärker der Normenkomplex der „verantworteten Elternschaft" (F. X. Kaufmann) durchgesetzt hat. Gemeint ist damit, dass Eltern sich nur dann Kinder wünschen und planen, wenn sie glauben dieser Verantwortung tatsächlich gerecht werden zu können, sowohl in ökonomischer Hinsicht als auch im Hinblick auf die Ansprüche an die Kindererziehung. Sie fordert heute von den Eltern ein hohes Maß an psychischer Zuwendung und zeitlichem Aufwand, während noch vor dreißig bis vierzig Jahren Kinder „wie nebenbei" aufwuchsen.

Der Geburtenrückgang, die gestiegene Lebenserwartung, die längere Rüstigkeit im Alter, die verbesserte ökonomische Lage und die bessere Wohnungsversorgung haben zu einer Veränderung des quantitativen Verhältnisses zwischen den verschiedenen Haushaltstypen seit den 1960er Jahren geführt. Die Familienhaushalte haben abgenommen zugunsten der Ein-Personen-Haushalte, eine Folge nicht nur der Zunahme von alten Menschen, sondern auch von Jugendlichen, die sich ökonomisch heutzutage einen Ein-Personen-Haushalt leisten können, von Geschiedenen, deren Kinder erwachsen sind, und von sogenannten „Singles". Manche Soziologen schließen aus dem statistischen Sachverhalt der stärkeren Vereinzelung auf eine gestiegene Vereinsamung der Menschen. Empirische Untersuchungen zeigen aber, dass über dieses Gefühl überwiegend nur ältere allein wohnende Personen klagen und unter diesen nur eine Minderheit, obwohl insgesamt die sozialen Kontakte im Alter abnehmen. Die subjektive Zufriedenheit mit der gesellschaftlichen Einbindung hängt offensichtlich nicht von der messbaren Zahl der Freunde, Bekannten und Familienangehörigen ab.

---

1. Stellen Sie den Wandel der Wirtschafts- und Sozialstruktur seit 1960/70 dar (siehe auch Tabelle S. 308 und S. 413 f., Mat. 3 bis 5); erläutern Sie die gesellschaftlichen Folgen.
2. Erörtern Sie die durch die Neuen Technologien bereits eingetretenen und erwarteten Veränderungen.
3. Beschreiben Sie den Wandel familialer Strukturen, und analysieren Sie die in der Darstellung genannten Ursachen. Gibt es noch weitere?
4. Diskutieren Sie die Auswirkungen des Wandels der Familie aus der Perspektive a) der Männer, b) der Frauen und c) der Kinder.
5. Fassen Sie die demographischen Veränderungen in den Industriestaaten im 20. Jahrhundert zusammen. Welche Trends haben sich seit den 1950er/60er Jahren verstärkt? Welche Ursachen gibt es dafür?

Freizeit und Arbeit

Freizeit und Wertewandel

Der Begriff „Freizeit"

Der Begriff Freizeit* scheint ein unproblematischer und eindeutiger Begriff zu sein. Aber fragt man einzelne Personengruppen, welche Tätigkeiten sie als Freizeitaktivitäten ansehen, würden die Antworten sehr unterschiedlich ausfallen. Sind z. B. Schlafen, Lesen, Gartenarbeit, Kochen „Freizeitbeschäftigungen"? Mit „Ja" würde bei einer Befragung auf die Kategorie „Gartenarbeit" der Beamte antworten, mit „Nein" der Gärtner, auf die Kategorie „Lesen" würde letzterer „Ja" ankreuzen, der Professor und der Schüler mit „Nein". Oder: Es kommt ganz darauf an! Ist der Weg zur Arbeit der Arbeitszeit oder der Freizeit zuzuordnen? Wohin gehören Essens- und Schlafzeiten? Handelt es sich um eine Freizeitbeschäftigung, wenn der Maler seine eigene Wohnung tapeziert?

Was zur Freizeit gezählt wird, ist abhängig von der Berufsrolle bzw. von der Selbstdefinition des oder der Befragten. Das „Frei-Sein" im Wort „Freizeit" bezieht sich also auf die Erwerbsarbeit. Dennoch ist nicht alle freie Zeit Freizeit, jedenfalls nicht im Sinne einer freien Verfügung über Zeit. So muss man essen und schlafen und dafür ist das Wort „Freizeit" eigentlich irreführend. Einige Wissenschaftler und Wissenschaftlerinnen unterteilen deshalb die Freizeit-Zeiten nochmals in „gebundene" und „ungebundene" Freizeit oder sie sprechen von „Freizeit" und „Halbfreizeit". Immer aber bleibt bei allen Definitionsversuchen das Wort „Freizeit" ein polarer Begriff zur Arbeitszeit, sodass der Freizeitbegriff die Form einer Negativ-Definition erhält (Gesamtzeit minus Arbeitszeit minus „gebundene" Zeiten = Freizeit) und eine „Rest-Kategorie" darstellt.

Wertewandel

Diese Analyse des Freizeit-Begriffs macht deutlich, wie stark die Berufswelt im Zentrum unseres Lebens steht und unser Denken noch immer bestimmt. Diese Berufsorientierung hat sich erst durch eine entsprechende Berufsauffassung seit dem Mittelalter und durch bestimmte Arbeitsbedingungen im Laufe der Neuzeit ausgeprägt. Sie ist bis heute wirksam, wenn auch abnehmend. Soziologinnen und Soziologen sprechen von einem seit Mitte der sechziger Jahre zu beobachtenden und empirisch festgestellten „Wertewandel": von der Abnahme materialistischer Werte (Geld, Konsum) und gleichzeitig von Pflicht- und Akzeptanzwertorientierungen und der Zunahme von immateriellen Werten und von Selbstwertorientierungen in unserer Bevölkerung, in ganz Europa und in den USA. Nach dem Soziologen Klages wird von den Personen, bei denen Selbstwertorientierungen vorherrschen, vor allem Unabhängigkeit, Autonomie und Selbstständigkeit angestrebt und man wird bei ihnen kein Ethos der Einordnung und Anpassung und des Einsatzes für vorgegebene Zielsetzungen unter Zurückstellung eigener Lebensinteressen erwarten dürfen. So ist für sie die Höhe des Lohnes aus geleisteter Erwerbsarbeit (materieller Wert) weniger wichtig als der Umfang der Freizeit (immaterieller Wert). Die Verwirklichung der eigenen Lebensinteressen hat bei ihnen oberste Priorität. Gerade unter den jüngeren Generationen werden solche Wertorientierungen zunehmend bejaht. In der Wissenschaft ist man sich jedoch bis heute noch nicht einig, ob die gemessenen veränderten Wertorientierungen zwischen den Generationen *de facto* einen sozialen Wandel widerspiegeln oder ob sie auf einem Alterungseffekt beruhen. Jüngere Menschen waren zu allen Zeiten selbstwertorientierter und weniger materialistisch eingestellt.

Was die Einstellung zur Erwerbsarbeit und zur Freizeit anbetrifft, hat jedenfalls insofern ein Wandel stattgefunden, als die Auswahl des Arbeitsplatzes heute stärker als noch in den fünfziger und sechziger Jahren von dem Umfang der Arbeitszeit und von den Arbeitsbedingungen abhängt. Überhaupt wird – wie Umfragen belegen – der Freizeit eine hohe Priorität in den Lebenswerten zugeschrieben.

Frauen und Freizeit

Frauenfreizeit und Frauenerwerbstätigkeit

Die tariflich gesicherte Freizeit ist in Deutschland, im Vergleich zu anderen west- und osteuropäischen Staaten und auch zu den USA, hoch. Noch 1956 arbeiteten in den alten Bundesländern aufgrund der Tarifbestimmungen 96 Prozent der Arbeiterinnen und Arbeiter sowie fast alle Angestellten mindestens 48 Stunden in der Woche. Ab 1975 galt die 40-Stunden-Woche und heute beträgt der Umfang der wöchentlichen Arbeitszeit überwiegend 38,5 Stunden. Nach dem Bundesurlaubsgesetz steht jedem Arbeitnehmer heute ein Mindesturlaub von 18 Werktagen (drei Wochen) zu. In den Tarifverträgen sind jedoch zumeist weit längere Zeiten vereinbart. So erhielten Ende 1990 70 Prozent aller von Tarifverträgen erfassten Arbeitnehmer in den alten Bundesländern sechs Wochen Jahresurlaub. Zwischen 1960 und 1990

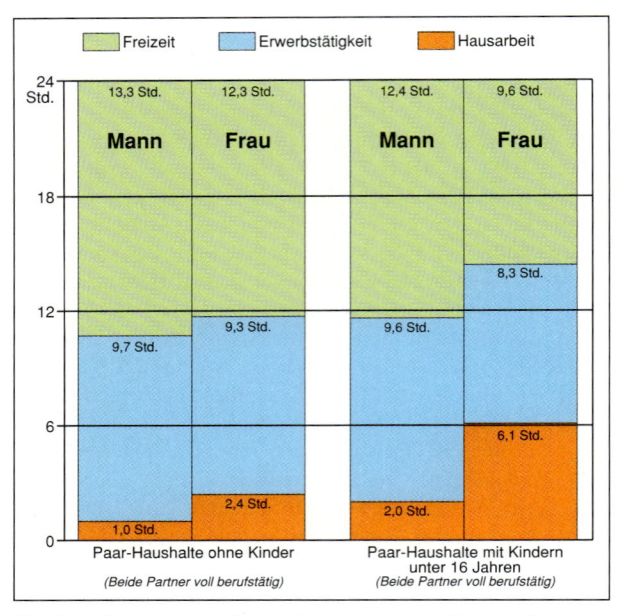

Werktäglicher Zeitaufwand für Familie und Beruf für beide Geschlechter in der Bundesrepublik Deutschland 1989

	Freizeit	Erwerbstätigkeit	Hausarbeit

Paar-Haushalte ohne Kinder (Beide Partner voll berufstätig):
- Mann: Freizeit 13,3 Std., Erwerbstätigkeit 9,7 Std., Hausarbeit 1,0 Std.
- Frau: Freizeit 12,3 Std., Erwerbstätigkeit 9,3 Std., Hausarbeit 2,4 Std.

Paar-Haushalte mit Kindern unter 16 Jahren (Beide Partner voll berufstätig):
- Mann: Freizeit 12,4 Std., Erwerbstätigkeit 9,6 Std., Hausarbeit 2,0 Std.
- Frau: Freizeit 9,6 Std., Erwerbstätigkeit 8,3 Std., Hausarbeit 6,1 Std.

ist die tarifliche Urlaubsdauer im Durchschnitt aller Arbeitnehmer von etwa 17 auf 29 Tage angestiegen.

Nichterwerbstätigkeit bedeutet jedoch noch nicht Freizeit. Von allen Personengruppen verfügen erwerbstätige Mütter über die geringsten Freizeit-Zeiten. Sie haben weiterhin neben ihrer Erwerbstätigkeit die Hauptlast der hauswirtschaftlichen Arbeiten zu tragen. Und diese „Doppelbelastung" trifft heutzutage auf weit mehr Frauen, insbesondere auf mehr Mütter, zu als noch vor einigen Jahrzehnten: 1950 war in der Bundesrepublik Deutschland nur jede vierte Mutter mit Kindern unter 15 Jahren erwerbstätig, 1960 jede dritte und nunmehr fast jede zweite. In anderen west- und vor allem osteuropäischen Staaten ist die Erwerbstätigenquote von Müttern weit höher als in der Bundesrepublik Deutschland, so z.B. in England, Frankreich, Ungarn, Russland, aber auch in den USA, in Kanada und Australien.

Die verstärkte Erwerbstätigkeit von Frauen (siehe S. 414, Mat. 5) in der Bundesrepublik Deutschland resultiert vor allem aus dem Wunsch nach einer Berufstätigkeit und erst sekundär aus dem Zwang des Geldverdienen-Müssens. Die Berufsorientierung von Frauen hat sich zeitgeschichtlich erhöht: durch das höhere Bildungsniveau der jüngeren Frauengenerationen (siehe S.413, Mat.3). Noch nie hat es so viele qualifizierte Frauen, gemessen an ihrem Bildungsabschluss, gegeben wie in der Gegenwart; aufgrund des Wunsches nach finanzieller Selbstständigkeit und nach einem eigenen Rentenanspruch; wegen der gefürchteten sozialen Isolierung der „Ganztags"-Hausfrau und anderer Faktoren. Darüber hinaus hat sich die Hausarbeit verändert. Die hauswirtschaftlichen Tätigkeiten sind stärker technisiert. Sie erfordern weniger Zeit – trotz gestiegener Ansprüche an den Haushalt. Manche Hausarbeiten sind allerdings nur weniger körperlich anstrengend, nicht weniger zeitraubend geworden. So ist der durchschnittliche Hygiene-Standard höher als noch in den fünfziger Jahren oder gar vor hundert Jahren; die Wäsche wird viel häufiger gewechselt und gewaschen. Und auch das Kochen dauert relativ länger, weil die Ernährung gesundheitsbewusster, aber auch luxuriöser geworden ist. Im Haushalt vollzog sich zudem immer stärker ein Wandel von der physischen zur psychischen Versorgungsleistung, für die den Müttern in allen westlichen Massengesellschaften fast die Alleinzuständigkeit zugeschrieben wird. Für die Mütter unter den Erwerbstätigen gilt, was Regina Becker-Schmidt beschreibt: Beides, Erwerbstätigkeit und Hausarbeit zu vereinen, ist zu viel, aber nur auf einen Bereich verwiesen zu sein ist zu wenig.

Frauenerwerbstätigkeit und Kindererziehung

Die vor allem in den fünfziger und sechziger Jahren geäußerten Bedenken gegen mütterliche außerhäusliche Erwerbstätigkeit im Hinblick auf die Sozialisation* der Kinder sind aufgrund vieler psychologischer und soziologischer Untersuchungen nicht mehr aufrechtzuerhalten. Zusammenfassend kann gesagt werden: Die Erwerbstätigkeit einer Mutter sagt per se über das Gelingen oder Nicht-Gelingen des kindlichen Sozialisationsprozesses nichts aus. Hierfür sind zahlreiche Faktoren „verantwortlich", die sich wiederum gegenseitig bedingen: die Einstellung des Vaters zur Erwerbstätigkeit der Frau und dessen Vorstellungen zur Rollenverteilung bei der Kinderbetreuung, der Umfang der Arbeitszeiten von beiden Elternteilen, die Einstellungen der Eltern zu ihrer Berufstätigkeit. Gleiches gilt aber auch für die Nicht-Erwerbstätigkeit einer Mutter. Auch hier kann es zu Belastungen bei der Erziehung kommen, nämlich wenn die Mutter ungern die Rolle der „Ganztags-Hausfrau" übernommen hat, wenn sie sich als „Opfer" unausgelastet fühlt.

Innerhalb der vergangenen Jahrzehnte hat sich nicht nur der Umfang der mütterlichen Erwerbstätigkeit, sondern auch die öffentliche Einstellung zu ihr verändert. Wurde die Berufstätigkeit von Frauen mit Kindern (vor allem Kleinkindern) in den fünfziger und sechziger Jahren in der alten Bundesrepublik Deutschland geradezu „bekämpft" und mussten Mütter zu ihrer Rechtfertigung Gründe benennen können, so ist heute die Grundeinstellung offener geworden. Doch gehen bei dieser Form von Emanzipation die jungen Frauen den Männern voran und innerhalb der Gruppe der Frauen sind es wiederum die besser ausgebildeten und jene mit höherem Sozialstatus, die einer mütterlichen Erwerbstätigkeit positiv gegenüberstehen und diese „Doppelorientierung" (Erwerbs- und Familientätigkeit) für sich gewählt haben.

Dagegen war in der DDR mütterliche Erwerbstätigkeit wie selbstverständlich verbreitet und wurde staatlich durch die Einrichtung von Kinderkrippen, Horten und andere Maßnahmen stark unterstützt. Das Gleiche gilt aber auch für einige nicht-sozialistische Länder, wie z. B. Frankreich, wo ein relativ dichtes Netz staatlicher und nicht-staatlicher Einrichtungen für die Kinderbetreuung existiert. Die Maßnahmen und Vergünstigungen in der DDR dienten aber weniger der Einlösung frauenpolitischer Ziele als wirtschaftlichen und bevölkerungspolitischen Zwecken. Der Mehrzahl der Mütter war dieses staatliche Interesse gleichgültig; sie konnten sich einfach ein Leben ohne Beruf nicht vorstellen. Ein solches Leben wäre auch keine denkbare und freiwillige Alternative für sie gewesen. Repräsentative Umfragen weisen auch für die Gegenwart eine hohe Berufsorientierung unter den Frauen in allen Altersgruppen der neuen Bundesländer nach. Insofern sind hier – trotz Unterschieden in der Vergangenheit – nunmehr Angleichungen in den Einstellungen unter den jüngeren Frauengenerationen in den alten und neuen Bundesländern gegeben.

Die gestiegene Berufsorientierung und Erwerbstätigkeit von Frauen hat – das sei nochmals betont – nicht zu einer Abnahme ihrer Familienorientierung geführt. Die meisten wollen heute beides: Familie und Beruf, so wie es vormals allein für die Männer galt.

Eine Freizeitgesellschaft?

Den hohen Stellenwert der Familie für beide Geschlechter in der gegenwärtigen Gesellschaft dokumentiert auch die Art der Freizeitnutzung: Die arbeitsfreien Zeiten werden überwiegend in und mit der Familie verbracht. In diesem Verhalten stimmten bereits die Bürger und Bürgerinnen in der alten Bundesrepublik und der DDR überein.

Die Hauptfreizeitbeschäftigungsarten in der Familie sind solche, die keine sichtbaren und messbaren Leistungen abverlangen (Fernsehen, Reisen, Spazierengehen, Lesen). Die Konkurrenzsituation wird vermieden. Das gilt auch für Beschäftigungen, deren Erfolg messbar, in der Familie ausgeübt und durch sie kontrollierbar ist: für Gartenarbeit und Hobbies. Durch geschlechts- oder altersspezifische Differen-

Hans Reiser (geb. 1951), Freizeitstress, 1988, Acryl, 36,4 x 30,8 cm

zierung wird die mögliche Konkurrenzsituation in der Familie entschärft, weil z. B. überwiegend der Mann für den Gemüse- und Obstbau, die Frau für die Blumenpflege zuständig ist; der Sohn fotografiert, der Vater filmt usw. Die Familienmitglieder arbeiten zusammen, gehen den gleichen und auch gleichzeitig verschiedenen Beschäftigungen nach; sie können einen Erfolg vorweisen ohne permanent in Konkurrenzsituationen wie bei der „eigentlichen" Arbeit zu stehen.

Sport. Auch außerfamilial verlebte Freizeit wird alters- und geschlechtsspezifisch unterschiedlich genutzt. Männer und Jugendliche schließen sich eher Sportvereinen an als Frauen: Zwei Drittel ihrer Mitglieder sind männlichen Geschlechts und 36 Prozent jünger als 22 Jahre. Nur beim Turnen, Tanzen und Reiten dominieren die Frauen. Die Sportvereine haben in den letzten Jahren durch die „Trimm-Dich"-Welle und ein gestiegenes Gesundheitsbewusstsein neuen Zulauf erhalten; fast könnte man von einer Sportgesellschaft sprechen.

Durch den Beitritt der Landessportbünde in den neuen Bundesländern im Dezember 1990 hat sich die Mitgliederzahl

Anzeige aus „Der Spiegel", 6. April 1970

des Deutschen Sportbundes um über 2 Millionen auf rund 21 Millionen und die Anzahl der Vereine um etwa 7000 auf knapp 75000 erhöht. Gleichzeitig hat sich der nicht vereinsgebundene Sport erheblich ausgeweitet, in Europa vielleicht weniger als in den USA, wo das tägliche Joggen selbst für einen Präsidenten zur „Pflicht" zählt.

Fernsehen. Trotzdem dominiert in allen Altersgruppen und unabhängig vom Geschlecht unter allen Freizeitaktivitäten das Fernsehen. Der Fernsehapparat ist zu einem zuverlässigen (Pseudo-)Interaktionspartner für Alleinlebende und auch für alle Familienmitglieder geworden. Er wird von den Sehern zur Befriedigung unterschiedlichster Bedürfnisse genutzt: zur Unterhaltung, Entspannung, Information, zur Weiterbildung, zum Überdecken von Konflikten, zur Dokumentation sozialer Zugehörigkeit durch gleichartige Verhaltensriten. Vor allem bei Kindern hat das Fernsehen stark zugenommen, was in dieser Altersgruppe als wahrscheinlich problematisch für den Entwicklungsprozess zu bewerten ist.

Wenn also zeitgeschichtlich das Fernsehen an Bedeutung gewonnen hat und mehr freie Zeit in Anspruch nimmt als irgendeine andere Freizeitbeschäftigung, so brauchen dennoch Häufigkeits- und Beliebtheitsgrad nicht übereinzustimmen. Denn: „Was beliebt ist, wird nicht immer entsprechend häufig praktiziert, was häufig praktiziert wird, muss nicht in gleicher Weise beliebt sein."[2] Der Fernseher, und das gilt ebenso für die zunehmende Verbreitung weiterer elektronischer Medien, hat nicht, wie häufig angenommen wird, das Lesen als Freizeitaktivität verdrängt, im Gegenteil: Gemessen am Absatz hat der Buchmarkt sich seit 1950 sogar vergrößern können, was wahrscheinlich auch mit dem insgesamt höheren Bildungsniveau westlicher Industriestaaten zusammenhängt.

Reisen. Zeitgeschichtlich zugenommen hat vor allem das Reisen als Freizeitaktivität, wobei 1969 in der Bundesrepublik noch die Inlandsfahrten überwogen (60 Prozent), während in der Gegenwart verstärkt das Ausland für Urlaubs- und Erholungsreisen gewählt wird (64 Prozent). Nicht zu Unrecht wird wegen des quantitativen Anstiegs von Urlaubern heutzutage vom „Massentourismus" gesprochen. Massentourismus heißt aber auch Verkehrsverdichtung. Sie äußert sich im Ausbau des Straßennetzes, der Verkürzung von Reisezeiten und der Zunahme insbesondere des Straßen- und Flugverkehrs – übrigens nicht allein für Urlaubszwecke, wie der stetig expandierende Lastwagenverkehr in Europa und Nordamerika zeigt. Die ökologischen Schäden in der Massengesellschaft der Moderne (siehe S. 415, Mat. 7 bis 9), zu dem auch der „Massenverkehr" beiträgt, treten erst allmählich ins Bewusstsein.

Die große Bedeutung der Freizeit kann an den zunehmenden Konsumausgaben für diesen Bereich abgelesen werden. Beliefen sich die Ausgaben für Freizeitgüter und Urlaub bei einem Vier-Personen-Haushalt von Angestellten und Arbeitern mit mittlerem Einkommen im früheren Bundesgebiet 1965 monatlich auf 48 €, wurden 1990 für denselben Zweck schon rund 325 € ausgegeben. Das entspricht einer Steigerung um 577 Prozent!

1. Stellen Sie die Veränderungen der Situation der Frauen in Beruf, Familie und Freizeit seit den 1950er Jahren dar und diskutieren Sie deren Auswirkungen auf das Verhältnis der Geschlechter und auf die Gesellschaft.
2. Erörtern Sie den Begriff Wertewandel und die Angemessenheit der These vom Wertewandel, wenn Sie diese mit Ihren persönlichen Erfahrungen vergleichen.

Politische Partizipation

Von Erwerbsarbeit freie Zeit wird nur von wenigen Personen genutzt um sich aktiv politisch zu betätigen. Das gilt nicht nur für die Bundesrepublik Deutschland, sondern für alle europäischen Staaten, während es in den USA – vornehmlich in den Klein- und Mittelstädten – eine Selbstverständlichkeit ist, gerade auch für Frauen, sich am öffentlichen Leben (dem kommunalen, kirchlichen, schulischen) zu beteiligen.

Im Hinblick auf die politische Beteiligungsbereitschaft werden zwei Formen unterschieden:

a) konventionelle Formen, z. B. politische Versammlungen besuchen, an politischen Wahlen teilnehmen, aktive Mitarbeit in einer Partei, aktive Unterstützung eines Kandidaten oder einer Kandidatin bei der Wahl;

b) unkonventionelle Formen, die sich auf direkte und nicht institutionalisierte Aktionen beziehen:
- legale Aktivitäten, z. B. Mitarbeit in einer Bürgerinitiative, Beteiligung an einer genehmigten Demonstration;
- illegale Aktivitäten (z. B. Hausbesetzungen, Gewaltanwendungen, Teilnahme an einer nicht genehmigten Demonstration, Einschüchterung politischer Gegner).

In allen westlichen Staaten hat der Anteil derer, die sich an einer unkonventionellen legalen Aktivität zur Durchsetzung ihrer politischen Absichten beteiligt haben, während der letzten 25 Jahre stark zugenommen. Vor allem sind hier die Bürgerinitiativen zu nennen. Viele von ihnen fordern von den Politikern insbesondere eine stärkere Verantwortung für die Umwelt – sei es die natürliche Umwelt wie beim Naturschutz oder die kulturelle Umwelt wie beim Denkmalschutz oder der Wiederherstellung „urbaner" Innenstädte.

Noch 1979 konzentrierte sich die Bereitschaft zur Durchsetzung des Umweltschutzes auf eine relativ kleine, altersmäßig jüngere und besser ausgebildete Personengruppe. Seit 1984 wurde stetig zunehmend bei allen Bevölkerungsgruppen eine Sensibilisierung für dieses politische Problem registriert. Der Umweltschutz avancierte zu einem politischen und gesellschaftlichen Dauerthema. Ob es sich dabei um einen dauerhaften und nicht nur modischen Wertewandel handelt, ist allerdings noch unklar.

Unkonventionelle illegale Aktivitäten zur Durchsetzung politischer Macht wurden zwar während der letzen 25 Jahre in unterschiedlicher Intensität, aber dennoch immer wieder angewendet, z. B. von der „Black-Power"-Bewegung in den USA oder von Angehörigen der „Irisch-Republikanischen Armee" in Nordirland. Auch in der Bundesrepublik sind alle Arten von „Besetzungen" und Formen der illegitimen Gewaltanwendung seit 1967/68 praktiziert worden, obwohl die große Mehrheit der Bevölkerung solche Aktivitäten ablehnt und sich nicht an ihnen beteiligen würde.

Bedenklich für einen demokratischen Staatsaufbau ist aber nicht nur die Anwendung illegaler Mittel zur politischen Durchsetzung bestimmter Forderungen, sondern ebenso die politische Passivität der Bürger. In einer repräsentativen Umfrage im Jahr 1991 gaben 33 Prozent aller Westdeutschen und 26 Prozent der Ostdeutschen an, ein sehr starkes politisches Interesse zu haben, im Osten und Westen weit mehr Männer als Frauen und im Westen eher die Älteren. Andererseits betonten 24 bzw. 29 Prozent, dass sie überhaupt kein politisches Interesse hätten, wiederum im Osten und Westen mehr Frauen, zudem eher die Jüngeren. In einer Partei aktiv mitarbeiten würden sogar nur 18 bzw. 11 Prozent. Diese politische Einstellung reflektiert die seit den siebziger Jahren stetig sinkende Wahlbeteiligung, z. B. an den Bundestagswahlen: 1953: 86 Prozent; 1965: 87 Prozent; 1972: 91 Prozent; 1983: 89 Prozent; 1990: 78 Prozent. Die Beteiligung an den Direktwahlen für das europäische Parlament war 1990 noch geringer: 62 Prozent. Dennoch war der Anteil derjenigen, die von ihrem Stimmrecht Gebrauch machten, in Deutschland nach Irland mit 68 Prozent am zweithöchsten, abgesehen von Belgien, Luxemburg, Griechenland und Italien, wo eine Wahlpflicht besteht. Das geringste Interesse zeigten mit 36 Prozent die Wähler in Großbritannien.

Der Weg zu einem geeinten Europa scheint nicht nur durch die umwälzenden Veränderungen im Osten, sondern auch infolge des Desinteresses seiner Bürgerinnen und Bürger und/oder aufgrund nationaler Interessen weiter und steiniger zu sein, als seine Politiker und Politikerinnen vermuteten und politisch anstrebten. Können wir uns aber diese regionale und politische Zersplitterung bei der gleichzeitig zunehmenden „Verkleinerung" der Erde durch die technologischen Entwicklungen (Verkehr, Kommunikationsnetze, ökonomische Machtkonzentration) noch leisten? Und gefährdet nicht das politische Desinteresse von Bürgerinnen und Bürgern die Demokratie als politisches und gesellschaftliches Prinzip stärker als jede äußere Bedrohung?

---

1. Erläutern Sie den Begriff „politische Partizipation". Setzen Sie die These vom Wertewandel und der „Individualisierung" in Beziehung zu Art und Umfang der politischen Partizipation in der heutigen Gesellschaft.
2. Diskutieren Sie nochmals den Zusammenhang von Demokratie und Massengesellschaft.

1 *In den großen deutschsprachigen Konversationslexika vor 1918, dem „Brockhaus" bzw. „Meyers", fehlt das Stichwort „Zivilisation". In der siebten Auflage von „Meyers Lexikon" aus dem Jahre 1930 heißt es zum Begriff „Zivilisation":*

Q (franz., von lat. civis, „Bürger"), die für eine Gemeinschaft von Menschen unerlässliche Lebensform, die auf die Mitmenschen Rücksicht nimmt; dann auch die Gesamtheit der zur Lebensgestaltung eines Gemeinwesens erforderlichen Einrichtungen. Ein einzelner Mensch wird als zivilisiert oder unzivilisiert bezeichnet, je nachdem er sich dem Leben seiner Gemeinschaft einfügt oder nicht. Gegensatz: *Barbarei*, Fehlen oder Verneinung der Z. Auch *Kultur* kann in einen Gegensatz zu Z. treten, wenn man unter Kultur den geschichtlich gewordenen Geist eines Volkes und die aus seiner ganzen seelischen Verfassung entstandenen Schöpfungen der Kunst, der Religion, der Sittlichkeit usw. versteht, die Z. aber auf die durch den Verstand hervorgebrachten Verbesserungen der Lebensführung, die technischen Erfindungen, die Gesetze, die Regelung des Verkehrs usw. beschränkt. Die Werke der Z. kann jedes intelligente Volk verstehen und nachmachen, z. B. Flugzeuge, Gesetze; die Schöpfungen der Kultur, z. B. Goethes „Faust", deutsche Musik, deutsche Philosophie, kann nicht jedes Volk verstehen und hervorbringen. Kulturwerte können durch die Z. geschädigt werden, sodass sich heute alte Kulturen wie die indische, die chinesische u. a. gegen die von Europa ausgehende Z. wehren. Im Sprachgebrauch des Französischen und des Englischen wird unter Z. meist die Kultur […] mit einbegriffen.

Meyers Lexikon, 7. Aufl., Bd. 12, Leipzig 1930, Sp. 1835 f.

2 *In der neunten Auflage von „Meyers Enzyklopädischem Lexikon" von 1979 heißt es zu „Zivilisation":*

Q (lat.-frz.; zu lat. civilis = den Staatsbürger betreffend), es lassen sich generell zwei Bedeutungsebenen des Begriffs unterscheiden: die ältere dt. und die engl./frz., die sich seit 1945 auch weitgehend im dt. Raum durchgesetzt hat. Ursprüngl. nur auf die guten Sitten und höf. bzw. gutbürgerl. Lebensart bezogen („civilité") bezeichnet der Begriff in seiner engl./frz. Bedeutung („civilité" bzw. „civilization") die Eigenart der modernen bürgerl. Gesellschaft, d.h. ihr Selbstverständnis als ein Konglomerat von Stand der Technik, Manieren und Umgangsformen sowie der wissenschaftl. Erkenntnis. Die eigene zivilisierte Gesellschaft wird der barbar. der außereuropäischen Völker gegenübergestellt, sei es um die europ. Überlegenheit zu bezeichnen (aus der sich eine „zivilisierend"-kolonialist. Mission ableiten lässt), sei es um die verloren gegangene Ursprünglichkeit der Primitiven kritisch den zivilisierten Zuständen entgegenzuhalten. In diesem Sinne wird Z. als Resultat eines histor. Prozesses begriffen, der prinzipiell allen Völkern zugänglich sein sollte. Der eigene Zustand wird dabei mit dem verwirklichten Fortschritt identifiziert, der als objektiv-weltgeschichtl. Geschehen interpretiert wird. In dieser Konzeption betrifft Z. alle Bereiche des gesellschaftl. Lebens: so u. a. Politik, Ökonomie, Religion, Technik, Moral, Umgangsformen. In einer spezifisch dt. Tradition wird der Begriff seit dem 18. Jh. dem der Kultur gegenübergestellt: Z. ist die weltmänn.-äußerl. Form der Modernität, dem die innerl. bürgerl. Werte der Kultur gegenübergestellt werden. Z. stellt demnach nur den nützl. äußeren Rahmen dar, innerhalb dessen sich die eigentl. (höhere) Kultur entfalten könne. Dieser Gegenüberstellung von „zivilisator. Oberfläche" und „kultureller Tiefe" des menschl. Lebens überhaupt korrespondiert eine soziale (Adel versus Bürgertum) und v. a. im 19. Jh. eine nationale (Westeuropa versus Deutschland). In einer späteren geschichtsphilosophischen Stadientheorie werden unterschieden: Wildheit, Barbarei, Z. und Kultur, wobei sich Deutschland bereits auf der Höhe der Kultur befinde, während die westeurop. Länder noch in der Z. verharrten. Nach 1918 wurde dieses geschichtsphilosoph. Periodisierungsschema im kulturpessimist. Sinne umgekehrt: Bei O. Spengler bezeichnet Kultur den Höhepunkt, Z. die Abstiegsphase eines Kulturkreises.

Die Entwicklung eines wertneutralen Z.sbegriffs fand innerhalb der ethnolog.-anthropolog. Literatur statt. Ihre Voraussetzungen waren das Verlassen des europ. Ethnozentrismus, die neuere Z.skritik und die „Wiederentdeckung des Primitiven". In der Anthropologie bezeichnet der Begriff Kultur die Identität einer bestimmten Ethnie, während Z. eine bestimmte Stufe der kulturellen Evolution ausdrückt. Kultur bildet daher den Überbegriff, während Z. nur auf eine Unterklasse von Kulturen angewandt wird. Z. ist dabei ein solches Kulturstadium, in dem ein bestimmter Grad von organ. Heterogenität und entsprechend komplexer Gesellschaftsstrukturen erreicht ist. Die wichtigsten Merkmale einer zivilisierten Gesellschaft sind: Verbreitung bestimmter Techniken, wie etwa Metallurgie; horizontale und vertikale Arbeitsteilung und eine soziale Organisation, in der die Kontrolle über Produktionsmittel und v. a. die Verteilung des sozialen Surplus bei einer bestimmten, fest umrissenen und sich reproduzierenden sozialen Klasse monopolisiert sind; Zentralisation der polit. Macht; zentrale Religion, die über ein organisiertes Priestertum (oder funktionaläquivalente Gruppen von Ideologieträgern) vermittelt ist; intellektuelle Spezialisierung, Entwicklung anerkannter Formen wissen-

schaftl. Denkens; komplexe ästhet. Konventionen. Der so verstandenen Stufe der Z. wird die der primitiven Kulturen bzw. der Stammesgesellschaften gegenübergestellt.
In der Geschichtsschreibung der europ. Z. wird der Schwerpunkt der Betrachtung auf den Prozesscharakter der Z. gelegt. Z. erscheint hier nicht länger als das geschichtsphilosoph. garantierte Telos der Geschichte oder gar als bloße materielle Basis zu einer eigentl. Kultur, sondern als fixierbares Moment der sozialen Entwicklung. Die Neutralität dieser Betrachtungsweise ist wohl Resultat der Irritation des Selbstverständnisses der industriellen Gegenwart.

Meyers Enzyklopädisches Lexikon, 9. Aufl., Bd. 25, Mannheim 1979, S. 752.

4 Lebensstandards im Vergleich:

Staat	Lebenserwartung bei Geburt (Jahre), 1985	Erwachsenen-Alphabetisierungsrate (in %), 1985	Bruttosozialprodukt pro Kopf, (in US-Dollar), 1988
Niger	45	14	300
Togo	54	41	310
Indien	59	43	340
Singapur	73	86	9070
Südkorea	70	95	5000
Spanien	77	95	7740
Neuseeland	75	99	10000

Nach Paul Kennedy, In Vorbereitung auf das 21. Jahrhundert, Frankfurt/M. 1993, S. 260.

1. Erarbeiten Sie zunächst getrennt für Mat. 1 und 2 die verschiedenen Bedeutungsebenen und die zentralen Bestimmungsmerkmale des Zivilisationsbegriffs. Stellen Sie dann durch einen Vergleich den Wandel des Zivilisationsbegriffs im deutschsprachigen Raum fest. Welche Erklärung gibt Mat. 2 für den Wandel?
2. Konversationslexika bzw. Enzyklopädien gibt es seit der Aufklärung; früher wie heute gehören sie zum Büchergrundbestand des „gebildeten Publikums". Überlegen Sie, welchen Quellenwert für die Geschichtswissenschaft die Erläuterungen von Begriffen, Personen oder Ereignissen in solchen Lexika haben. Überprüfen Sie Ihre Überlegungen, indem Sie den Begriff „Demokratie" in einem Konversationslexikon vor 1900 und nach 1970 analysieren.

1. Analysieren Sie (Mat. 3) den Wandel des Bildungs- und Ausbildungssystems für Männer und Frauen in Deutschland seit der Weimarer Republik (die 1970 55- bis 60-Jährigen gingen in den 1920er Jahren zur Schule).
2. Setzen Sie die Statistiken zum Wandel der Berufsstruktur nach 1950 (siehe S. 13, 308, 401) in Beziehung zu Ihren Ergebnissen. Welche Erklärung für den Wandel des Erziehungs- und Bildungssystems legen die Statistiken nahe, welche gibt die Darstellung (S. 400–402)?
3. Analysieren und erläutern Sie die statistische Aussage von Mat. 4. Erläutern Sie den Begriff „Lebensstandard" (siehe auch Tabelle S. 362) und nennen Sie Ursachen für die Unterschiede (siehe auch S. 372–374).

3 Berufliche Qualifikation der Erwerbstätigen in der Bundesrepublik Deutschland 1970 und 1987 (in Prozent):

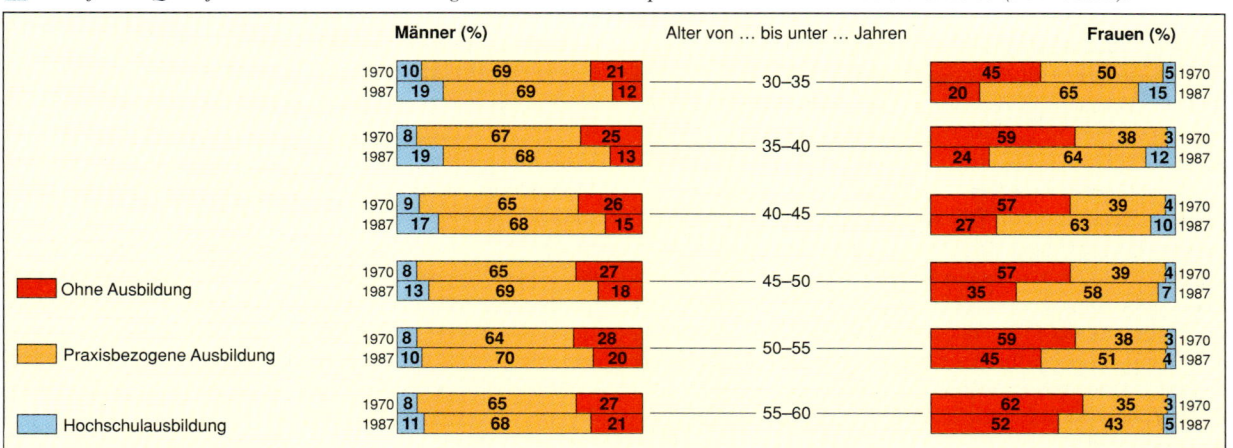

	Männer (%) 1970 / 1987	Alter von ... bis unter ... Jahren	Frauen (%) 1970 / 1987
	1970: 10 / 69 / 21 — 1987: 19 / 69 / 12	30–35	1970: 45 / 50 / 5 — 1987: 20 / 65 / 15
	1970: 8 / 67 / 25 — 1987: 19 / 68 / 13	35–40	1970: 59 / 38 / 3 — 1987: 24 / 64 / 12
	1970: 9 / 65 / 26 — 1987: 17 / 68 / 15	40–45	1970: 57 / 39 / 4 — 1987: 27 / 63 / 10
	1970: 8 / 65 / 27 — 1987: 13 / 69 / 18	45–50	1970: 57 / 39 / 4 — 1987: 35 / 58 / 7
	1970: 8 / 64 / 28 — 1987: 10 / 70 / 20	50–55	1970: 59 / 38 / 3 — 1987: 45 / 51 / 4
	1970: 8 / 65 / 27 — 1987: 11 / 68 / 21	55–60	1970: 62 / 35 / 3 — 1987: 52 / 43 / 5

Legende: Ohne Ausbildung | Praxisbezogene Ausbildung | Hochschulausbildung

Nach Zahlenbilder. Gemeinschafts- und Sozialkunde, 3. Ausgabe, Berlin 1964 ff., Bl. 247150, II/90.

5 *Erwerbsquoten¹ in westlichen Industrieländern nach dem Geschlecht 1960–1985 (in Prozent):*

Land	Frauen 1960	Männer 1960	Frauen 1985	Männer 1985
Australien	34,1	97,2	54,1	85,2
Belgien	36,4	85,5	50,5	75,9
BR Deutschland	49,2	94,4	50,3	80,0
Dänemark	43,5	99,5	74,5	87,4
Finnland	65,6	91,4	73,7	81,8
Frankreich	46,6	94,6	54,9	76,7
Großbritannien	46,1	99,1	60,2	88,4
Irland	34,8	99,0	36,6	85,5
Italien	39,6	95,3	41,0	79,3
Japan	60,1	92,2	57,2	87,8
Kanada	33,7	91,1	62,4	84,9
Neuseeland	31,3	93,8	47,6	83,2
Niederlande	26,2	97,8	40,9	75,8
Norwegen	36,3	92,2	68,0	86,6
Österreich	52,1	92,0	51,0	81,2
Schweden	50,1	98,5	77,6	84,2
Schweiz	51,0	100	53,2	89,4
USA	42,6	90,5	63,8	84,6
Mittelwert	*43,3*	*94,7*	*56,5*	*83,2*

1 Erwerbsquoten sind definiert als Gesamtzahl der erwerbstätigen und arbeitslosen Personen in Prozent der Bevölkerung im erwerbsfähigen Alter zwischen 15 und 64 Jahren.

Nach Manfred G. Schmidt, Erwerbsbeteiligung von Frauen und Männern im Industrieländervergleich, Opladen 1993, S. 13.

1. Analysieren Sie die Daten in Mat. 5 horizontal und vertikal. Welcher allgemeine Trend ist zu erkennen? Welche Veränderungen und welche Abweichungen vom Mittelwert sind besonders auffällig? Welche Ländergruppen ließen sich bilden?
2. Welche Ursachen könnten für die Veränderungen der Frauenerwerbsquote angeführt werden? Berücksichtigen Sie dazu die Darstellung S. 407–409. Welche zusätzlichen Erklärungen wären möglich?

6 *Der Physiker und Philosoph Carl Friedrich von Weizsäcker (geb. 1912) zum Zusammenhang von Technik, Wissenschaft und Bewahrung der Natur (1986):*

Q Es gibt eine eigentümliche Faszination der Technik, eine Verzauberung der Gemüter, die uns dazu bringt zu meinen, es sei ein fortschrittliches und ein technisches Verhalten, dass man alles, was technisch möglich ist, auch ausführt. Das ist aber nicht fortschrittlich, sondern kindisch. Reifes technisches Handeln ist völlig anders. Es benutzt technische Geräte als Mittel zu einem Zweck. […] Eine technische Kultur, die sich als Selbstzweck gebärdet, ist als Ganze auf einer niedrigeren Entwicklungsstufe als ihre einzelnen Apparate […].

Entsprechendes gilt für die Wissenschaft. Die Wissenschaft ist für ihre Folgen verantwortlich. Die Wissenschaft ist freilich nicht zuerst um ihrer weltverändernden Folgen betrieben worden. Aber Wissen ist Macht, auch wenn es nicht um der Macht willen gesucht wurde. Nun fragen Wissenschaftler oft: Wie sollen wir für die Ergebnisse der Wissenschaft verantwortlich sein, die wir vorher gar nicht kennen? Forschung sucht ja das zuvor Unbekannte. Die Antwort: Der Wissenschaftler ist für die Folgen seiner Erkenntnis nicht legal, aber moralisch verantwortlich. Moralische Reife ist einem Menschen nicht erreichbar, der sich für die faktischen Folgen seines Handelns nicht verantwortlich weiß. […]

Nicht der Verzicht auf die Wissenschaft ist gefordert. Nicht der Verzicht auf Wahrheitssuche; das hieße unserer Kultur das Herz herausoperieren. Gefordert ist die Mitwirkung an der politischen Verwandlung unserer Gesellschaft, sodass in ihr technische Mittel begrenzten Zwecken gemäß verwendet werden. Das gilt von der Arbeit am menschlichen Frieden; es gilt auch vom Frieden mit der Natur.

Ist aber das unablässige Wachstum der Menschheit und ihrer Wirtschaft überhaupt mit der Bewahrung der Natur vereinbar? […] Wir stellen jetzt nicht die Frage, wie die notwendigen Begrenzungen technisch und politisch zu denken und durchzusetzen sind. Wir fragen nach dem sittlichen Problem. […]

In der klassischen Kultur, die vom Ethos des Herrschens und Dienens bestimmt war, gab es drei Gestalten der bejahenden Selbstbeschränkung: die Bescheidenheit der Dienenden, die Selbstbeherrschung der Herrschenden, die echte Askese der Verzichtenden. In begrenzten Regionen und Zeitspannen konnte dies eine, mit irdischer Unvollkommenheit, harmonische Gesellschaftsordnung sein. Die Güter waren knapp; die Mehrheit war zur Bescheidenheit genötigt. Eine herrschende Elite hatte Selbstbeherrschung zur unerlässlichen Bedingung ihrer Stabilität. Die bewusst Verzichtenden, Mönche und Nonnen, auch mitten im diesseitigen Dienst asketisch Lebende, demonstrierten die Möglichkeit, ja das Glück freiwilligen Verzichts. Durch das Pathos der Freiheit und Gleichheit ist dem heutigen Bewusstsein das Verständnis für diese Lebensform einer Gesellschaft mehr und mehr entglitten. Unser eigenes Überleben könnte davon abhängen, ob uns eine demokratische Askese, ein bewusster Verzicht der ganzen Gesellschaft auf ökonomisch vordergründig verfügbare Güter möglich wird.

Carl Friedrich von Weizsäcker, Die Zeit drängt, München u. a. 1986, S. 93 ff.

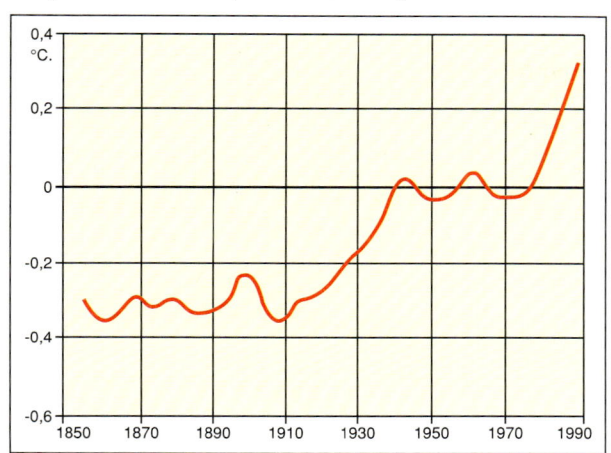

7 *Abweichungen von der mittleren Temperatur der Erdatmosphäre 1850–1990 (in Grad Celsius):*

Nach Al Gore, Wege zum Gleichgewicht. Ein Marshallplan für die Erde, Frankfurt/M. 1992, S. 39.

8 *Weltenergieverbrauch 1970–1989 (in Mio. Tonnen Steinkohleeinheiten):*

Weltregion	1970	1980	1989
Nordamerika	2418	2676	2771
Mittel- und Südamerika	263	446	513
Westeuropa	1361	1574	1604
Osteuropa, UdSSR, China	1754	2677	3497
Naher Osten	106	197	341
Süd- und Ostasien, Australien	631	988	1316
Afrika	112	206	283
insgesamt	*6645*	*8764*	*10325*

Nach Zahlenbilder. Gemeinschafts- und Sozialkunde, 3. Ausgabe, Berlin 1964 ff., Bl. 646026, III/91.

1. Erarbeiten Sie aus Mat. 6 bis 9 Merkmale des Verhältnisses von Mensch und Natur seit Beginn der Industrialisierung. Welche Vermutung legen die Statistiken hinsichtlich der Beschleunigung von Veränderungen nahe? Welche Ursachen sind nach Mat. 6 verantwortlich?

2. Diskutieren Sie Analyse und Lösungsvorschlag in Mat. 6. Wie setzt Weizsäcker Vergangenheit, Gegenwart und Zukunft zueinander in Beziehung? Wie würden Angehörige weniger entwickelter Weltregionen oder wirtschaftlich Schwache der Industrieländer die Forderung nach „demokratischer Askese" beurteilen? Welche zusätzlichen Ursachen und Konsequenzen sollten bedacht werden?

9 *Geschätzter Artenverlust von 1700 bis 1992. Vom Verschwinden der Dinosaurier vor etwa 65 Millionen Jahren bis um 1800 war die normale „Aussterbensrate" durchschnittlich gleichbleibend:*

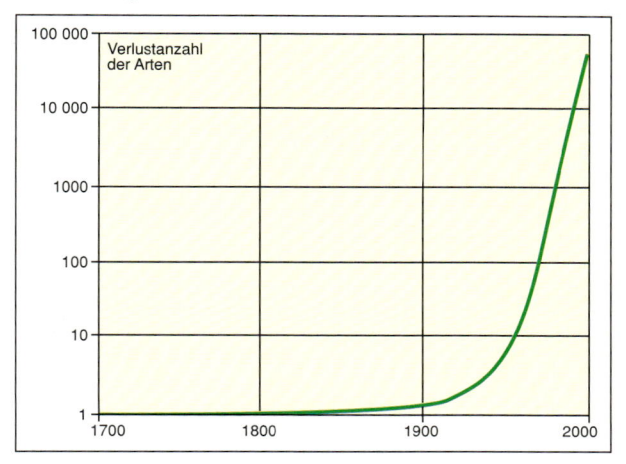

Nach Al Gore, Wege zum Gleichgewicht. Ein Marshallplan für die Erde, Frankfurt/M. 1992, S. 104.

10 *Der Philosoph Karl Jaspers (1883–1969) schrieb 1931 zu den Merkmalen der industriellen Massengesellschaft:*

Q Nach Schätzungen betrug die Bevölkerung der Erde im Jahre 1800 etwa 850 Millionen Menschen, heute 1800 Millionen. Diese nie dagewesene Bevölkerungsvermehrung innerhalb eines einzigen Jahrhunderts ist möglich geworden durch die Technik. Entdeckungen und Erfindungen schufen eine neue Basis der Produktion; Organisation der Betriebe; das methodische Verfahren ergiebigster Arbeitsleistung; Transport und Verkehr, welche überall alles zur Verfügung stellen; die Ordnung des Lebens durch formales Recht und zuverlässige Polizei; aufgrund von all dem die sichere Kalkulation von Unternehmungen. Es bauten sich Betriebe auf, welche von einem Zentrum her planmäßig gelenkt werden, obgleich in ihnen Hunderttausende von Menschen tätig sind und sie über große Teile des Planeten ihre Arme ausstrecken. Diese Entwicklung ist gebunden an die Rationalisierung des Tuns: Nicht nach Instinkt und Neigung, sondern aufgrund von Wissen und Berechnung werden die Entschlüsse gefasst; und dann an die Mechanisierung: Die Arbeit wird zu einem bis ins Einzelne errechneten, an zwingende Regeln gebundenen Tun [...]. Wo der Mensch früher nur abwartete, an sich herankommen ließ, denkt er voraus und möchte nichts dem Zufall überlassen; der ausführende Arbeiter jedoch muss in weiten Bereichen selbst zum Teil der Maschinerie werden. Die Bevölkerungsmassen können nicht leben ohne den riesigen Leistungsapparat, in dem sie als Rädchen mitarbeiten um ihr Dasein zu ermöglichen. Dafür sind wir versorgt, wie es noch niemals in der Geschichte Menschenmassen waren. […]

Massenversorgung geschieht nicht nach einem einzigen Plan, sondern selbst wieder in unendlich kompliziertem Zusammenwirken des Rationalisierens und Mechanisierens aus vielen Ursprüngen her. Das Ganze ist nicht eine Sklavenwirtschaft, in der über Menschen wie über Tiere verfügt werden kann, sondern eine Wirtschaft von Menschen, deren guter Wille je an ihrer Stelle als vertrauendes Mitwirken Bedingung für das Funktionieren des Ganzen ist. Die politische Struktur dieses Leistungsapparates wird notwendig Demokratie in irgendeiner Gestalt. Niemand mehr vermag ohne Duldung durch die Masse das, was sie tun soll, nach einem erdachten Plan gewaltsam zu bestimmen. Der Apparat entwickelt sich vielmehr in der Spannung sich bekämpfender und doch in eins wirkender Willensrichtungen; was der Einzelne tut, hat sein Kriterium an dem Leistungserfolg, der auf Dauer über Bestand oder Vernichtung seines Tuns entscheidet.

Karl Jaspers, Die geistige Situation der Zeit, 3. Abdruck der 1932 bearb. 5. Aufl., Berlin 1953, S. 30 ff.

1. Erarbeiten Sie aus Mat. 10 die zentralen Begriffe und erklären Sie ihren Zusammenhang.
2. Welche Ursachen nennt Jaspers für den Aufstieg der industriellen Massengesellschaft? Welchen Zusammenhang sieht er zwischen Industrialisierung und Demokratisierung?

11 *Der amerikanische Nationalökonom John Kenneth Galbraith (geb. 1908) analysiert in seinem 1967 erschienenen Buch „The New Industrial State" die Veränderungen des kapitalistischen Wirtschaftssystems nach 1945. Im Mittelpunkt stehen dabei die großen Industriebetriebe und die Auswirkungen der Technologie auf das Wirtschafts- und Gesellschaftssystem:*

Q Am 16. Juni 1903 wurde nach kurzen Monaten der Vorbereitung […] die Ford Motor Company zum Zweck der Automobilherstellung gegründet. Es sollte so viel produziert werden wie sich absetzen ließ. Der erste Wagen kam im Oktober desselben Jahres auf den Markt. Die Firma hatte ein genehmigtes Kapital von 150 000 Dollar. […] 1903 waren bei Ford durchschnittlich 125 Menschen beschäftigt.

Im Frühjahr 1964 stellte die Ford Motor Company etwas vor, was man später als neuen Autotyp bezeichnet hat. Nach der neuen Mode in der Benennung von Automobilen erhielt das Gefährt […] den Namen Mustang. Die Öffentlichkeit wurde auf das neue Fahrzeug gründlich vorbereitet. Es lagen sorgfältig ausgearbeitete Pläne für die vorgesehene Produktionsquote und den Absatz vor. […] Diese Vorbereitungen nahmen dreieinhalb Jahre in Anspruch. Im Spätherbst 1962 stand der Entwurf fest; von diesem Zeitpunkt an bis zum Frühjahr 1964 konzentrierte sich die Firma ganz auf diesen einen Wagen […]. Die Kosten für die technische Entwicklung und das „Styling" der Karosserie beliefen sich auf neun Millionen Dollar; die Umstellung der Produktionsanlagen auf den Mustang kostete weitere fünfzehn Millionen Dollar. 1964 beschäftigte Ford durchschnittlich 317 000 Arbeitnehmer. Die Aktiva[1] beliefen sich auf annähernd sechs Milliarden Dollar.

Dieser Vergleich enthüllt praktisch sämtliche Auswirkungen der gesteigerten Anwendung der Technologie. […]

Früher glaubte man, das Wirtschaftssystem versorge den Menschen mit den Gütern, mit denen er sich aufgrund seiner eigenen, unbeeinflussten Wünsche umgibt. Dieser Ursprung der ökonomischen Motivation wird in der formellen Liturgie des Systems immer noch feierlich hervorgehoben. Wir haben uns jedoch hinreichend davon überzeugt, dass das System zwar den Bedürfnissen des Menschen anpassen mag, in noch höherem Maße aber die Menschen zu den Bedürfnissen des Systems hinführt. Das muss so sein. Dieser Anpassungsprozess ist nicht das oberflächliche Ergebnis einer perfekten Überredungskunst. Er ist zutiefst organisch bedingt. Hoch entwickelte Technologie und umfangreichen Kapitaleinsatz kann man nicht den Gezeiten der Marktnachfrage aussetzen. Sie erfordern Planung; es liegt im Wesen der Planung, dass sie das allgemeine Verhalten der Öffentlichkeit berechenbar macht und es einer Kontrolle unterwirft. […]

Das Industriesystem hat die Versorgung mit Kapital und bis zu einem gewissen Grade auch die Versorgung mit Arbeitskräften einer Kontrolle unterworfen und damit in den Bereich der eigenen Planung gebracht. Und es hat seinen Einfluss bis tief in die Bereiche des Staates hinein ausgeweitet. Den Entscheidungen und Maßnahmen des Staates, die für das Industriesystem von lebenswichtiger Bedeutung sind – Regulierung der Gesamtnachfrage, hohe Ausgaben der öffentlichen Hand (nach Möglichkeit auf technischem Gebiet), auf denen diese Regulierung beruht, Bürgschaften für fortgeschrittene Technologie und die Bereitstellung von ausgebildeten Fachkräften in immer größerem Umfang –, misst man auch die größte soziale Bedeutung bei. […]

Parallel zu diesen Veränderungen – teils als Ursache und teils als Wirkung – vollzog sich eine weit gehende Verlagerung wirtschaftlicher und politischer Macht. Der Finanzier[2] und der Gewerkschaftsführer sehen ihren Einfluss auf die Gesellschaft dahinschwinden. Man ehrt sie mehr wegen ihrer einstigen Vorrangstellung als wegen ihrer gegenwärtigen Macht. Die Technostruktur übt weitaus weniger unmittelbare politische Macht aus als früher der Unternehmer; ihr Einfluss beruht vielmehr darauf, dass sie der verlängerte Arm der Bürokratie ist und dass sie Glaube und Stimmung im ganzen beeinflussen kann. Die Erfordernisse der Technostruktur auf wissenschaftlichem, technischem, organisatorischem und planungsmäßigem Gebiet haben zu einem gewaltigen Aufschwung in Erziehung und Wissenschaft geführt. Der Hang unserer Zivilisation zu einer einseitigen Beschäftigung mit der Güterproduktion ist dank der Beeinflussung durch das Industriesystem zwar stark entwickelt, aber nicht allein bestimmend. Steigende Einkommen begünstigen auch eine große Gruppe von Künstlern und Intellektuellen außerhalb des Industriesystems.

1 Das in einer Bilanz ausgewiesene Kapital- und Anlagevermögen einer Firma.
2 Gemeint sind hier die Aktionäre oder Anteilseigner einer Kapitalgesellschaft.

John Kenneth Galbraith, Die moderne Industriegesellschaft (1967), München u. a. 1970, S. 18 f. und 303 ff.

1. Erarbeiten Sie aus Mat. 11 die Veränderungen der industriellen Produktion im 20. Jahrhundert. Welche Ursachen sind dafür nach Galbraith verantwortlich?
2. Inwieweit treffen die Aussagen von Galbraith noch heute zu? Erörtern Sie die Folgen der von ihm beschriebenen Entwicklung für das Verhältnis von Staat und Wirtschaft.

12 *Der amerikanische Soziologe Daniel Bell (geb. 1919), schreibt zum Verhältnis von Wirtschaft, Politik und Kultur (1976):*

Q Im Gegensatz zu der ganzheitlichen Auffassung von Gesellschaft halte ich es für angemessener […] die zeitgenössische Gesellschaft als ein Phänomen zu begreifen, das aus drei deutlich unterschiedenen Bereichen besteht, deren jeder einem anderen axialen Prinzip[1] gehorcht. Ich unterteile die Gesellschaft zum Zwecke der Analyse in die techno-ökonomische Struktur, die politische Ordnung und die Kultur. Diese Bereiche sind nicht kongruent[2]; sie weisen verschiedene Rhythmen des Wandels auf und unterliegen verschiedenen, sich jeweils anders legitimierenden Normen und sogar gegensätzlichen Verhaltensweisen. Die Unstimmigkeiten zwischen diesen Bereichen sind für die mannigfaltigen Widersprüche innerhalb der Gesellschaft verantwortlich.

Die techno-ökonomische Ordnung steuert die Organisation der Produktion und der Allokation[3] von Gütern und Dienstleistungen. Sie legt den Rahmen für das Berufs- und Schichtungssystem der Gesellschaft fest und umfasst die Anwendung der Technologie zu instrumentellen Zwecken. In der modernen Gesellschaft ist das axiale Prinzip die funktionale Rationalität und die regulierende Verhaltensregel heißt Wirtschaftlichkeit. Wirtschaftlichkeit meint im Wesentlichen: Effizienz, niedrigstmögliche Kosten, größter Ertrag, Maximierung, Optimierung und ähnliche Kriterien für den Einsatz und die Verteilung von Ressourcen. Dabei werden Kosten und Gewinne, für gewöhnlich in Geld ausgedrückt, miteinander verglichen. Die axiale Struktur sind Bürokratie und Hierarchisierung, die sich aus der Spezialisierung und Segmentierung[4] von Funktionen und der Notwendigkeit koordinierter Tätigkeiten herleiten. Es gibt hier einen einfachen Wertmaßstab, den der Nützlichkeit. […]

Die politische Ordnung ist die Arena des sozialen Rechts und der sozialen Macht: Sie kontrolliert die rechtmäßige Machtanwendung und regelt Konflikte (in libertären[5] Gesellschaften im Rahmen von Gesetzen) um die jeweiligen Auffassungen von Gerechtigkeit durchzusetzen, die geschrieben oder ungeschrieben in den Traditionen oder der Verfassung einer Gesellschaft verkörpert sind. Das axiale Prinzip der politischen Ordnung ist die Rechtmäßigkeit und in einer demokratischen Gesellschaft lautet das Prinzip: Macht und Herrschaft können nur mit Zustimmung der Beherrschten ausgeübt werden.

Voraussetzung ist hier implizit die Idee der Gleichheit, das heißt, dass alle Menschen bei diesem Konsens eine gleichberechtigte Stimme haben sollen. Die Idee des Bürgerrechts, in dem sich diese Vorstellung niedergeschlagen hat, wurde jedoch in den letzten hundert Jahren erweitert. Gleichheit sollte nun nicht nur im öffentlichen Bereich, sondern auch für alle anderen Dimensionen des sozialen Lebens gelten – Gleichheit vor dem Gesetz, Gleichheit der bürgerlichen Rechte, Chancengleichheit, ja selbst Ertragsgleichheit –, damit der Einzelne in die Lage versetzt wird als Bürger im umfassenden Sinne an der Gesellschaft zu partizipieren. […]

Die axiale Struktur ist hier die der Repräsentation oder Partizipation: die Existenz politischer Parteien und/oder Gruppen, die die Interessen bestimmter Teile der Gesellschaft zum Ausdruck bringen und damit zum Vehikel der Repräsentation oder zum Mittel der Partizipation bei Entscheidungen werden. Die administrativen Elemente der politischen Ordnung können technokratischer Natur sein und da die Probleme immer technischer werden, besteht auch eine Tendenz zur Ausweitung technokratischer Verhaltensweisen. Da aber politisches Handeln von Grund auf nach Versöhnung widerstreitender und oft unvereinbarer Interessen oder nach der Autorität einer höchsten Satzung oder einer konstitutionellen Verfahrensweise als Urteilsgrundlage strebt, werden politische Entscheidungen entweder durch Aushandeln oder per Gesetz getroffen und nicht durch die technokratische Rationalität.

Unter Kultur, dem dritten Bereich, verstehe ich [...] den Bereich symbolischer Formen und [...] noch enger den Bereich des expressiven Symbolismus: all jenes Bemühen der Malerei, Poesie und Prosa oder religiöse Formen von Litanei, Liturgie und Ritual, das in irgendeiner imaginativen Form den Sinn der menschlichen Existenz zu erforschen und artikulieren sucht. Es gibt nur wenige Modalitäten der Kultur; sie leiten sich von existenziellen Situationen her, die im Medium des Bewusstseins alle Menschen zu allen Zeiten herausfordern: die Begegnung mit dem Tod, das Wesen der Tragödie und des Heroismus, die Bedeutungsgehalte von Treue und Pflicht, Erlösung der Seele, Liebe und Opfer, das Verstehen von Leidenschaften, Spannungen zwischen tierischer und menschlicher Natur, Triebregungen und Entsagungen. Historisch ging Kultur folglich Verbindungen mit Religion ein. Man kann bereits erkennen, dass es verschiedene „Rhythmen" sozialen Wandels gibt und dass keine einfachen, abgesteckten Beziehungen zwischen den drei Bereichen bestehen. Die Natur des Wandels ist in der techno-ökonomischen Ordnung linear insofern, als die Prinzipien der Nützlichkeit und der Effizienz klare Regeln für Innovation, Verschiebung und Substitution⁶ setzen. Eine Maschine oder ein Prozess, der effizienter oder produktiver ist, ersetzt das weniger Effiziente. Darin liegt die Bedeutung von Fortschritt. In der Kultur gibt es jedoch immer ein *ricorso,* eine Rückwendung zu den Problemen und Fragen, die zu den existenziellen Agonien⁷ des Menschen gehören. Mögen sich die Antworten auch ändern, so können sich die Formen, die sie annehmen, doch von den anderen Änderungen in der Gesellschaft herleiten. Die Antworten können zu verschiedenen Zeiten variieren oder in neue ästhetische Formen umgegossen werden. Es gibt jedenfalls kein eindeutiges „Prinzip" des Wandels.

1 hier im übertragenen Sinne die Achse, um die sich alles dreht
2 übereinstimmend, deckungsgleich
3 Verteilung
4 Gliederung in Abschnitte/Teile
5 freiheitlich
6 hier Ersetzung von Gütern oder Produktionsfaktoren durch andere, z. B. Arbeit durch Kapital
7 bei den alten Griechen Bezeichnung für den musischen und sportlichen Wettkampf als Lebensprinzip; im medizinischen Sprachgebrauch Todeskampf

Daniel Bell, Die kulturellen Widersprüche des Kapitalismus, Frankfurt/M. u. a. 1991, S.19ff.

13 *Norman Foster (geb. 1935; Foster Associated), Hongkong-Shanghai-Bank in Hongkong, erbaut 1982–1986*

1. *Analysieren Sie den Text von Bell (Mat.12) und erläutern Sie sein Beschreibungsmodell. Welche Strukturelemente sind für jeden der drei Bereiche kennzeichnend?*
2. *Erörtern Sie den von Bell (Mat.12) angenommenen Zusammenhang zwischen den drei Bereichen der „zeitgenössischen" Gesellschaft. Inwieweit lassen sich seine Überlegungen auf andere Epochen übertragen?*
3. *Diskutieren Sie die Brauchbarkeit der Mat.10 bis 12 zur Erklärung des historischen Wandels seit 200 Jahren.*
4. *Beschreiben Sie das Architekturbeispiel in Mat.13.*
5. *Der Architekturtheoretiker Christopher Jenks hat Forsters Hongkong-Shanghai Bank als „Triumph des Spät-Modernismus" bezeichnet. Identifizieren Sie die spezifisch modernen Elemente des Bauwerks. Vergleichen Sie mit ähnlichen Gebäuden an Ihrem Wohn- oder Schulort.*

„Das Ketzerische an unserem Jahrhundert"

Von Umberto Eco*

Regel Nummer eins: Ein Jahrhundert sollte nie beurteilt werden, ohne dass seine Vergangenheit angemessen berücksichtigt wurde; wir sollten dies vor allem nicht rund zehn Jahre vor seinem Ende tun. Denken Sie doch nur an einen Geographen des 15. Jahrhunderts. Was hätte der wohl geantwortet, wäre er am Neujahrstag 1490 (zwei Jahre vor der Entdeckung Amerikas, Anm. d. Red.) um eine Bilanz seines Jahrhunderts gebeten worden? Oder denken Sie etwa daran, was wohl jeder von uns entgegnet hätte, wäre uns 1989, einen Monat vor dem Fall der Berliner Mauer und der rumänischen Revolution, die gleiche Frage gestellt worden?

Regel Nummer zwei: Wer urteilt? Auch das ist entscheidend. Das Urteil eines Bürgers aus einer Industrienation fällt zweifellos anders aus als das eines hungernden Nordafrikaners. Aber, so sehr diese Regel für alle Jahrhunderte gilt, so wenig lässt sie sich auf unseres anwenden. Denn das westliche Lebensmodell setzt sich, mit all seinen guten und schlechten Ausprägungen, langsam in fast jedem Winkel dieses Planeten durch. Ein chinesischer Bauer hat heute weit mehr mit einem französischen Landwirt gemeinsam, im Positiven wie im Negativen, als das vor 200 Jahren der Fall war. Diese Tatsache zwingt zu der entmutigenden Feststellung, dass heute eine Flucht aus unserem Jahrhundert unmöglich geworden ist. Früher hätte jeder, der über die nötigen Mittel verfügte, seiner Zeit entkommen und irgendwo in der großen Weite dieser Welt ein völlig anderes Leben führen können, in Ländern mit bis dahin unbekannter Kultur und Geschichte. Heute ist dies nicht mehr möglich, unserem Jahrhundert – zumindest was seinen Charakter angeht – können wir nicht entrinnen.

Regel Nummer drei: Ein Jahrhundert sollte nicht rein gefühlsmäßig bewertet werden, solange man noch in ihm lebt. Und: Wir sollten vorher statistische Fakten vergleichen. Wir sind entsetzt, wie viele Menschen heute noch an Hunger sterben müssen. Noch mehr sollte uns aber die Zahl der Verhungerten im vergangenen Jahrhundert erschrecken. Insbesondere, wenn man sie der Gesamtzahl der Weltbevölkerung von einst gegenüberstellt.

Ich nenne nur ein Beispiel: Nach Berichten päpstlicher Abgesandter ließ Prinz Vlad Tepes von Transsilvanien, während er mit seinen zahlreichen Kurtisanen Bankette feierte, allein im Jahr 1475 über 100000 Menschen brutal ermorden. Wenn man bedenkt, dass sein Fürstentum nur etwa 500000 Einwohner zählte, war das etwa, als würde Giulio Andreotti als italienischer Ministerpräsident ein Massaker an zehn Millionen Italienern anordnen. Der gefürchtete Prinz wurde später Dracula (auf rumänisch „Teufel", Anm. d. Red.) genannt.

Was sich jetzt seinem Ende zuneigt, ist das Jahrhundert, das den Holocaust, Hiroshima, Tschernobyl, Regime Großer Brüder und kleiner Potentaten und das Blutbad von Kambodscha hervorgebracht hat – eine nicht gerade beruhigende Bilanz. Die Liste ließe sich beliebig fortsetzen. Das wirklich Erschreckende an den genannten Ereignissen liegt aber nicht nur in der Häufigkeit ihres Auftretens. Es hat in erster Linie mit etwas anderem zu tun.

… vielleicht war unser Jahrhundert weniger heuchlerisch …

Blieben wir bei der reinen Quantität, müsste uns der Atem stocken, wenn wir in den Geschichtsbüchern lesen, dass im damals nur wenige Millionen Menschen zählenden Europa die Pogrome der Kreuzzüge und des Dreißigjährigen Krieges, das Blutbad der Albigenser im Vergleich mehr Tote forderten als die Wirren des 20. Jahrhunderts. Die Verantwortlichen des Mittelalters wurden später wie Helden gefeiert und sogar in der Kunstgeschichte verherrlicht.

Ein Jahrhundert kann daran gemessen werden, wie sehr der vorherrschende moralische Anspruch von der gesellschaftlichen Wirklichkeit abweicht. Dabei ist immer Heuchelei im Spiel. Wie jeder weiß, werden Normen dabei vorgeblich befolgt, doch zugleich ausgehöhlt. Nun gut, vielleicht war unser Jahrhundert weniger heuchlerisch als seine Vorgänger: Es hat einige Prinzipien für das Zusammenleben aufgestellt, sie sicherlich auch gebrochen. Aber es hat sie stets einem öffentlichen Prozess unterworfen. Wenn hierdurch nicht verhindert werden konnte, dass Normen wiederholt verletzt wurden, so beeinflusste dies doch zumindest unser Verhalten im Alltag.

* *Der Text wurde übersetzt und bearbeitet von Franco Foraci. Deutsche Erstveröffentlichung in „Natur", Heft 4, 1992.*

Heute kann ich unbehelligt die Straßen entlanggehen ohne gleich von jemandem getötet zu werden, dem ich auf dem Fußgängerweg nicht ausweiche. Meine Kinder werden auch nicht mit einem Stock geschlagen, stellvertretend für den Sohn des Fürsten, um dem symbolisch eine Lektion zu erteilen. Es gibt zwar noch Unbelehrbare, die nicht davor zurückschrecken eine Schwarze aus dem Bus zu verjagen. In der Öffentlichkeit wird dieses Verhalten aber verurteilt. Noch vor 200 Jahren hätten wir uns, ohne auf Widerspruch zu stoßen, als ehrbare Bürger rühmen können, wenn wir die gleiche Frau gefangen und in Louisiana als Sklavin verkauft hätten. Das nämlich tat der berühmte Staats- und Rechtsphilosoph Voltaire.

Sicher, es gibt Zeitgenossen, die ihre Ersparnisse in Aktien einer Firma investieren, die Maschinenpistolen und dergleichen herstellt. Damit metzeln sich Menschen in Ländern der Dritten Welt nieder. Doch alles in allem haben wir eine andere Vorstellung dessen gewonnen, was gut und was böse ist. Dank dieser neuen Werte sind viele von uns noch am Leben, während in vergangenen Epochen ein Mächtiger sie einfach um die Ecke gebracht hätte.

Wir protestieren, wenn die Polizei eine Gruppe von Außenseitern aus dem von ihnen besetzten Haus mit Schlagstöcken vertreibt. Wir vergessen dabei aber, dass mit Minderheiten vor gar nicht so langer Zeit ganz anders verfahren worden wäre: Hausbesetzer hätte man, ohne mit der Wimper zu zucken, aufgegriffen und schließlich auf dem Marktplatz öffentlich verbrannt. Und alle hätten dem lodernden Scheiterhaufen zugesehen. Vor kurzem erst las ich im Tagebuch von Samuel Pepys, einem würdevollen englischen Hofbeamten des 17. Jahrhunderts, der wie viele Staatsangestellte unserer Tage ein fideler Ehebrecher und auch Schmiergeldern nicht abgeneigt war. Mit treuherzigen Worten schildert er darin, welche Mühen er auf sich nehmen musste um seiner geliebten Ehefrau eine Einladung zu einer öffentlichen Hinrichtung zu besorgen. Sie waren ein gesellschaftliches Ereignis.

Verfechter der Todesstrafe gibt es zwar noch heute. Sie werden jedoch immer weniger. Keine Mrs. Pepys würde sich mehr vor Neugier verzehren, wenn jemand auf dem elektrischen Stuhl geröstet würde. Es mag gering erscheinen, aber unter dem Strich haben wir mehr erreicht, als wir glauben. Nicht einmal ein Jahrhundert ist es her, da lachten wir Frauenrechtlerinnen noch aus und nannten sie Suffragetten. Heute prangern wir eine Nation als barbarisch an, in deren Verfassung das Frauenwahlrecht fehlt. Damit sage ich nicht, dass die Rechte der Frauen heute voll verwirklicht seien.

Da wir es an dieser Stelle mit dem 20. Jahrhundert gut meinen, soll ein weiterer positiver Aspekt nicht unerwähnt bleiben: Unser Jahrhundert war jenes, in dem uns mehr als in allen anderen die Verlängerung des menschlichen Lebens am Herzen lag. Einige

Ian Hamilton Finlay (geb. 1925) u. a., Ein Blick auf den Tempel (Vier Guillotinen aus Holz mit Fallbeilen aus gegossener Bronze), 1987, hier: ausgestellt auf der documenta 8 in Kassel

von Ihnen werden jetzt aufhorchen und mir eine unendliche Liste von Krebskrankheiten, deren Ursache die Umweltverschmutzung ist, entgegenhalten. Auch mir machen sie Angst. Denn ich weiß, dass auch mich jede dieser Krankheiten treffen kann. Sofort drängt sich mir aber die Erinnerung an die schwangeren Frauen auf, die bis vor knapp 150 Jahren ein paar Tage nach der Geburt ihrer Kinder wegstarben wie die Fliegen. Es waren unzählige Millionen. Sie starben an Unterleibsentzündungen, weil die Hebammen ihre Hände und Arme nicht desinfizierten. Erst als Semmelweis uns davon überzeugte und zur Desinfektion mit Chlorwasser riet, fand das sogenannte Kindbettfieber ein Ende.

Unser Jahrhundert ist zudem das Zeitalter, in dem mehr Papier bedruckt wurde als in allen anderen Jahrhunderten. Natürlich ist ein großer Teil davon nicht mehr wert als ein Stück Klopapier. Den Utopisten galt die Alphabetisierung der Leute zumindest als qualitativer Sprung für die Menschheit. Es mag sein, dass allein der Umstand, den Satz des Pythagoras zu kennen, die Welt nicht verbessert. Aber diejenigen, denen es nicht vergönnt war, diese mathematische Formel kennen zu lernen, haben heute eine durchschnittliche Lebenserwartung von 30 Jahren. Und das ist sicherlich kein Zufall.

„Verbrechen ... mit erheblich weniger Anmaßung"

Zusammenfassend kann man mit Fug und Recht behaupten, dass es heute eher normal ist Andersdenkende zu akzeptieren, sie nicht umzubringen; Mitglieder einer anderen Religion nicht automatisch als unzivilisiert oder kriminell zu betrachten; und dass sich ein Privilegierter nicht einfach erlauben kann die Tochter eines Armen zu vergewaltigen ohne Konsequenzen befürchten zu müssen. Freilich wird weiterhin geschossen, ermordet, vergewaltigt, werden Pflichten verletzt und das Leben negiert. Kein Zweifel. In unserem Kollektivbewusstsein haben sich diese Dinge jedoch längst als Verbrechen etabliert. Und wer sie verübt, tut dies mit erheblich weniger Anmaßung. Niemand wähnt sich bei solchem Tun im Recht.

Das Jahrhundert der Volksmassen

Doch ungeschoren kommt dieses Jahrhundert nicht davon. Damit wären wir bei seinen Widersprüchen und Ungereimtheiten angelangt. Das zwanzigste war unbestritten das Jahrhundert der Volksmassen. Im Positiven wie im Negativen. Den Massen und damit dem Einzelnen sind weitgehende Bürgerrechte zuerkannt worden. Dass ein besitzloser Bürger das Recht zum eigenen Wort und zum Widerspruch hat, das Wahlrecht besitzt oder gar das Recht wahrnehmen kann ein politisches Amt zu übernehmen bedeutet eine wichtige Errungenschaft unserer Zeit. Deren Wert ist uns heute nicht mehr bewusst, weil wir nicht in Jahrhunderten gelebt haben, in denen es vorkommen konnte, dass ein Handwerker nach getaner Arbeit im Haus eines edlen, aber nicht zahlungsfähigen Herrn zum Dank von den Dienern verprügelt wurde. Versuchen Sie heute einmal Ihren Klempner mit Fausthieben und Fußtritten zu bezahlen. Sie werden schnell verstehen, dass sich etwas geändert hat.

Wenn Sie mit einem apokalyptisch veranlagten Intellektuellen sprechen, wird er Ihnen erzählen, dass den allgemeinen Geschmack der vergangenen Jahrhunderte die Adligen bestimmten, während er heute von den Klempnern dominiert werde. Dieser polemische Vergleich ist grundfalsch, weil ich sowohl literarisch hochgebildete Klempner als auch strohdumme Aristokraten kenne.

Fatal wirkt sich aber der Respekt der Massen aus: Die Suche nach dem allgemeinen Konsens als unvermeidlicher Ausdruck des Triumphes der demokratischen Werte bringt auch eine Nivellierung nach unten mit sich. War Kultur in der Vergangenheit definiert durch die Fähigkeiten des Hochgebildeten, ist sie heute charakterisiert durch die Möglichkeiten des am wenigsten Befähigten.

Allerdings könnte dies auch ein biblisches Prinzip sein. Schließlich hat das Christentum das Heil aller Menschen auf sein Banner geschrieben. Wie dieses Heil auszusehen hat, focht die christliche Kirche in der Vergangenheit in heftigen Kämpfen mit ihren Dissidenten aus. Die Kirche erkor den Inhalt der Glaubenssätze zum „Heil" und stellte sie jedem, vor allem aber den Geringsten, in Aussicht. Ein Heil, von dem nur wenige einen Nutzen ziehen können, wird zur ketzerischen Idee. Insofern können wir nicht behaupten, wir seien unchristlich.

Aber wir können uns fragen, inwieweit die Massen auf den Kopf stellen, was Weisheit und Seelenheil hier eigentlich aussagen. Statt kompliziertes Wissen zu vereinfachen und zu erklären, wird alles als tröstende und zugleich unverbindliche Selbstverständlichkeit vermittelt. Das ist das wirklich Ketzerische unseres Jahrhunderts und wir haben es noch nicht geschafft den Sieg der Massen in positive Bahnen zu lenken. Der Triumph der Massen hat seine Grenzen.

Die Eroberung der Moral und Politik haben die Massen zusätzlich mit dem „star system" bezahlen müssen. Ein Gutsbesitzer kann zwar nicht mehr straflos eine Bäuerin schwängern, dafür lassen sich viele, die früher Bäuerinnen geworden wären, absichtlich schwängern, nur um auf den Titelseiten von Hochglanzzeitschriften zu erscheinen.

Die Tragödie der geteilten Wissenschaften

Unser Jahrhundert war von einer rasanten, zuvor unvorstellbaren technologischen und wissenschaftlichen Entwicklung geprägt. Es dauerte Tausende von Jahren um von einem kleinen Ruderboot über große Segelschiffe zur Erfindung des Ottomotors zu kommen; nur ein paar Jahrzehnte hingegen um vom Luftschiff zum Flugzeug zu gelangen, von der Windmühle zur Stahlturbine und vom Kraftwerk zur Weltraumrakete. In wenigen Jahrzehnten waren wir Zeugen der Einsteinschen Revolution und der ihr folgenden radikalen Infragestellung des Atomzeitalters.

Der Preis dieser Beschleunigung der Wissenschaft ist die Überspezialisierung. Wir erleben zur Zeit die Tragödie der geteilten Wissenschaften. Und es werden besonders diejenigen Wissenschaften in einzelne Zweige unterteilt, die den Strategien der Macht am besten dienen. Die Wissenschaft wird zum Spielball der Politik. Ein perfekter Chemiker kann sich perfekte Deodorants vorstellen. Ihm fehlt aber der Überblick und das Wissen um zu erkennen, dass sie ein Loch in die Ozonschicht reißen werden.

Immerhin hat sich in diesem Jahrhundert die Idee der Ökologie durchgesetzt. Eine neue Wissenschaft ist entstanden, die aufzeigt, wie Eingriffe aus den getrennten Wissenschaften den Lebensraum Erde vernichten können. Unser Jahrhundert erfand, in dem Glauben Gutes zu tun die Insektenvernichtungsmittel. Bis es merkte, dass sie nur Unheil anrichten.

Das technologische Pendant zu den geteilten Wissenschaften ist das Fließband. Jeder, der an ihm arbeitet, kennt

Roy Lichtenstein (geb. 1923), I know how you must feel, Brad..., 1963, Magna und Öl auf Leinwand, 166 x 95 cm, Aachen, Ludwig-Forum für Internationale Kunst

nur eine Phase der Produktion. Da keiner in den Genuss kommt das Endprodukt in Händen zu halten, ist auch jeder von jeglicher Verantwortung befreit. Es könnten Gifte hergestellt werden, ohne dass jemand eine Ahnung davon hat. Das kommt nicht selten vor. Aber das Fließband erlaubt schließlich auch die schnelle Herstellung von Aspirin.

Unsere Zeit ist das Jahrhundert der Geschwindigkeit und der Unmittelbarkeit von Kommunikation. Bis sich Wissen verbreitete, dauerte es in vergangenen Epochen Jahrhunderte. Der Feldherr Hernando Cortez rottete eine ganze Kultur aus. Für die Suche nach Rechtfertigung konnte er sich eine Menge Zeit lassen. Heute werden die blutigen Auseinandersetzungen auf dem Tien-An-Men-Platz (in Peking; Anm. der Red.) im Augenblick des Geschehens zur Nachricht. Sie provoziert sofort Reaktionen aus der gesamten zivilisierten Welt.

Zu viele Nachrichten führen aber zu einem Gewöhnungseffekt. Das Jahrhundert der Kommunikation hat jede Form von Mitteilung und Information zur Show werden lassen. Wir laufen Gefahr in jedem Augenblick unserer Gegenwart Aktualität mit Unterhaltung zu vermischen. Ein Tyrann der Vergangenheit hätte einen Feind zum Tode verurteilen können. Das Opfer hätte wenigstens die Möglichkeit gehabt in ein anderes Land zu fliehen. Wenn der Ayatollah Khomeini über den englischen Schriftsteller Salman Rushdie ein Todesurteil spricht, dann gibt es für den Adressaten kein wirkliches Exil. Der Bestsellerautor wird für die radikalen Moslems in aller Welt zum Freiwild – dank moderner Massenkommunikation und schneller Transportsysteme können die potentiellen Mörder ihn überall finden. Plätze für ein ewiges Verstecken sind rar. Die Erde ist nicht nur klein, sie ist vor allem transparent geworden.

Die Trennung von Tat und Wirkung

Unser Jahrhundert trennte erstmals Tat und Wirkung. Diese Trennung begann mit Guglielmo Marconis Radiowellen. Man drückt auf einen Knopf und ist mit Peking verbunden. Man drückt auf einen anderen und ein ganzes Land ist dem Erdboden gleich gemacht. Drückt man auf einen dritten, startet eine Rakete zum Mars. Die Trennung von Tat und Wirkung rettet einerseits viele Leben, entbindet aber andererseits Verbrecher von der Verantwortung für ihre Tat. Denn jemandem den Kopf abzuschlagen bedeutet schlicht ihm den Kopf abzuschlagen. Dass dabei Blut fließt, ist nicht zu übersehen. Aber einen Knopf zu drücken und damit eine Million Menschenleben auszulöschen, fällt erheblich leichter.

Wissenschaft, Technik, Kommunikation, Trennung von Tat und Wirkung, aber auch das Fließbandprinzip haben den Holocaust erst möglich gemacht. Rassenverfolgungen und Genozide hat es zwar schon früher gegeben. Auch das Strickmuster der Legende vom jüdischen Komplott ist ein Erbe aus der Vergangenheit, mit dem die Unzufriedenheit der unterdrückten Massen politisch instrumentalisiert werden sollte. Doch der nationalsozialistische Völkermord erschien besonders grausam, weil seine Verbrechen schnell und mit Unterstützung der Technik vollführt wurden. Auch den gesellschaftlichen Konsens erreichten die Nazis mit Hilfe moderner Technologie. Bei ihrer Propaganda bedienten sie sich der Massenkommunikationsmittel und nutzten das Renommee der Wissenschaft für ihre Zwecke.

So konnten sie ihre pseudo-wissenschaftlichen Theorien für bare Wissenschaft verkaufen. Diese Theorien fielen auf fruchtbaren Boden, weil auch der Chemiker, der neue Erstickungsgase entwickelte, es nicht für nötig hielt über die Beschaffenheit des menschlichen Körpers Bescheid zu wissen oder sich eine eigene Meinung zu den Folgen seiner Arbeit zu bilden. Der Holocaust konnte akzeptiert und gerechtfertigt werden, weil keiner seine Resultate betrachten musste. Abgesehen von einer kleinen Zahl direkt Verantwortlicher, Sadisten und Verrückter, waren Millionen von Menschen nur mittelbar an den Deportationen und den Vergasungen beteiligt. Sie kollaborierten sozusagen aus der Distanz. Jeder von ihnen tat Dinge, die für sich gesehen nichts Grauenhaftes bargen. Der typische Rechtfertigungssatz lautete damals: „Was habe ich denn Schlimmes verbrochen? Ich habe doch nur ein Deportationsformular ausgefüllt."

Es war das Jahrhundert des Infarkts

Dieses Jahrhundert brachte es fertig seine besten Seiten in seine schlimmsten zu verwandeln. Vom Jahrhundert der triumphierenden Hochtechnologie blieb zudem nicht viel mehr als das Jahrhundert ihrer Schwächen: Früher konnte man eine defekte Windmühle reparieren, ein Computer aber kann von einem frühreifen Jungen ganz leicht zerstört werden.

Stress bestimmt das Leben dieses Jahrhunderts. Denn es weiß nicht, gegen wen es sich verteidigen und wie das geschehen soll. Um unsere Feinde für immer los zu werden sind wir alle viel zu mächtig geworden. Wir haben einen Dreh gefunden, wie wir unsere Küchenabfälle aus dem Haus bekommen, aber wir wissen immer noch nicht, was aus unserem Müll (den radioaktiven eingeschlossen) werden soll. Deswegen ist unser Jahrhundert auch das der Angst und der Illusion gewesen sie vertreiben zu können.

Mit einem immer stärkeren Selbstbewusstsein plagt sich die Menschheit weiter ab mit dem Bösen, das sie sehr gut kennt. Sie gesteht das öffentlich zu, versucht sogar rituelle Reinwaschungen in Kirche und Staat, wiederholt dabei ihre bösen Gewohnheiten und fällt in den tradierten Trott der Jahrhunderte zurück.

Weltall, Zeit, Information, Delikt, Strafe, Reue, Empörung, Vergessen, Entdeckung, Kritik, Geburt, langes Leben, Tod.

Alles im Eiltempo. Im Stressrhythmus. Wie soll es nun heißen, unser Jahrhundert? Es war das Jahrhundert des Infarkts.

Umberto Eco (geb. 1932), Professor für Semiotik an der Universität Bologna, Essayist und Romancier („Der Name der Rose", 1980; „Das Foucaultsche Pendel", 1988)

Max Ernst, Beim ersten klaren Wort, 1923, Öl auf Leinwand, 232 x 167 cm, Düsseldorf, Kunstsammlung Nordrhein-Westfalen

Analysieren Sie den Argumentationsaufbau von Eco und die Funktion der historischen Beispiele.

Erläutern Sie Ecos Überlegungen zum „Jahrhundert der Volksmassen".

Diskutieren Sie Umberto Ecos These, die Menschen im 20. Jahrhundert handelten zwar oft nicht gemäß den Normen und Werten, die sie sich setzten, die Normsetzung an sich sei aber schon ein Fortschritt.

Methodenarbeitsteile

Geschichte als Wissenschaft

1 *Fernand Braudel (1902–1985), französischer Historiker, wandte sich 1958 gegen die herkömmliche Geschichtsschreibung des kurzen Zeitablaufs bzw. Ereignisses („courte durée") sowie gegen jene ökonomische und soziale Geschichtsschreibung, die zyklische Verläufe betont. Dem stellte er sein Konzept der „longue durée" gegenüber:*
Der [...] viel brauchbarere [Begriff] ist der Begriff der Struktur. Ob er schlecht oder gut ist, er dominiert die Probleme der langen Zeitabläufe. Unter Struktur verstehen die Beobachter des Sozialen ein Ordnungsgefüge, einen Zusammenhang, hinreichend feste Beziehungen zwischen Realität und sozialen Kollektivkräften. Für uns Historiker ist eine Struktur zweifellos ein Zusammenspiel, ein Gefüge, aber mehr noch eine Realität, die von der Zeit wenig abgenutzt und fortbewegt wird. Einige langlebige Strukturen werden zu stabilen Elementen einer unendlichen Kette von Generationen: Sie blockieren die Geschichte, indem sie sie einengen, also den Ablauf bestimmen. Andere zerfallen wesentlich schneller. Aber alle sind gleichzeitig Stützen und Hindernisse. [...]
Das verständlichste Beispiel scheint noch das der geographischen Zwangsläufigkeit zu sein. Der Mensch ist seit je total abhängig vom Klima, von der Vegetation, vom Tierbestand, von der Kultur, von einem langsam hergestellten Gleichgewicht, dem er sich nicht entziehen kann ohne alles in Frage zu stellen. [...]
Schwierig ist es, wie nur an einem Paradox deutlich wird, die langen Zeitabläufe in dem Bereich aufzudecken, in dem die historische Forschung ihre unleugbarsten Erfolge erzielt hat: im ökonomischen Bereich. Zyklen, Zwischenzyklen, strukturelle Krisen verbergen hier die Regelmäßigkeit, die Beständigkeit der Systeme; einige haben von einer ökonomischen Zivilisation gesprochen – das heißt von alten Gewohnheiten des Denkens und Handelns, von einem widerstandsfähigen Rahmen, der von tödlicher Härte sein kann und sich manchmal gegen jede Logik erhält. [...]
[Die lange Zeitdauer] anzuerkennen, bedeutet für den Historiker sich in eine Änderung des Stils, der Haltung, in eine Umwälzung des Denkens und eine neue Auffassung des Sozialen zu schicken, d. h. sich mit einer verlangsamten Zeit, die manchmal fast an der Grenze von Bewegung überhaupt steht, vertraut zu machen. Auf dieser Stufe, nicht auf einer anderen [...], ist es zulässig sich frei zu machen von der Zeit, die Geschichte erfordert, sie zu verlassen und wieder zu ihr zurückzukehren, aber mit anderen Augen, mit anderen Besorgnissen, mit anderen Fragen. Jedenfalls mit Bezug auf diese Schichten langsam verlaufender Geschichte kann man die gesamte Geschichte wie von einer Infrastruktur aus überdenken. Alle Stufen der Geschichte, alle ihre tausend Stufen, alle diese tausend Lichtblitze historischer Zeit lassen sich aus dieser Tiefe, aus dieser halben Unbeweglichkeit verstehen, alles kreist um sie.

Fernand Braudel, Geschichte und Sozialwissenschaften – Die „longue durée", in: Hans-Ulrich Wehler (Hg.), Geschichte und Soziologie, Köln 1972, S. 191–197.

1. Erläutern Sie Fernand Braudels Begriff der „longue durée" (Mat. 1) und suchen Sie weitere Beispiele.
2. Wägen Sie die Vor- und Nachteile des Braudelschen Ansatzes ab.

2 *Der Soziologe Wolfgang Zapf (geb. 1931) zu Ansätzen der Modernisierungstheorie (1968):*
Auch die generellen Erörterungen des gesamtgesellschaftlichen Wandels orientieren sich am Problem der Modernisierung, aber es ist sinnvoll zwei große Gruppen von Forschungsansätzen und Untersuchungen zu unterscheiden. Die erste Gruppe bewegt sich im Rahmen der [...] systemtheoretischen[1] Überlegungen. Modernisierung wird als die kumulative[2] Erhöhung von „Kapazitäten" begriffen: Steigerung der gesamtgesellschaftlichen Anpassungskapazität, der gesamtgesellschaftlichen Selbststeuerungsfähigkeit, der Eigenständigkeit und Autonomie. Parsons[3] versteht die Entwicklung der sozialen Schichtung, der Legitimation territorialer Grenzen und Identitäten, der Bürokratie, der Geld- und Marktorganisation, des universalistischen Rechts und der demokratischen Assoziationen als „evolutionäre Universalien", als Komplexe von Strukturen und Prozessen, die jede Gesellschaft neu „erfinden" oder von außen importieren muss, wenn sie eine höhere Stufe der Anpassungskapazität erreichen will. Jede solche Innovation schafft die notwendigen Voraussetzungen für Innovationen der nächsten Stufe. [...]
Die zweite Gruppe – Modernisierungsstudien im engeren Sinn – verwendet keine globalen Kapazitätsbegriffe, sondern eher katalogartige Aufzählungen von Eigenschaften oder Dimensionen traditionaler, transitionaler[4] und moderner Gesellschaftstypen beziehungsweise Systeme. [...]
„Eine moderne Gesellschaft ist unter anderem gekennzeichnet durch einen vergleichsweise hohen Urbanisierungsgrad, Abbau des Analphabetismus, vergleichsweise hohes Pro-Kopf-Einkommen, ausgedehnte geographische und soziale

Mobilität, einen relativ hohen Grad der Kommerzialisierung und Industrialisierung der Wirtschaft, ein ausgedehntes und wirksames Netz von Massenmedien und, ganz allgemein, die hohe Frequenz der Teilnahme und das Engagement der Gesellschaftsmitglieder an den modernen sozialen und wirtschaftlichen Prozessen [...]. Das allgemeinste Merkmal eines modernen politischen Systems ist der relativ hohe Grad von Differenzierung [...] und funktionaler Trennung der politischen Strukturen, von denen jede für das politische System als ganzes eine regulative Rolle in den entsprechenden politischen und autoritativen[5] Funktionen ausübt" (Coleman[6]).

Die Theorien des Wirtschaftswachstums, der Industrialisierung, der Staaten- und Nationenbildung, der sozialen und psychischen Mobilisierung versuchen Faktoren, Formen und Dimensionen der Entwicklung solcher Merkmale sowie Zusammenhänge einzelner Entwicklungsstränge zu erklären.

1 Die Systemtheorie beschäftigt sich mit dem Zusammenwirken der durch ihre Einzelfunktionen beschriebenen Elemente eines Systems und mit den Beziehungen zwischen Systemen. Ein System kann z.B. eine technische Einrichtung sein, aber auch ein sozialer Verband. Grundlegend ist der Gedanke, dass Veränderungen an einer Stelle des Systems notwendig Wandlungen an anderer Stelle nach sich ziehen.
2 anhäufend
3 Talcott Parsons (1902–1979), amerikanischer Soziologe
4 im Übergang befindlich
5 maßgebend, entscheidend
6 James C. Coleman (geb. 1914), amerikanischer Soziologe

Wolfgang Zapf, Einleitung, in: ders. (Hg.), Theorien des sozialen Wandels (1968), Königstein/Ts. 1979, S. 22 f.

1. *Geben Sie die beiden modernisierungstheoretischen Ansätze wieder, die Zapf in Mat. 2 beschreibt.*
2. *Vergleichen Sie die „Modernisierungstheorien im engeren Sinne", wie Zapf sie beschreibt (Mat. 2) und das Konzept der Gesellschaftsgeschichte von Wehler (Mat. 6) und erarbeiten Sie Gemeinsamkeiten und Unterschiede.*
3. *Der Historiker Thomas Nipperdey kritisiert an dem Konzept der Modernisierung unter anderem, dass es in einer „Fülle von Dichotomien (prämodern – modern)" ende, „während die historische Wirklichkeit aus Übergängen und Mischungen" bestehe. Nehmen Sie aus der Sicht der Modernisierungstheorie Stellung zu dieser Kritik.*

3 *Der Historiker Andreas Hillgruber (1925–1989) zur politischen Geschichte (1979):*
Im Mittelpunkt einer sich als Teildisziplin der Geschichte unter spezieller Perspektive verstehenden „politischen Geschichte", die sich modernen Fragestellungen öffnet, steht die Geschichte der praktizierten Politik, und zwar eine auf die Staaten und ihre Beziehungen untereinander gerichtete Forschung. [...] Politische Geschichte kann Innen- wie Außenpolitik umfassen. „Politisch" ist sie deshalb, weil sie das Moment der Entscheidungen gegenüber dem Prozesscharakter der Geschichte betont. Dabei kommt der internationalen Politik im Rahmen des Großmacht- und Weltmachtsystems, wie es sich in der europäischen Neuzeit herausgebildet hat, auch und gerade heute besondere Beachtung zu. Denn: Trotz aller Bedeutung langfristiger ökonomischer Entwicklungen, trotz allen davon ausgehenden oder sie begleitenden strukturellen Veränderungen und trotz allen ideologischen Frontenbildungen quer durch die Staatenwelt, die eine darauf gerichtete Wirtschafts- und Sozialgeschichte zu einer unabdingbaren, aber nicht der einzigen oder gar der alles beherrschenden Aufgabe der Geschichtswissenschaft machen, bestimmen auch im 19. und 20. Jahrhundert die Gegensätze zwischen den Groß- und Weltmächten wesentlich den Verlauf der allgemeinen Geschichte.

Andreas Hillgruber, Politische Geschichte in moderner Sicht, in: Historische Zeitschrift, Bd. 216, 1973, S. 532 f.

1. *Erarbeiten Sie aus Mat. 3 Hillgrubers Begründung für die Politikgeschichte*
2. *Überprüfen Sie, ob man Hillgrubers Gegenübersetzung von Entscheidung und Prozesscharakter auch auf andere Teilbereiche der Geschichtswissenschaft (z. B. Wirtschaft) sinnvoll anwenden kann.*

4 *Die Historiker Hannes Heer (geb. 1943) und Volker Ullrich (geb. 1943) gaben 1985 in sechs Punkten eine vorläufige Charakterisierung der „neuen Geschichtsbewegung" in der Bundesrepublik:*
1. Die neue Geschichtsbewegung bestreitet die Neutralität von Geschichte. Sie betreibt Geschichtsarbeit nicht aus der Sicht der herrschenden Klassen, sondern vom Standpunkt der Abhängigen und Unterdrückten aus.
2. Sie beschäftigt sich also nicht mit den Siegern, sondern mit den Opfern. Deren Geschichte wird vornehmlich an Hand des Alltags und überschaubarer Bereiche rekonstruiert.
3. Dabei gilt das Monopol der schriftlichen Quellen nicht mehr länger. Neue Quellen – wie zum Beispiel die mündlich tradierte Geschichte – werden erschlossen und mit vorhandenen kombiniert.
4. Die Subjektivität von Geschichtsarbeit wird nicht versteckt oder verschleiert. Sie wird angenommen als Be-

Methodenarbeitsteile

grenztheit, „Geschichte wie sie wirklich war" erforschen und darstellen zu können.

5. Die Beschäftigung mit Geschichte wird nicht mehr länger der Fachwissenschaft überlassen, sondern als gemeinsamer Arbeits- und Lernprozess von vielen – Historikern und Laien, Betroffenen und Interessierten – praktiziert. Dabei erfährt der Begriff Kompetenz eine neue und erweiterte Definition.

6. Die neue Geschichtsbewegung versteht sich als Teil des politischen und kulturellen Lebens der Gegenwart. Gegen das Vergessen und Verdrängen setzt sie eine aktive Erinnerungsarbeit, die an einer Veränderung der bestehenden Verhältnisse interessiert ist.

Was hier an methodischen Ansätzen, an Themenstellungen oder Perspektiven genannt wurde, gehört entweder zu Teilen schon zum Arsenal einer „kritischen" Geschichtsschreibung oder wurde in der Vergangenheit punktuell von engagierten Historikern postuliert. Die Einheit dieser sechs Momente, ihre Verknüpfung im praktischen Umgang mit Geschichte allerdings hat sich erst in jüngerer Zeit entwickelt und lässt es uns gerechtfertigt erscheinen von der neuen Geschichtsbewegung zu sprechen.

Hannes Heer/Volker Ullrich, Die „neue Geschichtsbewegung" in der Bundesrepublik. Antriebskräfte, Selbstverständnis, Perspektiven, in: dies. (Hg), Geschichte entdecken. Erfahrungen und Projekte der neuen Geschichtsbewegung, Reinbek 1985, S. 20 f.

1. *Erörtern Sie Möglichkeiten und Gefahren der „neuen Geschichtsbewegung" nach Mat. 3.*

2. *Informieren Sie sich über Geschichtsprojekte (z. B. Geschichtswerkstätten, Ausstellungsprojekte) in Ihrer Stadt bzw. Region, die Sie der „neuen Geschichtsbewegung" zuordnen könnten. Begründen Sie Ihre Auswahl.*

5 *Die Historikerin Ute Frevert (geb. 1954) schrieb 1986 in der Einleitung ihres Buches zur „Frauen-Geschichte" über ihre erkenntnisleitenden Interessen:*

Spätestens seit Max Weber[1] wissen wir, wie wichtig es ist die eigenen Erkenntnisinteressen und Bewertungsmaßstäbe sich selber und den Lesern gegenüber offen zu legen um damit zugleich die Auswahlkriterien und Werturteile, die in die wissenschaftliche Analyse einfließen, transparent, überprüfbar und kritikfähig zu machen. Ich gehe im Folgenden von der Annahme aus, dass die rechtlich und materiell gleiche Teilhabe von Männern und Frauen am gesellschaftlichen Leben, an Macht und Entscheidungsbefugnissen im ökonomischen, sozialen, kulturellen und politischen System ein erstrebenswertes Ziel darstellt. Das erfordert einen gleichberechtigten Zugang zu Handlungsressourcen und die Aufhebung einer geschlechtsspezifischen Zuschreibung von Aktionsräumen. [...]

Fast alle uns bekannten Gesellschaften und Kulturen einschließlich der unsrigen verteilen Macht, Einfluss, politische Rechte und wirtschaftliche Gewinnchancen nicht zu gleichen Teilen auf Frauen und Männer, sondern lassen Männer „Herr"schaft über Frauen ausüben. [...]

Auch 1986 ist die „Frauenfrage" noch immer nicht gelöst und politisch vielleicht aktueller als je zuvor. Zwar hat sich die Situation von Frauen in den letzten 200 Jahren deutlich gewandelt. Ihre rechtliche Stellung, ihre Bildungs- und Berufschancen und ihre Beteiligung am politischen und öffentlichen Leben haben sich offensichtlich verbessert und vor allem in den letzten Jahrzehnten hat sich der Handlungs- und Entscheidungsspielraum vieler Frauen erheblich vergrößert. Dennoch ist nicht zu verkennen, dass von einer alltagsmächtigen Nivellierung der Geschlechterhierarchie keine Rede sein kann, denn nach wie vor bestehen männliche Geschlechtsprivilegien auf fast allen Gebieten des gesellschaftlichen Lebens fort, wenn auch oft in gewandelter Form. Diesem Defizit an Gleichheit, seinen Ursachen, Zusammenhängen und Erscheinungsformen will ich in dem vorliegenden Band nachgehen. [...]

Der Band ist chronologisch gegliedert: Fünf Kapitel führen vom Ausgang des 18. Jahrhunderts bis in die unmittelbare Gegenwart. [...] Die Abfassung des fünften Kapitels bereitete die größten Schwierigkeiten, da ich hier immer häufiger nicht als Historikerin, sondern als Zeitzeugin und „Betroffene" auswählen, analysieren und abwägen musste. Den Aufbruch der neuen Frauenbewegung aktiv miterlebt zu haben, von ihren Zielen und Wertvorstellungen persönlich geprägt worden zu sein und trotzdem wissenschaftliche Distanz und historische Urteilskraft bewahren zu müssen war alles andere als einfach.

1 Max Weber (1864–1920), deutscher Soziologe und Volkswirtschaftler

Ute Frevert, Frauen-Geschichte. Zwischen Bürgerlicher Verbesserung und Neuer Weiblichkeit, Frankfurt/M. 1986, S. 10–14.

1. *Erläutern Sie anhand von Mat. 5 den Begriff „der erkenntnisleitenden Interessen".*

2. *Diskutieren Sie die Frage, ob die Geschlechterzugehörigkeit Auswirkungen auf die Geschichtsforschung hat (siehe auch S. 349, Mat. 9).*

3. *Wählen Sie aus dem Lehrwerk einen Auftaktseitentext aus und untersuchen Sie, ob dort explizit oder implizit die erkenntnisleitenden Interessen der Autorinnen oder Autoren zum Ausdruck kommen.*

6 *Der Historiker Hans-Ulrich Wehler (geb. 1931) erläuterte 1987 sein Konzept der „Gesellschaftsgeschichte":*
Moderne Gesellschaftsgeschichte versteht ihren Gegenstand als Gesamtgesellschaft, im Sinne von „Society" und „Société"; sie versucht mithin möglichst viel von den Basisprozessen zu erfassen, welche die historische Entwicklung eines gewöhnlich innerhalb staatlich-politischer Grenzen liegenden Großsystems bestimmt haben und vielleicht noch immer bestimmen. Im Anschluss an die „Säkulartheorien" und Kategorien, die Max Weber[1] für seine universalhistorischen Studien entwickelt hat, [...] lassen sich drei gleichberechtigte, kontinuierlich durchlaufende Dimensionen von Gesellschaft analytisch unterscheiden. Herrschaft, Wirtschaft und Kultur stellen diese drei, in einem prinzipiellen Sinn jede Gesellschaft erst formierenden, sich gleichwohl wechselseitig durchdringenden und bedingenden Dimensionen dar. Mit anderen Worten: Die menschliche Welt wird, blickt man auf die, wortwörtlich genommen, fundamentalen Elemente, durch „Arbeit, Herrschaft und Sprache" (Habermas[2]) begründet. Jeder dieser Bereiche besitzt eine relativ autonome Geltung und Wirkungsmacht, er kann aus den anderen nicht abgeleitet werden, so sehr auch für die Analyse der historischen Wirklichkeit alles auf die Mischungs- und Interdependenzverhältnisse ankommt. [...] Nach meiner Überzeugung gibt es dagegen keine rationalen Entscheidungskriterien, die es gestatten die überlegene Potenz der einen oder anderen Dimension von vornherein, gewissermaßen abstrakt-definitorisch festzulegen. Nur die exakte historische Konstellationsanalyse ergibt, welche Dimension oder Kombination von Wirkungsfaktoren jeweils am stärksten ausgeprägt ist. [...]
Natürlich wäre es eine arge Illusion zu glauben, dass sich diese Dimensionen in der Wirklichkeit derart säuberlich getrennt auffinden ließen. Vielmehr „durchwachsen" sie gemeinsam, wenn auch mit einem stets wechselnden Ausmaß an Einfluss, fast alle menschlichen Institutionen – so ist etwa der adlige Gutsbesitz immer Herrschaftsverband, ökonomischer Betrieb und Ort kultureller Hegemonie zugleich. [...] Obwohl bei theoretisch-systematischen Überlegungen Sparsamkeit im Umgang mit Kategorien vorteilhaft ist, können aus pragmatischen Gründen noch weitere wichtige Achsen einer Gesamtgesellschaft hervorgehoben werden, zumal man bei der Analyse häufig mit ihnen arbeitet. So besitzt beispielsweise das System der sozialen Ungleichheit in jeder Gesellschaft eine so hervorragende Bedeutung, dass es berechtigt erscheint dieses System sogar [...] als eine der Zentralachsen zu behandeln. Man muss sich jedoch klar machen oder dessen bewusst bleiben, dass soziale Ungleichheit [...] streng genommen ein Ergebnis des Zusammenwirkens von ungleicher Macht- und Herrschaftsverteilung, ökonomischer Lage und kulturellen Entwürfen der Weltdeutung darstellt. Deshalb bleibt sie ein Resultat der Überschneidung der drei systematisch vorgeordneten Dimensionen.

1 Siehe Anmerkung 1 zu Mat. 5.
2 Jürgen Habermas (geb. 1929), Philosoph und Soziologe

Hans-Ulrich Wehler, Deutsche Gesellschaftsgeschichte, Bd. 1, München 1987, S. 6–11.

1. Konkretisieren Sie Wehlers Konzept (Mat. 6) der drei historischen Dimensionen mit Beispielen. Vergleichen Sie es mit der Position von Bell (siehe S. 417, Mat. 12).
2. Erläutern Sie Wehlers Begriff der „sozialen Ungleichheit" am Beispiel eines Industrieunternehmens.

7 *Der Historiker Jürgen Kocka (geb. 1941) 1993 in einem Aufsatz über mögliche Perspektiven in der Geschichtsforschung nach den politischen Umbrüchen 1989 bis 1991:*
Die Erfahrung der letzten Jahre ist sicherlich verschieden deutbar. Aber unübersehbar, sehr erlebbar, nicht mehr verdrängbar ist seit 1989 die ausgeprägte Bedingtheit, ja Abhängigkeit der sozialen Verhältnisse, des Alltagslebens, der Lebenswelt und Kultur von der Politik, und zwar von der Politik in ihren großen, nationenübergreifenden Zusammenhängen. Der Zusammenbruch des Sowjetreiches und des Kommunismus, die staatliche Vereinigungskrise, die teils schon blutigen Konflikte in Osteuropa und die Renaissance von Nationalismus und rechtsradikaler Gewalt hier bei uns, das sind *politische* Vorgänge, die sicherlich vielfältig durch soziale, kulturelle, ökonomische Faktoren bedingt sind, die aber – und darauf kommt es mir an – unsere soziale Struktur, Kultur und Weltsicht einschneidend beeinflussen. Die Macht der großen politischen Zusammenhänge ist gegenwärtig massiv erfahrbar, und zwar als besorgniserregende Krise.
Nimmt man das ernst, dann folgt daraus *zum einen*, dass Sozialgeschichte „with politics left out" zukünftig noch weniger überzeugend sein dürfte als bisher. *Zum anderen* dürfte der Bedarf an Zusammenhangserkenntnis, d. h. an Erkenntnis der großen Strukturen und Prozesse, noch dringender, die Beschränkung auf bloße Mikrohistorie ohne allgemeine Fragestellungen – auf mikrohistorisches Klein-Klein – zukünftig noch unbefriedigender sein. [...]
Es könnte also sein, dass *politische Sozialgeschichte* mit aufklärerischem Engagement und Interesse an großen Zusammenhängen neu an Boden gewinnt: gleichsam eine postpostmoderne Wendung. Die Sozialgeschichte des Nationalismus, die sozialgeschichtliche Analyse des Aufstiegs und

des Niedergangs von Staaten, die Sozialgeschichte des Rechts, der Macht, auch der Demokratiegefährdung – das wären Themen in dieser Perspektive. [...]

Man erlebt derzeit mit Überraschung, wie alte nationale Identitäten und Grenzen, regionale Traditionen und geopolitische Konstellationen, alte Bindungen und Leidenschaften, auch alte Vorurteile und Ressentiments vor allem im mittleren und östlichen Europa wieder hervortreten und politikmächtig werden. Man staunt, wie wenig die Jahrzehnte des Kommunismus auf vielen Gebieten geändert haben und wie wenig sich an manchen Strukturen trotz aller utopisch-revolutionären Veränderungsenergien des 20. Jahrhunderts gewandelt hat. Der neue deutsche Rechtsradikalismus und seine halbherzige Ablehnung durch große Teile der Öffentlichkeit und der Politik nähren die Besorgnis, dass auch in der deutschen politischen Kultur mehr Kontinuität überlebt hat, als man als optimistischer Bundesbürger in den letzten Jahrzehnten glaubte. [...] Ironischerweise könnte es sein, dass der tiefe Umbruch von 1989 und seine teilweise restaurativen Folgen den Sinn für die Beharrungskraft der historischen Kontinuitäten stärken, die sich unterhalb der revolutionären Einschnitte des 20. Jahrhunderts erhalten haben und sich nur äußerst langsam verändern. Im Licht der jüngsten Erfahrungen gewinnt insofern nicht, wie manch einer 1989/90 meinte, die dramatische Ereignis- und die Erfahrungsgeschichte, sondern vielmehr die Struktur- und Prozessgeschichte an Gewicht und Plausibilität.

Jürgen Kocka, Sozialgeschichte der neunziger Jahre, in: Neue Gesellschaft/Frankfurter Hefte 12, 1993, S. 1125–1127.

1. Erläutern Sie Kockas Überlegungen zur „politischen Sozialgeschichte" (Mat. 7; siehe auch Mat. 1 und 6).
2. Vergleichen und diskutieren Sie die Positionen von Kocka in Mat. 7 und von Hillgruber in Mat. 3.

8 *Der Historiker Joachim Radkau (geb. 1943) zur Umweltgeschichte (1994):*
1990 schlug ich folgende Definition vor: „Historische Umweltforschung ordnet sich ein in die Erforschung der langfristigen Entwicklung der menschlichen Lebens- und Reproduktionsbedingungen. Sie untersucht, wie der Mensch diese Bedingungen selber beinflusste und auf Störungen reagierte. Dabei gilt ihre spezifische Aufmerksamkeit unbeabsichtigten Langzeitwirkungen menschlichen Handelns, bei denen synergetische Effekte und Kettenreaktionen mit Naturprozessen zum Tragen kommen." [...]
An der Geschichte [...] der Stadt Venedig ließe sich paradigmatisch vorführen, wie die historische Umweltforschung auf solider empirischer Basis in ältere Zeiten vordringt. Sehr schwierige Umweltbedingungen verbanden sich hier mit einer kolossalen Fähigkeit zur kulturellen Kontinuität und zur Zukunftsvorsorge. In der Umwelt- wie in der Medizinpolitik ging Venedig den meisten anderen Regionen voran und beide Politikbereiche waren eng miteinander verknüpft. An der Wasserbautechnik hing stets Venedigs Schicksal; und zwar musste die richtige Balance zwischen Versumpfung und Überflutung gewahrt bleiben. Die „Utopie der gesunden Stadt", die andernorts erst im 19. Jahrhundert auftaucht, bestimmte die venezianische Politik schon seit dem Mittelalter. Venedig führt vor Augen, wie die systematische Bewältigung schwieriger Umweltbedingungen ein kulturelles Wunderwerk hervorbringen kann. [...]
Vielleicht zeigt sich aber gerade hier, dass meine obige Definition in einem Punkt zu eng war. Reicht es aus, wenn sich der Umwelthistoriker der „langfristigen Entwicklung der menschlichen Lebens- und Reproduktionsbedingungen" widmet? [...] Vieles deutet darauf hin, dass die modernen Umweltprobleme, mögen manche ihrer historischen Wurzeln auch weit zurück reichen, in ihrer gegenwärtigen Dimension doch relativ jungen Datums sind. [...] Eine Probe aufs Exempel für die Tauglichkeit umwelthistorischer Konzepte besteht darin, ob sie der neuen Situation in den Jahrzehnten nach 1945 Rechnung tragen. [...]
Christian Pfister[1] hat vor einigen Jahren den Begriff des „1950er Syndroms" in Umlauf gebracht: die 50er Jahre mit beginnender Ölschwemme und Massenmotorisierung als Zeit, in der die Umweltbelastung durch Emissionen so steil in die Höhe ging, dass aus der Rückschau alles Vorausgegangene harmlos wirkt, und als die Landwirtschaft durch die Technisierung derart bis zur Unkenntlichkeit verändert wurde, dass selbst das Jahr 1950 aus heutiger Sicht schon zur „alten Zeit" gehört. [...] Vielleicht werden genauere Untersuchungen zumindest für die Bundesrepublik feststellen, dass der tiefste Bruch in den Alltagsgewohnheiten – der Übergang von der Sparsamkeits- zur Wegwerfgesellschaft – erst in den 60er Jahren erfolgte. [...] Die Umweltgeschichtsforschung hat bei diesem Prozess der Periodisierung gewiss mitzureden.

1 Christian Pfister (geb. 1944), Historiker an der Universität Bern

Joachim Radkau, Was ist Umweltgeschichte?, in: Werner Abelshauser (Hg.), Umweltgeschiche, Göttingen 1994, S. 20 ff.

1. Erläutern Sie Radkaus Definition von Umweltgeschichte (Mat. 8) an weiteren Beispielen (z.B. Industrialisierung).
2. Vergleichen Sie die Merkmale der historischen Periodisierung nach Gesichtspunkten der politischen Geschichte und der Umweltgeschichte.

Zum Umgang mit schriftlichen Quellen
(20. Jahrhundert)

Wenn wir der Geschichte begegnen und unsere Fragen an sie heran tragen, sind wir auf ihre Zeugnisse und Spuren angewiesen. Dieses „Rohmaterial zur Rekonstruktion vergangener Wirklichkeit"[1] wird als „Quelle" bezeichnet. Paul Kirn prägte hierfür eine inzwischen weithin akzeptierte Definition, die auch für die Quellenarbeit im Geschichtsunterricht verwendet werden kann: „Quellen nennen wir alle Texte, Gegenstände oder Tatsachen, aus denen Kenntnis der Vergangenheit gewonnen werden kann."[2]

Quellen sind jedoch nicht einfach „gegeben", sondern ihre Auswahl, ihre Analyse und ihre Interpretation hängt von den Fragestellungen und den erkenntnisleitenden Interessen der Historiker und Historikerinnen ab. Insofern handelt es sich beim „Umgang mit Quellen" immer um einen Dialog zwischen dem, der etwas wissen will, und seiner Quelle, die Erkenntnisse bereithält.

Die Quellen des 20. Jahrhunderts

Anders als in weit zurückliegenden Zeitaltern, etwa der Antike oder dem Mittelalter, sprudeln die Quellen in der Neuzeit, vor allem im 20. Jahrhundert, in so großem Umfang, dass die Geschichtswissenschaft – und in ihrem Gefolge auch der Geschichtsunterricht in der Schule – immer häufiger mit dem Problem der Auswahl der Quellen konfrontiert wird. Daneben gibt es für die Erforschung und didaktische Aufbereitung der Geschichte des 20. Jahrhunderts eine weitere Herausforderung, die mit der gigantischen Ausweitung der Medienlandschaft zusammenhängt: Im 20. Jahrhundert gehören auch Ton-, Funk-, Film- und Fernsehaufnahmen (siehe Methodenarbeitsteil „Film" S. 447–450), ja selbst das „Fax" und die Nachricht auf dem Anrufbeantworter zu den Quellen des Historikers. Die „Entdeckung des Alltags" in der Geschichte hat darüber hinaus Quellen zutage gefördert, die früher unbeachtet geblieben sind, so z. B. das private Kochrezept, den Notizzettel oder das Tagebuch der „einfachen Frau" oder des „einfachen Mannes", die von den „Autoren" überhaupt nicht für die Veröffentlichung bestimmt waren. Schließlich sind Personen als Zeitzeugen zu Quellen der Erkenntnis geworden, egal ob sie zu den hochrangigen Vertretern der Politik gehören oder als unbekannte Einzelne Auskunft über ihr privates Leben geben. Die von der „Oral-History-Forschung" entwickelten Methoden der Zeitzeugenbefragung (siehe Methodenarbeitsteil „Oral History" S. 451–452) beschäftigen sich mit der Auswertung dieser neuen Quellengattung.

Fragen zum kritischen Umgang mit schriftlichen Quellen

Schüler und Schülerinnen können sich bei der Projektarbeit oder der Erstellung eines Referats der wissenschaftlichen Arbeit des Historikers nähern. Aus der Vielzahl der verfügbaren schriftlichen Quellen, etwa im Stadtarchiv, in der Bibliothek oder im Archiv der Lokalzeitung, müssen dann die für das Thema und die Leitfrage relevanten Quellen ausgewählt und untersucht werden. Im Schulalltag gehört dies aber eher zur Ausnahme. In der Regel haben bereits andere, d. h. die Schulbuchautoren oder die Lehrer, eine Vorauswahl der Quellen getroffen. Aber selbst wenn in vielen Fällen durch Arbeitsanregungen und Fragen die Arbeitsschwerpunkte für den Unterricht bereits festgelegt worden sind, kann man im Einzelnen von der umfassenden Quelleninterpretation nicht entbunden werden.

Die nachfolgenden Fragen zur Arbeit mit schriftlichen Quellen sind nicht als schematische Anleitung gedacht, sondern als eine Hilfestellung. Nicht immer sind alle Fragen von gleicher Wichtigkeit, ebenso wenig ist die Reihenfolge der Fragen genau festgelegt.

– *Frage nach dem/r Autor/in oder Verfasser/in:* Was für eine Persönlichkeit war der Autor, welche politische bzw. öffentliche Stellung hatte er, aus welcher sozialen Schicht kam er, welche Position vertrat er? Wichtig ist zu klären, in welchem Verhältnis er zu dem Geschehen und zu den beteiligten Personen stand. Aus welcher Weltanschauung und von welchen Wertmaßstäben aus fällte er ein Urteil über die historische Wirklichkeit?

– *Frage nach Entstehungsort, Situation, Zusammenhang und Datum:* Wann, wo und unter welchen Umständen wurde die Quelle verfasst?

– *Frage nach dem Inhalt und der Form:* Worüber spricht der Autor oder die Autorin und in welcher Form (z. B. Rede, Brief, Kommentar)?

– *Frage nach dem Zweck oder der Absicht des Textes:* Aus welcher Perspektive ist der Text verfasst? Welche Interessen vertritt der Verfasser, wem nützen seine Aussagen, wem geben sie zu nützen vor? Was verschleiert er, was hätte er wissen können?

– *Frage nach der Sprache und Begrifflichkeit;*

– *Frage nach dem Adressatenkreis:* An wen wendet er sich, an Freunde, an die Öffentlichkeit, an Machtträger usw.?

Systematisiert man diesen Fragenkatalog, so lassen sich zwei Ebenen voneinander trennen:

1. Analyse der inhaltlichen und formalen Merkmale;
2. Werten und Beurteilen des Aussagegehaltes.
Die Grafik (siehe unten) kann zusammenfassend und vereinfachend den komplexen Prozess einer Quelleninterpretation schematisch verdeutlichen.

Ein Beispiel: „Aufruf an das deutsche Volk" (1933)

In ihrem „Aufruf an das deutsche Volk" vom 1. Februar 1933 beteuert die Regierung Hitler ihre Friedensliebe: „Sie ist dabei erfüllt von der Größe der Pflicht mit diesem freien, gleichberechtigten Volke für die Erhaltung und Festigung des Friedens einzutreten, dessen die Welt heute mehr bedarf als je zuvor."[3] Dieses scheinbar eindeutige Bekenntnis zum Frieden wäre textimmanent lediglich dadurch zu relativieren, dass in den Adjektiven „frei" und „gleichberechtigt" die Kritik an dem bisherigen Zustand angeblicher Unfreiheit und Nichtgleichberechtigung mitschwingt. Der Blick auf den Adressaten, das deutsche Volk und – unausgesprochen – das Ausland, sowie auf die Situation, in der der Aufruf erfolgte, kann die Absicht eines solchen Friedensbekenntnisses freilegen, nämlich die Beruhigung der Adressaten und damit die Möglichkeit Hitlers die noch ungesicherte Macht im Innern zu stabilisieren. Vollends *ad absurdum* geführt wird das öffentliche Friedensbekenntnis, wenn eine weitere Quelle, die Ausführungen Hitlers vor den Befehlshabern des Heeres und der Marine am 3. Februar 1933, also nur zwei Tage nach dem Aufruf, hinzugezogen wird; denn hier geht es um Perspektiven für die Zukunft: „Vielleicht Erkämpfung neuer Export-Mögl[ichkeiten], vielleicht – und wohl besser– Eroberung neuen Lebensraums im Osten u[nd] dessen rücksichtslose Germanisierung."[4] Eine auf diese Weise vorgenommene Problematisierung der Aussage des Aufrufs vom 1. Februar 1933 stößt zur Kategorie des Wertens und Urteilens vor (z. B. bewusste Täuschung, Verschleierung der tatsächlichen Absichten), die die unterschiedlichen Zeitperspektiven berücksichtigt und miteinander in Verbindung bringt: die Perspektive des Jahres 1933 und die Gegenwart des Historikers, der Folgen und Auswirkungen der historischen Entscheidungen des Jahres 1933 kennt. Aber auch hier ist Vorsicht vor zu schnellen Schlüssen geboten: Bedeutete etwa die Aussage „Eroberung neuen Lebensraums", dass es so kommen musste, weil es ja tatsächlich zu Beginn des Zweiten Weltkrieges dazu kam? Eine solche *ex-post*-Beweisführung aus dieser einen Quelle greift zu kurz, aber sie ist als Hypothese geeignet, die durch weitere Quellenarbeit bewiesen oder widerlegt werden muss.

Übersicht zum kritischen Umgang mit schriftlichen Quellen

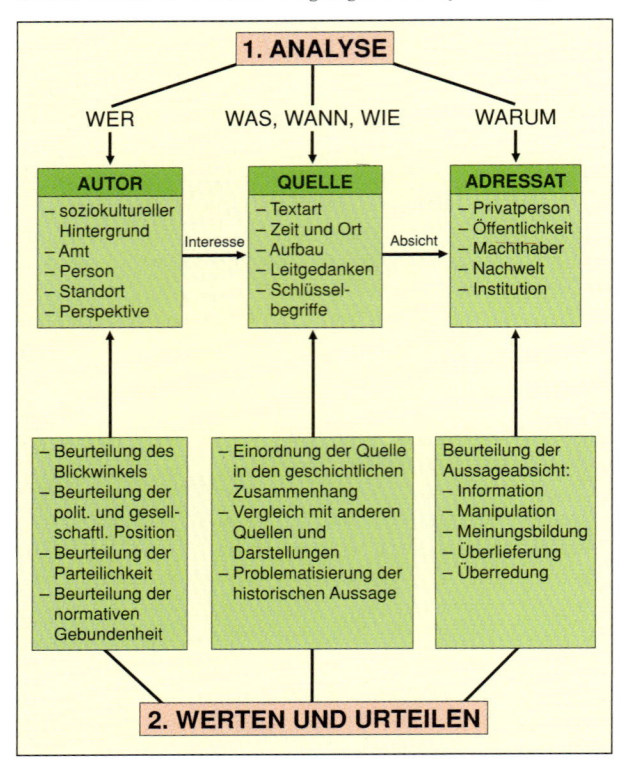

```
                        1. ANALYSE
           ┌────────────────┼────────────────┐
          WER         WAS, WANN, WIE        WARUM
           │                 │                │
        AUTOR             QUELLE           ADRESSAT
    – soziokultureller  – Textart         – Privatperson
      Hintergrund       – Zeit und Ort    – Öffentlichkeit
    – Amt     Interesse – Aufbau  Absicht – Machthaber
    – Person            – Leitgedanken    – Nachwelt
    – Standort          – Schlüssel-      – Institution
    – Perspektive         begriffe

    – Beurteilung des   – Einordnung der    Beurteilung der
      Blickwinkels        Quelle in den     Aussageabsicht:
    – Beurteilung der     geschichtlichen  – Information
      polit. und gesell-  Zusammenhang     – Manipulation
      schaftl. Position – Vergleich mit    – Meinungsbildung
    – Beurteilung der     anderen Quellen  – Überlieferung
      Parteilichkeit      und Darstellungen– Überredung
    – Beurteilung der   – Problematisierung
      normativen          der historischen
      Gebundenheit        Aussage

                  2. WERTEN UND URTEILEN
```

1. Schreiben Sie anhand der Hinweise zum kritischen Umgang mit schriftlichen Quellen eine Interpretation von Mat. 5, S. 110 f. und zwar unter der Frage, welche politischen Grundsätze der einzelnen Partner der „Harzburger Front" darin zu erkennen sind.
2. Stellen Sie aus den Materialien der Arbeitsteile von Kapitel 2 Textquellen zusammen, die Antwort auf die Frage nach den Ursachen für das Scheitern der ersten deutschen Demokratie geben können und schreiben Sie eine kurze Gesamtinterpretation zu diesem Thema.
3. Diskutieren Sie die Vor- und Nachteile von schriftlichen und mündlichen Quellen (siehe auch S. 451–452 zur Methode der „Oral History").
4. Gehen Sie in Ihr Ortsarchiv und suchen Sie in Lokalzeitungen der Jahre 1945–1949 nach Textquellen, die sich mit dem Leben und der Arbeit von Frauen (siehe Darstellung S. 289) im Deutschland der Nachkriegszeit beschäftigen. Stellen Sie eine Quellensammlung zusammen und schreiben Sie eine einleitende Interpretation zu Ihren Materialien. Sie können Ihre Ergebnisse auch in Form eines Referats aufbereiten.

Malerei und Geschichte im 20. Jahrhundert

Die „neue" Malerei und ihre Voraussetzungen

1907 malte Picasso das Bild „Les Desmoiselles d'Avignon". Es besitzt keinen Tiefenraum, die Körper der fünf Frauen sind aus gegeneinander gesetzten Flächen gebildet, wirken verzerrt. Es war die Geburtsstunde des Kubismus, einer „neuen" Malerei, die alle Bildelemente radikal auf geometrische und stereometrische (= kubische) Flächen und Formen reduzierte. Die Kubisten vollzogen als erste den Bruch mit der seit der Renaissance vorherrschenden perspektivischen Malerei, an ihre Stelle setzten sie die analytische Darstellung von Gegenständen durch Flächen und Formen und die Simultandarstellung. Den Betrachtern verlangten und verlangen diese Bilder ein verändertes Sehen ab: nicht das Wiedererkennen von Gegenständen als Elementen der Wirklichkeit, sondern das Neben- und Nacheinander von Formen als ästhetische Wirklichkeit.

Wie ist diese Veränderung, die bereits bei Paul Cézanne und seiner Theorie der autonomen Bildgesetze angelegt war, zu erklären? Guillaume Apollinaire bezeichnete die kubistischen Bilder als „erste wissenschaftliche Bilder" und traf damit einen wichtigen Aspekt. Die jungen Maler der Moderne nach der Jahrhundertwende – Pablo Picasso, George Braque oder Marcel Duchamps – beschäftigten sich viel mit Naturwissenschaften und Mathematik. Die Aufgabe der perspektivischen Malerei war ihre Konsequenz aus den neuen Erkenntnissen, dem Verlust der Eindeutigkeit, z.B. in der Speziellen Relativitätstheorie oder in der Atomphysik (siehe S. 36 f.). Hinzu kamen der Siegeszug der Fotografie und des Films, die die „Abbildfunktion" von Wirklichkeit offensichtlich besser erfüllten als die klassische Wand- und Tafelmalerei und die außerdem beliebig oft reproduzierbar waren. Schließlich konnten die Malerinnen und Maler des 20. Jahrhunderts noch weniger als die des 19. Jahrhunderts mit festen Aufträgen von Höfen, Regierungen oder bürgerlichen Mäzenen rechnen, sie waren abhängig von Kunsthändlern und dem Kunstmarkt. Auf alle diese Herausforderungen reagierten die Maler mit formal oder inhaltlich provozierenden Bildern, auch mit rasch wechselnden Stilen.

Kunststile im 20. Jahrhundert: „experimentelle" und „bedeutungstragende" Malerei

Für das 19. Jahrhundert ist es noch relativ leicht die Reihenfolge der Kunststile festzulegen: Klassizismus, Romantik, Realismus, Impressionismus. Seit dem Ende des 19. Jahrhunderts folgen die Kunststile rascher aufeinander, sie existieren oft nebeneinander und erfahren spezifisch nationale Ausprägungen: Jugendstil, Expressionismus, Kubismus, Futurismus, Dada, Konstruktivismus, Neue Sachlichkeit, Muralismo, Surrealismus, Tachismus, Konkrete Kunst, Pop Art, Postmoderne ... Auch der nationalsozialistische Naturalismus und der sozialistische Realismus gehören zur Kunst des 20. Jahrhunderts, unabhängig von der Qualität des einzelnen Kunstwerks. Sie alle sind Ausdruck bestimmter gesellschaftlicher Probleme, Kunsttraditionen und Ideologien und insofern Quellen. Der Historiker wird gleichwohl zwei große Gruppen unterscheiden.

Die erste könnte „experimentelle" Malerei genannt werden: die radikale „Reduktion" der Malerei auf Formen und Farben auf einer ebenen Fläche. Ein Beispiel dafür sind die Bilder Piet Mondrians, der Cézannes Kunsttheorie – Malen bedeute Farbempfindungen zu registrieren und sie zu organisieren und alles in der Natur forme sich wie Kugel, Kegel und Zylinder – konsequent zu Ende dachte. Nicht von ungefähr tragen die Bilder dieser Gruppe oft nur Titel wie „Rotes Quadrat", „Schwarzer Punkt", „Weiß in Weiß" oder „Nr. 28".

In der zweiten Gruppe wollen die Malerinnen und Maler einen Gegenstand oder ein Ereignis ästhetisch interpretieren, das Thema oder der Inhalt sind genauso wichtig wie Formen und Farben. Sie könnte deshalb als „bedeutungstragende" Malerei bezeichnet werden. Das Abgrenzungskriterium zwischen beiden Gruppen ist nicht „gegenständliche" bzw. „nicht gegenständliche" Darstellung. Paul Klees „Zerstörtes Land" von 1934 oder Picassos „Guernica" von 1937 sind keine gegenständlichen Bilder und trotzdem „bedeutungstragend". Umgekehrt sind die Treppenbilder von Oskar Schlemmer, der wie Paul Klee Lehrer am Dessauer Bauhaus war, gegenständlich und doch „nur" kunsttheoretische Experimente mit Formen und Farben. Für die Historiker sind die Bilder der zweiten Gruppe wichtiger, weil wir annehmen können, dass es die Absicht des Malers war mit ästhetischen Mitteln eine Aussage zu den Problemen seiner Zeit und zur Geschichte zu machen.

Methoden der Interpretation

Die von Erwin Panofsky begründete ikonographisch-ikonologische Methode[1] bewährt sich auch bei der historischen Interpretation von „bedeutungstragenden" Werken der Malerei des 20. Jahrhunderts, was sich am Beispiel des Gemäldes „Die Stadt" von Jakob Steinhardt zeigen lässt.

(1) Vorikonographische Beschreibung: „Jede entfaltete Erklärung eines Bildes", schreibt der Kunsthistoriker Michael

Jakob Steinhardt (1887–1968), Die Stadt, 1913, Öl auf Leinwand, 61 x 40 cm, Berlin, Nationalgalerie

Baxandall, „schließt eine ausführliche Beschreibung dieses Bildes ein oder setzt sie voraus."[2] Zur Beschreibung gehören Angaben zu den dargestellten Gegenständen und Personen, über Farbabstufungen und räumliche Beziehungen, Größenverhältnisse, die Verteilung von rechts nach links. Bei der Beschreibung kommt es nicht nur darauf an möglichst alle Einzelheiten zu beschreiben, sondern die Beziehung der Einzelheiten zueinander zu erkennen, also den Bildaufbau, die Bildkomposition, die Bildstruktur.

(2) Ikonographische Analyse: Sie umfasst das Erklären der Bedeutung bildlicher Elemente. Panofsky nennt diesen Schritt Interpretation des „Bedeutungssinns". Die Maler und Malerinnen des 20. Jahrhunderts verzichten weitgehend auf die „klassischen" Attribute, Anekdoten und Allegorien; die Bedeutungsfestlegung von Zeichen ist in der Moderne zweifelhaft geworden. Häufig ist der real dargestellte Gegenstand gleichzeitig symbolisch gemeint. Prostitution und Spiel stehen bei Steinhardt für die soziale Beziehungslosigkeit der Großstadt, die nicht ausgeführten Gesichter der Passanten für ihre Anonymität und Isolation. Die ikonographische Analyse erfordert Vertrautheit mit bestimmten Themen und Vorstellungen der Entstehungszeit des Bildes, hier expressionistischer Deutungen der Großstadt, etwa in den Gedichten „Die Dämonen der Städte" (1911) oder „Die Menschen stehen vorwärts in den Straßen" von Georg Heym.

(3) Ikonologische Interpretation: Das Erkennen der eigentlichen Bedeutung eines Bildes setzt über die genaue Beschreibung des Bildes und die Erklärung der einzelnen Bildelemente hinaus die Kenntnis der Geschichte einer bestimmten Zeit voraus. Nach Panofsky leistet dieser Schritt die Interpretation des „Dokumentsinns": Für welche politisch-moralische Aussage, soziale Haltung, historische Wirklichkeit ist das Bild ein Dokument? Zur Absicherung der ikonographischen Analyse gehört:

– die Angabe der Darstellungstechnik und Größe des Bildes: Ein Gemälde von 40 x 70 cm erzielt eine ganz andere Wirkung und war in der Regel auch für einen anderen Zweck bestimmt als ein Gemälde von 400 x 700 cm;
– der Vergleich mit anderen bildlichen, literarischen und historischen Quellen;
– die Frage nach den „Quellen" des Künstlers, z. B: War er Zeuge des dargestellten Ereignisses oder auf welche andere Art und was hat er davon erfahren? Stellt er bzw. sie aus eigener Erfahrung dar?
– die Aufhellung der Entstehungs- und Wirkungsgeschichte des Bildes sowie der Bedeutungs- und Mitteilungsabsicht des Künstlers und des Auftraggebers.

Bei der Beschaffung entsprechender Informationen sind kunsthistorische Handbücher und Lexika sehr nützlich. Sie teilen uns z. B. zu Steinhardt mit, dass er mit Ludwig Meidner, der in apokalyptisch anmutenden Bildern ebenfalls das Großstadtmotiv benutzte, in Berlin eine Ateliergemeinschaft bildete.

Zeitkritik als Straßenszene: Jakob Steinhardt, Die Stadt (1913)

Die rechte Hälfte des kleinformatigen Bildes zeigt eine Straßenschlucht, in der sich zu abendlicher Zeit Menschen drängen, die offensichtlich keine Beziehung zueinander haben. Die Menschen im Vordergrund scheinen es eilig zu haben; die Schnelligkeit, das Tempo der Großstadt wird auch durch die Straßenbahn in der Bildmitte symbolisiert. Die Zylinder der Männer und die Hüte der Frauen lassen auf einen Vergnügungsaufenthalt schließen; die hell erleuchteten Schaufenster weisen auf die neue Konsumwelt der Stadt hin. Die Häuserzeilen links und rechts sind nicht lotrecht, sie kippen nach vorne. Die Scheinwerfer, die dunklen, verwischten Hausfarben, der verschwimmende Nachthimmel, die schwankenden Linien – all das wirkt bedrohlich und steht für das Chaos der Großstadt, so wie die Ausführung der Personen für deren soziale Beziehungslosigkeit steht. Nicht nur die Einzelnen in der Menge, auch die Menschen in den Häusern sind offenbar einsam und voneinander isoliert; selbst die Körper der Spieler, die ja eigentlich einander zugewandt sein müssten, streben auseinander. Jakob Steinhardts Gemälde scheint ein Dokument für die nach der Jahrhundertwende einsetzende Zivilisationskritik zu sein, eine Absage an den Fortschrittsoptimismus des 19. Jahrhunderts, den die Großstadt mit ihrer wirtschaftlichen, sozialen und kulturellen Dynamik symbolisiert. Darauf verweist auch der Titel des Bildes „Die Stadt": Steinhardt stellt keine konkrete Straßenszene dar, sondern sein großstadtkritisches Gefühl.

Das unterschied die Expressionisten von den Impressionisten (siehe S. 35 f.). Es ist allerdings nicht ausgeschlossen, dass Steinhardt die Großstadtszene nur benutzt um den latenten Antisemitismus seiner Zeit anzuklagen. Dafür spricht, dass sich der jüdische Maler, der 1933 nach Palästina emigrierte, am unteren Bildrand links, verborgen hinter einer Hausecke, mit leidenden Gesichtszügen wahrscheinlich selbst portraitierte. Aus schriftlichen Quellen zu Steinhardts Leben wissen wir, dass dieser sich um 1913 mit altisraelischen Themen und Judenpogromen beschäftigte. Der einzelne Mensch ist der Großstadt ebenso ausweglos preisgegeben wie Juden einem Pogrom. Das golemartige Aussehen des Kirchturms am oberen Bildrand rechts würde diese Interpretation stützen.

Vielleicht – darüber sagen die schriftlichen Quellen nichts – hat Steinhardt diese Aussage nicht bewusst beabsichtigt. Das Bild wäre dann auch ein historisches Dokument für etwas anderes: die Furcht vor Judenpogromen. Weil Kunstwerke oft unbeabsichtigt Aussagen zu Fragen ihrer Zeit machen,

Anselm Kiefer (geb. 1945), Märkischer Sand, 1980–1982, Öl auf Leinwand, Sand, Papier, 330 x 556 cm, Amsterdam, Stedelijk Museum

hat der Historiker Rainer Wohlfeil Panofskys Begriff des „Dokumentsinns" zum Begriff des „Dokumentensinns" erweitert. Und es könnte sein, dass wir heute in Kenntnis des Schicksals des Malers und des Verlaufs der deutschen Geschichte im 20. Jahrhundert das Gemälde anders interpretieren, als es die Absicht des Malers war. Das ist nicht illegitim. Die Interpretation eines Kunstwerks ist immer auch eine Kommunikation zwischen dem Kunstwerk und den Betrachtern mit ihren ganz unterschiedlichen Kenntnissen und Erfahrungen.

Aufforderung zum Nachdenken über Geschichte: Anselm Kiefer, Märkischer Sand (1980–82)

Die Malerinnen und Maler unserer Zeit verlangen geradezu die individuelle, auch kontroverse Interpretation ihrer Bilder. Seit den 1970er Jahren zeigt sich in der europäischen Malerei wieder eine Tendenz Geschichte und Zeitgeschichte zum Thema von Bildern zu machen. Jörg Immendorfs Zyklus „Café Deutschland" (siehe S. 310) ist dafür ein Beispiel, Anselm Kiefers Auseinandersetzungen mit der deutschen Geschichte ein zweites (siehe S. 433).

1982 vollendete Kiefer das Bild „Märkischer Sand". Den Bildraum bildet eine flache, zerfurchte Ebene, die durch die Kombination von Farbe und Sand plastisch wird. Am oberen Bildrand geht die Ebene in einen hellen Horizont über, der rechts und links durch die Andeutung von Hügeln bzw. hügeligem Gelände begrenzt wird. Am rechten Bildrand lösen sich die Ackerfurchen in schwärzlichen Flächen auf. Ungefähr in der Bildmitte, zwischen einer helleren Fläche und dem Horizont, ist die Andeutung von Dunst zu sehen. In die zerfurchte Ebene sind (grabstelenähnlich?) aus Papier Tafeln mit Ortsnamen der preußischen und deutschen Geschichte montiert, z. B. Küstrin, Oranienburg, Rheinsberg oder Seelow. Die räumliche Anordnung dieser „Ortsschilder" folgt allerdings nicht der kartographischen Darstellung; ebenso wenig lässt deren Größe auf objektivierbare Angaben schließen, etwa die Einwohnerzahl der Orte. Am oberen Rand findet sich der wie von einem Kind geschriebene Titel „märkischer Sand".

Kiefer hat kein Landschaftsbild, aber auch kein Historienbild im üblichen Sinne geschaffen. Vor der Fertigstellung von „Märkischer Sand" hatte er mehrmals das Motiv der märkischen Landschaft aufgenommen („Märkische Heide", 1981) und sich in einer Folge von Bildern intensiv mit der deutschen Geschichte auseinandergesetzt („Unternehmen Seelöwe", 1975; „Wege der Weltweisheit: die Hermannschlacht", 1978) Wir wissen auch, dass er zu dem Zyklus „Märkischer Sand" durch die Lektüre von Fontanes „Wanderungen durch die Mark Brandenburg" angeregt wurde.

Solche Informationen sind wichtig um die Intentionen zu erklären. Ebenso wichtig ist die individuelle Kommunikation des Betrachters mit dem Bild. Welche historisch-politischen Assoziationen wecken die Ortsbezeichnungen bei ihm? Welche preußisch-deutsche Geschichte rekonstruiert er aus dem Bilde? Wie setzt er sich damit auseinander?

In „Märkischer Sand" wirkt der gesamte Innenraum wie ein Gräberfeld oder wie eine riesige Gedenkstätte. Die Verwendung des Materials Sand stützt diesen Eindruck. Die Absicht Kiefers ist jedoch nicht eindeutig. 1990 erklärte er in einem Interview: „Wie es war, wissen wir ja alle nicht; denn es gibt eigentlich keine Geschichtsschreibung, nur Verarbeitung von Geschichte. Und dabei geht der Künstler ganz anders vor als etwa ein Wissenschaftler. Ich versuche auf eine unwissenschaftliche Art in die Nähe des Zentrums zu kommen, von dem die Ereignisse gesteuert werden".[3] Kiefer bildet Geschichte nicht als konkret datierbares Ereignis ab. Die Geschichte ist das Thema seiner Bilder, die er mit den Mitteln moderner Malerei (Montage, Collage, Eigenwertigkeit des Materials) ins Bewusstsein der Betrachter hebt um diese zur persönlichen Auseinandersetzung anzuregen.

---

1. *Fassen Sie die wesentlichen Merkmale von „experimenteller" und „bedeutungstragender" Malerei zusammen. Ordnen Sie beiden Gruppen Beispiele aus dem Lehrwerk zu; begründen Sie Ihre Zuordnungen.*
2. *Interpretieren Sie nach der hier vorgestellten ikonographisch-ikonologischen Methode das Gemälde von George Grosz, Die Großstadt, 1916/17 (siehe S. 8) unter kulturhistorischen Aspekten oder das Gemälde von Ferdinand Hodler, Die Technik, 1896/97 (siehe S. 34) unter geschlechterhistorischen Gesichtspunkten.*
3. *Bearbeiten Sie mit Hilfe dieses Methodenteils die Materialien S. 342–345 zur Kunst in der DDR.*
4. *Stellen Sie die in Kapitel 1 (siehe S. 8–59) und Kapitel 8 (siehe S. 394–423) reproduzierten Kunstwerke zusammen. Welche sozial- und kulturhistorischen Entwicklungen lassen sich daraus ablesen?*
5. *Informieren Sie sich darüber, wann und wo in Ihrem Ort oder in erreichbarer Nähe eine Ausstellung mit Kunstwerken aus dem 20. Jahrhundert veranstaltet wird. Bereiten Sie sich für einen Besuch mit Gruppenreferaten über das Thema, die Epoche(n) und die in der Ausstellung vertretenen Malerinnnen und Maler vor und untersuchen Sie am Original einzelne Gemälde als historische Quellen. Vergleichen Sie die Wirkung von Originalen und Reproduktionen.*

Methodenarbeitsteile

Das Plakat oder „Die aufgehängte Geschichte"

Trotz aller Macht der elektronischen Medien an der Wende vom 20. zum 21. Jahrhundert – über unsere Bilder im Kopf herrschen auch die altbekannten Plakate, das „Medium der gegenwärtigen Kommunikationsgesellschaft" (Brockhaus). Aufgehängt an Litfaßsäulen, mehr oder weniger riesigen Anschlagtafeln, an Hauswänden, Laternenmasten oder Bäumen lenken sie unsere Blicke auf die werbenden Botschaften aus Wirtschaft, Kultur und Politik und versuchen sie mit unseren bewussten oder unbewussten Wünschen zu verbinden. Ein Plakat (siehe Abbildung unten) zeigt die Freiheitsstatue von New York, abgebildet unter den Umrissen der Landkarte der USA, alles auf lichtem Himmelblau; hier werden Freiheit, Leichtigkeit und Weite signalisiert; oben rechts, geradezu an den Rand gedrückt, das Zeichen der werbenden Fluggesellschaft – der Lufthansa, die Tickets verkaufen will. Aufgrund dieser Wechselbeziehung zwischen Werbenden und Umworbenen spiegelt das Plakat alle Lebensbereiche der Menschen. Plakate enthalten Informationen zur politischen Geschichte, zu Einstellungen und Mentalitäten sowie zum alltäglichen Lebensvollzug. Plakate sind damit „aufgehängte Geschichte" bzw. *l' histoire épinglée,* wie es der Titel eines französischen Buches über das Plakat formuliert.

Die Anfänge des Plakats

Das Plakat verdankt – wie auch die Karikatur – seine Entstehung und Bedeutung der Erfindung des Buchdrucks und der Entwicklung des Holzschnitts im 15. Jahrhundert. Seit seinen ersten Anfängen dient es der Bekanntmachung und Werbung als Anschlag, Handzettel, Flugblatt oder Wandzeitung, sei es für amtliche Veröffentlichungen, wirtschaftliche Produkte oder kulturelle Ereignisse. Von seinen Funktionen und der Art seiner Verbreitung hat das Plakat in den verschiedenen europäischen Sprachen seinen Namen: Das deutsche Wort kommt vom Niederländischen *plakkaat* im Sinne von Edikt oder behördlicher Anschlag, das seinen Ursprung im französischen *plaquer* = belegen, bekleiden, überziehen hat. Im Französischen ist das Wort *affiche* im Sinne von öffentlicher Anschlag bzw. Aushang gebräuchlich und im Englischen *poster* im Sinne von öffentliche Bekanntmachung. Schriftplakat und Bildplakat gingen schon früh eine enge Verbindung ein, die immer auch künstlerisch gestaltet war. Bereits 1491 entstand das erste gedruckte Bildplakat des Niederländers Gheraert Leeu als Buchwerbung, eines der ersten deutschen Plakate lud 1501 zum Kölner Schützenfest ein.

Das Plakat im Zeitalter der Industrialisierung

Seine eigentliche Wirkung und Bedeutung als ein unmittelbar verständliches und möglichst viele Menschen erreichendes Medium erlangte das Plakat jedoch erst durch den Industrialisierungs- und Demokratisierungsprozess seit Ende des 18. Jahrhunderts. Für den bedeutenden italienischen Plakathistoriker Max Gallo kennzeichnen Plakate die Geschichte unserer Industriegesellschaft „wie Wegmarkierungen einen Waldweg".

So scheint auch die Erfindung der Lithographie durch Alois Senefelder um 1798 kein zeitlicher Zufall zu sein. Diese Drucktechnik ermöglichte neben einer besseren Vervielfältigung auch eine erweiterte künstlerische Gestaltung: groß-

Herbert W. Kapitzki, Lufthansa, 1962, Plakat, Frankfurt/Main

Henri de Toulouse-Lautrec (1864–1901), Ambassardeur. Aristide Bruant dans son cabaret, 1982, Paris

flächige Farbdrucke sowie eine dichte Verbindung von Bild und Schrift. Die Aussagen der Plakate konnten jetzt einfacher und zugespitzter, somit appellhafter und leichter aufnehmbar werden.

In der Mitte des 19. Jahrhunderts entfaltete der Franzose Jules Chéret nach Studien in England diese neuen Möglichkeiten der Lithographie. Er setzte den Dreifarbendruck, Stilmittel aus der Malerei und leuchtende Farbeffekte ein und konzentrierte die Darstellung auf wenige wesentliche flächenbeherrschende Elemente und Bildmotive.

Seine entscheidende, bis heute bestimmende Prägung erhielt das Plakat am Ende des 19. Jahrhunderts durch den Franzosen Henri de Toulouse-Lautrec (siehe Abbildung oben) und in dessen Gefolge durch den Engländer Aubrey Beardsley. Beide hatten eine intensive Auseinandersetzung mit der japanischen Malerei geführt und brachten deren stilistische Eigenheiten des Flächigen und Linearen in die Plakatgestaltung ein. Durch die scharfe Kontrastierung von Flächen und Linien erreichten sie eine noch stärkere Verknappung des Ausdrucks und eine äußerst enge Verbindung von Schrift und Bild. Das Plakat wurde durch diese Leistung zur anerkannten eigenständigen Kunstgattung: der Gebrauchsgrafik. Druck und Vervielfältigung wurden seit etwa 1893 zusätzlich durch die neue Technik des Lithographie-Flachdrucks erleichtert.

Das Plakat wurde jetzt zur Modeerscheinung. Dies zeigten die ersten größeren Ausstellungen wie die internationale Plakatausstellung in London 1894. Plakatsammlungen entstanden, Spezialzeitschriften wurden gegründet.

Zu den bedeutendsten Plakatkünstlern nach der Jahrhundertwende zählten der in Paris wirkende Tscheche Alphonse Maria Mucha, der Schweizer Théophile-Alexandre Steinlen, in Deutschland – vor allem auch vom Jugendstil geprägt – Zeichner wie Thomas Theodor Heine vom „Simplicissimus", Ludwig Hohlwein in München und Lucian Bernard in Berlin. Bernard schuf das moderne „Sachplakat", auf dem nur ein Verkaufsartikel großflächig mit knappem Text und intensiven Farben dargestellt war. Durch die Vereinfachung des Plakatbildes sollte dessen Wahrnehmung im verwirrenden Stadtbild mit seinem dichter und schneller werdenden Verkehr erleichtert werden.

Plakatkunst und Wirkung von Plakaten im 20. Jahrhundert

Im 20. Jahrhundert erhielt das politische Plakat durch die revolutionären Bewegungen am Ende des Ersten Weltkrieges neue Impulse, wie z. B. 1917 in Russland, 1918/19 in Deutschland oder 1919/20 in Ungarn. Künstler der damaligen Avantgarde wie der russische Konstruktivist El Lissitzky entwarfen Plakate für die Revolution um die Massen rational wie emotional zu ergreifen. Diese Entwicklung zur Massenmobilisierung durch Plakate hatte ihre Vorbereitung bereits durch die offiziellen Kriegspropaganda- und Kriegsanleiheplakate zwischen 1914 und 1918 erfahren. Auch zwischen den Weltkriegen beeinflusste die künstlerische Avantgarde die Plakatkunst in hohem Maße. Mit dem Collage- und Fotomontageplakat bildete sich zudem eine ganz neue Richtung heraus, zu deren hervorragendsten Vertretern der Deutsche John Heartfield zählte. Die neuen Ausdrucksmittel verliehen auch dem wirtschaftlichen und kulturellen Plakat einen erneuten Aufschwung. Berühmt ist z. B. das Plakat des Amerikaners E. McKnight-Kauffer zum Film „Metropolis" von Fritz Lang (1929). Künstler des „Bauhauses" in Weimar und Dessau entwickelten einen sachlich-konstruktiven, ganz auf signalhafte Assoziationen zielenden Stil.

In den zwanziger und dreißiger Jahren entstanden eigene Werbeabteilungen in Großbetrieben und Warenhäusern sowie spezielle Werbeagenturen. Das allerdings setzte einen Prozess der Anonymisierung des Werbeplakats in Gang, der nach dem Zweiten Weltkrieg auch das politische Plakat erfasste und ihm den Vorwurf der „Waschmittelreklame" eintrug. Das kulturelle Plakat dagegen vermochte sich auch weiterhin in seiner persönlich verantworteten Gestaltung und damit künstlerischen Eigenständigkeit zu behaupten. Dies belegen z. B. Plakate von Pablo Picasso, die eigens als Kunstwerke konzipiert worden sind.

Im letzten Viertel des 20. Jahrhunderts wurden unter dem Einfluss von Op Art und Pop Art vor allem die Plakate des US-Amerikaners Andy Warhol (siehe S. 399) berühmt. Diese Entwicklung zeigt die künstlerische Innovationsfähigkeit der Plakatgestaltung, die auch den kommerziellen Zwecken dienenden anonymen Plakate neue Ausdrucksmöglichkeiten zur Verfügung stellte. Parallel wurden beim politischen Plakat neue Akzente durch Parteien wie „Die Grünen" gesetzt, die ein Ende der matten, inhaltlich nahezu austauschbaren Plakate der drei etablierten Parteien in Deutschland anzudeuten scheinen (siehe S. 336 f., Mat. 1 und 5).

Neben den drei ursprünglichen Anwendungsbereichen des Plakats existiert verstärkt seit dem späten 19. Jahrhundert eine sozialkritische Richtung. Zu ihren hervorragendsten Vertretern zählen beispielsweise die bereits erwähnten Théophile-Alexandre Steinlen und Thomas Theodor Heine vor dem Ersten Weltkrieg, John Heartfield, Käthe Kollwitz und George Grosz in der Zwischenkriegszeit, in den siebziger und achtziger Jahren z. B. Klaus Staeck (siehe S. 312) oder Klaus Wittkugel.

Politische wie sozialkritische Plakate leben zu einem guten Teil vom Angriff auf gegnerische Gruppen und deren Positionen. Gerade in dieser Funktion bedienen sie sich auch der Mittel der Satire und Karikatur. Das Angriffsplakat steht dabei jedoch in der Gefahr zur Verunglimpfung und zur Hass- und Feindbilderzeugung missbraucht zu werden. Einen Höhepunkt erlebte diese im Ersten Weltkrieg begonnene Entwicklung unter der nationalsozialistischen Herrschaft. Aber auch die scheinbar neutralen Werbeplakate der Wirtschaft stehen in der Gefahr Vorurteile zu befördern bzw. zu befestigen, z. B. das Bild des „unzivilisierten Schwarzen" (siehe Abbildung rechts).

Das Plakat ist auf Massenwirksamkeit angelegt. Es muss sich dem Betrachter im Verkehr der Städte überall und jederzeit aufdrängen. Das Plakat hat damit etwas Anarchisches an sich. Mit seiner flutartigen Verbreitung und seinen propagandistischen Botschaften vor allem im Zuge revolutionärer Entwicklungen erweist sich dieses Medium auch stetig als Unruhestifter. Sehr bald griffen daher Regierungen und Behörden disziplinierend ein: 1824 wurden in London

Hurra eine Pfaff, 1954, Plakat, Kaiserslautern

fahrbare Säulen eingesetzt; 1854, fünf Jahre nach dem preußischen Plakatgesetz, schloss der Drucker Ernst Theodor Amadeus Litfaß mit dem Berliner Polizeipräsidenten einen Vertrag über „öffentlichen Zettelaushang an Säulen und Brunneneinfassungen", was dann zur Aufstellung der sogenannten „Litfaßsäulen" führte. Auch heute gibt es immer wieder Zeiten, in denen die Plakate „wild" an alle erreichbaren Flächen geklebt werden, wie in früheren Wahlkämpfen oder in den Universitäten seit der Studentenbewegung von 1968. Aber im Normalfall stehen heute Anschlagtafeln bereit, die Ort und Platzumfang festlegen und begrenzen.

Auch wenn das Plakat möglichst viele Menschen erreichen will, so ist nicht gesagt, dass jedes Plakat unmittelbar auf Massen einzuwirken vermochte. Die Skepsis, ja Ablehnung, auf die revolutionäre Avantgardeplakate Anfang dieses Jahrhunderts bei der Mehrheit der Arbeiter stießen, und die ungeheure Wirksamkeit der Kriegsanleiheplakate trotz schwerer Bedrückungen 1916/17 sind nur Beispiele für die sehr unterschiedliche Breitenwirkung.

Über den Umgang mit Plakaten

Fragt man nach der Wirkung eines Plakats, nach seiner Beeinflussung unserer Sehgewohnheiten, gelten zunächst die generellen Fragen an Bildquellen: Wer sagt was, wann, zu wem, auf welchem Kanal, mit welcher Absicht? Zusätzlich jedoch müssen wir vor allem nach Informationen über seine Gestaltung, Orte und Ausmaß seiner Verbreitung sowie Reaktionen des Publikums suchen. Fragen wir nach dem Signal eines Plakats, nach seiner Bedeutung, dann werden je nach Erkenntnisziel zusätzliche Fragen wie die zur Karikatur im Vordergrund stehen: Absicht des Zeichners bzw. grafischen Gestalters, historisches Umfeld, Aussage des Plakats, Stereotype und Feindbilder.

Stellen wir mentalitätsgeschichtliche Fragen, dann gilt es herauszufinden, an welche Einstellungen, (geheimen) Wünsche und Vorstellungen die Macher des Plakats anzuknüpfen versuchen. Stehen kulturkritische Fragen wie inhaltliche Verflachung, beliebige Austauschbarkeit durch Versatzstücke zur Diskussion, dann kann auch die Frage wichtig werden, welche neuen Impulse gesetzt werden. Das Plakat über die Menschenrechte zum 200. Jahrestag der Französischen Revolution zielt nicht auf unmittelbares Verstehen, sondern will eher zum Nachdenken anregen (siehe Abbildung links). Es arbeitet zunächst ganz mit den klassischen plakativen Mitteln: Die rote Signalfarbe und die niedersausende Faust stehen für die Revolution. Rechts oben erscheint das Jahr 1789, das der Französischen Revolution, links unten das Jahr des 200. Jahrestages. Alle Elemente bilden eine Aufstiegslinie, die den klassischen Zielen der Französischen Revolution (Freiheit, Gleichheit, Brüderlichkeit) Dynamik und damit eine Zukunft verheißen. Aber das Plakat signalisiert auch Zweifel: der dunkle Hintergrund – doch keine Erfolgsgeschichte? Könnte die blutige Hand nicht auch abgerissen sein? Dargestellt ist auch keine markige Männerfaust in der Tradition sozialistischer Utopien. Vielleicht ist die Sache der Menschenrechte und der Gleichheit für den Künstler in Gefahr.

Gunter Rambow, 1789–1989. Plakatentwurf für eine internationale Plakatausstellung über die Menschenrechte anlässlich des 200. Jahrestags der Französischen Revolution 1989, Paris

1. Interpretieren Sie mit Hilfe der Hinweise zum Umgang mit Plakaten die Beispiele S. 18, 27, 53 und 55 im Hinblick auf die „Modernisierung" der westlichen Gesellschaft zwischen 1880 und 1930 (zu den Begriffen „Moderne" und „Modernisierung" siehe S. 11 f.).
2. Fotografieren Sie in kleinen Gruppen politische und wirtschaftliche Werbeplakate in Ihrem Ort und vergleichen Sie sie mit Plakaten aus der ersten Hälfte dieses Jahrhunderts (siehe z. B. S. 18, 25, 27, 53, 55, 194, 197). Welche wirtschafts- bzw. politikgeschichtlichen Entwicklungen lassen sich aus der Gegenüberstellung ablesen? Präsentieren Sie Ihre Ergebnisse in Form einer schriftlichen Hausarbeit, eines mündlichen Referats oder einer kleinen Wandzeitung mit Einleitungstext.

Die Welt der Zahlen: Zum Umgang mit Statistiken

Warum sind Zahlen wichtig?

In unserer alltäglichen Lebenswelt, beim Zeitung lesen oder Fernsehen, sehen wir uns zunehmend mit Zahlenreihen über die wirtschaftliche Entwicklung, über Einstellungen in der Bevölkerung oder über das Wahlverhalten konfrontiert. Diese müssen gelesen, kritisch analysiert und interpretiert werden, denn Statistiken wollen nicht nur informieren, sondern auch Meinungen belegen und Meinungsbildung steuern.

Im 19. und bis weit ins 20. Jahrhundert hinein haben viele Historiker ihre Hauptaufgabe in der Beschreibung staatspolitischer und militärischer Ereignisse gesehen, meist verbunden mit dem Ziel vorbildliche Verhaltensweisen und Wertmuster zu formulieren. Sie untersuchten vor allem Absichtserklärungen und Taten großer Politiker sowie Äußerungen von Angehörigen der Oberschichten, die sich in einem Großteil der schriftlichen Quellen niedergeschlagen haben. Aber spätestens mit den 1970er Jahren, in Frankreich schon seit den 1920er Jahren, hat sich dieses Interesse gewandelt. Seither stehen z. B. Entwicklung und Wirkungen eines Herrschaftssystems und dessen kritische Beurteilung im Zentrum des Forschungsinteresses. Um auf diese Fragen Antworten zu finden reichen die herkömmlichen Methoden nicht aus. Denn, um bei dem Beispiel zu bleiben, Herrschaft stützt sich nicht nur auf „Männer, die Geschichte machen", sondern auch auf Unterschichten, deren wirtschaftliche Voraussetzungen, auf konkrete Arbeits- und Lebensumstände, Gruppenbindungen, d. h. auf soziale Strukturen und Erscheinungen von „langer Dauer" (Fernand Braudel). Seit sich das Forschungsinteresse solchen Fragen zugewandt hat, gewinnt der Umgang mit statistischen Materialien für die Geschichtswissenschaft zunehmend an Bedeutung. Denn sie können zum Teil besser als bildliche, schriftliche oder gegenständliche Quellen hierüber Auskunft geben.

Für Historiker sind Zahlen jedoch nur eine Quelle unter vielen und häufig entgeht demjenigen, der ausschließlich mit Zahlenreihen arbeitet, die Erfassung und Analyse von Entwicklungen, die nicht in Zahlen gefasst worden sind. Nur weil z. B. über die Arbeit von Frauen oder frauentypische Tätigkeiten kaum Statistiken vorliegen, heißt dies lange noch nicht, dass es sie historisch nicht gegeben hat. Ähnliches gilt für die Geschichte von Ländern ohne lange statistische Tradition; insbesondere für Staaten aus der „Dritten Welt" liegen häufig erst seit den 1960er Jahren Datenerhebungen vor. Auch Statistiken, so „objektiv" sie auf den ersten Blick erscheinen, sind also immer Ausschnitte und Vereinfachungen von komplexen Zusammenhängen.

Woher kommen die Zahlen?

Zahlen werden gemacht: Insbesondere für das Mittelalter, die frühe Neuzeit und weite Teile des 19. Jahrhunderts stellen Statistiken oftmals Komprimierungen von Quellen unterschiedlichster Herkunft dar, die Wissenschaftler zusammengestellt haben. Sie können Hochrechnungen oder begründete Schätzungen enthalten, wie z. B. mittelalterliche und frühneuzeitliche Zahlen zur Bevölkerungsentwicklung. Es handelt sich dabei um ein legitimes wissenschaftliches Verfahren, nur sind solche Ergänzungen ausdrücklich anzuzeigen. Statistiken aus diesen Jahrhunderten sind aus diesen Gründen in Fachpublikationen oft mit langen Anmerkungen versehen, die jedoch später, beispielsweise in statistischen Quellensammlungen oder bei der Präsentation in Schulbüchern, der Übersicht halber verkürzt oder ganz weggelassen werden.

Mit der Herausbildung der Statistik als Wissenschaftsdisziplin im 18. Jahrhundert und der amtlichen Statistiken in der ersten Hälfte des 19. Jahrhunderts setzte eine engmaschige, kontinuierliche amtliche Datenerhebung für viele Bereiche der Gesellschaft ein. Solche amtlichen Statistiken gelten als relativ zuverlässig. Sie müssen auch nicht mehr mühsam aus Archivalien zusammengestellt und teilweise rekonstruiert werden (bis ins 18. Jahrhundert gehörten Datensammlungen über die Wirtschaft und Bevölkerung eines Landes zu den Staatsgeheimnissen), sondern erscheinen regelmäßig in Büchern oder – seit einigen Jahren – auf elektronischen Datenträgern. Sie werden durch Erhebungen von halbamtlichen und privaten Einrichtungen ergänzt, seit dem Zweiten Weltkrieg vor allem durch Meinungsumfragen.

Durch die steigende Zahl von Datenerhebungen haben sich aber einige statistische Probleme verstärkt, vor allem die Vergleichbarkeit der Kategorien. Wie wird im Zusammenhang mit der Frage nach der Verteilung von Armut und Reichtum z. B. die Kategorie „Existenzminimum" vom Statistischen Bundesamt definiert, wie wird sie von privaten Einrichtungen bestimmt, wie in Frankreich oder England? Die Fülle der Daten darf zudem nicht übersehen lassen, dass auch hier der Historiker die für seine Fragestellung relevanten Statistiken auswählt. Häufig verbindet er in einem Schaubild mehrere Entwicklungslinien miteinander und stellt dadurch Verbindungen zwischen Phänomenen her, die in der Praxis zunächst einmal nichts miteinander zu tun haben müssen. Dabei greift er in der Regel auf ein Vorwissen zurück, das er aus der Analyse und Interpretation anderer Quellengattungen gewonnen hat.

Die Darstellung von Statistiken

Eine Statistik kann als Zahlentabelle oder als Diagramm, d. h. in grafischer Form, dargestellt werden. Für die grafische Umsetzung stehen verschiedene Formen zur Verfügung:
1. das *Säulen- bzw. Balkendiagramm* (siehe z. B. S. 13, oben links), zu dem auch die besondere Form der *Bevölkerungspyramide* zählt;
2. das *Kreis- oder Halbkreisdiagramm*, das z. B. im Fernsehen häufig bei der Anzeige der Verteilung von Parlamentssitzen zu sehen ist;
3. das *Liniendiagramm* (siehe z. B. S. 415, Mat. 7 und 9);
4. das aus dem Liniendiagramm abgeleitete *Flächendiagramm* (siehe z. B. S. 13, oben rechts);
5. das *Figurendiagramm*, d. h. die vereinfachte figürliche Abbildung von Personen oder Gegenständen, die ihren Einsatz auch in Kombination mit Karten findet.

Beim Umgang mit Grafiken ist immer zu bedenken, dass die Bestimmung der Maßeinheiten, z. B. der Jahresabstände, Aussagen akzentuiert. Wenn beispielsweise in einer Grafik durch die Wahl des Zeitraums nur *ein* Ausschlag einer Kurve herausgestellt wird, kann dies wertvolle Erkenntnisse über Detailentwicklungen vermitteln; offen bleibt aber, ob derartige Ausschläge nicht auch vor oder nach dem gewählten Zeitausschnitt aufgetreten sind. Etwas erscheint als Einzelereignis, was tatsächlich ein strukturelles Problem einer Gesellschaft darstellen könnte, z. B. Arbeitslosigkeit in industriekapitalistischen Gesellschaften des 20. Jahrhunderts. Auch die Wahl der Farben kann bestimmte Interpretationsrichtungen begünstigen.

In diesem Zusammenhang ist auch auf das Problem der geographischen Bezugsgröße hinzuweisen, das für Tabellen und Grafiken gleichermaßen gilt. Statistiken zur deutschen Geschichte im 19. und 20. Jahrhundert stellen manchmal eine Kombination aus Daten für das größte Land Preußen (bis 1870), für das Deutsche Reich (1871 bis 1945) und für die alte Bundesrepublik (1949 bis 1990) dar. Unterschiede in den geographischen Bezugsgrößen können aber mit sozialen und wirtschaftlichen Verschiebungen einhergehen.

Absolute und relative Zahlenwerte

Hinsichtlich der Zahlenwerte ist zwischen *absoluten (auch nominalen) Zahlenwerten* und *relativen Zahlenwerten* zu unterscheiden. Die Arbeitslosenzahl beispielsweise gibt die tatsächliche Summe der Menschen wieder, die als arbeitslos registriert sind; die Arbeitslosenquote hingegen berechnet in Prozent die Summe in Bezug auf die Gesamtzahl der Erwerbstätigen. Bei einer Zunahme der Erwerbstätigen kann die Entwicklung der Arbeitslosen*zahl* also ein Ansteigen nachweisen, die *Quote* hingegen ein Stagnieren oder Fallen. Zu den relativen Werten gehören:

1. *Prozentangaben,* z. B. die eben genannte Arbeitslosenquote oder bei einer Wahl der Anteil der Stimmen einer Partei in Bezug auf die Gesamtzahl der abgegebenen Stimmen. Bei Prozentangaben muss man allerdings sichergehen, dass die Bezugsgröße auch tatsächlich konstant geblieben ist. Ein besonderes Problem ist bei Wahlstatistiken das Fehlen von Zahlen zur Entwicklung der Nicht- und Erstwähler. Was nach dem reinen Wahlergebnis zunächst als veränderte Wahlpräferenz für eine Partei aussieht, könnte Ausdruck von Verschiebungen bei den Nicht- und/oder Erstwählern sein. Einen Hinweis darauf gibt die Wahlbeteiligung. Bedeutsam ist immer die Fragestellung. Will man die Entscheidungen des Wahlvolks untersuchen, benötigt man die absoluten Zahlenwerte, weil nur diese die realen Wählerbewegungen widerspiegeln. Fragt man dagegen nach den Auswirkungen einer Wahl auf die politische Machtverteilung, sind bei einem Verhältniswahlrecht wie in Deutschland die Prozentzahlen aussagekräftiger.

2. *Indexreihen* setzen ein bestimmtes Jahr gleich 100 und beziehen rechnerisch (mit Hilfe des Dreisatzes) alle folgenden bzw. vorausgehenden Daten auf dieses Jahr.

3. *Korrelationskoeffizienten,* d. h. mathematische Zahlen, die Wechselbeziehungen ausdrücken, die aber nur selten in Schulbüchern zu finden sind. Die Korrelationsanalyse setzt zwei oder mehrere Erscheinungen in eine mathematische Beziehung zueinander, z. B. Konjunkturverlauf und Diebstähle. Ein Korrelationskoeffizient, der gegen +1,00 geht, weist auf einen sehr starken positiven Zusammenhang hin, geht der Wert gegen −1,00 auf einen negativen Zusammenhang, d. h. auf eine sehr schwache Beziehung. Aber bereits hinter der Auswahl der Erscheinungen, die miteinander verglichen werden, stehen Vorannahmen des Historikers, z. B. dass ein Diebstahl nicht Ausfluss der Persönlichkeitsstruktur eines Einzelnen ist, sondern durch wirtschaftliche Notsituationen hervorgerufen werden kann.

Wie gehe ich mit Statistiken um?

Methodisch sind die Arbeit an Statistiken und die Arbeit mit schriftlichen Zeugnissen vergleichbar: Der Analyse der inhaltlichen und formalen Merkmale folgt das Beschreiben, Werten und Beurteilen des Aussagegehalts.

Analyse der inhaltlichen Merkmale:
– Unter welcher Leitfrage soll die Statistik untersucht werden?
– Zu welchem Einzelthema gibt die Statistik Auskunft? Auf welchen Zeitraum bezieht sie sich (Lücken?)? Auf welchen geographischen Raum bezieht sie sich?

– Die Zuverlässigkeit von Statistiken ist in Schulbüchern nur begrenzt zu prüfen; hier muss die Aufnahme in das Schulbuch bereits eine gewisse Sicherheit bieten; allerdings ist nachzuweisen, woher die Statistik stammt. Manchmal ist es auch wichtig nachzufragen, wer die Statistik in Auftrag gegeben hat: Wurde eine Arbeitslosenstatistik vom Staat oder von den Gewerkschaften erstellt?

Analyse der formalen Merkmale:
– Welche Kategorien werden in Beziehung gesetzt?
– Ergeben sich aus der Darstellungsform besondere Aussagen?
– Welche Zahlenwerte sind aufgeführt?

Beschreiben, Werten und Beurteilen des Aussagegehalts:
– Welche Einzelinformationen gibt die Statistik (d. h. lassen sich Schwerpunkte, Ausschläge, regelhafte Verläufe erkennen)? Wie lässt sich die Aussage zusammenfassen?
– Reicht die Statistik als Indikator zur Beantwortung der Leitfrage aus oder kann man nur vorläufige Schlüsse ziehen (müssen weitere Indikatoren herangezogen werden)?

Bruttoverdienste der Arbeiter und Arbeiterinnen im Deutschen Reich 1913–1932:

Jahr	Arbeiter/innen insgesamt (1928 = 100)		Frauenlöhne in der Industrie[c] (Tarifliche Stundenlöhne in % der männlichen Facharbeiter- bzw. Hilfsarbeiterlöhne)	
	Nominallöhne[a] je Woche	Reallöhne[b] je Woche	Facharbeiterinnen	Hilfsarbeiterinnen
1913/14	61	93	58 %	71 %
1924	–	–	65 %	62 %
1925	75	81	–	–
1926	78	84	–	–
1927	88	89	–	–
1928	100	100	63 %	66 %
1929	103	102	–	–
1930	95	97	63 %	64 %
1931	84	94	–	–
1932	69	86	–	–

(a) Effektivlöhne, d. h. vom Tariflohn abweichende Löhne sind enthalten.
(b) Umgerechnet mit Hilfe der Indexziffern für die Entwicklung der Lebenshaltungskosten.
(c) Für die Jahre 1913/14 und 1924 Angaben nur für die Kartonagenindustrie an 20 Hauptstandorten.

Nach Dietmar Petzina/Werner Abelshauser/Anselm Faust, Sozialgeschichtliches Arbeitsbuch, Bd. 3: Materialien zur Statistik des Deutschen Reiches 1914–1945, München 1978, S. 98–100.

Ein Beispiel: Die wirtschaftliche Lage der Arbeiter/innen in der Weimarer Republik

Analyse der inhaltlichen Merkmale:
– Die unten aufgeführte Statistik soll unter der Leitfrage „Wie entwickelte sich die wirtschaftliche Lage der Arbeiterschaft in der Weimarer Republik?" untersucht werden. Der Indikator „Verdienst" besitzt eine hohe Aussagekraft, da die wirtschaftliche Lage in entwickelten industriekapitalistischen Gesellschaften vor allem von dem Geld bestimmt wird, das jemand als Gegenleistung für seine Arbeit erhält.
– Die vorliegende Statistik gliedert sich in zwei Teile. Die ersten beiden Spalten liefern Angaben zu den durchschnittlichen Bruttoverdiensten von Arbeiter/innen. Mit dem Begriff „Verdienst" ist gesagt, dass z. B. Einkommen aus Nebentätigkeiten keine Berücksichtigung finden; „brutto" bedeutet das Arbeitsentgelt ohne Abzug der Steuern und Sozialversicherungsbeiträge (z. B. Krankenversicherung). In einer Anmerkung wird zudem darauf hingewiesen, dass nicht die im Tarifvertrag festgelegten Löhne, sondern die tatsächlich vom Arbeitgeber gezahlten Löhne Ausgangsbasis der Statistik sind. Die Angaben in Spalte 1 und 2 unterscheiden sich durch die Nichtberücksichtigung bzw. Berücksichtigung der Lebenshaltungskosten; denn eine Erhöhung der Nominallöhne kann durch steigende Preise so aufgezehrt werden, dass „real" eine Stagnation oder gar ein Rückgang eintritt. Im Hinblick auf die Leitfrage ist also die Reallohnentwicklung der aussagekräftigere Indikator für die objektiv feststellbare wirtschaftliche Lage.

Der zweite Teil der Statistik liefert Zahlen zur Entwicklung der Frauenverdienste im Vergleich zu den Männern, allerdings nur für den Bereich der Industrie; Landwirtschaft und Dienstleistungssektor bleiben unberücksichtigt; die Werte für die Jahre 1913/14 und 1924 gelten nur für die Kartonagenindustrie. Im Gegensatz zu den ersten beiden Spalten sind hier nicht die Effektivlöhne, sondern die tariflichen Löhne zugrunde gelegt worden und auch nicht die Wochenlöhne, sondern der Stundenverdienst. Unter Berücksichtigung dieser Vorbehalte kann die Statistik dennoch tendenziell Auskunft über die Verdienstentwicklung von Frauen geben, da sie in sich schlüssig bleibt (tarifliche Stundenlöhne in Prozent der männlichen Facharbeiter- bzw. Hilfsarbeiterlöhne in der Industrie).

Die Statistik gilt für das Gebiet des Deutschen Reiches. Sie nimmt den Zeitraum zwischen 1913/14 und 1932 in den Blick, betrachtet also die Lohnentwicklung in der Weimarer Republik im Vergleich zur Vorkriegszeit. Die Jahre 1918 bis 1923 sind nicht angeführt, da in dieser Zeit in Deutschland eine außergewöhnlich hohe Inflation herrschte, die es nur bedingt erlaubt durchschnittliche Jahresangaben zu liefern;

aussagekräftig ist die Statistik also nur für die „normalen" Jahre der Weimarer Republik. Wie die Arbeiter in der Inflationszeit „wirtschaftlich über die Runden" kamen, muss offen bleiben. Die Zahlenreihen für die Entwicklung der Frauenlöhne sind stark lückenhaft, enthalten jedoch Material für die entscheidenden Jahre des Betrachtungszeitraums, d. h. für das letzte Vorkriegsjahr (1913/14), das erste Jahr nach der Inflation (1924), für ein Jahr, das von der allgemeinen wirtschaftlichen Entwicklung her betrachtet zu den besten der Epoche zählt (1928) und schließlich für das erste Jahr der Weltwirtschaftskrise (1930), obwohl das Jahr 1932 als Höhepunkt der Krise bessere Angaben liefern könnte.
– Die Zahlenreihen sind einer wissenschaftlichen statistischen Materialsammlung zum Deutschen Reich 1914–1945 entnommen; die Autoren wiederum haben ihre Angaben amtlichen Erhebungen entnommen, ergänzt durch Angaben aus wirtschaftshistorischen Fachpublikationen. Die Zahlen können als relativ zuverlässig gelten.

Analyse der formalen Merkmale:
– Die Statistik bezieht Zahlenwerte über Löhne und die (lückenhaften) Jahresangaben 1913–1932 aufeinander, d. h. es werden zeitliche Entwicklungen dargestellt. Darüber hinaus bietet die Statistik Anhaltspunkte für eine geschlechtsspezifische Differenzierung in der Lohnentwicklung.
– Dargeboten wird sie in Form einer Tabelle; die Entwicklungen sind also exakt zu beziffern.
– Es werden ausschließlich relative Zahlenwerte aufgeführt: für die allgemeine Verdienstentwicklung Indexreihen bezogen auf das Jahr 1928, für die Frauenlöhne Prozentangaben, d. h. Angaben in „von Hundert der männlichen tariflichen Stundenlöhne". Indirekt werden damit sowohl das Jahr 1928 als auch die Männerlöhne als Bezugsgrößen angesehen, die etwas „Normales" widerspiegeln.

Beschreiben, Werten und Beurteilen des Aussagegehalts:
– Die Verdienstentwicklung der Arbeiter zeigt bei den Nominallöhnen im Vergleich zur Vorkriegszeit eine stetige Aufwärtsentwicklung mit dem Jahr 1929 als Höhepunkt; bis dahin sind die Löhne nominal um fast zwei Fünftel gestiegen. Danach fallen sie innerhalb von nur drei Jahren fast wieder auf das Vorkriegsniveau zurück. Der Indikator „Reallöhne" muss diesen Befund allerdings relativieren. Bis zum Höhepunkt 1929, und das bedeutet innerhalb einer Spanne von fünfzehn Jahren, sind die Löhne nur um 9 Prozent gestiegen. In der Weltwirtschaftskrise fallen die Reallöhne dann innerhalb von nur drei Jahren sogar unter das Vorkriegsniveau. Geschlechtsspezifische Ungleichheiten werden in der Weimarer Republik auch in der zweiten Hälfte der zwanziger Jahre nicht abgebaut. Bei den Facharbeiterinnen schließt sich die Schere zwar um einige Prozentpunkte, bei den Hilfsarbeiterinnen aber wird sie größer. In der Regel verdienen Arbeiterinnen in der Weimarer Republik wie schon in der Vorkriegszeit ein Drittel weniger als Männer. Zusammenfassend kann festgehalten werden, dass sich, gemessen an dem Indikator „Verdienst", die wirtschaftliche Lage der Arbeiter/innen in der Weimarer Republik gegenüber der Vorkriegszeit leicht verbesserte. Damit ging jedoch kein Abbau geschlechtsspezifischer Ungleichheiten einher.
– Für eine umfassende Bewertung der wirtschaftlichen Lage reicht allerdings die Statistik der Lohnentwicklung nicht aus. Wenn die Abgaben an den Staat steigen, kann beispielsweise das Nettogehalt erheblich unter dem Bruttogehalt liegen. Die wirtschaftliche Lage wird auch davon bestimmt, ob jemand alleine lebt oder eine Familie mit mehreren Kindern zu versorgen hat. Auch Arbeitslosigkeit, insbesondere Dauerarbeitslosigkeit bestimmt die wirtschaftliche Lage. Wer immer wieder damit rechnen muss arbeitslos zu werden kann seine Ausgaben, insbesondere längerfristige, nicht planen. Und schließlich spielt die ganz persönliche, subjektive Einschätzung der wirtschaflichen Lage eine Rolle. Obwohl die Reallöhne im Vergleich zu den Nominallöhnen bis 1932 „nur" um 14 Prozent gefallen sind, haben viele Arbeiter die Lohnsenkungen der Weltwirtschaftskrise als eine „dramatische" Verschlechterung empfunden.

1. Setzen Sie die Statistik zur Bevölkerungs- und Gemeindegrößenklassenentwicklung in Deutschland (siehe S. 38, Mat. 2) in eine Grafik um. Begründen Sie die Wahl Ihrer grafischen Form. Verändern Sie in mehreren Varianten die Größenabstände bei den Jahreszahlen. Welche Auswirkungen haben diese Veränderungen auf die Interpretation?
2. Interpretieren Sie die Tabellen S. 403 unter der Frage, wie sich die Familie in der ehemaligen DDR im Vergleich zur Bundesrepublik entwickelt hat.
3. Stellen Sie mit Hilfe des Lehrwerks Statistiken zusammen, die als Indikatoren des Modernisierungsprozesses gelten. Begründen Sie Ihre Auswahl.
4. Recherchieren Sie Zahlen über die Bevölkerungsentwicklung in der Bundesrepublik (siehe z. B. Statistisches Jahrbuch der Bundesrepublik) und in Ihrem Ort seit Ende des Zweiten Weltkriegs (Anfragen über Stadtbibliothek, Lokalarchiv, Stadtverwaltung). Stellen Sie eine Indexreihe, bezogen auf das erste Jahr Ihrer Datenreihe, auf und untersuchen Sie, inwieweit die demographische Entwicklung Ihres Ortes mit der allgemeinen Entwicklung übereinstimmt. Suchen Sie nach Gründen für eventuelle Abweichungen.

Fotografien als historische Quellen

„Es ist photographiert worden, also existiert es!", hat der bedeutende, 1906 geborene österreichische Fotograf Karl Pawlek bündig formuliert. Die berechtigte und gleichzeitig verführerische Faszination des Mediums „Foto" als einer „Wiedergabe von Wirklichkeit" scheint in diesem knappen Satz zusammengefasst. Die Fotografie drängt sich dem Betrachter als direktes Abbild der Wirklichkeit auf, denn was nicht existiert, kann ja auch nicht fotografiert werden. Aber *wie* etwas fotografiert wird, das bestimmt der Fotograf.

Zur Geschichte der Fotografie

Die Fotografie, das „Schreiben mit Licht", entstand im ersten Drittel des 19. Jahrhunderts. 1826 gelang es dem Franzosen Joseph Nicéphore Niepce ohne Stifte und Farben, allein durch physikalisch-chemische Prozesse eine befriedigende Kameraaufnahme auf Platten vom Hof seines Landhauses herzustellen. Dieses erste Foto benötigte noch eine Belichtungszeit von acht bis zehn Stunden. Der Partner Niepces, Jaques Daguerre, entdeckte in den 1830er Jahren ein Verfahren zur Entwicklung und Fixierung von Fotografien. Als der eigentliche Erfinder der Fotografie in ihrer heutigen Form, d.h. der Fotografie auf Papier und immer wieder reproduzierbar, gilt jedoch der Amerikaner William Henry Fox Talbot. Er entwickelte 1840 das erste Positiv-Negativ-Verfahren, das neben einer kurzen Belichtungszeit vor allem eine fast unbegrenzte Vervielfältigung sowie die Vergrößerung des Negativs ermöglichte.

Mit der Erfindung der Autotypie, des Klischees von einer Fotografie, vermochte auch die Presse das neue Medium zu nutzen. Am 4. März 1880 erschien das erste Foto, „Shantytown" (Elendsviertel im New Yorker „Daily Graphic"). Aber der Siegeszug der Pressefotografie setzte erst im 20. Jahrhundert nach dem Ersten Weltkrieg ein. Jetzt war die Klischeeherstellung billiger und einfacher geworden, sodass sich der uns bekannte, aktualitätsbezogene Fotojournalismus entwickeln konnte.

Bereits 1888 entwickelte der Amerikaner George Eastmann die erste Rollfilmkamera, die sogenannte Kodak, ein Jahr später den Rollfilm selbst. Ihr Grundprinzip bestimmte die Entwicklung aller weiteren Kameras und Filmmaterialien, die zunehmend handlicher und leichter anwendbar wurden. Ein wichtiger Entwicklungsschritt erfolgte 1906/07 mit der Erfindung der Farbfotografie. Die Rollfilmkamera veränderte die Fotografie nicht nur technisch, sondern auch sozial. Sie eröffnete auch der Masse der Bevölkerung den Zugang zum Fotografieren. Zwar waren um 1920 Kameras mit Preisen von 21 bis 210 Mark für Arbeiter und Angestellte noch unerschwinglich, 1930 aber kostete die Agfa-Box nur noch 4 Mark. In wenigen Jahren waren mehr als drei Millionen Stück verkauft. Fotografieren war eine Sache für jedermann geworden. Das Foto einer Person, eines Gegenstandes, eines Kunstwerks, einer Landschaft oder eines Ereignisses war überall und für jeden zugänglich geworden. Die Fotografie demokratisierte also die Bilderwelt auf doppelte Weise: im Bildzugang und in der Bildherstellung. Sie erwies sich damit als eines *der* Medien der Moderne.

Die Fotografie als historische Quelle

Indem das Foto die Zeit aufhebt, d. h. sie durch Abbildung bewahrt und sie jederzeit und überall wieder sichtbar machen kann, wird sie zu einem historischen Dokument:
1. als Gebrauchs- oder professionelle Fotografie, z. B. die von Fotoreportern oder Modefotografen usw.,
2. als Amateurfotografie,
3. als eigenständigem Kunstwerk.

Die Fotografie als eine solche Bildquelle ist zunächst wie jede andere historische Quelle zu behandeln:
– *Wann ist sie entstanden?*
– *Was stellt sie dar?*
– *Wer hat in wessen Auftrag fotografiert?*
– *Für welche(n) Adressaten ist die Fotografie gemacht worden?*

Der schlechte Zustand der Aufbewahrung und Dokumentation der Masse der Fotografien macht es in der Regel sehr schwer diese quellenkritischen Fragen vollständig zu beantworten; sie bleiben aber notwendig für eine möglichst gesicherte historische Aussage.

Auch für die Interpretation von Fotografien gelten dieselben Regeln wie für andere Bildmedien. Denn Fotos *scheinen* nur die Wirklichkeit abzubilden, *tatsächlich* aber bieten sie bearbeitete Realität:
– *Welches Motiv hat der Fotograf ausgewählt?*
– *Welchen Bildausschnitt und welchen Blickwinkel hat er bestimmt?*
– *Welche Belichtungsdauer hat er eingesetzt?*
– *Welche Brennweite des Objektivs hat er benutzt und damit Nähe oder Ferne bzw. Dehnung oder Stauchung des Objekts beeinflusst?*
– *Welches Fotopapier hat er schließlich gewählt?*
– *Welche Retuschierung hat er eventuell vorgenommen?*

Aber trotz aller Manipulationsmöglichkeiten bleibt nach Wolfgang Ruppert das Foto „dasjenige visuelle Medium, das eine Annäherung an die Wirklichkeit mit dem höchsten Authentizitätsgrad erlaubt".[1] Auf den chemischen Grundprozess, Wirklichkeit mittels Licht auf einem Film abzubilden, hat der Fotograf keinen Einfluss. Das Bild der Stadt St. Goarshausen am Rhein von Jochen Knobloch (S. 394) zeigt das deutlich: Zwar drängt der Fotograf die drei Ebenen der Bebauung des linken Rheinufers durch extremes Zoomen stärker zusammen als es vor Ort erscheint. Dadurch wird die Zersiedlung einer alten Kulturlandschaft aber allenfalls in ihrer Aussage gesteigert, nicht verfälscht.

Der Erkenntniswert von Fotografien

Zunächst lassen sich aus Fotografien wie auch aus Gemälden *realkundliche Aussagen* gewinnen, die über andere, z.B. schriftliche Quellen, hinausgehen. Wie sahen Wohnhäuser, Stadtviertel, Fabriken, Werkzeuge oder Maschinen aus? Wie wohnten Menschen? Wie kleideten sie sich? usw. Das lässt sich oft schon durch einzelne Fotos gut zeigen. Einen besonderen Stellenwert hat die Fotografie aber auch für *sozial- und mentalitätsgeschichtliche Fragestellungen*. Allerdings bedarf es dabei für generalisierende Aussagen erstens ganzer Fotoserien zu einer bestimmten Fragestellung und zweitens der Heranziehung schriftlicher Quellen zum Vergleich und zur Kontrolle. Im Bereich der *Umweltgeschichte* kann die Fotografie, vor allem die Fotoserie, die Geschichte der Veränderung einer Landschaft oder Siedlungsregion „erzählen". Der Fotograf Michael Ruetz z.B. erstellt in Form eines langfristigen Projekts Serien der Landschafts- und Stadtentwicklung, die bestimmte Ausschnitte über mehrere Jahre hin von demselben Standpunkt aus abbilden und exakt dokumentieren.[2]

Die Pressefotografie bietet umfangreiches Material *zur politischen* Geschichte der letzten hundert Jahre. Sie begleitet diese illustrierend und interpretierend bis hin zur propagandistischen Absicht und kann später immer wieder neu dazu benutzt werden. So sind manche dieser Fotos geradezu zum ikonologischen Zeichen, d.h. zum charakterisierenden Kennzeichen, einer bestimmten Zeit geworden. Dazu gehören die Bilder von blumengeschmückten jungen Männern, die, von der Menge am Straßenrand bejubelt, in den Krieg ziehen, oder das Bild von dem kleinen Jungen, der mit erhobenen Händen wahrscheinlich abgeführt wird. Wie dies letztere zeigt, bedürfen die Dokumentarfotografien einer Bildunterschrift, die sie in eine „Geschichte" einbetten und so das Dargestellte verständlich machen. Erst dieser sprachliche Kontext ermöglicht die Interpretation. Das Problem solcher Unterschriften beruht jedoch darin, dass sie oft keine genauen quellenmäßigen Angaben sind, sondern allgemeine, von den Benutzern frei gewählte Formulierungen.

Beispiele zum Umgang mit Fotografien

Das Bild des kleinen Jungen auf dem unten abgebildeten Foto ist ein „Täterfoto" aus dem sogenannten Stroop-Bericht des Jahres 1943 mit dem Titel: „Es gibt keinen jüdischen

„Mit Gewalt aus Bunkern hervorgeholt". Fotografie, Warschau 1943

Der Bau der Berliner Mauer 1961 in Fotografien – Abbildung 1

Wohnbezirk in Warschau mehr". Dort hat das Foto die Unterschrift: „Mit Gewalt aus Bunkern hervorgeholt". Ganz andere Erzählzusammenhänge stellen folgende Unterschriften her: „Juden aus dem Warschauer Ghetto werden in die Vernichtungslager abtransportiert" oder „Die Überlebenden der Aufstände im Warschauer Ghetto im April 1943 ergeben sich der SS". Diese Unterschriften sind nicht falsch, aber sie erklären das Bild sofort und neutralisieren oder emotionalisieren es.

Aber das Foto wirkt auch für sich allein, nur Ort und Zeitpunkt wären notwendig. Die Gebärden der Opfer und Täter sind für sich aussagekräftig genug. Die zugehörige Geschichte lässt sich durch den Stroop-Bericht und Aussagen von Täter und Opfer ergänzen. Der Mann mit der Maschinenpistole stand 1969 in Erfurt vor Gericht und wurde zum Tode verurteilt. Der Junge, Tvsi Nussbaum, überlebte als einziger seiner Familie im KZ Bergen-Belsen und praktiziert heute als Arzt in New York. Es wird deutlich, dass ein Foto geschehene Geschichte in einem Moment ohne Vorher und ohne Nachher still stellt.

Das Foto des kleinen Jungen lässt sich auch als *Typus einer bestimmten Kriegsfotografie* deuten. Zivilisten, vor allem Frauen und Kinder, sind hilflos der auf sie gerichteten Waffe ausgeliefert. Die Waffe schützt sie nicht, sondern ist Ausdruck einer brutalen Aggression. Eine solche Deutung eines Fotos wird nur dadurch möglich, dass das betrachtende Pu-

Methodenarbeitsteile

Der Bau der Berliner Mauer 1961 in Fotografien – Abbildung 2

Der Bau der Berliner Mauer 1961 in Fotografien – Abbildung 3

blikum bestimmte Bildzeichen sieht und durch feste Wahrnehmungsmuster liest, es also nicht nur *dokumentarisch* aufnimmt, sondern *symbolisch* deutet. Das bekannte Foto von Carl von Ossietzky (1889–1938) im KZ Oranienburg ist zu einem Symbol für die deutsche Geschichte von 1933 bis 1945 geworden. Auch hier handelt es sich um ein „Täterfoto", das wahrscheinlich bei einem Appell entstanden ist.[3]

Zur quellenkritischen Arbeit mit Fotos gehört auch die Identifizierung und Analyse „retuschierter Realität". Die Eliminierung Trotzkys durch die stalinistische Propaganda aus den Fotos, die ihn mit Lenin zeigen sind dafür ein ebenso bekanntes Beispiel wie die Wegretuschierung der sogenannten „Vierer-Bande" aus den offiziellen chinesischen Fotos nach dem Tode Mao Zedongs.

Für den kritischen Umgang mit Dokumentarfotos ist aber mindestens genauso wichtig die Manipulation durch Ausschnittwahl und Aufnahmetechnik zu untersuchen und in die Interpretation einzubeziehen. Dies lässt sich an drei Bildern zum Berliner Mauerbau verdeutlichen. Abbildung 1 (siehe S. 445) ist geradezu zu einer Ikone der Ereignisse vom 13. August 1961 geworden. Die Ausschnittwahl und Perspektive wird zum Ausdruck der Gewalt gegen die eigenen Leute, die sich selbst in einer bedrückenden Umzingelung von Befestigungswerken einmauern müssen. Dabei teilen sie die eine Stadt Berlin, was durch die Hineinnahme des Straßenschildes „Bernauer Straße", das noch über die Mauer ragt, versinnbildlicht wird. Die bedrückende Situation im ersten Bild spiegelt sich in den Abbildungen 2 und 3 (siehe links) nicht so stark. Die Totale im zweiten Bild distanziert den Betrachter vom Geschehen und in der etwas später aufgenommenen Nahaufnahme wirkt der junge Soldat nicht gewalttätig, sondern eher mutlos.[4]

1. Ordnen Sie die Fotos, die in diesem Buch abgedruckt sind (16, 25, 32, 60, 137–139, 151, 179, 182, 230, 242, 245, 259, 267, 274, 321, 323, 358, 367, 381, 392, 394) den historischen Bereichen zu, über die sie primär Auskunft geben. Begründen Sie Ihre Zuordnung.
2. Suchen Sie aus Büchern das Bild Carl von Ossietzkys und stellen Sie die Unterschriften dazu zusammen. Erarbeiten Sie daraus die Lenkung des Betrachters durch die Bildunterschriften.
3. Jürgen Hannig erklärte die Wirkung des ersten Bildes zum Berliner Mauerbau (siehe S. 445) mit einer nahezu perfekten Steuerung der Wahrnehmung und Deutung der Betrachter mittels Bildaufbau. Fertigen Sie eine grobe Skizze des Bildes an und überprüfen Sie die Behauptung Hannigs.

Geschichte im Film

Historische Themen erfreuen sich bei Filmemachern und Fernsehanstalten großer Beliebtheit – Millionen schauten sich die Fernsehserie „Holocaust" (1978) an, in Massen strömen die Kinobesucher in Filme wie „Der Name der Rose" (1986) oder „Schindlers Liste" (1994). Über eine attraktive *story* (Geschichte), die das Leben einzelner Personen, Paare oder Familien in den Mittelpunkt rückt, wird Geschichte im Film dramatisiert und publikumswirksam inszeniert. Der Zuschauer muss nicht seine eigene Phantasie in Gang setzen, also selbst „Bilder im Kopf" produzieren; der Film bietet ihm ein Erlebnis mit hoher Realitätsnähe. Zudem kann sich kaum eine Quelle, kaum ein Medium in seiner Realitätsnähe mit dem Film messen, sofern sich der Filmemacher der genauen historischen Rekonstruktion verpflichtet; oder wenn wir uns eine „alte" Nachrichtensendung ansehen, z. B. eine Wochenschau aus der NS-Zeit, oder einen historischen und zugleich sehr alten Spielfilm wie den 1925 von Sergej Eisenstein gedrehten sowjetischen Spielfilm „Panzerkreuzer Potemkin", der in staatlichem Auftrag ein Ereignis aus der russischen Revolutin von 1905 „dramatisiert".

Gleichwohl: Keine historische Quelle, kein historisches Medium ist an sich objektiv. Wie ein Gesetzestext nur etwas über Normen und wenig über tatsächliche Lebensbedingungen aussagt, wie eine autobiografische Quelle nur aspekthaft über Personen und Ereignisse berichtet, so nimmt auch der Film immer eine bestimmte Perspektive ein. Aber weil der Film dem Zuschauer fertige und obendrein „lebendige" Bilder liefert, gerät das Dargestellte leichter als bei anderen Medien und Quellen ungefragt zur geschichtlichen Wahrheit. Das ist gemeint, wenn von der großen Suggestionskraft des Mediums Film gesprochen wird. Auf diese Weise tragen Filme auch stärker als andere Quellen zur Bildung von Geschichtsbewusstsein bei. Eine Dokumentaraufnahme vom Februar 1943, die die frenetische Reaktion des Publikums im Berliner Sportpalast auf die Frage von Goebbels „Wollt ihr den totalen Krieg?" zeigt, verleitet zu dem Schluss, *die* Deutschen hätten dieses gewollt, obwohl seinerzeit im Berliner Sportpalast ein bewusst zusammengesetztes Publikum applaudierte.

Der Film als Quelle

Trotz aller Bedenken gegenüber dem Film und der Art und Weise, wie er Geschichte darstellt, hat dieses Medium durchaus seinen Wert für die Historiker. Der Film kann zur Quelle für die Zeit werden, die er in dokumentarischen Aufnahmen präsentiert; er kann aber auch etwas aussagen über die Zeit, in der er produziert wurde. Dann gewährt er einen Einblick darin, wie und warum eine bestimmte Zeit eine geschichtliche Vergangenheit gedeutet hat.

Der Erleichterung der Analyse von Filmen dient ihre Einteilung in Gattungen, obwohl Filme und Fernsehsendungen die Gattungen oft bewusst vermischen. Was den Quellenwert angeht, sollte man unterscheiden zwischen eher dokumentarischen Produktionen, die filmische Dokumente als Quellen benutzen, und historischen Spielfilmen, die sich meist auf eine fiktionale Vorlage stützen. Auch sie vermitteln ein Bild von der Vergangenheit, aber dieses Bild ist eine bewusste Deutung, während der Dokumentarfilm kritische Fragen an sein Material stellt oder zumindest öffnet.

Filmgattungen

Dokumentarfilme. Dokumentarfilme verbinden sich mit der Absicht historische Themen bewusst und authentisch aufzuarbeiten. Ausgangspunkt sind daher immer Archivmaterialien, d. h. authentische Filmaufnahmen. Ergänzend kommen Standfotos, Grafiken, Karten oder aktuelle Aufnahmen historischer Gebäude hinzu. Trickaufnahmen und animierte Computergrafiken werden ergänzt, wenn es z. B. gilt militärische Abläufe wie den Schlieffenplan (aus dem Ersten Weltkrieg) optisch zu verdeutlichen. Heute greift auf den Dokumentarfilm vor allem das Fernsehen zurück, während er früher Bestandteil der Wochenschau war, die im Kino regelmäßig vor dem Hauptfilm lief.

Dokumentarfilme wirken auf den ersten Blick in ihren Aussagen objektiv. Tatsächlich verbreiten sie aber immer auch, wie z. B. die Wochenschauen oder die Tagesschau, Selbstauffassungen und politische Selbstdarstellungen von Regierungen und Sendern. Mit Beginn des Ersten Weltkriegs beispielsweise waren Regierungen, militärische Institutionen und mächtige Industrieunternehmer bestrebt über das damals noch neue Medium Film ihre Sicht der Wirklichkeit, ihre Freund- und Feindbilder oder auch beschönigenden Frontereignisse, in der Öffentlichkeit zu verbreiten. Oder es sind überhaupt ausschließlich Filmdokumente überliefert, die dem deutschen „Hurrapatriotismus" huldigen. Dabei wird dann übersehen, dass Menschen – obwohl in geringerem Umfang – auch für den Frieden demonstrierten; diese Bilder passten allerdings den staatlichen Stellen nicht ins politische Konzept. Die Motive der Auftraggeber und Produzenten (amtliche Stellen, Wirtschaftsunternehmen, Partei- oder private Initiativen, Sender) sowie die Repräsentativität des Dargestellten (Randerscheinung oder Breitenphänomen) sind daher beim Dokumentarfilm besonders kritisch zu untersuchen.

Eine Variante des Dokumentarfilms ist das Dokumentarspiel. Es stützt sich in der Regel auf eine genaue und sorgfältige Auswertung von Quellen und Fachliteratur. Aber da es sich der dramatischen Inszenierung bedient, kommen Momente der künstlerischen Freiheit zum Tragen. Die Identifikation des Betrachters mit den handelnden und leidenden Personen ist beabsichtigt, d. h. die Distanz zu den historischen Personen, Ereignissen und Problemen soll bewusst verringert werden. Der Kanzler Bismarck gerät so möglicherweise zur gestrengen, „väterlichen" Figur, der Revolutionär Lenin zu einem einsamen Helden, der junge Kaiser Karl V. gegenüber dem Gelehrten Luther auf dem Reichstag zu Worms zum besserwisserischen Jüngling. Trotz der Verzerrungen, die von personalisierenden Verdichtungen ausgehen können, haben diese auch positive Seiten: der historische Sachverhalt, die politische Entscheidungssituation kann in ihrer Vielschichtigkeit offen gelegt werden. Auch kann die einseitige, eingängige Darstellung dazu herausfordern mehr und anderes über eine Person oder eine Epoche zu erfahren.

Szene aus dem amerikanischen Spielfilm „Im Westen nichts Neues" nach dem gleichnamigen Roman von Erich Maria Remarque, 1929/30, Regie: Lewis Milestone

Eine neuere Variante ist die bewusste Vermischung von Dokumentarfilm und -spiel. Dieser Kompilationsfilm (kompilieren = zusammenfügen) – vor allem im Fernsehen gebräuchlich – will Vergangenheit vergegenwärtigen, indem er sich zeitgenössischer Dokumentaraufnahmen bedient, aber sie durch Interviews mit Zeitzeugen unterbricht oder durch Statements von Politikern und Experten erklären lässt. Durch Zusammenfügen der verschiedenen Ebenen und Sichtweisen öffnet der Kompilationsfilm unterschiedliche Perspektiven zu einem geschichtlichen Thema. Bekannte Beispiele sind „Ein Sonntag im August. Die Berliner Mauer. Geschichte und Dokumentation" (1976), „Geschichte der deutschen Einheit Teil 1–3" (1990), „Hört die Signale. Aufstieg und Fall des Sowjetkommunismus" (1991).

Historische Spielfilme. Im Gegensatz zu Dokumentarfilmen, die einen historisch interessierten Zuschauer voraussetzen, ist für die Produzenten historischer Spielfilme die Geschichte nur ein Mittel um das Massenpublikum anzuziehen. Man darf beim Betrachten eines historischen Spielfilms nie davon ausgehen, dass die historische Wirklichkeit sorgfältig recherchiert und rekonstruiert worden ist. Deshalb sagen historische Spielfilme in der Regel mehr über die Zeit aus, in der sie gedreht worden sind, als über die Zeit, die sie in Szene setzen. Spielfilme über das Römische Reich, die in den 1920er oder 1930er Jahren in Italien gedreht worden sind, spiegeln vor allem das Selbstverständnis des faschistischen Italien unter Mussolini und sagen nur wenig über die Punischen Kriege oder die Herrschaft eines römischen Kaisers aus. Deutsche Spielfilme aus den 1930er Jahren über Friedrich den Großen oder Bismarck spiegeln in der Regel das Weltmachtstreben des Nationalsozialismus wider.

Das Selbstverständnis einer Epoche oder einer Regierung kommt nicht nur in alten historischen Spielfilmen, sondern ganz allgemein in Spielfilmen vergangener Zeiten zum Ausdruck: zum Beispiel der Konflikt zwischen Hoffnung und Zukunftsangst in der aufbrechenden Moderne der Weimarer Republik in dem Film „Metropolis" von Fritz Lang; oder die Sehnsucht nach einer konfliktfreien, heilen Welt in der Adenauer-Ära in dem Film „Der Förster vom Silberwald" (siehe S. 303). Hollywood-Produktionen aus den 1950er Jahren sind häufig eine Quelle für den Zeitgeist im Kalten Krieg.

Die Bildsprache des Films

Der Film spricht – über Gestaltungsmittel, Einstellungsgrößen, Kameraperspektiven und -bewegungen, Personenstellungen- und -bewegungen, Töne und Beleuchtungen. Wer sich von einem Film nicht berauschen, sondern in verstehende Distanz zu ihm treten, ihn also analysieren will, der sollte einige wichtige Begriffe aus der Filmproduktion kennen.[1]

Gestaltungsmittel. Die *Einstellung* ist die kleinste Einheit des Films, gefolgt von der etwas längeren *Szene* und der komplexeren *Sequenz*. Ein *Schnitt* fügt die einzelnen Einstellungen unmittelbar zusammen, während die *Blende* die Möglichkeit bietet einen vermittelnden Übergang herzustellen. Als *Montage* bezeichnet man die Verknüpfung von mindestens zwei Einstellungen durch Schnitt oder Blende. Die Montage als Ausdrucksmittel wurde in den expressionistischen Filmen der zwanziger Jahre entwickelt; Beispiele sind die Filme „Metropolis" und „Panzerkreuzer Potemkin". Die Aneinanderreihung gleich langer Einstellungen verleiht dem Film einen *Rhythmus*.

Einstellungsgrößen. Filmproduzenten und Kameraleute unterscheiden sechs Grundeinstellungen:
– *Totale:* Sie vermittelt einen Überblick. Menschen sind sehr klein dargestellt, Gebäude vollständig im Raum erkennbar. Sie dient der Orientierung; Handlungen beginnen und enden häufig in der Totalen; größtmögliche Distanz zwischen Zuschauer und Filmgeschehen.
– *Halbtotale:* In der Halbtotalen sind Personen deutlich von Kopf bis Fuß zu erkennen, die Gestik tritt in den Vordergrund; die Gebäude sind häufig „angeschnitten". Menschen werden in einer sie charakterisierenden Umgebung gezeigt.
– *Halbnah:* Gestik und situative Darstellungen von Personen (Gespräche) gewinnen in der Halbnahen an Bedeutung; Personen im Vordergrund erscheinen von den Knien aufwärts.
– *Nah:* Personen sind von Kopf bis Brust abgebildet; der Hintergrund ist noch zu erkennen, ebenso mögliche Handbewegungen; häufig für Dialogszenen verwendet.
– *Groß:* Der Kopf einer Person füllt das Bild; die Mimik rückt ins Zentrum; in der Filmdramaturgie für Spannungshöhepunkte verwendet.
– *Detail:* Es zeigt ein bedeutungsvolles Merkmal einer Person oder Sache. Die Distanz zum Zuschauer ist fast vollständig aufgehoben.

Kameraperspektiven. Die Perspektive beschreibt die Position der Kamera. Bei der *Normalsicht* befindet sich die Kamera auf Augenhöhe der gefilmten Personen oder Gegenstände; Gleichberechtigung und Dialogbereitschaft werden signalisiert. Bei der *Unter-* oder *Froschperspektive* ist der Kamerapunkt sehr tief, Personen und Sachen erscheinen bedeutend oder furchteinflößend. Die *Vogelperspektive* bietet eine große Übersicht und wertet bei Personenaufnahmen den Betrachter auf; die gefilmte Person muss zur Kamera aufblicken, sie kann Geringschätzung erfahren.

Kamerabewegungen. Zu den wichtigsten Kamerabewegungen gehören der Stand, der Schwenk, die Fahrt, der Zoom und die subjektive Kamera. Beim *Stand* nimmt die Kamera ein Objekt aus ein- und derselben Perspektive in ein- und derselben Größe auf. Folgt die Kamera der Bewegung des Kopfes, spricht man von einem *Schwenk*. Bei der *Fahrt* wiederum fängt die Kamera die Bewegung des gesamten Körpers ein; sie kann den Eindruck erwecken in einem Fahrzeug mitzufahren. Durch eine Veränderung der Brennweite des Objektivs kann, ohne dass die Kamera ihren Platz verlässt, der Gegenstand größer oder kleiner werden – in der Filmsprache ein *Zoom*. Bei der *subjektiven Kamera* bewegt sich der Kameramann mit der Kamera auf der Schulter so, als habe er keine Kamera vor Augen. Der Zuschauer soll den Eindruck gewinnen, er sei unmittelbar am Geschehen beteiligt. Bedeutsam ist schließlich auch, wie lange bzw. kurz eine Kamera ein Geschehen einfängt.

Personenstellungen und -bewegungen. Stellungen und Bewegungen von Personen gehören weniger zum spezifisch filmischen Code, sondern kommen vom inszenatorischen Repertoire des Theaters. Eine Person kann *frontal, im Halbprofil, im Profil* oder *von hinten* gefilmt werden. Darsteller befinden sich im *Vorder-, Mittel-* oder *Hintergrund*.
Die Person kann sich vom Zuschauer weg bewegen oder auf ihn zu (*Bewegung in das Bild* bzw. *aus dem Bild*) oder am Zuschauer vorbei *(parallel zum unteren Bildrand)*. *Gänge im Bild* dienen nicht immer dazu Entfernungen zurückzulegen, sie können auch als ein besonderes dramatisches Element eingesetzt werden.

Ton und Beleuchtung. Der Film verwendet drei, meist untereinander kombinierte Elemente des Tons: *Sprache, Musik* und *Geräusche*. Der Einsatz kann auf zwei Arten erfolgen: Beim *Off-Ton* ist die Tonquelle nicht im Bild; sie wird nachträglich „aufgelegt". Beim *On-Ton* ist die Tonquelle im Bild. On- und Off-Ton bestimmen Nähe und Distanz des Zuschauers zum Geschehen.
Die Beleuchtung hat für die „In-Szene-Setzung" von Personen und Gegenständen eine besondere Bedeutung. Personen können diffus oder kontrastreich erscheinen. Von unten auftretendes Licht wirkt dramatisierend, von oben auftreffendes Licht verleiht dem Dargestellten eine besondere Aura. Von der Stellung der Scheinwerfer hängt auch der Schattenwurf ab; eine komplette Ausleuchtung verhindert Schattenwürfe, Teilbeleuchtung kann Schatten bewusst erzeugen.

Beobachtungsaufträge

Ausgangspunkt einer Filmanalyse sind Beobachtungen. Die folgende Aufzählung bietet erste Hinweise, die gegebenenfalls zu ergänzen bzw. zu verändern sind.

Beobachtung des Bildes:
– Wann gibt es auffällige Großaufnahmen?
– Wann nimmt die Kamera auffällige Positionen ein?
– Wie bewegt sich die Kamera?
– Welche Einstellungen sind gestaltet?
– Welche Szenen wirken „zufällig" aufgenommen?
– Wann gibt es auffällige „Schnittstellen"?
– Wie ist das Verhältnis von kurzen und langen Einstellungen?

Analyse des Tons:
– Wann dominieren Geräusche? Wann dominiert Sprache?
– Wann setzt Musik ein?
– Wie sind Dialoge ausgestaltet?
– Wie umfangreich sind Kommentare?
– Wie verhält sich die Sprache zum Bild? Welche Kernsätze aus Dialogen und Kommentaren erscheinen mit welchen Bildern?

1. Erläutern Sie, welche Gesichtspunkte bei der Auswertung eines Dokumentarfilms, eines Dokumentarspiels, eines Kompilationsfilms und eines historischen Spielfilms beachtet werden müssen.
2. Das Filmbild S. 448 zeigt die Reaktion einer Schulklasse auf den Ausbruch des Ersten Weltkriegs. Interpretieren Sie die Szene. Erklären Sie, ausgehend von dieser Szene, Leistung und Grenzen des historischen Spielfilms.
3. Stellen Sie eine Liste mit geschichtlichen Themen zusammen, zu denen Sie gerne Filme hinzuziehen möchten. Formulieren Sie Ihre Erwartungen. Begründen Sie Ihre Entscheidung.
4. Wählen Sie mit Ihrem Kurs einen etwa zwei- bis dreiminütigen Ausschnitt aus einem Dokumentationsfilm über ein geschichtliches Thema, mit dem Sie einigermaßen vertraut sind. Lassen Sie den Film ohne Ton laufen und entwerfen Sie einen kommentierenden Text. Vergleichen Sie mit dem Originalton.
5. Wählen Sie mit Ihrem Kurs einen kurzen Ausschnitt aus einem historischen Spielfilm. Analysieren Sie (siehe Hinweise zur Bildsprache) den Film a) unter der Frage, inwieweit der Film das Selbstverständnis seiner Epoche widerspiegelt und b) unter der Frage, wie der Film sein historisches Thema darstellt; diskutieren Sie anhand des Films darüber, inwieweit er Ihnen geholfen hat die dargestellte Zeit zu verstehen und welche Fragen er offen lässt.

„Oral History" – Das historische Interview

Erinnern und Erzählen

„Wie war das damals? Erzähl' doch mal!" So fragten früher und so fragen noch heute viele jüngere Menschen die Älteren, wenn sie etwas über die Geschichte ihrer Familie, ihres Wohnortes oder über ein Ereignis bzw. das alltägliche Leben vergangener Jahrzehnte in Erfahrung bringen wollen. Sie machen damit aber nichts anderes als das, was die Wissenschaft heute eine „Zeitzeugenbefragung", ein „historisches Interview" oder „Oral History" nennt. Wo schriftliche oder gegenständliche Quellen fehlen, da müssen wir Menschen befragen, die sich erinnern können. Nur wird den unbefangenen jungen Fragestellern normalerweise dabei nicht klar, was sie eigentlich über die Vergangenheit durch die Erinnerung der Befragten zu hören bekommen. Sie meinen, Auskunft darüber zu erhalten, „wie es gewesen war". Aber das ist nicht der Fall. Sie hören zunächst nur die Geschichte eines Einzelnen aus dessen ureigener Sicht. Ein anderer oder eine andere erinnert sich an dieselbe Zeit oder dasselbe Ereignis vielleicht völlig anders und mit den Darstellungen in einem Geschichtsbuch stimmen solche Erzählungen oftmals wenig überein. Für die allgemeine Geschichtswissenschaft waren solche schillernden Berichte und Erfahrungen auch bis vor wenigen Jahrzehnten weitgehend uninteressant und wurden als „private" Geschichte vernachlässigt – es sei denn, es handelte sich um die „Erinnerungen" bzw. „Memoiren" führender Persönlichkeiten einer Epoche, denen man zutraute „öffentlich" Relevantes überliefert zu haben.

Probleme und Voraussetzungen

Die Oral History gibt uns geschichtswissenschaftliche Methoden und Kriterien an die Hand, mit deren Hilfe wir Interviews systematisch veranstalten und auswerten können. Die persönliche Erinnerung kann dadurch aus ihrem rein privaten Charakter herausgeholt und in allgemeine Bedeutungszusammenhänge eingebunden werden. Das Interview stellt somit nur eine Quelle unter vielen dar und kann erst im Zusammenhang mit anderen Materialien eingeordnet und beurteilt werden. Seinen wohl bedeutsamsten Quellenwert hat das Interview für die Erforschung des Geschichtsbewusstseins der Menschen und ihres alltäglichen Lebensvollzuges. Gerade für die immer wiederholten Arbeiten und Bräuche ist die Erinnerung nachweislich sehr gut. Dagegen versagt sie oft bei einzelnen Ereignissen und Geschehnissen, sodass sich leicht allgemeine Ansichten über eine Zeit mit der eigenen Erinnerung vermischen. Zudem neigen die Menschen in der Erzählung ihrer Lebensgeschichte dazu diese als ein möglichst positives, sinnvolles Ganzes darzustellen, sodass störende Brüche oder negative Lebensabschnitte gemieden oder beschönigt werden. Berücksichtigt man diese Vorbehalte, dann stellt die Oral History mit ihren Verfahren aussagekräftiges und wichtiges Quellenmaterial von Menschen bereit, die sonst in der Geschichte größtenteils ungehört bleiben, aber gleichwohl für das Verstehen und Erklären gesellschaftlicher Entwicklungen ebenso wichtig sind wie die sogenannten großen Persönlichkeiten.

Mehrere Voraussetzungen waren für Entwicklung und Verbreitung der Oral History notwendig: zunächst das wachsende Interesse an der Rolle der gesellschaftlichen Massen und damit auch der vielen „kleinen Leute", die im Laufe der zweiten Hälfte des 20. Jahrhunderts das Interesse der Geschichtswissenschaft fanden, dann die technische Erfindung des Cassettenrecorders und schließlich der Videokamera mit ihrer Entwicklung zu Massenkonsumartikeln. So ist es – nicht zuletzt auch für Schülerinnen und Schüler – leicht geworden viele Menschen zu befragen und zahlreiche Auskünfte über Vergangenes aufzuspüren. Die Oral History im Schulunterricht ermöglicht das eigentätige, praktische Erlernen historischer Methoden. Sie gibt die Chance zu selbstständiger, forschend-entdeckender Arbeit, die zu neuen Erkenntnissen führen kann.

„Fragen" an die Antike?

Die Methode der Oral History ist nicht auf die Zeitgeschichte und damit die direkte Befragung von lebenden Zeitzeugen beschränkt. Selbst die Vor- und Frühgeschichte sowie die Geschichte der Antike versuchen Oral History-Methoden ihren Forschungsmöglichkeiten anzupassen. Mündliche Überlieferung stand am Anfang der historischen Erinnerung. Sie fand in den schriftlosen Kulturen ihren Niederschlag in Mythen und Sagen, Märchen und Erzählungen, die wie Homers Ilias und Odyssee später aufgeschrieben wurden. Diese können ebenso wie mündliche Berichte heute entschlüsselt werden um historische Aussagen zu gewinnen. Aber auch der festliche und alltägliche Vollzug des Lebens mit seinen Tänzen, Spielen und Riten, Rhythmen, Melodien und Liedern, mit seinen Masken und Bildern, Trachten, Tätowierungen und Schmuck, mit seiner Gestaltung von Plätzen und Räumen usw. bieten uns eine spezifische Form der „mündlichen" Überlieferung, die uns den historischen Zugang selbst zu ältesten Zivilisationen eröffnet.

„Oral History" als historische Methode

Grundprobleme der Erhebung

Die Zeitzeugenbefragung wirft methodisch erhebliche Probleme auf. Ein historisches Interview ist kein Originalzeugnis aus der Vergangenheit, sondern ein nachträglich erzeugtes Kunstprodukt. Die Zeitzeugenbefragung ist infolgedessen eine mehrfach gebrochene Quelle, da sie ein Ergebnis aus dem Zusammenspiel von drei hauptsächlichen Faktoren ist: des/der Interviewten, des Interviewers/der Interviewerin und des öffentlichen Geschichtsbewusstseins der Gesellschaft bzw. gesellschaftlicher Gruppen. Der Wert und die Interpretation eines solchen Dokuments hängt somit von mehreren Aspekten ab:
- Fragen, Absichten des Interviewers/der Interviewerin;
- Einfühlungsvermögen des Interviewers/der Interviewerin in die Person des Interviewten und dessen Situation;
- Art des Interviews: gezielte Fragen zu bestimmten Gegenständen, offene Fragen zum Bericht über ganze Lebensabschnitte oder standardisierte Fragelisten mit Ja-Nein- bzw. Teils-Teils- oder festgelegten Auswahlantworten;
- Darstellungsfähigkeiten, Sichtweisen und Absichten des Interviewten;
- Erinnerungsvermögen des Interviewten, Wandel der Erinnerung und Verdrängungen;
- Gegenstand der Erinnerung: private Geschichte, alltägliche Lebensumstände und -tätigkeiten, öffentliche bzw. allgemeine Geschichte;
- Art der Veröffentlichung (Verschriftlichung, Visualisierung).

Zielsetzungen, Hypothesen und Fragestellungen eines Interviews müssen daher möglichst klar formuliert und auch für die späteren Leser offen gelegt werden, was zudem für die Vergleichbarkeit verschiedener Interviews zum gleichen Gegenstand erforderlich ist. Die Interviewer müssen sich darüber klar werden, wie sie ihre jeweiligen Interviewpartner ansprechen und auf sie eingehen. Sie müssen sich darauf vorbereiten eventuell durch Fragen auf die verschiedenen Aspekte ihres Themas zu lenken um weitschweifiges Erzählen oder Wiederholungen zu vermeiden. Sie müssen sich überlegen, wie weit sie bei Lücken und Ungereimtheiten nachfragen ohne den Interviewten zu verletzen.

Die Auswertung

Die Auswertung der Gesprächsaufzeichnungen besteht aus Sichtung und Ordnung des Interviewmaterials nach den einzelnen Themen bzw. Unterthemen des Vorhabens oder nach Gruppenzugehörigkeit der Interviewten (z. B. Männer/Frauen; Arbeiter/Unternehmer usw.). Das Material muss daraufhin untersucht werden, ob es für die Überprüfung und Beantwortung der anfänglich formulierten Hypothesen ausreicht oder ob noch weitere Interviews (eventuell mit zusätzlichen Fragen oder anderen Verfahrensweisen) zu machen sind. Die Befragungen müssen mit anderen historischen Materialien in Beziehung gesetzt und dabei in ihrem privaten und allgemein bedeutsamen Charakter analysiert und beurteilt werden.

Eine besondere Schwierigkeit, vor allem wegen des hohen Zeitaufwands und der großen Mühe, stellt die Transkribierung (Verschriftlichung) von Interviews dar. Für die wissenschaftliche Arbeit steht diese Tätigkeit am Anfang der Auswertung, für die Arbeit in der Schule muss sie spätestens für die Dokumentation zumindest teilweise durchgeführt werden. Heute geht man davon aus die Transkribierung möglichst wortgetreu mit allen eventuellen Schwächen der Sprache und Grammatik durchzuführen, das bedeutet aber sehr genaues Arbeiten und mehrfaches Überprüfen der Richtigkeit der Umschrift.

Für die Arbeit mit veröffentlichten Zeitzeugenbefragungen (siehe z. B. S. 350, Mat. 2) gelten die obigen Überlegungen zur Gewinnung von Interviews entsprechend, soweit sie die Beurteilung des Quellenwertes des jeweiligen Interviews betreffen. Vor allem die Fragestellungen der Interviewer müssen bekannt sein. Es gilt die Interviews mit anderen Materialien zu vergleichen, in Beziehung zu setzen oder an anderen Materialien in ihrem Aussagewert zu messen. Je nach eigenen Erkenntnisinteressen sind die Interviews auf die Richtigkeit oder Wahrscheinlichkeit der genannten Tatsachen zu überprüfen, auf typisches oder untypisches Zeitbewusstsein zu befragen, auf eventuelle Stereotypen (z. B. Unwissen über KZ's in der Nazizeit; Hunger, Trümmerfrauen in der Nachkriegszeit nach 1945) hin zu untersuchen.

1. *Diskutieren Sie die Vor- und Nachteile der „Oral History" als historische Methode.*
2. *Führen Sie mit Ihrem Kurs eine Zeitzeugenbefragung zum Thema „Der 9. November in der deutschen Geschichte" durch. Sammeln Sie zunächst Grundinformationen zu dem Thema; stellen Sie eine Liste möglicher Zeitzeugen zusammen, und entwerfen Sie einen Fragenkatalog. Machen Sie sich einen Arbeits- und Zeitplan, diskutieren Sie vorab mögliche Probleme, die bei der Durchführung der Interviews auftreten könnten. Erstellen Sie abschließend eine Dokumentation.*

Anmerkungen

Kapitel 1: Durchbruch der Moderne
1 Zit. nach Joseph MacInnes, Titanic. In einem neuen Licht, o. O. 1993, S. 37.
2 Zit. nach Armin Herrmann, „Auf eine höhere Stufe des Daseins erheben" – Naturwissenschaft und Technik, in: August Nitschke u. a. (Hg.), Jahrhundertwende. Der Aufbruch in die Moderne 1880–1930, Bd. 1, Reinbek 1990, S. 313.
3 Zit. nach Detlev J. K. Peukert, Die Weimarer Republik. Krisenjahre der Klassischen Moderne, Frankfurt/M. 1987, S. 181.

Kapitel 2: Demokratie und Diktatur
1 Zit. nach Erich Angermann, Die Vereinigten Staaten von Amerika, 2. Aufl., München 1969, S. 79 f.
2 Zit. nach Telekolleg II. Geschichte, Bd. 1, 5. Aufl., München 1988, S. 138 f.
3 Hans Rundolf Guggisberg, Geschichte der USA, Bd. 2: Die Weltmacht, 2. Aufl., Stuttgart u. a. 1979, S. 197.
4 Angermann, a. a. O., S. 120.
5 Zit. nach Telekolleg II, a. a. O., S. 147.
6 R.A.C. Parker, Das Zwanzigste Jahrhundert I: Europa 1918–1945, Frankfurt/M. 1967, S. 133.
7 Zit. nach Parker, a. a. O., S. 121.
8 Karl Dietrich Bracher, Die Krise Europas 1917–1945, Berlin 1976, S. 111.
9 Zit. nach Parker, a. a. O., S. 180.
10 Bracher, a. a. O., S. 106.
11 Heinrich August Winkler, Weimar 1918–1933. Die Geschichte der ersten deutschen Demokratie, München 1993, S. 600 f.
12 Siegfried Kracauer, Die Angestellten (1929), Frankfurt/M. 1971, S. 97.
13 Gerhard Schulz, Von Brüning zu Hitler. Der Wandel des politischen Systems in Deutschland 1930–1933, Berlin u.a. 1992, S. 752.
14 Zit. nach Max Domarus, Hitler. Reden und Proklamationen 1932–1945, Bd. 1, München 1966, S. 186 ff.
15 Zit. nach Michael Ruck, Der 1. Mai im Dritten Reich, in: Inge Marßolek (Hg.), 100 Jahre Zukunft. Zur Geschichte des 1. Mai, Frankfurt/M. 1990, S. 174.
16 Klaus Mann, Tagebücher 1934 bis 1935, hg. von Joachim Heimannsberg u. a., München 1989, S. 155.
17 Deutschland-Berichte der SOPADE, Jg. 1936, S. 1664.
18 Alf Lüdtke, „Ehre der Arbeit": Industriearbeiter und Macht der Symbole, in: Klaus Tenfelde (Hg.), Arbeiter im 20. Jahrhundert, Stuttgart 1991, S. 343–392, hier S. 389.
19 Rudolf Lill, Geschichte Italiens vom 16. Jahrhundert bis zu den Anfängen des Faschismus, Darmstadt 1980, S. 273.
20 Wolfgang Eichwede, Nach dem Ende der Sowjetunion – ein Neubeginn? in: Osteuropa, 1992, Heft 12, S. 1029–1036, hier. S. 1030 f.

Kapitel 4: Internationale Politik 1918–1945
1 Zit. nach Wolfgang Michalka/Gottfried Niedhart (Hg.), Die ungeliebte Republik. Dokumente zur Innen- und Außenpolitik Weimars 1918–1933, 2. Aufl., München 1981, S. 169.
2 Zit. nach Hans-Adolf Jacobsen/Werner Jochmann (Hg.), Ausgewählte Dokumente zur Geschichte des Nationalsozialismus 1933–1945, Bielefeld 1961 (Loseblattsammlung).
3 Zit. nach Wolfgang Michalka (Hg.), Das Dritte Reich, Dokumente zur Innen- und Außenpolitik, Bd. 1, München 1985, S. 274.

Kapitel 5: Internationale Politik nach 1945
1 Zit. nach Henry Kissinger, Die Vernunft der Nationen, 2. Aufl., S. 484.

Kapitel 6: Deutschland nach 1945
1 Hans Erich Nossak, Dieser Andere. Ein Lesebuch mit Briefen, Gedichten, Prosa, hg. von Christof Schmid, Frankfurt/M. 1976, S. 55.
2 Friedrich Meinecke, Die deutsche Katastrophe. Betrachtungen und Erinnerungen, 5. Aufl., Wiesbaden 1955, S. 8 und 173 ff.
3 Wolfgang Langhoff, Ein Deutschland-Brief, in: Neue Züricher Zeitung vom 18. Februar 1946.
4 Vorstand der SPD, Acht Jahre sozialdemokratischer Kampf um Einheit, Frieden und Freiheit. Ein dokumentarischer Nachweis der gesamtdeutschen Haltung der Sozialdemokratie und ihrer Initiativen, Bonn 1953, S. 26 f.
5 Konrad Adenauer, Erinnerungen 1945–1953, Stuttgart 1965, S. 312.
6 Peter Bender, Neue Ostpolitik, 2. Aufl., München 1989, S. 202.
7 Christian Graf von Krockow, Die Deutschen in ihrem Jahrhundert 1890–1990, Reinbek 1990, S. 312.
8 Neues Deutschland vom 26. Februar 1965.
9 Zit. nach Hermann Weber, Die SED nach Ulbricht, Hannover 1974, S. 76 ff.
10 Heinz Czechowski, Ich, beispielsweise. Gedichte, Leipzig 1986, S. 106.
11 Neues Deutschland von 21./22. Januar 1984.
12 Vgl. Armin Mitter/Stefan Wolle (Hg.), Ich liebe euch doch alle! Befehle und Lageberichte des MfS Januar bis November 1989, 2. Aufl., Berlin 1990, S. 125.
13 Michael Rutschky, Der Tag, an dem die Gefühle das Bollwerk aufbrachen, in: Süddeutsche Zeitung vom 25./26. November 1989, S. 149.

Kapitel 8: Demokratie und Massengesellschaft
1 Zit. nach Paul B. Baltes/Jürgen Mittelstrass (Hg.), Zukunft des Alterns und gesellschaftliche Entwicklung, Berlin u. a. 1992, S. 18 f.

2 Horst Domke, Die Freizeit der Berufsschuljugend, Erlangen 1970, S. 201.

Methodenarbeitsteil „Schriftliche Quellen"
1 Werner Ripper, Quellen im Unterricht, in: Gerold Niemetz (Hg.), Lexikon für den Geschichtsunterricht, Freiburg u. a. 1984, S. 160.
2 Paul Kirn, Einführung in die Geschichtswissenschaft, Berlin 1963, S. 29 f.
3 Wolfgang Michalka (Hg.), Das Dritte Reich. Dokumente zur Innen- und Außenpolitik, Bd. 1, München 1985, S. 19.
4 Ebd., S. 23.

Methodenarbeitsteil „Malerei"
1 Vgl. Erwin Panofsky, Aufsätze zu Grundfragen der Kunstwissenschaft, hg. von Hariolf Oberer und Egon Verheyen, Berlin 1980.
2 Michael Baxandall, Ursachen der Bilder. Über das historische Erklären von Kunst, Berlin 1990, S. 25.
3 Zit. nach Ulrich Krempel, Spurensuche und Vergangenheitsbewältigung, in: Monika Wagner (Hg.), Moderne Kunst 2. Das Funkkolleg zum Verständnis der Gegenwartskunst, Reinbek 1991, S. 645.

Methodenarbeitsteil „Fotografie"
1 Wolfgang Ruppert, Photographien als sozialgeschichtliche Quellen, in: Geschichtsdidaktik 11, 1986, S. 73
2 Michael Ruetz, Sichtbare Zeit. Time Unveiled. Fotografien 1965–1995, Frankfurt/M. 1995, S. 159 ff. und 267 f.
3 Vgl. Jürgen Hannig, Bilder, die Geschichte machen. Anmerkungen zum Umgang mit „Dokumentarfotos", in: Geschichte in Wissenschaft und Unterricht 40, 1989, S. 12 ff. und 21 ff.
4 Vgl. Ders., Wie Bilder „Geschichte machen", in: Geschichte lernen 1, 1988, Heft 5, S. 49 ff.

Methodenarbeitsteil „Film"
1 Die Abschnitte „Bildsprache des Films" und „Beobachtungsaufträge" nach Karl Nebe, Mit Filmen im Unterricht arbeiten, in: Geschichte lernen 7, 1994, S. 20–24, hier S. 22 f. und Hajo Weber, Die Sprache der Bilder, Mühlheim/Ruhr 1994, S. 32 ff.

Nachweise zu Materialien der Grundinformationen und Darstellungen

Kapitel 1: Durchbruch der Moderne
Seite 11, technische Innovationen: nach Globus-Kartendienst.
Seite 11, Ausgaben Theater etc.: nach Reinhard Spree, Angestellte als Modernisierungsagenten, in: Jürgen Kocka (Hg.), Angestellte im europäischen Vergleich, Göttingen 1981, S. 289.
Seite 12, Angleichung Verstädterung etc.: nach Hartmut Kaelble, Auf dem Weg zu einer europäischen Gesellschaft, München 1987, S. 113.
Seite 12, Eisenbahn etc.: nach Statistische Jahrbücher des Deutschen Reichs 1880–1938; Gerd Hohorst u. a., Sozialgeschichtliches Arbeitsbuch, Bd. 2, 2. Aufl., München 1978, S. 82; Dietmar Petzina u. a., Sozialgeschichtliches Arbeitsbuch, Bd. 3, München 1978, S. 68.
Seite 13, Erwerbstätige: nach Statistisches Bundesamt (Hg.), Datenreport 1992, Bonn 1992, S. 96.
Seite 13, Privates Einkommen: nach Ekkehard von Knorring, Strukturwandlungen des privaten Konsums im Wachstumsprozess der deutschen Wirtschaft seit der Mitte des 19. Jahrhunderts, in: W.G. Hoffmann (Hg.), Untersuchungen zum Wirtschaftswachstum der deutschen Wirtschaft, Tübingen 1971, S. 177.
Seite 13, Urlaub: nach Konrad Dussel/Matthias Frese, Von traditioneller Vereinskultur zu moderner Massenkultur? in: Archiv für Sozialgeschichte 33, 1993, S. 70.

Kapitel 2: Demokratie und Diktatur
Seite 64, Reichstagswahlen: nach Jürgen Falter u. a., Wahlen und Abstimmungen in der Weimarer Republik, München 1986, S. 44 ff.
Seite 65: Reichspräsidentenwahlen: nach ebd.

Kapitel 3: Weltwirtschaft in der Zwischenkriegszeit
Seite 143, Arbeitslosigkeit: nach dtv-Atlas zur Weltgeschichte, Bd. 2, 25. Aufl., München 1991, S. 462.
Seite 144, Sozialprodukt: nach Ambrosius/Hubbard, Sozial- und Wirtschaftsgeschichte Europas im 20. Jahrhundert, München 1986, S. 131.
Seite 145, Arbeiter- und Angestelltengewerkschaften: nach Hohorst u. a., a. a. O., S. 138; Petzina u. a., a. a. O., S. 111 f.
Seite 146, Staatsausgaben: nach Sidney Pollard, The Development of the British Economy 1914–1967, London 1973, S. 66.
Seite 146, Entwertung der Mark: nach Karl Hardach, Wirtschaftsgeschichte Deutschlands im 20. Jahrhundert, Göttingen 1976, S. 27.
Seite 148, Wirtschaftskrise: nach Friedrich Wilhelm Henning, Das industrialisierte Deutschland 1914 bis 1972, Paderborn 1974, S. 95.
Seite 149, Industrieproduktion: nach W. Arthur Lewis, Economic Survey 1919–1939, London 1970, S. 61.

Seite 150, Arbeitslosigkeit britische Industrien: nach Pollard, a. a. O., S. 245.
Seite 150, Arbeitslosigkeit Europa: nach Cipolla/Borchardt, Europäische Wirtschaftsgeschichte, Bd. 5, Stuttgart 1986, S. 440.
Seite 157, Welthandel: nach Ch. P. Kindleberger, Die Wirtschaftskrise 1929–1939, München 1973, S. 179.

Kapitel 5: Internationale Politk nach 1945
Seite 233, Verteidigungsausgaben: nach Grundkurs Geschichte 13, Berlin 1994, S. 254.
Seite 234, Fieberkurve: nach W. Göbel, Die Supermächte USA und Sowjetunion, Stuttgart 1994, S. 109.
Seite 235, Rüstungsabkommen: nach Buchbender u. a., Sicherheit und Frieden, Herford 1983, S. 325.
Seite 250, OSZE: nach Schmidt Zahlenbilder, Bl. 711 212.

Kapitel 6: Deutschland nach 1945
Seite 286, Flüchtlinge: nach Christoph Kleßmann, Zwei Staaten, eine Nation. Deutsche Geschichte 1955–1970, Göttingen u. a. 1988, S. 558.
Seite 287, Sozial- und Wirtschaftsdaten: nach Statistisches Jahrbuch für die Bundesrepublik Deutschland 1952 ff.; Statistisches Jahrbuch der Deutschen Demokratischen Republik 1990; Gunnar Winkler (Hg.), Sozialreport '90. Daten und Fakten zur sozialen Lage in der DDR, Berlin 1990; Sondergutachten des Sachverständigenrates zur Begutachtung der Gesamtwirtschaft, 20. Januar 1990.
Seite 291, Entnazifizierung: nach Clemens Vollhals (Hg.), Entnazifizierung, München 1991, S. 333.
Seite 299, Pro-Kopf-Sozialprodukt: nach Werner Abelshauser, Wirtschaftsgeschichte der Bundesrepublik Deutschland 1945–1980, Frankfurt/M. 1983, S. 101.
Seite 301, Erwerbsbevölkerung: nach Werner Abelshauser, Die langen Fünfziger Jahre, Düsseldorf 1987, S. 88; Statistisches Bundesamt (Hg.), Datenreport 1992, Bonn 1992, S. 98 f.
Seite 308, Erwerbspersonen: nach Abelshauser, a. a. O., S. 89 und wie S. 287.

Seite 311, Bildungsausgaben: nach Der Bundesminister für Bildung und Wissenschaft (Hg.), Grund- und Strukturdaten, Ausgabe 1991/92, S. 275 f.
Seite 314, Erwerbsbevölkerung: nach Hermann Weber (Hg.), DDR, München 1986, S. 331; Gert-Joachim Glaeßner, Am Ende der Klassengesellschaft? Sozialstruktur und Sozialstrukturforschung in der DDR, in: Aus Politik und Zeitgeschichte, Jg. 1988, B. 32, S. 32.

Kapitel 7: Dritte Welt
S. 361, Weltarmut: nach Frankfurter Rundschau vom 4. März 1995, S. 6.
Seite 362, Sozialindikatoren: nach Weltbank. Weltentwicklungsbericht 1992: UNDP. Human Development Report 1992.
Seite 363, Städtewachstum: nach Global 2000. Der Bericht des Präsidenten, Washington 1980, S. 44.
S. 363, Entwicklungshilfe: nach Zahlenbilder Erich Schmidt Verlag, Bl. 625 301.
S. 375, Termes of Trade: nach Franz Nuscheler, Lern- und Arbeitsbuch Entwicklungspolitik, 4. überarb. Aufl., Bonn 1995, S. 273.

Kapitel 8: Demokratie und Massengesellschaft
Seite 398, Tageszeitungen: nach Zahlenbilder. Gemeinschafts- und Sozialkunde, Kurzausgabe, Bl. 531 510.
Seite 398, Benzinpreise: nach Die Zeit, 22. Jan. 1993.
Seite 398, Nachrichtenwesen: nach Statistisches Bundesamt (Hg.), a. a. O., S. 375.
Seite 398, Personenverkehr: nach ebd., S. 379.
Seite 398, Politische Einstellungen: nach Gérard Mermet, Die Europäer, München 1993, S. 196 f.
Seite 405, Lebenserwartung: nach Rainer Hans Dinkel, Demographische Alterung – Ein Überblick unter besonderer Berücksichtigung der Mortalitätsentwicklung, München 1992, S. 71.

Literaturhinweise

Die folgenden Bücher stellen eine begrenzte Auswahl moderner Überblicksdarstellungen zu den einzelnen Kapitelkursen dar. Sie dienen dem vertiefenden Weiterlesen und können zur Vorbereitung von Referaten herangezogen werden. Bei der Auswahl wurden insbesondere Taschenbuch- und Paperbackausgaben berücksichtigt.

Kapitel 1: Durchbruch der Moderne
Hentschel, Volker, Geschichte der deutschen Sozialpolitik 1880–1980, 4. Aufl., Frankfurt/M. 1991.
Hepp, Corona, Avantgarde. Moderne Kunst, Kulturkritik und Reformbewegung nach der Jahrhundertwende, 2. Aufl., München 1992.
Kaelble, Hartmut, Auf dem Weg zu einer europäischen Gesellschaft, München 1987.
Van der Loo, Hans/Van Reijen, Willem, Modernisierung. Projekt und Paradox, München 1992.
Nitschke, August u. a., Jahrhundertwende. Der Aufbruch in die Moderne 1880–1930, 2 Bände, Reinbek 1990.

Peukert, Detlev J.K., Die Weimarer Republik. Krisenjahre der Klassischen Moderne, 4. Aufl., Frankfurt/M. 1993.

Kapitel 2: Demokratie und Diktatur
Adams, Willi Paul (Hg.), Die Vereinigten Staaten von Amerika, 15. Aufl., München 1994.
Bracher, Karl Dietrich u. a. (Hg.), Deutschland 1933–1945. Neue Studien zur nationalsozialistischen Herrschaft, Bonn 1992.
Goehrke, Carsten u. a. (Hg.), Russland, 17. Aufl., Frankfurt/M. 1993.
Hilberg, Raul, Die Vernichtung der europäischen Juden, 3 Bände, 6. Aufl., Frankfurt/M. 1994.
Kershaw, Ian, Der NS-Staat. Geschichtsinterpretationen und Kontroversen im Überblick, überarb. u. erw. Neuausgabe, Reinbek 1994.
Loth, Wilfried, Geschichte Frankreichs im 20. Jahrhundert, Frankfurt/M. 1992.
Niedhart, Gottfried, Geschichte Englands im 19. und 20. Jahrhundert, München 1987.
Niedhart, Gottfried, Deutsche Geschichte 1918–1933. Politik der Weimarer Republik und der Sieg der Rechten, Stuttgart 1994.
Wippermann, Wolfgang, Europäischer Faschismus im Vergleich (1922–1982), 3. Aufl., Frankfurt/M. 1991.

Kapitel 3: Weltwirtschaft in der Zwischenkriegszeit
Ambrosius, Gerold/Hubbard, William H., Sozial- und Wirtschaftsgeschichte Europas im 20. Jahrhundert, München 1986.
Fischer, Wolfram, Die Weltwirtschaft im 20. Jahrhundert, Göttingen 1979.
Ziebura, Gilbert, Weltwirtschaft und Weltpolitik 1922/24–1931, Frankfurt/M. 1984.

Kapitel 4: Internationale Politik 1918–1945
Gruchmann, Lothar, Totaler Krieg. Vom Blitzkrieg zur bedingungslosen Kapitulation, München 1990.
Parker, R.A.C., Das Zwanzigste Jahrhundert I: Europa 1918 bis 1945, 20. Aufl., Frankfurt/M. 1993.
Wendt, Berndt-Jürgen, Großdeutschland. Außenpolitik und Kriegsvorbereitung des Hitler-Regimes, München 1990.

Kapitel 5: Internationale Politk nach 1945
Benz, Wolfgang/Graml, Hermann (Hg.), Das Zwanzigste Jahrhundert II: Europa nach dem Zweiten Weltkrieg, 6. Aufl., Frankfurt/M. 1992.

Dies. (Hg.), Das Zwanzigste Jahrhundert III: Weltprobleme zwischen den Machtblöcken, 9. Aufl., Frankfurt/M. 1994.
Czempiel, Ernst-Otto, Weltpolitik im Umbruch. Das internationale System nach dem Ende des Ost-West-Konflikts, 2. Aufl., München 1993.
Loth, Wilfried, Der Weg nach Europa. Geschichte der europäischen Integration 1939–1957, 2. Aufl., Göttingen 1991.

Kapitel 6: Deutschland nach 1945
Glaser, Hermann, Kulturgeschichte der Bundesrepublik Deutschland 1945–1989, 3 Bände, Frankfurt/M. 1990.
Jarausch, Konrad, Die unverhoffte Einheit 1989–1990, Frankfurt/M. 1995.
Kleßmann, Christoph, Zwei Staaten, eine Nation. Deutsche Geschichte 1955–1970, Bonn 1988.
Weidenfeld, Werner/Korte, Karl-Rudolf (Hg.), Handbuch zur deutschen Einheit, Bonn 1994 (durchges. Nachdruck).
Weber, Hermann, Die DDR 1945–1990, 2. überarb. und erw. Aufl., München 1993.

Kapitel 7: Dritte Welt
Ainslie T. Embree/Friedrich Wilhelm, Indien, 10. Aufl., Frankfurt/M. 1993.
David K. Fieldhouse (Hg.), Die Kolonialreiche seit dem 18. Jahrhundert, 13. Aufl., Frankfurt/M. 1993.
Joseph Ki-Zerbo, Die Geschichte Schwarz-Afrikas. Ein Handbuch, 7. Aufl., Frankfurt/M. 1993.
Wolfgang Mommsen (Hg.), Das Ende der Kolonialreiche. Dekolonisation und die Politik der Großmächte, Frankfurt/M. 1989.
Dieter Nohlen (Hg.), Lexikon der Dritten Welt. Länder, Organisationen, Theorien, Begriffe, Personen, überarb. Neuausgabe, Reinbek 1993.

Kapitel 8: Demokratie und Massengesellschaft
Ursula A. J. Becher, Geschichte des modernen Lebensstils. Essen, Wohnen, Freizeit, Reisen, München 1990.
Kennedy, Paul, In Vorbereitung auf das 21. Jahrhudnert, Frankfurt/M. 1993.
Ruppert, Wolfgang (Hg.), Fahrrad, Auto, Fernsehschrank. Zur Kulturgeschichte der Alltagsdinge, Frankfurt/M. 1993.

Lexikon

Das Lexikon stellt eine Ergänzung der zentralen Begriffe der Grundinformationen dar. Erklärt werden Fremdwörter sowie historische Ereignisse und Begriffe, die in den darstellenden Texten dieses Lehrwerks auftauchen. Die zentralen Begriffe der Grundinformationen erscheinen hier mit Verweis.

absorbieren (lat. *absorbere* = aufsaugen, verschlingen): in sich aufnehmen, gänzlich in Anspruch nehmen.
ad hoc: aus dem Augenblick heraus.
affectio societatis (lat.): die Stimmung oder der Zustand einer Gemeinschaft, eines Bündnisses.
Akzeptanz: Annahme, Einverständnis mit jemandem oder etwas.
Alliierte: Verbündete; bez. vor allem die Gegner Deutschlands im Ersten und Zweiten Weltkrieg, nach 1945 insbesondere für Frankreich, Großbritannien, die UdSSR und die USA.
Alphabetisierung: Maßnahmen zur Bekämpfung der Unfähigkeit zu lesen und zu schreiben.
Amnestie (griech. *amnestia* = das Vergessen): Straferlass.
antiautoritär: gegen ein Verhalten gerichtet, das (unbedingten) Gehorsam einfordert.
Antifaschismus → Begriffe Kap. 6
Antiklerikalismus: Ablehnung kirchlicher Einflussnahme auf Staat und Gesellschaft.
Antikominternpakt → Begriffe Kap. 4
Antikommunismus → Begriffe Kap. 6
Antikonzeptiva: Bez. für Empfängnisverhütungsmittel.
Antiliberalismus: Ablehnung liberaler, freiheitlicher Positionen.
Antisemitismus → Begriffe Kap. 2
antiseptisch: keimtötend, eine Wundinfektion verhindernd.
antizyklisch: in unregelmäßiger Folge wiederkehrend, einer regelmäßigen Folge entgegenlaufend; in der Wirtschaft z. B. gegen den bestehenden Konjunkturzustand gerichtet.
apokalyptisch: auf das Weltende hinweisend. Der Begriff geht auf eine im 2. Jh. v. Chr. im Judentum entstandene religiöse Geistesströmung, die Apokalyptik, zurück, in deren Schriften die Darstellung der göttlichen Geheimnisse und der Geschehnisse am Ende der Zeiten eine zentrale Rolle spielt.
Appeasement/politik → Begriffe Kap. 4
Äquivalent: Gleichwertiges.
Arbeiter: In der kapitalistischen Industrieproduktion führt der Arbeiter persönlich frei und ohne Besitz von Produktionsmitteln in einem Vertragsverhältnis mit einem Unternehmer gegen Lohn fremdbestimmte Arbeit aus. Viele Arbeiter entwickelten das Bewusstsein als Klasse zusammenzugehören. Sie verstanden sich als Proletariat, dessen Situation durch Reformen oder Revolution zu verbessern sei.
Arbeiterbewegung: gewerkschaftlicher, genossenschaftlicher und politischer Zusammenschluss von Arbeitern seit Mitte des 19. Jh. Die Arbeiterbewegung, d. h. die Institutionen, die für die Verbesserung der politischen und sozialen Lage der Arbeiter kämpfen, ist begrifflich von der Arbeiterschaft als sozialer Schicht zu unterscheiden.
Arier/Arisierung: ursprünglich eine sprachwissenschaftliche Bez. für frühgeschichtliche Völker der indogermanischen Sprachfamilie: u. a. Griechen, Römer und Germanen. Seit dem 19. Jh. wurde der Begriff politisch gebraucht zur Abgrenzung einer „weißen Rasse"; durch den Antisemitismus wurde der Begriff auf eine antijüdische Bedeutung eingeengt. In dieser Bedeutung wurde er vor allem in der nationalsozialistischen Rassenlehre verwendet als Bez. für eine angeblich überlegene „Herrenrasse". Arisierung bez. die Verdrängung der Juden aus dem Berufs- und Wirtschaftsleben im Nationalsozialismus durch verschiedene Verfolgungs- und Unterdrückungsmaßnahmen.
Asket (griech. *askein* = sich enthalten, üben): jemand, der sich aus religiösen oder ethischen Gründen bestimmter Dinge (z. B. Speisen) enthält oder sich von einer Gemeinschaft abkehrt, z. B. durch Einsamkeit. Das asketische Verhalten geht zurück auf das Training und die Enthaltsamkeit der Athleten in der griech. Antike. Es dient oft der Befreiung von irdischen Bindungen und der Konzentration auf Geistiges.
Assimilation → Begriffe Kap. 7
Atlantik-Charta: am 14. Aug. 1941 von dem brit. Premierminister Churchill und dem amerik. Präsidenten Roosevelt beschlossene Erklärung der gemeinsamen Kriegs- und Nachkriegspolitik, die zu einem Grunddokument der UNO wurde. Gefordert wurden u. a. Verzicht auf Gebietsgewinn, Anerkennung des Selbstbestimmungsrechts der Völker bezüglich der Regierungsform, territorialer Veränderungen, der Gleichberechtigung im Welthandel, der Freiheit der Meere, des Verzichts auf Waffengewalt.
Atomares Patt → Begriffe Kap. 5
Aura: Ausstrahlung, Wirkungskraft.
Autarkie → Begriffe Kap. 3
autokratisch: selbstherrlich. Politische Bez. für eine Herrschaftsform, bei der die Staatsgewalt in den Händen eines einzigen Herrschers liegt, der die unumschränkte Staatsgewalt für sich beansprucht, z. B. im Absolutismus oder im Zarismus.
Autonomie (griech. = Selbstbestimmung): bez. die Selbstständigkeit und Unabhängigkeit von Völkern, Nationalitäten, Staaten. Als völkerrechtlicher Begriff gewann er im Zusammenhang mit der Verkündung des Selbstbestimmungsrechts nach dem Ersten Weltkrieg Bedeutung. Nach dem Zweiten Weltkrieg gab es im Zusammenhang mit der Auflösung der Kolonialreiche vor allem in den Ländern der Dritten Welt zahlreiche Autonomiebestrebungen. In der UdSSR beschleunigte die Autonomieforderung zahlreicher Unionsrepubliken seit 1985 den Zerfall der Sowjetunion. Innerhalb bereits bestehender Nationalstaaten meint Autonomie ein gewisses Maß an Eigenständigkeit, das ethnische Minderheiten oder Regionen besitzen, z. B. in der Kulturpolitik oder im Justiz- und Verwaltungswesen das Recht zur Verwendung

der eigenen Sprache als Amts- oder Schulsprache. Als Autonomie bez. man auch das Recht von Körperschaften (z. B. Universitäten) sich selbst zu verwalten.
avancieren: befördert werden, aufrücken.
Avantgarde: Vorkämpfer einer geistigen Entwicklung, besonders in Literatur oder Kunst. Im Marxismus-Leninismus Bez. für die vor allem von Lenin entwickelte Vorstellung der kommunistischen Partei als „Avantgarde des Proletariats" und der Arbeiterklasse als „Avantgarde der fortschrittlichen Menschheit".
Aventin: einer der sieben Hügel Roms; in der Römischen Republik zunächst vorwiegend von Plebejern bewohnt; da in den Ständekämpfen des 5. Jh. v. Chr. die Protestzüge der Plebejer dorthin geführt hatten, ist der Aventin ein Symbol des Protestes gegen die Herrschenden.

BAFöG: Abkürzung für Bundesausbildungsförderungsgesetz. Das Gesetz regelt in der Bundesrepublik Deutschland die finanzielle Ausbildungsförderung für den Besuch von Schulen und Hochschulen. Sie wird in Form von Zuschüssen bzw. Darlehen geleistet, wenn jemand die Kosten für die Ausbildung und seinen Lebensunterhalt in dieser Zeit nicht aufbringen kann.
Balance of power: Prinzip der englischen Außenpolitik seit dem 17. Jh., Ziel war das machtpolitische Gleichgewicht zwischen den europäischen Mächten.
Barschel-Affäre: Die Barschel-Affäre begann mit einer Veröffentlichung des „Spiegels", in deren Rahmen Reiner Pfeiffer, der ehemalige Medienreferent des schleswig-holsteinischen Ministerpräsidenten Uwe Barschel, den Vorwurf gegen Barschel erhob gemeinsam mit ihm eine Verleumdungskampagne gegen den SPD-Spitzenkandidaten Björn Engholm bei den Landtagswahlen Anfang September 1987 geplant und realisiert zu haben. Barschel trat daraufhin am 25. Sept. zurück; die persönliche Verantwortung bestritt er bis zu seinem Tod in Genf 1987. Die Ursache für den Tod Barschels ist bislang nicht geklärt. Der Fall wurde Anfang der neunziger Jahre neu aufgerollt.
Besatzungsmacht: → Begriffe Kap. 6

Bevölkerungsentwicklung: Zahlenmäßige Zu- oder Abnahme der Bevölkerung einer Stadt, einer Region, eines Staates oder der ganzen Welt. Im 20. Jh. ist die Bevölkerungsentwicklung gekennzeichnet durch ein explosionsartiges Anwachsen der Bevölkerung in Ländern der Dritten Welt.
Bevölkerungswachstum: Im Zusammenhang mit der Industrialisierung geht das Bevölkerungswachstum dieser voraus und begleitet sie anfangs verstärkend. Gespeist wird es aus der sinkenden Sterblichkeitsrate (= Todesfälle pro 1000 Einwohner), einer zeitweise hohen Geburtenziffer (= Lebendgeburten pro 1000 Einwohner) und vor allem durch eine hohe Fruchtbarkeitsziffer bzw. Fertilität (= Lebendgeborene auf 1000 Frauen im Alter von 15 bis 45 Jahren). Im weiteren Verlauf der Industrialisierung nähern sich Sterberaten und Geburtenraten immer stärker an.
bilateral: zweiseitig. Ein bilaterales Abkommen ist ein völkerrechtlicher Vertrag zwischen zwei Ländern.
Bilateralismus → Begriffe Kap. 5
bipolar: zweipolig, mit zwei gegensätzlichen Schwerpunkten.
Bipolarität → Begriffe Kap. 5
Blitzkrieg → Begriffe Kap. 4
Blockfreiheit/blockfreie Staaten → Begriffe Kap. 7
Blockparteien → Begriffe Kap. 6
„Blut-und-Boden"-Ideologie: Bestandteil der nationalsozialistischen Rassenideologie, nach der „Blut" und „Boden" der Deutschen verteidigt werden müssten, da dem „Deutschtum" angeblich eine Vernichtung durch die jüdische „Rasse" drohe. Zu der antisemitischen Ideologie gehörte die mythisierende Überhöhung des Bodenständigen sowie des Bauerntums.
Blutbad der Albigenser: Die Albigenser, benannt nach der Stadt Albi, waren eine Gruppe der Katharer, einer mittelalterlichen Sekte, die das Recht der Kirche auf Herrschaft und Besitz bestritt und sich für ein Leben in Askese und Armut einsetzte. Die Albigenser spielten vor allem in Südfrankreich seit dem 12. Jh. eine bedeutende Rolle. In den Albigenserkriegen (1209–1229) wurden sie durch die Kreuz-

heere der katholischen Kirche grausam ausgerottet.
Bolschewismus → Begriffe Kap. 2
Bourgeoisie: wohlhabendes Bürgertum; im Marxismus Bez. für die im Kapitalismus herrschende Klasse, die über die Produktionsmittel und die Arbeitskraft der Proletarier verfügt.
Breschnew-Doktrin → Begriffe Kap. 5
Bretton Woods → Begriffe Kap. 3
Broadcasting: Rundfunk in Großbritannien und in den USA.
Bruttoproduktion: gesamte Produktion eines Unternehmens oder Wirtschaftszweiges in einem bestimmten Zeitraum einschließlich der auf Lager produzierten Güter und der selbst hergestellten Anlagen.
Bruttosozialprodukt: Das Sozialprodukt ist die Summe aller Güter (Sachgüter für Konsum und Investitionen sowie Dienstleistungen), die in einer Volkswirtschaft, d. h. von den Menschen eines Staates, innerhalb eines Jahres erstellt werden. Das Bruttosozialprodukt zählt die gesamten Investitionen mit, das Nettosozialprodukt im Gegensatz dazu nur die Investitionen abzüglich der Abschreibungen. Das Sozialprodukt wird in Geldwerten ausgedrückt.
Bundesstaat: aus Einzelstaaten zusammengesetzter Gesamtstaat, wobei die Einzelstaaten einen Teil ihrer souveränen Rechte in der Gesetzgebung und Verwaltung an den Gesamtstaat übertragen, z. B. die Außen-, Verteidigungs- und Finanzpolitik, einen anderen Teil aber behalten, z. B. die Schul- und Kulturpolitik. Man bez. dieses Gestaltungsprinzip von Staaten als Föderalismus (z. B. USA, Bundesrepublik Deutschland, Schweiz).
Bürger/Bürgertum: Im Mittelalter und in der frühen Neuzeit vor allem die freien und voll berechtigten Stadtbewohner, im Wesentlichen die städtischen Kaufleute und Handwerker; im 19. und 20., in einigen Ländern (z. B. England) auch schon im 18. Jh. die Angehörigen einer durch Besitz, Bildung und spezifische Einstellungen gekennzeichnete Bevölkerungsschicht, die sich von Adel und Klerus, Bauern und Unterschichten (einschließlich der Arbeiter) unterscheidet. Zu ihr gehören Besitz- oder Wirtschaftsbürger

(= Bourgeoisie, also größere Kaufleute, Unternehmer, Bankiers, Manager), Bildungsbürger (Angehörige freier Berufe, höhere Beamte und Angestellte zumeist mit akademischer Bildung), am Rande auch die Kleinbürger (kleinere Handwerker, Krämer, Wirte). Staatsbürger meint dagegen alle Einwohner eines Staates ungeachtet ihrer sozialen Stellung, soweit sie gleiche „bürgerliche" Rechte und Pflichten haben (vor Gericht, in Wahlen, in der öffentlichen Meinung). Staatsbürger im vollen Sinne waren lange Zeit nur Männer und nur die Angehörigen der besitzenden und gebildeten Schichten, im 19. Jh. allmähliche Ausweitung auf nicht besitzende männliche Schichten, im 20. Jh. auf Frauen.

Bürokratisierung → Begriffe Kap. 1

Bürokratismus: allgemein pedantisches, engstirnig-formalistisches Handeln; pedantisches Festhalten an den Vorschriften von Beamten und Angestellten; Zustand der Verselbstständigung der bürokratischen Verwaltung unter Missachtung ihrer eigentlichen Ziele.

Burgfrieden: bez. im Mittelalter den besonderen Friedensschutz innerhalb einer Burganlage; in der Politik Bez. für eine innenpolitische Absprache, für die Zeit einer Krise oder außenpolitischen Bedrohung innere Auseinandersetzungen (z. B. zwischen Parteien) auszusetzen, so z. B. in Deutschland während des Ersten Weltkrieges.

Camarilla: eine Hofpartei bzw. eine Gruppe von Günstlingen, die großen Einfluss auf einen Herrscher ausübt ohne dazu durch eine Verfassung befugt zu sein.

Charta: wichtige Urkunde im Staats- und Völkerrecht.

Chassismontage: beim Kraftfahrzeugbau Montage des Fahrgestells, das die Karosserie und andere Teile des Kraftfahrzeugs trägt.

Circulus vitiosus („fehlerhafter Kreis"): im engeren Sinn ein Beweisfehler, bei dem das, was man beweisen will, für den Beweis vorausgesetzt wird; im übertragenen Sinn ein „Teufelskreis" von unangenehmen Situationen, aus dem man nicht herausfindet.

Civil Service: Bez. für den öffentlichen Dienst in Großbritannien und in den USA.

Clearingsverkehr (engl. *clear* = frei von Schulden): Abrechnungsverfahren, bei dem durch Aufrechnung die gegenseitigen Schulden und Zahlungsforderungen ausgeglichen werden. Organisiert wird das Verfahren von einer gemeinsamen Abrechnungsstelle, bei der eine festgelegte Zahl von Mitgliedern Konten führt.

Commonwealth of Nations → Begriffe Kap. 4

Communauté Française → Begriffe Kap. 7

Containment-Politik → Begriffe Kap. 5

„Cordon sanitaire": dem Wortsinn nach Absperrung gegen das Einschleppen von Krankheiten. Die Bez. wurde übertragen auf Staaten, die durch ihre Lage andere Staaten vor dem Eindringen ideologischer Einflüsse oder vor militärischen Gefahren schützen sollten; besonders verwendet für die frz. Politik zwischen 1919 und 1934, die auf eine Stärkung der an Sowjetrussland angrenzenden europäischen Staaten durch den Westen zielte um eine Ausbreitung des Bolschewismus zu verhindern.

Crux (lat. „Kreuz"): Leid, Last.

de facto (lat.): tatsächlich bestehend (z. B. im Widerspruch zur Rechtslage).

de jure (lat.): von Rechts wegen, nach der Rechtslage betrachtet (ohne Rücksicht auf die tatsächlichen Umstände).

Deflation → Begriffe Kap. 3

Demobilmachung (lat. *mobilis* = beweglich): Rücknahme der Mobilmachung, d. h. des Übergangs eines Staates in den Verteidigungs- bzw. Kriegszustand oder der unmittelbaren Vorbereitung für einen Kriegseinsatz.

Demographie → Begriffe Kap. 8

Demokratie → Begriffe Kap. 8

Demontage → Begriffe Kap. 6

denunzieren: jemanden (aus niederen Beweggründen) anzeigen; meist ist der Angezeigte politisch missliebig.

Depression → Begriffe Kap. 3

Deutschnationale: Bez. für die Anhänger der Deutschnationalen Volkspartei (DNVP). Die DNVP wurde 1918 von verschiedenen rechten Gruppierungen gegründet, die der neuen Republik und der parlamentarischen Demokratie feindlich gegenüberstanden. Ihre Politik war von nationalistischen, konservativen, völkischen und antisemitischen Zielen geprägt. Von 1924 bis 1928 war die DNVP, hinter der Verbände aus Landwirtschaft, Handwerk und Industrie standen, an der Regierung beteiligt; ab 1928 näherte sie sich unter ihrem neuen Vorsitzenden Hugenberg den politischen Inhalten des Nationalsozialismus an und ging mit der von Hitler geführten NSDAP ein Bündnis ein. 1933 löste sich die Partei selbst auf.

Devisenüberschüsse: Als Devisen bez. man Zahlungsmittel oder Guthaben in fremder Währung, ausgenommen aber ausländische Münzen oder Banknoten. Devisenüberschüsse, die von der zentralen Währungsbehörde eines Staates erfasst werden, deuten auf eine Überschussposition der Wirtschaft eines Staates im Handelsverkehr mit dem Ausland hin.

Dien Bien Phu: Ort in Vietnam, 300 km nordwestlich von Hanoi. Hier erlitten die frz. Truppen 1954 in der ersten Phase des Vietnamkrieges ihre entscheidende Niederlage. Die Franzosen, die die Stadt 1953 besetzt hatten, wurden von den Vietminh eingeschlossen und mussten kapitulieren.

Dienstleistungen: Wirtschaftsgüter, die der Befriedigung menschlicher Bedürfnisse dienen, aber nicht wie Sachgüter materiellen Bestand haben. Zu den Dienstleistungen gehören u. a. Handel, Verkehr, öffentliche Verwaltung, Banken, Versicherungen, Gastronomie, Wissenschaft, Kunst, Gesundheitswesen, Sport.

Diktatur → Begriffe Kap. 2

Diktion (lat. *dicere* = sprechen, sagen): mündliche oder schriftliche Ausdrucksweise, Stil.

Dislozierung: Lageveränderung, Verschiebung; im militärischen Sprachgebrauch räumliche Verteilung von Truppen und Waffen.

disproportional: in einem Missverhältnis befindlich.

Dissens: Meinungsverschiedenheit.

dogmatisiert (griech. *dogma* = Beschluss, Lehrsatz, Grundsatz): zu einer festen Lehrmeinung, zu einem unumstößlichen Glaubenssatz erhoben.

Doktrin: Lehre, wissenschaftliche Theorie; im politischen Sinn Grundsatzerklärung, Leitlinie.
Dominanz: Vorherrschaft.
Dominion → Begriffe Kap. 4
Dreyfus-Affäre: Schwere innenpolitische Krise in Frankreich Ende des 19. Jh. Sie wurde ausgelöst durch die ungerechtfertigte Verurteilung des jüdischen Offiziers Alfred Dreyfus (1859–1935), dem vorgeworfen wurde militärische Geheimnisse an Deutschland verraten zu haben. 1896, zwei Jahre nach seiner Verurteilung zu lebenslänglicher Verbannung, wurde der wirkliche Schuldige gefunden; dennoch beharrte das Kriegsministerium auf der Schuld von Dreyfus. Die Proteste der Öffentlichkeit gegen die offensichtlich antisemitischen Hintergründe des Prozesses weiteten sich aus zu einem Machtkampf der bürgerlichen und linken Parteien gegen die Rechtsparteien. Dreyfus wurde erst 1906 rehabilitiert.
Dritte Welt → Begriffe Kap. 7
Duce (ital. = Führer): Bez. für den Führer der ital. Faschisten Benito Mussolini (1883–1945).
dysfunktional: störende Auswirkung auf eine Leistung.

Eiserner Vorhang: von dem britischen Premierminister Winston Churchill 1945 geprägtes politisches Schlagwort, das die von der UdSSR unternommenen Maßnahmen zur Sicherung ihres Herrschaftsbereichs gegenüber dem Westen in der Anfangsphase des Kalten Kriegs bez.
eliminieren: auslöschen.
Elite(n): bez. die kleine soziale Gesellschaftsschicht, die in Staat, Wirtschaft und Gesellschaft Führungsaufgaben wahrnimmt und besonderen Einfluss auf die Gesellschaft ausübt. Die jeweilige Zugehörigkeit zu dieser privilegierten Gesellschaftsschicht haben ihre Repräsentanten durch Besitz, Herkunft oder Fähigkeiten (z. B. Ausbildung) erworben.
Emanzipation (lat. *emancipare* = in die Selbstständigkeit entlassen): (Selbst-)Befreiung aus einem Zustand der Abhängigkeit und Unterdrückung, meist im Zusammenhang mit benachteiligten Gesellschaftsschichten (Arbeiter, Frauen, Juden).

Embargo: Beschlagnahme oder Zurückhaltung fremden Eigentums durch einen Staat, staatliches Waren- und Kapitalausfuhrverbot.
Emigration: unfreiwillige Auswanderung, die durch politische, wirtschaftliche oder religiöse Gründe motiviert ist.
Empathie (griech. *empatheia* = Leidenschaft): Bereitschaft und Fähigkeit sich in die Einstellung anderer Menschen einzufühlen.
Empirie: Erfahrung, Erfahrungswissen (im Gegensatz zur Theorie).
Entente → Begriffe Kap. 4
Entnazifizierung → Begriffe Kap. 6
Entwicklungsdekade → Begriffe Kap. 7
Entwicklungsländer → Begriffe Kap. 7
Eskalation, eskalieren (lat. *scala* = Treppe): stufenweises Ansteigen eines politischen oder militärischen Konflikts.
esoterisch (griech. *esoteros* = innerer): geheim, nur für Eingeweihte zugänglich.
Ethos (griech. *ethos* = Gewohnheit, Herkommen, Sitte): moralische Grundhaltung und Gesinnung eines Einzelnen oder einer Gemeinschaft.
Euphorie (griech. *euphoros* = leicht tragend, geduldig): subjektive Hochstimmung, die nach außen unbegründet erscheint. Ein Zustand der Euphorie kann nach dem Genuss von Rauschmitteln oder Medikamenten auftreten.
europazentristisch: Ausrichtung von Karten, aber auch von Texten auf Europa als Mittelpunkt.
Euthanasie (griech. *euthanasia* = schöner Tod): in der griech.-röm. Antike allgemein Bez. für einen schnellen, leichten und schmerzlosen Tod. Heute Sterbehilfe für Menschen, die unheilbar krank oder sehr schwer verletzt sind um ihnen ein qualvolles Sterben zu ersparen. Missbräuchlich wurde der Begriff im Nationalsozialismus für die Ermordung körperlich, geistig oder seelisch Behinderter und nicht arbeitsfähiger Menschen, die als „lebensunwert" eingestuft wurden, verwendet. Durch das nationalsozialistische „Euthanasie"-Programm wurden etwa 200 000 Menschen getötet.
Evolutionstheorie: biologische Theorie, die alles heute existierende Leben als Produkt einer stammesgeschichtlichen Entwicklung ansieht.

Exilregierung (lat. *exsilium* = Verbannung, *regere* = lenken, herrschen): eine Regierung, die sich aus politischen Gründen zwangsweise im Ausland aufhält oder dort gebildet wird. Sie ist zwar nicht im eigenen Staatsgebiet tätig, nimmt aber dennoch – unter Anerkennung des Aufenthaltsstaates – für sich in Anspruch, die höchsten staatlichen Funktionen für den eigenen Staat auszuüben.
Expansion (lat. *expandere* = ausbreiten): Ausdehnung, Vergrößerung eines Staatsterritoriums durch Krieg oder Schaffung von militärischen, wirtschaftlichen oder politischen Einflusszonen.

Familiarismus: soziale Ordnung, die alle gesellschaftlichen Bereiche auf der Grundlage und dem Vorbild der Familie errichten will.
Familie: in der vorindustriellen Zeit Haus-, Schutz- und Herrschaftsverband, der neben den Blutsverwandten auch alle übrigen Arbeitenden des Hauses und der dazugehörigen Wirtschaft umfasste (Ganzes Haus). Dieser Familienverband wandelte sich zuerst bei Beamten und Gebildeten im 18. Jh., dann beschleunigt in fast allen Gruppen der Gesellschaft unter dem Einfluss der Industrialisierung. Das Ergebnis dieses Prozesses war die Familie als Verwandtschaftsfamilie und heute überwiegend als Kern- oder Kleinfamilie.
Faschismus → Begriffe Kap. 2
Fatalismus: eine Grundeinstellung, die von dem Glauben an ein notwendiges Schicksal, auf das der Mensch keinen Einfluss nehmen kann, geprägt ist; jedes Handeln wird dieser schicksalsgläubigen Haltung völlig unterworfen.
Fertilität: Zahl der Lebendgeborenen auf 1000 Frauen im Alter von 15 bis 45 Jahren; auch Fruchtbarkeitsziffer genannt.
Flexible Erwiderung → Begriffe Kap. 5
Flick-Affäre: Die Affäre um den Flick-Konzern stand im Mittelpunkt der sogenannten Parteispendenaffäre. Seit den siebziger Jahren kritisierte man die Praxis der Parteien der Bundesrepublik Spenden vor allem von Wirtschaftsunternehmen über gemeinnützige Organisationen an sich selbst weiter zu leiten. Der 1983 bis 1985 tagende Untersuchungsausschuss des Bundestages deckte eine Vielzahl von

Verflechtungen zwischen Wirtschaft und Parteien auf. Vorwürfe richteten sich auch gegen den Flick-Konzern, der den Parteien, besonders der CDU und der FDP, Spenden zukommen ließ und dafür Steuerbegünstigungen erhalten hatte. Diese Parteispendenaffäre löste eine Vertrauenskrise zwischen den Bürgern und den Spitzen der Parteien aus.
Floating: Aufheben der Interventionspflicht der Zentralnotenbanken zur Kursstützung bei Wechselkursschwankungen.
Föderalismus (lat. *foedus* = Bündnis): Bemühen um die Schaffung bzw. Erhaltung eines Bundesstaates mit weitgehend eigenständigen Gliedstaaten; Gegensatz: Zentralismus.
Föderation (lat. *foederatio* = Vereinigung): auch Konföderation genannt; Bündnis, Vereinigung mehrerer Staaten, wobei die Souveränität der einzelnen Mitglieder unangetastet bleibt.
Fokus (lat. *focus* = Feuerstätte, Herd): Brennpunkt; in der Medizin Streuherd einer Infektion.
Fortschritt: bez. eine geradlinige Weiterentwicklung eines Zustandes, die durch menschliche Aktivität erreicht wird. Der vor allem in der Aufklärung geprägte Fortschrittsbegriff bezieht sich auf die Errungenschaften der Menschheit sowohl im naturwissenschaftlich-technischen als auch im gesellschaftlich-kulturellen Bereich. Im 20. Jh. ist der Glaube an einen ungebrochenen zivilisatorischen Fortschritt angesichts der ökologischen Probleme, der Gefahren der technischen Entwicklung und von Krieg und Gewalt weithin erschüttert worden.
Freihandelspolitik → Begriffe Kap. 4
Freizeit → Begriffe Kap. 1
Frieden: oft nur als Verhalten von Staaten definiert, die gegenseitig auf die Anwendung von Gewalt verzichten. Aber Frieden beinhaltet auch das umfassende, andauernde Wohl eines Staates und seiner Bürger in einer legitimen Rechtsordnung. Interessengegensätze werden ohne Anwendung von Gewalt gelöst. Zum Frieden gehört auch die Förderung der gegenseitigen kulturellen, wirtschaftlichen und rechtlichen Beziehungen zwischen und innerhalb von Völkern um ein wechselseitiges Verständnis zu fördern. Die großen Friedensorganisationen des 20. Jahrhunderts sind der Völkerbund und die UNO als Instrumente zur Wahrung und friedlichen Beilegung von zwischenstaatlichen Konflikten.
Friedliche Koexistenz → Begriffe Kap. 5
frühe Neuzeit: Geschichtsperiode zwischen dem Ende des Mittelalters und der Französischen Revolution (16. bis 18. Jh.); geprägt von zahlreichen Entdeckungen auf wissenschaftlich-technischem Gebiet, von geistig-kulturellem Wandel, von Humanismus und Reformation, Absolutismus und Aufklärung.
Führer, Führerstaat → Begriffe Kap. 2

Geburtenrate: Zahl der Lebendgeburten je 1000 Einwohner in einem Jahr.
Gemischte Wirtschaft: Bez. für die moderne Marktwirtschaft, die neben der Selbststeuerung durch den Wettbewerb auch durch die Einbeziehung demokratischer Willensbildung, bürokratischer Lenkung und Verhandlungen zwischen Interessengruppen geprägt ist.
Genius (lat. *genius* = Erzeuger): in der röm. Antike die einem Mann beigegebene göttliche Kraft, die sich in seiner Zeugungsfähigkeit zeigt. Heute Bez. für die schöpferische Kraft eines Menschen allgemein oder für einen schöpferischen Menschen selbst (Genie).
Genozid: Völkermord. Bez. die vollständige oder teilweise Ausrottung nationaler, ethnischer oder religiöser Gruppen sowie Maßnahmen, die ihre Existenz in Frage stellen. In der Neuzeit wurde Völkermord u. a. bei den kolonialen Eroberungen durch die Europäer begangen, vor allem aber im Nationalsozialismus bei der Verfolgung der Juden.
Gewerkschaften: freiwilliger Zusammenschluss von Arbeitnehmern um durch abgestimmtes, gemeinsames Handeln die eigenen Interessen zu fördern, vor allem durch Lohnverhandlungen (Tarifrecht), Verhandlungen über Arbeitszeitregelungen usw. Zum ersten Mal wurde eine Gewerkschaft in England im Jahre 1829 gegründet.
Glasnost (russ. *glasnyj* = öffentlich, der Allgemeinheit zugänglich): politisches Schlagwort des Reformprogramms von Michail Gorbatschow (Generalsekretär der KPdSU in der Sowjetunion 1985–1990), das die Durchsetzung gesellschaftlicher Offenheit und Transparenz propagieren sollte. Ziel war eine demokratische Öffnung des Landes, vor allem eine Sichtbarmachung der Willensbildungsprozesse in Partei und Staat mit Hilfe der Medien. Die Transparenz sollte dem Abbau von Bürokratismus, Korruption und anderen Mangelerscheinungen dienen.
Gleichberechtigung: Der Begriff bez. den Grundsatz der rechtlichen Gleichstellung aller Menschen, insbesondere von Mann und Frau. Dieses Grundrecht, das z. B. in der Bundesrepublik Deutschland durch das Grundgesetz garantiert ist, verbietet eine Ungleichbehandlung von Männern und Frauen im gesellschaftlichen, wirtschaftlichen und politischen Leben.
Gleichgewichtspolitik → Begriffe Kap. 4
Gleichschaltung → Begriffe Kap. 2
Gleichstellung: Während der Begriff der Gleichberechtigung eine Rechtsnorm darstellt und somit noch nichts über die soziale Realität aussagt, versteht man unter Gleichstellung die tatsächliche Verwirklichung des Anspruchs auf Gleichberechtigung und das Angleichen von bestehenden Unterschieden. Trotz der Fortschritte in der Gleichberechtigung von Frauen und Männern in den modernen Industriegesellschaften sind die Frauen in vielen Bereichen noch immer unterprivilegiert.
Go-in/Sit-in: unbefugtes Eindringen einer Gruppe in öffentliche Gremien oder Universitätsveranstaltungen um eine Diskussion über bestimmte Themen zu erzwingen (Go-in), oft mit einem Sitzstreik verbunden (Sit-in). Die aus der amerikanischen Bürgerrechtsbewegung stammenden Formen des friedlichen politischen Protests wurden in Deutschland vor allem an den Universitäten in den sechziger und siebziger Jahren praktiziert.
Goldstandard → Begriffe Kap. 3
Gravitationszentrum: in der Physik Zentrum der Schwerkraft bzw. Massenanziehung.
„Gruppe der 77" → Begriffe Kap. 7

Gymnasium (griech. *gymnazesthai* = sich nackt üben): In der griech. Antike war das *gymnasion* Übungs- und Ausbildungsstätte der männlichen Jugend und diente geistiger und militärischer Erziehung. In Mittelalter und früher Neuzeit übernahmen Klöster und Domschulen den Namen. Seine heutige Prägung erhielt es durch das humanistische Bildungsideal Wilhelm von Humboldts.

Halbwaren: halbfertige Produkte im Handel.

Hegemonie: bez. die Vormachtstellung eines Staates innerhalb einer Gruppe von Staaten. Die Hegemonie stützt sich in der Regel auf militärische Überlegenheit, die eine politische Führungsrolle begründet und absichert. Die Hegemonie kann sich aber auch nur auf das wirtschaftliche Gebiet beziehen.

Hekatomben (griech. *hekaton* = hundert, *bous* = Rind): Eine Hekatombe bez. ursprünglich ein Opfer von 100 Stieren, später auch andere große Opfer; heute Bez. für sehr große Menschenverluste durch Kriege, Krankheiten oder andere unheilvolle Ereignisse.

Hemisphäre: Erdhalbkugel.

Holocaust (griech. *holokauton* = Brandopfer, Ganzopfer): im Engl. Bez. für ein Opfer, das vollständig verbrannt wird. Der Begriff wurde übernommen als Steigerung des Begriffes Völkermord (Genozid) für die Verfolgung und Vernichtung des jüdischen Volkes durch den Nationalsozialismus.

Homogenität (griech. *homogenes* = gleicher Herkunft): Gleichartigkeit, gleichmäßige Zusammensetzung, Übereinstimmung (Shoa).

Honoratioren (lat. *honoratus* = geehrt): Der Begriff stammt aus der Kanzleisprache des 18. Jh. und bez. die Angesehensten eines Ortes. In der Ständegesellschaft waren Angehörige des Volkes von dieser gebildeten und einflussreichen Schicht ausgeschlossen. Heute hat das Wort einen ironischen Unterton.

Hoover-Moratorium → Begriffe Kap. 3

Humanismus: allgemein das Bemühen um Humanität. Im engeren Sinne in Italien entstandene Bildungsbewegung vom 14. bis zum 16. Jh. Ausgehend vom Ideal des edlen Menschen, das die Humanisten in der von ihnen gesammelten Literatur der Antike fanden, kritisierten sie vor allem die Theologie und die kirchliche Bildungstradition. Ziel der Humanisten war eine am Vorbild der Antike geformte Bildung, die die Entfaltung der Persönlichkeit und eine individuelle Lebensgestaltung ermöglicht.

Humanität (lat. *humanitas* = Menschlichkeit): Die Humanität als bürgerliches Bildungsideal des 18. Jh. umfasste die Forderung der allgemeinen Anerkennung der Menschenwürde, der geistigen Toleranz und politischen Gleichberechtigung. Heute bez. Humanität allgemein die Grundhaltung sich für die Durchsetzung der Menschenrechte einzusetzen.

Humankapital → Begriffe Kap. 7

Hybris: in der griech. Antike frevelhafter Stolz gegenüber den Göttern und ihren Gesetzen; allgemein Vermessenheit, Überheblichkeit.

Ideologie → Begriffe Kap. 2

Imperialismus: im neuzeitlichen Verständnis zunächst Ausdehnung der Herrschaft eines Staates über andere Länder durch Eroberung, Annexion und Durchdringung; eine seiner Formen ist der Kolonialismus. Seit der Hochindustrialisierung (d. h. dem letzten Drittel des 19. Jh.) bedeutet Imperialismus ein ausgeprägtes, in verschiedenen Formen auftretendes, wirtschaftliches und politisches Ausnutzungs- und Abhängigkeitsverhältnis zwischen industriell weit fortgeschrittenen und wenig entwickelten Staaten und Regionen (besonders Afrika und Asien). Vor allem die Zeit zwischen 1880 und 1918 gilt als Epoche des Imperialismus.

Inauguration: in der röm. Antike Weihezeremonie zur Machtübernahme für bestimmte Priestertümer; heute feierliche Einführung in ein politisches oder akademisches Amt.

Indikator (lat. *indicare* = anzeigen): in der Geschichtswissenschaft ein Merkmal (z. B. Entwicklung der Erwerbstätigenstruktur, der Kinderzahl pro Familie, des Sozialprodukts), das als beweiskräftiges Zeichen für einen historischen Prozess (z. B. Industrialisierung, Modernisierung) dient.

Indirekte Herrschaft/Indirect Rule → Begriffe Kap. 7

Individualisierung (lat. *individuum* = das Unteilbare): Zunahme des Bedürfnisses, der Möglichkeiten und der Realisierung der freien Entfaltung der Einzelpersonen gegenüber den Ansprüchen der Gesellschaft. Die Individualisierung ist vor allem ein Kennzeichen der modernen Industriegesellschaften.

Indochina-Krieg: Der Indochina-Krieg ist die erste Phase des Vietnamkriegs. 1887 hatte Frankreich seine südostasiatischen Protektorate zur „Indochinesischen Union" vereinigt. Seit Beginn des 20. Jh. begann eine Widerstandsbewegung gegen Frankreich, die durch seinen Machtverlust an Japan während des Zweiten Weltkriegs verstärkt wurde. Japan rief 1945 ein unabhängiges Vietnam aus, der kommunistische Führer der Vietnamesen, Ho Chi Minh, folgte nach der japanischen Niederlage mit der Ausrufung einer „Demokratischen Republik Vietnam". Da keine Einigung mit Frankreich über eine Eingliederung in die „Indochinesische Union" zustande kam, begann eine kriegerische Auseinandersetzung. 1949 erkannte Frankreich die Unabhängigkeit von Vietnam, Kambodscha und Laos an und musste sich nach seiner Niederlage bei Dien Bien Phu 1954 ganz aus Indochina zurückziehen.

Industrialisierung: ein tief greifender wirtschaftlicher und gesellschaftlicher Wandlungsprozess, der zuerst in England um 1770, dann auf dem europäischen Kontinent und noch später in anderen Weltteilen einsetzte und bis heute nicht abgeschlossen ist. Im Mittelpunkt stehen die Einführung und Fortentwicklung der industriellen Produktionsweise (neue Energiequellen, Maschinen, Fabriken, Arbeitsteilung auf zunehmend wissenschaftlicher Grundlage, Wachstum des Sozialprodukts) und die Umverteilung der Erwerbstätigen von der Landwirtschaft in das Gewerbe und in den Dienstleistungsbereich.

Industrielle Revolution: durch den englischen Sozialreformer Arnold Toynbee (1852–1883) verbreiteter Begriff. Bezeichnet die erste Phase der Industrialisierung (in Deutschland von ca. 1840 bis

1870). Bestimmten mechanische Webstühle, Dampfschiffe, Kohle- und Eisentechnologie im Wesentlichen die „erste" Industrielle Revolution, werden die Einführung der Chemie- und Elektroindustrie und die Erfindung des Verbrennungsmotors auch als „zweite" Industrielle Revolution, die Einführung der Raumfahrt und Computertechnologie auch als „dritte" Industrielle Revolution bez.
Inflation → Begriffe Kap. 3
Infrastruktur (wörtlich: innerer Aufbau): alle für die Wirtschafts-, Rechts- und Sozialordnung eines Staates notwendigen Einrichtungen.
Innovationen (lat. *innovatio* = Erneuerung): Neuerungen, Entwicklungen neuer Ideen, Verfahren oder Produkte, die zur Verbesserung der bestehenden Möglichkeiten oder Zustände dienen sollen.
INRI: Abkürzung für lat. *Iesus Nazarenus Rex Iudaeorum* = „Jesus von Nazareth, König der Juden"; nach dem Neuen Testament die von Pilatus veranlasste Inschrift am Kreuz Christi.
Institution (lat. *instituere* = einrichten): im konkreten Sinn gesellschaftliche, staatliche oder kirchliche Einrichtung, oft auch private Organisation (z. B. Stiftung, Körperschaft); im abstrakten Sinn soziale Norm oder kulturelle Tradition, die für die Stabilität einer Gesellschaft sorgt (z. B. Familienstruktur, Erziehungsmuster, Verteilungssystem für Wirtschaftsgüter).
Integrität: Makellosigkeit, Unverletzlichkeit, Unantastbarkeit.
Interdependenzen: wechselseitige Abhängigkeiten.
Internationaler Währungsfond (IWF) → Begriffe Kap. 7
Interventionisten: im Allgemeinen Anhänger des Eintritts eines neutralen Staates in einen Krieg; im Besonderen in Italien Verfechter einer Teilnahme des Landes am Ersten Weltkrieg (auf Seiten der gegen die Mittelmächte Deutschland, Österreich-Ungarn, Bulgarien gerichteten Entente.), z. B. D'Annunzio, Mussolini.
Interventionsstaat → Begriffe Kap. 1
Invalidität: andauernde Beeinträchtigung der Erwerbsfähigkeit durch Krankheit oder Schwächung der geistigen bzw. körperlichen Fähigkeiten.
Isolationismus → Begriffe Kap. 4

Jewish Agency (engl. = jüdisches Büro): Interessenvertretung der in Palästina lebenden Juden vor Gründung des Staates Israel 1948. Seit 1922 vertrat die Institution als inoffizielle Regierung die politischen, wirtschaftlichen und sozialen Belange der Juden gegenüber der brit. Mandatsmacht. Heute befasst sie sich mit der Einwanderung und der wirtschaftlichen Förderung des Staates.
Junker: abschätzige Bez. für die adeligen preußischen Großgrundbesitzer.

Kader: im engeren Sinn ein fester Bestand an Militär in einem Staat (besonders Offiziere und Unteroffiziere); im weiteren Sinn Personen, die aufgrund einer besonderen Ausbildung bedeutende Positionen in Wirtschaft, Staat oder Partei haben. Unter einer Kaderpartei versteht man im Bolschewismus eine streng von oben nach unten gegliederte Organisation, die in allen gesellschaftlichen Gruppierungen (Gewerkschaften, Jugendverbände usw.) führende Positionen ausübt um die Massen auf dem Weg zum Sozialismus zu führen.
Kaderpartei → Begriffe Kap. 2
Kalkül (lat. *calculus* = Rechenstein): Berechnung, Überlegung.
Kartell → Begriffe Kap. 3
kausaler Nexus: ursächliche Verknüpfung; Zusammenhang, der durch das Verhältnis Ursache – Wirkung gekennzeichnet ist.
Klasse(n): Der Begriff bez. gesellschaftliche Großgruppen etwa seit Ende des 18. Jh., deren Angehörige durch Besitz bzw. Nichtbesitz von Produktionsmitteln und den sich daraus ergebenden gemeinsamen bzw. entgegengesetzten Interessen gekennzeichnet sind. Während des 19. Jh. lief in den Industriestaaten ein Prozess der Klassenbildung zwischen Unternehmern (Bourgeoisie) und Arbeitern (Proletariat) ab. Wenn sich diese Klassenunterscheidung und Klassenspannungen in einer Gesellschaft deutlich ausprägen, spricht man von einer Klassengesellschaft.
Kodifikation, kodifizieren: systematische Erfassung von Rechtsnormen in einem Gesamtzusammenhang. Die geordnete Darstellung des Rechts in einem Gesetzesbuch liegt z. B. in dem deutschen Bürgerlichen Gesetzbuch von 1900 vor.
Kollektivierung → Begriffe Kap. 2
Kolonialismus: Errichtung von Handelsstützpunkten und Siedlungskolonien in militärisch und politisch schwächeren Ländern (vor allem Asien, Afrika und Amerika) sowie deren Inbesitznahme durch überlegene Staaten (insbesondere Europas) seit dem 16. Jh. Die Kolonialstaaten verfolgten vor allem wirtschaftliche und militärische Ziele.
Kominform → Begriffe Kap. 5
Komintern → Begriffe Kap. 4
Kommune (lat. *communis* = mehreren oder allen gemeinsam, allgemein): Gemeinde (unterste Verwaltungseinheit). Eine Kommune wird als öffentlich-rechtliche Gebietskörperschaft mit begrenzter Eigenverantwortung politisch tätig, in ihrer Selbstverwaltung wird sie aber beschränkt durch die Maßgaben eines größeren staatlichen Gemeinwesens, dem sie angehört. Im 20. Jh. haben die Kommunen u. a. durch den zunehmenden Verstädterungsprozess an politischer Bedeutung gewonnen.
Kommunismus → Begriffe Kap. 2
Kompensation: Ausgleich, Aufrechnung, Streben nach Ersatz.
Kongo-Akte (1885): Ergebnis der von dem dt. Kanzler Bismarck auf belg. Veranlassung hin einberufenen sogenannten Kongo-Konferenz, an der 14 Mächte beteiligt waren. Die Akte beinhaltet die Gründung eines neutralen Kongostaates unter der Herrschaft König Leopolds II. von Belgien mit Handels- und Schiffahrtsfreiheit für alle Nationen.
Konjunktur → Begriffe Kap. 3
konservativ (lat. *conservare* = bewahren, erhalten): bez. eine Grundhaltung, die das in der Vergangenheit Bewährte schätzt und am Hergebrachten festhalten will. Als politische Strömung entwickelte sich der Konservatismus als Gegenbewegung zur Französischen Revolution und zum Liberalismus, später auch zu Demokratie und Sozialismus. Veränderungen des bestehenden politischen Zustandes, der geltenden Normen und Werte will der Konservatismus nur behutsam vornehmen; er bezweifelt die Planbarkeit geschichtlichen Wandels.

konstituieren: einsetzen, festsetzen (von politischen und sozialen Einrichtungen).
Konstruktivismus: eine in Russland entstandene Richtung der bildenden Kunst, später auch der Literatur, in der ersten Hälfte des 20. Jh. Der von W. Tatlin begründete Konstruktivismus war von 1917 bis 1921 die offizielle Kunst der russischen Revolution. Die Kunst des Konstruktivismus bekannte sich zur modernen Technik und beschränkte sich auf einfache geometrische Formen. Den Dimensionen von Raum und Zeit wurde eine große Bedeutung in der Kunst zugemessen.
Konsumgesellschaft → Begriffe Kap. 3
kontrafaktisch: der Realität nicht entsprechend, nicht wirklich gegeben.
kontrovers: entgegengesetzt, widersprüchlich.
Konturen: Umrisse.
Konzentrationslager (KZ) → Begriffe Kap. 2
Kooperation: Zusammenarbeit.
Korea-Krieg (1950–1953): Nach der Niederlage Japans im Zweiten Weltkrieg wurde das bis dahin unter japanischer Herrschaft stehende Korea durch die Spannungen zwischen den Besatzungsmächten UdSSR und USA in einen nördlichen und einen südlichen Staat gespalten. Der Krieg begann nach dem Abzug der amerikanischen und sowjetischen Truppen mit einem Einfall Nordkoreas in den Süden. Obwohl Nordkorea von der Volksrepublik China unterstützt wurde, konnte Südkorea mit Hilfe der USA und UN-Truppen sein Vordringen 1951 stoppen. 1953 wurde die Grenze im Abkommen von Panmunjom auf den 38. Breitengrad festgelegt.
Kosmopolitismus (griech. *kosmopolit* = Weltbürger): Idee einer alle Menschen als gleichwertige und gleichberechtigte Mitbürger umfassenden Gemeinschaft (Weltbürgertum). Die Geistesströmung tritt für eine Abkehr von nationalen und weltanschaulichen Bindungen ein, ethnische und sprachliche Unterschiede zwischen den Menschen sollen bewusstseinsmäßig überwunden werden. Die Idee des Kosmopolitismus gab es bereits in der Antike; sie lebte in Renaissance und Aufklärung wieder auf, im 19. Jh. entwickelte sie sich als Gegenbewegung zum Nationalismus. Besonderen Einfluss übte sie auf den Liberalismus, den Sozialismus und die Friedensbewegung aus.

Krieg: organisierter, mit Waffengewalt ausgetragener Machtkonflikt zwischen Völkerrechtssubjekten oder bewaffnete innerstaatliche Gruppenauseinandersetzung (Bürgerkrieg).

KSZE (Konferenz für Sicherheit und Zusammenarbeit in Europa) → Begriffe Kap. 5

Ku-Klux-Klan: 1865 im Süden der USA gegründeter Geheimbund, der gegen die Aufhebung der Sklaverei und für die Aufrechterhaltung kolonialer Lebensformen kämpfte; 1871 aufgelöst; 1915 wieder begründet, richtete sich gegen religiöse und ethnische Minderheiten und Repräsentanten der städtischen Zivilisation. 1924/25 Höhepunkt mit vier bis fünf Mio. Mitgliedern primär aus vorindustriell-agrarischen, kleinbürgerlich-proletarischen Schichten; infolge von Korruptionsskandalen und sozialen Wandels in den 1920er Jahren rascher Rückgang der Mitgliederzahlen; agitiert seit den 1960er Jahren (ca. 30 000 Mitglieder) gegen Rassenintegration.

Kultur (lat. *cultura* = Bearbeitung des Ackers, geistige Ausbildung): das von den Menschen in einer bestimmten Zeit und in einer bestimmten Region in Auseinandersetzung mit der Umwelt Hervorgebrachte (z. B. Sprache, Religion, Ethik, Institutionen wie Familie, Staat u. a., Recht, Technik, Kunst, Musik, Philosophie, Wissenschaft). Der Begriff Kultur beinhaltet verschiedene Bedeutungsebenen, nämlich die des ursprünglichen, praktischen Handelns, der rituellen Verehrung, der individuellen Bildung und des Bereichs sozialer Beziehungen.

kulturkritisch: Bez. für eine Einstellung, die aus theoretischen Überlegungen heraus einzelne soziale und kulturelle Erscheinungsformen in einer Perspektive, die die ganze in einer Gesellschaft herrschende Kultur umfasst, analysiert und kritisch bewertet. Kulturkritik erscheint besonders in Phasen gesellschaftlichen Umbruchs, z. B. im 19. Jh. als Reaktion auf die Folgen der Industrialisierung.

„Kuppeleiparagraph": Der in der Bundesrepublik Deutschland 1973 abgeschaffte Paragraph verbot die gewohnheitsmäßige oder eigennützige Förderung von außerehelichem Geschlechtsverkehr, wenn er vermittelt oder die Gelegenheit dazu gewährt wurde. Jetzt regelt er nur noch den Schutz von Minderjährigen unter 16.

Laisser-faire-Prinzip (frz. *laissez faire* = lasst machen): Grundsatz des Gewährenlassens; Nichteinmischung des Staates in wirtschaftliche Angelegenheiten; aus dem 18. Jh. stammendes Schlagwort des radikalen Liberalismus.

„Langer Marsch": legendärer Zug der chinesischen Roten Armee unter Mao Zedong von Süd- nach Nordchina 1934/35. Nach den „Vernichtungsfeldzügen" der von Tschiang Kai-schek geführten Nationalen Volkspartei Kuomintang (KMT) gegen die 1931 gegründeten chinesischen Sowjetrepubliken flohen die besiegten Kommunisten in einem Jahr unter großen Strapazen über 12 000 km. Von den ursprünglich 90 000 Aufgebrochenen erreichte nur ca. ein Drittel das Ziel.

Lastenausgleich → Begriffe Kap. 6
Legitimation (lat. *lex* = Gesetz): rechtliche Anerkennung von Herrschaft (z. B. König, Regierung); sie muss durch höhere Werte wie das Gottesgnadentum oder den Willen der Mehrheit begründet sein; die Rechtmäßigkeit (Legitimität) einer Regierung sorgt für die Zustimmung ihrer Untertanen oder Staatsbürger.
Legitimität → Legitimation
„Lebensraum/Lebensraumpolitik" → Begriffe Kap. 4
Liberalismus → Begriffe Kap. 2
Liquidation (lat. *liquidus* = flüssig): Abwicklung der laufenden Geschäfte einer aufgelösten Handelsgesellschaft oder eines Vereins.
Locarno → Begriffe Kap. 4
Lomé-Abkommen → Begriffe Kap. 7

manipulieren (lat. *manus* = Hand, *plere* = füllen): das Verhalten eines Menschen oder der öffentlichen Meinung beeinflussen.
Marktwirtschaft → Begriffe Kap. 3
Marshall-Plan → Begriffe Kap. 5

Marxismus → Begriffe Kap. 2
Marxismus-Leninismus → Begriffe Kap. 2
Massengesellschaft → Begriffe Kap. 1
Massenkommunikation → Begriffe Kap. 1
Massenkultur → Begriffe Kap. 1
Massenmedien → Begriffe Kap. 8
Matriarchat (lat. *mater* = Mutter, griech. *arche* = Herrschaft): bez. die Herrschaft von Frauen im gesellschaftlichen und familiären Bereich. Als Kennzeichen einer matriarchalischen Gesellschaft gelten 1. Matrilinearität (Geltung der weiblichen Linie in Blutsverwandtschaft und in Besitz- und Erbregelungen), 2. Matrilokalität (Wohnen des Ehemannes in Verwandtschaftsgruppen der Frau), 3. Fehlen fester Eheformen und Vertretung der sozialen Vaterrolle durch den Bruder der Mutter, 4. hervorragende Stellung der Frau in Kultur und Religion. Die im 19. Jh. von J. J. Bachofen vertretene These, dass den bis heute dominierenden patriarchalischen, d. h. vaterrechtlich organisierten, Gesellschaften überall matriarchalische Sozialordnungen vorangingen, hat sich als nicht haltbar erwiesen. Wieder belebt wurde die Matriarchats-Forschung im 20. Jh. in bestimmten Teilen der Frauenbewegung, die sich auf das Matriarchat zurückbesinnen und eine das Patriarchat überwindende herrschaftsfreie Sozialordnung entwerfen wollen.
Mau-Mau-Geheimbünde: terroristische Vereinigungen der Kikuju in Kenia, die seit 1948 für die Vertreibung der weißen Landbesitzer, die Neuverteilung des Bodens und die nationale Unabhängigkeit kämpften. Die an altafrikanische Traditionen anknüpfenden Terroraktionen steigerten sich zu einem offenen Aufruhr (1952–1956), der von brit. Truppen niedergeschlagen wurde.
Maxime: Hauptgrundsatz, Leitsatz.
Meiji-Revolution (jap. *meiji* = erleuchtete Regierung): Bez. für den in der Meiji-Ära (1868–1912) unter Kaiser Mutsuhito in Japan vollzogenen Wandlungs- und Modernisierungsprozess, der den Anschluss Japans an die europäischen Industriestaaten gewährleisten sollte. Im Mittelpunkt des gesellschaftlichen Umbaus stand die Abschaffung der Feudalstruktur, die Neuordnung von Militär, Verwaltung, Kulturwesen, Infrastruktur und Wirtschaft, die Einführung einer neuen Verfassung (konstitutionelle Monarchie) und die Industrialisierung.
Mentalität (lat. *mens* = Geist, Verstand): Geisteshaltung, Denkart, Auffassungsweise, die das Verhältnis eines Menschen zur Wirklichkeit bestimmt.
Metapher (griech. *metaphora* = Übertragung): rhetorische Figur; bildlicher Ausdruck für einen Gegenstand oder Begriff: Ein Wort wird aus dem eigentlichen Bedeutungszusammenhang genommen und auf einen anderen, teilweise vergleichbaren Gegenstandsbereich übertragen, ohne dass formal, etwa durch „so – wie", ein Vergleich ausgeführt würde (z. B. „der Abend des Lebens").
Milieu: Gesamtheit der sozialen (auch natürlichen oder künstlichen) Lebensumstände eines Einzelnen oder einer Gruppe.
Militäradministration (lat. *ministrare* = bedienen): Verwaltung, die vom Militär durchgeführt wird, z. B. in den Besatzungszonen in Deutschland nach 1945.
Militarismus → Begriffe Kap. 4
Miliz (lat. = Kriegsdienst, Gesamtheit der Soldaten): Bez. für Bürgerheer im Gegensatz zum stehenden Heer; im 20. Jh. unter anderem Bez. für Polizei- und paramilitärische Verbände; können Teil der regulären Streitkräfte sein.
Mittelstand: Gesellschaftsschicht einer Industriegesellschaft, die in ihrem sozialen Status – also in Einkommen und Bildung – weder zu den Kapitalbesitzern und Führungskräften noch zur Arbeiterschaft gehört. Unterschieden werden alter Mittelstand (Kaufleute, Handwerker, Bauern) und neuer Mittelstand, zu dem Beamte, Angestellte und Angehörige freier Berufe gehören.
Mobilität: Ausdruck der Bevölkerungsstatistik für Bevölkerungsbewegungen. Horizontale Mobilität meint die Wanderung aus einem Gebiet in ein anderes, wobei zwei Formen zu unterscheiden sind: Binnenwanderung innerhalb eines Landes und Auswanderung von einem Land in ein anderes Land. Voraussetzung für horizontale Mobilität ist in der Regel ein ausgebautes Verkehrssystem. Soziale Mobilität meint den Auf- oder Abstieg von einer sozialen Schicht in eine andere. Dabei sind die intergenerationelle Mobilität (der Sohn oder die Tochter erreichen eine höhere Schicht als die Eltern bzw. steigen ab) und die intragenerationelle Mobilität (Auf- oder Abstieg innerhalb eines Lebensschicksals) zu unterscheiden.
Moderne → Begriffe Kap. 1
Modernisierung → Begriffe Kap. 1
Monokultur/Monostruktur → Begriffe Kap. 7
monolithisch (griech. *monos* = einzig, allein, *lithos* = Stein): aus nur einem Stein bestehend; fest gefügter Machtblock.
Monopol: alleiniges Recht, insbesondere auf Herstellung eines Produktes; marktbeherrschendes Unternehmen, das aufgrund seiner Stellung die Preise diktieren kann.
multilateral: mehrseitig. Ein multilaterales Abkommen ist ein völkerrechtlicher Vertrag zwischen mehreren Ländern.
Münchener Abkommen → Begriffe Kap. 4

Nationalbewegung: die Gesamtheit der politischen Ideen und Aktivitäten, die für das Selbstbestimmungsrecht einer noch staatenlosen Nation und ihre Vereinigung in einem Nationalstaat eintreten, der im internationalen Staatensystem als gleichberechtigt anerkannt ist. Kleinere Nationen lenken ihre Ziele oft auf innere Autonomie oder Sonderrechte in einem größeren Staat. In Europa führten die Nationalbewegungen im 19. bzw. 20. Jh. zur Errichtung von Nationalstaaten. Nach dem Zweiten Weltkrieg wurde die in Europa entwickelte Verbindung von Nation und staatlicher Selbstbestimmung von den nach Unabhängigkeit strebenden Kolonien in Afrika und Asien übernommen.
Nationalismus → Begriffe Kap. 2
Nationalitäten → Begriffe Kap. 4
Nationalitätenrecht: Nationalitäten bez. im Völkerrecht eine nationale (ethnische) Minderheit in einem Staat. Die Autonomieforderungen der Nationalitäten stützen sich auf die politische Anerkennung des nationalen Selbstbestimmungsrechts und die der Berechtigung der Belange von Minderheiten.
Nationalsozialismus → Begriffe Kap. 2

465

NATO → Begriffe Kap. 5
NEP → Begriffe Kap. 3
Neue-Heimat-Skandal: 1982 deckte in der Bundesrepublik die Zeitschrift „Spiegel" Misswirtschaft, Korruption und persönliche Bereicherung des Managements des größten westeuropäischen Wohnungsbau- und Städtebaukonzerns „Neue Heimat" auf, der vor allem im sozialen Wohnungsbau tätig war. Der Skandal zeitigte vor allem für den Deutschen Gewerkschaftsbund (DGB) und andere Einzelgewerkschaften negative Folgen, da die Gewerkschaften die Gesellschafter des Konzerns waren. Sie erlitten dabei nicht nur finanzielle Verluste, die sie teilweise aus den Beitragszahlungen ihrer Mitglieder ersetzen mussten, sondern büßten auch an Ansehen und Glaubwürdigkeit ein.
Neue Technologien → Begriffe Kap. 8
Neutralisten: Anhänger einer politischen Haltung, die in den internationalen Beziehungen die Parteinahme für eines der rivalisierenden Lager ablehnen.
neuralgisch: sehr empfindlich, problematisch.
New Deal → Begriffe Kap. 3
Nivellierung (frz. *nivellement* = Abmessen mit der Wasserwaage): Gleichmachung, Aufheben von Unterschieden.
Nomenklatura: im engeren Sinne herrschende Klasse in der Sowjetunion. Im weiteren Sinne auch Bezeichnung für die wichtigsten Führungspositionen in einem Staat.
Normenkomplex: zu einer Gruppe zusammengefasste größere Zahl von Normen.
Nuklearwaffen → Begriffe Kap. 5

obligatorisch: verpflichtend, verbindlich.
OECD: Abkürzung für *Organization for Economic Cooperation and Development*. Die Organisation für wirtschaftliche Zusammenarbeit und Entwicklung koordiniert die Wirtschaftspolitik ihrer Mitgliedstaaten und engagiert sich in der Entwicklungshilfe. Die OECD ist 1961 als Nachfolgeorganisation der seit 1948 existierenden OEEC, der Organisation für europäische wirtschaftliche Zusammenarbeit, gegründet worden. Neben den meisten west- und nordeuropäischen Staaten gehören ihr Kanada, die USA, Japan, Australien und Neuseeland an.
Öffentliche Meinung/Öffentlichkeit: Gesamtheit der von den Bürgern eines Staates vertretenen Ansichten. Die öffentliche Meinung entstand mit der Aufklärung in England und Frankreich in Klubs, Parlamenten und Presse. Sie ist angewiesen auf Meinungs-, Presse- und Wissenschaftsfreiheit. Regierung, Parteien, Verbände versuchen über die Massenmedien (Presse, heute auch Radio und Fernsehen) seit dem 19. Jh. die öffentliche Meinung in ihrem Sinne zu beeinflussen und so politische Mehrheiten zu gewinnen.
Offerte: Angebot.
Oktroi: früher Bez. für Bewilligung, Privilegierung; auch Bez. für die direkte städtische Steuer für eingeführte Waren, die in Frankreich vom 13. Jh. bis 1948 Geltung hatte.
oktroyieren: Vorrechte verleihen oder aufdrängen, aufzwingen.
orthodox (griech. *orthos* = rechtgläubig, *doxa* = Meinung; wörtlich: streng gläubig, der Lehre folgend): Die orthodoxe christliche Kirche entwickelte sich aus der Kirche des oström. Reiches. Seit dem 5. Jh. n. Chr. unterstand sie dem Patriarchen von Byzanz. Nach dem Fall Konstantinopels 1453 zerfiel sie in einzelne Landeskirchen (z. B. russ.-orthodoxe, griech.-orthodoxe Kirche).
OSZE → Begriffe Kap. 5
Ovationen (lat. *ovare* = jubeln): begeisterter Beifall, Huldigungen.

paneuropäisch (griech. *pan...* = ganz, gesamt, völlig): ganz Europa umfassend; bezieht sich auf die im Jahre 1923 von Graf R. v. Coudenhove-Kalergi begründete Paneuropa-Bewegung, die die Gründung eines europäischen Staatenbundes anstrebte um einen neuen Krieg in Europa und die Ausweitung des sowjetischen Herrschaftsbereiches zu verhindern. Die 1952 wieder begründete Paneuropa-Union gab wichtige Anstöße für die europäische Einigungsbewegung.
paradox: widersinnig, widersprüchlich.
paralysieren: lähmen, schwächen, unwirksam machen.
Parlamentarischer Rat → Begriffe Kap. 6
Parlamentarismus → Begriffe Kap. 2
Parteien → Begriffe Kap. 2
Partizipation (lat. *pars* = Teil): Teilnahme, Beteiligung.
Pathos (griech. *pathos* = Leiden, Leidenschaft): feierlicher und leidenschaftlicher Gefühlsausdruck; im Theater erhabene Darstellung; heute oft übertriebener Gefühlsausbruch.
Pazifismus → Begriffe Kap. 4
Pendant: Entsprechung.
Perestroika (russ. = Umbau): politisches Schlagwort des Reformprogramms von Michail Gorbatschow, dem Generalsekretär der KPdSU in der Sowjetunion 1985–1990, das für die Umgestaltung des wirtschaftlichen und gesellschaftlichen Lebens stand. Die Reformen sollten sich gegen Korruption und Misswirtschaft vor allem in der Wirtschafts- und Staatsverwaltung richten und zielten auf größere Effizienz und Eigenverantwortlichkeit. Neben einer stärkeren Demokratisierung war auch die Einführung marktwirtschaftlicher Elemente in der Wirtschaft geplant.
„Permanente Revolution": von Leo Trotzki entwickeltes marxistisches Revolutionskonzept, nach dem sich die Revolution der Arbeiter zu einer sozialistischen Gesellschaft in einem permanenten Prozess hin zu einer Weltrevolution entwickeln müsse. Trotzki war der Auffassung, dass die Revolution in Russland gefährdet sei, wenn sie nicht auf die europäischen und nordamerikanischen Staaten übergreife. Er wandte sich mit diesem Konzept gegen die Theorie Stalins, dass sich der Aufbau der sozialistischen Gesellschaft in nur einem Land vollenden lasse.
Perhorreszierung: entschiedene Zurückweisung, starke Ablehnung.
Pfeilkreuzler: Sammelbezeichnung für faschistische Gruppen in Ungarn in den 1930er/40er Jahren. F. Szálasi vereinigte 1937 drei kleinere faschistische Parteien mit seiner eigenen Partei zur Ungarischen Nationalsozialistischen Partei (Pfeilkreuzlerpartei); antisemitisches, nationalistisches, Agrar- und Sozialreformen forderndes Parteiprogramm. 1944 mit deutscher Hilfe an die Macht gelangt übten sie einen blutigen Terror aus.

Plädoyer (lat. *placitum* = geäußerte Willensmeinung): Abschlussrede des Verteidigers oder des Staatsanwalts in einer Gerichtsverhandlung; im übertragenen Sinn Rede, in der jemand von etwas überzeugen will.

Planwirtschaft → Begriffe Kap. 3

Plebiszit: Begriff aus der röm. Antike für den Versammlungsbeschluss der Plebejer. Heute bedeutet er Volksabstimmung aller stimmberechtigten Bürger über eine Sachfrage, der meist ein Volksbegehren vorangeht. Das Plebiszit ist ein Element der direkten Demokratie.

Pluralismus: Nebeneinanderstehen unterschiedlicher sozialer, politischer und weltanschaulicher Gruppen in einem Staat. In den modernen Industriegesellschaften bez. man die Struktur der parlamentarischen Demokratie als pluralistisch, weil viele verschiedene Interessengruppen und Organisationen gleichberechtigt und mit friedlichen Mitteln um gesellschaftlichen und politischen Einfluss ringen.

Pogrome: ursprünglich im zaristischen Russland Bez. für eine meist vom Staat ausgehende Judenverfolgung mit Plünderungen und Mord; im 20. Jh. bez. der Begriff allgemein gewaltsame Ausschreitungen gegen Gruppen von Minderheiten.

Polemik: im engeren Sinn literarische oder wissenschaftliche Auseinandersetzung, z. T. mit nicht sachbezogenen Argumenten; im weiteren Sinn unsachlicher Angriff, scharfe Kritik.

Potentaten: Machthaber, Herrscher.

Pragmatismus (griech. *pragmatike techne* = die Kunst richtig zu handeln): allgemein anwendungsbezogenes Handeln, Denken. In der Philosophie Bez. für die Lehre, nach der sich der Mensch in seinem Handeln ausdrückt und nach der das Handeln und Denken dem praktischen Leben dienen soll.

Prämisse: Voraussetzung.

Pression: Druck, Zwang, Nötigung.

Produktivkräfte: in der marxistischen Theorie Bez. für die Gesamtheit der menschlichen und gegenständlichen Faktoren, die im Produktionsprozess Ablauf, Rahmen und Intensität der Güterproduktion bestimmen. Dazu gezählt werden unter anderem die physische und geistige Fähigkeiten des Menschen, die Art der Rohstoffe und Arbeitsinstrumente, das Wissen und seine technische Nutzung.

Produzierendes Gewerbe: statistischer Begriff; umfasst Bergbau, das verarbeitende Gewerbe, welches Rohstoffe und Zwischenprodukte zu Fertigprodukten umwandelt, das Baugewerbe und die Elektrizitäts-, Gas-, Fernwärme- und Wasserversorgung.

Proklamation: Erklärung, Bekanntmachung, feierlicher Aufruf.

Propaganda (lat. *propagare* = ausbreiten): ursprünglich ein Synonym für Werbung, bez. der Begriff vor allem die schriftliche und mündliche Verbreitung politischer Lehren und Ideen. Mit dem Begriff verbindet sich die Vorstellung von werbender und einseitiger Beeinflussung der öffentlichen Meinung.

Protektionismus: Bez. für wirtschaftspolitische Maßnahmen eines Staates zur Abwehr ausländischer Konkurrenz; steht im Gegensatz zur liberalen Freihandelspolitik. Neben der Setzung von technischen Normen, die Importgüter erfüllen müssen, sind Zölle das wirksamste Instrument um die heimische Wirtschaft und ihren Absatz zu schützen. Schutzzölle können zum Ziel haben: 1. als vorübergehende Maßnahme den Aufbau eigener Wirtschaftszweige vor zu früher Konkurrenz abschirmen; 2. ausländische Konkurrenz eigener bereits entwickelter Wirtschaftszweige bekämpfen. In der Zwischenkriegszeit des 20. Jh. führte die protektionistische Politik fast aller Industriestaaten zu einem Zusammenbruch des Welthandels.

Protektorat: Schutzherrschaft über ein Gebiet, das in Abhängigkeit zur „schützenden Macht" steht. Eine große Rolle spielte diese Herrschaftsform in der europäischen Großmachts- und Kolonialpolitik.

Provokation: Herausforderung, Aufwiegelung. Oft werden Provokationen in der Politik absichtlich eingesetzt um eine unbedachte Reaktion des Provozierten hervorzurufen. Sie können zu ernsthaften politischen Auseinandersetzungen führen.

pseudoemanzipatorisch (griech. *pseudos* = Lüge, lat. *emancipare* = in die Selbstständigkeit entlassen): vorgeblich auf Emanzipation gerichtet, in Wirklichkeit aber nicht der Emanzipation dienlich.

Putsch (schweizer. *Putsch* = Stoß): Umsturzversuch zwecks Übernahme der Staatsgewalt. Man nennt einen politischen Umsturzversuch Putsch, wenn er – im Gegensatz zu einem Staatsstreich – nicht von Gruppen durchgeführt wird, die bereits Anteil an der Staatsgewalt haben. Oft geht ein Putsch von den Streitkräften eines Landes aus.

Quantenphysik: zusammenfassende Bez. für Theorien und Phänomene aus dem Bereich der Atomphysik. Sie befasst sich u. a. mit der Messung von Molekülen und Elementarteilchen.

Rapallo → Begriffe Kap. 4
Rassismus → Begriffe Kap. 2
Räte → Begriffe Kap. 2
Rationalisierung → Begriffe Kap. 1
Reallohn: der an seiner Kaufkraft gemessene Lohn, drückt den tatsächlichen Wert des Lohns aus (im Gegensatz zum Nominallohn, der die Höhe des Lohns in Währungseinheiten ohne Berücksichtigung der Kaufkraft angibt).

Rechtsstaat → Begriffe Kap. 2
Reform: Neuordnung, Verbesserung und Umgestaltung von politischen und sozialen Verhältnissen im Rahmen der bestehenden Grundordnung; hierin, oft weniger in den Zielen, unterscheiden sich Reformen als politisches Mittel zur Durchsetzung von Veränderungen von Revolutionen.

regenerieren: erneuern, auffrischen, wiedergewinnen, sich neu bilden, sich erholen.

Regime (lat. *regimen* = Regierung): ursprünglich politische Herrschaft, Regierung. Heute wird der Begriff meist abwertend für unfreie politische Systeme gebraucht (z. B. NS-Regime, Militärregime).

Reichsduma: vom Zar bewilligte russ. Volksvertretung nach der Revolution von 1905 bis zur Oktoberrevolution 1917. Sie hatte politisch praktisch keine Rechte.

Renaissance: seit dem 16. Jh. Bezeichnung für die „Wiedergeburt" der griech.-röm. Kunst und Bildung. Seit dem 19. Jh.

wird Renaissance auch als Epochenbegriff für die Zeit des Übergangs vom Mittelalter zur Neuzeit benutzt, in der sich der Mensch aus der kirchlichen und geistigen Ordnung des Mittelalters löste.
Renditen: jährliche Erträge von Kapitalanlagen, Verzinsungen von Wertpapieren.
Reparationen: seit dem Ersten Weltkrieg Bez. für Wiedergutmachungsleistungen, die dem Besiegten zum Ausgleich für im Krieg erlittene Schäden der Sieger auferlegt werden in Form von Zahlungen und Warenlieferungen, auch Demontagen (Abbau von Maschinen und Industrieanlagen). Oft dienen sie auch der Schwächung der wirtschaftlichen und militärischen Leistungsfähigkeit des besiegten Staates.
Reservoir: Behälter für (Wasser-)Vorräte, Reservebestand.
Résistance (lat. *resistere* = sich widersetzen): frz. Widerstandsbewegung gegen die dt. Besatzungsmacht im Zweiten Weltkrieg und gegen die Zusammenarbeit des von Pétain geführten *État français* (1940–1944) mit Deutschland.
Ressentiment: heimlicher Groll; starkes Gefühl der Abneigung, das sich beim Wiedererleben verstärkt.
Ressort: geschäftlicher oder amtlicher Arbeitsbereich, Aufgabengebiet.
Ressourcen (frz. *ressource* = Hilfs-, Zahlungsmittel): Geldmittel, Reserven, Rohstoffquellen.
Restauration: Der Begriff bez. die Wiederherstellung früherer Zustände, z. B. der monarchischen Ordnung eines Staates. Als Epochenbezeichnung für die Jahre 1815 bis 1848 in Frankreich betont der Begriff, dass die staatliche Politik dieser Jahre wichtige Grundsätze der Zeit vor der Französischen Revolution wieder zur Geltung bringen wollte.
Revolution → Begriffe Kap. 2
Roll back → Begriffe Kap. 5
Rollenkonflikte: Unter einer Rolle versteht man die Erwartungen der Gesellschaft an das Verhalten eines Einzelnen in einer bestimmten gesellschaftlichen Position (z. B. Alters-, Geschlechts-, Familien- oder Berufsrolle). Kommt es zu Widersprüchen verschiedener Rollenerwartungen, spricht man von Rollenkonflikten. Man unterscheidet die widerstreitenden Erwartungen an unterschiedliche Rollen eines Menschen (z. B. Mutter/Vater und Berufstätige/r), die als Inter-Rollenkonflikt bezeichnet werden, und die widerstreitenden Elemente, die sich auf eine Rolle beziehen, z. B. die unterschiedlichen Erwartungen von Eltern und Schülern an das Verhalten der Lehrer/in, den Intra-Rollenkonflikt.
„Ruhrkrise" → Begriffe Kap. 4
Runder Tisch → Begriffe Kap. 6

säkular: auf hundert Jahre bezogen; außergewöhnlich.
Säkularisierung → Begriffe Kap. 1
Sanktion (lat. *sancire* = heiligen, unverbrüchlich festsetzen): Bestätigung einer Rechtsnorm oder: Strafmaßnahme bei einer Rechtsverletzung. In der Gesellschaft Maßnahmen, die zur Einhaltung anerkannter Normen zwingen sollen.
Schichten/soziale Schichtung: Bez. für gesellschaftliche Gruppen, die eine Stufe in einer sozial hierarchisch geordneten Gesellschaft einnehmen. Als Angehörige einer sozialen Schicht gelten diejenigen, die sich in einer als gleichwertig festgelegten Position befinden, die höher oder niedriger eingestuft wird als andere gesellschaftliche Positionen. Mit der Zugehörigkeit zu einer Schicht verbinden sich Bestimmungsmerkmale wie Beruf, Höhe des Einkommens, Art des Schulabschlusses, gesellschaftliches Ansehen und bestimmte Lebensweisen. Schichtzugehörigkeit hängt also nicht von einem einzigen Merkmal ab. Schichtzugehörigkeit meint nicht die natur- oder gottgegebene Zuordnung wie bei dem religiösen Begriff „Kaste" oder den vormodernen „Ständen".
Schiebertum: das Betreiben von unlauteren Handelsgeschäften.
Sejm: das oberste Gesetzgebungsorgan in Polen. Der polnische Reichstag wurde 1493 gegründet, bildete in der Republik Polen (1919–1939) die 2. Kammer neben dem Senat, nach 1947 bestand der Sejm als Einkammerparlament.
Sektierer: Anhänger einer Sekte, d. h. einer Abspaltung einer kleineren Glaubensgemeinschaft von einer Religion; auch Bez. für jemanden, der von einer herrschenden Meinung abweicht.

Selbstbestimmungsrecht → Begriffe Kap. 4
Shoa → Holocaust
simpel: einfach, gewöhnlich.
Sonntagsreden: Reden, in denen Tatsachen geschönt dargestellt werden.
Souveränität (lat. *superanus* = darüber befindlich, überlegen): Der von Jean Bodin im 16. Jh. geprägte Begriff bezeichnet die höchste und unabhängige Staatsgewalt nach innen und außen (innere und äußere Souveränität). Im Absolutismus war alleiniger Souverän, d. h. Träger aller Staatsgewalt und damit Herrschaftsgewalt, der Fürst. Dagegen gilt in demokratischen Staaten das Prinzip der Volkssouveränität. Alle Gewalt geht vom Volke aus, das seinen Willen direkt oder indirekt durch Abgeordnete zur Geltung bringt. Die Idee der Volkssouveränität setzte sich zuerst in der Amerikanischen und Französischen Revolution durch. Die Volkssouveränität wird nur durch die in der Verfassung festgelegten Menschenrechte beschränkt. Völkerrechtlich, d. h. nach außen, gilt ein Staat als souverän, der nicht von einer anderen Macht besetzt ist und unabhängig von anderen Staaten handeln kann (Staatssouveränität).
Sozialdemokratie: politische Bewegung der Arbeitnehmer, die in der zweiten Hälfte des 19. Jh. aus der Arbeiterbewegung als einer politischen Richtung des Sozialismus hervorging. Die Sozialdemokratie strebt die Verwirklichung einer gerechten und solidarischen Gesellschaft an. Durch eine umfassende Demokratisierung aller wirtschaftlichen, sozialen und staatlichen Bereiche sollen grundlegende Rechte des Menschen verwirklicht werden. In Deutschland werden die sozialdemokratischen Ziele von der Sozialdemokratischen Partei Deutschlands (SPD) vertreten, in England von der *Labour Party*.
Soziale Marktwirtschaft → Begriffe Kap. 6
Sozialfaschismus → Begriffe Kap. 2
Sozialfonds: überbetriebliche Einrichtung einer Vermögensreserve für Sozialleistungen. In der EU besteht seit 1960 ein Sozialfonds, der der Finanzierung von Aufgaben im Bereich der Sozialpolitik dient und ein wichtiges Instrument der Beschäftigungspolitik ist.

Sozialisation → Begriffe Kap. 8
Sozialismus → Begriffe Kap. 2
Sozialstaat → Begriffe Kap. 1
Sozialpathologie: Lehre von den Schwächen und Mängeln der Gesellschaft, ihrer Entstehung und der durch sie hervorgerufenen Veränderungen. Der Begriff Pathologie entstammt eigentlich der medizinischen Fachsprache.
Soziologie: Wissenschaft, die die Bedingungen und Formen menschlichen Zusammenlebens sowie die Strukturen und Funktionen der Zusammenhänge in der Gesellschaft untersucht. Sie bezieht sich auf das soziale Handeln des Menschen in Gruppen und Institutionen einer bestimmten Gesellschaft und Kultur; sie erforscht u. a. soziale Prozesse, soziale Gebilde (Gruppen, Organisationen) und gesellschaftliche Lebensbereiche, wie Familie oder Schule.
Spiegel-Affäre: Im Herbst 1962 wurde in der Bundesrepublik in dem Nachrichtenmagazin „Der Spiegel" ein Artikel über militärische Probleme der NATO veröffentlicht, der den damaligen Verteidigungsminister Franz Josef Strauß (CSU) dazu veranlasste polizeilich gegen den Herausgeber und die Redaktion des Magazins vorzugehen. Der Herausgeber Rudolf Augstein und mehrere Redakteure wurden verhaftet, die Redaktionsräume besetzt und Material beschlagnahmt. Dieser Eingriff in die Pressefreiheit, der durch den nicht haltbaren Vorwurf des Landesverrates gerechtfertigt werden sollte, löste eine innenpolitische Krise mit großem öffentlichem Protest aus. Strauß musste zurücktreten, das Kabinett wurde umgebildet. Der Bundesgerichtshof lehnte die Eröffnung einer Verhandlung gegen die Redakteure 1965 ab.
Staatenbund: Der Begriff bez. den Zusammenschluss von Staaten, wobei die einzelnen Staaten ihre eigenständige Staatsgewalt vollständig behalten. Es gibt aber gemeinsame Einrichtungen, in denen eine gemeinschaftliche Politik für alle Mitgliedstaaten verbindlich festgelegt wird. Diese zentralen Einrichtungen sind aber sehr schwach im Vergleich zur Macht der Einzelstaaten oder auch zu einem Bundesstaat. Beispiele für einen Staatenbund sind die USA 1776–1787, die Schweiz vor 1848 und der Deutsche Bund 1815–1866.
Stachanow-System: Zunächst in der Sowjetunion, später auch in anderen kommunistischen Staaten praktiziertes Programm des Wettbewerbs, das mit Akkordleistungen und Normenerhöhungen das Arbeitsleben prägte. Das System geht zurück auf das Vorbild des Arbeiters A. G. Stachanow, der 1935 sein Arbeitssoll um 1300 Prozent übertraf.
stagnieren: stocken, stillstehen.
Stalinismus → Begriffe Kap. 2
Status: Stand, Zustand.
Status quo: der Zustand zum gegenwärtigen bzw. angegebenen Zeitpunkt; im Völkerrecht die gegebenen Verhältnisse.
Status-quo-Politik → Begriffe Kap. 5
Stavinsky-Skandal: Betrugs- und Finanzaffäre 1933/34 in Frankreich; benannt nach dem in die Affäre verwickelten Geschäftsmann russ. Herkunft S. A. Stavinsky (1886–1934). Der Skandal belastete führende Radikalsozialisten und wurde von der Rechten zur Agitation gegen das parlamentarische System benutzt.
Stereotyp → Begriffe Kap. 4
Steuern: Abgaben an das öffentlichrechtliche Gemeinwesen ohne spezielle Gegenleistung zur Deckung des Finanzbedarfs.
Struktur (lat. *struere* = zusammenfügen): im konkreten Sinn der äußere Aufbau oder die Gliederung einer Funktionseinheit (z. B. Staat, Gesellschaft); im abstrakten Sinn bez. der Begriff das Zusammenspiel verschiedener Regeln, Normen und Vorstellungen einer Kultur, die das Denken und Handeln von Personen und Gruppen beeinflussen oder gar bestimmen.
Subkultur: eine besondere Kultur einer kleinen und geschlossenen Gruppe, oft von Minderheiten, die sich von der Gesamtkultur einer Gesellschaft unterscheidet. Sie zeichnet sich durch eine starke Gruppensolidarität aus und ist bestimmt von spezifischen Lebens- und Verhaltensweisen sowie Gemeinsamkeiten der Gruppenmitglieder (wie z. B. Alter, Geschlecht, Schichtzugehörigkeit).
Subsystem (lat. *sub* = unter, griech. *systema* = Zusammenstellung): Ein System bez. ein Gebilde, das ein einheitliches Ganzes ausmacht, dessen Teile in Abhängigkeit zueinander stehen und eine gewisse Ordnung aufweisen. Als umfassendstes soziales System wird in der Soziologie die Gesellschaft betrachtet, die in Teil- oder Untersysteme, die Subsysteme, ausdifferenziert ist (z. B. Politik, Wirtschaft, Wissenschaft u. a.).
subtil: zart, fein, sorgsam, schwierig.
Subventionen: vom Staat aus öffentlichen Mitteln finanzierte Unterstützungszahlungen.
Sues-Krise: politisch-militärische Nahostkrise, durch die fast ein Weltkrieg ausgelöst worden wäre. 1956 wurde Ägypten von Israel, Großbritannien und Frankreich angegriffen: Israel sah sich in seinem Existenzrecht bedroht, Großbritannien glaubte, dass seine Interessen durch die Verstaatlichung des Sueskanals verletzt worden seien und Frankreich wollte Ägypten für die Unterstützung der algerischen Befreiungsbewegung bestrafen. Erst als die Sowjetunion drohte mit Atomwaffen einzugreifen zwangen die USA ihre Bündnispartner zur Einstellung der Kämpfe. Folge des Krieges war eine Verschlechterung der Beziehungen zwischen Israel und den arabischen Staaten.
Suffragetten (lat. *suffragium* = Stimmrecht): die Mitglieder der Frauenbewegung in Großbritannien, die vor der Einführung des Wahlrechts für Frauen 1918 für die politische Gleichberechtigung der Frauen eintraten. Sie versuchten ihre Forderungen mit Hungerstreiks, Demonstrationen und teilweise gewaltsamen Aktionen durchzusetzen.
suggerieren: beeinflussen, jemandem etwas einreden.
supranational: überstaatlich; Charakterisierung für Organisationen, die durch einen völkerrechtlichen Vertrag mehrerer Staaten begründet worden sind und selbstständige Entscheidungs- und Handlungskompetenzen haben.

Tarifverträge: verbindliche Abkommen zwischen Tarifpartnern, d. h. Zusammenschlüsse von Unternehmern und Arbeitnehmern, in denen Arbeits- und Wirtschaftsbedingungen festgeschrieben werden. Die Verträge gelten als Gesamtvereinbarungen für alle, die durch die sogenannten Tarifpartner, in der Regel Gewerkschaften auf Arbeitnehmerseite und Arbeitgeberverbände auf der Unternehmerseite, vertreten sind. Wichtigster Inhalt der Tarifverträge ist die Höhe des Arbeitslohns, aber auch die Länge der Arbeitszeit, der Umfang des Urlaubsanspruchs u. a. Die Entgelt-Tarifverträge werden meist jährlich neu ausgehandelt.

Taylorismus: von F. W. Taylor entwickeltes System der wissenschaftlichen Betriebsführung, das vor allem darauf beruht Arbeitsabläufe in einzelne Bewegungsabläufe zum Zweck der Rationalisierung zu zerlegen.

Technik (griech. *technikos* = handwerklich, kunstfertig): Bez. für konstruktives Schaffen von Erzeugnissen, Vorrichtungen und Verfahren unter Benutzung von Stoffen und Kräften der Natur und unter Berücksichtigung von Naturgesetzen.

Technologie: Gegenüber dem Begriff der Technik ist der Technologie-Begriff weiter gefasst: Er bezeichnet die Lehre von der Entwicklung der Technik in ihren gesellschaftlichen Zusammenhängen.

Terminologie: Fachsprache, Fachausdrücke eines Fachgebiets, die in einer spezifischen Bedeutung verwendet werden.

Terms of Trade (ToT) → Begriffe Kap. 7

Tertiärer Wirtschaftssektor: bez. den Teil der Wirtschaft eines Staates, zu dem Dienstleistungsbetriebe gehören. Die Urproduktion, Land- und Forstwirtschaft zählt man zum primären, die verarbeitende und warenproduzierende Industrie zum sekundären Wirtschaftssektor.

Totaler Krieg → Begriffe Kap. 4

Transformation (lat. *transformare* = umformen): Umwandlung, Veränderung, Entwicklung.

Trotzkismus: eine auf Leo Trotzki (1879–1940) zurückgehende marxistische Theorie, die den Gedanken einer Permanenten Revolution, das Festhalten am Internationalismus der Arbeiter und eine Kritik an der stalinistischen Bürokratisierung des Landes beinhaltet. In der Sowjetunion und anderen kommunistischen Staaten abschätzige Bez. für linksoppositionelle Strömungen allgemein.

Umwelt: im engeren biologischen Sinn nach J. von Uexküll die spezifische, lebenswichtige Umgebung einer Tierart; im weiteren kulturzivilisatorischen Sinn auch der vom Menschen existentiell an seine Lebensbedürfnisse angepasste und vor allem durch Technik und wirschaftliche Unternehmungen künstlich veränderten Lebensraum, wodurch eine Art künstliches Ökosystem geschaffen wurde, mit heute zu einer Krisensituation angewachsenen, lebensbedrohenden Gefahren. Unterschieden werden auch technische und soziale Umwelt des Menschen, Wohnumwelt, Arbeitsumwelt usw. Der Begriff Umwelt ist komplex und schillernd, da er eine Tierart ebenso umfassen kann wie einen Verein oder einen Staat.

universell (lat. *universus* = ganz, weltweit): umfassend, allgemein gültig, ganzheitlich.

Urbanisierung → Begriffe Kap. 1

Ustascha (kroat. *Ustaha* = Aufständischer): rechtsradikale kroatische Bewegung, die seit 1929 von Italien aus gegen die Herrschaft von König Alexander I. und für die staatliche Unabhängigkeit kämpfte. Nach der Ermordung des Königs (1934) bildete sie nach der Ausrufung der Unabhängigkeit 1941 eine Regierung. Unter dem faschistischen Regime wurden Juden, Muslime und Serben grausam verfolgt. 1945 brach der Staat zusammen, die Ustascha gründete 1949 in Argentinien eine Exilregierung.

Utopie (griech. *ou* = nicht, *topos* = Ort): Begriff zur Kennzeichnung einer Denkweise, die die Realitätsbezüge von Zukunftsentwürfen bewusst oder unbewusst vernachlässigt. Utopisches Denken als Kritik und Verneinung bestehender gesellschaftlicher Verhältnisse entwirft eine ideale Gegenwelt, die oft religiös begründet wurde. Seit der Aufklärung verbreiteten sich Sozialutopien, die möglichst rational und vernünftig argumentieren wollten, z. B. im Anarchismus und im Sozialismus.

Valorisierung: staatliche Maßnahmen, die die Preise zugunsten der Produzenten beeinflussen.

Verbrauchsgüter: Konsumgüter, die nach einmaliger Verwendung verbraucht sind, z. B. Nahrungsmittel (im Gegensatz zu Gebrauchsgütern für längerfristige Nutzung) oder: Produktionsfaktoren, die im Produktionsprozess ganz verbraucht werden.

Versailles, Frieden von → Begriffe Kap. 4

Verstädterung → Begriffe Kap. 1

Vetorecht (lat. *veto* = ich verbiete): Einspruchsrecht; kann das Zustandekommen eines Beschlusses verhindern (absolutes Vetorecht) oder aufschieben (suspensives Vetorecht).

via (lat. = auf dem Weg): über.

Vietnam-Krieg: In Vietnam, das im 19. Jh. von Frankreich erobert worden war, hatte sich in den zwanziger und dreißiger Jahren eine Unabhängigkeitsbewegung gebildet, die Vietminh unter Führung des Kommunisten Ho Chi Minh, die die frz. Truppen 1953/54 besiegen konnte. Auf der Genfer Indochina-Konferenz 1954 beschloss man eine Teilung des Landes: der Norden wurde den kommunistischen Vietminh überlassen. Die von den USA unterstützte südvietnamesische Regierung unter Diem konnte sich bei der Bevölkerung nicht durchsetzen, der Vietcong bildete sich als neue kommunistische Widerstandsbewegung. 1964 kam es zu einer Eskalation zwischen Nordvietnam, das den Vietcong unterstützte, auf der einen und Südvietnam und den USA auf der anderen Seite. Der vor allem von den USA mit großem Truppen- und Waffeneinsatz auch gegen die Zivilbevölkerung geführte Vietnam-Krieg endete mit dem Abzug der US-amerikanischen Truppen 1973. 1976 wurde das Land unter kommunistischer Führung wiedervereinigt. Die USA erlitten, nicht zuletzt wegen der internationalen Protestbewegung, ihre größte militärische Niederlage.

Völkerbund → Begriffe Kap. 4

Völkerrecht: Gesamtheit der Rechtsgrundsätze, die die Beziehungen der Staaten untereinander regeln. Sie kommen vor allem durch Verträge, Abkommen und Gewohnheitsrecht zustande. Dem Völkerrecht fehlt – trotz der UNO – bis heute eine übergeordnete Stelle, die seine Einhaltung erzwingen könnte.

Volksdemokratie: Selbstbezeichnung für die nach dem Zweiten Weltkrieg unter sowjetischem Einfluss entstandene Staatsform in den Ländern Mittel- und Osteuropas. Anders als in der UdSSR gab es in den Volksdemokratien zwar mehrere Parteien, die bei Wahlen aber nur auf einer Einheitsliste kandidieren durften und sich dem Führungsanspruch der kommunistischen Partei unterordnen mussten, sodass faktisch ein Einparteienstaat bestand. Gewaltenteilung und Opposition gab es nicht.

Volksfront: Bez. für ein 1936–1938 als *Front populaire* in Frankreich bestehendes politisches Bündnis von linksbürgerlichen Parteien, Sozialisten, Sozialdemokraten und Kommunisten zur Abwehr einer faschistischen Machtübernahme. Im weiteren Sinne von den Kommunisten seit 1935 als Kampfbegriff benutzt für jedes Bündnis, das auf den Sturz des Kapitalismus und des Imperialismus abzielte.

Volksgemeinschaft → Begriffe Kap. 2
Volkskongress → Begriffe Kap. 6
Volkspartei → Begriffe Kap. 6
Volksrepubliken: nach 1945 Selbstbezeichnung einiger Volksdemokratien (z. B. Polen, Ungarn, China) und sozialistisch orientierter Staaten der Dritten Welt.

Wahlrecht: Recht des Volkes in regelmäßigen Abständen durch Wahl von Abgeordneten an der staatlichen Herrschaftsausübung teilzunehmen und diese zu kontrollieren. Unter passivem Wahlrecht versteht man das Recht als Abgeordneter wählbar zu sein, unter aktivem Wahlrecht das Recht zu wählen. Beim direkten Wahlrecht bestimmt der Wähler unmittelbar den zu Wählenden, beim indirekten Wahlrecht werden Wahlmänner bzw. -frauen gewählt, die dann erst den zu Wählenden bestimmen, etwa bei der Wahl des amerikanischen Präsidenten. Der Kampf um die Ausweitung des Wahlrechts auf alle erwachsenen Bürger, unabhängig von Geschlecht, Rasse oder Einkommen, bestimmte das 19. Jh., da das Wahlrecht meistens an eine bestimmte Steuerleistung gebunden (Zensuswahlrecht oder das Dreiklassenrecht in Preußen) und auf die Männer beschränkt war. Das allgemeine und gleiche Wahlrecht für Männer und Frauen wurde in vielen Ländern erst nach 1918 eingeführt.

Währungsreform → Begriffe Kap.6
Warschauer Pakt → Begriffe Kap. 5
Wechsel: Wertpapier, in dem der Aussteller die Zahlung einer bestimmten Geldsumme an eine bestimmte Person verspricht oder in dem der Aussteller eine dritte Person anweist an eine andere Person eine Geldsumme zu bezahlen.
Weltbank → Begriffe Kap. 7
Weltmarkt → Begriffe Kap. 7
Weltrevolution: Lehre des Marxismus vom gemeinsamen Aufstand der Arbeiter in allen Staaten der Erde gegen die bürgerlich-kapitalistische Gesellschaftsordnung.
Westintegration → Begriffe Kap. 6
Wiedergutmachung → Begriffe Kap. 6

Zahlungsbilanz: systematische Aufzeichnung der Werte aller ökonomischen Transaktionen, die in einem bestimmten Zeitraum zwischen Inländern und Ausländern stattgefunden haben.
Zäsur (lat. *caedere* = hauen, einschneiden): (gedanklicher) Einschnitt.
Zentrum: ursprünglich Bez. für die Abgeordneten, die im Parlament die Plätze zwischen der Rechten und der Linken einnehmen und eine mittlere politische Linie verfolgen, in Deutschland seit 1848/1849 geläufig. 1870/71 wurde im preußischen Landtag und im Reichstag von katholischen Abgeordneten die Dt. Zentrumspartei gegründet, die bis zu ihrer Auflösung unter der Herrschaft der Nationalsozialisten eine feste Größe in der Parteienlandschaft blieb und ab 1890 die Funktion einer Regierungspartei erhielt. Trotz seiner interkonfessionellen Orientierung blieb das Zentrum mit seiner überwiegend klein- und mittelbürgerlichen Wählerschaft die politische Vertretung des deutschen Katholizismus.

Zionismus: Bewegung zur Errichtung einer nationalen jüdischen Heimstätte in Palästina. Er entstand Ende des 19. Jh. als Folge des aufkommenden integralen Nationalismus und des Antisemitismus. Der Zionismus war vor allem in Osteuropa weit verbreitet. Spätestens seit dem von Theodor Herzl organisierten Ersten Zionistenkongress 1897 ist der Zionismus als politische Bewegung angesehen. Mit der Gründung des Staates Israel 1948 ist das eigentliche Ziel des Zionismus erreicht; der Begriff wird aber auch heute noch zur Kennzeichnung des Ziels politischer Gruppen in Israel verwandt, die die Annexion der seit 1967 von Israel besetzten Gebiete in Palästina erreichen wollen.
Zirkular: Rundschreiben.
Zivilisation → Begriffe Kap. 8

Längsschnitte

Anregungen für thematische Längsschnitte

Erläuterungen	*Darstellung:*	kürzerer darstellender Text
	Arbeitsteil:	geschlossene Materialsammlung
	M (plus Zahl):	einzelne Materialien aus den Arbeitsteilen
	Kapitelkurs:	geschlossenes Kapitel
	Methodenteil:	Methodenarbeitsteil (geschlossen oder Einzelabschnitte)
	Tabelle, Karte etc.:	einzelne Materialien aus Darstellungen, Essays, Grundinformationen

1. Grundformen menschlicher Existenz: Familie und Arbeit

bis 1945	Wandel der Wirtschafts- und Berufsstruktur (1880–1930)	17 – 19	Darstellung
	Soziale Sicherheit durch den Staat (1880–1930)	20 – 21	Darstellung
	Vor- und Fürsorge durch städtische Infrastruktureinrichtungen	24	Darstellung
	Die Anfänge des Wohlfahrtsstaates um 1900	44 – 47	Arbeitsteil
	„Eastside – Westside": Wohnen in der Stadt (1880–1930)	23 – 24	Darstellung
	Die Entdeckung der Jugend (1880–1930)	32 – 33	Darstellung
	Die Jugendlichen in der Weimarer Republik	79 – 80	Darstellung
	Zur Geschichte der deutschen Jugendbewegung	56 – 59	Essay
	Wandel der Geschlechterverhältnisse (1880–1930)	33 – 35	Darstellung
	Geschlecht und Lebenschancen im Deutschland der Jahrhundertwende	48 – 51	Arbeitsteil
	Der Wandel des Frauenbildes in der Weimarer Republik	80	Darstellung
	Soziale Reformen, Rationalisierung, Arbeitslosigkeit (1918–1939)	146 – 150	Darstellung
	Materialien zu sozialen Reformen, Arbeitslosigkeit	161 – 162	M 2, M 3
		13, 143	Tabelle, Grafiken
	Massenproduktion, Massenkonsum und Massenkultur in den USA	166 – 169	Arbeitsteil
	Die Auflösung der Gewerkschaften in der NS-Zeit	88 – 89	Darstellung
	Alltagserfahrungen im Dritten Reich	91 – 94	Darstellung
	Einzelmaterialien	38	M 3
		16	Abbildung
	Zum Umgang mit Statistiken: (Löhne) in der Weimarer Republik	441 – 442	Methodenteil
nach 1945	Wandel der Arbeitswelt und der Familie in der Massengesellschaft	400 – 406	Darstellung
	Freizeit und Arbeit in der Massengesellschaft	407 – 410	Darstellung
	Materialien zum Wandel der Arbeitswelt und der Familie	413 – 414	M 3 – M 5
	Kriegsende, Bewältigung der Alltagsprobleme, Abkehr von der Politik im Deutschland der Nachkriegszeit	289 – 290	Darstellung
	Gewerkschaftlicher Neubeginn im Deutschland der Nachkriegszeit	293	Darstellung
	Die Bundesrepublik als moderne Industriegesellschaft (Ära Adenauer)	300 – 301	Darstellung
	Das „motorisierte Biedermeier" (Ära Adenauer)	303 – 304	Darstellung
	Der Ausbau des Sozialstaates in der sozialliberalen Ära	308 – 309	Darstellung
	Gesellschaftliche Veränderungen in der sozialliberalen Ära	310 – 311	Darstellung
	Materialien zu Frauen in Familie und Arbeit (Bundesrepublik)	347	M 3 – M 8
		287, 305, 308	Tabellen, Grafik
	Wirtschaftliche und soziale Entwicklung der DDR in den 1950ern	314 – 315	Darstellung
	„Real existierender Sozialismus": Die DDR in den siebziger Jahren	318	Darstellung
	Materialien zu Familie und Arbeit in der DDR	343 – 345	M 5, M 7, M 9
	Materialien zu Arbeit und Familie in der Dritten Welt	378 – 383	M 3, M 7, M 11
		387	M 8
		362	Tabelle
	„Oral History" – Das historische Interview	450 – 451	Methodenteil

Längsschnitte

2. Krieg und Frieden

bis 1945	Internationale Politik im Zeitalter der Weltkriege	183 – 229	Kapitelkurs
	Wissenschaftlich-technische Kriegführung im Ersten Weltkrieg	16 – 17	Darstellung
	Veränderungen der politischen Ordnung im Ersten Weltkrieg	68	Darstellung
	Die politischen Folgen des Ersten Weltkrieges in Italien	97	Darstellung
	Sozio-ökonomische Folgelasten des Ersten Weltkrieges in Europa	146 – 148	Darstellung
	Materialien zu sozio ökonomischen Folgelasten	161	M 1
		209	M 3
	Der Erste Weltkrieg als Zäsur in der Kolonialgeschichte	365 – 366	Darstellung
	Der Bürgerkrieg in der Sowjetunion 1918–1921	103 – 104	Darstellung
	„Kriegskommunismus" und NEP in der Sowjetunion	159 – 160	Darstellung
	Die nationalsozialistische Autarkie- und Aufrüstungspolitik	174 – 177	Arbeitsteil
	Deutschland im Zweiten Weltkrieg	95 – 96	Darstellung
	Die Sowjetunion im Zweiten Weltkrieg	107	Darstellung
	Zweiter Weltkrieg: Motor der Dekolonisation	367 – 368	Darstellung
	Einzelmaterialien	113	M 10
		448	Abbildung
	Schriftliche Quellen: Hitlers „Aufruf an das deutsche Volk" (1933)	430	Methodenteil
nach 1945	Grundinformation zum Ost-West-Konflikt	232 – 235	Zeittafel, Begriffe etc.
	Die Entstehung des Ost-West-Konfliktes (1945–1949)	236 – 241	Darstellung
	Der Verlauf des Ost-West-Konfliktes (1949–1991)	241 – 248	Darstellung
	Europa und die Welt nach dem Ende des Ost-West-Konfliktes	248 – 255	Darstellung
	Basismaterialien zum Ost-West-Konflikt	256 – 262	Arbeitsteil
	Der Friedensprozess im Nahen Osten	266 – 267	M 7 – M 11
	Der Ost-West-Konflikt als Geburtshelfer der Dritten Welt	368	Darstellung
	Die Dritte Welt nach dem Ende des Ost-West-Konfliktes	376 – 377	Darstellung
	Materialien zu Krieg und Frieden in der Dritten Welt (20. Jh.)	378 – 381	M 1, M 2, M 5, M 6, M 8
	Deutschland unter alliierter Besatzung 1945–1949	288 – 298	Darstellung
	Deutschland 1945/46	325 – 326	M 1 – M 3
	Einzelmaterialien	268	M 1

3. Mensch und Natur

bis 1945	Fortschrittsglaube und Ängste (1880–1930)	14	Darstellung
	Material zu: Forschrittsglaube und Ängste	43	M 15
	Die Relativität von Raum und Zeit (1880–1930)	36 – 37	Darstellung
	Materialien zu Veränderungen der Raum-/Zeitverhältnisse	40 – 42	M 7, M 11, M 12
	Abschied von religiösen Sinnstiftungen: Säkularisierung (1880–1930)	37	Darstellung
	Zur Geschichte der deutschen Jugendbewegung	56 – 59	Essay
	„Freie Zeit" (1880–1930)	30	Darstellung
	Material zur Freizeit	13	Tabelle
		88	Abbildung
	Materialien zu Umwelt, Hygiene (1880–1930)	54	M 6, M 7
nach 1945	Freizeit und Arbeit	407 – 410	Darstellung
	Materialien zu Mensch und Natur in der Massengesellschaft	414 – 416	M 6 – M 11
		312, 394	Abbildungen
	Einzelmaterialien	337	M 5
	Geschichte als Wissenschaft: Umweltgeschichte	428	M 8

4. Bevölkerungsentwicklung, Siedlungsweise, Umwelt

bis 1945	Demographischer Umbruch (1880–1930)	15	Darstellung
	Urbanisierung (1880–1930)	22 – 26	Darstellung

Längsschnitte

	Die Herausbildung der Metropolen (1880–1930)	52 – 55	Arbeitsteil
	Materialien zu Bevölkerung etc.	38	M 1 – M 3
		166	M 1
		187	Karte
	Malerei und Geschichte: Jakob Steinhardt, Die Stadt (1913)	432 – 434	Methodenteil
nach 1945	Demographische Veränderungen in der Massengesellschaft	404 – 406	Darstellung
	Materialien zu Mensch und Natur in der Massengesellschaft	414 – 415	M 6 – M 9
	Das Kriegsende im Deutschland der Nachkriegszeit	288	Darstellung
	Materialien zu Bevölkerung etc. in Europa und den USA	166	M 1
		265 – 266	M 6 a – c
		286 – 287	Tabellen
		312	Abbildung
		397	Karten
	Materialien zu Bevölkerung etc. in der Dritten Welt	386 – 388	M 3, M 8
		361 – 363	Grafik, Tabellen
	Geschichte als Wissenschaft: Umweltgeschichte	428	M 8

5. Freiheit und Unfreiheit im Wandel

bis 1945	Demokratie und Diktatur in der Zwischenkriegszeit	60 – 139	Kapitelkurs
	Herrschaftskonzept des Nationalsozialismus im Zweiten Weltkrieg	206	Darstellung
	Material zum Herrschaftskonzept des Nationalsozialismus	223	M 3
	Kriegs- und Nachkriegsplanungen der Alliierten im Zweiten Weltkrieg	207	Darstellung
	Material zu Nachkriegsplanungen der Alliierten	214	M 13
	„Eingeschränkte Moderne" für die Frauen (1880–1930)	33	Darstellung
	Beschränkungen und Freiheiten für Frauen im Spiegel autobiografischer Quellen (1880–1930)	50 – 51	M 9, M 10
nach 1945	Deutschland nach 1945	282 – 357	Kapitelkurs
	Dekolonisierung und Dritte Welt	359 – 393	Kapitelkurs
	Demokratie und Massengesellschaft: Ein Widerspruch?	399 – 400	Darstellung
	Menschen- und Bürgerrechtsbewegungen in Osteuropa	273 – 277	Arbeitsteil

6. Das alltägliche Leben

bis 1945	Modernisierung des Alltags – durch Elektrizität (1880–1930)	16	Darstellung
	Die Masse und ihre Kaufkraft (1880–1930)	19	Darstellung
	Der Interventions- und Sozialstaat (1880–1930)	19 – 22	Darstellung
	Die Anfänge des Wohlfahrtsstaates um 1900	44 – 47	Arbeitsteil
	Urbanisierung (1880–1930)	22 – 26	Darstellung
	Aufbruch in das mobile Jahrhundert (1880–1930)	26 – 27	Darstellung
	Massenkommunikation, Freizeit, Massenkultur (1880–1930)	29 – 31	Darstellung
	Die Entdeckung der Jugend (1880–1930)	32 – 33	Darstellung
	Zur Geschichte der deutschen Jugendbewegung	56 – 59	Essay
	Neue Sichtweisen – erschütterte Sicherheit	36 – 37	Darstellung
	Das Laboratorium der Moderne in der Weimarer Republik	79 – 80	Darstellung
	Alltagserfahrungen im Dritten Reich	91 – 94	Darstellung
	Massenkonsum und Massenkultur in den USA (1880–1930)	168 – 169	M 5 – M 8
	Der „totale Krieg"	96	Darstellung
	Der „totale Krieg"	223 – 226	Arbeitsteil
	Einzelmaterialien	38 – 43	M 3, M 13, M 14
		54 – 55	M 6 – M 9
		175	M 4
		11 – 13	Grafiken, Tabellen

Längsschnitte

nach 1945	Wandel der Arbeitswelt und der Familie in der Massengesellschaft	400 – 406	Darstellung
	Freizeit und Arbeit in der Massengesellschaft	407 – 410	Darstellung
	Materialien zum alltäglichen Leben in der Massengesellschaft	413	M 4
		287, 398	Tabellen
		305	Grafik
	Die deutsche Gesellschaft unter alliierter Besatzung	288 – 290	Darstellung
	Das „motorisierte Biedermeier" in der „Ära Adenauer"	303 – 304	Darstellung
	Der Ausbau des Sozialstaates in der sozialliberalen Ära	308 – 309	Darstellung
	Gesellschaftliche Veränderungen in der sozialliberalen Ära	310 – 311	Darstellung
	„Real existierender Sozialismus": Die DDR in den siebziger Jahren	318	Darstellung
	Materialien zum alltäglichen Leben in der Dritten Welt	378 – 383	M 3, M 7
		387	M 8
	Geschichte als Wissenschaft: „Neue Geschichtsbewegung"	362	Tabelle
		425	M 4
	„Oral History" – Das historische Interview	450 – 451	Methodenteil

Siehe auch Längsschnitt 7: Frauen- und Geschlechtergeschichte

7. Frauen- und Geschlechtergeschichte

bis 1945	Soziale Ungleichheiten im Bildungswesen (1880–1930)	22	Darstellung
	Wandel der Geschlechterverhältnisse (1880–1930)	33 – 35	Darstellung
	Geschlecht und Lebenschancen im Deutschland der Jahrhundertwende	48 – 51	Arbeitsteil
	Der Wandel des Frauenbildes in der Weimarer Republik	80	Darstellung
	Frauen im Dritten Reich	92 – 93	Darstellung
	Einzelmaterialien	11	M 6
		126	M 6
		169	M 8
		175	M 3
		225	M 8
		16, 32, 80	Abbildungen
	Zum Umgang mit Statistiken: (Löhne) in der Weimarer Republik	441 – 442	Methodenteil
nach 1945	Zur Entwicklung der Familie in der Massengesellschaft	402 – 404	Darstellung
	Frauen und Freizeit in der Massengesellschaft	407 – 409	Darstellung
	Gesellschaftliche Veränderungen in der sozialliberalen Ära	310 – 311	Darstellung
	Die Frauenbewegung in der Bundesrepublik Deutschland	346 – 349	Arbeitsteil
	Frauen und Dritte Welt – Unebenheiten der Solidarität	391 – 393	Essay
	Einzelmaterialien	289, 303, 344	Abbildungen
		405	Tabelle
		413 – 414	M 3, M 5
	Geschichte als Wissenschaft: Frauen- und Geschlechtergeschichte	349	M 9
		426	M 5

8. Religion und Kirche

bis 1945	Fortschrittsglaube und Ängste um die Jahrhundertwende	14	Darstellung
	Neue Sichtweisen – erschütterte Sicherheit (1880–1930)	36 – 37	Darstellung
	Material zu: Justiz und religiöse Karikatur in der Weimarer Republik	121 – 122	M 4 – M 6
	Material zum kirchlichen Widerstand in der NS-Zeit	124	M 3

Längsschnitte

nach 1945	Wachsende Opposition in der DDR (Kirche)	320	Darstellung
	Materialien zu christlichen Parteien (Bundesrepublik, DDR)	336 – 340	M 3, M 7, M 8, M 12, M 14
	Materialien zu Religionen in Indien	386 – 387	M 4, M 8

Siehe auch Längsschnitt 22: Zur jüdischen Geschichte

9. Bildung und Wissenschaft

bis 1945	Die industriell-wissenschaftliche Revolution (1880–1930)	15 – 17	Darstellung
	Bildung als Aufgabe des Sozialstates (1880–1930)	21 – 22	Darstellung
	Die Relativität von Raum und Zeit (1880–1930)	36 – 37	Darstellung
	Mädchenbildung (1880–1930)	48 – 51	M 3 – M 6, M 9, M 10
	Einzelmaterialien	12	Grafik
		40 – 42	M 7 – M 9
		98	Abbildung
nach 1945	Materialien zu Bildung und Wissenschaft in der Massengesellschaft	413 – 414	M 3, M 4, M 6
		347	M 4
		287, 311	Tabellen
	Materialien zu Bildung, Wissenschaft in der Dritten Welt	386	M 3
		413	M 4
		362	Tabelle

10. Menschenbilder im Wandel

bis 1945	Fortschrittsglaube und Ängste; Die „Masse" (1880–1930)	14 – 15	Darstellung
	Die Entdeckung der Jugend (1880–1930)	32 – 33	Darstellung
	Wandel kultureller Normen; Sexuelle Emanzipation (1880–1930)	34 – 35	Darstellung
	Neue Sichtweisen – erschütterte Sicherheit (1880–1930)	36 – 37	Darstellung
	Materialien zu 1880–1930	39	M 4
		48	M 1, M 2
	Nationalsozialistische Rassenpolitik; Rassenkrieg	94 – 95	Darstellung
	Die Verfolgung und Vernichtung der europäischen Juden	128 – 131	Arbeitsteil
	Material zum Rassismus	128	M 2
	Einzelmaterialien	57, 71, 80, 91, 111, 159	Abbildungen
	Malerei und Geschichte: Jakob Steinhardt, Die Stadt (1913)	432 – 434	Methodenteil
nach 1945	Wertewandel in der Massengesellschaft	407	Darstellung
	Material zur Massengesellschaft	415	M 10
	Die Rechte der Bürgergesellschaft, Wahrheit und Gewissen	273 – 275	M 1, M 6 – M 8
	Materialien zu Menschen in der bildenden Kunst der DDR	342 – 344	M 2, M 5, M 7, M 9
	„Ich bin AusländerIN" – Frauen und Dritte Welt	391 – 393	Essay
	Einzelmaterialien	310, 313, 402, 409, 422, 437	Abbildungen

11. Zur Geschichte der politischen Partizipation

bis 1945	Politischer Massenmarkt (1880–1930)	27 – 29	Darstellung
	Demokratie und Diktatur in der Zwischenkriegszeit	60 – 139	Kapitelkurs
	Einzelmaterialien	176	M 8

Längsschnitte

nach 1945	Deutschland nach 1945	282 – 357	Kapitelkurs
	Menschen- und Bürgerrechtsbewegungen in Osteuropa	273 – 277	Arbeitsteil
	Die westliche Zivilisation in der Moderne: Demokratie und Massengesellschaft	394 – 423	Kapitelkurs
	Geschichte als Wissenschaft: Folgen der Umbrüche 1989/91	427	M 7

12. Soziale Gleichheit – soziale Ungleichheit

bis 1945	Wandel der Wirtschafts- und Berufsstruktur (1880–1930)	17 – 19	Darstellung
	Der Interventions- und Sozialstaat (1880–1930)	19 – 22	Darstellung
	„Eastside – Westside": Wohnen in der Stadt (1880–1930)	23 – 24	Darstellung
	Die Anfänge des Wohlfahrtsstaates um 1900	44 – 47	Arbeitsteil
	Soziale Reformen, Rationalisierung, Arbeitslosigkeit (1918–1939)	146 – 150	Darstellung
	Basismaterialien zu sozialen Reformen, Arbeitslosigkeit	161 – 165	M 2, M 3, M 5 – M 9
		143	Tabelle
	Gesellschaft im Umbruch in der Weimarer Republik	81 – 82	Darstellung
	Alltagserfahrungen im Dritten Reich	91 – 94	Darstellung
	Der Nationalsozialismus – eine „braune Revolution"?	133 – 134	M 4, M 5
	Materialien zu Deutschland	11 – 13	Tabellen, Grafiken
		41 – 42	M 8, M 9
		175	M 3, M 4
	Die „Prosperity"-Phase in den USA	69 – 70	Darstellung
	Der „New Deal" in den USA	70 – 71	Darstellung
	Der Kampf gegen die Krise in den USA: Der „New Deal"	154 – 156	Darstellung
	Das stalinistische System: Konsens und Terror	106 – 107	Darstellung
	Materialien zur Sowjetunion	172	M 6
nach 1945	Die deutsche Gesellschaft unter alliierter Besatzung	288 – 290	Darstellung
	Die „Ära Adenauer": Wirtschaft, Gesellschaft in den fünfziger Jahren	298 – 301	Darstellung
	Der Ausbau des Sozialstaates in der sozialliberalen Ära	308 – 309	Darstellung
	Gesellschaftliche Veränderungen in der sozialliberalen Ära	310 – 311	Darstellung
	Die Politik der achtziger Jahre (Bundesrepublik)	311 – 312	Darstellung
	Wirtschaftliche und soziale Entwicklung in der DDR in den 1950ern	314 – 315	Darstellung
	„Real existierender Sozialismus": Die DDR in den siebziger Jahren	318	Darstellung
	Der Wandel der Arbeitswelt in der Massengesellschaft	400 – 402	Darstellung
	Materialien zu Deutschland und den westlichen Industrieländern	413 – 414	M 3 – M 5
		287	Tabelle
	Materialien zur Dritten Welt	386 – 387	M 3, M 7, M 8
		361 – 363	Grafiken, Tabelle
	Geschichte als Wissenschaft: Wehlers „Gesellschaftsgeschichte"	427	M 6
	Die Welt der Zahlen: Zum Umgang mit Statistiken	439 – 442	Methoden

Siehe auch Längsschnitt 7: Frauen- und Geschlechtergeschichte
Siehe auch Längsschnitt 22: Zur jüdischen Geschichte

13. Revolutionen von der frühen Neuzeit bis zur Gegenwart

bis 1945	Die Weimarer Republik: Die Revolution von 1918/19	75 – 78	Darstellung
	Material zur Revolution 1918/19	109	M 3
	Revolution und Bürgerkrieg in der Sowjetunion	101 – 104	Darstellung
	Die Russische Revolution	116 – 119	Arbeitsteil
	Die Sowjetunion: Frieden durch Weltrevolution?	192 – 193	Darstellung
	Lenins „Dekret über den Frieden"	366	Darstellung
	Materialien zur Russischen Revolution	378	M 2
		365	Abbildung

477

Längsschnitte

	Der Übergang zur (NS-)Diktatur: „Parteirevolution von unten"	87 – 88	Darstellung
	Der Nationalsozialismus – eine „braune Revolution"?	133 – 134	M 4, M 5
nach 1945	Wachsende Opposition (in der DDR)	320	Darstellung
	Die Vereinigung der beiden deutschen Staaten 1989/90	321 – 324	Darstellung
	Die ostdeutsche Revolution und das Ende der staatlichen Teilung	350 – 353	Arbeitsteil
	„Schicksalstage werden gemacht" – Der 9. November	354 – 357	Essay
	Der Algerien-Krieg	370 – 371	Darstellung
	Material zum Unabhängigkeitskampf Algeriens	380 – 381	M 6, M 8
	Einzelmaterialien	438	Abbildungen
	Geschichte als Wissenschaft: Folgen der Umbrüche 1989/91	427	M 7

14. Staat und Herrschaft in der Geschichte

bis 1945	Der Interventions- und Sozialstaat (1880–1930)	19 – 22	Darstellung
	Die Anfänge des Wohlfahrtsstaates um 1900	44 – 47	Arbeitsteil
	Organisierung der Interessen: Parteien und Verbände (1880–1930)	28 – 29	Darstellung
	Materialien zum modernen Staat (1880–1930)	39	M 4, M 5
		161	M 2
	Demokratie und Diktatur in der Zwischenkriegszeit	60 – 139	Kapitelkurs
	Materialien zur deutschen Außenpolitik (1918–1939)	210 – 214	M 7, M 9 – M 12
	Die nationalsozialistische Autarkie und Aufrüstungspolitik	174 – 177	Arbeitsteil
	Herrschaftskonzept des Nationalsozialismus im Zweiten Weltkrieg	207	Darstellung
	Die Herausbildung der sowjetischen Planwirtschaft	170 – 173	Arbeitsteil
	Wirtschaftspolitik in der Weltwirtschaftskrise: Einschränkung oder Ausweitung der Staatstätigkeit?	152 – 158	Darstellung
	Basismaterialien zur Wirtschaftspolitik in der Weltwirtschaftskrise „Er übertrug dem Staat wichtige gestaltende Wirtschaftsfunktionen"	163 – 165	M 5 – M 9
	John Maynard Keynes – Revolutionär und Vordenker	178 – 181	Essay
	Der Völkerbund	188 – 189	Darstellung
	Völkerbundsvertrag (und Dekolonisierung)	366	Darstellung
	Materialien zum Völkerbund	208 – 211	M 1, M 2, M 8
	Der Völkerbund, die Vereinten Nationen und die Idee der kollektiven Sicherheit	227 – 229	Essay
nach 1945	Demokratie und Massengesellschaft: Ein Widerspruch?	399 – 400	Darstellung
	Politische Partizipation (in der Massengesellschaft)	411	Darstellung
	Materialien zu Staat und Herrschaft in der Massengesellschaft	415 – 418	M 10 – 412
	Deutschland nach 1945	282 – 357	Kapitelkurs
	Europa auf dem Weg zur Einigung	246 – 247	Darstellung
	Der Prozess der europäischen Einigung	268 – 272	Arbeitsteil
	Menschen- und Bürgerrechtsbewegungen in Osteuropa	273 – 277	Arbeitsteil
	Europa – Einheit und Vielheit	278 – 281	Essay
	Von Palästina nach Israel: Schwierige Gründung eines Nationalstaates	263 – 266	Arbeitsteil
	Die neue Rolle der Vereinten Nationen/UNO (nach 1989/91)	253 – 254	Darstellung
	Die Vereinten Nationen/UNO	262	M 9, M 10
	Erste Welt und Dritte Welt als „Eine Welt"? (nach 1989/91)	377	Darstellung
	Materialien zu Herrschaftsformen in der Dritten Welt	380 – 383	M 5 – M 12
	Indien: Gesellschaft und Herrschaft seit der Unabhängigkeit	385 – 390	Arbeitsteil
	Geschichte als Wissenschaft: Politische Geschichte	425	M 3
	Geschichte als Wissenschaft: Wehlers „Gesellschaftsgeschichte"	427	M 6

Siehe auch Längsschnitt 7: Frauen- und Geschlechtergeschichte
Siehe auch Längsschnitt 13: Revolutionen von der frühen Neuzeit bis zur Gegenwart

Längsschnitte

15. Verlaufsformen säkularer Krisen

bis 1945

Zur Weltwirtschaftskrise:		
Die Reparationsfrage	194 – 195	Darstellung
Materialien zur Reparationsfrage	209 – 210	M 3, M 6
Die Große Depression der dreißiger Jahre	148 – 150	Darstellung
Wirtschaftspolitik in der Weltwirtschaftskrise:		
Einschränkung oder Ausweitung der Staatstätigkeit?	152 – 158	Darstellung
Materialien zur Weltwirtschaftskrise	162 – 165	M 1, M 3 – M 9
	13, 143, 144	Grafiken, Tabelle
„Er übertrug dem Staat wichtige gestaltende Wirtschaftsfunktionen"		
John Maynard Keynes – Revolutionär und Vordenker	178 – 181	Essay
Das Ende der Weimarer Republik	82 – 86	Darstellung
Die nationalsozialistische Autarkie- und Aufrüstungspolitik	174 – 177	Arbeitsteil
Der „New Deal" in den USA in den dreißiger Jahren	70 – 71	Darstellung
Material zum „New Deal"	108	M 2
Die Regierungskrise (in Großbritannien) von 1931	73	Darstellung
„Nationale Union" und „Volksfront" (im Frankreich der 1930er)	73 – 75	Darstellung
Die Große Depression in Brasilien	151	Darstellung

nach 1945

Zur Krise der modernen Massengesellschaft; zu den Folgen der Umbrüche 1989/91:		
Die westliche Zivilisation in der Moderne:		
Demokratie und Massengesellschaft	394 – 423	Kapitelkurs
Die Vereinigung der beiden Deutschen Staaten 1989/90	321 – 324	Darstellung
Die ostdeutsche Revolution und das Ende der staatlichen Teilung	350 – 353	Arbeitsteil
Europa auf dem Weg zur Einigung	246 – 247	Darstellung
Europa – Einheit und Vielheit	278 – 281	Essay
Probleme der globalen Neuordnung nach 1989/91	253 – 255	Darstellung
Die Vereinten Nationen/UNO	262	M 9, M 10
Die Dritte Welt nach dem Ende des Ost-West-Konfliktes	376 – 377	Darstellung
Material zur Dritten Welt	384	M 13
Geschichte als Wissenschaft: Folgen der Umbrüche 1989/91	427	M 7
Geschichte als Wissenschaft: Umweltgeschichte	428	M 8

Siehe auch Längsschnitt 7: Frauen- und Geschlechtergeschichte
Siehe auch Längsschnitt 13: Revolutionen von der frühen Neuzeit bis zur Gegenwart

16. Wirtschaftsformen und Wirtschaftssysteme im Wandel

bis 1945

Die industriell-wissenschaftliche Revolution (1880–1930)	15 – 17	Darstellung
Wandel der Wirtschafts- und Berufsstruktur (1880–1930)	17 – 19	Darstellung
Eine neue Waren- und Konsumwelt (1880–1930)	24 – 25	Darstellung
Aufbruch in das mobile Jahrhundert (1880–1930)	26 – 27	Darstellung
Die Organisierung der Interessen: Parteien und (Wirtschafts-)Verbände	28 – 29	Darstellung
Massenkommunikation (1880–1930)	29 – 30	Darstellung
Materialien zu: Wirtschaftsformen und -systeme 1880–1930	39 – 42	M 4 – M 6, M 10 – M 12
	50	M 7, M 8
	53 – 55	M 5, M 9
	111	M 6
Die Weltwirtschaft in der Zwischenkriegszeit	140 – 181	Kapitelkurs
Die Reparationsfrage	193 – 195	Darstellung
Materialien zur Weltwirtschaft in der Zwischenkriegszeit	209 – 210	M 3, M 5, M 6
Die Sowjetunion unter Stalin: Kollektivierung, Industrialisierung	105 – 106	Darstellung
Einzelmaterialien	11, 13	Grafiken
Das Plakat oder „Die aufgehängte Geschichte"	435 – 438	Methodenteil

479

Längsschnitte

nach 1945	Der Wandel der Arbeitswelt in der Massengesellschaft	400 – 402	Darstellung
	Materialien zum Wandel der Arbeitswelt	413 – 418	M 3 – M 5, M 8, M 10 – M 13
	Zonensouveränität und ökonomische Teilung (Deutschlands)	294 – 295	Darstellung
	Das „Wirtschaftswunder" (Bundesrepublik)	298 – 299	Darstellung
	Soziale Marktwirtschaft oder Sozialstaat? (Bundesrepublik)	299 – 300	Darstellung
	Die Bundesrepublik als moderne Industriegesellschaft	300 – 301	Darstellung
	Die wirtschaftliche Entwicklung in der sozialliberalen Ära	308	Darstellung
	Materialien zur Bundesrepublik	287, 397, 398	Tabellen, Karten
	Wirtschaftliche und soziale Entwicklung der DDR in den 1950ern	314 – 315	Darstellung
	Ökonomische Reformversuche in der DDR in den sechziger Jahren	317	Darstellung
	Wirtschaftliche Krisen in der DDR in den siebziger Jahren	318	Darstellung
	Material zur DDR	187	Tabelle
	Europa auf dem Weg zur Einigung	246 – 247	Darstellung
	Materialien zur EWG	269 – 270	M 3, M 5
	UNO, Währungsfonds, Weltbank, GATT, Marshall-Plan	237 – 240	Darstellung
	Material zum Marshall-Plan	259	M 5
	Weltweit zu lösende Probleme (Weltwirtschaft)	255	Darstellung
	Die Auseinanderentwicklung der Dritten Welt	372 – 374	Darstellung
	Neokolonialismus, Theoretische Deutungen von Unterentwicklung	375 – 376	Darstellung
	Grundinformation zur (Wirtschaft in der) Dritten Welt	361 – 363	Zeittafel, Begriffe etc.
	Materialien zur (Wirtschaft in der) Dritten Welt	378 – 384	M 3, M 7, M 9, M 11, M 13
	Materialien zur wirtschaftlichen Lage Indiens	386 – 389	M 3, M 7, M 11
	Geschichte als Wissenschaft: Braudels Konzept der „longue durée"	424	M 1
	Geschichte als Wissenschaft: Wehlers „Gesellschaftsgeschichte"	427	M 7
	Die Welt der Zahlen: Zum Umgang mit Statistiken	439 – 442	Methodenteil

17. Entwicklung von Stadt und Stadtgesellschaft

bis 1945	Der Ort der Moderne: Die Stadt (1880–1930)	22 – 26	Darstellung
	Die Herausbildung der Metropolen (1880–1930)	52 – 55	Arbeitsteil
	Einzelmaterialien	38	M 2
		111	M 6
		8, 71, 141, 182	Abbildungen
	Malerei und Geschichte: Jakob Steinhardt, Die Stadt (1913)	432 – 434	Methodenteil
nach 1945	Materialien zur Stadt in der westlichen Zivilisation	397	Karten
	Materialien zur Stadt in der Dritten Welt	387	M 8
		418	M 13
		363	Tabelle

18. Europa als Traditionsraum

bis 1945	Durchbruch der Moderne: Die Formierung der Massengesellschaft 1880–1930	8 – 59	Kapitelkurs
	Demokratie und Diktatur in der Zwischenkriegszeit	60 – 139	Kapitelkurs
	Europäische Einigungsbewegung in der Zwischenkriegszeit	196	Darstellung
	Der Völkerbund und die Idee der „europäischen Föderation"	197	Darstellung
	Material zur Europaidee (in der Zwischenkriegszeit)	211	M 8
	Friedensbewegung (in der Zwischenkriegszeit)	197	Darstellung
	(Europäische) Kolonialmächte und Anfänge der Dekolonisierung	365 – 369	Darstellung

nach 1945   Die westliche Zivilisation in der Moderne:
                  Demokratie und Massengesellschaft   394 – 423   Kapitelkurs
                  Europa auf dem Weg zur Einigung   246 – 247   Darstellung
                  Der Prozess der europäischen Einigung   268 – 272   Arbeitsteil
                  Die Folgen des (aufkommenden Ost-West-Konflikts) für Europa   241   Darstellung
                  Material zur Blockbildung in Europa   240   Karte
                  Der KSZE-Prozess   244 – 245   Darstellung
                  Die Folgen der Abrüstung (in den 1980er Jahren) für Europa   248   Darstellung
                  Menschen- und Bürgerrechtsbewegungen in Osteuropa   273 – 277   Arbeitsteil
                  Europa und die Welt nach dem Ende des Ost-West-Konflikts   248 – 253   Darstellung
                  Material zu Europa in der Weltwirtschaft   384   M 13
                  Europa – Einheit und Vielheit   278 – 281   Essay

Siehe auch Längsschnitt 17: Entwicklung von Stadt und Stadtgesellschaft
Siehe auch Längsschnitt 22: Zur jüdischen Geschichte

19. Zur Geschichte der europäischen Moderne und der westlichen Zivilisation

bis 1945   Durchbruch der Moderne:
                  Die Formierung der Massengesellschaft 1880–1930   8 – 59   Kapitelkurs
                  Demokratie und Diktatur in der Zwischenkriegszeit   60 – 139   Kapitelkurs
                  Die Weltwirtschaft in der Zwischenkriegszeit   140 – 181   Kapitelkurs

nach 1945   Die westliche Zivilisation in der Moderne:
                  Demokratie und Massengesellschaft   394 – 423   Kapitelkurs
                  Europa – Einheit und Vielheit   278 – 281   Essay
                  Geschichte als Wissenschaft: Modernisierungstheorie   424   M 2

Siehe auch Längsschnitt 17: Entwicklung von Stadt und Stadtgesellschaft

20. Entwicklung zwischenstaatlicher Beziehungen

bis 1945   Internationale Politik im Zeitalter der Weltkriege   182 – 229   Kapitelkurs

nach 1945   Internationale Politik nach 1945   230 – 281   Kapitelkurs
                  Dekolonisierung und Dritte Welt   358 – 393   Kapitelkurs
                  Durch Westintegration zur staatlichen Souveränität (Bundesrepublik) 301 – 302   Darstellung
                  Westintegration und Wiedervereinigung (Bundesrepublik)   328 – 329   M 9, M 10
                  Die sozialliberale Deutschland- und Ostpolitik   307 – 308   Darstellung
                  Die neue Ostpolitik (Bundesrepublik)   329 – 330   M 11 – M 13
                  Vom Vorrang der Wiedervereinigung zur Zwei-Staaten-Theorie (DDR)   314   Darstellung
                  Die Vereinigung der beiden deutschen Staaten 1989/90   321 – 324   Darstellung
                  Die ostdeutsche Revolution und das Ende der staatlichen Teilung   350 – 353   Arbeitsteil

21. Kolonialismus, Imperialismus, Dekolonisierung

20. Jahrhundert Dekolonisierung und Dritte Welt   358 – 393   Kapitelkurs
                  Die Große Depression (der 1930er Jahre) in Brasilien   151   Darstellung
                  Einzelmaterialien   208   M 1
                                                                                     413 – 415   M 4, M 8
                                                                                     186, 187   Karten
                                                                                           401   Tabelle

Siehe auch Längsschnitt 29: Zur Geschichte Indiens

Längsschnitte

22. Zur jüdischen Geschichte

bis 1945
Nationalsozialistische Rassenpolitik, Der Rassenkrieg	94 – 95	Darstellung
Die Verfolgung und Vernichtung der europäischen Juden	128 – 131	Arbeitsteil
Beispiele zum Umgang mit Fotografien: Juden im Warschauer Ghetto	444 – 445	Methodenteil

nach 1945
Von Palästina nach Israel: Schwierige Gründung eines Nationalstaates	263 – 267	Arbeitsteil
	401	Tabelle

23. Zur Geschichte Englands

bis 1945
Die Anfänge des Wohlfahrtsstaates (1880–1930): Deutschland und England im Vergleich	45 – 47	Arbeitsteil
Materialien zu England in der aufbrechenden Moderne 1880–1930	38 – 43	M 1, M 8, M 10, M 11
	52	M 1
Die Veränderungen der politischen Ordnung im Ersten Weltkrieg	68	Darstellung
Demokratien in den westlichen Staaten: Großbritannien	69, 71 – 73	Darstellung
Die (wirtschaftlichen) Folgen des (Ersten Welt-)Krieges in Europa: Verschuldung (Großbritannien)	146	Darstellung
Welthandel (in der Weltwirtschaftskrise: Großbritannien)	156 – 157	Darstellung
Materialien zu England in der Weltwirtschaft 1918–1939	161 – 162	M 1 – M 4
	209	M 3
	148 – 150	Grafik, Tabellen
„Er übertrug dem Staat wichtige gestaltende Wirtschaftsfunktionen" John Maynard Keynes – Revolutionär und Vordenker	178 – 181	Essay
Völkerbund und Staateninteressen: Großbritannien	188, 190 – 191	Darstellung
Material zu England im Völkerbund	208	M 1
	264	M 3
Friedensbewegung in der Zwischenkriegszeit	197	Darstellung
Die Appeasement-Politik in der zeitgenössischen Auseinandersetzung und in der historischen Interpretation	219 – 222	Arbeitsteil
England und Frankreich: Zwei Wege der Kolonisation – zwei Wege der Unabhängigkeit?	366 – 367	Darstellung
Einzelmaterialien	63, 186, 187, 189, 205	Karten
	182	Abbildung

nach 1945
Materialien zu: England als westliches Industrieland	271	M 7
	414	M 5
	247	Karten
	299, 308, 398, 401	Tabellen
	300	Grafik
Zweiter Weltkrieg: Motor der Dekolonisation (England)	367 – 368	Darstellung
Auflösung des britischen und französischen Kolonialbesitzes in Afrika	370	Darstellung
Rückwirkungen (der Dekolonisierung): Großbritannien	371	Darstellung
Material zur Dekolonisierung	362	Karte

Siehe auch Längsschnitt 29: Zur Geschichte Indiens

24. Zur Geschichte Frankreichs

bis 1945
Materialien zu Frankreich in der aufbrechenden Moderne 1880–1930	38 – 41	M 1, M 8, M 10, M 11
	47	M 8
	52 – 55	M 1, M 10

Längsschnitte

Veränderungen der politischen Ordnung im Ersten Weltkrieg	68	Darstellung
Demokratien in den westlichen Staaten: Frankreich	69, 73 – 75	Darstellung
Materialien zu Frankreich in der Weltwirtschaft	162	M 3, M 4
	148, 149	Grafik, Tabelle
Völkerbund und Staateninteressen: Frankreich	188 – 191	Darstellung
Der Völkerbund und die Idee der „europäischen Föderation"	197	Darstellung
Zweiter Weltkrieg: Die Phase der „Blitzkriege" bis 1941 (Frankreich)	204	Darstellung
Materialien zu Frankreich in der Internationalen Politik	208 – 211	M 1, M 8
	201	Grafik
England und Frankreich: Zwei Wege der Kolonisation – zwei Wege der Unabhängigkeit?	366 – 367	Darstellung
Einzelmaterialien	63, 186, 187, 189, 205	Karten

nach 1945

Material zu: Frankreich als westliches Industrieland	270	M 3, M 4
	414	M 5
	247	Karte
	299, 308, 398, 401	Tabellen
	300	Grafik
	436, 438	Abbildungen
Zweiter Weltkrieg: Motor der Dekolonisation (Frankreich)	367 – 368	Darstellung
Auflösung des britischen und französischen Kolonialbesitzes in Afrika	370	Darstellung
Der Algerien-Krieg	370 – 371	Darstellung
Materialien zum Algerien-Krieg und zur Dekolonisierung	380 – 381	M 6, M 8
	362	Karte

25. Zur Geschichte Deutschlands

bis 1945

Geschichte Deutschlands in wirtschafts- und sozialhistorischer Perspektive:

Durchbruch der Moderne: Die Formierung der Massengesellschaft 1880–1930 (Schwerpunkt: Deutschland)	8 – 59	Kapitelkurs

Weltwirtschaftlicher und weltpolitischer Kontext zur Geschichte Deutschlands:

Kontinuität und Wandel (in der Weltwirtschaft) nach dem Ersten Weltkrieg	144 – 145	Darstellung
Die (wirtschaftlichen) Folgen des (Ersten Welt-)Krieges in Europa	146 – 148	Darstellung
Die Große Depression (in der Weltwirtschaft) der dreißiger Jahre	148 – 150	Darstellung
Wirtschaftspolitik in der Weltwirtschaftskrise: Allgemeine Tendenzen	154	Darstellung
Veränderungen der politischen Ordnung im Ersten Weltkrieg	68	Darstellung
Die Pariser Friedenskonferenz 1919	188	Darstellung
Völkerbund und Staateninteressen nach dem Ersten Weltkrieg	188 – 189	Darstellung
Die Appeasement-Politik in der zeitgenössischen Auseinandersetzung und in der historischen Interpretation	219 – 222	Arbeitsteil

Geschichte Deutschlands in nationalstaatlicher Perspektive:

Die Weimarer Republik	75 – 86	Darstellung
Staateninteressen nach dem Ersten Weltkrieg: Deutsches Reich	189 – 190	Darstellung
Das Reparationsproblem	193 – 195	Darstellung
Rapallo-Vertrag, Locarno-Verträge, Völkerbund, „europäische Föderation, Friedensbewegung (Deutschland)	195 – 197	Darstellung
Die Deflationspolitik der Regierung Brüning	152 – 153	Darstellung
Materialien zur Weimarer Republik	109 – 111	M 3 – M 7
	161 – 163	M 1 – M 6
	209 – 210	M 4 – M 7
Eine unabhängige „dritte Gewalt"? Justiz in der Weimarer Republik	120 – 123	Arbeitsteil

Längsschnitte

Zur Entwicklung einer stereotypen Eigenwahrnehmung: Deutschland und seine Nachbarn nach dem Ersten Weltkrieg	215 – 218	Arbeitsteil
Der Nationalsozialismus	86 – 96	Darstellung
Die nationalsozialistische Wirtschaftspolitik	153 – 154	Darstellung
Nationalsozialistische Außenpolitik: Der Weg in den Krieg	199 – 203	Darstellung
Materialien zum Nationalsozialismus	111 – 113	M 7 – M 10
	161 – 162	M 2 – M 4
	212 – 214	M 9 – M 13
Deutscher Widerstand gegen den Nationalsozialismus	124 – 127	Arbeitsteil
Die Verfolgung und Vernichtung der europäischen Juden	128 – 131	Arbeitsteil
Die nationalsozialistische Autarkie- und Aufrüstungspolitik	174 – 177	Arbeitsteil
Der Zweite Weltkrieg 1939–1945	203 – 207	Darstellung
Der „totale Krieg"	223 – 226	Arbeitsteil
Der Nationalsozialismus in der historischen Diskussion	132 – 135	Arbeitsteil
Politische Flucht und Emigration aus dem nationalsozialistischen Deutschland	136 – 139	Essay
Einzelmaterialien	63, 186, 187	Karten
	64, 65	Tabellen
	65, 66, 157	Grafiken
	60, 448	Abbildungen
Malerei und Geschichte: Jakob Steinhardt, Die Stadt (1913)	432 – 434	Methodenteil
Zum Umgang mit Statistiken: (Löhne) in der Weimarer Republik	441 – 442	Methodenteil
Schriftliche Quellen: Hitlers „Aufruf an das deutsche Volk" (1933)	430	Methodenteil
Beispiele zum Umgang mit Fotografien: Juden im Warschauer Ghetto	444 – 445	Methodenteil

nach 1945

Geschichte Deutschlands in wirtschafts- und sozialhistorischer Perspektive:		
Die westliche Zivilisation in der Moderne: Demokratie und Massengesellschaft (Schwerpunkt: Deutschland)	394 – 423	Kapitelkurs
Weltpolitischer Kontext zur Geschichte Deutschlands:		
Die Entstehung des Ost-West-Konfliktes (1945–1949)	236 – 241	Darstellung
Der Verlauf des Ost-West-Konfliktes (1949–1991)	241 – 248	Darstellung
Der Zerfall der Sowjetunion und die internationalen Folgen	248 – 249	Darstellung
Europas neue Rolle in der internationalen Sicherheitspolitik	249 – 253	Darstellung
Europa auf dem Weg zur Einigung	246 – 247	Darstellung
Basismaterialien zum Ost-West-Konflikt	256 – 261	M 1 – M 8
Geschichte Deutschlands in nationalstaatlicher Perspektive:		
Deutschland nach 1945	282 – 357	Kapitelkurs
Einzelmaterialien	269 – 270	M 3, M 5
	273	M 1
	384	M 13
	233	Karte
	435, 437	Abbildungen
Geschichte als Wissenschaft: „Neue Geschichtsbewegung"	425	M 4
Malerei und Geschichte: Anselm Kiefer, Märkischer Sand (1980–82)	434	Methodenteil
Beispiele zum Umgang mit Fotografien: Bau der Berliner Mauer 1961	445 – 446	Methodenteil

26. Zur Geschichte Polens

bis 1945

Die Herausbildung autoritärer Regime im Osten Europas (Polen)	99 – 100	Darstellung
Materialien zu Polen in der Zwischenkriegszeit	114	M 12
	209 – 213	M 4, M 5, M 12
	63, 189	Karten
	149	Tabelle
Zur Entwicklung einer stereotypen Eigenwahrnehmung: Deutschland und seine Nachbarn nach dem Ersten Weltkrieg (Schwerpunkt: Polen)	215 – 218	Arbeitsteil
Von der „Krise um Danzig" zum Beginn des Zweiten Weltkrieges	202	Darstellung

Längsschnitte

	Krieg gegen Polen; deutsch-sowjetische Zusammenarbeit bis 1941	203 – 204	Darstellung
	Besatzungspolitik des Nationalsozialismus (Polen)	206	Darstellung
	Materialien zu Polen im Zweiten Weltkrieg	223	M 3
		130, 187, 205	Karten
nach 1945	Menschen- und Bürgerrechtsbewegungen in Osteuropa (Polen)	273 – 277	M 1, M 3, M 4, M 11
	Einzelmaterialien	401	Tabelle

27. Zur Geschichte Russlands und der UdSSR

bis 1945	Materialien zu Russland in der aufbrechenden Moderne 1880–1930	38 – 42	M 1, M 8, M 10, M 11
	Die Sowjetunion 1917–1945	101 – 107	Darstellung
	Die Russische Revolution	116 – 119	Arbeitsteil
	Die Sowjetunion: Frieden durch Weltrevolution?	192 – 193	Darstellung
	Lenins „Dekret über den Frieden"	366	Darstellung
	Der Rapallo-Vertrag von 1922	195 – 196	Darstellung
	Materialien zur Politikgeschichte der UdSSR bis 1939	115	M 13, M 14
		60, 365	Abbildung
		63	Karte
		67	Grafik
	Die wirtschaftliche Entwicklung der UdSSR in der Zwischenkriegszeit	158 – 160	Darstellung
	Die Herausbildung der sowjetischen Planwirtschaft: Industrialisierung und Kollektivierung unter Stalin	170 – 173	Arbeitsteil
	Materialien zur Wirtschaft der UdSSR 1918–1939	161 – 162	M 1, M 4
		149, 201	Tabellen
	Krieg gegen Polen; deutsch-sowjetische Zusammenarbeit bis 1941	203 – 204	Darstellung
	Material zur deutsch-sowjetischen Zusammenarbeit bis 1941	213	M 12
	Der Krieg gegen die Sowjetunion	204 – 205	Darstellung
	Besatzungspolitik des Nationalsozialismus (UdSSR)	206	Darstellung
	Materialien zur UdSSR im Zweiten Weltkrieg	186, 187, 205	Karten
nach 1945	Internationale Politik nach 1945: Konkurrenz der Weltmächte	232 – 235	Grundinformation
	Die Entstehung des Ost-West-Konfliktes (1945–1949)	236 – 241	Darstellung
	Der Verlauf des Ost-West-Konfliktes (1949–1991)	241 – 248	Darstellung
	Der Zerfall der Sowjetunion und die internationalen Folgen	248 – 249	Darstellung
	Materialien zur Konkurrenz der Weltmächte nach 1945 (UdSSR)	256 – 262	M 2, M 4, M 6, M 8
		249	Karte
	Materialien zur Wirtschaft der UdSSR	415	M 8
		401	Tabelle
	Der Friedensprozess im Nahen Osten (und die Supermächte)	266 – 267	M 7, M 11
	Menschen- und Bürgerrechtsbewegungen in Osteuropa (UdSSR)	273 – 277	M 1, M 5, M 6, M 8, M 9 M 12, M 13
	Der Ost-West-Konflikt als Geburtshelfer der Dritten Welt	369	Darstellung
	Politische Spielräume (der Dritten Welt) im Ost-West-Konflikt	371	Darstellung

28. Zur Geschichte der USA

bis 1945	Die USA in der aufbrechenden Moderne 1880–1930	41	M 8
		53	M 4, M 5
		25	Abbildung
	Veränderungen der politischen Ordnung im Ersten Weltkrieg	68	Darstellung
	Demokratien in den westlichen Staaten: USA	69 – 71	Darstellung
	Völkerbund und Staateninteressen: USA	188, 191	Darstellung

485

Längsschnitte

	Materialien zur Politikgeschichte der USA	108	M 1, M 2
		214	M 13
		378	M 1
		60	Abbildung
		186	Karte
	Kontinuität und Wandel (in der Weltwirtschaft) nach dem Ersten Weltkrieg; USA als Vorbild	144 – 145	Darstellung
	Die Reparationsfrage: US-Kredite, Reparationskreislauf	194 – 195	Darstellung
	Wirtschaftspolitik in der Weltwirtschaftskrise: Der „New Deal"	154 – 156	Darstellung
	Massenproduktion, Massenkonsum und Massenkultur in den USA	166 – 169	Arbeitsteil
	Materialien zu den USA in der Weltwirtschaft der Zwischenkriegszeit	161 – 165	M 1 – M 4, M 7 – M 9
		148, 149	Grafik, Tabelle
nach 1945	Internationale Politik nach 1945: Konkurrenz der Weltmächte	232 – 235	Grundinformation
	Die Entstehung des Ost-West-Konfliktes (1945–1949)	236 – 241	Darstellung
	Der Verlauf des Ost-West-Konfliktes (1949–1991)	241 – 248	Darstellung
	Materialien zur Konkurrenz der Weltmächte nach 1945 (USA)	256 – 262	M 1, M 3 – M 5, M 7
	Der Friedensprozess im Nahen Osten (und die Supermächte)	266 – 267	M 7 – M 11
	Materialien zur Wirtschaft der USA	384	M 13
		414 – 415	M 5, M 8
		299, 308, 401	Tabellen
		300	Grafik
	Der Ost-West-Konflikt als Geburtshelfer der Dritten Welt	369	Darstellung
	Politische Spielräume (der Dritten Welt) im Ost-West-Konflikt	371	Darstellung

29. Zur Geschichte Indiens

vor 1945	Wege zur Unabhängigkeit zwischen den Kriegen (Indien)	367	Darstellung
nach 1945	Französische und britische Kolonialpolitik	368	Darstellung
	Indien: Wirtschaft und Gesellschaft seit der Unabhängigkeit 1947	385 – 390	Arbeitsteil
	Einzelmaterialien	413	M 4
		358, 367, 392	Abbildungen
		363, 401	Tabellen

30. Umgang mit Geschichte

Geschichte als Wissenschaft	424 – 446	Methodenteil
	349	M 9
Zum Umgang mit schriftlichen Quellen (20. Jahrhundert)	429 – 430	Methodenteil
Malerei und Geschichte im 20. Jahrhundert	431 – 434	Methodenteil
Das Plakat oder „Die aufgehängte Geschichte"	435 – 438	Methodenteil
Die Welt der Zahlen: Zum Umgang mit Statistiken	439 – 442	Methodenteil
Fotografien als historische Quellen	443 – 446	Methodenteil
Geschichte im Film	447 – 450	Methodenteil
„Oral History" – Das historische Interview	451 – 452	Methodenteil

Sach- und Personenregister

Fett gedruckte Zahlen verweisen auf Erläuterungen in den Grundinformationen und im Lexikon.

Abessinienkrieg (1935/36) 199
Abgeordnete 66, 74 f., 83, 97, 286, 296, 302, 308, 396
Abitur 22, 33, 48
ABM-Vertrag (1972) 235, 244
Abrüstung 184, 186, 188, 195, 197, 207, 234, 245, 248 ff., 311, 323
Abschreckung 241 f.
Absolutes Mehrheitswahlrecht 73
Acheson, Dean (1893–1971), amerik. Außenminister 239
Achsenmächte 186, 199, 206 f.
Acht-Stunden-Tag 78, 142
Achtundsechziger-Bewegung 284, 306, 331, 372, 437
Ackermann, Anton (1905–1973), Mitglied des ZK der SED 316
Adel 30, 81, 103
Adenauer, Konrad (1876–1967), dt. Bundeskanzler 190, 246, 284, 295 f., 298 ff., 329, 449
ADGB/Allgemeiner Deutscher Gewerkschaftsbund 88
Afghanistan 232, 234, 245, 248, 308, 374
Afrika 184, 192, 199, 206, 359 ff., 364 ff., 379 ff.
Agrargesellschaft 11 f., 15, 99, 366
Agrarproduktion 84, 102, 104, 151, 170 ff., 201, 363
Agricultural Adjustment Act (1933) 155
Agricultural Marketing Act (1929) 154
Ägypten 232, 263, 360, 367, 371
Ahlener Programm (1947) 297
Akademiker 21, 80 f., 85, 316
AKP (Afrika, Karibik, Pazifik)-Staaten 361
Albanien 99 f., 235
Alexander I., König von Jugoslawien (1921–1934) 100
Alexander II. Nikolajewitsch, russ. Zar (1855–1881) 102
Algerien 373
Algerien-Krieg (1954–1962) 360, 370 f., 374, 380
Alldeutscher Verband 28
Alliierte 62, 76, 96, 142, 184, 186, 192, 204 ff., 237 f., 240, 242, 284 ff., 288 ff., 301, 457
Alliierte Invasion (1944) 184, 206
Alliierte Luftbrücke (1948/49) 232, 240, 295
Alliierter Kontrollrat 232, 284, 294 f.
Alltag 16, 35, 37, 68, 79, 84, 91 f., 283, 288 f., 311, 429, 451
Alphabetisierung 11, 21, 41, 361, 373, 386, 423, **457**
Amerika 9, 14, 26 f., 33, 69 ff., 79 f., 93, 187, 191 f., 197, 236, 240, 303
Amerikanismus 79 f.
Analphabetismus 21, 102, 361
Angestellte 10 f., 15, 18 f., 28, 30, 32 f., 80 f., 92, 144 f., 147, 149, 293, 300 f., 315, 402, 407, 410
Angola 234, 244, 248, 360, 369, 371 f.
Antarktis 396
Anti-Atomkraftbewegung 309
Antifaschismus 61, 98 f., **285**, 291, 293, 316 f., 335
Antiimperialismus 241, 285, 317, 371
Antikapitalismus 369
Antike 62, 99, 239, 429, 451
Antiklerikalismus 97 f., **457**
Antikominternpakt (1937) 183, **184**, 199
Antikommunismus 199, 232, 235, 241, 250, **285**, 303 f., 306
Antiliberalismus 83, 81, 84, 98, **457**
Antimarxismus 63, 84, 98
Antimilitarismus 292
Antimodernismus 11, 80 f.
Antiparlamentarismus 63, 99, 309
Antisemitismus 61, **62**, 66, 68, 74, 80 f., 84 f., 94 f., 107, 433
ANZUS (Australia, New Zealand, United States of America)-Pakt 232
Apartheid 254, 360
APEC/Asian Pacific Economic Cooperation 255
APO/Außerparlamentarische Opposition 305 f., 309
Appeasement/politik **184**, 201 f., 219 f.
Aprilthesen (1917) 102, 116
Arabien 192, 245, 263 ff., 360, 366 f., 372, 377, 383 f.
Arafat, Yasser (geb. 1929), PLO-Führer 263, 267

Arbeiter 10, 15, 18 ff., 28, 30 ff., 68, 72, 80 ff., 88, 91 f., 97, 102 ff., 106, 141, 145 f., 149, 159 f., 166 ff., 175, 192, 293, 313, 315, 402, 407, 410, 441 f., **457**
Arbeiter-, Bauern- und Soldatenräte 76, 102 ff., 116 ff.
Arbeiterbewegung 9, 20 f., 28 f., 37, 63, 67 f., 74, 76, 78, 81 f., 87 f., 97 f., 105, 292, **457**
Arbeiterparteien 68, 85, 87, 291 f.
Arbeitgeber/verbände 28, 46, 78, 146 f., 300
Arbeitnehmer/verbände 18, 46, 144, 149, 152 f., 155, 286, 300, 308 f., 407
Arbeitslosenhilfe/versicherung 20, 46 f., 73, 82, 142, 147, 149 f., 311
Arbeitslosigkeit 20, 33, 70 ff., 82, 84 f., 89, 91, 142 f., 149 ff., 153 ff., 159, 162, 190, 298 f., 304 f., 308, 311, 315, 324, 374, 401, 440
Arbeitsteilung 10, 30, 141, 361, 398
Arbeitszeit 10, 20, 30, 72, 75, 78, 142 f., 147, 150, 152, 155, 299 f., 309, 318, 407, 408
Archipel Gulag 107
Architektur 24 f., 53, 80 f.
Arendt, Hannah (1906–1975) 91, 332
Arier/Arisierung 92, 126, **457**
Armee siehe Militär
Armut 19 f., 23 f., 44 f., 70, 96, 103, 147 f., 151, 158, 301, 360 f., 363 f., 369, 372 f., 439
Asien 102, 104, 184, 191 f., 195 f., 198 f., 205 f., 232, 234 ff., 241, 255, 360 ff., 370 ff., 379, 384
Assimilation **360**, 366, 368, 370
Asyl 377
Äthiopien 199, 359, 372
Atlantik 204, 250, 252 f., 370
Atlantik-Charta (1941) 184, 207, 214, 237 f., 359, 367, 371, **457**
Atomares Patt **232**, 241
Atomkraftwerk 309, 396, 401
Atomkrieg/waffen 184 f., 206, 231 ff., 235 f., 239, 241, 243 f., 249, 255, 308, 311, 385, 396
Attlee, Clement R. (1883–1967), brit. Premierminister 220, 239
Aufklärung 9 ff., 13, 21, 35, 85, 318
Aufrüstung 71, 154, 174 ff., 185, 199 ff., 203, 241 ff., 308, 359, 376
Aufstände 76, 78, 98, 102, 104, 118, 232, 234 f., 242, 284, 304, 315, 360, 365, 368 f., 380 f.
Auschwitz 9, 95, 128, 304
Australien 184, 232, 235, 364, 367, 404, 408
Auswärtiges Amt 206, 298
Autarkie **142**, 158, 174 ff.
Auto 14 f., 27, 55, 69, 79, 81, 142, 145, 149, 166 ff., 288, 299, 303, 308 f., 312, 317
Autonomie 93, 99, 184 f., 201, 248 f., 263, 367 f., 407, **457**
Avantgarde 35, 63, 104, 436, 438, **458**

B(iologische)-Waffen 255
Baden, Max von (1867–1929), dt. Reichskanzler 75
Baden-Württemberg 309
BAFöG/Bundesausbildungsförderungsgesetz 310 f., **458**
Bagdadpakt (1955) 242
Bahr, Egon (geb. 1922), dt. Bundesminister und SPD-Geschäftsführer 227 f., 307, 329
Bahro, Rudolf (geb. 1935) 318
Balance of power 190, **458**
Baldwin, Stanley, Earl of Bewdley (1867–1947), brit. Premierminister 72
Balfour-Deklaration (1917) 263
Balkan 185, 199, 251, 253
Baltimore 10, 377
Baltische Staaten 192, 202 f., 207, 248 ff.
Baluschek, Hans (1870–1935) 111
Bandung
– Konferenz (1955) 359 f., 371 f., 379, 385
Bangladesh 385
Banken 17 f., 104, 142, 148, 150, 153, 155 f., 159, 190, 194, 294, 363, 397, 401
Barnard, Christiaan (geb. 1922) 396

Barschel-Affäre 312, **458**
Barth, Karl (1886–1968) 325
Barthel, Kurt (1914–1967) 327
Barzel, Rainer (geb. 1924), dt. Bundestagspräsident 307 f.
Bauer, Leo 316
Bauern 22, 33, 78, 81, 83, 92, 102 ff., 159 f., 294, 314 f., 319, 369, 378, 397
Bauhaus 431, 436
Bäumer, Gertrud (1873–1954), dt. Ministerialrätin 49
Bayern 78, 288, 291, 294, 296, 305
BdL/Bund der Landwirte 18
BDM/Bund Deutscher Mädel 93
Beamte 10 f., 15, 18 f., 21 ff., 81, 83, 86, 92, 95, 128, 144, 153, 178 f., 290, 293, 300 f., 303, 309
Beardsley, Aubrey V. (1872–1898) 436
Beck, Ludwig (1880–1944), dt. General 201
Befreiungsbewegung 190, 192, 306, 360, 370
Behinderte 90, 94 f.
Behring, Emil von (1854–1917) 10
Belgien 38, 78, 149 f., 184 f., 193, 204, 405, 411
Belzec 128
Benda, Ernst (geb. 1925), dt. Bundesverfassungsgerichtspräsident 333
Benelux-Staaten 235, 240
Bengalen 360
Benin 372
Benton, Thomas Hart (1899–1975) 71
Bergen-Belsen 445
Berlin 23 f., 26, 29 ff., 42, 52, 76, 78, 80, 86, 90 f., 199, 224, 232, 234, 240, 242, 284, 292 ff., 304, 306 f., 314 f., 317 f., 320 ff., 339, 351, 359 f., 431, 437, 446
– Blockade (1948–1949) 232, 234, 240, 284, 295, 304
– Krise (1958) 232, 234, 314
– Mauer (1961–1989) 232, 234, 243, 283 f., 302, 304, 317, 320, 322 f., 351, 396, 405, 445 f., 449
– Umweltkonferenz (1995) 255
– Vertrag (1926) 184 f.
– Viermächtekonferenz (1954) 284, 314
Besatzungsmacht 78, 239 f., 286, 290 ff., 301, 305, 314
Besatzungsstatut (1949–1955) **285**, 295 f., 301
Besatzungszonen 207, 232, 239, 284 ff., 288 f., 325 f.
Bessarabien 202
Betriebsrat 66, 142, 288, 293, 300
Bevölkerung/sentwicklung 13, 15, 22, 24, 32, 38, 52, 102, 104, 255, 363, 375, 386, 395 f., 404 ff., 439 f., **458**
BFD/Bund Freier Demokraten 341
BGB/Bürgerliches Gesetzbuch 33
Biermann, Wolf (geb. 1936) 318
Bilateralismus 157, 183, **232**, 240, 244 f., 254, 314
Bildung 9 ff., 20 f., 32 f., 42, 48 f., 80 f., 102, 104, 149, 289, 291, 301, 304, 306, 309 ff., 315 ff., 324, 367, 375, 395 f., 399 f., 407, 408 f.
Bipolarität 185, 231, **232**, 236, 241 f., 249, 253
Bismarck, Otto von (1815–1898), preuß. Ministerpräsident 20 f., 305, 448 f.
Bizonenabkommen (1947) 283, 294
Black-Power-Bewegung 411
Blauhelme 253
Blitzkrieg **184**, 204 ff.
Block/bildung 231 ff., 238 ff., 253 ff., 256 ff., 295, 314, 359 f., 364, 371
Blockfreiheit/blockfreie Staaten 359, **360**, 364, 371, 373 f.
Blockparteien **285**, 292 f., 313, 323, 341
Blum, Léon (1872–1950), frz. Ministerpräsident 74 f.
„Blut-und-Boden"-Ideologie 92, **458**
Boccioni, Umberto (1882–1916) 36
Bodenreform 99, 103, 290, 293 f., 315
Böhmen 185, 202
Böll, Heinrich (1917–1985) 283, 304
Bolschewismus 61, **62**, 63 ff., 68, 72, 76 f., 82, 97, 101 ff., 107, 117, 134 f., 142, 159, 202, 241, 303
Bonn 283, 318 f., 323
Borchert, Wolfgang (1921–1947) 283, 289
Boris III. (1894–1943), Zar von Bulgarien (1918–1943) 100

487

Sach- und Personenregister

Bormann, Martin (1900–1945?), Leiter der NS-Parteikanzlei 290
Börsen/krach/krise 69 f., 141 f., 148, 401
Bourgeoisie 103, **458**
Boutros-Ghali, Boutros (geb. 1922), UN-Generalsekretär 262
BP/Bayernpartei 338
Brandt, Willy (1913–1992), dt. Bundeskanzler 244, 284, 304, 306 f., 309, 318, 322, 331, 350
Braque, Georges (1882–1963) 35, 431
Brasilien 151, 373 f.
Brecht, Bertolt (1898–1956) 25, 328
Breitscheid, Rudolf (1874–1944), SPD-Fraktionsvorsitzender 110
Bremen 309
Breschnew, Leonid (1906–1982), Generalsekretär der KPdSU 232, 245
Breschnew-Doktrin (1968) **232**, 244, 248
Brest-Litowsk
– Frieden (1918) 184, 192
Bretton Woods
– Konferenz (1944) **142**, 158, 232, 238
Breuer, Josef (1842–1925) 10
Briand, Aristide (1862–1932), frz. Ministerpräsident 184, 197, 211
British Union of Fascists 73
Brüning, Heinrich (1885–1970), dt. Reichskanzler 62, 83 ff., 142, 152 f., 163, 195
Brüssel 247, 251
– Vertrag (1948) 240
Bruttoproduktion 172, **458**
Bruttosozialprodukt (BSP) 246, 298, 305, 309, 311, 315, 373 f., 413, **458**
Bucharin, Nikolai Iwanowitsch (1888–1938), sowjet. Revolutionär 62, 105, 170
Buchenwald 289
Bukowskij, Vladimir (geb. 1942) 275
Bulgarien 100, 184 f., 207, 232 f., 235, 238
Bundesentschädigungsgesetz (1965) 287
Bundesrat 66, 302
Bundesstaat 271, **458**
Bundestag/swahl 66, 284, 296, 298, 301 f., 304 ff., 309 ff., 324, 331, 333, 336 ff., 411
Bundesverfassungsgericht 296, 302, 312, 337
Bundeswehr 185, 301, 305, 323
Bündnis '90/Grüne 338, 341
Bürger/tum 9 ff., 19 ff., 26, 29 f., 32, 35, 61, 64 f., 68, 72 f., 76 f., 81 f., 92, 95, 97 f., 101 f., 106, 142, 146, 247, 283, 285, 291, 293, 295 ff., 299, 304 ff., 309, 312, 316 ff., 324, 352, 368, 395 f., 399, 403, 409, 411, **458**
Bürgerinitiativen 309, 399, 411
Bürgerkrieg 62, 74, 84, 97, 244, 307
– Amerik. (1861–1865) 69
– Palästina (1936–1939) 263 f.
– Russ. (1917–1921) 61 f., 101 ff., 143, 159, 192
– Span. (1936–1939) 62, 75, 184, 199
Bürgerrecht/sbewegung 283, 291, 310, 320, 322, 360
Bürgerrechtsgesetz (amerik. 1964) 396
Burma 184, 368
Bürokratie/sierung **10**, 19, 21, 31, 39 f., 68, 91, 93, 99, 105 f., 303, 386, 399
BVP/Bayrische Volkspartei 64
Byrnes, James Francis (1879–1972), amerik. Außenminister 239

C(hemische)-Waffen 17, 255
Camp David
– Gipfeltreffen (1959) 234
Carol II., König von Rumänien (1930–1940) 100
Cartagena
– UNCTAD VIII (1992) 360
Casablanca
– Konferenz (1943) 184
Castro, Fidel (geb. 1927), kuban. Präsident 243, 372
CDU/Christlich Demokratische Union
– (BRD) 84, 286, 291 f., 295 ff., 301 f., 304 ff., 310 ff., 319, 323, 336 ff.
– (DDR) 284 f., 291 f., 313, 323, 327, 340 f.
Centralverein Deutscher Industrieller 18
Ceylon 368

Cézanne, Paul (1839–1906) 431
Chamberlain, Neville (1869–1940), brit. Premierminister 201 f., 219 f.
Charta '77 273
Charta von Paris der KSZE (1990) 232, 234, 250 f.
Che Guevara (Guevara Serna, Ernesto) (1928–1967), kuban. Revolutionär 372
Chelmno 128
Chemie 10, 16 f., 203, 315, 396
Chéret, Jules (1836–1932) 55, 436
Chicago 25, 53
China 191, 198, 206, 234, 237, 241 f., 359 f., 362, 367, 369, 372 f., 378, 380 f., 385, 400
Chinesisch-Japanischer Krieg (1937–1945) 184
Christen/tum 196, 285, 291 f., 320, 364, 372, 377, 386
Chruschtschow, Nikita S. (1894–1971), Erster Sekretär der KPdSU 233 f., 243, 245, 259
Churchill, Winston S. (1874–1965), brit. Premierminister 207, 221, 232, 237, 239, 293, 298, 367 f.
Clay, Lucius D. (1897–1978), amerik. Militärgouverneur 240
Clemenceau, Georges (1841–1929), frz. Ministerpräsident 188
Clinton, Bill (geb. 1946), amerik. Präsident 267
Comic 10
Commonwealth of Nations 157, **184**, 190, 197, 385, **360**, 370 f.
Communauté Française **360**, 370
Compiègne
– Waffenstillstand (1918) 75 f., 184
Computer 396 f.
Containment-Politik **232**, 235, 239, 242, 369
Coolidge, Calvin (1872–1933), amerik. Präsident 69
Cordon sanitaire **232**
CSU/Christlich Soziale Union 284, 286, 291 f., 295 ff., 301 f., 304 ff., 310 ff., 319, 323, 336 ff.
Curie, Marie (1867–1934) 10
Curzon-Linie 232
Czechowski, Heinz (geb. 1935) 319

D'Abernon, Edgar Vincent, Viscount (1857–1941), brit. Diplomat 196
D'Annunzio, Gabriele (1863–1938), ital. Politiker 97 f.
DA/Demokratischer Aufbruch 341
Dada 431
DAF/Deutsche Arbeitsfront 88 f.
Daguerre, Jacques (1787–1851) 443
Daimler, Gottlieb (1834–1900) 27
Daladier, Édouard (1884–1970), frz. Ministerpräsident 74 f., 201
Dampfmaschine 16
Dänemark 10, 204, 235, 246 f.
Danzig 187, 202, 274, 276
Darwin, Charles R. (1809–1882) 37
Davis, Stuart (1894–1964) 168
Dawes-Plan (1924) 148, 196, 210, 148
DBB/Deutscher Beamtenbund 78
DBD/Demokratische Bauernpartei Deutschlands 285, 293, 341
DDP/Deutsche Demokratische Partei 64, 76, 82
deficit spending 179 f.
Deflation 75, 83, **142**, 152 ff.
Deindustrialisierung 207
Dekolonisierung 359 ff., 365 ff., 369 ff., 383
Dekret über den Frieden (1917) 103, 366, 378
Demobilmachung 76, 145, 147, **459**
Demographie 15, 19, **396**, 404 ff.
Demokrati(e)/sierung 9, 11 f., 20 f., 29 f., 37, 61 f., 68, 78, 82 ff., 88 f., 95, 99 f., 140, 200, 207, 231, 234, 236, 239, 241, 246 ff., 283 ff., 290 ff., 302 f., 305 f., 309 ff., 316, 318 f., 322, 324, 359, 369, 395, **396**, 397 ff., 400, 411, 435
„Demokratie jetzt" 322
Demokratische Partei/*Democratic Party* 69 f., 108, 154
Demokratischer Block 285, 291, 341
Demokratischer Sozialismus 67
Demokratischer Zentralismus 313
Demontage 232, **286**, 294, 298
Demszky, Gábor 277
Denunziation 91, **459**

Dependenztheorie 376
Deportation 90 f., 94 f., 105, 126, 128, 206
Depression 9, **142**, 145, 147 f., 152, 154, 156
Dessau 288, 431, 436
Deutsch-Französischer Freundschaftsvertrag (1963) 284, 301
Deutsch-Französischer Krieg (1870/71) 190
Deutsche Einheit 247 f., 283 f., 286, 292, 297 f., 301 f., 314, 322 ff., 449
Deutsche Teilung 207, 283 f., 293 ff., 301, 304, 307 f., 314, 317, 322 ff., 350 ff.
Deutscher Flottenverein 28
Deutscher Kriegerbund 28
Deutscher Volksrat 284, 286, 297
Deutschland
– Dt. Reich 9 ff., 15 ff., 28 ff., 33 ff., 61 f., 68 f., 74 ff., 99, 103 f., 107, 109, 109 ff., 120 ff., 141 f., 144 ff., 152 ff., 156, 158, 162 f., 174 ff., 183 ff., 232, 236, 239, 246, 283 f., 286, 288 f., 297, 299, 302, 317, 325 f., 332, 354 ff., 360, 366, 405, 440 ff.
– BRD 13, 33, 38, 158, 185, 232, 235, 242, 244, 246 f., 250 f., 283 f., 290, 292 ff., 314 ff., 328 ff., 336 f., 344 f., 346 ff., 396, 398, 400, 402 ff., 413, 440
– DDR 33, 63 ff., 232, 234 f., 242, 247 f., 283 ff., 290, 293 ff., 302, 305, 307 f., 313 ff., 334 ff., 339 ff., 350 ff., 396, 403, 405, 409
Deutschlandpolitik 293, 295, 297, 302, 304, 306 f., 311, 314
Dezentralisierung 77, 191 f., 290 f.
DFD/Demokratischer Frauenbund Deutschlands 341
DFU/Deutsche Friedensunion 338
DGB/Deutscher Gewerkschaftsbund 293
Diderot, Denis (1713–784) 10
Die Brücke 10
Die Grünen 284, 309, 312, 337 f., 437
Dien Bien Phu 360, 371, 459
Dienstleistungen 18, 21, 83, 142, 144, 295, 300, 308, 363, 373, 400, 402, **459**
Diktatur 10 f., **63**, 64 f., 67, 83 f., 86 ff., 89, 94, 97 ff., 104 f., 107, 199, 201, 207, 283, 289 f., 303, 305, 322, 369, 371 f.
Diktatur des Proletariats 64 f., 100, 103, 185, 192
Diplomatie 183, 185, 192 f., 195 f., 200 f., 241, 244, 251, 263, 284, 302, 305, 307, 318
Dirks, Rudolph (1877–1968) 10
Dirksen, Herbert von (1882–1955), dt. Diplomat 219
Diskriminierung 10, 33 f., 146, 367, 369
DKP/Deutsche Kommunistische Partei 306, 338
D-Mark 284, 286, 299, 324
DNVP/Deutsch-nationale Volkspartei 29, 62, 64, 77, 81 f., 84 ff., 88, 195
Dolchstoßlegende 77, 97
Dollfuß, Engelbert (1892–1934), österr. Politiker 100
Dominion 142, **184**, 190, 195, 360, 364, 367
Dönitz, Karl (1891–1980), dt. Großadmiral 225
Dorf 22 f., 87, 103, 288, 372
Dos Passos, John (1896–1970) 167
DP/Deutsche Partei 286, 338
Dreiklassenwahlrecht 146
Dreiser, Theodore (1871–1945) 70
Dreyfus-Affäre 73, **460**
Dritte Welt 9, 185, 245, 306, 312, 359, **360**, 369 ff., 391 ff., 439
Drittes Reich siehe Nationalsozialismus
DRP/Deutsche Reichspartei 338
DSU/Deutsche Soziale Union 341
Duchamp, Marcel (1887-1968) 431
Dulles, John F. (1888–1959), amerik. Außenminister 235
Dumbarton Oaks
– Konferenz (1944) 237
Dünkirchen 204
Dutschke, Rudi (1940–1980), dt. Studentenführer 284, 306
DVP/Deutsche Volkspartei 64, 77 f., 82

Eastmann, George (1854–1932) 443
Ebert, Friedrich (1871–1925), dt. Reichspräsident 62, 76, 109
Edelweißpiraten 125
Eden, Anthony (1897–1977), brit. Außenminister 219
EFTA/European Free Trade Association (Europäische Freihandelszone) 246
EG/Europäische Gemeinschaft siehe EU

488

Sach- und Personenregister

EGKS/Europäische Gemeinschaft für Kohle und Stahl („Montanunion") 246, 301
Ehe 15, 33 ff., 38, 92, 289, 311, 395, 397, 399 ff.
Eichmann, Adolf (1906–1962), SS-Obersturmbandführer und Gestapo-Abteilungsleiter 304
Eindämmungspolitik siehe *Containment*-Politik
Einheitliche Europäische Akte siehe Maastricht-Verträge
Einheitslisten 285, 297, 341
Einigungsvertrag (1990) 324, 353
Einkommen 13, 19 f., 30, 33 f., 72, 75, 83 f., 104, 142, 145 f.f., 149 f., 153 f., 159, 175 f., 246, 293, 298 ff., 308 ff., 364, 373, 396, 407, 410, 441
Einparteien/herrschaft/system 62, 84, 100, 291
Einstein, Albert (1879–1955) 36, 40 f., 89
Einwanderung 263 f.
Eisenbahn 10, 12, 19, 26 f., 42, 91, 95, 102, 148, 159, 286, 288, 294, 299, 396
Eisenhower, Dwight D. (1890–1969), amerik. Präsident 234, 298
Eisenstein, Sergej (1898–1948) 447
Eiserner Vorhang 242, 294, **460**
El Salvador 253
Elektrizität/Elektronik 11, 16 f., 19, 24, 40, 155, 165 f., 168, 308, 396 f., 401, 410
Elektronische Datenverarbeitung (EDV) 396 f., 401
Elsass-Lothringen 196
Emanzipation 21, 29, 32 ff., 92 f., 409, **460**
Emigration 27, 89, 91, 93, 136 f.f., 288, **460**
Energie 9, 15 f., 19, 36, 310, 315, 373, 401, 415
Engels, Friedrich (1820–1895) 37, 64 f., 102, 313
England siehe Großbritannien
Enteignung 103, 290, 294, 324
Entente 69, 97, **184**, 185, 191, 196
Entmilitarisierung 200
Entnazifizierung **286**, 290 f.
Entspannungspolitik 244 f., 259 f., 302, 305, 307 f., 318 f.
Entstalinisierung 67, 233, 316, 396
Entwicklungsdekade **361**, 376
Entwicklungshilfe 363, 369, 372, 375 f.
Entwicklungsländer 255, **361**, 363 f., 374, 376, 406
Erhard, Ludwig (1897–1977), dt. Bundeskanzler 284, 286, 299, 303 f.
Eritrea 199
Ermächtigungsgesetz (1933) 62, 87, 112
Ernährung 24, 30, 76, 96, 142, 147, 149, 151, 202, 224, 240, 248, 288, 294 f., 311, 313, 315, 361 f., 395, 408
Ernst, Max (1891–1976) 423
ERP/European Recovery Program siehe Marshall-Plan
Erste Welt 9, 359 ff., 364, 372, 377
Erster Mai 88, 91
Erster Weltkrieg (1914–1918) 16 f., 33 f., 61 ff., 67 ff., 75 ff., 96 f., 101 ff., 141, 144 ff., 161, 183 ff., 204 ff., 231, 246, 298, 359 f., 363, 365 f., 368 f., 447
Erwerbstätigkeit 13, 18 f., 80, 92, 144, 149, 150, 166, 219, 265, 400 ff., 407 f., 411, 413 f.
Erzberger, Matthias (1875–1921), dt. Reichsfinanzminister und Vizekanzler 76, 78
Erziehung 21 f., 33, 48 ff., 82, 96, 310 f., 317 f., 366, 397, 402, 404, 406, 407 f.
Estland 99 f., 192, 248
EU/Europäische Union 19, 183, 197, 232, 246 f., 250 ff., 287, 318, **361**, 370, 396, 398
EURATOM/Europäische Atomgemeinschaft 246, 284
Europa 12, 14 f., 19 f., 23, 26 f., 29, 38, 52, 61 ff., 67 f., 70, 79, 90, 95 ff., 128 f., 141, 144 ff., 152, 154, 156 ff., 161, 183 ff., 188 ff., 204 ff., 209, 230 ff., 268 f., 278 ff., 231 ff., 244 ff., 295, 298 ff., 307 f., 324, 359 f., 365 ff., 375 ff., 384, 396, 400, 405, 407, 410 f.
Europäische Bank für Wiederaufbau und Entwicklung 253
Europäische Einigung 188, 191 f., 196 f., 268 f., 241, 246 f., 253, 324
Europäische Föderation 197, 246
Europäische Kommission 247
Europäische Wirtschafts- und Währungsunion 247
Europäische Zollunion 197
Europäischer Binnenmarkt 253
Europäischer Entwicklungsfonds 361, 370
Europäischer Ministerrat 247, 251
Europäischer Wirtschaftsrat siehe OEEC

Europäisches Parlament 396, 411
Europarat 197, 246, 268, 287, 301
Euthanasie 91 f., 186, **460**
EVG/Europäische Verteidigungsgemeinschaft 242, 301, 302 f.
Evolutionstheorie 37, **460**
Ewers, Hanns Heinz (1871–1943) 30
EWG/Europäische Wirtschaftsgemeinschaft 197, 232, 241, 246, 269, 284, 287, 301, 396
Exekutive 66, 73, 75, 87, 286, 294, 297
Exil 89 f., 102, 116, 136 f.f., 288, 291
Export 105, 149, 151, 154, 157 f., 183, 192 f., 195, 198, 200 f., 236, 245, 254, 299, 361, 374 f.
Expressionismus 10, 35 f., 431
Extremistenbeschluss (1972) 309 f.

Fabrik 20, 23, 30, 32, 69, 97, 102, 107, 141, 298, 373
Facta, Luigi (1861–1930), italien. Ministerpräsident 98
Fahrrad 25, 27, 31, 82, 288
Falange 63
Falkland-Inseln 370
Familie 15, 22 f., 25, 30, 33, 35, 48, 82, 84, 89, 91 ff., 104, 288 f., 317 f., 395, 399, 402 ff., 408 f.f., 447, **460**
Fasci di Combattimento 97
Faschismus 36, 61 f., **63**, 66, 71, 74 f., 84, 97 ff., 107, 113 f., 132 f., 184, 197, 199, 231, 277, 285, 287, 315, 449
Fauvismus 35
FDGB/Freier Deutscher Gewerkschaftsbund 293, 313, 341
FDJ/Freie Deutsche Jugend 313, 341
F.D.P./Freie Demokratische Partei 284, 286, 292, 295, 302, 306 f., 310 ff., 323, 337 f.
Federal Farm Board 154
Federal Securities Act 155
Feindbilder 62 f., 68, 94, 105 f., 183, 186, 231, 241, 376 f., 437, 447
Fernsehen 10 f., 17, 304, 317, 322, 374, 395 ff., 409, 429, 447
Fetting, Rainer (geb. 1949) 283
Feuchtwanger, Lion (1884–1958) 89
Feuerkreuzler 74
Film 10 f., 14, 29 f., 17, 33, 79, 83, 93, 104, 151, 231, 303, 429, 431, 436, 447 ff.
Finlay, Hamilton (geb. 1925) 420
Finnisch-Sowjetischer Krieg (1939/40) 203 f.
Finnland 99, 202 f., 246
Fiume 97
Flexible Erwiderung **232**, 233 f., 244
Flick-Affäre 312, **460**
Fließbandproduktion 10, 27, 145, 147, 166 ff.
Flucht/Flüchtlinge 136 f.f., 187, 264, 284, 286, 288 f., 294, 299, 315, 317, 369, 395
Flugzeug 10, 14, 26 f., 79, 83, 141, 184, 206, 254, 396, 410
Föderalismus 64, 87, 295, **461**
Ford, Henry (1863–1947) 10, 27, 69, 79, 107, 166 f.
Formosa 368
Fortschritt 9, 11 f., 14, 37, 79, 245, 249, 366, 375, **461**
Foster, Norman (geb. 1935) 418
Fotografie 10, 79, 431, 443 ff.
Franco, Francisco (1892–1975), span. Diktator 62 f., 200
Frankfurt am Main 17, 304
Frankfurter Dokumente (1948) 295
Frankreich 10 f., 19, 21, 35, 38, 42, 62, 66, 73 ff., 78, 103, 145, 149, 152, 157, 162, 184 f., 188, 190 ff., 204 ff., 211, 225, 232 f., 235 ff., 239 f., 242, 244, 246 f., 251, 263, 284, 288, 294, 301, 306, 308, 323, 360, 365 ff., 381, 396, 402 f., 408 f., 459
Frauen 9 f., 16, 22, 25, 27 f., 32 ff., 48 ff., 66, 76, 80 f., 89, 92 f., 96, 102, 126, 141, 144, 150, 175, 187, 203, 346 ff., 283, 286, 288 f., 301, 309, 311, 317 f., 322, 324, 348 f., 391 f., 375, 395, 404 f., 407 f., 411, 415, 426, 439, 441, 445 f.
Frauenbewegung 10, 34, 48, 80, 346 f., 309, 403
Frauenquote 348 f.
Frauenwahlrecht 10, 33 f., 62, 68, 72, 76, 80
Freiburger Thesen (1971) 337
Freidenker 37, 82
Freihandel/spolitik 68, 142, 157 f., 173 f., 183, **185**, 195, 207, 235 f., 363

Freiheit 9, 11, 26, 32, 50 f., 61, 63, 65 f., 75, 85, 87, 99, 141, 192, 235, 237, 239, 241, 283, 286, 291, 296, 311, 315, 320, 322, 324, 359, 396, 399 f., 406 f.
Freikorps 76, 78, 81, 97
Freizeit **10**, 25, 29 f.f., 79, 81, 84, 395, 400, 407 f.f.
Freud, Sigmund (1856–1939) 10, 36, 306
Frick, Wilhelm (1877–1946), NS-Reichsinnenminister 87, 113
Frieden 31, 61, 68 f., 75 f., 96, 102, 141, 154, 159, 183 f.f., 190 f.f., 196 f., 200 f., 203 f., 206 f., 227 f.f., 231 f., 234 f., 237, 243 f.f., 249 f., 260, 262 f., 266 f., 284, 290, 294, 297, 300, 312, 316, 320, 322, 365 f., 368, **461**
Friedensbewegung 75 f., 185, 197, 309, 311, 320
Friedensnobelpreis 184, 263
Friedliche Koexistenz 193, **233**, 243, 245, 259 ff.
Friendly Societies 45 f.
frühe Neuzeit 36, 246, 395 f., **439**, **461**
Fuchs, Sir Vivian E. (geb. 1908) 396
Führer/staat 11, **63**, 64, 67, 84, 89, 91 f. 94, 97 f., 105 f., 142, 192, 199, 203
Fulda 32
Fünf-Jahres-Plan 106, 142, 173
Fünf-Prozent-Klausel 302, 309
Fünf-Tage-Woche 300
Futurismus 35, 431

Gagarin, Jurij A. (1934–1968) 396
Galen, Clemens August Graf von (1878–1946) 124
Gandhi, Indira (1917–1984), ind. Ministerpräsidentin 385, 388
Gandhi, Mahatma (1869–1948), ind. Freiheitskämpfer 184, 359, 367, 385
GATT/General Agreement on Tariffs and Trade 237 f., 255
Gaulle, Charles de (1890–1970), frz. Staatspräsident 204, 270, 360, 370 f., 381
Gauß, Carl Friedrich (1777–1855) 16
Gaza-Jericho-Abkommen (1994) 263, 267
GB/BHE Gesamtdeutscher Block/Bund der Heimatvertriebenen und Entrechteten 338
Geburtenkontrolle/regelung 15, 33 ff.
Geburtenrate 15, 22, 33, 403, 404, 405 f., **461**
Geld 22, 78, 81, 142, 146, 148, 153, 156 f., 191, 193 f., 238, 286 f., 291, 306, 312 f., 319, 374, 407, 408
Gemischte Wirtschaft 372, **461**
Generalstreik 62, 72 f., 78, 98, 102
Generationen/verhältnis 14, 32 f., 217 f., 243, 283, 289, 300, 306, 395, 402, 404 f.
Genf 391
 – Außenministerkonferenz (1955) 329, 242
 – Gipfelkonferenz (1955) 234, 243, 314
 – Gipfeltreffen (1985) 234
 – Indochina-Verträge (1954) 360
 – UNCTAD I (1964) 360, 376
Genossenschaft 20, 64, 82, 314 f.
Genscher, Hans-Dietrich (geb. 1927), dt. Bundesaußenminister 306 f., 311
Geopolitik 185, 216, 238
Georg V., brit. König (1910–1936) 73
Georgien 249
Georgiew, Kimun S. (1882–1969), bulgar. Ministerpräsident 100
Gerechtigkeit 61, 67, 69, 84, 359
Geschlechter 14, 22, 33 ff., 48 ff., 68, 80 f., 92 f., 289, 318, 349, 395, 408
Gesetz zur Ordnung der nationalen Arbeit (1934) 142
Gesinde 15
Gestapo/Geheime Staatspolizei 91, 89 f., 125
Gesundheit/swesen 24, 90, 308, 310, 312, 362, 375, 400, 402, 405, 408 f.
Getto/isierung 62, 95, 128, 445
Gewaltenteilung 63 f., 66, 69, 87, 120 ff., 296, 396
Gewerbe 10, 18, 21, 83, 395, 398, 400
Gewerkschaften 9 f., 23, 67 ff., 72, 74, 78 f., 82, 84, 86, 88, 105, 124, 144 f., 147, 149, 152 ff., 273 f., 291, 293, 297, 299 f., 300, 305 f., 309, 364, 369, **461**
Ghana 370
Giehse, Therese (1898–1975) 89
Giolitti, Giovanni (1842–1928), ital. Ministerpräsident 97 f.
Gipfeltreffen 234, 245, 248

489

Sach- und Personenregister

Glasnost 67, 319, **461**
Gleichberechtigung 14, 33 f., 200 f., 206, 237, 283 f., 346, 361, **461**
Gleichberechtigungsgesetz (1958) 284
Gleichgewichtspolitik **185**, 190, 201, 241, 253
Gleichheit 9, 11, 20 f., 67, 309, 311
Gleichschaltung 62, **64**, 87, 313
Gleichstellung 14, 324, **461**
Globke, Hans (1898–1973), dt. Staatssekretär 128
Godesberger Programm (1959) 302, 336
Goebbels, Joseph (1897–1945), NS-Propagandaminister 83, 87 f., 111, 184, 201, 224, 447
Goethe, Johann Wolfgang von (1749–1832) 289
Goldstandard **142**, 156 f., 238
Golfkrieg (1990/91) 253 f., 263, 374, 376
Golfstaaten 373
Gorbatschow, Michail S. (geb. 1931), Generalsekretär der KPdSU 67, 234, 245, 248 f., 261, 319, 322
Göring, Hermann (1893–1946), NS-Reichsfeldmarschall 86, 89, 174, 290
Görlitz
– Vertrag (1950) 284
Grass, Günter (geb. 1927) 283, 304
Grey, Sir Edward (1862–1933), brit. Außenminister 68
Griechenland 99 f., 204, 235, 239, 246, 311, 411
Großbritannien 10 f., 16 f., 19, 21, 23 f., 30 ff., 38, 42, 45 ff., 62, 68 f., 71 ff., 103, 142, 145 ff., 149 f., 152, 156 ff., 160, 162, 178, 184 f., 187 f., 190 ff., Große Depression 10, 141 ff., 148 ff., 154
Große Koalition 62, 78, 82, 284, 304 ff.
Großer Faschistischer Rat 99
Großgrundbesitzer 28, 84, 86, 153, 160, 290, 294, 359, 378
Großmächte 145, 185, 187 ff., 195, 198, 201, 207, 235 ff., 239, 241, 246, 248, 253, 266, 314, 367 ff., 371
Grosz, George (1893–1959) 9, 89, 121, 199 ff., 204 ff., 219 ff., 232, 235 ff., 239 f., 242, 244, 246, 251, 263 f., 294 f., 297, 300, 308, 323, 329, 360 ff., 364 ff., 385, 396, 405, 408, 411, 437
Grotewohl, Otto (1894–1964), DDR-Ministerpräsident 327
Grousset, René (1885–1952) 366
Grundgesetz (GG) 284, 286, 295 ff., 299, 302 f., 305, 323, 346, 352, 402
Grundlagenvertrag (1972) 283 f., 307 f., 314, 318
Grundrechte 62, 65 f., 86 f., 94, 295 ff.
Grundsatzerklärung USA-UdSSR (1972) 244
Grüne Revolution 386 f.
„Gruppe der 77" 360, **361**, 364, 372
Guadeloupe 370
Guillaume-Affäre 307
Guinea 370
Guinea-Bissau 371
Gumbel, Emil Julius (1891–1966) 122
GUS/Gemeinschaft Unabhängiger Staaten 232, 234 f., 249 ff., 253
Guttenberg, Karl-Theodor von und zu (1921–1972), CSU-Politiker 330
Gymnasium 21 f., 42, 48, 78, 81, **462**

Haag 187
Haber, Fritz (1868–1934) 17
Hager, Kurt (geb. 1912), Mitglied des Politbüros der SED 344
Hahn, Ulla (geb. 1946) 333
Hallstein, Walter (1901–1982), Präsident der Kommission der EWG 270
Hallstein-Doktrin (1955) 302, 305
Hamburg 67, 396
Hammarskjöld, Dag (1905–1961), UN-Generalsekretär 253
Handel/spolitik 18, 22, 68, 81, 84, 92, 104, 141 ff., 150 f., 154, 156 ff., 166, 183 ff., 189 f., 195, 198, 234 f., 238, 245 f., 255, 285, 313 f., 363, 372, 375 f., 384, 400
Handwerk/er 18, 38, 68, 80 f., 84, 143, 288, 300, 313 f., 395, 400
Harding, Warren G. (1865–1923), amerik. Präsident 69
Harring, Keith (1958–1990) 402
Harzburger Front 62, 84 ff.
Hausarbeit 10, 16, 80, 408 f.
Haushalt 10, 16, 24, 33, 50 f., 91, 289, 309, 317, 399, 403, 405 f., 408, 410

Havel, Václav (geb. 1936), tschech. Präsident 275
Havemann, Robert (1910–1982) 318
Hawaii 206
Hawley-Smoot-Zolltarif 142, 157
Heartfield, John (1891–1968) 436 f.
Heer siehe Militär
Hegemonie 185, **462**
Heimat 43, 93, 288, 294, 303
Heine, Thomas Theodor (1867–1948) 436 f.
Heinemann, Gustav W. (1899–1976), dt. Bundespräsident 292, 306
Heißer Draht (1963) 232, 234 f., 244
Helsinki
– KSZE-Schlussakte (1975) 232, 234, 244, 273, 284, 318
– Gruppe/Komitee 275 f.
Hemingway, Ernest (1899–1961) 70
Herrenchiemsee
– Verfassungskonvent (1948) 295
Herrnstadt, Rudolf (1903–1966), Mitglied des ZK der SED 316
Herzfelde, Wieland (1896–1988) 121
Hessen 305
Heuss, Theodor (1884–1963), dt. Bundespräsident 296, 304
Heydrich, Reinhard (1904–1942), Chef des Sicherheitsdienstes (SD) der SS 128
Heym, Georg (1887–1912) 432
Hillary, Sir Edmund P. (geb. 1919) 396
Himmler, Heinrich (1900–1945), Chef der SS und der Gestapo 90
Hindenburg, Paul von (1847–1934) dt. Reichspräsident 62, 65, 75, 77, 82, 84, 86 f., 153
Hinduismus 360, 368, 375 f.
Hiroshima 184, 206, 232, 396
Hitler, Adolf (1889–1945) 62, 64 f., 75, 78, 83 ff., 93, 95 f., 107, 126, 113, 141 f., 150, 153 f., 174, 185, 199 ff., 206, 212 f., 236, 430
Hitler-Stalin-Pakt siehe Nichtangriffspakt (dt.-sowjet.)
HJ/Hitlerjugend 93
Ho Chi Minh (1890–1969), Führer der Kommunisten in Vietnam 360, 369
Hoare, Sir Samuel J. G., Viscount Templewood of Chelsea (1880–1959), brit. Außenminister 199
Hodler, Ferdinand (1853–1918) 34
Hofer, Karl (1878–1955) 289
Hohlwein, Ludwig (1874–1949) 436
Holland siehe Niederlande
Hollywood 14, 30, 79, 93, 449
Holocaust 186, 447, **462**
Homosexualität 90, 94
Honecker, Erich (1912–1994), Generalsekretär der SED 284, 318 ff., 322, 350
Hongkong 374, 418
Hoover, Herbert C. (1874–1964), amerik. Präsident 69 f., 108, 142, 154 f., 157
Hoover-Moratorium (1931) **142**, 153, 157, 195
Höppener, Hugo R. K. J. (1868–1948) 57
Horthy, Miklós (1868–1957), ungar. Reichsverweser 100
Hudson, Rock (1925–1984) 396
Hugenberg, Alfred (1865–1951), DNVP-Vorsitzender 29, 79, 84, 153
Humankapital **361**, 374
Hunger/snöte 78, 95, 104 f., 141, 151, 153, 159, 288, 295, 297, 361, 375 f., 452
Hussein, Saddam (geb. 1937), irak. Staatschef 376
Hygiene 15, 24, 94, 187, 288, 396, 408

Ideologie 37, 61 ff., **64**, 74, 82, 90, 92 f., 99, 101, 185, 196, 198 f., 203 f., 231, 233, 235 f., 242, 250, 285, 297, 302, 313, 317 ff., 366, 371, 377, 402, 431
Ihering, Herbert (1888–1977) 14
Imigration siehe Einwanderung
Immendorf, Jörg (geb. 1945) 310, 434
Imperial Chemical Industry 17
Imperialismus 10, 61, 63, 65, 154, 183, 185, 189, 192, 206, 231, 241, 314, 319, 359, 365 ff., 375, **462**
Impressionismus 10, 35 f., 431
India Act (1935) 367
Indien 184 f., 359 f., 362, 365, 367 f., 371, 373, 384 ff., 392, 400

Indirekte Herrschaft/Indirect Rule **361**, 366, 368
Indirektes Mandat 247
Indisch-Pakistanische Kriege (1948–1971) 385
Indisch-Sowjetischer Freundschaftsvertrag (1971) 360
Individualisierung 9, 283, 399 f., 404, 406, **462**
Indochina 205, 365, 368 f., 371 f., 374
Indochina-Krieg (1946–1954) 360, 369, 371, 374, **462**
Indonesien 360, 365, 368, 371, 373 f.
Industrialisierung 9 ff., 14 ff., 27, 29 f., 32, 97, 101, 105 f., 141 ff., 147, 158, 160, 170 ff., 192, 198, 236, 255, 299, 359 ff., 373 f., 377, 380 f., 396, 406, 435 f., **462**
Industriearbeiter 18, 28, 30, 82, 84, 102, 159, 288
Industriegesellschaft 10 ff., 14 f., 18 f., 32 f., 142, 152, 159 f., 300 f., 376, 404, 415 f., 435
Industrielle Revolution 10, 15 f., 24, 401, **462**
INF-Vertrag (1987) 234 f., 245, 248
Inflation 62, 73, 78 f., 81, **142**, 146 ff., 150, 153, 156, 159, 185, 190, 193 f., 295, 308
Information/stechnologie 9, 26, 29 f., 312, 359, 400, 410
Inskip, Sir Thomas (1876–1947), brit. Verteidigungsminister 219
Intellektuelle 21, 34, 70, 80, 99, 102, 104, 106, 178, 196, 303, 306, 316, 318
Interessengruppen/verbände 11, 18, 28, 183, 192, 298, 300, 302, 309, 312, 315, 359 f., 364, 372, 374
Internationaler Gerichtshof (Haag) 187 f., 196 f.
Interventionsstaat **10**, 14, 19 f. 24
Internationales Arbeitsamt (Genf) 187
Intervention/srecht 186, 192 f., 198, 232, 243 ff., 248, 301, 307, 360, 371, 377
Interventionismus **185**
Interzonenhandelsabkommen (1951) 284
Intifada 263
IRA/Irisch-Republikanische Armee 411
Irak 234, 242, 254, 263, 367, 373 f., 376
Iran 234, 242, 244
Irland 184, 246, 360, 405, 411
Islam 244, 360, 368, 377, 385 f.
Island 235
Israel 232, 245, 263 ff., 287, 301, 304, 360
Israelisch-Arabische Kriege (1948–1973) 263, 360
Italien 21, 31, 36, 38, 42, 61 ff., 74, 84, 97 ff., 113 f., 149, 157, 183 ff., 187, 192, 195, 197, 199 f., 204, 206 f., 233, 235, 311, 366, 402, 411, 449
IWF/Internationaler Währungsfonds 142, 158, 195, 237 f., **361**, 374

Jalta
– Konferenz (1945) 184, 207, 232, 238 f., 368
Januarkämpfe (1919) 76
Japan 102 f., 141, 149, 152, 157, 183 f., 187, 191 f., 195, 198 f., 205 ff., 232, 236, 255, 359, 364, 367 f., 396, 405
Jaspers, Karl (1883–1969) 289, 415
Jelzin, Boris N. (geb. 1931), russ. Präsident 249
Jericho 263, 267
Jewish Agency **463**
Johnson, Uwe (1934–1984) 283, 304
Juden/tum 61 f., 65 f., 68, 74 f., 77 f., 80, 84, 87 f., 89 ff., 94 f., 99, 104, 107, 126, 128 f., 186, 206, 263 ff., 287, 433, 444 f.
Judikative 66, 87
Jugend/bewegung 10, 30, 32 f., 35, 56 ff., 63, 79 f., 82, 84 f., 93, 125, 310 f., 315 ff., 395, 402, 404, 406 f., 409
Jugendstil 10, 431, 436
Jugendweihe 316
Jugoslawien 99 f., 185, 188, 204, 233, 242, 251, 253, 371
Jünger, Ernst (geb. 1895) 68
Junker 86, 294, **463**
Justiz 21, 32, 61, 63, 65 f., 78, 85, 87, 90, 120 ff., 128, 156, 188, 253, 290, 297, 303, 310, 312 ff., 316, 396

Kaderpartei 63, **64**, 105, 293, 296
Kaiser, Jakob (1888–1961), CDU-Vorsitzender 293
Kaiser/tum/reich 20, 28, 61, 76, 78, 81, 85, 152, 188, 199, 283, 286, 292, 299, 302, 449
Kalter Krieg 228 f., 233 f., 236, 240 f., 243 f., 248, 256 ff., 285, 293, 295, 297, 323, 359, 369, 371, 377, 449
Kambodscha 248
Kamerun 360, 369
Kanada 149, 184, 235, 241, 255, 364, 367, 400, 404, 408

Sach- und Personenregister

Kapitalismus 10, 12, 20, 64 f., 67, 102, 107, 142, 151, 178 f., 192 f., 231, 233, 238, 243, 296, 301, 359, 361, 366 f., 372, 359, 416 f.
Kapp-Lüttwitz-Putsch (1920) 62, 78
Kästner, Erich (1899–1974) 303
Katholizismus 28, 31, 70, 84, 85, 91, 97, 286, 288, 291
Kaufleute 18, 38, 300
Kaukasus 104, 364
Kawara, On (geb. 1932) 355
KB/Kulturbund 341
KdF/Kraft durch Freude 88 f., 92
Kenia 360, 367, 370
Kennan, George F. (geb. 1904), amerik. Diplomat 232
Kennedy, John F. (1917–1963), amerik. Präsident 243, 260
Kerenski, Alexander (1881–1970), russ. Ministerpräsident 102
Kernwaffensperrvertrag (1968) 232, 234, 244
Keynes, John Maynard (1883–1946) 154, 178 ff., 209, 305
Kiefer, Anselm (geb. 1945) 433 f.
Kiel 76
Kiesinger, Kurt Georg (1904–1988) dt. Bundeskanzler 284, 304, 306
Kikuyu 370
Kinder 15, 21 ff., 32 f., 35, 38, 92, 94, 96, 104, 126, 187, 288 f., 310 f., 318, 395, 399, 402 ff., 406, 408 f., 444 f.
Kindergeldgesetz (1954) 299, 308
Kino 11, 29 f., 79, 93, 128, 231, 303, 395, 447
Kirche 13, 20 f., 37, 65, 95, 124 f., 288, 291, 299, 302, 308, 320 f., 403, 411
– ev. 87, 316, 320, 322
– kath. 97, 99
– russ.-orth. 103, 106
Kirchner, Ernst Ludwig (1880–1938) 10, 35
Kirkpatrick, Sir Ivone A. (gest. 1964) 329
Klasse(n)/kampf 63 f., 67, 72 f., 80, 82, 85, 89, 103, 105, 107, 192, 245, 301 f., 313, **463**
Klassenwahlrecht 68
Klassizismus 431
Klee, Paul (1879–1940) 35, 37, 431
Kleidung 24 f., 30, 34, 311, 318
Kluzis, Gustav (1895–1938/44?) 61, 106
Knobloch, Jochen (geb. 1941) 321, 395, 444
Koeppen, Wolfgang (geb. 1906) 283
Kogon, Eugen (1903–1987) 289
Kohl, Helmut (geb. 1930), dt. Bundeskanzler 284, 311 ff., 324
Kolchosen 64, 105
Kollaboration 206
Kollektive Sicherheit 183, 185, 195 ff., 227 ff., 232, 235, 237 f., 253 f.
Kollektivierung 62, **64**, 105, 142, 160, 170 ff., 317
Kollwitz, Käthe (1867–1945) 437
Kolonialmächte 185, 198 f., 359, 361, 365 ff., 375 f.
Kolonien/Kolonialismus 141 f., 184, 186 f., 190 ff., 199, 235, 359 ff., 364 ff., 375 f., 381, **463**
Kolumbien 360
Kommunikation 11, 14, 26, 29 f., 37, 400, 402, 411
Kommunismus 62, **64**, 71, 76, 78, 81 f., 84, 86, 89 f., 101, 104 f., 107, 159 f., 185, 191 f., 196, 203 f., 231, 234 f., 239 f., 248, 276, 285 f., 291 f., 295, 306, 318, 359, 369, 372, 449
Komintern/Kommunistische Internationale **185**, 192
Kominform/Kommunistisches Informationsbüro **233**, 239, 256
Konfessionen 286, 288, 291, 302
Kongo 372
– Akte/Konferenz (1885) 10, 359 f., 366, **463**
Kongress (amerik.) 70 f., 191, 204, 239, 255, 256, 365, 378
König/tum 97 ff., 149
Konjunktur 9 f., 141, **142**, 144 ff., 149 f., 152 f., 156, 203, 299, 305, 308, 311
Konkrete Kunst 431
Konservative Partei (brit.) 72 f., 197, 221, 367 f.
Konstruktives Misstrauensvotum 284, 295, 302, 307, 311
Konstruktivismus 10, 104, 431, 136 f., **464**
Konsum/gesellschaft/güter 11, 68 f., 79 f., 81 f., **142**, 143 f., 149 f., 154, 160, 201, 206, 299 f., 306, 312, 315 f., 319, 373, 395, 399, 407, 410, 435
Korea 241, 359 f., 364, 369, 372, 374

Korea-Krieg (1950–1953) 232, 234, 241 f., 299, 303, 359 f., 369, **464**
Korporative Verfassung 99 f.
KPD/Kommunistische Partei Deutschlands 64, 76 ff., 81 ff., 89 f., 107, 284, 286, 290 f., 294, 297, 302, 338
KPdSU/Kommunistische Partei der Sowjetunion 62, 66, 105, 115, 160, 185, 233, 242, 259, 291
Kracauer, Siegfried (1889–1966) 81, 55
Krankenversicherung 10, 20, 46 f.
Krenz, Egon (geb. 1937), Generalsekretär der SED 284, 322
Krieg/führung 16 f., 35, 68 f., 90, 92 f., 95 f., 107, 141 f., 146, 154, 159, 183 ff., 191, 193, 197, 199 ff., 223 ff., 227 ff., 231, 241 ff., 245 f., 249, 251, 253, 255, 262, 284, 288 f., 294, 297, 301, 365, 368, 374, 377, 436, 445 f., **464**
Kriegskommunismus 104 f., 159 f.
Kriegsverbrecher/prozesse 285 f., 290, 304
Kriegswirtschaft 68, 71, 81, 96, 144, 146 f., 154, 224
Krimkrieg (1854-1856) 102
Kroatien 99 f.
Kronstädter Aufstand (1921) 104, 118
KSE-Vertrag (1990) 250 f.
KSZE/Konferenz über Sicherheit und Zusammenarbeit in Europa **233**, 244 f., 250 f., 273, 284, 308, 318
Ku-Klux-Klan 70, **464**
Kuba 234, 243 f., 372
Kuba-Krise (1962) 232, 234, 241 ff.
Kubismus 431
Kulagina, Valentina (1902–1987) 159
Kulaken 105, 160, 171 f.
Kultur/kritik 11, 15, 26 f., 63, 79 f., 85, 89, 93 f., 101, 104 ff., 185, 188, 196, 286, 289, 298, 304, 306, 310, 313, 315 f., 319 f., 364, 366, 370, 372 f., 375, 377, 382, 395, 398 f., 405, 411, **464**
Kun, Béla (1885–um 1938), ungar. Politiker 100
Kunst/Künstler 10, 29 f., 34 f., 81, 89, 93, 99, 104, 316, 318, 320, 342 ff., 398, 401, 431 f.
Kuppelparagraph 404, **464**
Kurden 254
Kurilen 232
Kuwait 374
KZ/Konzentrationslager 62, **64**, 65, 87 ff., 93 f., 128, 206, 288, 445 f., 452

La Rocque, Franois Graf von (1886–1946), Führer der frz. „Feuerkreuzler" 74
Labour Party 72 f., 197, 220, 368
Laissez-faire-Prinzip 70 f., **464**
Land/arbeiter 13, 15 f., 22 f., 26 f., 70, 80, 84, 87, 97, 102 f., 106 f., 146, 151, 155, 160, 166, 266, 288, 294, 361, 373
Länder 64, 68, 87, 90 f., 286, 294 ff., 302, 305, 309 f., 323, 348
Landtage 68, 87, 286, 294 ff., 305, 309, 312
Landwirtschaft 18, 22, 64, 70, 81, 92, 96 f., 104 f., 142 ff., 149, 154 f., 160, 166, 170 ff., 294, 300, 313 ff., 361, 368, 386 f., 396, 398, 400
Lang, Fritz (1890–1976) 436, 449
Lange, Helene (1848–1930) 48
Langer Marsch 369, **464**
Langhoff, Wolfgang (1901–1966) 289 f.
Lanzmann, Claude (geb. 1925) 130
Laqueur, Walter (geb. 1921) 126
Lastenausgleich **286**, 295, 299, 377
Lateinamerika 154, 360 f., 364, 372, 376
Lausanne
– Konferenz (1932) 153, 195, 210
LDC/Less Developed Countries 373
LDPD/Liberal-Demokratische Partei Deutschlands 285, 291, 293, 340 f.
Lebenserwartung 14 f., 361, 404 ff.
Lebensplanung 15, 19, 399, 404
„Lebensraum/politik" 61, 95, 154, **185**, 200, 202, 204, 430
Lebensstandard 15, 19, 20 f., 23, 102, 160, 248, 309, 312, 316 ff., 359, 361, 373, 413
Lebensweise/stil 239, 241, 312, 375, 399 f., 403 f., 407
Legalität 87, 98
Legislative 66, 87, 294, 297
Legitimation 37, 64, 199, 247 f., 250, 313, 359, **464**
Lehrer 22, 34, 48, 89, 126, 310, 395, 397
Leibeigenschaft 102
Leipzig 31, 284, 320 ff.

Lemmer, Ernst (1898–1970), dt. Bundesminister für Gesamtdeutsche Fragen 293
Lenin, Wladimir I. (1870–1924), russ. Revolutionär 62 f., 65, 97, 101 f., 104 ff., 116 ff., 142, 159, 185 f., 192, 313, 366, 378, 444, 448
Les Radicaux/Radikalsozialisten 73 ff.
Lettland 99 f., 192, 248
Ley, Robert (1890–1945), Leiter der DAF 223
Libanon 367
Liberalismus 9 f., 21, **65**, 68 f., 71, 73, 75, 85, 97, 99, 196, 231, 236, 286, 291 f., 298, 303, 306, 310 ff.
Libyen 199, 204, 254
Lichtenstein, Roy (geb. 1923) 422
Liebknecht, Karl (1879–1919), dt. Sozialist 76
Lilienthal, David E. (1899–1981) 165
Lissitzky, El (1890–1941) 436
Lister, Joseph, Baron of Lime Regis (1827–1912) 36
Litauen 99 f., 192, 203, 275 f., 248
Literatur 21, 29, 79, 81, 99, 104, 283, 288 f., 303 ff., 306, 403 f.
Litfaß, Ernst Theodor Amadeus (1816–1874) 437
LLDC/Least Developed Countries 373
Lloyd George, David (1863–1945), brit. Premierminister 45, 188, 192
Locarno
– Verträge (1925) 184, **185**, 196 f.
Lohn siehe Einkommen
Lomé-Abkommen **361**
London 10, 23 f., 52, 156 f., 183, 201, 203 f., 238, 436 f.
– Abkommen (1953) 301
– Außenministerkonferenz (1947) 295
Lothringen 193
LPG/Landwirtschaftliche Produktionsgenossenschaft 304
Lubbe, Marinus van der (1909–1934), niederl. Kommunist 86
Lübke, Heinrich (1894–1972), dt. Bundespräsident 304
Lubliner Komitee 238
Ludendorff, Erich (1865–1937), dt. General 75, 78, 186
Lüders, Marie-Elisabeth (1878–1966), dt. Liberale 50
Luxemburg 411
Luxemburg, Rosa (1871–1919), dt. Sozialistin 76

Maastricht
– Verträge (1991) 232, 246 f., 251 f., 254, 396
MacDonald, James Ramsay (1866–1937), brit. Premierminister 72, 73
Madagaskar 360, 369
Mähren 202
Mahrenholz, Ernst Gottfried (geb. 1929), Präsident des Bundesverfassungsgerichts 353
Maizière, Lothar de (geb. 1940), DDR-Ministerpräsident 284, 323
Malaysia 374
Malerei 10, 35 f., 431 ff., 436
Malewitsch, Kasimir S. (1878–1935) 10, 36, 104
Mali 360
Malwal, Bona, südsudanes. Politiker 359
Mammen, Jeanne (1890–1976)
Manchester-Liberalismus 286
Mandela, Nelson (geb. 1918), südafrikan. Präsident 360
Mandschu-Dynastie 378
Mandschurei 184, 198 f., 368
Manet, Édouard (1832–1883) 35
Mann, Heinrich (1871–1950) 89, 137 ff.
Mann, Klaus (1906–1946) 89, 136, 138 f.
Mann, Thomas (1875–1955) 61, 89, 137 ff., 404
Männer 10, 22, 25, 27 f., 33 ff., 49, 84, 90, 92 f., 175 203, 225, 286, 289, 309, 346, 404 f., 409, 411, 414, 439
Mansholt, Sicco Leendert (geb. 1908), niederl. EG-Politiker 270
Mao Zedong (1893–1976), Führer der chines. Kommunisten 242, 359 f., 369, 372, 446
Marc, Franz (1880–1916) 35
Marcks, Marie (geb. 1922) 349
Maginot-Linie 203
Markt 16 f., 24, 27 ff., 143 f., 147, 149, 151 f., 157, 191, 194 f., 237, 246 f., 255, 299, 301, 361, 374, 401
Marktwirtschaft 10, 142, **143**, 151 f., 234, 238, 250, 286, 292, 296 f., 303, 324

Sach- und Personenregister

Marokko 360, 368
Márquez, Gabriel García (geb. 1928) 383
Marsch auf Rom (1922) 62, 98, 100
Marshall, George C. (1880–1959), amerik. Außenminister 234
Marshall-Plan **234**, 239 f., 246, 259, 295, 298
Martinique 370
Marx, Karl (1818–1883) 37, 64 f., 102, 104, 306, 313
Marxismus **65**, 73, 77, 86, 292, 302, 366, 372
Marxismus-Leninismus **65**, 67, 85, 100, 290, 292, 313, 316, 369
Massen 9 f., 15, 19, 23 ff., 32 f., 63, 70, 79, 85, 92, 97 ff., 102, 105 f., 142, 193, 202 f., 292 f., 304, 306, 313, 364, 372 f., 376, 399, 403, 421, 436 f.
Massenarbeitslosigkeit 71, 79, 149, 153 f., 156, 159
Massengesellschaft 9 ff., **10**, 11, 14, 26 ff., 73, 395 ff., 399 f., 415 f., 408, 410
Massenkommunikation/-medien **11**, 12, 14, 29 f., 313, 399, 403
Massenkonsum 13 f., 25, 83, 141, 166 ff., 301, 451
Massenkultur **11**, 14, 19, 26 ff., 30 ff., 79 f., 166 ff.
Massenorganisationen 28 f., 297, 313, 341
Massenpartei 83, 105
Massenvernichtungswaffen 186, 252, 255
Matisse, Henri (1869–1954) 35
Matteotti, Giacomo (1885–1924), ital. Politiker 99
Mattheuer, Wolfgang (geb. 1927) 335, 343
Mau-Mau-Aufstand/Geheimbünde 360, 370, **465**
MBFR/*Mutual Balanced Force Reduction* 244
McKnight-Kauffer, Edward (1890–nach 1945) 436
Mecklenburg 294
Medien 11 f., 17, 29 f., 79 f., 82 f., 183, 364, 377, 396, 401, 410, 429, 435, 443, 447
Medizin 10, 15, 20, 24, 36, 46, 50, 65, 94 f., 375, 396, 401, 405
Medwedjew, Schores A. (geb. 1925) 274
Mehrheitswahlrecht 72 f., 304 f.
Meiji-Revolution **465**
Meinungsfreiheit 63, 65, 87
Menschen- und Bürgerrecht/sbewegung 27, 33 f., 69, 76, 85, 234, 244, 265, 273 f., 287, 296, 320, 359, 369, 396, 438
Menschewiki 102, 106, 117
Mentalität 16, 18, 25, 68, 80, 106, 145, 289, 304, 444, **465**
Merker, Paul (1894–1969), Mitglied des Politbüros der SED 316
Metaxas, Ioannis (1871–1941), griech. General 100
Metropolen 13, 23 ff., 48 f., 370 ff., 376
Metzkes, Harald (geb. 1929) 342 f.
Mexiko 105, 255, 373 f.
Midway-Inseln
– Schlacht (1942) 184
Militär 17, 61, 63, 68, 75 ff., 93, 95 ff., 100, 102 ff., 107, 126, 142, 156, 158, 183 ff., 189 ff., 195, 197 ff., 231 ff., 239 ff., 248 ff., 263, 284 ff., 294 f., 301, 306 f., 313 ff., 320, 323, 360, 367 ff., 376 f., 396 f.
Militäradministration 290 f., 293, 295 f., **465**
Militärdiktatur 63, 84, 372, 383
Militarisierung 68, 93, 104, 199, 203, 241
Militarismus 10, 14, 63, **185**, 196, 200
Minderheiten 21, 63, 67, 78, 99, 104 f., 185, 201, 249, 254, 264, 304, 306, 364, 367, 370, 372, 396, 406
MfS/Ministerium für Staatssicherheit 314 ff., 320 ff.
Mission/ierung 69, 239, 366, 369
Mittelamerika 192, 371, 374, 383
Mitteleuropa 185, 236, 241, 244, 253
Mittelmächte 69, 103, 185
Mittelosteuropa 99 f., 188, 231, 236, 238, 251, 324
Mittelschicht 18 f., 21 f., 72 f., 80, 83, 85, 92, 102, 146 f., 151, 302
Mittelstand 61, 68, 72 f., 75, 78, 80, 83, 92, 103, 247, **465**
– alter 18, 80 f., 92, 300
– neuer 18 f., 81, 92
Mobilität 12 f., 26 f., 31, 79, 92, 299, 395, **465**
Mode 33, 311, 318, 411
Moderne 9 f., **11**, 12 ff., 18 ff., 27, 29, 33, 35, 37, 70 f., 79 ff., 83, 89, 94, 99, 101, 142, 146, 153, 193, 199, 246, 248, 255, 300 f., 303, 361, 366, 375, 395 ff., 399, 406, 410, 431, 443, 449

Modernisierung/stheorie 11, **12**, 14 ff. 22, 24, 32, 37, 61, 68, 71, 79 ff., 92, 94, 97, 101 f., 105 f., 141, 155, 160, 236, 243, 283, 299 ff., 306, 310, 317, 359, 375 f., 424 f.
Modrow, Hans (geb. 1928), DDR-Ministerpräsident 323
Monarchie 28, 69, 75 f., 79, 81, 97, 99 f.
– konstitutionelle 66, 76
– parlamentarische 69, 76, 99
Mondlandung (1969) 231, 396
Mondrian, Piet (1872–1944) 431
Monet, Claude (1840–1926) 10, 23, 35
Mongolei 232
Monokultur/-struktur **361**, 375
Monroe-Doktrin (1823) 192
Montanindustrie (Kohle, Eisen, Stahl) 17 f., 68, 72, 148 ff., 175, 193 f., 300, 308
Mosambik 371 f.
Moskau 231 f., 235 f., 239 f., 242 ff., 284, 291, 323, 371
– Gipfeltreffen (1988) 234
– Vertrag (1970) 284, 307 f.
Mosley, Sir Oswald E. (1896–1980), brit. Politiker 73
Mucha, Alphonse Maria (1860–1939) 436
Müller, Hermann (1876–1931), dt. Reichskanzler 1920 62, 82, 152
Müller-Armack, Alfred (1901–1978) 286
Multilateralismus 183, 194, 308, 363
Multipolarität 231 f., 253
Munch, Edvard (1863–1944) 35 f.
München 62, 78, 201 f.
– Abkommen (1938) 62, 75, 184, **185**, 201 ff., 220 f.
Muralismo 372
Musik 11, 29 f., 33, 54, 79 f., 92 f., 303, 318, 320, 396
Mussolini, Benito (1883–1945), Führer der ital.. Faschisten 61 ff., 97 ff., 113, 184, 199, 201, 206, 449

Nachrichten/verbindung 79, 232, 235, 244, 310, 396, 398, 447
NAFTA/North American Free Trade Association (Nordamerikanische Freihandelszone) 255
Nagasaki 184, 206, 232, 396
Naher Osten 193, 242, 245, 263, 266 f., 367, 369, 376
Nahostkonflikt 263
Naipaul, V. S. (geb. 1932) 390
Namibia 360
Nasser, Gamal Abd el (1918–1970), ägypt. Ministerpräsident 371
Nation 21, 65, 69, 71, 99 f., 141, 184 ff., 188 f., 191, 195 ff., 202 ff., 215 f., 232, 235, 246, 275 f., 283, 307, 314, 319 f., 361, 363, 365 ff., 411
Nationalbewegung 198, 368 f., **465**
Nationalbewusstsein 31, 65, 74, 78, 88, 106, 203, 285
NPD/Nationaldemokratische Partei Deutschlands 305 f., 338
Nationale Front 293, 321
Nationale Union (frz.) 62, 73 ff.
NVA/Nationale Volksarmee 314, 316, 322
Nationalismus 61 ff., **65**, 66, 68, 78 ff., 84 ff., 97 ff., 107, 145, 152, 156 f., 187, 190, 196, 199, 324, 369, 377
Nationalitäten 63, 99 f., 104, 107, **185**, 188, 248, 251, 288
Nationalkongress (ind.) 365
Nationalrat (jüd.) 264
Nationalsozialismus 37, 57 f., 61 ff., **65**, 66 f., 81, 83 ff., 87, 91 ff., 99 ff., 107, 111 ff., 122, 124 ff., 142, 150, 153 f., 174 ff., 181 ff., 191 f., 195 f., 199 ff., 223 f., 236, 264, 285 ff., 289 f., 302 ff., 306, 316, 332 ff., 402, 430 f., 437, 447, 449, 452
Nationalstaat 28, 100, 186, 188, 196, 246 f., 249, 263 f., 283, 287, 301 f., 319, 324, 365, 377, 396
Nationalversammlung
– Dtl. 62, 64, 76 f., 109
– Frkr. 366
– Russ. 103
NATO/North Atlantic Treaty Organization (Nordatlantikpakt) **235**, 240 ff., 244 ff., 250, 252 ff., 284, 287, 301, 308, 323, 371, 396
NATO-Doppelbeschluss (1979/80) 232, 234
Natur siehe Umwelt
Naturalismus 431
Naturalwirtschaft 104, 288
Naturwissenschaften 12, 16 f., 22, 36, 42, 81, 317, 431
Naumann, Friedrich (1860–1919), dt. Lilberaler 39

NDPD/National-Demokratische Partei Deutschlands 285, 293, 341
Nehru, Jawaharlal (1889–1964), ind. Ministerpräsident 385, 388
Neokolonialismus 375 f.
NEP/Neue Ökonomische Politik 62, 104 ff., 142, **143**, 159 f.
Neue Sachlichkeit 431
Neue Technologien 395, **397**, 400 ff.
Neue-Heimat-Skandal 312, **466**
Neues Forum 322
Neunter November 352 f., 354 ff.,
Neuseeland 184, 232, 235, 364, 367
Neutralität 200, 204, 242, 360
Nevison, Christopher R. W. (1889–1946)
New Deal 62, 69 ff., 141 f., **143**, 154 ff., 165
New Delhi
– UNCTAD II (1968) 376
New York 156, 435
– Börsenkrach (1929) 69, 142, 148
NIC/Newly Industrializing Countries 374
Nicaragua 192, 248
Nichtangriffspakt 197
– dt.-poln. (1934) 184, 200
– dt.-sowjet. (1939) 107, 184, 202 ff., 207, 213 f., 237
– jap.-sowjet. (1944) 184
Niederlande 38, 149, 197, 38, 360, 368, 405
Niepce, Joseph Nicéphore (1765–1833) 443
Nigeria 360, 373
Nikolaus II. Alexandrowitsch, russ. Zar (1894–1917) 102
NIRA/National Industrial Recovery Act (1933) 142, 155
Nobelpreis 10
Nomenklatura 64, **466**
Nooteboom, Cees (geb. 1933) 351
Nordafrika 184, 204, 367 f.
Nordamerika 196, 244, 250, 252, 384, 410
Nordatlantischer Kooperationsrat 252, 254
Nordeuropa 34, 184, 206, 246
Nordirland 411
Nordosteuropa 99 f.
Nord-Süd-Konflikt 158, 306, 364, 371 f., 376
Norwegen 149, 204, 235, 246
NÖSPL/Neues Ökonomisches System der Planung und Leitung 317
Nossack, Hans-Erich (1901–1977) 288
Notstandsgesetze (1968) 304 f.
Notverordnungen 82 f., 86 f.
NSDAP/Nationalsozialistische Deutsche Arbeiterpartei 62, 64, 67, 78, 81 ff., 85 ff., 95, 113, 125, 128, 153, 176, 194, 212, 290
Nuklearwaffen 231, **235**, 240 ff., 248, 254
Nürnberg 24
– Kriegsverbrecherprozesse 286, 290
– Rassegesetze (1935) 62, 94 f., 128
Nussbaum, Felix (1904–1944) 449

OAU/Organization of African Unity 360
Oder-Neiße-Grenze 284, 288, 293 f., 307, 323
OECD/Organization for Economic Cooperation and Development 255, 362, 364, 374, 466
OEEC/Organization for European Economic Cooperation 246
Öffentliche Meinung/Öffentlichkeit 10, 15, 24, 28, 33 f., 37, 70, 76, 79, 91, 94, 97, 99, 144, 153, 185 f., 191 f., 199, 231, 241, 245, 310, 312, 317, 320 ff., 368, 371, 396, 402 f., 408, 411, **466**
OHL/Oberste Heeresleitung 75
Ökologie 12, 181, 255, 283, 308 f., 320, 377, 410, 415
Oktobermanifest (1905) 102
Oktoberreformen (1918) 76
Oktoberrevolution siehe Revolution (russ. 1917)
Öl/krise 16, 192, 206, 263, 307 ff., 311, 318, 360, 367, 373, 374, 376, 401
Ollenhauer, Erich (1901–1963), SPD-Vorsitzender 328, 301
Olympische Spiele 31, 91, 231, 245
One World 237
OPEC/Organization of the Petroleum Exporting Countries 360, 372 ff.
Open-Door-Prinzip 237
Optimismus 14, 33, 36, 69, 153

Sach- und Personenregister

Oral History 429, 451 f.
Oranienburg 446
Osmanisches Reich 366
Ossietzky, Carl von (1889–1938) 446
Ost-West-Konflikt 231, 236 ff., 246 ff., 283, 285, 301, 323, 359 f., 364, 369 ff., 374 f.
Ostasien 198, 206, 268 f., 359, 362, 364, 372, 374
Ostblock/staaten 64, 185 f., 234 f., 242, 244, 248, 286, 307, 314, 317 f., 320, 359, 361, 364
Österreich 10, 26, 62, 99 f., 103, 128, 159, 184, 188, 200, 243, 246, 292, 321
Österreich-Ungarn 38, 61, 69, 75, 99, 185, 188
Osteuropa 67 f., 90, 95, 99 f., 128, 154, 185 f., 188, 200, 202 f., 205 ff., 235 f., 239 f., 245 f., 248, 250 ff., 255, 273 ff., 294, 296, 298, 313 f., 364, 372, 404 f., 407 f., 411
Ostpolitik 244, 302, 304, 306 ff., 311, 329 f.
OSZE/Organisation für Sicherheit und Zusammenarbeit in Europa **235**, 250 f., 253 f.,

Pakistan 185, 232, 235, 242, 359 f., 368, 385
Palästina 263 ff.
Panama 371
Paneuropa-Union 196
Paneuropäischer Kongress (1926) 196
Pankhurst, Emmeline (1858–1928) 10
Papen, Franz von (1879–1969), dt. Reichskanzler 62, 84 f., 153
Paragraph 218 309
Paris 10, 16, 23 ff., 27, 31, 52, 74, 187, 204
– Friedenskonferenz (1919) 69, 183 f., 186 ff., 190 ff., 210
– Verträge (1955) 232, 284, 301, 328
Parlament/Parlamentarismus 12, 61, **66**, 69 f., 72 f., 75 ff., 83 ff., 97, 99 f., 152, 195, 197, 291, 296, 298, 306, 369
– BRD 300, 302 ff.,
– DDR 286
– Dt. Reich 66, 75 f., 82 ff., 87,
– Frkr. 73 ff., 197
– Ital. 97 f.
– Russ. 102 ff.
– USA 66
Parlamentarischer Rat **286**, 295
Partei/en 9, 26, 28 f., **66**, 68, 70 ff., 82 ff., 91, 97 f., 100 ff., 152, 159 f., 185, 192, 197, 199, 284 ff., 288, 290 f., 295 f., 300, 302 ff., 308 ff., 317, 336, 411, 437
Partnerschaft für den Frieden 252
Passierscheinabkommen (1963) 284
Patriotismus 106
Päts, Konstantin (1874–1956), estn. Staatschef 100
Pazifismus **185**, 320
PDS/Partei des Demokratischen Sozialismus 284, 323, 338
Pearl Harbour (Hawaii) 184, 206
Peel-Kommission 263 f.
Peres, Shimon (geb. 1923), israel. Ministerpräsident 263
Perestroika 67, 319, **466**
Personenkult 64, 67, 97, 106
Pétain, Philippe (1856–1951), frz. Ministerpräsident 204
Petersburg 102 ff., 116
Pfeilkreuzler 99, **466**
Philippinen 184, 232, 235, 365, 368
Philosophie 9 f., 65, 398
Physik 10, 36, 431
Picasso, Pablo (1881–1973) 35, 431, 437
Pieck, Wilhelm (1876–1960), DDR-Ministerpräsident 291
Pilsudski, Józef (1867–1935), poln. Militär 62, 100, 114
Planck, Max (1858–1947) 36
Planwirtschaft 67, 103 f., 107, **143**, 160, 170 ff., 238, 294, 297, 313, 317
Plebiszit 194, 203, 296, **467**
Pljuschtsch, Leonid (geb. 1939) 277
PLO/Palästinensische Befreiungsorganisation 263, 265, 267
Pogrom 62, 95, 128 f., 154 f., 433, **467**
Polen 21, 62, 65, 90, 99 f., 114, 128, 149, 184, 193, 196, 200 ff., 206 f., 215, 217 f., 223 f., 232 f., 237, 248, 251, 264, 273 f., 276, 284, 286, 294, 297, 307
Politbüro 62, 313 f., 322
Polizei 19, 74, 84 f., 89 f., 95, 97, 237, 286 f., 291, 305, 316, 370
Pop Art 431, 437
Poppe, Gerd (geb. 1941) 352

Populari 97 f.
Portugal 235, 246, 360, 371, 385
Post 19, 42, 87
Postmoderne 431
Potsdam 322
– Konferenz (1945) 232, 238 f., 284, 286, 290 f., 293 f., 325
– Tag von (1933) 87
Pound, Ezra (1885–1972) 70
Prag 30, 89, 184, 201 f., 240, 250, 321
Prager Frühling 234, 396, 318
Präsidentielles System 66, 69 ff.
Präsidialregierung 62, 82 ff., 86
Presse/freiheit 11, 25 f., 29, 63 f., 75 f., 79, 86 f., 89, 93 f., 97, 99, 120 ff., 203, 213, 304, 306, 313, 318, 322, 398, 443 f.
Preußen 14, 22, 33 f., 42, 48 f., 62, 84 ff., 90, 288, 440
Privatsphäre 33, 37, 289, 303, 317, 401, 402, 429
Privatwirtschaft 104 f., 143 f., 152 f., 160, 192, 194, 401
Produzierendes Gewerbe 400, **467**
Proletariat 20, 23, 79 f., 82, 85, 103 f., 106, 372
Propaganda 10, 30, 33, 63, 66, 68, 86 f., 89, 91 ff., 97, 106 f., 192 f., 201, 203, 231, 237, 242, 292, 314, 367, 371, 436 f., **467**
Prosperität 154, 160
Prosperity-Phase 69 f.
Prostitution 288
Protektionismus 157 f., 195, 374, **467**
Protektorat Böhmen und Mähren 202
Protestantismus 31, 84, 87, 286, 288
Provisorische Regierung 102 f., 116
Psyche/Psychologie 25, 146, 186, 231, 402, 406, 408
Psychiatrie 90, 94, 277
Psychoanalyse 10, 36
Puerto Rico 365
Punjab 360
Punjab-Krise (1980–84) 385

Quantenphysik/theorie 36, 40 f., **467**

Rabemananjara, Jacques (geb. 1913), madegass. Wirtschaftsminister 204
Rabin, Jitzhak (1922–1995), israel. Ministerpräsident 263, 267
RAF/Rote Armee Fraktion 306, 310
Rapallo
– Vertrag (1922) 184, **185**, 195 f.
Rassen/ideologie/politik 94 f., 186, 202, 206
Rassenkrieg 95 f.
Rassismus 61, **66**, 75, 89, 93 ff., 99, 107, 183, 202, 206, 297, 316, 367, 371, 396
Rat der Volksbeauftragten 62, 76, 142
Rat der Volkskommissare 103
Räte (Sowjets) **66**, 76 f., 100, 102 f., 116 f.
Rathenau, Walther (1867–1922), dt. Reichsaußenminister 78, 195
Rationalisierung 9, **12**, 14, 35 f., 68, 79, 81, 106, 141, 145, 147 ff., 308, 400, 401
Raumfahrt 231, 234, 243, 396
Reagan, Ronald (geb. 1911), amerik. Präsident 234, 245, 248
Real(existierend)er Sozialismus 67, 318, 320
Realismus 431
Realschule 21 f., 42
Recht 33, 89 ff., 95, 97, 283, 290, 308, 310, 324, 346, 297, 299, 301, 303, 306, 367
Rechtsstaat 61, **66**, 68 f., 85, 87, 99, 296, 322
Reform 35, 45, 67, 70 ff., 75 f., 97, 101 f., 104, 141, 143, 146 f., 154, 156, 245, 248, 274, 283, 285, 290, 304 ff., 312, 315 f., 322 f., 372, **467**
Reformkommunismus 306, 318
Reichsduma 102, **467**
„Reichskristallnacht" 62, 95, 128
Reichsmark 142, 146, 193, 286
Reichspräsident 65, 83 ff.
Reichstag/swahl 10, 28, 62, 64, 66, 75 ff., 81 f., 87, 142, 176, 194, 320
Reichstagsbrand (1933) 62, 86 f.
Reichswehr 78, 81, 85, 200
Reisen 10, 18, 24 ff., 29, 42, 83, 88 f., 92, 104, 141, 145, 309, 320, 322, 399, 402, 409 f.
Reiser, Carl (1877–1950) 292

Reiser, Hans (geb. 1951) 409
Relatives Mehrheitswahlrecht 72 f.
Relativitätstheorie 36, 431
Religion 13 f., 17, 26, 37, 62 ff., 106, 121 f., 185, 249, 297, 316, 320, 365, 377, 386, 398, 430
Remarque, Erich Maria (1898–1970) 448
Remilitarisierung 242, 245
Renten/reform 18, 20, 46, 147, 286 f., 308, 311, 404, 408
Rentenmark 142, 146, 194
Rentenreformgesetz (1957) 284, 299 f.
Reparationen 78, 83, 142, 145 f., 148, 153, 157, 185 f., 189 ff., 210, 232, 239, 285 f., 294, 301, 315, **468**
Repräsentation/Repräsentative Demokratie 66, 69 f., 296, 396
Republik 62, 69, 73 ff., 81, 84, 99 f., 104, 184, 188, 200, 248 f., 291, 297, 319, 360, 370 ff.
Republikanische Partei (amerik.) 108, 154
Résistance 204, **468**
responsible government 367
Restauration 398, **468**
Réunion 69 f.
Revisionismus/politik 145, 196, 200 f.
Revolution 20, 24, 27, 36 f., 61, **66**, 71 f., 76 ff., 87, 89 f., 97 f., 101 ff., 106 f., 116 ff., 133 f., 185, 192 f., 198, 232, 238, 241, 243, 310, 317, 320, 359, 369, 371 f., 401
– China 369, 372
– DDR (1989) 283, 321 f., 350 ff.
– Dt. Reich (1918/19) 33, 61 f., 65 f., 75 ff., 81, 85, 88, 184, 436
– Frkr. (1789–1799) 9 ff., 33, 66 f., 77, 107, 186, 359, 369, 438
– Kuba 372
– Österr.-Ung. (1918) 61
– Russ.
– – (1905) 66, 102, 447
– – (Febr.1917) 62, 101 f.
– – (Okt. 1917) 61 f., 64 ff., 101 ff., 116, 158 f., 184, 188, 191 ff., 365 f., 436
– USA (1770–1776) 9 ff., 77
Reykjavik
– Gipfeltreffen (1986) 234, 248
RGW/Rat für gegenseitige Wirtschaftshilfe 314
Rheinland 62, 78, 125, 184, 190, 200, 297, 308
Rheinlandbesetzung
– (1923) 62, 78
– (1935–36) 184
Rhodesien 254 360, 367, 370
Ribbentrop, Joachim von (1893–1946), NS-Reichsaußenminister 201, 290
Rio de Janeiro
– Umweltkonferenz (1992) 255
Rio-Pakt (1947) 372
Röhm, Ernst (1887–1934), Stabschef der SA 90
„Röhm-Putsch" (1934) 62, 89 f.
Roll back **235**, 242
Rom 62, 98 ff., 199, 239, 246
Romanov 102
Romantik 431
Römische Verträge (1957) 269, 284, 396
Rommel, Erwin (1891–1944), dt. Generalfeldmarschall 184
Roosevelt, Franklin D. (1882–1945), amerik. Präsident 61 f., 69 ff., 108, 141 ff., 154 f., 157 f., 164, 204, 207, 232, 237 f., 367
Rote Armee 96, 104, 107, 118, 193, 236, 238
RSHA/Reichssicherheitshauptamt 90, 206
Ruhrgebiet 23, 31, 62, 78, 125, 184 f., 193, 196, 294 f., 308, 396
Ruhrkrise (1923) 62, 78, 146, 184, **185**, 190, 193 f., 196
Rumänien 91, 149, 202, 207, 232 f., 235, 238, 305
Runder Tisch **286**, 322 f., 352
Rundfunk 10 f., 26, 64, 79, 81, 86, 90, 93 f., 398, 429
Russisch-Japanischer Krieg (1904/05) 102
Russisch-Polnischer Krieg (1920) 184, 193
Rüstung/sindustrie 17, 65, 91 f., 95 f., 107, , 128, 141, 145 f., 149 f., 152, 157 f., 176, 189, 204 f., 231 ff., 243 ff., 308
Rüstungskontrolle 232 ff., 243 f., 248
Russland 10, 21, 36, 38, 42, 61 ff., 66, 68, 99, 101 f., 105 f., 116 ff., 142, 159 f., 172, 184 f., 188, 191 ff., 203 f., 249, 252, 402, 408

Sach- und Personenregister

Rye, Stellan (1880–1914) 30

SA/Sturmabteilung 84, 86 f., 89 f., 95
Saarbund/gebiet/land 91, 187, 190, 200, 294 f., 308
Sacharov, Andrej (geb. 1921) 274, 276
Sachsen 62, 78
Säkularisierung 12, **13**, 14, 37
Salazar, António de Oliveira (1889–1970), port. Ministerpräsident 371
SALT/Strategic Arms Limitation Talks 232, 234 f., 244
San Francisco
– Konferenz (1945) 232, 237
Sandinisten 248
São Paulo 151
Sartre, Jean-Paul (1905–1980) 371
Saudi-Arabien 367, 373
SBZ/Sowjetische Besatzungszone 284 ff., 291 f., 298, 313
Schabowski, Günter (geb. 1929), Mitglied des Politbüros der SED 322
Schacht, Hjalmar (1877–1970), dt. Reichsbankpräsident 153 f., 157, 174, 201
Schäffer, Fritz (1888–1967), dt. Bundesfinanzminister 303
Scheel, Walter (geb. 1919), dt. Bundespräsident 306 f.
Scheidemann, Philipp (1865–1939), SPD-Politiker 76, 78
Schifffahrt 9, 26 f., 141, 150, 204
Schiller, Karl (1911–1995), dt. Bundeswirtschaftsminister 305
Schleicher, Kurt von (1882–1934), dt. Reichskanzler 62, 84, 153
Schlemmer, Oskar (1888–1943) 431
Schlesien 148, 288
Schleswig-Holstein 312
Schmid, Carlo (1896–1979), dt. Bundestagsvizepräsident 295
Schmidt, Helmut (geb. 1918), dt. Bundeskanzler 284, 306 f., 311
Schmidt, Louis (1816–1906) 40
Schmidt-Rottluff, Karl (1884–1976) 35
Schriftsteller 10, 21, 68, 289, 306, 318
Schule 21 f., 24, 31 f., 42, 48 ff., 81 f., 95 f., 128, 185, 284, 288 ff., 306, 310 f., 313, 316 f., 362, 369, 395 ff., 399 f., 402, 404, 411
Schumacher, Kurt (1895–1952), SPD-Vorsitzender 291, 297, 301
Schuman, Robert (1886–1963), frz. Außenminister 246
Schwangerschaft/sabbruch 24, 34, 309, 324
Schwarzer Freitag (1929) 142, 148
Schwarzhemden 98
Schwarzmarkt 288, 295
Schweden 149 f., 160, 193, 204, 246
Schweiz 10, 21, 34, 38, 42, 48, 102, 246
Schwellenländer 360, 364, 373 f.
SD/Sicherheitsdienst der SS 90, 203
SDI/Strategic Defense Initiative 245
SDP siehe SPD (DDR)
SEATO/South East Asia Treaty Organization (Südostasiatische Verteidigungsorganisation) **235**, 242
Sechs-Tage-Krieg (1967) 263
SED/Sozialistische Einheitspartei Deutschlands 63, 242, 283 f., 292 ff., 296 f., 306 f., 313 ff., 322 f., 326 f., 339 f., 342, 344, 403
Seeckt, Hans von (1866–1936), dt. General 78
Sejm 114, **468**
Selbert, Elisabeth (1896–1986), SPD-Politikerin 346
Selbstbestimmungsrecht 9, 11 f., 32, 68, 69, 103 f., **185**, 186, 188, 192 f., 201, 207, 237, 239, 249, 312, 359, 365 ff., 369
Senefelder, Alois (1771–1834) 435
Senegal 360
Sexualität 34 f.
Shahn, Ben (1898–1969) 165
Shepard, Ernest Howard (1879–1976) 220
Shoah 130, **468**
Sibirien 373
Sicherheit/spolitik 232, 236 f., 239 f., 242 ff., 249 ff., 255, 262, 323, 369 f., 375
Siebzehnter Juni (1953) 284, 293, 304, 315, 326 ff.
Siedlung 107, 184, 188, 203, 206, 363, 360, 367, 370
Siegermächte 26, 73, 83, 186, 188 ff., 192 f., 195 f., 199, 207, 234, 236 f., 239, 283 f., 293, 295, 307, 360

Siemens, Werner von (1816–1892) 14, 24
Simmel, Georg (1958–1918) 25
Sinai-Feldzug (1956) 263
Singapur 374, 377
Sinowjew, Alexandr (geb. 1922) 171
Sinowjew, Grigorij J. (1883–1936), sowjet. Politiker 62, 67
Sinti und Roma 65, 90, 95
Sitte, Willi (geb. 1921) 344
Skade, Fritz (1898–1971) 343
Skladanowsky, Max (1863–1939) und Emil (1859–1945) 30
Sklaverei 185, 187, 375
Slawen 185
Slowakei 201 f.
Smedley, Agnes (1894–1950) 378
Smetona, Anton (1874–1944), lit. Präsident 100
Sobibor 128
Soldaten 68, 76, 81, 96, 102, 205, 146 f., **288**, 295, 317 f., 320, 365, 368, 370
Solidarnosc 273 f.
Solschenizyn, Alexander (geb. 1918) 274
Somalia 199, 360, 377
Souveränität 69, 87, 185, 190, 192, 200, 202, 237, 232, 284 f., 294 ff., 301, 305, 307, 314, 318, 322, 324, 367, 377, **468**
Sowjetpatriotismus 106
Sowjetsystem 76, 283, 285, 291, 306
Sowjetunion 61 ff., 66 ff., 76 f., 99 ff., 115 ff., 142 f., 149, 152, 158 ff., 170 ff., 183 ff., 191 ff., 202 f., 213 f., 231 ff., 248 f., 259 ff., 263, 274 ff., 284 f., 288, 290 ff., 297, 301 f., 304 ff., 311, 313 ff., 323 f., 329 f., 359 f., 364 ff., 369, 371 ff., 385, 396
Sozialdarwinismus 66
Sozialdemokratie 20, 28 f., 34, 64, 67, 75, 80, 84, 86, 124, 197, 200, 203, 285, 291 f., 296, 304, 315, 321, 338, 348, **468**
SPD/Sozialdemokratische Partei Deutschlands
– (BRD) 28, 64, 75 ff., 81 ff., 87 f., 109 f., 112, 124, 152, 284, 286, 291 ff., 299, 301 f., 304 ff., 309 ff., 324, 336,
SPÖ/Sozialdemokratische Partei
– (DDR) 322
SPÖ/Sozialdemokratische Partei Österreichs 62
Sozialdisziplinierung 9, 11, 33
Soziale Demokratie 61, 77, 82,
Soziale Marktwirtschaft 284, 296, 299 f.
Soziale Sicherheit 9 f., 10, 20, 22, 71, 283, 309
Sozialfaschismus **67**, 74, 85
Sozialgesetzgebung 10, 20, 46, 75, 156, 309
Sozialhilfe/gesetz (1961) 150, 311, 299
Sozialisation/ierung 64, 76, 159, 296 f., 300, **397**
Sozialismus 9, 20, 28 f., 34 f., 36 f., 61, **67**, 73 f., 79, 83 f., 97 f., 100 f., 103, 106 f., 143, 159, 193, 231 f., 238, 243, 248, 250, 255, 286, 292, 297, 301, 306, 313 ff., 322, 359, 361, 364, 367 f., 372
Sozialistischer Realismus 431
Sozialliberale Koalition 283 f., 306 ff., 311, 318
Sozialpolitik 10, 20 f., 72 f., 89, 299, 308 f., 311, 318, 405
Sozialrevolutionäre 102 f., 117, 369
Sozialstaat 9, **13**, 14, 19, 70 f., 82, 141, 143, 153, 155, 161 f., 247, 283, 296, 299 f., 308 f.
Sozialversicherungen 10, 12, 18, 20, 30, 44 ff., 147, 299 f., 406
Spaak, Paul Henri (1899–1972), belg. Ministerpräsident und NATO-Generalsekretär 268
Spanien 62 ff., 75, 184, 199 f., 235, 246, 311, 360, 365
Spanisch-Amerikanischer Krieg (1898) 365
Spartakusbund 76
Spengler, Oswald (1880–1936) 81, 366
Spiegel-Affäre 304, **469**
Spionage 106, 307
Sport 26, 28 ff., 43, 80, 82, 231, 375, 399, 409 f.
Sprache 21 f., 42, 35, 65, 79, 81, 289, 309, 316, 360, 368, 375, 386, 452
Squadren 98 f.
SRP/Sozialistische Reichspartei 302
SS/Schutzstaffel 65, 84, 86, 89 f., 95, 128, 203, 223, 286, 289 f., 445
Staat 10, 18 ff., 24, 28 ff., 44 ff., 61, 63 ff., 69 ff., 86 ff., 93 f., 97, 99 ff., 103 ff., 141, 144, 146 f., 151 ff., 159 f., 178 ff., 283 ff., 289 f., 293 ff., 301, 303, 305 f., 308 ff., 312 ff., 322, 324, 352 f., 359 f., 364 f., 368 ff., 370, 375, 377, 395 f., 402 f., 411

Staatenbund 368, **469**
Staatskapitalismus 104
Staatssozialismus 68, 231, 359
Staatsstreich 62, 84 f., 100, 240
Stabilitätsgesetz (1967) 305
Stachanow-System 106, 142, **469**
Stadt 12 f., 16, 19 ff., 32, 52 ff., 46, 70 f., 80 f., 83 f., 87 f., 96, 102, 104, 106 f., 141, 146, 149, 151, 159, 166, 206, 266, 288, 298, 306, 308 f., 322, 363, 373, 397, 411, 432 ff., 436 f.
Staeck, Klaus (geb. 1938) 312, 437
Stahlhelm 62, 81, 84
Stahlpakt (1939) 184
Stalin, Josef W. (1879–1953), Generalsekretär der KPdSU 62 f., 65, 67, 74, 101, 105 ff., 115, 170 ff., 186, 202, 204, 207, 232 ff., 237 ff., 242, 284, 313, 315, 396
Stalingrad 95, 184, 205
Stalinismus 61, 63, **67**, 82, 85, 101, 106 f., 160, 171 f., 313, 317, 321
Stalin-Noten (1952) 284, 301, 314
Stände 21, 62, 86, 92, 359, 372
Stasi siehe MfS/Ministerium für Staatssicherheit
Status-quo-Politik **235**, 242 ff.
Stauffenberg, Claus Graf Schenk von (1907–1944), dt. General 96, 126
Stavinsky-Skandal 74, **469**
Stein, Adolf (1871–1948) 54
Steinhardt, Jakob (1887–1968) 431 ff.
Steinlen, Théophile-Alexandre (1895–1920) 197, 436 f.
Stellvertreterkrieg 231, 374
Sterblichkeit/srate 15, 288, 362, 396, 405 f.
Stereotyp **186**, 215 ff., 376, 452
Steuern 10, 19, 83, 104, 146 f., 153 f., 303, 305, 311, 315, **469**
Stinnes, Hugo (1870–1924) 193
Stoph, Willi (geb. 1914), DDR-Staatsratsvorsitzender 284
Straßen 24 f., 27, 141, 288, 299, 306, 317, 410
Strasser, Gregor (1892–1934), NS-Politiker 83
Strauß, Franz Josef (1915–1988) dt. Bundesfinanz- und Verteidigungsminister 304, 319, 329
Streik 62, 72 f., 75, 78, 97 f., 102, 274, 276, 297, 300, 305, 315, 383
Strempel, Horst (1904–1975) 313
Stresemann, Gustav (1878–1929), dt. Reichskanzler und -außenminister 78, 184, 196 f., 200, 210
Stuckart, Wilhelm (1902–1953), dt. Staatssekretär 128
Studenten/bewegung 80, 85, 284, 306, 309, 311, 396, 402 f. 437
Studium siehe Universität
Südafrika 184, 234, 254, 360, 364, 367, 370
Südamerika 186, 192, 371
Sudan 359 f.
Sudetenland/krise 185, 201, 220
Süd/ost/asien 198, 232, 235 f., 297, 364, 367 f., 372, 374, 376 f.
Süd/ost/europa 99 f., 154, 184, 188, 188, 201, 231, 236, 246, 251, 324
Sues-Krise (1956) 232, 234, 360, 371, **469**
Suffragetten 10, **469**
Sukarno (1901–1970), indones. Präsident 360, 371
Supermächte 231, 235 f., 243, 245, 248, 253, 302, 359, 371
Surrealismus 431
Sykes-Picot-Abkommen (1916) 263
Syrien 367

Tachismus 431
Taiwan 364, 374
Talbot, William Henry Fox (1800–1877) 443
Tanaka-Memorandum (1927) 184
Tarifverträge 142, 147, 154, 300, 407 f., **469**
Taylorismus **470**
Technik 9 f., 14, 16 ff., 21, 24, 27, 29, 34, 36, 68, 79, 81, 83, 92, 101, 106 f., 141, 203, 206, 231, 234, 253, 298 f., 308, 310, 317, 361, 395, 397, 406, 408, 414, 451, **470**
Technologie 255, 319, 402, 411, 416 f., **470**
Teheran
– Konfrenz (1943) 184, 239
Telefon 10, 12, 14, 16 f., 19, 29, 34, 42, 81, 87, 398
Tenzing Norgay (1914–1986) 396
Terrorismus 254, 307, 309 f., 377
Tertiärer Wirtschaftssektor 18, 400, 402, **470**

494

Sach- und Personenregister

Thailand 232, 235, 374
Thälmann, Ernst (1886–1944), KPD-Führer 65, 84
Thatcher, Margret (geb. 1925), brit. Premierministerin 271
Theater 11, 24, 29 f., 104, 128, 450
Thomas, James Henry (1874–1949), brit. Gewerkschaftsführer 72
Thorez, Maurice (1900–1964), Generalsekretär der KPF 374
Thüringen 62, 78
Tito, Josip (1892–1980), jugoslaw. Staatspräsident 242, 371
Toepper, Hans (1885–1956) 93
ToT/Terms of Trade **361**, 375 f.
Totaler Krieg 96, 184, **186**, 203, 205, 223 ff., 447
Totalitarismus 101, 132, 302
Toulouse-Lautrec, Henri (1864–1901) 436
Touré, Ahmed Sékou (1922–1984), Präsident von Guinea 381
Tourismus siehe Reisen
Toynbee, Arnold J. (1889–1975) 366
Transatlantische Beziehungen 252 f.
Transitabkommen (1971) 307
Transport 18, 20, 27, 31, 294
Treblinka 128, 130
Tresckow, Henning von (1901–1944), dt. General 126
Trotzki, Leo D. (1897–1940), russ. Revolutionär 62, 103 f., 118, 192, 446
Trotzkismus 82, **470**
Truman, Harry S. (1884–1972), amerik. Präsident 206, 236, 239, 256
Truman-Doktrin 232, 234, 239, 369
Tschechien 202, 275
Tschechoslowakei 99, 149, 185, 196, 201 ff., 232 ff., 240, 244, 248, 251, 273, 275, 295, 305, 318
Tschernobyl 396
Tschetschenien 249
Tschiang Kai-schek (1887–1975), chines. Präsident 198
Tschitscherin, Georgi Wassiljewitsch (1872–1936), russ. Volkskommissar des Äußeren 195
TUC/Trades Union Congress 72 f.
Tunesien 204, 360, 368
Türkei 99, 184, 188, 235, 239, 242 f.
Turtschin, Valentin F. (geb. 1931) 274
TVA/Tennessee Valley Authority-Project 142, 155, 165

U-Bahn 10, 24
Übersiedler 286, 307, 318
UdSSR siehe Sowjetunion
UfA/Universum Film AG 230
Ukraine 104, 249, 275, 277
Ulbricht, Walter (1893–1973), Generalsekretär der SED 284, 291, 313, 318
Ulmanis, Karl (1877–1942), lett. Staatspräsident 100
Umwelt/schutz/zerstörung 9 f., 14, 25, 31 f., 35 f., 255, 284, 288, 308 f., 312, 319, 375, 396, 405, 411, 414 f., 428, 444, **470**
UN siehe UNO
Unabhängigkeit/sbewegung 202, 237, 359 f., 362, 365 ff., 375
– afrik. Staaten 369 ff., 381 f.
– – Ägypt. 367
– – Alger. 360, 370 f., 374, 380 f.
– balt. Staaten 192, 248
– Burma 368
– China 369
– Ceylon 368
– Formosa 168
– Indien 184, 367, 385 ff.
– Indones. 368
– Irak 367
– Korea 368
– Mandsch. 368
– Pakist. 368, 385
– Philipp. 368
– Saudi-Arab. (1935) 367
Unabhängigkeitserklärung 370
UNCTAD/UN Conference on Trade and Development (UN-Konferenz für Handel und Entwicklung) 360, 372, 376
Unfallversicherung 10, 20, 46 f.
Ungarn 20 f., 99 f., 149, 184, 201, 207, 232 ff., 242, 248, 251, 277, 284, 304, 321, 408, 436

Union française 368
Universität 16, 21 f., 31, 33 f., 48 ff., 78, 85, 92, 290, 306, 310, 313, 316, 319, 369, 372, 395, 402, 437
UNO/United Nations Organization 158, 184, 207, 227 ff., 231 f., 234, 237 ff., 241, 253 ff., 262 f., 322, 324, 359 ff., 368 f., 372 f., 376 f., 381
UNO-Sicherheitsrat 237, 239, 253 f.
Unterentwicklung 375 f.
Unterhaus (brit.) 45, 72 f., 220 f.
Unternehmer 14, 18, 23, 28 ff., 46, 68, 79, 103, 151, 193, 311
Urbanisierung 12, **13**, 14, 22 ff., 32
Urlaub 13, 18, 75, 81, 89, 154, 303, 309, 395, 400, 407 f., 410
Uruguay 255
USA siehe Vereinigte Staaten von Amerika
US-Dollar 142, 146, 232, 238, 299, 361, 373
USPD/Unabhängige Sozialdemokratische Partei Deutschlands 64, 76, 78, 81 f.
Ustascha 99, **470**
Utopie 79, 81, 94, 104, 246, 318, 438, **470**

VdgB/Vereinigung der gegenseitigen Bauernhilfe 341
VEB/Volkseigener Betrieb 314
Venezuela 373
Verbände 9, 18, 26, 28 ff., 64, 81, 86, 144, 152, 293, 302 f., 369
Vereine 9, 20, 25, 28 ff., 33, 80, 82, 87, 89, 409 f.
Vereinigte Staaten von Amerika 9 f., 14 ff., 21 f., 27, 30, 34, 61 f., 66, 68 ff., 74 f., 106, 108 f., 141 ff., 145 ff., 152, 154 ff., 162, 164 ff., 183 ff., 187 f., 190 ff., 204 ff., 231 ff., 248 ff., 252 f., 255 ff., 260 f., 294 f., 297, 299, 301, 306 ff., 323, 325 f., 359 ff., 363, 365, 367 ff., 371 f., 374, 385, 396, 400 ff., 407 f., 410 f.
Vereinte Nationen siehe UNO
Verfassung 65 f., 95, 100, 297, 352 f., 395
– BRD 283, 286, 295 f., 302, 305, 310, 323 f.
– DDR 284, 286, 297, 319, 323, 342
– Dt. Reich (1871) 295
– (Weimarer Rep.) 62, 65, 76 ff., 82 ff., 87, 295, 346
– (NS-Zeit) 87
– Engl. 69
– Frkr. 10, 69, 75
– Öster. 62, 100
– Russl. 102
– USA 10, 69, 156, 396
Verfassunggebende Versammlung (ind.) 388
Verfassungsstaat 33, 69, 75
Vergangenheitsbewältigung 289 f., 303 f., 306, 332 ff.
Verhältniswahlrecht 97, 440
Verkehr/sentwicklung 10, 12, 14, 16, 18, 22, 24, 26 f., 31, 79, 103 f., 142, 144, 240, 285, 307 f., 310, 398, 401, 410 f., 436 f.
Vernichtungslager 62, 65, 95, 130, 206, 445
Versailler Vertrag (1919) 62, 69, 78, 142, 184, **186**, 187, 189, 190, 193 f., 198 f., 203, 207, 360
Verstädterung 12, **13**, 22 ff., 79
Verteidigung 189, 233, 235, 242, 251 f., 240, 324
Vertrag über die abschließende Regelung in Bezug auf Deutschland (1990) 284, 323
Vertreibung/Vertriebene 288 f., 294, 299, 308, 368
Verwaltung 10, 18 f., 21, 23 f., 61, 76, 78, 80, 85, 87, 90 f., 95 f., 105, 144, 152, 204, 206, 290, 294, 316, 361, 366, 370, 375, 399 ff.
Vetorecht 237 ff., 254, 294, **470**
Vichy-Frankreich 204
Vier-Freiheiten-Rede (1941) 141, 237
Vier-Jahres-Plan (1936) 142, 174, 201
Viermächteabkommen (1971) 234, 284, 307
Vierte Welt 373
Vierzehn Punkte (1918) 69, 360, 365, 371, 378
Vietnam-Krieg (1964–1973) 232, 235, 244, 306, 360, 368 f., **470**
Viktor Emmanuel III., italien. König (1900–1946) 98
Voigt, Bruno (1912–1988) 85
Völker, Karl (1889–1962) 141
Völkerbund 69, 183 ff., **187**, 188 ff., 191, 194, 196 f., 202, 204, 207 f., 211, 227 ff., 263, 360, 365 f.
Völkermord 61 f., 183, 254
Völkerrecht 97, 183, 185 ff., 237, 253, 293 f., 305, 314, 359, 367, 375, **470**

Volksdemokratie 296, 313 f., **470**
Volksfront 62, 73 ff., **471**
Volksgemeinschaft **67**, 79, 81, 84, 91, 93 f., 185, 190, 402
Volksgerichtshof 90, 126
Volkskammer 284, 286, 297, 323, 341
Volkskongress **286**, 297
Volkspartei 66, 72, 97, **286**, 302
Volksverein für das katholische Deutschland 28

Waffen/lieferungen 17, 69, 186, 191 f., 199, 204 f., 207, 231 ff., 243, 248, 252, 255, 324, 373
Wagenbrett, Norbert (geb. 1954) 345
Wahl/recht 9 f., 28, 33 f., 62, 64 ff., 68 f., 72 f., 75 ff., 82 ff., 93, 97 f., 103, 146 f., 153, 159, 183, 199, 237 f., 242, 250, 284 f., 292 f., 296 f., 302, 304, 317, 321 f., 336 ff., 366, 396, 399 f., 411, 440, **471**
Währungsreform 62, 78, 142, 146, 148, 232, 240, **286**, 295, 299
Walesa, Lech (geb. 1943), poln. Präsident 274
Walter, Bruno (1876–1962) 89
Wannsee-Konferenz (1942) 62, 95, 128 f.
Warenhaus 25, 92, 436
Warhol, Andy (1928–1987) 399, 437
Warschau 100, 223 f., 238, 250, 321, 444 f.
– Verträge (1970) 284, 307 f.
Warschauer Pakt **235**, 242, 244, 250 ff., 284, 314, 318, 396
Washington 10, 70, 231 f., 235 f., 242, 244, 249, 252, 363
– Abrüstungskonferenz (1921–1922) 184, 195
– Gipfeltreffen (1987) 234, 245
Weber, Anton Paul (1893–1980) 326
Weber, Max (1864–1920) 12, 39, 359
Weber, Wilhelm (1804–1891) 16
Wechselkurs 142, 154, 156, 158, 238, 299, 361
Wehrmacht 62, 107, 184, 200, 202, 206, 212, 225, 289
Wehrpflicht 28, 62, 68, 184, 186, 200
Weimarer Koalition 76 ff.
Weimarer Republik 33 ff., 62, 64 f., 68, 75 ff., 91 f., 109 ff., 120 ff., 152 f., 163, 184 ff., 190, 283 ff., 300, 302, 441 f., 449
Weißrussland 249
Weizsäcker, Carl Friedrich von (geb. 1912) 414
Weizsäcker, Richard von (geb. 1920), dt. Bundespräsident 283, 308, 339
Wels, Otto (1873–1939), SPD-Vorsitzender 87, 112
Weltbank 142, 158, 195, 237 f., **363**, 364, 376
Welthandel 141, 156 ff., 190, 207, 246, 255, 373
Weltmarkt 201, 206, 255, 324, 299, **363**, 372 f.
Weltwirtschaft 9 f., 141 ff., (144 ff., 161), 237, 255, 308, 311, 367, 372, 376
Weltwirtschaftskrise (1929) 10, 33, 61 f., 69 f., 73, 81 f., 142 f., 148 f., 152 ff., 159, 183 f., 191, 194 f., 198, 201, 367
Wendisch, Trak (geb. 1958) 351
Werbung 24 f., 29, 83, 435 ff.
Westeuropa 12, 46, 61, 79, 99, 101, 105, 141, 144, 154, 184, 191, 204, 206, 236, 240 ff., 324, 403 f. 407 f.
Westintegration **287**, 301, 308
Westmächte 103, 159, 185, 193, 196, 202, 204, 232, 239 f., 242 f., 293 f., 301, 308
Westminster-Statut (1931) 184, 190, 360, 367
Westdeutschland/zonen 232, 239 f., 242, 246, 284, 286, 290 f., 295 ff., 301, 304, 306 ff., 315 f., 324, 339
WEU/Westeuropäische Union 246, 251 f., 301
Widerstand 33, 78, 89, 94 ff., 107, 124 f., 156, 160, 185, 203 f., 206, 248, 255, 263, 268, 292, 301, 305, 311 f., 315 f., 320, 332, 359, 366 f.
Wiedergutmachung 186, **287**, 299, 324
Wiedervereinigung 232, 242, 247, 251, 283 f., 301 f., 314, 321 f., 328 f., 352 f., 403
Wilder, Billy (geb. 1906) 231
Wilhelm II., dt. Kaiser (1888–1918) 76
Wilson, Woodrow T. (1856–1924), amerik. Präsident 69, 75, 188, 191, 237 f., 257, 360, 365 f., 371, 378
Winterhilfswerk 91 f.
Wirth, Joseph (1879–1956), dt. Reichskanzler 195
Wirtschafts- und Währungsunion (1990) 284, 324
Wirtschaftswunder 148, 153, 283, 298 f., 304, 315, 374
Wissenschaft 9 f., 12 ff., 15 f., 36 f., 40 f., 61, 81, 85, 89, 94, 141, 153 f., 157, 185 f., 196, 204, 283, 286, 298, 306, 317 f., 349, 361, 377, 398, 401, 414, 422

Sach- und Personenregister

Wohlfahrt/sstaat 9, 14, 20, 24, 44 ff., 69, 80, 92, 150
Wohlstand/sgesellschaft 68, 69, 92, 142, 145, 151, 190, 198, 246, 283, 301, 303, 306, 312, 318, 322 f.
Wohnen 14, 23 f., 30, 82, 87, 92, 96, 154, 288, 299, 303, 308 f., 311, 313, 315, 318, 404, 406
Wolf, Christa (geb. 1929) 283, 334
Wolfe, Thomas (1900–1983) 93
Wright, Orville (1871–1948) und Wilbur (1867–1912) 27
WTO/World Trade Organization (Welthandelsorganisation) 232, 255, 360

Yom-Kippur-Krieg (1973) 263
Young-Plan (1930) 194, 210

Zaire 360
Zarentum 68, 101 ff., 105, 107, 188
Zeit 10, 14, 25 f., 30, 36 f., 407
Zenawi, Meles (geb. 1955) äthiop. Präsident 359
Zensuswahlrecht 65, 97
Zentralismus 64, 67, 99, 104 f., 107, 201, 248, 291, 293 f., 296 f., 313, 317, 366
Zentrum 28, 64, 75 f., 78, 82, 84 ff., 153, 286, 338, **471**
Zeppelin, Ferdinand Graf von (1838–1917) 27
Zimbabwe 370
Zionismus **471**
Zivilisation 9, 12, 14 f., 366, 377, 395 ff., **397**, 398 ff., 404 f., 412 f., 451

ZK/Zentralkomitee 64, 103, 105, 117, 284, 342
Zogu I., Achmed, alban. König (1928–1939) 100
Zölle 19, 141 f., 157, 185, 195, 197, 238, 363
Zuckmayer, Carl (1896–1977) 289
Zuse, Konrad (geb. 1910) 396 f.
Zwangsarbeit 65, 90, 92, 95 f., 128, 288, 375
Zwei-Staaten-Theorie 314, 319
Zweite Welt 359 ff., 364, 372
Zweiter Weltkrieg (1939–1945) 61 f., 67, 71, 90, 92 f., 95 f., 99 f., 107, 141, 144 f., 150, 154, 157 f., 160 f., 183 ff., 194 f., 197, 199 ff., 223 ff., 231, 234, 236 f., 240, 246, 253, 257, 283 f., 286, 288 ff., 293, 295, 297 f., 301, 307, 323 f., 359 f., 363, 365, 367 ff., 395, 402, 430

Bildquellen: AFP infografik: S. 262; Archivio Sturani, Roma: S. 60; Photo Associated Press: S. 60; Besitzer: Berlin, Stiftung Stadtmuseum Berlin, Fotografie: Stadtmuseum Berlin: S. 94; Bibliothèque Nationale, Paris: S. 74; Bildagentur Astrofoto: S. 230; © Bildarchiv Preußischer Kulturbesitz: S. 18, 179, 182, 200, 215, 242, 243, 351, 432, 436; Chicago Historical Society: S. 53; Jean-Loop Charmet, Paris: S. 197; Cornelsen Bildarchiv: S. 118; Foto dpa: S. 245, 267 (2); Deutsches Historisches Museum, Berlin (DHM): S. 40, 57; Deutsches Institut für Filmkunde, Frankfurt am Main: S. 448; documenta Archiv, Foto Monika Nikolic, Kassel: S. 420; Edition Staeck, Heidelberg: S. 312; Sir Norman Foster, London: S. 418; Freie Universität Berlin, Fachbereich Politikwissenschaften: S. 410; From the Collection of Janet and Marvin Fishman, Milwaukee: S. 80; Fundacion Colección Thyssen-Bornemisza, Madrid: S. 8; Prof. Dr. Hilke Günther-Arndt (Privatarchiv): S. 220; Institut für Zeitungsforschung, Dortmund: S. 77, 336, 337; Jürgens Ost- + Europa-Photo, Berlin: S. 321; Foto Frank Kämpfer, Münster: S. 365; Jochen Knobloch, Hamburg: S. 394; Kunstsammlung Nordrhein-Westfalen: S. 423; Landesmuseum Oldenburg, Foto: H. R. Wacker: S. 131; © Peter Leger, Cartoon-Caricature-Contor: S. 380; Marie Marcks, Berlin: S. 349; © Gerhard Mester, Cartoon-Caricature-Contor: S. 267; Münchner Stadtmuseum: S. 138, 139, Grafiksammlung, Fotos Wolfgang Pulfer: S. 292, 303; Museum für Gestaltung Basel (Foto): S. 55; Museum für Moderne Kunst, Frankfurt am Main: S. 355; Museum Junge Kunst, Foto-Fricke, Frankfurt/Oder: S. 342; Museum Ludwig Köln: S. 310, 399; Museum of Modern Art, N.Y.: S. 165; Nordrhein-Westfälisches Hauptstaatsarchiv Düsseldorf, „NWHSA, RW 58–3693, Bl. 60": S. 125; Foto: Wolfgang Pulfer, München: S. 147; Sammlung Merrill C. Berman, N.Y.: S. 159; Karl-Heinz Schoenfeld: S. 119; © Rudolf Schöpper, Münster-Roxel: S. 352; Schweizerisches Institut für Kunstwissenschaft, Zürich: S. 34; Staatliche Galerie Moritzburg, Halle: S. 140, 335 (Fotografie: Klaus E. Göltz), 344 (Foto: Reinhard Hentze, Halle (S.) 1992, 345 (Fotografie: Klaus E. Göltz); Staatsgalerie moderner Kunst München, Foto: Bayer & Mitko-Artothek: S. 37; Stedelijk Museum Amsterdam: S. 433; Stiftung Archiv der Akademie der Künste, Berlin: S. 111; Süddeutscher Verlag Bilderdienst: S. 274, 444; Tate Gallery Publications London: S. 17; © The Equitable Life Assurance Society of the United States. Photo 1988 by Dorothy Zeidman: S. 71; © The Estate of Keith Harring: S. 402; Thomas-Mann-Archiv der Eidgenössischen Technischen Hochschule (ETH) Zürich: S. 137; Foto Ullstein: S. 151; Foto Ullstein – dpa 85: 259, Foto Ullstein – Bernd Wende: 323; US Army Center of Military History, Washington D. C.: S. 93; © VG Bild-Kunst, Bonn 1995, Archiv für Kunst und Geschichte: S. 282; © VG Bild-Kunst, Bonn 1995, Berlinische Galerie. Museum für Moderne Kunst, Fotografie und Architektur: S. 91; © VG Bild-Kunst, Bonn 1995, Staatliche Museen zu Berlin/Nationalgalerie: S. 313; © VG Bild-Kunst, Bonn 1995, Staatsgalerie moderner Kunst, München: S. 422; © VG Bild-Kunst, Bonn 1995, Stiftung der Akademie der Künste Berlin, Kunstsammlung, HZ 1282, Foto AdK: S. 121; © VG Bild-Kunst, Bonn 1995/The Munch Museum/The Munch Ellingsen Group. Photo: J. Lathion, Nasjonalgalleriet: S. 35; © VG Bild-Kunst, Bonn 1995, Weber-Museum Ratzeburg: S. 326; Wiener Stadt- und Landesbibliothek, Foto: Firma Leutner: S. 96; © Jupp Wolter, Cartoon-Caricature-Contor: S. 307; aus: Agitation zum Glück, Sowjetische Kunst der Stalinzeit, Edition Temmen, S. 123: S. 170; aus: Alistair Cooke, America, 1981, S. 318, Belser Verlag, Stuttgart-Zürich: S. 169; aus: Anschläge. Politische Plakate in Deutschland 1900–1970, Langewiesche-Brandt: S. 88, 194, 212; aus: Anschläge. 220 politische Plakate als Dokumente der deutschen Geschichte 1900–1980, Langewiesche-Brandt: S. 176; aus: Friedrich Arnold (Hg.), Anschläge. Deutsche Plakate als Dokumente der Zeit 1900–1960, Ebenhausen 1963: S. 60; aus: Auftragskunst der DDR, S. 159, Gewerkschaftlicher Dachverband FDGB i. L. Berlin: S. 343; aus: L.Benevolo, Die Geschichte der Stadt, S. 821, Campus Verlag, Frankfurt/Main/New York: S. 54; aus: Berlin, Berlin. Die Ausstellung zur Geschichte der Stadt, Ausstellungskatalog. hg. von Gottfried Korff/Reinhard Rürup, Berlin (Nicolai) 1987, S. 309: S. 23; aus: Ulf Biedermann, Ein amerikanischer Traum, Ausstellungskatalog des Wilhelm-Busch-Museums Hannover, Stuttgart (Verlag Gerd Hatje), 1991, S. 119, Herwig Guratzsch (Karik.): S. 409; aus: Europa 2000. Schritte zur Europäischen Union, hg. vom Presse- und Informationsdienst der Bundesregierung, Bonn: S. 272; aus: George Grosz – Katalog, S. 111, Ausstellungskatalog, hg. von Peter Klaus Schuster, Berlin 1995 (Ars Nicolai). Hirschhorn Museum, Washington: S. 168; aus: Geschichte lernen 1, 1988, Heft 5, S. 50, 51: S. 445, 446 (2); aus: Jaworski, Deutsch-polnische Feindbilder: S. 215; aus: Katalog Moskau – Berlin, S. 404: S. 106; aus: G. Kößler, Mädchenkindheiten im 19. Jahrhundert: S. 48; aus: „Life"-Magazin 1/90, S. 40/41: S. 358; aus: Propyläen – Geschichte Europas, Band 6, S. 251: S. 237; aus: Gerd Raeithel, Geschichte der nordamerikanischen Kultur, Bd. 3, Weinheim 1989, S. 9: S. 155; aus: Realismus. Zwischen Revolution und Reaktion 1919–1939: S. 98; aus: W. Stöckle: Das deutsche Kaiserreich, S. 11 und S. 14. Ansichtskarten und Texte aus der Wilhelminischen Zeit 1888–1918, Stuttgart 1985: S. 28, 31; aus: Vom Expressionismus zum Widerstand. Kunst in Deutschland. 1909–1936, S. 138, Prestel-Verlag: S. 85

Nicht in allen Fällen war es uns möglich den Rechteinhaber der Abbildungen ausfindig zu machen. Berechtigte Ansprüche werden selbstverständlich im Rahmen der üblichen Vereinbarungen abgegolten.